D0753122

1682
J.B. METZLER

Thomas Mann Handbuch

Leben – Werk – Wirkung

Andreas Blödorn /
Friedhelm Marx (Hrsg.)

Verlag J. B. Metzler

Redaktion: Hendrik Otremba

Gedruckt auf chlorfrei gebleichtem, säurefreiem und alterungsbeständigem Papier

Bibliografische Information der Deutschen Nationalbibliothek
Die Deutsche Nationalbibliothek verzeichnet diese Publikation in der Deutschen Nationalbibliografie; detaillierte bibliografische Daten sind im Internet über http://dnb.d-nb.de abrufbar.

ISBN 978-3-476-02456-5

www.metzlerverlag.de
info@metzlerverlag.de

Einbandgestaltung: Finken & Bumiller, Stuttgart (Foto: Keystone / Thomas-Mann-Archiv)
Satz: primustype Hurler GmbH, Notzingen in Zusammenarbeit mit Claudia Wild, Konstanz
Druck und Bindung: Kösel, Krugzell · www.koeselbuch.de

Printed in Germany
Verlag J. B. Metzler, Stuttgart

Inhalt

III. Kontexte, Bezüge und Einflüsse 237

IV. Konzeptionen: Denkfiguren, Schreibweisen, Motive . . . 281

Vorwort

Thomas Manns literarisches Werk umfasst die Zeit zwischen 1893 und 1955. Es entsteht im Spannungsfeld vielfältiger politischer und gesellschaftlicher Umbrüche Deutschlands, vom Kaiserreich über die Weimarer Republik, den nationalsozialistischen Faschismus und die Zeit des Exils bis hin zur Nachkriegszeit. Neben den Brüchen bürgerlicher Existenz um und nach 1900, zwischen und nach den beiden Weltkriegen, schlagen sich in Thomas Manns Werk entscheidende kulturelle, politische und soziale Aspekte der ersten Hälfte des 20. Jahrhunderts nieder. So setzt sich Mann zum einen mit der literarischen Tradition, der Musik Richard Wagners und der Philosophie des 19. Jahrhunderts auseinander, zum anderen mit der noch ›jungen‹ Psychoanalyse, dem Trauma zweier Weltkriege, mit den neuen Gesellschaftsformen (der Weimarer Republik, des Nationalsozialismus, der U.S.A., schließlich Nachkriegseuropas), den neuen Geschlechterordnungen und neuen Lebensformen sowie den neuen Medien der Moderne. Nicht zuletzt bezeugen der Nachruhm des Autors und die Verbreitung seines Werks (auch in zahlreichen Übersetzungen und medialen Adaptionen) die bleibende Aktualität Thomas Manns bis in die Gegenwart.

Das *Thomas Mann-Handbuch* will angesichts dieses breiten kulturhistorischen Spektrums das Gesamtwerk neu vermessen und Grundlagen für die Auseinandersetzung mit Manns Werk im 21. Jahrhundert legen. Es wird das frühere, von Helmut Koopmann herausgegebene Handbuch nicht ersetzen, sondern, einem anderen Konzept verpflichtet, ihm an die Seite treten. Insbesondere neuere Forschungsperspektiven der letzten 25 Jahre, ihre heterogenen und zum Teil widersprüchlichen Positionen sowie der aktuelle Stand der Thomas Mann-Forschung spielen dabei eine besondere Rolle. Neben der bündigen Darstellung neuerer Ansätze werden Aspekte der Forschung zusätzlich nach Kontexten und Konzepten, Denkfiguren und ästhetischen Strategien thematisch aufgefächert, in denen jüngere und ältere Forschergenerationen sowie unterschiedliche Fragestellungen, Methoden und Perspektiven zu Wort kommen.

Der erste Teil des Handbuchs widmet sich dem Leben und der Persönlichkeit des Autors sowie Grundfragen der spezifischen Autorschaft Thomas Manns. Der zweite Teil bietet neben summarischen Artikeln zu biographischen Schriften (Tagebücher, Briefe) erstmals in vollzähliger Form Einzelartikel zum literarischen Werk Manns. Auch die wichtigsten Schriften des essayistischen Werks sind in ausgewählten Einzelartikeln mit aufgenommen. Auch wenn man an dieser Stelle vielleicht den einen oder anderen Text des großen essayistischen Werks Manns vermissen mag: Für unsere Auswahl war insbesondere die Bedeutung des jeweiligen Essays für Manns literarisches Werk sowie für seine öffentliche Wirkung und Wahrnehmung als Person des öffentlichen Lebens leitend. Im dritten Teil werden wichtige Kontexte, Bezüge und Einflüsse aufgearbeitet, die für Thomas Mann prägend waren. Der vierte Teil stellt unter dem Stichwort »Konzeptionen« Denkfiguren, Schreibweisen und Motive von Manns Werk vor. Den neueren Forschungsansätzen im fünften Teil folgen Abrisse zu Rezeption und Wirkung des Werkes im sechsten Teil.

Unser Dank gilt an erster Stelle den zahlreichen Beiträgerinnen und Beiträgern, die bereit waren, sich dem leitenden Konzept, dem knapp bemessenen Raum und dem engen Zeitplan des Handbuchs anzupassen. Unserem Lektor Oliver Schütze vom Metzler-Verlag gilt unser besonderer Dank für kompetente Hilfe und Unterstützung, vor allem aber für seine große Geduld mit den Herausgebern. Ohne Hendrik Otrembas redaktionelle Leitung und Koordination wäre dieses Handbuch ebenfalls nicht denkbar – auch dafür unser besonderer Dank. Und schließlich danken wir Raphael Stübe, Julius Noack, Rena Langenbrunner und Alexander Schmitt für die große Hilfe beim Formatieren, Redigieren und Korrigieren der Beiträge und beim Erstellen der Register. Für begleitende Gespräche, immer hilfreiche Beratung und aufmunternde Unterstützung seien insbesondere auch Heinrich Detering, Britta Dittmann und Julia Schöll herzlich bedankt. So hoffen wir zuletzt, dass das neue Handbuch zu einem Ausgangspunkt für eine konstruktive und kritische neue Auseinandersetzung mit dem Werk Thomas Manns wird.

Münster/Bamberg, im Juli 2015
Andreas Blödorn und Friedhelm Marx

I. Leben und Autorschaft

1 Biographische Skizze

Konstanten

Thomas Mann war Raucher, das ist bekannt. Ein Trinker war er jedoch nicht, obgleich er ein Likörchen zum Nachtisch nicht verschmähte. Er rasierte sich sorgfältig und zog sich gut an. Er liebte Hunde, Kino und Musik. Er publizierte alle seine Hauptwerke im S. Fischer Verlag, der ihm traumhafte Prozente einräumte. Er hatte immer Geld. Vieles blieb in diesem Leben, das sich in wilden Zeiten abspielte, jahrzehntelang unverändert.

Auch das dichterische Werk Thomas Manns weist eine hohe Konstanz und eine krisenübergreifende Kontinuität auf. Der Stil ist gleichbleibend gepflegt und gewisse Grundthemen kehren immer wieder, vom 20. bis zum 80. Lebensjahr. Im *Tod in Venedig* (1912) geht es ebenso wie 40 Jahre später in der Erzählung *Die Betrogene* (1953) um die Heimsuchung durch die Liebe zu einem schönen Knaben oder jungen Mann. Dass die Liebe tödlich und insbesondere dem Künstler verboten sei, ist ein Grundthema vom *Kleinen Herrn Friedemann* (1896) an bis zum *Doktor Faustus* (1947). Der erkennende »Geist« und das naive »Leben« stehen in einem unaufhebbaren Widerspruch. Die Erkenntnis vernichtet Natürlichkeit, Spontaneität und Grazie, wie schon Kleist in seinem Essay über das Marionettentheater darlegt. Der Geist liebt das Leben und muss es doch mit Notwendigkeit zerstören. Ins Soziologische transponiert sind es der Künstler (Geist) und die Gesellschaft (Leben), die in diesem Widerspruch stehen. Diese Grundkonstellation bestimmt in allen möglichen Ausfaltungen so verschiedene Werke wie *Tonio Kröger* (1903), *Mario und der Zauberer* (1930), *Joseph und seine Brüder* (1932–1942), *Lotte in Weimar* (1939) und *Doktor Faustus* (1947); überall steht in der Mitte eine Künstler-Figur (der Schriftsteller Tonio Kröger, der Zauberer Cipolla, der Traumdeuter Joseph, der Dichter Goethe, der Musiker Adrian Leverkühn) mit ihrer Hassliebe gegen die ›Gewöhnlichen‹. Besonders deutlich wird die lange Zeiträume überspannende Kontinuität bei den *Bekenntnissen des Hochstaplers Felix Krull*. Die erste Schreibphase dauerte von 1910 bis 1913. Ab Dezember 1950, also fast 40 Jahre später, schrieb Mann an der Stelle weiter, wo er 1913 innegehalten hatte (im Kapitel über Krulls Zeit in Frankfurt) und verfasste bis 1954 die schon seit 1905 geplanten Episoden in Paris und in Lissabon.

Der Ehrenstand der Väter

Konstanz und Kontinuität dieses Schaffens haben bestimmte biographische Wurzeln. Der frühe Tod des Vaters (1891 – Thomas Mann war damals 16 Jahre alt) und der sich daraus ergebende Zusammenbruch der glänzenden Herkunftswelt hinterließen eine breite Wunde. Der Vater war Steuersenator der Freien und Hansestadt Lübeck gewesen, also Finanzminister eines Gliedstaats des Deutschen Reichs, außerdem Inhaber der hundertjährigen Getreidehandlung Johann Siegmund Mann, die aufzulösen er testamentarisch anordnete, weil er keinem seiner Söhne die Fortführung zutraute. Die Mutter verließ daraufhin Lübeck, Thomas Mann, vor dem bisher die Arbeiter die Mütze hatten ziehen müssen, musste noch über drei Jahre bleiben und erlebte seine plötzliche Verlassenheit als eine Art Ausstoßung aus der bürgerlichen Gesellschaft. Einerseits war ihm das recht, der Freiheit halber, die er dadurch gewann – andererseits aber versuchte er sein Leben lang, den Ehrenstand seiner Väter wieder zu erringen. Das gelang ihm auch, aber trotzdem wurde er nie wieder ein Bürger, sondern blieb immer ein Künstler, der den Bürger nur spielte. Er benahm sich wohlerzogen, obgleich er sich zeitlebens ausgeschlossen fühlte.

Verdrängung der Homosexualität

Das lag nicht nur daran, dass er die Spiele und Intrigen der bürgerlichen Gesellschaft nur allzugut durchschaute, sondern auch an dem Geheimnis homoerotischen Begehrens, das ihn isolierte, lag also an der sich daraus ergebenden lebenslangen Verdrängung der homosexuellen Anteile seiner Triebkonstitution. Diese Verdrängung ist die wichtigste Konstante. Thomas Mann entschloss sich zu ihr früh, wohl schon mit 20 Jahren, befestigte sie mit 30 durch seine Heirat und hielt sie sein Leben lang aufrecht. Mit Ehe und Familie schuf er sich eine Vorzeigewelt. Von seiner anderen Welt sprach er nur im Tagebuch und auf verdeckte Weise in seinen Dichtungen. Gern lässt er dort Frauen von jungen Männern schwärmen – die Frau des Potiphar ist entzückt von Joseph, Madame Houpflé von Felix Krull, Rosalie von Tümmler (*Die Betrogene*) von Ken Keaton. Thomas Manns Dichtungen sind auf der einen Seite hervorragend gearbeitete Meisterwerke und befriedigen als intellektuelle und ästhetische Leistungen auch seinen sozialen Ehrgeiz, ihr innerstes Feuer mag aber der im Leben versagten Lust geschuldet sein, die im Werk sublimiert wird.

Das bürgerliche Ethos

Was die Konstanten betrifft, wäre insoweit eine Biographie rasch geschrieben – gäbe es nicht das Gebeuteltwerden durch die Zeitgeschichte, gäbe es nicht das essayistische Werk, das davon Zeugnis ablegt. Thomas Mann betrachtet es als seine Bürgerpflicht, zu allen möglichen Fragen öffentlich Stellung zu nehmen. Er hat auch ethisch den Ehrgeiz, ein Bürger zu sein – ein Bürger im guten Sinne, geprägt von den Idealen der Aufklärung, der seine Verantwortung auf sich nimmt. Er hat stets das Bedürfnis, sein Leben und Handeln öffentlich zu rechtfertigen. Von *Bilse und ich* (1906) über die *Betrachtungen eines Unpolitischen* (1918), *Von deutscher Republik* (1922), den *Briefwechsel mit Bonn* (1937) bis zu *Warum ich nicht nach Deutschland zurückgehe* (1945) begleiten Rechtfertigungsschriften dieses Leben. Unterstützt werden sie durch Spiegelungen in großen literarischen Essays wie *Der alte Fontane* (1910/19), *Goethe und Tolstoi* (1922/25), *August von Platen* (1930), *Leiden und Größe Richard Wagners* (1933), *Dostojewski – mit Maßen* (1945), *Nietzsches Philosophie im Lichte unserer Erfahrung* (1947), *Versuch über Tschechow* (1954) und *Versuch über Schiller* (1955).

Religiosität

Zu den Motiven dieser Rechtfertigung gehört eine weitere Konstante dieses Lebens: die protestantische Grundreligiosität. Thomas Mann war zwar kein Gottesdienstbesucher, aber ihm lag an der christlichen Prägung, er ließ seine Kinder evangelisch taufen und sorgte auch bei seinen Enkeln dafür, dass sie getauft wurden. Wie säkularisiert auch immer sein Christentum war, war es ihm jedenfalls wichtig und er dachte es weiter. Mindestens vier seiner acht Romane haben manifest religiöse Themen (*Der Zauberberg*, *Joseph und seine Brüder*, *Doktor Faustus*, *Der Erwählte*). Besonders der *Joseph*-Roman ist ein bedeutendes Werk auch für die Theologie und eröffnet eine neue, der Religionskritik Nietzsches gelassen gewachsene Art von Frömmigkeit.

1875–1894: Sitzenbleiber, Schülerlieben

Thomas Mann wurde am 6. 6. 1875 in Lübeck geboren und einige Tage später in der Marienkirche evangelisch-lutherisch getauft. Seine Eltern kamen aus den ersten Kreisen der Stadt, die freilich marode war und vom vergangenen Ruhm zehrte. Der Vater wurde als Senator mit ›Euer Wohlweisheit‹ angesprochen. Die Mutter stammte aus einer wohlhabenden deutsch-brasilianischen Kaufmannsfamilie und war eine stadtbekannte Schönheit. Mit sieben Jahren kam Thomas auf eine Privatschule, mit 14 dann aufs Katharineum, das altehrwürdige Gymnasium der Stadt. Schulisch war er freilich ein Tunichtgut, musste die Quarta, die Untertertia und die Untersekunda wiederholen und verließ die Schule 1894 ohne Abitur. Nach dem Tod des Vaters 1891 wurde die Firma liquidiert, die Mutter und die fünf Kinder lebten fortan von den Zinsen des Kapitals. Die Mutter verzog nach München, Thomas sollte die Schule in Lübeck beenden und wohnte in Pension bei verschiedenen Lehrern. In diese Zeit fallen die ersten Liebesgeschichten – Schülerlieben zu Armin Martens und Williram Timpe, die sich dann in den fiktiven Figuren Hans Hansen (*Tonio Kröger*) und Pribislav Hippe (*Der Zauberberg*) spiegeln. Auch Mädchen hat es wohl immer wieder gegeben, aber außer Katia hinterließen sie nicht so deutliche Spuren im dichterischen Werk.

1894–1898: Literarische Anfänge

Im Frühjahr 1894 folgt Thomas Mann der Mutter nach München. Er lebt dort wie ein Student in möblierten Zimmern und gehört mehr oder weniger zur Schwabinger Bohème, die damals ihre Blütezeit erlebte. Er hatte schon als Schüler zu schreiben begonnen (in einer von ihm selbst herausgegebenen Zeitschrift *Der Frühlingssturm*), aber erst das Schwabinger Umfeld verhalf ihm zur Professionalität. Sein Bruder Heinrich, vier Jahre älter als er und schon arrivierter, ist sein erster Lehrer, zuerst sein Vorbild und bald sein großer Konkurrent. In den Jahren von 1894 bis 1898 findet er seinen Stil, der von da an makellos bleibt. Die ersten Erzählungen von Rang entstehen: *Der Wille zum Glück* (1896), *Der kleine Herr Friedemann* (1897) *Der Bajazzo* (1897) und *Tobias Mindernickel* (1898).

1895–1900: Italien und *Buddenbrooks*

Von Juli bis Oktober 1895 reist Thomas mit dem Bruder zusammen das erste Mal nach Italien (Palestrina und Rom). Ein zweiter, langer Italienaufenthalt folgt von 1896 bis 1898 und führt zunächst über Venedig und Rom nach Neapel, dann zurück nach Rom, Palestrina und wieder Rom. Es ist eine für die Geburt als Künstler sehr intensive Zeit, nicht zuletzt durch das Zusammenleben mit dem Bruder. 1897 beginnt in

Palestrina die Arbeit an *Buddenbrooks*, wird in Rom fortgesetzt und in München beendet. Der Roman verdankt seine Erinnerungsschärfe der Distanz und der Rücksichtslosigkeit, die durch diese Distanz möglich wurde. Er wird 1900 fertig und erscheint 1901 in Berlin im Verlag von Samuel Fischer, dem damals erst gut vierzigjährigen Verleger der literarischen Moderne, der jüdischer Herkunft war. Diesem Verlag blieb Thomas Mann sein Leben lang treu.

1900–1905: Paul Ehrenberg, Mary Smith und Katia Pringsheim

In den Jahren von 1900 bis 1903 spielt sich noch einmal eine homoerotische Passion ab, die Liebe zu Paul Ehrenberg, die viele Jahre später in den *Doktor Faustus* Eingang findet (dort »Rudi Schwerdtfeger«). Gleichzeitig (1901) entwickelt Thomas Mann während einiger Wochen in Florenz eine Neigung zu Mary Smith, die fast zu einer Verlobung geführt hätte, aber dann doch im Sande verlief. Sollte er asketisch leben oder sich der Sinnlichkeit hingeben? Das war eine der Fragen, vor denen er stand. Anders als sein Bruder Heinrich, dessen Roman *Die Jagd nach Liebe* eine erbitterte briefliche Kontroverse über ›Geist‹ und ›Fleisch‹ auslöst, entscheidet Thomas sich für die Askese. Der Bruderkrieg mit seinen Wirren um die Sexualität spiegelt sich in den Gestalten des asketischen Priors (Savonarola) und des sinnlichen Renaissancefürsten Lorenzo de Medici, den Hauptfiguren von *Fiorenza*, des einzigen Dramas, das Thomas Mann von 1903 bis 1905 mit großem Ehrgeiz und großer Qual verfasste. Es erzielte einen Achtungserfolg, der nicht nachhaltig war. Die zehn Entwicklungsjahre in der Schwabinger Bohème gehen zu Ende, als Thomas Mann 1904 um Katia Pringsheim zu werben beginnt, sich im Oktober 1904 mit ihr verlobt und sie im Februar 1905 heiratet.

1905–1909: Mit Katia kommt das große Geld

Katia Pringsheim war damals Mathematikstudentin und vermutlich die beste Partie von ganz München. Sie stammte aus einer schwerreichen und hochkultivierten jüdischen Familie. Ihr Großvater hatte als einer der Eisenbahnkönige des 19. Jahrhunderts ein immenses Vermögen angehäuft. Ihr Vater war Mathematikprofessor an der Münchener Universität, obgleich er das finanziell gar nicht nötig hatte, und betätigte sich als Kunstsammler und Musikenthusiast. In seiner Erzählung *Wälsungenblut* (1906) verwertet Thomas Mann sogleich die neuen Eindrücke, und auch sein Roman *Königliche Hoheit* (1909), in dem ein Multimilliardär ein verrottetes Staatswesen rettet, wäre ohne die Pringsheims wohl kaum geschrieben worden – zumal er in die schwierige Liebesgeschichte zwischen dem lebensfremden, aber lernwilligen Prinzen Klaus Heinrich und der exotischen Milliardärstochter Imma Spoelmann unverkennbar auch seine Romanze mit Katia hineinspielen lässt.

1909–1912: Rund um den *Tod in Venedig*

Auf die Eheschließung folgen rasch die ersten vier Kinder, Erika (*1905) und Klaus (*1906), Golo (*1909) und Monika (*1910); Elisabeth (*1918) und Michael (*1919) werden als drittes Pärchen mit deutlichem Abstand folgen. Da Katia 1912 erholungsbedürftig ist, geht sie eine Zeit nach Davos, wo Thomas Mann sie besucht. Dieser Besuch wird die Keimzelle des *Zauberberg*, der von 1912 bis 1914 und von 1919 bis 1924 entsteht. Ursprünglich als parodistisches Satyrspiel zum *Tod in Venedig* geplant, wuchs das Unternehmen sich zu einem 1000-Seiten-Roman aus. Mit dem *Tod in Venedig* (1912) hatte sich die Homoerotik als Thema zurückgemeldet. Wenigstens literarisch wollte Thomas Mann in dieser Sphäre leben dürfen, ließ aber seinen Helden Gustav von Aschenbach an der verbotenen Liebe sterben. Was er sich als literarische Phantasie gönnte, kam in der Wirklichkeit nicht in Frage; in ihr galt es zu repräsentieren. 1914 bezog Thomas Mann mit seiner Familie eine stattliche Villa in München-Bogenhausen mit Auslauf zur Isar. Ohne das Geld seines Schwiegervaters hätte er sie nicht bauen können.

Vor 1914: Die große Gereiztheit

Aber auch im Wohlstand der Vorkriegsjahre war das Leben anstrengend. Alles schien erreicht, aber die Stimmung war gedrückt, *Der Tod in Venedig* hatte ein ganzes Jahr Arbeitszeit gekostet, überehrgeizig geplante Projekte, darunter ein Roman über Friedrich den Großen, kamen nicht zustande, Thomas Mann ließ sich auf Gezänk ein, wie 1910 die müßige Polemik *Der Doktor Lessing* zeigt. *Der Zauberberg* wird in Erinnerung an alles das einen Abschnitt »Die große Gereiztheit« enthalten. Als der Krieg ausbricht, weiß Thomas Mann gleich: Das wird mein Romanschluss! Das ganze luxuriöse Sanatoriumsleben wird zur abgründigen Vorgeschichte des »Donnerschlags«, mit dem der ausgeführte Roman dann tatsächlich endet. Alles erhält ein Gefälle auf 1914 hin, und die sieben Jahre von 1907 bis 1914 enthüllen sich, ohne dass im Roman eine einzige Jahreszahl genannt wird, vom Ende her als Handlungszeit.

1914–1918: Befreiungsschlag und Bruderkrieg

Damit beginnt im Leben eine neue Epoche. Zwar wahrt Mann im dichterischen Werk seine übliche Kontinuität, aber im essayistischen Werk zollt er der Zeit Tribut. Während er sich als Essayist bisher auf ästhetische und psychologische Fragen konzentriert hatte, rückt nun die Politik mit Macht ins Zentrum. Thomas Mann wird politisch, wenn auch zuerst auf der falschen Seite. Er begrüßt den Krieg als Reinigung und als Befreiung von der dekadenten Friedenswelt. Er reiht sich mit den *Gedanken im Kriege* (Oktober 1914) und anderen Artikeln in die Reihen der Kriegsbefürworter ein. Er lässt den *Zauberberg* liegen und schreibt von 1915 bis 1918 die voluminösen *Betrachtungen eines Unpolitischen*, ein rhetorisch glänzendes Rückzugsgefecht der mentalen Grundlagen des Kaiserreichs. Trotz aller fragwürdigen Meinungen ist es immer noch Thomas Mann, der da schreibt, kein deutschnationaler Populist, es ist ein intellektuell raffiniertes Buch, und so kommt es, dass der große Beifall von rechts ausbleibt, während der linke und liberale Beifall kopfschüttelnd verstummt oder ratlos bleibt. Thomas Mann vereinsamt. Mit dem Bruder, der die Kriegsbejahung von Anfang an bekämpfte, lebt er in tiefem Zwist. Er projiziert die Kriegsgegner England und Frankreich auf ihn. Er meidet jeden persönlichen Kontakt, bekämpft Heinrich Mann aber öffentlich, ohne seinen Namen zu nennen, in zahlreichen Anspielungen als den »Zivilisationsliteraten«. Erst 1922 wird er sich mit ihm versöhnen; Thomas und Heinrich Mann werden von da an Botschafter und Galionsfiguren der Weimarer Republik sein.

1918–1922: Für die neue Republik

Das Kriegsende macht eine erneute Umorientierung nötig. Thomas Mann ist verunsichert und experimentiert mit verschiedenen politischen Optionen. Die Münchener Räterepublik spielt sich vor seiner Haustür ab. Sein Tagebuch, das seit September 1918 (bis 1921 und dann wieder von 1933 bis 1955) erhalten ist, zeigt, wie er unter den jeweiligen Tageseinflüssen zeitweise mit der kommunistischen Idee, die damals noch jugendfrisch war, sympathisieren konnte, aber am Ende um der Ordnung und Sicherheit willen auch eine Militärdiktatur akzeptiert hätte und der militärischen Zerschlagung des Räte-Experiments zustimmte. Trotz aller antidemokratischen Polemik, die er sich in den *Betrachtungen eines Unpolitischen* erlaubt hatte, bewies er Sinn für die Realitäten und stellte sich der sozialdemokratisch geführten neuen Republik rasch zur Verfügung. Die Gruppierungen der politischen Rechten, die 1918 bis 1921 wie Pilze aus dem Boden schossen, stießen ihn hingegen ab. Er achtete den neuen Reichpräsidenten Friedrich Ebert und weinte dem Kaiser keine Träne nach. Er hielt es mehr und mehr mit der bestehenden Macht, und das war nun einmal die Republik.

1933: Der Schock der Exilierung

Sehr früh, schon im Sommer 1921, nimmt er von der entstehenden Nazi-Bewegung Notiz und fertigt sie als »Hakenkreuz-Unfug« ab (*Zur jüdischen Frage*, GKFA 15.1, 436). Von 1926 bis 1933 bekämpft er den Aufstieg der NSDAP mit wachsendem Engagement. Zusammen mit seinem Bruder Heinrich und seinen inzwischen erwachsenen Kindern Erika und Klaus mussten sie auf das Schlimmste gefasst sein, als Hitler im Januar 1933 zum Reichskanzler gewählt wurde. Heinrich und Thomas verlassen Deutschland noch im Februar, Erika und Klaus im März. Thomas Mann hatte eigentlich eine Vortrags- mit anschließender Urlaubsreise machen wollen, als die Ereignisse in Deutschland und denunziatorische Polemiken wie der *Protest der Richard-Wagner-Stadt München* (April 1933) ihn nötigten, ›draußen zu bleiben‹. So startete er ohne Vorbereitung ins Exil. Sein Pass war abgelaufen, ihn ohne persönliches Erscheinen des Inhabers zu verlängern waren die deutschen Behörden nicht bereit, und wenn er gekommen wäre, hätten sie ihn verhaftet, der Haftbefehl lag bereit. Erst 16 Jahre später sollte er Deutschland wiedersehen. Sein Leben scheint zerstört, seine bürgerliche Reputation vernichtet, sein Haus verloren, die Konstanz aufs äußerste gefährdet. Ganz so schlimm kam es dann nicht, er hatte trotz hoher Verluste viel Glück im Unglück. Einen Teil des Preisgeldes, das ihm 1929 durch den Nobelpreis für Literatur zugeflossen war, hatte er in Schweizer Franken angelegt und konnte auch einen Teil seines Geldvermögens aus dem Reich schmuggeln. So sank zwar das Lebensniveau, blieb aber erträglich. Die Manns lebten 1933 zuerst in der Schweiz, dann in Südfrankreich, dann bis 1938 wieder in der Schweiz, die meiste Zeit in gemieteten Häusern.

Nach und nach werden die Joseph-Bibliothek, weitere Bücher und die wertvollsten Möbel durch Mittelsleute in die Schweiz geschafft. Die literarische Kontinuität in diesen wilden Zeiten gibt der *Joseph*-Roman, der seit 1926 entstand und dessen erste Bände 1933 und 1934 noch in Deutschland erschienen. Thomas Mann stand im Abschnitt »Joseph bei den Pyramiden«, als die Exilierung eine mehrmonatige Pause erzwang. Ab August 1933 ging es zügig weiter, künstlerisch profitierte Mann sogar vom Exil, weil er eigene Anschauung gewann von der Verstoßung aus der Heimat, eine Erfahrung, die auch sein *Joseph in Ägypten* zu machen genötigt war.

1933–1945: Zwölf Jahre Hitler

Der S. Fischer-Verlag war gefährdet, weil er als jüdisch galt, obgleich er inzwischen von Samuel Fischers ›arischem‹ Schwiegersohn Gottfried Bermann geleitet wurde. Um seinem Verlag nicht zu schaden und auch, weil er den Gedanken an Rückkehr noch nicht völlig aufgegeben hatte, verhielt Mann sich von 1933 bis 1936 politisch weitgehend still, was ihm viele Mit-Exilierte verübelten. 1936 zog der Verlag nach Wien um, wo *Joseph in Ägypten* erschien. Beim ›Anschluss‹ Österreichs 1938 floh der Verlag weiter nach Stockholm, wo 1942 *Joseph, der Ernährer* herauskam. 1936 öffnete Thomas Mann das Visier und nutzte bis 1945 alle Möglichkeiten, vom Ausland aus einen Wirbel publizistischer Attacken gegen das nationalsozialistische Deutschland zu führen. Im Dezember 1936 wurde er ausgebürgert, hatte zu diesem Zeitpunkt aber bereits die tschechoslowakische Staatsbürgerschaft, die ihm gastfrei gewährt worden war, und wird von 1944 bis zu seinem Tod staatsrechtlich Amerikaner sein. Der Nobelpreis hatte ihn weltberühmt gemacht. Mehrere USA-Reisen (1934, 1935, 1937 und im Frühjahr 1938) bereiteten im Herbst 1938 den Umzug nach Princeton/New Jersey vor, wo eine einflussreiche Gönnerin (Agnes E. Meyer) ihm eine Sinekure als *Lecturer in the Humanities* der University of Princeton verschafft hatte. Mit wenigen Einzelvorlesungen tat er seiner akademischen Pflicht Genüge. Er konnte von seinen amerikanischen Einkünften bald gut leben. Das Vermögen der Schwiegereltern, denen nach allzu langem Zögern 1940 gerade noch die Ausreise in die Schweiz gelungen war, hatte schon die Inflation von 1923 erheblich dezimiert, die Übergriffe der Nazis taten ein Übriges, jedenfalls konnte Familie Mann im Exil nicht mehr darauf zurückgreifen. Die Stelle in Princeton wurde bald nicht mehr benötigt. Es zog Thomas Mann nach Kalifornien, wo das Wetter schön war und wo sich inzwischen eine große deutsche Emigrantenkolonie gebildet hatte. Er ließ sich in Pacific Palisades bei Los Angeles eine moderne Villa bauen (1940). Dort entstand von 1943 bis 1947 der große Künstler- und Deutschland-Roman *Doktor Faustus*. Im Februar 1945 ist das 25. Kapitel mit dem Teufelsgespräch fertig geworden; bei Kriegsende im Mai 1945 steht er im 26. Kapitel.

Das bürgerliche Ethos ließ ihm auch in Amerika keine Ruhe. Weit entfernt davon, sich in Kalifornien urlaubsgenüsslich zurückzulehnen, äußerte er sich gegen Hitler mit aller Kraft und mit allen Mitteln. Es gelang ihm sogar, direkt ins Deutsche Reich hineinzuwirken. Von 1940 bis 1945 konnte er über BBC London monatlich eine Radiobotschaft an die deutschen Hörer senden. Auch in den Vereinigten Staaten betrieb er eine groß angelegte antifaschistische Kampagne mit Artikeln und Essays, Reden und *Lecture Tours*, die viele Tausende erreichten. Er war so berühmt, dass sogar der Präsident der Vereinigten Staaten, Franklin D. Roosevelt, ihn zwei Mal ins Weiße Haus einlud (1935 und 1941).

1945–1952: Zwischen den Stühlen

Der Kampf gegen Hitler hatte ihn politisch weit nach links getrieben und die sozialistischen Sympathien aktiviert, die er latent schon immer hatte. Es war freilich ein Sozialismus von oben gewesen, der für Bismarcks Sozialgesetzgebung geschwärmt und das »soziale Kaisertum« der wilhelminischen Ära gepriesen hatte. An das ›Volk‹ glaubte Thomas Mann nie so recht. Er hätte sich mit dem Stalinismus durchaus arrangieren können, wären da nicht die abscheulichen Verbrechen gewesen. Ein Russlandliebhaber war Thomas Mann von langer Hand, ohne allerdings jemals dorthin gereist zu sein. Als 1945 die kriegsbedingte Allianz zwischen den USA und der Sowjetunion zerbrach und der Kalte Krieg begann, wurde das alles inopportun. Thomas Mann wurde kommunistischer Sympathien verdächtigt, geriet zwischen die Stühle und verstummte mehr und mehr. Seinen letzten großen politischen Auftritt hatte er 1949, als er anlässlich der Feierlichkeiten zum 200. Geburtstag Goethes demonstrativ beide Goethe-Städte, Frankfurt und Weimar, die eine in der amerikanischen, die andere in der sowjetischen Besatzungszone gelegen, besuchte. Den amerikanischen Geheimdiensten galt er als *fellow traveller* der Kommunisten. Als sich das Klima weiter vergiftete, betrieben Thomas und Katia Mann die Rückkehr nach Europa. Dort kam nur die Schweiz in Frage. Deutschland erschien ihm rettungslos ›verseucht‹, obgleich sich die Reisen dorthin mehrten und auch München und Lübeck unter den Zielen waren. Ende 1952 bezog das Ehepaar nach monatelangem Reiseleben zusammen mit Erika Mann zwei gemietete Etagen in Erlenbach bei Zürich, im April 1954 dann das letzte eigene Haus in Kilchberg am Zürichsee.

1952–1955: Ehrungen und Nachspiele

Die Schweiz bedeutete schon eine Art Heimkehr, insofern war des Lebens Bogen geschlossen, aber glücklich war Thomas Mann im Alter nicht. Panikattacken und depressive Episoden suchten ihn heim. Nach dem *Doktor Faustus* glaubte er, nur noch müßige Nachspiele zustandebringen zu können: der Gregorius-Roman *Der Erwählte* (1952) war ein Nachspiel zum *Faustus*, die Erzählung *Die Betrogene* (1953) war ein Nachspiel zum *Tod in Venedig* und die Fortsetzung der *Bekenntnisse des Hochstaplers Felix Krull* (1954) war ein Weiterspielen sehr alter, eigentlich erschöpfter Pläne. Dennoch wurde der *Krull* noch einmal ein großer Erfolg. Außerdem fängt Thomas Mann in seinen letzten Lebensmonaten doch noch einmal etwas erstaunlich Neues, nämlich für das Theater Bestimmtes an: Er macht Notizen und Exzerpte zu einem Drama *Luthers Hochzeit*. Was geschieht, wenn ein Mönch eine Nonne heiratet? Wie finden sie heraus aus der Askese zur Sinnlichkeit? Wie kann der Mönch ein Bürger werden? Das könnte die Fragestellung gewesen sein, und sie würde passen zu der Entspanntheit und Gelassenheit, mit der Manns Alterstagebücher das Thema Sexualität behandeln.

Auch an großen Ehrungen fehlte es nicht. Mann hatte eine Audienz bei Papst Pius XII. (1953), er besuchte Königin Juliana der Niederlande (1955), er kam anlässlich des 150. Todestags von Friedrich Schiller 1955 mit Bundespräsident Theodor Heuss zusammen, er erhielt zahlreiche Preise, Orden und Ehrendoktorate. Er durfte die Goldene Hochzeit erleben und den 80. Geburtstag. »Seltsam festlich geräuschvolles Abschnurren des Lebensrestes«, notiert er im Tagebuch (13. 6. 1953).

1950: Franzl

Auch die Liebe mit ihren Schmerzen hatte ihn noch einmal heimgesucht. Seine Ehe mit der klugen und pragmatischen Katia war in ihrer Art vorbildlich und tat ihm wohl, aber das ganz tiefe Glück empfand er anderswo. Im Sommer 1950 spielte sich die letzte dieser tragikomischen Geschichten ab, dieses Mal vor den verständnisvollen Augen von Katia und Erika: Franz Westermeier, ein Kellner im Züricher Grandhotel Dolder, beglückte den Schauenden, wühlte die Urgründe auf, belebte die Erinnerungen an Armin Martens und Williram Timpe, Paul Ehrenberg und Klaus Heuser, eine langanhaltende Verliebtheit aus einem Sylter Sommer von 1927, und beschäftigte ihn einige Monate lang. Es ist die einzige Liebesgeschichte aus einer Zeit, aus der die Tagebücher erhalten sind; man kann sie deshalb von Tag zu Tag miterleben und miterleiden in ihrer Peinlichkeit und abgründigen Tiefe, obgleich an der Oberfläche fast nichts geschieht. Ihr direkter Ableger war der Essay *Die Erotik Michelangelos*, doch ging sie als Klima in alle folgenden Arbeiten ein, insbesondere in den *Krull*-Roman, dessen Held ja ebenfalls eine Zeitlang den Kellner in einem Grandhotel spielt.

1955: Tod und Begräbnis

Thomas Mann starb nach kurzer Krankheit überraschend am 12. 8. 1955 im Kantonsspital zu Zürich. Katia und Erika waren um ihn. Todesursache war der Riss der Bauchschlagader, der zu einem schnellen und schmerzlosen inneren Verbluten führte. Der Tod, den er so oft literarisch beschworen hatte, kam sanft und fast als Freund. Begraben ist Thomas Mann auf dem Friedhof von Kilchberg, mit Blick auf den Zürichsee und ferne blauende Berge. Zur Bestattung kam die DDR mit großem Gefolge, während die Bundesrepublik unterrepräsentiert war. Es war die Zeit des Kalten Kriegs. Hermann Hesse schrieb in seinem Nachruf: Thomas Mann sei gewachsen mit der Zeit. »Was hinter seiner Ironie und seiner Virtuosität an Herz, Treue, Verantwortlichkeit und Liebesfähigkeit stand, jahrzehntelang völlig unbegriffen vom großen deutschen Publikum, das wird sein Werk und Andenken weit über unsere verworrenen Zeiten hinaus lebendig erhalten« (BrHe, 192).

Literatur

Heine, Gert/Schommer, Paul: *Thomas Mann Chronik*. Frankfurt a. M. 2004.

Kurzke, Hermann: *Thomas Mann. Das Leben als Kunstwerk* [1999]. München [4]2006.

Sprecher, Thomas: *Thomas Mann in Zürich*. Zürich 1992.

Vaget, Hans Rudolf: *Thomas Mann, der Amerikaner. Leben und Werk im amerikanischen Exil*. Frankfurt a. M. 2011.

Hermann Kurzke

2 Autorschaft (Dichter – Literat – Schriftsteller)

Die mitlaufende Reflexion der eigenen Autorschaft (vgl. Ansel/Friedrich/Lauer 2009) umfasst im Werk und in der Kunstauffassung Thomas Manns zwei große, bis in die späten 1920er Jahre textkonstitutive Problemkreise: einerseits das Verhältnis zwischen dem autobiographischen Quellen- und Erlebnismaterial des fiktionalen Schreibens und der hiervon sich absetzenden Inszenierung souveräner, poetisch-ironischer Werkherrschaft (die Polarität von ›Leben‹ und ›Kunst‹); zum anderen die in einen allgemeinen kulturellen Transformationsprozess der Moderne eingebettete Rivalität von Rollenkonzepten, die für die Beschreibung der literarischen Produktionsinstanz zur Verfügung standen und mit der Begriffs-Trias von Dichter, Schriftsteller und Literat belegt waren (die Polarität von ›Dichtung‹ und ›Literatur‹).

Beide Problemkreise blieben eng an die Etablierungsphase des Schriftstellers zwischen Jahrhundertwende und dem Kulturbruch des Ersten Weltkriegs gebunden (Honold/Werber 2012). Mithilfe einer meist in Dichotomien fortschreitenden Selbstverständigung des Autors und anhand einer teils literarischen, teils essayistischen Textreihe, die von *Tonio Kröger* (1903) und *Schwere Stunde* (1905) über *Bilse und ich* (1906), die Entwürfe zu *Geist und Kunst* (1907/08), den *Tod in Venedig* (1912) bis hin zu den *Betrachtungen eines Unpolitischen* (1916–18) und den kleineren autobiographischen Stilübungen der Übergangszeit von 1918/19 (*Gesang vom Kindchen, Herr und Hund*) reicht, vollzog Thomas Mann die im Akzent mehrfach wechselnde, insgesamt jedoch in den Konturen sich schärfende Profilierung einer eigenständigen Auffassung von der eigenen Autorschaft, die im Ergebnis als eine kunstsoziologisch, kreativitätspsychologisch und wirkungsästhetisch begründete Modernisierung des Dichterbildes zur Schriftstellerinstanz verstanden werden kann. Dieser mit dem *Zauberberg* (1924) und nochmals mit *Doktor Faustus* (1947) literarisch nachgestaltete und überformte Wandel der Autorschaft markiert eine irreversible Abkehr vom Leitbild dichterischer oder künstlerischer Führung zugunsten einer Position ›öffentlicher Einsamkeit‹ und eines ironisch gebrochenen Habitus des literarisch Unzeitgemäßen, wie ihn insbesondere die *Joseph*-Tetralogie (1933–43) und der Goethe-Roman *Lotte in Weimar* (1939) als kalkulierte intertextuelle Palimpseste, nicht ohne stilistische Forcierungen, entfalten.

Während die Selbstkundgaben des Schriftstellers seit Mitte der 1920er Jahre vorwiegend im Kontext politischer und kultureller Anliegen stehen, nimmt umgekehrt proportional hierzu die Auseinandersetzung mit intrinsisch-ästhetischen Parametern und Spannungsfeldern merklich ab, wenngleich dann das Spätwerk mit seinen Spielarten konfessionellen (*Der Erwählte*, 1951) und unzuverlässigen (*Felix Krull*, 1913/1954) Erzählens sowie mit dem nur als Sujet umrissenen Komödienstoff von *Luthers Hochzeit* (1955) zumindest implizit auch poetologische und gattungsexperimentelle Fragen aufwirft.

Vom Dichter zum Schriftsteller

»Einen Schriftsteller*stand*«, der sich als eigene gesellschaftliche Berufsgruppe erfassen und nach außen artikulieren konnte, »giebt es«, so beschreibt Thomas Mann im Jahr 1910 die Lage, »vom Journalismus abgesehen, bei uns erst seit 30, 40 Jahren, oder nicht einmal so lange, und so ist es erklärlich, daß seine gesellschaftliche Stellung noch schwankt« (GKFA 14.1, 225).

Für dezidierte Erzähler und Romanautoren erwies sich die mit den Begriffen ›Schriftsteller‹ und ›Literat/Literatur‹ einhergehende Erweiterung des formen- und gattungspoetischen Spektrums als strategischer Vorteil. In Thomas Manns Jugend- und Aufstiegsjahren hatten die Werke erzählender und erörternder Prosa ihr traditionell nachrangigeres kulturelles Prestige rapide aufzubessern begonnen. In einer semantischen Übergangsphase etwa zwischen 1890 und 1920 profilierte sich der ›westliche‹ Begriff der Literatur als ein progressives Konzept, mit dem die produktionsästhetischen und medialen Verschiebungen der Moderne gut erfasst werden konnten und mit dem es überhaupt erst möglich wurde, zunächst etwa die in der Klassik noch nachrangig gewertete Gattung des Romans (Lämmert 1971, 1975), später auch nichtfiktionale Arbeiten wie Essays, Reisebeschreibungen und Reportagen in den Kanon sprachkünstlerisch wertvoller Werke mit aufzunehmen.

In seiner Antwort auf eine Umfrage knüpft Thomas Mann 1910 die gesellschaftliche Stellung des Schriftstellers in Deutschland an die neuen Konzepte von Literat und Literatur. Der »Litterat« wird dabei als ein »Künstler der Erkenntnis« charakterisiert, welcher »von der Kunst im naiven und treuherzigen Sinne geschieden« sei durch »Bewußtheit, durch

Geist, durch Moralismus, durch Kritik« – durchwegs Tendenzen einer fortgeschrittenen Zivilisationsentfaltung, wie sie derselbe Autor schon wenige Jahre später mit demonstrativer Verächtlichkeit karikieren würde. Zugleich aber sieht Thomas Mann die stärkere sprach- und begriffsgeschichtliche Verankerung von »Litteratur« in der Kultur des Nachbarlandes Frankreich und dessen Sprache als eine Ursache oder zumindest als ein Symptom dafür, dass nicht nur das Wort, sondern auch die ›Sache‹ *Litteratur* »in Deutschland vielleicht niemals in dem Grade heimisch werden« könne (GKFA 14.1, 225). Schon diese frühe Einlassung Thomas Manns arbeitet demnach mit an einer kulturtypologischen Distinktion zwischen französischem Literatentum und deutscher Literaturfremdheit oder gar Literaturfeindlichkeit, wie sie dann die *Betrachtungen eines Unpolitischen* während der Kriegsjahre mit deutlich verschobener, nämlich antiliterarischer Akzentsetzung fortsetzten.

Die Herabsetzung einer (auf öffentliche Wirksamkeit schielenden) bloßen Schriftstellerei hatte im Deutschland der Kaiserzeit unter Gelehrten und Künstlern viele Anhänger. Sie erfolgte im Namen eines unhinterfragten gattungspoetischen Primats der *Dichtung* im Sinne des Lyrischen, wobei man gegenüber den im Verbreitungsgrad längst dominant gewordenen Publikationserfolgen von Roman- und Erzählwerken sowie des Theaters trotzig an der ästhetischen Höherrangigkeit verspoetischer Sprachkunst festhielt. Dass sich Thomas Mann noch im *Gesang vom Kindchen* offen die Frage »Bin ich ein Dichter?« vorlegen musste, um sie dann, in selbstironischem performativem Widerspruch, zugleich verspoetisch *und* abschlägig zu beantworten, verweist auf die hartnäckige Residualität der mit dem Dichtungsbegriff einhergehenden gattungskonservativen Hierarchien, die nur die Poetizität des Lyrischen als eigentliche Domäne des Dichters gelten ließen: »Jener heißt Dichter, der andere Autor etwa, Stiliste / Oder Schriftsteller; und wahrlich, man schätzt sein Talent nicht geringer. / Nur eben Dichter nennt man ihn nicht« (GW VIII, 1068).

Selbst unter den Kriegsbedingungen von 1914–1918 indes behandelte Thomas Mann, zumindest in seinen halböffentlichen, brieflichen Verlautbarungen, den in ihm selbst nachglimmenden, im Grunde aber längst entschiedenen Widerstreit zwischen den Rollenmodellen des poetischen Dichters und des prosaischen Literaten mit nonchalanter Zweideutigkeit. Am 1. 10. 1915 schreibt er an Paul Amann, genau genommen könne man »über Literatur eigentlich nur auf Französisch sprechen«; und ohne dies dann durch einen ad hoc-Sprachwechsel umzusetzen, befleißigt sich Thomas Mann brieflich doch eines gewissermaßen ›französischen‹ Komplimentierstils, indem er »die Delikatesse, Zärtlichkeit, geistreiche Sympathie« der Ausdrucksweise des Briefpartners lobend hervorhebt. Nur das Französische schaffe »um literarische Kunst die Atmosphäre feinsten Respekts und Wohlwollens«; darum auch sei Literatur »Nationalkunst dort drüben«, jedoch im Grunde »bei uns landfremd« (GKFA 22.1, 100 f.). Erstaunlich konziliant erweist sich der Autor auch nach seinen militanten öffentlichen Stellungnahmen (*Gedanken im Kriege*, *Friedrich und die große Koalition*) gegen das Mutterland und die geistige Welt des Zivilisationsliteraten.

Zu dieser Zeit war der ihm höchst ärgerliche (vgl. GKFA 22.2, 115) *Zola*-Essay seines Bruders Heinrich noch nicht erschienen, der in der Folge die aggressiven und selbstwidersprüchlichen Ausfälle der *Betrachtungen eines Unpolitischen* gegen Intellektualismus und Literatentum hervorrief – ohne an der Selbstpositionierung Thomas Manns auf Seiten des Schriftstellertums und der Literatur in der Sache auch nur das Geringste zu ändern. Für den Erzähler liegt die distinktive Qualität seines Tuns zu anderen gesellschaftlichen Diskursformen nicht in verspoetischer Artistik, sie erwächst aus der fiktionalisierenden Verwandlung von Redeinstanzen und Haltungen. Und nicht etwa durch die ›fortschrittliche‹ Art seiner dichterischen Produktivität – nämlich die prosaisch in Szene gesetzten Figurenwelten und ihrer jeweiligen ›erzählten‹ Rollenrede – hatte Thomas Mann seine sprachkünstlerische Integrität je aufs Spiel gesetzt, sondern allein durch die zeitweilige Indienstnahme seiner ›bürgerlichen Person‹ für unmittelbar politische Verlautbarungen. Immer dann, wenn er nicht hinter fremden, vorgeschützten Masken agieren konnte, sondern als ›er selbst‹ sprechen musste – so die in den Kriegsjahren schmerzlich gewonnene Einsicht –, lief Thomas Mann Gefahr, gegen die Geschäftsgrundlagen seiner eigenen Arbeitsweise zu verstoßen und missverstanden zu werden.

Auf einen institutionellen ›Ausgleich‹ zwischen publizistischer und ästhetischer Diskurslogik zielte die bereits über einen längeren Zeitraum und auch während der Kriegsjahre verfolgte Idee einer Akademiegründung deutscher Dichter und Künstler. Es verwundere, räumt Thomas Mann ein, ausgerechnet von ihm, der »für literarisches Vereinswesen absolut nicht tauge« und für den »alles […] Wichtige durch den Einzelnen allein geschieht«, eine solche Initiative ausgehen zu sehen (an Kurt Martens, 27. 5. 1914;

GKFA 22, 31). Und doch hatte Thomas Mann tatsächlich schon im Jahr 1910 die Idee einer »Deutschen Akademie« erwogen (GKFA 14.1, 230), nicht zuletzt, um dem seinerzeit konstatierten Defizit an literarischer Kultur in der deutschsprachigen Welt mit organisatorischen Mitteln abzuhelfen. Da es kaum einen etablierten Schriftstellerstand, erst recht noch nicht eine ständische Interessenvertretung der Autoren gab, so das 1910 vorgebrachte Argument, wäre nur eine institutionell geschaffene Vereinigung in der Lage, die Sache der Dichtung in einem weiter gefassten Sinne und die Zwecke ihrer Autoren zu befördern.

Schon die theoretische Vorstellung einer solchen berufsständischen Vereinigung jedoch gibt dem Schriftsteller Anlass zu der konterkarierenden Frage: »Ist die deutsche Literatur nicht zu wesentlich anarchisch, um eine Akademie zu dulden?« Und sei das literarische Schaffen nicht zu sehr auf »Einsiedlertum gestellt«, »zu wenig ›civilisiert‹ [...]?« (an Albert Ehrenstein, 11. 5. 1915; GKFA 22, 72). Abermals führt Thomas Mann gerade jene Aspekte als Hinderungsgründe auf, die er in früheren Überlegungen zum Verhältnis von *Geist und Kunst* bzw. von Literatur und Dichtertum als phänotypische Kennzeichen einer zivilisationsliterarischen Betriebsamkeit nach dem Bilde Frankreichs benannt hatte; mal eher zustimmend (zwischen 1908 und 1910), mal in heftiger Abwehr (ab dem Herbst 1914 vor allem), aber stets in einer stabil gegensätzlichen Verteilung. Doch werden gegen Ende der Kriegsjahre nicht mehr die tradierte Gattungshierarchie und die deutsche Dichtungsfrömmigkeit als denkbare Vorbehalte gegen die erwogene Literaten-Organisation geltend gemacht, sondern ein als zutiefst idiosynkratisch und inkommensurabel verstandenes Bild von der Schriftsteller-Persönlichkeit und ihrer Autorschaft, da jede Form der literarisch darstellenden Mitteilung auf radikaler Selbsterforschung und Selbstpreisgabe gründe und insofern nur wenig gemeinschaftstauglich sei.

Autorschaft als Selbstkundgabe

Nicht allein in ihrem etablierten Dichter-Status sahen sich die Schriftsteller der Moderne zunehmend in Frage gestellt. Auch jenes geistige Schöpfertum, das ihren Vorgängern über Jahrhunderte hin als hervorbringenden Künstlern den Rang von fast gottgleichen *second makers* gesichert hatte, war in seiner Geltung nicht mehr unantastbar. Wenn mit der emphatischen Subjektivität der Lebensdarstellungen Rousseaus oder auch Goethes ein neuer Ton des ›Sich selbst wichtig Nehmens‹ in die autobiographisch grundierte Prosa Eingang gefunden hatte, dann stand damit sowohl die Souveränität literarisch unabhängiger, künstlerisch autonomer Schöpfungsmacht in Frage, als auch das Recht der Literatur auf einen von anderweitigen gesellschaftlichen Interessen nicht belangbaren Eigensinn.

»Wie kann es geschehen, daß ein Künstlertum von einiger Strenge und Leidenschaft ohne Zaudern verwechselt wird mit dem Wesen und Wirken eines Winkel-Pasquillanten [...]?« (GKFA 14.1, 97), entrüstet sich Thomas Mann 1906 in dem Essay *Bilse und ich*. In diesem entschiedenen Einspruch gegen eine verkürzend realistische Lektüre seines Lübecker Gesellschaftsromans *Buddenbrooks* verwahrt sich der Autor dagegen, mit einem zweitrangigen Skandalautor namens Bilse in einem Atemzuge genannt zu werden. Als verbindendes Element beider Autoren war in der Öffentlichkeit eines Lübecker Beleidigungs-Prozesses die Neigung zur satirisch-karikierenden Darstellung leicht identifizierbarer sozialer Charaktere und Umstände ausgemacht worden. Aus diesem Anlass weist Thomas Mann mit einer ins Grundsätzliche zielenden Reflexion die Reduzierbarkeit seiner Werke auf empirischen Klartext weit von sich: »Wenn ich aus einer Sache einen Satz gemacht habe – was hat die Sache noch mit dem Satz zu tun? Philisterei ...« (GKFA 14.1, 101). Was den Autor der *Buddenbrooks* von den Enthüllungsgeschichten jenes Leutnant Bilse qualitativ und kategorial unterschied, so jedenfalls seine Selbsteinschätzung, war nicht der freizügige Umgang mit autobiographischen oder sonst wie aufgesammelten Fakten, sondern ihre literarische Transposition: jener »dichterische Vorgang, den man die *subjektive Vertiefung* des Abbildes einer Wirklichkeit nennen kann« (ebd.). Erst ein solcher künstlerischer Bearbeitungsschritt macht die der Wirklichkeit entlehnten Figuren zu Geschöpfen von Autors Hand.

Was es heißen konnte, ein autorschaftliches Verhältnis zu sich selbst zu unterhalten, erprobte Thomas Mann in immer neuen Konfigurationen. Nahezu unzensiert durchdringen traumhafte narzisstische Erhöhungswünsche (Wysling 1995; Dierks 2003) und korrespondierende Stigmatisierungsbedürfnisse (Elsaghe 2004, 143–258) Fiktionen wie die Hochstaplergeschichte von *Felix Krull*, die antisemitische Inzest-Erzählung *Wälsungenblut* oder auch den prätentiösen Hofstaat-Roman *Königliche Hoheit* (1909), in welchem der ältere Bruder zugunsten des zweiten auf den ihm nach der Geburtsfolge zustehenden Thron verzichtet (Kontje 2009); in ähnlicher Weise macht sich Mann später die biblische Josephsgeschichte zu eigen. Indes gilt die Verleihung königlicher Vollmacht und adliger Würde in (und mithilfe) der Literatur durchaus nicht der Person, sondern dem Produzenten, was für die Narzissmus-Problematik im Werk Thomas Manns durchaus signifikant ist. Die von Goethe übernommene und an das alter ego Gustav *von* Aschenbach delegierte soziale Belohnungsfigur der durch »natürliche Verdienste« (GKFA 2.1, 568) erwirkten Nobilitierung stellt den für Thomas Manns Etablierungsphase charakteristischen Versuch dar, »den Gegensatz von Leistungs- und Herkunftsprinzip aufzuheben« (Elsaghe 2000, 29).

Das Sprachspiel der Autorschaft betreibt unablässige Selbstkundgabe unter dem Schutz der Maskerade literarischer Rollenrede. Systematisch wird dieses Lebensdrama der Autorschaft an der Figur des *erzählten* Schriftstellers in *Der Tod in Venedig* (1912) entfaltet (von Matt 1978; Renner 1987). Gustav von Aschenbach, dem Protagonisten dieser Novelle, werden eine ganze Reihe fragmentarisch gebliebener Projekte Thomas Manns als veröffentlichte Werke zugeschrieben. Einen Schreibenden zur literarischen Figur zu machen – wie u. a. bereits in *Tristan* (1903) mit Detlev Spinell geschehen –, bedeutet, jene Instanz der Sprachwerdung zu exponieren, die der Darstellung eigentlich per definitionem entzogen ist. Das im *Tod in Venedig* gewählte Verfahren ist die Mehrfach-Belichtung. In immer neuen Anläufen variiert die Novelle die durch Michel Foucault (1969/1988) diskurstheoretisch zugespitzte Frage: Was ist ein Autor? Die Antworten reflektieren das durchaus Fragwürdige, unsicher Gewordene des Literaturbegriffs der Moderne; so wird Aschenbach anfangs als »Schriftsteller« apostrophiert, sodann dicht aufeinanderfolgend als »Autor«, »Künstler«, »Schöpfer«, »Verfasser« und »Dichter« (GKFA 22.1, 501, 507 f.). Die vom Schriftsteller zum Dichter aufsteigende Skala bildet zwar den tradierten hierarchischen Mehrwert des Dichter-Begriffs ab, doch verrät sie in der Pluralität ihrer Bezeichnungen der Autorschaft zugleich etwas von der zeitgenössischen Auflösung und Zersplitterung dieser Dichter-Imago. Die Charakterisierung Aschenbachs erfolgt zunächst über sein Œuvre, sodann über seine familiäre Herkunft (in der sich mütterliche Künstlerader und väterliche Disziplin verbinden), über die von ihm geschaffenen Figuren (die allesamt Thomas Manns publizierten Werken entlehnt sind), seine poetologischen Prinzipien, seine Tageseinteilung, Lebensführung und Produktionsweise (auch sie entsprechen weitgehend den Usancen des realen Verfassers), schließlich und fast wie im Nachtrag endlich über seine Physiognomie, die leibhaften Züge seines Erscheinungsbildes (für die ein Zeitungsfoto Gustav Mahlers Pate stand). In näher rückenden Fokussierungen führen diese Belichtungen vom Werk zum Leben, um resümierend zu versichern, dass die Kunst als ein erhöhtes Leben sich »in das Antlitz ihres Dieners« eingegraben habe mit den »Spuren imaginärer und geistiger Abenteuer« (GKFA 22.1, 516).

Der Handlungsgang setzt diese Autor-Figur nun einem Realitätstest aus, führt sie hinaus aus dem Arbeitszimmer, zunächst auf einen Spaziergang, der die folgende Reise nach Venedig präludiert. Jenes »Fortschwingen des produzierenden Triebwerkes«, das den Ruhebedürftigen »ins Freie« treibt, entlang der nördlichen Isarauen und schließlich auf den Friedhof (GKFA 22.1, 501), ist ein Nachhall der Schreibsituation mit abnehmender Intensität. Im Fortgang des Geschehens ist Gustav von Aschenbach als handelnde und leidende Figur, als alternder und liebender Mann zusehends weniger Autor, und eben auch immer weniger Meister seiner selbst. Trotz jener »anderthalb Seiten erlesener Prosa« (GKFA 22.1, 556), die er seiner exaltierten Seelenlage am Lido di Venezia noch abringt, ist die Mitteilungsfähigkeit dieses Schriftstellers am Ende versiegt, sein sprachlicher Kontakt mit der Umwelt vollständig zum Erliegen gekommen. Keine Briefe mehr werden gewechselt, keinerlei Bekanntschaft aufrechterhalten, da ist niemand, der von seinem Leidensweg Notiz nimmt. Im Augenblick größter Einsamkeit stirbt Aschenbach unbeachtet und hilflos inmitten des abklingenden Hotel- und Badebetriebs. Doch als habe die Erzählung auf diesen Punkt nur gewartet, stellt sie nach erfolgtem Ableben des Schriftstellers umgehend die denkbar größte Öffentlichkeit her. »Und noch desselben Tages empfing eine respektvoll erschütterte Welt die Nachricht von seinem Tode. – « (GKFA 22.1, 592). Der letzte Satz der Novelle ist der erste, der manifest den *point of view* des Protagonisten überschreitet und somit als kontingent autorisiert; von diesem Zielpunkt aus ist die scheinbare ästhetische Komplizenschaft von Schriftsteller-Figur, Erzählermedium und realem Autor als Ungleichung zu entschlüsseln.

Öffentliche Wirksamkeit und öffentliche Einsamkeit

In der 1918 entstandenen Vorrede der *Betrachtungen eines Unpolitischen* umschreibt Thomas Mann die zwiespältige, sowohl lebensgeschichtlich wie publikationstechnisch definierte Stellung des Autors mit einer analytisch bemerkenswerten Formel: »Sein Lebenselement ist eine öffentliche Einsamkeit, eine einsame Öffentlichkeit, die geistiger Art ist, und deren Pathos und Würdebegriff sich von dem der bürgerlichen, sinnlich-gesellschaftlichen Öffentlichkeit vollkommen unterscheidet, obgleich in der Erfahrung beide Öffentlichkeiten gewissermaßen zusammenfallen. Ihre Einheit beruht in der literarischen Publizität, welche geistig und gesellschaftlich zugleich ist (wie das Theater), und in der das Einsamkeitspathos gesellschaftsfähig, [...] sogar bürgerlich-verdienstlich wird« (GKFA 13.1, 19).

Das Doppelspiel der Autorschaft, von dessen phänomenaler Seite die *Tod in Venedig*-Novelle ausgegangen war, ist damit als institutionelle Form erfasst. Die Vokabel »Einsamkeit« widerruft zwar jene nationale Gemeinschaft, die Thomas Mann in der *Guten Feldpost* und anderen Verlautbarungen von 1914 erträumt hatte, als illusionär; doch beschreibt sie mitnichten eine persönliche oder existentielle Befindlichkeit, sondern einen Kommunikationsmodus. Die Sprecherposition des Schriftstellers konstituiert sich in der Abwesenheit des adressierten Publikums; im literarischen Werk wiederum spricht eine ›geistige‹, eine fiktionale Instanz, die aber dem latenten Autor unschwer als dessen Double zugeordnet werden kann. Der Vorteil genuin literarischer Selbstpreisgabe gegenüber dem Experiment als Nationalkolumnist der »Ideen von 1914« bestand darin, sich im Werk als Person gleichzeitig *geben* und *zurückbehalten* zu können, mit Thomas Manns Begriffen: »öffentlich« zu wirken und dennoch »einsam« zu bleiben.

Die literarische Publizität verfügt, indem sie »geistig und gesellschaftlich« zugleich ist, über einen Dualismus zweier Existenzformen. Sie gleicht darin jenem Zwei-Körper-Status, der von englischen Juristen der Tudor-Zeit dem Institut des Königtums und der Person des Monarchen zugeschrieben wurde. An die einschlägige Untersuchung von Ernst H. Kantorowicz (1957), der die *Zwei-Körper-Lehre* als Denkfigur wie als soziale Praxis nachgezeichnet und in ihrem analytischen Potential erschlossen hat, kann auch eine geschichtliche Theorie der literarischen Autorschaft mit einigem Gewinn anknüpfen: Hinter der nur scheinbar paradoxen Formel der »öffentlichen Einsamkeit« steht eine letztlich juridische Argumentation, die den Autor als eine zwiefach verfasste Körperschaft begreift. Der literarische Produzent hat die Eigenschaften einer bürgerlichen Person, und selbstverständlich auch deren physische Endlichkeit, andererseits aber dehnt er sich aus in den geistigen Raum seiner literarischen Veröffentlichungen, die von ihrer ursprünglichen Schreibsituation losgelöst zu betrachten und deshalb (was hier wertfrei gemeint ist) als fiktionale Sprachhandlungen ›unsterblich‹ sind.

Dem poetologischen Selbstverständnis des ›öffentlich einsamen‹ Autors zufolge sind sowohl die essayistischen Beiträge unter eigener Verantwortung wie auch die künstlerischen Imaginationen und Dramen innerhalb der fiktionalen Figurenwelt – trotz ihres unterschiedlichen Werkstatus – funktional vergleichbare Spielformen jener doppelten Optik der Autorschaft. Der geschichtliche Abdruck Thomas Manns als Bürger vierer Zeitalter und Staaten, die Amplituden seiner persönlichen Lebensführung als Regent oder als Patient, das ist die eine Dimension des Bildes; die andere aber ist komplementär hierzu der literarische Stimmführer als Regisseur der erzählten Welt, als ihr stilprägendes und belebendes Erzählmedium.

Von einer zweifachen, nämlich persönlich-leiblichen und institutionell-diskursiven Körperschaft des literarischen Autors ausgehend, gelingt es Thomas Mann um 1920 erstmals, den Schriftsteller-Habitus des inkommensurablen Individuums und seiner stilistischen Virtuosität mit den sozialen Anforderungen eines Standes und seiner Interessenvertretung in Einklang zu bringen. Sein bereits in der Vorkriegsphase und nochmals während des Krieges aufgeworfenes Projekt einer gesellschaftlichen Institutionalisierung des literarischen Lebens mithilfe der Einrichtung einer deutschen Akademie für Dichtung konnte erst unter den Auspizien eines nicht mehr gattungsnormativ eingeschränkten Verständnisses literarischer Produktivität jene öffentliche Resonanz erlangen, die ihm in den früheren Stadien der Idee verwehrt geblieben war. Thomas Mann publizierte den seinerzeit unrealisiert gebliebenen Aufruf aus dem zweiten Kriegsjahr (GKFA 15.1, 142 f.; vgl. Kurzke, GKFA 15.2, 56–65) im Rahmen des 1922 erschienenen Aufsatzbandes *Rede und Antwort* als Bestandteil seiner jüngeren politisch-essayistischen Schriften, mit einem Vermerk zum Entstehungskontext der darin beschriebenen Pläne. Die Absicht, damit zur Wiederbelebung der Akademiefrage beizutragen, gelang; denn anders als noch zu Kriegszeiten, als tiefe Gräben innerhalb der deutschen Autorenschaft zwischen national und international Ausgerichteten, zwischen Kriegsbefürwortern und Pazifisten bestanden hatten, ging es nun wieder um die innerliterarische Vielfalt des Schaffens und die Wahrnehmung gemeinsamer Interessen. Wie sich auf nochmals dramatisch zugespitzte Weise in der Kontroverse um die Benennung der Sektion für Dichtkunst – oder Literatur – innerhalb der Preußischen Akademie der Künste Ende der 1920er Jahre zeigen sollte, in der Thomas Mann zu den maßgeblichen Initianten einer kulturellen Öffnung gehörte (Jens 1994), hatte sich die Selbstbeschreibung des sozialen Feldes der Autorschaft definitiv von dem überkommenen Führungsanspruch des Dichtertums gelöst und unumkehrbar zugunsten des stärker medienästhetisch und soziologisch konturierten, gattungspoetisch neutralen Begriffes der Literatur verschoben. Auch und gerade unter den Bedingungen des Exils zeigte sich, dass die schriftstellerische Reputation nicht mehr aus einer poetischen Superiorität abzuleiten, sondern allein aus der diskursiven Verantwortung des Autors zu gewinnen war. Angesichts der ›amerikanischen‹ Arbeits-Bedingungen der vierziger Jahre trat die routiniert wahrgenommene Repräsentation zivilisatorischer Ideale deshalb in eine arbeitsteilige Ergänzungsfunktion zur moderat marktförmigen Publikumsorientierung Manns, dessen literarische Physiognomie nun als diejenige eines Bewahrers von nobler deutscher Stiltradition geschätzt wurde.

Literatur

Ansel, Michael/Friedrich, Hans Edwin/Lauer, Gerhard (Hg.): *Die Erfindung des Schriftstellers Thomas Mann.* Berlin/New York 2009.

Börnchen, Stefan/Liebrand, Claudia (Hg.): *Apokrypher Avantgardismus. Thomas Mann und die Klassische Moderne.* München 2008.

Dierks, Manfred: *Studien zu Mythos und Psychologie bei Thomas Mann* [1972]. Frankfurt a. M. 22003.

Elsaghe, Yahya: *Die imaginäre Nation. Thomas Mann und das ›Deutsche‹.* München 2000.

Elsaghe, Yahya: *Thomas Mann und die kleinen Unterschiede. Zur erzählerischen Imagination des Anderen.* Köln 2004.

Foucault, Michel: Was ist ein Autor? (Qu'est-ce qu'un auteur?). In: *Schriften zur Literatur.* Frankfurt a. M. 1988, 7–31 (frz. 1994 [1969], 789–821).

Honold, Alexander/Werber, Niels (Hg.): *Deconstructing Thomas Mann.* Heidelberg 2012.

Jens, Inge: *Dichter zwischen rechts und links. Die Geschichte der Sektion für Dichtkunst an der Preußischen Akademie der Künste.* Leipzig 21994.

Kantorowicz, Ernst H.: *Die zwei Körper des Königs. Eine Studie zur politischen Theologie des Mittelalters* (The King's Two Bodies. A Study in Medieval Political Theology). München 1990 (engl. 1957).

Kontje, Todd: Der verheiratete Künstler und die ›Judenfrage‹. *Wälsungenblut* und *Königliche Hoheit* als symbolische Autobiographie. In: Michael Ansel/Hans Edwin Friedrich/Gerhard Lauer (Hg.): *Die Erfindung des Schriftstellers Thomas Mann.* Berlin/New York 2009, 387–410.

Lämmert, Eberhard u. a. (Hg.): *Romantheorie. Dokumentation ihrer Geschichte in Deutschland 1620–1880.* Köln/Berlin 1971.

Lämmert, Eberhard u. a. (Hg.): *Romantheorie. Dokumentation ihrer Geschichte in Deutschland seit 1880.* Köln/Berlin 1975.

Matt, Peter von: Zur Psychologie des deutschen Nationalschriftstellers. Die paradigmatische Bedeutung der Hinrichtung und Verklärung Goethes durch Thomas Mann. In: Sebastian Goeppert (Hg.): *Perspektiven psychoanalytischer Literaturkritik.* Freiburg i. Br. 1978, 82–100.

Renner, Rolf-Günther: *Das Ich als ästhetische Konstruktion. »Der Tod in Venedig« und seine Beziehung zum Gesamtwerk Thomas Manns.* Würzburg 1987.

Wysling, Hans: *Narzißmus und illusionäre Existenzform. Zu den »Bekenntnissen des Hochstaplers Felix Krull«.* Frankfurt a. M. 21995.

Alexander Honold

II. Werke

1 Romane

1.1 *Buddenbrooks* (1901)

Thomas Manns erster Roman, sein »meistgelesenes und meistgeliebtes Buch« überhaupt (Mendelssohn 1981, 799), für das er 1929 mit dem Nobelpreis ausgezeichnet wurde, erzählt vordergründig die im 19. Jahrhundert angesiedelte Geschichte vom kurzzeitigen Aufstieg und schließlichen Niedergang einer Lübecker Kaufmannsfamilie über vier Generationen. Der Roman galt einer Reihe von Interpreten als verspäteter »erste[r] große[r] realistische[r] Roman« der deutschen Literatur (Auerbach 1946, 459) bzw. als »der erste deutsche Gesellschaftsroman« (Wysling, TMHb, 363). Mit den frühen Erzählungen wie v. a. *Der Tod*, *Der kleine Herr Friedemann*, *Der Bajazzo*, *Der Weg zum Friedhof*, *Tonio Kröger* und *Tristan* sind die *Buddenbrooks* über eine Vielzahl von Erzählkonstellationen, Themen und Motiven verbunden. Zu ihnen gehören u. a. der Gegensatz von Bürgertum und Künstlertum, die Außenseiterstellung des am Leben leidenden Helden, das Erzählen auf den Tod hin und die rauschhaft entgrenzende Rolle der Musik. Der Roman entfaltet sein Niedergangspanorama der ›Entbürgerlichung‹ jedoch im weiter ausgreifenden, mit einem Geflecht von Leitmotiven verbundenen Kontext einer dekadenten Verfallsästhetik, die kaufmännischem Niedergang eine ästhetische Verfeinerung und eine gesteigerte Bewusstheit an die Seite stellt. Dem zunächst äußerlich noch sichtbaren bürgerlichen Aufstieg der Familie, ihrer patrizischen Repräsentanz, wird dabei eine innere ›Aushöhlung‹ und Auszehrung und damit der Verlust an Vitalität kontrastiert. Der Hang zu Introspektion und Selbstreflexion und schließlich Selbstzweifel erschweren es den Familienmitgliedern der dritten und vierten Generation zunehmend, noch wie einst selbstverständlich, ›naiv‹ und ›praktisch‹ den Geschäftsbetrieb zu führen und äußerlich Haltung zu bewahren. Lebensunlust, Zweifel am christlichen Jenseitsglauben und nervöse Krankheiten gehen dabei Hand in Hand mit einer geistig-sinnlichen Verfeinerung der Familie, die zuletzt in philosophischen und musikalischen Ausschweifungen ihren Niederschlag findet. Vor allem in metaphysischer Hinsicht deutet sie auf ein Ungenügen am Leben, das die Protagonisten nicht mehr sinngebend einfangen können. Manns *Buddenbrooks* lassen sich damit, wie die Geschichte der Deutungen eindrucksvoll vorführt, auf vielfältige, einander komplex ergänzende und überlagernde Weise lesen: als bürgerliche Familienchronik und Generationenroman, als historischer Gesellschafts- und Kaufmannsroman, als »Bankrott ›protestantischer Ethik‹« (Sommer 1994), als dekadente Verfallsgeschichte des Fin de Siècle, als psychologischer Roman und als ›europäischer Nervenroman‹ sowie, nicht zuletzt, als philosophischer Roman, der die Brüchigkeit tradierter Sinngebungsmodelle in der Moderne vorführt.

Entstehungs- und Publikationsgeschichte

Fast drei Jahre arbeitete Mann an seinem ersten Roman, dessen Handschrift (bis auf Bruchstücke, die in den Arbeitsnotizen erhalten blieben) während des Zweiten Weltkrieges in München vernichtet wurde. Nach einigen Vorarbeiten ist der Beginn der eigentlichen Niederschrift auf »Rom / Ende Oktober 1897« datiert, wo der damals erst Zweiundzwanzigjährige sich zu diesem Zeitpunkt gemeinsam mit seinem Bruder Heinrich während ihrer eineinhalbjährigen Italienreise aufhielt. Geplant war ein »Roman von zweihundert bis zweihundertfünfzig Seiten nach dem Muster nordischer Familienromane«, doch das entstehende Werk hatte »seinen eigenen Willen« und entwickelte sich, wie Mann 1940 in *On Myself* erinnert, »zu einem zweibändigen Roman deutscher Bürgerlichkeit« (GW XIII, 137). Der Abschluss des Manuskripts erfolgte nach der Fortsetzung der Arbeit 1898 und 1899 in München laut brieflicher Selbstauskunft Manns am 18. 7. 1900 (an Otto Grautoff; vgl. GKFA 21, 120; zum Entstehungsprozess im Einzelnen vgl. GKFA 1.2, 9–101). Nach kurzer, weniger als einmonatiger Umarbeitungszeit konnte Mann das Absenden des fertigen Manuskripts als »unförmiges Angebot« (GW XIII, 139) an den Verlag vermelden (an Otto Grautoff, 13. 8. 1900; vgl. GKFA 21, 122).

Einen äußeren Anstoß zu einem »größere[n] Prosawerk« hatte schon am 29. 5. 1897 Manns Verleger Samuel Fischer gegeben (vgl. GKFA 1.2, 9 f.); erste eigene Ideenskizzen, die um eine familiäre Verfallsgeschichte im Rahmen eines vierstufigen Degenerationsprozesses kreisten, sind auf das Jahr 1895 zurückdatiert worden (Wysling, TMHb, 363). Am 20. 8. 1898 schreibt Mann an Grautoff dann bereits aus Palestrina, er bereite »einen großen Roman« vor, »der etwa ›Abwärts‹ heißen« solle (GKFA 21, 99). Die Vorbereitungs- und Schreibphase war, wie die Forschung von Scherrer (1967) und Mendelssohn (1975) bis zur Neuedition und Kommentierung im Rahmen der GKFA (Band 1.2) durch Heftrich/Stachorski (2002) umfangreich ermittelt und aufgearbeitet hat, von in seinen Notizbüchern festgehaltenen Gedanken zum Roman sowie Materialbeschaffungen (u. a. Lexikonartikel, Bildvorlagen) und Recherchen begleitet, welche die eigene Erinnerung an die Familiengeschichte der Manns und das Anfertigen von Kapiteleinteilungen, Handlungsverläufen, chronologischen Schemata, Stammbäumen und Berechnungen zu Vermögensverhältnissen der Figuren usw. ergänzten (vgl. den Materialienteil in GKFA 1.2). So fragte Mann u. a. seine Mutter Julia Mann, seine Schwester Julia und seine Tante Elisabeth Haag-Mann um Informationen zur Familiengeschichte und zu Familienrezepten und den verwandten Lübecker Konsul und Kaufmann Wilhelm Marty zum wirtschafts- und lokalgeschichtlichen Hintergrund an (vgl. ebd.).

Im Druck erscheinen konnte der Roman schließlich erstmals in der (gegen den Verleger durchgesetzten) zweibändigen Erstauflage bei S. Fischer in Berlin im Oktober 1901 (als *Buddenbrooks. Verfall einer Familie. Roman*). Der Absatz der tausend Exemplare der Erstausgabe ging nur schleppend voran; erst mit der deutlich günstigeren, einbändigen 2. Auflage von 1903 begann der beständig zunehmende Erfolg des Romans und mehrten sich zugleich, wie Mann im *Lebensabriß* erwähnt, »die preisenden Pressestimmen« (GW XI, 114). Das 100. Tausend war beim Ende des Ersten Weltkrieges erreicht; nach der Verleihung des Nobelpreises erschien 1929 (datiert auf 1930) eine nochmals günstigere ›Volksausgabe‹, von der bis Ende 1930 über eine Million Exemplare aufgelegt wurde. Frühen ersten Übersetzungen ins Dänische (1903) und Schwedische (1904) folgten bis 1930 weitere elf; bis zum Ende des 20. Jahrhunderts addierte sich die Zahl der Übersetzungen schließlich auf fast vierzig (Potempa 1997; GKFA 1.2, 224).

Quellen, Einflüsse und intertextuelle Referenzen

Die Geschichte der eigenen Familie war Manns »Urstoff« des Sujets (GKFA 1.2, 111): Zu seinen Erinnerungen an die Jugend in (dem im Roman nicht namentlich genannten, aber topographisch und atmosphärisch gut erkennbaren) Lübeck kamen die Erinnerungen und Berichte der brieflich angefragten Familienmitglieder sowie die Familienpapiere der Manns hinzu, welche (neben Dokumenten und Urkunden) u. a. die Generationen zurückreichende Familiengeschichte chronikartig festhielten (darunter die chronikalische Übersicht bedeutender Familienereignisse des Urururgroßvaters Joachim Siegmund Mann und die vom Großvater Johann Siegmund Mann erstellte und fortgeführte Fassung der Chronik, jetzt in GKFA 1.2 abgedruckt). Diese biographische Schicht ließ den Roman für Mann selbst zum »Erinnerungs- und Selbsterforschungswerk großen Stils« werden (Wysling, TMHb, 366 ff.), das auch eine »psychohygienische Funktion« zu erfüllen hatte (ebd., 367). Das Biographische dient jedoch lediglich als Ausgangspunkt einer geistigen und ästhetischen Überformung des Stoffs zum Roman, wie Mann in *Meine Zeit* 1950 rückblickend erklärt: »Ich hatte persönlich-familiäre Erfahrungen zum Roman stilisiert, mit der Empfindung zwar, daß etwas ›Literarisches‹, das heißt Geistiges, das heißt Allgemeingültiges daran sei, aber doch ohne eigentliches Bewußtsein davon, daß ich, indem ich die Auflösung eines Bürgerhauses erzählte, von mehr Auflösung und Endzeit, einer weit größeren kulturell-sozialgeschichtlichen Zäsur gekündet hatte.« (GW XI, 313)

Was Mann hier als Überarbeitungsprozess zu literarisch-geistiger ›Stilisierung‹ definiert, verweist indes auf sein im weiteren Werk stetig verfeinertes Verfahren der »Montage«, das er Adorno gegenüber später – mit Bezug auf die Darstellung der Typhuserkrankung Hanno Buddenbrooks – als »eine[] Art von höherem Abschreiben« kennzeichnet (an Th.W. Adorno, 30. 12. 1945; Br II, 470). Eben diese Montage ziele auf »eine[] gewisse[] Vergeistigung des mechanisch Angeeigneten« (ebd.). Über Quellenmaterialien wie den angesprochenen Lexikonartikel über den Typhus (aus *Meyers Konversations-Lexikon* von 1897, vgl. GKFA 1.2, 673–682) hinaus sind es jedoch eine Vielzahl philosophischer und literarischer Einflüsse, die in die *Buddenbrooks* eingeflossen sind – sei es in Form allgemeinerer oder motivischer Anregungen oder in Form von Detailübernahmen im Romantext. Mann selbst hat im späteren Leben bei wechselnden Gelegenheiten eine Reihe von Hinweisen zu seiner literarischen »Herkunft und Schulung« (Moulden 1988, 45 f.) gegeben und dazu, in welchem literaturgeschichtlichen Kontext er sich und seinen Roman sehen wollte (nicht selten allgemein v. a. auf skandinavische, russische, französische Erzähltraditionen des 19. Jahrhunderts verweisend); die Forschung allerdings hat davon mit Blick auf den Text manchen Einfluss neu und manchen anders gewichtet (zu diesem und dem folgenden Überblick vgl. den Stellenkommentar in GKFA 1.2, 229–417). Zu unterscheiden sind daher allgemeinere literarische Kenntnisse, Lektüren und Anregungen Manns, zu denen etwa Nietzsches *Geburt der Tragödie* zählte wie auch (seinen eigenen Angaben nach) Edmond und Jules de Goncourts *Renée Mauperin*, Tolstois *Anna Karenina* und *Krieg und Frieden* sowie Fontanes *Effi Briest*, von Texten, die in den *Buddenbrooks* (explizit) zitiert und genannt werden oder auf die (implizit) verwiesen wird. Weder von Manns eigenen Hinweisen noch von den im Roman selbst enthaltenen Verweisen auf andere Texte kann allerdings per se auf deren grundlegende Bedeutung als ›Quelle‹ oder manifester ›Einfluss‹ geschlossen werden – und nicht alle dieser intertextuellen Referenzen sind gleichermaßen relevant und funktional für den Bedeutungsaufbau in Manns Roman.

Zu den explizit gegebenen Hinweisen gehören zunächst die Lektüren der Buddenbrooks: So liest Tony Heinrich Claurens *Mimili* und in E. T. A. Hoffmanns *Serapionsbrüdern*, Thomas liest Heine und Schopenhauers *Welt als Wille und Vorstellung*, Kai liest Edgar Allan Poes *Der Fall des Hauses Usher* (und zitiert Shakespeares *Julius Caesar II*) und Bendix Grünlich liest der Konsulin aus Walter Scotts *Waverley* vor. Zu den im Roman punktuell erwähnten oder explizit bzw. implizit zitierten literarischen Texten gehören aber ferner u. a. auch: Walter Scotts *Ivanhoe*, E. T. A. Hoffmanns *Kreisleriana* und *Der goldene Topf*, Ovids *Metamorphosen*, Boëthius' *Vom Trost der Philosophie*, Offenbachs *Schöne Helena*, Grimms Märchen, Uhlands *Schäfers Sonntagslied*, Wagners *Tristan und Isolde*, *Die Meistersinger von Nürnberg* und *Lohengrin*, Geroks *Palmblätter*, Chamissos *Peter Schlemihl's wundersame Geschichte*, J. C. Lavaters *Geheimes Tagebuch*, Fr.A. Krummachers *Parabeln*, Hebels *Alemannische Gedichte*, Blaise Pascals *Pensées*, Horaz' *Epoden*, Goethes *Egmont* und *Faust II* sowie sein Gedicht *Trost in Tränen*, Shakespeares *Hamlet* und *Romeo und Julia*, Eckermanns *Gespräche mit Goethe*, Luthers *Kleiner Katechismus* und *Ein feste Burg ist unser Gott*, Lope de Vegas Dramen, Heines *Buch der Lieder*, Jonas Lies *Ein Mahlstrom*, Nietzsches *Der Fall Wagner*, Schopenhauers *Die Welt als Wille und Vorstellung*, Paul Gerhardts *Abendlied*, sein *Neujahrs-Gesang* und *Befiehl du deine Wege*, Eichendorffs *Aus dem Leben eines Taugenichts*, Schillers *Don Carlos*, Platens *Tristan*, die Liedersammlung *Des Knaben Wunderhorn*, eine Reihe von Kirchenliedern und immer wieder auch die Bibel.

Einige Texte sind dabei als strukturell bedeutsamere Muster und Denkmodelle für Manns Roman erkannt worden. Zu ihnen gehören neben Texten des (für Manns Denken und Ästhetik allgemein einflussreichen) ›Dreigestirns‹ Wagner (*Ring des Nibelungen*; vgl. dazu Vaget 1984), Nietzsche (*Was bedeuten asketische Ideale?*) und Schopenhauer (das Kapitel »Über den Tod und sein Verhältnis zur Unzerstörbarkeit unsers Wesens an sich« aus *Die Welt als Wille und Vorstellung*; vgl. dazu Pütz 1975) v. a. Edmond und Jules de Goncourts *Renée Mauperin* (zu den inhaltlichen Parallelen vgl. Moulden 1988, 47 ff.; Matthias 1986), die Werke der Norweger Alexander Kielland (*Garman & Worse*, *Schiffer Worse*, *Schnee*) und Jonas Lie (*Ein Mahlstrom*, *Die Familie auf Gilje*; zu beider Bedeutung und zu motivischen Parallelen vgl. Moulden 1988, 50 ff.), Edgar Allan Poes *Fall des Hauses Usher* (vgl. dazu Detering 2011 u. Lipinski 2011) und Hans Christian Andersens Märchen (vgl. dazu Maar 1995). Als weitere Quelle zog Mann zudem Georg Brandes' *Hauptströmungen der Litteratur des 19. Jahrhunderts* zurate.

Im Fall einer Reihe weiterer Autoren und Texte, die in der Forschung immer wieder als für die *Buddenbrooks* einflussreich identifiziert wurden, besteht allerdings kein breiterer Konsens über die Frage, wie belegbar deren Einfluss bzw. wie weitreichend deren Bedeutung für die *Buddenbrooks* insgesamt sind; zu ihnen gehören u. a.: Bjørnsons *Ein Fallissement*, Tolstois *Anna Karenina* und *Krieg und Frieden* (Grawe spricht in diesem Fall von »subtilere[m]« Einfluss auf den »Ton« von Manns Roman, und nicht auf seinen »Wortlaut«, vgl. Grawe 1988, 80), Fontanes *Effi Briest*, *Unwiederbringlich* und *Irrungen, Wirrungen* (von denen vermutet wurde, sie könnten v. a. atmosphärische Milieu- und Gesprächsdarstellung beeinflusst haben; vgl. ebd. u. Jendreieck 1977, 128), Jens Peter Jacobsens *Niels Lyhne* und *Frau Marie Grubbe*, Ibsens *Gespenster* und *Nora oder Ein Puppenheim* sowie allgemein der Einfluss weiterer von Mann mit den *Buddenbrooks* in Verbindung gebrachter Dichter (u. a. Fritz Reuter, Dickens, Bang, Hamsun, Flaubert und Turgenjew; vgl. dazu ausführlich Moulden/von Wilpert 1988, 44 f.) sowie weiterer von ihm erwähnter Vorbilder (u. a. Maupassant, Tschechow).

Liegen zu den meisten der als einflussreich benannten Autoren und Textquellen oft nur einzelne, seltener kollektivierend auf nationale Literaturen bezogene Studien vor (vor Ersterem warnte, der in den *Buddenbrooks* vorliegenden ›Quellenmixtur‹ wegen, schon Moulden in Ders./von Wilpert 1988, 44), so hat einzig Bohnen versucht, die Spezifizität des Mann'schen Montageverfahrens als Konturierung und Bündelung von Prätexten zu »Bild-Netzen« zu beschreiben, die häufig um zeitgenössisch verbreitete literarische Motivkomplexe zentriert sind, wie sie z. B. der Typhus-Tod, die »Melancholie des verfehlten Lebens« und die »maskenhafte Selbstbehauptung gegenüber dem Verfallsbewusstsein« über Literaturgrenzen hinweg in der skandinavischen, russischen und französischen Literatur der Zeit zwischen 1860 und den 1880er Jahren darstellen (Bohnen 2002, 62 u. 65). Auf diese Weise inszeniere Mann in den *Buddenbrooks* den ›Verfall einer Familie‹ intertextuell »im Dialog mit der zeitgenössischen Literatur« und integriere die ›vorgebildeten‹, kursierenden »Bild-Netze« in ein »Erzählganzes [...], das die Quellengrundlage dieses Dialogs in vielfache Beziehungen auffächert« (ebd., 65). Manns Roman bilde somit um 1900 »eine Art Querschnitt der europäischen Literatur seiner Zeit [...], ein Kondensat der Ideen, Themen und Motive dieser Literatur, die Bilderwelt zahlreicher Werke zu einem durchaus eigenständigen Ganzen vernetzend« (ebd., 68). Nicht nur in dieser Hinsicht stellen die *Buddenbrooks* den vielleicht bedeutendsten deutschen Roman des kultur- und mentalitätsgeschichtlichen Epochenumbruchs der Frühen Moderne dar.

Aufbau und Inhalt

Buddenbrooks sind in elf Teile mit insgesamt 97 kürzeren Kapiteln unterschiedlicher Länge gegliedert. Der erzählte Zeitraum umfasst 42 Jahre von Herbst 1835 bis Herbst 1877 und wird chronologisch erzählt. Beginnt der Roman auf dem Höhepunkt familiären Glücks, mit der Feier des Einzugs der ersten Generation in das neue Haus in der Mengstraße, so legt er in der Folge den Fokus auf die breite Darstellung der zweiten und vor allem dritten Generation der Buddenbrooks. Vor allem Thomas und Hanno und ihrem problematischen Verhältnis zum Leben sind die längsten der gegen Ende des Romans zunehmend längeren Kapitel gewidmet (u. a. Thomas' Schopenhauerlektüre und Hannos Schultag), in denen innere Erlebnisse und Vorgänge abgebildet werden. Mit »strikte[r] zeitliche[r] Kontinuität« und »strenge[r] räumliche[r] Kohärenz« und »Geschlossenheit« (Grawe 1988, 81 f.) erzählt der Roman zwar in einer »Folge von zeitlich auseinanderliegenden Szenen« (ebd., 74), aber »geradlinig[] und direkt« (ebd., 76), das um das Haus als das »zentrale Symbol« (Vogt 1995, 26) zentrierte Schicksal der Familie. Deren Generationenfolge stellt das grundlegende Ordnungsmodell von vier aufeinanderfolgenden Generationen zur Verfügung, wobei die männlichen Protagonisten und Firmenerben nicht nur als »Repräsentanten bestimmter historischer Zeitabschnitte« (ebd., 27) figurieren, sondern v. a. die Stadien des unaufhaltsamen Verfalls in ihrer Haltung zum Leben verkörpern. Der Unbefangenheit und Unbekümmertheit Johann Buddenbrooks kontrastiert das bereits zu einem Rollenverhalten stilisierte Gebaren seines Sohnes Jean, das jedoch erst bei dessen Sohn Thomas zur nur noch mühsam aufrechterhaltenen ›Maske‹ erstarrt und in der vierten Generation, mit Hanno, schließlich gänzlich in die Hingabe an Todessehnsucht und in die Selbstaufgabe umschlägt. Der Handlungsgang der elf Teile ist dabei wesentlich durch zentrale Familienereignisse wie Geburt und Taufe, Verlobung und Hochzeit, Tod und Beisetzung einerseits und durch die damit zusammenhängenden Geschicke der Getreidefirma Buddenbrook andererseits strukturiert.

Der erste Teil setzt *medias in res* führend mit einem szenisch dargebotenen Gespräch der versammelten ersten drei Generationen Buddenbrook ein: Konsul Johann Buddenbrook und seine Gattin Antoinette, Sohn Johann (»Jean«) und seine Gattin Elisabeth (»Bethsy«) und deren Kinder Thomas, Christian und Antonie (»Tony«) sitzen an einem Donnerstagnachmittag des Jahres 1835 im »Landschaftszimmer« des neu bezogenen Mengstraßenhauses, »stolz und glücklich in dem Bewußtsein, etwas geleistet zu haben, etwas erreicht zu haben ... unsere Firma, unsere Familie auf eine Höhe gebracht zu haben, wo ihr Anerkennung und Ansehen im reichsten Maße zu Teil wird« (GKFA 1.1, 53). Der darauf geschilderten Einweihungsfeier des neuen Hauses als Exposition und »Ouvertüre« des Romans (Vogt 1995, 13) setzt lediglich der am Ende des ersten Teils zwischen Vater und Sohn diskutierte »heimliche[] Riß« durch die Familie (GKFA 1.1, 53) einen Kontrapunkt. Der zweite Teil fokussiert die Jugendzeit der Enkelgeneration und das Sterben der ersten Generation, mit dem unbemerkt »[e]twas Neues, Fremdes, Außerordentliches« ins Haus Einzug hält: »der Gedanke an den Tod [...] herrschte stumm in den weiten Räumen« (ebd., 76). Doch Johann nimmt den Tod mit einem »erstaunte[n] Kopfschütteln« (ebd., 77) zur Kenntnis – und die Jugend, allen voran Tony, verlebt »alles in allem, eine glückliche Jugendzeit« (ebd., 99). Diese endet für Tony, als ihre Eltern im dritten Teil eine Vernunftehe für sie in die Wege leiten; sie gibt schließlich nach und verlobt sich mit dem Hamburger Kaufmann Bendix Grünlich, den sie im vierten Teil heiratet. Die aus Geldnöten Grünlichs motivierte Ehe entlarvt sich jedoch als gezielter Betrug; Tony kehrt als Geschiedene ins Elternhaus zurück. Am Ende des vierten Teils stirbt unerwartet Jean, und mit Beginn des fünften Teils übernimmt Thomas die Leitung von Firma und Familie. In Amsterdam findet er in Gerda Arnoldsen schließlich seine Ehefrau: »eine Künstlernatur«, »die Mutter zukünftiger Buddenbrooks« (ebd., 332 f.). Die Jungverheirateten ziehen nach ihrer Hochzeitsreise in ein »kleine[s] Haus in der Breitenstraße« (ebd., 326). Tony verheiratet sich im sechsten Teil ein zweites Mal mit dem Münchener Hopfenhändler Alois Permaneder, doch auch diese Ehe zerbricht und sie kehrt als zum zweiten Mal Geschiedene in ihre Heimat zurück. Äußerlich gelingt es Thomas hingegen, Firma und Familie im siebenten Teil auf eine neue Höhe zu bringen: Er wird Vater und zudem Senator der Stadt – und baut ein neues, größeres Haus. Zugleich aber verliert er an Zuversicht, und Zweifel machen sich in ihm breit, wenn er an das »türkische[] Sprichwort« denkt: »Wenn das Haus fertig ist, so kommt der Tod« (ebd., 473). Seine Sorgen, führt der folgende achte Teil vor, sind nicht unbegründet: Sohn Hanno stellt sich als verträumtes, »stilles und sanftes« (ebd., 507), schwaches Kind heraus und scheint kaum geeignet, einst die Leitung der Firma zu übernehmen; er selbst ist innerlich müde und ermattet, und der Geschäftssinn droht ihm abhanden zu kommen. Dem äußerlichen Glanz entspricht im Inneren längst kein starkes Selbstvertrauen mehr, wie sich während der Feier des hundertsten Firmenjubiläums zeigt: Auf deren Höhepunkt ereilt Thomas (mit dem Verlust der ›Pöppenrader Ernte‹) die Nachricht von einem erheblichen finanziellen Schaden. Die Abwärtslinie setzt sich zu Beginn des neunten Teils – bei »feuchte[m] und kalte[m] Herbstwetter[]« (ebd., 611) – fort, als Konsulin Elisabeth an Lungenentzündung erkrankt und schließlich einen grausamen Erstickungstod stirbt. Ihm folgt der Verkauf des alten Mengstraßenhauses – ausgerechnet an die konkurrierenden und aufstrebenden Hagenströms. Der zehnte Teil präsentiert Thomas körperlich und psychisch angeschlagen sowie geschäftlich und gesellschaftlich im Abseits: Sein Vermögen gilt in der Stadt »für stark reduziert« und seine Firma »für im Rückgange begriffen« (ebd., 672). Innerlich ›verarmt‹ und ›verödet‹, kommt der von ihm aufrechterhaltene äußere Schein dem »Dasein [...] eines Schauspielers« gleich (ebd., 677). In einem Akt rauschhaft erfahrener Lektüre verhilft ihm da das Todeskapitel aus Schopenhauers *Die Welt als Wille und Vorstellung* – jedoch nur kurzzeitig – zur Erkenntnis, dass der Tod »ein Glück« sei und zur Hoffnung auf »Heimkehr« und Befreiung vom Leben als »einem unsäglich peinlichen Irrgang« (ebd., 723) berechtige. Auch ein Seeaufenthalt in Travemünde kann sein Befinden nicht mehr verbessern, und schließlich bricht er nach einer Zahnextraktion auf der Straße bewusstlos zusammen. Thomas' Tod und Beisetzung markieren den eigentlichen Abschluss der Familien- und Firmengeschichte; der folgende elfte Teil inszeniert noch einmal »[e]pilogartig« (Wenzel 1993, 27) das Ende der Buddenbrooks: Nach dem Verkauf von Haus und Firma ziehen Gerda und Hanno in eine »kleine[] Villa [...] vorm Burgthore« (GKFA 1.1, 770). Hannos schließlicher Tod am Typhus erscheint nur noch als Folge seines nicht vorhandenen Lebenswillens: »Ich möchte schlafen und nichts mehr wissen. Ich möchte sterben« (ebd., 819). Gerda geht nach seinem Tod zurück nach Amsterdam, übrig bleibt von den Buddenbrooks am Ende (nachdem Christian sich mit »Wahnideen und Zwangsvorstellungen« schon vorher in »eine Anstalt« verabschiedet hat; ebd., 772) einzig die weibliche Seitenlinie: Tony, ihre Tochter Erika und ihre Enkelin Elisabeth.

Erzählverfahren, Form und Poetik

Fast ein »Verbildungsroman«, der das Muster des Bildungsromans auf den Kopf stellt, indem er die »Reifung zum Künstler« in einer »Dissonanz zwischen Ich und Welt statt ihrer harmonischen Übereinstimmung« enden lässt (Hillman 1988, 64), stellen die *Buddenbrooks* mit ihrer Struktur verschiedene Deutungsangebote bereit. Eine gattungspoetische Einordnung ist daher aufgrund der »Vielfalt« des Romans und der »Koexistenz der Romantypen« in ihm nicht eindeutig zu leisten, doch gerade damit »überwindet Mann die Eindimensionalität der meisten deutschen Romane des 19. Jahrhunderts« (ebd., 68). So rückt Manns Roman mit dem Akzent auf der zerfallenden Einheit der Familie den familiären und gesellschaftlichen Aspekt zwar in den Vordergrund – Mann selbst gab seinen Roman 1926 als repräsentative »Seelengeschichte des deutschen Bürgertums« aus (GW XI, 383) –, doch bietet Manns Variante des Familien- und Gesellschaftsromans »keine enge Wechselwirkung zwischen familiärem und öffentlichem Geschehen, zwischen Genealogie und Sozialgeschichte« – und lässt sich mit der »vorwiegend am Rande der Handlung« platzierten Zeitgeschichte auch nicht als »panoramische[r] Zeitroman« oder als Chronik des 19. Jahrhunderts lesen (Hillman 1988, 66ff.). Die (mit Nietzsche konnotierte) Psychologie und (mit Schopenhauer konnotierte) Philosophie des in den *Buddenbrooks* dargestellten Verfalls hingegen sind von der Forschung immer wieder als durchgängig strukturierende Grundideen diskutiert worden, da sie v. a. auch mit einem leitmotivischen Beziehungsnetz den Gang der Handlung über die einzelnen Teile und Kapitel hinweg in »ungemein vielfältigen Reihen- und Kontrastbildungen« (Neumann 2001, 23) in Beziehung setzen. Eingebunden in ein komparativisches Erzählverfahren, bei dem auf der Ebene der Figurenbeziehungen »im Porträt des Sohnes [...] zugleich das des Vaters mit anwesend« ist (Koopmann 1975, 12), stellt die Verfallsthematik das alles integrierende Moment der einzelnen Themenkomplexe des wirtschaftlich-materiellen, biologischen und psychischen Niedergangs dar. Dem ordnet sich auch das Erzählverfahren bei, insofern es von den anfänglich dominant dialogisch gestalteten Szenen und einem Erzählen im dramatischen Modus im Romanverlauf immer stärker zum monologischen und subjektiven Erzählen aus spezifischer Figurenperspektive tendiert (Grawe 1988, 90) und an den fortschreitend beschleunigten Verfall auch eine zunehmende interne Fokalisierung koppelt (Jannidis 2008, 55), mit der die »zunehmende[] seelische[] Vertiefung und Wahrnehmungsschärfe« sowie die zunehmende »Vereinsamung der Gestalten« erfahrbar wird (Grawe 1988, 87). Die am häufigsten eingesetzten narrativen Verfahren dieser Introspektion, erlebte Rede und innere Monologe, tragen dabei nicht nur zur stärkeren Konzentration auf das Innenleben der Figuren im Rahmen einer »Gedanken- und Wahrnehmungsanalyse« bei (ebd.), sondern sind auch Ausdruck eines Erzählverfahrens im Übergang zwischen Realismus und Moderne, bei dem die auktoriale (heterodiegetische) Erzählerstimme und der scheinbar ›allwissende‹ Erzählerbericht immer wieder ins personale Erzählen aus wechselnder Figurenperspektive übergehen. Ermöglicht wird dadurch ein »subtile[s] Spiel mit der Erzählperspektive«, das einen »variierende[n] Abstand zum Erzählobjekt« ermöglicht (ebd., 91) und mit dem Wechsel von Nähe und Distanz zum Geschehen ebenso die subjektive Perspektivierung des Handlungsgeschehens wie auch die (größtenteils ironisch gefärbte) distanzierte Betrachtung des Verfalls erlaubt. Schon Rilke hat in seiner Rezension der *Buddenbrooks* als vom Roman »[b]esonders fein beobachtet« hervorgehoben, »wie der Niedergang des Geschlechtes sich vor allem darin zeigt, daß die Einzelnen gleichsam ihre Lebensrichtung geändert haben, daß es ihnen nicht mehr natürlich ist, nach außen hin zu leben, daß sich vielmehr eine Wendung nach Innen immer deutlicher bemerkbar macht« (Rilke 1986, 22f.).

Die in der Forschung anfänglich betonte Wirklichkeitstreue und die Objektivität der Darstellung in den *Buddenbrooks* sind nun allerdings nicht nur durch Tendenzen zur Subjektivierung, Perspektivierung und Innenschau konterkariert: Dem »extrem selektiven Charakter« der dargestellten Wirklichkeit in Manns Roman (Grawe 1988, 74) entspricht auch eine selektiv-akzentuierende Darstellungsweise, wie sich insbesondere am ungleichmäßigen Erzählfluss und seinen wechselnden Rhythmen im Verhältnis von Erzählzeit und erzählter Zeit bemerkbar macht (so spielt etwa der erste Teil an einem einzigen Tag, während der neunte Teil ein Vierteljahr abdeckt; vgl. dazu ebd., 73). Dabei gilt andererseits zugleich für die erzählte Zeit des Romans insgesamt, dass »[v]on jeder neuen Generation [...] ausführlicher erzählt [wird] als von der vorangegangenen« (Neumann 2001, 21). Neben der für Mann kennzeichnenden ironisch distanzierten Erzählweise (und dem immer wieder pointiert eingesetzten Wechsel zu Momenten pathetischer Gehobenheit und Unmittelbarkeit, vgl. Wißkirchen 2010) ist es aber insbesondere der Einsatz von Leitmotiven, der den oft betonten ›Realismus‹ Manns – mit seiner vermeintlichen Liebe zum Detail und seiner Exaktheit im Sachlichen – als einen »maskenhaft[en]« Realismus erweist (Kristiansen, TMHb, 828). Denn nicht nur gibt sich bei genauer Analyse, wie Rothenberg bereits 1969 gezeigt hat, der ›Wirklichkeitsgehalt‹ der *Buddenbrooks* lediglich als »Eindruck großer Wirklichkeitsnähe und -dichte« und als oberflächlich ›vorgetäuscht‹ zu erkennen (Rothenberg 1969, 93). Details und Realien stehen vielmehr auch in einem sorgsam konstruierten, um das Verfallsthema gruppierten Leitmotivgeflecht, das durch Wiederholungs- und Variationsstrukturen jede Form vordergründiger Wirklichkeit unterwandert, »so daß die in Zeit, Raum und Individualität unterschiedenen Phänomene der realistischen Ebene schließlich zusammenfallen und in ihrem Identischsein auf eine jenseits des principii individuationis befindliche eigentliche metaphysische Tiefenwirklichkeit verweisen« (Kristiansen, TMHb, 829). Leitmotive wie die wiederholt auftretenden blauen Adern und Schatten an Kopf, Augen und Hand (bei Thomas, Gerda und Hanno) tragen so über weite Strecken der Erzählung (und über Generationen) hinweg zur semantischen Verdichtung und Korrelation mit dem Grundmuster ›Verfall‹ bei (hier in seiner Konnotierung der mit ihm einhergehenden sinnlichen Verfeinerung, dabei Sensitivität, Musik und Tod engführend, vgl. Keller 1988, 136). Diese in den *Buddenbrooks* erstmals über einen ganzen Roman hinweg eingesetzte und mit Bezug auf Wagner verknüpfte Leitmotivtechnik hat Mann später im Zusammenhang mit dem *Zauberberg* (wenn auch in Abgrenzung von den *Buddenbrooks*) als der »symbolischen Art der Musik« analog (GW XI, 611) ausgegeben, wobei »die vor- und zurückdeutende magische Formel« das Mittel sei, einer »inneren Gesamtheit in jedem Augenblick Präsenz zu verleihen« (ebd., 603).

Was allerdings im Einzelnen unter ›Leitmotiv‹ verstanden sein soll, ist in der Forschung sehr unterschiedlich beantwortet worden und kann zudem zwischen ›Motiv‹, Allegorie und Symbol changieren (Keller 1988). Ob physiognomische Charakterisierungen (die Hände und Zähne der männlichen Buddenbrooks), stereotyp und typisierend wiederholte oder verbale Charakterisierungen oder sprachliche Wendungen (z. B. das initiale, im Romanverlauf variierte und in der Schlusswendung noch gespiegelte »Was ist das«), Gegenstände (wie die Familienchronik), landschaftliche (Meer) oder räumliche Elemente (Haus): Die leitmotivische Funktion besteht in allen Fällen weniger in Charakterisierung und Gliederung der Einzelelemente als vielmehr im Dienst der »epischen Integration« (ebd., 129), indem die individuelle Einzelerscheinung auf übergreifende Zusammenhänge verweist und so ein durchgängiges Bezugssystem herstellt, das stets eine »Beziehung zum Grundgedanken des Werks« (ebd.), zum Thema des Verfalls, aufweist. Leitmotive werden in den *Buddenbrooks* somit semantisch funktional und tragen eine Erinnerungsfunktion, indem sie im Rückverweis auf Vergangenes einen Abgleich mit der Gegenwart leisten und dieses im jeweiligen Motivkomplex ›erinnerte‹ Differenzial zugleich mit Blick auf die Zukunft im Fortgang der Handlung präsent halten (vgl. dazu Wysling, TMHb, 382 u. Blödorn 2005). Zu dieser Art der in den erzählerischen *discours* eingeflochtenen Ebene semantisierender Kommentierung des primären Handlungsgeschehens gehört ebenfalls die differenzierte Farbsemiotik des Romans sowie die Strukturlinie der ›Verdunkelung‹ als narrativer Leitsemantik (Blödorn 2014, 14 ff.; Blödorn 2013, 162 ff.; Blödorn 2015). Die Verfalls- und Abwärtslinie der Buddenbrooks wird dabei mittels einer vom Anfang bis zum Romanende dem Handlungsgeschehen übergeordneten farbsemiotischen Strukturlinie kodiert: von den herrschaftlich-optimistisch konnotierten Weiß- und Goldtönen des Anfangsglücks bis zum Umschlag in ihr Gegenteil am Ende, wenn nach dem Tod des letzten männlichen Erben nur noch »schwarz gekleidet[e]« Damen beisammensitzen, um das Ende des ›Hauses Buddenbrook‹ zu besiegeln. Über alle Teile hinweg wird dabei eine innere und äußere Verdunkelung erkennbar, die Raumfarben, Figurenmerkmale und Stimmungen miteinander verbindet, wenn etwa in der zweiten Generation Rot-, Braun- und Grüntöne zunehmen oder sich in der dritten das Attribut ›dunkel‹ vielen Charakteristika vorschaltet (aus ›blondem‹ wird ›dunkelblondes‹ Haar usw.). Der Verdunkelung der Farben korreliert dabei ein (in realistischer Erzähltradition des 19. Jahrhunderts stehender und stets mit ›Tod‹ verbundener) Prozess des ›Verstummens‹, der sich in der mit Madame Antoinettes Tod einkehrenden Stille im Haus erstmals manifestiert und sich beständig steigernd fortsetzt – in der mit Jeans lautlosem Tod verbundenen Stille nach dem Gewitter, in Hannos Schlussstrich unter die Familienchronik, in Thomas' Rückzug in die Introspektion, in der »schweigende[n], *ver*schweigende[n] Stille« nach dem Musizieren Gerdas mit Herrn von Throta (GKFA 1.1, 712), im musikalischen Verstummen Hannos am Ende seiner Klavierimprovisation und schließlich im Umgang des Erzählers mit Hannos Tod, dessen explizite Darstellung ›verschwiegen‹ und durch den lexikalischen Typhusbericht ersetzt wird. Diese vielfältig variierende Wiederholung von auf den Verfall bezogenen (Leit-)Motiven, Zeichenstrukturen und Semantiken ist – Manns eigener Deutung folgend – denn auch immer wieder »in musikalischen Termini« beschrieben worden (vgl. Grawe 1988, 105), bei denen Motive in kontrastiver oder kontrapunktischer Relation zueinander stehen, Leitmotive eine rhythmisierende und gliedernde Funktion erfüllen und Motivkomplexe als ›Akkorde‹ verstehbar sind. Entscheidender als die damit erfolgende metaphorische Kennzeichnung des Romans als »musikalische Komposition« (ebd.) ist jedoch, das dahinter stehende Prinzip eines ›doppelten‹ Erzählens – jene von Mann postulierte »doppelte Optik« – sichtbar werden zu lassen, mit dem vorgeblich ›realistisches‹, kausal motiviertes Handlungsgeschehen final-mythisch überformt wird. Das Erzählen im Roman kommentiert sich damit nicht nur semantisierend selbst, sondern markiert zugleich, indem es die individuelle Wirklichkeit des Erzählten als Schein entlarvt, seine eigene implizite Poetik: Individuelles steht stets in einer Reihe von dem Geschehen vorgelagerter und ihm nachfolgender Wiederholungen bzw. Variationen derselben Grundstruktur – so, wie die Buddenbrooks auf die Ratenkamps folgen und durch die Hagenströms am Ende ›ersetzt‹ werden. Zur Manifestation der überzeitlich-mythischen Ebene einer dem Schopenhauer'schen ›Willen‹ korrespondierenden Zeitlosigkeit tragen auch bis an die Grenze von intratextuellen Selbstzitaten gehende sprachliche Wiederholungsverfahren bei, die Motivkomplexe (wie das mit Tod, Vergessen und Betäubung korrelierte Meer) an identische sprachliche Darstellungsverfahren koppeln.

Wirkung und Rezeption

Dass in die *Buddenbrooks*, bei aller artistischen Überformung des dargestellten Stoffs, gleichwohl »sehr viel angeschaute und miterlebte Realität« aus Manns Lübecker Jugendzeit eingeflossen ist (Wysling, TMHb, 379) bzw. dass der Roman so gelesen wurde, als sei er im Wesentlichen autobiographisch motiviert, bezeugen neben der von Manns Onkel Friedrich (dem Vorbild für Christian Buddenbrook) in den *Lübeckischen Anzeigen* aufgegebenen Annonce, in der er seinen Neffen als ›Nestbeschmutzer‹ diffamierte (vgl. von Wilpert 1988, 322), v. a. die Entschlüsselungslisten, die in Lübeck bald nach dem Erscheinen kursierten und mit denen man glaubte, den einzelnen Romanfiguren ihre real existierenden, ›wahren‹ Urbilder zuordnen zu können (vgl. Dräger 1993, 21–32). Auf die Empörung derjenigen Lübecker, die sich in dem von ihnen als Schlüsselroman verstandenen Werk portraitiert sahen, und auf den zu dem 1903 erschienenen Roman *Aus einer kleinen Garnison* von Fritz Oswald Bilse (für den der Verfasser vor einem Militärgericht zur Rechenschaft gezogen und der Beleidigung für schuldig gesprochen wurde) hergestellten Zusammenhang im Rahmen eines Lübecker Prozesses antwortete Mann 1906 in seinem Essay *Bilse und ich*: »Nicht von Euch ist die Rede, gar niemals, seid des nun getröstet, sondern von mir, von mir ...« (GKFA 14.1, 110). Denn obwohl eingestandenermaßen die »Figuren zum Teil nach lebenden Personen gebildet sind« (ebd., 95), sei das Entscheidende der künstlerischen Darstellung die »Beseelung«, »die *subjektive Vertiefung* des Abbildes einer Wirklichkeit« (ebd., 101). Diese subjektiv vertieften »Gestalten der Außenwelt«, von Mann »amalgamiert« mit »Möglichkeiten«, die er »in sich selbst fand«, lässt Figuren wie Thomas und Christian oder Hanno und Kai folglich als komplementär angelegte, psychologisierte Ausformungen eigener Erfahrungen verstehen (Neumann 2001, 45).

Die von der provinziellen »Schlüssellochperspektive Lübecks« (von Wilpert 1988, 325) unabhängige, eigentliche (und ausführlich im GKFA-Kommentar [1.2] dargestellte) Rezeptionsgeschichte beginnt mit ersten Rezensionen noch 1901; bis 1904 erschienen – trotz des großen Umfangs des Debütromans, der vergleichsweisen Unbekanntheit seines Autors und dem zunächst schleppenden Absatz, der erst mit der günstigeren einbändigen Auflage von 1903 beschleunigt wurde – immerhin 37 Rezensionen (von Wilpert 1988, 325 ff.; GKFA 1.2, 118). Neben einer durch den Autor selbst in die Feder diktierten wohlwollenden Rezension des Freundes Otto Grautoff (*Münchner Neueste Nachrichten*, 24. 12. 1901) waren es vor allem jene beiden, die spätere Rezeptionsgeschichte verzerrend dominierenden Rezensionen (GKFA 1.2, 121), die frühzeitig reklamierten, »[m]an wird sich diesen Namen unbedingt notieren müssen« (Rainer Maria Rilke, *Bremer Tageblatt*, 16. 4. 1902; vgl. Rilke 1986, 21) bzw. der Roman sei ein »unzerstörbares Buch« – es werde »wachsen mit der Zeit und noch von vielen Generationen gelesen werden« (Samuel Lublinski, *Berliner Tageblatt*, 13. 9. 1902; vgl. Lublinski 1995, 140). 1903 urteilte Hermann Derstadt vergleichbar, der Roman gehöre »zu den wenigen unvergänglichen Meisterwerken der deutschen Literatur« (Hermann 1903, 85). Dem stehen allerdings eine Reihe weitaus weniger enthusiastischer Urteile gegenüber, die Umständlichkeit und Überlänge des Romans kritisieren (wie Arthur Eloesser) oder gar wie Hermann Anders Krüger befanden, *Buddenbrooks* sei »eines der langweiligsten Bücher« und »ein Epigonenwerk« (Krüger 1902, 19; vgl. dazu von Wilpert 1988, 326 f., dort auch zu Urteilen weiterer Schriftstellerkollegen Manns über dessen Roman u. GKFA 1.2, 118 ff.).

In den frühen Rezensionszeugnissen wurden insgesamt durchaus ambivalente »Strategien« in den *Buddenbrooks* erkannt, »die 1901 eine Relationierung zu modernen und sehr modernen sowie, gleichzeitig, zu traditionellen und sogar klassischen Strategien« nahelegen (Jannidis 2008, 72). Neben dem Verfallsthema sind als ›moderne‹ Elemente u. a. die »Bezüge[] zum Modephilosophen Nietzsche«, »der Kaufmannsroman mit seinen modernen skandinavischen Vorbildern«, das »Schicksalhafte« der final motivierten Handlung und die »psychologisch deutbaren Beschreibungen, die in der Tradition zum Naturalismus gesehen werden konnten«, hervorgehoben worden (ebd.). Andererseits besitze der Roman eine traditionelle Ebene, die sich v. a. in der »epische[n] Darstellungsweise« und im »Chronikartigen« zeige (ebd.). Die »komplexe humoristisch-ironische Erzählhaltung in Verbindung mit der pessimistischen Grundstimmung« jedoch wurde von Beginn an als genuine Besonderheit gewürdigt (ebd.).

Neben dieser ersten Phase der Rezeption durch die feuilletonistische Literaturkritik spielt die literaturgeschichtliche Auseinandersetzung mit Manns Romanerstling in der ersten Jahrhunderthälfte, so hat von Wilpert bilanziert, eine nur »untergeordnete Rolle«, da sie zunächst lediglich oberflächlich und inhaltsbezogen sei (von Wilpert 1988, 332 f. u. GKFA 1.2, 201) bzw. sich dann als völkisch-nationale Literaturgeschichtsschreibung während des Nationalsozialismus zu propagandistisch gefärbten, krassen Fehldeutungen und Urteilen versteigt und die *Buddenbrooks* als ›undeutsches‹, ›volksfernes‹ Werk eines ›kranken‹ Autors abqualifiziert (vgl. dazu von Wilpert 1988, 334 ff. u. GKFA 1.2, 187 ff.). Ihr vorausgegangen waren schon 1906 und 1909 nationalistische und antisemitische Versuche, Mann zu verunglimpfen (vgl. ebd.). Dieser Tendenz entgegen erschienen allerdings v. a. in den 1920er und frühen 1930er Jahren einige durchaus hellsichtige monographische Studien zu Mann, die einen tieferen Zugang zum Werk zumindest versuchten und *Buddenbrooks* im Kontext der Werkentwicklung Manns verorteten (u. a. Brüll 1923, Back 1925, Eloesser 1925, Havenstein 1927, Peter 1929, Kasdorff 1932, Hamburger 1932; zur Kritik an Eloesser und Havenstein vgl. GKFA 1.2, 207 ff.).

Nach dem mit dem Nationalsozialismus verbundenen Bruch in der deutschsprachigen Mann-Forschung war es nach 1945 die Aufgabe der neu einsetzenden literaturwissenschaftlichen Auseinandersetzung mit Manns Roman in beiden Teilen Deutschlands, sich erst einmal »durch den Wust von Polemik und Propagandalügen, von Verzerrungen und Fehlurteilen zu den Quellen zurückzukehren und ein von Vorurteilen unverstelltes Bild neu zu schaffen« (von Wilpert 1988, 336). Den seitdem nicht abreißenden Strom von Studien zu den *Buddenbrooks* in Deutschland auch nur ansatzweise zu würdigen, ist – wie ein auch nur ansatzweiser Überblick über internationale Arbeiten – kaum möglich. An für die Mann-Forschung einflussreich gewordenen Monographien seien daher – neben dem Verweis auf die für ein literarisches Werk wohl einmalige Tatsache, dass zu den *Buddenbrooks* ein eigenes Handbuch existiert (Moulden/von Wilpert 1988) – lediglich die folgenden Arbeiten genannt: Koopmann 1962 (3. Aufl. 1980, Deutung als ›intellektualer Roman‹); Rothenberg 1969 (zum Realismus-Problem); Ebel 1974 (zur Integration skandinavischer Literatur in den Buddenbrooks); Mendelssohn 1975 (v. a. zur Entstehungsgeschichte im biographischem Kontext); Zeller 1976 (literatursoziologische Studie zum Begriff des Bürgertums); Vogt 1983 (2. Aufl. 1995, zu Verfall und Sozialgeschichte); Swales 1991 (zu Familie und Sozialgeschichte der Buddenbrooks); Rickes 2006 (zu intertextuellen Schlüsseltexten des Romans); Max 2008 (zu Krankheit, Wissens- und Medizingeschichte).

Dekadenz, Psychologie, Philosophie: Deutungsaspekte

Ausgehend vom »Verfall des ›ganzen Hauses‹« (Vogt 1995, 29 ff.), dem Wegfall des »zentrale[n] familiäre[n] Bezugspunkt[s] der Buddenbrooks« (Grawe 1988, 82) als ›sicherer Hafen‹ und Zufluchtsort, sind die Aspekte ›dekadenten‹ Verfalls im Einzelnen betrachtet worden, so zuvorderst der grundlegende, sozialhistorisch begründbare Verfall der Einheit von Haus, Familie und Firma, sodann die Psychologie des Verfalls in ihrer Kopplung an eine geistige Steigerung und sinnliche Verfeinerung sowie die damit einhergehende körperlich-biologische Seite des Verfalls der lebensschwachen Helden (mit den Stadien Krankheit, Siechtum, Tod).

Décadence-Roman: Mit der Verfallsthematik greift Manns Décadence-Roman das im Fin de Siècle längst kulturell etablierte Verständnis der *décadence* auf, wie es v. a. durch Paul Bourget und Nietzsches Entlarvungspsychologie vorgeprägt ist. Körperliche Degeneration, erbbiologisch determinierte Lebensuntauglichkeit und eine zum Geistig-Künstlerischen ausschlagende Sensibilisierung gehen dabei im Verfall Hand in Hand (vgl. Dierks 2002, 138). Stets aber ist dabei den Opfern des Verfalls »der immer durchdringendere[] Blick der Erkenntnis beschert« (Neumann 2001, 30): Selbsterkenntnis und gesteigerte Bewusstheit des eigenen Verfalls beschleunigen den Niedergang, wo die Willenskraft des ›Leistungsethikers‹ abhanden kommt (wie bei Thomas Buddenbrook) oder doch die künstlerische Fähigkeit zur produktiven schöpferischen Gestaltung fehlt (wie bei Hanno, im Gegensatz zu seinem Freund Kai, dem Ironie als »die andere Seite des produktiven Geistes« zur Verfügung steht – als »schärfste Waffe«; vgl. dazu Heftrich 1982, 100).

›Europäischer Nervenroman‹: Dass der Lebensunfähigkeit des *décadent* dabei in der Neurasthenie ein manifestes Krankheitsbild der Zeit um 1900 korreliert, hat Dierks (2002) ausgeführt, indem er die *Bud-*

denbrooks zugleich als ›europäischen Nervenroman‹ identifiziert. Zum Kontext um die Modekrankheit der geplagten Moderne – die vererbliche, reizbare Nervenschwäche – gehört auch der »Vier-Generationen-Takt in der Entartung« (ebd., 143), den Manns Roman modellhaft durchspielt und v. a. an den beiden Brüdern Thomas und Christian als Krankheitsverlauf dem medizinischen Wissen der Zeit entsprechend »klinisch exakt« vorführt (ebd., 145). Nicht zuletzt fungiert aber die nervöse Krankheit der Buddenbrooks als »Metapher für eine Kulturkrise«, in der das moderne Ich zwischen Selbstbehauptung und Auflösung zerrieben wird (ebd., 149 f.).

Leitmotivtechnik und insbesondere die ironische Erzählweise Manns, das mit der »Subtilität des versteckten Spotts« ausgezeichnete »überragende Stilmerkmal dieses Autors« (Jurgensen 1988, 111), tragen darüber hinaus zur ›Entlarvung‹ der vordergründig-realistischen Geschehnisse als scheinhafte Täuschung bei und stellen das Schicksal der Buddenbrooks überdies in einen psychologischen Zusammenhang, der die überlieferten bürgerlichen Verhaltensmuster im Zeichen der Familientradition mit dem Unvermögen der Individuen konfrontiert, diesen Anforderungen zu genügen. Von Generation zu Generation werden die Familienmitglieder immer unfähiger, im inneren Einverständnis mit ihrem bürgerlichen Ethos zu leben.

Als *(entlarvungs-)psychologischer Roman* führen die *Buddenbrooks* dabei andererseits vor, dass der damit einhergehende Hang zu Selbstbeobachtung, philosophischer Reflexion und künstlerischer Ambition bei den Buddenbrooks nicht ins Produktive und Lebensfähige gewendet werden kann (wie dies bei Gerda und Kai der Fall ist) und so zu einer irreversiblen Differenz von äußerer Haltung und ›Maske‹ vs. innerer Leere und Haltlosigkeit führt. Nicht nur Krankheit und Tod irritieren dabei die einst patrizisch-gelassene Bürgerlichkeit der Buddenbrooks nachhaltig: Unsicherheit und fehlender Instinkt ziehen schließlich missglückte Eheschließungen und geschäftliche Fehlschläge nach sich. Auswege offerieren da einzig die »Ersatzdrogen« der Buddenbrooks, die sich angesichts eines der Familie vergehenden Appetits als Substitut für die bürgerliche Esskultur anbieten: »Religion, Philosophie und Musik« (Marx 2007, 53). Der gesteigerten Religiosität Jeans, den philosophischen Anfechtungen Thomas' und schließlich den dilettantischen Klavierimprovisationen Hannos ist eigen, dass sie allesamt Fluchtimpulse darstellen, als deren Zielpunkt regelmäßig die »Betäubung« (GKFA 1.1, 148 u. 696) am Meer gesucht wird, der »Landschaft des Bewußtseinsverlusts und der Raum- und Zeitlosigkeit«, der »Landschaft der Metaphysik Thomas Manns« (Kurzke 1997, 77) – der Möglichkeit einer immanenten Transzendenz mithin, als Vorstufe und Ahnung eines zuletzt einzig ersehnten Totseins (Blödorn 2015).

Philosophischer Roman: Dass damit jedoch keinesfalls das Erlöstsein vom leidvoll erfahrenen Leben, sondern im Gegenteil die Befreiung zu einer Existenz von überindividueller Kollektivnatur verbunden ist, hat die Deutung der *Buddenbrooks* als philosophischer Roman im Gefolge Schopenhauers zu begründen versucht. Denn unabhängig von der Tatsache, dass Mann erst während des Arbeitsprozesses an seinem Roman Schopenhauers *Welt als Wille und Vorstellung* gelesen haben will, verweise seine eigentümliche Mischung aus Nihilismus und Humor doch, seiner eigenen Maßgabe folgend, in erster Linie auf die »Hoffnungslosigkeit und Melancholie des Ausgangs« (an Otto Grautoff, 26. 11. 1901, GKFA 21, 179 f.). Die Auslöschung der Familie, ihr beinahe unheimliches Ende im Nichts, korrespondiert tatsächlich mit dem im Roman explizit und eindringlich geschilderten Erlebnis Thomas', als er im zweiten Band des Schopenhauer'schen Werkes das Kapitel »Ueber den Tod und sein Verhältnis zur Unzerstörbarkeit unsers Wesens an sich« liest. Denn obwohl er selbst das Gelesene wieder verwirft, da es »zuviel ist« für sein »Bürgerhirn« (GKFA 1.1, 722), und obwohl sein Erlebnis zuletzt durch Theoreme Nietzsches (vom künftigen starken Fortleben im Sohn) überformt wird (vgl. Wysling, TMHb, 372 f.), so manifestiert sich im Roman durchaus eine über den Individuen stehende Form der ›stehenden Ewigkeit‹, welche die stete Wiederkehr des Immergleichen, den unwiderruflichen Wechsel von Aufstieg und Verfall, impliziert. Die über vier Generationen sich erstreckende Struktur des Verfalls (von der Naivität über Religion und Philosophie zur Kunst) lässt sich mit Schopenhauer zugleich verstehen als »zunehmende[] Verneinung des Willens«, als vierstufige »Entwicklung der Bewusstheit« (Pütz 1975, 448 ff.), die auch in der Strukturlinie des Romans selbst abgebildet ist. So steht, dieser Deutung nach, im Mittelpunkt von Manns Interesse zuletzt »die Erkenntnis und die künstlerische Gestaltung einer metaphysischen Struktur« (Kurzke 1997, 82).

Wissensgeschichte, Medizin, Ökonomie, Familie, Phantastik: Forschungsperspektiven

Unter den neueren, kulturwissenschaftlich und komparatistisch orientierten Untersuchungen der *Buddenbrooks* sind v. a. wissensgeschichtliche Ansätze hervorzuheben, die den Roman im Kontext zeitgenössischer Medizin und Ökonomie sowie im Zusammenhang mit Fragen nach Generationalität und Familie bzw. nach Fiktionstheorie und Phantastik analysieren.

Vor dem Hintergrund eines gesteigerten Interesses der kulturwissenschaftlichen Literaturwissenschaft der 2000er Jahre an Familie, Genealogie und Generationenfolgen wurde zunächst das Porträt der Familie in den *Buddenbrooks* in den Fokus gerückt (vgl. Robles 2003 u. Erhart 2004). ›Verfall‹ zeigt sich dabei familiär und sinnlich konkret in der »Erosion der bürgerlichen Ess- und Feierkultur« und in der Markierung des Körpers »als Tabuzone der bürgerlichen Gesellschaft« (Marx 2012, 8). Insbesondere aber auch in ›psychodynamischer‹ Perspektive auf die vererbten Dispositionen innerhalb der Familiengenealogie lässt sich die Psychographie eines komplexen Vater-Sohn-Verhältnisses zwischen Hanno und Thomas nachzeichnen (Gutjahr 2012). Nicht zuletzt aber erweist sich die Familiengeschichte dabei als perpetuiertes Versagen: Aufgrund des »mangelnde[n] Vermögen[s]«, richtig zu wählen und sich bei der Wahl von Kompagnon und Schwiegersöhnen instinktsicher zu entscheiden, gehen die Buddenbrooks in der dargestellten zweiten und dritten Generation zunehmend fehl, wenn sie die tradierten »Operationen einer arrangierten Ehe« nur noch »unvollständig« anzuwenden vermögen und ihre ›Adoptionen‹ »fremder Söhne« somit missglücken müssen (Ghanbari 2011, 50 ff.).

In wissensgeschichtlicher Perspektive hat Max 2008 die biologisch-medizinische Dimension des Verfalls in einer grundlegenden, u. a. an Dierks anknüpfenden Studie untersucht, die Degenerationsphänomenen, Erscheinungen der Nervosität und anderen zeitgenössischen Krankheitssymptomen wie der Hysterie nachgeht. Ihre Ergebnisse zeigen darüber hinausgehend, wie in Manns Roman mit Hilfe der Degenerationstheorie »religiöse Themen [...] exemplifiziert werden, indem biblische Geschichte übertragen und ein bürgerliches Erbsünden-Exempel erzählt wird« (ebd., 334).

Zum Bereich der Ökonomie in den *Buddenbrooks* haben Schößler 2009 und Kinder 2013 Untersuchungen vorgelegt, die den Rationalitäten in der »Kontrastierung von soliden und abenteuerlich-spekulativen Geschäftspraktiken« (Schößler 2009, 108) bzw. der Verfallsgeschichte als »Finanzgeschichte« nachgehen (Kinder 2013, 25 f.). Manns Roman, so lässt sich zeigen, transponiert »die spekulative Ökonomie in das ästhetische Feld und entwickelt eine negative Dekadenzpoetik, die die Kunst als Ausbeutung und nichtige Schöpfung aus dem Produktivitätsdiskurs ausgrenzt« (Schößler 2009, 133 f.) Aufschlussreich erscheint dabei v. a., dass »Thomas Mann [...] über das wirtschaftliche Sujet [...] auch die Grenzen der Kunst [verhandelt], genauer: die Gefahr des Spekulativen, Unsoliden sowie der rauschhaften, wollüstigen Hingabe« (ebd., 134).

Mit Blick auf die »einander logisch ausschließen[den]« Erklärungen, die der Roman »für den letztlich rätselhaften ›Verfall einer Familie‹« anbietet, untersucht Detering (2011, 39) den Status phantastischer Elemente in den *Buddenbrooks*. Im Licht des an Poe orientierten »Genremodell[s] des *haunted mansion*« bekommen Haus und spukhaft die Buddenbrooks begleitende Figuren (wie der bucklige Lehrling oder Makler Gosch) einen mythisch-dämonischen Charakter, der sie als Orte bzw. Boten des Todes (weit vor den Todesboten im *Tod in Venedig*) erscheinen lässt. ›Verfall‹ gerät somit in Manns Roman zur Chiffre einer nicht nur im Kontext von Ökonomie, Psychologie, Biologie usw. determinierten, sondern in ihrer ontologischen sowie fiktionstheoretischen Dimension zugleich ambivalent in der Schwebe gehaltenen Manifestation eines providentiellen, tödlichen Schicksals (ebd., 37), das in die vermeintliche Wirklichkeit bürgerlicher Selbstgewissheit auf ›phantastische‹ Weise und irreversibel irritierend einbricht. Mit den bei Detering wie auch bei Pross (2012) unternommenen Versuchen, das Verhältnis von »Eindeutigkeit schaffenden Passagen« und »Leerstellen« sowie Ambivalenzen auszuloten (ebd., 37), ist dabei zugleich ein Weg beschritten, künftige Analysen stärker den Brüchen und Ambivalenzen in Manns Roman zu widmen – und *Buddenbrooks* somit nicht zuletzt auch als literaturgeschichtlichen ›Schwellenroman‹ zwischen realistischer und moderner Erzähltradition und zwischen kohärentem und ambivalentem Deutungshorizont zu lesen.

Literatur

Auerbach, Erich: *Mimesis. Dargestellte Wirklichkeit in der abendländischen Literatur*. Bern 1946.

Back, Hanne: *Thomas Mann. Verfall und Überwindung*. Wien 1925.

Blödorn, Andreas: »Vergessen … ist das denn ein Trost?!« Verfall und Erinnerung in den *Buddenbrooks*. In: Walter Delabar/Bodo Plachta (Hg.): *Thomas Mann (1875–1955)*. Berlin 2005, 11–28.

Blödorn, Andreas: Farbschattierungen. Bildlichkeit im Frühwerk Thomas Manns. In: *TMJb* 26 (2013), 155–168.

Blödorn, Andreas: *Todessemantiken: Sinneswahrnehmung und Narration im Wandel literarischer Epistemologie des 19. Jahrhunderts*. 2015.

Bohnen, Klaus: Bild-Netze. Zur »Quellenmixtur« in den *Buddenbrooks*. In: *TMJb* 15 (2002), 55–68.

Brüll, Oswald: *Thomas Mann. Variationen über ein Thema*. Wien u. a. 1923.

Derstadt, Hermann: Thomas Mann: *Buddenbrooks*. In: *Internationale Literatur- und Musikberichte*, 28. 5. 1903, 85.

Detering, Heinrich: The Fall of the House of Buddenbrook: *Buddenbrooks* und das phantastische Erzählen. In: *TMJb* 24 (2011), 25–42.

Dierks, Manfred: *Buddenbrooks* als europäischer Nervenroman. In: *TMJb* 15 (2002), 135–151.

Dräger, Hartwig (Hg.): *»Buddenbrooks«. Roman und Wirklichkeit. Bilddokumente*. Lübeck 1993.

Ebel, Uwe: *Rezeption und Integration skandinavischer Literatur in Thomas Manns »Buddenbrooks«*. Neumünster 1974.

Eickhölter, Manfred/Wißkirchen, Hans (Hg.): *»Buddenbrooks«. Neue Blicke in ein altes Buch*. Lübeck 2000.

Eloesser, Arthur: *Thomas Mann. Sein Leben und sein Werk*. Berlin 1925.

Erhart, Walter: Thomas Manns *Buddenbrooks* und der Mythos zerfallender Familien. In: Claudia Brinker-von der Heyde/Helmut Scheuer (Hg.): *Familienmuster – Musterfamilien. Zur Konstruktion von Familie in der Literatur*. Frankfurt a. M. u. a. 2004, 161–184.

Ghanbari, Nacim: *Das Haus. Eine deutsche Literaturgeschichte 1850–1926*. Berlin/Boston 2011.

Grawe, Christian: Struktur und Erzählform. In: Moulden/von Wilpert 1988, 69–107.

Gutjahr, Ortrud: Beziehungsdynamiken im Familienroman. Thomas Manns *Buddenbrooks*. In: Dies. (Hg.): *Thomas Mann* (= Jahrbuch für Literatur und Psychoanalyse 31). Würzburg 2012, 21–44.

Hamburger, Käte: *Thomas Mann und die Romantik. Eine problemgeschichtliche Studie*. Berlin 1932.

Havenstein, Martin: *Thomas Mann. Der Dichter und Schriftsteller*. Berlin 1927.

Heftrich, Eckhard: *Vom Verfall zur Apokalypse. Über Thomas Mann*. Bd. II. Frankfurt a. M. 1982.

Hillman, Roger: Zum Gattungstyp. In: Moulden/von Wilpert 1988, 63–68.

Jannidis, Fotis: »Unser moderner Dichter« – Thomas Manns *Buddenbrooks. Verfall einer Familie* (1901). In: Matthias Luserke-Jaqui (Hg.): *Deutschsprachige Romane der klassischen Moderne*. Berlin/New York 2008, 47–72.

Jendreiek, Helmut: *Thomas Mann: Der demokratische Roman*. Düsseldorf 1977.

Jurgensen, Manfred: Die Erzählperspektive. In: Moulden/von Wilpert 1988, 109–127.

Kasdorff, Hans: *Der Todesgedanke im Werke Thomas Manns*. Leipzig 1932.

Keller, Ernst: Leitmotive und Symbole. In: Moulden/von Wilpert 1988, 129–143.

Kinder, Anna: *Geldströme. Ökonomie im Romanwerk Thomas Manns*. Berlin/Boston 2013.

Koopmann, Helmut: *Die Entwicklung des ›intellektualen Romans‹ bei Thomas Mann. Untersuchungen zur Struktur von »Buddenbrooks«, »Königliche Hoheit« und »Der Zauberberg«*. Bonn ^{3}1980.

Koopmann, Helmut: *Thomas Mann. Konstanten seines literarischen Werks*. Göttingen 1975.

Kurzke, Hermann: *Thomas Mann: Epoche – Werk – Wirkung*. München ^{3}1997.

Kristiansen, Børge: Das Problem des Realismus bei Thomas Mann. Leitmotiv – Zitat – Mythische Wiederholungsstruktur. In: *TMHb*, 823–835.

Krüger, Herrmann Anders: Romane. In: *Die schöne Literatur. Beilage zum Literarischen Centralblatt für Deutschland*. Leipzig, 3. Jg., Nr. 2 (18. 1. 1902), 19.

Lipinski, Birte: Romantische Beziehungen. Kai Graf Mölln, Hanno Buddenbrook und die Erlösung in der Universalpoesie. In: *TMJb* 24 (2011), 173–194.

Lublinski, Samuel: Thomas Mann. Die Buddenbrooks. Verfall einer Familie. Roman. Berlin, Verlag S. Fischer. In: Jochen Vogt (Hg.): *Thomas Mann: »Buddenbrooks«*. München ^{2}1995, 139–140.

Maar, Michael: *Geister und Kunst. Neuigkeiten aus dem Zauberberg*. München/Wien 1995

Matthias, Klaus: *Renée Mauperin* und *Buddenbrooks*. Über eine literarische Beziehung im Bereich der Rezeption französischer Literatur durch die Brüder Mann. In: Rudolf Wolff (Hg.): *Thomas Manns »Buddenbrooks« und die Wirkung*. Teil 1. Bonn 1986, 67–115.

Marx, Friedhelm: Die Familie bei Tisch. Thomas Manns *Buddenbrooks*. In: Rüdiger Sareika (Hg.): *Buddenbrooks, Houwelandt & Co. Zur Psychopathologie der Familie am Beispiel des Werks von Thomas Mann und John von Düffel*. Iserlohn 2007, 39–57.

Marx, Friedhelm: *Thomas Manns »Buddenbrooks« und die Familienromane der Gegenwartsliteratur*. Bonn 2012.

Max, Kathrin: *Niedergangsdiagnostik. Zur Funktion von Krankheitsmotiven in »Buddenbrooks«*. Frankfurt a. M. 2008 (= *TMS* 40).

Mendelssohn, Peter de: *Der Zauberer. Das Leben des deutschen Schriftstellers Thomas Mann*. Erster Teil: 1875 – 1918. Frankfurt a. M. 1975.

Mendelssohn, Peter de: Nachbemerkungen des Herausgebers. In: Thomas Mann: *Buddenbrooks. Verfall einer Familie* (= Gesammelte Werke in Einzelbänden. Frankfurter Ausgabe). Frankfurt a. M. 1981, 775–812.

Moulden, Ken/von Wilpert, Gero (Hg.): *Buddenbrooks-Handbuch*. Stuttgart 1988.

Moulden, Ken: Literarische Vorbilder und Anregungen. In: Moulden/von Wilpert 1988, 41–56.

Neumann, Michael: *Thomas Mann: Romane*. Berlin 2001.

Peter, Hans Armin: *Thomas Mann und seine epische Charakterisierungskunst*. Bern 1929.

Pross, Caroline: Divergente Spiegelungen. Anmerkungen zum Verhältnis von Wissen, Erzählen und Poesie im Frühwerk Thomas Manns (*Buddenbrooks*). In: Alexander Honold/Niels Werber (Hg.): *Deconstructing Thomas Mann*. Heidelberg 2012, 29–42.

Pütz, Peter: Die Stufen des Bewußtseins bei Schopenhauer und den *Buddenbrooks*. In: Beda Allemann/Erwin Kop-

pen (Hg.): *Teilnahme und Spiegelung. Festschrift für Horst Rüdiger*. Berlin/New York 1975, 443–452.
Rickes, Joachim: *Die Romankunst des jungen Thomas Mann: »Buddenbrooks« und »Königliche Hoheit«*. Würzburg 2006.
Rilke, Rainer Maria: Thomas Manns *Buddenbrooks* (1902). In: Rudolf Wolff (Hg.): *Thomas Manns »Buddenbrooks« und die Wirkung*. 1. Teil. Bonn 1986, 21–23.
Robles, Ingeborg: *Unbewältigte Wirklichkeit. Familie, Sprache, Zeit als mythische Strukturen im Frühwerk Thomas Manns*. Bielefeld 2003.
Rothenberg, Klaus-Jürgen: *Das Problem des Realismus bei Thomas Mann. Zur Behandlung von Wirklichkeit in den »Buddenbrooks«*. Köln 1969.
Scherrer, Paul: Aus Thomas Manns Vorarbeiten zu den *Buddenbrooks*. Zur Chronologie des Romans. In: Paul Scherrer/Hans Wysling: *Quellenkritische Studien zum Werk Thomas Manns* (= *TMS* 1). Bern/München 1967, 7–22.
Schößler, Franziska: *Börsenfieber und Kaufrausch. Ökonomie, Judentum und Weiblichkeit bei Theodor Fontane, Heinrich Mann, Thomas Mann, Arthur Schnitzler und Émile Zola*. Bielefeld 2009.
Sommer, Andreas Urs: Der Bankrott ›protestantischer Ethik‹: Thomas Manns *Buddenbrooks*. Prolegomena einer religionsphilosophischen Romaninterpretation. In: *Wirkendes Wort* 44 (1994), H. 1, 88–110.
Swales, Martin: *»Buddenbrooks«: Family Life as the Mirror of Social Change*. Boston 1991.
Vaget, Hans Rudolf: Thomas Mann und Wagner. Zur Funktion des Leitmotivs in *Der Ring des Nibelungen* und *Buddenbrooks*. In: Steven Paul Scher (Hg.): *Literatur und Musik. Ein Handbuch zur Theorie und Praxis eines komparatistischen Grenzgebietes*. Berlin 1984, 326–347.
Vogt, Jochen: Thomas Mann. *Buddenbrooks* [1983]. München [2]1995.
Wenzel, Georg: *Buddenbrooks* – Leistung und Verhängnis als Familienschicksal. In: Volkmar Hansen (Hg.): *Thomas Mann: Romane und Erzählungen*. Stuttgart 1993, 11–46.
Wilpert, Gero von: Die Rezeptionsgeschichte. In: Moulden/von Wilpert 1988, 319–341.
Wißkirchen, Hans: *Buddenbrooks* – ein pathetischer Roman? In: Christian Bunners/Ulf Bichel/Jürgen Grote (Hg.): *Literatur aus dem Ostseeraum und der Lüneburger Heide*. Rostock 2010, 10–20.
Wysling, Hans: Buddenbrooks. In: *TMHb*, 363–384.
Zeller, Michael: *Bürger oder Bourgeois? Eine literatursoziologische Studie zu Thomas Manns »Buddenbrooks« und Heinrich Manns »Im Schlaraffenland«*. Stuttgart 1976.

Andreas Blödorn

1.2 *Königliche Hoheit* (1909)

Thomas Manns zweiter Roman, zugleich Symptom und Überwindung einer nach dem Erfolg von *Buddenbrooks* einsetzenden Schreibkrise, wurde 1903 begonnen und 1909 veröffentlicht, zunächst als Fortsetzungsroman in *Die neue Rundschau* (H. 1–9), dann als Buchausgabe bei S. Fischer. Eine Handschrift ist nicht erhalten, wohl aber ein umfangreiches und offenbar weitgehend vollständiges Konvolut von Exzerpten, Notizen und Entwürfen, darunter drei Fragmente einer frühen Fassung (die Wysling als ›Urhandschrift‹ deutete). Im Kommentarband zur Neuausgabe in der GKFA ist dieses Material in seiner Gesamtheit ediert, als exemplarische Dokumentation der Arbeitsweise Thomas Manns.

Der Roman wurde zu seinen Lebzeiten in fast 20 Sprachen übersetzt, darunter zweimal ins Englische. Auch sein populärer Erfolg war beträchtlich: Hatte *Buddenbrooks* zehn Jahre gebraucht, um es bis zur 60. Auflage zu bringen, so lag *Königliche Hoheit* bereits neun Jahre nach der Erstausgabe in 64 Auflagen vor; die Verfilmung mit Dieter Borsche und Ruth Leuwerik gehörte zu den großen Kinoerfolgen der 1950er Jahre. Dem steht eine bis heute ambivalente kritische Rezeption entgegen, in der nach anfänglicher Zustimmung vor allem liberaler und linker Kritiker und scharfer Ablehnung durch die völkische Rechte die Skepsis gegenüber dem als »zu leicht empfundenen« Gewicht des Textes zunahm (GW XI, 573). Thomas Mann selbst bedauerte lebenslang, kaum jemand habe den Eigenwert des Romans erkannt – dabei seien ohne ihn »weder der *Zauberberg* noch *Joseph und seine Brüder* zu denken«, ja: »*Königliche Hoheit* ist eines der Experimente meines Lebens« (ebd.).

Auf den ersten Blick trägt der Plot des Romans durchaus (und kalkuliert) triviale Züge: Der mit einem verkümmerten Arm geborene und daher mit empfindlicher Selbstwahrnehmung und Selbstdisziplin aufgewachsene Prinz eines deutschen Duodezfürstentums übernimmt von seinem amtsmüden Bruder die Regentschaft und erfährt die wachsenden Widersprüche zwischen der Schauspielerhaftigkeit seiner repräsentativen Rolle und der politischen und ökonomischen Rückständigkeit seines an ›romantischen‹ Traditionen festhaltenden Landes. Als er sich in die Tochter eines amerikanischen Milliardärs verliebt, gewinnt er für sich selbst die nicht mehr geglaubte Liebe und für sein Land einen sanften, ›romantischen‹ Übergang aus einer überaltert feudalen in eine moderne Gesellschaft, die eine kapitalistische Grundlegung mit sozialen Rücksichten verbindet: ein für die Liebenden wie für das Land »strenges Glück« (GKFA 4.1, 399).

In Anbetracht der langen Dauer dieses Experiments (die Entstehung beanspruchte weit mehr Zeit als bei *Buddenbrooks*) und der damit einhergehenden mehrfachen Konzeptionswechsel lassen sich die Eigenheiten des Romans am anschaulichsten im

Durchgang durch die Hauptphasen seiner Entstehungsgeschichte verdeutlichen.

Künstlernovelle und Fürstenroman

Von den nach *Buddenbrooks* erwogenen Vorhaben (darunter der *Krull*, der *Faustus* und ein *Friedrich*-Roman) wurde *Königliche Hoheit* zuerst realisiert. Der Text entsprang einer Krise: der Angst, so Thomas Mann 1904 (im Essay *Gabriele Reuter*), »bis zum Tode und in die Unsterblichkeit hinein der Autor eines erfolgreichen Erstlingswerkes zu bleiben« (GKFA 14.1, 61). Zugleich sollte der neue Text all jene autobiographischen Wandlungen in sich aufnehmen, die sich in dieser Lebensphase mit einer Intensität und Geschwindigkeit vollzogen wie vielleicht nie wieder: das Versagen gegenüber den Forderungen der bürgerlichen Familientradition und der Erfolg der *Buddenbrooks*, die neuartigen Repräsentationspflichten und tastenden Rollenspiele, die geschwisterlichen Bindungen zur Schwester Julia und die Rivalität mit dem Bruder Heinrich; die Liebe zu Paul Ehrenberg und die Verbindung mit Katia Pringsheim, die quälende Frage, ob er zum Ehemann und Familienvater tauge, und die Konfrontation des Lübecker Senatorensohns mit der gesellschaftlichen Welt des großbürgerlich-jüdischen Münchner Hauses. Das biographische Geschehen verflicht sich mit der Entstehung des Romans so eng, dass Thomas Mann 1939 erklärt hat: »gerade der Kritiker von *Königliche Hoheit* wird den biographischen Gesichtspunkt kaum entbehren können. Der Roman ist das Werk eines ganz jungen Ehemannes, und, ganz bestimmt von dem persönlichen Erlebnis menschlicher Lebensgründung, umspielt er das Vorzugsthema meiner Jugend, das Künstlerthema von Einsamkeit und Außerordentlichkeit [...] in dem Geiste heiterer Versöhnung von Strenge und Glück. Sein Inhalt ist die anspielungsreiche Analyse des fürstlichen Daseins als eines formalen, unsachlichen, übersachlichen, mit einem Worte artistischen Daseins und die Erlösung der Hoheit durch die Liebe [...]« (GW XI, 574 f.).

Konzipiert wurde das Werk 1903 als eine neuromantisch getönte Künstlernovelle. »Einen Künstler«, hatte es kurz zuvor in *Tonio Kröger* geheißen, ersehe man »mit geringem Scharfblick aus einer Menschenmasse. Das Gefühl der Separation und Unzugehörigkeit, des Erkannt- und Beobachtetseins, etwas zugleich Königliches und Verlegenes ist in seinem Gesicht. In den Zügen eines Fürsten, der in Zivil durch eine Volksmenge schreitet, kann man etwas Ähnliches beobachten« (GKFA 2.1, 272 f.). Eben dies zeigt die als *Vorspiel* überschriebene »kleine Scene«, die Thomas Mann »zu den allerersten Zellen des Organismus« zählt (GKFA 21, 407). Separiert und unzugehörig, erkannt und beobachtet, vorbestimmt und verdammt: der so skizzierte Künstler ist ohne sein Zutun von den Menschen ausgeschlossen, »vorbestimmt und verdammt«, und man sieht ihm das auch an; er ist stigmatisiert. Erst die überraschend als Vergleich eingeführte Figur eines Fürsten wertet das Bild um in dasjenige einer höchst bevorzugten Existenz: Aus dem Stigma wird die Erwählung.

In den Erinnerungen an seine eigenen *Kinderspiele* hat Thomas Mann eine verwandte kindliche Lieblingsphantasie 1904 geschildert: »Ich erwachte z. B. eines Morgens mit dem Entschluß, heute ein achtzehnjähriger Prinz namens Karl zu sein. Ich kleidete mich in eine gewisse liebenswürdige Hoheit und ging umher, stolz und glücklich mit dem Geheimnis meiner Würde« (GKFA 14.1, 80). Wörtlich aufgenommen hat Thomas Mann diese Sätze in den zweiten Roman, den er in derselben Zeit vorbereitete, die Geschichte des Hochstaplers *Felix Krull*. Was dort aber Größenphantasie bleibt, ist in *Königliche Hoheit* buchstäblich realisiert. Im August 1903 schießen im siebten Notizbuch die Motive zusammen im (einem Puschkin-Gedicht entlehnten) Imperativ der Selbstanrede, in der auch erstmals der doppelsinnige, als monarchische Anrede und als Benennung einer Daseinsform lesbare Titel erscheint: »Motto zu ›Königliche Hoheit‹: ›Du bist Kaiser (Czar) – lebe allein!‹« (Notizen und Entwürfe werden im Folgenden zitiert nach den »Paralipomena« in GKFA 4.2, 327–562; Gliederungsübersicht ebd., 336).

Im Mittelpunkt steht die Gestalt eines in seiner Einsamkeit vornehmen und in seiner Vornehmheit einsamen Prinzen als eines Außenseiters von Geburt – nicht wie im *Friedrich*-Projekt als historische, sondern als zeitgenössische Erscheinung. In noch unbestimmter Weise soll er kontrastiert werden mit einem »amer[ikanischen] Geldmann« (GKFA 4.2, 338 u. 347). Am 5. 12. 1903 ist vom Plan einer »Fürsten-Novelle« die Rede, »einem Gegenstück zu *Tonio Kröger*, das den Titel führen soll: *Königliche Hoheit*« (GKFA 21, 251). Konzipiert ist sie jetzt als eine *décadence*-Erzählung von der existenziellen Fremdheit eines zur Reflexion verurteilten Helden gegenüber dem ›Leben‹. Der Außenseiter ist verklärt zum Fürsten – und der Fürst erweist sich doch wieder nur als neue Variante des Außenseiters.

Die für die Entstehungsgeschichte vielleicht folgenreichste Erweiterung erfährt die Grundidee der

Einsamkeit durch die Begegnung mit Katia Pringsheim. Mit ihr tritt dem aristokratischen Imperativ »lebe allein« (GKFA 4.2, 345 u. 371) die Lebensmöglichkeit bürgerlicher Bindung gegenüber. Der Autor hat dieses Erlebnis unmittelbar als Quelle für sein ins Stocken gekommenes Projekt genutzt. Schon vor der Verlobung setzt eine Ausbeutung des Lebensmaterials ein, die Intimitätsgrenzen ignoriert: Von der Verlobungskorrespondenz sind nur die für das Romanvorhaben abgeschriebenen Passagen erhalten geblieben. Selten hat das Wort ›Auto-Bio-Graphie‹, eine so wörtliche Bedeutung erlangt wie in dieser Schreibphase.

Bis zur Eheschließung 1905 tritt die Überwindung der Einsamkeit ins Zentrum der Erzählungspläne, als erotische Bindung des Einzelgängers, als Sozialisierung und Einfügung ins Regelrechte. In einem Brief an Heinrich Mann vom 23. 12. 1904 werden erstmals die Worte »Strenge« und »Glück« wie später am Romanschluss verbunden: »Nie habe ich das Glück für etwas Leichtes und Heiteres gehalten, sondern stets für etwas so Ernstes, Schweres und Strenges wie das Leben selbst« (GKFA 21, 311).

Seit 1904 macht sich Thomas Mann auch auf die Suche nach unterschiedlichsten literarischen Anregungen. Schon früh dürfte er Wilhelm Meyer-Försters ungemein erfolgreiches, 1903 als Buch erschienenes Schauspiel *Alt-Heidelberg* kennengelernt haben, dessen Figurenkonstellation an diejenige von *Königliche Hoheit* erinnert und deren Held »Karl Heinrich« heißt; in Herman Bangs *Exzentrischen Novellen* stößt er auf die Erzählung *Ihre Hoheit*, die Geschichte einer vom Glück ausgeschlossenen Prinzessin; Anregungen für die Dialogführung finden sich bei Fontane; als Modelle für die Investitur des Prinzen wie für seine Erniedrigung unter dem Bowlendeckel dienen die Schilderungen des ›Apollinischen‹ und ›Dionysischen‹ in Nietzsches Tragödienschrift.

Nach der Hochzeit im Februar 1905 gerät die Arbeit erneut ins Stocken. Zwischen September 1905 und Frühjahr 1906, unterbrochen durch die Geburt Erikas am 9. November, beginnt die Ausarbeitung einer fortlaufenden Erzählung – in drei jeweils von vorn anfangenden, immer umfangreicheren Anläufen, deren Dimensionen das Novellenformat schließlich sprengen (GKFA 4.2, 523–562). Sie markieren Höhepunkt und Ende des Versuchs, die Stigmatisierungs- zur Hoheits-Geschichte umzuerzählen. Gefangen in der Kälte der Selbstreflexion, erscheint der Prinz hier, anders als im Roman, als träumerisch-dekadenter Melancholiker. Ohne sein Zutun ist er, wie Hanno Buddenbrook, belastet durch das Erbteil eines Vaters, der seinen Ästhetizismus und sein erotisches Begehren gegen dynastische Pflichten durchgesetzt und damit zum Verfall von Familie und Land beigetragen hat. Gequält vom »Bewußtsein [seiner] selbst« (ebd., 527), verträumt der zarte Held seine Kindheit in inzestuös getönten Liebes- und Todes-Spielen mit seiner Schwester.

Schon hier aber tritt der lyrisch-neuromantische Ton in Kontrast zur diplomatischen Nüchternheit der politischen Gespräche. Unvermittelt erscheint darin auch das Motiv einer »amerikanischen Petroleum-Nixe«, die »ersehen« sein könnte, »uns zu erlösen« (GKFA 4.2, 539): eine erste Andeutung des Wandels, den das Konzept durch die Begegnung mit Katia erfahren hat. Schlagartig fügen sich nun einige in den Notizen noch disparate Einfälle zusammen und werden zum neuen erzählerischen Kern: Die Kontrastierung von europäischem Fürsten und amerikanischem Millionär und die Idee einer erotischen Sozialisierung verbinden sich zum Plan einer Hochzeit, die irgendwie märchenhaft, amerikanisch, ökonomisch rettend sein soll.

Die Fragmente brechen in jenem Augenblick ab, in dem die Geschwister erstmals einem Mann der Unterschicht begegnen: ›Von unten‹ erscheint er in jenen Kellergewölben des Schlosses, in denen die Kinder sich verirrt haben: ein Bittsteller, der nicht zurück ins Freie finden kann. Mit seiner Frage nach »irgend einem Ausgange aus dem Schlosse« (GKFA 4.2, 562) bricht der Text sinnfällig ab.

Naturalistischer Neuanfang

Nach diesem Scheitern fängt Thomas Mann im Sommer 1906 noch einmal von vorn an. Jetzt erweitern sich die Recherchen erheblich. Zeitschriften wie *Die Woche*, *Die Zukunft*, *Velhagens & Klasings Monatshefte*, Bücher und Lexikonartikel werden intensiv als Text- und Bildquellen genutzt. Hinzu kommen Bücher wie die Memoiren der Baronesse Cécile de Courtot, deren Darstellungen des napoleonischen Zeitalters zunächst für das *Friedrich*-Vorhaben herangezogen, dann auch für *Königliche Hoheit* genutzt werden, Biographien amerikanischer Millionäre, Darstellungen der Gebräuche an europäischen Fürstenhöfen usw. Zudem bittet Thomas Mann auch Sachkundige um Auskünfte zu höfisch-juristischen Detailfragen. Nicht zu Unrecht attestiert er dem so entstehenden Roman die »Akribie eines Schriftstellers, der durch die naturalistische Schule gegangen ist« (GKFA 14.1, 242): In erschöpfender Ausführlichkeit erstellt er Verzeichnisse höfischer Rangordnungen und Ämter, von denen die meisten im Roman gar nicht auftauchen, sammelt Exzerpte zu medizinischen Fragen, beschreibt die Konkurrenzverhältnisse amerikanischer Trusts und das System der Eisenbahnlinien in den USA und interessiert sich für das Leben in orientalischen Kolonien (einiges davon übernimmt er dann in den *Krull*).

Unter diesen Themen fallen zwei besonders auf: Der Nationalökonomie und der Alltagskultur der USA gilt neben den Recherchen zu deutschen Duodez-Fürstenhäusern der umfangreichste Komplex der neuen Exzerpte und Skizzen. Thomas Mann studiert George H. Lorimers *Briefe eines Dollarkönigs an seinen Sohn*, Andrew Carnegies *Empire of Business* und Gertrude Athertons Roman *Rulers of Kings* (dazu Schößler 2001), Lebens- und Unternehmensgeschichten von Jay Gould und Louis Potter Huntington: abenteuernden *selfmademen*, deren Lebensweise, Tagesablauf, Umgangsformen und Kleiderordnungen von denen alteuropäischer Fürsten ebenso abweichen wie ihre ökonomischen Prinzipien. Zugleich erhält der Protagonist zu seinem empfindsamen Seelenleben auch einen mit physiologischer Neugier erkundeten Körper. Dies alles hat Folgen nicht nur für das Figuren-Panorama, sondern auch für die Konzeption des Romans.

»Hemmungsbildungen« lautet das wichtigste medizinische Stichwort. Mit der Einführung des Motivs vom verkümmerten Arm ist die Sonderstellung des Helden übermotiviert: er ist ein sozialer und physischer Außenseiter, beides von Geburt an. Erkennt er mit Schrecken unter den verkrüppelten Proletarierkindern im Spital seinesgleichen, so tritt dagegen das Künster-Leiden an der reflexiven Distanz zu Ich und Welt zurück. Der Held wird naiver und geradliniger; die Züge eines aristokratischen *décadent* werden reduziert. Die Hemmung hat Klaus Heinrich unübersehbar mit Wilhelm II. gemeinsam. Schon von der zeitgenössischen Rezeption wurde das je nach politischer Einstellung als satirischer Seitenhieb oder als romantischer Hinweis auf einen im Leiden tapferen Kaiser wahrgenommen. Doch dies erklärt allenfalls die Art der Missbildung, nicht deren Einführung selbst. In der Schilderung der Geburt bringt der Roman sie diskret in Verbindung mit der Frage nach dem »Geschlecht des fürstlichen Kindes« (GKFA 4.1, 25); der behinderte Körper wird zum auch geschlechtlich zu lesenden Symbol eines angeborenen Außenseiterdaseins.

Das Motiv eröffnet ein umfangreiches Panorama unterschiedlichster Erscheinungsformen von Stigmatisierung. Denn der Prinz ist nur die erste, nicht die einzige stigmatisierte Figur. In den *Betrachtungen eines Unpolitischen* hat Thomas Mann darauf hingewiesen, dass sein Roman eine ganze Phalanx »aristokratischer Monstren« präsentiere (dazu Detering 2005). Stigmatisiert sind alle Hauptfiguren: Imma und Samuel Spoelmann als Aristokraten des Kapitalismus und als »Mischung der Rassen« (GKFA 4.1, 374); Albrecht II. als leidens- und lebensmüder Herrscher; der Hauslehrer Raoul Überbein als Außenseiter durch uneheliche Abkunft und körperliche Missgestalt; der Kinderarzt Dr. Sammet, der vom Scheitern jedes »paritätischen Prinzips« berichtet (GKFA 4.1, 33), als Jude. Immas Hausdame, die Gräfin Löwenjoul, ist durch sexuelle Gewalterfahrungen traumatisiert, der kränkelnde Literat Axel Martini unheilbar vom bewunderten ›Leben‹ getrennt; die Proletarierkinder im Spital tragen die physischen »Abzeichen einer niederen und harten Geburt« (GKFA 4.1, 236) an ihrem Leibe wie der Prinz diejenigen seiner hohen und harten Geburt; der irrsinnige, Thomas Manns eigenem Colliehund Motz nachgestaltete Hund Percy resümiert gleichsam am Ende der Kette ihrer aller aristokratische Außenseiterstellung. Sie alle erfahren sich als, mit einem Leitmotiv, ein »Malheur von Geburt« (GKFA 4.1, 91): als »Ausnahmen und Sonderformen [...], die in einem erhabenen oder anrüchigen Sinne vor der bürgerlichen Norm ausgezeichnet sind« und deshalb »gegen die regelrechte und darum bequeme Mehrzahl« stehen – so der Jude Sammet, der ebenso programmatisch hinzufügt: »Der Einzelne wird gut tun, nicht nach der Art seiner Sonderstellung zu fragen, sondern in der Auszeichnung das Wesentliche zu sehen und jedenfalls eine außerordentliche Verpflichtung daraus abzuleiten. Man ist gegen die regelrechte und darum bequeme Mehrzahl nicht im Nachteil, sondern im Vorteil, wenn man eine Veranlassung mehr, als sie, zu ungewöhnlichen Leistungen hat« (GKFA 4.1, 33 f.). Unmarkiert zitiert er damit aus Thomas Manns Essay *Zur Lösung der Judenfrage* (1907). Was dort ambivalent blieb, wird hier zum identifikatorischen Prinzip.

Das soziale Modell, das Thomas Mann damit aus den Maskierungen seines eigenen Ich entwickelt hat, wird in weiten Teilen der Entstehungsgeschichte sehr viel umfassender auf *jüdische* Lebensbedingungen bezogen als im publizierten Roman. Erscheint Imma hier als eine »Farbige« (GKFA 4.2, 467), so war sie in den Entwürfen die Tochter einer aus Deutschland ausgewanderten jüdischen Familie namens »Davids oder Davidsohn« (ebd., 421). Wohl weil eine politische Verbindung und Eheschließung eines deutschen Fürsten mit amerikanischen Juden einem wilhelminischen Lesepublikum schwerlich glaubhaft zu machen war, vielleicht auch wegen des Skandals um *Wälsungenblut* (1906), hat Thomas Mann diesen Plan aufgegeben und Imma, in Analogie zu seiner Mutter, als Abkömmling einer kreolischen »Rassenmischung« dargestellt, die »deutsches, portugiesisches, englisches, indianisches Blut« (GKFA 4.2, 467) besitze; in den Notizen finden sich umständliche Genealogien und Erläuterungen zur rassistischen Terminologie.

Von der jüdischen Konzeption der Figur sind dabei die Ähnlichkeiten mit den Zwillingen aus *Wälsungenblut* geblieben; einige Passagen stimmen fast wörtlich überein, nur die Bewertung hat sich ins Positive und Solidarische gewandelt. Auch der Hauslehrer Überbein, der bis unmittelbar vor der Drucklegung noch den stigmatisierenden Namen »Hutzelbein« (GKFA 4.2, 332 ff.) trug, ist zunächst als jüdische Gestalt konzipiert; sein Vorbild war Thomas Manns Münchner Arzt Maurice Hutzler (vgl. Mendelssohn 1996, Bd. 2, 1191). Die einzige Figur, die auch im veröffentlichten Text als Jude erscheint, ist der Arzt Sammet; sein Vorbild war für Münchner Leser leicht in dem von Thomas Mann gelegentlich konsultierten Arzt Albert Loeb wiederzuerkennen. Antisemitische Rezensenten haben den Autor denn auch als einen »von Juden und Judengenossen berühmt gemachten« Schriftsteller attackiert, als »schöngeistigen Rassepolitiker« jener »Juden und Judenknechte«, die doch »an unserem Volk zuschanden werden« müssen (Schmidt-Gibichenfels 1909). Adolf Bartels kritisierte *Königliche Hoheit* geradezu als eine »oratio pro populo iudaico«; es sei »ein Roman für die literarisch Interessierten unter unseren Mitbürgern israelischer ›Konfession‹, wir Deutsche können mit einem Achselzucken über ihn hinweggehen« (Bartels 1910, 95).

Mit der Reduktion der jüdisch konnotierten Figurenkonzepte im veröffentlichten Text geht eine Ausdifferenzierung der Außenseiter-Skala einher. Werden Imma und ihr Vater zum Widerspruch gegen das Modell ethnisch homogener Nationalstaaten und Immas amerikanisch-emanzipierte Züge zur Provokation der monarchistischen Kleinstaats-Gesellschaft, so entzieht sich Überbein der bürgerlichen Ehe und Kleinfamilie; Klaus Heinrich ist körperlich, die Gräfin Löwenjoul psychisch krank, neben sozial Deklassierten wie den Proletarierkindern stehen Sonderlinge wie Axel Martini. Ein Notizblatt zu *Königliche Hoheit* resümiert das Ergebnis in einer Art Bekenntnis zur Gemeinsamkeit der Außenseiter: »Ich liebe das Außerordentliche in jeder Gestalt und jedem Sinne. *Ich liebe die Gezeichneten*, die mit dem Pathos der Ausnahme im Herzen, Alle, von welchen das Volk in irgend einem Sinne spricht: ›Es sind *schließlich* auch Menschen.‹« (GKFA 4.2, 409)

Thomas Manns Selbstkommentar zufolge finde die »Außerordentlichkeit« und »Einsamkeit« im Roman »ihre Erlösung, ihren Weg zum Leben und zur Menschlichkeit durch die Liebe« (GW XI, 574 f.). Dass er damit keineswegs nur den »ein bisschen populär verlogen[en]« Schluss meint (an Heinrich; GKFA 21, 440), wird auch daraus ersichtlich, dass es um sehr unterschiedliche Arten von Liebe geht. Spät erst erfahren die Leser, dass Überbein und Sammet – »in ähnlicher Lage und ebenfalls ein Malheur von Geburt«(GKFA 4.1, 91) – schon seit langem befreundet seien, ja geradezu ein »Bündnis« (ebd., 286) eingegangen seien. Weil sie als Außenseiter allesamt »in ähnlicher Lage« (ebd., 91) sind, lernen die Einzelgänger einander anzunehmen und eine Gemeinschaft zu bilden. Was sie verbindet, sind die Erfahrung des Außenseitertums, die daraus abgeleitete »außerordentliche Verpflichtung« (GKFA 4.1, 34 u. 136) und der Zwang zur Notwehr. Darüber hinaus ist Imma, wiederum dem Vorbild Katia Pringsheims entsprechend, auch eine Frauengestalt, wie sie bislang nicht in Thomas Manns Büchern stand. Aufmerksam registrieren schon Thomas Manns erste Notizen zur »Stellung der *Frau*« (GKFA 4.2, 359 f. u. 433) und zum »*Ideal der Amerikanerin*« (GKFA 4.2, 360 u. 433) soziokulturelle Differenzen der Geschlechterrollen im kaiserlichen Deutschland und in den USA. Als einzige Studentin unter Männern und intellektuell nicht nur dem Prinzen überlegen, provoziert Imma – demonstrativ mit der Durchbrechung einer Militärformation vor dem fürstlichen Schloss – wilhelminische Konventionen und geht, buchstäblich, ihren eigenen Weg. Von ›pagenhafter‹ Erscheinung, lebt sie in Zimmern von »herrenhaftem« (GKFA 4.1, 311) Luxus und studiert Volkswirtschaft und Algebra.

Königliche Hoheit überschreitet mit diesen thematischen Weiterungen konzeptionell die Grenzen eines neuromantischen Liebesromans und wird zur Bildungs- als Sozialisierungsgeschichte, in deren Öffnung für soziale Gegenwartsfragen folgerichtig auch Themen wie Armenfürsorge, Volkswirtschaft, Sozialpolitik zur Sprache kommen. In diesem Kontext gewinnt auch die Liebe zwischen Prinz und Prinzessin ihre spezifischen Konturen: als die Geschichte einer gemeinsamen Emanzipation, einer Emanzipation zur Gemeinsamkeit. Zwar geht die Mitleidsfrage, die hier die Erlösung herbeiführt, von Imma aus, die das Tabu des verkrüppelten Arms vertraulich ausspricht. Die Szene zitiert den Schluss der Novelle *Der kleine Herr Friedemann* und wendet ihn vom tragischen Scheitern in ein Gelingen, in dem sich beide Figuren gegenseitig erlösen. Wo der verkrüppelte Friedemann sich »wie ein Hund« (GKFA 2.1, 118) erniedrigt und stirbt (vgl. GKFA 2.1, 117–119), da darf der verkrüppelte Klaus Heinrich »sich gehen lassen« (GKFA 4.2, 438) und kann mit Imma das tätige Leben eines ›strengen Glücks‹ (vgl. GKFA 4.1, 399) beginnen. So wird aus der allegorischen Künstlernovelle der Roman *Königliche Hoheit*: Am Anfang stand der einsame Prinz, am Ende steht Klaus Heinrich als Volksherrscher, am Anfang der Außenseiter als Fürst, am Ende der Fürst der Außenseiter.

»Märchen-Roman«

Zwar war im Herbst 1907 das Manuskript erst etwa bis zum Kapitel »Albrecht II.« gediehen, doch Thomas Manns Optimismus reichte bereits aus, um im Auftrag Samuel Fischers einen Ankündigungstext zu verfassen, der in der Weihnachtsausgabe der *Neuen Rundschau* 1907 erschien und der vor allem die Frage nach dem Genre-Experiment des Buches thematisiert. Als »ein Fürstenroman« sei die Geschichte »romantisch zwar nur in Hinsicht auf ihre abenteuerliche Fabel und nicht in irgend einem reaktionären Sinne«, aber sie sei doch »ein Märchen: das Märchen von der Form und von der Sehnsucht, von der Repräsentation und vom Leben, von der Hoheit und vom Glück« (GKFA 14.1, 180). Notizblätter wie eine Skizze der Kapiteleinteilung demonstrieren das Bemühen, die märchenhaften Züge nicht nur einzelner Motive, sondern auch der Geschehensmotivationen herauszuarbeiten. Waren als Überschriften für das achte und neunte Kapitel zunächst »Liebe und Finanz« und »Verlobung« (GKFA 4.2, 504) vorgesehen, so werden sie nun ersetzt durch »Die Erfüllung« und »Der Rosenstock« (Zur Doppelperspektive auch Hesse 1910, 281–283).

Ein »Märchen-Roman« (GW XI, 581) hatte sich schon in den Ansätzen zur Frühen Fassung von 1906/07 abgezeichnet, mit Anspielungen auf Charles Perraults Kunstmärchen von *Riquet à la Houppe*, der trotz seiner Hässlichkeit die Königstochter gewinnt, auf Grimms Märchen von *Hänsel und Gretel*, die sich wie die Geschwister Klaus Heinrich und Ditlinde verirren, und auf »die kleine Meernixe in dem Märchen«, an die ihr einsames Leben erinnert. Die entscheidende Wende in der Konzeption des Protagonisten und infolgedessen des Romans bestand darin, dass Perraults Märchen beim Wort genommen wurde und die Metapher sich zum realen physischen Stigma konkretisierte. Das dominierende Erzählmodell für die Verbindung von verkümmerter Extremität, kalter Isolation und soldatisch-tapferer Haltung aber fand Thomas Mann bei seinem Lieblingsdichter. 1939 machte er seine amerikanischen Leser darauf aufmerksam, dass sein Held »mehr an Andersens *Standhaften Zinnsoldaten* als an [Kaiser] Wilhelms Barock-Gebärde erinnert« (GW XI, 575) – an jenen Helden, der »ebenso fest und sicher« (so ist in seiner eigenen Andersen-Ausgabe zu lesen) »auf seinem einen Beine [stand], als die andern auf ihren zweien« (Andersen 1887/88, 46), und über den Thomas Mann noch anlässlich seines 80. Geburtstags schrieb: »Immer habe ich eine Vorliebe gehabt für Andersens Märchen vom ›Standhaften Zinnsoldaten‹. Es ist im Grunde das Symbol meines Lebens« (BrAM, 796 f.). In *Königliche Hoheit* wird dieses Symbol zum organisierenden Zentrum des Romangeschehens, wenn aus dem einbeinigen Zinnsoldaten der »Prinz mit einer Hand« wird (GKFA 4.1, 36) und aus der graziösen und ebenso standhaften Spielzeug-Tänzerin des Märchens Imma Spoelmann.

»Kleine Schwester«, nennt Klaus Heinrich seine Geliebte (GKFA 4.1, 293, 313 u. 370). Dies und weitere Leitmotive wie die »Meerschaum«-farbene Hautfarbe (ebd., 312), die auch an die »Blässe der Perlen« erinnert, die »fließende« (ebd., 359) Sprache ihrer Augen und ihres Mundes, das »[b]lauschwarz[e]« Haar, das »von ihrem Scheitel hinab[floß]« (ebd., 264), der an einen unterseeischen Garten erinnernde Wintergarten in ihrem Schloss »Delphinenort« (ebd., 21) und ihr »Kleid aus seegrüner, glänzender Seide« (ebd., 224) markieren Imma, dieses »Feenkind aus Fabelland« (ebd., 324), als eine Schwester von Andersens *Kleiner Meerfrau* (die im *Faustus* als Leverkühns ›kleine Schwester‹ wiederkehrt). Das »Meerschaum«-Motiv akzentuiert nicht nur die Figurenkonzeption, sondern auch den Geschehensverlauf: Da der Prinz die Meerfrau verschmäht, muss sie sich auflösen in ›Schaum auf dem Meere‹; so bleibt ihr nur der Aufstieg zu den ›Töchtern der Luft‹, in die luftig-kühle Sphäre eines dritten Elements. Auch das wird in Thomas Manns Roman explizit aufgenommen, nun aber umgedeutet zum Ausdruck einer emanzipativen Befreiung: Als Studentin der Mathematik spielt Imma leitmotivisch »in den Lüften« (GKFA 4.1, 250).

Meerfrau und Zinnsoldat, die in den Vorlagen zugrunde gehen, können im Roman wunderbar erlöst werden, weil sie integriert werden in ein drittes Andersen-Märchen, das strukturbildend adaptiert wird und das die beiden anderen integriert und versöhnt. Bereits der kindliche Protagonist, das einsame und ungeliebte Kind einer narzisstischen Mutter und eines schwachen Vaters, lebt in seinem Schloss wie im Palast »der Schneekönigin, wo die Herzen der Kinder erstarren« (Andersen 1887/88, 463). Das für Manns Werk zentrale Motiv der Kälte findet im expliziten Rekurs auf *Die Schneekönigin* erstmals eine archetypische Veranschaulichung (dazu Maar 1996): Klaus Heinrich rückt in die Position des kleinen Kay ein, Imma in die der schwesterlichen Gerda, die den im Schneepalast gefangenen Knaben befreit, weil sie die Kälte der schneeköniglichen Mutter-Welt durch die Wärme ihrer Liebe ersetzt und ihn zum erlösenden Weinen bringt.

Damit wird im Schnittpunkt der drei Andersen-Märchen wieder die zentrale Denkfigur des Romans sichtbar: die Solidarisierung der Stigmatisierten. Dieser Grundeinfall, den Thomas Mann schließlich geradezu als erste Hinwendung zur Demokratie beschrieben hat, verwirklicht sich narrativ in der Kombination märchen-, am Ende auch legendenhafter Erzählschemata mit denjenigen eines am Naturalismus geschulten psychologischen und sozialen Romans. Ähnliche Verfahren werden sich später, ungleich komplexer, in *Der Tod in Venedig*, im *Zauberberg*, in der *Joseph*-Tetralogie und im *Erwählten* beobachten lassen; eben deshalb hat Thomas Mann seinen zweiten Roman so nachdrücklich als deren Vorstufe benannt. Das Erzählverfahren einer fundamental zweideutigen, zwischen Mythos und Realismus changierenden »doppelten Welt« (zum Begriff vgl. Martínez 1996) hat er hier zum ersten Mal erprobt.

Zwar werden im Laufe der Entstehungsgeschichte die Spuren realer Schauplätze mit Ortsnamen wie »Potsdam« (GKFA 4.2, 442, 445, 481 u. 484), »Baden« (GKFA 4.2, 471, 538, 545 u. 548), »Königsberg« (GKFA 4.2, 361) getilgt, so dass für die Topographie von Klaus Heinrichs Welt nur Schlössernamen wie »Hollerbrunn« (GKFA 4.1, 13 ff.) und »Delphinenort« (GKFA 4.1, 21 ff.) bleiben. Umso überraschender dringt dann mit Immas amerikanischer Welt eine Fülle neuartiger Ortsbezeichnungen in die Märchenwelt ein, vom »Broadway« (GKFA 4.1, 298) bis zur ›Wall Street‹: Die Begegnung der Kulturen wird zur Konfrontation erzählerischer Schemata und erzählter Welten. Klaus Heinrich und Imma werden am Ende ein Paar und erretten das Land vor dem Zusammenbruch, weil eine geheimnisvolle Zigeunerin vor Zeiten geweissagt haben soll, dass eines Tages ein Prinz »mit einer Hand« (GKFA 4.1, 36) dem Land Segen bringen werde und weil wunderbare Vorzeichen die Erfüllung dieser Prophezeiung andeuten – so die märchenhaft-mythische Geschehensmotivation. Die realistische begründet denselben Geschehensverlauf darin, dass die Protagonisten, die sich gemeinsam vom Stigma befreit haben, nun praktische Nationalökonomie betreiben, eine Anschubfinanzierung durch Immas Vater erwirken und sich Minister Knobelsdorffs kluge Handhabung des Volksglaubens an die Prophezeiung zunutze machen. Im legendentypischen Wunderzeichen des alten und neu erblühenden Rosenstocks ist diese Ambiguität gleichsam kondensiert: Er beginnt zu duften, weil sich die Weissagung erfüllt – oder weil er endlich umgepflanzt worden ist. Zusätzlich betont wird die Ambiguität dadurch, dass sein wunderbares Duften am Ende nur im Modus der Hoffnung ausgedrückt wird (dazu Rickes 1998).

»Die geistige Wendung zum Demokratischen«

Nach dem Erscheinen der Buchausgabe im Oktober 1909 (noch während des Vorabdrucks in der *Neuen Rundschau* arbeitete Thomas Mann weiter an Details) wurde der Roman weithin vor allem als politischer Text wahrgenommen. Auch Thomas Mann selbst hat auf eine solche Lesbarkeit lebenslang besonderen Wert gelegt. Noch 1954 hat er erklärt, in *Königliche Hoheit* habe nichts Geringeres in Rede gestanden als »die Krise des Individualismus, von dem schon meine Generation ergriffen war, die geistige Wendung zum Demokratischen«, und im selben Jahr bemerkt, »daß einer als Dichter viel früher denn als Schriftsteller Bescheid wissen kann, was die Glocke geschlagen hat. –« (GW XI, 581; 97). Als »tragische Komödie von der repräsentativen Einsamkeit« las Ernst Bertram 1909 den Roman, als Parabel »einer leergewordenen, nur noch repräsentierend symbolischen Macht« (Bertram 1909, 211); im sozialdemokratischen *Vorwärts* wurde die politische Keckheit des Buches gelobt; Hermann Bahr nannte den Roman geradezu ein »marxistisches Märchen« (Bahr 1909, 1807).

Solche Bemerkungen zielen auf die Sozialisierung des Einzelgängers und sein Eintreten in eine Gemeinschaft liebevoller und verpflichtender Bindungen, auf die im Märchen angedeutete romantische Utopie einer monarchischen Republik im Sinne des Novalis (der dann in der Rede *Von deutscher Republik* zum Eideshelfer avancieren wird). Von politischen Institutionen und Systemen hingegen ist im

Roman allenfalls am Rande die Rede. Aber die Neugier auf zeitgenössisches Leben im demokratischen Amerika, die satirische Skepsis gegenüber den erstarrten Repräsentationsformen des wilhelminischen Deutschland, die Zurückweisung des Antisemitismus, die Suche nach einer Versöhnung von romantischen Herrschaftsbildern und den nüchternen Funktionsweisen ökonomischer Prozesse: dies alles weist auch dann auf eine »geistige Wendung zum Demokratischen« hin, wenn Kritiker mit Recht betonen, dass diese Synthese aus Monarchie und Kapitalismus eher auf »eine Demokratie von oben« hinausläuft (Kurzke 2010, 89; kritisch dazu Rickes 1994) und dass sie vor allem deshalb so reibungslos funktioniert, weil zwar der Kapitalist importiert wird, nicht aber der Kapitalismus. Auch Heinrich Manns Vorwurf, das »Volk« habe sich in diesem Roman mit der Rolle von »belanglosen Statisten« zu begnügen (BrHM, 141), ist nicht von der Hand zu weisen – wenngleich die Bestätigung der Herrschaft durch Akklamation hier erhebliche Bedeutung hat. Ob der Prinz ›populär‹ ist, entscheidet hier allein der *populus*, der sich, in einer bezeichnenden Mischung politischer und ästhetischer Kategorien, von ihm »dargestellt« (GKFA 4.1, 24 u. 47) findet. Auch die eigentümliche Wandlung der nicht als Figur fassbaren, aber auffällig hervortretenden Erzählstimme trägt zum Eindruck einer ›Demokratisierung‹ des Romans bei: Spricht aus dem Kollektivsubjekt dieses ›wir‹ zunächst oft die parodistisch übertriebene Stimme einer ihrem Monarchen devot ergebenen Presse, so wandelt es sich gegen Ende zum ›wir‹ jenes Volkes, das dem Fürsten zusieht und zustimmt.

Nach den letzten Überarbeitungen hatte der Text für den Autor seine endgültige Gestalt gewonnen; von nun an ließ er keine Änderungsvorschläge mehr zu. Zwar kritisierte Heinrich Mann das allegorisierende, an eine Szene in Ibsens *Kronprätendenten* anklingende Gespräch zwischen dem Fürsten Klaus Heinrich und dem Künstler Axel Martini; Hofmannsthal empfand sexuelle Anspielungen auf die Ehe der Gräfin Löwenjoul als indezent, und Samuel Fischer nahm Anstoß am Freitod Raoul Überbeins. In allen Fällen blieb Thomas Mann bei den einmal gewonnenen Lösungen: Das ›Experiment‹ war abgeschlossen.

Literatur

Andersens Märchen. Gesamt-Ausgabe. Halle a. d. S. [1887/1888].

Bahr, Hermann: *Königliche Hoheit*. In: *Die neue Rundschau* 20 (1909), 1803–1808.

Bartels, Adolf: Thomas Mann und sein neuer Roman *Königliche Hoheit*. In: *Deutsches Schrifttum* 6 (1910), 90–95.

Bertram, Ernst: Thomas Mann. Zum Roman *Königliche Hoheit*. In: *Mitteilungen der Literarhistorischen Gesellschaft Bonn* 4 (1909), 195–217; vgl. GKFA 4.2, 174–178.

Detering, Heinrich: *»Juden, Frauen und Litteraten«. Zu einer Denkfigur im Frühwerk Thomas Manns*. Frankfurt a. M. 2005.

Hesse, Hermann: *Königliche Hoheit*. In: *März* 4 (1910), 281–283.

Kurzke, Hermann: *Thomas Mann. Epoche – Werk – Wirkung*. 4., überarb. u. aktual. Aufl. München 2010.

Maar, Michael: *Geister und Kunst. Neues aus dem Zauberberg*. München/Wien 1996.

Martínez, Matías: *Doppelte Welten. Struktur und Sinn zweideutigen Erzählens*. Göttingen 1996.

Mendelssohn, Peter de: *Der Zauberer. Das Leben des deutschen Schriftstellers Thomas Mann*. Überarb. Neuausg. Frankfurt a. M. 1996.

Rickes, Joachim: *Der sonderbare Rosenstock. Eine werkzentrierte Untersuchung zu Thomas Manns Roman »Königliche Hoheit«*. Frankfurt a. M. 1998.

Rickes, Joachim: *Politiker – Parlamente – Public Relations*. Frankfurt a. M. u. a. 1994.

Schmidt-Gibichenfels, Otto: *Ein Vorkämpfer für jüdische Rassepolitik*. In: *Deutsche Tageszeitung* vom 14. 11. 1909.

Schößler, Franziska: *Aneignungsgeschäfte*. Zu Thomas Manns Umgang mit Quellen in dem Roman *Königliche Hoheit*. In: *TMJb* 14 (2001), 249–267.

Wysling, Hans: Die Fragmente zu Thomas Manns *Fürsten-Novelle*. Zur Urhandschrift der *Königlichen Hoheit*. In: Paul Scherrer/Hans Wysling: *Quellenkritische Studien zum Werk Thomas Manns*. Bern/München 1967 (= *TMS* 1), 64–105.

Heinrich Detering

1.3 *Der Zauberberg* (1924)

Mit dem 1924 erschienenen *Zauberberg* konnte Thomas Mann an den Erfolg seines Debütromans *Buddenbrooks* anschließen. Sowohl die hohen Auflagenzahlen und zahlreichen Übersetzungen als auch die Menge von Forschungsarbeiten belegen, dass *Der Zauberberg* bis heute zu den bekanntesten und meist beachteten Werken Manns zählt. Dabei erweist sich die Geschichte Hans Castorps als hochkomplex. Die sieben Jahre seines Aufenthaltes im Davoser Lungensanatorium werden im Zusammenhang mit einer Vielzahl von Aspekten erzählt (u. a. Philosophie, Psychoanalyse, Mythologie, Musik, Zeitgeschichte, Medizin, Biologie) und sind von zahlreichen intra- und intertextuellen Bezügen begleitet. Die Forschung ist weiterhin darüber uneins, ob der auf dem Kampffeld des Ersten Weltkrieg endende Roman tatsächlich, wie von seinem Autor kommentiert, als

»europäischer Ruf zum Leben« (GKFA 23.1, 117) zu lesen ist oder nicht. Damit wird nicht zuletzt auch die Frage nach der Relation von literarischem und essayistischem Werk berührt, steht doch der ironisch erzählten *Zauberberg*-Geschichte mit im Vagen belassenen Ausgang das während der Entstehungszeit des Romans erfolgte klar artikulierte Bekenntnis Manns zur Republik gegenüber.

Entstehung

Trotz Parallelen zur ebenfalls im Sanatoriumsmilieu spielenden Novelle *Tristan* (1903) war es laut Mann der Davos-Aufenthalt seiner Frau Katia, der die Idee zum *Zauberberg* als »humoristische[m] Gegenstück« (GW XI, 606) und »Satyrspiel« (GW XI, 125) zum *Tod in Venedig* gab. 1912 besuchte er die dort im Waldsanatorium zur Kur Weilende, wobei er sich selbst einen Katarrh zuzog, der vom leitenden Arzt als beginnende Tuberkulose diagnostiziert wurde. Daraufhin empfahl man ihm einen sechsmonatigen Kuraufenthalt vor Ort (vgl. GW XI, 604 f.). Im Gegensatz zu seiner Romanfigur Hans Castorp entschloss sich Mann nach einem Telefonat mit seinem Hausarzt jedoch zur Abreise. »[D]ie Hörselbergidee zu einer knappen Novelle« (GW XI, 125) nahm er mit. Schon bald erwies sich, dass »die Dinge [...] ihren eigensinnigen Willen [haben]« (GW XIII, 148) und der Stoff mehr als »eine nur etwas ausgedehnte short story« (GW XI, 606 f.) bereit hielt.

Für den Entstehungsprozess lassen sich zwei Arbeitsphasen ausmachen: eine erste vom Juli 1913 bis zum Oktober 1915 und eine zweite vom April 1919 bis zum September 1924 (vgl. Neumann, GKFA 5.2, 13–46). Während der ersten Phase schritten die Arbeiten bis zum Abschnitt *Hippe* voran. Laut den Selbstzeugnissen bildete sich bereits früh das Gesamtkonzept heraus – hin zum Schluss mit dem »Krieg von 1914«, der »als Lösung hereinbrechen [soll]« (DüD I, 454). Gab es schon vorher Unterbrechungen, so folgt ab dem Herbst 1915 eine mehrjährige Aussetzung zugunsten der *Betrachtungen eines Unpolitischen* (1915–1918). U. a. durch die darin dargelegte Positionierung zum Krieg und die Auseinandersetzung mit dem Bruder Heinrich werden für den *Zauberberg* vorgesehene Themen aufgegriffen. Insofern sind die *Betrachtungen* einerseits als Auslagerung und Entlastung des Romans anzusehen, andererseits finden sich auch viele der dortigen Diskussionen darin wieder.

Ehe Mann im Frühjahr 1919 die Arbeit fortsetzte, verfasste er mit *Herr und Hund* (1918) und *Gesang vom Kindchen* (1918) noch zwei Texte, die ihn zum literarischen Schreiben zurückführen sollten. Die Wiederaufnahme des *Zauberbergs* bedeutete zunächst Umstellungen und Überarbeitungen. Auch in dieser zweiten Phase entstanden parallel essayistische Texte, die einen Bezug zum *Zauberberg* haben, z. B. *Goethe und Tolstoi* (1921), *Von deutscher Republik* (1922) sowie *Okkulte Erlebnisse* (1923).

Überlieferung, Textlage

Als autorisierter Text ist der Erstdruck anzusehen, der im November 1924 bei S. Fischer in zwei Bänden erschien (1. Band: Kapitel 1–5, 2. Band: Kapitel 6–7) und dessen Druckfahnen von Mann selbst Korrektur gelesen wurden (vgl. DüD I, 474). Das Manuskript gilt als verschollen, seit es im Zuge der Emigration der Manns 1933 an deren Rechtsanwalt übergeben wurde, dieser danach zunächst die Herausgabe verweigerte und später erklärte, es sei bei einem Bombenangriff verloren gegangen. So sind heute nur wenige faksimilierte Blätter des Manuskripts sowie einige Abschriften davon erhalten (vgl. Neumann, GKFA 5.2, 50), außerdem ein Konvolut ausgeschiedener Blätter (Yale-Manuskript: White 1980). Die im Rahmen der Großen kommentierten Frankfurter Ausgabe 2002 von Neumann vorgenommene Edition des *Zauberbergs* (GKFA 5.1) ist der gegenwärtige Zitierstandard.

Quellen und Einflüsse

Mit seiner Vielzahl von direkten und indirekten Zitaten, Namensnennungen und Allusionen, aber auch Kontrafakturen und Parodien erweist sich der *Zauberberg* als »dichtes Kompositionsgewebe« (GKFA 23.1, 250). Zu den Quellen zählen sowohl Werke der Kunst (Literatur, Musik, bildende Kunst) als auch literarisches, philosophisches und essayistisches Schrifttum. Zeitungsartikel und Lexikoneinträge dienten ebenso als Vorlage wie fachwissenschaftliche, para- und populärwissenschaftliche Schriften. Hinsichtlich ihrer Funktion im Roman können die Quellen in solche, die im Sinne von Wissensquellen zur Gestaltung des historischen Kontexts dienen, und solche (vor allem literarische Quellen), die als Prä- und Subtexte fungieren und für den *Zauberberg* inhaltlich wie formal strukturbildend sind, unterschieden werden. Einige Quellen sind punktuell für die Deutung einzelner Szenen bzw. Abschnitte oder als Vorlage für bestimmte Figuren von Belang. Was die Quellenlage betrifft, so gibt es zum einen gesicherte (d. h. nachweislich benutzte, z. B. belegt durch den Nachlassbestand des TMA), zum anderen durch den Autor benannte, schließlich nur aus dem Text zu ermittelnde.

Die Bestimmung konkreter Quellen ist dabei zumeist schon Interpretation. Dies zeigt sich u. a. bei dem zumindest für das Frühwerk als Konstante begriffenen »Dreigestirn ewig verbundener Geister« Schopenhauer, Nietzsche und Wagner (GKFA 13.1, 79). Alle drei sind durch den Roman hindurch präsent und berühren die Frage nach der Deutung des Gesamttexts, die je nach Fokussierung entweder als nietzscheanische Lebensbejahung und rauschhafte Steigerung oder als Absage an das Leben mit Bezug zu Schopenhauers Willensmetaphysik bzw. als erzählte romantische Rückneigung und Todessehnsucht im Sinne Wagners vorgenommen werden kann. Unbestritten ist die Bedeutung aller drei für einzelne Motive und Themen des Romans. So handelt es sich z. B. beim Romantitel wie bei dem u. a. im Schneetraum verhandelten Antagonismus von Apollinischem und Dionysischem um Nietzsche-Bezüge; ebenso verweist der Polyperspektivismus des Texts auf ihn. Aspekte der Philosophie Schopenhauers finden sich u. a. in der Figurenkonstellation, in der Leitmotivstruktur und in den Reflexionen zur Zeit wieder. Was Wagner betrifft, so werden nicht nur inhaltlich Handlungsstränge seiner Opern parodiert (*Parsifal, Tannhäuser*), auch formal gibt es Adaptionen, z. B. durch Stabreim-Imitatio und Leitmotivtechnik.

Wagner ist so zwar im *Zauberberg* stets gegenwärtig, wird jedoch nicht namentlich erwähnt, ganz im Gegensatz zu anderen musikalischen Werken der Romantik. Zu nennen sind u. a. die Stücke aus *Fülle des Wohllauts* sowie Franz Schuberts *Am Brunnen vor dem Tore*, das präsent ist bis hin zur Paraphrasierung auf der Handlungsebene.

Die Einflüsse der Romantik sind auch im Hinblick auf deren literarische Werke unverkennbar. *Der Zauberberg* zitiert direkt oder indirekt u. a. Tieck, Novalis und Eichendorff. Inhaltlich wie formal finden sich verschiedenste Reminiszenzen: So ist es der blau blühende Grund, der für Hans Castorp zum bedeutsamen Ort des Träumens und Erinnerns seiner »Regierungs-Zurückgezogenheit« (GKFA 5.1, 1063) wird. Es ist auch von Bedeutung, dass das Geschehen im Lungensanatorium spielt – womit die Schwindsucht und damit jene Krankheit ausführlich thematisiert wird, welche zur Handlungszeit als in hohem Maße romantische und romantisierte galt. Neben den Primärtexten sind Übernahmen aus anderen Quellen von Belang, z. B. aus den Romantik-Abhandlungen von Georg Brandes und Ricarda Huch.

Den Kontrapunkt zur Romantik stellt der Goethe-Bezug dar. Anders als in früheren Werken beruft sich Mann im *Zauberberg* deutlich auf ihn, und der *Faust* ist einer der wichtigsten Prätexte des Romans. Neben weiteren Verweisen auf andere Texte Goethes (z. B. die *Wahlverwandtschaften* und *Wilhelm Meister*) finden sich Bezugnahmen auf Schiller (z. B. *Don Karlos*), die innerhalb der *Zauberberg*-Konzeption dem Bereich des Klassischen zugeordnet sind.

Weitere literarische Quellen sind u. a. Heinrich Heines Gedichte sowie die Epik des 19. Jahrhunderts (Storm, Fontane, Dostojewski, Lew Tolstoi). Eine herausragende Rolle spielen die bereits im »Vorsatz« des *Zauberbergs* benannten Märchen (v. a. Hans Christian Andersen). Wiederholte Bezugnahmen finden sich zur *Odyssee*, zur *Aeneis* und zu Dantes *Göttlicher Komödie*. Auf Petrarca geht u. a. das »Placet experiri« (vgl. GKFA 5.1, 150) zurück. Neben Bibelzitaten und -allusionen nimmt der Roman eine ganze Reihe antiker Mythen auf. Prominent sind hierbei der Hermes-Stoff und die verschiedenen Unterwelt-Mythen. Letztere stellen Anknüpfungspunkte zur psychologisch-psychoanalytischen Literatur dar, die ebenfalls zu den Quellen zählte. Konkret sind die Schriften Sigmund Freuds zu nennen, vor allem zur Traumdeutung und Sexualtheorie, zudem finden sich Übereinstimmungen mit C. G. Jung (vgl. Hans Castorps Worte nach dem Schneetraum: »man träumt anonym und gemeinsam«, GKFA 5.1, 746). Auch Analogien zur Psychosomatiklehre Georg Groddecks lassen sich feststellen, und es spricht einiges dafür, den Roman auch im Kontext von Johann Jakob Bachofen zu lesen (vgl. Riedel 2001, 18). Bei der Darstellung des Okkultistisch-Spiritistischen sind – abgesehen von Schopenhauer – Carl du Prel und Albert Freiherr von Schrenck-Notzing zu den Einflüssen zu rechnen. Aus der beinahe unüberschaubaren Fülle der Quellen seien als weitere Werke des geistesgeschichtlichen Kontexts noch Ernst Bertrams *Nietzsche*-Buch und Oswald Spenglers *Der Untergang des Abendlandes* genannt.

Die Arbeitsweise Thomas Manns, konkrete Vorlagen zu verwenden und dabei Formulierungen sowohl zu übernehmen als auch zu modifizieren und dem eigenen Stil anzupassen sowie passagenweise zu paraphrasieren, zeigt sich an den Vorlagen für das biologisch-physiologische Wissen besonders deutlich. U. a. Ludimar Hermanns *Physiologie*-Lehrbuch und Oscar Hertwigs *Allgemeine Biologie* waren hier die Quellen.

Werke der bildenden Kunst stellen ebenfalls Vorlagen für den *Zauberberg* dar. So ist die Gestaltung der beiden Träume im Abschnitt »Schnee« nach Gemälden Ludwig von Hofmanns vorgenommen. Auch nur beiläufig erwähnte Kunstwerke erweisen sich als relevant, z. B. der schon in *Buddenbrooks* vorkommende segnende Christus von Thorwaldsen (vgl. GKFA 1.1, 647; 5.1, 46). Dieser ist nicht nur ein wiederkehrendes Detail aus dem biographischen Kontext, vielmehr wird damit eins der großen Themen des *Zauberbergs* angesprochen: die fehlende Kreuzigung im Sinne auch einer fehlenden Erlösung seiner Figuren.

Inhalt

Der Zauberberg erzählt die Geschichte des »einfache[n] junge[n] Mensch[en]« (GKFA 5.1, 11) Hans Castorp, der nach bestandenem Ingenieursexamen und vor dem beabsichtigten Eintritt in das Berufsleben seinen an Tuberkulose erkrankten Vetter Joachim Ziemßen in Davos besucht. Aus dem geplanten Aufenthalt von drei Wochen werden schließlich sieben Jahre, während der Hans Castorp im dortigen Sanatorium Berghof »Abenteuer im Fleische und Geist« (GKFA 5.1, 1085) erlebt. Den bei Ankunft noch fremden und befremdlichen Sanatoriumsalltag macht er sich im Laufe der Jahre ganz zu eigen, so dass ihm der Kriegsausbruch 1914, der ihn ins Flachland zurückholt, zum ›Donnerschlag‹ wird.

Castorps Zauberberg-Aufenthalt ist dabei nicht allein im realistischen Sinne als Aussetzung aller Verpflichtungen und Konventionen des bürgerlichen Lebens zu verstehen. Die Leitmotivstruktur des Romans mit ihren Zitaten und Anspielungen sowie die allumfassende Allegorisierung der realistischen Handlungselemente verweisen darauf, dass es bei seiner Reise um mehr geht: u. a. um Fahrt ins Totenreich, partielle Enthebung von Zeit und Raum, Traum bzw. Träume, Konfrontation mit Antagonismen (s. u.), dabei vor allem um das Erleben der als dionysisch gedachten ›Bildungs‹-Mächte. Das Erzählte wird ironisch vermittelt in der Weise, dass die Gültigkeit des Mitgeteilten zwar nicht grundsätzlich negiert ist, aber dennoch vom »Vorsatz« der ersten Textseite bis zum letzten Satz des Schlusskapitels dessen »Fragwürdigkeit« (GKFA 5.1, 9) betont wird.

Anklänge an den Bildungsroman (vgl. Neumann 2001, 70 f.), ohne selbst einer zu sein (vgl. Wysling, TMHb, 420), kommen damit ebenso zum Tragen, wie für Hans Castorp die Möglichkeiten einer Steigerung des Einfachen (entsprechend der Ambiguität der Formulierung, vgl. GKFA 5.1, 1085) erzählt werden. Parallel zu seinen Erlebnissen und Beschäftigungen verläuft seine Krankengeschichte. So geht Castorps Faszination für die russische Mitpatientin Clawdia Chauchat, die erst von ihm selbst im Traum und anschließend durch die Freud-Paraphrasen des Assistenzarztes Krokowski mit seiner Jugendschwärmerei für Pribislav Hippe identifiziert wird, mit dem diagnostizierten Ausbruch einer Tuberkulose bei ihm (als endogene Reaktivierung) einher. Der erste Teil des Romans (Kapitel 1–5) beschreibt die ersten sieben Monate seines Aufenthaltes. Dieser ist deutlich geprägt von der Frage, ob Castorp sich auf das Zauberberg-Abenteuer einlassen oder nicht doch besser abreisen soll. Der italienische Mitpatient Ludovico Settembrini, der für Form, Vernunft, Zivilisation und Aufklärung steht, ist in diesem ersten Teil als Gegenpart zu jenen Elementen konzipiert, von denen Castorp zunehmend vereinnahmt wird und die ihn zum Bleiben veranlassen. Zugleich stellt Hans Castorp verschiedene Studien an, die die Frage nach dem Wesen des Menschen behandeln und die er sowohl theoretisch (durch naturwissenschaftliche Lektüre) als auch praktisch (durch caritativ geprägte Hinwendung zu den moribunden Mitpatienten) unternimmt. Das Kapitel »Walpurgisnacht« beschließt den ersten Teil. Dort kommt es – nach intensivem verbalen Austausch in französischer Sprache – zur Liebesbegegnung mit Clawdia Chauchat, welche allerdings nur indirekt über das Verleihen eines Bleistiftes erzählt wird.

Der zweite Teil (Kapitel 6–7) exemplifiziert das zu Beginn des Romans Angedeutete: die Änderung der Begriffe und das Aus-der-Zeit-Geraten (vgl. GKFA 5.1, 17). Dies erweist sich formal (z. B. durch die größere und größer werdende Differenz von erzählter Zeit und Erzählzeit) wie inhaltlich. Zum Gegenspieler Settembrinis wird nun Leo Naphta: ein für Un- und Überform stehender Jude und Jesuit mit radikal-revolutionären Ansichten, welche sich u. a. in der Befürwortung von Terror und Kommunismus zeigen. Die Dispute zwischen Settembrini und Naphta nehmen an Länge und Heftigkeit zu. Sie überfordern nicht nur den als Teil der Diegese anwesenden Hans Castorp, sondern auch den Leser. Fortschreitend ist immer weniger ersichtlich, wer welche Position vertritt. Castorp entzieht sich zeitweise durch einen Ausflug in den Schnee, bei dem er sich verläuft und zwei Träume hat, die den im gesamten Roman thematisierten Gegensätzen entsprechen. Der beim Aufwachen von ihm formulierte Satz, um der Güte und Liebe willen dem Tode keine Herrschaft über die

Gedanken einräumen zu wollen (vgl. GKFA 5.1, 748), galt und gilt als Credo aller auf ›neue Humanität‹ abzielenden *Zauberberg*-Interpretationen, erklärt aber nicht, warum Castorp nach diesem Erlebnis noch weitere Jahre ›dort oben‹ verbleibt.

Joachim Ziemßen verlässt das Sanatorium auf eigenen Wunsch zum Dienstantritt beim Militär, findet sich jedoch schon bald darauf zum Sterben wieder auf dem Zauberberg ein. Clawdia Chauchat, die nach der Liebesnacht mit Hans Castorp abgereist war, kehrt in Begleitung Mynheer Peeperkorns zurück. Dieser kontrastiert mit seiner auf Emotion, Emphase, Pathos und Effekt angelegten Haltung als Dionysos-Christus die intellektuellen Debatten Settembrinis und Naphtas. Ein nächtliches Bacchanal im Kreise der Patientenschaft und ein Ausflug zum Wasserfall, der für ihn zum rauschhaften Naturerlebnis wird, charakterisieren Peeperkorns Wesen. Da er selbst sein Dasein als Scheitern empfindet, wählt er den Freitod als Ausgang, woraufhin Clawdia erneut abreist. Hans Castorp beschäftigt sich weiterhin mit dem »Rätsel [...] des Lebens« (GKFA 5.1, 991), geht dabei in Entsprechung zur im zweiten Teil des Romans dargestellten Formauflösung aber nicht mehr empirisch-wissenschaftlich vor, sondern wendet sich intensiv der von Settembrini einst als bedenklich bezeichneten Musik zu (vgl. GKFA 5.1, 175). Ferner ist er bei den vom Erzähler als krankhaften Weg (vgl. GKFA 5.1, 991) benannten spiritistisch-okkultistischen Experimenten aktiver Teilnehmer. Die Zauberberg-Gesellschaft verliert sich zunehmend in Stumpfsinn und Gereiztheit, welche im Duell zwischen Settembrini und Naphta gipfelt. Da Settembrini die Satisfaktion verweigert, erschießt sich Naphta selbst. Der Ausbruch des Weltkrieges bedeutet die Auflösung der Berghof-Gesellschaft. Der letzte Abschnitt beschreibt in Andeutungen Castorp im Kriegsgetümmel, und auch wenn das Ende bezüglich seines weiteren Werdeganges als offen erzählt wird, waren die zuvor gegebenen Textsignale deutlich genug, um davon auszugehen, dass er den Krieg nicht überleben wird.

Aufbau und Erzählstruktur

Mit dem Titel nimmt der Roman auf jene Texte Bezug, in deren Tradition er zu betrachten ist: Wörtlich findet sich der »Zauberberg« in Eichendorffs *Marmorbild* wie in Nietzsches *Geburt der Tragödie*. Indirekt zitiert wird Goethes *Faust* (»der Berg ist heute zaubertoll«, *Faust I*, Vers 3868), außerdem der Venusberg bzw. Hörselberg aus Tiecks *Getreuem Eckart*, Wagners *Tannhäuser* und Grimmelshausens *Simplicissimus*. Ein Bezug zu Tiecks *Runenberg* kann ebenso hergestellt werden, wie der ›Zauberberg‹ Anspielung auf Naturwissenschaft und -mystik gleichermaßen, aber auch auf das Bergwerk und die alchimistische Tradition ist. So wird bereits mit dem Titel das Augenmerk auf die komplizierte Verweis- und Zitatstruktur des gesamten Texts gelegt.

Der formale Aufbau ist einerseits durch die Zahl sieben, andererseits durch Dopplungen bestimmt. Nach dem »Vorsatz« folgen sieben Kapitel, die jeweils noch in Abschnitte unterteilt sind – es sind dies 51 an der Zahl bzw. 52, wenn man den letzten typographisch abgesetzten Teil als eigenen Abschnitt betrachtet. Dann erhält man in der Quersumme von 52 die Zahl sieben, analog zur Thematisierung solcher Zahlenspielereien auf der Handlungsebene (vgl. GKFA 5.1, 1008). Auch Dopplungen finden sich auf den verschiedenen Ebenen: u. a. bei der Makrogliederung des Romans in zwei Teile, bei der Benennung mehrerer Abschnitte (z. B. »Ewigkeitssuppe und plötzliche Krankheit«, »Jähzorn. Und noch etwas ganz Peinliches«) bis hin zur Dopplung von Lauten bzw. Buchstaben bei einzelnen Wörtern (Zau*berberg*, *Chau*c*hat*) (vgl. Crescenzi 2012, 177 f.).

Der Schluss des Romans hingegen zeichnet sich dadurch aus, dass so, wie das Ende offen erzählt ist, auch Siebenzahl und Dopplung nicht mehr anzutreffen sind. Der letzte Absatz des Texts besteht aus sechs statt sieben Sätzen. Zudem fehlt dem *finis operis* (vgl. GKFA 5.1, 1085) – eine für literarische Texte ungewöhnliche Schlussformel – als Gegenpart das *finis operantis*; so wie der »Vorsatz« (vgl. GKFA 5.1, 9) ohne *Nachsatz* bleibt. Ironischerweise kann aber eine Korrespondenz zwischen Text-Anfang und -Ende hergestellt werden, wenn die Ambiguität von ›Vorsatz‹ zugunsten der Bedeutung ›Vorhaben‹ (= *finis operantis*) aufgelöst wird. Dies erweckt den Anschein von Geschlossenheit, wo doch tatsächlich der Fragmentcharakter überwiegt. Die Anklänge an die romantische Tradition sind hier unverkennbar.

Was die Beurteilung des Erzählers und der Erzählsituation betrifft, so ist die Forschung zu unterschiedlichen Ergebnissen gelangt. Diese reichen von der auktorialen Erzählsituation mit persönlichem Erzähler (vgl. den Typenkreis bei Stanzel 2008, nach S. 339) bis hin zur These, dass es sich beim Erzähler um Hans Castorp selbst handelt (vgl. Crescenzi 2012, 174). Eine auf Integration abzielende Analyse nimmt Neumann (2001) vor, der von einer Parodie der auktorialen Erzählsituation ausgeht. Festzuhalten ist, dass im *Zauberberg* das Pathos des Erzählers (*pluralis narrationis*, stellenweise *genus grande* mit Hexametern und Stabreim) durch eine Reihe von Unzulänglichkeiten bei der Vermittlung (behaupten, sich irren, subjektive Einschätzungen geben) konterkariert wird (vgl. Neumann 2001, 59 f.). Auch dies erinnert an die romantische Tradition, ist darüber hinaus aber auch als modernes Erzählen im Sinne eines »*So-oder-auch-anders*« zu verstehen (Kristiansen 2013, 484 f.).

Strukturbildend für den *Zauberberg* sind die Entsprechungen von Inhalt und Form. Die behandelten Themen und Aspekte sind nicht nur auf den verschiedenen inhaltlichen Ebenen des Romans angesprochen (bis hin zur Travestie auf der Figurenebene durch die Bildungsschnitzer der Frau Stöhr), sondern werden auch bei der formalen Gestaltung aufgegriffen. Neben der Zahlensymbolik (Siebenzahl u. a. bei der Zeit- und Raumgestaltung, Dopplung u. a. bei der Figurenkonstellation) und dem analog zur Zeitverwirrung sich ändernden Erzähltempo wird z. B. auch der großen Konfusion Castorps angesichts der Dispute Naphtas und Settembrinis Rechnung getragen, indem deren lange Passagen wörtlicher Rede ohne zuordnende Erzählerkommentare wiedergegeben werden. Auf der Handlungsebene ironisch im Ungewissen belassene Fragen wiederum werden auch vom Erzähler nicht eindeutig kommentiert: so diejenige nach der Art und Schwere der Erkrankung Castorps, die zur Beurteilung der Intensität seines Verhältnisses zu Pribislav Hippe bzw. Clawdia Chauchat von einiger Bedeutung ist. Einzelne Wörter und Formulierungen greifen die Inhalt-Form-Bezüge ebenso auf. Z. B. exemplifiziert die Wendung »eilende Weile [...] [w]eilende Eile« (GKFA 5.1, 1004) Zeitthematik und Schopenhauer'sches *nunc stans*. Der nur indirekt erzählte und bis auf wenige Ausnahmen im Unbewussten bleibende Themenkomplex von Psychoanalyse und Homoerotik (auch hier die Konvergenz von Inhalt und Form: keine von Krokowskis im Keller des Sanatoriums stattfindenden Analysen wird erzählt; der öffentliche Vortrag zur Sexualtheorie, der für Castorp einen Durchbruch ins Bewusste bedeutet, ist jedoch passagenweise wiedergegeben) wird durch die entsprechenden Symbole (Zigarre, Thermometer, Bleistift) vermittelt und dabei wörtlich markiert, wenn die bevorzugte Zigarrenmarke des im väterlich-männlichen Milieu sozialisierten Hans Castorp Maria Mancini ist (mit deutlichem Bezug auch zur religiösen Ebene). Die Wiederholung der Anlaute (= Mama) ist sinnhaltig, unterliegt dabei aber wie sämtliche Dopplungen im Text (auf allen Ebenen, inhaltlich wie formal) der Ironie, durch die zweifache Nennung sowohl Bestätigung des Gesagten im Sinne einer Bekräftigung als auch das Gegenteil durch dessen Zurücknahme zu sein.

Historischer Kontext

Auch beim Verfassen des *Zauberbergs* galt es für Mann, zu finden statt zu erfinden (vgl. GW XIII, 55). So lassen sich für viele der Figuren entsprechende Vorlagen ermitteln. Je nach Komplexität ihrer jeweiligen Gestaltung sind sie auf unterschiedlich viele historische Personen zurückzuführen, dabei freilich immer literarisiert und nicht allein durch realistische Details zu erschließen. So werden die Ärzte Behrens und Krokowski im Text u. a. als antike Höllenrichter »Minos und Radamanth« bezeichnet (GKFA 5.1, 90). Zugleich entspricht Behrens in vielen Aspekten Friedrich Jessen, dem damaligen Leiter des Davoser Waldsanatoriums. Krokowski lässt sich in Anbetracht seiner vielfältigen Tätigkeiten im Roman auf mehrere Vorbilder zurückführen, u. a. auf Maximilian Bircher-Benner, Georg Groddeck und Sigmund Freud. Darüber hinaus ist er entsprechend seiner Erlösungslehre als Christus gestaltet und weist im Aussehen Züge eines Nazareners auf (vgl. Marx 2002, 87). Behrens hingegen ist als kranker Arzt eine Figuration von Nietzsches asketischem Priester (vgl. KSA 5, 372). Dass Leo Naphta Züge von Georg Lukács aufweist und Mynheer Peeperkorns Pathos und Habitus an Gerhart Hauptmann erinnern, ist ebenso bekannt wie die Tatsache, dass damit jeweils nur einzelne Aspekte der Figuren beschrieben sind. In Entsprechung zu den Inhalt-Form-Bezügen finden sich im Roman auch häufig Hinweise auf die Vorlagen in den Namen: so der Vokal-Gleichklang von Katia (Mann) und Clawdia (Chauchat) bzw. Williram Timpe und Pribislav Hippe oder die Initialen von Hans Castorp und Hans Christian (Andersen). Als Strukturprinzip ist dieses Verweissystem im *Zauberberg* vielfach anzutreffen und nicht nur auf die historischen Bezüge anzuwenden.

Neben den Figuren sind es weitere Aspekte der Handlungsebene, die sich als realistische Elemente dem historischen Kontext zuordnen lassen. Historische Details, die die Familiengeschichte Castorps illustrieren, finden sich auch in anderen Texten und sind der Familie Mann bzw. der Lübecker Zeit zuzuordnen (Schulbesuch im Katharineum, Gegenstände: Taufschale, Schnupftabaksdose). Die Schilderungen des Davoser Sanatoriumsalltags im Roman stimmen in Vielem mit den Erlebnissen Katia Manns während ihres Aufenthaltes dort überein oder sind die Eindrücke mehrerer Davos-Besuche Manns. Ergänzt werden diese um eigene Kurerfahrungen, z. B. in Riva am Gardasee. Von hier (Varone) stammt auch die Vorlage für die Wasserfall-Szenerie, welche zum Ort des Peeperkorn-Ausflugs wie des Duells zwischen Settembrini und Naphta wird (vgl. Notb II, 39 f.). Andere Schauplätze können in Entsprechung zu ihrer Bedeutung notwendig auf keine historischen Orte zurückgeführt werden. Sie sind ausschließlich literarische bzw. literarisch gefundene wie etwa der blau blühende Grund (vgl. GKFA 5.1, 621) als Reminiszenz an die Romantik.

Besonderes Augenmerk verdienen jene Stellen im Roman, die derart von ihrer historischen Vorlage abweichen, dass eine literarische Überformung anzunehmen ist. Dies betrifft z. B. die Anreise, die Hans Castorp entgegen der damals üblichen Streckenführung über die »Gestade[n] des Schwäbischen Meeres« (GKFA 5.1, 11) führt. So wird die Fahrt sowohl zum Ritt über den Bodensee als auch zur mythologisch vorgeprägten Fahrt ins Totenreich. Letzteres wird nochmals bekräftigt (bzw. mittels Dopplung wieder ironisiert) durch eine Flussquerung in Davos selbst. Diese ist nur möglich, weil das Sanatorium im Roman auf der anderen Seite des Tals als seine historische Vorlage verortet wird. Die Vertauschung von rechts und links findet sich an weiteren Stellen (vgl. GKFA 5.1, 71), so dass hier weniger von einem Fehler auszugehen ist (vgl. Neumann, GKFA 5.2, 147), sondern besser an eine bewusste Gestaltung der Vertauschung topographischer Aspekte (analog zu oben – unten, Höhle – Berg) gedacht werden kann.

Die Frage, ob diejenigen Details, die man mit Blick auf den historischen Kontext als Fehler werten müsste, in der Tat als solche anzusehen sind, oder ob diese den Sinn des Romans nicht gerade mit konstituieren, stellt sich bei der Interpretation. Ein Konsens innerhalb der Forschung wird sich hier schwerlich finden lassen. Selbst die vom Autor selbst im Nachgang als Fehler benannte physiologische Beschreibung der Atmung (vgl. GKFA 5.1, 331) kann mit Blick auf die Tod-Leben-Problematik und die topographischen Vertauschungen im Text als sinnhaltig angesehen werden. Zu den vereinzelten Anachronismen im Roman (z. B. Titanic-Untergang, Kinematograph in Davos, Totenbeschwörung Joachims in der Uniform des Ersten Weltkriegs) gibt es keine Selbstaussagen Manns, so dass es dem Interpreten überlassen ist, eine Deutung vorzunehmen (z. B. im Sinne Schopenhauers als Aufhebung der Zeitkategorien oder durch die Interpretation des *Zauberbergs* als Traum). Die Vielfalt der Möglichkeiten erweist, worüber innerhalb der Forschung mittlerweile Einvernehmen besteht: dass *Der Zauberberg* weder geschlossener Thesen- noch Ideenroman ist und dass man nicht von einem festgeschriebenen intendierten Sinn ausgehen kann (vgl. Wysling 1988).

Wirkung und Rezeption

Der Zauberberg wurde nach seinem Erscheinen von Publikum und Literaturkritik sehr gut aufgenommen. Zwar finden sich innerhalb des zeitgenössischen Feuilletons vereinzelt kritische Stimmen; keine davon leugnet jedoch die literarische Bedeutsamkeit des Romans. Die Kritik zielt auf einzelne Aspekte. So bemängelt z. B. Diebold (1924) die antithetische Struktur des Texts im Sinne eines Ideenromans, relativiert diese Kritik aber bereits selbst mit dem Verweis auf die Ironie des Romans. Ähnlich äußern andere Rezensenten moderat Vorbehalte, wobei in der Gesamtaussage die Zustimmung überwiegt. Auch das Feuilleton der medizinischen Fachpresse diskutierte den Roman. Die Kritik der Ärzteschaft war dabei allerdings weit weniger massiv, als es die Erwiderung Manns in der *Deutschen Medizinischen Wochenschrift* vermuten lässt (*Vom Geist der Medizin*, vgl. GKFA 15.1, 996–1002). Wohl warf man Mann Fatalismus und Zynismus sowie fehlendes ethisches Pathos und teilweise verunglimpfende Darstellungen des medizinischen Personals vor, nichtsdestotrotz wurden ihm dabei stets literarische Meisterschaft und beeindruckendes medizinisches Wissen attestiert. Willy Hellpach sah die Zustände im Sanatorium gar derart realistisch geschildert, dass er den Begriff der *Zauberberg*-Krankheit prägte (analog zum *Werther*-Fieber). Schriftsteller-Kollegen äußerten sich ebenfalls wohlwollend. Auch Gerhart Hauptmann zeigte sich – wiewohl durch die ihm nachempfundene Darstellung Peeperkorns irritiert – von der Qualität des Romans überzeugt.

Der Zauberberg verkaufte sich sehr gut, 1928 war bereits die 100. Auflage erreicht. Dass Manns wiederholte Nominierung für den Nobelpreis 1929 schließlich zum Erfolg führte, ist im Zusammenhang mit dem *Zauberberg* zu sehen – auch wenn der Preis explizit für *Buddenbrooks* verliehen wurde.

Nach 1945 dominierte ebenfalls die öffentlich bekundete Wertschätzung. Dabei wurde der Roman in Entsprechung zu seiner Offenheit sowohl dem konservativen Lager zugeschlagen als auch als Bekenntnis zur Republik gelesen. Zudem wurde *Der Zauberberg* als Verfallschronik des Wilhelminischen Zeitalters und dabei auch als Kapitalismuskritik angesehen (vgl. Mayer 1984, 132–146). Im Jubiläumsjahr 1975 sind moderat kritische Stimmen vernehmbar: Martin Walser äußerte sich ablehnend gegenüber dem im *Zauberberg* artikulierten bürgerlichen Habitus, andere Schriftsteller und Intellektuelle demonstrierten ihr Desinteresse (vgl. Arnold 1976, 161–203). Heute zählt *Der Zauberberg* als Roman der klassischen Moderne zum Kanon der deutschsprachigen Literatur. Seit der ersten Übersetzung ins Englische 1927 ist er in viele weitere Sprachen übertragen worden, u. a. ins Französische, Italienische, Russische und Japanische sowie seit kurzem auch ins Chinesische und Arabische.

Grundpositionen der Forschung

Die Forschung zum *Zauberberg* verweist nicht nur aufgrund der Vielzahl von publizierten Arbeiten, sondern auch durch die Fülle der behandelten Themen und methodischen Zugänge auf das außergewöhnlich hohe Interpretationspotential des Romans. In Entsprechung zur Komplexität des Texts, der der Großteil der Sekundärliteratur Rechnung trägt, kann ein systematisierender Überblick daher nur eine Zuordnung nach der gewählten Akzentuierung ohne Deklarierung von Ausschließlichkeit sein.

Dies im Sinn, ist eine Einteilung in einerseits kontextbezogene und andererseits auf den Text fokussierte Arbeiten möglich. Bei den kontextbezogenen Untersuchungen sind sowohl diejenigen Arbeiten zu nennen, die auf den Autor Mann bezogen sind, als auch solche zum allgemeinen historisch-kulturellen Kontext. Unter den autorbezogenen Arbeiten finden sich zum einen solche, die eine wechselseitige Deutung von Biographie und Text vornehmen. Diese sind zumeist älteren Datums und methodisch problematisch, machen zuweilen aber doch auf für den Text bedeutsame Details aufmerksam. So weisen z. B. die Arbeiten von Böhm (1991) und Härle (1986) zur Homoerotik des Autors Mann auf Elemente des Romans hin, die die Forschung davor noch nicht derart klar zur Kenntnis genommen hat. Zum anderen sind am Autor orientierte Arbeiten jene, die nach bestem philologischen Verständnis produktionsästhetisch vorgehen, indem sie u. a. die Vorarbeiten zum Roman erschließen und Bezüge zum sonstigen Werk Manns herstellen (z. B. de Mendelssohn 1982, Sauereßig 1974). Darüber hinaus sind jene Arbeiten zu nennen, die sich bei ihrer Deutung von populären Selbstaussagen Thomas Manns leiten ließen, z. B. dass *Der Zauberberg* ein Bildungs- und Erziehungsroman sei (vgl. GW XIII, 150, vgl. Scharfschwert 1967), ein »Zeitroman in doppeltem Sinn« (GW XI, 611, vgl. Karthaus 1970) sowie »ein Themengewebe, worin die Ideen die Rolle musikalischer Motive spielen« (GW XI, 611, vgl. Heftrich 1975).

Was die auf den historischen Kontext im allgemeineren Sinne bezogenen Arbeiten betrifft, so weisen diese unterschiedliche Akzentuierungen auf. So erschließt Wißkirchen (1986) den historischen Kontext. Deutungen im Hinblick auf die politische Orientierung nehmen z. B. Reed (1985) und Jendreiek (1977) als Bekenntnis zur Republik vor, während Kurzke (1975) auf die konservativen Elemente im Text verweist. Aus der Vielzahl der Arbeiten zu den geistesgeschichtlichen Bezügen seien exemplarisch zur Nietzsche-Rezeption Pütz (1995) und Joseph (1996) genannt, zu Schopenhauer Kristiansen (1978, [2]1986) und Frizen (1980) sowie zu Freud Dierks (1995). Dem naturwissenschaftlich-medizinischen Kontext wurde durch die Quellenerarbeitung (Virchow 1995) sowie deren Interpretation (Sprecher 1996, Max 2013) Rechnung getragen.

Vorrangig auf den Text fokussierte Arbeiten haben mit ihren Untersuchungen von Struktur und Aufbau des Romans wichtige Ergebnisse geliefert. Grundlegendes zur Leitmotivik hat Bulhof (1966) geschrieben. Reiss (1970) zeigt, auf welche Weise im Text Semantisierungen erfolgen. Der von ihm dafür geprägte Begriff ›Allegorisierung‹ (der von der Allegorie zu unterscheiden ist und der auch Symbole und Metaphern einschließt) ist noch heute Standard innerhalb der Thomas-Mann-Forschung. Dass nicht nur eine an Wagner orientierte Leitmotivtechnik und Polyperspektivismus im Sinne Nietzsches formgebend für den *Zauberberg* waren, sondern vielmehr auch Schopenhauers Willensmetaphysik dessen Struktur prägte, hat Kristiansen (1978/1986) belegt. Er konturiert die abfallende Linie des Romans bis hin zur Verneinung des Lebens. Die in der Folge geführte Auseinandersetzung mit Kristiansen (vgl. Koopmann 1983) hat die Forschung in wichtigen Fragestellungen weitergebracht, z. B. im Hinblick auf das Moderne-Paradigma. Ferner wurde gezeigt, dass an Form und Struktur orientierte Arbeiten nicht notwendig von der Geschlossenheit des Romans ausgehen (vgl. Gloystein 2001), was auch die Arbeiten zur Ironie erweisen (vgl. Heller 1959, Kristiansen 2013).

Als weitere Gruppe innerhalb der *Zauberberg*-Forschung lassen sich jene Arbeiten bestimmen, bei denen der methodische Bezug zugunsten der Interpretation zurücktritt. Hier sind auf Gesamtinterpretation zielende Deutungen von Arbeiten, die einzelne Themen hervorheben, zu unterscheiden. Vielfach sind Erstere mit dem Begriff des »Alexandrinischen« in Verbindung gebracht worden. Dieser wurde erstmals von Heftrich auf den *Zauberberg* angewandt. Er bezeichnet das »Spiel mit der überlieferten Literatur« (Heftrich 1975, VIII). Heftrich interpretiert den Roman so als komplexes Verweisspiel, wobei er die u. a. musikalischen Strukturen und die Parallelen zu Goethes *Faust* darlegt. Bereits Koopmann (1971) führt die philosophisch-mythologischen Bezüge an (u. a. Zeit, Hermetik), wobei er den Text immer im Bezug zur »doppelten Optik« (im Sinne Nietzsches, vgl. ebd., 28 f.) sieht. Sandt (1979) deutet den *Zauberberg* im Bezug zu Mythos und Symbolik. Dabei sieht sie Castorps Reise u. a. als Zitat des Kreta-Mythos und legt eine Fahrt ins Reich der Mütter nahe. Auch Frizen (1980) zielt darauf, das komplizierte Zitatgeflecht sichtbar zu machen, wobei für ihn die Schopenhauer-Bezüge zentral sind. Damit steht er am Übergang zu jenen Arbeiten, die einzelne Aspekte hervorheben und damit einer hochspezialisierten und ausdifferenzierten *Zauberberg*-Forschung Rechnung tragen. Zu nennen sind neben den bereits erwähnten Arbeiten zu Philosophie, Mythologie, Medizinischem und Zeit die Untersuchungen zu Märchen (Maar 1995), Religion (Marx 2002) und Musik (Vaget 1997).

Deutungsaspekte

Im Hinblick auf die Gesamtaussage des Romans finden sich sowohl Positionen, die von einer Bejahung des Lebens ausgehen, als auch solche, die den Text als dessen Verneinung lesen, ferner jene, die die ironische Offenheit betonen. In engem Zusammenhang zu diesen Positionierungen ist die Beurteilung der dargestellten Antagonismen zu sehen. Die oppositionellen Dopplungen gesund – krank, klassisch – romantisch, Europa (West) – Asien (Ost), apollinisch – dionysisch, Form – Un-/Überform, Leben – Tod usw. finden sich von der Handlungsebene (z. B. in den Figuren Settembrini – Naphta) über die als moralische Leitsätze begriffenen Aussagen (vgl. GKFA 5.1, 515, 748) bis hin zur Struktur des Romans (2 Teile). Im Abschnitt »Schnee« thematisiert Hans Castorp im Anschluss an seine beiden gegensätzlichen Träume diese Oppositionen. Seine Worte (vgl. GKFA 5.1, 747 f.) verdeutlichen, dass die Antagonismen sich gegenseitig bedingen, nicht ohne einander gedacht werden können und daher nur vermeintlich Gegensätze sind. Dadurch, dass Castorp dies schon bald wieder vergisst und auch keine Umsetzung seiner Erkenntnisse im weiteren Handlungsverlauf erfolgt, wird die Synthese allerdings nur angedeutet.

Der Lesart einer im Roman dargelegten neuen Humanität (Integration aller Aspekte als dem Leben zugehörig) steht diejenige Lesart gegenüber, die sich auf die fallende Handlungslinie stützt. Die Hinführung zum Krieg, der im Text als Befreiung und Erlösung beschrieben ist, wird dabei als Absage an die Schneetraum-Erkenntnis verstanden, das Schlusskapitel (und damit auch Hans Castorps Geschichte) so gedeutet, dass der Tod über das Leben triumphiert. Anders sehen jene auf die neue Humanitat abzielenden Deutungen gerade mit der Schlussfrage des Romans – ob »auch aus diesem Weltfest des Todes [...] einmal die Liebe steigen« werde (GKFA 5.1, 1085) – die Schneetraum-Erkenntnis wieder aufgegriffen und im Sinne einer umfänglichen Lebenszugewandtheit bestätigt.

Der Schnee-Traum Hans Castorps kann zudem als *mise en abyme* des Romans aufgefasst werden (vgl. Engel 2009, 433). Da das Schnee-Abenteuer innerhalb des sechsten Kapitels erfolgt, muss auf der Handlungsebene der zweite, dionysische Traum erst noch zu Ende geführt werden, ehe plötzlich der Donnerschlag ertönt und auch der Leser aus der Zauberberg-Welt herausgesetzt wird (analog zu Castorps Erwachen, nachdem er »zum Ziele» hin geträumt hat, GKFA 5.1, 748). Damit vollbringt *Der Zauberberg* als literarischer Text die Syntheseleistung selbst, da er das in der Moderne getrennt Gedachte als Bestandteile einer Geschichte nebeneinander stellt. Die Anklänge an Nietzsches *Geburt der Tragödie* als namen- und strukturgebendem Prätext werden dabei deutlich. *Der Zauberberg* selbst ist es jedoch auch, der diese Deutung zugleich hinterfragt. So wird die Ironie als »geistige[] Haltung« von Settembrini als »zur Liederlichkeit« und »zum Hindernis der Zivilisation« (GKFA 5.1, 335 f.) führend bezeichnet. Damit deklariert der Text selbst seine erkenntnisleitenden Strategien als der dionysischen Seite der Unordnung und des Todes zugehörig. Die literarischen Gestaltungsmittel der Romantik werden innerhalb des Antagonismen-Schemas ebenfalls dort verortet. Andererseits führt die Auflösung der Form auf der Textebene so weit, dass nicht allein die Eindeutigkeit der Antagonismen in Frage gestellt wird, sondern auch der textontologische Status des Erzählten selbst (vgl. Kristiansen 2013, 484). Dass sich der Roman so in der Tat als »*zu* ironisch« (Heller 1959, 250) erweist, ist als Umschlag in das Gegenteil als Beleg für die Ernsthaftigkeit seines Anliegens zu lesen. Die Wirkung des *Zauberbergs* vollzieht sich folglich auch und gerade dadurch, dass er etwas aussagt, indem er es anzweifelt.

Literatur

Arnold, Heinz Ludwig (Hg.): *Thomas Mann (= text + kritik 7)*. München 1976.

Bertram, Ernst: *Nietzsche. Versuch einer Mythologie*. Berlin 1918.

Böhm, Karl Werner: *Zwischen Selbstzucht und Verlangen. Thomas Mann und das Stigma Homosexualität*. Würzburg 1991.

Brandes, Georg: *Die romantische Schule in Deutschland* (Den romantiske skole i Tyskland). Berlin 1909 (dän. 1872).

Bulhof, Francis: *Transpersonalismus und Synchronizität. Wiederholung als Strukturelement in Thomas Manns »Zauberberg«*. Groningen 1966.

Crescenzi, Luca: Wer ist der Erzähler des *Zauberberg*? Und was weiß er eigentlich von Hans Castorp? In: Ortrud Gutjahr (Hg.): *Thomas Mann*. Würzburg 2012, 167–182.

Diebold, Bernhard: Thomas Mann: *Der Zauberberg*. In: *Frankfurter Zeitung*, 19. 12. 1924.

Dierks, Manfred: Doktor Krokowski und die Seinen. Psychoanalyse und Parapsychologie in Thomas Manns *Zauberberg*. In: Thomas Sprecher (Hg.): *Das »Zauberberg«-Symposium 1994 in Davos*. Frankfurt a. M. 1995 (= *TMS* 11), 173–195.

Engel, Manfred: Der Dichter als Zeit(krisen)deuter. Thomas Manns Roman *Der Zauberberg*. In: Michael Ansel/ Hans-Edwin Friedrich/Gerhard Lauer (Hg.): *Die Erfindung des Schriftstellers Thomas Mann*. Berlin/New York 2009, 421–434.

Frizen, Werner: *Zaubertrank der Metaphysik. Quellenkritische Überlegungen im Umkreis der Schopenhauer-Rezeption Thomas Manns*. Frankfurt a. M. 1980.

Gloystein, Christian: *»Mit mir aber ist es was anderes.« Die Ausnahmestellung Hans Castorps in Thomas Manns Roman »Der Zauberberg«*. Würzburg 2001.

Härle, Gerhard: *Die Gestalt des Schönen. Untersuchung zur Homosexualitätsthematik in Thomas Manns Roman »Der Zauberberg«*. Königstein/Ts. 1986.

Heftrich, Eckhard: *Zauberbergmusik. Über Thomas Mann*. Frankfurt a. M. 1975.

Heller, Erich: *Thomas Mann. Der ironische Deutsche*. Frankfurt a. M. 1959.

Hellpach, Willy: Die *Zauberberg*-Krankheit. In: *Die Medizinische Welt* 1 (1927), 1425–1429, 1465 f.

Hermann, Ludimar: *Lehrbuch der Physiologie*. Berlin [14]1910.

Hertwig, Oscar: *Allgemeine Biologie*. Jena [5]1920.

Huch, Ricarda: *Die Romantik. Blütezeit, Ausbreitung und Verfall*. Tübingen 1951.

Jendreiek, Helmut: *Thomas Mann. Der demokratische Roman*. Düsseldorf 1977.

Joseph, Erkme: *Nietzsche im »Zauberberg«* (= *TMS* 14). Frankfurt a. M. 1996.

Karthaus, Ulrich: *Der Zauberberg* – ein Zeitroman (Zeit, Geschichte, Mythos). In: *Deutsche Vierteljahrsschrift für Literaturwissenschaft und Geistesgeschichte* 44 (1970), 267–305.

Koopmann, Helmut: *Der klassisch-moderne Roman in Deutschland. Thomas Mann, Alfred Döblin, Hermann Broch*. Stuttgart 1983.

Koopmann, Helmut: *Die Entwicklung des »intellektualen Romans« bei Thomas Mann. Untersuchungen zur Struktur von »Buddenbrooks«, »Königliche Hoheit« und »Der Zauberberg«*. Bonn [2]1971.

Kristiansen, Børge: *Thomas Mann – Der ironische Metaphysiker. »Nihilismus«, Ironie, Anthropologie in Thomas Manns Erzählungen und im Zauberberg*. Würzburg 2013.

Kristiansen, Børge: *Thomas Manns Zauberberg und Schopenhauers Metaphysik*. Bonn [2]1986. (1. Aufl.: *Unform – Form – Überform. Thomas Manns Zauberberg und Schopenhauers Metaphysik*. Kopenhagen 1978).

Kurzke, Hermann: Wie konservativ ist *Der Zauberberg*? In: Rolf Wiecker (Hg.): *Gedenkschrift für Thomas Mann 1875–1975*. Kopenhagen 1975, 137–158.

Maar, Michael: *Geister und Kunst. Neuigkeiten aus dem Zauberberg*. München 1995.

Marx, Friedhelm: *»Ich aber sage Ihnen ...«. Christusfigurationen im Werk Thomas Manns*. Frankfurt a. M. 2002 (= *TMS* 25).

Max, Katrin: *Liegekur und Bakterienrausch. Literarische Deutungen der Tuberkulose im Zauberberg und anderswo*. Würzburg 2013.

Mayer, Hans: *Thomas Mann*. Frankfurt a. M. 1984.

Mendelssohn, Peter de: *Nachbemerkungen zu Thomas Mann*. Bd. 1. Frankfurt a. M. 1982.

Neumann, Michael: *Thomas Mann. Romane*. Berlin 2001.

Pütz, Peter: Krankheit als Stimulans des Lebens. Nietzsche auf dem Zauberberg. In: Thomas Sprecher (Hg.): *Das »Zauberberg«-Symposium 1994 in Davos*. Frankfurt a. M. 1995 (= *TMS* 11), 249–264.

Reed, Terence James: *Der Zauberberg*. Zeitenwandel und Bedeutungswandel. In: Hermann Kurzke (Hg.): *Stationen der Thomas-Mann-Forschung*. Würzburg 1985, 92–134.

Reiss, Gunter: *»Allegorisierung« und moderne Erzählkunst. Eine Studie zum Werk Thomas Manns*. München 1970.

Riedel, Wolfgang: Literatur und Wissen. Thomas Mann: *Der Zauberberg*. In: *Archiv für das Studium der neueren Sprachen und Literaturen* 153 (2001), 1–18.

Sandt, Lotti: *Mythos und Symbolik im Zauberberg von Thomas Mann*. Bern 1979.

Sauereßig, Heinz: Die Entstehung des Romans *Der Zauberberg*. In: Ders. (Hg.): *Besichtigung des Zauberbergs*. Biberach/Riss 1974, 5–53.

Scharfschwerdt, Jürgen: *Thomas Mann und der deutsche Bildungsroman. Eine Untersuchung zu den Problemen einer literarischen Tradition*. Stuttgart 1967.

Sprecher, Thomas: *Davos im »Zauberberg«. Thomas Manns Roman und sein Schauplatz*. Zürich 1996.

Stanzel, Franz K.: *Theorie des Erzählens*. Göttingen [8]2008.

Vaget, Hans Rudolf: »Ein Traum von Liebe«. Musik, Homosexualität und Wagner in Thomas Manns *Der Zauberberg*. In: Sprecher, Thomas (Hg.): *Auf dem Weg zum Zauberberg: Die Davoser Literaturtage 1996*. Frankfurt a. M. 1997 (= *TMS* 16), 111–141.

Virchow, Christian: Medizin und Biologie in Thomas Manns Roman *Der Zauberberg*. Über physiologische und biologische Quellen des Autors. In: Thomas Spre-

cher (Hg.): *Das »Zauberberg«-Symposium 1994 in Davos*. Frankfurt a. M. 1995 (= *TMS* 11), 117–171.
Walser, Martin: Ironie als höchstes Lebensmittel oder: Lebensmittel des Höchsten. In: Arnold, Heinz Ludwig (Hg.): *Thomas Mann* (= *text + kritik* 7). München 1976, 5–26.
White, James F. (Hg.): *The Yale »Zauberberg«-Manuscript*. Bern 1980 (= *TMS* 4).
Wißkirchen, Hans: *Zeitgeschichte im Roman. Zu Thomas Manns »Zauberberg« und »Doktor Faustus«* (= *TMS* 6). Bern 1986.
Wysling, Hans: Probleme der *Zauberberg*-Interpretation. In: *TMJb* 1 (1988), 12–26.
Wysling, Hans: *Der Zauberberg*. In: *TMHb*, 397–422.

Katrin Max

1.4 *Joseph und seine Brüder* (1933–43)

Entstehungsgeschichte und Publikation

Wie viele literarische Projekte Thomas Manns war auch die schließlich rund 2000 Druckseiten umfassende Romantetralogie *Joseph und seine Brüder* ursprünglich weitaus bescheidener geplant. Noch im Sommer 1926 nimmt Mann an, aus dem Josephsstoff würde eine Novelle (Lehnert 1963, 493), im Lebenslauf von 1930 geht er davon aus, die Arbeit an dem Romanprojekt sei zu diesem Zeitpunkt »etwa bis zur Mitte vorgeschritten« (GW XI, 416). Da Tagebuchaufzeichnungen aus dieser Zeit fehlen, lassen sich die ursprüngliche Inspiration sowie die ersten Planungen nicht exakt nachvollziehen, doch scheinen diverse Faktoren als Anstoß für das Mammutprojekt gedient zu haben. Im Mai 1922 besucht Thomas Mann in der Münchner Galerie Caspari eine Ausstellung, in der u. a. die Lithographien des Künstlers Hermann Ebers zur alttestamentarischen Josephsgeschichte gezeigt werden – von denen Mann, nach den Worten des Malers, »vollkommen gefesselt« sei (Sprecher 1998, 236).

Als Thomas Mann 1930 im *Lebensabriß* Ebers Bilder als Inspirationsquelle nennt, verweist er zudem mit Goethe auf einen weiteren wichtigen Stichwortgeber. Dieser hatte im vierten Buch des ersten Teils von *Dichtung und Wahrheit* die Patriarchengeschichte aus dem Ersten Buch Moses nacherzählt, kommentiert und dabei über die Josephsgeschichte bemerkt: »Höchst anmutig ist diese natürliche Erzählung, nur erscheint sie zu kurz, und man fühlt sich berufen, sie ins Einzelne auszumalen« (Goethe 1986, 156). Die Bemerkung Goethes, auf die sich Mann wiederholt bezieht, stellt *Joseph und seine Brüder* in den Kontext der Selbststilisierung Manns zum legitimen Nachfolger Goethes als deutscher Nationalautor – ein Rollenanspruch, der besonders während des Exils wichtig wird.

Neben dem öffentlichen Habitus erlangt der Kommentar aus *Dichtung und Wahrheit* auch persönliche Bedeutung für Thomas Mann, wenn Goethe anmerkt, die Patriarchengeschichte habe in seinem »zerstreuten Leben« die Funktion erfüllt, Geist und Gefühle »auf einen Punkt zu einer stillen Wirkung« zu versammeln: »weil ich auf keine andere Weise den Frieden zu schildern vermöchte, der mich umgab, wenn es auch draußen noch so wild und wunderlich herging« (Goethe 1986, 155). Während seiner Arbeit am dritten und vierten Band des Romans spielt die Beschäftigung mit dem Josephsstoff eine ähnliche Rolle im Leben des Exilanten Thomas Mann: ein Fixpunkt im Chaos des Weltgeschehens und darüber hinaus auch ein moralischer Anker.

Die eigentliche Entstehungsgeschichte des Romans ist für die ersten beiden Bände in groben Zügen, für die Bände III und IV recht genau nachvollziehbar. Nach Vorstudien im Jahr 1925, die u. a. in der Lektüre Freuds, Dacqués, Bachofens, Mereschkowskis, Flauberts und der Bibel bestehen, beginnt Thomas Mann die eigentliche Schreibarbeit im Juni 1926 in München, wo die ersten beiden Bände entstehen. Mann beendet die Arbeit an dem Text, der später als erster Band unter dem Titel *Die Geschichten Jaakobs* publiziert wird, vermutlich Ende Oktober 1930 – eine Aufteilung des Stoffes auf vier Bände zeichnet sich noch lange nicht ab (Fischer 2002, 43). Es ist davon auszugehen, dass Thomas Mann die Arbeit im Dezember 1930 wieder aufnimmt (im April 1931 werden bereits Teile des vierten Kapitels vorveröffentlicht) und im Juni 1932 beendet (vgl. Fischer 2002, 44). Der erste Band des Romans, *Die Geschichten Jaakobs*, erscheint am 10. 10. 1933 im S. Fischer Verlag Berlin. Auch der zweite Band, *Der junge Joseph*, kann am 20. 3. 1934 noch im Fischer Verlag publiziert werden, obwohl der Autor nach einer im Februar 1933 begonnenen Vortragsreise ins europäische Ausland nicht nach Deutschland zurückkehrt und somit als Exilant gilt.

Den dritten Band, *Joseph in Ägypten*, der zunächst als abschließender geplant ist, beginnt Thomas Mann bereits im Juni 1932, lange vor seiner Abreise aus Deutschland. Nach einer kurzen Unterbrechung durch die Vortragsreise nimmt er die Arbeit an *Joseph in Ägypten* im März 1933 in der Schweiz wieder auf. Nach kurzer Zeit ist abzusehen, dass auch dieser Band umfangreicher wird als geplant und geteilt werden muss. Mann beendet den dritten Band im August 1936, er erscheint am 15. 10. 1936 wiederum im S. Fischer Verlag, der seinen Firmensitz zu diesem Zeitpunkt bereits nach Wien verlegen musste.

Auf den Abschluss des dritten Bandes folgt eine mehrjährige Unterbrechung, die Thomas Mann neben zahlreichen politischen Publikationen vor allem der Arbeit am Goetheroman *Lotte in Weimar* widmet. Nach erneuter vorbereitender Lektüre 1939 und 1940 (u. a. der Mythologie Kerényis und der Thora) nimmt der Autor das Projekt im August 1940 wieder in Angriff und beendet den vierten Band im Januar 1943. *Joseph, der Ernährer* erscheint im Dezember 1943 im mittlerweile in Stockholm ansässigen Verlag S. Fischer.

Die handschriftlichen Manuskripte der ersten beiden Bände befinden sich heute in der Thomas Mann-Sammlung der *Beinecke Rare Book and Manuscript Library* der Yale University, die der Bände III und IV im Thomas-Mann-Archiv der ETH Zürich. In beiden Archiven finden sich zudem diverse Konvolute mit Notizen und Exzerpten zum Roman, in Yale sogar eine eigenhändige Zeichnung Thomas Manns zu Joseph in Ägypten, eine Skizze zur Feste Zel (reproduziert bei Grimm 1992, 49).

Thomas Manns Quellen

Die Quellen für die vier Bände des Josephsromans sind so umfangreich und divers, dass eine erschöpfende Darstellung nicht einmal dem fast 900 Seiten starken *Handbuch zu Thomas Manns Josephsromanen* (Fischer 2002) gelingt. Mann forscht über den gesamten Planungs- und Entstehungszeitraum hinweg zu den verschiedensten Aspekten der Josephsgeschichte, ihrer Variationen und Quellen, zudem liest er philosophische und literarische Texte, die auf die eine oder andere Weise Eingang in den Roman finden. Grundsätzlich lässt sich Manns Material folgenden Kategorien zuordnen (wobei die Grenzen fließend sind): religiöse Quellen, Kulturphilosophie, Mythenforschung, Ägyptologie, historische sowie literarische und künstlerische Quellen.

Religion

In der Phase der Vorstudien zu *Joseph und seine Brüder* konsultiert Thomas Mann zunächst die legendäre Familienbibel der Manns, eine Luther-Übersetzung. Aus dem Buch Genesis (vor allem Gen 37,1–36; 39,1–23; 40–50), der wichtigsten Quelle des Romans, wird die Erzählinstanz immer wieder wörtlich zitieren und den Tonfall und narrativen Habitus der Bibel imitieren. Außerdem studiert Thomas Mann Teile der Thora sowie muslimische Varianten der Josephsgeschichte für den Roman. Eine zentrale Quelle bereits aus der Anfangszeit der Arbeit bildet Alfred Jeremias' *Das Alte Testament im Lichte des Alten Orients* (3. Aufl., 1916), dessen Einfluss bereits im »Vorspiel« des ersten Bandes wirksam wird. Später kommen Jeremias' Buch *Die außerbiblische Erlöserwartung* (1927) und das *Handbuch altorientalischer Geisteskultur* (1929) hinzu. Aus Micha Josef bin Gorions Sammlung *Die Sagen der Juden* (1919) und dessen Buch *Joseph und seine Brüder. Ein altjüdischer Roman* (1917) übernimmt Thomas Mann diverse Details für die Geschichte, die sich im Bibeltext nicht finden (siehe Lehnert 1963, 471–474). Ausführlich konsultiert Mann zudem das Buch *Die Josephserzählung* (1921) des Rabbiners Jakob Horovitz sowie Oskar Goldbergs *Die Wirklichkeit der Hebräer* (1925); beide liest er wahrscheinlich 1927 (Lehnert 1966, 378, 381). Als Quelle für die islamische Gedankenwelt dient ihm u. a. Hans Heinrich Schaeders *Die islamische Lehre vom vollkommenen Menschen, ihre Herkunft und ihre dichterische Gestaltung* (1925). Bei Ernst Roenau informiert sich Mann über die persischen Varianten der Josephslegende (*Die Josephslegende. Den Persischen Dichtern Firdusi und Dschami nacherzählt*, 1923).

Kulturphilosophie und Mythologie

Eine frühe kulturphilosophische Quelle für die Romanarbeit bildet Edgar Dacqués *Urwelt, Sage und Menschheit. Eine naturhistorisch-metaphysische Studie* (1924), ein Text, der nach heutigen Kriterien wohl der Kategorie ›Mystik‹ oder ›Esoterik‹ zugeordnet würde. An Dacqué mag Thomas Mann gereizt haben, was er auch die narrative Instanz des Romans als auktorial-kommentierende Instanz ausführlich praktizieren lässt: die von keinen fachspezifischen Skrupeln behinderte Verbindung von wissenschaftlicher Erkenntnis und Fiktion sowie die freie assoziative Zusammenschau der verschiedensten Mythen. Wie auch andere Autoren, deren Bücher Mann für den Roman liest (u. a. Ignatius Donelly: *Atlantis die vorsintflutliche Welt*, 1911), glaubt Dacqué fest an die historische Wahrheit des Atlantis-Mythos, der im Josephsroman zumindest am Rande eine Rolle spielt und vor allem im *Vorspiel* des ersten Bandes von der Erzählinstanz immer wieder ironisch zum Anfang aller Dinge erklärt wird.

Mit den Ideen des Schweizer Juristen und Kulturphilosophen Johann Jakob Bachofen wird Mann zunächst durch die von Manfred Schroeter besorgte Ausgabe und vermittels der Einführung von Alfred Baeumler vertraut (in dessen Einleitung zu: *Der Mythus von Orient und Okzident. Eine Metaphysik der alten Welt aus den Werken von J. J. Bachofen*, 1926). Baeumlers bedenkliche Nähe zum faschistischen Denken evoziert jedoch Distanz auf Thomas Manns Seite, der sich immer deutlicher zur von Freud vertretenen aufklärerischen Mythenrezeption und -kritik bekennt. Die von Schroeter herausgegebenen Schriften Bachofens studiert er ausführlich, wie die Anstreichungen in seinem Exemplar belegen (Lehnert 1963, 492 ff.). An Bachofen interessiert ihn besonders die Dichotomie von Vater- und Mutterwelt bzw. Vater- und Mutterrecht, die im Roman als unablässiges Mit- und Gegeneinander männlicher und weiblicher kultureller Kodierungen inszeniert wird, sowie dessen ägyptologische Studien, etwa zur symbolischen Rolle des Mondes oder zur Verschränkung von Mythos und Herrschaft im antiken Ägypten. Thomas Mann informiert sich zudem über Bachofens Deutung der hellenischen Mythen sowie deren Interferenzen mit der ägyptischen Sagenwelt (J. J. Bachofen: *Urreligion und antike Symbole*, 1926; zur Bachofen-Rezeption Manns vgl. Heftrich 1993, Galvan 1996). Dieses zentrale Moment des Josephsromans, die Querverbindungen zwischen den verschiedenen Mythen, findet sich auch im Werk des russischen Historikers und Schriftstellers Dmitri Sergejewitsch Mereschkowski, das Mann wiederholt und ausführlich konsultiert (*Die Geheimnisse des Ostens*, 1924) und aus dem er im Roman teils wörtlich zitiert (siehe hierzu u. a. Marx 2002, 135 ff.).

Im Verlauf der Arbeit an *Joseph und seine Brüder* gewinnt die Kulturphilosophie Sigmund Freuds einen immer zentraleren Stellenwert (zu den Anstreichungen Thomas Manns in seiner Freud-Ausgabe vgl. Lehnert 1963, 478–486). Von Freud übernimmt Thomas Mann für diesen wie für andere Romane und Essays zahlreiche ideengeschichtliche Topoi zur Entstehung der Kulturen, zu Totem und Tabu, zur Sexualtheorie, zum Vater-Sohn-Verhältnis in patriarchalischen Gesellschaften, zur kulturstiftenden Rolle von Toten- und Opferritualen sowie zur Traumtheorie. Freuds Texte liefern ihm darüber hinaus grundlegende Einsichten in die psychologischen Funktionen von Mythos und Religion. Im Mai 1936 nutzt Thomas Mann die Festrede *Freud und die Zukunft*, die er zum 80. Geburtstag Sigmund Freuds in Wien hält, um vor dem Hintergrund der Freud'schen Theorie ausführlich über den Josephsroman zu reflektieren (GW IX, 478–501). Zudem konsultiert Thomas Mann astrologische Texte für *Joseph und seine Brüder*, etwa Franz Bolls *Sternglaube und Sterndeutung. Die Geschichte und das Wesen der Astrologie* (1926) sowie Heinz Artur Strauss' *Astrologie. Grundsätzliche Betrachtungen* (1927).

Historische Wissenschaften, Ägyptologie

Die historischen Quellen nutzt Thomas Mann vornehmlich zur Anreicherung des Romans mit möglichst zahlreichen, möglichst exakten Details. An ägyptologischen Quellen sind u. a. Adolf Ermanns *Aegypten und aegyptisches Leben im Altertum* (1923), Ludwig Curtius' *Die antike Kunst* (1913) oder Alfred Wiedemanns *Das alte Ägypten* (1920) zu nennen. In diesen Texten findet Mann u. a. Informationen über Ägyptens antike Götterwelt, über die Königsgräber, über Echnaton und die Kunst seiner Epoche; er übernimmt aus ihnen ägyptische Namen oder die Modeerscheinung des altägyptischen Adels, Zwergwüchsige an ihrem Hof zu beschäftigen.

An historischer wissenschaftlicher Literatur konsultiert Mann zudem zahlreiche Texte zur Geschichte Israels und Babyloniens, u. a. Fritz Hommels *Geschichte Babyloniens und Assyriens* (1885–1888), Julius Wellhausens *Israelitische und Jüdische Geschichte* (1901) und Bruno Meißners *Babylonien und Assyrien* (1920/1925). Er informiert sich bei Manfred Sturmann über althebräische Dichtung (*Althebräische Dichtung – Nachdichtungen*, 1923), bei Johannes Hempel über hebräische Frömmigkeitskonzepte (*Gott und Mensch im Alten Testament. Studie zur Geschichte der Frömmigkeit*, 1926) und studiert die dreibändige *Sittengeschichte Griechenlands* (1925–1928) von Hans Licht (d. i. Paul Brandt). Hinzu kommen topographische, archäologische und sprachwissenschaftliche Texte zum ägyptischen Kulturraum.

Kunst

Ein bislang zu wenig beachtetes Anregungsmoment für die Romankonzeption bilden die beiden Ägyptenreisen, die Thomas Mann 1925 und 1930 unternimmt (Grimm 1992, 16–24 u. 35–48; Noll 2009, 128 f.) und die ihn auch in das Gebiet des heutigen Israel führen (damals britisches Mandatsgebiet). Chaim Noll vollzieht nach, wie Manns unmittelbare Anschauung der Originalorte Eingang in den Roman findet und dessen topographische Symbolik untermauert (Noll 2009, 131). Alfred Grimm führt in seiner Monographie *Joseph und Echnaton* eindrucksvoll vor, wie vertraut Mann – durch Anschauung vor

Ort, Museumsbesuche, Literatur und Korrespondenz mit Ägyptologen – mit der antiken ägyptischen Kunst war und welch direkten Einfluss einzelne Objekte der bildenden Kunst auf die Figurenzeichnung, auf architektonische Konstruktionen oder die Darstellung der Hieroglyphenschrift nahmen (Grimm 1992).

Der Einfluss der literarischen Quellen auf den Josephsroman ist so umfassend und vielfach so subtil umgesetzt, dass eine übergreifende monographische Darstellung noch aussteht. Deutlich erkennbar ist der Einfluss Goethes, der ästhetischen Schriften Schillers und der Texte Kleists. Eine Verbindungslinie lässt sich auch vom Josephsroman zu Gustave Flauberts Roman *Salammbô* ziehen, den Thomas Mann kannte und der mit ähnlichen orientalistischen Projektionen arbeitet (Baskakov 1999).

Neben den genannten Monographien finden sich in der Handbibliothek Manns für den Roman zahlreiche Artikel aus Zeitschriften und Zeitungen – insgesamt handelt es sich also um eine beachtliche Menge an Literatur, die der Autor für die Arbeit am Text studiert. Thomas Mann pflegt einen ebenso intensiven wie freien Umgang mit seinen Quellen: intensiv insofern, als der Autor die wichtigsten Texte genau studiert und ganze Passagen fast wörtlich übernimmt – ein Verfahren, das ihm schon seit der Arbeit an *Buddenbrooks* vertraut war. Ein spezifisches Erzählverfahren des Josephsromans besteht darin, die Erzählinstanz exakte Detailinformationen vielfach eher beiläufig und *en passant* berichten zu lassen, um auf diese Weise narrative Authentizität zu konstruieren. An anderen Stellen wiederum wird das eigene Spezialistentum explizit betont, indem die Erzählinstanz ihre Gelehrtheit und Quellenkenntnis ausstellt oder gar gegen die Originalquellen ausspielt, zumeist nicht ohne ironischen Unterton. Das erlesene Fachwissen wird somit Teil der *histoire* wie des *discours*.

Der Josephsroman geht insofern frei mit seinen Quellen um, als historische Fakten oder wissenschaftliche Lehrmeinungen den Bedürfnissen der eigenen Geschichte angepasst und entsprechend abgewandelt werden, so etwa im Fall des Anachronismus, das Geschehen der Josephserzählung in die Regierungszeit Amenohphis' IV. (Echnaton) zu verlegen. Wiederholt widerspricht die Erzählinstanz bewusst den bekannten Quellen und korrigiert die Überlieferung in ihrem Sinne. Auch ideologisch greift sie kritisch ein: »Die Überlieferung will wissen [...]« (GW IV, 13) wird im »Vorspiel: Höllenfahrt« die Passage über Gottes Verheißung zu Abrahams zahlreicher Nachkommenschaft und deren Landnahme eingeleitet. Den Überlegenheitshabitus des auserwählten Volkes gegenüber den Nachbarvölkern kommentiert die Erzählinstanz kritisch: »Das ist mit Vorsicht aufzunehmen oder jedenfalls recht zu verstehen. Es handelt sich um späte und zweckvolle Eintragungen, die der Absicht dienen, politische Machtverhältnisse, die sich auf kriegerischem Wege hergestellt, in frühesten Gottesabsichten rechtlich zu befestigen. In Wirklichkeit war das Gemüt des Mondwanderers [Abraham] auf keine Weise geschaffen, politische Verheißungen zu empfangen oder hervorzubringen« (GW IV, 13).

Die Erzählinstanz ist nicht nur mit einem deutlichen Wissensvorsprung gegenüber allen anderen Quellen ausgestattet, sie weiß auch, was Abraham selbst ›in Wirklichkeit‹ dachte, fühlte und tat. Zudem kommentiert sie die Überlieferung politisch und moralisch. Dieses narrative Verfahren suggeriert absolute Glaubwürdigkeit und somit jene fiktive Authentizität, auf die Thomas Mann so großen Wert legt. Im Vortrag *Joseph und seine Brüder* aus dem Jahr 1942 berichtet er, wie es ihn erheitert, aber auch mit Stolz erfüllt habe, dass die Sekretärin, die das Manuskript der *Geschichten Jaakobs* abtippte, ihm das Typoskript mit den Worten ablieferte, nun wisse man doch, »wie sich das alles in Wirklichkeit zugetragen« habe (GW XI, 655). Dies hindert ihn indes nicht daran, auch die Autorität seiner Erzählinstanz immer wieder ironisch zu untergraben.

Die vier Bände im Einzelnen

Im Nachhinein erweist sich die Aufteilung in vier Bände als so plausibel, dass eine andere Ordnung des Materials gar nicht mehr denkbar scheint – Heftrich etwa interpretiert die Tetralogie im Sinne eines Gesamtkunstwerks analog zu Wagners vierteiligem *Ring* (Heftrich 1993). Tatsächlich ergibt sich die tetralogische Struktur jedoch erst im Verlauf der jahrelangen Arbeit durch das übermäßige Anwachsen des Manuskripts jenes ursprünglich als Novelle geplanten Textes.

Die Geschichten Jaakobs (1933)

Mit dem Beginn des Romans im Kapitel »Vorspiel: Höllenfahrt« wird deutlich, dass erzählte Zeit und erzählter Raum deutlich mehr umfassen als das, was in der Genesis über Jaakob und Joseph berichtet wird. Thomas Mann unternimmt es nicht nur, die Geschichte Josephs und seines Clans »ins einzelne auszumalen«, wie es Goethe vorschlug, vielmehr führt seine *histoire* weit hinab in die Anfänge der Menschheitsgeschichte: »Tief ist der Brunnen der Vergangenheit. Sollte man ihn nicht unergründlich nennen!« lautet der berühmte Romananfang, mit dem die nicht weiter spezifizierte Erzählinstanz darauf verweist, dass die Urgründe der Vergangenheit des »Rätselwesens« Mensch das »A und das O« all seines Redens bilden (GW IV, 9). Gleichzeitig greift das Erzählte weit über Josephs Geschichte und über die Grenzen der Genesis hinaus bis in die neutestamentarische Heilsgeschichte Jesu und bis in die politische Gegenwart der Entstehungszeit des Romans.

Zwar beginnt die Erzählinstanz unmittelbar nach ihrer raunenden Beschwörung der Vergangenheit von Joseph, dem eigentlichen Gegenstand des Romans, zu erzählen, doch nur, um von diesem Gegenwartspunkt der Erzählung aus die Ur-Familiengeschichte Josephs aufzurollen: beginnend mit Abraham, dem »sinnende[n] und innerlich beunruhigte[n] Mann« (GW IV, 11), der vor ›Ur‹-Zeiten aus Uru aufbrach, um zu einem wandernden Gottessucher zu werden. Im Zuge dieses Rekurses auf die Patriarchengeschichte werden die zentralen Topoi aufgerufen, auf die die Erzählinstanz im Folgenden in unablässiger Wiederholung zurückkommen wird: die nomadische Lebensform, die aus dem Monotheismus der Patriarchen in Form einer unermüdlichen Gottessuche nach dem *Einen* resultiert; das damit verbundene Überlegenheitsgefühl gegenüber allen Sesshaften und »Götzendienern« (mit denen man allenfalls Handel treibt, mit denen man sich aber nicht gemein macht); die moralisch begründete Distanzierung vom »äffischen« Großreich Ägypten; die Gewissheit der eigenen Auserwähltheit; das Motiv der Getriebenheit und »Heimsuchung«; die Bedeutung des »Segens« als Auszeichnung und Last; die mündlichen Traditionsformen der »Unterweisung« für den weitgehend schriftlos lebenden Clan; der ganz eigene und immer an der Idee mythischer Wiederkehr orientierte Umgang der Sippe mit der Zeit und ihrem Ablauf, den die Erzählinstanz für die eigene Narration übernimmt: »Was uns beschäftigt, ist nicht die bezifferbare Zeit. Es ist vielmehr ihre Aufhebung im Geheimnis der Vertauschung von Überlieferung und Prophezeiung, welche dem Worte ›Einst‹ seinen Doppelsinn von Vergangenheit und Zukunft und damit seine Ladung potentieller Gegenwart verleiht. Hier hat die Idee der Wiederverkörperung ihre Wurzeln« (GW IV, 32). Auch Nietzsches Idee der ewigen Wiederkehr ist hier erkennbar (Pütz 2004, 162).

Wer nun eigentlich aus Uru auswanderte – Abraham, Isaak, Jaakob –, wird aus der Perspektive einer mythischen, achronischen Zeitauffassung nicht nur ununterscheidbar, sondern auch irrelevant. Das Konzept der Generation ist hier keines historisch-genealogischer Abfolgen, sondern beruht auf »Durchlässigkeit«. Als ebenso beweglich und »durchlässig« erweist sich das Verhältnis von Gott und Mensch. Abraham, der Gottessucher und Begründer des Monotheismus, hat Gott ›hervorgedacht‹. Gott verdankt seine Existenz also Abrahams Denken, er ist das Produkt seines patriarchalischen »Sinnens«. Die klassische Hierarchie zwischen Gott und ›seiner‹ Kreatur Mensch wird aufgehoben zugunsten des reflektierenden Subjekts. Dem entspricht auf kosmologischer Ebene die Idee der »rollenden Sphäre«, in der auf jeden Abstieg, jeden »Grubensturz« und jede »Höllenfahrt« (wie Jaakob und Joseph sie erleben werden) Aufstieg und »Haupterhebung« folgen und umgekehrt – ein mythisches Muster, das sich mit der Zerreißung und Wiedererstehung des babylonischen Tammuz oder des ägyptischen Osiris ebenso erfüllt wie in Tod und Auferstehung der christlichen Jesusgestalt. »Oben« und »Unten« befinden sich innerhalb dieses Weltbildes in unablässigem Austausch und Wechsel, alles Menschlich-Irdische kann göttlich werden und vice versa. Auf der philosophischen Ebene des Romans korrespondiert diese Theologie mit der eigenwilligen Version der Schöpfungsgeschichte, welche die Erzählinstanz im Prolog »Höllenfahrt« präsentiert: die Schaffung der Welt als Wechselspiel zwischen Seele, Geist und Materie (GW IV, 39 ff.). Gott erschafft die Welt, um dem Chaos Form und der Seele eine materielle Grundlage zu verleihen – eine Vorstellung, bei der Schopenhauer Pate stand (siehe ausführlich Wolters 1998).

Die eigentliche Erzählung der Handlung beginnt mit einer Szene, in welcher der junge, ausgesprochen schöne und zudem halbnackte Jüngling Joseph im nächtlichen Mondschimmer am Brunnen inszeniert wird, während er schwärmerisch mit dem Mond kommuniziert – was ihm vom hinzukommenden Vater sofort untersagt wird. Das Gespräch, das sich im Anschluss zwischen dem Vater und seinem verwöhnten Lieblingssohn Joseph entspinnt, bildet den narrativen Auftakt zur Rekapitulation der wichtigsten Stationen der Geschichten Jaakobs: der Segensbetrug am Bruder Esau mit der anschließenden Flucht; Jaakobs »Haupterhebung« durch seinen Traum in Luz, in dem Gott ihn zum Stammvater des auserwählten Volkes erklärt; die Dienstzeit bei Laban, dem »Erdenkloß«, der ihn um die jüngere Tochter Rahel betrügt und erst mit seiner älteren Tochter

Lea verheiratet, mit der er somit den Erstgeborenen zeugt; Jaakobs schelmische Formen der Rache am Schwiegervater bis zur erneuten Flucht und der Rückkehr mit seinem neu gegründeten Clan in die Heimat und somit in die Nähe Esaus; Jaakobs Kampf mit dem Engel, in dem er den Ehrennamen »Israel« erringt; bis zu dem brutalen Gemetzel, das Jaakobs Söhne in der Stadt Schekem anrichten und das die Zwillinge Simeon und Levi ihren Platz in der Erbfolge kosten wird. Dies alles wird von der Erzählinstanz schlüssig, wenn auch nur teilweise in chronologischer Reihenfolge erzählt. Immer wieder zieht die Erzählstimme dabei die Glaubwürdigkeit der eigenen Quellen in Zweifel, korrigiert die Überlieferung und reichert den bekannten Mythos mit psychologischen Erklärungen an.

Die *Geschichten Jaakobs* bilden die Folie für die folgende Erzählung der Geschichte(n) Josephs. Sie präsentieren die mythischen Schemata, denen er folgt, und erklären die binäre Kodierung (Sonne/Mond, Raue/Glatte, Ackerbauern/Nomaden etc.) des patriarchalischen Weltbildes, mit dem er aufwuchs. Sie liefern (mit Jaakobs Aufstieg bei Laban) zudem das Vorbild für die Karriere, die Joseph in Ägypten durchlaufen wird – wenn sich diese auch nicht im Zeichen des göttlich-patriarchalischen, sondern in dem eines weltlichen Segens vollziehen wird.

Der junge Joseph (1934)

Was sich mit der Brunnenszene des ersten Bandes bereits andeutete, bestätigt der Beginn des zweiten Bandes: Die Erzählinstanz ist dem Jüngling Joseph heillos verfallen. *Der junge Joseph* setzt ein mit einer Eloge auf die menschliche Schönheit im Allgemeinen und Josephs androgyne Erscheinung im Speziellen. Als »Schönstes unter den Menschenkindern« werde Joseph in der Überlieferung immer wieder gezeichnet, und wenn die Erzählinstanz diese Formulierung auch sofort kritisch in Zweifel zieht, ironisch untergräbt und sich selbst immer wieder zu narrativer Sachlichkeit ermahnt, bleibt doch der Eindruck, dass sich die Erzählinstanz performativ, durch den Erzählvorgang in die geschlechtlich changierende Schönheit seines Erzählobjekts verliebt hat: »Mit siebzehn, das ist wahr, kann einer schöner sein als Weib und Mann, schön wie Weib und Mann, schön von beiden Seiten her und auf alle Weise, hübsch und schön, daß es zum Gaffen und Sichvergaffen ist für Weib und Mann« (GW IV, 395). Die Schönheit Josephs lässt sich geschlechtlich nicht eindeutig klassifizieren und fügt sich somit auch nicht glatt in das binär kodierte moralische Weltbild des Patriarchats, sondern verkörpert etwas jenseits der Dualität, ein ›Drittes‹.

Mit dieser Konstruktion des ›Dritten‹ ist absehbar, dass sich Joseph eine eigene Rolle jenseits der Kategorien seines patriarchalischen Clans wird kreieren müssen. Dieser Konstruktionsprozess beginnt im zweiten Band des Romans und wird vor allem in Band III und IV fortgesetzt. Damit wird zudem bereits deutlich, dass Joseph nicht für die Rolle des Familienoberhaupts vorgesehen ist, die er sich vom Vater zu erschmeicheln sucht. Denn Joseph ist zwar der Erstgeborene der Lieblingsfrau Rahel, doch das Erbe der Patriarchenrolle steht natürlich zunächst einmal Jaakobs tatsächlich Erstgeborenem, Ruben, zu, der dieses Recht indes durch sein »Scherzen« mit der Nebenfrau seines Vaters verliert. Auch die nächsten beiden in der Reihe, Simeon und Levi, büßen ihren Platz in der Erbfolge ein. Dennoch ist Joseph bei weitem noch nicht der Kandidat, der an der Reihe wäre.

Der junge Joseph ist der Teil des Romans, in dem Joseph am detailliertesten beschrieben wird und der, ebenso wie der vierte Band, wenig äußerliche Handlung aufweist. Die Erzählinstanz charakterisiert Joseph als schön, klug, schriftkundig, eloquent – und ausgesprochen eingebildet. Das anmaßende Gerede über seine Träume von der eigenen Auserwähltheit erregt den Hass seiner Brüder, doch selbst in diesem Hass spiegelt sich noch Josephs Besonderheit (Pütz 2004, 167). Neben der genauen Figurenzeichnung wird ausführlich von Josephs Erziehung berichtet, die – neben den »schönen Gesprächen« mit dem Vater im nächtlichen Mondlicht – vor allem durch den schrift- und mythenkundigen Knecht Eliezer erfolgt. Eliezer selbst übernimmt trotz seiner Stellung als Randfigur insofern eine Schlüsselrolle innerhalb des Romans, als anhand seiner Gestalt das mythische Konzept der »rollenden Sphäre« erläutert wird, das nicht nur die kollektive Identität des Jaakobs-Clans, sondern auch das individuelle Dasein Josephs bestimmt (u. a. GW IV, 419 ff.).

Diese Zuschreibungen familiär-mythischer Rollen erfolgt nicht nur von außen, sondern vor allem durch die Person selbst, die mit der Proklamation ihres »Ich« nicht das eigene, individuelle Selbst meint, sondern die Tradition all derjenigen mitdenkt, die zuvor die entsprechende Rolle inne hatten. Indem Eliezer die Geschichte des Ur-Typus Eliezer wieder und wieder erzählt, wird die Erinnerung an diesen mythischen Typus wachgehalten und zugleich auf narrativem Wege die eigene Identität konstruiert. Eliezer verkörpert somit weniger ein Individuum im herkömmlichen Sinne als vielmehr eine familiäre Institution: Joseph »sah durch ihn hindurch in eine unendliche Perspektive von Eliezer-Gestalten, die alle durch den Mund des gegenwärtig Dasitzenden Ich sagten, und da man im Dämmer des schattenmächtigen Baumes saß, hinter Eliezer aber die hitzig durchsonnten Lüfte flirrten, so verlor diese Identitätsperspektive sich nicht im Dunkel, sondern im Licht ... « (GW IV, 422). Diese Selbst- und Fremdzuschreibung einer tradierten mythischen Identität wird vom Subjekt nicht als Verzicht auf Individualität verstanden, vielmehr versichert die Erzählinstanz, Eliezer sage »auf so freie und großartige Weise Ich« (ebd.). Die Zugehörigkeit zum transindividuellen Mythos des »auserwählten« Volkes verschafft dem Dasein des Einzelnen weit größere Bedeutung, als jedes persönliche Verdienst es vermöchte.

Joseph ist der einzige Sohn Jaakobs, der nicht nur eine mythische Bildung durch die Lehren des Vaters unter dem »Unterweisungsbaum« (GW IV, 476) erhält, sondern durch Eliezer auch eine mytho*logische* Bildung, zudem lehrt ihn der Knecht Lesen und Schreiben. Auf dieser Bildung basiert Josephs Sonderrolle innerhalb des Clans: Er kann als einziger die mythischen Schemata rationalisieren und frei über die damit verbundenen Rollen verfügen – er ordnet sich der Erbfolge nicht klaglos unter, sondern sucht seine Position zu verbessern, indem er sich bewusst zum Auserwählten stilisiert. Und er entwirft sich eine eigene mythische Rolle, die sich neben den vertrauten Mythen auch aus der Tradition anderer Völker speist, etwa den ägyptischen, babylonischen oder griechischen Mythen. Er ist somit als einziges Familienmitglied als Subjekt im modernen Sinne zu verstehen. Auch in seiner Rolle als Schriftführer des Clans hält er das Distinktionsgebot, das Jaakob in Bezug auf kulturelle und religiöse Einflüsse anderer Volksgruppen ausgesprochen hat, nicht ein, sondern interessiert sich für alles Fremde, für ihm unbekannte Sprachen und Sitten – nicht zuletzt für die von Jaakob als »äffisch« (GW IV, 96 ff.) und sittenlos deklarierte ägyptische Kultur.

Die Situation eskaliert, als es Joseph gelingt, vom Vater das Brautgewand seiner Mutter Rahel, die »Ketônet« als Geschenk zu bekommen, jenen Ischtarschleier, der den zukünftigen Segensträger kennzeichnet und auszeichnet. Der Hass der Brüder, die Joseph zuvor schon mit der Erzählung seiner anmaßenden Träume erbost hat, bricht sich Bahn, als Joseph ihnen in diesem Brautschleier auf dem Feld, wo sie ihre Herden weiden, gegenübertritt und sich präsentiert. Geschützt durch die momentane Distanz zum Vater, fallen sie über den Bruder her, verprügeln ihn und zerreißen das Gewand, das er trägt, in Stücke. Denn in ihrer Seele gärt nicht nur der Hass auf den überheblichen Liebling des Vaters, sondern auch das mythische Schema des Zerreißens, das u. a. als narratives Muster und Mythologem in den Osiris-, Dionysos- oder Adonis-Mythen enthalten ist.

Joseph selbst wird von den Brüdern zwar nicht zerrissen, aber »gezaust« (GW IV, 657) und, wie in der biblischen Quelle, in einen Brunnen geworfen, in dem er drei Tage zubringt, bevor eine ismaelitische Karawane den »Stein vor der Höhle« entfernt und ihn herauszieht. Diesen Handelsleuten verkaufen die Brüder den nun recht schweigsamen Joseph, und Juda als ihr Sprecher verlangt dafür »[d]reißig Silberlinge« (GW IV, 611). Die anachronistischen Anklänge an das Neue Testament sind unübersehbar: eine dreitägige Karenzzeit in der »Höhle«, das Hinwegwälzen des Steins und die symbolische Summe von dreißig Silberlingen für die Verräter (die ironischerweise von den Kaufleuten heruntergehandelt wird). Die heimgekehrten Brüder erzählen dem Vater, ein wildes Tier habe Joseph »zerrissen«. Jaakob vergleicht daher Joseph mit einem Schaf (GW IV, 657, 659), was wiederum auf den Topos des ›Lamm Gottes‹ verweist. Auch andere Mythen kommen ins Spiel, wenn etwa Jaakob überlegt, ins Totenreich hinabzusteigen, um den Verlorenen heimzuholen, was sowohl den Orpheus/Eurydike- als auch auf den Demeter/Persephone-Mythos anklingen lässt. Der trauernde Jaakob gewöhnt sich schließlich an seine Trauer, so der versöhnliche Ausblick am Ende des zweiten Bandes. Er bewahrt den Lieblingssohn als bezaubernd schönen und immer siebzehnjährigen Jüngling in seinem Gedächtnis (GW IV, 662).

Joseph in Ägypten (1936)

Der dritte Band des Romans schildert Josephs Reise nach Ägypten, seine Ankunft und den Verkauf als Sklave in das Haus Potiphars sowie die beeindruckende Karriere, die ihm in diesem Haus gelingt, bevor er nach einem erneuten Grubensturz einen noch glänzenderen gesellschaftlichen Aufstieg beginnen wird.

Mit der Karawanenreise gelangt Joseph aus dem Naturraum Palästinas in den Kulturraum Ägyptens (Hamburger 1965, 59): Der Schauplatz der ersten beiden Romanbände war vor allem die Naturlandschaft Hebrons und umliegender Gebiete, ein Großteil der Szenen spielt sich im Freien ab. Ägypten wird hingegen wird als kulturell geformter, auch überformter Raum erzählt. Das narrative Setting ist in den Bänden drei und vier sehr viel deutlicher durch städtische Räume, Binnenszenerien und Interieurs geprägt.

Bevor Joseph an diese hochzivilisierten Orte gelangt, durchquert er mit der Karawane der Händler, die ihn als Sklaven erworben haben, die Wüste, jenen grenzenlosen Naturraum, der in der mythischen Logik Josephs den Eingang in die Unterwelt bildet. Mit »Usarsiph« gibt er sich entsprechend selbst einen »Totennamen« (GW V, 699), der das mythische Schema des Osiris anklingen lässt (Grimm 1993, 236). Von der städtisch geprägten Zivilisation Ägyptens, ihrer Kultur und Religion erfährt Joseph zunächst nur durch die Erzählungen der Beduinen (GW V, 692 ff.). Den ersten eigenen Eindruck der ägyptischen Kultur erhält Joseph an der Wüstenfestung Zel, an der alle Einreisewilligen zunächst kategorisch abgewiesen werden und im Anschluss »die krittligste Prüfung ihrer Unschuld und Ungefährlichkeit« abzulegen haben (GW V, 715). Das betont xenophobische Ritual ist allerdings mehr inszenierte Kulisse denn reale Abschreckung: Der Offizier Zels, Hor-waz, der den Einreisewilligen »Geschriebenes« abfordert, um die Legitimation ihrer Einreise durch den Beweis ihrer Handelstätigkeit zu bestätigen, präsentiert sich den Fremden nicht als martialischer Krieger, sondern als dekadenter Feingeist, der »in delikater Vorwärtsneigung, gespitzten Mundes, fein blinzelnd, liebevoll, selbstgefällig und mit offenkundigem Genuß« seine militärische Funktion ausschließlich kunstvoll schreibend erfüllt (GW V, 724).

Joseph akzeptiert seine neue Rolle als Sklave und Diener klaglos als Teil von Gottes Plan. Es scheint, als hätte die »Grube«, in die ihn die Brüder geworfen hatten, als Ort der Läuterung fungiert. Schnell wird jedoch deutlich, dass diese Akzeptanz des Gegebenen auf der tiefen Überzeugung basiert, dass Gott Großes mit ihm im neuen Wirkungskreis Ägypten vorhat. »Wohin führt ihr mich?« fragt Joseph zu Beginn des dritten Bandes Kedma, einen der Söhne des beduinischen Patriarchen, der ihn als Slave gekauft hat, als bestünde der Zweck der Handelsreise der Beduinen ausschließlich darin, ihn an seinen neuen Ort der Bestimmung zu bringen (GW V, 671). Seine Überzeugung von der eigenen Besonderheit und Auserwähltheit wird Joseph für seine Karriere in Ägypten durchaus dienlich sein.

Bevor er sich der Fremde öffnet und sich assimiliert – in einem weit größeren Maß, als dies jemals ein Mitglied seines Heimatclans gegenüber einer anderen Kultur getan hat –, versichert sich Joseph allerdings noch einmal der Werte seiner Ursprungsfamilie. Die gigantische Sphinx, an der er mit der Karawane vorbeizieht, erscheint Joseph, darin der mythischen Logik seines Vaters folgend, als Verkörperung aller Gefahren, die vom dekadenten, lasterhaften, »äffischen Ägyptenland« ausgehen. Durch seine Neugier, seine Offenheit und seine geschlechtlich ambivalente Position ist Joseph prädestiniert für das Neue, das sich ihm in der Sphinx als weiblich kodiertes mythisches Rätsel verführerisch präsentiert. Ehe er sich auf dieses Rätsel einlassen wird, stählt er sich indes mit all den väterlichen Vorbehalten, die sein bisheriges Leben geprägt haben: »Er wappnete sein Herz und gedachte Jaakobs. Neugierssympathie ist ein lockersitzendes Kraut, nur ein Jungentriumph der Freiheit. Aug in Auge mit dem Verpönten [der Sphinx], spürt man, wes Geistes Kind man ist, und hält's mit dem Vater« (GW V, 751 f.).

Im Haus des obersten »Wedelträgers« Pharaos, Potiphar, in das ihn die Beduinen als Sklave weiter verkaufen, wird Joseph neue Vaterfiguren finden: zum einen Mont-kaw, den bescheidenen und zurückhaltenden Hausverwalter, der Frau und Kind verloren hat und Joseph wie einen Sohn behandelt; zum anderen den Hausherrn selbst. Potiphar, der von seinen Eltern als Kind kastriert wurde, ist kein Patriarch wie Jaakob. Seine zahlreichen Ämter bei Hofe sind lediglich symbolische Ehrentitel, die er ›zum Schein‹ trägt. Und auch als Hausvorstand führt er – nach der patriarchalischen Logik des Textes – ein bloß symbolisch-scheinhaftes Dasein, ist er doch durch seine »Verschnittenheit«, als geschlechtliche »Null« (GW V, 882) nicht in der Lage, seinen ehelichen Pflichten nachzukommen und Nachwuchs für eine Erbfolge zu zeugen. Auch wenn sich Potiphar durch seine vermeintliche Geschlechtslosigkeit nicht in das patriarchalische Schema fügt, erfüllt er als Förderer und intellektueller Gesprächspartner Josephs doch eine wichtige väterliche Funktion.

Auch am Ende des dritten Bandes wird Joseph es noch einmal ›mit dem Vater halten‹, wenn er der Verführungskraft seiner Herrin Mut-em-enet widersteht. Thomas Mann widmet der Frau, die das Alte Testament nur als ›Potiphars Weib‹ kennt, und ihrer sich über drei Jahre hinweg entwickelnden Leidenschaft für den »Fremdsklaven« Joseph das gesamte sechste Hauptstück des Romans (*Die Berührte*). Die Erzählinstanz des Romans charakterisiert Mut-em-enet als eine kühle und rationale Frau, deren wilde, verführerische und irrationale ›Weiblichkeit‹ erst durch ihre Verliebtheit geweckt wird. Dem Angriff der »Mutterwelt«, den ihr Verführungsversuch bedeutet, widersteht Joseph mit seiner sprichwörtlichen »Keuschheit«, indem er die geistige Macht der

Vaterwelt gegen die durchaus verlockende Bedrohung stellt. Konfrontiert mit der Aufforderung seiner Herrin zum Beischlaf, imaginiert er das »Vaterantlitz«, ein »Denk- und Mahnbild« aller seiner weltlichen wie göttlichen Vatergestalten, in dem sich Jaakobs Züge mit denen Potiphars und des Hausverwalters Mont-kaw ebenso mischen wie mit dem Antlitz Gottes (GW V, 1255). Joseph widersteht Mut-em-enets Verführung und zeigt sich somit gegenüber seinem Herrn Potiphar loyal. Dieser dankt es ihm mit einer Bestrafung, die nur scheinbar eine solche ist: Er überstellt Joseph an das königliche Gefängnis, das den Ausgangspunkt seiner steilen und glänzenden Karriere am Hofe Pharaos bilden wird.

Joseph, der Ernährer (1943)

Bevor Joseph nach dem erneuten »Grubensturz« diesen noch höheren Aufstieg beginnen kann, ist dem vierten Band ein philosophisches »Vorspiel in den oberen Rängen« vorangestellt, das mit dem Eingangskapitel »Vorspiel: Höllenfahrt« des ersten Bandes korrespondiert. Erneut wird die metaphysische Grundlage des Romans rekapituliert, bevor das eigentliche Erzählen beginnt: das Verhältnis Gottes zu anderen Gottheiten, die Beziehung des *Einen* zu seinem auserwählten Volk, die Verbindung von Geistigkeit und Materialität sowie das komplizierte Verhältnis von Gut und Böse, Gott und Semael. Auf Anregung des letzteren, so die Erzählinstanz, wurde der Mensch geschaffen, mit dem das Böse in die Welt kam (GW V, 1278). Nach einem Kommentar zum Neid der Engel auf Gottes Vorliebe für sein Geschöpf, den Menschen, wendet sich die Erzählung wieder Joseph zu, der auf einem Schiff, ausgestattet mit einem Empfehlungsbrief seines ehemaligen Herrn, Potiphar, in Pharaos Gefängnis eintrifft, wo er wiederum schnell die Solidarität und Unterstützung einer Vaterfigur gewinnt: Mai-Sachmes. Joseph wird den Gefängnisverwalter später, nach seiner erneuten »Haupterhebung« und Beförderung zum Minister, als Verwalter und Ratgeber beschäftigen.

Nachdem er seine Fähigkeiten als Traumdeuter bereits im Gefängnis unter Beweis gestellt hat, erhält Joseph schließlich eine Audienz beim Pharao, um dessen Träume von den sieben fetten und den sieben mageren Jahren zu deuten. Vor allem aber beeindruckt Joseph den Herrscher mit seinen religionsphilosophischen und mythologischen Kenntnissen, Deutungen und Andeutungen – jenem Wissen also, das er in seiner Ursprungsfamilie, im »schönen Gespräch« mit Jaakob und Eliezer erworben, diskutiert und inszeniert hat. Doch Joseph ist im vierten Band des Romans nicht mehr nur ein philosophisch heller Kopf und begabter Schauspieler. Befördert zum Wirtschaftsminister des Landes und zum symbolischen »Herr[n] über Ägyptenland« (GW V, 1494) setzt er grundlegende Reformen in Gang, die dazu beitragen, Ägypten und die kolonialisierten Vasallenstaaten vor einer Hungersnot zu bewahren. Der Träumer und Deuter von Träumen, der seine Karriere in Potiphars Haus bereits hart erarbeitete, reift nun endgültig zum »Tatmenschen« (Fischer 2002, 690). Joseph wird am Ende kein Patriarch, aber politischer und wirtschaftlicher Leiter eines Großreichs sowie Oberhaupt einer ›modernen‹ ägyptischen Kleinfamilie.

Neben den theologischen und wirtschaftlichen Angelegenheiten Ägyptens und Josephs Rolle als politischer Reformer spielt im vierten Band Josephs Herkunftsland und -familie wieder eine bedeutendere Rolle. Nach dem ausführlichen Einschub der Geschichte Thamars – wie schon im dritten Band mit Mut-em-enet wendet sich die Erzählung wieder einer zentralen Frauenfigur zu –, die sich in die genealogische Heilsgeschichte Israels einschaltet, nimmt die Darstellung des Wiedersehens Josephs mit seiner Familie großen Raum ein. Mit Hilfe Mai-Sachmes (und der Erzählinstanz) inszeniert Joseph dieses Wiedersehen, zunächst mit den Brüdern, dann mit dem Vater, wie ein von Gott inspiriertes Drama, ein narratives Spiel: »Was für eine Geschichte, Mai, in der wir sind! Es ist eine der besten! Und nun kommt's darauf an und liegt uns ob, daß wir sie ausgestalten recht und fein und das Ergötzlichste daraus machen und Gott all unseren Witz zur Verfügung stellen« (GW V, 1586).

Als Jaakob auf dem Sterbebett seine Söhne zu sich ruft, um sie zu segnen, überträgt er das Erstgeburtsrecht und die Patriarchenrolle auf Juda. Den poetischsten, liebesvollsten, zärtlichsten, aber eben weltlichen, nicht göttlichen Segensspruch erhält indes sein »Geliebtester« und »Bevorzugter«: Joseph (GW V, 1799). Der vierte Band des Romans endet mit dem Begräbnis Jaakobs, das der Minister Joseph als pompösen Staatsakt arrangiert, und mit einer versöhnlichen Geste Josephs gegenüber seinen Brüdern, die wiederum auf den Spielcharakter dessen verweist, was gern als ›Schicksal‹ gedeutet wird: »Habt ihr nicht gehört aus des Vaters Mund, als er mir meinen Segen gab, daß es mit mir nur ein Spiel gewesen sei und ein Anklang? [...] Aber wenn es um Verzeihung geht unter uns Menschen, so bin ich's, der euch darum bitten muß, denn ihr mußtet die Bösen spielen« (GW V, 1817).

Rezeptionsgeschichte

Die deutschen und europäischen Reaktionen auf den Roman im Zeitraum von 1933 bis 1949 stellt ausführlich Wißkirchen dar (1991). Während die ersten beiden Bände deutlich im Kontext der zeitgenössischen Politik gelesen werden, wird bei Erscheinen des dritten und vierten Bandes immer wieder das Unzeitgemäße des Romans betont, er wird gar als »Relikt aus vergangenen Tagen« betrachtet (Wißkirchen 1991, 86 f.). Für alle vier Teile gilt jedoch, dass bei ihrem Erscheinen die politische Situation sowie das politische Agieren bzw. Nicht-Agieren des Autors die Rezeption erkennbar beeinflusst. Kaum eine Kritik kann sich davon frei machen. Während Band I und II noch in Deutschland rezipiert und kritisiert werden, erfahren die im Exil erscheinenden Bände III und IV in Deutschland offiziell keine Aufmerksamkeit mehr. Erst 1949 erscheint der letzte Band des Romans auch hier und es wird noch einmal eine Reihe von Besprechungen publiziert. Viele Rezensionen zu *Joseph, der Ernährer* münden in eine Kritik des gesamten Romanprojekts. Eine weitere Auffälligkeit besteht darin, dass die kritische Rezeption immer wieder deutlich durch die Selbstkommentare Thomas Manns zum Josephsroman gesteuert wird, wie Wißkirchen anmerkt, der einen wechselseitigen Bezug von »Intention und Rezeption« konstatiert (ebd., 86 f.).

Der erste Band, *Die Geschichten Jaakobs*, erscheint nach Vorabdrucken in der *Neuen Rundschau* am 10. 10. 1933 im (jüdischen) S. Fischer Verlag in Berlin. Das Buch kommt insofern zur Unzeit, als es sofort zwischen die Fronten gerät. Die Exilpresse moniert die Dominanz des Mythischen, was sie an deren Missbrauch durch die NS-Ideologie erinnert. Der »völkischen« Kritik ist der Text hingegen nicht mythisch genug, sie missbilligt seine Wissenschaftlichkeit sowie die psychologische und ironische Distanz gegenüber dem Mythos. Das »warme Zwielicht des Mythos« werde hier durch das »harte Licht der Forschung« aufgehoben, heißt es etwa in der *Kölnischen Zeitung*. Oder noch drastischer: die schlichte und wunderbar naive Handlung werde durch »wichtigtuerische Bildungstunke versabbert«, so die Polemik in *Die literarische Welt* (Wißkirchen 1991, 89). Erschreckend, dass auch die zeitgenössische *bürgerliche* Kritik in Deutschland auf diese Weise argumentiert (ebd., 93 f.).

Von jüdischer Seite erfährt das Buch viel positive Resonanz, relativiert allenfalls durch theologische Vorbehalte, besonders gegenüber der *Höllenfahrt* (ebd., 92). Während die jüdische Kritik die politische Botschaft des Textes in der zeitgenössischen Situation lobend betont, während auch die völkische Presse diese Botschaft erkennt und natürlich heftig kritisiert, erhebt insbesondere die kommunistische Exilkritik den Vorwurf, *Die Geschichten Jaakobs* sei für seine Zeit ein zu unpolitischer Text und somit »bedeutungslos für die Gestaltung unserer Wirklichkeit« (Wißkirchen 1991, 91 ff., 96). Einige deutsche Kritiker im Exil erkennen die kritische Behandlung des Mythos durchaus an, so lobt etwa Bruno Frank das Buch sowohl ästhetisch als auch politisch, andere polemisieren jedoch gegen Thomas Mann als politische Person, die sich zum Erscheinungszeitpunkt des ersten Bandes noch nicht öffentlich vom NS-Regime distanziert und zum Exil bekannt hat (ebd., 97 f.). In der europäischen Presse jenseits der Exilgemeinde spielt der politische Kontext hingegen keine Rolle (ebd., 99 f.).

Trotz der politisch noch angespannteren Situation beim Erscheinen des zweiten Bandes 1934 fällt die Kritik insgesamt positiver aus. An der Kritik von NS-affiner Seite hat sich wenig geändert, wieder wird die »psychologische Zerfaserung« und der ironisch-kritische Umgang mit dem Mythos missbilligt (Wißkirchen 1991, 100). Aus den Reihen der jüdischen Kritik wird der Vorwurf der Blasphemie gegenüber der These des Textes laut, Gott sei eine gedankliche Schöpfung des Menschen (ebd., 102 f.). Wieder wird das Buch eher nach außerliterarischen, politischen und ideologischen denn nach ästhetischen Kriterien beurteilt. Auffallend ist jedoch, etwa an der Rezension Eduard Korrodis in der NZZ, dass sich die Literaturkritik außerhalb Deutschlands wiederum einer klaren politischen Stellungnahme enthält (ebd., 104 f.).

Der dritte Band, *Joseph in Ägypten*, erscheint im Oktober 1936, nachdem sich Mann seit Beginn des Jahres in diversen öffentlichen Stellungnahmen gegen das NS-Regime und auf die Seite der Exilanten gestellt und seine umfassende politische Tätigkeit im Exil aufgenommen hat. Der Autor ist mittlerweile bekennender Gegner Hitlers und der Nationalsozialisten, und so zeigt sich die Presse außerhalb Deutschlands bereiter, seinem Konzept der »Humanisierung des Mythos« zu folgen (Fischer 2002, 72). Die kommunistische Exilpresse ist nun positiver gestimmt, die englische Presse negativer. Letztere kritisiert vor allem die Langatmigkeit des Plots, gleichzeitig wird das Buch als Anlass genutzt, politische Kritik an Deutschland zu kommunizieren (Wißkirchen 1991, 110). Wißkirchen verweist zudem auf eine tschechische Rezension, welche die Affinität des Textes zu Richard Wagner und dessen *Ring*-Projekt thematisiert (Wißkirchen 1991, 111) – eine Nähe, welche die wissenschaftliche Forschung später ausführlich diskutieren wird.

Der vierte und letzte Band erscheint 1943 in einer Auflage von 5000 Exemplaren im exilierten S. Fischer Verlag in Schweden. Die deutschsprachige Leserschaft erreicht er zu diesem Zeitpunkt kaum, erst 1949 wird in Deutschland eine Lizenz-Ausgabe des Suhrkamp Verlags publiziert (Fischer 2002, 72 f.). Während es 1943 nur wenige europäische Kommentare zu dem Buch gibt, beginnt die eigentliche Rezeption somit erst 1949. Die deutsche Kritik betont nun aus christlicher Perspektive die zu moderne Behandlung des Mythos – kein feuilletonistischer Neuanfang also, wie Wißkirchen anmerkt (Wißkirchen 1991, 112 f.). Erneut wird der Vorwurf laut, der Roman sei unzeitgemäß, allerdings wird er nun nicht mehr aus der aufklärerischen Perspektive heraus erhoben. Die wichtigsten Rezensionen stammen von Walter Jens und Georg Lukács: Jens charakterisiert den Roman als Abschluss einer Epoche, Lukács hingegen betont dessen Aktualität und sieht den Text »auf das konkrete Ganze unserer Gegenwart bezogen« (ebd., 115). Der Roman wird im Kontext eines allgemeinen Humanismus rezipiert, auch im Feuilleton der jungen DDR. Hier wird der Josephsroman nun nicht mehr, wie noch in der Exilkritik, vorwiegend antifaschistisch, sondern im Sinne eines Vorläufers der sozialistischen humanistischen Idee gelesen (ebd., 116).

Deutungsansätze, Forschung

Keiner der publizierten Texte Thomas Manns kann als unerschlossen durch die Forschung gelten, gleichwohl erfuhren und erfahren sie in verschiedenen Zeiten verschieden intensive Aufmerksamkeit. Der Josephsroman oder präziser: die Josephsromane – womit schon ein erstes Problem der Forschung benannt wäre – zählen zu denjenigen Texten Manns, die während und kurz nach ihrem Erscheinen mit interessierter Aufmerksamkeit bedacht wurden, im Anschluss jedoch ein wenig aus dem Blick der Forschung gerieten. Zwar erschienen in regelmäßigen Abständen Studien zu *Joseph und seine Brüder* (siehe den Überblick für die Jahre 1937 bis 2000 bei Fischer 2002, 75–101), doch erst in jüngerer Zeit stieß der Roman auf ein ausgeprägteres Forschungsinteresse. Seit Beginn der 2000er Jahre erschien eine große Zahl von Analysen und Interpretationen aus den verschiedensten Forschungsperspektiven.

Bibel, Mythos, mythische Narration

Die erste und naheliegendste Deutungsfolie, die auf den Roman angewandt wurde und wird, ist diejenige von Bibel und Mythos. Neben der Frage nach der Bibel als Quelle (Noll 2009), nach den verschiedenen mythischen Topoi, die der Text aufgreift, sowie dem Tonfall und Habitus biblischen Erzählens, steht vor allem das Problem im Fokus, an welche theologischen und mythologischen Konzepte der Roman anschließt oder ob er gar eine eigene mythologische und historiographische Theologie entwirft (u. a. Murdaugh 1976, Sauer 1996, Ette 2002, Weimar 2008). Die Forschung beschäftigt sich mit dem Monotheismus-Konstrukt des Romans und seinem mythologischem Beitrag zum kulturellen Gedächtnis (Assmann 2006). Diskutiert wird, inwiefern anhand der Geschichte des Jaakobsclans und Josephs eine religiöse Entwicklung dargestellt wird und in welcher Form der Fortschrittsgedanke in Mythos und Religion hier Raum findet. Gegenstand der Untersuchung ist die Überblendung der Mythen verschiedenster Herkunft, die im Roman stattfindet, sowie die Neuinterpretation des Vertrauten, etwa die Überschreibung des Hermes-Mythos unter ägyptischen Vorzeichen oder die Neubelebung des Apoll-Dionysos-Gegensatzes (Lohmeier 2008, 122 f.). Marx fragt nach den vielfältigen Dimensionen der Christusfigurationen des Romans im Kontext ihrer Geschlechterkodierung, ihrer Androgynisierung, Messianisierung, Inszenierung, (Selbst-)Stilisierung und Politisierung (Marx 2002). Die Forschung untersucht, inwiefern die Säkularisierung des Mythischen, die der Text propagiert, für einen spezifisch *modernen* Umgang mit dem Mythos steht (Ratschko 2010, Lintz 2013). Schon früh wurde auch nach der historischen und soziologischen Dimension des mythischen Romankonzepts gefragt (Mannesmann 1971). Zudem interessiert sich die Wissenschaft immer wieder für die narratologische Konzeption des Romans sowie die Frage, welche Rolle Zeitbegriff und Zeitstrukturen im zyklischen Erzählen spielen, das der Roman thematisiert und gleichzeitig performativ vorführt (Vogel 1970).

Humanismus und Heiterkeit

Immer wieder wurde es unternommen, *Joseph und seine Brüder* im Sinne eines humoristischen Humanismus zu lesen. Käte Hamburger als eine der ersten Vertreterinnen dieser Lesart besteht auf der Differenzierung zwischen Humor und Ironie (Hamburger 1965, 12) und ordnet den Josephsroman innerhalb des Mann'schen Œuvres der Kategorie humoristisch-humanistisch (im Gegensatz zu ironisch-distanziert) zu, wobei sie den Humor des Autors für »hintergründiger« hält als seine Ironie (Hamburger 1965, 18 und 49 ff.; siehe auch Hamburger 1981). Wie viele Forscherinnen und Forscher ihrer Generation stützt sie sich dabei wesentlich auf Selbstaussagen Thomas Manns (Hamburger 1965, 15). Beiträge zum Humor des Romans liefern u. a. auch die Analysen von Borchmeyer (1997), Schwan (2004), Leich (2008) und Schneider (1999). Schneider analysiert den Roman im Spannungsfeld einer einerseits menschen- und lebensfreundlichen Haltung des Autors und dessen vermeintlicher pessimistisch-ironischer »Kälte« andrerseits, wobei er vor allem die Figurenzeichnung in den Blick nimmt (Schneider 1999). Wißkirchen liest den Text gar als Unterhaltungs-, nicht als gelehrten Wissenschaftsroman (Wißkirchen 2004) und bezieht sich damit nicht zuletzt auf die Einschätzung der Erzählinstanz, die Joseph immer in Bereitschaft sieht, mit der Welt und ihren Bewohnern »zu spaßen« (GW V, 1302).

Den Ausgangspunkt der humanistischen Interpretationen des Romans bildet vielfach die Selbstaussage Thomas Manns, er habe es mit *Joseph und seine Brüder* unternommen, mit Hilfe der Psychologie »den Mythos den faschistischen Dunkelmännern aus den Händen zu nehmen und ihn ins Humane ›umzufunktionieren‹«. Sie entstammt einem Brief aus der mythentheoretischen Korrespondenz mit Karl Kerényi, in dem Mann die Romanformel »Mythos plus Psychologie« präzisiert: »Diese Verbindung repräsentiert mir geradezu die Welt der Zukunft, ein Menschentum, das gesegnet ist oben vom Geiste herab und ›aus der Tiefe, die unten liegt‹« (GW XI, 651). Diese Art der Segnung verweist natürlich auf Joseph, der – neben Jaakob und der Erzählinstanz – wesentlicher Vermittler der humanistischen und fast immer humorvoll kommunizierten Botschaft des Romans ist. In diese Interpretationsschiene fügt sich auch die Lesart des Textes als Schelmenroman (Hermsdorf 1968).

Der Humanismus des Romans wird nicht zuletzt über dessen Affinität zum Bildungsroman kommuniziert. In der Forschung wurde wiederholt darauf verwiesen, dass die Bildungsgeschichte der Josephsfigur eine erkennbare Nähe zum realen Bildungssubjekt Goethe aufweist (u. a. Nilges 2006). Wie Goethe verkörpert Joseph den Typus des »redlichen Mannes am Hofe«; Thomas Manns selbst spricht 1930 von Goethe als demjenigen, der, wie Joseph, von oben und unten gesegnet sei (GW XI, 869). Es werden Parallelen in Goethes und Josephs politischer Karriere, in ihrer Wirtschafts- und Sozialpolitik sowie ihrem aufgeklärten Absolutismus erkennbar. Sie teilen zudem die Idee einer politisch-humanistischen »Verantwortungsethik« und die Inszenierung ihrer »säkularen Erwähltheitsrolle« (Nilges 2006, 107 f.). Die Selbstinszenierung Josephs rückt ihn wiederum in die Nähe des Goethe'schen Bildungssubjekts Wilhelm Meister. Joseph wird zum Dichter des eigenen Lebens, er inszeniert seine diversen Rollen und die eigene ›weltliche Göttlichkeit‹ vor allem narrativ und sprachlich (Clerico 2004, 155 f.). An die Idee der Inszenierung und Theatralität knüpft Marx mit seiner These an, indem er den Roman in den Kontext der »Welttheater«-Idee stellt (Marx 2012).

Schulze-Berge bezieht sich in ihrer Studie auf die Selbsteinschätzung der Erzählinstanz, eine heitere Geschichte zu erzählen und stellt zudem die humoristische Figurendarstellung sowie den Rekurs auf Freuds Witztheorie in den Fokus (Schulze-Berge 2006, 149–152). Josephs hermetische Heiterkeit, sein »göttlicher Witz«, wie er sich etwa in seinen raffinierten Traumdeutungen manifestiert, beruhe auf der Gewissheit, sich stets im Rahmen eines göttlichen Plans zu bewegen (Schulze-Berge 2006, 161–165). Die Überzeugung, auserwählt und gottgesegnet zu sein, gibt Joseph die Gelassenheit, alle Unternehmungen mit spielerischer Heiterkeit anzugehen und – im Sinne Schillers – ganz Mensch zu sein, wo er spielt.

Politik, Geschichte, Zeitgeschichte

Bereits unmittelbar nach dem jeweiligen Erscheinen der Romanteile wurde der Roman im Kontext der jeweiligen zeithistorischen politischen Situation rezipiert. Aus der Perspektive aktueller Forschung bedeutet dies vor allem, die Tetralogie nicht als monolithischen Block zu verstehen, sondern die vier Bände nach ihrem jeweiligen Entstehungszeitraum zu differenzieren. Bis heute wird *Joseph und seine Brüder* von den Vertretern einer politischen Lesart gegen den Vorwurf des Anachronismus, der Zeitentrücktheit und Weltfremdheit verteidigt. Der Text, der auf den ersten Blick so wenig mit seiner zeitgenössischen Gegenwart zu tun hat, wird heute als politischer und kulturtheoretischer Exilroman gelesen (Wolters 1998, Graf 1999, Schneider-Philipp 2001, Giebel 2001, Schöll 2004).

Zwar ist die historische Zeit der *histoire* auch immer wieder Gegenstand der Untersuchung, in den meisten Deutungen wird indes darauf verwiesen, dass Thomas Mann das historische Setting (und dessen Anachronismen) für die Konstruktion des politischen Gegenwartsbezugs nutzt, vor allem im vierten Band der Tetralogie. In dieser Lesart erscheint etwa die Figur Beknechons als Prototyp des Faschisten, Pharao Echnaton hingegen als sein aufgeklärter, aber schwächlicher Gegentypus. Joseph selbst wird in die Tradition des Europäers und Weltbürgers Goethe gestellt oder in seiner Funktion als Wirtschaftspolitiker in *Joseph, der Ernährer* mit dem amerikanischen Präsidenten Roosevelt als Erfinder des *New Deal* verglichen (u. a. Siehoff 1996; Vaget 2011, 149–155). Auch die philosophischen Exkurse des Romans, besonders das »Vorspiel in Oberen Rängen« über das Verhältnis von Geist und Materie sowie Idealismus und Materialismus, mit seinen Anklängen an Schopenhauer und Nietzsche, werden im Kontext der Ideologie des ›Dritten Reiches‹ neu gedeutet. Aus der Perspektive der Exilliteraturforschung lässt sich nach dem Zusammenhang von Metaphysik und Politik fragen (u. a. Wolters 1998; Hartwich 2002, 163 ff.), nach der Ironie als moralischem Gestus und dem geistigen Potential, das der aufgeklärte Mensch in Manns Roman der »Heimsuchung« des Faschismus entgegenzustellen hat. Darüber hinaus ist der Einfluss des Exils auf die kultursoziologische Konstruktion des Textes Gegenstand der Forschung, etwa der Kontext von Identität, Assimilation und Fremdheit (Schöll 2004) oder die Zeichnung jüdischer Figuren, die man kritisch lesen kann (Marquardt 2003). Klüger nimmt Thomas Mann – allerdings nur für den Josephsroman – gegen den Vorwurf der Reproduktion antisemitischer Klischees in Schutz, wenn sie anmerkt: » Hier sind die Juden nicht länger geistige Krüppel, Fanatiker und gescheite Narren, sondern sind eben Vertreter der Menschheit« (Klüger 2008, 128).

Der Kontext des Exils kann auch zu Fehlinterpretationen führen: Das Kapitel »Die Feste Zel« des ersten Hauptstücks von *Joseph in Ägypten* erscheint prädestiniert, im Hinblick auf die xenophobischen Abwehrrituale in den Exilländern ab 1933 gedeutet zu werden. Die Feste Zel wird in der Forschung immer wieder mit Ellis Island in Verbindung gebracht, dem Sitz der berüchtigten Immigrationsbehörde der USA vor New York. Das Kapitel entstand allerdings nicht im Exil, sondern noch 1932 in München und somit zu einem Zeitpunkt, an dem Thomas Mann Ellis Island allenfalls aus Berichten oder der amerikanischen Literatur gekannt haben kann (auch 1938 bei seiner Immigration in die USA musste Thomas Mann als privilegierter Exilant das Verfahren auf Ellis Island nicht durchlaufen). Für eine spätere Überarbeitung dieses Kapitels liefert das Quellenmaterial keinen Hinweis. Gleichwohl thematisieren die später, während des Exils entstandenen Teile des Romans immer wieder kritisch den Umgang einer Gesellschaft mit dem Fremden (u. a. Schöll 2013).

Figurenzeichnung, Stereotype, Geschlecht

Immer wieder waren und sind die mythologischen Konstruktionen des Textes Gegenstand der Forschung. Dies bezieht sich zum einen auf die kosmologische Ebene, auf den Kreislauf der »rollenden Sphäre«, auf Mond und Gestirne – Thomas Mann nannte den Roman einen Ausflug in die »Mondschein-Welt des alten Orients« (BrB 146). Zum anderen meint es die Ebene der erzählten Gottheiten (Nimrod, Osiris, Tammuz, Adonis, Isis, Hermes, Christus, etc.). Die mythologische Sicht auf den Text bezieht sich auf das, was Mann im Vortrag *Joseph und seine Brüder* (1942) die »Geburt des Ich aus dem mythischen Kollektiv« nennt (GW XI, 665). Damit gilt das besondere Augenmerk der Figurenzeichnung und ihrer Einordnung in die genealogische Ordnung des Textes. Lohmeier deutet die Figuren als »typologische Muster der Beziehung von Ich und Kollektiv« und verweist auf Josephs besondere Freiheit innerhalb des Clans (Lohmeier 2008, 119, 127). Joseph ist ein Subjekt, das sich als solches wahrnimmt und begreift, er entwirft sein mythisches »In-Spuren-Gehen« bewusst und gestaltet es kreativ. Problematisch erscheint aus postkolonialer und gendertheoretischer Perspektive an den Figurendarstellungen des Romans deren symbolische Charakterisierung über das Aussehen: der schöne Joseph mit kleinen Makeln, der verfettete und effeminierte Potiphar, die Verführerin Mut-em-enet mit ihrem geschlängelten Mund, Josephs keusche und mädchenhafte Ehefrau Asnath – diese Bilder bergen das Risiko orientalistischer, antisemitischer und sexistischer Klischees. Während einige Forscher diese stereotypen Kodierungen des Äußeren in den Fokus ihrer Untersuchung stellen, proklamiert etwa Hartwich explizit: »the text avoids the cultural stereotypes of Orientalism« (Hartwich 2002, 156). Diskussionswürdig ist in diesem Zusammenhang auch die vermeintliche Mittler- und Synthesefunktion der Josephsfigur, die – darin stimmen Erzählerkommentar und Selbstkommentar des Autors überein – im Sinne des »doppelten Segens« antritt, die Gegensätze zu vereinen und zu versöhnen. Joseph, so wird am Ende des dritten Bandes deutlich, schlägt sich im Zweifelsfall allerdings klar auf die Seite des Geistes, der männlich kodierten Ratio, der »Vaterwelt«. Die »Mutterwelt« bleibt als unterlegene, unverständliche, unvernünftige Sphäre weitgehend im Dunkeln. Kristiansen weist darauf hin, dass Joseph Erotik und Sexualität weitgehend meide, die Synthese des Geschlechtlichen in seiner Androgynie also eine bloße »*Programmerklärung*« sei. Der »*anthropologische Synthesegedanke*« sei als ein Postulat zu verstehen, tatsächlich erweise sich der Segen »von unten« im vermeintlichen Doppelsegen jedoch immer wieder als Fluch (Kristiansen 2013, 419 ff.). Auch das Selbstbewusstsein Thamars, die sich bewusst in die Genealogie der Segensträger einschaltet, ändert nichts daran, dass diese Teil einer patriarchalischen Ordnung ist, in der Ehefrauen Tauschobjekt und Ware sind und ein Erstgeborener (Ruben) all seine Rechte verliert, wenn er es wagt, die Vormachtstellung des Patriarchen durch ein sexuelles Verhältnis mit dessen Nebenfrau in Frage zu stellen.

Erzählstruktur, Narratologie

Meinungen und Wertungen werden im Text durch Figurenrede, meist aber durch die Erzählinstanz geäußert, die wiederum kaum eine direkte Rede des Romanpersonals unkommentiert lässt. Die Figuren selbst erfüllen ihre Rolle als narrative Instanzen oder – wie im Fall Jaakobs – als narrative Autoritäten sehr bewusst und umsichtig. Jaakob als Patriarch erzählt die Geschichte des Stammes Israel in Form von Geschichten, die unablässig wiederholt und somit narrativ die mythische Identität der Familie konstruieren. Im Fall von Josephs Erzählen handelt es sich weniger um eine Konstruktion familiärer Geschichte als ›Geschichtetes‹, als ein endloses Übereinanderschichten von Narrativen, als vielmehr um ein ästhetisches Sprechen im engeren Sinne. Joseph erzählt »schön«, er erzählt um des Erzählens willen, nicht als Vermittler der Tradition und Patriarch, sondern als Künstler.

Die sich unablässig einschaltende, ebenso ausschweifende wie ironische Erzählinstanz, die narrative Struktur des Textes und die narratologische (Selbst-)Positionierung des Autors und seiner Erzählstimme bilden einen zentralen Bereich der Forschung zum Josephsroman. Hier rückt vor allem die Erzählinstanz in den Fokus, die gern von sich selbst als »wir« spricht, deren Identität aber nicht geklärt wird – Swensen deutet sie als Engel (Swensen 1994). Neben der Frage, wer erzählt und wessen Stimme hier zu hören ist, wird die ausufernde Gründlichkeit der Erzählinstanz analysiert, ihre Korrekturen an Mythos und Überlieferung und der selbstreferentielle Habitus ihres Auftretens in Form von Selbstkommentaren und Selbstironie. Löwe weist darauf hin, dass die Erzählinstanz des Romans nicht nur alles und alle ironisch kommentiert, sondern durchaus auch selbst zum Objekt der Ironie wird, vor allem aufgrund seiner »wissenschaftlichen Übergenauigkeit« (Löwe 2010). Wie Thomas Mann diese übereifrige Präzision der Erzählinstanz narrativ inszeniert, zeigt nicht zuletzt die aus heutiger Sicht im Fachvokabular veraltete, gleichwohl beeindruckend genaue Studie von Hans Arens zu einem Satz aus dem Josephsroman, der 347 Worte umfasst (Arens 1964).

Im Kontext der Narratologie stellt sich zudem die Frage nach der Selbstreferentialität des Textes, seiner narrativen Wiederholungsstruktur, die den Mythos erzählt und ihn zugleich performativ, erzählend konstituiert. Der Roman thematisiert den Mythos, kommentiert ihn und ist zugleich selbst Teil der mythischen Reproduktion durch Erzählen. Nicht zuletzt in diesem Punkt bezieht sich Mann mit seinem Roman auf Richard Wagner. Die Forschung hat daher wiederholt und ausführlich auf die Verbindungslinien zwischen dem Josephsroman und Wagners musikdramatischem Erzählen im *Ring* hingewiesen (Heftrich 1993, Kirschbaum 2010).

Psychoanalyse

Ein wohl etablierter Zweig der Thomas-Mann-Forschung betrachtet dessen Texte vor dem Hintergrund der Theorien Sigmund Freuds, so auch im Fall der Josephsromane. Da der Autor sich ausführlich mit Freuds Theorien auseinandergesetzt hat, geht es weniger darum, ihn selbst zum Objekt der Analyse zu machen, als vielmehr um die kulturphilosophischen Auswirkungen seiner Beschäftigung mit der Psychoanalyse auf den Text. Freud hatte in *Der Mann Moses und die monotheistische Religion* den jüdischen Monotheismus gegen den ägyptischen dahingehend abgegrenzt, dass dieser durch das Bilderverbot einen entscheidenden kulturellen Fortschritt gegenüber der ägyptischen Theologie darstelle, bedeute er doch »eine Zurücksetzung der sinnlichen Wahrnehmung gegen eine abstrakt zu nennende Vorstellung, einen Triumph der Geistigkeit über die Sinnlichkeit, strenggenommen einen Triebverzicht mit seinen psychologisch notwendigen Folgen« (Freud 1992, 114). Diese Konstruktion einer Entwicklungslinie des geistigen ›Fortschritts‹ und der gedanklichen Abstraktion als Triebverzicht nimmt Thomas Mann im Roman auf (Le Rider 2008), indem er die sinnliche Welt Ägyptens gegen die strenge Geistigkeit der patriarchalischen Welt Israels deutlich abgrenzt und Joseph nicht nur geistig, sondern auch durch Keuschheit gewappnet mit der ägyptischen Kultur konfrontiert.

Clerico argumentiert in ihrer Deutung des Josephsromans mit Freud und Lacan und analysiert vor diesem Hintergrund den Zusammenhang von Sprache und Begehren im Roman (Clerico 2004, 165–182). Sie vollzieht unter dem Vorzeichen der Psychoanalyse die Ich-Bildung Josephs nach und geht seinem Narzissmus auf den Grund. Im Kontext psychoanalytischer Theorie rücken natürlich auch die Träume und deren Deutung im Roman in den Fokus, die Riedel in den Zusammenhang des mythischen Denkens stellt (Riedel 2013), außerdem die Konstruktionen von Geschlecht und Sexualität. Dierks fragt nach dem Verhältnis von Leidenschaft und Keuschheit im Roman. Im Fall der wahnhaften Liebe Mut-em-enets kommt er zu dem Schluss, dass diese (verhinderte) Liebesgeschichte dem homosexuellen Erzählschema aus *Tod in Venedig* folge (Dierks 2004, 53 f.). Er liest *Joseph und seine Brüder* als Zeugnis Mann'scher Introspektion, als eine Form der Selbst(psycho)analyse.

Das ursprünglich schon aus Thomas Manns Essay *Der alte Fontane* (1910/1919) stammende Diktum von der Verbindung von »Mythus und Psychologie« (GW IX, 32) zeugt von Manns frühem Interesse an einer aufgeklärten, kritischen und an der Psychoanalyse geschulten Behandlung des Mythos, die seine mythologische Position vom ersten Band des Josephsromans an prägt. »Mythus und Psychologie« ist die Formel, auf die Mann auch in seinen Selbstaussagen zu *Joseph und seine Brüder* immer wieder zurückkommt – und unter der sich die zahlreichen Facetten des in vier Bänden erzählten Romans, so überhaupt möglich, am ehesten auf einen Nenner bringen lassen.

Literatur

Arens, Hans: *Analyse eines Satzes von Thomas Mann*. Düsseldorf 1964.

Assmann, Jan: *Thomas Mann und Ägypten. Mythos und Monotheismus in den Josephsromanen*. München 2006.

Baskakov, Alexej: *Vom Realismus zur Moderne. Die Darstellung des antiken Orients in »Salammbô« von Gustave Flaubert und »Joseph und seine Brüder« von Thomas Mann*. Würzburg 1999.

Borchmeyer, Dieter: Heiterkeit contra Faschismus. Eine Betrachtung über Thomas Manns Josephsromane. In: Petra Kiedaisch/Jochen A. Bär (Hg.): *Heiterkeit. Konzepte in Literatur und Geistesgeschichte*. München 1997, 203–218.

Clerico, Mona: *Welt – Ich –Sprache. Philosophische und psychoanalytische Motive in Thomas Manns Romantetralogie »Joseph und seine Brüder«*. Würzburg 2004.

Dierks, Manfred: »Mit der Mutter schläft jeder«. Die Psychoanalyse im *Joseph*. In: Thomas Sprecher (Hg.): *Lebenszauber und Todesmusik. Zum Spätwerk Thomas Manns. Die Davoser Literaturtage 2002*. Frankfurt a. M. 2004, 51–65.

Ette, Wolfram: *Freiheit zum Ursprung. Mythos und Mythoskritik in Thomas Manns Josephs-Tetralogie*. Würzburg 2002.

Fischer, Bernd-Jürgen: *Handbuch zu Thomas Manns »Josephsromanen«*. Tübingen/Basel 2002.

Freud, Sigmund: *Der Mann Moses und die monotheistische Religion. Schriften über die Religion*. Frankfurt a. M. 1992.

Galvan, Elisabeth: *Zur Bachofen-Rezeption in Thomas Manns »Joseph«-Roman*. Frankfurt a. M. 1996.

Giebel, Maria: *Erzählen im Exil. Eine Studie zu Thomas Manns Roman »Joseph und seine Brüder«*. Frankfurt a. M. 2001.

Goethe, Johann Wolfgang: *Aus meinem Leben Dichtung und Wahrheit*. Hg. von Klaus-Detlef Müller. Frankfurt a. M. 1986 (= Sämtliche Werke. Briefe, Tagebücher und Gespräche. Vierzig Bände. I. Abteilung: Sämtliche Werke, Bd. 14).

Graf, Julia: *Leidenschaft und Nüchternheit. Zeitgeschichte in Thomas Manns Roman »Joseph und seine Brüder«*. Bonn 1999.

Grimm, Alfred: *Joseph und Echnaton. Thomas Mann und Ägypten*. Mainz am Rhein 1992.

Grimm, Alfred: Osarsiph. Joseph-Metamorphosen con variationi. In: *TMJb* 6 (1993), 235–244.

Hamburger, Käte: *Der Humor bei Thomas Mann. Zum Joseph-Roman*. München 1965.

Hamburger, Käte: *Thomas Manns biblisches Werk. Der Joseph-Roman. Die Moses-Erzählung »Das Gesetz«*. München 1981.

Hartwich, Wolf-Daniel: Religion and culture: *Joseph and his Brothers*. In: Ritchie Robertson (Hg.): *The Cambridge Companion to Thomas Mann*. Cambridge 2002, 151–167.

Heftrich, Eckhard: *Geträumte Taten. »Joseph und seine Brüder«. Über Thomas Mann. Bd. III*. Frankfurt a. M. 1993.

Heftrich, Eckhard: Matriarchat und Patriarchat. Bachofen im Joseph-Roman. In: *TMJb* 6 (1993), 205–221.

Heißerer, Dirk: »Musische Verschmelzungen« (I). Die Lithographien zur Joseph-Legende der Bibel (1922). In: Alexander Krause (Hg.): *»Musische Verschmelzungen«. Thomas Mann und Hermann Ebers. Erinnerungen, Illustrationen, Briefe*. München 2006, 95–105.

Hermsdorf, Klaus: *Thomas Manns Schelme. Figuren und Strukturen des Komischen*. Berlin 1968.

Kirschbaum, Dorothea: *Erzählen nach Wagner. Erzählstrategien in Richard Wagners »Ring des Nibelungen« und Thomas Manns »Joseph und seine Brüder«*. Hildesheim 2010.

Klüger, Ruth: Thomas Manns jüdische Gestalten [1990]. In: Heinrich Detering/Stephan Stachorski (Hg.): *Thomas Mann. Neue Wege der Forschung*. Darmstadt 2008, 118–131.

Krause, Alexander (Hg.): *»Musische Verschmelzungen«. Thomas Mann und Hermann Ebers. Erinnerungen, Illustrationen, Briefe*. München 2006.

Kristiansen, Børge: *Thomas Mann – der ironische Metaphysiker. »Nihilismus«, Ironie, Anthropologie in Thomas Manns Erzählungen und im Zauberberg*. Würzburg 2013.

Le Rider, Jacques: Joseph und Moses als Ägypter. Sigmund Freud und Thomas Mann. In: Peter-André Alt/Thomas

Anz (Hg.): *Sigmund Freud und das Wissen der Literatur*. Berlin/New York 2008. 157–167.

Lehnert, Herbert: Thomas Manns Josephstudien 1927–1939. In: *Jahrbuch der Deutschen Schillergesellschaft* 10 (1966), 378–406.

Lehnert, Herbert: Thomas Manns Vorstudien zur Josephstetralogie. In: *Jahrbuch der Deutschen Schillergesellschaft* 7 (1963), 458–520.

Leich, Karin: Zu Humor und Bewusstsein in Thomas Manns Joseph-Roman. In: Tina Hoffmann u. a. (Hg.): *Humor. Grenzüberschreitende Spielarten eines kulturellen Phänomens*. Göttingen 2008, 119–146.

Lintz, Katja: *Thomas Manns »Joseph und seine Brüder«. Ein moderner Roman*. Frankfurt a. M. 2013.

Lohmeier, Anke-Marie: »Gottesvernunft«: Über Thomas Manns *Joseph und seine Brüder* und über den Vergleich als Methode herauszufinden, was Humanität ist. In: Monika Schmitz-Emans/Claudia Schmitt/Christian Winterhalter (Hg.): *Komparatistik als Humanwissenschaft. Festschrift zum 65. Geburtstag von Manfred Schmeling*. Würzburg 2008, 117–128.

Löwe, Matthias: Narrativer Angstschweiß. Zur ästhetischen Funktion erzählerischer Emotionalität im *Joseph*-Roman. In: *literaturkritik.de*, http://www.literaturkritik.de/public/rezension.php?rez_id= 14190 (3. 11. 2014)

Mannesmann, Sigrid: *Thomas Manns Roman-Tetralogie »Joseph und seine Brüder« als Geschichtsdichtung*. Göppingen 1971.

Marquardt, Franka: *Erzählte Juden. Untersuchungen zu Thomas Manns »Joseph und seine Brüder« und Robert Musils »Mann ohne Eigenschaften«*. Münster/Hamburg/London 2003.

Marx, Friedhelm: *»Ich aber sage ihnen ...« Christusfigurationen im Werk Thomas Manns*. Frankfurt a. M. 2002.

Marx, Friedhelm: Welttheater. Eine religiös-ästhetische Deutungsfigur in Thomas Manns *Joseph*-Romanen. In: Thomas Sprecher (Hg.): *Zwischen Himmel und Hölle. Thomas Mann und die Religion. Die Davoser Literaturtage 2010*. Frankfurt a. M. 2012, 85–98.

Murdaugh, Elaine: *Salvation in the Secular. The Moral Law in Thomas Mann's »Joseph und seine Brüder«*. Frankfurt a. M./München 1976.

Nilges, Yvonne: Goethe in Ägypten: Der redliche Mann am Hofe. Weimar in Thomas Manns Josephsromanen. In: Udo Bermbach/Hans Rudolf Vaget (Hg.): *Getauft auf Musik. Festschrift für Dieter Borchmeyer*. Würzburg 2006, 93–114.

Noll, Chaim: »Staub und Steine waren verklärt«. Biblischen Landschaften in Thomas Manns Josephsromanen. In: *Merkur* 717 (2009), 126–135.

Pütz, Peter: *Joseph and His Brothers*. In: Herbert Lehnert/Eva Wessel (Hg.): *A Companion to the Works of Thomas Mann*. Rochester/NY 2004, 159–179.

Ratschko, Katharina: *Kunst als Sinnsuche und Sinnbildung. Thomas Manns »Joseph und seine Brüder« und Hermann Brochs »Der Tod des Vergil« vor dem Hintergrund der Auseinandersetzung um die Moderne seit der Frühromantik*. Hamburg 2010.

Riedel, Wolfgang: Mythische Denkformen im Josephsroman. Eine Miszelle. In: Katrin Max (Hg.): *Wortkunst ohne Zweifel? Aspekte der Sprache bei Thomas Mann*. Würzburg 2013,148–162.

Sauer, Paul Ludwig: *Gottesvernunft. Mensch und Geschichte im Blick auf Thomas Manns »Joseph und seine Brüder«*. Frankfurt a. M. 1996.

Schneider, Wolfgang: *Lebensfreundlichkeit und Pessimismus. Thomas Manns Figurendarstellung*. Frankfurt a. M. 1999.

Schneider-Philipp, Sybille: *Überall heimisch und nirgends. Thomas Mann – Spätwerk und Exil*. Bonn 2001.

Schöll, Julia: »Eine ethische Erfüllung meines Lebens«. Thomas Manns *Joseph und seine Brüder* als moderner Migrationsroman. In: *Literatur im Exil*. Hg. von der Ortsvereinigung Hamburg der Goethe-Gesellschaft in Weimar e. V. Dößel 2013, 32–57.

Schöll, Julia: *Joseph im Exil. Zur Identitätskonstruktion in Thomas Manns Exil-Tagebüchern und -Briefen sowie im Roman »Joseph und seine Brüder«*. Würzburg 2004.

Schulze-Berge, Sibylle: *Heiterkeit im Exil. Ein ästhetisches Prinzip bei Thomas Mann. Zur Poetik des Heiteren im mittleren und späten Werk Thomas Manns*. Würzburg 2006.

Schwan, Werner: Hermetische Heiterkeit in Thomas Manns Josephsroman. In: Olaf Hildebrand/Thomas Pittrof (Hg.): *»...auf klassischem Boden begeistert«. Antike-Rezeptionen in der deutschen Literatur*. Freiburg/Breisgau 2004, 433–448.

Siehoff, John-Thomas: Josephs »New Deal«. Präsident Franklin Delano Roosevelts Politik in Thomas Manns *Joseph, der Ernährer*. In: *New Germanic Review* 11 (1996), 74–88.

Sprecher, Thomas: »Musische Verschmelzungen«. Der Maler Hermann Ebers und Thomas Manns *Joseph*-Roman. In: *TMJb* 11 (1998), 235–240.

Swensen, Alan J.: *Gods, Angels, and Narrators: A Metaphysics of Narrative in Thomas Mann's »Joseph und seine Brüder«*. New York 1994.

Vogel, Harald: *Die Zeit bei Thomas Mann. Untersuchungen zu den Romanen »Der Zauberberg«, »Joseph und seine Brüder« und »Doktor Faustus«*. Münster 1970.

Weimar, Peter: *Die doppelte Thamar. Thomas Manns Novelle als Kommentar der Thamarerzählung des Genesisbuches*. Neukirchen-Vluyn 2008.

Wißkirchen, Hans: »Hauptsache Unterhaltung!« Thomas Manns *Joseph*-Roman als »Fest der Erzählung«. In: Thomas Sprecher (Hg.): *Lebenszauber und Todesmusik. Zum Spätwerk Thomas Manns. Die Davoser Literaturtage 2002*. Frankfurt a. M. 2004, 35–50.

Wißkirchen, Hans: Sechzehn Jahre. Zur europäischen Rezeption der Roman-Tetralogie *Joseph und seine Brüder*. In: Ders. (Hg.): *»Die Beleuchtung, die auf mich fällt, hat ... oft gewechselt.« Neue Studien zum Werk Thomas Manns*. Würzburg 1991, 85–145.

Wolters, Dierk: *Zwischen Metaphysik und Politik. Thomas Manns Roman »Joseph und seine Brüder« in seiner Zeit*. Tübingen 1998.

Julia Schöll

1.5 *Lotte in Weimar* (1939)

Thomas Manns Goethe-Roman erzählt von einem marginalen Ereignis, das sich im Herbst 1816 in Weimar zugetragen hat: Die verwitwete Hofrätin Charlotte Kestner, geb. Buff, Vorbild der Lotte in Goethes Roman *Die Leiden des jungen Werthers* (1774), trifft mit ihrer Tochter in Weimar ein, um ihre Schwester, aber wohl auch Goethe selbst nach langen Jahren wiederzusehen. Von dem offenbar recht kühl verlaufenen Besuch am Frauenplan ist abgesehen von Briefen Charlottes und ihrer Tochter Clara wenig überliefert; Goethes Tagebuch hält unter dem Datum des 25. 9. 1816 lediglich »Mittags Ridels und Madame Kestner« fest. Diese unspektakuläre Begebenheit phantasiert Thomas Mann aus, indem er die Hofrätin sogleich nach ihrer Ankunft in eine Kette von Gesprächen verwickelt, die ausnahmslos um Goethe kreisen. Damit offeriert der Roman eine Vielzahl divergierender Goethebilder, bevor er Goethe selbst in einem langen inneren Monolog zu Wort kommen lässt. Erst im achten Kapitel findet das Wiedersehen am Frauenplan statt; der Roman schließt mit einem (allerdings imaginären) letzten Gespräch zwischen Charlotte und Goethe am Abend vor ihrer Abreise.

Entstehungsgeschichte

Die ab 1933 erhaltenen Tagebücher Thomas Manns erlauben eine präzise Rekonstruktion der Entstehungsgeschichte des Goethe-Romans, dessen Niederschrift sich über drei turbulente Jahre, vom 11. 11. 1936 bis zum 26. 10. 1939, erstreckt. Manns literarische und essayistische Auseinandersetzung mit Goethe hat allerdings eine deutlich längere Vorgeschichte. Bereits 1908 notiert sich Mann: »Hofmannsthal betrachtet sich ohne weiteres als eine Art Goethe. Sympathisches daran. Größere Verpflichtungen, Strengeres Leben.« (Notb II, 178) Diese Erscheinungsform einer produktiven Goethe-Rezeption macht sich Mann (wie andere zeitgenössische Schriftsteller) zunehmend selbst zu eigen, indem er sich in Goethe spiegelt. Das lässt sich bereits an der Venedig-Novelle ablesen: Die im *Tod in Venedig* geschilderte »Tragödie des Meistertums« (GKFA 22, 92 u. 95) reflektiert sowohl die eigene dichterische Lebensform wie auch (ungleich verschleierter) die hoffnungslose Liebe des alten Goethe zur jungen Ulrike von Levetzow. Als künstlerische Orientierungsgröße gewinnt Goethe für Mann in dem Maße an Bedeutung, wie ihm die Anlehnung an Richard Wagner durch die prekäre, zunehmend national votierende Wagner-Vereinnahmung problematisch erscheint. Der literarischen Identifikation mit Goethe ist allerdings gleichfalls von Anfang an Selbstkritik eingeschrieben. Den vorläufigen Höhepunkt dieses Identifikationsprozesses bildet Manns Rede zur Wieder-Eröffnung des Goethe-Hauses in Frankfurt im Mai 1932: »Ja, ich habe ihn [Goethe] geliebt von jung auf, [...] mit einer Liebe, die die höchste Steigerung der Sympathie, die Bejahung des eigenen Selbst in seiner Verklärung, Idealität, Vollendung war. [...] Er war das Vor-Bild in einem anderen und letzten Sinn, das Ur-Bild, das Über-Bild, das eigene Wesen ins Vollkommene projiziert, die Möglichkeit einer Liebe und Hingebung überdies, in der das Persönlichste mit dem Allgemeinen verschmolz [...].« (GW X, 328)

Dieser Verschränkung von »Vor-Bild« und »Ur-Bild« verleiht Goethe einen mythischen Rang, wie ihn Mann schon in den späten 1920er Jahren, angeregt durch die mythischen Studien im Kontext des *Joseph*-Projekts, mehrfach reklamiert: »Goethes Leben u Gestalt ist durchaus geeignet, zum Mythos zu werden, und als mythische Figur wird er vielleicht einmal jenen göttlichen Bekriegern u Besiegern des Chaosdrachens zum Verwechseln gleichen, von denen früheste menschliche Überlieferung uns in Keilschrift erzählt« (GKFA 15.1, 1081), schreibt er 1926 in der Rede *Die geistigen Tendenzen des heutigen Deutschlands*. In den Zeiten des Chaos kommt Manns Goethe eine unverkennbare politische Bedeutung zu, die sich bis in den Goethe-Roman fortschreibt.

Zur engeren Vorgeschichte des Romans gehört das Projekt einer Goethe-Biographie, das Mann sich 1930 im Vorgriff auf das Goethejahr 1932 vornimmt. In einem Brief an Ernst Bertram vom 29. 12. 1930 deutet er an, was ihn reizen könnte, die Arbeit am *Joseph*-Roman zugunsten eines Goethe-Buchs zu unterbrechen. Eine biographische Auftragsarbeit zum Goethe-Jahr 1932 sei ihm durchaus nicht fremd: »Ansätze dazu liegen vor in Goethe und Tolstoi, im Nachwort zu den »Wahlverwandtschaften« und an anderen Stellen. [...] Wäre der Augenblick, vom Jahre ganz abgesehen, nicht vielleicht gut und richtig gewählt, dem deutschen Volk wieder einmal dies Bild aufzurichten? [...] Ich werde meine ganze Naivität aufbieten müssen, um es nicht mit der Angst zu bekommen, und, der Bildungsvoraussetzungen für ein solches Werk in argem Grade ermangelnd, wird mir nichts übrig bleiben, als aus Erfahrung zu reden, – über Goethe aus Erfahrung: eine mythische Identifikations-Hochstapelei, mit der vielleicht die Brücke vom Joseph zum Goethe geschlagen wäre« (BrB, 171 f.). Der auch von Verlagsseite (zunächst Knaur, dann S. Fischer) forcierte Plan kommt aus verschiedenen Gründen über erste konzeptionelle Überlegungen nicht hinaus. Die damit verbundenen, intensiven Goethe-Recherchen und -Lektüren gehen dann allerdings zunächst in die Goethe-Essays des Jubiläumsjahrs 1932, später in das Romanprojekt ein. Bereits in den Essays zeichnet sich ab, dass Mann im Unterschied zu den meisten akademischen Festrednern des Jahres 1932 eine (politisch opportune) mythische Vereindeutigung Goethes vermeidet (von der Lühe 2010, 144 f.). Er schreibt ihm zwar eine Vielzahl mythischer Rollen zu, akzentuiert aber bereits im Titel die genuin ›bürgerliche‹ Lebensform Goethes (*Goethe als Repräsentant des bürgerlichen Zeitalters*; am 18. 3. 1932 in der Preußischen Akademie der Künste in Berlin) und weist ihn programmatisch als Schriftsteller, nicht als Dichter aus (*Goethes Laufbahn als Schriftsteller*, am 21. 3. 1932 in Weimar).

Im Umfeld seiner Goethe-Studien stößt Mann in diesen Jahren auf den »Novellen- oder Theaterstoff des Besuches der alten Lotte Buff-Kestner in Weimar« (Tb 19. 11. 1935). Noch bevor der 3. Band der *Joseph*-Tetralogie abgeschlossen ist, wird dieser ›Novellenstoff‹ virulent: »Ging abends wieder dem Arbeitsplan Goethe – Lotte Kestner nach und fand nach anderer einschl. Lektüre die Geschichte des leicht grotesken späten Weimarer Wiedersehens in dem Buch von Teilhaber auf. Bewegung«, notiert Mann am 23. 3. 1935 in sein Tagebuch (vgl. auch Tb 6. 2. 1935 u. 31. 12. 1935). Die ersten »vorbereitende[n] Notizen zur Goethe-Novelle« (Tb 25. 8. 1936) folgen denn auch nur zwei Tage nach dem Abschluss von *Joseph in Ägypten*, am 11. 11. 1936 hält Mann im Tagebuch fest: »Schrieb die erste Seite der Erzählung ›Lotte in Weimar‹.« (Tb 11. 11. 1936) Die Geschichte wächst sich (wie so oft) recht schnell zum Roman aus; ihre Niederschrift fällt in die turbulenteste Lebensphase Manns und wird immer wieder unterbrochen. Gleich in den ersten Monaten gibt er mit seiner brieflichen Antwort auf die Aberkennung der Doktorwürde der Universität Bonn seinem Widerstand gegen das nationalsozialistische Regime im *Briefwechsel mit Bonn* öffentlichen Ausdruck. Mann verliert seine deutsche Staatsbürgerschaft und wandert schließlich 1938 vom Schweizer Exil, wo er die Niederschrift des Romans begonnen hat, mit seiner Familie in die USA aus. Dieser Abschied von Europa bildet eine Zäsur, die nahezu alle Lebensbereiche verändert und prägt (Vaget 2001, 60 f.). Immer wieder unterbricht Mann die Arbeit am Goethe-Roman zugunsten politischer *lectures* (*Vom zukünftigen Sieg der Demokratie*; *Dieser Friede*; *Achtung, Europa!*; *Das Problem der Freiheit*) und Vorträgen über *Wagners Ring*, *Schopenhauer*, über den *Zauberberg* und über *Goethes Faust*: vgl. Tb 26. 10. 1939). Trotz dieser zusätzlichen Projekte und der damit verbundenen Vortragsreisen wächst das Manuskript stetig, ob nun in der Schweiz, in Holland, London, Schweden, auf dem Atlantik oder schließlich in Princeton: Substantielle Zweifel, das »Bewußtsein der Erstarrung u. Versteifung« (Tb 2. 7. 1939), verzeichnet das Tagebuch nur für die Konzeption des in mehrfacher Hinsicht heiklen 7. Romankapitels, in dem Goethe selbst zu Wort kommt. Die letzten beiden Kapitel entstehen unter dem Eindruck des Kriegsbeginns, teilweise auf einer letzten, nicht ungefährlichen Europareise, schließlich in Princeton, New Jersey. »Auch dies getan«, notiert Mann am 26. 10. 1939 nach Abschluss des Manuskripts in sein Tagebuch.

Bereits 1937 waren Vorabdrucke einzelner Kapitel vor allem in der Exil-Zeitschrift *Mass und Wert* erschienen. S. Fischer ließ den Roman bereits ab Frühsommer 1939 (also noch vor Abschluss des Manuskripts) in Holland setzen; eine substantielle Korrektur der Druckfahnen kam aufgrund der politischen Turbulenzen in den folgenden Monaten nicht zustande. Dementsprechend enthielt der am 27. 11. 1939 in Schweden erschienene Erstdruck des Romans zahlreiche sinnentstellende Fehler, die in späteren Nachdrucken der Stockholmer Ausgabe nur teilweise korrigiert wurden. Erst die von Frizen besorgte Neu-Edition im Rahmen der GKFA bietet durch den Rückgriff auf die in der Bibliotheca Bodmeriana erhaltene Handschrift eine verlässliche Textgrundlage.

Quellen

Manns biographisches Interesse für den alten Goethe reicht zurück bis zur Lektüre von Johann Peter Eckermanns *Gesprächen mit Goethe in den letzten Jahren seines Lebens* im Jahr 1897 (vgl. GKFA 21, 95). Für einschlägige Erzählprojekte wie die Schiller-Novelle *Schwere Stunde* (1905) und den *Tod in Venedig* (1912), schließlich die Goethe-Essays der 1920er Jahre (*Goethe und Tolstoi* u. *Goethes Wahlverwandtschaften*) nutzt Mann bereits die Biographie von Albert Bielschowsky (*Goethe. Sein Leben und seine Werke*. 2 Bde. München, 8. Aufl. 1905), Biedermanns fünfbändige Sammlung *Goethes Gespräche*, Friedrich Wilhelm Riemers *Mitteilungen über Goethe*, den von Chamberlain herausgegebenen Briefwechsel mit Schiller und Hans Gerhard Gräfs *Goethe über seine Dichtungen* (vgl. Hansen 1993, 234–242; GKFA 15.2, 263 f.). Das Vorhaben, selbst eine Goethe-Biographie zu schreiben, erweitert diese Sammlung um einschlägige Forschungsliteratur, die im Vor- und Umfeld des Jubiläumsjahres 1932 eine kleine Konjunktur verzeichnet. Neben das schon für die Schiller-Novelle genutzte Buch Wilhelm Bodes über *Goethes Lebenskunst* (4. Aufl. 1905) treten jüngere Titel, unter ihnen die (von der institutionalisierten Goethe-Philologie rasch marginalisierte) psychoanalytische Studie *Goethe. Sexus und Eros* von Felix A. Theilhaber. Hier findet Mann den »Novellen- oder Theaterstoff des Besuches der alten Lotte Buff-Kestner in Weimar«, der bereits 1933 eine »produktive Ausschau« bildet (Tb 19. 11. 1933):

»H. E. R. Belani (Ludwig Häberlin) erzählt in seinem Buch *Goethe und sein Liebesleben*: ›An einem schönen Maientage 1816 erschien die alte Charlotte Buff, die Frau Kestners, in Weimar (also die unsterbliche Geliebte seiner Wetzlarer Wertherzeit). Charlotte ward natürlich zur Tafel geladen und erschien dabei in auffallend jugendlicher Toilette, nämlich in einem weißen Kleide mit roten Schleifen, wie sie an dem Tage getragen, wo Goethe sie vor vierundvierzig Jahren zum ersten Male gesehen.

Er seinerseits hatte dies längst vergessen, und als Charlotte ihn endlich darauf aufmerksam machte, gestand er offen, daß er sich dieses Umstandes auch nicht im mindesten mehr erinnerte.

Charlotte, welche sich, nachdem Goethe ein weltberühmter Mann geworden, geschmeichelt gefühlt haben würde, wenn er die Leidenschaft, die er früher für sie gehegt und gegen welche sie sich damals so ablehnend verhalten, jetzt abermals laut bekannt hätte, fühlte sich durch sein zurückhaltendes Wesen verletzt und kehrte, in ihren Erwartungen schmerzlich getäuscht, eher in die Heimat zurück als sie ursprünglich beabsichtigt hatte. Selbst die Erinnerung an sie war ihm gleichgültig geworden.‹« (Theilhaber 1929, 288 f.)

Neben dem von Theilhaber rekapitulierten novellistischen Kern des späteren Romans gibt das von ihm entworfene Psychogramm Goethes den entscheidenden produktiven Impuls. Dass Goethe als degenerierter, sexualneurotischer und kalter Künstler erscheint, korrespondiert Manns eigenen literarischen Reflexionen von Autorschaft und künstlerischer Lebensform im Frühwerk. Mit Theilhabers psychoanalytischer Perspektivierung lässt sich nun tatsächlich über Goethe »aus Erfahrung« reden (vgl. BrB 172).

Um den Roman auch in den Details genau zu machen, ist Mann auf weitere biographische und kulturhistorische Studien angewiesen. Im Laufe der Entstehungszeit kommen unzählige, durchaus heterogene Werke der Goethe-Philologie hinzu, die ihm allerdings im Chaos der transatlantischen Reisen nicht immer zur Verfügung stehen und ihn mitunter – wie Eugen Kühnemanns Goethe-Biographie von 1930 – durch ihre Huldigungsoptik abstoßen: »Eigentümlicher Widerstand gegen die verhimmelnde Interpretation, das Aufdonnern und auf dem Bauch liegen«, notiert er am 6. 11. 1936 in sein Tagebuch (Tb 6. 11. 1936). Ein Teil dieser bunten Goethe-Bibliothek hat sich im TMA Zürich erhalten; die beste, kommentierte Übersicht bietet Frizen (GKFA 9.2, 69–126). Zugleich geht der Roman mitunter recht frei mit den gesammelten Daten um und versteht es, den Habitus philologischer Gelehrsamkeit parodistisch außer Kurs zu setzen (Nebrig 2013).

Aufbau

Der Roman setzt zwar mit der historisch verbürgten Ankunft der 63-jährigen Charlotte Kestner, geb. Buff in Weimar ein, um dann aber den eigentlichen Fluchtpunkt des Besuchs, das Wiedersehen mit Goethe, über viele Kapitel hinauszuzögern. An die Stelle einer novellistischen oder gar theatralischen Handlung tritt bis auf weiteres eine Kette von Goethe-Deutungen aus dem unmittelbaren Umfeld des Dichters. Sobald die Ankunft der Hofrätin in der Residenzstadt die Runde gemacht hat, stellen sich durchreisende Neugierige, Vertraute, Verehrer und Familienangehörige ein, die das »Urbild[ ]« (GKFA 9.1, 24) der Lotte kennenlernen und zugleich ihr Verhältnis zu Goethe klären wollen: Durch diese Erzählregie offeriert der Roman eine Vielzahl divergierender Perspektiven auf den längst weltberühmten Autor, den Vater, den Vertrauten, den Gesellschaftsmenschen Goethe, bevor er selbst im siebten Kapitel das Wort erhält. Der Gesprächsreigen wird durch Mager, den Empfangskellner des »Elephanten«, eröffnet, der der von der Reise erschöpften Charlotte an ihrem Ankunftstag immer neue Gäste zuführen wird. Mager nimmt die Hofrätin in seiner *Werther*-Begeisterung als »eine vom Schimmer der Poesie umflossene und gleichsam auf feurigen Armen zum Himmel ewigen Ruhms getragene Persönlichkeit« (GKFA 9.1, 18) wahr. Von dieser empfindsamen, quasireligiösen Form der Goethe-Verehrung stößt sich der Roman schon in der Eröffnungsszene ab. Das zweite Kapitel zeigt dagegen eine Spielart professioneller Prominentenjagd, verkörpert durch die umtriebige irische Zeichnerin Rose Cuzzle, die Charlotte nur porträtieren will, um sich mit dieser Trophäe Zutritt zum Frauenplan zu verschaffen.

Ungleich substantieller und radikaler sind die Einlassungen Riemers, der direkt im Anschluss das Gespräch mit Charlotte sucht, weil er in ihr eine Wahlverwandte, ein unfreiwilliges Opfer Goethes sieht. Er selbst jedenfalls, das lässt seine Rede erkennen, hat seinen eigenen Lebensplan vollkommen in den Dienst Goethes gestellt – der ihm dieses Lebensopfer nicht hinreichend zu danken scheint. Riemer rückt bei aller Bewunderung jene prekären Aspekte Goethes in den Blick, die Mann schon in seinen Goethe-Essays des Jubiläumsjahres akzentuierte: »eine eigentümliche Kälte, einen vernichtenden Gleichmut« (GKFA 9.1, 88) als verstörende, ja teuflische Kehrseite des Göttlichen. Mit Adele Schopenhauer kommt im vierten Kapitel eine Vertreterin der nächsten Generation im Gesprächszimmer des »Elephanten« zu Wort, die auf dem Gebiet der Literatur längst »neue Götter« (GKFA 9.1, 144), die Romantiker Uhland und Hoffmann etwa, kennt und verehrt. Sie will Charlotte dazu bewegen, ihren Einfluss bei Goethe geltend zu machen, um die drohende Mesalliance zwischen August von Goethe und Ottilie von Pogwisch zu verhindern. Die Vorgeschichte dieser Verbindung, an der eher dem Vater Goethe als dem Sohn gelegen zu sein scheint, gibt die im fünften Kapitel eingeschaltete Novelle »Adele's Erzählung«, bevor als letzter in der Reihe der Besucher August von Goethe das Gesprächszimmer betritt. Seine Mission, Charlotte im Namen des Vaters mit ihrer Verwandtschaft zu einem Mittagessen einzuladen, weitet sich aus zu einem Gespräch über die prekäre Balance zwischen Lebensopfer und Selbsterhaltung im Umfeld eines großen Menschen.

Das siebente Kapitel springt chronologisch zurück, indem es den am Ankunftstag erwachenden Goethe in den Blick rückt, von dem bis dahin schon aus allen denkbaren Perspektiven die Rede war. Am Ende des langen, fast ununterbrochenen inneren Monologs erfährt Goethe von Charlottes Ankunft und betreut seinen Sohn August mit der Einladung, die er im sechsten Kapitel bereits überbracht hat. Im achten Kapitel kommt es dann zu dem von Charlotte erhofften Wiedersehen im Rahmen einer Tischgesellschaft am Frauenplan: ein enttäuschendes Ereignis, das ihr auf der einen Seite einen kalten, versteiften, desinteressierten Goethe, auf der anderen Seite durchweg verkrampfte Gäste in angestrengter Heiterkeit zeigt. Der Roman endet nicht mit dieser Desillusionierung. Das letzte Kapitel schildert ein zweites, allerdings imaginäres Treffen der beiden auf der Rückfahrt von einem Theaterbesuch, das zwar alle prekären Aspekte Goethes aufnimmt, aber versöhnlich endet. Mager, der Lotte aus der Kutsche hilft, hat das letzte Wort: »Werthers Lotte aus Goethe's Wagen zu helfen, das ist ein Erlebnis – wie soll ich es nennen? Es ist buchenswert.« (GKFA 9.1, 446)

Wirkung und Rezeption

Während der Kriegsjahre gelangen nur wenige Exemplare der Stockholmer Erstausgabe von 1939 illegal nach Deutschland. Die publizistische Resonanz im deutschsprachigen Raum beschränkt sich zunächst vor allem auf Exilzeitschriften, und sie fällt weitgehend positiv aus. Mehr als 20 englischsprachige Rezensionen bis Ende 1940 spiegeln den Erfolg der englischen Übersetzung des Romans (vgl. GKFA 9.2, 134–142). In Deutschland setzt die eigentliche Wirkung von *Lotte in Weimar* erst nach Kriegsende ein. Neben einer von Bermann Fischer in den USA gedruckten Sonderausgabe für deutsche Kriegsgefangene in den Gefangenenlagern sind 1946 in den Besatzungszonen zunächst Exemplare der Stockholmer Ausgabe, dann (ab Oktober) der im Suhrkamp Verlag erscheinenden Lizenzausgabe erhältlich.

Die Rezeption in der westdeutschen Literaturkritik fällt allerdings mit politischen Anwürfen von Seiten der sog. Inneren Emigration zusammen. Dass Mann im August 1945 in einem Brief an Walter von Molo öffentlich erklärt hatte, warum er nicht nach Deutschland zurückkehren könne, zieht eine Polemik nach sich, die auf die (verspätete) Wahrnehmung des Goethe-Romans ausstrahlt. Selbst verhalten positive Würdigungen des Romans wie die von Egon Vietta stellen den amerikanischen Einschlag des Goethe-Bilds, mithin die Entfremdung Manns von der deutschen Kultur, heraus: »Je vorurteilsloser wir uns mit Thomas Mann in die Menschlichkeit Goethes einlassen, desto erstaunlicher hebt sich der amerikanische Kontinent hinter dem Schatten dieses Goethe ab.« (Vietta 1946, 5) Was der Roman an prekären menschlichen Seiten Goethes zeigt, steht quer zum einsetzenden Goethe-Kult der unmittelbaren Nachkriegszeit. Frank Thiess etwa, einer der schärfsten Kritiker Manns auf Seiten der sog. Inneren Emigration, reklamiert in seiner Erwiderung auf Manns Rundfunkrede Goethe als den »heller als je strahlenden Stern deutscher Weltgeltung« (Mann

[1946], 8). Für derartige kulturimperialistische Kompensationsversuche ist Manns Goethe-Roman durchaus nicht anschlussfähig.

Dabei wird ausgerechnet die Romanpassage, in der Manns Goethe den Deutschen vorwirft, dass sie sich »jedem verzückten Schurken gläubig hingeben« (GKFA 9.1, 327), im Rahmen der Nürnberger Prozesse am 27.7.1946 vom britischen Chefankläger Lord Hartley W. Shawcross als Diktum Goethes über die Deutschen zitiert. Auf entsprechende Anfragen stellt Mann dem britischen Botschafter gegenüber richtig, dass dies seine eigenen Worte waren, aber dass Goethe sie durchaus gesprochen haben könnte: »[...] although he [Goethe] never spoke them, he might well have done so.« (GKFA 9.2, 169–172 u. 611 f.)

Die ostdeutsche Rezeption des Romans ist weniger polemisch ausgerichtet. Georg Lukács' enthusiastisches Urteil (anlässlich des 70. Geburtstags von Thomas Mann) sieht in Manns Goethe »die progressiven Kräfte des deutschen Bürgertums« (GKFA 9.2, 156) verkörpert und stellt (wie die meisten sozialistisch imprägnierten Besprechungen des Romans) Manns literarische Goethe-Nachfolge nicht substantiell in Frage.

Aus dem amerikanischen Exil beobachtet und kommentiert Mann die Debatte um seinen Roman im Tagebuch; gelegentlich schaltet er sich brieflich ein. Ab 1947 gerät die politische Wahrnehmung des Goethe-Romans allerdings in den Schlagschatten der Auseinandersetzung mit dem *Doktor Faustus*. Die Empörung über Manns psychoanalytisch inspirierte Entlarvungsoptik lässt in dem Maße nach, wie die Idee des Nationaldichters Goethe ihren mythischen Glanz verliert.

Deutungsaspekte und Forschungsperspektiven

Lotte in Weimar ist Manns erstes Buch des Exils. Dass es in den USA, mithin in denkbar weitester Entfernung von Weimar und Deutschland, beendet wurde, stellt schon die zeitgenössische Literaturkritik heraus, oft genug um damit den deutschen Nachkriegslesern die (vermeintlich) verzerrte, verfälschende Perspektive auf den Nationaldichter Goethe begreiflich zu machen. Tatsächlich reflektiert der Roman die Exilerfahrung des Autors und die damit verbundene Revision seines schriftstellerischen Selbstbilds: Dem historischen Sujet ist – wie in vielen historischen Romanen der Exilliteratur – ein aktueller, politischer Subtext unterlegt. Als Goethe-Roman zielt das Buch zugleich auf eine Zentralfigur der deutschen Erinnerungskultur. Allein die (entstehungsgeschichtlich entscheidende) psychoanalytische Perspektive steht einer schlichten Mythisierung Goethes entgegen, wie sie Mann spätestens seit den frühen 1930er Jahren kritisch beobachtet. Und schließlich gewinnt *Lotte in Weimar* der von Mann mehrfach variierten Künstlerthematik neue Aspekte ab, indem hier zum einen erstmals ein *alter* Künstler im Mittelpunkt steht, zum anderen neue erzählerische Formen der Perspektivierung erprobt werden.

Autorschaft und Exil

Unter den Erfahrungsbedingungen des Exils erhält das Projekt des Goethe-Romans einen unverkennbar politischen Einschlag. Der Beginn der Niederschrift fällt in die Zeit, in der Mann im *Briefwechsel mit Bonn* seine Gegnerschaft zum nationalsozialistischen Regime öffentlich macht und seine deutsche Staatsbürgerschaft verliert, die letzten Kapitel schreibt er bereits auf dem amerikanischen Kontinent. Die vielzitierten Sätze aus dem Interview, das Mann bei seiner Ankunft in den USA der New York Times gab: »Where I am, there is Germany. I carry my German culture in me.« (22.2.1938 New York Times; vgl. Koopmann 1993) lassen sich durchaus auch auf das Goethe-Projekt beziehen, an dem er seit Ende 1936 arbeitet. Der Goethe des Romans jedenfalls reflektiert über Deutschland und die Deutschen, als wäre er ein Zeitzeuge der nationalsozialistischen Gewaltherrschaft. Und er nimmt gleichfalls für sich in Anspruch, in Zeiten eines kollektiven Nationalismus das eigentliche Deutschland zu repräsentieren: »Daß sie den Reiz der Wahrheit nicht kennen, ist zu beklagen, – daß ihnen Dunst und Rausch und all berserkerisches Unmaß so teuer, ist widerwärtig, – daß sie sich jedem verzückten Schurken gläubig hingeben, der ihr Niedrigstes aufruft, sie in ihren Lastern bestärkt und sie lehrt, Nationalität als Isolierung und Roheit zu begreifen, – daß sie sich immer erst groß und herrlich vorkommen, wenn all ihre Würde gründlich verspielt, und mit so hämischer Galle auf Die blicken, in denen die Fremden Deutschland sehn und ehren, ist miserabel. Ich will sie garnicht versöhnen. Sie mögen mich nicht – recht so, ich mag sie auch nicht, so sind wir quitt. Ich hab mein Deutschtum für mich – mag sie mitsamt der boshaften Philisterei, die sie so nennen, der Teufel holen. Sie meinen, sie sind Deutschland, aber ich bins, und gings zu Grunde mit Stumpf und Stiel, es dauerte in mir. Gebärdet euch, wie ihr wollt, das Meine abzuwehren, – ich stehe doch für euch. Das aber ists, daß ich zum

Repräsentanten geboren und garnicht zum Märtyrer; für die Versöhnung weit eher, als für die Tragödie.« (GKFA 9.1, 327)

Wie sehr dieser Goethe-Monolog von der Deutschland-Wahrnehmung der 1930er Jahre imprägniert ist, lässt sich an den empfindlichen Reaktionen der zeitgenössischen Literaturkritik ablesen, die nach Kriegsende in Deutschland erschienen. Dass Manns Goethe als von den Deutschen isolierter Autor spricht, ist Manns eigener Exilerfahrung geschuldet (vgl. Lehnert 1987). Sie kontaminiert die Denkfigur auktorialer Repräsentation mit der des Märtyrertums und verleiht dem Außenseitertum des Dichters eine politische Brisanz, wie sie früheren Künstlerfiguren im Werk Manns nicht zukam. Nicht durch die Verschmelzung *mit*, sondern durch die Distanzierung *vom* Kollektiv erscheint Goethe als Nationalautor. Er avanciert zur »Identifikationsfigur für die deutsche Emigration nach 1933 [...], selbst wenn er Deutschland nie aus politischen Gründen verlassen musste.« (Schöll 2002,178) Dementsprechend will *Lotte in Weimar* auch als kritischer Deutschlandroman gelesen werden, der in Zeiten des radikalen nationalsozialistischen Antisemitismus‹ das Schicksal der Deutschen mit dem der Juden in Verbindung setzt: »Unseliges Volk, es wird nicht gut ausgehen mit ihm [...].Was gilts, das Schicksal wird sie schlagen, weil sie sich selbst verrieten und nicht sein wollten, was sie sind; es wird sie über die Erde zerstreuen wie die Juden, – zu Recht, denn ihre Besten lebten immer bei ihnen im Exil, und im Exil erst, in der Zerstreuung werden sie die Masse des Guten, die in ihnen liegt, zum Heile der Nationen entwickeln und das Salz der Erde sein ...« (GKFA 9.1, 335) Dass Mann diesen Vergleich zwischen Deutschen und Juden aus *Goethes Gesprächen* entnimmt (vgl. GKFA 9.2, 629 f.), schmälert nicht seinen durchaus brisanten politischen Nebensinn (vgl. Elsaghe 2004, 303 f.; Kontje 2011, 96).

Erinnerungskultur: Mythos und Psychologie

Manns literarische Auseinandersetzung mit Goethe als literarischer, nationaler und mythischer Orientierungsfigur schreibt sich in die deutsche Erinnerungskultur der 1930er Jahre ein. Die Erfahrungen, die er im Rahmen des Gedächtnisjahrs 1932 mit der offiziellen, national eingefärbten Goethe-Erinnerungspolitik macht, gehen ab 1936 in das Romanprojekt ein, das gegen die Verzerrungen und Vereindeutigungen des Goethe-Bilds im Umfeld des Nationalsozialismus Einspruch erhebt. Je angestrengter Goethe innerhalb der nationalen Erinnerungskultur zu einer mythischen Führerfigur aufgehöht wird, desto entschiedener revidiert Mann sein eigenes, durchaus mythisch geprägtes Goethe-Bild der 1920er Jahre. Gesprächsweise, insbesondere aus der Perspektive Riemers, entfaltet der Roman eine Vielzahl von mythischen Vergleichsgrößen. Wie schon in Manns Jubiläumsessays von 1932 wird Goethe u. a. mit Zeus, mit Jesus, mit Narziß und mit Proteus verglichen: In ihrer Vielstimmigkeit und Widersprüchlichkeit stehen diese Vergleichsgrößen quer zu den mythischen Vereinnahmungen Goethes, die Mann 1932 in Weimar und Berlin beobachten konnte (vgl. Neumann 1997). Julius Petersen etwa, Berliner Ordinarius und Vorsitzender der Goethegesellschaft, nahm in seiner Rede den Umstand, dass die Weimarer Festtage zum 100. Todestag Goethes in die Karwoche fielen, zum Anlass, einen bizarren Auferstehungsglauben zu beschwören. Manns Kommentar im Bericht über seine *Goethereise* von 1932 ist eindeutig: »Ich hörte die Rede des Prof. Julius Petersen, des Germanisten und Literaturhistorikers der Berliner Universität. Das Erfreulichste war der Gesang der Thomaner aus Leipzig. Ich habe sie zum ersten Mal gehört in ihrer Reinheit und Nuanciertheit. Ihr Gesang war mir lieber als die ganze Rede.« (GW XIII, 73). *Lotte in Weimar* distanziert sich auf andere Weise von den politischen Goethe-Mythen der 1930er Jahre. Legt man die Zuschreibungen des Romans übereinander, ergeben sich solche Gegensätze wie Selbstopfer und Menschenopfer, Passion und Selbstverliebtheit, Souveränität und Nihilismus, »Liebe und Verachtung« (GKFA 9.1, 58), Sympathie und Kälte (vgl. Marx 1997 u. 2002, 208–229), mithin eine durch und durch widersprüchliche, genuin moderne Lebensform und Autorschaft (Frizen 1998).

Aus der *Joseph*-Tetralogie wandern Denk- und Deutungsfiguren des Mythos wie das Bachofen'sche Konzept des Mutterrechts (Schöll 2002) oder das Modell des mythischen Spurengangs (Elsaghe 1998/1999) in das Romanprojekt ein; inwiefern die Idee mythischer Wiederkehr und Wiederholung hier auf die Probe gestellt und dekonstruiert wird, bedarf noch einer genaueren Untersuchung. Wie die *Joseph*-Tetralogie verbindet der Goethe-Roman Mythos und Psychologie, indem er sich die psychoanalytische Optik der Goethe-Studien von Felix A. Theilhaber und anderen zu eigen macht (vgl. Siefken 1981, 156; Lehnert 1987, 42 f. u. Frizen in GKFA 9.2, 10 f., 21 f., 119–121). Der Gesprächsreigen im Empfangszimmer des »Elephanten« offeriert psychologische Entlarvungen und Erklärungen der (im wörtlichen Sinne) außerordentlichen Lebensform Goethes

(Pietzcker 2012), als wären die Besucher schon durch das Säurebad der Psychoanalyse gegangen. Mit »demokratischer Ironie«, so Mann im Tagebuch (Tb 26. 10. 1939), wird hier der Goethe-Mythos des 20. Jahrhunderts ins Humane transponiert und dekonstruiert.

Alter, Größe, Genialität

Mit dem 67-jährigen Goethe stellt Mann einen *alten* Künstler in den Mittelpunkt, der längst auch sein Leben als Kunstwerk begreift und durch den unverhofften Besuch seiner Jugendgeliebten von den Wirkungen seiner Kunst eingeholt wird. Darin unterscheidet sich der Roman signifikant von Manns früheren Künstlertexten. Selbst der frühzeitig gealterte Gustav von Aschenbach der *Venedig*-Novelle erscheint als Figur der Lebensmitte, als Figur des ›Alterns‹, nicht des Alters. Der Goethe-Roman dagegen ist gleich in mehrfacher Hinsicht ein Alterstext: Er führt, so die novellistische Ursprungsidee, zwei Alte nach langen getrennten Lebensjahren wieder zusammen: Der Besuch »der alten Lotte Buff-Kestner in Weimar« (Tb 19. 11. 1933) provoziert Erinnerung und Revision der eigenen Jugend aus der Distanz des Alters. Leitmotive wie das »Zittern des Kopfes«, das sogleich an der angereisten Hofrätin auffällt (GKFA 9.1, 12) und das sie immer wieder zu kaschieren sucht, stellen den körperlichen Verfall der Protagonistin aus. Auch der lange innere Monolog Goethes, der mit der (durchaus provokativen) Wahrnehmung einer unverhofften morgendlichen Erektion einsetzt, hält mit der Selbstansprache »Brav, Alter! So sollst du, muntrer Greis, dich nicht betrüben« (GKFA 9.1, 283) das körperliche Alter präsent. Während Charlotte in diesem Alten den Geliebten ihrer Jugend wiederzuentdecken versucht, wird er von den jungen, romantisch affizierten Künstlern um Adele Schopenhauer längst als Vertreter einer abgelebten Generation wahrgenommen. Das Wechselspiel von Jugend und Alter imprägniert nicht nur die körperliche Präsenz der Figuren, sondern auch die dem Roman eingeschriebenen Kunstreflexionen: Der Goethe-Monolog im siebten Kapitel entwirft das Alter als künstlerische Lebensform. »Größe ist nur beim Alter« (GKFA 9.1, 292), will der alte Goethe wissen. Aber ihm ist zugleich bewusst, dass die Wertschätzung des Alters dem eigenen Lebensalter geschuldet ist: »Du wirst alt, so wirst du ein Alter und siehst allenfalls mit Wohlwollen, aber geringschätzig auf die Jugend herab, das Spatzenvolk.« (ebd.) Die Goethe zugeschriebene Revision von Genialität, Produktivität und Größe (vgl. Frizen 2004; Baier 2011) unterscheidet sich von früheren poetologischen Denkfiguren im Werk Manns vor allem dadurch, dass sie das Alter als Problem und als künstlerische Herausforderung ernst nimmt.

Dichtung und Wahrheit; Fakten und Fiktion

Lotte in Weimar unterscheidet sich auch darin von früheren Künstlertexten Manns, dass erstmals ein *historischer* Künstler im Mittelpunkt steht. Dieses Vorhaben erfordert umfangreiche historische Studien, auch wenn es von Anfang an zum Romankonzept gehört, das historisch Überlieferte mit eigenen Erfahrungen zu verschränken oder gar zu verschmelzen. Kurz vor Abschluss des Manuskripts spielt Mann mit dem Gedanken, die in den Roman eingetragene Gelehrsamkeit und Genauigkeit nach dem Vorbild der *Noten und Abhandlungen* Goethes zum *West-östlichen Divan* durch die »Noten-Beigabe eines Germanisten« (Tb 25. 7. 1939) transparent zu machen. Dennoch geht *Lotte in Weimar* nicht im Gattungsprofil des trad. historischen Romans auf (Frizen, GKFA 9.2, 176 f.) Schon der Titel reflektiert das Verhältnis von Wirklichkeit und Fiktion, indem er die Differenz zwischen der Romanfigur Lotte und der historischen Charlotte Kestner verwischt. Die 63-jährige Hofrätin verwechselt sich im Verlauf ihres Besuchs immer wieder mit der Romanfigur Lotte: Ihr Besuch in Weimar gilt demjenigen, der ihr vor mehr als 40 Jahren eine zweite, literarische Identität zugeschrieben hat, die sie seither begleitet, mit Stolz erfüllt und verstört. Durch diese Konstellation treibt der Roman auf die Spitze, was zum poetologischen Problem des historischen Romans gehört: das Verhältnis zwischen Wirklichkeit und Fiktion und ihre wechselseitigen Rückkopplungen und Interferenzen.

Der ambitionierten, durch umfangreiche Quellenstudien absicherten Genauigkeit stehen bewusste Ungenauigkeiten gegenüber, die den Roman an die Gegenwart seiner Entstehungszeit anschließen. Dass etwa Charlotte Kestner nicht, wie historisch verbürgt, bei ihren Verwandten, sondern im »Elephanten« Quartier nimmt und dort zum Opfer einer »Neugiersbelagerung« wird (GKFA 9.1, 65), ruft in den 1930er Jahren Bilder von Adolf Hitler auf, der bei seinen Weimarbesuchen regelmäßig im »Elephanten« abstieg, um dort von seinen Anhängern auf den Balkon seines Zimmers gerufen zu werden. Lottes Aufenthalt im »Elephanten« erscheint dementsprechend als eine Art literarischer Hausbesetzung, die sich gegen die nationalsozialistische Vereinnahmung Weimars richtet.

Perspektivierung, Intertextualität

Der Vielzahl »perspektivischer Brechungen« in der Wahrnehmung Goethes entspricht eine »Enzyklopädie der Erzählhaltungen« (Neumann 2001, 137), die den Roman von früheren Erzählformen Manns deutlich abhebt. In diesem Kontext ist *Lotte in Weimar* ein narratologisches Experiment, das die ganz unterschiedlichen Erzählperspektiven nebeneinander stellt oder auch verschränkt (Pietzcker 2012, 254–256). Neben den (moderaten) Einschaltungen und Wertungen einer auktorialen Erzählinstanz folgt der Roman den Wahrnehmungen der Perspektivfigur Charlotte Kestner, es gibt nahezu neutral dargebotene dialogische Partien, mit »Adele's Erzählung« (nach dem Vorbild der *Wahlverwandtschaften*) eine eingeschaltete Novelle, im letzten Kapitel schließlich ein Abschiedsgespräch, das allenfalls durch einige wenige erzählerische Signale als Halluzination der Hofrätin, mithin als »Geistergespräch« (so Mann im Brief an Hatfield vom 28. 5. 1951: GKFA 9.2, 758) erkennbar wird (Elsaghe 2004, 314 f.). Zum erzähltechnischen Versuchsterrain gehört nicht zuletzt das »Gemurmel« Goethes (Tb 24. 9. 1939) im siebten Kapitel, mit dem Mann an entsprechende, genuin moderne Erzählexperimente von Arthur Schnitzler oder James Joyce (mit dessen *Ulysses* Mann allerdings nur über Sekundärstudien vertraut war) anschließt (vgl. Liebrand 2008). Beinahe jede Passage dieses inneren Monologs nimmt authentische Goethe-Worte auf und überführt sie in ein mehrstimmiges intertextuelles Feld, das die Differenz zwischen Goethe-Zitat, Selbstzitat und Zutat beinahe vollständig verwischt.

Literatur

Baier, Christian: *Zwischen höllischem Feuer und doppeltem Segen. Geniekonzepte in Thomas Manns Romanen »Lotte in Weimar«, »Joseph und seine Brüder« und »Doktor Faustus«.* Göttingen 2011, 75–176.

Elsaghe, Yahya: Zu Thomas Manns ›mythischer‹ Selbstidentifikation mit Goethe in *Lotte in Weimar*. In: *Jahrbuch des Wiener Goethe-Vereins* 102/103 (1998/1999), 157–177.

Elsaghe, Yahya: *Lotte in Weimar*. In: Ritchie Robertson (Hg.): *The Cambridge Companion to Thomas Mann*. Cambridge 2002, 185–198.

Elsaghe, Yahya: *Thomas Mann und die kleinen Unterschiede. Zur erzählerischen Imagination des Anderen*. Köln, Weimar, Wien 2004, 309–337.

Frizen, Werner: »Wiedersehn – ein klein Kapitel«. Zu *Lotte in Weimar*. In: *TMJb* 11 (1998), 171–202.

Frizen, Werner: Goethe spricht. In: Thomas Sprecher (Hg.): *Lebenszauber und Todesmusik*. Frankfurt a. M. 2004, 67–88.

Hansen, Volkmar: »Lebensglanz« und »Altersgröße« Goethes in *Lotte in Weimar*. In: Ders. (Hg.): *Interpretationen: Thomas Mann. Romane und Erzählungen*. Stuttgart 1993, 228–269.

Heftrich, Eckhard: *Lotte in Weimar*. In: *TMHb*, 423–446.

Kontje, Todd: *Lotte in Weimar*. In: Ders.: *The Cambridge Introduction to Thomas Mann*. Cambridge 2011, 91–96.

Koopmann, Helmut: Lotte in Amerika, Thomas Mann in Weimar. Erläuterungen zum Satz »Wo ich bin, ist die deutsche Kultur«. In: Heinz Gockel/Michael Neumann/Ruprecht Wimmer (Hg.): *Wagner – Nietzsche – Thomas Mann. Festschrift für Eckhard Heftrich*. Frankfurt a. M. 1993, 324–342.

Lehnert, Herbert: Dauer und Wechsel der Autorität. *Lotte in Weimar* als Werk des Exils. In: *Internationales Thomas-Mann-Kolloquium 1986 in Lübeck*. Bern 1987 (= *TMS* 7), 30–52.

Liebrand, Claudia: Im Kabinett der Spiegel. Masken- und Signifikantenspiele, Memoria und Genre in Thomas Manns *Lotte in Weimar*. In: Stefan Börnchen/Claudia Liebrand (Hg.): *Apokrypher Avantgardismus. Thomas Mann und die klassische Moderne*. München 2008, 266–298.

Marx, Friedhelm: »Die Menschwerdung des Göttlichen« – Thomas Manns Goethe-Bild in *Lotte in Weimar*. In: *TMJb* 10 (1997), 113–132.

Marx, Friedhelm: *»Ich aber sage Ihnen…« Christusfigurationen im Werk Thomas Manns*. Frankfurt a. M. 2002 (= *TMS* 25), 197–229.

Nebrig, Alexander: Thomas Manns *Lotte in Weimar* und der Dienst am Dichter. In: Ders.: *Disziplinäre Dichtung. Philologische Bildung und deutsche Literatur in der ersten Hälfte des 20. Jahrhunderts*. Berlin, Boston 2013, 211–246.

Neumann, Michael: *Thomas Mann: Romane*. Berlin 2001, 132–141.

Neumann, Thomas: »…fast ein Frühstück bei Goethe«. Thomas Mann und die Goethe-Woche in Weimar. In: *TMJb* 10 (1997), 237–247.

Ohl, Hubert: Riemers Goethe. Zu Thomas Manns Goethe-Bild. In: *Jahrbuch der deutschen Schillergesellschaft* 27 (1983), 381–395.

Pietzcker, Carl: Heiteres Spiel mit dem Sog der Ambivalenzen. Psychoanalytischer Versuch zu *Lotte in Weimar*. In: *Jahrbuch für Literatur und Psychoanalyse. Freiburger literaturpsychologische Gespräche* 31 (2012), 231–258.

Schöll, Julia: Goethe im Exil. Zur Dekonstruktion nationaler Mythen in Thomas Manns *Lotte in Weimar*. In: *TMJb* 16 (2003), 141–158.

Schöll, Julia: Geschlecht und Politik in Thomas Manns Exilroman *Lotte in Weimar*. In: Dies. (Hg.): *Gender – Exil – Schreiben*. Würzburg 2002, 165–182.

Siefken, Hinrich: Goethe »spricht«. Gedanken zum siebenten Kapitel des Romans *Lotte in Weimar*. In: Eckhard Heftrich/Helmut Koopmann (Hg.): *Thomas Mann und seine Quellen. Festschrift für Hans Wysling*. Frankfurt a. M. 1991, 224–248.

Siefken, Hinrich: *Thomas Mann. Goethe – »Ideal der Deutschheit«. Wiederholte Spiegelungen 1893–1949*. München 1981.

Siefken, Hinrich: Thomas Mann's Novel *Lotte in Weimar* – a »Lustspiel«? In: *Oxford German Studies* 11 (1980), 103–122.
Theilhaber, Felix A.: *Goethe. Sexus und Eros*. Berlin-Grunewald 1929.
Mann, Thomas/Thiess, Frank/von Molo, Walter: *Ein Streitgespräch über die äußere und die innere Emigration*. Dortmund o. J. [1946].
Vaget, Hans Rudolf: *Thomas Mann, der Amerikaner. Leben und Werk im amerikanischen Exil 1938–1952*. Frankfurt a. M. 2001.
Vietta, Egon: *Lotte in Weimar*. Zu Thomas Manns Roman. In: *Die Zeit*. 9. 5. 1946, 5 f.
Von der Lühe, Irmela: *Lotte in Weimar*: Thomas Manns Goethe zwischen Dichtung und Wahrheit. In: *TMJb* 22 (2009), 9–21.
Von der Lühe, Irmela: »Der große Mann ist ein öffentliches Unglück.« Pathos und Komik in Thomas Manns Goethe-Verehrung. In: Hans Richard Brittnacher/Thomas Koebner (Hg.): *Vom Erhabenen und vom Komischen. Über eine prekäre Konstellation*. Würzburg 2010, 143–151.
Von der Lühe, Irmela: »Opfer einer Fascination«. Die Frauengestalten in *Lotte in Weimar*. In: Thomas Sprecher (Hg.): *Lebenszauber und Todesmusik*. Frankfurt a. M. 2004, 89–104.
Wysling, Hans: Thomas Mann in den Spuren Goethes. In: Eckhard Heftrich/Thomas Sprecher (Hg.): *Hans Wysling zum Gedenken*. Frankfurt a. M. 1998, 28–42.

Friedhelm Marx

1.6 *Doktor Faustus* (1947)

Doktor Faustus erzählt von dem Leben Adrian Leverkühns, einem fiktiven deutschen Komponisten, der aus faustischem Ehrgeiz und Hochmut mit dem Teufel paktiert, um sich in den Stand zu setzen, geniale, bahnbrechende Werke hervorzubringen. Es ist in des Wortes mehrfacher Bedeutung Thomas Manns »Schmerzensbuch« (DüD III, 103) geworden. In seinem innersten Kern handelt es von der tragischen Verkettung von deutscher Musik und deutscher Katastrophe. Der Roman stieß bei seinem Erscheinen überwiegend auf Ablehnung; es ist sein umstrittenstes Werk geblieben.

Konzeption und Genese

Nach Abschluss des *Joseph* und dessen epischer Nachgeburt, *Das Gesetz*, wandte sich Mann im März 1943 dem seit langem (Tb 1. 9. 1933) angedachten Projekt eines Deutschland-Romans zu, das zunächst in den überschaubaren Dimensionen einer Novelle angegangen werden sollte – einer »Faust-Novelle«. Eine diesbezügliche Idee war bereits 1904 im Notizbuch (Notb II, 107, 121 f.) vorgemerkt. Aus diesen Notaten übernahm er die Figur des syphilitischen Künstlers »als Dr. Faust«, der sich dem Teufel verschreibt.

Diesen Werkplan hatte er »immer als mein letztes [Unternehmen] betrachtet« (Tb 21. 3. 1943), wobei er, wie so oft, an Wagner dachte, der 1845, als er Wolframs Epos las, Parsifal sogleich zu seinem letzten Werk bestimmte. In diesem Sinn erklärte er: »Es wird mein Parsifal« (DüD III, 8). Er kehrte damit zu seinem ureigensten Thema zurück, der »Seelengeschichte des deutschen Bürgertums« (GW XI, 383). Angesichts der jüngsten Geschichte durfte der Roman nicht die Goethe'sche Version des Faust-Mythos zum Muster nehmen, sondern die originale der Lutherzeit, in der Faustus zur Hölle fährt.

Die Deutschland-Thematik lastete schwer auf dem 1933 aus Deutschland Ausgestoßenen. Im Frühjahr 1943 ließen sowohl die persönlichen als auch die historischen Umstände die fällige Auseinandersetzung mit dem zum *Outcast* gewordenen Herkunftsland und seiner Kultur als unumgänglich erscheinen, zumal im Lichte seines Selbstverständnisses: »Wo ich bin, ist Deutschland« (Ess IV, 440). Am 2. 2. 1943 kapitulierte die 6. Armee in Stalingrad; damit war das Ende »Großdeutschlands« eingeläutet. Zudem hatten im Januar 1943 Roosevelt und Churchill in Casablanca das Kriegsziel der Alliierten festgelegt: »unconditional surrender«. Dies bedeutete u. a., dass es in den Augen der Welt nur ein Deutschland gab und alle Unterscheidungen zwischen einem faschistischen und antifaschistischen Deutschland hinfällig waren. Zu dieser Erkenntnis rang sich schließlich auch der *Faustus*-Autor durch: »Es ist von anderen Völkern zuviel verlangt, daß sie zwischen Nazitum und dem deutschen Volk säuberlich unterscheiden« (GW XI, 1109).

Schon vor Abschluss des *Joseph* teilte er Agnes Meyer mit, er denke gelegentlich an eine »Künstler-Novelle, die vielleicht mein gewagtestes und unheimlichstes Werk werden wird« (BrAM, 374). Gewagt und unheimlich musste ihm erscheinen, was der Eigenwille des noch gestaltlosen Werkes zu fordern schien: die Verschränkung der Faust-Fabel mit dem »Enigma Deutschland« (DüD III, 306). Dies zog die Neukonzeption der Faust-Figur als Musiker nach sich, da die Musik sich zur repräsentativen Kunst der Deutschen entwickelt hatte und dem »Dritten Reich« als Aushängeschild und zur kulturellen Legitimierung diente. Somit war die Geschichte Deutschlands zur Geschichte der deutschen Musik in Beziehung zu setzen.

Am 27. 4. 1943 war nach umsichtigen Vorarbeiten

und nach viel »concipierender Träumerei« (DüD III, 8) die Konzeption des Romans soweit gediehen, dass er davon seinem Sohn Klaus und tags darauf Agnes Meyer Mitteilung machen konnte. Nun stand fest, dass die Teufelsverschreibung zum Zweck der »Genialisierung« und »das Politische, Fascistische« und damit »das traurige Schicksal Deutschlands [...] verquickt« waren (DüD III, 8).

Der Roman war jedoch noch weit davon entfernt, konkrete Gestalt anzunehmen. Offenbar war aber der Schreibdruck, der von dem nahen Ende Deutschlands ausging, so stark, dass Mann am 23. 5. 1943 vorzeitig mit der Niederschrift begann, obgleich der avisierte Werkplan noch große weiße Flecken aufwies. In gewissem Sinn knüpfte er dort an, wo er vor dem *Joseph* aufgehört hatte. Der reaktionäre Geist, der im *Zauberberg* aus der ahnungsvoll konzipierten Naphta-Figur spricht, konnte, auf diverse Stimmen verteilt (Schleppfuß, Breisacher z. B.), in seiner aktuellen Virulenz neu verhandelt werden. Auch der Gedanke, dass die geistig-seelische »Rückneigung« (GKFA 5.1, 989) der Deutschen zur Musik der Romantik »politisch verdächtig« (ebd., 168) sei, hatte sich 1933 auf schmerzliche Weise bestätigt, als der Protest gegen seine Wagner-Rede die »nationale Exkommunikation« (GW XIII, 91) bewirkte. Von daher ist der *Faustus*-Roman in weit höherem Maße eine Fortschreibung des *Zauberberg* als gemeinhin wahrgenommen. Darüber hinaus beschäftigte den *Zauberberg*-Autor schon seit den *Betrachtungen* der aus der Musikidolatrie hervorgegangene Gedanke, dass Deutschland als die »Verwirklichung seiner Musik« (GKFA 15.1, 294) zu begreifen sei.

Die Niederschrift des Romans nahm gut dreieinhalb Jahre in Anspruch und wurde in vier Etappen zurückgelegt. Die erste Strecke bis zum 9. 10. 1943 zeitigte die ersten acht (und den Anfang des neunten) Kapitel, die von Leverkühns Herkunft, von Kaisersaschern und den ersten Musikerlebnissen erzählen. Das Kapitalereignis dieser ersten Etappe war die Bekanntschaft mit Theodor W. Adorno, durch den die Musikthematik die nötige fachliche Fundierung erhielt.

Adorno hatte den von ihm verehrten Autor am 29. 3. 1943 bei Max und Maidon Horkheimer persönlich kennengelernt (Vaget 2011). Als bekannt wurde, dass dieser einen Musikroman schreibe, überbrachte er ihm ein Buch mit einschlägiger Thematik: *Eingebung und Tat im musikalischen Schaffen* (1939) von Julius Bahle. Zwei Wochen später, am 21. 7. 1943, stellte er dem *Faustus*-Autor den ersten Teil seiner noch unveröffentlichten *Philosophie der neuen Musik* zur Verfügung; sie handelt von Schönberg und der Zwölftonmusik. Mann vertiefte sich in die Schrift, wobei er »die eigentümlichste Affinität« zu der hier beschriebenen und philosophisch reflektierten Schwierigkeit dieser Musik empfand. Der gesuchte, zur »mitdichtende[n] Einfühlung« (GKFA 19.2, 648) fähige Helfer war gefunden. Fortan fungierte Adorno in allen die Musik betreffenden Fragen als Ratgeber, wie die insgesamt 33 im Tagebuch belegten Begegnungen bezeugen.

Die Reise, zu der Mann Anfang Oktober 1943 aufbrach, führte ihn zunächst nach Washington, wo er den zweiten seiner Vorträge an der Library of Congress zu halten hatte. Seine Ansprache *The War and the Future*, weitgehend identisch mit dem Essay *Schicksal und Aufgabe*, ist als ebenso aufschlussreich zu betrachten wie der spätere Vortrag *Deutschland und die Deutschen*. Wie in der späteren Rede postuliert Mann eine Doppelnatur Deutschlands à la *Jekyll and Hyde*. Das böse und das gute Deutschland sind ihm identisch, wofür er das Beispiel Richard Wagner anführt. Der springende Punkt des Vortrags wie des Romans ist die Frage: »Wie war es möglich, daß [Deutschland] in den Zustand geriet, in dem wir es heute sehen« (GW XII, 921)? Die spekulative, durchaus originelle Antwort auf diese zentrale Frage lenkt den Blick auf den verborgenen Nexus von Musik und Politik: Der »frevelhafte Gedanke der Welteroberung« ist als Ausdruck des deutschen »Universalismus« (GW XII, 929) zu begreifen, der seine gültigste, ursprünglich reine Ausprägung in der Musik fand. Dieser Universalismus wurde im 19. Jahrhundert mit dem Machtfaktor verknüpft und auf die Politik transponiert. Dem deutschen Streben nach Weltbeherrschung liegt derselbe faustische Hochmut zugrunde wie dem Streben des faustischen Künstlers nach musikalischer Hegemonie. Damit rückte die anstößigste These des Romans in den Blick: Deutschland ist den Weg in die Katastrophe nicht im Gegensatz zu der in der Musik gipfelnden deutschen Kultur gegangen, sondern im Geist ihres Universalismus, der in seinem Superioritätswahn zu Weltmachtstreben verkommen war. Dass ein solcher Gedanke nicht aus der Luft gegriffen war, belegt der denkwürdige Satz Arnold Schönbergs, dass mit der »Entdeckung« der Dodekaphonie »die Vorherrschaft der deutschen Musik für die nächsten hundert Jahre gesichert« sei (Vaget 2006, 412).

Bis zur zweiten Unterbrechung im Frühjahr 1945 entstanden die Kapitel 9 bis 26. Sie erzählen zunächst von dem weiteren Bildungsgang Leverkühns, seinem Entschluss, Theologie zu studieren, sodann von seiner Hinwendung zur Musik, von den ersten Kompositionen und dem sogenannten Teufelsgespräch, dem intellektuellen Herzstück des *Doktor Faustus*. Das Gespräch findet in Palestrina statt, wo Thomas Mann und sein Bruder Heinrich 1895 und 1897 den Sommer verbracht hatten. Es handelt sich um ein ästhetisch und theologisch profundes Selbstgespräch, in dem Leverkühn den Teufel in wechselnder Gestalt halluziniert, während dieser, gleichsam zur Ratifizierung ihres Paktes, ihm seine Situation in ihrer ganzen Ausweglosigkeit auseinanderlegt. Unter der Bedingung, dass er nicht lieben darf, werden Leverkühn 24 Jahre genialischer Produktion gewährt, wonach er das Opfer der Paralyse wird. Geschlossen wurde der Pakt, als er sich im Glauben an die genialisierende Wirkung der Krankheit absichtlich mit Syphilis infizierte. Zu diesem Ende sucht er in Kapitel 19 jene »Esmeralda« auf, der er in einem Leipziger Bordell begegnet war.

Leverkühns Genialisierung zeigt sich zuerst in Kapitel 22, in dem er historisch stringent die Weiterentwicklung der symphonischen Musik zur Zwölftonmusik postuliert. Diese musiktheoretischen Ausführungen, die sich ganz auf Adorno stützen, sind so luzide gehalten, dass die meisten Musikinteressierten, darunter auch Komponisten (z. B. György Ligeti), die weithin verpönte neue Musik Schönbergs und seiner Schule zuerst aus dieser Darstellung kennen lernten. Entscheidend jedoch für die mentalitätsgeschichtliche These des Romans ist die Motivation des deutschen Tonsetzers: Leverkühn will »der Zukunft den Marsch schlagen« (GKFA 10.1, 355); er will führen und beansprucht Hegemonie im Reich der Musik.

Im Mai 1945, drei Wochen nach der Kapitulation Deutschlands, hielt Mann seinen dritten Vortrag in der Library of Congress über *Germany and the Germans* – auch dies ein »essayistischer Ableger des Romans« (DüD III, 308). Darin wird erklärt, aus welchen Gründen ein authentisch deutscher Faust Musiker zu sein hat. Und die für den Roman verbindliche Ein-Deutschland-These wird hier dahingehend präzisiert, dass das böse Deutschland das »fehlgegangene gute« (GW XI, 1146) sei. Dies hat weitgehende Implikationen, auch die, dass das fehlgegangene Deutschland zu dem »Guten«, das in seiner Geschichte reichlich vorhanden ist, zurück finden kann. Mann verweist dazu auf Tilman Riemenschneider, »dem meine ganze Sympathie gehört« (GW XI, 1134 f.), weil er, anders als Luther, im Bauernkrieg für die Unterdrückten Partei ergriff und zum »Kämpfer« wurde »für Freiheit und Recht« (GW XI, 1135). »Auch das gab es in Deutschland, auch das hat es immer gegeben« (ebd.).

Der andere, den Roman erhellende Aspekt dieser Rede ist Manns »Solidaritätserklärung [...] mit dem deutschen Unglück« (DüD III, 309). Fern davon, sich als Amerikaner von Deutschland selbstgerecht zu distanzieren, statuiert er: »Man *hat* zu tun mit dem deutschen Schicksal und deutscher Schuld, wenn man als Deutscher geboren ist.« Kritik an Deutschland ist somit auch Selbstkritik, die ihrerseits den Willen zu einer schonungslosen »Selbstprüfung« (GW XI, 1128) voraussetzt. Diese radikal autobiographische Dimension des Romans ist in der Preisgabe von Lebensgeheimnissen fassbar (dem gleichgeschlechtlichen Begehren) und in der Bloßstellung von Familienmitgliedern (der Mutter, der beiden Schwestern und des kleinen Enkelsohns Frido) sowie nahe stehender Lebensgefährten wie Ida Herz und Hans Reisiger.

Nach dem Aufenthalt an der Ostküste, der wegen der in New York und Chicago veranstalteten Feiern des siebzigsten Geburtstags sechs Wochen dauerte, kehrte Thomas Mann am 21. 7. 1945 zum Hauptgeschäft zurück. Nun entstanden bis zur nächsten Unterbrechung die Kapitel 27 bis 34, in denen die Karriere des genialisierten Komponisten weiter verfolgt wird. Leverkühns Entwicklung ist eingebettet in einen Münchner Gesellschaftsroman, deren Protagonisten in Kapitel 23 eingeführt wurden. Sie rücken nun, da Leverkühn sich in die Abgeschiedenheit von Pfeiffering zurückgezogen hat, in den Vordergrund.

Zum Jahresende 1945 entschloss sich Mann, Adorno Einblick in die bis dahin vorliegenden 33 Kapitel zu gewähren und ihn zu bitten, bei der Ausarbeitung von Leverkühns fiktiven Hauptwerken – einem apokalyptischen Oratorium, einer Faustus Kantate, einem Violinkonzert und einigen Kammerwerken – ihm zur Hand zu gehen. Der »Wirkliche Geheime Rat« (GKFA 19.1, 573) bewährte sich einmal mehr; er lieferte brauchbare Stichworte und machte konkrete Vorschläge, die Mann dankbar einarbeitete. Das dreigeteilte Kapitel 34, ein Höhepunkt des Romans, illustriert den künstlerischen Erfolg ihrer Zusammenarbeit. Der erste Teil beschreibt in verblüffenden musikalischen Details die von Dürer'schen Holzschnitten inspirierte »Apocalypsis cum figuris« – eine wie im Rausch und unter Hochspannung entstandene, atonale Hervorbringung, die ein »Resumé aller Verkündigungen des Endes« (GKFA 10.1, 520) darstellt. Mit diesem Werk setzt sich Leverkühn an die Spitze der musikalischen Avantgarde. Der zweite Teil schildert die fragwürdigen Diskussionen der Intellektuellen des Kridwiß-Kreises; der dritte reflektiert über die Beziehung zwischen Leverkühns Musik und dem republikfeindlichen und anti-humanistischen Geist jenes Kreises.

Die dritte Unterbrechung erlitt die Romangenese, als im März 1946 ein lebensbedrohendes Lungenkarzinom entdeckt wurde und Thomas Mann sich in Chicago einer schweren Operation unterziehen musste. Abergläubisch legte er seine Erkrankung »dem Werk zu Last [...], das wie kein anderes an mir gezehrt und meine innersten Kräfte in Anspruch genommen hat« (GKFA 19.1, 411). Nach zweieinhalbmonatiger Pause und der erstaunlich raschen Erholung kehrte er am 12. 6. 1946 zum Hauptgeschäft zurück. Die verbleibende Erzählstrecke von 13 Kapiteln wurde relativ rasch zurückgelegt. Schon am 29. 1. 1947 meldet das Tagebuch in dürren Worten: »Schrieb um ½ 12 Uhr die letzten Worte des ›Dr. Faustus‹. Bewegt immerhin.«

Diese Kapitel führen in enger thematischer Verknüpfung die drei dominanten Erzählstränge zu Ende: den Künstlerroman, den Münchner Gesellschaftsroman und den Deutschland-Roman. Der Künstlerroman Leverkühns kulminiert in der großen, auf dem alten Faustbuch basierenden symphonischen Kantate »Dr. Fausti Weheklag«, die mit der neuen Methode der Komposition mit zwölf Tönen geschrieben ist, um sogleich in den geistigen Zusammenbruch abzustürzen. Der Gesellschaftsroman nimmt gegen Ende hin einen melodramatischen Charakter an und findet in der Ermordung von Leverkühns Liebhaber Rudi Schwerdtfeger in der Straßenbahn seinen schockierenden Höhepunkt. Der Deutschland-Roman endet im militärischen Zusammenbruch, der Zerstörung der deutschen Städte und der in ihrer Wirkung unabsehbaren moralischen Kompromittierung Deutschlands. Für Letztere steht zu Beginn des 46. Kapitels der Bericht über die »entehrende Bloßstellung« (GKFA 10.1, 697) Deutschlands nach der Befreiung der Konzentrations- und Todeslager. Eine kurze »Nachschrift« schildert die letzten, in geistiger Umnachtung verbrachten Jahre Leverkühns, der am 25. 10. 1940 stirbt. Der Bericht über sein Begräbnis in seinem Geburtsort Oberbuchel mündet in ein Gebet: »Gott sei euerer armen Seele gnädig, mein Freund, mein Vaterland.« (GKFA 10.1, 738)

Die Entstehung des *Doktor Faustus* verlief keineswegs so geradlinig, wie es die hier vorgelegte Skizze oder des Autors eigener Bericht erscheinen lassen. Schon früh begannen Umarbeitungen und nachträgliche Besserungen mit der laufenden Arbeit einherzugehen. An einigen Kapiteln musste mehrmals nachgebessert werden, z. B. Kapitel 8 mit den Vorträgen Kretzschmars. Weitere einschneidende Eingriffe stellen die Kürzungen des Manuskripts dar, für die er Tochter Erika freie Hand ließ. Sie sollte die »böse[n] Längen« (Tb 8. 6. 1946) tilgen, die er bei der Wiederaufnahme der Arbeit nach der Krebsoperation bemerkte. Das ›Wotanskind‹, vertraut mit des Vaters innerstem Sinnen, erleichterte das bis dahin vorliegende Manuskript um über 40 Seiten. Dieser ersten Streichaktion fiel u. a. in Kapitel 12 »ein ganzer Professor mitsamt seinem Kolleg« (GKFA 19.1, 560) zum Opfer, wodurch die Bedeutung der beiden verbliebenen Professoren, Kumpf und Schleppfuß, umso klarer hervortritt.

Die Veröffentlichung des Romans erfolgte am 17. 10. 1947 bei Bermann-Fischer in Stockholm. Die Stockholmer Ausgabe wurde nun ein weiteres Mal gekürzt, wiederum von Erika in Zusammenarbeit mit dem Vater. Die schlankere Version erschien 1948 in Wien, wohin der Verlag inzwischen umgezogen war. Erst mit dieser zweiten Streichaktion kam die Genese des Romans an ihr Ziel. Die Wiener Fassung ist der Leittext der Neuedition in der GKFA von Wimmer/Stachorski, die in ihrem Kommentar über die Streichungen Rechenschaft ablegen.

Quellen

Thomas Mann hat in der *Entstehung* über seine Quellen und die die Genese begleitende Lektüre selbst Auskunft gegeben. Seither hat die Forschung (Bergsten, L. Voss u. a.) die Kenntnis der Quellen beträchtlich erweitert. Bemerkenswert ist vor allem ihre Heterogenität. Herangezogen wurden neben dem *Volksbuch vom Doctor Faust* (Hg. Robert Petsch) einschlägige ältere Literatur, wie z. B. *Der Hexenhammer*, sowie je nach Bedarf wissenschaftliche Abhandlungen, gelehrte Aufsätze, Lexikonartikel, Biographien und Autobiographien sowie Zeitungsartikel. Für die Musikthematik bediente sich Mann nicht nur der Schriften Adornos, sondern er las auch die Erinnerungen von Igor Strawinsky, die Instrumentenlehre von Fritz Volbach, Schönbergs *Harmonielehre* sowie Bücher von Paul Bekker, Ernest Newman, Ernst Krenek, Hermann H. Wetzler, Willi Reich u. a. Auch die in einem Faust-Roman unerlässliche Theologie erforderte ›Exaktheiten‹. Zu diesem Zweck wandte er sich an Paul Tillich, der ihn brieflich über den typischen Gang eines Theologiestudiums und die Lehrmeinungen der Hallenser Theologie ins Bild setzte. Für die Debatten unter Leverkühns Komilitonen stützte sich Mann auf »eine [...] Jugend-Zeitschrift aus der Wandervogel-Sphäre« (GKFA 19.1, 461). Von zentraler Bedeutung für das Geschichtsbild des *Faustus*-Autors war Erich von Kahlers Buch *Der deutsche Charakter in der Geschichte Europas* (1937). In einem Artikel zu Kahlers Sechzigstem bezeichnete er es als »die Standard-Psychologie des Deutschtums« und die »Quelle, an die man gehen sollte« (GW X, 504). Auch dieser Artikel stammt aus der Werkstatt des Romans. Mann erklärt sich hier einig mit Kahler in der Distanzierung von dem unter Emigranten modisch gewordenen Patriotismus, der alles »was Schuld und Sühne heißt«, von Deutschland »abwehren möchte« (GW X, 503).

Die Vielfalt der Quellen sollte jedoch nicht vergessen lassen, dass sich die moralisch-politische Substanz des Romans aus eigener Erfahrung speist. Ein Indiz dafür ist der Rückgriff auf die eigenen Familienmitglieder für den Münchner Gesellschaftsroman. Besonders aufschlussreich ist die Charakterisierung der fiktiven, in »Deutschlands Mitten« platzierten Stadt Kaisersaschern, deren geistige Lebensform, wie aus der Washingtoner Rede von 1945 hervorgeht, identisch ist mit der Vaterstadt Lübeck. Wie für den Nietzsche-Vortrag von 1947 gilt auch für den Roman die Formel »im Lichte unserer Erfahrung«. Der Roman ist nicht zuletzt darin das Resultat einer bekenntnishaft-kritischen Selbstprüfung, dass er Bilanz zieht aus Manns Erfahrung als umstrittener *public intellectual* während der Inkubationsperiode des Nationalsozialismus. Seine Verteidigung der Weimarer Republik seit 1922 gegen die Republikfeinde von Rechts intensivierte seinen politischen Lernprozess und lieferte ihm, wie die Publizistik und die Briefe aus den letzten Jahren der Republik zeigen, eine zunehmend kritische Perspektive auf München, die »Stadt Hitlers« (GW XIII, 288), wie denn auch die im Exil gewonnene Außenansicht von Deutschland an Schärfe und Präzision zunahm. In diesem Sinn ist Manns persönliche Erfahrung als Deutscher als das mächtigste Movens des *Doktor Faustus* anzusehen.

Struktur

Die erzähltechnisch entscheidende Maßnahme war die Einführung einer fiktiven Erzählerfigur. Der Grundriss des Romans weist somit ein bipolares Muster auf, das bereits in der frühen Novelle *Der Wille zum Glück* (1896) zur Anwendung kam: hier der Künstler und seine Biographie, dort der seine Schreibarbeit kommentierende Biograph. Die beiden Gestalten, obwohl eng befreundet, sind höchst unterschiedlich angelegt: hier der ehrgeizige, von faustischer Dämonie umwitterte und nach Suprematie strebende Künstler; dort der ganz und gar undämonische, exemplarisch bürgerliche Humanist und Chronist. Gleichwohl bewahren sie ein Geheimnis – »das Geheimnis ihrer Identität« (GKFA 19.1, 474). Mit diesem zweifachen Selbstporträt reflektiert Mann auf das Janusgesicht seiner eigenen Existenz.

Der Bekenntnischarakter des Buches ist darüber hinaus darin zu sehen, dass der Leverkühn-Figur neben dem Faust-Mythos auch der Mythos Nietzsche zugrunde gelegt wurde. Angesichts der fundamentalen Bedeutung Nietzsches für die eigene Schriftstellerschaft darf eine solche fiktionale Anverwandlung sehr wohl als gerechtfertigt gelten. Markante Züge Leverkühns sind aus der Biographie Nietzsches übernommen: die geographische Herkunft, das geistige Milieu der Jugend, die intellektuelle Frühreife, die syphilitische Ansteckung, der Krankheitsverlauf, die Ecce Homo-Pose, die Jahre der Umnachtung, schließlich das Todesdatum.

Die Zeitstruktur weist ebenfalls eine »doppelte Zeitrechnung« auf (GKFA 10.1, 366). Leverkühns Lebenslauf erstreckt sich von 1885 bis 1930, dem Jahr seines Zusammenbruchs. Die laufende Chronik Zeitbloms, seine regelmäßigen Einschaltungen zu den Kriegsereignissen von 1943 bis 1945, bringen die Endphase des »Dritten Reichs« in den Blick. Mit Absicht übersprungen werden der rauschhafte Siegeszug der Hitler-Bewegung und die ersten zehn Jahre der Nazi-Herrschaft. Demnach kann das Verhältnis, in dem die Laufbahn des deutschen Tonsetzers zur deutschen Katastrophe steht, nicht als Parallele aufgefasst werden. Vielmehr fungiert die Lebensgeschichte Leverkühns als Präfiguration der mentalen Verfassung, die den Sieg des Nationalsozialismus ermöglicht und Deutschland auf den Weg in die Katastrophe gelenkt hat. Die vollkommene Organisation seiner Zwölftonmusik deutet auf die Volksgemeinschaft des ›Dritten Reichs‹ voraus; das Streben nach musikalischer Suprematie verweist auf Deutschlands Trachten nach politischer Suprematie in Europa und der Welt. Auch hier gilt, was bei der Vorstellung der Stadt Kaisersaschern zu lesen steht, »daß, wer da Wind säet, Sturm ernten wird« (GKFA 10.1, 56). Der »Riesenrausch, den dies immer rauschbegierige Volkswesen sich an dem nationalsozialistischen Giftfusel trank« (GW XII, 945 f.), ist vorgezeichnet in den ekstatischen Schaffensphasen, die der Teufel verspricht: »Große Zeit, tolle Zeit, [...] in der es hoch und überhoch hergeht« (GKFA 10.1, 336). Deutschlands Katastrophe ist somit die Folge eines in faustischem Hochmut eingegangenen Pakts mit den dämonischen Kräften des Irrationalismus und der Barbarei. Die davon ausgelöste »Katastrophendynamik« (GKFA 10.1, 438) ist selbstverschuldet.

Der historische Gehalt des Romans ist damit keineswegs erschöpfend bezeichnet. Das Leben des deutschen Tonsetzers hat tiefe Wurzeln in der deutschen Mentalitätsgeschichte, die über die vielfach thematisierten kulturellen Ikonen Luther, Dürer und Faust hinabreichen bis ins frühe Mittelalter. Der mittelalterliche, »dem Geiste der Neuzeit ins Gesicht« (GKFA 10.1, 58) schlagende Charakter der als emblematisch deutsch konzipierten Stadt Kaisersaschern »behauptet sich gegen den Fluß der Zeit« (ebd.) und lebt als latente seelische Epidemie fort. Leverkühns Musik ist keine »Allerweltsmusik«, sondern »Musik von Kaisersaschern« (ebd., 125); wo er ist, »da ist Kaisersaschern« (ebd., 330). Der früheste Fixpunkt in der historischen Perspektive des Romans ist die problematische, innerlich zerrissene Gestalt des Kaisers Otto III, von dessen schlüsselhafter Bedeutung Kahler in *Der deutsche Charakter* handelt. Das erklärt, warum Otto III, der in Aachen begraben liegt, in den Dom von Kaisersaschern umgebettet wurde, um diesem fiktiven Gemeinwesen den Namen zu geben.

Unter Berufung auf Leverkühns (beziehungsweise Dürers) magisches Quadrat und Manns gelegentlicher, spielerischer Zahlenmystik ist immer wieder versucht worden, die Struktur dieses Musikromans in Analogie zu der Komposition mit zwölf Tönen zu interpretieren. Solche Versuche haben zu keinen überzeugenden Ergebnissen geführt. Auch in *Doktor Faustus* bedient Mann sich eines leitmotivischen Verfahrens, das er seit *Buddenbrooks* praktizierte, wie z. B. an dem Motiv der Kälte abzulesen ist, aber auch des Lachens, der Vergiftung, der Lieblosigkeit und an dem Motivkomplex Kaisersaschern.

Auch der oft bemühte Begriff der Montage taugt nur bedingt zur Kennzeichnung der Erzählstruktur. Thomas Mann selbst brachte »das Prinzip der Montage« immer wieder zur Sprache, z. B. gegenüber Adorno (BrAd, 18), um damit seine Anleihen bei Schönberg oder Adorno zu erklären und zu rechtfertigen. Doch geht er dabei von einem ungebräuchlichen und fragwürdigen Begriff von Montage aus. Denn Montage, wie sie in der modernen Literatur praktiziert wird, verlangt, dass die eingearbeiteten Texte in ihrer Heterogenität belassen werden, während sie in *Doktor Faustus* nahtlos in die wagnerisierende Textur verwebt sind.

Rezeption

Als ihm die gespannt erwartete erste Reaktion auf *Doktor Faustus* zu Gesicht kam – von Max Rychner in der Zürcher Wochenzeitung *Die Tat* – war Mann von dem Niveau und der Wärme der Besprechung so bewegt, dass er meinte, nun könne dem Roman »nicht mehr viel passieren« (Br II, 562). Es sollte aber noch sehr viel passieren. Nach den ersten freundlichen Zeugnissen gewannen Kritik und Ablehnung, in reflexhafter Abwehr von Manns vermeintlichen Thesen über Deutschland und die Deutschen, die Oberhand.

In den ersten zwei Jahren allein erschienen dreihundert Besprechungen. Kein anderer Roman hat seither eine Resonanz von solcher Breite und Intensität erzielt. Früh schon und seither immer wieder wurde die sorgfältig registrierte *Faustus-Rezeption* Gegenstand von eigenen Untersuchungen (Blume 1956; Fetzer 1996; Goll 2000; Wimmer, GKFA 10.2), weil ihre Bedeutung über das Schicksal dieses Buches weit hinaus reicht: Sie illustriert die Einstellung der Deutschen zu den Exilanten und damit auch zu dem jüngst Erlebten. In der Tat stellt die kritische Aufnahme dieses Buches ein aufschlussreiches Kapitel dar nicht nur in der Wirkungsgeschichte Thomas Manns, sondern auch in der deutschen Mentalitätsgeschichte.

Zu bedenken ist dabei, dass das Buch auf höchst ungünstige Rezeptionsbedingungen traf. Manns Erklärungen 1945, warum er der Aufforderung der sog. Inneren Emigration zur Rückkehr nicht Folge leisten könne, ließen ihn unversöhnlich und als »Deserteur vom Deutschtum« (Br II, 562) erscheinen. »Deutschland und die Deutschen« erschien kurz vor dem Roman und vertiefte diesen Eindruck. Man war mit dem Wiederaufbau befasst, dessen offenbar unerlässliche Begleiterscheinung das Beschweigen der Vergangenheit war. Zwar fanden Kritik und Ablehnung des Nationalsozialismus nach 1945 weitestgehende Zustimmung, aber Mann hielt sich bei den geläufigen Erklärungen – der Weltwirtschaftskrise, den Versailler Verträgen – nicht auf, sondern stellte bohrende, tiefer reichende Fragen. Wäre er lediglich als Kritiker der Hitler-Herrschaft wahrgenommen worden, wäre der Roman wohl konsensfähig gewesen. Doch *Doktor Faustus* und das Korpus der essayistischen Begleitschriften artikulieren in der Tradition Nietzsches und Heines eine harsche, unwillkommene Deutschland-Kritik, der man sich unter der Nachwirkung von zwölf Jahren Propaganda und aus Gründen des Selbstschutzes nicht stellen wollte.

Hingegen durfte der *Faustus*-Autor in der marxistischen Welt nicht zuletzt aufgrund seiner Kritik am Anti-Kommunismus auf eine geneigte Aufnahme zählen. Hier hatte Georg Lukács eine zukunftsweisende Deutung aufgezeigt, als er statuierte, der »tragische Held« des Romans habe »den Weg zu Marx [...] gefunden«. In diesem Sinne haben Hans Mayer und andere das Werk als eine Generalabrechnung mit der »spätbürgerlichen Dekadenz« erklärt, die jedoch ohne Bindung an die progressiven Kräfte der Geschichte ohnmächtig war, dem Faschismus zu wehren. Es gab auch Einspruch, z. B. von Ernst Fischer, wie Lukács ein Bewunderer Manns. Fischer beanstandete, dass der Roman die revolutionär-progressive Tradition wie den Vormärz, den Bauernkrieg und Thomas Müntzer unterschlage. Sehr im Gegensatz zu der emphatisch christlichen Kritik wird in der marxistischen Deutung dem Roman eine Deutschland-freundliche Perspektive attestiert und sein Autor wird als »tragischer Patriot« (W. Harich) gewürdigt. Als Marxist – und damit als Antifaschist per definitionem – wähnte man sich der Auseinandersetzung mit dem eigenen Anteil an der Katastrophe enthoben.

Will man in dem Wirrwarr der erregten, oft mangelhaft informierten Stimmen die Spreu vom Weizen scheiden, so bietet sich der *Merkur*, die neu gegründete »Deutsche Zeitschrift für europäisches Denken«, als ein besonders zeittypisches Zeugnis an. Der *Merkur*, dessen Mitherausgeber Hans Paeschke kein Sympathisant des *Faustus*-Autors war, brachte zunächst 1948 die Abkanzelung Thomas Manns durch einen Kritiker-Debütanten, Walter Boehlich, der dem Roman ein völliges Misslingen bescheinigte – »ein einziges Scheitern«. Mann habe »zu hoch gegriffen« und sich »an einen Stoff gewagt, dem er nicht gewachsen sein konnte«. Er belässt es aber nicht bei diesem Verdikt und fügt – Goethe zitierend und damit seinerseits zu hoch greifend – den verräterischen Satz hinzu, das »Dritte Reich« sei eine »Epoche der Weltgeschichte gewesen und Thomas Mann kann sagen, er sei nicht dabei gewesen«. Demnach wäre das Dabeigewesensein die letzthinnige Legitimation für jegliche Kritik an Deutschland. Damit landete Boehlich, selbst Opfer von Verfolgung, im Lager der Inneren Emigration, die dem Exilanten ebendies vorhielt.

Im Jahr darauf veröffentlichte der *Merkur* aus der Feder von Hans Egon Holthusen »Die Welt ohne Transzendenz. Eine Studie zu Thomas Manns ›Doktor Faustus‹ und seinen Nebenschriften.« Es ist die berühmteste und aufschlussreichste Thomas-Mann-Kritik der Nachkriegsjahre. Holthusen moniert, dass die »Idee Gottes« und die »Stimme der Wahrheit« keinen festen Platz in der Welt dieses Autors haben und ein heilloser Relativismus herrsche. Vor allem die »metaphysisch verbrämte Kriegsschuldthese« wird entschieden zurückgewiesen. Zwar spricht Holthusen vom »tragischen Geheimnis jedes Emigrantenschicksals«, doch diesem besonderen Emigranten wird angekreidet, dass er »nicht an ›Wahrheit‹ glaubt, sondern an Partei«, womit offenbar Manns Parteinahme für den Westen gemeint war. Ganz ähnlich argumentierte auch Hans Schwerte, der Klage führte über die parodistische Destruktion abendländischen Geistes; diesem Denken zufolge waren die glaubenslosen Künstler vom Schlage Thomas Manns die eigentlichen »Vorheizer der Hölle«. Schwerte hatte, was erst viel später ans Licht kam, unter seinem richtigen Namen Schneider in der Uniform der SS Kriegsdienst geleistet. Auch Holthusen war ein SS-Mann der ersten Stunde.

Manns Neudeutung des Faust-Mythos wird von Holthusen als »theologischer Nonsense« abgetan. Dass in dieser christlichen Pose politische Motive den Ausschlag gaben, erhellt aus dem durchgehenden Bemühen, dem *Faustus*-Autor das Recht abzusprechen, über Deutschland zu urteilen. Holthusen nimmt Zeitbloms Reaktion auf Buchenwald kurzerhand für Manns eigene und weist den Gedanken weit von sich, dass durch die Nazi-Verbrechen »unsere ›tausendjährige Geschichte widerlegt‹« sei und »›als Irrweg erwiesen durch dieses Ergebnis.‹ [...] Denn der Sinn der Geschichte eines Volkes bleibt offen bis zum jüngsten Gericht.« Man beruft sich auf das Gericht am Ende der Zeit, um in der Gegenwart den Gerichtstag über sich selbst zu vertagen und sich zu ersparen.

Von den Thomas-Mann-Kritikern des *Merkur* haben Paeschke (1975) und Holthusen (1975, 1983) ihre Ansichten zu Mann und seinem Deutschland-Roman revidiert. Von Boehlich ist keine Revision seiner Aburteilung überliefert. Als langjähriger Lektor des Suhrkamp Verlags saß er an den Schalthebeln der sogenannten »Suhrkamp culture«, die sich, von den Mitexilanten Adorno und H. Mayer abgesehen, in einer generellen Thomas-Mann-Feindschaft gefiel.

Unter den Kritikern, die sich auf ihr Christentum beriefen und noch heute berufen, dominiert die Ablehnung. Man redete sich ein, Mann habe Deutschland das »Todesurteil« (Curt Hohoff) gesprochen, was jede weitere Auseinandersetzung eigentlich erübrigt. Dass aus christlicher Sicht auch eine positive Deutung möglich ist, beweist das Beispiel Reinhold

Schneider; in seiner einfühlsamen Besprechung konstatiert er, dass Mann und sein Werk zutiefst von einem »christlichen Humanismus« geprägt sind.

Wie Holthusen, der dem *Faustus*-Autor die theologische Kompetenz absprach, greifen viele Kritiker, denen Thomas Mann als Gesamterscheinung zuwider war, einen Teilaspekt heraus, um an dessen angeblicher Insuffizienz das Misslingen des Ganzen zu demonstrieren. Da die im Roman beschriebene Neue Musik in Deutschland weitgehend unbekannt war, konnte es nicht ausbleiben, dass Manns Musikverständnis in Frage gestellt wurde: Das im Roman ausgebreitete »immense Wissen« verberge »eine tiefere Ignoranz« und »Ahnungslosigkeit vom Wesen der Musik« (W. Abendroth); *Doktor Faustus* sei der Beweis, dass Mann nun ein »Gegner« der deutschen Musik sei (W. Dirks). Weit verbreitet war auch das Unbehagen an den intellektuellen Anforderungen des Romans: »Er ist so klug, daß man mißtrauisch wird« (M. Delbrück). Dieses Misstrauen speist sich aus den Klischees der Anti-Moderne und ihrer Dämonisierung des sogenannten »Anorganismus«: »Es fehlt bei ihm das organische Wachstum, die Fleischwerdung des Wortes, das Gefühl des Schöpfungsaktes«, das angeblich bei Ernst Jünger zu finden sei (ebd.).

Letztlich jedoch war und ist die Kritik an dem Roman und die Ablehnung seiner Implikationen für Deutschland und die Deutschen psychologisch und politisch motiviert. Aus der Sicht der Deutschen, die die Hitler-Herrschaft zunächst bejaht und schließlich die Opfer und Entbehrungen des Krieges erlebt hatten, war es unstatthaft, den Emigranten die Deutungshoheit über die jüngste Vergangenheit zu überlassen, noch dazu einem, der Amerikaner geworden war.

Grundpositionen der Forschung

Die Forschung zu Manns Deutschland- und Musikroman entfaltete praktisch von der ersten Stunde an eine immense Aktivität. Philologie, Kommentierung und Interpretation haben eine umfangreiche Sekundärliteratur produziert. Gleichwohl wäre es abwegig, den Roman für ausinterpetiert zu erklären (Koopmann 1989, 5). Weitgehend erschlossen ist das Einzugsgebiet der Quellen, ebenso das zeit- und musikgeschichtliche Bezugfeld. Nach wie vor im Brennpunkt steht die Frage des Modernismus, des Antisemitismus und der Gnade.

Der spezifische Modernismus des Romans lässt sich vielfach bestimmen: in Relation zu der von Nietzsche herkommenden Moderne in Deutschland (Lehnert 1991); im Vergleich zu der von Joyce exemplifizierten literarischen Moderne (Schmidt-Schütz 2003; Schmitz 2009); in ihrer Nähe zur Frankfurter Schule (Wißkirchen 1986; Borchmeyer1994; Bahr 2007), und im Lichte psychoanalytischer, semiotischer, kulturwissenschaftlicher und gendertheoretischer Paradigmen (Elsaghe 2004; Börnchen 2006; Kontje 2011). Ein fundamentaler Aspekt des Problems wurde bereits in dem berühmten Streit mit Schönberg manifest. Der Komponist, besorgt um seinen Nachruhm, veranlasste den *Faustus*-Autor, dem Roman ein Addendum beizufügen, in dem erklärt wird, dass nicht der fiktive Adrian Leverkühn, sondern Arnold Schönberg der eigentliche Erfinder der Zwölftonmusik sei. Der Streit hatte seine wohl tiefste Ursache in den unterschiedlichen Vorstellungen von künstlerischem Schaffen. Während Schönberg einem vormodernen, religiös fundierten Begriff von Kreativität verpflichtet blieb, praktizierte Mann eine moderne Art von »höherem Abschreiben« (BrAd 19), die der Frage des geistigen Eigentums eine untergeordnete Bedeutung beimisst und allen künstlerischen Wert nicht auf das Erfinden, sondern auf das Finden legt, auf die Beseelung des Gefundenen und seine Funktionalisierung in einem neuen Bedeutungsraum.

Schon vor Abschluss des Werkes warnte sein Sohn Klaus, dass er wegen Saul Fitelberg, dem aus Paris angereisten, sein Judentum geistreich ins Spiel bringenden Konzertagenten, auf den Vorwurf des Antisemitismus gefasst sein müsse (Tb 18. 8. 1946). Das Thema blieb lange Tabu, bis Schwarz, Klüger u. a. es energisch in den Vordergrund rückten. Die jüdischen Figuren (z. B. Breisacher, Nackedey, Rosenstiel) sind in der Tat mit den antijüdischen Stereotypen des Frühwerks gezeichnet. Auch scheint hier ein »kurioses, antisemitenreines Deutschlandbild« (Klüger 1994, 44) vorzuliegen. Das ist umso bedenklicher, als der Antisemitismus gerade im deutschen Musikleben grassierte. Mann ließ sich jedoch nicht beirren und verteidigte sich mit dem Hinweis, dass seine Gestalten »Kinder ihrer Epoche« sind; im Übrigen sei der Roman ebenso »anti-deutsch» (GKFA 19.1, 559) wie antisemitisch.

Auch der Erzähler und Chronist ist als Kind seiner Zeit gezeichnet. Die judenfeindlichen Stereotypen sind ganz und gar ihm anzulasten; sie gehören zu der mit Zeitblom abgegoltenen, kritischen Rechenschaft über Manns eigene Befangenheit in anti-jüdischen Stereotypen. Die Erkenntnis, dass das Land Leverkühns und Zeitbloms so antisemitenrein nicht ist, wie es den Anschein hat, legte Mann dem französisch-polnischen Juden in den Mund, der unwidersprochen statuiert, dass Deutschland »essentiellement anti-sémitique« sei (GKFA 10.1, 590). Allerdings muss er diese harte Wahrheit auf französisch aussprechen; sie gehört zu der Außenansicht des Exilanten, von der sich die Deutschland-Kritik des Romans herschreibt.

Die Frage der Gnade löste bereits mit Adorno Streit aus, dem, der *Entstehung* zufolge, das Ende der Faustus-Kantate nicht trostlos genug sein konnte (GKFA 19.1, 537 f.). An dieser Stelle traten die philosophischen Differenzen, die während ihrer denkwürdigen Zusammenarbeit unter Verschluss gehaltenen wurden, ans Licht. Der Kompromiss, auf den sich die beiden angeblich einigten, ist recht besehen keiner, da Mann sich über Adornos Einwände hinwegsetzte und die *Faustus*-Kantate mit der Formel »Hoffnung jenseits der Hoffnungslosigkeit« (GKFA 10.1, 711) und dem hohen g des Cellos, einer Chiffre der Gnade, ausklingen lässt. Das Thema der Gnade wird immer noch kontrovers diskutiert. Eine Mehrzahl der Interpreten sieht den Roman in endzeitlicher Trostlosigkeit enden und betont, dass das dem ursprünglichen Faust-Mythos eingeschriebene Verdikt der Verdammnis erneuert wird. Eine Minderheit (Vaget 1987, Gockel 1988) argumentiert, dass dem Roman ein Subtext einverwoben ist, der im Sinne der theologischen »felix culpa« die Möglichkeit der Gnade für Leverkühn, für Deutschland offen lässt. Die Plausibilität dieser Deutung kommt nur dann in den Blick, wenn unterschieden wird zwischen dem vorgeschobenen Erzähler und dem eigentlichen Erzähler – zwischen Mann und Zeitblom. Der vorgeschobene Erzähler bleibt in Unkenntnis dessen, was der eigentliche Erzähler über seinen Kopf hin den Lesern signalisiert. Dazu gehört nicht nur die geheime Identität des Künstler-Helden mit seinem Biographen, sondern auch die des Genie-spendenden bösen Engels mit der anonymen, selbstlosen Förderin von Leverkühns Karriere, Frau von Tolnas mit der als Esmeralda designierten und in Leverkühns Musik verewigten Prostituierten (Oswald 1948). So ist der exoterisch entfalteten Erzählung von Schuld und Verdammnis ein esoterischer Gnadendiskurs einverwoben.

Auch vom Werk-Kontext her ist ein Sog zur Gnadenthematik hin zu konstatieren. Über den manifesten Gnadendiskurs des Romans hinaus kommt Mann in dem kurz danach entstandenen Vortrag *Meine Zeit* auf die Erfahrung der Gnade zu sprechen, »deren Nähe man im Leben schon manchmal staunend empfand« (GW XI, 303). In seinem letzten Roman, dem aus dem *Doktor Faustus* hervorgegangenen *Erwählten*, wird schließlich die souveräne Macht der Gnade selbst für den extremsten Sünder in neu gewonnener Altersheiterkeit beschworen.

Literatur

Abel, Angelika: *Musikästhetik der klassischen Moderne: Thomas Mann, Theodor W. Adorno, Arnold Schönberg.* München 2003.

Bahr, Ehrhard: *Weimar on the Pacific. German exile culture and the crisis of modernism.* Berkeley 2007.

Bergsten, Gunilla: *Thomas Manns Doktor Faustus. Untersuchungen zu den Quellen und zur Struktur des Romans* [1963]. Tübingen ^{2}1974.

Blume, Bernhard: Perspektiven des Widerspruchs. Zur Kritik an Thomas Mann. In: *Germanic Review* 31 (1956), 176–190.

Borchmeyer, Dieter: Musik im Zeichen Saturns. Melancholie und Heiterkeit in Thomas Manns *Doktor Faustus*. In: *TMJb* 7 (1994), 123–167.

Börnchen, Stefan: *Kryptenhall. Allegorien von Schrift, Stimme und Musik in Thomas Manns »Doktor Faustus«.* München 2006.

Dahlhaus, Carl: Fiktive Zwölftonmusik. Thomas Mann und Theodor Adorno. In: *Jahrbuch 1982. Deutsche Akademie für Sprache und Dichtung* (1982), 33–49.

Elsaghe, Yahya: *Thomas Mann und die kleinen Unterschiede. Zur erzählerischen Imagination des Anderen.* Köln 2004.

Fetzer, John F.: *Changing Perceptions of Thomas Mann's Doctor Faustus: Criticism 1947–1992.* Columbia, SC 1996.

Fischer, Ernst: *Doktor Faustus* und die deutsche Katastrophe. Eine Auseinandersetzung mit Thomas Mann. In: Ders.: *Kunst und Menschheit.* Wien 1949, 37–97.

Gockel, Heinz: Faust im *Faustus*. In: *TMJb* 1 (1988), 133–148.

Goll, Thomas: *Die Deutschen und Thomas Mann. Die Rezeption des Dichters in Abhängigkeit von der politischen Kultur Deutschlands 1898–1955.* Baden-Baden 2000.

Heftrich, Eckhard: *Doktor Faustus*: die radikale Autobiographie. In: Beatrix Bludau u. a.(Hg.): *Thomas Mann 1875–1975. Vorträge in München, Zürich, Lübeck.* Frankfurt a. M. 1977, 135–154.

Holthusen, Hans Egon: *Die Welt ohne Tranzendenz. Eine Studie zu Thomas Manns »Doktor Faustus« und seinen Nebenschriften.* Hamburg 1949.

Joseph, Erkme: Nietzsche im *Doktor Faustus*. In: Thomas Sprecher/Hans Wißkirchen (Hg.): *»und was werden die Deutschen sagen??« Thomas Manns Roman »Doktor Faustus«.* Lübeck 1997, 61–112.

Klüger, Ruth: *Katastrophen. Über deutsche Literatur.* Göttingen 1994.

Kontje, Todd: *Thomas Mann's World. Empire, Race, and the Jewish Question.* Ann Arbor, MI 2011.

Koopmann, Helmut: *Doktor Faustus* – eine Geschichte der deutschen Innerlichkeit? In: *TMJb* 2 (1989), 5–19.

Koopmann, Helmut: *Doktor Faustus*. In: *TMHb*, 475–497.

Kropfinger, Klaus: Thomas Manns Musik-Kenntnisse. In: *TMJb* 8 (1995), 241–279.

Kropfinger, Klaus: ›Montage‹ und ›Composition‹ im *Faustus* – Literarische Zwölftontechnik oder Leitmotivik? In: Werner Röcke (Hg.): *Thomas Mann. Doktor Faustus 1947–1997*. Bern 2001, 345–367.
Lehnert, Herbert/Pfeiffer, Peter C. (Hg.): *Thomas Mann's »Doctor Faustus«. A Novel at the Margin of Modernism*. Columbia, SC 1991.
Lühe, Irmela von der: »Es wird mein *Parsival*«: Thomas Manns *Doktor Faustus* zwischen mythischem Ezählen und intellektueller Biographie. In: Werner Röcke (Hg.): *Thomas Mann. Doktor Faustus 1947–1997*. Bern 2001, 275–292.
Lukács, Georg: Die Tragödie der modernen Kunst. In: Ders.: *Thomas Mann*. Berlin 1953, 45–103.
Mayer, Hans: Buch des Endes (*Doktor Faustus*). In: Ders. (Hg.): *Thomas Mann*. Frankfurt a. M. 1984, 270–327.
Osterkamp, Ernst: »Apocalypsis cum figuris«. Komposition als Erzählung. In: Werner Röcke (Hg.): *Thomas Mann. Doktor Faustus 1947–1997*. Bern 2001, 321–344.
Oswald, Viktor A.: Thomas Mann's *Doktor Faustus*: The Enigma of Frau von Tolna. In: *Germanic Review* 23 (1948), 249–253.
Scherliess, Volker: Zur Musik in *Doktor Faustus*. In: Thomas Sprecher/Hans Wißkirchen (Hg.): *»und was werden die Deutschen sagen??« Thomas Manns Roman »Doktor Faustus«*. Lübeck 1997, 113–151.
Schmidt-Schütz, Eva: *»Doktor Faustus« zwischen Tradition und Moderne. Eine quellenkritische und rezeptionsgeschichtliche Untersuchung zu Thomas Manns literarischem Selbstbild*. Frankfurt a. M. 2003.
Schmitz, Jens: *Konstruktive Musik. Thomas Manns »Doktor Faustus« im Kontext der Moderne*. Würzburg 2009.
Schwarz, Egon: Die jüdischen Gestalten in *Doktor Faustus*. In: *TMJb* 2 (1989), 79–101.
Schwerte, Hans: Die Vorheizer der Hölle. Zu Thomas Manns »archaischem Roman«. In: *Die Erlanger Universität*, 14. 6. 1951, 1–2.
Schwöbel, Christoph: »…alles ist und geschieht in Gott, besonders auch der Abfall von ihm…« Theologisches in Thomas Manns *Doktor Faustus*. In: Thomas Sprecher/Hans Wißkirchen (Hg.): *»und was werden die Deutschen sagen??« Thomas Manns Roman »Doktor Faustus«*. Lübeck 1997, 153–178.
Stern, Guy: Thomas Mann und die jüdische Welt. In: *TMHb*, 54–67.
Tiedemann, Rolf: »Mitdichtende Einfühlung«. Adornos Beiträge zum *Doktor Faustus* – noch einmal. In: *Frankfurter Adorno Blätter* 1 (1992), 9–33.
Travers, Martin: Thomas Mann, *Doctor Faustus* and the Historians. The Function of ›Anachronistic Symbolism‹. In: David Roberts/Philip Thomson (Hg.): *The Modern German Historical Novel*. New York 1991, 145–159.
Vaget, Hans Rudolf: ›German‹ Music and German Catastrophe. A Re-Reading of *Doctor Faustus*. In: Herbert Lehnert/Eva Wessell (Hg.): *A Companion to the Works of Thomas Mann*. Rochester, NY 2004, 221–244.
Vaget, Hans Rudolf: *Seelenzauber. Thomas Mann und die Musik*. Frankfurt a. M. 2006.
Vaget, Hans Rudolf: Thomas Mann. In: Klein, Richard u. a. (Hg.): *Adorno-Handbuch. Leben – Werk – Wirkung*. Stuttgart/Weimar 2011, 218–222.
Voss, Lieselotte: *Die Entstehung von Thomas Manns Roman »Doktor Faustus«. Dargestellt anhand von unveröffentlichten Vorarbeiten*. Tübingen 1975.
Wimmer, Ruprecht: *Doktor Faustus* und die Juden. In: Manfred Dierks/Ruprecht Wimmer (Hg.): *Thomas Mann und das Judentum. Die Vorträge des Berliner Kolloquiums der Deutschen Thomas-Mann-Gesellschaft*. Frankfurt a. M. 2004, 149–162.
Hans Wißkirchen: *Zeitgeschichte im Roman. Zu Thomas Manns »Zauberberg« und »Doktor Faustus«*. Bern 1986.
Hans Wißkirchen: Verlorene Liebe. Das Deutschland-Thema im *Doktor Faustus*. In: Thomas Sprecher/Hans Wißkirchen (Hg.): *»und was werden die Deutschen sagen?« Thomas Manns Roman »Doktor Faustus«*. Lübeck 1997, 179–207.

Hans Rudolf Vaget

1.7 *Der Erwählte* (1951)

Die dem *Gregorius* Hartmanns von Aue nachgestaltete Geschichte des aus Geschwisterinzest geborenen Fürstenkindes Gregorius (Grigorß), der auf dem Meer ausgesetzt, von Fischern gefunden und in einem Kloster erzogen wird, der als Jüngling den Mönchshabit mit der Ritterrüstung vertauscht und auf *aventiure* auszieht, unwissentlich seine Mutter aus kriegerischer Belagerung befreit, heiratet und nach der Aufdeckung dieses zweiten Inzests auf einer Felseninsel siebzehnjährige Buße tut, um an deren Ende durch göttliche Gnade zum »sehr großen Papst« berufen zu werden, nun seinerseits seine sündige Mutter zu begnadigen und aller Welt Segen zu spenden – diese mittelalterliche Legende bildet die Grundlage von Thomas Manns vorletztem Roman *Der Erwählte*. Der Roman erschien 1951 als Einzelband innerhalb der Stockholmer Gesamtausgabe der Werke Thomas Manns; um den amerikanischen Urheberschutz zu sichern, war zuvor eine kleine Auflage von 60 nummerierten und signierten Exemplaren in New York publiziert worden. Als Erzähler erscheint der in St. Gallen weilende Mönch Clemens der Ire, der sich als »Verkörperung« des über den Zeiten und Sprachen waltenden »Geistes der Erzählung« vorstellt.

Angesiedelt in einem ›in die Luft gespielten‹ (vgl. Brief an Ida Herz, 10. 9. 1951; DüD III, 401) Idealmittelalter, ist der Roman wie die *Joseph*-Tetralogie bestimmt durch ein amplifizierendes »Genau-Machen«, das jedoch weniger einer Realitätsfiktion als vielmehr einer Ausstellung des fiktionalen Spiels dient. Als »Thomas Manns Mittelalter-Parodie« (Stackmann 1958) verfremdet der Roman seine Vorlage im Sinne eines variierenden »Gegengesangs«, der nicht der Verspottung der religiösen Rede dient, sondern ihrer Ermöglichung: »Ein Werkchen wie dieses ist Spätkultur, die vor der Barbarei kommt, mit fast fremden Augen schon angesehen von der Zeit. Aber wenn es das Alte und Fromme, die Legende parodistisch belächelt, so ist dies Lächeln eher melancholisch als frivol, und der verspielte Stil-Roman, die Endform der Legende, bewahrt mit reinem Ernste ihren religiösen Kern, ihr Christentum, die Idee von Sünde und Gnade« (*Bemerkungen zu dem Roman »Der Erwählte«*; GW XI, 687–691).

Der Roman geht aus dem *Faustus* hervor: »Gewissermaßen dichte ich am Faustus fort, indem ich, auf der altdeutschen Linie weiter zurückgehend, den mittelhochdeutschen ›Gregorius‹ noch einmal erzähle« (an Agnes E. Meyer, 28. 4. 1948; BrAM, 703). Zwar schreibt Thomas Mann an Paul Amann: »Nach dem ›Faustus‹ zu etwas Neuem anzusetzen, fiel mir sehr schwer« (26. 6. 1948; BrA, 68). Einmal gefunden, wurde das Konzept jedoch relativ rasch, von Januar 1948 bis Oktober 1950 ausgeführt (vgl. DüD III, 349 u. 372). Die frühesten Notizen zur Gregoriuslegende finden sich bereits im 1894/95 geführten Münchner *Collegheft* (Schmidlin/Sprecher 2001). Zwar hat Thomas Mann es früh verlegt und erst nach Abschluss des Romans wiedergefunden; die frühe Berührung mit der mittelalterlichen Dichtung aber hat nachhaltig gewirkt. Das gilt auch für Hartmanns *Erec* und *Iwein* (denen Thomas Manns Gregorius die Ideale des Rittertums entnimmt), Gottfrieds *Tristan* (dem er seinen Beinamen »Der Trauerer« verdankt) und Wolframs *Parzival.*

Das Modell des wunderbaren Glockenläutens im Eingangskapitel findet sich in den *Betrachtungen eines Unpolitischen* (1917), wo das Morgenläuten der römischen Glocken am Ende des ersten Aktes von Hans Pfitzners Oper *Palestrina* (die einen von Gott begnadeten Komponisten als ›Erwählten‹ feiert), ebenfalls schon sehr wortgewaltig geschildert wird (GKFA 13.1, 446 f.). Der Roman stellt damit gleich zu Beginn die Erzählkunst als gleichrangig neben die Musik und verteidigt am Ende des ersten Kapitels mit humoristischem Nachdruck die Würde der Prosadichtung gegen die Verstradition (vgl. GW VII, 14 f.). Räsonierend entfaltet werden mittelalterliche Philosophie, Theo- und Anthropologie dann im *Zauberberg*; Heinrich von Eickens Mittelalter-Studie dient als Quelle dort wie hier (vgl. Makoschey 1998). Zwar gibt es Anspielungen auf Werke Richard Wagners, doch es dominiert die für diese Lebensphase typische Distanz (vgl. *Richard Wagner und kein Ende;* Ess VI, 144–146): Nicht mehr um *Parsifal* geht es, sondern um *Parzival.* Über Wagner hinaus zurück zu den mittelalterlichen Dichtungen geht Thomas Mann schon im Entwurf zu einem *Tristan*-Film (GKFA 3.1, 143–151; anders Mertens 2012).

Im XXXI. Kapitel des *Doktor Faustus*, dessen »Echo«-Passagen auch die Einbeziehung mittelhochdeutscher Dichtungssprache schon erproben, komponiert Adrian die Gregoriuslegende als Puppenspiel-Oper (vgl. *Versuch über das Theater*; GKFA 14.1, 123–168) nach der Fassung der *Gesta Romanorum.* Bereits während der Arbeit am Musikroman sei er, so Thomas Mann in der *Entstehung des Doktor Faustus*, mit dem Gedanken umgegangen, den Stoff Leverkühn »eines Tages wegzunehmen« (GKFA 19.1, 516). Der *Erwählte* setzt sich dann deutlich von der fiktiven Vertonung ab, indem er Leverkühns »auflösender Travestie« (GKFA 10.1, 465) eine ›bewahrende‹ Parodie entgegenstellt (vgl. Stachorski 2014 und den Brief an Werner Weber vom 6. 4. 1951; DüD III, 383). An die Stelle der die Figuren durchschauenden und ihre Triebkräfte entlarvenden Ironie (und Tonio Krögers »Erkenntnisekel«) tritt eine humoristische Duldsamkeit, die dem schroffen Gegensatz von Trieb und Geist eine heikle, aber praktikable Versöhnung entgegensetzt. Auf den kaum aufgehellten Pessimismus der Teufelsbundgeschichte folgt (in einer Zeit des sich zuspitzenden Kalten Krieges und zahlreicher Anfeindungen aus Deutschland) die Heiterkeit der Heiligengenlegende: »Das Komische, das Lachen, der Humor erscheinen mir mehr und mehr als Heil der Seele« (an Agnes E. Meyer, 10. 10. 1947; BrAM, 687). Damit knüpft Thomas Mann an die Humor-Konzeption der *Joseph*-Romane an.

Die Abgrenzung zu Leverkühn zeigt sich auch in der Wahl der Hauptquelle: Anstatt auf die *Gesta Romanorum* stützt sich Thomas Mann auf Hartmanns Legenden-Roman, um im Sinne der bewahrenden Parodie auch mit der Sprache der Vorlage in einen produktiven Dialog treten zu können. Den mittelhochdeutschen Text erarbeitete er sich in Hermann Pauls Ausgabe von 1882. Dennoch erbat er von dem Berner Mediävisten Samuel Singer eine Neuübersetzung, mit der dieser seine Assistentin Marga Bauer beauftragte; das von Thomas Mann mit Anstreichungen und Randnotizen versehene Typoskript ist im TMA erhalten.

Die Konzeption des Vorhabens stand von Beginn an fest: »daß ich die Geschichte, die [...] so lange, verzweigte Wurzeln in der Tradition hat, gern mit modernen Prosa-Mitteln noch einmal erzählen möchte, als fromme Grotesk-Legende, vielleicht durch den Mund Eines, der *vor* Hartman [sic] lebt, eines irischen Mönches [...]. – Was mich anzieht ist ein internationales, deutsch-französisch-englisches Mittelalter« (An Singer, 13. 2. 1948; DüD III, 350; vgl. Wimmer 2012). Implizit wird das Vorhaben damit auch in politische Dimensionen gerückt: Das übernationale Mittelalter ist lesbar als stilisiertes Bild eines europäischen Deutschland, wie Thomas Mann es als Gegenmodell zu dem von den Nationalsozialisten angestrebten deutschen Europa in Reden und Aufsätzen dieser Jahre immer wieder beschwört. Dabei steht der Roman einerseits der religiösen Neuorientierung der Nachkriegsliteratur nahe, setzt sich aber andererseits von deren politisch restaurativen Tendenzen entschieden ab.

Der die Narrativik der Nachkriegsgermanistik intensiv beschäftigende »Geist der Erzählung« (vgl. Werle 2012) zeigt sich von Beginn an vor allem als ein Geist der Sprache und der Sprach-Mischung: »Das Schweben der Sprache im Uebernationalen hat für mich einen besonderen Reiz [...]. Ein Schweizer Germanist soll zornig geurteilt haben, das Deutsch des Faustus sei gar kein Deutsch mehr. Er wäre noch zorniger, wenn er wüsste, daß ich das garnicht ungern höre« (an Agnes E. Meyer, 22. 5. 1948; BrAM, 704). Sprachliche und historische Anachronismen werden dabei bewusst aufgesucht. Dazu gehören die komische Durchmischung von Mittel- und Neuhochdeutsch mit lateinischen, altfranzösischen, englischen Wendungen, der Wechsel von Prosa und Reimpaarversen, gegensätzlichen Stilniveaus, kalkulierte Anachronismen wie das Fußballmatch auf der Klosterinsel, ja noch der Klang der Glockenmusik. Damit und mit der komplementären Erweiterung um Ödipus- und den von Karl Kerényi bezogenen Erdmutter-Mythos öffnet sich auch der Zeithorizont abermals ins Menschheitliche.

Insofern der »Geist der Erzählung« aus der Sprachenvielfalt auf eine Sprache »über den Sprachen« und damit auf das Pfingstwunder verweist und indem er Erzähler und Leser, bis zur abschließenden Gebetsbitte, als Gemeinschaft konstituiert, präsentiert er sich als narratives Analogon des Heiligen Geistes. Das erstreckt sich auch auf die Konstruktion des Geschehens. Einerseits erscheint es vorbestimmt, und der ›inspirierte‹ Geist der Erzählung weiß das; andererseits unterliegt dasselbe Geschehen dem ergebnisoffen erscheinenden Handeln der Figuren. Einerseits ist es mythisch-providentiell, andererseits (deutlich unter dem Einfluss der Schriften Siegmund Freunds stehend) realistisch-psychologisch motiviert; der Text ist so Legende und Roman zugleich.

Gehört Gregorius also in die Reihe der sozialpsychologisch modellierten Außenseitergestalten (von Tonio Kröger bis Joseph), die ein angeborenes Stigma in Zeichen besonderer Erwählung umdeuten und damit zu Künstlern ihres eigenen Lebens werden, und legt die Herausarbeitung der im Stoff enthaltenen Ödipus-Bezüge eine psychoanalytische Deutung nahe (vgl. Makoschey 1998, 168–205), so werden doch auch die typologischen Verweisungszusammenhänge mittelalterlicher Hermeneutik entfaltet: als Entsprechungen von Vorzeichen und Erfüllungen innerhalb des Romans selbst, aber auch in seiner Beziehung zu biblischen Prätexten. So weist der vermeintlich kontingente Umstand, dass der ausgesetzte Grigorß 17 Tage auf dem Meer treibt, voraus auf die 17-jährige Klosterzeit und die ebenfalls 17 Jahre dauernde Buße auf dem Stein. Dass er als Ritter den Fisch im Wappen führt, erinnert an sein Aufwachsen bei Fischersleuten, nimmt aber zugleich seine Erhebung zum Papst in der Nachfolge des Fischers Petrus voraus. So wie Joseph durch zahlreiche Textsignale als Präfiguration Christi erscheint, so steht Gregorius in enger, nun jedoch ganz demütiger Nachfolge Jesu, von der Geburt aus einer »Mutter-Jungfrau« bis zu dem das Palmsonntagsgeschehen imitierenden Einzug des Büßers in Rom auf einem weißen Esel. In Sünde empfangen und in potenzierte Sündhaftigkeit geraten wird er zum Inbegriff des erlösten Büßers, der nun selbst seinen Mit-Sündern die erlösende Gnade spendet.

Mit diesem »Gehen in Spuren« und mit dem zwei Tief- und Todespunkte durchschreitenden Lebensweg variiert der Roman auch die Lebensgeschichte Josephs und die Läuterung des Narziss zu tätiger Menschenfreundlichkeit. Dass dabei die Gnade Buße, mindestens jedoch Sündeneinsicht voraussetzt, zeigt die auch sonst zu beobachtende Sympathie Thomas Manns für katholisch-tridentinische Auffassungen. (Von seiner Privataudienz bei Pius XII. schickt er eine Postkarte der Laterankirche mit der Notiz: »Hier, umseitig, residierte Gregorius.«; Br III, 293).

Indem er aus der christlichen Überlieferungen einen sozial, politisch und psychologisch verstandenen Humanitätsappell ableitet, hält er zugleich am Christentum fest – in ebenjener theologisch-anthropologischen Ambivalenz, die er im Erscheinungsjahr des Romans vor der *Unitarian Church* proklamierte: als Verbindung der Ehrfurcht vor dem heiligen Geheimnis, »which lies at the bottom of all human existence«, mit der »applied Christianity« eines menschenfreundlich-sozialen Pragmatismus (Detering 2012, 295–297). Insofern in der Entfaltung dieses

Gedankens im Legendenroman das parodistisch-humoristische Erzählen selbst religiöse Dignität gewinnt, nimmt Thomas Mann kunstreligiöse Impulse seines Frühwerks wieder auf und deutet sie um (Rieger 2015). Damit leugnet das Werk von Anfang an seinen Schein-Charakter keineswegs, sondern exponiert ihn vielmehr. Entgegen Adornos im *Doktor Faustus* aufgegriffener These, dass das (Alters-) Kunstwerk am Ende den Schein abwirft (vgl. GKFA 10.1, 84), beansprucht Thomas Manns Kunstwerk seine besondere Dignität, *indem* es sich zu Spiel und Schein bekennt.

Literatur

Bennewitz, Ingrid: Wenig erwählt. Frauenfiguren des Mittelalters bei Thomas Mann. In: *TMJb* 25 (2012), 59–73.

Bronsema, Carsten: *Thomas Manns Roman »Der Erwählte«. Eine Untersuchung zum poetischen Stellenwert zu Sprache, Zitat und Wortbildung.* Diss. Osnabrück 2005.

Detering, Heinrich: Das Werk und die Gnade. Zu Religion und Kunstreligion in der Poetik Thomas Manns. In: Niklaus Peter/Thomas Sprecher (Hg.): *Der ungläubige Thomas. Zur Religion in Thomas Manns Romanen.* Frankfurt a. M. 2011 (= *TMS* 45), 149–166.

Detering, Heinrich: *Thomas Manns amerikanische Religion. Theologie, Politik und Literatur im kalifornischen Exil.* Frankfurt a. M. 2012.

Eicken, Heinrich von: *Geschichte und System der Mittelalterlichen Weltanschauung* [1887]. Stuttgart u. a. 1913.

Makoschey, Klaus: *Quellenkritische Untersuchungen zum Spätwerk Thomas Manns. »Joseph, der Ernährer«, »Das Gesetz«, »Der Erwählte«.* Frankfurt a. M. 1998 (= *TMS* 42).

Mertens, Volker: *Mit Wagners Augen? Thomas Manns ›mittelalterliche‹ Werke: »Tristan«-Film und »Der Erwählte«.* In: *TMJb* 25 (2012), 129–143.

Rieger, Hannah: *»Diese altersgraue Legende«. Thomas Manns »Der Erwählte« zwischen Christentum und Kunstreligion.* Würzburg 2015.

Schmidlin, Yvonne/Sprecher, Thomas (Hg.): *Thomas Mann. Collegheft 1894–1895.* Frankfurt a. M. 2001 (= *TMS* 24).

Stachorski, Stephan: Thomas Mann, die deutsche Schuld und *Der Erwählte.* In: *TMJb* 27 (2014), 79–94.

Stackmann, Karl: *Der Erwählte.* Thomas Manns Mittelalter-Parodie [1958]. In: Helmut Koopmann (Hg.): *Thomas Mann. Wege der Forschung.* Darmstadt 1975, 227–246.

Warning, Rainer: Berufungserzählung und Erzählerberufung. Hartmanns *Gregorius* und Thomas Manns *Der Erwählte.* In: *Deutsche Vierteljahresschrift für Literaturwissenschaft und Geistesgeschichte* 85 (2011), 283–334.

Werle, Dirk: Thomas Manns Erwählter und die Erzähltheorie der 1950er Jahre. In: *Euphorion* 106 (2012), 439–464.

Wimmer, Ruprecht: Schwer datierbares Mittelalter. Epoche und Zeit in Thomas Manns *Erwähltem.* In: *TMJb* 25 (2012), 99–114.

Wysling, Hans: Thomas Manns Verhältnis zu den Quellen. Beobachtungen am *Erwählten.* In: Paul Scherrer/Hans Wysling (Hg.): *Quellenkritische Studien zum Werk Thomas Manns.* Bern/München 1967 (= *TMS* 1), 258–324.

Heinrich Detering/Stephan Stachorski

1.8 *Bekenntnisse des Hochstaplers Felix Krull* (1922/1937/1954)

Entstehungsgeschichtlich kommt den *Bekenntnissen des Hochstaplers Felix Krull* im Werk Thomas Manns eine Sonderstellung zu. In den ersten Jahren des 20. Jahrhunderts konzipiert, wurden sie erst nach jahrzehntelanger Unterbrechung 1954 beendet. Der Roman bildet so einen Rahmen um Manns ganzes Œuvre .

Künstlerroman

Ein Hauptziel des Romans war die Darstellung der »unwirklich-illusionären Existenzform« des Künstlers (GW XI, 122). Die Künstler-Bürger-Thematik war keine nur ästhetisch-intellektuelle Frage, sondern für Thomas Mann, der sein Ich als »anders« und besonders erfuhr, die entscheidende Frage seiner Existenz. Zentral für das Künstlerbild um 1900 wurde Nietzsches Kritik. Im 389. Aphorismus des *Willens zur Macht* hat Nietzsche den Künstler als degenerierten Neurotiker dargestellt. Er zog die Verbindung des Künstlertums zum Kriminellen. Schon die Romantik hatte die These aufgestellt, dass Genie und Irrsinn verschwägert seien.

Auf die Verbindung zwischen Künstlertum und Kriminalität wird in Manns Frühwerk wiederholt angespielt, in *Buddenbrooks* oder in *Tonio Kröger*. Wenn der Künstler nun im Lichte des Kriminell-Hochstaplerischen betrachtet werden sollte, handelte es sich also nicht um reine Travestie, und die *Bekenntnisse* waren auch keine völlig neue »Abwandlung des künstlerischen Einsamkeits- und Scheinbarkeitsproblems ins *Kriminelle*« (GW XIII, 147), wie Mann 1940 schrieb. Hochstapelei ist nicht nur ein Mittel zur Kunst, sondern gehört zu ihrem Wesen. So sah es jedenfalls Thomas Mann, der sich selbst zu den Hochstaplern zählte: »Was ich treibe, ist eine Art von harmloser Hochstapelei [...]. [...] [V] ielleicht bin ich gerade hiermit und auf diese Weise ein – Dichter« (BrAM, 417).

Hochstapelei in Leben und Literatur

Hochstapelei belebte um 1900 ohnehin weitherum die Literatur. Heinrich Mann, Frank Wedekind, Herman Bang, Otto Julius Bierbaum, Richard von Schaukal, Carl Sternheim, Oscar Wilde und andere haben Hochstapler- und Abenteurerfiguren, Komödianten und Parvenus geschaffen. 1899 brachte der englische Schriftsteller E. W. Hornung den populären Dieb Raffles hervor. In Frankreich ließ Maurice Leblanc 1907 den Meisterdieb und Hochstapler Arsène Lupin folgen, dann kam der kriminelle Verwandlungskünstler Fantômas. Raffles und Lupin war gemein, dass sie Sympathie erzeugten, indem sie nicht mit Gewalt, sondern mit List vorgingen. Mit ihnen etablierte sich der Typus des Gentleman-Diebs auch in der Literatur.

Schopenhauer, Wagner, Nietzsche, Goethe

1951 meinte Thomas Mann, »am meisten ›Schopenhauer‹« stecke von allen seinen Werken im ersten Teil des *Krull*, im »Buch der Kindheit« (DüD I, 323). Schopenhauers Willensmetaphysik grundiert den Roman in der Tat aufs Stärkste. Im Zeichen seiner Illusionsthematik steht der ganze Motivkomplex von Täuschung und Verführung, des Betrügens und des *mundus vult decipi* (Betrogen-sein-Wollens). Aber auch im späten *Krull* tritt die schopenhauerische Gedankenwelt stark hervor, etwa im Nachtzug-Gespräch mit Professor Kuckuck, in dem sich Schopenhauer sogar äußerlich zu erkennen gibt. Kuckucks Evolutionstheorie ist eng verknüpft mit Schopenhauers Naturphilosophie.

Auch die anderen ›Kirchenväter‹ Thomas Manns, Wagner und Nietzsche, haben auf den *Krull* kräftig eingewirkt. Wagner-Mythen, -Szenen, -Motive, -Formulierungen, wagnerisierende Stabreime sind im *Krull* allgegenwärtig, im frühen wie im späten. Wenn Mann um 1909 seine Bindung zu Wagner lockern, ja seine Abhängigkeit in eine Liebesbeziehung der Souveränität überführen wollte, so bedeutete dies, dass er sich der Philosophie Nietzsches annäherte. Nietzsche stand, im Gegensatz zu Schopenhauer, für einen vitalistischen Glücksbegriff und für Lebensbejahung. Als Gegenfigur zu Wagner baute Mann zudem Goethe auf. Goethe stand für Größe, Würde, überzeitliche Geltung, weltweiten Ruhm. An der monumentalen Vaterfigur kam ein deutscher Schriftsteller, der Nationaldichter werden wollte, nicht vorbei. Seit dem frühen *Krull* markieren alle Werke Thomas Manns bestimmte Stufen der Nähe zu Goethe. Auch zu Goethe aber war das Verhältnis bei aller Liebe ambivalent. Einerseits liebte Mann die Sphäre der Klassizität, andererseits parodierte er sie. Beides ging durchaus zusammen. Denn Parodie ist bei ihm der doppelgesichtige Ausdruck seiner künstlerischen Haltung überhaupt, zugleich Aneignung wie Distanzierung. Sie entspricht in umfassendem Sinn seinem Verhältnis zur Tradition, »welches zugleich liebevoll und auflösend ist« (GW XI, 415).

Autobiographie

Indem Felix Krull von seinen Leben berichtet, parodiert er die Memoiren-Literatur des 18. Jahrhunderts, ja setzt eine viel längere Ahnenreihe fort. »Bekennend« stellt sich ein wahrhaftiger Hochstapler in die Nachfolge der großen *confessores* des Abendlandes: Augustinus, Rousseau, Cellini, Casanova, Goethe, Nietzsche, Flaubert, Tolstoi, Strindberg. Thomas Mann hat Autobiographie immer als protestantisch empfunden und auch in diesem Sinn vom »Protestantismus des Hochstaplers« gesprochen (Tb 14. 9. 1918). Luther hatte, wie man es im 19. Jahrhundert sah, das Individuum in die Selbstverantwortung gestellt und es in die Pflicht genommen, sich selbst zu prüfen. Das Bedürfnis danach, sich über sich selbst klarer zu werden, ist aber eher psychologisch als religiös zu erklären.

Stilistisch neu war die Ich-Form. Das autobiographische Spiel erhöhte das Risiko des Autors, mit Erzähler und Figur verwechselt zu werden. Seine Aufgabe war, kenntlich zu machen, dass nicht er schrieb, sondern der Erzähler Krull. Dieser hatte *seinen* Stil und das stilistische Versagen zu verantworten. Nicht neu hingegen war die konfiterische Dimension des Schreibens als solche. Thomas Mann war ein sehr autobiographisch verfahrender, immer auch um das eigene Ich kreisender Schriftsteller. Im *Krull* ging es ihm nicht um Selbstquälerei und Selbstzerfleischung nach pietistischer Schule. Die Selbsterforschung diente dem Selbstbildnertum, der Identitätskonstituierung im kreativ erinnernden Rückblick. Natürlich gewann so jedes ›Bekenntnis‹ den Einschlag von Fiktion, dies aber im Dienste jener höheren Wahrheit, die Goethe in *Dichtung und Wahrheit* propagiert hatte. Dessen Lebensbeschreibung wurde auch deshalb zwingend zum direkten, eng befolgten Muster. Der Erzähler imitiert Goethes Stil, seine ausladende Syntax, den Hang zu Sentenzen. Goethe legitimierte aber auch die Selbstgefälligkeit: Sie konnte ebenso Triebfeder sein für autobiographisches Schreiben wie Wahrheitsliebe.

Thomas Mann gab sich keine besondere Mühe, sich im *Krull* zu verstecken. Schon beim Konzipieren der Geschichte hielt er deutlich genug fest, er sei »manchmal überrascht, was ich dabei aus mir heraushole« (GKFA 21, 436). Das frühe Fragment, meinte er 1930 sogar, sei »in gewissem Sinn das Persönlichste« (GW XI, 122 f.). Tatsächlich ist kein Roman direkt-autobiographischer als Thomas Manns letztes Werk, dieses ins Gauklerisch-Komödiantische transponierte Vexierbild seiner eigenen Existenz. Das beginnt bei Äußerlichkeiten wie dem eigenen Geburtsjahr, der Aversion gegen die Schule, dem ruhmlosen Schulabgang, dem frühen Verlust des Vaters, der Auflösung des väterlichen Geschäfts, und es geht weiter mit dem Wegzug aus der Heimatstadt, der Bühnenlaufbahn der Schwester, der Vorliebe für Badeorte oder der Abneigung gegen das Militär. Am Schluss steht Thomas Mann vor dem Papst wie Krull vor Dom Carlos.

Aber das Autobiographische beschränkt sich nicht auf einzelne Episoden und Gewohnheiten. Der *Krull* ist Autobiographie in einem viel tieferen Sinn. Zahlreiche Wesenszüge und Verhaltensmuster des Hochstaplers entsprachen jenen des Schriftstellers: der Wunsch, von aller Welt bewundert und geliebt zu werden (und dies jeden Tag gezeigt zu bekommen), die ständige Anstrengung und Anspannung, und dann das Hochstaplerische als solches: Nicht das sein, was die Leute vermuten, nicht dort sein, wo sie einen wähnen, immer auch ein anderer, immer mehr sein, als man scheint, das gehörte genuin zur beweglichen Existenz des Schriftstellers. Antibürgerlich-romantisch im Gleichnis leben, ein Doppel- und Vielfachleben führen, das bedeutete, immer über einen Ausweg und Fluchtweg zu verfügen, immer einen Rest an Ungebundenheit und Freiheit zu sichern. Hierin waren Erzählfigur und Autor eins.

Georges Manolescu

Auch wahrhafte Hochstapler publizierten nach 1900 ihre Lebensgeschichten selbst. Hervorzuheben ist der rumänische »Jahrhundert-Hochstapler« Georges Manolescu, der 1905 seine Erinnerungen in zwei Büchern unter die Leute brachte: *Ein Fürst der Diebe* und *Gescheitert. Aus dem Seelenleben eines Verbrechers*. Die Lektüre von Manolescus Memoiren brachte für Thomas Mann nicht nur eine Anregung, sondern auch eine Bestätigung, ein vielfaches Wiedererkennen eigener Gedanken und Impulse. Sein Werkplan profitierte davon in mehrfacher Hinsicht: Strukturell war das Manolescu-Muster mit seinem Ich-Erzähler die Maske, unter der Autobiographie möglich wurde. Der Ich-Erzähler hatte auch stilistische Konsequenzen, nämlich »die noch nie geübte autobiographische Direktheit, die mein grobes Muster mir nahelegte« (GW XI, 122). Zudem ließ Manolescus fast durchwegs unfreiwillige Ironie, sein antiquierter Sprachstil die Parodie nicht nur zu, sondern forderte geradezu dazu auf. Thematisch ermöglichte Manolescu eine – für einmal nicht tragische, sondern komische – Abwandlung der Künstler-Geschichte. Manolescu stellte Nietzsches Künstlerbild auf den Kopf. Er war kein Künstler mit den Mitteln des Betrugs, sondern machte umgekehrt den Betrug zur Kunst. Handwerklich konnten die Memoiren als »Thatsachen- und Fabel-Gerippe« (GKFA 21, 193) dienen. Sie lieferten eine Fülle von Figuren, Handlungen, Szenen, Motiven, Themen, Realien, die eine brauchbarer als die andere. Schließlich bot Manolescus Muster Aussicht auf hohe Publikumswirksamkeit. Seine Memoiren sind in den frühen *Bekenntnissen* denn auch auf Schritt und Tritt wiederzufinden.

Vorarbeiten und Pläne

Die ersten erhaltenen Notizen zum *Krull*-Projekt stammen vermutlich aus dem Jahr 1905. Weitere Einträge folgen 1906 in den nächsten Notizbüchern. Gleich am Anfang von Notizbuch 9 steht die Idee des Rollenwechsels (Notb II, 148): Dieses für die Handlung zentrale Motiv, dass eine Person für eine andere, an deren statt eine Reise unternimmt, damit jene untertauchen kann, lehnt sich an die 1906 erschienene Erzählung *Die Weltreise des kleinen Tyrnauer* des österreichischen Dichters Jakob Julius David an.

Thomas Mann legte eine umfangreiche Materialsammlung an, mit Hunderten von Zeitungsartikeln, Reportagen, Fotos, Reisemagazinen etc., und ordnete sie in thematischen Dossiers. Neben die Notizbücher und Materialdossiers traten zahlreiche belletristische Bücher, naturwissenschaftliche Werke und Lexika. Nicht immer waren die Materialien das Resultat bewusster Suche; mehrheitlich oder sogar überwiegend wurde vielmehr zum Material, was sich zufällig im Netz der Werkidee verfing und zur Schaffung von realistischem Schein geeignet schien.

Auf einer Notiz hielt Thomas Mann 1910 den Aufriss der geplanten Erzählung fest: »Felix Krull wird mit 20 Jahren Kellner, lernt mit 21 Jahren den jungen Aristokraten kennen, an dessen Statt er reist. Kehrt mit 22 zurück. Arbeitet bis 27 als Hoteldieb. Von 27 bis 32 im Zuchthaus. Heirat mit 34. Gerät mit 39 wieder in Untersuchungshaft und wird von Polizisten an das Sterbebett seiner Frau begleitet. Flucht aus dem Untersuchungsgefängnis und Entweichung nach England« (Notizblatt F 560). Felix Krull hätte also eine einjährige Weltreise unternehmen sollen. Von Lissabon aus wäre er in den Spuren von Manns Schwiegermutter Hedwig Pringsheim-Dohm gegangen. Sie war im November 1907 zu einer Reise nach Argentinien aufgebrochen, um dort ihren Sohn Eric in Buenos Aires zu besuchen, und stellte Mann danach ihr Reisetagebuch zur Verfügung.

Das Buch der Kindheit

In den ersten Wochen des Jahres 1910 befand sich Thomas Mann noch in der Konzeptionsphase. Nach dem 17. Februar begann er endlich mit dem Schreiben. Im Sommer 1911 lag vermutlich das ganze *Buch der Kindheit* vor. Da der *Krull* als Novelle geplant gewesen war, fehlt dem frühen Manuskript eine Kapiteleinteilung.

Der Erzähleingang ist schon das Ende: Krull, der mit sich selbst beginnt, mit Geburt und Herkunft, hat alles schon hinter sich. Er steht am Ende seines öffentlichen Wirkens. Gleichzeitig verlängert und amplifiziert er es eben durch sein Erzählen. Es gibt vom Spieler zum Erzähler im Doppelsinne keinen Sprung. Dieser lobt den Helden, der er war, wie er den Erzähler lobt, der er ist. Er ist des Spiels nicht müde. Mit seinem schiefen Wahrheitspathos und der ewigen *captatio benevolentiae* führt er bruchlos fort, was der Held einst tat – er hochstapelt fröhlich weiter.

Schon sein Vater Engelbert ist ein Schaumschläger, Verpackungskünstler und Etikettenschwindler, der den Sekt panscht, ein fallierender Unternehmer ohne Arbeitsethos, ein dem Genuss ergebener Schürzenjäger und Viertelsfranzose von Grazie. Felix spricht indes immer nur gut von ihm und ahmt sein Täuschen willig nach. Aber er hebt sich von ihm auch ab. Denn anders als dieser ist er diszipliniert und willensstark; nie würde er seinem Leben selbst ein Ende setzen.

Im zweiten Kapitel werden die Motive des Schlafs, Glücks, Narzissmus, der Leibesschönheit und Auserwähltheit, Kindlichkeit, Einsamkeit und der Androgynie eingeführt. Wie Hanno Buddenbrook besitzt Felix Krull eine außergewöhnliche »Begabung zum Schlafe« (GKFA 12.1, 14). Seine »metaphysische Erquickung durch den Schlaf« (Notizblatt F 594) entspricht Thomas Manns »mystischem Glauben an die Kraftquellen der Nacht und des Schlummers« (an S. Fischer, 22. 12. 1903; Fischer 1989, 404). Wörtlich lässt er Felix Krull aus seinen eigenen Bekenntnissen, der essayistischen Improvisation *Süßer Schlaf* von 1909, abschreiben (vgl. GKFA 14.1, 202 f.; GKFA 12.1, 14). Für die dann auch im *Zauberberg* und in *Joseph in Ägypten* abgewandelte Morpheus-Thematik, die zu Novalis und Wagner zurückführt, hat Mann sowohl psychoanalytisches als auch metaphysisches Vokabular verwendet.

Krulls Vorname stand schon Anfang 1906 fest (Notb II, 148). Felix hat seinen Namen aus eigener Kraft – ein so dicht unter die Glückssonne gestellter Held konnte gar nicht anders heißen. Krull ist ein märchenhaftes Glückskind, und er weiß es. Er ist im »Wonnemond« geboren und hält sich für einen Götterliebling, »ein Gunstkind der schaffenden Macht und geradezu von bevorzugtem Fleisch und Blut« (GKFA 12.1, 57). Dass er ein Sonntagskind war, lehnte sich nicht an den historischen, wohl aber an den mythischen Goethe an, und daneben auch an Thomas Mann selbst (vgl. GW XI, 450). Dabei ist Felix nicht nur der naive Hans im Glück, sondern auch Soldat – das Glück fällt ihm nicht nur zu, es will auch errungen werden.

Mit dem *Krull* erarbeitete sich Mann einen neuen Glücksbegriff. Nicht mehr der Tod war, im Sinne Schopenhauers, das Glück – wie es noch in *Buddenbrooks* geschrieben stand –, sondern, im Sinne Goethes, das Leben. Im *Krull* war Glück nicht mehr das Privileg der anderen, zu denen die Sehnsucht hin- und aufblickte; glücklich war hier der Held selbst. Krulls Glückskindschaft wurde dann von Joseph, dem schönen Schelm und Gottesschalk, übernommen und weiterentwickelt.

Und wie später der junge Joseph ist auch Felix von überirdischer leiblicher Schönheit. Zur Wohlgestalt trägt alles bei: Haut und Haare, Zähne und Fingernägel, Augen, Beine und Stimme, der rheinländische Tonfall. Überdurchschnittlich sind auch die Leistungen seiner Sinne, so das Hörvermögen. Alle Welt liebt Felix Krull, am meisten aber liebt er sich selbst. Diese Liebe und Leibvergötterung ist unbegrenzt, er kritisiert sich nie und schämt sich nie. Krulls Narzissmus öffnet Verbindungen zu mannigfachen Motivfeldern. Die Liebe zu sich selbst ist zugleich Liebe zur ganzen Welt, von der man wiedergeliebt sein will. Mit ihr verbunden sind der Glaube an Andersartigkeit und Auserwähltheit und die exklusive Liebe zum Ebenbürtigen. Denn damit einher geht die selbstgewählte Distanz und Einsamkeit. Der sich selbst liebt, braucht keine Freunde, er genügt sich selbst.

Zeitlebens ist Krull »Kind und Träumer« (GKFA 12.1, 63). Dies gilt auch für seine erotischen Verhältnisse: Krull bleibt, von der »Ammenbrust« (ebd., 60) bis zum »königlichen Busen« (ebd., 444), ein »Brustkind[]« (ebd., 207) – und alle Geliebten sind älter: Genovefa, die wie alle Prostituierten Manns nichtdeutsche Rozsa, bei der er einen Liebeskursus absolviert, Madame Houpflé, Maria Pia Kuckuck. Ist diese bewahrte Kindlichkeit nun ein Protest gegen die Welt hartgesottener Erwachsener, Rettung der Kindlichkeit in der Wüste der adulten Jahrzehnte? Es scheint weniger Defizit zu sein als Qualität: Denn Krull nimmt an der Erwachsenenwelt sehr wohl teil. Daneben bleibt er *auch* Kind – wie jeder Künstler.

Im zauberischen Zwischenbereich der Uneindeutigkeit liegt auch Krulls Typ: »Seidenweiches Haar, blond, graublaue Augen, fesselnder Gegensatz zu der goldigen Bräune der Haut. Unbestimmt, ob blond oder brünett von Erscheinung«, lautet eine Notiz (Notizblatt F 551). Als Hermaphrodit verkörpert Krull die erotische Utopie jenes einstigen heilen Zustands. Über Krulls Körper – und seine vor dem Zollbeamten betonte geteilte oder doppelte Nationalität – hinaus wird Androgynie zum Leitmotiv. Immer wieder begegnet das Prinzip des Doppelten, des Doppelwesens und Doppelbildes, das dem »Doppelleben« (GKFA 12.1, 264) der Hochstaplerexistenz entspricht.

Schon als Kind träumt Krull von sozialer Erhöhung, von Größe, Macht und Herrschaft über die Menschen, von Bewunderung und Liebe, Vornehmheit und Reichtum. Man kann diese Erhöhungsträume als Kompensation katastrophischer Erfahrungen lesen: von Schulversagen, sozialer Ächtung und Einsamkeit. Krull spielt das Prinzenspiel, er gibt das Wunderkind. Im Pariser Hotel durchläuft er eine Karriere. Dann wird er scheinbar Adliger, und zuletzt steht er vor dem portugiesischen König. Aus Krulls Sicht ist der ›Aufstieg‹ Korrektur: Der gesellschaftliche Rang wird dem Adel seiner Natur gleichgestellt. Im Gegensatz zu Joseph ist sein Werdegang jedoch kein wirklicher Aufstieg. Adliger wird Krull nicht, er spielt dies bloß vor. Seine »Nobilitierung« geschieht nur zum Schein und auf Zeit. Aber immerhin: Als Schauspieler hat er lange Erfolg. Dabei wartet er nicht, bis das Leben ihn nach oben schaukelt, er führt die Chancen selbst herbei. Tätig setzt er den Traum um in Schein. Und Schein ist Welt.

Eine vielschichtige Figur ist auch Krulls Pater Schimmelpreester. Manches wird im Unklaren gelassen, so die Umstände seines Verschwindens aus Köln (wegen homosexueller Vorkommnisse?) oder ob ihm der Professorentitel tatsächlich zukomme. Er weiß jedenfalls ein Scheitern hinter sich. In Eltville ist er Außenseiter. Er wird zum Mönch und ›Priester‹, der auf Geselligkeit weitgehend verzichten muss. Von seiner Kunst ist weniger die Rede als von seinem Künstlertum. Er beherrscht den Kunstschwindel und wird so zum Komplizen Engelbert Krulls. Gleichzeitig distanziert er sich von dessen Verpackungsbetrug. Wie sich am Phidias-Motiv zeigt, reflektiert er das Künstlertum und wird so zum Sprachrohr des Autors.

Bei Schimmelpreester darf Felix sich verkleiden. Natürlich stellt die Verkleidungskunst eine Voraussetzung des Hochstaplerberufs dar. Aber sie greift auch ins Metaphysische: Die Änderung des Äußeren befreit für kurze Frist von der Last der Identität und Festgelegtheit. Die Maskierung scheint die eigene Existenz ins Verfügbare zu weisen.

Das fünfte Kapitel gilt dem Theaterbesuch in Wiesbaden und der schopenhauerischen Illusionsthematik. Felix lässt sich im Theater nicht genießend gehen und kunstverzaubern, sondern *beobachtet*. Mit demselben Erkenntnisinteresse wird er wach und distanziert auch im Pariser Zirkus sitzen. Er studiert die Wirkung und wie man sie herstellt, denn im Schauspieler Müller-Rosé, dem schweinsäugigen Operettenbonvivant und unerreichbaren Urbild bezwingender Leichtigkeit, steht Krull sich selbst gegenüber. Der Protagonist ist histrionisch-proteushaft verkleidet und täuscht. Aber das Publikum *will* ja Schein und ›Lüge‹. Besondere Ansprüche an die Verführungskunst stellen sich nicht, wo solche Entschlossenheit vorherrscht, sich zum Glück und Ende in die Flamme zu stürzen; von Verführung und Betrug kann im Grunde gar nicht mehr gesprochen werden. Krulls Theater-Erfahrung ist beispielhaft. Sie steht für Welterfahrung, denn Krull theatralisiert das Leben und nimmt alle Welt als Bühne.

Dann folgt, wie in *Wilhelm Meister* und in *Dichtung und Wahrheit*, der Gang hinter die Kulissen, der Abstieg in Müller-Rosés Garderobenhölle. Dort wird der rothaarige Schauspieler nietzscheanisch abgeschminkt. Das Publikum hat kein Interesse daran, ihn in seiner ordinären Hässlichkeit zu sehen. Für Felix aber, der von der barocken Predigt Schimmelpreesters über das Wesen der Natur kurz zuvor auf diese Erfahrung eingestimmt worden ist, stellt es ein initiatorisches Urerlebnis dar. Er wird desillusioniert und lernt so die Gesetze der Illusionierung kennen. Müller-Rosé, der bezeichnenderweise einen deutsch-welschen Doppelnamen trägt – und was für einen –, wird zugeschrieben, was Nietzsche an Wagner kritisierte. Die Leistung des Künstlers besteht in der Vollkommenheit des produzierten Scheins. Kunst ist Zauber und Täuschung, ihr Boden aber ernüchternd. Hinter dem »Traum- und Musterbild« verbirgt sich eine unappetitliche, vulgäre Existenz. So entlastet Müller-Rosé Felix Krull, denn was über ihn gesagt wird, kann bei Krull, dem eine so krude Entlarvung nicht stünde, unausgesprochen bleiben.

Unterbrechung 1911–1912

Wahrscheinlich lag das ganze erste Buch vor, als es zur ersten Zäsur kam. Am 26.5.1911 reisten Thomas und Katia Mann nach Italien. Der Aufenthalt in Venedig führte vermutlich sogleich zur Arbeit am *Tod in Venedig*, welche ein Jahr in Anspruch nahm.

Zweites Buch

Ab Juli 1912 arbeitete Thomas Mann wieder am *Krull*. Felix sinkt zum Zuhälter und Dieb ab, bevor er umso glanzvoller auferstehen und, unter kluger Vermeidung von Irrwegen und Sackgassen, ans Licht der sozialen Blüte drängen wird.

Felix Krull stammt nicht aus Kaisersaschern, sondern aus dem zum Erzbistum Mainz gehörigen Eltville. Er ist der erste und einzige katholische Held im Werk Thomas Manns. Seine Konfession spielt indes keine große Rolle. Während Mutter und Schwester »eifrige Katholikinnen« (GKFA 12.1, 73) sein sollen, ist sein eigener Glaube lau und flau, undogmatisch und ohne jeden praktischen Bezug. Wesensmäßig ist er nach der Absicht des Autors ein »Protestant« (Tb 14.9.1918). Mit seinen Sinnen, vor allem dem Geruchssinn, steht er der katholischen Kultur immerhin nahe, und auch seine Augen sind Medien sinnlich-sehnsüchtiger Vereinigung. Die Etablierung und Konsolidierung der »Pension Loreley« in der Groß- und Goethestadt Frankfurt a.M. macht ihn zum Beobachter der schönen Welt. Wie schon beim Pralinendiebstahl genießt er jene Augenlust, die nach Nietzsche den Rauschzustand des apollinischen Traumkünstlers ausmacht. Noch muss es beim Studium der Salons und der Kutschenszenen bleiben. Noch sind die Schaufenster und Glastüren Mauern. Noch ist Krull ausgeschlossen.

Das fünfte, das Musterungskapitel, ist eines der berühmtesten geworden. Krull simuliert und entgeht dem Militärdienst. Dies ist das Gesellenstück auf dem Weg zur Hochstapler-Meisterschaft. Auch Manolescu hatte das Schauspielern vor dem Spiegel geübt, und auch er hat erfolgreich simuliert. Dass es ein Epilepsieanfall ist, der vorgetäuscht wird, geht vermutlich auf den Mailänder Psychiatrieprofessor Cesare Lombroso zurück, der glaubte, eine epileptoide Veranlagung beim Kriminellen wie beim Genie festzustellen.

Trotz der Fahnenflucht gehört Felix zu den ›Militaristen‹ und ›gespannten Helden‹ Thomas Manns, als deren Muster er den heiligen Sebastian und Hans Christian Andersens *Standhaften Zinnsoldaten* angegeben hat. Sie kennzeichnete eine Mischung aus Nietzsches Lehre vom asketischen Priester, Schopenhauers Leidensphilosophie, Protestantismus und friderizianischem Soldatentum. Ein Held war in den Augen Thomas Manns, wer der Schwäche Größe abtrotzte. Dies gilt auf seine Weise selbst für Krull: Auch er reklamiert für sich Zartheit, Affinität zu Leiden und Krankheit und einen Heroismus der Schwäche. Er spricht von seinem »schwierige[n] und gefährliche[n] Leben« (GKFA 12.1, 62), das nach einer »strenge[n] und angespannte[n] Führung« (ebd., 63) verlange, und rückblickend hält er fest, »kriegerische Strenge, Selbstbeherrschung und Gefahr« seien seine »hervorstechendsten Merkmale« gewesen (ebd., 126). Nur weil er sich weigert, in ein »plump tatsächliches Verhältnis« einzutreten, wird er nicht Soldat, sondern Hochstapler, der aber soldatisch leben muss. Diese Haltung entsprach Manns eigener Situation, der als Schriftsteller und repräsentative Existenz ›im Gleichnis‹ lebte.

Die große Unterbrechung 1913–1950

Im Juli 1913 begann Thomas Mann mit der Arbeit am *Zauberberg* und räumte den *Krull* vom Schreibtisch. Es lagen die ersten fünf und das wohl unvollendete sechste Kapitel des zweiten Buches vor. Was führte zu dieser im Rückblick epochalen Unterbrechung? Weshalb blieb, anders gefragt, Thomas Mann nun schon zum zweiten Male stecken? Einige der möglichen Gründe hat er selbst benannt: Zum einen meinte er, im vorhandenen Teil »schon alles Wesentliche gegeben« zu haben (GKFA 22, 491). Ein weiterer Grund war das Problem der stilistischen Äquilibristik. Krulls Schreibstil war schwierig: Da musste im Ton zwar zu hoch gegriffen werden, aber auch nicht wieder zu sehr; da musste der richtige Ausdruck aufs Präziseste verfehlt werden, denn in der Verfehlung lagen Komik und Erkenntnis. Die zweischneidige Mischung aus Unbildung, euphemistischem Schwindel, Direktheit, preziösem Schnörkel und dem aufgesetzten Pathos der Beichte stellte außergewöhnliche, ermüdende Anforderungen. 1923 schrieb Thomas Mann sodann, er sei damals vielleicht auch stecken geblieben, weil er »den extrem individualistischen, unsozialen Charakter des Buches als unzeitgemäß« empfunden habe (ebd.). Hinzu kam zudem eine gewisse Ratlosigkeit über die weitere Gestaltung der Hauptfigur. Krull sollte ein Künstler sein, ja. Aber was für ein Künstler? Die Antwort fiel weiterhin nicht einfach, was mit Manns im selben Jahr bekundeter »Unfähigkeit« zusammenhing, »mich geistig und politisch eigentlich zu orientieren« (GKFA 21, 535). Bevor die Hauptfigur neue Konturen gewinnen konnte, musste er sich selbst neu positionieren.

Schließlich ergab sich mit dem *Zauberberg* ein neues, anziehendes Vorhaben. An Abbruch war nicht gedacht. Thomas Mann hielt das Krull-Konvolut, Handschrift, Notizen, Drucksachen, Bilder, zusammen und führte es durch alle Stationen seines Lebens mit sich.

Vorabdrucke

Nachdem schon seit 1911 erste Bruchstücke erschienen waren, folgte 1922 das ganze *Buch der Kindheit*, 500 nummerierte Exemplare im Wiener Rikola-Verlag. Die mit sechs Original-Lithographien von Oskar Laske versehene Luxusausgabe kannte – wie das Manuskript der ja als Novelle geplanten Erzählung – noch keine Kapitel-Einteilung. 1929 erschien das *Buch der Kindheit* erneut bei der Deutschen Verlags-Anstalt, mit einem Umschlag von Emil Preetorius. Erstmals wurde für diese Ausgabe eine Kapiteleinteilung vorgenommen. 1937 folgte eine um das erste bis fünfte Kapitel des zweiten Buchs erweiterte Fassung beim Amsterdamer Exil-Verlag Querido, 1948 dann eine Neuausgabe.

Späte Arbeitsphase

Zwei Weltkriege gingen über das frühe Fragment hinweg. Viel kam in der dekadenlangen Phase der Latenz dazu: die intensive Beschäftigung mit der Psychoanalyse und vor allem das zwischenzeitliche Werk, insbesondere der *Joseph*, der zur künstlerischen Hauptfrage des Wiederbeginns wurde. Denn der Gedanke, jemals den *Krull* fortzuführen, wurde Mann erschwert, weil ihm »die Figur des Krull durch den Joseph überholt und übertroffen schien« (DüD I, 365). Vor dem von ihm selbst erhobenen Vorwurf, sie sei zu leicht, versuchte Mann die Geschichte stofflich zu retten, indem er Umgewichtungen vornahm: Das Kriminalistische verliert zunehmend an Bedeutung, dafür wird der Hochstapler zum Hermes-Kind, zum *mythischen Hochstapler* erhöht. Hermes war seit je Thomas Manns Lieblingsgott – als Kind hat er ihn selbst gespielt (vgl. GKFA 14.1, 81). Das Hermes-Mythologem bot nun gleich mehrere erzählerische Chancen (Wysling 1982, 254 ff.): Es »steigerte« Felix Krull und ließ ihn hinter Joseph nicht völlig zurückbleiben. Und es erlaubte Mann, im Signum der Lebenseinheit zu zeigen, wie sich sein Leben seit je auf das Hermes-Mythologem zubewegt hatte. Hermes war recht einfach in die schon bestehende Werkstruktur einzufügen, denn vieles erwies sich bereits im *Buch der Kindheit* günstig angelegt – Felix war dort schon Kind, Dieb und Schelm. Was die körperliche Schönheit betrifft, musste allerdings leicht geändert werden. Bis 1948 besaß Krull noch die etwas zu kurzen Beine Goethes. Sie wurden nun verlängert – vor Madame Houpflé präsentiert Felix Hermesbeine von vollkommenem Maß.

Auch persönlich stand Thomas Manns nicht mehr dort, wo man ihn 1911 zu situieren hat. Er war Repräsentant geworden, zuerst der geistige Repräsentant der Weimarer Republik, dann jener des deutschen Exils. Auch dieses blieb, worauf Koopmann wiederholt hingewiesen hat (vgl. Koopmann 2005, 14 ff.), im späten *Krull* nicht ohne Spuren. Ob Thomas Mann den *Krull*-Stoff benutzt hat, um in Felix ein triumphales Selbstporträt zu schaffen, den Idealtypus des glücklich-sieghaften Exilanten, der aus jeder Not eine Tugend, aus jedem Müssen ein Wollen, jedem Zwang eine Freiheit macht und der sich glücklich auf ewiger Wanderschaft begreift, wissen wir nicht. Aber als solcher kann er gelesen werden. Krull kennt weder Geld- noch Pass-Sorgen, kommt überall hin, spricht alle Sprachen der Welt, und wird in der Fremde, in der er sich sofort zu Hause fühlt, nicht erniedrigt, sondern gegen alle Voraussetzungen und Umstände immer nur erhöht. Vor allem empfindet er den zeitweisen Verlust der Identität nicht als Verlust, sondern als Befreiung und Erfrischung.

Krulls Steigerung von der Goethe-Parodie zur Hermes-Figuration bedeutete keine Abwendung von Goethe. Im Gegenteil: Thomas Mann las in den Jahren 1951 und 1952 immer wieder in *Dichtung und Wahrheit*, und die Fortführung des *Krull* überhaupt stand auch im Zeichen seiner *imitatio* Goethes. Wie dieser mit dem *Faust* seinem Lebenswerk Geschlossenheit verliehen hatte, konnte das Thomas Mann nun auch mit dem *Krull* erreichen. Dessen Anlehnung an *Faust II* verlieh ihm mehr Gewicht und weitere Bedeutung. Dabei ließen sich das Felix- und das Luzifer-Motiv ungezwungen verknüpfen, auch weil Faust und Felix über das Einsamkeitsmotiv schon innerlich verwandt waren.

Am 26. 12. 1950 schrieb Thomas Mann zum ersten Mal nach fast vier Jahrzehnten wieder am *Krull*. »[I]ch bin neugierig, ob man die Naht spüren, den Stilbruch bemerken wird. Ich habe mich bemüht, ihn möglichst wenig merken zu lassen und den alten Ton festzuhalten gesucht«, meinte Thomas Mann 1954 (GW XI, 530). Das konnte indes nur bedingt gelingen. Das Erzähltempo wird langsamer, die Zeitspannen werden verkürzt, die Kapitel ausgedehnt. Die Handlungen werden noch stärker reduziert; an ihre Stelle treten vermehrt Gespräche. Exkurse beulen sich aus. Stoff und Wortschatz erfahren eine starke geographische und historische Ausweitung.

Nicht leicht ließ das Späte sich dem Frühen anschließen. Der späte *Krull* entsteht unter der Bedingung der Reduziertheit, der körperlichen und seelischen Mattigkeit, dem Entsetzen vor der Unproduktivität. Man mag über die Berechtigung von Manns Skrupeln streiten. Sie zeigen jedenfalls aber, wie wach und scharf sein künstlerisches Gewissen weiterhin war.

Drittes Buch

Nachdem Thomas Mann das erste Kapitel des dritten Buchs abgeschlossen hatte, schrieb er einen »Cirkus-Nachtrag« und beschloss, das sehr lang gewordene Kapitel aufzuteilen. Im Cirkus Stoudebecker trifft Krull auf weitere Künstlerfiguren, Akrobaten und Clowns, und vor allem auf Andromache, die hoch über dem Festen und Gegründeten das *vivere pericolosamente* übt. Nun steigt Krull zum Kellner auf, als der er von Anfang an geplant war. Ein reales Vorbild für Eleanor Twentyman, der er aufwarten darf, war die junge Amerikanerin Cynthia Sperry, der Thomas Mann im Sommer 1945 begegnet war. In dem ›flirt‹, der sich ergab, spiegelte er dann ein wenig Goethes Altersliebe zu Ulrike von Levetzow. In der ursprünglichen Fassung der Twentyman-Episode wurde Krull nicht nur von der Tochter erotisch bedrängt, sondern auch von deren Eltern. Erika Mann bat ihren Vater eindringlich um das Fallenlassen dieser Teile, denn nach dem englischen Trio wäre die Steigerung im Doppelbild von Mutter und Tochter Kuckuck kaum mehr möglich gewesen. Thomas Mann schrieb daraufhin die Szene um.

Seit 1947 erwog Mann, den *Krull* in die Nachfolge des Abenteurer- und Schelmenromans zu stellen. Im Januar und Februar 1951 las er Grimmelshausens *Simplicissimus* erneut »sehr angelegen« (Tb 12. 1. 1951). Die Picaro-Tradition verschaffte dem Roman neues Gewicht.

Im vierten Kapitel kommt die Geschichte zu einem ihrer Kernelemente. An Marquis de Venosta wird die Idee der Vertauschbarkeit durchgespielt. Krull übernimmt für ein Jahr die Identität des Marquis: Namen, Titel, Handschrift, Lebensgeschichte, Verwandtschaft. So geht die Reise los. Professor Antonio José Kuckuck, auf den Felix Krull auf der Fahrt nach Lissabon trifft, ist eine der vielschichtigsten Figuren in Manns Werk überhaupt. Er ist ein Aufklärer und Mentor mit außergesellschaftlichem Standort, ein gesteigerter Schimmelpreester mit Sternenaugen. Er schaut und durchschaut. In Kuckuck und seinen Lehren steckt neben der Naturwissenschaft (den Physikern und Biologen Paul Kammerer, Ernst Haeckel, Edgar Dacqué, Lincoln Barnett, James Jeans, Maurice Maeterlinck) auch die halbe Kultur- und Geistesgeschichte: Novalis, Schopenhauer, Freud, Goethe, Wagner. Schließlich ist diese mythologische Götterdämmerung auch ein Gespräch zwischen Vater und Sohn, zwischen Gott und Gotteskind, in der christlichen wie der griechisch-mythologischen Figuration. Zuletzt hat Thomas Mann in Kuckuck, dem szientifischen Magier und Weltmärchenerzähler, sich selbst dargestellt und parodiert. Seine nächtlichen Causerien stellen in mehrfachem Sinn letzte Fragen. In dem vermeintlich heitersten Roman Manns ist es vielleicht das philosophisch dichteste Kapitel, und gleichzeitig »eine Rekapitulation fast aller Hauptthemen und -motive von Thomas Manns Lebenswerk« (Wysling 1996, 289). Kuckucks Lehren gipfeln in der Allsympathie. Sie ist im Wesentlichen erotisch, Allbejahung und symbolische Vereinigung mit dem All. Das Sein verdiene Sympathie, und zwar wegen seiner Vergänglichkeit. So wird die Welt in all ihrer Nichtigkeit wertvoll. Das Gesellschaftliche ist hier ins Ontologische amplifiziert, und wer Schein erzeugt, entspricht also nur dem illusionären Charakter der ganzen kosmischen Festveranstaltung. Eine großartigere Annahme und Bejahung von Krulls Wesen kann es nicht geben, er fährt, wie einst bei Genovefa, mit Begeisterung »gen Himmel«, und nicht wirklich getrübt wird sein Narzissmus durch die Erkenntnis, dass seine eigenen Hochstapeleien gegen den grandiosen Trug des Seins doch etwas abfallen.

Das letzte Kapitel, das vom Stierkampf handelt, schließt strukturell an die Müller-Rosé-Begegnung im ersten und die Zirkus-Episode im zweiten Buch an: Jedes Buch bietet eine andere Form von Schauspiel. Auch der Stierkampf ist Theater und Zirkus, kein Sport, sondern Kult, Religion, Weihe, Prozession, Opferspiel.

Damit war es getan. Am 26. 12. 1953 hält das Tagebuch mit unübersehbarer Ambivalenz fest: »Schloß das III. Buch und damit den ›Ersten Teil‹ der Krull-Memoiren ab. Etwas ist getan, wieviel es nun wert sei.« Zum Weiterschreiben fand Thomas Mann den Antrieb nicht. Nach der Richtung, die die Erzählung genommen hatte, hätten die alten Pläne kaum mehr *tel quel* umgesetzt werden können. Gemäß einem Brief Erika Manns vom 22. 9. 1967 an Hans Wysling (Erika Mann, Bd. 2, 190) soll ihr Vater geplant haben, Krull in der Nachfolge der historischen Hochstapler Serge Alexandre Stavisky und Ivar Kreuger zu einem Hochstapler von geschichtlicher Mächtigkeit aufsteigen zu lassen. Krull hätte demnach in Europa eine ähnliche Wirksamkeit entfalten sollen wie Joseph in Ägypten.

Das Buch wurde am 27.9.1954 ausgeliefert. Schon im Januar 1955 erschien die dritte Auflage. In der DDR erschien 1955 im Aufbau-Verlag eine Lizenzausgabe. Auch sie wurde glänzend verkauft. Die Kritik entsprach der animierten Empfänglichkeit des Publikums. Alle großen Zeitungen und Zeitschriften im deutschen Sprachraum besprachen den Roman. Sie verfassten nicht nur Publikumsrezensionen, sondern suchten den Roman auch geistesgeschichtlich einzuordnen. Im Jahr 1955 folgte die englische Übersetzung *Confessions of Felix Krull, confidence man.* Auch sie wurde in den USA und in England im Allgemeinen sehr gut aufgenommen. Der Tenor ging dahin, es sei »the most readable of Thomas Manns' many books« (A different Mann, in: *Cleveland News*, 1955).

»Fortsetzungen« durch Dritte

1958 veröffentlichte der F. A. Herbig-Verlag den Roman *War ich wirklich ein Hochstapler?*, in dem versucht wurde, die Fäden des Fragmentes weiterzuspinnen. Beim Autor handelte es sich um Walter Thomas, den ehemaligen Propagandareferenten des Gauleiters von Wien Baldur von Schirach. Thomas musste sich dann auf Druck des S. Fischer Verlags und der Erben verpflichten, das Buch umzuschreiben und alle Namen und Orte, die im *Krull* vorkommen, zu eliminieren. Bei der 2. Auflage 1962 verwendete er das Pseudonym Hans Peter Dorn.

1961 veröffentlichte der Wiener Autor Robert Neumann, der sich den Ruf eines ›Meisterparodisten‹ erworben hatte, im Verlag Kurt Desch die Erzählung *Olympia*. Es war keine eigentliche Fortsetzung, vielmehr die parodistische Lebensbeichte der Schwester Felix Krulls. Auch bei Neumanns Buch, das sich gut verkaufte, kam es zu einer juristischen Auseinandersetzung, die damit endete, dass Neumann einige Zeilen umschreiben musste.

Zur Forschungsgeschichte

Der *Krull* ist bei weitem nicht so häufig untersucht worden wie etwa der *Zauberberg* oder der *Doktor Faustus*. Erst nach und nach kam es zu einer ›Verwissenschaftlichung‹ der Rezeption. Die ersten Arbeiten in Europa und den USA widmeten sich unterschiedlichen Themen. Zu den untersuchten Motiven gehörten Humor, Moralität und Betrug. Eva Schiffer wies auf den Einfluss von Manolescus Memoiren bei der Entstehung des Romans hin; auch Herbert Lehnert untersuchte dessen Genese. Mehrere Arbeiten beleuchteten Sprache und Stil des Romans, auch die Erzählerfigur. Einige Autoren stellten den *Krull* in die Tradition des Bildungs-, des Künstler- und vor allem des Picaro-Romans. Helmut Jendreieck setzte ihn in Beziehung zu Goethes *Faust*. Eva Schiffer unternahm es 1982, Manuskript und Druckfassung philologisch zu vergleichen und die Veränderungen zu interpretieren.

Der Zürcher Archivleiter Hans Wysling, der seit den späten 1960er Jahren wichtige Einzelstudien zum *Krull* vorgelegt hatte (vgl. u. a. Wysling 1996), bündelte sie 1982 in seiner Untersuchung *Narzissmus und illusionäre Existenzform*. Seine psychoanalytisch orientierte, auf den Materialien basierende Studie war bei ihrem Erscheinen das *opus magnum* der Thomas-Mann-Forschung überhaupt. Ihre Tiefenbohrung bildete den schlagenden Beweis dafür, dass dieser Roman kein Leichtgewicht war, sondern von unübersehbarem literarischem, psychologischem und mythologischem Reichtum.

Mechthild Curtius (1984) ging den erotischen Phantasien nach. Thomas Sprecher (1985) untersuchte den Einfluss Goethes und seiner Autobiographie auf den Roman. In der Folge erschienen mehrere für den Schulgebrauch gedachte Arbeiten. So lieferte Werner Frizen 1988 eine konzise und souveräne Interpretation des Romans. Schon vorher hatte er in mehreren Aufsätzen die Bezüge des Romans zu Richard Wagner herausgestellt. Verschiedentlich stellte Helmut Koopmann den *Krull* als Exilroman vor und betonte auch den Einfluss Heinrich Manns auf das Werk. Neue Erkenntnisse stammten aus der Edition der späten Tagebücher. Sie ließen weitere autobiographische Einflüsse auf den Roman erkennen, insbesondere jene des Kellners Franz Westermeier im Zürcher Grand Hotel Dolder 1950, welcher James Northcote-Bade, Jens Rieckmann und Thomas Sprecher nachgingen. 1995 kam es in Lübeck zu vermutlich dem ersten Kongress zum *Krull*.

Malte Herwig untersuchte erstmals umfassend die naturwissenschaftlichen Quellen des Romans. Yahya Elsaghe widmete sich dem *Krull* in zahlreichen provokativ-kreativen Einzelstudien. In aufsässig genauer, ideologiekritischer, psychoanalytisch interessierter Lektüre spürte er den dem Dichter vielleicht selbst kaum bewussten Vorurteilen, zum Beispiel in rassenbiologischer, geschlechtlicher, konfessioneller oder nationaler Hinsicht, nach, an denen er und sein gesellschaftliches Umfeld teilhatten und die in seine Figurenzeichnung Eingang fanden. Anlässlich des 50-Jahr-Jubiläums des Erscheinens des *Krull* 2004 galt dem *Krull* wieder ein Kolloquium der Deutschen

Thomas-Mann-Gesellschaft. Gleichzeitig kam es zu der Ausstellung *Szenen einer schönen Welt*. Die Ausstellung folgte den Reisestationen Krulls: Eltville, Frankfurt, Paris und Lissabon. Thematische Schwerpunkte bildeten die Entstehungsgeschichte, Autobiographie, Narzissmus, Hochstapler, Sexualität, Mythologie, Kriminalität, Naturwissenschaft, Philosophie und das Reisemotiv. Zu sehen waren Manuskriptseiten und Arbeitsmaterialien wie Zeitungsausschnitte, Artikel aus Illustrierten und Reiseprospekte, Bücher und Notizblätter. Eine Dokumentenmappe enthielt die Faksimiles ausgewählter Materialien und ein Katalogheft mit einem Essay von Helmut Koopmann (2005). 2006 stellte der Schriftsteller Martin R. Dean Felix Krull »als Modell weltläufigen Erzählens« dar. Untersucht wurde ferner die Struktur der Ironie in dem Roman (Grabowsky 2008).

2007 fand Thomas Mann Anschluss an den Diskurs der *Animal Studies* mit Cha Kyung-Hos Studie *Karnevaleskes Tier-Werden: das Ende des Menschen in Thomas Mann »Bekenntnisse des Hochstaplers Felix Krull«*. Weiterhin an dem Roman verhandelt wurden Themen wie Homosexualität, Narzissmus und Panerotismus, die Figur des Erzählers, Krulls Verhältnis zu Geld und Luxus, die Literarisierung des Essens in dem Roman. Im Jahr 2012 veröffentlichte Holger Pils eine umfassende Darstellung der Publikationsgeschichte und populären Rezeption des Romans. Im selben Jahr erschien der Roman im Rahmen der GKFA, herausgegeben von Thomas Sprecher und Monika Bussmann. Diese Ausgabe enthält neben dem gesicherten Text erstmals einen Stellenkommentar, Essays zu Entstehung, zur Textlage oder zur Rezeption, Materialien und weiterführende Literaturangaben.

Literatur

Cha, Kyung-Ho: Karnevaleskes Tier-Werden: das Ende des Menschen in Thomas Mann *Bekenntnisse des Hochstaplers Felix Krull*. In: Norbert Otto Eke (Hg.): *Tiere, Texte, Spuren*. Berlin 2007, 221–250.

Curtius, Mechthild: *Erotische Phantasien bei Thomas Mann. »Wälsungenblut«, »Bekenntnisse des Hochstaplers Felix Krull«, »Der Erwählte«, »Die vertauschten Köpfe«, »Joseph in Ägypten«*. Königstein/Taunus 1984.

Dean, Martin R.: Der Flügelschlag eines brasilianischen Schmetterlings: *Felix Krull* als Modell weltläufigen Erzählens. In: Manfred Papst/Thomas Sprecher (Hg.): *Vom weltläufigen Erzählen: die Vorträge des Kongresses in Zürich 2006*, Frankfurt a. M. 2008 (= *TMS* 38), 73–79.

Elsaghe, Yahya: Apokryphe Juden und apokryphe Antisemitismen in Thomas Manns späterem und spätestem Erzählwerk. In: Stefan Börnchen/Claudia Liebrand (Hg.): *Apokrypher Avantgardismus, Thomas Mann und die klassische Moderne*. München 2008, 225–242.

Elsaghe, Yahya: *Thomas Mann und die kleinen Unterschiede, Zur erzählerischen Imagination des Anderen*. Köln u. a. 2004.

Fischer, Samuel/Fischer, Hedwig: *Briefwechsel mit Autoren*. Hg. von Dierk Rodewald u. Corinna Fiedler. Frankfurt a. M. 1989.

Frizen, Werner: *Thomas Mann, Bekenntnisse des Hochstaplers Felix Krull*. München ²1995.

Gerigk, Horst-Jürgen: »Die Reize des Inkognitos«. *Felix Krull* in komparatistischer Sicht. In: *TMJb* 18 (2005), 123–139.

Grabowsky, Dennis: *Vorzugskind des Himmels: Aspekte der Ironie in Thomas Manns »Felix Krull«*. Marburg 2008.

Herwig, Malte: *Bildungsbürger auf Abwegen, Naturwissenschaft im Werk Thomas Manns*. Frankfurt a. M. 2004.

Koopmann, Helmut: *Bekenntnisse des Hochstaplers Felix Krull*. In: *TMHb*, 516–533.

Herwig, Malte: »Nur in der Jugend gestielt«. Die langen Wurzeln des *Felix Krull*. In: *TMJb* 18 (2005), 141–158.

Koopmann, Helmut: *Bekenntnisse des Hochstaplers Felix Krull*. In: *Katalogheft zur Sommerausstellung »50 Jahre Thomas Manns Felix Krull, Szenen einer schönen Welt«*. Lübeck 2005, 6–18.

Mann, Erika: *Briefe und Antworten*. Hg von Anna Zanco Prestel, 2 Bde., München 1984–1985.

Northcote-Bade, James: »Noch einmal also dies«: Zur Bedeutung von Thomas Manns ›letzter Liebe‹. In: *TMJb* 3 (1990), 139–148.

Pils, Holger: *»Thomas Manns geneigte Leser«. Die Publikationsgeschichte und populäre Rezeption der »Bekenntnisse des Hochstaplers Felix Krull« 1911–1955*. Heidelberg 2012.

Rieckmann, Jens: »In deinem Atem bildet sich mein Wort«. Thomas Mann, Franz Westermeier und die *Bekenntnisse des Hochstaplers Felix Krull*. In: *TMJb* 10 (1997), 149–165.

Schiffer, Eva: *Zwischen den Zeilen. Manuskriptänderungen bei Thomas Mann. Transkriptionen und Deutungsversuche*. Berlin 1982.

Seidlin, Oscar: Picaresque Elements in Thomas Mann's Work. In: *Modern Language Quarterly*, vol. 12, 2 (1951), 183–200; dt. »Pikareske Züge im Werke Thomas Manns«. In: *Germanisch-romanische Monatsschrift* 5 (1955), 22–40.

Sprecher, Thomas: *Felix Krull und Goethe. Thomas Manns »Bekenntnisse« als Parodie auf »Dichtung und Wahrheit«*. Bern u. a. 1985.

Sprecher, Thomas: Bürger Krull. In: *BlTMG* 27, 5–25.

Sprecher, Thomas: Der göttliche Jüngling. Anmerkungen zu Thomas Manns ›letzter Liebe‹. In: *BlTMG* 29, 25–46.

Wysling, Hans: *Narzissmus und illusionäre Existenzform. Zu den Bekenntnissen des Hochstaplers Felix Krull*. Bern u. a. 1982.

Wysling, Hans: Wer ist Professor Kuckuck? Zu einem der letzten ›großen Gespräche‹ Thomas Manns. In: Sprecher, Thomas/Bernini, Cornelia (Hg.): *Ausgewählte Aufsätze 1963–1995*. Frankfurt a. M. 1996, 285–309.

Thomas Sprecher

2 Erzählungen

2.1 *Vision* (1893)

Als im Sommer 1893 die Schülerzeitschrift *Der Frühlingssturm. Monatsschrift für Kunst und Litteratur* das Druckhaus Max Schmidt in Lübeck verließ, begann Thomas Manns Laufbahn als Schriftsteller. Als ›Paul Thomas‹ gab der achtzehnjährige Mann die Zeitschrift heraus und veröffentlichte hier erste literarische Texte, darunter die Erzählung *Vision*. Seit dem Erstdruck im *Frühlingssturm*, Doppelausgabe Juni/Juli 1893, sind einige Neudrucke erschienen. Sie reichen von den *Erzählungen* (1958) bis zur *Großen kommentierten Frankfurter Ausgabe* (2002 ff.). Über die Entstehungsgeschichte ist nicht viel bekannt, außer dem Jahr der Niederschrift: Mann schrieb *Vision* 1893, möglicherweise unter dem Arbeitstitel *Farbenskizze* (vgl. Reed 2004, 9).

Gewidmet ist *Vision* dem »genialen Künstler, Hermann Bahr« (GKFA 2. 1., 11), zu dessen Einfluss sich Mann selbst bekannt hat (vgl. Reed 2004). Passend zur narrativen Ausrichtung von *Vision* diskutierte Bahr in den Bänden *Zur Kritik der Moderne* (1890) und *Überwindung des Naturalismus* (1891) literarische Zugänge zum Erotisch-Sinnlichen sowie eine neuartige, dem Naturalismus entgegengesetzte ›Kunst der Nerven‹; parallel zur Entstehung einer neuen Psychologie forderte er eine mystisch-märchenhafte Kunst. Neben dieser vom französischen Symbolismus beeinflussten Kunsttheorie bieten die Motive der weißen Mädchenhand und der erotischen Epiphanie im Traum literaturgeschichtliche Bezugspunkte, zunächst zur deutschen Romantik. *Vision* ist als neuromantischer Text gewertet worden (Lieb 2011). Intertextuelle Bezüge bestehen v. a. zur romantischen Motivik des Traums, der Phantasie und der begehrten, aber unerreichbaren Geliebten. So ist das Motiv der geträumten Geliebten in der frühen Lyrik Heines dominant, näher kommt *Vision* jedoch einer Erzählung von E. T. A. Hoffmann: In *Das öde Haus* (1817) bricht sich die erotische Phantasie Bahn, als der Held im Fenster eines Hauses »die blendend weiße, schön geformte Hand eines Frauenzimmers [gewahrte]«. An dieser Hand, die eine »Krystallflasche« hält, funkelt »ein Brillant mit ungewöhnlichem Feuer« (Hoffmann 1985, 169). Theodor Storms *Immensee* (1849) führt die Motivik zumindest teilweise vor, wenn Reinhard die Hand von Elisabeth betrachtet und sie als Medium eines geheimen Schmerzes interpretiert. Mit Storms Gedicht *Frauenhand* (1852) nennt Paul Requadt einen weiteren, überaus plausiblen Bezugstext (Requadt 1966), während Michael Wieler (1996) Heinrich Manns Gedicht *Die Hand* (1892) als Quelle ausmacht.

Vision erzählt von einem namenlosen Ich, das sich an eine einstige Geliebte erinnert, als es abends eine Zigarette entzündet. Prompt erscheint ihm diese Geliebte als heftig begehrtes Traumbild, jedoch nur fragmentarisch: als vom Körper losgelöste Hand, die, auf einem festlich geschmückten Tisch ruhend, einen »Krystallkelch« umfasst. Macht und Begrenzung des männlichen Blicks regulieren das phantastische Geschehen, das von starken Affekten begleitet wird. Die zunehmende ikonische Dichte, der ein parataktischer Satzbau entspricht, beschleunigt das Tempo der Erzählung. Dabei wird das Unsagbare des sexuellen Akts im Bild ausgedrückt. Als das »Kunstwerk des Zufalls«, »gemalt von der Phantasie«, sich schließlich auflöst, ändert sich die Affektlage des Ichs: Was ihm vormals als erhabenes Gefühl der »Liebe«, gemischt mit »grausamer Wollust«, erschien, ist nun zum Anlass einer Rührung verdünnt (GKFA 2.1, 12).

Formal teilt sich *Vision* in einen selbstreflexiven ersten Teil und die eigentliche Halluzination, die im Stile einer Geistererscheinung mit entsprechendem »Schauder« ausgestaltet ist (ebd., 11). Dazu passt, dass die Wahrnehmung des Protagonisten, der zugleich als Erzähler dient, als »[f]ibrisch, nervös, wahnsinnig« bezeichnet wird (ebd.). Die Eingangspassage reflektiert Medium und Darstellung des Textes. So benennt die Erzählerfigur die Requisiten für einen Schreibakt: Es ist das »weißgelbe Löschpapier der Schreibmappe« (ebd.), das die Kulisse bildet, vor der geraucht, geträumt und geschrieben werden kann. Die Bezeichnung des Traumbilds als »Kunstwerk« rückt es in die Nähe des erzählten Kunstwerks, des literarischen Textes selbst. Unterdessen bekennt sich die Erzählerfigur emphatisch zur Phantasie als *imaginatio*, die eng mit dem Motiv des Blicks verknüpft ist.

Die Rezeption von *Vision* stellt ein Forschungsdesiderat dar. Der Text wurde zumeist als Archiv für Motivkomplexe erachtet, die wiederholt in Manns Œuvre auftauchen: die halluzinative Vision, die etwa im *Kleiderschrank* und im *Tod in Venedig* wiederkehrt, der Zigarettenrauch im *Zauberberg* etc. (vgl. Reed 2004, 11–14, Galvan 2011).

Die Erzählung verdankt Bildern und bildkünstlerischen Verfahren grundlegende Anregungen. *Vision* produziert ähnlich unscharfe und phantastische Bilder, wie der Rauch einer Zigarette es vermag: In seiner Unschärfe liegt die Pointe des Rauchs. Er bildet nebulöse Formen aus und motiviert die titelgebende Vision. Deren Bild erscheint konsequent rauchähnlich: Im »Dunkel verschwimmend« hat es »weiche[] Konturen«, will »schwinden« und verflüchtigt sich endlich (GKFA 2.1, 12). Der Text verweist damit auf ein Paradigma der Jahrhundertwende, das in Fotographie und bildender Kunst anzutreffen ist: Künstler wie Eugène Carrière und James Whistler, aber auch Vertreter des Symbolismus arbeiten mit flüchtigen Konturen und diffusem Licht, mit »Effekten des Verwischens und der Unschärfe«, so dass die Bildsujets fast unkenntlich werden (vgl. Ullrich 2003, 30).

Andererseits hat die Evokation von Bildern eine schriftreflexive Dimension. So produziert die Zigarette des Protagonisten »Rauchschriftzeichen, [...] über die einen Leitfaden zu verfassen« er »fast entschlossen war« (GKFA 2.1, 11). Diese Selbstbeschreibung des Textes dient als *mise en abîme* der Erzählung. Umgekehrt scheint die Bildbeschreibung »[n]icht groß: klein. Auch kein Ganzes eigentlich, aber doch vollendet« (ebd., 12) nicht nur die eigentliche Vision zu charakterisieren, sondern auch den Text *Vision* selbst. Der Titel, *Vision*, lässt sich folglich nicht nur auf das halluzinierte Bild der Geliebten beziehen, sondern kennzeichnet auch das Konstruktionsprinzip der Erzählung. Bild und Text stehen sich gegenseitig Modell.

Obwohl *Vision* den Übergang zwischen Bild und Sprache zu erkunden und die medialen Grenzen zu verwischen sucht, gehen dem offenbar keine explizit aufgerufenen Bildwerke voraus. Der Text betont vielmehr, dass er eigene Bilder zu evozieren in der Lage ist. Mit ihnen wird teils die ornamentale Optik des Jugendstils bedient, teils unterstehen sie einer Farbsymbolik, die Unschuld mit Weiß, sexuelle Verführung und Vereinigung hingegen mit Rot konnotiert.

Von der Literaturwissenschaft wurde Manns erste Erzählung selten wahrgenommen. Die wissenschaftliche Rezeption von *Vision* umfasst Studien zum Jugendstil (Requadt 1966), zur Wiener Moderne (Rosselit 1991, Ohl 1995) und zum Dilettantismus (Wieler 1996, Panizzo 2007).

Literatur

Galvan, Elisabeth: *Der Kleiderschrank* und seine Folgen. In: *TMJb* 24 (2011), 119–132.

Hoffmann, E. T. A.: *Das öde Haus*. In: Ders.: *Sämtliche Werke. 6 Bde.* Hg. von Wulf Segebrecht/Hartmut Steinecke. Frankfurt a. M. 1985 ff., Bd. 3, 163–198.

Lieb, Claudia: »Ein Geschlecht läuft neben uns her, seltsam gebildet, die Blicke dunkel und verzehrend«. Oskar Panizzas Hoffmann-Rezeption und die Münchner Neuromantik. In: *E. T. A. Hoffmann-Jahrbuch* 19 (2011), 90–112.

Ohl, Hubert: *Ethos und Spiel. Thomas Manns Frühwerk und die Wiener Moderne. Eine Revision.* Freiburg i. Br. 1995.

Panizzo, Paolo: *Ästhetizismus und Demagogie. Der Dilettant in Thomas Manns Frühwerk.* Würzburg 2007.

Requadt, Paul: Jugendstil im Frühwerk Thomas Manns. In: *Deutsche Vierteljahrsschrift für Literaturwissenschaft und Geistesgeschichte* 40 (1966), 206–216.

Rosselit, Jutta: Zwischen Bahr und Freud. Überlegungen zu Thomas Manns Prosaskizze *Vision*. In: Hans Wißkirchen (Hg.): *»Die Beleuchtung, die auf mich fällt, hat ... oft gewechselt«. Neue Studien zum Werk Thomas Manns.* Würzburg 1991, 9–25.

Ullrich, Wolfgang: *Die Geschichte der Unschärfe.* Berlin 2003.

Wieler, Michael: Der französische Einfluss. Zu den frühesten Werken Thomas Manns am Beispiel des Dilettantismus. In: *TMJb* 9 (1996), 173–188.

Claudia Lieb

2.2 *Gefallen* (1894)

Thomas Mann schrieb die Novelle als Neunzehnjähriger im Sommer 1894 während seiner ersten Münchner Monate, als er als Volontär bei der Süddeutschen Feuerversicherungsbank tätig war. Vorarbeiten datiert die Forschung in den Lübecker Winter 1893/94 (Vag 144). Erstgedruckt wurde die Novelle 1894 im November-Heft der Münchner *Gesellschaft*, der führenden Zeitschrift der Naturalisten, in der bereits im Vorjahr ein frühes Gedicht Manns erschienen war. Das einzige zeitgenössische Rezeptionszeugnis von Richard Dehmel, der dem jüngeren Autor am 4. 11. 1894 einen »warmherzigen und ermutigenden Brief« schrieb (GW XIII, 134), ist ambivalent. Neben Lob und Ermunterung steht hier Dehmels fachliche Kritik (Br Au, 142 f.), die Mann, vielleicht aus gekränktem Autorenstolz, dazu bewogen hat, den Text zu Lebzeiten aus dem publizierten Gesamtwerk auszuschließen. Er wurde posthum im Erzählungsband der Stockholmer Ausgabe (1958) nachgedruckt, später in GW (1974) aufgenommen. Die dem Erstdruck folgende Textfassung in GKFA 2.1 stellt die impressionistisch anmutende ursprüngliche Interpunktion – mit vielen Gedankenstrichen – wieder her.

Aus dieser frühen Novelle entwickelt sich die Erzählkunst Thomas Manns. Ihre Kennzeichen sind das polyperspektivische Erzählen (vgl. Engeler 2005) gegen die Sprachkrisenstimmung der Zeit, der kompositorische Beziehungssinn, die Liebe zur Selbstaussage (Vag 35). Zugleich steht die Novelle unter dem Einfluss zeitgenössischer Literaturdebatten; der Autor beruft sich auf die »Wiener Symbolistenschule« (GW XIII, 132) und setzt sich kritisch mit der sozialen Fragen der »Frauenemanzipation« (GKFA 2.1, 14) und der Idyllisierung der freien Liebe auseinander (Lehnert 2010, 16 f.). Die zentrale Anregung verdankt sich Hermann Bahr: »Die Überwindung des Naturalismus« (so der Titel von Bahrs Schrift von 1891) gelingt Mann, indem das Thema der »ètats d'âme« – der erotischen »Seelenstände« – an die neue Psychologie mit ihren deterministischen und dialektischen Merkmalen angeschlossen wird (Vaget 1975).

Die Novelle erzählt von der Enttäuschung einer ersten Liebe. Ein naiver Student muss entdecken, dass seine Geliebte, die schöne, aber launische Theaterschauspielerin Irma Weltner, für Geld die Nacht mit einem älteren Herrn verbracht hat. Das Motiv des Liebesfalls bekommt durch den soziologischen Aspekt des Künstlerprekariats einen Doppelsinn. Von erzähltechnischer Bedeutung (Lämmert 1970) ist die Verzahnung dieser Binnengeschichte mit der Rahmenhandlung, einem Herrenabend, bei dem ein Maler, ein Arzt, ein Nationalökonom und der Ich-Erzähler über die »Vorurteile[] der Gesellschaft« debattieren (GKFA 2.1, 15). Dieses Thema wird im Binnen- wie im Rahmenteil der Novelle ästhetisiert und zugleich psychologisiert: durch Naturmotive (der Flieder, der Frühling), den erzählten Raum (das bizarre Maleratelier, das Wohnzimmer der Schauspielerin), die Anspielungen auf Goethes *Faust* (die mephistophelische Kritik der »Regie da oben«, GKFA 2. 1., 15; vgl. Reed, GKFA 2.2, 22) und nicht zuletzt durch einen unzuverlässigen Erzähler (Larsson 2011, 109–111).

Gefallen hat der Forschung, die sich lange Zeit an dem sentimentalen Erzählton störte, dennoch besser gefallen als dem Autor, der sich mehrfach kokettierend über sein »schreiend unreife[s], aber vielleicht nicht unmelodiöse[s] Produkt« (GW XI, 101 und GW XIII, 134) geäußert hat. Eine Reihe von Beiträgen hat die Einflüsse untersucht, die von der realistischen Novellistik des 19. Jahrhunderts (Storm, Maupassant, Turgenjew), von Goethe (u. a. Scharfschwerdt 1967, 28–31), Paul Bourget (Schröter 1964, 35 f.; dagegen Finck 1969, 16 f.), Heinrich Mann (Lehnert 2010) sowie von der Ikonographie des bürgerlichen Kulturmilieus um 1900 ausgehen (Mergenthaler 2009, 182 f.). Besonders wichtig ist der kontrafaktische Bezug auf die naturalistische Novelle fast gleichen Titels von Hans Schliepmann, *Gefallen!* (1893). Die naturalistisch verhandelte Sozialkritik werde in Manns Novelle zur Psychologie der Dekadenz und zur Dilettantismus-Kritik modernisiert (Vaget 1975; Kamla 1993).

Literatur

Engeler, Tihomir: Der stille Beobachter Thomas Mann: Überlegungen zu einem sozial-revolutionärem Aufschrei in Manns Erzählung *Gefallen*. In: *Zagreber germanistische Beiträge* 14 (2005), 15–29.

Finck, Jean: Thomas Mann und die französische Fin-de-siècle-Literatur. In: *Revue des Langues Vivantes* 25 (1969), 5–22.

Lämmert, Eberhard: Doppelte Optik: Über die Erzählkunst des frühen Thomas Mann. In: Klaus Rüdiger (Hg.): *Literatur, Sprache, Gesellschaft*. München 1970, 50–72.

Kamla, Thomas A.: Thomas Mann's *Gefallen*: Ètats d'âme and the Bahrian New Psychology. In: *German Quarterly* 66 (1993), 510–523.

Larsson, Kristian: *Masken des Erzählens, Studien zur Theorie narrativer Unzuverlässigkeit und ihrer Praxis im Frühwerk Thomas Manns*. Würzburg 2011.

Lehnert, Herbert: Thomas Manns erste Novelle: ein Experiment des Modernismus. In: Heißerer, Dirk (Hg.): *Thomas Mann in München V: Vorträge 2007–2009. Dokumentation*. München 2010, 1–24.

Mergenthaler, Volker: Der ›eigentliche‹ »Einsatz dieser mächtigen Schriftstellerschaft«. Überlegungen zur autorgenetischen Entwertung von Thomas Manns »unreifem Früchtchen« *Gefallen*. In: Michael Ansel (Hg.): *Die Erfindung des Schriftstellers Thomas Mann*. Berlin/New York 2009, 161–190.

Scharfschwerdt, Jürgen: *Thomas Mann und der Bildungsroman. Eine Untersuchung zu den Problemen einer literarischen Tradition*. Stuttgart 1967.

Schröter, Klaus: *Thomas Mann in Selbstzeugnissen und Bilddokumenten*. Reinbek 1964.

Vaget, Hans Rudolf: Die literarischen Anfänge Thomas Manns. In: *Zeitschrift für deutsche Philologie* 94 (1975), 235–256.

Vaget, Hans Rudolf: Vision, Gefallen, Gerächt. In: *TMHb*, 553–556.

Michael Braun

2.3 *Der Wille zum Glück* (1896)

Noch unter dem Eindruck seiner ersten Italienreise, die er von Juli bis Oktober 1895 mit seinem Bruder Heinrich unternommen hatte, schrieb Thomas Mann im Dezember *Der Wille zum Glück*. Die Erzählung erschien 1896 in drei Teilen in der Satire-Zeitschrift *Simplicissimus* (1. Jg., H. 21–23). 1898 wurde sie in den Erzählband *Der kleine Herr Friedemann* aufgenommen.

Außer den Erlebnissen seiner Italienreise verarbeitet Thomas Mann in der Erzählung das Motiv der ›Blutmischung‹ als autobiographisches Element: Der Maler Paolo Hofmann, Protagonist der Erzählung, entstammt der Verbindung eines deutschen Plantagenbesitzers in Südamerika mit einer »Eingeborene[n] aus gutem Hause« (GKFA 2.1, 50). Das Motiv ist für Thomas Manns Selbstverständnis als Künstler von Bedeutung und kehrt bei späteren Künstlerfiguren wie Hanno Buddenbrook, Tonio Kröger oder Gustav von Aschenbach wieder. Auch die Namensgebung deutet eine nur leicht verschleierte Identifikationsfigur an: Paolo ist die lateinische Form von Thomas Manns erstem Vornamen Paul und im Nachnamen Hof*mann* ist der Familienname ›Mann‹ enthalten. Darüber hinaus weist der Protagonist mit diesem Namen auf den Maler Ludwig von Hofmann, dessen Kunst Thomas Mann bereits »von Jugend auf« (GKFA 22, 34) liebte, wie er 1914 in einem Brief an den Maler schreibt.

Thomas Mann reiht sich mit dieser Erzählung in den Kontext der literarischen Moderne ein (vgl. Vag 62). Der Titel – oft mit Friedrich Nietzsche in Verbindung gebracht – ist zurückzuführen auf ein Zitat über Balzac aus Georg Brandes' *Romantische Schule in Frankreich* (vgl. Notb I, 49). Nietzsche fungiert immerhin als der entscheidende Impulsgeber: Das Thema des ›Willens‹ und der Dekadenz, der Ausdruck von Leidenschaft in Tiermetaphern und schließlich die Wendung »Pathos der Distanz« (GKFA 2.1, 51) sind auf ihn zurückzuführen (vgl. Reed, GKFA 2.2, 27). Nicht zuletzt tritt über diese ›Fernstenliebe‹ auch Arthur Schopenhauer auf den Plan (vgl. Birnbacher 2006, 312). Im Text genannt wird dann aber Heinrich Heine, der sowohl geistesgeschichtlich als auch in Thomas Manns intellektueller Entwicklung als Vorläufer Nietzsches gelten kann (vgl. Reed, GKFA 2.2, 28; Hansen 1975, 82).

In *Der Wille zum Glück* erzählt ein Freund in novellistischer Knappheit über drei Stationen die Künstlerbiographie des Malers Paolo Hofmann. Ausgestattet mit einer schwachen Physis und einem starken Willen strebt er nach dem, was ihm verwehrt bleiben muss: nach Erfüllung in der (körperlichen) Liebe oder, um das für die frühen Erzählungen typische Schema zu verdeutlichen: Ein »krankhaft verfeinerter und innerlich zutiefst gefährdeter Mensch [...] sehnt sich nach der Wunschlosigkeit« (Wucherpfennig 2012, 129). Als ihm endlich die Hochzeit mit Ada von Stein gewährt wird, geht es mit ihm (und dem Text) schnell zu Ende: Wenige Absätze beschreiben seine Rückkehr nach Deutschland und seinen Tod »am Morgen nach der Hochzeitsnacht« (GKFA 2.1, 70). Kunst ist bei Paolo Ergebnis von Sublimierung, die Erfüllung seines (eigentlichen) Strebens bedeutet den Tod. Die Erzählung durch den Freund allerdings verhilft dem am Leben Gescheiterten »zu einem dauerhaften Sieg über das Leben *und* den Tod [...] – in der Literatur« (Blödorn 2006, 280).

Eine der wenigen überlieferten Reaktionen ist die Albert Langens, des Verlegers des *Simplicissimus*, der den Text für »eine ernsthafte und kluge Arbeit« hält, aber dem jungen Schriftsteller den Rat gibt, seine »Kunst fester und intensiver zu gestalten« (GKFA 21, 67). Jenseits der Herausarbeitung zentraler Themen für Thomas Manns folgende Texte (die Integration von Kunst in das Leben, die Verbindung von Krankheit und Künstlertum), betrachtet insbesondere die jüngere Forschung das Leiden Paolos unter dem Aspekt der Fremdheit. Die körperliche Schwäche des »sujet mixte« (GKFA 4.1, 168) spiegle einen inneren Zwiespalt, hervorgerufen durch die gemischte Abstammung (vgl. Nyemb 2007, 48). Darüber hinaus wird auch die Darstellung des Judentums, verkörpert in der jüdischen Familie von Stein, in diesem Licht betrachtet (vgl. Elsaghe 2000).

Literatur

Birnbacher, Dieter: Nietzsche und Schopenhauer zur ›Fernstenliebe‹. In: Marta Kopij/Wojciech Kunicki (Hg.): *Nietzsche und Schopenhauer: Rezeptionsphänomene der Wendezeiten*. Leipzig 2006, 307–319.

Blödorn, Andreas: Perspektivenwechsel und Referenz. Zur Metaphorik des Todes in Thomas Manns frühen Erzählungen. In: Ders./Søren R. Fauth: *Metaphysik und Moderne. Von Wilhelm Raabe bis Thomas Mann*. Wuppertal 2006, 253–280.

Elsaghe, Yhaya: *Die imaginäre Nation. Thomas Mann und das ›Deutsche‹*. München 2000.

Hansen, Volkmar: *Thomas Manns Heine-Rezeption*. Hamburg 1975.

Nyemb, Bertin: *Interkulturalität im Werk von Thomas Mann. Zum Spannungsverhältnis zwischen Deutschem und Fremdem*. Stuttgart 2007.

Wucherpfennig, Wolf: Die Enttäuschung am Leben, die Kunst, die Macht und der Tod. Thomas Manns *Frühe Erzählungen*. In: Ortrud Gutjahr (Hg.): *Thomas Mann*. Würzburg 2012, 119–141.

Silvia Tiedtke

2.4 *Enttäuschung* (1898)

Im Oktober 1896 hielt sich Thomas Mann während seiner zweiten Italienreise für drei Wochen in Venedig auf, dem Schauplatz seiner Erzählung *Enttäuschung*. Noch im November in Neapel (Vag 63) oder im Dezember in Rom (Reed, GKFA 2.2, 40) verfasst, wurde die Erzählung erstmals 1898 im Novellenband *Der kleine Herr Friedemann* veröffentlicht. Der Schreibanlass mag ein ›Wettstreit‹ mit Heinrich Mann gewesen sein (Vag 64), der an einer gleichnamigen Novelle schrieb. Ob hingegen der verschollene Text *Begegnung* von 1895 (an Otto Grautoff, 17. 1. 1896; GKFA 21, 64) eine Grundlage für die Erzählung war, ist ungesichert.

Wie im *Tod in Venedig* ist die Lagunenstadt in *Enttäuschung* bereits jener Ort, den Thomas Mann später in einem Brief an Erika und Klaus als zweideutig und »voller Heimatlichkeit« bezeichnet (25. 5. 1932; GKFA 23.1, 632). Ein namenloser Ich-Erzähler sieht auf dem Markusplatz mehrmals einen »sonderbaren Herrn« (GKFA 2.1, 79), der ihm schließlich als Erzähler zweiten Grades seine von allgemeiner Desillusionierung geprägte Lebensgeschichte berichtet. Anhand von fünf Beispielen (ein Hausbrand, die Kunst, die Liebe, ein Sturz, der Tod), veranschaulicht der Fremde eine Opposition zwischen dem begrenzten Erleben von Realität und der versprochenen Unendlichkeit durch die Sprache (zur rhetorischen Gestaltung der Rede vgl. Neymeyr 1997; 2013). Mit dem Ende der Binnenerzählung schließt auch die Rahmenerzählung.

Bis heute werden in der literaturwissenschaftlichen Forschung die angesichts des geringen Textumfangs zahlreichen intertextuellen Bezüge diskutiert, zumeist in Hinblick auf Nietzsches Sprachkritik (erstmals ausführlich dazu Geißler 1966). Eine figurative Reminiszenz an den Philosophen ist der Enttäuschte selbst (Wolff 1957, 12). Bezugstexte Nietzsches sind *Über Wahrheit und Lüge im außermoralischen Sinne* (1873; kritisch zur Mann'schen Rezeption Reents 1995, 210), die Passage über die Dichter in *Also Sprach Zarathustra* (1883–85) sowie *Jenseits von Gut und Böse* (1886). Letztere Schrift wird vom Fremden deutlich aufgerufen durch die Verteufelung »große[r] Wörter für Gut und Böse, Schön und Häßlich« (GKFA 2.1, 81). In Zusammenhang mit dem sprachkritischen Aspekt der Erzählung wird des Öfteren ein Vergleich zu Hugo von Hofmannsthals *Ein Brief* (1902) gezogen (Baumgart 1964, 19; Heller 1959, 293; Lehnert, TMHb, 143). Dagegen argumentiert jedoch Neymeyr (1997, 228), dass Lord Chandos von einer Sprach*armut* ausgehe, währenddessen der Fremde an dem über die Erlebnisqualität der Wirklichkeit hinausweisenden *Reichtum* der Sprache leide. Im Kontext der Sprachkritik steht auch das vom Enttäuschten abgewandelte Zitat aus Heinrich Heines Gedicht *Erklärung* (1827). Reents (1995) deutet die Erzählung in Hinblick auf Schopenhauers Desillusionismus, indem er (wie Wysling 1991) eine Vordatierung der Mann'schen Schopenhauer-Rezeption annimmt. Eine prominente Referenz zu Goethes *Werther* (1774) stellt ein direktes Zitat dar: »Was ist [...] der Mensch, der gepriesene Halbgott?« (GKFA 2.1, 84). Werthers Gefühlsintensität dient als Negativfolie zur Charakterisierung des Enttäuschten als resigniert und erlebnisfrei (Neymeyr 1997, 236; weitere *Werther*-Parallelen vgl. ebd.). Gleichfalls auf Goethe und die *Italienische Reise* (1816) bezieht sich Rudolph (1991). Im Sinne von Nietzsches Dekadenz-Begriff zieht der Enttäuschte eine Krisenbilanz klassischer Ästhetik in Form einer Replik auf die Architektur des Markusplatzes, die der Erzähler in Anlehnung an Goethe beschreibt. Weiterhin legt Rudolph eine Deutung mit Hermann Bahrs Konzept der Nervenkunst nahe (ebd., 43; kritisch zum Bahr-Bezug Orlik 1997). Die Wörter laufen dem Fremden »das Rückenmark« (Reed, GKFA 2.2, 83) herunter, worin das brüchige ästhetische Rezeptionspotential des Enttäuschten liegt.

Zur kaum beachteten populären Rezeption von *Enttäuschung* gehört Peggy Lees Lied *Is That All There Is?* von 1969. Das von Jerry Leiber und Mike Stoller geschriebene Musikstück folgt strukturell dem literarischen Vorbild (beginnend mit dem Hausbrand), und der Refrain rekurriert auf die wiederholte Frage des Fremden: »Das ist das Ganze?« (GKFA 2.1, 82).

Literatur

Baumgart, Reinhard: *Das Ironische und die Ironie in den Werken Thomas Manns*. München 1964.

Geißler, Rolf: Die verfehlte Wirklichkeit. Thomas Manns Erzählung *Enttäuschung*. In: *Wirkendes Wort* 16 (1966), 323–329.

Heller, Erich: *Thomas Mann. Der ironische Deutsche*. Frankfurt a. M. 1959.

Lehnert, Herbert: Thomas Mann und die deutsche Literatur seiner Zeit. In: *TMHb*, 137–163.

Neymeyr, Barbara: Der Traum von einem Leben ohne Horizont. Zum Verhältnis zwischen Realitätserfahrung und Sprachskepsis in Thomas Manns Erzählung *Enttäuschung*. In: *Deutsche Vierteljahresschrift für Literaturwissenschaft und Geistesgeschichte* 71 (1997), 217–244.

Neymeyr, Barbara: Die rhetorische Inszenierung der Sprachskepsis. Ein literarisches Paradoxon in Thomas Manns Erzählung *Enttäuschung* – im Vergleich mit der Sprachkritik bei Goethe, Hofmannsthal und Nietzsche. In: Katrin Max (Hg.): *Wortkunst ohne Zweifel. Aspekte der Sprache bei Thomas Mann*. Würzburg 2013, 18–43.
Orlik, Franz: *Das Sein im Text. Analysen zu Thomas Manns Wirklichkeitsverständnissen und ihrem Wandel*. Würzburg 1997.
Reents, Edo: Von der Welt als Vorstellung zur Welt als Wille. Schopenhauer und Thomas Manns *Enttäuschung*. In: *TMJb* 8 (1995), 209–240.
Rudolph, Andrea: *Zum Modernitätsproblem in ausgewählten Erzählungen Thomas Manns*. Stuttgart 1991.
Wolff, Hans M.: *Thomas Mann. Werk und Bekenntnis*. Bern 1957.
Wysling, Hans: Über Thomas Manns unveröffentlichte Notizbücher. In: *TMJb* 4 (1991), 119–135.

Florian Lehmann

2.5 *Der Bajazzo* (1897)

Bei dem *Bajazzo* handelt es sich um eine überarbeitete Fassung der früheren, nicht erhaltenen Novelle *Walter Weiler*. Diese hatte Thomas Mann 1895 geschrieben und über Richard Dehmel der Zeitschrift *Pan* zur Veröffentlichung angeboten. Nachdem die geplante Publikation jedoch aus unbekannten Gründen im Sande verlaufen war, schrieb Mann während seines Rom-Aufenthaltes im Winter 1896/97 den Text um und publizierte ihn im September 1897 in der *Neuen Deutschen Rundschau* sowie 1898 in der Novellensammlung *Der kleine Herr Friedemann*. Das Titelwort ›Bajazzo‹ bezieht sich auf die italienische Bezeichnung ›pagliaccio‹ (Possenreißer, Clown), die um 1900 vor allem durch Ruggero Leoncavallos Oper *I Pagliacci* (1892) einige Popularität erreichte. Problemhorizont der Novelle ist der um 1900 stark diskutierte ›Dilettantismus‹, der als ein Inbegriff von Dekadenz, Willensschwäche und unauthentischer Nachahmungssucht v. a. von dem französischen Kulturanalytiker und Romancier Paul Bourget analysiert wurde. Wie besonders die Essays *Ein nationaler Dichter* (1896) und *Kritik und Schaffen* (1896) nahelegen, hat Mann Bourgets Schriften vor und während der Arbeit am *Bajazzo* rezipiert. Zudem zeigen sich Einflüsse von Goethes *Die Leiden des jungen Werther*, Eichendorffs *Aus dem Leben eines Taugenichts* und Turgenjews *Tagebuch eines überflüssigen Menschen*.

Wie man aus einem Brief Manns an Otto Grautoff erfährt, erbrachte die »gründliche[] Umarbeitung« (BrGr, 82) der Novelle in erster Linie einen Wechsel von der ursprünglich heterodiegetischen in eine homodiegetische Erzählperspektive (von Mann als »Tagebuchform« (ebd.) bezeichnet). Der Erzähler ist ein etwa dreißigjähriger Junggeselle, der in Form eines fiktiven autobiographischen Manuskripts auf sein bisheriges ›Bajazzoleben‹ zurückblickt. Berichtet wird die Geschichte eines typisch Bourget'schen Dilettanten, der den vitalen Pragmatismus seiner kaufmännischen Vorfahren nicht fortzuführen weiß und sich so von klein auf einem bloß ästhetischen Rollenspiel und einer rastlosen Lektüre von Romanen und Theaterstücken hingibt, ohne jedoch selbst künstlerisch produktiv zu werden. Nach dem Tod beider Eltern liquidiert er die väterliche Firma, begibt sich auf eine sechsjährige Reise durch Südeuropa und lässt sich nach seiner Rückkehr schließlich in einer mitteldeutschen Residenzstadt nieder. Dort führt er weiterhin ein mehr oder minder passives Genussleben. Die ungebundene Lebensweise wird jedoch von einem permanenten »böse[n] Gewissen« (GKFA 2.1, 157) begleitet, das als Restbestand der bürgerlichen Herkunft die Entwicklung einer kohärenten Identität und die Integration in ein antibürgerliches Bohème-Milieu verhindert. Als ihn bei dem Versuch, die bürgerlich-gewöhnliche Anna Rainer in ein Gespräch zu verwickeln, ein Anfall von Nervosität und peinlicher Unsicherheit überkommt, steigert sich seine Selbstdistanz zu einem unverhohlenen Selbstekel. Diese schon zu Beginn der Erzählung erwähnte Abneigung vor der eigenen Existenz bestimmt auch noch die Schreibsituation des erzählenden Ichs. Er »werfe«, so bemerkt der Erzähler am Ende des Textes, »die Feder fort – voll Ekel, voll Ekel!« (ebd., 158). Das Schreiben, besonders im Sinne der autobiographischen Selbstanalyse, erfährt damit zunächst eine pessimistische Deutung: Anstatt eine souveräne »Überlegenheit« (ebd., 120) zu erzeugen, wie der Erzähler noch anfangs erhofft, intensiviert es die ohnehin schon vorhandene Überreflexivität. Dennoch bleibt zu überlegen, ob das fiktive Manuskript letztlich nicht doch als ein Kunstwerk und damit als eine Überwindung dilettantischer Unproduktivität ausgestellt wird.

Ein breites öffentliches Interesse hat *Der Bajazzo* bis heute nicht gefunden. Die Novelle sei »durch zu viel Reflexionen langweilig«, hieß es in einer zeitgenössischen Rezension der *Münchner Neuesten Nachrichten* (vgl. Vag 68), und Mann selbst bezeichnete sie bereits in den 1920er Jahren als »nicht mehr recht präsentabel« und »namentlich durch ›Tonio Kröger‹ überholt« (an Alfred Knopf, 19. 4. 1927; DüD I, 25). Dagegen hat die literaturwissenschaftliche Forschung die besondere Eindringlichkeit betont, mit der der Bourget'sche ›Dilettantismus‹ im *Bajazzo* ästhetisch reflektiert wird (Vag 68; Stoupy 1994, 310–314; Panizzo 2007, 138–155). Besonders jüngere Beiträge haben zudem die im Kontext des Frühwerkes auffällige homodiegetische Erzählperspektive herausgestellt und die dadurch inszenierte Doppelung von erlebendem und erzählendem Ich (Szendi 1995; Neymeyr 2003). In diesem Zusammenhang beleuchtet Blödorn auch die Rolle des fiktiven Schreibaktes zwischen grüblerischer Introspektion und schöpferischer Selbsttherapie (Blödorn 2007). Höpfner zeigt schließlich inhaltliche und ästhetische Bezüge zu Leoncavallos Oper *I Pagliacci* auf und diskutiert das Verhältnis von autobiographischem Bekenntnis und intertextuellem Zitat in Manns Novelle (Höpfner 1997).

Literatur

Blödorn, Andreas: Gestörte Familien – verstörte Helden. Zum Zusammenhang von Fremdbestimmung und Selbstheilung in Thomas Manns *Der kleine Herr Friedemann, Der Bajazzo* und *Tonio Kröger*. In: Rüdiger Sareika (Hg.): *Buddenbrooks, Houwelandt & Co. Zur Psychopathologie der Familie am Beispiel des Werks von Thomas Mann und John von Düffel.* Iserlohn 2007, 11–37.

Höpfner, Felix: Kunst als Wahrheit über den Künstler. Zum konzeptionellen Charakter von Thomas Manns früher Erzählung *Der Bajazzo*. In: *Germanisch-romanische Monatsschrift* 47 (1997), 166–173.

Neymeyr, Barbara: »Genialer Dilettantismus« und »philosophische Vereinsamung«. Zur Außenseiterproblematik in Thomas Manns Erzählung *Der Bajazzo*. In: Michael Braun/Birgit Lermen (Hg.): *Man erzählt Geschichten, formt die Wahrheit. Thomas Mann – Deutscher, Europäer, Weltbürger.* Frankfurt a. M. 2003, 139–166.

Panizzo, Paolo: *Ästhetizismus und Demagogie. Der Dilettantismus in Thomas Manns Frühwerk.* Würzburg 2007.

Stoupy, Joëlle: *Maître de l'heure. Die Rezeption Paul Bourgets in der deutschsprachigen Literatur um 1890.* Frankfurt a. M. 1996.

Szendi, Zoltán: Die Psychologie des bösen Gewissens. Thomas Mann, *Der Bajazzo*. In: *Studien zur Germanistik* 3 (1995), 7–33.

Vaget, Hans Rudolf: Der Dilettant: eine Skizze der Wort- und Bedeutungsgeschichte. In: *Jahrbuch der Deutschen Schillergesellschaft* 14 (1970), 131–158.

Jens Ole Schneider

2.6 *Der kleine Herr Friedemann* (1897)

Die Erzählung hat im Vergleich zu anderen Texten des Frühwerks eine komplizierte Entstehungs- und Publikationsgeschichte. Manns briefliche Äußerungen gegenüber dem Lübecker Schulfreund Otto Grautoff aus den Jahren 1894 bis 1896 lassen die Vermutung zu, dass *Der kleine Herr Friedemann* aus der Überarbeitung einer 1894 entstandenen Novelle mit dem Titel *Der kleine Professor* hervorgegangen ist. Wie Mann an Grautoff schreibt, wurde dieser nicht überlieferte Text weder vom Herausgeber der Zeitschrift *Pan*, Richard Dehmel, noch von der Berliner Zeitschrift *Moderne Kunst* zur Veröffentlichung angenommen (vgl. GKFA 21, 46 u. 56). Das scheint Mann zum Anlass genommen zu haben, die Erzählung grundlegend zu überarbeiten. In welches Verhältnis beide Texte letztlich zu setzen sind, ob es sich bei der verschollenen Erzählung *Der kleine Professor* um eine Vor- oder Urfassung von *Der kleine Herr Friedemann* handelte, lässt sich nicht mehr klären, konkrete Selbstzeugnisse Manns zu dieser Frage fehlen.

Die Briefe an Grautoff lassen indes auch den Schluss zu, dass die *Friedemann*-Erzählung von Grund auf neu konzipiert und geschrieben wurde: Am 23. 5. 1896 berichtet Mann, er arbeite »an einer neuen, gänzlich psychopathischen Novelle« (GKFA 21, 75). Es gilt allgemein als gesichert, dass es sich bei dieser neu geschriebenen Erzählung um *Der kleine Herr Friedemann* handelte. Der Abschluss der Erzählung wird auf den Herbst 1896 datiert, Mann schickte das Manuskript an die Redaktion der im S. Fischer Verlag erscheinenden *Neuen deutschen Rundschau*. Die Zeitschrift galt als Forum für die Literatur der europäischen Moderne und war daher ein begehrter Publikationsort für den jungen Autor (vgl. *On Myself* [1940] in GW XIII, 135). Die Redaktion nahm den Text zur Veröffentlichung an, so dass er im Mai 1897 (8. Jg., H. 5) erstmals publiziert wurde.

Für die schriftstellerische Existenz Manns war die Erzählung insofern entscheidend, als der verantwortliche Redakteur der *Rundschau*, Oscar Bie, Mann nach der Lektüre des Manuskripts aufforderte, dem Verlag alle seine Texte zu schicken (vgl. *Lebensabriß* [1930] in GW XI, 104). Schon ein Jahr darauf, 1898, erschien bei S. Fischer der erste Sammelband mit Erzählungen Manns, der den Titel *Der kleine Herr Friedemann* trug und neben der Titelerzählung noch *Der Tod, Der Wille zum Glück, Enttäuschung, Der Bajazzo* und *Tobias Mindernickel* enthielt. Die bis zum Lebensende bestehende Verbindung des Autors mit dem S. Fischer-Verlag wurde demnach mit der *Friedemann*-Erzählung begründet.

Die Exposition der Erzählung umfasst die ersten fünf der insgesamt 15 Kapitel. Hier werden die Lebensumstände und die Entwicklung des Protagonisten Johannes Friedemann bis zur Erzählgegenwart geschildert, in der er 30 Jahre alt ist. Geboren als

Sohn des noch vor Friedemanns Geburt gestorbenen niederländischen Konsuls in einer »alten, kaum mittelgroßen Handelsstadt« (GKFA 2.1, 88), die die Züge Lübecks trägt, erleidet Friedemann im Säuglingsalter einen von der alkoholkranken Amme verschuldeten Unfall, infolgedessen seine körperliche Entwicklung stark beeinträchtigt ist: »mit seiner spitzen und hohen Brust, seinem weit ausladenden Rücken und seinen viel zu langen, mageren Armen« hat er das Erscheinungsbild eines »Verwachsenen« (ebd., 89). Der Unfall ist die narrative Legitimation für das Erzählen einer in Manns Frühwerk häufiger zu findenden Außenseitergeschichte. Schon Friedemanns Kindheit ist von mangelnder sozialer Integration und Einsamkeit geprägt, weil er körperlich nicht dazu in der Lage ist, an den Spielen seiner Altersgenossen teilzunehmen. Die daraus resultierende »Traurigkeit« (ebd., 90) wird schon in der Kindheit durch Gewöhnung sublimiert. Nach der enttäuschten Schwärmerei für ein gleichaltriges, »blondes, ausgelassen fröhliches« Mädchen (ebd.) wird diese Gewöhnung abgelöst durch den festen Entschluss, seine Leidenschaften zu kontrollieren, um die unweigerlich aus ihnen folgende Enttäuschung zu vermeiden: »›[...] Ich will mich niemals wieder um dies alles bekümmern. [...] Ich bin fertig damit. [...]‹« (ebd., 91) Die folgenden Jahre als junger Erwachsener, die den Eintritt in das Berufsleben und den Tod der Mutter bringen, sind für Friedemann von äußerer Gleichförmigkeit und innerer Zufriedenheit geprägt; auch wenn er sich große Leidenschaften versagt, schöpft er Zufriedenheit aus den »Freuden, die ihm zugänglich waren« (ebd.). Der Erzähler bezeichnet ihn deshalb als Epikuräer, der sich weniger auf die Erfüllung einer Sehnsucht hin orientiert, als die Sehnsucht selbst zu genießen versteht (vgl. ebd., 92). Allein Friedemanns Interesse für das Theater wird in der Exposition als eine Leidenschaft geschildert, deren emotionale Wirkung er nicht kontrollieren kann: im Theater »konnte sein ganzer kleiner Körper ins Zittern geraten.« (ebd., 93) Die Exposition endet damit, dass Friedemann an seinem dreißigsten Geburtstag in die Zukunft blickt, die er mit der gleichen gemäßigten inneren Haltung erwarten will. Während der Erzähler die psychischen Zustände des Protagonisten mit großer Detailliertheit schildert, legt er auf die äußeren Lebensumstände weniger Wert und ist mitunter nicht im vollen Sinne allwissend, etwa wenn er über Friedemanns Geschäftstätigkeit nur zu sagen weiß, dass dieser »irgend ein kleines Geschäft übernahm, eine Agentur oder dergleichen« (ebd.).

Die zeitlich nicht näher gekennzeichnete Erzählgegenwart wird durch die Ankunft des neuen Bezirks-Kommandeurs von Rinnlingen und seiner Frau eingeläutet. Nach einer ersten flüchtigen Begegnung Friedemanns mit Gerda von Rinnlingen wird bereits deutlich, dass ihre besondere erotische Wirkung die Kontrolle seiner Leidenschaften erschwert; das erste nähere Aufeinandertreffen findet nicht zufällig im Theater statt, wo sie während einer *Lohengrin*-Aufführung nebeneinander sitzen. Friedemann kann der unmittelbaren Nähe Gerda von Rinnlingens nicht standhalten: Nachdem sie »ihn ohne eine Spur von Verlegenheit« (ebd., 101) betrachtet hat und sich ihre Köpfe in großer Nähe begegnet waren, verlässt Friedemann fluchtartig das Theater. Die Erschütterung seiner auf Gleichmaß gestimmten Existenz wird vom Erzähler ausführlich geschildert: Am Duft einer Rose etwa, der symbolhaft für sein kontrolliertes Affektverhalten gestanden hatte, kann er sich nun nicht mehr erfreuen (vgl. ebd., 103). Nach dieser als Wendepunkt dargestellten Begegnung führt Friedemann ein weiteres Zusammentreffen mit Gerda herbei, besucht sie in ihrem Haus und fühlt sich dort »einem kaum merklichen grausamen Spott« ihrerseits ausgesetzt (ebd., 108), auf den er mit einem Gefühl ohnmächtiger Wut reagiert. Gerda von Rinnlingen wird in diesen Begegnungen aus Friedemanns Perspektive als eine Person von starker Ausstrahlung geschildert, die diese Wirkung gleichsam kaltblütig gegen ihn einsetze, um sein emotionales Gleichgewicht zu zerstören. Wegen dieser narrativen Perspektivierung ist es letztlich eine Interpretationsfrage, ob die Bewertung ihres Verhaltens allein Friedemanns Deutung geschuldet ist. Auch nach dem Ende dieser Begegnung fühlt sich Friedemann von Gerda beherrscht und äußert in einem inneren Monolog erstmals Suizidgedanken (vgl. ebd., 111). Bei einer acht Tage später stattfindenden Abendgesellschaft im Haus der von Rinnlingens wird Friedemanns äußere Erscheinung als stark verändert beschrieben. In der Schlussszene der Erzählung begleitet Friedemann Gerda in den Garten des Hauses, wo er ihre Frage, ob er ein glückliches Leben führe, verneint und sein mühsam errungenes Lebensglück als »Lüge und Einbildung« bezeichnet (ebd., 117). Nachdem sie seine körperliche Annäherung zurückgewiesen und ihn mit einem »stolzen, verächtlichen Lachen« zu Boden geschleudert hat, nimmt sich Friedemann das Leben, indem er sich in den Fluss fallen lässt.

Mann hat die Erzählung schon im Kontext ihrer Veröffentlichung Grautoff gegenüber als wichtigen Einschnitt in seiner Werkbiographie bezeichnet, weil er mit diesem Text zu einer literarischen Darstellungsform gefunden habe, die es ihm ermögliche, »mich künstlerisch auszuleben«: Es sei, »als wären mir jetzt erst die Mittel gegeben, mich auszudrücken, mich mitzuteilen...« (an Otto Grautoff, 6.4.1897; GKFA 21, 89). Im selben Brief wird auch von den häufig zitierten »diskreten Formen und Masken« gesprochen, »in denen ich mit meinen Erlebnissen unter die Leute gehen kann« (ebd.). Diese Formulierung ist – im Zusammenhang mit dem vom Autor betonten besonderen poetologischen Stellenwert der Erzählung (vgl. auch *On Myself* in GW XIII, 135 f.) – in der Forschung häufig zum Anlass genommen worden, den Text autobiographisch zu deuten und – wie das gesamte Frühwerk – als maskierte Form der Selbstaussprache zu interpretieren (vgl. etwa Vag 35). Die *Friedemann*-Erzählung wird in dieser Deutungstradition – ebenfalls unter Rückgriff auf briefliche Äußerungen des Autors an Grautoff (vgl. GKFA 21, 79) – als Ausdruck sublimierter Sexualität angesehen (vgl. Vag 56). Diesen Ansatz haben auch neuere Arbeiten weiter verfolgt, wenn – ausgehend von einer Studie Böhms (Böhm 1991) und mit Hilfe der seit 1975 zugänglichen Tagebücher – Strukturmerkmale des Frühwerks als Strategien zur camouflierten Darstellung von Homosexualität gedeutet werden (vgl. etwa Detering 1994). Gerda von Rinnlingen steht in dieser Lesart dann für einen vergeblich begehrten männlichen Liebhaber, weshalb die Erzählung gerade nicht wörtlich zu nehmen sei, mithin nicht die Geschichte einer vergeblichen Liebe zwischen Mann und Frau zum Inhalt habe (vgl. Böhm 1991, 180). In einer dekonstruktivistischen Ausweitung dieser Interpretation geht Lange-Kirchheim davon aus, dass sich eine buchstäbliche Lektüre der Geschichte geradezu verbiete und die Erzählung mit Hilfe der auf die ›eigentliche‹ Bedeutung verweisenden Camouflage-Signale den Leser auffordere, die heteronormative Geschlechterordnung zu hinterfragen (vgl. Lange-Kirchheim 2008, 190, 205). Die Uneigentlichkeit des Dargestellten betont auch Larsson, geht dabei aber von einer narratologischen Perspektive aus und kann zeigen, dass die narrativen Strategien v. a. dazu dienen, die »Triebkräfte und Motivierungen der Figuren« (Larsson 2011, 173) zu verbergen.

Intertextuelle Bezüge hat v. a. Vaget herausgestellt, wenn er Friedemann und seine Haltung des gemäßigten Lebensglücks auf die Figuren Gieshübler und Wüllersdorf aus Theodor Fontanes Roman *Effi Briest* (1896) zurückführt, den Mann im Jahr seines Erscheinens gelesen hatte (vgl. Vaget 1975). Die differenzierte und komplexe intertextuelle Verweisstruktur der Erzählung interpretiert Vaget als Reaktion auf das um 1900 virulente Problem der sogenannten Sprachkrise: Das Modell mimetischen Erzählens wird im literarischen Diskurs um 1900 als nicht mehr produktiv wahrgenommen, weil es aus Sicht der Autoren nicht mehr geeignet ist, dem gestiegenen Komplexitätsgrad der Weltwahrnehmung gerecht zu werden. Laut Vaget reagiere Mann auf dieses Problem, indem er literarische Traditionen und Formen spielerisch variiere und parodiere (vgl. Vag 35). Das Motiv der über ein kontrolliert-gemäßigtes Leben hereinbrechenden Leidenschaft, das sich bei Mann nicht allein in der *Friedemann*-Erzählung findet (vgl. dazu *On Myself* in GW XIII, 135), wird auf das von Friedrich Nietzsche in seiner Schrift *Vom Geburt der Tragödie aus dem Geiste der Musik* (1872) zur Deutung der modernen Kultur verwendete Gegensatzpaar ›apollinisch‹ vs. ›dionysisch‹ zurückgeführt: Der auf eine gemäßigte Gefühlskultur gestimmte (›apollinische‹) Charakter wird von den nicht zu bändigenden (›dionysischen‹) Leidenschaften heimgesucht und kann diese widerstreitenden Kräfte nicht zu einer stabilen Identität vereinen (vgl. Kurzke 2010, 58). Eine zusätzliche intertextuelle Dimension hat Maar erschlossen, wenn er zahlreiche Textdetails in der *Friedemann*-Erzählung auf Märchen von Hans-Christian Andersen zurückführt. Maar zeigt, dass wichtige Strukturelemente mit den Märchen *Die kleine Seejungfrau*, *Die Eisjungfrau* und *Die Schneekönigin* identisch sind (vgl. Maar 1995, 142 f.).

In jüngster Zeit wird der wissensgeschichtliche Kontext der Erzählung und seine Bedeutung für deren Interpretation diskutiert. Besonderes Interesse finden hier die anthropologischen Diskurse um 1900, die von der monistischen Position dominiert werden, dass der Mensch als eine ausschließlich von seiner physischen Komponente gesteuerte Kreatur zu begreifen sei. Für Kristiansen geht diese Position auch in der *Friedemann*-Erzählung auf: Dass der Intellekt von der Triebnatur des Menschen vollständig dominiert werde, sei für Mann zur »absoluten Wahrheit« geworden (Kristiansen 2003, 424). Auch Brokoff sieht den Tod Friedemanns als das Resultat von »fühllosen Naturgesetzen« (Brokoff 2012, 9), die Schilderung dieses naturgesetzlichen Ablaufs sei zudem an die Erzählerinstanz gebunden und damit zur Textaussage erhoben. Aus einer problemgeschichtlichen Perspektive heraus zeigt Schneider demgegenüber, dass die Erzählung zwar den anthropologischen Diskurs um 1900 aufgreife, durch den Einsatz perspektivierender Inszenierungsstrategien die Lösungsangebote der zeitgenössischen Anthropologie ihrerseits aber als unzulänglich problematisiere (vgl. Schneider 2014, 108, 123).

Literatur

Böhm, Karl Werner: *Zwischen Selbstzucht und Verlangen. Thomas Mann und das Stigma der Homosexualität. Untersuchungen zu Frühwerk und Jugend*. Würzburg 1991.

Brokoff, Jürgen: Sozialbiologie und Empathieverzicht. Thomas Manns frühe Novellistik und die Poetik des ›kalten‹ Erzählens. In: Stefan Börnchen/Georg Mein/Gary Schmidt (Hg.): *Thomas Mann. Neue kulturwissenschaftliche Lektüren*. München 2012, 3–16.

Detering, Heinrich: *Das offene Geheimnis. Zur literarischen Produktivität eines Tabus von Winckelmann bis zu Thomas Mann*. Göttingen 1994.

Kristiansen, Børge: Die »Niederlage der Zivilisation« und der »heulende Triumph der unterdrückten Triebwelt«. Die Erzählung *Der kleine Herr Friedemann* als Modell der Anthropologie Thomas Manns. In: *Orbis Litterarum* 58 (2003), 397–451.

Kurzke, Hermann: *Thomas Mann. Epoche – Werk – Wirkung*. 4., überarb. u. aktual. Aufl. München 2010.

Lange-Kirchheim, Astrid: Maskerade und Performanz – vom Stigma zur Provokation der Geschlechterordnung. Thomas Manns *Der kleine Herr Friedemann* und *Luischen*. In: Stefan Börnchen/Claudia Liebrand (Hg.): *Apokrypher Avantgardismus. Thomas Mann und die klassische Moderne*. München 2008, 187–224.

Larsson, Kristian: *Masken des Erzählens. Studien zur Theorie narrativer Unzuverlässigkeit und ihrer Praxis im Frühwerk Thomas Manns*. Würzburg 2011.

Maar, Michael: *Geister und Kunst. Neuigkeiten aus dem Zauberberg*. München 1995.

Vaget, Hans Rudolf: Thomas Mann und Theodor Fontane. Eine rezeptionsästhetische Studie zu *Der kleine Herr Friedemann*. In: *Modern Language Notes* 90 (1975), 448–471.

Jens Ewen

2.7 *Der Tod* (1897)

Die Erzählung *Der Tod* entstand zwischen August und September 1896. Den Anlass bot ein Wettbewerb der Wochenzeitschrift *Simplicissimus*, in der Thomas Mann bereits den *Willen zum Glück* (1896) publiziert hatte. 300 Reichsmark wurden als Preisgeld ausgesetzt »für die beste Novelle, in der die sexuelle Liebe keine Rolle spielt« (Ausgabe vom 5. 9. 1896). Seine »Tagebuchnovelle« (an Otto Grautoff, 27. 9. 1896; GKFA 21, 78) gewann zwar nicht, wurde jedoch in der Ausgabe vom 16. 1. 1897 abgedruckt. Sie erschien zudem 1898 im Novellenband *Der kleine Herr Friedemann*.

In Tagebuchform berichtet der Ich-Erzähler, ein neurasthenischer Graf, von der Erwartung seines bevorstehenden Todes. Die für das Frühwerk typische Außenseiterfigur weiß, dass sie am 12. Oktober sterben wird. Mit seiner Tochter Asuncion (spanisch für ›Mariä Himmelfahrt‹), deren portugiesische Mutter bei der Geburt starb, lebt der Graf in einem am Meer gelegenen Haus. Die größte Angst des Erzählers, der Tod könnte »etwas Bürgerliches und Gewöhnliches an sich haben« (GKFA 2.1, 72), wird bestätigt, als dieser ihn verfrüht aufsucht und sich »wie ein Zahnarzt« (ebd., 77) benimmt. Enttäuscht schickt der Erzähler ihn fort. Als kurz darauf seine Tochter stirbt, nimmt er an, es sei seine Schuld. Dass der Graf letztlich auch umkommt, steht zu vermuten, bleibt aber offen.

In der Forschung wird *Der Tod* allenfalls im Kontext anderer Mann'scher Erzählungen mit Todesmotiv erwähnt. Vaget nennt die Erzählung gar »eine der schwächsten Arbeiten« des Frühwerks (Vag 60), weist ihr aber eine Funktion als Stilübung für das durch Nietzsche inspirierte Dekadenz-Motiv zu. So klingt in der Bemerkung des Grafen, »niemand [sterbe] unfreiwillig« (GKFA 2.1, 75), das Postulat aus der *Götzen-Dämmerung* (1889) an, »[m]an geht nie durch Jemand Anderes zu Grunde, als durch sich selbst« (Nietzsche 1999, 135). Der kränkliche Graf folgt, indem er den Tod herbeisehnt, Nietzsches Rat an die Décadents, sich aus freiem Willen ›selbst abzuschaffen‹ (ebd.). Nach Ohl (1995, 63) fungiert der Décadent in der Erzählung vornehmlich »als Verführer zum Tode« einer anderen Figur, hier der eigenen Tochter. Ohl zieht weiterhin Parallelen zur *Tristan*-Novelle (1903), der Todesphilosophie Schopenhauers und zur Todesmystik in Wagners *Tristan und Isolde* (1865; siehe dazu auch Schneider 1999, 164). Thomas Mann selbst zufolge ist der literarisch vermittelte Tod eine Möglichkeit »zum Leben zu gelangen« (an Heinrich Mann, 13. 2. 1901; GKFA 21, 154). Blödorn (2005, 253) liest deshalb die frühen Erzählungen als mit den *Buddenbrooks* (1901) »korrespondierende narrative Experimente« einer Erzählstrategie, die den todesbedrohten Figuren ein »poetisches Fortleben« sichert. Thomas Mann steht somit in einer Tradition der »Nekrosemiotik« des späten Realismus, wo der Tod oftmals metaphorisch als »Tod im Leben« dem physischen Sterben vorweggenommen wird (ebd., 259). Den Einfluss von Jens Peter Jacobsen auf das Mann'sche Frühwerk untersucht Linke (2008, 177 ff.) und weist diesen auch für den *Tod* nach. In der Erzählung erscheint die Figur des Arztes Dr. Gudehus als Reminiszenz an den Hauslehrer

Bigum in *Niels Lyhne* (1880). In *Königliche Hoheit* (1909) taucht der Name Gudehus erneut als Bezeichnung für einen Mörder auf. Die Rezeption von Jacobsens Roman könnte zudem das Motiv des Kindstods als Bedingung für den Tod des Helden inspiriert haben; es kommt auch im *Doktor Faustus* (1947) vor (Schneider 1955).

Literatur

Blödorn, Andreas: Perspektivenwechsel und Referenz. Zur Metaphorik des Todes in Thomas Manns frühen Erzählungen. In: Andreas Blödorn/Søren R. Fauth (Hg.): *Metaphysik und Moderne. Von Wilhelm Raabe bis Thomas Mann. Festschrift für Børge Kristiansen*. Wuppertal 2005, 253–280.

Linke, Daniel: »*Ganz nordisch gestimmt…*«. *Jens Peter Jacobsens Einfluss auf das Frühwerk Thomas Manns*. Marburg 2008.

Nietzsche, Friedrich: Götzen-Dämmerung. In: Colli, Giorgio/Montinari, Mazzino (Hg.): *Sämtliche Werke. Kritische Studienausgabe in 15 Bänden*. Bd. 6. München 1999, 55–161.

Ohl, Hubert: *Ethos und Spiel. Thomas Manns Frühwerk und die Wiener Moderne*. Freiburg i. Br. 1995.

Schneider, Rolf: »Zu den beiden frühen Erzählungen Thomas Manns (*Der Tod; Der Wille zum Glück*)«. In: *Aufbau* 11 (1955), 796–797.

Schneider, Wolfgang: *Lebensfreundlichkeit und Pessimismus. Thomas Manns Figurendarstellung*. Frankfurt a. M. 1999 (= *TMS* 19).

Florian Lehmann

2.8 *Tobias Mindernickel* (1898)

Die Erzählung *Tobias Mindernickel* entstand im Sommer 1897 in Rom (vgl. die Briefe an Otto Grautoff vom 21.7. und 20. 8. 1897; GKFA 21, 96 und 99), wurde im Januar 1898 in der *Neuen deutschen Rundschau* erstmalig veröffentlicht und im Mai desselben Jahres in dem Band *Der kleine Herr Friedemann* abgedruckt. Ob sie auf einen älteren Plan zurückgeht, lässt sich nicht feststellen (vgl. dazu Reed, GKFA 2.2, 83 f. und Vag 70).

Mit *Tobias Mindernickel* erzählt Thomas Mann die Geschichte eines Außenseiters, wie in den im selben Zeitraum entstandenen Erzählungen *Der kleine Herr Friedemann* (1896), *Der Bajazzo* (1896/97) und *Luischen* (1897). Mindernickel lässt sich ebenso terrorisieren wie später der »bleiche[], bartlose[] Mensch«, die »Puppenliese« und die »Schirmmadame« (GKFA 1.1, 70) in *Buddenbrooks*.

Im ersten Teil der Erzählung wird der schwächlich-scheue, hagere Mindernickel in einer zwar ärmlichen, aber fleißigen Umgebung als soziale Außenseitergestalt präsentiert, die von den Nachbarn wie vom Erzähler als gescheitert und unterlegen wahrgenommen wird. Schon der Name »Minder«-nickel spielt darauf an. Überlegen kann er sich nur angesichts Schwächerer fühlen, wie eine Szene zeigt, in der ein ihn hänselndes Kind sich verletzt, woraufhin Mindernickel sich seinem Peiniger tröstend zuwendet. Im zweiten Teil der Erzählung kauft er sich spontan einen Hund, den er nur so lange lieben kann, wie dieser sich ihm unterwirft und als Leidensgenosse an seiner Seite steht, notfalls verprügelt Mindernickel das übermütige Tier, um dessen Lebensfreude zu unterbinden. Im dritten Teil spitzen sich die Konflikte zu. Als der Hund sich versehentlich schwer verletzt, wird er von Mindernickel aufopferungsvoll gepflegt. Als der Lebens- und Übermut des Hundes neu erwacht, verfällt der missgünstige Mindernickel in Wut und verletzt den Hund absichtlich. Das Tier stirbt, und Mindernickel bleibt weinend allein zurück.

Der Erzähler signalisiert von Beginn an moralischen Abscheu gegenüber den als »schändlich« bezeichneten Vorgängen (GKFA 2.1, 181). Er gibt sich als bloßer Beobachter, der auf Mutmaßungen über Mindernickels Leben und Charakter angewiesen ist. Die bewusste Verletzung des Hundes bezeichnet er als »etwas so Unverständliches und Infames, daß ich mich weigere, es ausführlich zu erzählen.« (GKFA 2.1, 191)

Mit dem Vornamen des Protagonisten bezieht sich Thomas Mann auf das sechste Kapitel des biblischen Buches Tobias: »Tobias zog dahin, und sein Hündlein lief mit ihm.« (Tob 6,1; Lutherübersetzung) Hier fungiert der Hund als Bote des Lebens. Das Motiv der entzündeten Augen kann als Anspielung auf die Erblindung des biblischen Tobias gelesen werden, dem Gott wie Hiob Leiden auferlegt. Mindernickels Jagdhund trägt den Namen des erdverbundenen, jagdliebenden Jakobsbruders Esau, der, um den Segen betrogen, als zu kurz Gekommener zurückbleibt. Biblische Anklänge werden auch in Mindernickels Sprache deutlich: er verwendet die Formel »Sieh«, hat mit dem Hund »Erbarmen«, findet »Wohlgefallen« an ihm und teilt mit ihm das Brot, wobei aufgrund unglücklicher Umstände Blut vergossen wird. Zugleich gibt die Erzählung ein Beispiel für Thomas Manns Interesse am Thema des Hundes, das er mit Perceval in *Königliche Hoheit*, vor allem in *Herr und Hund* und in späteren Werken vertiefen wird.

Die Erzählung bezieht sich auf das explizit auch auf Tiere ausgedehnte Mitleidsethos Schopenhauers und auf Nietzsches Pervertierung dieser Ethik. Der Text exemplifiziert Nietzsches Vorstellung, dass die zu kurz Gekommenen mit allen Mitteln danach trachten, sich am Leben zu rächen. In § 369 der *Morgenröthe* heißt es: »Das sind mir stolze Gesellen, die [...] immer erst Andere brauchen, die sie anherrschen und vergewaltigen können [...], um sich auf einen Augenblick über die eigene Erbärmlichkeit zu heben! – Dazu hat Mancher einen Hund [...]« (KSA 3, 244). Mindernickels Wille zur Macht kann sich nur am unterlegenen Wesen demonstrieren; nur gegenüber dem Schwächeren kann er sich sadistisch behaupten. Dabei prallt die dionysische Lebenslust des Hundes auf Mindernickels Lebensschwäche und führt zur Tötung des Tiers.

Die Erzählung wurde bisher nur im Zusammenhang mit dem Band *Der kleine Herr Friedemann* rezensiert (eine Übersicht bietet Vag 73 f., vgl. auch Reed, GKFA 2.2, 526–528). Eine knappe Zusammenfassung der Forschungsdebatte bis 1984 findet sich bei Vaget (Vag 71 f.). Bis dahin wird die Erzählung meist unter dem Aspekt von Nietzsches Kritik an Schopenhauers Mitleidsethik abgehandelt. Vaget sieht sie als Darstellung der dämonischen Nachtseite der wohlanständigen Bürgerlichkeit und verweist auf Nietzsches Entlarvung des Mitleids als Ausdruck des Willens zur Macht. Mit Esau erscheine erstmals in Manns Werk ein Hund als »Verkörperung des unreflektierten, vitalen Lebens« (Vag 71).

Zimmermann analysiert die Erzählung ausführlich mit Blick auf das Verhältnis von Realismus und Groteske. Er sieht die frühen Erzählungen als »erbarmungslosen Blick auf die totgeschwiegenen Fragwürdigkeiten« der bürgerlichen Gesellschaft (Zimmermann 1995, 73). Indem Esau das Mitleid Mindernickels ablehne, seinen Lebenswillen behaupte und die Genossenschaft verweigere, löse er die Gewalt erst aus. Trost gewähre nicht mehr gemeinsames Leid, sondern die Machtdemonstration gegenüber einem Unterlegenen.

Maar verfolgt die Motivkette der getöteten Hunde in Manns Werk, die sich über das Hundeopfer im *Joseph* bis zur Ermordung des Hanegiff im *Erwählten* ziehe. Wichtig ist ihm dabei die Verbindung von Wollust und Blutvergießen bzw. dem völligen Kontrollverlust einer Person.

Reed stellt Mindernickel in die Reihe der unglücklichen Sonderlinge in Manns Werk (GKFA 2.2, 82 f.); die Erzählung sei aber die einzige, in der die Psyche des Außenseiters ausführlich im Rückgriff auf Nietzsches Willen zur Macht und die damit verbundene Perversion des Mitleids beleuchtet werde.

Larsson beschäftigt sich aus narratologischer Perspektive mit der Erzählung. Handele es sich auf den ersten Blick um eine neutrale, auktoriale Instanz, so moralisiere der Erzähler zunehmend. Indem er seine Verständnislosigkeit explizit ausstelle, entstehe der Eindruck der narrativen Inkompetenz.

Kassner sieht Mindernickel als ein »handgreifliches Abbild« Schopenhauers (Kassner 2012, 53 f.). Der Hund sei eine Allegorie für den weltentrückten Philosophen und den authentischen Dichter. Im Gegensatz zu *Königliche Hoheit* schildere die Erzählung das Versagen dieser Allegorie: Der Protagonist gewinne aus seiner gefühlten Hundeexistenz keine poetische Kraft, er spiegele sich lediglich »in der Kreatur als Allegorie seines Leids« (ebd., 58), der Hund sei also die Allegorie der Melancholie.

Literatur

Kassner, Jonathan: ›Vita Canina‹. Der Hund als Allegorie in Thomas Manns *Tobias Mindernickel*. In: Stefan Börnchen/Georg Mein/Gary Schmidt (Hg.): *Thomas Mann. Neue kulturwissenschaftliche Lektüren*. München u. a. 2012, 53–64.

Larsson, Kristian: *Masken des Erzählens. Studien zur Theorie narrativer Unzuverlässigkeit und ihrer Praxis im Frühwerk Thomas Manns*. Würzburg 2011, 86–89.

Maar, Michael: *Das Blaubartzimmer. Thomas Mann und die Schuld*. Frankfurt a. M. 2000.

Zimmermann, Rolf Christian: *Der Dichter als Prophet. Grotesken von Nestroy bis Thomas Mann als prophetische Seismogramme gesellschaftlicher Fehlentwicklungen des 20. Jahrhunderts*. Tübingen/Basel 1995.

Maren Ermisch

2.9 *Der Kleiderschrank* (1899)

Nachdem er aus Italien nach München zurückgekehrt war, schrieb Mann *Der Kleiderschrank* vom 23. bis zum 29. 11. 1898 (vgl. Notb I, 142). In *Lebensabriß* (1930) berichtet er, dass seine Wohnung in der Schwabinger Marktstraße 5, die er im Oktober 1898 bezogen und mit rot lackierten »Korbfauteuils« möbliert hatte, dem Fremdenzimmer der Erzählung Modell gestanden habe (GW XI, 104 f.). Viktor Mann (1949, 156) ergänzt: »Thomas öffnete einen ziemlich ordinären Schrank, der seiner Wirtin gehörte, und zeigte uns lachend, daß die fehlende Rückwand durch eine Rupfenbespannung ersetzt war.«

Mit dem Untertitel »Eine Geschichte voller Räthsel« wurde *Der Kleiderschrank* am 10. 6. 1899 in der Zeitschrift *Neue deutsche Rundschau* zum Druck gebracht (Reed 2004, 91). Leicht gekürzt erschien der

Text erneut in Manns zweiter Erzählsammlung *Tristan* (1903).

Der Kleiderschrank bedient sich verschiedener literarischer Anspielungsfolien. Offensichtlich zählt das Werk E. T. A. Hoffmanns dazu: Die Hauswirtin erscheint dem Protagonisten als »eine Figur von Hoffmann« (GKFA 2.1, 198). Dass Mann sich mit dem romantischen Autor beschäftigt hat, ist seit 1897 belegt (vgl. GKFA 21, 95). Tatsächlich weist der *Kleiderschrank* Analogien zur Prosa Hoffmanns auf: die Überbetonung optischer Medien (Fenster, Spiegel) und optisch motivierter Geschehnisse, die physiognomische Beschreibung der Hauptfiguren, der Topos der geträumten Geliebten und schließlich das Motiv des Kleiderschranks als Ort einer phantastischen Animation. Als Subtexte kommen Hoffmanns *Don Juan* (1812) und das Kunstmärchen *Nußknacker und Mausekönig* (1816) in Betracht (Dierks 1972, Lieb/Meteling 2003, Galvan 2011). Zu nennen sind ferner Heinrich Manns Erzählung *Das Wunderbare* (1897, vgl. Banuls 1986), Dostojewskis *Die Wirtin* (1847, vgl. Dierks 1972), *Tausendundeine Nacht* sowie die Mythen von Charon (vgl. Hatfield 1950) und von Narziss und Echo. Ein intermedialer Bezug ergibt sich zu dem bekanntesten Film der Brüder Lumière: *L'arrivé d'un train en gare de La Ciotat* (1896, vgl. Lieb/Meteling 2003). Hinzu treten biographische Spuren. Das Reiseziel Italien, Manns Schwabinger Wohnung und zwei Wahrzeichen von Lübeck, Holstentor und Puppenbrücke: Sie alle gingen kraft einer semiotischen und topographischen Neuordnung in den Text ein. So deuten die Kulissen der namenlosen Stadt zwar auf Lübeck, dies widerspricht aber der Reiseroute Berlin – Rom und weist den Ort als phantastischen aus.

Als sein Schnellzug in einer unbekannten Stadt Halt macht, erwacht der todkranke Albrecht van der Qualen und entschließt sich, seine Reise nach Florenz zu unterbrechen. In der Stadt mietet er bei einer mysteriösen alten Frau ein Fremdenzimmer nebst Kleiderschrank. Bald wird der Schrank zum Schauplatz einer erotisch grundierten Geistererscheinung: Abends findet sich dort eine nackte Kindfrau ein, die dem Protagonisten Geschichten erzählt oder aber von diesem missbraucht wird – sofern van der Qualen das ganze Geschehen nicht geträumt hat, während er in seinem Zugabteil schlief. Diese letzte Wendung wird im abschließenden Erzählerkommentar erörtert, ohne dass sie eindeutig behauptet würde. Aus der daraus resultierenden Ununterscheidbarkeit von Traum und Wirklichkeit bezieht die Erzählung ihre Spannung. Vermittelt wird das Geschehen durch die Perspektive des Protagonisten und eine davon unterschiedene Erzählerstimme.

Der Kleiderschrank gliedert sich in vier Teile, von denen die Ankunft im Bahnhof und ein Spaziergang des Protagonisten die ersten bilden, gefolgt von dessen Ankunft im Haus mit dem Fremdenzimmer. Dort erlebt van der Qualen am Abend die erste Begegnung mit dem Mädchen im Schrank, woraufhin eine Reflexion des Erzählvorgangs den Text beschließt. Die darin gemachten Andeutungen auf sexuelle Übergriffe durch van der Qualen relativieren sich durch Hinweise auf eine mögliche Traumsequenz. Die Erzählung folgt einer Kreisstruktur und betont ihre eigene narrative Unsicherheit.

Gero von Wilpert (1994, 367 f.) sieht zwei Erzählungen als Fortschreibungen des *Kleiderschranks* an, nämlich Kurt Münzers *Das Geheimnis des Kleiderspinds* (1908) und Günter Kunerts *Nachgetragene Wahrheit* (1986). Ferner nennt er Mynonas (d. i. Salomo Friedlaenders) Erzählung *Der Schöpfer* (1920): Auch hier dient ein Kleiderschrank als Schwelle, mittels derer ein Alltagsgeschehen ins Erotisch-Phantastische kippt. Generell fügt sich der *Der Kleiderschrank* in eine Tradition literarischer Phantastik ein, die als Münchner Neuromantik bezeichnet werden kann (vgl. Lieb 2011).

Die Erzählung verdankt dem Eisenbahndiskurs (Schivelbusch 2002) wichtige Anregungen: Kosmopolitismus und panoramatisches Reisen, körperliche Ermüdung und Irritationen der raumzeitlichen Wahrnehmung. Sie werden – ironisch distanziert – zur Bedingung einer selbstreflexiven ästhetischen Erfahrung: Parallel zur Alltagsuntauglichkeit des reisenden Protagonisten, der sich in Unkenntnis von Zeit und Raum bewegt, scheint der pragmatische Gebrauch von »Laut« und »Buchstaben[]« außer Kraft gesetzt (GKFA 2.1, 195). Derart werden realistische Referenzen gekappt, während ein artifizieller, mit Literatur und Kunst konnotierter Raum entsteht, der sich zunehmend verschachtelt.

Dem Schleusencharakter des Bahnhofs als Tor zur Stadt entspricht der Kleiderschrank als geheimnisvolle Passage, die den Weg zum phantastischen Innenraum des Protagonisten freigibt. Beide Portale spielen auf andere Künste und Medien an: Während das Bahnhofsgeschehen als Panorama im Zugfenster erscheint, kommt im theatral markierten Raum des Hotelzimmerschranks eine Handlung mit kinematographischen Anleihen zur Aufführung (Lieb/Meteling 2003). Demgegenüber simuliert die in »Nebel« (GKFA 2.1, 196) getauchte Stadt eine in Fotographie und Malerei gepflegte Ästhetik der Unschärfe, deren sprachliches Pendant die rhetorische *obscuritas* (Verdunkelung) ist. Das Thema perspektivisch gelenkter Wahrnehmung wird vielfach variiert, ebenso wie das Thema literarischer Selbstreflexion, das vom Requisit des »Schreibtisch[s]« (ebd., 200) bis zur ›Erzählung in der Erzählung‹ reicht.

In der Forschung wurde der Text als früher Beleg für Manns Schopenhauerrezeption gelesen (Dierks 1972, Banuls 1986), ansonsten aber auch als Beispiel der zeitgenössischen Fin de Siècle- und Dekadenzliteratur, die van der Qualen als Décadent und Dilettant ausweist (Dimpfl 1985, Wieler 1996). Vor diesem Hintergrund ist auch die motivische Verbindung von Krankheit, Todesnähe und Kunst zu sehen, deren Gegenpol die Verknüpfung von Leben und Eros bildet.

Literatur

Banuls, André: *Phantastisch Zwecklos? Essays über Literatur.* Zum 65. Geburtstag hg. von Wolfgang Zimmer/Marie-Louise Roth. Würzburg 1986.

Dierks, Manfred: *Studien zu Mythos und Psychologie bei Thomas Mann.* München 1972.

Dimpfl, Monika: Wirklichkeitsmodelle als Bezugssysteme literarischer Verständigung in Josef Ruederers *Das Gansjung* und Thomas Manns *Der Kleiderschrank.* In: Günter Häntzschel u. a. (Hg.): *Zur Sozialgeschichte der deutschen Literatur von der Aufklärung bis zur Jahrhundertwende: Einzelstudien.* Tübingen 1985, 97–121.

Galvan, Elisabeth: *Der Kleiderschrank* und seine Folgen. In: *TMJb* 24 (2011), 119–132.

Hatfield, Henry: Charon und der Kleiderschrank. In: *Modern Language Notes* 65 (1950), 100–102.

Lieb, Claudia/Meteling, Arno: E. T. A. Hoffmann und Thomas Mann. Das Vermächtnis des *Don Juan.* In: *E. T. A. Hoffmann-Jahrbuch* 11 (2003), 34–59.

Lieb, Claudia: »Ein Geschlecht läuft neben uns her, seltsam gebildet, die Blicke dunkel und verzehrend«. Oskar Panizzas Hoffmann-Rezeption und die Münchner Neuromantik. In: *E. T. A. Hoffmann-Jahrbuch* 19 (2011), 90–112.

Mann, Viktor: *Wir waren fünf.* Konstanz 1949.

Schivelbusch, Wolfgang: *Geschichte der Eisenbahnreise. Zur Industrialisierung von Raum und Zeit im 19. Jahrhundert.* Frankfurt a. M. 2002.

Wieler, Michael: *Dilettantismus – Wesen und Geschichte. Am Beispiel von Heinrich und Thomas Mann.* Würzburg 1996.

Wilpert, Gero von: *Die deutsche Gespenstergeschichte. Motiv – Form – Entwicklung.* Stuttgart 1994.

Claudia Lieb

2.10 *Gerächt* (1899)

Die novellistische Studie entstand im Juli 1899 und wurde erstmals im *Simplicissimus* vom 11. 8. 1899 publiziert, während Thomas Mann dort als Redakteur beschäftigt war. Über die weiteren Entstehungsumstände ist wenig bekannt, jedoch lässt sich aufgrund von Thomas Manns spärlichen brieflichen Selbstbewertungen davon ausgehen, dass es sich um eine Gelegenheitsarbeit gehandelt hat, die bis zum Erscheinen der *Buddenbrooks* seinen Namen ins Gedächtnis der Leserschaft rufen und die eigene Finanzlage aufbessern sollte. In den erhaltenen brieflichen Äußerungen beurteilt er die »minderwertig[e]« Novelle äußerst kritisch (an Kurt Martens, 4. 8. 1899; GKFA 21.1, 110; vgl. auch an Richard Dehmel, 31. 8. 1899; ebd.). Allem Anschein nach handelte es sich in diesem Falle nicht um Koketterie, hält Thomas Mann doch an seiner kritischen Einschätzung permanent fest: Zu Lebzeiten wird die Erzählung nicht nachgedruckt, obwohl sie ursprünglich im Novellenband *Der Weg zum Friedhof* (später unter dem Titel *Tristan* realisiert) erscheinen sollte (vgl. an Heinrich Mann, 13. 2. 1901; GKFA 21.1, 155). Erst posthum erfolgten mehrere Nachdrucke, angefangen bei den *Erzählungen* (1958) bis hin zur GKFA.

Während ein Großteil der Forschung die Quellen der Erzählung in biographischen Begebenheiten sucht und vage Parallelen zu Leben und Bekanntenkreis des jungen Thomas Mann zieht (vgl. z. B. Winston 1981, 174; Lederer 2004, 74), verweist Stoupy auf den deutlichen Einfluss zweier Erzählungen Paul Bourgets aus dem Band *Cruelle énigme* (Stoupy 1996, 102). So erfährt das Motiv einer rein geistigen, jedoch durch plötzliche Eifersucht des Mannes gestörten Freundschaft zwischen Mann und Frau aus *Amitié de femme* ebenso eine Variation wie die in *Ancien portrait* entworfene Figur der russischen Intellektuellen mit androgynem Erscheinungsbild. Die Beschäftigung Thomas Manns mit der Literatur Bourgets in der Entstehungszeit seiner frühen Erzählungen ist durch mehrere Briefe belegt (vgl. z. B. an Otto Grautoff, 17. 1. 1896, GKFA 21.1, 66, und 17. 2. 1896, GKFA 21.1, 73). Thomas Mann selbst hatte das Motiv weiblicher Emanzipation und Intellektualität – ebenso wie die Figur des Anselm – bereits in der früheren Erzählung *Gefallen* eingeführt. Die Fragestellung lässt sich zudem einbetten in eine zeitgenössische Debatte um genderspezifische Intelligenz und die Option rein geistiger Beziehungen zwischen Mann und Frau, wie sie etwa im literarischen Werk Ibsens (z. B. *Rosmersholm*) oder Gerhart Hauptmanns (z. B. *Einsame Menschen*) reflektiert wird (vgl. Reed, GKFA 2.2, 96 f.).

Die Novelle erzählt von der Begegnung des »gimpelhaften« zwanzigjährigen Protagonisten mit der zehn Jahre älteren russischen Intellektuellen Dunja Stegemann. Obwohl der Protagonist seinen »zügellos[en]« (GKFA 2.1, 204) erotischen Trieben in der Regel durchaus nachgibt, fasziniert ihn die Idee einer ausschließlich geistig-platonischen Beziehung zu einer Frau, die er mit der extrem androgyn und körperlich wenig reizvoll beschriebenen Dunja einzugehen versucht. Nachdem er Dunja im abendlich-weinseligen Gespräch seine »prononcierte[n] Abneigung, die ich körperlich dir gegenüber empfinde« (GKFA 2.1, 207), offenbart hat, kontert diese mit dem Bekenntnis einer früheren erotischen Beziehung zu einem Mann, was zu einem Umschwung in der Haltung des Protagonisten führt: Seinen plötzlichen sexuellen Annäherungsversuchen begegnet die Intellektuelle jedoch mit kühlem Spott, woraufhin er – nachdem er sich, wohl als Akt der Erkenntnis, »mit der Hand vor die Stirn« (GKFA 2.1, 210) geschlagen hat – zu Bett geht. So kann der Titel *Gerächt* durchaus mehrdeutig sowohl als die Rache der verschmähten Dunja an dem in mehrfachem Sinne unterlegenen Protagonisten als auch auf der Metaebene als die Rache »der verleugneten Sinnlichkeit an der vermeintlich rein platonischen Geistigkeit« (Vag 148) verstanden werden. Erzählstrukturell ergibt sich eine Nähe zu den ähnlich konzipierten Erzählungen *Gefallen* und *Anekdote:* Der eingangs angedeutete novellentypische Rahmen eines Gesprächs wird nicht geschlossen, auch ist die Erzählsituation nicht eindeutig klar: Wird im einleitenden Satz der Rahmenhandlung das Gespräch Anselms durch einen extradiegetischen Er-Erzähler vermittelt, kommt es danach zu einem erzählstrukturellen Wechsel zur autodiegetischen Binnenerzählung, deren namentlich nicht genannter Protagonist möglicherweise Anselm sein könnte.

Zeitgenössische Reaktionen konnten nicht ermittelt werden, und auch in der neueren Forschung findet der Text meist lediglich am Rande Erwähnung. Dabei wird die Novelle vor allem im Kontext bekannterer Erzählungen aufgegriffen und zumeist unter Verweis auf die Verwandtschaft der beiden intellektuell überlegenen Frauenfiguren Dunja Stegemann und Lisaweta Iwanowna als eine Art Vorstudie und -übung für *Tonio Kröger* gelesen (vgl. z. B. Winston 1985, 174). Stoupy rückt den Text hingegen hinsichtlich der Motivik des Ausbruchs zuvor geleugneter Sinnlichkeit in die Nähe von *Der kleine Herr Friedemann* und *Der Tod in Venedig* (Stoupy 1996, 105). Darüber hinaus findet – typisch für Thomas Manns Frühwerk – auch die Kunst Richard Wagners Erwähnung, welche, in der Wirkungsabsicht *Tristan* ähnelnd, zur Herstellung einer »zerebrale[n] Erotik« dienen solle (de Mendelssohn, 1982, 24). Wiegmann interpretiert die abendliche Gesprächssituation aufgrund der Position der beiden Figuren, bei der sich der Protagonist auf einer Chaiselounge liegend der aufrecht sitzenden Dunja mitteilt, als eine Art psychoanalytisches Gespräch, bei dem der Protagonist ja tatsächlich zuvor verdrängte Empfindungen und Gedanken zulässt (vgl. Wiegmann 1982, 72). Daneben findet der Aspekt der Androgynie gerade in der jüngeren Forschung größere Beachtung: Wird *Gerächt* einerseits als Beispieltext für »eine regelrechte Mode der Androgynität« ab der zweiten Hälfte des 19. Jahrhunderts herangezogen (Dahlke 2006, 59), untersucht Luft den Aspekt der Janusköpfigkeit der Androgynie Dunja Stegemanns unter Verweis auf die »latente homoerotische Disposition« des Ich-Erzählers und entsprechender »biographische[r] Gegebenheit« bei Mann (Luft 1998, 47, vgl. auch die biographischen Lesarten von Winston 1985 und Lederer 2004). Larsson schließlich verweist auf die für Mann typische Bipolarität von »Geist und Leben, Intellektuellem und Emotionalem«, welche jedoch lediglich – und dies mache das »vermeintlich Originelle dieser Geschichte« aus – im Inneren des Protagonisten eine Spannung herstellen, bei der konventionsfreien und aufgeklärten Dunja hingegen problemlos koexistieren können (Larsson 2011, 114).

Literatur

Dahlke, Birgit: *Jünglinge der Moderne. Jugendkult und Männlichkeit in der Literatur um 1900.* Köln u. a. 2006.

Larsson, Kristian: *Masken des Erzählens. Studien zur narrativer Unzuverlässigkeit und ihrer Praxis im Frühwerk Thomas Manns.* Würzburg 2011.

Lederer, Wolfgang: Love in Society: Thomas Mann´s Early Stories. In: Lehnert, Herbert (Hg.): *A Companion to the Works of Thomas Mann.* Rochester, NY 2004, 73–94.

Luft, Klaus Peter: *Erscheinungsformen des Androgynen bei Thomas Mann.* New York u. a. 1998.

Mendelssohn, Peter de: *Nachbemerkungen zu Thomas Mann.* Bd. 2. Frankfurt a. M. 1982.

Stoupy, Joëlle: Thomas Mann und Paul Bourget. In: *TMJb* 9 (1996), 91–106.

Winston, Richard: *Thomas Mann. Das Werden eines Künstlers 1875 bis 1911.* München/Hamburg 1985.

Kathrin Erbacher

2.11 *Der Weg zum Friedhof* (1900)

Die kleine Erzählung wird im Spätsommer 1900 gleich nach Abschluss der Arbeit an den *Buddenbrooks* fertig gestellt, um, wie Mann später selbst formuliert, »die Freuden des Fertigwerdens [...] sogleich noch einmal zu kosten« (GW XI, 620). Am 20. 9. 1900 wird sie in der Münchner illustrierten Wochenschrift *Simplicissimus* abgedruckt – als inzwischen fünfte kleinere Arbeit, die Mann hier unterbringt. Im Bucherstdruck erscheint der Text mit nur geringfügigen Änderungen 1903 in der Novellensammlung *Tristan* im S. Fischer Verlag. Ursprünglich von Mann als Titelnovelle vorgesehen, ist er innerhalb der veränderten Bandkonzeption (vgl. dazu Mendelssohn 1970, 290) doch noch immer an die erste Stelle gesetzt und Arthur Holitscher gewidmet. Bis 1921 wird der Text in dieser Form in mehreren Auflagen publiziert, 1922 erscheint er dann innerhalb der *Gesammelten Werke* bei S. Fischer im ersten der beiden Novellenbände.

Die Erzählung greift einen Problemkomplex auf, der in den *Buddenbrooks* zum ersten Mal ausführlich ausgearbeitet worden war, um ihn in der Form der *short story* zu verdichten und zugleich zu modifizieren: den Gegensatz zwischen ›starkem Leben‹ und ›schwachem Außenseiter‹. Der Protagonist Lobgott Piepsam, alkoholkrank, arbeitslos und durch den Tod seiner Familie gänzlich vereinsamt und verbittert, trifft auf dem titelgebenden Weg zum Friedhof mit einem lebensfrohen, falsch fahrenden Radfahrer zusammen. Piepsams Empörung über diesen Regelverstoß steigert sich bis zu einem tobsuchtartigen Anfall, in dem er Welt und Gott anklagt und verflucht; am Ende bricht er leblos zusammen und wird in einem Krankenwagen abtransportiert. Der den Text strukturierende Gegensatz wird dabei nicht nur durch Figurencharakteristik (Piepsam vs. Radfahrer), sondern auch durch Raumsemantik (Weg zum Friedhof vs. belebte Chaussee), eine explizit kommentierende und den Leser adressierende Erzählinstanz und durch subtile Fokalisierungswechsel profiliert. Über diese Erzählverfahren erhält der Einzelfall allgemeine Relevanz, und Radfahrer und Piepsam werden auf eine Weise zu Figurationen von ›Leben‹ und ›Tod‹ allegorisiert, die zugleich impliziert, dass das Wissen um die Todeshaltigkeit des ›Lebens‹ dem ›Leben‹ unzugänglich bleibt.

Die zeitgenössische Kritik nimmt den Text im Rahmen des Novellenbandes wahr, der sehr breit gefächert – d. h. in der lokalen und in der nationalen Tagespresse, in populären Wochenschriften und in Literatur- und Kulturzeitschriften – fast durchweg wohlwollend besprochen wird. An *Der Weg zum Friedhof* hebt man dabei vor allem »Humor«, »Seelenkunde« und »Symbolik« hervor (Vag 81); Mann selbst stellt in seinem *Lebensabriß* das besondere Gefallen Ludwig Thomas an der Erzählung heraus.

Die Forschung hat den Text nur am Rande zur Kenntnis genommen, in den einschlägigen Beiträgen wird er kaum einmal erwähnt. Er gilt als »Nebenarbei[t]« (Kurzke 2010, 44) oder als eine Art Zwischenform, in der sich bereits vorgeprägte oder später noch auszuarbeitende Motivkomplexe, Figurentypen und Konfliktkonstellationen finden – von der Konzeption der Außenseiterfiguren (Wolff 1957) über die Verfahren psychologischer Entlarvung bis hin zur Erzählfigur der biblischen Gerichtsrede (Marx 2002). Mit letzterer wird dem Text die Einführung des biblisch inspirierten Einspruchs gegen das ›Leben‹ in das Werk zugesprochen, so dass er als Beginn einer »Versuchsreihe« (Marx 2002, 35) um Möglichkeiten der Ausgestaltung von Prophetenfiguren gelten kann. Relativ eigenständig erscheint die forcierte Zuspitzung zur Groteske, die den »Simplicissimus-Faktor« der frühen Erzählungen in »Reinform« ausgebildet zeigt (Vag 81) und die mit Blick auf den Autor schon früh als eine Möglichkeit zur Selbst- und Werkdistanzierung gedeutet wurde (Lehnert 1969).

Literatur

Kurzke, Hermann: *Thomas Mann. Epoche – Werk – Wirkung*. 4., überarb. u. aktual. Aufl. München 2010.

Lehnert, Herbert: Thomas Manns Erzählung *Das Gesetz* und andere erzählerische Nachspiele im Rahmen des Gesamtwerkes. In: *Deutsche Vierteljahrsschrift für Literaturwissenschaft und Geistesgeschichte* 43 (1969), 515–543.

Marx, Friedhelm: *»Ich aber sage Ihnen ...«. Christusfigurationen im Werk Thomas Manns*. Frankfurt a. M. 2002.

Mendelssohn, Peter de: *S. Fischer und sein Verlag*. Frankfurt a. M. 1970.

Wolff, Hans M.: *Thomas Mann. Werk und Bekenntnis*. Bern 1957.

Madleen Podewski

2.12 *Luischen* (1900)

Die bissige Gesellschaftssatire *Luischen* wurde 1897 in Rom geschrieben und erschien 1900 erstmalig in der Zeitschrift *Die Gesellschaft*. Offensichtlich wurde die Erzählung zuvor sowohl von der *Jugend* als auch vom *Simplicissimus* abgelehnt (BrGR, 100, 20. 8. 1897). 1903 nahm Thomas Mann die Erzählung in den *Tristan*-Band auf. Hermann Hesse bemerkt 1904 in seiner Rezension des Bandes, dass von den Novellen »nur die eine, *Luischen*, dauernd unbefriedigt läßt« (Hesse 1972, 435). Im Fahrwasser dieser Kritik stieß die Erzählung auch in der Folgezeit häufig auf Ablehnung – Kurt Meyer spricht 1933 von der »peinlichsten Novelle Manns« (Meyer 1933, 33) – oder auf »eine Verschwörung des Schweigens« (Weinzierl 1994, 11). Erst die jüngere Thomas-Mann-Forschung hat die exquisite Komposition und den literarischen Wert klar herausgearbeitet. Mann selbst erkennt in *Luischen* einen Fortschritt seines schriftstellerischen Ausdrucksvermögens, wie er in einem Brief an Otto Grautoff vom 21. 7. 1897 ausführt: »Neuerdings passiert es sogar, daß ich bei passender Gelegenheit den Gang der Handlung unterbreche und anfange, mich im Allgemeinen zu äußern, wie z. B. in *Luischen*, wo ich eine kurze ernsthafte Rede gegen den gecken- und mimenhaften Typus des kleinen modernen ›Künstlers‹ halte« (GKFA 21, 96).

Die in fünf Kapitel untergliederte Erzählung weist deutliche Konstruktionsparallelen zum fünfteiligen Dramen-Schema von Gustav Freytag auf (vgl. Wich 1976, 216). Reed hat als erster auf Iwan S. Turgenjews 1871 verfasste Novelle *Frühlingsfluten* als den intertextuellen Referenztext der Erzählung hingewiesen (Reed 1964, 318). Wich hat bemerkt, dass Thomas Mann in keinem späteren Werk mehr »einen derart extremen Modernismus, d. h. eine derart krasse Überschreitung der bis dahin gültigen ästhetischen Normen prätendiert« (Wich 1976, 215). Diese Überschreitung findet gleich auf mehreren Ebenen statt: Da ist zunächst die erstaunliche Konstellation der Ehepartner mit dem Rechtsanwalt Christian Jacoby und seiner Frau Amra, die schon im Einleitungssatz präludiert wird: »Es giebt Ehen, deren Entstehung die belletristisch geübteste Phantasie sich nicht vorzustellen vermag« (GKFA 2.1, 160). Als Überschreitung muss weiterhin der gesellschaftlich akzeptierte Ehebruch Amras begriffen werden sowie schließlich die Art und Weise, wie diese ihren Gatten vor aller Augen hinrichtet. *Luischen* hat insofern nicht nur eine unerhörte Begebenheit, wollte man dem Goethe'schen Strukturmerkmal der Novelle folgen, sondern gleich mehrere.

Die Forschung hat zudem darauf hingewiesen, dass die Ehe zwischen Rechtsanwalt Jacoby und seiner Frau Amra einer »sadistisch-perverse[n] Versuchsanordnung« (Weinzierl 1994, 14) gleicht. Auf der einen Seite die sinnliche und schöne, aber wenig intelligente Amra: Inkarnation einer zerstörerischen *femme fatale*, die Mann mit klischeehaften jüdischen Attributen charakterisiert. Auf der anderen Seite der fettsüchtige Rechtsanwalt Jacoby, dessen Körperfülle dem Leser mit allerlei Tiervergleichen möglichst unappetitlich vor Augen geführt wird. Darüber hinaus zeichnet sich Jacoby durch einen völlig devoten Charakter aus, dessen hündische Züge von seiner Frau ohne Umschweife in Worte gefasst werden: »›Ja –! Ja –! Du gutes Tier –!‹« (GKFA 2.1, 165).

Amra lebt im Ehebruch mit dem jungen Musiker Alfred Läutner, dessen kompositorisches Talent als »ein wenig zu populär« beschrieben wird, als dass, was er hervorbringt, »zur ›Musik‹ hätte gerechnet werden können« (GKFA 2.1, 165 f.). Allerdings hatten seine Kompositionen stets »eine kleine, originelle Stelle[,] [...] eine kleine nervöse Wirkung, [...] die sie auch für ernsthafte Kenner interessant machte« (ebd., 166). Eine ebensolche Wirkung hat Läutner auch in seiner Neukomposition des Couplets eingebaut, dass Jacoby während eines Frühlingsfestes, das seine Gattin Amra ausrichtet, zu singen genötigt wird. Jacoby willigt erst nach anfänglicher Weigerung in den skandalösen Vorschlag seiner Gattin ein, bekleidet mit einem rotseidenen Kleid und einer Perücke der versammelten Gesellschaft *Luischen* vorzusingen – zu allem Überfluss am Klavier begleitet von Amra und ihrem Geliebten. Läutners Komposition ist durchsetzt von immer komplizierter werdenden Dissonanzen, die schließlich »in einem durch Wagner'sche Verweigerung der erwarteten Auflösung bewirkten Überraschungsübergang gipfeln« (Robles 2006, 58). Dieser überraschende Übergang löst bei Jacoby einen Erkenntnisprozess über die wahren Verhältnisse seiner Ehe aus, der ihn tot zusammenbrechen lässt.

Konnte sich Jacoby die Idee seiner Frau, bei dem Frühlingsfest »als Chanteuse mit einem rotseidenen Babykleide« (GKFA 2.1, 170) aufzutreten, zunächst noch als »einen Scherz, eine Mummerei, einen unschuldigen Spaß« (ebd., 173) schönreden, so bekommt die tatsächliche Umsetzung seiner Maskerade eine gänzlich andere Stoßrichtung: »Ein weites, faltenloses Kleid aus blutroter Seide, welches bis zu den Füßen hinabfiel, umgab seinen unförmigen

Körper, und dieses Kleid war ausgeschnitten, sodaß der mit Mehlpuder betupfte Hals widerlich freilag. Auch die Ärmel waren an den Schultern ganz kurz gepufft, aber lange, hellgelbe Handschuhe bedeckten die dicken und muskellosen Arme, während auf dem Kopfe eine hohe, semmelblonde Locken-Coiffüre saß, auf der eine grüne Feder hin und wieder wankte« (ebd., 177 f.). Seit der Veröffentlichung der Tagebücher Thomas Manns in den 1980er Jahren werden insbesondere seine frühen Texte immer wieder auf latente Homosexualitätssignale hin untersucht. So lässt sich auch die hier zitierte Szene dahingehend interpretieren, dass Jacoby von seiner Ehefrau gezwungen wird, mittels des transvestitischen Kostüms seine Homosexualität öffentlich preiszugeben – sich also »in dieser Maske zu demaskieren« (Lange-Kirchheim 2008, 206). Auch Detering hat darauf hingewiesen, dass diese Verkleidung sich nicht länger mit den Zeichen einer infantilen Regression begnügt, sondern vielmehr durch ein »Ensemble kultureller Codes einer grell überzeichneten Männer-Weiblichkeit« (Detering 2005, 28) das sexuelle Unvermögen des traurigen Helden ebenso deutlich macht, wie sie ihn als erbärmliche Künstlerkarikatur persifliert. Das Grauen, das sich im Publikum ausbreitet, ist verständlich, angesichts des sich »mühsam von einem Bein auf das andere« werfenden Rechtsanwalts, der seine Impotenz allzu deutlich ausstellt, wenn er »mit kraftlosen Armen beide Zeigefinger emporhob« (GKFA 2.1, 178). Erst durch die Maskerade einer falschen Weiblichkeit offenbart sich somit, dass Jacobys Männlichkeit prekär ist. Als das ausgeschlossene Dritte durchkreuzt er die biologische Geschlechterordnung.

Dass ein solcher Auftritt die Dimension des bloß Peinlichen oder der Blamage übersteigt (Verweyen sucht *Luischen* als einen besonders dramatischen Fall von Blamage zu fassen, was nicht durchgehend überzeugt [vgl. Verweyen 2009] und eher durch die existenzielle Kategorie der Scham zu fassen wäre), wird vor allem durch den jähen Tod Jacobys ersichtlich. Deutet alles im Verhalten Jacobys darauf hin, dass er sich seiner eigenen Existenz schämt, so lässt sich die Scham, die seinen Tod begleitet, durchaus als Initiationsmoment eines positiven Ich-Bewusstseins interpretieren. Bezeichnenderweise nämlich ist Jacoby nach der musikalisch initiierten Erkenntnis in der Lage, die Blicke aus dem Publikum zu erwidern, wohingegen er zuvor jedem direkten Blick auswich. Insofern lässt sich der Tod Jacobys auch als einen Akt der Selbstbehauptung begreifen, der das Herrschaftsverhältnis zwischen Individuum und Allgemeinwillen aufkündigt (vgl. Bischoff 2012, 349).

Freilich wäre es zu jenem Akt der Selbstbehauptung im Tode kaum gekommen, wenn Amras Liebhaber nicht auf die Idee gekommen wäre, »inmitten eines vulgären und komischen Machwerkes durch ein plötzliches Kunststück der hohen Musik zu verblüffen« (GKFA 2.1, 179). Die Verweigerung der konventionellen Auflösung, jener Umschlag der Tonarten induziert zugleich einen Umschlag der Erkenntnis und lässt sich insofern als Augenblick der Epiphanie begreifen. Die Metaphorik, mittels derer der Text jenes unerwartete Moment der Einsicht zu illustrieren sucht, ist der ästhetischen Kategorie des Erhabenen zuordnen: »Es war eine vollkommen verblüffende Überrumpelung, eine jähe Berührung der Nerven, die den Rücken hinunterschauerte, es war ein Wunder, eine Enthüllung, [...] ein Vorhang, der zerreißt ...« (GKFA 2.1, 179). Die überraschende, aber letztlich minimalistische musikalische Geste, die im Grunde nur eine Rückung um einen Halbton von Fis-Dur nach F-Dur darstellt, weist voraus auf jenes berühmte VIII. Kapitel des *Doktor Faustus*, in dem Wendell Kretzschmar der Frage nachgeht, »warum Beethoven zu der Klaviersonate opus 111 keinen dritten Satz geschrieben habe« (GKFA 10, 78 f.). Die Antwort Kretzschmars wird auch hier aus einer kleinen musikalischen Erweiterung des Grundthemas, einem hinzukommenden *cis*, entwickelt, dessen berührende Wirkung und epiphanische Qualität ebenfalls auf die Kategorie des Erhabenen hinweist. Indem hier wie dort der Text über ein spezifisches Detail einer musikalischen Komposition reflektiert, und zwar ein Detail, das die epistemisch fassbare Form der Komposition *als Form* auf spezifische Weise transzendiert, thematisiert sich implizit der Text in seiner Textualität selbst (vgl. Mein 2012). Diese Selbstthematisierung der Form tritt auch in *Luischen* in ein spezifisches Verhältnis zum Inhalt und bietet so Einlasspunkte für dekonstruktivistische Lektüren.

Literatur

Detering, Heinrich: *»Juden, Frauen und Litteraten.« Zu einer Denkfigur beim jungen Thomas Mann*. Frankfurt a. M. 2005.

Hesse, Hermann: *Schriften zur Literatur*. Bd. II. Berlin 1972.

Lange-Kirchheim, Astrid: Maskerade und Performanz – vom Stigma zur Provokation der Geschlechterordnung. Thomas Manns *Der kleine Herr Friedemann* und *Luischen*. In: Stefan Börnchen/Claudia Liebrand (Hg.): *Apo-*

krypher Avantgardismus. Thomas Mann und die klassische Moderne. München 2008, 186–224.
Mein, Georg: »Melodisch getröstet. Die Musik und das Erhabene im *Doktor Faustus*«. In: Stefan Börnchen/Georg Mein/Gary Schmidt (Hg.): *Thomas Mann. Neue kulturwissenschaftliche Lektüren*. München 2012, 401–432.
Meyer, Kurt: *Die Novellen Paul Heyses und Thomas Manns. Eine vergleichende Stiluntersuchung*. Leipzig 1933.
Reed, Terence James: Mann and Turgenev – A first Love. In: *German Life & Letters* 17, No. 4 (1964), 313–318.
Robles, Ingeborg: Ähnlichkeit und Differenz in Thomas Manns frühen Erzählungen. In: *TMJb* 19 (2006), 51–70.
Verweyen, Georg: *Literarische Blamagen. Darstellung und Funktion eines peinlichen Topos in der deutschsprachigen Literatur des 18. bis 20. Jahrhunderts*. Berlin 2009.
Weinzierl, Ulrich: Die »besorgniserregende Frau«. Anmerkungen zu *Luischen*, Thomas Manns »peinlichster Novelle«. In: *TMJb* 4 (1994), 9–20.
Wich, Joachim: Groteske Verkehrung des »Vergnügens am tragischen Gegenstand«. Thomas Manns Novelle *Luischen* als Beispiel. In: *Deutsche Vierteljahrsschrift für Literaturwissenschaft und Geistesgeschichte* 50 (1976), 213–237.

Georg Mein

2.13 *Gladius Dei* (1902)

Die Erzählung steht im Zusammenhang mit Thomas Manns Italienerfahrungen der Jahre seit 1895, sie entstand nach der Rückkehr von einer Florenz-Reise im Mai 1901 im Herbst desselben Jahres. In Florenz lernte Mann die Engländerin Mary Smith kennen, der der Text gewidmet ist. Am 18. 11. 1901 las er eine Fassung im Münchner *Akademisch-dramatischen Verein*, der im Text selbst vorkommt, anscheinend erfolgte im Mai 1902 eine Überarbeitung (vgl. Postkarte an Paul Ehrenberg v. 22. 5. 1902, Reg I, 02/16). Die Erzählung erschien sodann am 12. und 19. 7. 1902 in der Wiener Zeitschrift *Die Zeit* und wurde im folgenden Jahr in den Erzählungsband *Tristan* aufgenommen. Den engeren Bezugsrahmen von *Gladius Dei* bildete die Arbeit am Drama *Fiorenza*, als dessen thematische An- oder Auslagerung der Prosatext zu verstehen ist. Zentrale Figur ist hier wie dort der Dominikanerprior Girolamo Savonarola (1452–1498), der im Florenz des späten 15. Jahrhunderts als sittenstrenger Widersacher der Medici-Herrschaft auftrat. Manns Interesse an dieser Figur wurde von Nietzsche geleitet, mit dessen *Genealogie der Moral* er Savonarola als ›asketischen Priester‹ las, wobei Nietzsche zugleich auf den Selbstwiderspruch des Asketen verwies und damit die psychologische Spur legte, in der Mann seine ambivalenten Savonarola-Bilder konstruierte. Der erste Hinweis auf *Gladius Dei* datiert auf 1898: »Der christliche Jüngling im Kunstladen. (Psychol. Vorstudie zum Savonarola)« (Notb I, 182). Weitere Quellen sind Pasquale Villaris *Geschichte Girolamo Savonarola's und seiner Zeit* (1868, orig. 1860; vgl. Brief an Heinrich Mann v. 8. 1. 1901; GKFA 21, 149), der das titelgebende Zitat entnommen ist (bei Savonarola allerdings »gladius Domini«; vgl. Reed, GKFA 2.2, 114); zu nennen ist außerdem Jacob Burckhardts *Die Kultur der Renaissance in Italien* (1860; vgl. Brief an Heinrich Mann v. 25. 11. 1900; GKFA 21, 137). Im Unterschied zu *Fiorenza* ist *Gladius Dei* jedoch nicht im Florenz des Quattrocento angesiedelt, sondern im München der Entstehungsgegenwart. Der Epochenhintergrund ist damit nicht die Renaissance selbst, sondern ihre Wiederkehr im modischen ›Renaissancismus‹ um 1900 (vgl. Buck 1990; Riedl 2005). Der vielzitierte Eingangssatz der Erzählung, »München leuchtete« (GKFA 2.1, 222), leitet eine Schilderung der bayerischen Hauptstadt als ›zweites Florenz‹ ein (vgl. Frühwald 1980), und wie Florenz im München der Jahrhundertwende wiederkehrt, so findet der Prediger Savonarola seinen Nachfahren im Jüngling Hieronymus, der gegen den sinnenfrohen Ästhetizismus des Münchner Kulturlebens aufsteht. Aus dieser Orts- und Figurenanlage lässt sich der thematisch-kompositorische Kern ableiten, der mit den Begriffen des Imitats, der Wiederholung, der Reproduktion zu benennen ist und zum komisch-parodistischen Verfahren Manns hinführt. Schon an der erzählerischen Anlage ist dies zu erkennen. Der Ort der Handlung, über den sich »strahlend ein Himmel von blauer Seide« spannt (GKFA 2.1, 222), figuriert als Theaterraum, ausstaffiert mit den Kunstprodukten des Münchner Ästhetizismus. Im Zentrum dieser narrativen Inszenierung der Kunststadt liegt das »Schönheitsgeschäft« M. Blüthenzweigs, das zum Anlass für den theatralischen Auftritt des Hieronymus wird. Die Dominanz der Theatermetaphorik verdeutlicht die subtile Verknüpfung des Schwertmotivs aus dem Titel mit dem Verweis auf die jungen Münchner, »die das Nothung-Motiv pfeifen« (ebd.), am Textbeginn: Das religiös-symbolische Schwert Gottes wird widergespiegelt im Theater-Schwert Nothung aus Wagners *Ring des Nibelungen*. So wird auch die pathetische Suada des Hieronymus am Ende der Erzählung ironisch transformiert zu einem Teil des ›Gesamtkunstwerks‹ München – nur in einer Lesart, die die Komik der Erzählung übersieht, ist sie ein moralischer Gegenentwurf. Zu der theatralen Komponente tritt in intermedialer Erweiterung das erzählte Bild, die Ekphrasis, hinzu. Stein des Anstoßes ist die fotographische Reproduktion einer Madonnendarstellung jüngsten Datums in der Auslage der Blüthenzweig'schen Kunsthandlung. Hieronymus bewältigt die vom Bild ausgehende (erotische) Attraktion durch eine ironische Sublimation, nach der er sich zum Propheten wider den Amoralismus berufen fühlt. Von Moses- und Christus-Allusionen begleitet, schildert der Text den Auftritt des Mönchs und seine Savonarolas ›Feuer der Eitelkeiten‹ aktualisierende Forderung an den Kunsthändler, das Inventar seines Geschäfts dem Feuer zu übergeben (vgl. Marx 2002). Blüthenzweig lässt den Mönch am Ende von seinem Packer Krauthuber aus dem Geschäft befördern (dessen animalische Körperlichkeit an ähnliche Figuren des Frühwerks wie Christian Jacoby in *Luischen* oder den Kaufmann Klöterjahn in *Tristan* erinnert). Die Erzählung endet mit der Vision vom am Himmel drohenden Schwert Gottes, das das Strafgericht gegen den ›ruchlosen‹ Schönheitskult eröffnet – oder, in Manns ›doppelter Optik‹, mit einem frühsommerlichen Gewitter nach dem Münchner Föhn.

In den frühen Rezensionen wurde zunächst diskutiert, welche Position für oder wider den Ästhetizismus dem Text abzulesen sei (Überblick bei Vag, 103; Reed, GKFA 2.2, 111 f.) In der älteren Forschung standen Quellen und Anlage der nach München versetzten Savonarola-Figur im Mittelpunkt (Stockum 1962; Wolf 1970), sodann wurde der Blick auf das Komisch-Parodistische des Textes gerichtet (Wich 1972, Frühwald 1980). Die theatrale Komponente wurde dargelegt (Frühwald 1980), dies auch im Kontext von Manns um Aufführungssituationen gruppiertem Erzählen (Vaget, TMHb) sowie im Genre-Zusammenhang der »Milieusatire« (Neymeyr 2011). Während die Quellen für den Savonarola-Bezug als gesichert gelten dürfen, wird nach der Vorlage des Madonnenbildnisses weiterhin gesucht. Grundlegend in die ikonographische Tradition der Venus-Madonna einzuordnen (Frühwald 1980), sind vorgeschlagen worden Franz von Stuck: *Die Sünde*, Edvard Munch: *Madonna*, Gabriel von Max: *Madonna* (vgl. Reed, GKFA 2.2, 119), außerdem Arnold Böcklin: *Venus Genitrix* (Pegatzky 2002) sowie – nicht zeitgenössisch – Bartolomé Esteban Murillo: *Madonna con bambino* (Turck 2003). Als literarischer Vorläufer ist die Novelle *Madonna* von Max Grad (1896) namhaft gemacht worden (Vag 100 f.). Große Beachtung ist stets dem dominanten Themenkreis von Nachahmung und Imitation geschenkt worden; jüngere kulturwissenschaftliche Zugänge haben hieran anschließend den Schwerpunkt auf das fotographisch reproduzierte Bildnis gelegt, welchem die Anordnung im ökonomischen Kontext der Auslage, des Schaufensters, zusätzlich Bedeutung als Ware und Fetisch verleiht (Schuhmacher 1997; Wegmann 2008; Lieb 2010; ferner Neymeyr 2011). Hingewiesen wurde überdies auf den zeitgenössischen Hintergrund der gegen die moderne Kunst gerichteten ›Lex Heinze‹ im Kaiserreich (Füssel 1994). Irritierend und im Rahmen von Manns Gesamtwerk interpretationsbedürftig bleibt der »handgreifliche Antisemitismus« in der Charakterisierung der Blüthenzweig-Figur (ausführlich Elsaghe 2000, Zitat ebd., 156).

Literatur

Buck, August (Hg.): *Renaissance und Renaissancismus von Jacob Burckhardt bis Thomas Mann*. Tübingen 1990.

Elsaghe, Yahya: *Die imaginäre Nation. Thomas Mann und das ›Deutsche‹*. München 2000.

Frühwald, Wolfgang: ›Der christliche Jüngling im Kunstladen‹. Milieu- und Stilparodie in Thomas Manns Erzählung *Gladius Dei*. In: Günter Schnitzler (Hg.): *Bild und Gedanke*. München 1980, 324–342.

Füssel, Stephan: Thomas Manns *Gladius Dei* (1902) und die Zensurdebatte der Kaiserzeit. In: Gerhard Hahn (Hg.): *Zwischen den Wissenschaften*. Regensburg 1994, 427–436.

Lieb, Claudia: Window-shopping. Fetishistic Transactions in Fictional Prose of the ›Münchner Moderne‹. In: *Philologie im Netz* (52) 2010, 35–49.

Marx, Friedhelm: *›Ich aber sage Ihnen …‹. Christusfigurationen im Werk Thomas Manns*. Frankfurt a. M. 2002.

Neymeyr, Barbara: Theatralische Inszenierung im Medium der Satire. Zur narrativen Dramaturgie in Thomas Manns Erzählungen *Gladius Dei* und *Beim Propheten*. In: *Germanistische Mitteilungen* 37/1 (2011), 51–71.

Pegatzky, Stefan: *Das poröse Ich. Leiblichkeit und Ästhetik von Arthur Schopenhauer bis Thomas Mann*. Würzburg 2002.

Riedl, Peter Philipp: *Epochenbilder – Künstlertypologien. Beiträge zu Traditionsentwürfen in Literatur und Wissenschaft 1860 bis 1930*. Frankfurt a. M. 2005.

Schuhmacher, Klaus: »Brüder der Schmerzen«. Zur Krise des geschriebenen Bildes um 1900. In: Volker Kapp u. a. (Hg.): *Bilderwelten als Vergegenwärtigung und Verrätselung der Welt*. Berlin 1997, 195–216.

Stockum, Theodor C. van: Savonarola, die historische Gestalt und ihre doppelte Spiegelung im Werke Thomas Manns. In: Ders. (Hg.): *Von Friedrich Nicolai bis Thomas Mann*. Groningen 1962, 320–333.

Turck, Eva-Monika: Das Vorbild der ›Madonna mit Kind‹ in der Novelle *Gladius Dei* von Thomas Mann. In: *Germanisch-Romanische Monatsschrift* 53/2 (2003), 241–247.

Vaget, Hans Rudolf: Die Erzählungen. In: *TMHb* 534–618.

Wegmann, Thomas: Erzählen vor dem Schaufenster. Zu einem literarischen Topos in Thomas Manns *Gladius Dei* und anderer Prosa um 1900. In: *Internationales Archiv*

für Sozialgeschichte der deutschen Literatur 33/1 (2008), 48–71.
Wich, Joachim: Thomas Manns *Gladius Dei* als Parodie. In: *Germanisch-Romanische Monatsschrift* 22 (1972), 389–400.
Wolf, Ernest M.: Savonarola in München. Eine Analyse von Thomas Manns *Gladius Dei*. In: *Euphorion* 64 (1970), 85–96.

Bastian Schlüter

2.14 *Das Wunderkind* (1903)

Der Text ist im November und Dezember 1903 als Auftragsarbeit für die Weihnachtsausgabe der *Neuen Freien Presse* verfasst worden und dort erstmals am 25. 12. 1903 erschienen. Titelgebend wurde er ebenfalls für den Novellenband *Das Wunderkind. Novellen*, der 1914 im Fischer-Verlag verlegt wurde und bis Kriegsende eine Auflage von 60.000 Exemplaren erreichte. Mann selbst bezeichnete im Rückblick *Das Wunderkind* als liebste Skizze unter seinen »kleinen Sachen« (vgl. BrB, 8). Als einflussnehmendes Ereignis gilt der Besuch eines Klavierkonzertes des achtjährigen ›Wunderkindes‹ Joris Margaritis (1895–1953) im Sommer 1903 in München. Daneben könnte ein Beweggrund auch die eigene, im Wandel begriffene Situation als Autor sein, denn mit zunehmendem Erfolg nach *Buddenbrooks* veränderte sich Manns Verhältnis zur Gesellschaft und veranlasste ihn offenbar, den Kontrast zwischen Künstler und Publikum zu problematisieren.

Im Zentrum steht das Konzert des jungen, griechischen Klaviervirtuosen Bibi Saccellaphylaccas – der ›Hüter des Schatzes‹ –, ohne dass der Text darüber hinaus eine markierte Ereignishaftigkeit etabliert: Es geschieht nichts Unvorhergesehenes oder Unerhörtes, keine der Figuren bricht ein Verbot oder handelt ordnungswidrig. Im Gegenteil halten sich alle Beteiligten an die impliziten Rahmenbedingungen eines Konzertabends. Allein die Präsentation des Wunderkindes als hervorgehobener Künstlertypus erscheint von ereignishaftem Charakter; abzulesen ist dies an der multiperspektivisch umgesetzten Reflexion der Konstitution, des Auftretens und der Funktion des Künstlers.

Die Darstellung des etwas mehr als eine Stunde umfassenden Geschehens gliedert sich in drei ungetrennte Abschnitte: die Stille im Saal und die Vorstellung des Wunderkindes, das Konzert selbst und das Konzertende mit Applaus und abschließenden Einzelszenen. Bemerkenswert erscheint die Gestaltung der narrativen Vermittlung mit Blick auf das Verhältnis zwischen Erzählinstanz und Figuren. Zu Beginn der Erzählung überwiegt zunächst die Außensicht: Bibi wird als in weiß gekleideter, damenhafter Knabe beschrieben, es fällt der Hinweis auf ein »Geschäftsgeheimnis« (GKFA 2.1, 396) des Impresarios, und es werden Vermutungen über das Publikum mit »Leutehirnen« (ebd., 397) angestellt. Die erste Introspektion offenbart die Sicht des Künstlers auf die Situation: Bibi weiß um den Unterhaltungscharakter des Konzerts und erlebt doch selbst beim Musizieren »dieses prickelnde Glück« (ebd., 398), wobei Musik mit einem »lockende[n] Meer« (ebd.) verglichen wird, das gleichermaßen gewaltig und beherrschbar erscheint. Das ›Außenseitertum‹ (vgl. Kurwinkel 2005, 14) des Künstlers wird ebenfalls dadurch unterstrichen, dass nur er den wahren Zugang zur Musik zu finden und die »Stelle, wo es nach Cis geht« (GKFA 2.1, 402) als entscheidendes Moment zu erkennen weiß. Im Verlauf des Konzerts steigt die Frequenz der Figurenintrospektionen deutlich an und offenbart die wesentliche Gemeinsamkeit aller im Publikum befindlichen Figuren: die Auseinandersetzung mit dem Künstler im Abgleich mit dem eigenen Selbst. Dabei nehmen das eigene Wissen und Erleben, die eigene Vergangenheit, eigene Belange oder Wünsche Einfluss auf die Bewertung. Ein alter Mann vergleicht Bibi mit dem »Jesuskind« (ebd., 402) und eröffnet damit eine religiöse Sichtweise. »Ein junges Mädchen, das […] sich in einem gespannten Alter befindet, in welchem man sehr wohl auf delikate Gedanken verfallen kann« (ebd., 403), bringt eine mit dem Künstler verbundene sexuelle Komponente ins Spiel, deren Relevanz von anderer Seite durch den Kuss des Impresarios am Ende des Konzerts unterstrichen wird. Eine Klavierlehrerin bemängelt die Spieltechnik des Pianisten und kritisiert seine fehlende Unmittelbarkeit; ein Kritiker wiederum konstatiert mit Blick auf den Künstlertypus eine »Charlatanerie« (ebd.) und moniert den Einsatz von »Begeisterungsmittel[n]« (ebd., 405), die er als gänzlich »unkünstlerisch« (ebd., 405) auffasst.

Folglich werden zwei Wahrnehmungssphären differenziert. Die erste Sphäre stellt die Apperzeption von Kunst dar, die nicht alleiniges Kunst*verständnis*, sondern vor allem auch *Leidenschaft* für Kunst voraussetzt. Die zweite formieren der Fokus auf den Künstler und das Bedürfnis nach Regulation des jeweils eigenen Verhältnisses zu ihm. Die zentrale Problematik ergibt sich aus der Selbstreferenz der Rezipienten: Das Mädchen etwa bemerkt die Leidenschaft in der Musik, wendet sich dann aber dem Vermittelnden zu. Auch der Hinweis der Klavierlehrerin offenbart einen Zugang zur Musik, sie hebt dann jedoch auf eine Kritik des Künstlers – nicht der Musik – ab. Und auch der Kritiker konzentriert sich auf Bibi, gleichwohl er durchaus auf den unkünstlerischen Charakter des Konzerts verweist: Er durchschaut aber nicht den (künstlerischen) Inhalt der Darbietungen, sondern lediglich die (sensationshaschende) Darbietung selbst.

Zwar gelingen die jeweiligen Regulationen des Verhältnisses; es kommt zu keinem inneren oder äußeren Konflikt. Das Grundproblem bleibt aber dennoch bestehen: Die Rezipienten dringen nicht bis zur Kunst durch, ihnen bleibt das ›Glück‹, das Bibi widerfährt, vorenthalten – mehr noch, der Künstler (= der ›Hüter‹) substituiert hier Kunst (= den ›Schatz‹), er selbst wird zum Wahrnehmungsobjekt. Dabei fallen »kontradiktorische Attribute« (Kurwinkel 2005, 3) ebenso ins Auge wie seine paradoxale und ambivalente Charakteristik: Er ist eine androgyne Figur, ein erwachsenes Kind, ein teuflischer Heiland, ein geschwisterlicher Liebhaber, ein falscher Aristokrat. Der Künstler selbst wird also als Zeichen inszeniert, das subjektiv gedeutet wird und die Apperzeption von Kunst überlagert. Allerdings konzipiert Mann ebenso den Einblick in ebendiesen Vorgang, indem er den Leser an beiden Sphären teilhaben lässt. Damit wird ein Zugang zur Kunst auf extratextueller Kommunikationsebene geschaffen und demnach ein Moment der geschachtelten, ästhetischen Auseinandersetzung reflektiert, die möglicherweise auf epochale Künstlerauffassungen referiert und diese als Missverständnis bloßzustellen versucht.

Vaget bespricht vier Rezensionen von Ernst Heilborn, Franz Leppmann, Kurt Pinthus, Arnold Zweig (Vag 124 ff.), die sich jeweils mit dem Novellenband aus dem Jahre 1914 auseinandersetzen. Trotz ebenfalls positiver Stellungnahmen (Pinthus, Zweig) deutet die zeitgenössische Kritik die Texte des Bandes als Rückschritt gegenüber der zwei Jahre zuvor erschienenen Novelle *Der Tod in Venedig*.

Das Wunderkind nimmt einen eher geringen Stellenwert in Manns Gesamtwerk ein und hat eine analytische Auseinandersetzung nur in größeren Zusammenhängen erfahren. Mit Blick auf die Forschung sind fünf wesentliche Deutungsaspekte hervorzuheben: Parkes-Perret hebt auf die Androgynität des Künstlertypus ab und stellt Bezüge zu Friedrich Nietzsche her: Mann »already demonstrates a high degree of sophistication in his use of myth« (Parkes-Perret 1992, 33). Er rücke so Androgynität ins Zentrum seiner Kunstkonzeption hinsichtlich der Erfahrung von Kunst (im Text) und der Ontologie des Künstlers. Kurwinkel bindet Androgynität in den Zusammenhang einer antithetischen Struktur ein und erfasst das Wunderkind im Motiv des positiven Außenseiters. Larsson erkennt eine »besondere Form der (autodiskursiven) Unzuverlässigkeit« (Larsson 2011, 142). Diese macht er fest an der dargestellten Ironisierung der Künstlerfigur, welche »im überführten Sinne die Tendenz bestimmter Autoren der Moderne [umfasst], sich selber mit religiösen Vorzeichen zu inszenieren« (ebd.). In eine vergleichbare Richtung argumentiert Marx, der sich mit dem Konnex zwischen Künstler und Heiligen befasst. Mann nutze »die heilsgeschichtliche Folie der Weihnachtsgeschichte samt Anbetung der Könige« (Marx 2002, 58); im Rahmen dieser ›ironisierten Anbetung‹ deute er aber an, »daß die einseitige, quasi-religiöse Verehrung des Künstlers auf einem Mißverständnis beruht« (ebd., 59). Orlik prononciert den biographischen Hintergrund und vertritt die These, dass der Text und der thematisierte »Kontrast zwischen Wunderkind und den ›Leuten‹« (Orlik 1997, 54) als »Raum für theoretische Reflexionen« (ebd., 57) dient. Mann gestalte seine eigene gesellschaftliche Position als Autor, die sein literarisches Schaffen gefährde und exemplifiziere so ein »Verfahren der literarischen Wirklichkeitsbewältigung« (ebd., 64).

Literatur

Kurwinkel, Tobias: Positives Außenseitertum: Thomas Manns *Wunderkind* als Geliebter Apolls. http://www.thomasmann.de/sixcms/media.php/471/Das%20Wunderkind.pdf (15.04.2015).

Larsson, Kristian: *Masken des Erzählens. Studien zur Theorie narrativer Unzuverlässigkeit und ihrer Praxis im Frühwerk Thomas Manns*. Würzburg 2011.

Marx, Friedhelm: *»Ich aber sage Ihnen...«. Christusfigurationen im Werk Thomas Manns*. Frankfurt a. M. 2002.

Orlik, Franz: *Das Sein im Text. Analysen zu Thomas Manns Wirklichkeitsverständnissen und ihrem Wandel*. Würzburg 1997.

Parkes-Perret, Ford B.: Thomas Mann's Novella *Das Wunderkind*. The Androgynous Artist. In: *Colloquia Germanica* 25/1 (1992), 19–35.

Stephan Brössel

2.15 *Die Hungernden* (1903)

Thomas Mann verfasste *Die Hungernden* im Sommer 1902 als »eine Art Vorstudie« (GKFA 21, 408) zu *Tonio Kröger*. Spätestens im Oktober desselben Jahres muss die kurze Erzählung abgeschlossen gewesen sein, wenn Mann in einem Brief an die Ehrenberg-Brüder schreibt, dass sie Carl offenbar »so gruuslich mißfallen« habe (GKFA 21, 219). *Die Hungernden* erschien erstmals 1903 in der Zeitschrift *Die Zukunft* und wurde in einer veränderten Fassung in die Sammlung *Der kleine Herr Friedemann und andere Novellen* (1909) aufgenommen. Die erhaltene Handschrift entspricht allerdings nicht dem Erstdruck, sondern beinahe gänzlich der Version der Buchausgabe, weshalb aller Wahrscheinlichkeit nach zwei Handschriften existierten, von denen jedoch eine verschollen ist (Reed, GKFA 2.2, 252ff.).

Als mögliche Prätexte werden von Seiten der Forschung Iwan Turgenjews *Tagebuch eines überflüssigen Menschen* (1850) genannt, dem jenes Gefühl der »Überflüssigkeit« (GKFA 2.1, 372) entlehnt sein könnte, das den Protagonisten umtreibt, sowie Herman Bangs Erzählung *Von der Liebe* (1899), zu der sich zahlreiche Parallelen hinsichtlich Szenerie und Personenkonstellation ausmachen lassen (Gremler 2003, 120).

Wie in zahlreichen frühen Erzählungen Thomas Manns besteht auch hier im Gegensatz von Kunst und Leben das entscheidende Movens des Erzählens: Detleff, ein sensibler Literat, beobachtet auf einem Ball, wie sich seine Angebetete Lilli mit einem ›kleinen Maler‹ unterhält. Er fühlt sich vom gewöhnlichen Leben der beiden unbeschwerten ›Menschenkinder‹ ausgeschlossen und betrachtet deren ungezwungenes Gespräch zunächst eifersüchtig aus der Distanz, um das Fest schließlich – allerdings nicht ohne die Hoffnung, Lilli könnte ihn aufhalten – zu verlassen. Auf der Straße begegnet er einem verwahrlosten Mann, der ihn, den augenscheinlich wohlhabenden Festbesucher, abschätzig zu mustern scheint. Detleff fühlt sich von diesem verächtlichen Blick missverstanden, zählt er sich doch selbst zu den ›Hungernden‹, den Ausgestoßenen der Gesellschaft. Aus dem Bedauern über diesen ›Irrtum‹ des Fremden erwächst Detleff die schopenhauerische Erkenntnis, dass alles, auch die eigene Sehnsucht nach dem unreflektierten, gewöhnlichen Leben, ein Irrtum sein könnte. Der Text schließt mit einem Verweis auf das Johannes-Evangelium, dessen Forderung nach brüderlicher Nächstenliebe den Künstler eigentümlich bewegt, allerdings, wie der Erzähler ironisch vermerkt, nicht in der Begegnung mit dem bedürftigen Mann, sondern erst in der Einsamkeit seines Zimmers, »unter seinen Büchern, Bildern und still schauenden Büsten« (GKFA 2.1, 380).

An äußerer Handlung geschieht in *Die Hungernden* wenig, der Fokus des Erzählens liegt auf den Bewusstseinsvorgängen des Protagonisten, die in den narrativen Modi der erlebten Rede und des inneren Monologs geschildert werden. Dennoch ist die ›Studie‹ nicht gänzlich personal erzählt, sondern kontrastiert die Innensicht Detleffs immer wieder mit dem ironischen Blick einer auktorialen Erzählinstanz (Feulner 2010, 61ff.).

Innerhalb der Forschung wird zunächst die autobiographische Dimension der Erzählung betont: So liegt der Szenerie im Festsaal vermutlich ein gemeinsamer Ballbesuch mit den Brüdern Ehrenberg zugrunde (Notb II, 48); der ›kleine Maler‹ lässt sich als literarisches Pendant zu Paul Ehrenberg deuten und die Figur der Lilli als dessen spätere Ehefrau Lilly Teufel (Gremler 2002, 123f. und Wysling 1967, 33). Die Vorlage für die Episode mit dem Arbeiter oder Bettler liefert eine Notiz zu *Die Geliebten* (Notb II, 41). Terence Reed liest diese Begegnung zudem als literarische Verhandlung des Konflikts zwischen Thomas Mann und seinem Jugendfreund Otto Grautoff, der dem mittlerweile erfolgreichen Schriftsteller die eigene Mittel- und Perspektivlosigkeit vorhielt (vgl. die Briefe an Grautoff vom August und September 1900; GKFA 21, 122–128). Die Verteidigung Detleffs, er gehöre als Künstler ebenfalls zu den ›Hungernden‹, lässt sich somit auch als (wenngleich kaum überzeugende) Solidaritätsbekundung Thomas Manns gegenüber Grautoff verstehen (Reed 1991, 65).

Zentral ist weiterhin die Frage nach dem Verhältnis zu *Tonio Kröger*: Einerseits finden sich zwischen den beiden Texten zahlreiche, teils wörtliche Übereinstimmungen (vgl. GKFA 2.2, 254–262) sowie große thematische Ähnlichkeiten. So nimmt *Die Hungernden* die zentrale Problemkonstellation der längeren Nachfolge-Erzählung bereits vorweg: Der neidischen Sehnsucht des Künstlers nach dem naiven, trivialen, unbewussten Leben, von dem ihn Reflexion und Erkenntnis absondern, steht sein Drang entgegen, jene ›gewöhnlichen‹ Menschen aus der Distanz heraus als künstlerisch zu formendes Material zu begreifen (Larsson 2011, 127). Auf der anderen Seite eröffnet *Die Hungernden* in der Begegnung mit dem Fremden jedoch eine deutlich von *Tonio Kröger* abweichende »Alternativlösung« (Vag 149f.): Während Tonio sich schließlich zu einer distanzierten Liebe zum gewöhnlichen Leben bekennt, überbrückt Detleff die Kluft zwischen Kunst und Leben mithilfe der Philosophie Schopenhauers, nach der alle Menschen »Geschöpfe des friedlos leidenden Willens« (GKFA 2.1, 380) sind. Die Gleichsetzung von physischem und psychischem ›Hunger‹ sowie die metaphysisch begründete Nivellierung sämtlicher Klassenunterschiede wurden Thomas Mann als »zynische« Haltung oder gar als »vollkommene Ahnungslosigkeit [...] gegenüber sozialen Dimensionen« zur Last gelegt (Leibrich 1974, 57 und Ohl 1995, 107). Derlei Einschätzungen lassen jedoch außer Acht, dass der Text selbst die Wahrnehmung Detleffs ironisch unterläuft, indem er ihn seine neue Haltung der Brüderlichkeit und Nächstenliebe wiederum in der artifiziellen Abgeschiedenheit seines Zimmers gewinnen lässt (Marx 2002, 56 und Feulner 2010, 62 f.): Die Erzählinstanz distanziert sich somit selbst von ihrer durchaus problematisch gezeichneten Künstlerfigur.

Literatur

Feulner, Gabriele: *Mythos Künstler. Konstruktionen und Dekonstruktionen in der deutschsprachigen Prosa des 20. Jahrhunderts.* Berlin 2010.

Gremler, Claudia: *»Fern im dänischen Norden ein Bruder«. Thomas Mann und Herman Bang. Eine literarische Spurensuche.* Göttingen 2003.

Larrson, Kristian: *Masken des Erzählens. Studien zur Theorie narrativer Unzuverlässigkeit und ihrer Praxis im Frühwerk Thomas Manns.* Würzburg 2011.

Leibrich, Louis: *Thomas Mann. Une recherche spirituelle.* Paris 1974.

Marx, Friedhelm: *»Ich aber sage Ihnen...« Christusfigurationen im Werk Thomas Manns.* Frankfurt a. M. 2002 (= *TMS* 25).

Ohl, Hubert: *Ethos und Spiel: Thomas Manns Frühwerk und die Wiener Moderne.* Freiburg i. Br. 1995.

Reed, Terence James: Einfache Verulkung, Manier, Stil: die Briefe an Otto Grautoff als Dokument der frühen Entwicklung Thomas Manns. In: Eckhard Heftrich/Helmut Koopmann (Hg.): *Thomas Mann und seine Quellen. Festschrift für Hans Wysling.* Frankfurt a. M. 1991, 48–65.

Wysling, Hans: Zu Thomas Manns ›Maya‹-Projekt. In: Paul Scherrer/Hans Wysling (Hg.): *Quellenkritische Studien zum Werk Thomas Manns.* Bern 1967 (= *TMS* 1), 23–47.

Marie Gunreben

2.16 *Tonio Kröger* (1903)

Die wohl berühmteste Novelle Thomas Manns hat einen autobiographischen Kern: Im September 1899 reiste Mann von München nach Dänemark. In Lübeck machte er Station. Aus diesem Nukleus erwuchs die Geschichte von *Tonio Kröger.* Ende 1899 finden sich erste Hinweise und schon der endgültige Titel in seinem Notizbuch. Dabei gilt für den Entstehungsprozess: »Jugenderinnerungen und Literatur bewegen sich aufeinander zu« (GKFA 2.2, 127).

Die Arbeit am Text wird immer wieder unterbrochen und zieht sich bis in den Herbst 1902. Im Februarheft 1903 der *Neuen Deutschen Rundschau* wird der Text erstmals veröffentlicht, im selben Jahr erscheint mit der Aufnahme in den Novellenband *Tristan* auch die erste Buchausgabe.

Die autobiographischen Einflüsse – Jugend und Schulzeit in Lübeck – bilden eine erste Schicht, die dann durch intertextuelle Bezüge literarisch überformt wird. Wysling hat darauf hingewiesen, dass am Anfang das Erlebnis mit dem Mitschüler Armin Martens steht, der das Vorbild für die Figur des Hans Hansen abgegeben hat, und dass dieses Jugenderlebnis in der späteren Entstehungsgeschichte durch das auf den Winter 1900/1901 zu datierende Ehrenberg-Erlebnis überlagert wird (vgl. Wysling 2008, 52). Gemeint ist die sehr intensive Freundschaft zum Maler Paul Ehrenberg, die durchaus von sublimierten homoerotischen Elementen geprägt war.

Zentrale Einflüsse gehen von der Philosophie Nietzsches und Schopenhauers aus, auf die im Text immer wieder rekurriert wird. Für die wehmütig-heimatliche Stimmung ist der Storm-Einfluss bedeutsam, den Manns Novelle als »Widerhall« ausstellt (Strowick 2012). Storms Novelle *Immensee* ist ein wichtiger Bezugstext, und aus seinem Gedicht *Hyazinthen* wird die berühmte Gedichtzeile »Ich möchte schlafen; aber du mußt tanzen« (GKFA 2.1, 259) zitiert. Von großer Bedeutung ist auch der Einfluss der russischen Literatur, vor allem Tolstois, Dostojewskis und Turgenjews.

Der Text ist in neun unterschiedlich umfangreiche Kapitel gegliedert. Die ersten beiden Abschnitte schildern die Jugend Tonio Krögers in seiner an der Ostsee gelegenen Vaterstadt. Lübeck ist hier das Modell und das graue Patrizierhaus, in dem der Held aufwächst, hat im Haus der Großeltern Thomas Manns, dem heutigen Buddenbrookhaus, sein Vorbild. Der junge Tonio Kröger ist ein Außenseiter. Seine ganze Liebe gilt dem blonden und blauäugigen Hans Hansen, der in allem sein Gegenteil ist: Die Verkörperung des unreflektierten, aber gesunden Lebens. Diese Liebe bleibt eine vergebliche, ebenso wie die zu der blonden Ingeborg Holm, die in der Tanzstunde nur aus der Ferne geliebt wird. Am Ende des Kapitels verlässt Tonio Kröger seine Vaterstadt. Der dritte Abschnitt, der Tonios exzentrisches Leben im Süden und seine Entwicklung zum Künstler erzählt, dient als Vorbereitung für das gedankliche Zentrum der Novelle, das große Gespräch mit der Künstlerin Lisaweta in München. Zu Recht wurde vielfach angemerkt, dass es sich dabei eigentlich um einen dialogisierten Monolog handelt.

In diesem vierten Abschnitt geht es um eine Selbstvergewisserung des Literaten Tonio Kröger, die stark autobiographisch gefärbt ist. Tonio ist jetzt Anfang dreißig und schon ein bekannter Künstler. Seine Literatur basiert auf der strikten Trennung von Kunst und Leben. Sein Credo lautet: »Das Gefühl, das warme, herzliche Gefühl ist immer banal und unbrauchbar [...]« (GKFA 2.1, 270). Gegen diese ästhetizistische Kunstphilosophie, die nicht nur im Werk Manns damals eine große Bedeutung hatte, sondern eine der dominierenden Strömungen der Literatur um 1900 war, führt Lisaweta ein Gegenmodell ins Feld. Sie ruft die »reinigende, heiligende Wirkung der Litteratur« (ebd., 275) auf und bezieht sich dabei auf die Tradition der russischen Literatur. Tonio gesteht gegen Ende des Gespräches, dass er recht eigentlich das Leben liebe und fährt dann zur Erläuterung fort: »[D]as Normale, Wohlanständige und Liebenswürdige ist das Reich unserer Sehnsucht, ist das Leben in seiner verführerischen Banalität!« (ebd., 278). Lisaweta stellt darauf die Diagnose: »Sie sind ein Bürger auf Irrwegen, Tonio Kröger, – ein verirrter Bürger« (ebd., 281).

Der fünfte Abschnitt berichtet von der Absicht Tonios, eine Reise nach Dänemark zu machen. Kaum verholen kommt dabei der Plan zum Ausdruck, über die Heimat in den Norden zu fahren. Er stellt den Wendepunkt der Geschichte dar: Die Entfernung von den Anfängen im Norden hat ihre größtmögliche Distanz erreicht und es beginnt eine Wiederannäherung – freilich angereichert durch die als Künstler inzwischen gemachten Erfahrungen, hinter die weder Tonio noch der Text zurückfallen können und wollen.

Der sechste Abschnitt ist durch zentrale Leitmotive, etwa den Spaziergang über den Mühlenwall, den Tonio zu Schulzeiten mit Hans Hansen unternommen hat und nun alleine wiederholt, mit dem ersten und zweiten Kapitel eng verknüpft. Er geht dieselben Wege und macht dieselben Beobachtungen wie in seiner Jugend. Dennoch ist ihm die Stadt fremd geworden. Im väterlichen Haus befindet sich die Volksbibliothek, und da er keine Papiere bei sich hat, wird er sogar kurz für einen flüchtigen Verbrecher aus München gehalten.

Der siebte Abschnitt schildert die Schiffsreise zum Urlaubsziel in Dänemark. In Gestalt eines verseschmiedenden Kaufmanns erlebt Tonio, wohin es führt, wenn das Leben zu unvermittelt in Kunst umschlägt: zum Dilettantismus und sogar zur Schreibhemmung. Er will über das Meer schreiben, aber das Gedicht »ward nicht fertig, nicht rund geformt und nicht in Gelassenheit zu etwas Ganzem geschmiedet. Sein Herz lebte...« (ebd., 300). Am Urlaubsort, im achten Abschnitt, kommt es dann plötzlich zu der Begegnung mit dem Leben. »Da geschah dies auf einmal: *Hans Hansen und Ingeborg Holm gingen durch den Saal.* –« (ebd., 306) Sie sind es nicht wirklich; zwei dänische Feriengäste rufen die Erinnerung an die Jugend wach und werden so zu Repräsentanten des Lebens. Tonio Kröger erkennt, dass er die Liebe zu diesem Leben immer verdrängt, aber nie überwunden hatte (ebd., 311). Im neunten und letzten Abschnitt fasst er seine neue Kunstphilosophie in einem Brief an die Freundin Lisaweta zusammen. Er sieht sich als einen Künstler, der das Bürgerliche nicht verleugnen will. Programmtisch heißt es daher: »Ich stehe zwischen zwei Welten, bin in keiner daheim und habe es infolge dessen ein wenig schwer« (ebd., 317). Dennoch gilt für sein zukünftiges Schreiben, dass er von einem Literaten zu einem Dichter nur durch seine »Bürgerliebe zum Menschlichen, Lebendigen und Gewöhnlichen« (ebd., 318) werden kann.

Der Schluss des neunten Kapitels nimmt unverändert den Schluss des ersten Absatzes wieder auf: Nachdem er die Liebe zum Leben, zu den Blonden und Blauäugigen, gestanden hat, heißt es: »Schelten Sie diese Liebe nicht, Lisaweta; sie ist gut und fruchtbar. Sehnsucht ist darin und schwermütiger Neid und ein klein wenig Verachtung und eine ganze keusche Seligkeit« (ebd.).

Was wie eine leitmotivisch geprägte Rückkehr zum Anfang wirkt, ist es nur auf den ersten Blick. Die Sehnsucht nach dem naiven Leben steht jetzt in der komplizierten Balance eines Künstlertums, das an einem hohen ästhetischen Qualitätsmaßstab festhält, aber den ständigen Versuch unternimmt, dies mit der Wirkung auf ein großes und nicht exklusives Publikum in Einklang zu bringen.

Vaget (Vag 116 ff.) und Reed (GKFA 2.2, 132 ff.) haben die umfangreiche zeitgenössische Rezeption beschrieben. Sie betonen dabei, dass die unmittelbare Kritik den Text fast durchgängig lobt. Schon Vaget weist jedoch darauf hin, dass dieses Lob nicht auf einer genauen Analyse der handwerklichen Qualitäten beruht, sondern sich auf den autobiographischen Charakter des Textes bezieht. *Tonio Kröger* wird von Beginn an fast durchgängig als ein Selbstporträt Thomas Manns gelesen. Ein weiteres Merkmal der zeitgenössischen Kritik ist, dass Tonio Krögers Brief, der am Schluss des Textes ehrlich zwischen Geist und Leben, Verstand und Gefühl zu vermitteln versucht, größtenteils einseitig als eine Konversion des dekadenten *Buddenbrooks*-Autors verstanden wird. So schreibt Karl Muth in der Zeitschrift *Hochland* 1904, man könne nun die Hoffnung hegen, »daß Thomas Mann als der zur Zeit bedeutendste Vertreter eines bis zum Widersinn überspannten Kunstbegriffs in der Dichtung vielleicht auch der erste sein wird, diese Richtung zu überwinden« (zit. n. Schröter 2000, 40).

Mann hat seine Novelle zeitlebens als etwas sehr Persönliches verstanden. So unterzeichnete er einen Brief an die Brüder Ehrenberg vom 8.2.1903 mit »Euer Tonio Kröger« (Br. III, 442). Dabei vergaß Thomas Mann bei aller Wertschätzung des Textes und trotz der autobiographischen Bezüge niemals den kategorialen Unterschied zwischen Wirklichkeit und Dichtung. Dies wird deutlich gegen Ende seines Lebens, als er einen Brief aus Lübeck erhält, der vom traurigen Schicksal des Armin Martens berichtet. In seinem Tagebuch vermerkt Thomas Mann dazu am 19.3.1955 mit Verweis auf *Tonio Kröger*: »Das Denkmal für den früh Gestorbenen und Verdorbenen, der keine andere Bestimmung hatte, als ein Gefühl einzuflößen, das zum bleibenden Gedicht werden sollte« (Tb X, 328).

In der Forschung ist immer wieder der starke autobiographische Bezug betont worden, der auch für die literarischen Schwächen des Textes verantwortlich gemacht wird. So wird etwa betont, dass der Mittelteil, das Gespräch zwischen Tonio und Lisaweta, eigentlich ein Monolog sei, in dem Mann seine Überlegungen zum Verhältnis von Kunst und Leben und zum Ästhetizismus der Zeit um 1900 zum Ausdruck habe bringen wollen. Was dabei weitgehend übersehen wurde: Im Versuch des Textes, das normale und wohlanständige Leben der Bürger in die Kunst zu integrieren, ohne dass diese zum pathetischen Kitsch gerät, sondern im Gegenteil ihre künstlerische Qualität wahren kann, wird der Ursprungsort einer ganzen Reihe von Syntheseversuchen sichtbar, die bis in das Spätwerk Manns reichen und wichtige große Romane entscheidend geprägt haben. Dabei wird der frühe Dualismus immer mehr mit den historischen Erfahrungen Manns aufgeladen. In *Königliche Hoheit* etwa ist es der Dualismus von »Hoheit und Liebe« (GKFA 4.1, 399), der am Ende im strengen Glück zur Deckung gelangt. *Der Zauberberg* kennt Hans Castorps Traumsynthese: »*Der Mensch soll um der Güte und Liebe willen dem Tode keine Herrschaft einräumen über seine Gedanken*« (GKFA 5.1, 748). Und in den *Joseph*-Romanen zeichnet sich der Held als eine große Synthesefigur vor allem dadurch aus, dass er den Segen von oben und unten in seinem Handeln vereinen kann.

Hinzuweisen ist auf die Tatsache, dass die Verschränkung von Autobiographie und Literatur im Falle des Dualismus von Kunst und Leben als vorherrschende Interpretationsfolie ein Problem nach sich zog: Man folgte hier, wie auch in anderen Bereichen der Forschung, vorschnell der Autorintention und geriet in die Gefahr, die von Thomas Mann ausgelegten Spuren unreflektiert zu übernehmen.

Vielleicht weist Franz Kafka die Richtung für einen neuen Blick auf den Text, der seine Verankerung in der Literatur der beginnenden Moderne stärker hervorheben müsste. Bei ihm heißt es über den Gegensatz von Geist und Leben: »Denn das Neue des *Tonio Kröger* liegt nicht in dem Auffinden dieses Gegensatzes (Gott sei Dank, daß ich nicht mehr an diesen Gegensatz glauben muß, es ist ein einschüchternder Gegensatz), sondern in dem eigentümlichen nutzbringenden [...] Verliebtsein in das Gegensätzliche« (zit. n. Vag 121).

In diesem Sinne wäre eine Spur weiterzuverfolgen und auf die Interpretation der Novelle in Gänze anzuwenden, die Detering pointiert formuliert hat. Er geht aus von der Szene, in der Tonio die Tanzstunde des Herrn Knaak über sich ergehen lässt und aufgrund seiner Unaufmerksamkeit bei der Quadrille in die falsche Gruppe gerät. In den zugespitzten Worten des Tanzlehrers bekommt die Szene ihre eigentliche Bedeutung: »Kröger ist unter die Damen geraten!« (GKFA 2.1, 259). Und er scheucht, unter dem Gelächter der anderen, »Fräulein Kröger« zurück in die regelmäßige Reihe. Detering schreibt zu Recht: »Gerade in ihrer Beiläufigkeit demaskiert und entlarvt die Episode den bis dahin nur irgendwie ›unmännlichen‹ Helden unwiderruflich als einen Effeminierten« (Detering 2005, 20). Im Gespräch mit Lisaweta taucht später die Frage auf, ob der Künstler »überhaupt ein Mann« (GKFA 2.1, 271) sei. Die Antwort hat der Text hier schon gegeben: Er ist es eben nicht.

So verstanden rückt der Gegensatz von Geist und Leben aus der Abstraktheit der Intertextualität in einen ganz konkreten Bezugsrahmen. Der autobiographische Kontext bekommt damit eine viel intensivere Bedeutung, denn Thomas Mann verhandelt in der Novelle ein Lebensproblem, das sich vom Frühwerk bis an sein Lebensende zieht: Es ist die Übersetzung seines homosexuellen Begehrens in Literatur, das Ästhetisch-Werden einer ganz spezifischen Verliebtheit, die auch den *Tonio Kröger* schon prägt (vgl. dazu auch Blödorn 2006). Eine solche Lesart des Textes geht über die ausgelegten Spuren hinaus und weist hin auf das ›Nutzbringende‹ dieses Gegensatzes. So gesehen ist er von Kafka vielleicht nicht zufällig mit dem »Verliebtsein« in Zusammenhang gebracht worden.

Literatur

Blödorn, Andreas: Von der ›Queer Theory‹ zur Methode eines ›Queer Reading‹: Tonio Krögers verquere ›Normalität‹. (Queer Studies). In: Tim Lörke/Christian Müller (Hg.): *Vom Nutzen und Nachteil der Theorie für die Lektüre. Das Werk Thomas Manns im Lichte neuer Literaturtheorien*. Würzburg 2006, 129–146.

Detering, Heinrich: *»Juden, Frauen und Litteraten«. Zu einer Denkfigur beim jungen Thomas Mann*. Frankfurt a. M. 2005.

Dittmann, Britta: Auswahlliteratur zu *Tonio Kröger*. In: Walter Mayr/Hans Wißkirchen (Hg.): *Thomas Manns »Tonio Kröger«. Wege einer Annäherung*. Heide 2003, 108–112.

Schröter, Klaus: *Thomas Mann im Urteil seiner Zeit. Dokumente 1891–1955*. Frankfurt a. M. 2000. (= *TMS* 22)

Strowick, Elisabeth: Exzentrik von Wahrnehmung. Thomas Manns wehmütige Mimesis an Theodor Storm. In: Stefan Börnchen/Georg Mein/Gary Schmidt (Hg.): *Thomas Mann. Neue kulturwissenschaftliche Lektüren*. München 2012, 167–189.

Wißkirchen, Hans: 100 Jahre *Tonio Kröger* – oder: Sieben Gründe, warum wir Thomas Manns Novelle auch heute noch lesen. In: Walter Mayr/Hans Wißkirchen (Hg.): *Thomas Manns »Tonio Kröger«. Wege einer Annäherung*. Heide 2003, 7–27.

Wysling, Hans: Dokumente zur Entstehung des *Tonio Kröger*. In: Paul Scherrer/Hans Wysling (Hg.): *Quellenkritische Studien zum Werk Thomas Manns*. Frankfurt a. M. 2008.

Hans Wißkirchen

2.17 *Tristan* (1903)

Die Grundidee zu der Erzählung ist einer vor 1900 zu datierenden Notizbucheintragung zu entnehmen: »*Novelle* Das zarte junge Mädchen, das es mit Gewalt durchsetzt, ihren Bewerber, einen robusten Mann zu heiraten, ein robustes Kind zur Welt bringt und stirbt« (Notb I, 86). Am 13. 2. 1901 berichtete Thomas Mann seinem Bruder Heinrich von einer »Burleske«, die für einen von S. Fischer geplanten Novellenband in Arbeit sei und »wahrscheinlich ›Tristan‹ heißen wird. (*Das* ist echt! Eine Burleske, die ›Tristan‹ heißt!)« (GKFA 21, 155). Da sich der Band verzögerte, wurde die Erzählung zunächst für die *Neue Deutsche Rundschau* vorgesehen, wo sie indes »als ungeeignet« abgelehnt wurde (Reed, GKFA 2.2, 216). Schließlich erschien 1903 bei Fischer Manns zweiter Novellenband mit *Tristan* als (an zweiter Stelle gedruckter) Titelerzählung. Die Handschrift ist verschollen, aber als Faksimile erhalten (vgl. Elster 1920).

Die seit der Geburt ihres Sohnes lungenkranke Gabriele Klöterjahn trifft im Sanatorium Einfried ein, wo sie den Schriftsteller Detlev Spinell kennenlernt und von ihm dazu verführt wird, einen Auszug aus Wagners Oper *Tristan und Isolde* am Klavier zu spielen, was zu einer starken Verschlechterung ihres Gesundheitszustandes führt. Es kommt zu einer Konfrontation zwischen Spinell und Gabrieles Ehemann, der inzwischen mit ihrem Sohn angereist ist. Gabriele stirbt, Spinell flüchtet in der Schlussszene vor dem kleinen Anton Klöterjahn.

Der Titel der Erzählung zeigt bereits an, dass die Grundidee vom dominanten Wagner-Bezug überlagert wurde. *Tristan* ist dabei weniger als Name des männlichen Protagonisten von Wagners Oper zu verstehen – dass nicht das Paar im Titel steht, kann so gedeutet werden, dass es nicht um persönliche Liebe geht (vgl. McConnell 1998, 285) –, sondern als bereits damals geläufiger Kurztitel für die Oper selbst, aus deren Klavierauszug Gabriele im achten Abschnitt der Erzählung das Vorspiel, den zweiten Aufzug und den Schluss des dritten, Isoldes Liebestod, spielt. Die »Burleske« erweist sich als Umsetzung der satirischen Aufforderung Nietzsches in *Der Fall Wagner*, die Wagner'schen Mythen ins Moderne und Bürgerliche zu übersetzen (vgl. Vag 86), wobei sich die Parodie auch gegen den *Ring des Nibelungen* richtet (vgl. Kaiser 2001) und damit zwar auch Wagner trifft – die Wirkung der Musik auf die »Magennerven« der Rätin Spatz (GKFA 2.1, 351) entspricht der in *Nietzsche contra Wagner* beschriebenen entnervenden Wirkung von Wagners Musik –, vor allem jedoch den zeitgenössischen Wagnerkult des dekadenten Ästhetizismus. Als Vorbild dieses Wagnerismus diente insbesondere der 1899 in deutscher Übersetzung erschienene Roman *Triumph des Todes* von Gabriele D'Annunzio (vgl. Vag 86 f.). Als weiterer Prätext, der die Verbindung von Musik und Tod thematisiert, kann E. T. A. Hoffmanns Erzählung *Rat Krespel* genannt werden.

In der äußeren Erscheinung Detlev Spinells sah sich Arthur Holitscher porträtiert, was zu der grundsätzlichen Rechtfertigung Manns in *Bilse und ich* (1906) führte, er habe einem schriftstellerischen »Typus« die »Maske eines Literaten, den ich kannte«, verliehen, sich in dieser Gestalt aber selbst gezüchtigt (GKFA 14.1, 103). Damit spielte er auf das Ibsen-Motto des Novellenbandes *Tristan* an: »Leben heißt – dunkler Gewalten / Spuk bekämpfen in sich. / Dichten – Gerichtstag halten / Über sein eigenes

Ich.« (zit. n. Vag 73) Dadurch wird freilich verdeckt, dass die Figur Spinells mehrfach kodiert ist: Er ist nicht nur eine Figuration der eigenen Schriftstellerexistenz Manns – etwa darin, dass ihm die Worte nicht »zuströmen« und man den Eindruck erhält, »daß ein Schriftsteller ein Mann ist, dem das Schreiben schwerer fällt als allen anderen Leuten« (GKFA 2.1, 358) –, sondern es ist auch ein satirischer Bezug auf Peter Altenberg (vgl. Barker 2007, 449) sowie – in der Beschreibung der Ausstattung von Spinells Roman (vgl. GKFA 2.1, 328) – auf Stefan Georges Publikationspraxis erkennbar. Es handelt sich daher, auch in den zahlreichen Jugendstilelementen der Erzählung (vgl. Vag 89), um eine Selbstinszenierung Manns im literarischen Feld, indem er seine Konkurrenz »nachahmt, überbietet – und in der Überbietung ridikülisiert« (Lörke 2010, 68).

Aus der Grundidee der Verbindung des zarten Mädchens mit einem robusten Mann einerseits und der Figur des Literaten, der sie zur Kunst verführt, andererseits entsteht die Opposition Kunst – Leben, die das Frühwerk Manns dominiert und in *Tristan* in den Figuren so deutlich hervortritt, dass sie hier als schematisch bezeichnet wurde (vgl. Burgard 1986, 441 u. 444). Die Kunst erscheint als lebensfeindlich, das Leben als kunstfeindlich. Sowohl Anton Klöterjahn Senior als auch Junior sind typologische Vertreter des Lebens, mit Anspielungen auf die ›blonde Bestie‹ Nietzsches. Spinell tritt als dekadenter Rächer der im Leben zu kurz Gekommenen auf, unterliegt aber am Ende in der Konfrontation mit dem kleinen Klöterjahn. Gabrieles Vater zeigt in seiner Neigung zur Kunst bereits Dekadenzsymptome (vgl. GKFA 2.1, 339). Gabrieles Tod ist indes doppelt determiniert: Zum einen wird ihre Tuberkulose-Erkrankung auf die Geburt ihres Sohnes zurückgeführt (vgl. GKFA 2.1, 325), zum anderen gelangt die Krankheit nach zwischenzeitlicher Besserung im Sanatorium erst durch das Musizieren zum tödlichen Ausbruch. Im Wissensdiskurs der Zeit deutet dies auf eine individuelle tuberkulöse Prädisposition hin, so dass Spinell lediglich ihre Verdrängung aufhebe (vgl. Max 2006, 207 f.). Eine Schuldzuweisung an Klöterjahn wird umgekehrt dadurch relativiert, dass nur dieser, und nicht Spinell, bei Gabrieles Blutsturz ein »warmes, gutes, menschliches und redliches Gefühl« aufbringen kann (GKFA 2.1, 368).

Zwischen den Positionen der Kunst und des Lebens steht daher der Erzähler mit seinen wechselnden Wertungen. Einerseits zeigt er sich darin als Komplize Spinells, dass er sich wie dieser weigert, Gabriele mit ihrem Ehenamen Klöterjahn (mit der Anspielung auf niederdeutsch ›Klöten‹: Hoden) anzusprechen, und wie dieser Gedankenpunkte als Stilmittel einsetzt (vgl. Stenzel 1966). Andererseits wird Spinell darin denunziert, dass sich der Erzähler dreimal mit unbestimmtem Artikel (»ein Schriftsteller«) auf ihn bezieht, bevor er zu Beginn des vierten Abschnitts mit seinem deutlich jüdisch markierten Namen und Äußeren vorgestellt wird. Auch in seiner gleichermaßen zweifelhaften künstlerischen wie sexuellen Potenz drücken sich zeitgenössische antisemitische Stereotype aus (vgl. Barker 2007, 444). Dies betrifft außerdem die Konfrontation mit Klöterjahn aus Anlass von Spinells Brief, in der die Opposition Leben – Kunst sich im Gegensatz von Mündlichkeit und Schriftlichkeit äußert. Spinells gemalte Handschrift ist als scheiternder Assimilationsversuch zu dechiffrieren: Klöterjahn erkennt die ›Wahrheit‹ des jüdischen Körpers hinter der Lüge der Schrift (vgl. Elsaghe 2004, 70). Seine Verlesung »unaussprechliche[]« statt »unauslöschliche Vision[en]« (GKFA 2.1, 364 f.) ist bezeichnend: Für Klöterjahn lässt sich nur das aussprechen, was einen Wirklichkeitsbezug aufweist (vgl. Burgard 1986, 443), die Kunst erscheint umgekehrt als wirklichkeitsfremder Raum der Phantasie.

Die Positionen von Kunst und Leben werden daher durch den Erzähler wechselseitig relativiert und ironisiert, wobei die Figur Gabrieles von der erzählerischen Ironie weitgehend ausgenommen ist. Zentral ist die Musiknarration im achten Abschnitt, die die »Verlaufskurve eines Liebesaktes« annimmt (Valk 2011, 56) und in der sich – vor allem in der Verwendung des Pronomens der ersten Person Singular (vgl. GKFA 2.1, 352) – die klar konturierte Sprecherinstanz auflöst. Gabriele hat keine Distanz zur Musik. Sie kann spielen, versteht sie aber nicht, während es bei Spinell umgekehrt ist: »Er erklärte es ihr, leise und kurz« (ebd.). Diese Erklärung wird vom Erzähler nicht wiedergegeben, der Leser muss sie sich aus der Narration erschließen, so dass der Erzähler wiederum zwischen den Figuren steht, halb ›spielt‹ (bzw. in der indirekten Darstellung des Gesangs selber ›singt‹), halb erklärt. Die implizit zu erschließende Erklärung zielt auf die Willensphilosophie Schopenhauers: In der Musik dargestellt und als deren Wirkung erzeugt wird die Auflösung des *principium individuationis*, die Lösung der »Fesseln des Raumes und der Zeit« und das Verschmelzen von »Du« und »Ich« in »erhabener Wonne« der »Nacht der Liebe« (ebd.). Diese – der Askeseforderung Schopenhauers widersprechende – Affirmation wird konterkariert durch den gespensterartigen Auftritt der Pastorin Höhlenrauch, »die neunzehn Kinder zur Welt gebracht hatte und keines Gedankens mehr fähig war« (ebd., 354) und so die zerstörerische Wirkung des Lebenswillens vor Augen führt. Erlösungsmetaphysik und Lebenstortur werden dadurch in Parallele gesetzt (vgl. Kristiansen 2013, 93). Affirmiert wird daher nicht die Kunst Wagners, auch nicht Gabrieles und erst recht nicht Spinells, sondern diejenige des Erzählers, der allen Positionen zum Recht verhilft, sie dadurch wechselseitig relativiert und ihren Beschränkungen doch immer wieder verhaftet ist. Die Kunst ist letztlich nicht die Alternative zum Leben, sondern ermöglicht die »Lesbarkeit des Lebens«, die als Aufgabe an den externen Beobachter, den Leser, delegiert wird, so dass die Novelle als »Bildungsexperiment« bezeichnet werden kann (Kablitz 2002, 115).

Die komplexe Positionierung des Erzählers und die wirkungsästhetische Struktur der Erzählung erschließen sich nur bei einer genauen narratologischen Analyse (vgl. Roßbach 1989; Klugkist 1995). In der neueren Forschung wird Mann in *Tristan* eine Überwindung der Décadence-Ästhetik zugestanden (vgl. Cölln 2001; Kablitz 2002), die zeitgenössische Kritik war in dieser Frage gespalten (vgl. Vag 74–79 u. 88 f.) und wertete zumeist den im selben Band enthaltenen *Tonio Kröger* höher, in dem ihm eine »Neubestimmung seiner Künstlerschaft« gelungen sei (Vag 87). Die am Schluss des *Tristan* stehende Frage nach dem Verhältnis von ästhetischer Ambivalenz und moralischer Verpflichtung (vgl. Hobby 2005, 101 f.) bleibt im Text offen und kann nur in der Rezeption beantwortet werden.

Mediale Umsetzungen reduzierten die Komplexität. Dies gilt sowohl für Alfred Kubins Umschlagillustration der Erstausgabe (GKFA 2.2, 248), mit der Mann unzufrieden war und in der man den Sieg Klöterjahns über Spinell ins Bild gesetzt sah (vgl. ebd., 247), als auch für die vermeintlich ›werkgetreue‹ Fernsehverfilmung durch Wolfgang Patzschke und Herbert Ballmann zu Manns 100. Geburtstag 1975 (vgl. Wessendorf 1998), die schon dadurch interpretiert, dass die jüdische Markierung Spinells eliminiert wurde. Im Nachweis dieses – selbst in Klugkists *close reading* (1995) nicht erkannten und im Kommentar der GKFA verschwiegenen bzw. gezielt ignorierten (vgl. Reed, GKFA 2.2, 230) – diskursiven Kontextes durch Elsaghe ist der deutlichste Fortschritt der jüngsten Forschung zu sehen.

Literatur

Barker, Andrew: »Bloß aus Lemberg gebürtig«. Detlev Spinell, the Austrian Jewish Aesthete in Thomas Mann's *Tristan*. In: *The Modern Language Review* 102 (2007), 440–450.

Burgard, Peter J.: From *Enttäuschung* to *Tristan*. The Devolution of a Language Crisis in Thomas Mann's Early Work. In: *The German Quarterly* 59 (1986), 431–448.

Cölln, Jan: Gerichtstag der Literatur. Zur selbstreflexiven Konzeption von Thomas Manns Erzählsammlung *Tristan. Sechs Novellen*. In: *Jahrbuch der Deutschen Schillergesellschaft* 45 (2001), 320–343.

Elsaghe, Yahya: Judentum und Schrift bei Thomas Mann. In: Manfred Dierks/Ruprecht Wimmer (Hg.): *Thomas Mann und das Judentum. Die Vorträge des Berliner Kolloquiums der Deutschen Thomas-Mann-Gesellschaft*. Frankfurt a. M. 2004 (= *TMS* 30), 59–73.

Elster, Hanns-Martin (Hg.): *Tristan. Thomas Mann*. Dresden 1920.

Hobby, Blake G.: Translating Music and Supplanting Tradition. Reading, Listening and Interpreting in *Tristan*. In: *Nebula* 2 (2005), H. 4, 85–105.

Kablitz, Andreas: Jenseits der Décadence. Thomas Manns *Tristan*. In: Rainer Warning/Winfried Wehle (Hg.): *Fin de Siècle*. München 2002, 89–122.

Kaiser, Hartmut M.: Intertextuelles Spiel mit Wagner-Analogien: Thomas Manns Burleske *Tristan* und *Der Ring des Nibelungen*. In: *TMJb* 14 (2001), 189–211.

Klugkist, Thomas: *Glühende Konstruktion. Thomas Manns »Tristan« und das »Dreigestirn« Schopenhauer, Nietzsche und Wagner*. Würzburg 1995.

Kristiansen, Børge: *Thomas Mann – Der ironische Metaphysiker. Nihilismus, Ironie, Anthropologie in Thomas Manns Erzählungen und im »Zauberberg«*. Würzburg 2013, 63–95.

Lörke, Tim: Bürgerlicher Avantgardismus. Thomas Manns mediale Selbstinszenierung im literarischen Feld. In: *TMJb* 23 (2010), 61–75.

Max, Katrin: »Gott sei Dank, daß es nicht die Lunge war!« Krankheitskonzepte in Thomas Manns *Tristan* als Elemente kulturellen Wissens. In: Tim Lörke/Christian Müller (Hg.): *Vom Nutzen und Nachteil der Theorie für die Lektüre. Das Werk Thomas Manns im Lichte neuer Literaturtheorien*. Würzburg 2006, 197–211.

McConnell, Winder: Detlev Spinell und die ›Kunst‹ der Projektion. Bilder der Verzweiflung in Thomas Manns *Tristan*. In: Andrea Bartl u. a. (Hg.): *»In Spuren gehen…« Festschrift für Helmut Koopmann*. Tübingen 1998, 279–300.

Roßbach, Bruno: *Spiegelungen eines Bewußtseins. Der Erzähler in Thomas Manns »Tristan«*. Marburg 1989.

Stenzel, Jürgen: *Zeichensetzung. Stiluntersuchungen an deutscher Prosadichtung*. Göttingen 1966, 106–116.

Valk, Thorsten: Dekadente Tonkunst. Strategien der Musiknarration in Thomas Manns *Tristan*-Erzählung. In: *Der Deutschunterricht* 63 (2011), H. 3, 46–56.

Wessendorf, Stephan: *Thomas Mann verfilmt. »Der kleine Herr Friedemann«, »Tristan« und »Mario und der Zauberer« im medialen Wechsel*. Frankfurt a. M. u. a. 1998.

Bernd Hamacher

2.18 *Beim Propheten* (1904)

Beim Propheten handelt von einem »Novellist[en]« (GKFA 2.1, 409), der eine private Dichterlesung in einer am Rande einer Großstadt gelegenen, bohèmehaften Dachstubenwohnung besucht. Rezitiert werden »Predigten, Gleichnisse, Thesen, Gesetze, Visionen, Prophezeiungen« (GKFA 2.1, 415) des selbst nicht anwesenden ›Propheten‹ Daniel, die »größenwahnsinnig-verstiegen, in einer Grausamkeit und Weihe mischenden Sprache ein militantes Christentum verkünden, das der Verderbtheit der Welt den Krieg erklärt« (Beßlich 2000, 134). Der Text ist im Frühjahr 1904 als Auftragsarbeit für die *Wiener Neue Freie Presse* entstanden und am 22.5., in der Pfingstnummer, publiziert worden. Thomas Mann bezeichnet ihn in einem Brief vom 2. 4. 1904 an Kurt Martens als »unglaublichen Schmarrn«, den er »in 1 ½ Tagen zusammengeschmiert« (GKFA 21, 276) haben will. Dieser Selbsteinschätzung zum Trotz liegt eine von der Forschung immer wieder beachtete und später von Mann wohlwollender beurteilte Skizze vor. Denn er nimmt sie nicht nur in seinen Erzählungsband *Das Wunderkind* von 1914 auf, er empfiehlt sie auch 1947 Joseph Warner Angell für dessen *Thomas Mann Reader* (DüD, 220).

Biographisch geht der Text auf den Besuch einer Lesung bei dem Stefan-George-Jünger und dem Zirkel der ›Kosmiker‹ (vgl. Faber 1994) angehörenden Schriftsteller Ludwig Derleth (1870–1948) am 1. 4. 1904, einem Karfreitag, in dessen Münchner Wohnung zurück, an der neben Manns zukünftiger Schwiegermutter Hedwig Pringsheim u. a. Franziska von Reventlow, Karl Wolfskehl und Ludwig Klages teilnahmen. Es war eine von drei Lesungen, auf denen Derleth sein Werk *Proclamationen* (1. Fassung 1904, 2. Fassung 1919) vortrug oder vortragen ließ. Denn am 1. 4. empfing Derleths Schwester Anna Maria, die mit ihm die Wohnung teilte, die Gäste, und die *Proclamationen* wurden von dem Schweizer Germanisten Rudolf Blümel vorgelesen. Von den anwesenden Personen wird eine Auswahl relativ leicht entschlüsselbar in die Fiktion transportiert, Mann porträtiert sich selbst in der Figur des ›Novellisten‹ (vgl. Neymeyr 2004, 182; Marx 1998, 52). Abgesehen von den Bezügen zwischen Mann und dem ›Novellisten‹ fand bislang vor allem die Fiktionalisierung Franziska v. Reventlows Beachtung, deren tendenziell abfällige Charakterisierung (vgl. GKFA 2.1, 413) Elsaghe dazu veranlasst hat, Mann als »antifeministischen Agenten und Vollstrecker der patriarchalen Ordnung« (Elsaghe 2004, 273) zu kritisieren.

Die *Proclamationen* gelten als ebenso antirationales wie antidemokratisches Pamphlet, das für die strikte Unterordnung unter einen »Christus Imperator Maximus« (Derleth, 61) plädiert. Inwieweit Derleths literarische Visionen auf eine Realisierung abzielen, ist in der Forschung umstritten (vgl. Beßlich 2000, 137). Mann jedenfalls zitiert daraus fast wörtlich, radikalisiert Derleths Positionen allerdings durch Auslassungen (vgl. ebd., 136). Neben den *Proclamationen* hat die Forschung eine Reihe weiterer intertextueller Verweise herausgearbeitet, etwa zu verschiedenen Schriften Nietzsches (vgl. Neymeyr 2004, 189–191) oder zur Bibel (vgl. ebd., 181; Elsaghe 2004, 261 f.). Darüber hinaus haben Bezüge zwischen *Beim Propheten* und anderen Erzählungen Thomas Manns, *Gladius Dei* und *Fiorenza*, sowie *Doktor Faustus* Beachtung gefunden (vgl. z. B. Kolbe 1987, 169 f.).

Der im Erstdruck vorhandene Untertitel ›Skizze‹ entfällt in nachfolgenden Ausgaben. Doch diese gattungstypologische Zuordnung ist dem Aufbau des Textes angemessen. Denn es liegt nicht allein ein »Mangel an plastischer Handlung« (Spelsberg 1972, 71), sondern zudem ein spezifisches Verhältnis von Erzählzeit und erzählter Zeit vor: »Die erzählte Zeit währt bei einer Erzählzeit von neun Seiten zweieinhalb Stunden [...], wobei nach einem halbseitigen Vorspann fünfeinhalb Seiten für die Ankunft der Gäste, zwei Seiten für den eigentlichen Vortrag und eine Seite für das Ende der Veranstaltung verwandt werden« (Beßlich 2000, 134). Die Zeitstruktur verdeutlicht, dass der Beschreibung des Interieurs und der Charakterisierung der Gäste inklusive des Novellisten eine ebenso wichtige Bedeutung wie den *Proclamationen* selbst zukommt. Die Beschreibungen der Dachstubenwohnung realisieren diese als eine »Abweichungsheterotopie« im Sinne Foucaults, in der Vergangenheit (z. B. in Form der Porträts) und visionär beschworene Zukunft nebeneinander existieren (vgl. Wacker 2013, 119). Insbesondere durch die Kommentare des Novellisten wird diese Heterotopie auf einen »lächerlichen Illusions- und Kompensationsraum« (ebd., 119) reduziert. Die Charakterisierungen der Gäste dienen vor allem dazu, diese ebenfalls der Lächerlichkeit preiszugeben: Sie reagieren auf den Vortrag nicht mit Protest oder Witz, sondern mit »geradezu andächtigem Respekt« (Zimmermann 1995, 105). Der Novellist schließlich ist diejenige Figur, aus dessen Sicht zunehmend das Geschehen geschildert wird. Allerdings sind seine kritischen Kommentare nicht mit der Position des Textes zu identifizieren, weil sie verschiedentlich ironisch gebrochen werden (vgl. Neymeyr 2004, 183).

Im Zentrum der Untersuchungen zu *Beim Propheten* steht die Frage nach der Positionierung der Skizze gegenüber Daniels Prophezeiungen. Die insbesondere von der älteren Forschung vertretene Hypothese, dass der Text sich eindeutig vom gleichsam präfaschistischen »Cäsarenwahn des Propheten« (Marx 1998, 54) distanziert, wird mit der binär strukturierten Ordnung des Textes begründet, die sich in der Raumkonstruktion – es handelt sich um eine am Rande einer Großstadt gelegene, also ex-zentrische Dachstubenwohnung, an der Lächerliches oder Verrücktes geschieht – oder der kontrastiven Figurenkonstellation manifestiert: Dem esoterischen und elitären Propheten steht der dem Leben zugewandte Novellist entgegen (vgl. Weiss 1977, 488–490; Spelsberg 1972, 70; Wiegmann 1992, 153), der Daniels »gefährliche[m] Unfug« (Vaget, TMHb, 573) nichts abgewinnen kann. Demgegenüber wird vor allem in neueren Studien die ambivalente Haltung des Textes gegenüber den »Verzückungen einer ekstatisch ästhetisch-fundamentalistischen Dichtung« (Beßlich 2000, 145) betont. Marx benennt als ein Indiz für diese Ambivalenz das Verlangen des Novellisten nach einer »Schinkensemmel« (GKFA 2.1, 416), durch das zwar die Lesung, zugleich aber auch diese Figur der Lächerlichkeit preisgegeben wird: Denn das ihr dreifach zugeschriebene »gewisse[] Verhältnis zum Leben« (GKFA 2.1, 409, 414, 418) äußert sich hier in einem doch recht gewöhnlichen Verlangen (vgl. Marx 1998, 55). Für die ambivalente Haltung dem Prophetischen gegenüber spricht weiterhin die Konstruktion des Interieurs. Obwohl Mann eine erstaunlich präzise Beschreibung der Derlethschen Wohnung (vgl. Kreuzer 1968, 164) in seiner Skizze vorlegt, weicht er bei der Präsentation der in der Wohnung ausgestellten Porträts, u. a. mit der Hinzufügung zweier Antagonisten der Renaissance, dem Borgia-Papst Alexander VI. und dem für seine asketische Lebensweise bekannten Savonarola, entscheidend von der realen Vorlage ab. Dem Propheten werden auf diese Weise »zwei konträre Spielarten der zeitgenössischen Nietzsche-Rezeption« (Marx 1998, 56) zugeschrieben, wobei insbesondere letztere, die Lebensform Savonarolas, auch zu Manns »Orientierungsgrößen« (ebd., 57; vgl. Kolbe 1987, 169) in dieser Zeit zählt. Die ex-zentrische Bohème-Welt der Lächerlichkeit preiszugeben und sich von ihr zu distanzieren, ist somit ein zentraler Aspekt der Skizze, eine gewisse Nähe zu ihr zuzugeben, ja ihr »absolute[s] Bekenntnis« (Beßlich 2000, 142) zur Kunst auch zu bewundern, ein anderer.

Literatur

Beßlich, Barbara: *Wege in den »Kulturkrieg«. Zivilisationskritik in Deutschland 1890–1914.* Darmstadt 2000.

Derleth, Ludwig: Proclamationen. In: Ders.: *Das Werk.* 6 Bde. Hg. von Dominik Jost in Verbindung mit Christine Derleth. Bd. 1: Das Frühwerk. Bellnhausen 1971, 43–89.

Elsaghe, Yahya: *Thomas Mann und die kleinen Unterscheide. Zur erzählerischen Imagination des Anderen.* Köln/Weimar/Wien 2004.

Faber, Richard: *Männerrunde mit Gräfin. Die »Kosmiker« Derleth, George, Klages, Schuler, Wolfskehl und Franziska von Reventlow; mit einem Nachdruck des »Schwabinger Beobachters«.* Frankfurt a. M. 1994.

Kolbe, Jürgen: *Heller Zauber. Thomas Mann in München 1894–1933.* Berlin [2]1987.

Kreuzer, Helmut: *Die Boheme. Beiträge zu ihrer Beschreibung.* Stuttgart 1968.

Marx, Friedhelm: Künstler, Propheten, Heilige. Thomas Mann und die Kunstreligion der Jahrhundertwende. In: *TMJb* 11 (1998), 51–60.

Neymeyr, Barbara: Militanter Messianismus: Thomas Manns Erzählung *Beim Propheten* im kulturhistorischen Kontext. In: *Literaturwissenschaftliches Jahrbuch* 25 (2004), 179–198.

Spelsberg, Helmut: *Thomas Manns Durchbruch zum Politischen in seinem kleinepischen Werk. Untersuchung zur Entwicklung von Gehalt und Form in »Gladius Dei«, »Beim Propheten«, »Mario und der Zauberer« und »Das Gesetz«.* Hamburg 1972.

Vaget, Hans Rudolf: Die Erzählungen. In: *TMHb*, 534–618.

Wacker, Gabriela: *Poetik des Prophetischen. Zum visionären Kunstverständnis in der Klassischen Moderne.* Berlin/Boston 2013.

Weiss, Walter: Konkurrierende Ansätze sprachlicher Beschreibung und Deutung. Angewendet auf die Erzählung *Beim Propheten* von Thomas Mann. In: Beatrix Bludau/Eckhard Heftrich/Helmut Koopmann (Hg.): *Thomas Mann 1875–1975. Vorträge in München – Zürich – Lübeck.* Frankfurt a. M. 1977, 484–499.

Wiegmann, Hermann: *Die Erzählungen Thomas Manns. Interpretationen und Realien.* Bielefeld 1992.

Zimmermann, Rolf Christian: *Der Dichter als Prophet. Grotesken von Nestroy bis Thomas Mann als prophetische Seismogramme gesellschaftlicher Fehlentwicklungen des 20. Jahrhunderts.* Tübingen/Basel 1995.

Christof Hamann

2.19 *Ein Glück* (1904)

Ein Glück entstand 1903 als Auftragstext für *Die neue Rundschau*, die um Beiträge von Verlagsautoren für die erste Ausgabe unter neuem Namen im Januar 1904 gebeten hatte; dort erfolgte der Erstdruck. 1914 wurde die ›Studie‹ dann in den Erzählband *Das Wunderkind* aufgenommen.

Kurt Martens, der sich als ›Avantageur‹ im Text wiederfindet (vgl. Martens 1921, 126), hatte die Anekdote, auf die die »*Casino-Novelle*« (Notb II, 86) zurückgeht, an Mann herangetragen. Erzählt wird eine Episode aus dem Offiziersmilieu – die Ereignisse einer Tanzveranstaltung, an der neben den Militärs und ihren Ehefrauen auch die Mädchen der durch die Lande ziehenden Gesangstruppe ›Wiener Schwalben‹ teilnehmen. Die beschwörende Erzählerstimme lenkt die Aufmerksamkeit und die Sympathie des Lesers von Anfang an auf Baronin Anna, die Gattin des schneidigen und dem Leben zugeneigten Rittmeisters Baron Harry.

Die Erzählung steht im Rahmen des ›*Geliebten/Maja*-Komplexes‹ (Notb II, 41–90), einem nicht ausgeführten Projekt, dessen Motive Thomas Mann aber in anderen Texten aufgreift (u. a. in *Tonio Kröger*, *Die Hungernden* oder *Fiorenza*). Vor allem im *Doktor Faustus* verarbeitet er Elemente, z. B. in der Ermordung Rudi Schwerdtfegers durch Ines Rodde-Institoris. Das ›Rache-Motiv‹ klingt in abgemildeter Form bereits in *Ein Glück* an. Zentrales Thema des *Geliebten/Maja*-Komplexes ist der Dualismus von Geist und Leben, in dem Anna sowie der Avantageur der Seite des Geistes zuzuordnen sind. Ihnen gegenüber steht nicht nur Baron Harry, sondern auch die Schwalbe Emmy, der Harry vor versammeltem Publikum seinen Ehering an den Finger steckt. Emmy jedoch stößt ihn zurück und überreicht Anna den Ring mit der Bitte um Verzeihung. In diesem Augenblick, auf den der Text zuläuft, scheint das im Titel genannte ›Glück‹ auf: In der gleichgeschlechtlichen Begegnung eröffnet sich die Utopie einer momenthaften möglichen Überwindung des Dualismus.

So recht zufrieden war Mann mit dem Ergebnis seiner Auftragsarbeit nicht, er schrieb in mehreren Briefen, sie sei ihm »ausgerutscht« (GKFA 21, 240). Angesichts positiver Rückmeldungen beschwerte er sich: »Alle haben Genuß daran, nur ich nicht« (ebd.). Zumindest die Gestaltung des Genres hielt er für gelungen: »[E]s ist wirklich einmal eine Skizze, während das Meiste, was unter diesem Namen geht, bloß schlechte Novelle ist« (ebd., 255). Der Charakter der Auftragsarbeit als »nebensächliche und eilige kleine Sache« (ebd., 257) klingt durch die Erzählerstimme hindurch an, die im »Fluge gleichsam«, »im Vorüberstreichen« (GKFA 2.1, 381) Zeit für die kleine Episode findet. Nur leicht verschlüsselt flicht Mann denn auch Hinweise auf seine eigenen aktuellen literarischen Projekte ein: Die Nennung von Florenz weist auf das Drama *Fiorenza*, das Königsschloss auf *Königliche Hoheit*. Der Erzählgestus schafft Distanz zum Geschehen und lenkt auf diese Weise vom persönlichen Bezug Manns ab: Er verarbeitet im Themenkomplex um Liebe, Sehnsucht, Eifersucht, Neid und (Selbst-) Verachtung seine homoerotisch gefärbte Freundschaft mit Paul Ehrenberg (siehe Kurzke 2002, 132–150).

Bereits Manns Zeitgenossen heben vor allem den gesellschaftlichen Aspekt der Erzählung hervor. Bei Franz Pfemfert ist 1911 die Rede vom Gesellschaftsbild im Hintergrund (vgl. Vag 137). Auch Reiß und Karthaus weisen in den 1970er Jahren auf die Repräsentationsfunktion der Typendarstellungen hin: Es gehe um Kritik an der Wilhelminischen Gesellschaft, die im Leiden der Baronin Anna individualisiert und verkörpert sei (vgl. Karthaus 1972, 99; Reiß 1975, 68 f.). Ansonsten findet die Erzählung vergleichsweise selten Behandlung in der Forschung, die sich der negativen (Selbst-)Einschätzung des Autors anzuschließen scheint. Der Erzählgestus sei besonders zum Schluss hin in seiner »Preziosität und Sentimentalität nur schwer genießbar« (Vaget, TMHb, 573).

Literatur

Karthaus, Ulrich: Die geschichtsphilosophische Sonnenuhr. Methoden der Literatursoziologie. In: *Der Deutschunterricht* 24 (1972) H.6, 86–101.

Kurzke, Hermann: *Thomas Mann. Das Leben als Kunstwerk. Eine Biographie*. Frankfurt a. M. ^{2}2002.

Martens, Kurt: *Schonungslose Lebenschronik 1870–1900*. Wien 1921.

Reiß, Gunter: Herrenrecht. Bemerkungen zum Syndrom des Autoritären in Thomas Manns frühen Erzählungen. In: Wiecker, Rolf (Hg.): *Gedenkschrift für Thomas Mann 1875–1975*. Kopenhagen 1975, 67–93.

Vaget, Hans Rudolf: Die Erzählungen. In: *TMHb*, 534–618.

Silvia Tiedtke

2.20 *Schwere Stunde* (1905)

Thomas Mann schrieb die kleine Erzählung im März 1905 für eine Sondernummer des *Simplicissimus*, die zu Schillers Geburtstag am 9. 5. 1905 erschien; sie wurde seit 1908 wiederholt in Sammelwerken nachgedruckt.

Thomas Mann hat für seine »psychologische Studie« (so seine Bezeichnung; vgl. GKFA 21, 318) zum ersten Mal nach den *Buddenbrooks* ausführlich Fremdmaterial genutzt; in Notizbuch 7 steht unter »Anschaffen« das 1905 gerade erschienene Buch

Schiller - Intimes aus seinem Leben. Von Dr. Ernst Müller (Notb II, 111). Aber vor allem hat er das *Marbacher Schillerbuch* des Schwäbischen Schillervereins zu Rate gezogen, in dem sich u. a. Essays von Schiller-Kennern wie Erich Schmidt, Oskar Walzel und Berthold Litzmann befanden; genauer hat er wohl den Aufsatz von Adolf Hofmeister über *Schillers Idee von seinem Dichtberuf* gelesen, außerdem Oskar Walzels Beitrag *Schiller und die bildende Kunst*; er hat auch Briefe Schillers verwendet, auf die er im *Marbacher Schillerbuch* stieß.

Schiller (sein Name wird allerdings in der Novelle an keiner Stelle genannt) hat zu sehr später Stunde an seinem *Wallenstein*-Manuskript gearbeitet; er hält inne, zweifelt am Gelingen seines Werkes. In die Schilderung des Arbeitszimmers und des zuweilen unruhig hin und hergehenden Schiller und seiner Gestik mischt sich in einer Art inneren Monologs Schillers Urteil über sein eigenes Werk – »Eine Niederlage. Ein verfehltes Unternehmen. Bankerott« (GKFA 2.1, 421) – mit Rückblicken auf seine Jugendzeit und mit Gedanken über Sittlichkeit und Leid, Gesundheit und Talent, die eigene Ungenügsamkeit und die »Lasten und Leistungen« (ebd., 424), über »das eigene Wesen und Künstlertum« (ebd., 426) und über »Zucht und Selbstüberwindung« (ebd.) und schließlich über »Arbeiten! Begrenzen, ausschalten, gestalten, vollenden, fertig werden...« (ebd., 428). Es ist die Geschichte des Schiller'schen Leidens an seinem Werk. Am Schluss aber dann der über das nächtliche Geschehen hinausreichende Hinweis, dass das »Leidenswerk« am Ende fertig wurde, und: dass es »auch gut« (ebd.) wurde.

Thomas Manns Studie ist gegen die strahlenden Schillerbilder gerichtet, die sich 1905 überall fanden. Schiller erscheint als Leidender, Kranker, der an seinem Werk verzweifelt, der mit den strukturellen Problemen seines *Wallenstein* nicht fertig wird und der hinter und neben sich immer den »Anderen« hat, Goethe, der es so viel »leichter« hatte, der in seiner klaren Welt »unmittelbar« die »besonnten Dinge bei Namen nannte« (ebd., 426). Schiller aber weiß sich groß in seiner Schwäche, will auch darin »das eigene Wesen und Künstlertum gegen das des Anderen zu behaupten und abzugrenzen« suchen.

Thomas Mann hat seine Studie aber nicht nur gegen die herrschende Verherrlichung Schillers angeschrieben; was Schiller in seinem Selbstgespräch sagt, hatte auch mit ihm selbst zu tun – es waren die Schwierigkeiten mit dem unmittelbar vorausgegangenen *Fiorenza*-Drama, die sich hier niederschlugen. Dass *Fiorenza* ihm »ganz unbeschreibliche[] Qualen« bereite, steht in einem Brief an Richard Schaukal vom 10. 4. 1905 (GKFA 21, 318); und dass es direkte Beziehungen zwischen *Fiorenza* und der Schiller-Studie gibt, zeigt im Übrigen der Satz Lorenzos di Medici in III,7: »Der Mühelose wird nicht groß. [...] Die Hemmung ist des Willens bester Freund« (GKFA 3.1, 123), denn der ist unzweifelhaft auf Schiller gemünzt – in der Wiener Zeitung *Die Zeit* erschien am 23. 4. 1905 in der Beilage *Die Schiller-Zeit* ein gleichlautender Aphorismus Manns: »Die Hemmung ist des Willens bester Freund, / Den *Helden* grüß' ich, der Friedrich Schiller heißt« (GKFA 14.1, 83). Aber hier grüßte Thomas Mann sich gleichsam auch selbst. An Katia Pringsheim schrieb er vor dem 28. 8. 1904 über seine »Hemmung«: »Es hat noch niemals ›gesprudelt‹, und es würde mich mißtrauisch machen, wenn es das thäte. Nur bei Damen und Dilettanten sprudelt es, bei den Schnellzufriedenen und Unwissenden, die nicht unter dem Druck und der Zucht des Talentes leben. Denn das Talent ist nichts Leichtes, nichts Tändelndes, es ist nicht ohne Weiteres ein Können. In der Wurzel ist es *Bedürfnis*, ein kritisches Wissen um das Ideal, eine Ungenügsamkeit, die sich ihr Können nicht ohne Qual erst schafft und steigert« (GKFA 21, 299). Thomas Mann hat das fast wörtlich in seine Schiller-Studie aufgenommen, und so steht es auch im siebten Notizbuch (Notb II, 109). Dieses enthält im Übrigen weitere Zeugnisse für die Schwierigkeiten, mit denen er sich konfrontiert sah. So heißt es etwa: »Bei einer schweren, mißglückenden Arbeit: Zuweilen starre Verzweiflung. Auch verzweifelte Heiterkeit, der Übermuth der Hoffnungslosigkeit« (Notb II, 111), und in einer anderen Notiz ist von seinem Gram und seinen Qualen die Rede. In unmittelbarer Nachbarschaft findet sich als Menetekel der Satz: »*Tragik*. Jemand, der dem Lebensglück entsagt, um Kunst daraus zu machen und dann doch nichts fertig bringt. Furchtbare Verzweiflung« (Notb II, 111).

Schillers Sorgen waren Sorgen, die Thomas Mann selbst hatte; in seiner Studie entwirft er am Beispiel des Leistungsethikers Schiller zugleich sein eigenes Psychogramm. Dazu gehört bei allem Leiden aber auch Selbstliebe; er lässt Schiller nicht zufällig von seinem »Künstleregoismus« sprechen, »jener Leidenschaft für sein Ich, die unauslöschlich in seiner Tiefe brannte«. Doch zugleich geht es Mann um Grundsätzliches: um die im Brief vom 5. 12. 1903 an Heinrich aufgekommene Frage, was den Schriftsteller an sich bestimme. Dazu zählen der »Wille zum Schweren« (GKFA 2.1, 426), Zucht und Selbstüberwindung, Leistung, Ehrgeiz und die Sehnsucht des

Künstlers nach »Form, Gestalt, Begrenzung, Körperlichkeit«. Im Hintergrund spielen zudem noch Überlegungen hinein, wie sie sich in dieser Zeit für den allerdings nie geschriebenen großen Essay über *Geist und Kunst*, der so etwas wie ein Selbstbestimmungsessay werden sollte, ansammelten.

Thomas Manns Schiller-Studie wurde im Allgemeinen freundlich aufgenommen; Richard Schaukal berichtete er am 13. 5. 1905: »Über meine kleine Schiller-Studie habe ich viel Gutes gehört, auch aus dem Publicum. Ein ganz Naiver schrieb: ›Sie haben es verstanden, mir und jedenfalls einem anderen Durchschnittsmenschen Schiller menschlich so nahe zu bringen, wie er selbst es nie vermocht hat‹. Was will ich mehr?« (GKFA 21, 321 f.). Heinrich Mann gegenüber erwähnt er am 17. 1. 1906 Schiller im Zusammenhang mit seinem eigenen Versuch, ›Größe‹ darzustellen: »Mein ›Schiller‹ ist ein kleiner, ›Fiorenza‹ ist ein größerer vorläufiger Ausweis über den Erfolg dieser Studien auf dem Gebiete des Heldenthums« (GKFA 21, 344). Im *Lebensabriß* von 1930 erinnerte er sich, dass »die sehr subjektive Schillerstudie ›Schwere Stunde‹, die ich zum hundertsten Todestage des Dichters für den ›Simplicissimus‹ schrieb«, bei »Langen und den Seinen« großen Anklang gefunden hatte. Auch Ludwig Thoma hat seinerzeit »diese kleine Arbeit des Jüngeren und so anders Gearteten« begrüßt (GW XI, 106). Als Mann 1955 seinen *Versuch über Schiller* anging, erinnerte er sich in einem Brief an die Redaktion des *Sonntag* an die »Knapp-Skizze von damals« – aber wer wisse, ob sie »nicht frischer, inniger, glücklicher, bleibender« gewesen sei als jener *Versuch* (Br III, 380). In diesem selbst ist noch einmal die Rede von Goethes Nähe, vom *Wallenstein* und »von Schillers einsamen Nächten. Es ist nicht zu sagen, welche Mühe und Not die Bewältigung des Monstre-Werkes ihn gekostet hat [...]«. Und dann folgt das »Schwere Stunden!« (GW IX, 913): aus der einen Stunde in der frühen Schiller-Skizze sind hier viele geworden, Stunden, die ihm sein Drama »oft genug als verfehltes Unternehmen« vorgehalten hätten (GW IX, 914).

Die Schiller-Studie hat, gemessen an Arbeiten über andere Novellen Thomas Manns, nur mäßiges Interesse gefunden. Doch man hat schon früh gesehen, dass sein Schiller-Porträt auch ein Selbstbildnis enthielt; Witte hat bereits 1956 darauf hingewiesen und gezeigt, dass Thomas Mann sich schon in der *Schweren Stunde* mit Schiller als sentimentalischen Dichter im Gegensatz zum naiven Typus charakterisiert habe. Sandberg, dem wir die gründlichste Studie über Manns Beziehungen zu Schiller verdanken, sieht in der Schiller-Novelle, diesem »Stimmungsbild mit novellistischem Gepräge« (Sandberg 1965, 53), ebenfalls eine Studie zum Typus des »Sentimentalikers«, der »sich intensiv mit den Voraussetzungen und Bedingungen seines Schaffens« auseinandersetzt (ebd., 51); die Erzählung reflektiere die Schwierigkeiten, den Dichter gegen den Schriftsteller abzugrenzen, den kritisch erkennenden und den schöpfenden, intuitiven Künstler jedoch als gleichrangig zu betrachten. Dabei sei die Nietzsche-Orientierung des Autors nicht zu übersehen. Sandberg kann im Übrigen nachweisen, dass in dieser Schiller-Studie »nahezu jeder Satz der handlungsarmen Skizze auf eine Vorlage« zurückgeht (ebd., 53). Reed hat darauf aufmerksam gemacht, dass bei Thomas Mann hier erstmals das Prinzip der später »Montage« genannten Aneignung und Bearbeitung eines umfangreichen Quellenmaterials zu beobachten sei; hier sei nicht wie in den *Buddenbrooks* blockmäßig ein Artikel aus einem Konversationslexikon übernommen, sondern das außerordentlich zahlreiche Material in einen »einzigen dynamisch fortschreitenden inneren Monolog« verschmolzen worden (Reed, GKFA 2.2, 290). Zugleich habe Thomas Mann, Nietzsche folgend, sich »in Lage und Leidenschaft Schillers« eingefühlt; dessen Darstellung als »leidender und überwindender Dichter« habe den Sinn gehabt, »der Schilderung eine symbolische Gültigkeit für die einsamen Nöte alles Schöpfertums zu verleihen« (ebd., 292). Auf einen besonderen Aspekt der Schiller-Studie hat Koopmann aufmerksam gemacht: Hinter dem Schatten Goethes werde auch der Schatten Heinrichs sichtbar; der Satz »Nur bei Stümpern und Dilettanten sprudelte es, bei den Schnellzufriedenen und Unwissenden, die nicht unter dem Druck und der Zucht des Talentes lebten« (GKFA 2.1, 424) dürfte auf den Bruder gemünzt sein, dem er zwei Jahre zuvor vorgehalten hatte, zu den ›Schnellfertigen‹ zu gehören (vgl. GKFA 21, 246). So setze sich Schiller nicht nur mit Goethe auseinander, sondern Thomas Mann auch mit seinem Bruder Heinrich: der Leistungsethiker Thomas Mann definiere sich am Beispiel Schillers auch durch den Gegensatz zu seinem Bruder, gegen den er auch hier das eigene Wesen und Künstlertum zu behaupten und abzugrenzen versuche (Koopmann 2005, 161–164).

Literatur

Koopmann, Helmut: *Thomas Mann – Heinrich Mann. Die ungleichen Brüder*. München 2005.

Sandberg, Hans-Joachim: *Thomas Manns Schiller-Studien. Eine quellenkritische Untersuchung.* Oslo/Bergen/Tromsö 1965, 31–59.
Witte, William: Thomas Mann and Schiller. In: *German Life & Letters* 10 (1956–1957), 289–297.

Helmut Koopmann

2.21 *Anekdote* (1908)

Symptomatisch für den Kenntnisstand über die Entstehung der kurzen Erzählung ist der Hinweis von de Mendelssohn: »Über die Skizze *Anekdote* wissen wir rein gar nichts, außer daß sie am 2. 6. 1908 in der von Hermann Hesse mitherausgegebenen Zeitschrift ›März‹ erschien und von Thomas Mann in seine *Gesammelten Werke* nicht aufgenommen wurde« (de Mendelssohn 1982, 51). Rekonstruieren lässt sich nur, dass die Episode ursprünglich als Material dem großen Maja-Roman zugeordnet war – eine detailreiche Handlungsskizze zur *Anekdote* findet sich bereits im Notizbuch von 1906 (vgl. Notb II, 156). Der geplante Gesellschaftsroman wird jedoch nicht geschrieben, das Schopenhauer'sche Täuschungs- und Illusionsmotiv hingegen in verschiedenen kleineren Arbeiten sowie im *Krull*-Fragment aufgegriffen (vgl. Wysling 1967, 39). Dass Thomas Mann den Maja-Stoff – den er später Gustav von Aschenbach in *Der Tod in Venedig* als fertiges Romanprojekt unterschob – für sich selber fallen ließ, mag verschiedene Gründe gehabt haben; möglicherweise wollte er eine direkte Konkurrenzsituation zu Bruder Heinrich auf dem Feld des Gesellschaftsromans vermeiden (vgl. Koopmann 2005, 102 und Kurzke 2005, 187). Selbstzeugnisse aus der Entstehungs- und Erstpublikationszeit liegen nicht vor, jedoch äußerte sich Mann einige Jahre später im Brief an Wolfgang von Weber milde über die Erzählung: »...bitte schön, die ›Anekdote‹ ist ganz harmlos und drollig. Ich habe nichts zu erinnern« (Postkarte vom 17. 10. 1924; Reg. 24/128). Zu Lebzeiten Thomas Manns erfolgten keine Nachdrucke, erst 1958 wird der Text in die *Erzählungen* der Stockholmer Gesamtausgabe, später in GW und GKFA aufgenommen.

Direkte Quellen für die Entstehung der Handlung lassen sich nicht ausmachen, möglicherweise gab es Anregungen durch Erlebnisse oder Erzählungen im Bekanntenkreis (vgl. de Mendelssohn 1982, 51). Allerdings finden sich die für Manns Werk konstitutiven Einflüsse Schopenhauers und Nietzsches hier in ausgeprägter Form, so insbesondere das Schopenhauer'sche Bild des »Schleiers der Maja«, das die Erscheinungswelt als Blendwerk der Täuschungen und Illusionen charakterisiert. Darüber hinaus ist vor allem die Binnenerzählung geprägt von Nietzsches Vorstellung der Bipolarität einer apollinischen Welt der Erscheinungen sowie der Durchbrechung derselben durch dionysischen Rausch. Schließlich finden sich Elemente der buddhistischen Erkenntnislehre, deren Grundidee Thomas Mann im Notizbuch notierte: »Alles Leiden wurzelt im Willen, stammt aus dem Willen: denn der Wille ist die Wurzel des Leidens.« (Notb II, 167).

Strukturell ist die kurze Erzählung gegliedert in die novellentypische Rahmenhandlung einer Abendunterhaltung, die durch einen unbestimmten Wir-Erzähler wiedergegeben wird, sowie die Binnenhandlung, die als erzählte Anekdote durch einen namenlosen Erzähler dieser geselligen Runde zum Besten gegeben wird. Ist im Rahmengespräch unter anderem vom »Schleier der Maja« als »schillernde[m] Blendwerk« die Rede, führt die Geschichte der »himmlische[n]« (GKFA 2.1, 464) Angela Becker diese Themen leitmotivisch in der Binnenhandlung fort. Aus unbekannter Fremde stammend gelingt es dieser Frau durch ihr liebliches Äußeres sowie ihr einnehmendes Wesen, die gesamte Gesellschaft der ungenannten Stadt, in die sie ihr Gatte Ernst Becker einführt, für sich zu gewinnen. Obwohl sie, so die subtile Andeutung des Erzählers, niemals am helllichten Tage, sondern stets nur im Schleier »künstlichen Lichts und der geselligen Erwärmung« (GKFA 2.1, 466) anzutreffen sei, bleiben die gesellschaftliche Bewunderung für Angela sowie der Neid aller auf den einfachen und etwas farblos wirkenden Ernst – hier sprechen beide Namen Bände – auch nach zehn Jahren ungebrochen. Die Anekdote gipfelt in einer Enthüllungsszene während einer feierlichen Gesellschaft im Hause der Beckers, die im Gegensatz zur zeitraffenden Struktur der Anekdote nahezu zeitdeckend ausgeführt wird: Von einem alternden Junggesellen von neidvollen Glückwunschbekundungen für seine »herrliche, gnädige Frau« (ebd., 467) überschüttet, enthüllt Becker das Bild einer »*Hölle* von einer Ehe« (GKFA 2.1, 468) und entlarvt seine Frau vor versammelter Gesellschaft als boshafte Gauklerin: Betrügerisch, »falsch, verlogen und tierisch grausam« (ebd.) sei diese und habe es nur verstanden, sich in künstlichem Licht in Szene zu setzen und alle zum Narren zu halten. Nach diesem Ausbruch begibt sich Becker – trotz offensichtlicher geistiger Gesundheit – in eine Nervenheilanstalt, um anschließend gemeinsam mit der Gattin in eine andere Stadt zu verziehen. Wie auch bei den frühen Erzählungen *Gefallen* und *Gerächt* wird der einleitend geöffnete Rahmen der

Gesprächssituation abschließend nicht geschlossen. Die Anekdote endet mit dem Verweis auf den Umzug der Beckers und wird nicht weiter kommentiert.

Weder zeitgenössisch noch in der Forschung fand der Text größere Beachtung, wobei sich der Großteil der Arbeiten zu *Anekdote* auf den Nachweis des ideellen Einflusses Schopenhauers und Nietzsches konzentriert: So werden »Blendwerk« und »Schleier« als eben jene entlarvt, wodurch von der »Süßigkeit der Sehnsucht« am Ende lediglich die »Bitterkeit der Erkenntnis« bleibt (GKFA 2.1, 464). Liest Klugkist die Handlung der Binnenerzählung als bloße Veranschaulichung der Schopenhauer'schen Idee der Welt der Illusion und Täuschung (Klugkist 2011, 25), wird andererseits der Aspekt der Illusionsdurchbrechung durch den dionysischen Rausch, im Falle Beckers wohl eher eine Raserei, im Sinne Nietzsches betont (Larsson 2011, 116 und Reed, GKFA 2.2, 344 f.). So zeichnet die Erzählung mit der Offenlegung des weltlichen Illusionscharakters sowie der »Blamage der Sehnsucht« (GKFA 2.1, 464) bereits eine Linie zum großen Schopenhauer-Essay von 1938, in dem die Sehnsucht als »eine Fopperei, verursacht durch Vorstellung« (GW IX, 552; vgl. Reed, GKFA 2.2, 344) entlarvt wird. In ihrem Leben in Vortäuschung und oberflächlichem Schein ist Angela Becker zudem als verwandte Figur zum Hochstapler Felix Krull zu identifizieren, wobei dort nicht nur die Art der Entlarvung, sondern auch der Illusionserzeugung – im *Krull* als spezifische Fähigkeit des Künstlers – variiert wird (vgl. Wysling 1967, 39). Als faszinierend-fremdartige Frauenfigur mit musischem Talent steht sie zudem in der Nähe zu Gerda Arnoldsen, späterer Buddenbrook. Diese Fremdartigkeit, verführerische Schönheit und starke sexuelle Triebhaftigkeit referieren außerdem auf die typische – und hier durch die Verknüpfung mit sadistischer Grausamkeit und Vermeidung von Tageslicht zum Vampirischen zugespitzte – Figur der *femme fatale*, wodurch zudem eine Parallele zur neun Jahre zuvor publizierten Erzählung *Luischen* gezogen werden kann, die eine ähnliche Konstellation der ungleichen und dysfunktionalen Ehe aufweist (vgl. Dumschat-Rehfeldt 2011, 113). Neben der Bipolarität von Sein und Schein, Illusion und Desillusionierung wird auch der bei Thomas Mann elementare Gegensatz von Leben und Kunst aufgegriffen: So wird die Schönheit des vitalen Lebens als Kontrast zum Künstlertum, hier in der Variante des schönen trügerischen Scheins, aufgebaut, der durch seine Offenlegung Erkenntnisekel auslöst. Darin manifestiert sich zudem eine künstlerisch-selbstreflexive Skepsis gegenüber einem rein oberflächlichen Ästhetizismus einerseits, die Auseinandersetzung mit dem genuin artifiziellen Charakter der Kunst andererseits (vgl. Wiegmann 1982, 174).

Literatur

Dumschat-Rehfeldt, Denise: *»Zufuhr neuen Blutes«. Vampirismuslektüren von Erzählungen Thomas Manns.* Würzburg 2013.

Klugkist, Thomas: *Sehnsuchtskosmogonie. Thomas Manns »Doktor Faustus« im Umkreis seiner Schopenhauer-, Nietzsche- und Wagner-Rezeption.* Würzburg 2000.

Koopmann, Helmut: *Thomas Mann – Heinrich Mann. Die ungleichen Brüder.* München 2005.

Kurzke, Hermann: *Thomas Mann. Das Leben als Kunstwerk.* Frankfurt a. M. 2005.

Larsson, Kristian: *Masken des Erzählens. Studien zur Theorie narrativer Unzuverlässigkeit und ihrer Praxis im Frühwerk Thomas Manns.* Würzburg 2011.

Mendelssohn, Peter de: *Nachbemerkungen zu Thomas Mann.* Bd. 2. Frankfurt a. M. 1982.

Reents, Edo: *Zu Thomas Manns Schopenhauer-Rezeption.* Würzburg 1998.

Wiegmann, Hermann: *Die Erzählungen Thomas Manns. Interpretationen und Realien.* Bielefeld 1992.

Wysling, Hans: »Zu Thomas Manns ›Maja‹-Projekt. In: Paul Scherrer/Hans Wysling: *Quellenkritische Studien zum Werk Thomas Manns.* Bern/München 1967 (= *TMS* 1), 23–47.

Kathrin Erbacher

2.22 *Das Eisenbahnunglück* (1909)

Die etwa zwölfseitige Novelle entstand 1908 im Auftrag der *Neuen Freien Presse* (Wien). Nach dem Zeitungsabdruck vom 6. 1. 1909 erschien der Text noch im selben Jahr in der Neuauflage der Novellensammlung *Der kleine Herr Friedemann*, schaffte es aber nicht, wie ursprünglich geplant, in die Novellen-Sammlung *Das Wunderkind* aus dem Jahr 1914 (vgl. Vaget, TMHb, 571 f.). 1922 erschien der Text dann im ersten Band der *Novellen* und 1958 schließlich in der Stockholmer Gesamtausgabe (*Erzählungen*). Im Todesjahr Manns 1955 wurde von der Deutschen Grammophon Gesellschaft zusammen mit *Das Wunderkind* eine im Jahr zuvor produzierte und von Mann selbst eingesprochene Tonaufnahme des Textes auf Schallplatte veröffentlicht.

In Manns Text berichtet der Erzähler von einer Bahnreise anlässlich eines öffentlichen Auftritts als Schriftsteller, die er im Nachtzug von München nach Dresden zwei Jahre zuvor unternommen habe und während der es zu einer Entgleisung kam. Im Text wird aus Sicht des Ich-Erzählers der Hergang des Unglücks sowie seine Wahrnehmung der anderen Passagiere geschildert, beschreibt er doch ihren Umgang miteinander und ihr Verhalten vor und nach dem Unglück. Die kurze Geschichte ist dabei in einem durchgängig ironischen Ton verfasst, der die Brisanz des Unglücks rückblickend mäßigt und gleichzeitig eine Folie bildet, um die Haltung des Erzählers zum Staat und zu den bürgerlichen Schichten abzubilden. Der Bericht des Eisenbahnunglücks konstruiert so im Rückblick einen Versuchsaufbau, in dem die gesellschaftliche Ordnung vorübergehend aufgehoben ist, um die geschilderten Beobachtungen als Metaphern gesellschaftspolitischer Strukturen und ihrer staatlichen Ordnung aufzustellen: Die beschriebenen Passagiere sind hochmütig, der Schock des Unglücks aber sorgt dafür, dass sie die Fassung verlieren, der Staat, repräsentiert durch den Schaffner, verliert die Kontrolle und gewinnt sie zurück, womit er zugleich seine Glaubwürdigkeit vor dem Erzähler zurück erlangt.

Diese Perspektive hat Tradition: Mann befindet sich mit dem Motiv der Entgleisung, im Falle des *Eisenbahnunglücks* der eines Zuges, in Gesellschaft von Aischylos, Euripides, Ovid, Goethe und Fontane, wobei Letztgenannter in seiner doppelten Überformung des Unglücks besonders hervorzuheben ist. Auch in der bildenden Kunst ist die Entgleisung – in früheren Fällen das Unglück des Pferdegespanns und später des Automobils – epochenübergreifend zu entdecken, findet sich motivisch bei Michelangelo, Moschino, Rubens, Tintoretto, Stubbs, Moreau (vgl. Glasner 2009, 185 f.). Das gerade in der literarischen Moderne populäre Motiv (vgl. Lieb 2009) speist sich im Falle Manns durch ein persönliches Erlebnis, das die Erzählung mit einer Zeitverzögerung von etwa zwei Jahren anstößt: So erlebte der Autor 1906 selbst ein Zugunglück am eigenen Leibe. Die kurze Novelle reflektiert damit eine Erfahrung Manns und ruft im Motiv der Entgleisung gleichzeitig die Geschichte des Phaeton-Mythos auf, lässt er im *Eisenbahnunglück* doch »ebenso unauflöslich wie musterhaft Hybris und Unfall miteinander verschmelzen« (Glasner 2009, 185).

Der Aufbau des Textes folgt dabei der Chronologie der Ereignisse, tritt aber immer wieder aus der Dokumentation des Geschehens heraus, um die Umstände zu schildern, die zur Reise und gar zur Entstehung des Textes führten. So verweist der Erzähler zunächst bescheiden auf die Zweckmäßigkeit des Textes, macht aber gleichzeitig selbstbewusst deutlich, wie leicht ihm das Erzählen auf Zuruf doch fällt – »Etwas erzählen? Aber ich weiß nichts. Gut, also ich werde etwas erzählen« (GKFA 2.1, 470) –, um dann den Grund der Reise transparent zu machen: Er ist von »Förderern der Literatur« (ebd.) nach Dresden eingeladen. Im Koffer trägt er ein Manuskript mit sich, ein »Konvolut« (ebd.). Korreliert man die beschriebene Zugreise mit Manns wirklich vorgenommener Zugreise 1906, handelt es sich dabei um den im selben Jahr begonnenen Roman *Königliche Hoheit* – der Umfang des Romans kommt zu diesem Zeitpunkt aber noch keinem stattlichen Konvolut gleich, wie Kurzke herausstellt. Dennoch will sich Mann »als einer präsentieren, der ein solches Konvolut hat. [...] Er stilisiert sich zum Selbstsicheren und Erfolgreichen, den auch etwas so Elementares wie ein Eisenbahnunglück nicht aus der Bahn werfen kann« (Kurzke 2001, 188).

In der Schilderung der Ereignisse wird zunächst eine Skepsis gegenüber der Technik zum Ausdruck gebracht, die sich in einem Reisefieber äußert und sich im Unglück bestätigt. Das Unglück selbst führt zu einem Kontrollverlust aller Betroffener, der eine vorübergehende Aufhebung der Verhältnisse und Hierarchien innerhalb des Zuges erzeugt und das ambivalente Verhältnis des Erzählers zum Staat verdeutlicht, begrüßt dieser nach deutlich geäußerter Skepsis gegenüber den Autoritäten doch am Ende deren Wiederherstellung der Ordnung. Der Schaffner wird dabei eindeutig als Repräsentant des Staates dargestellt, und das Unglück wird Metapher für dessen Souveränitätsverlust angesichts einer Katastrophe höherer Macht: »Ein anderer Beamter kommt daher – er *hinkt* daher [...], der unwirsch wachsame Schaffner von heute abends, der Staat, unser Vater« (GKFA 2.1, 477 f.).

Die Nähe der Erzählung zu persönlichen Erlebnissen des Autors ist besonders auffällig, auch wenn derlei Bezüge sich durch Manns Gesamtwerk ziehen. Zwischen dem Erlebnis der Entgleisung und der Verarbeitung in der Geschichte liegen etwa zwei Jahre: Am 1. 5. 1906 fuhr Mann um 19 Uhr im Nachtschnellzug auf der Strecke von München nach Dresden. Als der D21 Regensburg passiert hatte, ereignete sich das Unglück. Um 21:30 Uhr fuhr der Zug aufgrund eines Weichenfehlers auf einen vor ihm stehenden Güterzug auf, was die Entgleisung zur Folge hatte (vgl. Kurzke 2001, 187 f.).

Neben den beschriebenen Beobachtungen und Gedanken zeigt sich in *Das Eisenbahnunglück* eine Angst vor dem Verlust seiner Manuskripte, die für Mann erst nach der schlagartigen Flucht ins Exil 1933 wieder konkrete Relevanz gewinnen sollte –

doch schon zu diesem frühen Zeitpunkt scheint er sich des Wertes seiner Arbeit gewiss. Sein ambivalentes Verhältnis zum Staat tritt diesbezüglich in einer Mischung aus Verlustangst und Vertrauen auf: »Das ist der Staat, unser Vater, die Autorität und Sicherheit. Man verkehrt nicht gern mit ihm, er ist streng, er ist wohl gar rauh, aber Verlaß, Verlaß ist auf ihn, und dein Koffer ist aufgehoben wie in Abrahams Schoß« (GKFA 2.1, 472). Dieses Vertrauen wird durch das Unglück zunächst gebrochen, der gute Ausgang der Ereignisse und die Unversehrtheit des Manuskripts relativieren den Bruch aber wieder (vgl. Larsson 2011, 108).

Das Eisenbahnunglück gehört ohne Zweifel zu Manns selbstreflexiven Texten, spiegelt sich hier laut Vaget doch das hohe Selbstbewusstsein des repräsentativen Schriftstellers Thomas Mann, das sich auch in der im Text vorherrschenden Selbstironie zeigt (vgl. Vaget, TMHb, 574). Durch den stark ironischen Ton lässt sich aber laut Larsson festhalten, dass sich in der Erzählung eine transparente ›Konstruiertheit‹ findet, die trotz des authentischen Bezugs der Geschichte offenbart, dass es sich um Dichtung handelt. Diese Erkenntnis führt ihn zu einer neuen, flexiblen Kategorie von Autorschaft: »[M]etaphorisch kann von einem ›Autor-Auge‹ gesprochen werden, das unter den Instanzen Autor, Erzähler und Figur distribuiert ist« (Larsson 2011, 108).

Füllmann bringt die Novelle auch in ihrer deutlichen Ironie mit den zeitlich vor- und nachgelagerten Texten von Wilhelm Schäfer (*Im letzten D-Zug-Wagen*, 1907) und Paul Ernst (*Das Eisenbahnunglück*, 1922) in Zusammenhang, und attestiert allen drei Texten eine politische Metaphorik, in der »die Betroffenen aus ihrem bürgerlichen, z. T. staatstragenden Rollen fallen, ja – um vom Unfallort fort zu gelangen – sogar die Klasse wechseln dürfen« (Füllmann 204). Der Zug wird hier also zu einem Ort, der in der Entgleisung die unterschiedlichen Passagiere auf Augenhöhe bringt – außerhalb des Zuges gelten die gewohnten Hierarchien. In der Sorge um das Manuskript zeigt sich dabei, dass das Werk dem Autor wichtiger ist als das eigene Leben (vgl. ebd., 205). Am Ende jedoch ist die Ordnung wiederhergestellt, und auch das Manuskript – das geschriebene Wort – überlebt, stellt sich gar über die dämonisierte Technik.

Literatur

Füllmann, Rolf: Eisenbahnunglücke. Technik als Schicksal auf Schienen in Novellen vom Wilhelm Schäfer, Paul Ernst und Thomas Mann. In: Dieter Petzold (Hg.): *Inklings. Jahrbuch für Literatur und Ästhetik.* 25. Band. Köln 2007, 202–207.

Glasner, Peter: Entgleisungen im deutschen Kaiserreich. *Das Eisenbahnunglück* von Thomas Mann. In: Christian Kassung (Hg.): *Die Unordnung der Dinge. Eine Wissens- und Mediengeschichte des Unfalls.* Bielefeld 2009, 185–211.

Honold, Alexander: Frivole Kollisionen. Die Klassengesellschaft im Schlafwagen und das *Déjà-vu*-Erlebnis des *Eisenbahnunglücks.* In: Stefan Börnchen/Georg Mein/Gary Schmidt (Hg.): *Thomas Mann. Neue kulturwissenschaftliche Lektüren.* München 2012, 193–212.

Kurzke, Hermann: *Thomas Mann. Das Leben als Kunstwerk. Eine Biographie.* München 2001.

Larsson, Kristian: *Masken des Erzählens. Studien zur Theorie narrativer Unzuverlässigkeit und ihrer Praxis im Frühwerk Thomas Manns.* Würzburg 2011.

Lieb, Claudia: *Crash. Der Unfall der Moderne.* Bielefeld 2009.

Vaget, Hans Rudolf: Novellen. *Das Wunderkind.* In: *TMHb*, 571–575.

Hendrik Otremba

2.23 *Wie Jappe und Do Escobar sich prügelten* (1911)

Die Erzählung entstand als Auftragsarbeit für die *Neue Freie Presse* zwischen dem 16.11. und dem 11.12.1910. Aus ungeklärten Gründen erschien sie jedoch erst im Februar 1911 in den *Süddeutschen Monatsheften* (Jg. 8, H. 2). 1914 wird die Erzählung dann in die Buchausgabe *Das Wunderkind. Novellen* aufgenommen.

Mit ihrem Schauplatz Travemünde knüpft die Erzählung zum einen an Jugenderinnerungen Thomas Manns an (Vag 139; de Mendelssohn 1996, 1410), zum anderen werden hierdurch die Travemünde-Episoden aus den *Buddenbrooks* aufgerufen. Über das erneute Auftreten des Tanzmeisters François Knaak aus *Tonio Kröger* besteht eine weitere Verbindung zum frühen Werk. Darüber hinaus kann Johnny Bishop, der vom Ich-Erzähler bewunderte junge Halb-Engländer, als »Präfiguration Tadzios« (Vag, 129) aus *Der Tod in Venedig* gelesen werden. Beide sind androgyn, tragen einen Matrosenanzug und werden als ideale Knabenfiguren mit Amor bzw. Eros verglichen.

Die sehr spärliche Forschung konzentriert sich im Wesentlichen auf zwei Aspekte der Erzählung: auf die Homoerotik als Schaffensimpuls (Vag 139; Böhm

1991) und auf die politische Dimension (Winston 1982, 261; Parkes-Perret 1995). Elsaghe betrachtet die Erzählung zudem vom Blickwinkel eines historischen Sportdiskurses aus und zeigt, dass sie »ein frühes Stadium jenes spielkulturellen Verdrängungsprozesses ab[bilde], in dessen Verlauf die neuen, britischen Sportarten – Fußball, Tennis, Golf oder eben Boxen – das ›deutsche‹ Turnen [...] ablösten.« (Elsaghe 2013, 36) Auf den stark strukturierten und formal geschlossenen Aufbau der Erzählung geht Wiegmann ein.

Auch wenn Mann die homoerotische Komponente bestritt (Brief vom 14. 6. 1952 an Frank Donald Hirschbach, Br III, 262), spricht der Text eine andere Sprache: Die Beschreibung der Knabenkörper ist deutlich sexuell konnotiert, die als Ideal empfundene »fein[e]« und »kindlich[e]« (GKFA 2,1, 482) Körperlichkeit Johnnys wird durch den Ich-Erzähler lobend in Kontrast zu seiner eigenen schambehafteten, da stärker entwickelten Körperlichkeit gesetzt. Durch den Faustkampf zweier älterer Kontrahenten wird der Erzähler mit einem Männlichkeitsideal von »Kraft und Mut« (ebd., 482) konfrontiert, das er verachtet, von dem er sich jedoch auch angezogen fühlt. Im Traum erlebt der Ich-Erzähler den Kampf am eigenen Leib als ein entgrenzendes und erschütterndes Erlebnis – so wird auch Aschenbach im *Tod in Venedig* träumen. Im Kontrast zu den Kämpfern steht das grotesk-weibliche Auftreten des Schiedsrichters Knaak, der mit seiner geschlechtlichen Uneindeutigkeit den Argwohn der »männlich gesinnten Jugend« (ebd., 491) erregt und dem ohnehin schon lächerlichen Kampfgeschehen zusätzlich etwas Artifizielles verleiht. An Johnny, Knaak, Jappe und Do Escobar reflektiert der Erzähler somit unterschiedliche Männlichkeitsdiskurse.

Die klischeehaft-ironisch ausgeführten Nationalcharaktere der Figuren sowie die Schlusspointe der »eigentümlichen Überlegenheit des englischen Nationalcharakters« (ebd., 500) verweisen auf die politische Dimension der Erzählung. Der Kampf zwischen dem Deutschen Jappe und dem Spanier Do Escobar, bei dem der Engländer Johnny als außenstehender aber überlegener Beobachter fungiert, lässt sich als Metapher für die Krise zwischen Deutschland und Spanien lesen, die sich ab 1884 bis zum Ersten Weltkrieg 1914 zuspitzte. (vgl. Parkes-Perret 1995, 139) So erwägt der Erzähler, dass die Kontrahenten aus einer Lappalie in »ihrer Ehrenhaftigkeit einen Kriegsfall« (ebd., 485) machen. Thomas Mann sprach 1915 denn auch rückblickend davon, dass die Erzählung »eine gewisse harmlose Aktualität erlangt« habe (Brief vom 10. 2. 1915 an Albert Ehrenstein, GKFA 22, 57). In den *Betrachtungen eines Unpolitischen* wird »das große England« als »außereuropäische [...] Macht« bezeichnet, die Mann politisch kritisierte, jedoch für seine Malerei, Literatur und vor allem den »schönste[n] und stolzeste[n] [...] ästhetizistische[n] Jungfrauen-Schlag« (GKFA 13.1, 468 f.) bewunderte.

Literatur

Böhm, Karl Werner: *Zwischen Selbstzucht und Verlangen. Thomas Mann und das Stigma Homosexualität, Untersuchungen zu Frühwerk und Jugend.* Würzburg 1991.

Elsaghe, Yahya: Wie Jappe und Do Escobar boxten – oder sich doch nur prügelten? Sport in Thomas Manns Erzählwerk. In: Sonja Klimek/Julian Reidy/Markus Winkler (Hg.): *Die Literatur als Spiel.* Fribourg 2013, 18–48 (= Colloquium Helveticum 43/2012).

Mendelssohn, Peter de: *Der Zauberer. Das Leben des deutschen Schriftstellers Thomas Mann. Bd. I: 1875–1905.* Überarb. u. erw. Neuausg. Frankfurt a. M. 1996.

Parkes-Perret, Ford B.: *Wie Jappe und Do Escobar sich prügelten*: »Ein Nichts von einer Geschichte« ? In: *The Germanic Review* 70 (1995), 138–144.

Wiegmann, Hermann: *Die Erzählungen Thomas Manns. Interpretationen und Realien.* Bielefeld 1992.

Winston, Richard: *Thomas Mann. The Making of an Artist 1875–1911.* New York 1982.

Miriam Albracht

2.24 *Der Tod in Venedig* (1912)

Mit dem *Tod in Venedig* erreicht Thomas Manns Reflexion über das Verhältnis zwischen Kunst, Geist und Leben einen Höhepunkt. Mindestens seit 1905 finden sich in den Arbeitsheften Notizen, die später in die Konzeption der Novelle eingehen. Zu ihrer Vorgeschichte gehören u. a. jene vom Autor geplanten, aber nicht ausgeführten Werke, die in der Fiktion den Ruhm des Protagonisten Gustav von Aschenbach begründen: *Maja*, *Ein Elender*, der *Friedrich*-Roman sowie *Geist und Kunst*. Auf den Gedanken, eine venezianische Novelle zu verfassen, kommt Mann nach einer Ferienreise an die nördliche Adria im Spätfrühling 1911, die ihn zunächst auf die Insel Brioni vor der istrischen Halbinsel führt, wo er am 18. Mai vom Tod Gustav Mahlers erfährt, und schließlich vom 26. Mai bis zum 2. Juni in die Lagunenstadt. Im am Lido von Venedig gelegenen Hôtel des Bains begegnet er dem jungen Baron Wladyslaw Moes, der ihn zur Figur des polnischen Knaben Tadzio inspiriert. Am selben Ort entsteht die »Auseinandersetzung« mit Richard Wagner für die Wiener Zeitschrift *Der Merker*, welche die klare Forderung nach einer »neue[n] Klassizität« enthält (GKFA 14.1, 304). Rückblickend führt Mann die Konzeption aller Haupt- und Randfiguren im *Tod in Venedig* auf die zufälligen Begegnungen und Eindrücke aus diesem Urlaub zurück (GW XI, 124). Die literarische Umsetzung der Reiseerlebnisse beginnt sofort nach der Rückkehr nach Deutschland. Bereits in einem Brief vom 18. 7. 1911 an Philipp Witkop ist von einer »Novelle« die Rede, welche als »ernst und rein im Ton, einen Fall von Knabenliebe bei einem alternden Künstler behandelnd« beschrieben wird (Br I, 90). An ihr arbeitet Mann bis zum Juli 1912, unterbrochen durch Vortragsreisen und einen Besuch seiner Frau im Sanatorium in Davos.

Der *Tod in Venedig* wird zuerst 1912 in der *Neuen Rundschau* gedruckt (23. Jg., Oktober- und Novemberheft). Es folgen eine bibliophile Ausgabe in der Reihe der sogenannten ›Hundertdrucke‹ des Münchner Hyperionverlags von Hans von Weber (1912) und eine Buchausgabe im Fischer Verlag (Februar 1913). Sind die Abweichungen vom Erstdruck im Fall der Fischer-Ausgabe minimal, so sind sie es im Fall des Hyperion-Drucks deshalb nicht, weil er eine frühere Textfassung enthält.

Die Sehnsucht eines alternden Mannes nach einem jungen Menschen ist kein Novum in der Literaturgeschichte. Thomas Mann selbst führt den ursprünglichen Plan der Novelle mehrmals auf das Faible des alten Goethe für Ulrike von Levetzow in Marienbad zurück (u. a. Brief an Paul Amann vom 10. 9. 1915; GKFA 22, 94; GW XIII, 148). Im *Tod in Venedig* wird diese menschlich-allzumenschliche Konstellation allerdings zu ihrer mythischen Urform hochstilisiert. Die antike Knabenliebe ist dabei Vorbild und Vorwand zugleich. Manns Hauptquellen zu diesem Thema sind Platons Dialoge *Gastmahl* und *Phaidros*, die er in der Übersetzung von Rudolf Kassner liest, wie auch Plutarchs *Erotikos*, der ihm womöglich in einer 1911 erschienen Edition vorlag. Ein moderner Nachtrag zu diesem Diskurs findet sich in Georg Lukács' Essay *Sehnsucht und Form*, der ebenfalls 1911 erscheint und aus dem Mann wichtige Formulierungen übernimmt. Von paradigmatischer Bedeutung für die Motivstruktur der Novelle ist der Gegensatz zwischen dem Apollinischen und dem Dionysischen, wie ihn Friedrich Nietzsche in seiner Abhandlung über *Die Geburt der Tragödie aus dem Geiste der Musik* konzipiert. Andere Quellen zum Griechentum sind Erwin Rohdes *Psyche. Seelencult und Unsterblichkeitsglaube der Griechen*, Jakob Burckhardts *Griechische Kulturgeschichte* und Friedrich Nösselts *Lehrbuch der griechischen und römischen Mythologie*.

Was die Gestaltung des Textes betrifft, so bedient sich Mann einer Reihe von Quellen unterschiedlicher Provenienz. Das für die Erzählung grundlegende Schema der Wiederkehr des Verdrängten basiert nachweislich auf der Freud'schen Studie über Jensens *Gradiva* (Dierks 1990). Außerdem schöpft Mann aus August von Platens *Venezianischen Sonetten* und bezieht sich motivisch auf die Venedig-Literatur des Fin de Siècle, in der die Lagunenstadt zum Schauplatz des ästhetischen Diskurses der *décadence* wird, z. B. in *Il Fuoco* von Gabriele D'Annunzio (Galvan 2007) oder in *La Mort de Venise* von Maurice Barrès. Als mögliche Bildquelle für die Strandszenen ist Sandro Botticellis *Geburt der Venus* zu nennen. Die Informationen über die Cholera exzerpiert Mann aus einem Brockhaus-Lexikon seiner Zeit.

Der *Tod in Venedig* besteht aus fünf Kapiteln. Eine Anlehnung an das klassizistische Modell der fünfaktigen Tragödie ist dabei plausibel (Kurzke 2010), zumal Thomas Mann selbst den tragischen Charakter der Novelle hervorhebt (GKFA 22, 94).

In seinem 53. Lebensjahr ist Gustav von Aschenbach ein arrivierter Schriftsteller: Er kann sowohl beim breiten als auch beim elitären Publikum Erfolg vorweisen. Seine literarische Laufbahn wird als ein mühsamer »Aufstieg zur Würde« dargestellt (GKFA 2.1, 512), wobei er seine Charakterschwächen durch strenge Disziplinierung und eine auf Produktivität ausgerichtete Existenz kompensiert. »Durchhalten« (ebd., 509) lautet das Motto dieses Leistungsethikers, bis er eines Tages, bei einem Spaziergang, an der Trambahnhaltestelle vor einem Münchener Friedhof auf eine fremde Gestalt aufmerksam wird, die in ihm eine plötzliche Reiselust auslöst. Diese Sehnsucht nach der Ferne steigert sich ins Halluzinatorische, er träumt von einer tropischen Wildnis. Als erstes Reiseziel wählt er eine Insel an der istrischen Küste, um bald darauf seine Reise nach Venedig fortzusetzen.

Die Lagunenstadt erreicht Aschenbach vom Meer aus auf einem Dampfer. Dort fällt ihm in einer Gruppe von jungen Gesellen ein übertrieben jugendlich gekleideter Greis auf, dessen laszive Haltung in ihm Ekel erregt. In Venedig angekommen, wird er wider seinen Willen von einem Gondoliere zum Lido gerudert, der vor der Bezahlung der Überfahrt aber unerwartet verschwindet: Wie sich bald herausstellt, hat er keine Lizenz. Im Hotel fällt sein Blick auf eine Gruppe von polnischen Halbwüchsigen, insbesondere auf einen außerordentlich schönen Jungen, dessen Namen, »Tadzio«, er ausgehend von den klanglichen Eindrücken einer ihm fremden Sprache für sich selbst rekonstruiert. Die klimatischen Verhältnisse in Venedig sind allerdings so ungünstig, dass Aschenbach den Versuch unternimmt, aus der Stadt zu fliehen. Am Bahnhof ändert er jedoch plötzlich seinen Entschluss und lässt sich zurück ins Hotel chauffieren. Er kann sich nicht mehr von Venedig trennen, so sehr fasziniert ihn bereits die schöne Gestalt Tadzios.

Der Alltag am Strand scheint dem Schriftsteller neue Kräfte zu geben: Es gelingt ihm sogar, »anderthalb Seiten erlesener Prosa« zu schreiben (GKFA 2.1, 556). In Wirklichkeit besteht seine Hauptbeschäftigung allerdings darin, Tadzio zu beobachten und heimlich durch die Gässchen der Stadt zu verfolgen, aus denen ein seltsamer Karbolgeruch quillt. Tatsächlich wütet in Venedig eine Cholera-Epidemie, aber die Behörden enthalten die Nachricht der Seuche den Touristen vor, und genauso die Bevölkerung, wie Aschenbach nach dem Gespräch mit einem Straßensänger feststellt, der eines Abends mit einem bunten Musikantenensemble ins Hotel einbricht. Die Wahrheit erfährt er später von einem Angestellten eines englischen Reisebüros, doch trotz der Gefahr, die ihm und der polnischen Familie droht, fasst er den Entschluss, Venedig nicht zu verlassen. Alles Verdrängte kehrt dann im »furchtbaren Traum« einer dionysischen Orgie wieder (ebd., 582). Aschenbach lässt sich schließlich vom Friseur des Hotels ein letztes Mal verjüngen, bevor er, durch die Einnahme von überreifen Erdbeeren infiziert, am Strand vor dem Objekt seines Begehrens stirbt.

Die Novelle wird schon in der frühen Rezeptionsphase mit Beifall aufgenommen. Es fehlt zwar nicht an kritischen Besprechungen: Alfred Kerr beschuldigt den Autor, die Päderastie für das gebildete Bürgertum akzeptabel zu machen, während Kurt Hiller und Carl Busse ihm moralische Enge und konzeptionelle Schwäche ankreiden. Doch die meisten Rezensenten reagieren positiv auf das heikle Sujet und würdigen die Meisterschaft (Julius Bab), die subtile Balance der Gegensätze im Charakter Aschenbachs (Bruno Frank, Hermann Broch), den psychologischen Tiefblick (Hedwig Dohm, Richard Zimmermann) und die klassische Ausstrahlungskraft des feierlichen Erzähltons (Wilhelm Alberts). Allerdings sieht sich Mann durch derartige Auslegungen »aufs Plumpste mißverstanden« (an P. Amann, 10. 9. 1915; GKFA 22, 94). Ist die Klassizität im *Tod in Venedig* doch wesentlich »*parodistisch*« intendiert (an J. Ponten, 6. 6. 1919; GKFA 22, 294), nämlich kein »Selbstzweck«, sondern nur »Hilfsmittel und geistige Zuflucht des Erlebenden« (GKFA 22, 94). Am Härtesten trifft diese Parodie jede heroische Vorstellung des Künstlertums, die z. B. im George-Kreis, wo die Vergötterung der schönen Knabengestalt zum poetischen Prinzip erhoben wird, zu der Zeit noch herrscht.

Gleichwohl wird der Novelle heute keiner mehr einen kanonischen Rang absprechen wollen. Seit 1913 ist sie in mehr als 40 Sprachen übersetzt worden. Literarisch wirkt der *Tod in Venedig* in Wolfgang Koeppens Roman *Der Tod in Rom* (1954) nach. Ferner zeigt sich seine literarische Wirkung in der Wiederaufnahme, Variation und ironischen Brechung von klischeehaft verfestigten Motiven in Werken unterschiedlicher Art, etwa in der Kurzgeschichte *The Prussian Officer* (1914) von David Herbert Lawrence, im Gedicht *Die Erdbeeren in Venedig* (1974) von Jürgen Theobaldy, in Judith Hermanns Erzählung *Acqua alta* (2003) oder in *By Nightfall* (2010) von Michael Cunningham.

Der *Tod in Venedig* wurde mehrmals zum Gegenstand der Buchillustration. Der ersten »Bildermappe« mit neun farbigen Lithographien von Wolfgang Born hat Mann ein eigenes Vorwort beigefügt (GKFA 15.1, 348–350). Luchino Viscontis Film *Morte a Venezia* (1971), Benjamin Brittens Oper *Death in Venice* (1973) und die Ballettinszenierung als ›Totentanz‹ von John Neumeier (2003) gehören zu den wichtigsten Adaptionen der Novelle.

Aschenbachs Leidenschaft ist von Anfang an eine visuelle – »[s]eine Begierde ward sehend« (GKFA 2.1, 504). Der fotographische Apparat, der am Ende der Novelle »herrenlos« am Strand liegt (GKFA 2.1, 590), ist eine Allegorie seiner Haltung als Beobachter bzw. als ewig »Schauende[r]« (ebd., 530, 534, 592), der beim Anblick der schönen Gestalt stirbt, die ihn zu Tode gefesselt hat. Der Schriftsteller, ›[d]er die Schönheit angeschaut mit Augen‹, kommt nicht zum Handeln. Tadzio bleibt ihm fremd und fern bis zuletzt. Die Tragödie spielt sich also im Inneren des Protagonisten ab, das schon am Anfang nach der Begegnung mit dem Fremden am Nördlichen Friedhof »eine seltsame Ausweitung« erfährt (ebd., 504), sich dann in Anwesenheit des begehrten Objektes »spannt[]« (ebd., 571), bis es mit dem Tod erlischt. Währenddessen durchläuft die Figur Gustav von Aschenbach mehrere Transformationsphasen: Der »Alternde« (ebd., 515) wird zum »Enthusiasmierte[n]« (ebd., 554), »Berückten« (ebd., 560), »Verliebte[n]« (ebd., 565), »Verwirrte[n]« (ebd., 567), »Betörte[n]« (ebd., 566), »Starrsinnige[n]« (ebd., 577),

»Fiebernden« (ebd., 586) und schließlich zum »Hinabgesunkenen« (ebd., 592).

Die Erzählung ist über weite Strecken auf Aschenbachs Innenwahrnehmung konzentriert, was dem Ganzen eine konstitutive Ambiguität verleiht: Aschenbach sieht die Dinge mit einem ›entstellten‹, die Realität prä- und deformierenden Blick, so dass die im Text dargestellte Wirklichkeit jederzeit auch als subjektive Vorstellung gedeutet werden kann. Hinzu kommt, dass dieser höchst unzuverlässige, ja ›schwankende‹ Erzähler (Brune 2006) dazu neigt, den Gegenstand seiner Beobachtungen mythologisch zu verklären. Zuerst identifiziert er den polnischen Knaben mit dem »Dornauszieher« (GKFA 2.1, 530), dann mit »Phaidros« (ebd., 555) und schließlich mit Hermes Psychopompos (vgl. ebd., 592).

Tadzio ist also im Grunde nichts anderes als Aschenbachs Denkbild, in dem alle Dimensionen der Sinnlichkeit, der Kunst, des Gefühls und der Erkenntnis konvergieren. Bei Platon, auf den sich Aschenbach bezeichnenderweise in seinen letzten Stunden beruft, wird die Schönheit als ein Umweg beschrieben, der über die Erotik zur Erkenntnis führt. Ist die Schönheit »göttlich und sichtbar zugleich«, so ist sie auch der einzige »Weg des Künstlers zum Geiste« (ebd., 588). Aber gerade in diesem Umweg besteht die Tragik von Aschenbachs Schicksal. Als Künstler und als Mensch, der in einem dekadenten Zeitalter lebt, glaubt er an das »Wunder der wiedergeborenen Unbefangenheit« (ebd., 513) – eine Sichtweise, die diese Figur stark in die Nähe des Ästhetizismus rückt, fasst er doch die Kunst als »ein erhöhtes Leben« (ebd., 516) und die poetische Form als ein Absolutes auf, das ihrem Wesen nach »unsittlich« und gar »widersittlich« sein kann (ebd., 514). Dieses Ideal einer absoluten, vom Leben und von der Moral abgetrennten Kunst führt Aschenbach letztendlich aber nur »zum Rausch und zur Begierde«, also »zum Abgrund« (ebd., 589). Sein Untergang hat also zunächst eine poetologische Valenz, die kulturkritisch und politisch relevant wird, sobald man ihn in den geschichtlichen Kontext einbindet.

Grundzüge der Forschung

Auf die homoerotische Komponente, das Leitmotiv der Todesboten, die Ambivalenz der Erzählinstanz und sogar auf die Einfügung von hexametrischen Elementen in die Prosa der Novelle ist die Forschung bereits früh aufmerksam geworden (vgl. Bahr 1991/2005, Shookman 2003). Eingegangen wurde u. a. auf ihren neuklassischen Hintergrund (Vaget 1973), auf den mythischen Überbau und auf die Anlehnung an die platonische Auffassung der Liebe (z. B. Renner 1987). Ihre Wurzeln im europäischen Dekadentismus und Ästhetizismus wurden aufgezeigt und durch die Aufdeckung intertextueller Bezüge immer deutlicher konturiert.

Die von Georg Lukács initiierte sozialgeschichtliche Deutungsperspektive knüpft die innere Verfallsgeschichte des Protagonisten an die allgemeine Krise der bürgerlichen Kultur im 20. Jahrhundert an. Aschenbach, der ein Werk über Friedrich II. von Preußen schreibt, verkörpert durch seine Haltungsmoral beispielhaft die Ideale des untergehenden Wilhelminismus. Als mindestens gleich bedeutsam erweisen sich die literaturpsychologisch angelegten Interpretationen (Widmaier-Haag 1999). Aus psychoanalytischer Sicht stellen die fiktiven Figuren Projektionen von innerseelischen Konflikten dar, genauso wie sich Aschenbachs Welt als das Ergebnis der Sublimierung latenter Triebkräfte begreifen lässt. Dabei spielt sowohl die Aufnahme des medizinischen Diskurses über die Neurasthenie als auch jene der Nietzsche'schen Denkfigur vom ›asketischen Priester‹ eine wichtige Rolle (Dierks 2012).

Die neuere Forschung beschreitet unterschiedliche Wege, indem sie den Akzent auf die Intertextualität (z. B. Schmitt 2006), auf die Einbettung der Novelle in die Tradition des ›Dionysischen‹ (Fusillo 2007), auf das Verhältnis von Innen- und Außenperspektive (z. B. Gumbrecht 2008) und auf die Mechanismen der auktorialen Selbsterfindung setzt (Jahraus 2009). Der Homoerotik-Komplex wird in seiner gesamtkulturellen Dimension aufgefasst und als literarische Aufarbeitung eines Tabus (z. B. Detering 1994) oder aber als das Resultat eines spezifischen Beobachtungsstandpunktes analysiert (Tobin 2012, Koné 2012). Besonderes Augenmerk gilt dabei der Verschränkung von subjektiver Wahrnehmung und symbolischer Perspektivierung im Spiel zwischen Eigenem und Fremdem, Pathologischem und Phantastischem, Selbstillusion und Faszination (Blödorn 2011).

Literatur

Bahr, Ehrhard: *Thomas Mann. Der Tod in Venedig* [1991]. Stuttgart 2005.

Baron, Frank/Sautermeister, Gert (Hg.): *Thomas Mann: Der Tod in Venedig. Wirklichkeit, Dichtung, Mythos*. Lübeck 2003.

Blödorn, Andreas: »Wer den Tod angeschaut mit Augen«. Phantastisches im *Tod in Venedig*? In: *TMJb* 24 (2011), 57–72.

Brune, Carlo: »In leisem Schwanken«. – Die Gondelfahrt des Lesers über Thomas Manns *Der Tod in Venedig.* (Poststrukturalismus). In: Tim Lörke/Christian Müller (Hg.): *Vom Nutzen und Nachteil der Theorie für die Lektüre. Das Werk Thomas Manns im Lichte neuer Literaturtheorien.* Würzburg 2006, 23–47.
Detering, Heinrich: *Das offene Geheimnis. Zur literarischen Produktivität eines Tabus von Winckelmann bis Thomas Mann.* Göttingen 1994.
Dierks, Manfred: Der Wahn und die Träume in *Der Tod in Venedig.* Thomas Manns folgenreiche Freud-Lektüre im Jahr 1911. In: *Psyche* 44 (1990), 240–268.
Dierks, Manfred: *Der Tod in Venedig* als leiblich-seelische Strukturphantasie. In: Ortrud Gutjahr (Hg.): *Thomas Mann.* Würzburg 2012, 81–100.
Fusillo, Massimo: La contaminazione dell'artista apollineo. *Morte a Venezia* e *Le Baccanti.* In: *A. I. O. N. sezione germanica* n. s. 17 (2007), 13–37.
Galvan, Elisabeth: Aschenbachs letztes Werk. Thomas Manns *Der Tod in Venedig* und Gabriele d'Annunzios *Il Fuoco.* In: *TMJb* 20 (2007), 261–285.
Gumbrecht, Hans Ulrich: Scirocco. Über Stimmung und Modernität von Thomas Manns *Der Tod in Venedig.* In: Stefan Börnchen/Claudia Liebrand (Hg.): *Apokrypher Avantgardismus. Thomas Mann und die Klassische Moderne.* München 2008, 299–306.
Jahraus, Oliver: Die Geburt des Klassikers aus dem Tod der Figur. Autorschaft diesseits und jenseits des Textes *Der Tod in Venedig* von Thomas Mann. In: Michael Ansel/ Hans Edwin Friedrich/Gerhard Lauer (Hg.): *Die Erfindung des Schriftstellers Thomas Mann.* Berlin/New York 2009, 219–236.
Koné, Christophe: Aschenbach's Homovisual Desire: Scopophilia in *Der Tod in Venedig* by Thomas Mann. In: Stefan Börnchen/Georg Mein/Gary Schmidt (Hg.): *Thomas Mann. Neue kulturwissenschaftliche Lektüren.* München/ Paderborn 2012, 95–105.
Kurzke, Hermann: *Thomas Mann. Epoche – Werk – Wirkung.* 4., überarb. u. aktual. Aufl. München 2010.
Pabst, Reinhard: *Thomas Mann in Venedig. Eine Spurensuche.* Frankfurt a. M. 2004.
Pils, Holger/Klein, Kerstin: *Wollust des Untergangs. 100 Jahre Thomas Manns »Der Tod in Venedig«.* Göttingen 2012.
Renner, Rolf Günter: *Das Ich als ästhetische Konstruktion. Der Tod in Venedig und seine Beziehung zum Gesamtwerk Thomas Manns.* Freiburg 1987.
Schmitt, Axel: Von Schwelle zu Schwelle. Thomas Manns *Tod in Venedig* und der Totentanz der Zeichen. (Intertextualität). In: Tim Lörke/Christian Müller (Hg.): *Vom Nutzen und Nachteil der Theorie für die Lektüre. Das Werk Thomas Manns im Lichte neuer Literaturtheorien.* Würzburg 2006, 77–102.
Shookman, Ellis: *Thomas Mann's »Death in Venice«. A novella and its critics.* Rochester u. a. 2003.
Tobin, Robert Deam: Queering Thomas Mann's *Der Tod in Venedig.* In: Stefan Börnchen/Georg Mein/Gary Schmidt (Hg.): *Thomas Mann. Neue kulturwissenschaftliche Lektüren.* München/Paderborn 2012, 67–79.
Vaget, Hans Rudolf: Thomas Mann und die Neuklassik. *Der Tod in Venedig* und Samuel Lublinskis Literaturauffassung. In: *Jahrbuch der deutschen Schillergesellschaft* 17 (1973), 432–454.
Vaget, Hans Rudolf: *Der Tod in Venedig.* In: *TMHb*, 580–591.
Widmaier-Haag, Susanne: *Es war das Lächeln des Narziß. Die Theorien der Psychoanalyse im Spiegel der literaturpsychologischen Interpretationen des »Tod in Venedig«.* Würzburg 1999.

Francesco Rossi

2.25 *Herr und Hund* (1919)

Thomas Mann begann mit der Arbeit an *Herr und Hund* unter der programmatischen Gattungsbezeichnung »Ein Idyll« am 18. 3. 1918, unmittelbar nachdem er die *Betrachtungen eines Unpolitischen* abgeschlossen hatte, und beendete sie am 14. 10. 1918. Dass es sich um eine Auftragsarbeit handelte, diskutiert Orlik (Orlik 1997, 99). Wie so oft ist der Text umfangreicher ausgefallen als ursprünglich geplant und umfasst 90 Druckseiten. Publiziert wurde er erstmals im Herbst 1919 gemeinsam mit dem *Gesang vom Kindchen* als *Herr und Hund. Gesang vom Kindchen. Zwei Idyllen* bei S. Fischer in Berlin und fast zeitgleich selbstständig in einer illustrierten Vorzugsausgabe von 120 Exemplaren bei Knorr & Hirth in München. Dieser Luxusausgabe ist ein »Vorsatz« Thomas Manns vorgeschaltet, in dem er – nicht ohne Ironie – erklärt, er wolle seinen realen Hund Bauschan beschreiben und verfolge nicht die Absicht, »Probleme der Sittlichkeit« zu diskutieren, »bedeutende Charaktere« zu zergliedern oder »die gesellschaftliche Frage ihrer Lösung näher« zu führen (GKFA 15.1, 229). Dort erklärt Mann auch die Herkunft des Namens Bauschan, den ein Bauernhund in Fritz Reuters Roman *Ut mine Stromtid* trägt.

In die Zeit der Entstehung fällt die Lektüre Adalbert Stifters; in Briefen und Tagebuch berichtet Thomas Mann, er habe u. a. *Abdias*, *Bergkristall* und *Der Nachsommer* gelesen. Diese Lektüre prägt die Landschaftsschilderungen im vierten Kapitel. Auch Goethes *Hermann und Dorothea* las Mann zur selben Zeit – allerdings hauptsächlich mit Blick auf den *Gesang vom Kindchen.* Der Titel des dritten Kapitels erinnert an E. T. A. Hoffmanns *Nachricht von den neuesten Schicksalen des Hundes Berganza.* Botanische Informationen für das Landschaftskapitel erhielt Mann bei Spaziergängen mit seinem Nachbarn, dem Biologen Dr. Karl Gruber, der nicht nur Botaniker, sondern auch Tierpsychologe war. Von seinem eigenen Arzt bezog er medizinische Fachbegriffe für die Beschreibung von Bauschans Krankenhausaufenthalt.

Im »Vorsatz« schreibt Mann, er werde die Geschichte seines Hundes Bauschan erzählen, so dass der Leser erwarten darf, dass Ich-Erzähler und Autor als in hohem Maße identisch zu denken sind, was auch viele Rezensenten tun, obgleich die Isar, München und der Herzogpark ebenso ungenannt bleiben wie Lübeck in *Buddenbrooks* (dazu auch Orlik 1997, 111). Berichtet wird – nach einer kurzen Vorstellung des Hundes als des mit dem Erzähler gleichrangigen Protagonisten der Erzählung (1. Kapitel) – über seine Anschaffung und das Einleben in die Familie (2. Kapitel), über die absolute Fixierung auf seinen Herrn (»Sein Leben beginnt, wenn ich ausgehe«, GW VIII, 543) und das Zusammenleben mit diesem sowie über sein Verhalten Artgenossen gegenüber (3. Kapitel). Dem folgt eine ausführliche Beschreibung des Habitats, das Herr und Hund bei ihren gemeinsamen Spaziergängen durch die Flussauen durchstreifen (4. Kapitel). Das letzte Kapitel erzählt von einem Krankenhausaufenthalt des Hundes sowie vor allem von verschiedenen Jagden, bei denen der Hund sich in seinem Element befindet und der Herr ihn meist nur beobachtet. Die Schilderung dieser Jagdszenen kulminiert in einer Begegnung mit einem ›echten‹ Jäger, die zu einer kurzzeitigen Entfremdung zwischen Herr und Hund führt.

Thomas Mann greift mit der Erzählung das Hunde-Motiv, das er bereits in *Tobias Mindernickel* und *Königliche Hoheit* entwickelt hatte, noch einmal vertiefend auf. Das Idyll zielt auf eine umfassende Beschreibung und Ausdeutung der Hundeseele. Die Erzählung lässt, dem Titel entsprechend, eine psychoanalytische Deutung der Protagonisten als Instanzen in der menschlichen Seele zu: der »Herr« repräsentiert dabei das von den Konventionen eines sozialen Über-Ich gelenkte Ich, der »Hund« hingegen das Es als Triebnatur (im Sinne der von Mann schon früher zitierten Metapher Nietzsches von den »Hunden im Souterrain«). Wenn Mann gegenüber Samuel Fischer bemerkt, dass er den Text »bei aller Anspruchslosigkeit [als] etwas Gewagtes« empfindet (GKFA 22, 305), so zielt das vermutlich auf diese psychologische Lesbarkeit.

Zugleich aber geht es Thomas Mann auch buchstäblich um den Hund als Hund: darum, Bauschan als bodenständiges, lebenstaugliches Individuum von eher schlichtem Charakter darzustellen. Das tut er vor allem in Abgrenzung zu Bauschans literarischem Vorgänger Perceval in *Königliche Hoheit* (für den der schottische Schäferhund Motz, der 1905–1915 bei der Familie Mann lebte, Vorbild war). Dem adligen, überzüchteten Collie mit seinen diversen Überspanntheiten wird der Mischling Bauschan gegenübergestellt. Bauschan steht dabei als der männliche, jagdliebende, sportliche, robuste, wenn auch etwas schlichte, wehleidige Typ dem überfeinerten, hysterischen, edlen, leidenswilligen Percy gegenüber; eine Nähe auch dieser Kontrastierung zu lebensphilosophischen Konzepten und Begriffen Nietzsches ist immer wieder erkennbar.

Die Abfassung der beiden Idyllen während der Kriegswirren, so schreibt Thomas Mann im Tagebuch, sei »ein Ausdruck einer durch Leiden und Erschütterung erzeugten weichen Stimmung, des Bedürfnisses nach Liebe, Zärtlichkeit, Güte, auch nach Ruhe und Sinnigkeit« (Tb 27. 10. 1918). Dennoch lugt die politische und soziale Außenwelt deutlich in die idyllische Natur-Welt hinein, etwa wenn der Erzähler beobachtet, wie Pioniere Pontons bauen oder im nahen Industriegebiet unter Hochdruck Kriegsgüter produziert werden. Für den Hund teilt sich die Welt in zwei Bereiche: Biegt der Herr den Garten verlassend nach links ab, fährt er in die Stadt und ist für den Hund verloren; biegt er nach rechts ab, dann steht ein gemeinsamer Spaziergang in die Jagdgründe an, in denen die ländliche, zeitenthobene Welt der Idylle (auch im Sinne dieser literarischen Gattungstradition) überwiegt, in der Frauen ihre Wäsche im Fluss waschen, ein Fährmann gemütlich Passagiere übersetzt und die Spuren der menschlichen Zivilisation – in Form der Infrastruktur eines geplanten Neubaugebiets – langsam von der Natur überwuchert werden. Hier eilen keine Kutschen ›notorischer Villenbesitzer‹ über die Straßen, sondern Bauschan und sein Herr haben in der zunehmenden Verwilderung ihr Jagdrevier.

Eine umfassende Darstellung der Rezeption findet sich bei Vaget (Vag 206–209). Ihr Tenor ist meist positiv, vor allem, weil die Darstellung des Hundes die Rezensenten restlos überzeugt und dem realen Bauschan viele menschliche Freunde verschafft (vgl. dazu u. a. GKFA 22, 894 und 927). Solche Zustimmung findet sich nicht nur bei den literarischen Rezensenten, sondern ebenso im Fachblatt *Hundesport und Jagd*. Auch der Verhaltensforscher Konrad Lorenz bestätigt dem Erzähler die hervorragende Analyse der Hundeseele. Einige Rezensenten heben den Kontrast zwischen den zuvor erschienenen *Betrachtungen eines Unpolitischen* und den beiden Idyllen hervor. Die Tatsache, dass Mann in Krisenzeiten ein solches Thema wählt, irritiert indes die Verfasser der liberalen Zeitschriften, die die Mehrdeutigkeit der Darstellung nicht zur Kenntnis nehmen.

Bis zum Aufkommen der *Animal Studies* in den 1980er Jahren hat Manns Erzählung in der Forschung wenig Beachtung gefunden. Einen Abriss der Forschungsdebatte bietet Orlik (Orlik 1997, 100–104), der selbst die Erzählung als Versuch einer Neuorientierung in der Auseinandersetzung zwischen »Geist« und »Leben« liest und auch Zusammenhänge mit der Tierpsychologie darlegt, die »im Bereich der Wissenschaft en vogue« war (ebd., 128).

Während Honold den Text mit Blick auf autobiographische Züge analysiert (Honold 2012, 101), liest Goebel ihn als Zwischenstück »zwischen [...] dem *décadent* Percy und den verhexten Hunden des *Faustus* [...] zwischen pastoraler Entfernung und realistischer Weltverhaftung« (Goebel 2009, 192), als Verbindung der bis ins Autobiographische gesteigerten Erlebniskunst mit der stilistischen Überformung einer »avantgardistische[n] Pointe«: die »Singularität und Radikalität dieses Prosastückes besteht darin, dass beide Elemente in ihr Extrem getrieben *und* zudem überblendet werden« (ebd., 195). Goebel weist außerdem auf die enge Verbindung der Erzählung mit Texten Goethes – etwa den *Wahlverwandtschaften* – hin. Mit der Erzählung unternehme Thomas Mann auch den Versuch, seine poetische Sprache zu erneuern.

Literatur

Gerigk, Horst-Jürgen: *Herr und Hund* und Schopenhauer. In: *TMJb* 9 (1996), 155–172.

Goebel, Eckart: *Jenseits des Unbehagens. »Sublimierung« von Goethe bis Lacan*. Bielefeld 2009.

Honold, Alexander: »Herr und Hund. Eine Wiederbegegnung«. In: Gutjahr, Ortrud (Hg.): *Thomas Mann*. Würzburg 2012, 101–118.

Orlik, Franz: *Das Sein im Text. Analysen zu Thomas Manns Wirklichkeitsverständnissen und ihrem Wandel*. Würzburg 1997, 95–144.

Maren Ermisch

2.26 *Wälsungenblut* (1921)

Entstanden ist die von Mann so genannte »Judengeschichte« (GKFA 21, 333) 1905: nach *Schwere Stunde* und während er Pläne für *Königliche Hoheit* hegte, damals noch im Format einer »Fürsten-Novelle« angelegt (ebd., 251), mit deren frühen Konzeptionsstufen die »Tiergarten-Novelle« (ebd., 329) sich thematisch auch *in puncto* Zwillingsliebe einmal berührte und mit der sie ehedem in einem und demselben Zyklus hätte erscheinen sollen, zusammen mit *Schwere Stunde* und *Beim Propheten* (vgl. Wysling, TMHb, 387). Die Publikationsgeschichte gestaltete sich dann aber komplizierter als bei sonst einem Mann'schen Text. Die Erstveröffentlichung war für die *Neue Rundschau* zum Januar 1906 vorgesehen. Den schon gedruckten Text zog Mann jedoch in letzter Minute zurück. Das entsprechende Heft wurde auf Kosten seines Schwiegervaters neu gesetzt. Statt aber eingestampft zu werden, fanden die obsoleten Bögen als Makulatur Verwendung und gelangten auf diesem Weg nach außen. So kam es, dass die Novelle unter der Hand doch noch zirkulieren konnte, bevor sie 1921 autorisiert in einem bibliophilen Privatdruck erschien, mit einer auf nur 530 Exemplare limitierten Auflage, illustriert von Th. Th. Heine, zu Stückpreisen von bis zu 3000 Mark. Weiteren Publikationen des deutschen Originaltexts wusste der Autor zeitlebens zuvorzukommen. Der erste postume Druck erfolgte 1958 im Rahmen der Stockholmer Gesamtausgabe.

Eng mit den überlieferungsgeschichtlichen Komplikationen hängt eine textkritische Besonderheit zusammen, die berüchtigtste Lesart des Gesamtwerks. Ursprünglich hätte die Figurenrede, mit der die Novelle endet, teils jiddisch lauten sollen – der bei Mann einzige Beleg für diese Nebensprache des Deutschen –: »[W]as wird mit ihm sein? Beganeft haben wir ihn, – den Goy« (GKFA 2.1, 463). Diesen Satz monierte der Herausgeber der *Neuen Rundschau*, Oscar Bie, so dass ihn Mann durch einen rein standarddeutschen Wortlaut ersetzte, bevor er den Text dann vorerst ganz unterdrückte: »Nun [...], dankbar soll er uns sein. Er wird ein weniger triviales Dasein führen, von nun an« (Reed, GKFA 2.2, 341). In dieser bereinigten Form, weil Manns Fahnenkorrektur offenbar unberücksichtigt blieb, die den ursprünglichen Wortlaut wiederhergestellt hätte, erschien der Text dann »verstimmender Weise« (Tb 13. 4. 1921) auch 1921 und in allen posthumen Drucken, bis erst die *GKFA* zur ursprünglichen Lesart zurückkehrte.

Um die dramatische Überlieferungsgeschichte rankten sich abenteuerliche Legenden, v. a. seit dem Skandal um die französische Übersetzung von 1931, die einzige, die auf dem ursprünglichen Wortlaut beruhte. Manns anfängliche Unterdrückung des Texts erfolgte auf Veranlassung des Schwiegervaters, nachdem er zuvor noch auf dessen Jiddischkenntnisse zurückgegriffen hatte, als ihm für die ursprüngliche Form des Endes ein »besonders starkes« »hebräisches Wort für ›Betrug‹ oder ›Betrüger‹ fehlte«

(Pringsheim 1961). Dass er die Novelle einstweilen dem Hausfrieden opfern musste, lag vermutlich weniger an der antisemitischen Tendenz der »Judengeschichte« als vielmehr an den allzu leicht identifizierbaren Bezügen zu den Familienverhältnissen seiner Frau bzw. ihrer Berliner Verwandtschaft.

Neben solchen biographischen gibt es inter- oder transtextuelle Beziehungen, wie sie ja schon der Novellentitel ausweist, ein Zitat aus Wagners *Walküre*. Mit dem Ausruf »Wälsungen-Blut!« endet deren erster Aufzug. Dort zieht Siegmund seine Zwillingsschwester Sieglinde »mit wütender Glut« an sich, um mit ihr den Helden Siegfried zu zeugen und Hunding zu düpieren, Sieglindes verhassten Gatten (Wagner o. J., 22).

Dem bei Wagner vorgegebenen Handlungsmuster folgt die Novellenhandlung unverkennbar: Die Zwillinge Sieglind und Siegmund Aarenhold drohen durch Sieglinds Heirat mit einem Herrn von Beckerath getrennt zu werden, in dessen Gegenwart eines der Aarenhold-Geschwister denn prompt das Hunding-Motiv klopft. Die weiteren Wagner-Reminiszenzen sind womöglich noch drastischer ausbuchstabiert. Der Inzest, den die Geschwister zuletzt auf einem Eisbärenfell vollziehen, findet nach ihrem Besuch der *Walküre* statt und ist durch diese, worauf allein schon das dabei erwähnte Bühnenrequisit des Bärenfells hinweist, geradezu inspiriert.

Die intertextuellen Referenzen auf die *Walküre* bzw. den darin aufbereiteten Mythos von der Zeugung Siegfrieds, *des* deutschen Helden schlechthin, aber auch auf die Einsamkeit der Götter und Halbgötter unter den Menschen, an deren Tabus sie nicht gebunden sind, – das alles gehört zunächst zum Motivkomplex, den der frühe Mann in Gestalt diverser »Abseitsgestellte[r]« (Leppmann 1921) so gern bearbeitete. Weil er die Hauptrollen hier jedoch mit deutschen Juden besetzte, geriet sein Text unweigerlich auch zu einer Antwort auf die damals brandaktuelle ›Judenfrage‹.

Diese Antwort lautet dahin, dass Juden »etwas anderes« sind und bleiben (Tb 27. 10. 1945); mögen sie sich noch so angestrengt der Mehrheitskultur anzugleichen versuchen. Gerade indem sie sich hier bis zur Selbstverwechslung die germanische Überlieferung aneignen, noch dazu über die Musik, die für Mann deutscheste aller Künste, ›sondern‹ sie sich durch die ›Sünde‹ des Inzests ab von der verachteten Gemeinschaft der »Germanen« und »blonden Bürger des Landes« (GKFA 2.1, 446, 443).

Ihre Alterität vermögen sie mit ihrem Wagnerianismus eben so wenig zu kompensieren, wie ihr ungebildeter Emporkömmling von Vater mit seiner antiquarischen Beflissenheit oder mit dem alteuropäischen Interieur ihres Elternhauses. Auch bleibt ihre Gleichsetzung mit dem Wälsungenpaar zutiefst ironisch: *jeunesse isidorée* vs. germanische Junggötter; Bärenfell als luxuriöser Bettvorleger statt als Index archaisch-rauer Lebensformen; ein schmalbrüstiger *décadent*, gerade »kein Held« und ohne die »Riesenkräfte« des Wagner'schen Siegmund (ebd., 443), in ausgerechnet *dessen* Rolle; ganz zu schweigen davon, dass das Medium der jüdischen Selbstidentifikation mit den nordischen Sagengestalten von einem antisemitischen Komponisten stammt.

Leitmotive à la Wagner haben dem Erzähler denn immer wieder dazu zu dienen, auf der unhintergehbaren *otherness* der Aarenholds zu insistieren, den physischen »Abzeichen« ihrer »Art« (ebd., 461 f.). Zu solchen Körperstereotypen gesellen sich bei den weniger assimilierten Eltern noch stereotypisch jüdisches Benehmen: beim kurzbeinigen Vater »mauschelnde Hände« (GW XIII, 461); bei der rundum unmöglichen Mutter die Unart, ihren Aussagen die Form von Fragen zu geben, wie es zuletzt allerdings auch Siegmund wieder tun wird.

Dazu kommen weitere stereotype Eigenschaften auch der Geschwister. Bei allem Wagnerianismus und trotz Siegmunds Ausbildung »im Zeichnen und Malen«, die dieser freilich selber nicht ernst nimmt (GKFA 2.1, 442), verrät sich doch ihre Zugehörigkeit zum »Volk des Buches« (Wysling 1967, 157): in ihrer »Freude am guten Wort« (GKFA 2.1, 432); ihrem »tiefe[n] Trieb« zu »dem Wort und dem Geist« (ebd., 442); den »scharfe[n] Zunge[n]«, die ihnen »eingeboren[]« sein sollen, wenngleich »vielleicht« auch nur aus einer phylogenetisch erworbenen Disposition zur »Abwehr« (ebd., 432).

Dieses Syndrom von vererbungstheoretischen und kulturalistischen Erklärungen für die jüdische Eigenart, das im zeitgenössischen Diskursfeld durchaus nicht widersprüchlich zu wirken brauchte, bestimmt insbesondere Siegmunds Dilettieren als bildender Künstler. So sollen ihn, der sich auch der Literatur nicht vorbehaltlos »hin[]geben« kann (ebd., 442) und von dem niemand etwas andres erwartet als eine parasitär unproduktive Existenzweise, hin und wieder doch schwache Anwandlungen von Sehnsucht nach dem »Eigentliche[n]« heimsuchen, um sich aber *wegen* »diese[s] Mangel[s] an fremder Erwartung« gleich wieder zu verflüchtigen (ebd., 443). Auch so noch rezykliert die Novelle getreulich den Gemeinplatz von der Unberufenheit des Judentums zur Leidenschaft und »zum Kunstschaffen«, wie er ausgerechnet in Wagner seinen notorischsten Propagator fand (*Das Judentum in der Musik*).

Das letzte Wort der Novelle ist und bleibt eine unbedingte Skepsis gegenüber der Assimilierbarkeit der Juden. Deren scheinbar so vollständige Akkulturation erweist sich endlich als Maskerade. Nicht zufällig herrscht im – auch orientalisch ausstaffierten – Haus Aarenhold eine »Neigung« zum »Theater« vor (GKFA 2.1, 437), gemäß dem Nietzsche-Aphorismus vom wesenhaften Mimentum ›des‹ Juden. Der Koitus der Zwillinge, indem er zugleich das Klischee von der jüdischen Inzucht bedient, lässt die jüdisch-deutsche Symbiose zur Scharade verkommen, noch bevor sie in Form einer Ehe vollzogen werden kann. Durch die jüdische ›Blutschande‹, gerade kraft ihres intertextuellen Bezugs zur Zeugung Siegfrieds, bleibt das ›Blut‹ des »gotterwählte[n] Geschlechts« (ebd., 457) vom deutschen geschieden; mag es hinfort auch, dem Adel als Kuckuckskind untergeschoben, einen noch so echtdeutschen Namen tragen.

Den unassimilierbaren Kern des jüdischen Wesens gibt mit jäher Unverstelltheit das Ende der ursprünglichen Fassung preis, wo jiddische Vokabeln die Fassade einer sonst übergepflegten Hochsprache zum Einsturz bringen. Der Jude Siegmund Aarenhold zeigt nun sein wahres Gesicht, das durch die Larve seiner perfekten Akkulturiertheit bricht. Nicht umsonst, auch in der abgemilderten Version, treten »die Merkzeichen seiner Art sehr scharf auf seinem Gesichte hervor«, während er die letzten Worte spricht (ebd., 463).

Die Bösartigkeit des so Gesagten ratifiziert die raubtierhaft-animalischen Merkmale, die den *Aaren*holds den ganzen Text hindurch zugeteilt werden, trotz ihrer Attitüde, die Grenze des Menschseins zwischen sich und all die anderen zu verlegen, die ihren hyperkultivierten Standards nicht genügen – »nur die Tiere« erscheinen zum Tee im Smoking (ebd., 437) –: das Aufstoßen des Vaters, die Raubvogelaugen der einen Tochter, der Handschweiß der einmal mit Hunden verglichenen Zwillinge, Siegmunds starker Bart- und unbezähmbarer Haarwuchs; die Pelzaufschläge seiner Hausjacke; schließlich eben doch auch das Fell als *locus delicti* oder nur schon die Adresse, »Tiergarten« (ebd., 431, 441), die nicht von ungefähr einmal den Arbeitstitel für die »Judengeschichte« abgab.

Ein Brief an Heinrich Mann, in dem diese beiden Titel fallen, enthält den wohl wichtigsten Selbstkommentar zur Funktionsweise der Antisemitismen im Frühwerk der Brüder: »Das Wort ›Jude, jüdisch‹ kommt nicht vor« (GKFA 21, 335). Dass hier wie eben im Frühwerk überhaupt, das so gesehen mit *Wälsungenblut* endet, jüdische Figuren nicht als solche benannt werden, erzeugt eine genau bestimmbare Appellstruktur. Das Spiel, das der Text seinen Lesern dadurch offeriert, lässt sich so formulieren: Wie erkennt man den Juden unter den Bedingungen seiner so gut wie restlosen Akkulturation? Indem Antworten hierauf immer schon sichergestellt sind – durch die dem leicht durchschaubaren Assimilationsnamen eingeschriebene Urfigur Aarons, durch die Redundanzen und die Überdeterminiertheit der Körperporträts –, wird letztlich die Diskriminierbarkeit auch der anpassungswilligsten Juden gewährleistet.

Der deshalb heikle, seit der Exil- und Nachkriegszeit zusehends prekär gewordene Status der Novelle prägte auch deren Rezeptionskarriere respektive das vergleichsweise weitgehende Ausbleiben einer solchen. In der eher spärlichen Forschung standen zunächst die autobiographischen Aspekte im Vordergrund (z. B. Wysling 1996 a, 147; Wysling 1996 b, 223) oder die Anschließbarkeit des Texts an die im Frühwerk ubiquitäre Außenseiterproblematik, später auch psychoanalytisch informierte Beobachtungen (z. B. Kaiser 1999; Richebächer 2005). Im Vorfeld des *cultural turn* sodann und erst recht im Gefolge der *Postcolonial Studies* wurden einzelne Wissenschaftler, oft mit Migrationshintergrund, auf die rassistische Stoßrichtung des Texts aufmerksam, während es andrerseits nicht an hartnäckigen bis halsbrecherischen Interpretationsmanövern fehlte, diesen *ironia ex machina* gegen jeglichen Verdacht auf Antisemitismus in Schutz zu nehmen (z. B. Kraske 1984; Vaget 2004).

Literatur

Kaiser, Gerhard: Thomas Manns *Wälsungenblut* und Richard Wagners *Ring*. In: *TMJb* 12 (1999), 239–258.

Kraske, Bernd M.: Thomas Manns *Wälsungenblut*. Eine antisemitische Novelle? In: Rudolf Wolff (Hg.): *Thomas Mann. Erzählungen und Novellen*. Bonn 1984, 42–66.

Leppmann, Franz: Der neue Thomas Mann. In: *Vossische Zeitung*, 1. 5. 1921, 4. Beilage: Literarische Umschau, o. S.

Pringsheim, Klaus: Ein Nachtrag zu *Wälsungenblut*. In: *Neue Zürcher Zeitung*, 17. 12. 1961, Bl. 4 [2 Seiten].

Richebächer, Sabine: Regression, Konflikt und Angst in Thomas Manns Erzählung *Wälsungenblut*. In: Thomas Sprecher (Hg.): *Liebe und Tod – in Venedig und anderswo. Die Davoser Literaturtage 2004*. Frankfurt a. M. 2005, 67–80.

Vaget, Hans Rudolf: »Von hoffnungslos anderer Art.« Thomas Manns *Wälsungenblut* im Lichte unserer Erfahrung. In: Manfred Dierks/Ruprecht Wimmer (Hg.): *Thomas*

Mann und das Judentum. Die Vorträge des Berliner Kolloquiums der Deutschen Thomas-Mann-Gesellschaft. Frankfurt a. M. 2004, 35–58.
Wagner, Richard: *Das Judentum in der Musik.* In: Ders.: *Sämtliche Schriften und Dichtungen. Volksausgabe*, Bd. 5. Leipzig [6] o.J., 66–85.
Wagner, Richard: *Sämtliche Schriften und Dichtungen. Volksausgabe.* Bd. 6. Leipzig [6] o.J.
Wysling, Hans: *Geist und Kunst.* Thomas Manns Notizen zu einem ›Literatur-Essay‹. In: Paul Scherrer/Hans Wysling (Hg.): *Quellenkritische Studien zum Werk Thomas Manns.* Bern/München 1967 (= *TMS* 1), 123–233.
Wysling, Hans: Die Brüder Mann. Einführung in den Briefwechsel. In: Thomas Sprecher/Cornelia Bernini (Hg.): *Ausgewählte Aufsätze 1963–1995.* Frankfurt a. M. 1996 a, 127–170.
Wysling, Hans: *Königliche Hoheit.* In: Thomas Sprecher/Cornelia Bernini (Hg.): *Ausgewählte Aufsätze 1963–1995.* Frankfurt a. M. 1996 b, 219–230.
Wysling, Hans: *Königliche Hoheit.* In: *TMHb*, 385–396.

Yahya Elsaghe

2.27 *Unordnung und frühes Leid* (1925)

Den Plan, eine »Kindergeschichte« zu schreiben, fasste Thomas Mann bereits 1912 (Notb II, 186). Die zügige Niederschrift im Frühjahr 1925 verdankte sich zum einen dem Auftrag Samuel Fischers, der sich eine Novelle für die Juni-Ausgabe der *Neuen Rundschau* (36. Jg. der freien Bühne, H. 6, Juni 1925, 578–611), der Jubiläumsausgabe zu Manns 50. Geburtstag, wünschte, zum anderen dem eigenen »Verlangen, sich von den Anstrengungen des gerade beendeten *Zauberberg* mit einem leichten Nachspiel zu erholen« (Vaget, TMHb, 594). Den Auftrag zur Illustration des Textes an den ihm gut bekannten Zeichner Hermann Ebers zog Thomas Mann nach Prüfung der Bilder zurück (vgl. Heißerer 2006).

In *Unordnung und frühes Leid* trägt der Autor die Maske des Geschichtsprofessors Abel Cornelius, dessen familiäre Konstellation in den Inflationsjahren der Weimarer Republik an die des Autors angelehnt ist (Bert und Ingrid: Klaus und Erika; Lorchen und Beißer: Elisabeth und Michael). Mann selbst hat die Novelle rückblickend und rezeptionssteuernd als »Dokument persönlichsten Charakters« sowie »deutsch-bürgerlichen Nachkriegslebens« (GW XI, 621) gedeutet (vgl. Vag 213–214).

Im großbürgerlichen Haus der Münchner Familie Cornelius veranstalten die beiden älteren Kinder Bert und Ingrid ein abendliches Fest. Während sich die Eltern im Hintergrund halten, findet das kleine Lorchen großen Gefallen an der Geselligkeit, zumal an dem galanten Gast Max Hergesell, ihrem ›Tanzpartner‹. Ihr frühes Liebesleid beginnt, als sie zu Bett geschickt wird, wo sie bitterlich weinend schließlich nur noch von dem herbeigerufenen Hergesell getröstet werden kann und endlich in den Schlaf findet. In den späten 1970er Jahren konstatierte Lehnert, dass das ohnehin kaum ausgeprägte »wissenschaftliche Interesse« an der Novelle »stark ab[ge]n[o]m[m]en« habe (Lehnert 1978, 242). Sie wurde als »erzählerische[s] Nachspiel[..]« (Lehnert 1969) zum *Zauberberg* und »amüsante Variante« von dessen ›Geist-Leben‹-Thematik (ebd., 521) betrachtet. Noch 1984 zählt Vaget die Novelle zu den Erzählungen, deren »Vorzüglichkeit und Bedeutung« (Vag 47) es noch zu entdecken gelte. Bis heute dominieren kulturgeschichtliche und autobiographische Lesarten, während Studien zur ästhetischen Gelungenheit der Novelle, die über Hatfield (1951) und wenige andere (Turner 1999; Marx 2004) hinausgehen, weiterhin noch ausstehen. Der »ungeheuren Schwierigkeit, ein deutscher Erzähler [Anfang des 20. Jahrhunderts] zu sein« (GW X, 450), also Geschichtenerzählen und Artistik miteinander zu verbinden, war Mann mit dem »Inbegriff der künstlerischen Verschlagenheit«, der »Parodie«, begegnet, die nach seinem Verständnis »die Tradition [...] zugleich erledigt und liebend bestätigt« (Vag 33).

Die Unordnung der Zeit (»das Drüber und Drunter aller Dinge«, GW VIII, 622) spiegelt sich nicht nur in dem Tanzfest der ›Großen‹, das die geltende Hausordnung vorübergehend außer Kraft setzt, sondern auch auf gesellschaftlich-politischer, medialer und psychologischer Ebene. Von Berufs wegen der Historie zugewandt, bevorzugt Cornelius die »geschehene« vor der »geschehende[n] Geschichte« (ebd., 627). Die neue Zeit erscheint ihm ungeordnet, ja »frech« (ebd., 626), auch wenn er sich deren Ausprägungen (wie dem Tanzfest) wiederholt, aber nur als neugierig erregter (vgl. ebd., 634) »Hospitant« (ebd., 643) nähert. Halt bieten ihm seine intellektuelle, romantisch verfallene Vertiefung in historische Fragen sowie seine »[t]endenziöse[...]« (ebd., 627) Liebe zum fünfjährigen Lorchen. »[S]ein Recht auf ein gegen Geschichte, Entwicklung und Wachstum eingerichtetes Refugium wird ihm streitig gemacht von jungem Leben« (Hoffmeister 1990, 162), d. h., besonders schmerzlich, auch von Lorchen selbst.

Als antiidyllisches, »neues Mikro-Bild der deutschen Gesellschaft« (ebd., 161) »vibriert« die Novelle »geradezu [...] vor lauter zeitgeschichtlichen Impulsen« (ebd., 162). Die materiellen Einschränkungen der Inflationszeit bilden nur den Rahmen für die sich im Wandel befindliche Gesellschaft, im Zentrum steht die neue Jugend, die ihren Vergnügungen auf eine pluralistisch und kosmopolitisch offene Weise nachgeht. Cornelius' ambivalente Haltung spiegelt des Autors gewandelte Anschauungen vom Antidemokraten zum Republikaner. Während Mann Mitte der 1920er Jahre öffentlich als Befürworter der Republik auftrat, lässt er Cornelius den schmerzhaften Erkenntnisprozess in der Konfrontation mit der staatwie häuslichen Unordnung ebenso durchlaufen wie Lorchens frühes und, damit verbunden, sein eigenes spätes Liebesleid. Die Novelle ist Zeugnis eines »Lernenden« (ebd., 172), der, wenn auch nicht gerade freiwillig, zu einer »Gestalt des Abschieds und der Selbstüberwindung« (ebd., 174) wird. Cornelius' höchst komplexe Haltung zum Recht der Jugend auf Entfaltung und Loslösung lässt die Zuschreibung der Novelle als »Bildungsroman im Kleinformat« (Schwerin-High 2005, 87) indes etwas zu hoch gegriffen erscheinen.

Das Generationsproblem bildet den Kern der Erzählung. Anhand der ins Elternhaus verlagerten Geselligkeits-Motive Tanz (vgl. Brockmeier 2010, 38–40) und – primär medial, nämlich per Grammophon, vermittelte (vgl. Marx 2004, 95–97; Papst 2008; Sandberger 2010) – Musik wird dieses in Szene gesetzt und von den typisierten Gästen, vor allem dem Schauspieler Herzl, dem Tänzer und Herzensbrecher Max Hergesell sowie dem ›Lieder-Möller‹ veranschaulicht. Entscheidend ist auch hier die ironisch-gebrochene Haltung des Professors bzw. – von dieser meist schwer zu unterscheiden (vgl. Turner 1999) – der des Erzählers. Während Cornelius dem zwielichtigen Schauspieler mit reichlich Skepsis und dem »Wandervogel-Typ« (GW VIII, 637) des ›Lieder-Möllers‹ (vgl. Heißerer 2008) dagegen mit neugieriger Achtung begegnet, sind seine Gefühle gegenüber Hergesell, der seinem Lorchen den Kopf verdreht hat, gemischt: »Dankbarkeit, Verlegenheit, Haß und Bewunderung« (GW VIII, 656). Die Problematik der Vater-Kind-Beziehung offenbart sich auch in der dezidiert negativen Charakterisierung von Bert und Beißer, was psychoanalytisch auf Cornelius' Verlusterfahrung (»being pushed down from the throne«, Rauch-Rapaport 2007, 207) gelesen wurde. Klaus Mann hat die Novelle im Mai 1925 gegenüber seiner Schwester Erika als »Novellenverbrechen« (zit. n. Marx 2004, 98) bezeichnet und ihr überdies ästhetische Gelungenheit abgesprochen (vgl. ebd., 87). Ein Jahr später veröffentlichte er die *Kindernovelle*, in der die Vaterfigur (berühmter Philosoph) nur noch als Totenmaske präsent ist, während die Mutter der vier Kinder mit einem attraktiven Vertreter der neuen Jugend ein weiteres Kind zeugt. Die offensichtlich ödipal lesbare *Kindernovelle* bleibt, so Marx, zumal in ästhetischer Hinsicht hinter der seines Vaters zurück: Während in *Unordnung und frühes Leid* ein »›Zeitbild‹ aus der Perspektive der alten Generation unter beinahe vollständigem Verzicht auf einen mythologischen oder literarischen ›Überbau‹« dargestellt wird, erzählt Klaus Mann »traditioneller [..] als sein Vater«, indem er sich »pathetisch-religiöse[r] Deutungsmuster[..]« bedient, »die der ›neuen Sachlichkeit‹ [...] entgegenstehen« (ebd., 103).

Literatur

Brockmeier, Alke: »... es ist ihnen alles einerlei«. In: *Literaturwissenschaftliche Beiträge zur Generationsforschung* (2010), 22–46.

Hatfield, Henry: *Thomas Mann*. Norfolk 1951.

Heißerer, Dirk: »Musische Verschmelzungen« (II). In: Alexander Krause (Hg.): *Musische Verschmelzungen*. München 2006. 107–140.

Heißerer, Dirk: Der »Lieder-Möller«. In: *Thomas Mann in München IV*. Bd.7, München 2008, 155–182.

Hoffmeister, Werner: Thomas Manns *Unordnung und frühes Leid*. In: *Monatshefte* 82 (1990), 157–176.

Lehnert, Herbert: Thomas Manns Erzählung *Das Gesetz* und andere erzählerische Nachspiele im Rahmen des Gesamtwerks. In: *Deutsche Vierteljahrsschrift für Literaturwissenschaft und Geistesgeschichte* 43.3 (1969), 515–543.

Lehnert, Herbert: Thomas Manns *Unordnung und frühes Leid*. In: Rolf Wiecker (Hg.): *Text und Kontext 6. Festschrift für Steffen Steffensen*. München 1978, 239–256.

Marx, Friedhelm: Väter und Söhne. In: *TMJb* 17 (2004), 83–103.

Nordalm, Jens: Thomas Manns *Unordnung und frühes Leid*, Erich Marcks und Philipp II. von Spanien. In: *TMJb* 14 (2001), 225–232.

Pabst, Reinhard: Wie heißt die Platte? In: *Thomas Mann in München IV*. Bd.7, München 2008, 183–188.

Rauch-Rapaport, Angelika: Melancholia in Thomas Mann's *Unordnung und frühes Leid*. In: *Oxford German Studies* 34.2 (2005), 204–210.

Sandberger, Wolfgang: Zur Bedeutung der medial vermittelten Musik in der Erzählung *Unordnung und frühes Leid* von Thomas Mann In: *TMJb* 23 (2010), 9–26.

Schwerin-High, Friederike von: »... aber sonst ist es wirklich eine verwandte Geschichte«. In: Walter Delabar/ Bodo Plachta (Hg.): *Thomas Mann (1875–1955)*. Berlin 2005, 67–87.

Turner, David: Balancing the account. In: *German Life & Letters* 52, No. 1 (1999), 43–57.

Vaget, Hans Rudolf: *Unordnung und frühes Leid*. In: *TMHb*, 594–596.

Friederike Reents

2.28 *Mario und der Zauberer* (1930)

Vom 18.8. bis zum 13.9.1926 verbringt Thomas Mann zusammen mit seiner Frau Katia und den beiden jüngsten Kindern Elisabeth und Michael einen Familienurlaub im tyrrhenischen Badeort Forte dei Marmi. Von dort schreibt er am 7. September an Hugo von Hofmannsthal: »[...] [D]ie Kinder waren glückselig am Strande und im warmen Meer. An kleinen Widerwärtigkeiten hat es anfangs auch nicht gefehlt, die mit dem derzeitigen unerfreulichen überspannten und fremdenfeindlichen nationalen Gemütszustand zusammenhingen« (GKFA 23.1, 245). Die Familie wohnt zunächst im Grand Hotel, übersiedelt dann jedoch infolge verschiedener Unannehmlichkeiten in die nahegelegene Pension Regina. Auch beim Aufenthalt am Strand kommt es zu Misshelligkeiten, nachdem die achtjährige Elisabeth ohne Badekostüm einige Schritte über den Sand gelaufen und dieser Sittenverstoß mit einem an die Gemeinde zu zahlenden Bußgeld bestraft worden war. Während des Ferienaufenthalts besucht die Familie Mann eine Abendvorstellung des damals berühmten italienischen Illusionisten und Hypnotiseurs Cesare Gabrielli (1881–1944), über die Mann kurz nach Erscheinen der Erzählung in einem Brief berichtet (GKFA 23.1, 473).

Die in Forte dei Marmi gemachten Erlebnisse werden nicht sofort in Literatur umgesetzt. Dazu kommt es erst drei Jahre später, im August 1929, während eines Meeraufenthalts im ostpreußischen Ostseebad Rauschen. Mittlerweile hat sich auch in Deutschland der ›nationale Gemütszustand‹ entschieden verändert, und die Gefahr des aufziehenden Faschismus ist unübersehbar. Zu diesem Zeitpunkt befindet sich Mann mitten in der Arbeit an der großen biblischen *Joseph*-Tetralogie. Da der dazu benötigte umfangreiche Materialien-Apparat nicht in den Urlaub mitgenommen werden kann, muss die Niederschrift des Romans unterbrochen werden, und der Autor widmet sich an der Ostsee einer kleineren Arbeit, »die im bequemsten Sinn des Wortes ›aus der Luft gegriffen‹ werden konnte« (GW XI, 140). ›Aus der Luft gegriffen‹ ist die Geschichte tatsächlich, allerdings nicht in dem suggerierten Sinn des *understatements*. Es ist vielmehr die politische ›Luft‹, aus der sie gegriffen werden kann, es ist das zeitgenössische Klima, zu dessen Spiegel sie wird.

Mann schreibt die Erzählung zum Großteil am Strand von Rauschen und beendet sie in München. Sie erscheint erstmals im Frühjahr 1930 in *Velhagen und Klasings Monatsheften* (Heft 8, April 1930) unter dem Titel *Tragisches Reiseerlebnis. Eine Novelle von Thomas Mann* und unmittelbar darauf im Mai als Buchausgabe bei S. Fischer mit Illustrationen von Hans Meid.

In der Erzählung hält sich der Autor eng an die eigenen Urlaubserlebnisse. Die im fiktiven Urlaubsort Torre di Venere herrschende Atmosphäre wird sowohl auf einer geistigen als auch meteorologischen Ebene als überhitzt und unangenehm beschrieben. Aufgrund des fremdenfeindlichen Klimas erfährt die Familie des Ich-Erzählers im Grand Hotel eine zweitrangige Behandlung im Vergleich zu den italienischen Gästen und wechselt infolge einer fragwürdigen Beschwerde der Zimmernachbarin (die entgegen jeder Rationalität befürchtet, die Nachwirkungen des Keuchhustens seien ›akustisch‹ ansteckend) die Unterkunft. Das auch am Strand herrschende ›patriotische‹ Klima beeinträchtigt das friedliche Spiel der Kinder und führt überdies zum Eklat, als die kleine Tochter kurz nackt zum Meer läuft. Schließlich kündigt sich der Zauberer Cipolla an, und die Familie beschließt, seine Abendvorstellung zu besuchen. Diese entpuppt sich als Hypnose-Veranstaltung, während der Cipolla das Publikum seinem Willen unterwirft. Als er den Kellner Mario durch hypnotischen Willensentzug dazu bringt, seine Angebetete Silvestra in ihm zu sehen und ihn zu küssen, kommt es zur Katastrophe: Mario, aus der Hypnose erwacht, erschießt den Zauberer. »Ein Ende mit Schrecken, ein höchst fatales Ende. Und ein befreiendes Ende dennoch, – ich konnte und kann nicht umhin, es so zu empfinden!« (GW VIII, 711), resümiert der Ich-Erzähler unter mehrfacher Betonung des Wortes ›Ende‹.

Der durchgehend in der Ich-Form gehaltene Text wendet sich explizit an ein Lese- oder Hörerpublikum und unterstreicht dadurch seinen performativen Charakter. Der erste, im Vergleich zum zweiten weit kürzere Teil bereitet durch die Beschreibung bestimmter kollektiver Dynamiken und einer unangenehm-unheimlichen Atmosphäre den Auftritt Cipollas vor, in dessen Verlauf diese Aspekte ihren Höhepunkt erreichen. In beiden Teilen findet sich die Beschreibung eines spezifischen Kollektivverhaltens, und der in gleicher Weise auf Hotelgäste, Strandbesucher und abendliche Zuschauer zielende Begriff ›Publikum‹ fungiert als Chiffre einer tieferen Zusammengehörigkeit.

Bereits einleitend thematisiert die Novelle das Klima, das den Ich-Erzähler am italienischen Urlaubsort empfängt: »Die Erinnerung an Torre di Venere ist atmosphärisch unangenehm. Ärger, Gereiztheit, Überspannung lagen von Anfang an in der Luft« (GW VIII, 658). Dieses ›atmosphärisch‹-politische Klima ist 1929, also zur Zeit der Entstehung, nicht nur in Italien, sondern mittlerweile auch in Deutschland geprägt durch Nationalismus, Überhandnehmen der Irrationalität, Kult der autoritären Führerpersönlichkeit, Kontrolle der Massen. *Mario und der Zauberer* greift jeden einzelnen dieser Aspekte auf und komponiert sie zu einem narrativen Ganzen. Unmittelbar vor und nach der Niederschrift der Erzählung nimmt Mann aber auch wiederholt in Reden und Aufsätzen zur aktuellen politisch-kulturellen Situation Stellung und unterstreicht warnend den immer klarer zutage tretenden regressiven und irrationalen Geist der Zeit (*Rede über Lessing, Zu Lessings Gedächtnis, Die Stellung Freuds in der modernen Geistesgeschichte* 1929; *Deutsche Ansprache. Ein Appell an die Vernunft* 1930). Dabei taucht wie ein roter Faden immer wieder die Vorstellung auf, dass seit jeher die Menschheitsgeschichte durch progressive und regressive Phasen charakterisiert und ein Rückfall auf eine bereits überwundene Stufe jederzeit möglich sei. Diese Ideen finden sich auch im gleichzeitig entstehenden biblischen Großroman *Joseph* und hängen mit der Geschichtsphilosophie des Schweizer Juristen Johann Jakob Bachofen eng zusammen. Bachofens Hauptwerk *Das Mutterrecht* (1861) wird gerade in den 1920er Jahren neu entdeckt und von zahlreichen Denkern und Schriftstellern intensiv rezipiert. Zu ihnen gehört auch Mann. Nach Bachofens Theorie hat sich die Menschheit von einem ursprünglichen Matriarchat zum Patriarchat entwickelt, wobei dieser Entwicklungsprozess durch häufige Rückfälle auf bereits überwundene Evolutionsstufen charakterisiert ist. Dieses geschichtsphilosophische Schema wendet Mann auf die politische Gegenwart an, in der er eine entschiedene Regression auf eine niederere menschheitsgeschichtliche Entwicklungsstufe sieht.

Der Begriff der Regression ist auch bei Sigmund Freud zentral, mit dessen Werk sich Mann seit den frühen 1920er Jahren auseinandersetzt. Für *Mario und der Zauberer* ist besonders Freuds 1921 erschienene Studie *Massenpsychologie und Ich-Analyse* von Bedeutung. Hier finden sich (ausgehend von Gustave Le Bons 1895 erschienener *Psychologie der Massen*) mehrere für die Erzählung wesentliche Grundvorstellungen, z. B. das für die kollektivpsychologische Dynamik typische Phänomen der ›Ansteckung‹ und die Auffassung, in einer Masse verwandle sich der Einzelne zu einem »Massenindividuum«, das auf eine frühere Entwicklungsstufe regrediere (Zeller 2006).

In der *Deutschen Ansprache*, die Mann im Oktober 1930 nach dem enormen Wahlerfolg der NSDAP aus Berlin warnend an Deutschland richtet, wird demnach die aktuelle Situation nicht nur als politisches Phänomen wahrgenommen und interpretiert, sondern auch und vor allem als »Seelenzustand« (GW XI, 874). Der Rückfall in die Barbarei, die Regression auf ein inferiores Stadium, hat nun einen Namen, den des Nationalsozialismus. Auch im restlichen Europa sieht Mann Anzeichen einer »Riesenwelle exzentrischer Barbarei« (ebd., 878). Dies gilt besonders für Italien, von wo aus sich der herrschende Faschismus ohne Schwierigkeit über die Brennergrenze hinaus ausbreiten könne.

Mario und der Zauberer kann als konkrete Warnung vor dieser Gefahr eines grenzübergreifenden Faschismus gelesen werden. Der allseits herrschende Nationalismus, die Irrationalität, die sich im Aberglauben manifestiert, Keuchhusten könne ›akustisch‹ ansteckend sein, die Manipulation und Unterwerfung der Masse durch die autoritäre Führerpersönlichkeit Cipollas – dies alles scheint nichts anderes als die realistische und gleichzeitig metaphorische Darstellung eines aktuellen politischen Phänomens zu sein. Doch in der Erzählung geht es um weit mehr, denn sie rückt dieses in einen breiteren kultursymbolischen Zusammenhang: der Faschismus ist für Mann nicht nur ein politisches, sondern auch und vor allem ein kulturelles Phänomen und als solches bedeutet es eine Regression auf eine niederere Entwicklungsstufe. Dies ist der Grundgedanke, der die Erzählung mit den bereits angeführten Reden und Aufsätzen und dem scheinbar in jeder Hinsicht weit entfernten *Joseph*-Roman verbindet. Aus dieser Perspektive können der Nationalismus, die Irrationalität und Körperfeindlichkeit in Torre di Venere als regressive Phänomene gelesen werden, die in der Verwandlung des Publikums, das unter dem Einfluss Cipollas zu einer willenlosen Masse regrediert, ihre Entsprechung finden. Auch die am Strand und im Hotel herrschende Dominanz der Mütter bzw. Abwesenheit der Väter (Elsaghe 2009) lassen sich auf dem Hintergrund von Bachofens Geschichtsphilosophie als Regression interpretieren. Auf diesem Hintergrund wird die von Mandel (1979/80) aufgestellte These plausibel, auch in Silvestra eine Codierung des Mütterlichen zu sehen, das übrigens mit dem über den Text verstreuten ›Afrika‹ (Nubien)-Komplex in Zusammenhang steht: Die von Bachofen theoretisierte matriarchale Kultur hatte seine Zentren in Lykien und Ägypten. Daneben ist mitten im Faschismus ›Afrika‹ natürlich auch ein Schlagwort der italienischen Kolonialpolitik.

Die Nähe des Ich-Erzählers zum wiederholt als Künstler bezeichneten Cipolla (er unterliegt einerseits Cipollas Suggestion, ist aber andererseits in der Lage, das Geräusch der Reitpeitsche nachzuahmen, mit dem der Zauberer die Hypnose seiner Opfer einleitet) wird 1939 abgewandelt im Essay *Bruder Hitler* wieder aufgenommen.

Die der Erzählung eingeschriebene politische Thematik wird zumindest teilweise bereits in der ersten Rezeptionsphase wahrgenommen, weniger allerdings der Bezug zu Deutschland. In Italien kann eine Übersetzung erst nach Ende des Krieges 1945 erscheinen. Noch vor Erscheinen der deutschen Ausgabe ist sich Mann durchaus im klaren darüber, dass seine ›italienische‹ Erzählung gerade hier undenkbar ist: »Ich wollte, ich könnte Ihnen ›Mario und der Zauberer‹ [...] zur Übersetzung anbieten, aber eine neue Prüfung zeigt mir, daß die Geschichte für Italien wirklich ganz unmöglich ist«, schreibt er im Februar 1930 an seine Mailänder Freundin und Übersetzerin Lavinia Mazzucchetti (TMA), der er wenige Monate später ein noch druckfrisches Exemplar der Erstausgabe schickt. Die darin enthaltene eigenhändige Widmung – »Es lebe Italien!« – zeigt, dass Manns Bild des Landes und seiner Einwohner durchaus nicht durch die in Versilien gemachten Erfahrungen überwiegend negativ geprägt ist. Trotzdem bestimmt der Vorwurf der Italien-Feindlichkeit die frühesten, unmittelbar nach der Publikation der deutschen Ausgabe erschienenen italienischen Rezensionen. Das mag dazu geführt haben, dass in Italien *Mario und der Zauberer* bis heute im Vergleich zu anderen Erzählungen Manns, vor allem zu *Der Tod in Venedig*, sowohl in der Literaturkritik als auch beim Lesepublikum ein Schattendasein führt. Andererseits kommt gerade in Italien die Erzählung erstmals auf die Bühne: 1956 findet an der Mailänder Scala in der Choreographie von Léonide Massine die Uraufführung des Balletts *Mario e il mago* statt, zu dem Luchino Visconti das Libretto geschrieben und Franco Mannino die Musik komponiert haben. Die Erzählung wird auch zweimal verfilmt: erstmals von Miloslav Luther 1977 für das tschechische Fernsehen, und erneut 1993 durch Klaus Maria Brandauer. Weitere intermediale Übertragungen sind durch zahlreiche bildkünstlerische Adaptionen bezeugt (Hans Meid, Heinz Minssen, Kurt Steinel, Hans Wunderlich) (Bastek 2014). Als ein frühes literarisches Rezeptionszeugnis kann Hermann Brochs Roman *Die Verzauberung* (1936) gelten.

Die Forschung hat sich mit *Mario und der Zauberer* intensiv auseinandergesetzt. Für eine politische Lesart war bereits früh Lukács (1945) richtungweisend, der die Erzählung als Darstellung der Hilflosigkeit des deutschen Bürgertums angesichts des Faschismus interpretiert. Auch Hatfield (1946) unterstreicht schon früh sowohl ihren politischen Gehalt als den Bezug zu Deutschland. In einer späteren Phase widmet sich die Forschung auch der Rolle des Erzählers. Böhme (1975) sieht in ihm eine »handlungsgehemmte Reflexionsinstanz« und konstatiert seine Tendenz, den Leser unter Kontrolle zu bringen. Auch bei Bance (1987) steht die Frage nach dem Erzähler und dessen »secret affinity« zu Cipolla als Künstler im Mittelpunkt. Dieser Aspekt eröffnet eine weitere Interpretationslinie, die neben der politischen Thematik auch den ästhetischen Implikationen nachgeht und die Erzählung zum Essay *Bruder Hitler* in Beziehung setzt. So Koopmann (1993), der im Verhältnis zwischen Masse und Führer eine Abwandlung des Künstlerthemas sieht. Ähnlich unterstreicht Brucke (2002) neben Cipollas Identität als Führer auch die des Künstlers und bestimmt in der Ambivalenz des Erzählers, der im Zauberer seinen Doppelgänger sieht, das eigentliche Thema der Erzählung. Sautermeister (1983) untersucht in einer umfassenden Studie erstmals ausführlich den Zusammenhang zwischen poetischer Konstruktion und gesellschaftlicher Bedeutung. Auch Eigler (1984) untersucht die in der Erzählung dargestellte Ästhetisierung der Politik und setzt die Novelle zu Heinrich Manns Roman *Die kleine Stadt* in Beziehung, wie auch Schwarz (1983), dessen Untersuchung den soziologischen bzw. gesellschaftsstrukturellen Aspekt fokussiert und dabei unterstreicht, dass Thomas Mann den Klassencharakter des Faschismus erkannt habe. Leneaux (1984) macht in der Erzählung selbst autoritäre Aspekte aus und kommt zum Schluss, Mann habe nicht nur Cipolla, sondern »the fascist narrator as well« demaskiert, während Geulen (1995) die These vertritt, die Novelle sei möglicherweise »not only a representation of totalitarian structures«, sondern auch »a totalitarian representation«. Bridges (1991) und Hölter (2004) interpretieren die Beziehung Cipolla-Mario als latent homosexuell und lesen die Novelle als »Kampf gegen die homoerotischen Neigungen« ihres Autors. Grenville (1987) setzt die Darstellung der Diktator-Figur in *Mario und der Zauberer* zu der in Brechts *Der unaufhaltsame Aufstieg des Arturo Ui* in Verbindung. In der jüngsten Forschung hat Haider (2003) Cipolla mit dem Motiv des buckligen Männleins in Verbindung gebracht und es als Symbol des Scheiterns und des Übergangs interpretiert. Cowan (2004) sieht in der Erzählung die Darstellung einer als ›hysterisch‹ verstandenen modernen Massenkultur, während Baker (2009) das Ende der Novelle als ›unpolitisch‹ interpretiert, da die Schüsse zwar Cipolla töten, die übrige politische Realität, deren Repräsentant er ist, jedoch unangetastet lassen.

Literatur

Bance, Allan F.: The political becomes personal. *Disorder and Early Sorrow* and *Mario and the Magician*. In: Ritchie Robertson (Hg.): *The Cambridge Companion to Thomas Mann*. Cambridge 2002, 107–118.

Bastek, Alexander: *Mario und der Zauberer*. Die Illustrationen Hans Meids und die Bildwelten Paul Wunderlichs. In: Francesco Rossi/Reinhard Mehring (Hg.): *Thomas Mann e le arti. Thomas Mann und die Künste*. Rom 2014, 235–246.

Böhme, Hartmut: *Mario und der Zauberer*: Position des Erzählers und Psychologie der Herrschaft. In: *Orbis Litterarum* 30 (1975), 286–316.

Bridges, George: Thomas Mann's *Mario und der Zauberer*. In: *German Quarterly* 64 (1991), 501–517.

Brucke, Martin: Bruder Cipolla – oder der Magnetiseur als Künstler in Thomas Manns *Mario und der Zauberer*. In: Ders. (Hg.): *Magnetiseure. Die windige Karriere einer literarischen Figur*. Freiburg 2002, 147–175.

Cowan, Michael: Spectacle de masse et modernité hystérique dans *Mario und der Zauberer*. In: *Etudes Germaniques* 59 (2004), 87–105.

Eigler, Friederike: Die ästhetische Inszenierung von Macht. Thomas Manns Novelle *Mario und der Zauberer*. In: *Heinrich Mann-Jahrbuch* 2 (1984), 172–183.

Elsaghe, Yahya: Die »Principe[ssa] X.« und »diese Frauen –!«. Zur Bachofen-Rezeption in *Mario und der Zauberer*. In: *Thomas Mann-Jahrbuch* 22 (2009), 175–193.

Freese, Wolfgang: Thomas Mann und sein Leser: Zum Verhältnis von Antifaschismus und Leseerwartung in *Mario und der Zauberer*. In: *Deutsche Vierteljahrsschrift für Literaturwissenschaft und Geistesgeschichte* 51 (1977), 659–675.

Galvan, Elisabeth (Hg.): *Mario und der Zauberer*. Thomas Mann und Luchino Visconti erzählen vom faschistischen Italien. *Mario e il mago*. Thomas Mann e Luchino Visconti raccontano l'Italia fascista. Zweisprachige Begleitpublikation zur gleichnamigen Ausstellung, Casa di Goethe Rom, 14.2.-26.4.2015. Rom 2015.

Geulen, Eva: Resistance and Representation. A Case Study of Thomas Mann's *Mario and the Magician*. In: *New German Critique* 68 (1996), 3–29.

Grenville, Anthony: Idealism versus Materialism in the Representation of History in Literature. The Dictator Figure in Thomas Mann's *Mario und der Zauberer* and Brecht's *Der aufhaltsame Aufstieg des Artur Ui*. In: *Journal of European Studies* 17 (1987), 77–105.

Haider, Frithjof: Verkörperungen des Selbst. Das bucklige Männlein als Übergangsphänomen bei Clemens Brentano, Thomas Mann und Walter Benjamin. Frankfurt a. M. 2003, 123–129.

Hölter, Achim: Sicher, der Zauberer – aber was ist mit Mario? In: *Wirkendes Wort* 54,2 (2004), 249–257.

Hatfield, Henry: Thomas Mann's *Mario und der Zauberer*: An Interpretation. In: *The Germanic Review* 21 (1946), 306–312.

Koopmann, Helmut: Führerwille und Massenstimmung: *Mario und der Zauberer*. In: Volker Hansen (Hg.): *Interpretationen. Thomas Mann: Romane und Erzählungen*. Stuttgart 1993, 151–185.

Leneaux, Grant F.: The Narration of Seduction or the Seduction of Narration? In: *Orbis Litterarum* 40 (1984), 327–347.

Lukács, Georg: Thomas Mann. Auf der Suche nach dem Bürger. In: Ders. (Hg.): *Werke 7*. Neuwied 1964, 505–534 [erstmals London 1945].

Mandel, Siegfried: Mann's *Mario an the Magician*, or Who is Silvestra? In: *Modern Fiction Studies* 25 (1979/80), 593–611.

Marx, Friedhelm: ›Bürgerliche Phantastik‹? Thomas Manns Novelle *Mario und der Zauberer*. In: *TMJb* 2011 (24), 133–142.

Pils, Holger/Christina Ulrich (Hg.): *Thomas Manns »Mario und der Zauberer«. Begleitband zur Ausstellung »Thomas Manns ›Mario und der Zauberer‹« und die Schatten des Faschismus*, Buddenbrookhaus Lübeck 19.3.-20.6.2010, Kulturstiftung Hansestadt Lübeck 2010.

Sautermeister, Gerd: *Thomas Mann: »Mario und der Zauberer«*. München 1981.

Schwarz, Egon: Faschismus und Gesellschaft. Bemerkungen zu Thomas Manns Novelle *Mario und der Zauberer*. In: Egon Schwarz (Hg.): *Dichtung, Kritik, Geschichte. Essays zur Literatur 1900–1930*. Göttingen 1983, 212–230.

Zeller, Regine: *Cipolla und die Masse. Zu Thomas Manns Novelle »Mario und der Zauberer«*. St. Ingbert 2006.

Elisabeth Galvan

2.29 *Die vertauschten Köpfe* (1940)

Die »indische Legende« – so der Untertitel – hat insofern eine herausgehobene Position in Thomas Manns Werk, als es sich um seine erste Erzählung handelt, die er nach dem Ausbruch des Zweiten Weltkriegs verfasste. Nach der Beendigung von *Lotte in Weimar* im Oktober 1939 begann er noch nicht mit dem vierten *Joseph*-Band, sondern ließ sich durch Publikationen des Indologen Heinrich Zimmer zu indischen Studien anregen, die zur zügigen Niederschrift der Erzählung vom 1. 1. bis 28. 7. 1940 führten, so dass die erste deutsche Ausgabe bereits im Oktober 1940 bei Bermann-Fischer in Stockholm erscheinen konnte. Die im Juni 1941 bei A. Knopf in New York erschienene englische Übersetzung trägt die Widmung: »To Heinrich Zimmer, the great Indian scholar, Returned with thanks« (Vag 253).

Damit ist ein ausdrücklicher Hinweis auf die Stoffquelle gegeben: Die Anekdote der vertauschten Köpfe konnte Mann Zimmers Buch *Die indische Weltmutter* (1939) entnehmen (zitiert bei Vag 253 f.). Die Hauptfiguren in Manns Erzählung sind das Freundespaar Nanda und Schridaman sowie Sita, in die sich der vergeistigte Kaufmann Schridaman verliebt, woraufhin er sie nach der Werbung durch den athletischen Schmied Nanda heiratet. Die inzwischen schwangere Sita möchte mit Ehemann und Freund zu ihren Eltern fahren, sie kommen vom Weg ab und zu einem Felsentempel der Weltenmutter Durga. Schridaman enthauptet sich aus Eifersucht im Tempel, ebenso Nanda beim Anblick von dessen Leiche. Sita fügt nach der Anweisung Durgas Köpfe und Körper wieder zusammen, vertauscht sie dabei jedoch: Sie setzt den Kopf des Gatten auf den Körper des Freundes und umgekehrt.

Bei Zimmer endet die Handlung mit dem Schiedsspruch des Königs, dass der Körper des Freundes mit dem Haupt des Gatten der rechtmäßige Gemahl der jungen Frau sei. Während Zimmer bereits psychologische Reflexionen über die Motive der Vertauschung anschließt, ist die weitere Entwicklung der Handlung Manns Zutat. In seiner Erzählung ist es der Eremit Kamadamana, der den Schiedsspruch fällt. Nanda (mit dem ehemaligen Körper Schridamans) zieht sich in eine Einsiedelei zurück. Sitas Glück mit dem vermeintlich idealen Gatten ist nicht von Dauer, da Kopf und Körper sich gegenseitig assimilieren und Sita daher erneut Nanda begehrt und ihn während einer Abwesenheit Schridamans aufsucht. Dieser entdeckt den Ehebruch, die beiden Freunde erstechen sich gegenseitig, Sita lässt sich gemeinsam mit ihnen als Witwe verbrennen. Ihr stark kurzsichtiger Sohn Samadhi erhält ein Studium bei einem Brahmanen und wird Vorleser des Königs.

In Thomas Manns Ausgestaltung von Zimmers Anekdote zu einer »Triple-Biographie« (Vag 45) sind zwei zentrale Einflüsse erkennbar: zum einen Schopenhauer (vgl. zuletzt Borchmeyer 2010), mit dem er sich 1938 noch einmal in einem Essay beschäftigt hatte und dessen Willensphilosophie – gebrochen durch Nietzsches Entlarvungspsychologie in *Was bedeuten asketische Ideale?* – entscheidend für Manns Verständnis der (Zimmers *Maya. Der indische Mythos* [1936] entnommenen) indischen Philosophie und Mythologie ist. Zum anderen ist von der Stoffwahl über die Konzeption der Figurenbeziehungen bis zu der Gestaltung des Verhältnisses von Geist und Materie ein doppelter Einfluss Goethes erkennbar: Von der Vertauschung von Köpfen und Rümpfen – dort einer Brahmine und einer Verbrecherin – erzählt die *Legende* aus der *Paria*-Trilogie, die sich die Romanfigur Goethe in *Lotte in Weimar* zur späteren Ausführung vornimmt. Der gedankliche Ehebruch, der dazu führt, dass sich die Gedanken bei der Zeugung in der Physiologie des gezeugten Kindes manifestieren, folgt dem Modell von Goethes *Wahlverwandtschaften*. Auch die unterschiedlich starke gegenseitige Anziehung von Köpfen und Rümpfen rekurriert auf das chemische Gleichnis der Attraktion in Goethes Roman.

Im ersten Abschnitt der Erzählung wird neben einer kurzen Exposition des Gegenstandes die zentrale wirkungsästhetische Perspektive angesprochen, unter die der Erzähler sie stellt. In der Fingierung einer mündlichen Erzählsituation werden die »Zuhörer« als »Lauschende[]« bezeichnet (GW VIII, 712), ein Terminus, der mit dem entsprechenden Adjektiv ›lauschig‹ kurz darauf zum Gegenstand einer sprachreflexiven Diskussion zwischen den beiden männlichen Protagonisten Schridaman und Nanda wird (ebd., 719–721). Die »Anforderungen an die Seelenstärke des Lauschenden« (ebd., 712) gelten also für Figuren und Leser, die sich in Metalepsen immer wieder in die Erzählung involviert finden, in gleichem Maße. Die Aussage, dass »fast mehr Mut noch« dazu gehöre, »eine solche Geschichte zu erzählen, als sie zu vernehmen« (ebd.), bezieht auch den Erzähler selbst in die Metalepsen ein.

Nicht nur die Ebenen werden vermischt, auch die grundlegenden, aus Manns Frühwerk bekannten Oppositionen, auf denen die Erzählung aufbaut – wie etwa Geist und Körper bzw. Leben –, werden von Anfang an vor allem sprachlich aufgelöst (vgl. Koopmann 2005, 224), und zwar nach der durch den Titel etablierten Struktur der Vertauschung bzw. des Chiasmus. Der Kuhzüchter Sumantra, Sitas Vater, stammt »aus Kriegerblut« (GW VIII, 712) – das rigide indische Kastensystem ist also durchlässig geworden –, und die patriarchale (historisch als arisch zu kennzeichnende) »Herrenfrömmigkeit« ist mit einem weiblichen »Schoß« versehen, der sich dem männlichen »Samen« des matriarchalen (dravidischen) »Ur-Vorherigen« öffnet (ebd.). Entsprechend plädiert im zweiten Kapitel Schridaman für den archaischen Bergdienst, Nanda hingegen für den brahmanischen Indra-Kult. Die Überkreuzung der Oppositionen findet ihren Ausdruck im wechselseitigen Begehren der beiden nach den Eigenschaften des jeweils anderen. In Bewegung kommt die Handlung durch die Einführung einer dritten Position, derjenigen der Frau. Die chiastische Vertauschung von Köpfen und Körpern führt nur kurz zu der erstrebten idealen Einheit von Gattenhaupt und Freundesleib, danach aber, da sich die Gegensätze erneut auflösen, zu einer anderen Form der Vermischung, die zum erneuten Begehren nach dem Abwesenden führt. In Sitas Sohn (gezeugt mit Schridaman, während sie an Nanda dachte) kulminieren die Chiasmen und Ambivalenzen der Erzählung, wie auch die Vermischung der Ebenen der Erzählung in ihm ihren finalen Ausdruck findet. Der Sohn trägt die beiden Namen Samadhi, »Sammlung«, und Andhaka, »Blindling« (ebd., 795), und steht damit einerseits für die Verbindung der Antithesen und das Erreichen der ersehnten Synthese, andererseits aber für deren Scheitern. Unter den »heiligen und profanen Schriften«, die er dem Fürsten vorliest (ebd., 807), könnte sich die Erzählung selbst befinden, so dass der Leser im Text präfiguriert wird, zugleich kann die Figur aber auch als ironische Selbstkritik von Manns literarischer Existenz im Exil gedeutet werden (vgl. Lehnert 1987, 124). Die Genrebezeichnung »Legende« ist daher wörtlich zu verstehen als ›das zu Lesende‹.

Die strukturelle Ambivalenz der Erzählung führte dazu, dass sowohl die zeitgenössische Kritik als auch die ältere Forschung in der Einschätzung von Ernsthaftigkeit oder Humor bzw. Komik häufig divergierende Positionen vertraten und den Schluss mal als Erfüllung des Ideals, mal als dessen Scheitern deuteten (vgl. Vag 262–270). Der (schopenhauerisierende) Bezug auf die indische Maya-Lehre legt eine allegorische Lektüre nahe, die in den Rezeptionsanweisungen des Erzählers formuliert ist, durch die Darstellung hingegen unterlaufen wird, wie in der Erzählung vor allem an der Figur des Aseketen Kamadamana dargestellt. Es lässt sich nachweisen, dass eine allegorische Lektüre immer wieder ins Leere führt, weil die Interpretation dadurch nicht eindeutig wird, sondern sich die Deutungsmöglichkeiten im Gegenteil pluralisieren und die Erzählung selbstreflexiv wird (vgl. Lehnert 1987, 134; Stocker 1998, 191; Lorenzen-Peth 2008, 252–285).

Indien als Handlungsraum der Erzählung erhält in der neueren Forschung größeres Gewicht als in früheren Deutungen: Zum einen wurde an die Bedeutung Indiens für die nationalsozialistische Rassenideologie erinnert (vgl. Zeug 1998/1999), zum anderen wurde von indischer Seite auf den subversiven Aspekt der Vermischung von Kasten und Rassen verwiesen (vgl. Mahadevan 2002, 27 f.). Girish Karnads Volkstheaterstück *Hayavadana* (1972), das die Kastenstruktur des indischen Oberklassen-Theaters der postkolonialen Gesellschaft unterläuft, brachte Manns Erzählung in diesem Sinne zurück nach Indien (vgl. ebd., 34 u. 39). Eine filmische Form der produktiven Rezeption liegt mit Katja Pratschkes *fremdkörper/transposed bodies* (2002) vor. Dort geht es ebenso wie in Charlotte Kerners *Kopflos. Roman um ein wissenschaftliches Experiment* (2008) um die mit der utopischen bzw. dystopischen Vorstellung von Kopf- bzw. Hirntransplantationen verknüpfte Frage nach personaler Identität und dem Verhältnis von Geist und Materie (vgl. Krüger-Fürhoff 2012, 242–263).

Literatur

Borchmeyer, Dieter: *Die vertauschten Köpfe. Eine indische Legende.* Thomas Manns »metaphysical joke«. In: *Jahrbuch der Deutschen Schillergesellschaft* 54 (2010), 378–397.

Carbe, Monika: *Thomas Mann: »Die vertauschten Köpfe«. Eine Interpretation der Erzählung.* Diss. Marburg 1970.

Koopmann, Helmut: *Die vertauschten Köpfe.* Verwandlungszauber und das erlöste Ich. In: Thomas Sprecher (Hg.): *Liebe und Tod – in Venedig und anderswo.* Frankfurt a. M. 2005 (= *TMS* 33), 209–225.

Krüger-Fürhoff, Irmela Marei: *Verpflanzungsgebiete. Wissenskulturen und Poetik der Transplantation.* München 2012.

Lehnert, Herbert: Idyllen und Realitätseinbrüche. Ideologische Selbstkritik in Thomas Manns *Die vertauschten Köpfe.* In: Paul Michael Lützeler (Hg.): *Zeitgenossenschaft. Zur deutschsprachigen Literatur im 20. Jahrhundert.* Frankfurt a. M. 1987, 123–139.

Lorenzen-Peth, Jennifer: *Erzählperspektive und Selbstreflexion in Thomas Manns Erzählungen. Sinnkonstitution und Sinndestruktion.* Kiel 2008.

Mahadevan, Anand: Switching heads and cultures. Transformation of an Indian myth by Thomas Mann and Girish Karnad. In: *Comparative Literature* 54 (2002), 23–41.

Stocker, Peter: *Theorie der intertextuellen Lektüre. Modelle und Fallstudien.* Paderborn u. a. 1998.

Zeug, Alexander: Der arische Mythos und Thomas Manns indische Legende von den vertauschten Köpfen. In: *New German Review* 14 (1998/1999), 5–28.

Bernd Hamacher

2.30 *Das Gesetz* (1943)

1942 plant Armin L. Robinson, ein aus Österreich stammender Literaturagent, gemeinsam mit Liesl Frank und in Zusammenarbeit mit Metro-Goldwyn Mayer ein Filmprojekt zu den Zehn Geboten. Das Vorhaben scheitert, und in der Folge sucht Robinson ein Buchprojekt zu verwirklichen, das unter dem Titel *The Ten Commandments. Ten Short Novels of Hitler's War against the Moral Code* Erzählungen von zehn internationalen Schriftstellern beinhalten und die »verbrecherische Mißachtung des Sittengesetzes« (GW XI, 151) unter dem Nazi-Regime behandeln soll. Ursprünglich wird Thomas Mann mit der Einleitung für den Band betraut, tatsächlich aber entscheidet er sich für eine Erzählung über die Erlassung der Gebote – auch, wie er rückblickend bekennt, weil er »noch warm« ist von der Arbeit an der gerade abgeschlossenen *Joseph*-Tetralogie (GW XI, 154). Im Tagebuch ist der Entstehungsprozess der Erzählung im Detail dokumentiert – am 18. 1. 1943 hält Mann fest: »Begann vormittags den Moses zu schreiben«. Es folgt ein kontinuierliches Arbeiten am Text bis zum 13. März: »Schloß vormittags die Erzählung ›Das Gesetz‹ auf der 93. Seite ab« (Tb 13. 3. 1943). Die Erzählung, Manns einzige Auftragsarbeit, erscheint 1943, ins Englische übersetzt von George R. Marek, in dem von Robinson herausgegebenen Band beim New Yorker Verlag Simon and Schuster unter dem irreführenden Titel *Thou Shalt Have No Other Gods Before Me*. Tatsächlich ist dieser Titel noch der ursprünglichen Konzeption des Bandes geschuldet, nach der sich jeder Beitrag einem der zehn Gesetze widmen soll – eine Ausrichtung, die Mann von Beginn an ausweitet, indem er die Erlassung des gesamten Dekalogs in den Blick nimmt. Erstdrucke in deutscher Sprache erscheinen 1944 im Privatdruck der Pazifischen Presse, Los Angeles (Auflage 500 Exemplare). Im gleichen Jahr gibt der in Stockholm ansässige Berman-Fischer Verlag die Erzählung in einer Auflage von 3000 Stück heraus.

Werkgeschichtlich schließt *Das Gesetz* unmittelbar an die *Joseph*-Tetralogie an: Mann beendet am 4. 1. 1943 die Arbeit an jenem »Monument der *Beharrlichkeit*« (Tb 4. 1. 1943) und fertigt wenige Tage später erste »Studien zum ›Gesetz‹« (Tb 10. 1. 1943) an. Rückblickend bezeichnet er die Erzählung als »Nachspiel« des Joseph-Epos (Tb 21. 3. 1943), als »etwas in Leichtigkeit Geglücktes« (DüD II, 648), das »rasch, leicht und sorgenlos, wenn auch nicht sorglos« (DüD II, 644) von der Hand gegangen sei.

Quellen und Entstehungskontext der Erzählung sind inzwischen hinlänglich erforscht (Makoschey 1998). Durch Käte Hamburgers wegweisende Studie sind die religionsgeschichtlichen Aspekte des Textes, insbesondere sein Bezug zur biblischen Vorlage, dem Pentateuch, ausgeleuchtet worden (Hamburger 1964). Unbestritten ist der Einfluss Sigmund Freuds auf die Erzählung: Dessen Studie *Der Mann Moses und die monotheistische Religion* rezipiert Mann unmittelbar nach ihrem Erscheinen 1939, eine erneute Beschäftigung erfolgt in der Vorbereitungszeit auf das Abfassen der Moses-Erzählung (Tb 10.-12. 1. 1943, dazu Makoschey 1998, 90 ff und Vag 276). Weitere intertextuelle Bezüge finden sich zu Goethes Abhandlung *Israel in der Wüste* (1797), zu Elias Auerbachs religionswissenschaftlicher Studie *Wüste und Gelobtes Land* (1932/36) sowie zu Ernest Renans *Geschichte der Ursprünge des Christentums* (1863–83) (Makoschey 1998; Frühwald 2005, 323).

Unterteilt in 20 Kapitel, folgt die Handlung der Erzählung vorwiegend dem zweiten Buch *Mose* (*Exodus*): Geschildert werden die Herkunft Moses', der Auszug der Israeliten aus Ägypten unter seiner Führung sowie die Verkündung der zehn Gebote, die Moses auf dem Berg Horeb in Stein meißelt. Im Gegensatz zum Pentateuch, der Moses als Kind levitischer Eltern vorstellt, und im Unterschied zu Freud, der ihm eine ägyptische Abstammung zuschreibt, legt Mann seinen Moses als hybride Figur an. Er interpretiert ihn als, so heißt es einleitend, »unordentlich[e]« Geburt (GW VIII, 808) – als Resultat einer einmaligen erotischen Begegnung der ägyptischen Pharaonentochter Ramessu mit einem hebräischen Knecht. Diese doppelt besetzte Identität erlaubt es Mann, das gleichermaßen distanzierte wie leidenschaftliche Verhältnis seiner Figur zum Volk der Israeliten »psychologisch zu begründen« (DüD II, 644). Zugleich vergegenwärtigt der ›Halbjude‹ Moses, der Assoziationen an die ungeklärte Herkunft Adolf Hitlers weckt, bereits die von der Forschung mehrfach konstatierte »Moses-Hitler-Konstellation« (Lubich 2002, 20). Die Erzählung endet mit einer leidenschaftlichen Ansprache Moses' an die Israeliten als Reaktion auf deren Götzendienst, den Tanz um das Goldene Kalb. Moses verkündet abschließend nicht nur die zehn durch Gott empfangenen Gebote, sondern verflucht zugleich jene, die es künftig wagen sollten, diese Gesetze außer Kraft zu setzen (GW VIII, 875). Dieser letzte Fluch bleibt auf die Person Hitlers und die nationalsozialistische Herrschaft bezogen – wörtlich zitiert ihn Mann in seiner Radioansprache an die deutschen Hörer im April 1943 (GW XI, 1071 f.). Dennoch verweigert sich die Erzählung einer voreiligen propagandistischen Instrumentalisierung: Vielmehr reflektiert sie die Einsicht, dass »jede Ordnung, auch die demokratische der Moderne, auf Gewalt ruht« (Gut 2008, 319). Hier liegt das »ethische Thema« (Smend 1997, 243) einer Erzählung begründet, die bewusst auch jene Brutalität und Gewalt nicht ausspart, welche mit dem Auszug der Israeliten aus Ägypten verbunden sind und die in der Ermordung aller ägyptischen Erstgeborenen durch Moses' »Würgengel« Joschua kulminieren (GW VIII, 828). Die eigentliche moralische Leitfrage formuliert damit die sich wiederholt auktorial einbringende Erzählinstanz, wenn sie sich unmittelbar an den Leser wendet: »Wie soll sich der Mensch auch der Unreinheit entwinden, ohne ihr ein letztes Opfer zu bringen, sich einmal noch gründlich dabei zu verunreinigen?« (GW VIII, 829).

Mann hadert nach Veröffentlichung des Sammelbandes mit der Gesamtkonzeption desselben und zeigt sich mit der Qualität der meisten darin enthaltenen Texte nicht einverstanden (Frühwald 2005, 322). Bei den amerikanischen Kritikern fällt die Anthologie zu weiten Teilen durch, wenngleich Manns Leistung, etwa von den Kritikern der *New York Times* sowie der *New York Times Book Review*, durchaus gewürdigt wird (zur zeitgenössischen Kritik vgl. den Überblick in Vag 280–286). Die deutschsprachige Ausgabe der Erzählung sorgt für ambivalente Besprechungen sowohl in der Schweiz wie in Deutschland, wobei die negativen Urteile zumeist mit einer Kritik durch Vertreter des Juden- wie des Christentums an Manns vermeintlich problematischem Moses- wie Gottesbild einhergehen (ebd., 283–286). Auch in den USA kommt es zu mitunter harschen Angriffen auf den Autor durch orthodox-jüdische Vertreter, die in dem Text einen »Haßausbruch gegen das Judentum« zu erkennen glauben (ebd., 277). Mann verteidigt seinen Text vehement gegen den Vorwurf des Antisemitismus und zeigt sich »vollkommen verblüfft« angesichts dieser Lesart, »weil eine solche Auslegung [ihm] noch nie vorgekommen war« (DüD II, 651).

Die quellenkritischen (Hamburger 1964; Makoschey 1998) und religionswissenschaftlichen Beiträge (Smend 1997) zur Forschung werden durch politische Interpretationen ergänzt, die sich auf die Analogien zwischen dem Führungsstil der Mann'schen Mosesfigur und dem nationalsozialistischen Machtapparat Hitlers beziehen (Brenner 2003; Lubich 1991; Kristiansen 1987) oder die biblische Figur gar als »dark parody of Hitler himself« verstehen (Britt 2004, 29). Tatsächlich wird Moses innerhalb der Erzählung gleich fünfmal als »Führer« bezeichnet – seine Macht resultiert aus den durch Joschua aufgebauten Terrortruppen und einer ausgefeilten Propagandaarbeit, »theatralisch inszenierte[n] Paraden, nationalistische[m] Pathos, Lügen« (Darmaun 2003, 224). Zu Recht weist Kristiansen darauf hin, dass solche Analogien zwischen den in der Moses-Erzählung dargestellten totalitären Strukturen und dem faschistischen Machtapparat keineswegs inhaltlicher Natur seien und die Erzählung insgesamt eine »offene Kampfansage an den Nationalsozialismus« darstelle (Kristiansen 2013, 523).

Neben die politische Deutung der Erzählung und ihrer Hauptfigur tritt die Künstlerthematik, insbesondere der Michelangelo-Bezug (Lubich 1991, 23; Gut 2008, 317; Darmaun 2003, 215). Dieser geht auch auf Selbstauslegungsversuche des Autors zurück, der die Gesetzgebung durch Moses einmal »als eine Art von michelangeleskem Skulpturwerk an einem Rohmaterial von Volkskörper« beschreibt (Br II, 298). Auch Manns Tagebucheinträge halten die Anregungen fest, die sich den Werken Michelangelos verdanken (Tb 13. 1. 1943; 18. 1. 1943; Makoschey 1998, 99–114). Zudem wird die Künstlerfigur Moses als Alter Ego des Autors gedeutet: So liest Frühwald *Das Gesetz* als autobiographische Erzählung, die einmal mehr Manns Sehnsucht dokumentiere, »Repräsentant der Deutschen« zu sein (Frühwald 2005, 328). Mythentheoretisch fundierte Lektüren erkennen das Potential des Mann'schen Textes gerade dort, wo er auf eine politische Anreicherung des Mythos wie auf eine Ästhetisierung der Politik verzichtet: Erst dadurch entkomme die Erzählung der mit jeder Überschreibung des Mythos' einhergehenden und von Horkheimer/Adorno problematisierten »Dialektik der Aufklärung« (Hartwich 1997, 215–226).

Literatur

Brenner, Peter J.: Die Befreiung vom Mythos. Recht und Ordnung in Thomas Manns Erzählung *Das Gesetz*. In: Michael Braun/Birgit Lermen (Hg.): *man erzählt Geschichten, formt die Wahrheit. Thomas Mann – Deutscher, Europäer, Weltbürger.* Frankfurt a. M. u. a. 2003, 187–207.

Britt, Brian: *Rewriting Moses. The Narrative Eclipse of the Text.* London/New York 2004.

Darmaun, Jacques: *Thomas Mann, Deutschland und die Juden.* Tübingen 2003.

Frühwald, Wolfgang: *Das Talent, Deutsch zu schreiben. Goethe – Schiller – Thomas Mann.* Köln 2005.

Gut, Philipp: *Thomas Manns Idee einer deutschen Kultur.* Frankfurt a. M. 2008, 315–320.

Hamburger, Käte: *Thomas Mann: »Das Gesetz«.* Berlin 1964.

Hartwich, Wolf-Daniel: *Die Sendung Moses von der Aufklärung bis Thomas Mann.* München 1997.

Kristiansen, Børge: Freiheit und Macht. Totalitäre Strukturen im Werk Thomas Manns. Überlegungen zum *Gesetz* im Umkreis der politischen Schriften. In: *Internationales Thomas-Mann-Kolloquium 1986 in Lübeck.* Bern 1987 (= *TMS* 7), 53–72.

Kristiansen, Børge: *Thomas Mann – Der ironische Metaphysiker. Nihilismus, Ironie, Anthropologie in Thomas Manns Erzählungen und im Zauberberg*. Würzburg 2013.
Lubich, Frederick Alfred: »Fascinating Fascim«. Thomas Manns *Das Gesetz* und seine Selbst-de-Montage als Moses-Hitler. In: *German Studies Review* 14.3 (1991), 553–573.
Makoschey, Klaus: *Quellenkritische Untersuchungen zum Spätwerk Thomas Manns. »Joseph, der Ernährer«, »Das Gesetz«, »Der Erwählte«*. Frankfurt a. M. 1998 (= *TMS* 17).
Smend, Rudolf: Thomas Mann: *Das Gesetz*. In: Barner, Wilfried (Hg.): *Querlektüren. Weltliteratur zwischen den Disziplinen*. Göttingen 1997, 232–246.

Stephanie Catani

2.31 *Die Betrogene* (1953)

Die laut Selbstaussage »im Stil der klassischen Novelle vorgetragen[e] [Geschichte]« (DüD III, 512 f.) erzählt vom Wiedereinsetzen der monatlichen Blutungen bei der sich bereits jenseits des Klimakteriums wähnenden Rosalie von Tümmler. Das im Zusammenhang mit Rosalies Verliebtheit in den weniger als halb so alten Ken Keaton vermittelte Ereignis erweist sich indes nicht als Wunder der Natur, als das sie selbst es begreift, sondern vielmehr als Symptom einer fortgeschrittenen Krebserkrankung mit baldigem tödlichen Ausgang. Mit diesem Text, der das letzte vollendete Werk Manns darstellt, wird so die Frage nach dem Wesen der Natur vor allem im Hinblick auf die Sinnzuschreibung von Leben und Tod nochmals aufgeworfen.

Die eigentliche Entstehungsgeschichte geht von einer durch Katia Mann vermittelten Anekdote über eine »ältere Münchener Aristokratin« aus, mit der Mann die Idee der »[f]urchtbare[n] Vexation« durch Krebs und das Thema, ob »die Krankheit der Reiz zur Leidenschaft« war, notierte (Tb 6. 4. 1952). Er unterbrach die Arbeit am *Felix Krull* und begann am 14. 5. 1952 mit dem Schreiben, nachdem er bei dem ihm bekannten Arzt Frederick Rosenthal medizinische Erkundungen zur Pathologie des Unterleibskrebses eingeholt hatte. Für den Schauplatz Düsseldorf erhielt er von Grete Nikisch Auskunft. Durch Übernahme u. a. der medizinischen Erläuterungen Rosenthals (vgl. Benini 2005, 231 f.) sowie der Informationen aus dem von Nikisch übersandten Merian-Heft über Düsseldorf ist auch *Die Betrogene* in der für Mann charakteristischen Montagetechnik geschrieben. Weitere Einflüsse stellen u. a. Texte von Goethe und Kleist dar. Trotz des in den Entstehungszeitraum fallenden Umzugs der Manns nach Europa mit noch mehreren Ortswechseln wurde die Erzählung zügig fertig gestellt, sodass sie 1953 in den Heften Mai-Juli des *Merkur* erscheinen konnte. Von der Literaturkritik wurde die Darstellung von Altersliebe, zumal aus der Perspektive der Frau, in Verbindung mit der Thematisierung physio-pathologischer Vorgänge der weiblichen Geschlechtsorgane überwiegend als Tabubruch empfunden (vgl. Vag 305–308).

Im Hinblick auf die Erzähltechnik fällt *Die Betrogene* durch Formulierungen auf, die den Eindruck von Eindeutigkeit erwecken (z. B. Zeit- und Ortsangaben, medizinische Details), wo doch Vagheit die Geschichte bestimmt. Die Grundfrage nach der Natur wird nicht nur durch die Handlung aufgegriffen, sondern auch in mehreren Dialogen Rosalies und ihrer Tochter Anna. Dabei erweisen sich sowohl die Ansichten der für eine gestutzte und geformte Natur schwärmenden Rosalie als auch diejenigen der durch einen Klumpfuß beeinträchtigten und in ihrer Kunst aufs Abstrakte zielenden Anna als defizitär.

Allegorisierungen und leitmotivische Verknüpfungen konstituieren die Erzählung. So wird die Täuschung durch die Natur im Konkreten exemplifiziert: durch das Verwechslungspotential von Krokus und Herbstzeitlose (vgl. GW VIII, 934) oder anhand des nicht immer als »Warnungssignal« auftretenden Schmerzes (GW VIII, 890). Das wiederholt angesprochene Phänomen der Spiegelung verweist auf die mythologische Dimension (vgl. GW VIII, 942, 947 in Verbindung mit Narzissen) und trägt zu einem bedeutenden Thema des Texts bei: der mangelhaften Zuverlässigkeit sinnlicher Wahrnehmung. In Verbindung mit dem Geruchssinn wird dies auf drastische Weise vorgeführt, wenn Rosalie als Quelle des von ihr wahrgenommenen Moschusduftes einen Unrathaufen ausmachen muss (vgl. GW VIII, 887). Zudem ist der Bezug zur Kunst gegeben, da nach den Möglichkeiten gefragt wird, mittels des Kunstwerks sowohl einzelne Sinneseindrücke darzustellen (vgl. zur Spiegelung GW VIII, 880) als auch Synästhesien (vgl. Rosalies Forderung an die Kunstakademie-Absolventin Anna, »Düfte in Farben auszudrücken«, GW VIII, 886). Dass die Kunst Mittel zur Erkenntnis sein kann, wird auf der Handlungsebene allerdings nicht umgesetzt.

Die realistische Handlung wird durch mythologische Verweise und literarische Anspielungen semantisiert. Dabei ist auffällig, dass im Gegensatz zu anderen Texten Manns diese Zitate in der *Betrogenen* kein schlüssiges Modell für die Interpretation des Gesamttexts liefern, sondern bestenfalls einzelne Aspekte aufgreifen. Dies trifft auf die von Rosalie selbst vorgebrachten Vergleiche z. B. mit der biblischen Sara, mit der Apuleius-Erzählung von *Amor und Psyche* oder dem Mythos von Zephir und Flora ebenso zu wie auf die Beschreibungen des Erzählers, wenn er z. B. Rosalies Blumensymbolik fortführt oder den Holterhof-Ausflug als Hadesfahrt gestaltet (vgl. Heydenreich 1972).

Das Bemühen um Sinngebung wird offenbar, wo letztlich keine mythopoetische Interpretation für die mit der Krebskrankheit in Verbindung stehenden Ereignisse zu finden ist. Rosalies eigene Deutung des an ihr geschehenen ›Naturwunders‹ wird durch den Handlungsverlauf konterkariert. Entsprechend den 1952 gegebenen medizinischen Auskünften hat Mann den Text so konzipiert, dass bei ihr der Krebs durch die pathologische Hormonausschüttung Ursache und Voraussetzung ihrer Gefühle für Ken Keaton ist. Damit operiert der Text, dessen Handlung ca. 1925 spielt, mit einem Wissensvorsprung gegenüber seinen Figuren und seinem Erzähler. So erfolgt der Verweis auf das Primat des Körperlichen, gleichwohl ist die innerhalb der Handlung gestellte Frage, »durch Gott weiß welchen Reizvorgang« (GW VIII, 949) sich die Krebszellen überhaupt entwickeln konnten, auch zur Entstehungszeit noch aktuell.

Der Text exemplifiziert das gleich im ersten Absatz für den Ehemann Benannte: dass der Tod »auf recht sinnlose Weise« erfolgt, man aber »doch [...] trotzdem« etwas »sagen« kann (GW VIII, 877), das ihm Bedeutung zuschreibt. Insofern vollzieht sich der Betrug an Rosalie zwar umfänglich, erweist sich aber zugleich auch als Gnade. Er wird von ihr selbst fortgeführt bis zum Tod. Eine derart anschauliche Darstellung der Täuschung mittels Natur-Mystifikation verweist auf den hohen Reflexionsgrad des Textes. Neben Nietzsche und Schopenhauer ist damit auch Johann Jakob Bachofens Kulturstufenlehre angesprochen (vgl. Ulrich 1984). Rosalie in ihrer Beschränkung und Sinngebung der Natur sucht so auf einer »quasi-tellurische[n] Stufe« (Hamacher 2005, 328) die Dämonie derselben abzuwehren.

Dass Thanatos die Protagonistin in Gestalt des Eros heimsucht, ist ein vertrautes Motiv innerhalb des Mann'schen Œuvres. Ungewöhnlich ist hingegen der Handlungsort Düsseldorf. Er wurde im biographischen Zusammenhang mit Blick auf Manns späte Liebe für den Düsseldorfer Klaus Heuser gedeutet (wie überhaupt der biographische Kontext forciert wurde, vgl. Vaget, TMHb, 613 f.). Elsaghe sieht die Verlagerung an den Westrand des deutschen Territoriums sowohl psychologisch als Todesverdrängung wie politisch als Ausdruck von Antiurbanismus und Kaiserreich-Nostalgie an (vgl. Elsaghe 2010, 314). Die historischen Ereignisse interagieren im Text tatsächlich mit der Krankengeschichte, sind allerdings auch konkret im Hinblick auf die alliierte Rheinlandbesetzung zu interpretieren. Deren Ende fällt in der Novelle mit dem Tod Rosalies zusammen, womit der politische Kontext (durch den Bezug zum Ersten Weltkrieg als Ende einer Epoche) noch eine weitere Deutungsoption für Rosalies Geschichte bereithält.

Die Betrogene lässt sich folglich kaum nur auf den Antagonismus von Geist/Kunst vs. Natur/Leben zurückführen (vgl. Mayer 1984, 425), und das Thema ist nicht in Betrug *oder* Gnade aufzulösen. Es geht um die Möglichkeit der Sinngebung einer als dämonisch erfahrenen Natur und um die Rolle, die die Kunst (resp. die Literatur) dabei spielt. *Die Betrogene* führt diese Natur-Deutung vor und exerziert sie anhand ihres Figurenensembles. Damit ist nicht zuletzt eine Form literarischen Erzählens gefunden, die die Täuschung in ihrer Transzendenz aufzeigt.

Literatur

Benini, Arnaldo: Die skandalöse Parabel. Thomas Manns Erzählung *Die Betrogene*. In: Thomas Sprecher (Hg.): *Liebe und Tod – in Venedig und anderswo*. Frankfurt a. M. 2005 (= *TMS* 33), 227–243.

Elsaghe, Yahya: *Krankheit und Matriarchat. Thomas Manns Betrogene im Kontext*. Berlin 2010.

Hamacher, Bernd: »Wenn schon alt, dann goethisch alt.« *Die Betrogene* – Thomas Manns poetisches Resümee im Zeichen Goethes. In: Walter Delabar/Bodo Plachta (Hg.): *Thomas Mann (1875–1955)*. Berlin 2005, 305–329.

Heydenreich, Titus: Eros in der Unterwelt. Der Holterhof-Ausflug in Thomas Manns Erzählung *Die Betrogene*. In: Eberhard Leube/Ludwig Schrader (Hg.): *Interpretation und Vergleich. Festschrift für Walter Pabst*. Berlin 1972, 79–95.

Mayer, Hans: *Thomas Mann*. Frankfurt a. M. 1984.

Ulrich, Margot: »... diese kleine Mythe von Mutter Natur«. Zu Thomas Manns letzter Erzählung *Die Betrogene*. In: Rudolf Wolff (Hg.): *Thomas Mann – Erzählungen und Novellen*. Bonn 1984, 121–134.

Vaget, Hans Rudolf: Die Erzählungen. In: *TMHb*, 534–618.

Katrin Max

3 Das einzige Drama: *Fiorenza* (1905)

Fiorenza ist das einzige Drama Thomas Manns. Erste Spuren dazu finden sich 1898 und betreffen eine Schlüsselfigur der Literatur des Fin de Siècle, den Dominikanermönch Girolamo Savonarola, dessen Tod sich 1898 zum 400. Mal jährte. Möglicherweise wurden diese allerersten Notizen zumindest teilweise in Rom geschrieben, wo sich Mann zwischen 1896 und 1898 rund eineinhalb Jahre lang aufhielt. Vielleicht hat gerade dieser Aufenthalt den Anstoß dazu gegeben, sich mit dem italienischen Stoff zu beschäftigen, der im 400. Todesjahr Savonarolas wieder aktuell geworden war. Diese ersten Einträge zeigen, dass Mann in dieser frühesten Arbeitsphase plante, Savonarolas Ende – und Scheitern – darzustellen, und dass sein psychologisches Interesse vorerst ausschließlich der Figur des Priors galt. Von Anfang an wurde dieser aus der Perspektive von Nietzsches ›Entlarvungspsychologie‹, d. h. im Licht seiner Analyse des asketischen Priesters (*Zur Genealogie der Moral*) wahrgenommen.

Im Frühjahr 1901 reiste Mann nach Florenz, um knapp drei Wochen lang vor Ort Kultur und Ambiente für sein entstehendes Drama zu studieren. Spätestens seit diesem Zeitpunkt war neben Savonarola auch Lorenzo il Magnifico (der Prächtige) als Figur vorgesehen. Die endgültige Form des geplanten Stücks hingegen stand noch nicht fest; frühe Notizen zeigen, dass es vorerst als Einakter in zwölf Szenen konzipiert war. Mit der Niederschrift, die zunächst nur zögernd voranging, begann Mann vermutlich im Frühjahr 1903. Erst im Laufe des Sommers wurde der ursprüngliche Einakter-Plan aufgegeben, wobei immer wieder Zweifel an der Möglichkeit einer künftigen Inszenierung aufkamen.

Im Winter 1903/04 wurde die Niederschrift wiederholt durch andere Verpflichtungen unterbrochen, so dass der zweite Akt erst im August 1904 fertiggestellt werden konnte. Als sich Mann wenig später Anfang Oktober mit Katia Pringsheim verlobte, lag der dritte Akt und mit ihm die Gestaltung des thematischen und ideellen Kernteils des Dramas also noch vor ihm. Endgültig abgeschlossen wurde das Werk rund zwei Monate nach dem mit S. Fischer für November vereinbarten Abgabetermin am 3. 2. 1905, unmittelbar vor der Hochzeit am 11. Februar.

Fiorenza erschien erstmals 1905 im Zweiten Band der *Neuen Rundschau* (die ersten beiden Akte im Juli-Heft, der dritte Akt im August-Heft). Im Erstdruck findet sich nach dem Titel der Zusatz »Drei Akte von Thomas Mann« (die Handschrift verzeichnet nach dem Titel »In drei Akten«). Die erste Buchausgabe erschien im Oktober 1905 bei S. Fischer in Berlin, eine zweite Auflage folgte bereits wenig später in der ersten Januarhälfte 1906. Ab der ersten Buchausgabe fehlt jeder Hinweis auf eine Gattungszugehörigkeit. Das Manuskript befindet sich im Literaturarchiv der Münchner Stadtbibliothek Monacensia.

Bereits an diesem frühen Werk zeigt sich Manns ganz spezifischer Umgang mit ›Quellen‹. In *Fiorenza* fließen sehr zahlreiche und ganz unterschiedliche Lektüren ein, die auf differenzierte und komplexe Weise miteinander kombiniert und neu verarbeitet werden. Eines der allerersten Werke, das Mann im Rahmen des Savonarola-Plans las, waren Joseph-Arthur Gobineaus »Historische Szenen« *Die Renaissance* (dt. 1896), die das Stück und seine epische Tendenz formal beeinflussten. Zu den wichtigsten Material-Quellen gehören die 1868 auf Deutsch erschienene *Geschichte Savonarolas und seiner Zeit* von Pasquale Villari, bei dem sich u. a. in der Darstellung von Lorenzos Sterbeszene der dramatische Kern vorgebildet findet; das von Goethe ins Deutsche übersetzte *Leben des Benvenuto Cellini, Florentinischen Goldschmieds und Bildhauers, von ihm selbst geschrieben*; Eduard Heycks 1897 erschienene schmale Monographie *Die Mediceer* sowie Jacob Burckhardts *Cultur der Renaissance in Italien* (siebente Aufl. 1899). Burckhardts Ausführungen zur Zentralität des Festwesens und der Geselligkeit sowie zum Aufkommen des Kunstgewerbes in der Renaissance lassen Mann die Möglichkeit erkennen, das mediceische Florenz und das zeitgenössische München der Prinzregentenzeit ideell miteinander zu verknüpfen. Wichtig ist in diesem Zusammenhang auch eine Reihe von zeitgenössischen kunsthistorischen und kunsttheoretischen Werken, die für den *Fiorenza* eingeschriebenen Kunstdiskurs entscheidend sind und zu deren prominentesten Vertretern Aby Warburg und der späte Tolstoi gehören.

Auf die geistige Konzeption des Dramas übt Nietzsche einen grundlegenden Einfluss aus, der alle drei Hauptfiguren – den Prior, Lorenzo und Fiore – auch sprachlich stark prägt. Neben Schopenhauer gehören zur ideellen Basis des Werks und seiner Dialektik auch weitere wichtige Grundvorstellungen, vor allem Heines typologischer Antagonismus von Hellene und Nazarener und Schillers Unterscheidung des Naiven und Sentimentalischen. Gerade der Begriff des ›Naiven‹ erweist sich für die Figur des Priors als zentral. Weiter haben Dmitry Mereschkowskis 1903 erschienene literaturkritische Darstellung *Tolstoi und Dostojewski als Menschen und Künstler* und Richard Wagners theoretische Schriften (*Religion und Kunst*) auf die ideelle Konzeption des Dramas gewirkt. Ebenso beeinflusst wird diese durch Henrik Ibsens Doppeldrama *Kaiser und Galiläer* (1873) und das Thema des weltgeschichtlichen Übergangs von einer Religionsform zur anderen, das sich mit dem Motiv der Herrschaft über die Seelen verknüpft.

In das Stück eingeflossen ist auch das zeitgenössische München mit seiner spezifischen Festkultur und seinen zahlreichen Künstlervereinigungen, wie es in der sowohl entstehungsgeschichtlich als auch ideell eng mit *Fiorenza* verbundenen Erzählung *Gladius Dei* (1902) und noch einmal Jahrzehnte später im XXIII. Kapitel des *Doktor Faustus* beschrieben wird. Dies zeigt sich besonders deutlich an der Darstellung der Künstler, für die prominente Vertreter aus der damaligen Kunstszene (Franz von Stuck, Franz von Lenbach, Leo Putz, Hermann Obrist, Richard Riemerschmid) Modell standen. Aber auch die zeitgenössische Literaturszene (Heinrich Mann, Oskar Panizza, Frank Wedekind) schimmert immer wieder durch die historische Einkleidung des Stücks, das sich jenseits des Renaissance-Ambientes als eine Auseinandersetzung mit der zeitgenössischen Kunstszene erweist. Der kulturelle Mikrokosmos München ist für Mann maßgeblich durch die darstellende Kunst, und nicht durch die Literatur geprägt: München erscheint ihm als ›unliterarische Stadt‹, wie das mediceische Florenz geprägt durch eine als sinnlich-festliches Erleben aufgefasste ›Kunst‹, die im Gegensatz steht zur ›Literatur‹ als kritisch-analytischer Praxis.

Das Geschehen beschränkt sich auf den Nachmittag des 8. 4. 1492, den Todestag Lorenzo de' Medicis, der Ort der Handlung auf die Villa Medicea in Careggi bei Florenz. Das Thema in weitestem Sinn ist das Warten auf den Tod, der schließlich im dritten Akt eintritt. Das Thema auf der Handlungsebene hingegen ist die Gegenüberstellung zweier verschiedener Welten und Geisteshaltungen, die mit den Heineschen Kategorien Sensualismus und Spiritualismus bzw. Heidentum und Nazarenertum beschrieben werden können und sich in den beiden Antagonisten Lorenzo und Savonarola personifizieren. Im ersten Akt treten die Freunde des Magnifico auf: der Humanist Angelo Poliziano, Pico della Mirandola und Lorenzos jüngerer Sohn, der Kardinal Giovanni und spätere Papst Leo X. Ihre Gespräche drehen sich zunächst um die tödliche Krankheit Lorenzos; sodann um dessen Gegenspieler, den Dominikanermönch Girolamo Savonarola, der mit seinen zu Askese und Umkehr auffordernden Predigten eine außerordentliche Publikumswirkung bei den Florentinern erzielt; und schließlich um Fiore, Geliebte Lorenzos und gleichzeitig Allegorie der Stadt, welche die Predigten Savonarolas besucht und ihn durch ihr beständiges, geräuschvolles Zuspätkommen provoziert. Im zweiten Akt treten neben den elf Künstlern Fiore, die einzige weibliche Figur des Dramas, und der ältere Sohn Lorenzos, Piero de' Medici, auf. Piero möchte sich bei Fiore gewissermaßen als Nachfolger seines Vaters vormerken, wird aber von ihr zurückgewiesen. Der dritte Akt zeigt Lorenzo selbst im Gespräch mit seinen Freunden, den Künstlern, den Söhnen und Fiore. In der letzten Szene tritt schließlich Savonarola auf – und mit ihm der Tod. Savonarola erscheint geradezu als Allegorie des Todes, und von Fiore wird er wiederholt mit »Herr Toter« (GKFA 3.1, 115) angesprochen. Der dramatische Höhepunkt steht am Ende – und somit für viele Kritiker kompositionstechnisch viel zu spät – und gipfelt in Savonarolas an Lorenzo gerichteter Bedingung, letzterer müsse Florenz aus der Medici-Herrschaft entlassen. Noch während sich der Magnifico diesem Ansinnen verweigert, trifft ihn der Tod.

Die dem Drama eingeschriebene Problematik der Zeitenwende und des Paradigmenwechsels wird besonders durch die an Salome erinnernde Fiore deutlich: wie Salome zwischen alter, nur aufs Sinnliche gerichteter heidnischer Spätkultur und neuem, christlich-spirituellem Weltbild steht, bewegt sich auch Fiore auf dem Grat zwischen Lorenzos Sensualismus und seiner das Leben verherrlichenden Kunst, und Savonarolas nazarenischem Spiritualismus mit seiner dem Geist – und dem Tod – geweihten Kunst. Neben der Thematisierung und Allegorisierung dieser abstrakten Begriffe geht es in *Fiorenza* vor allem um eine Analyse der Psychologie der Macht und damit zusammenhängend um die erstmalige Problematisierung eines Begriffs, der sich direkt aus Schillers Kategorie des Naiven herleitet. Auf Lorenzos Frage: »Schämt Ihr Euch nicht, die Macht noch zu gewinnen, da Ihr erkannt, wodurch Ihr sie gewinnt?« antwortet der Prior: »Ihr schaut das Wunder der wiedergeborenen Unbefangenheit.« (GKFA 3.1, 124) Dieser Begriff wird erst im Zusammenhang mit einer Notiz aus den Vorarbeiten deutlich, wo es heißt: »Die Scham ist Folge der Erkenntnis, Einsicht u. verlorenen Naivetät (Galvan, GKFA 3.2, 263).« Wenn also der Prior für sich selbst eine ›wiedergeborene Unbefangenheit‹, d. h. eine neue Naivität in Anspruch nimmt, so heißt das, dass er eben keine Scham empfindet, obwohl er die tieferen Beweggründe seines Machtstrebens kennt. Der Begriff meint also eine Haltung des vorsätzlichen Nicht-Wissens, eine willentliche Vereinfachung und eine Rückkehr zum ›Naiven‹, die sich jeder kritischen Analyse verschließt. Eine Haltung, die sich weder Rechenschaft ablegen noch Verantwortung für das eigene Handeln übernehmen will. Vor allem aber eine Haltung, die aufgrund ihres Hangs zur vereinfachenden Interpretation der Welt Fundamentalismus und Totalitarismus Vorschub leistet und auf der Ebene der menschlichen Gesittung eine Regression bedeutet. Deshalb überrascht es nicht, wenn sich der Begriff der ›wiedergeborenen Unbefangenheit‹ in *Bruder Hitler* (1939) wiederfindet.

Fiorenza wurde in einer ersten Phase zunächst als literarischer Text rezipiert, ab 1907 setzte dann mit den ersten Inszenierungen die Rezeption des Dramas ein. Die Uraufführung von *Fiorenza* fand am 11. 5. 1907 am Schauspielhaus Frankfurt statt, und im selben Jahr wurde das Stück auch in München gespielt: am 17. Dezember brachte es der ›Neue Verein‹ im Residenztheater zur Aufführung. Schon die ersten Kritiker unterstrichen den ›epischen‹ Charakter des Dramas und bemängelten die fehlende dramatische Spannung, wenn auch andererseits die sprachliche Qualität des Werks z. T. erkannt wurde. Am 3. 1. 1913 wurde das Stück erneut aufgeführt, diesmal in Max Reinhardts Kammerspielen des Deutschen Theaters Berlin. Hatte die Berliner Aufführung eine vorwiegend schlechte Presse, wurde einige Jahre später im Dezember 1919 eine Aufführung am Wiener Akademietheater zu einem großen Erfolg. In Wien kam das Stück 1925 erneut zum 50. Geburtstag Manns mit Erfolg auf die Bühne, diesmal am Volkstheater. Bei allen genannten Aufführungen war der Autor anwesend, meist hatte er auch den Proben beigewohnt. Neben den Bühneninszenierungen gab es auch verschiedene Leseaufführungen. Die bisher letzte fand im Dezember 2014 im Münchner Künstlerhaus statt.

Die Forschung widmete sich diesem frühen Text nur begrenzt und konzentrierte sich neben der Renaissance-Thematik (Rehm 1929, Pikulik 1971, Kruft 1990) auf die Bruder-Problematik (Banuls 1968 und 1978, Koopmann 2005) und die intertextuelle Nähe zur Erzählung *Gladius Dei* (van Stockum 1962, Wolf 1970, Wich 1972). Eine erste fundierte Untersuchung der Quellen findet sich bei Eilers (1967), während Burgard (1983) die Nietzsche-Spuren analysiert und dabei als erster die zentrale Bedeutung Fiores erkennt, und Galvan (2008 und 2010) die Münchner Einflüsse untersucht. Einen grundlegenden Aspekt fokussiert Sauer (1977) mit seiner Analyse des Priors als theokratischem Demagogen, der auch von Klinger (1974) unterstrichen wird. Aus einer ähnlichen Perspektive untersucht Hartwich (1998) die Instrumentalisierung der Rhetorik durch Savonarola als Prediger. Pütz (1983) erkennt die Komplexität der Dialektik in *Fiorenza* und sieht in ihr das wesentliche Merkmal dafür, dass das Stück ein modernes Drama des 20. Jahrhunderts sei. Galvan (1999) geht der verborgenen Homoerotik nach und damit einem Aspekt, der auch Böschenstein (2001) in einer umfassenden sprachlichen, formalen und psychologischen Untersuchung ihre Aufmerksamkeit schenkt. Myers (2001) stellt *Fiorenza* in den zeitgenössischen Werk- und Ideenkontext seines Autors. Um spezifische Aspekte geht es bei Jancke (1921), der als erster die hinter der Prosaform versteckten Verse erkennt; Hagedorn (1997) untersucht den intermedialen Zusammenhang mit Botticelli; Ottmer (2008) geht der leitmotivischen Funktion des mittelalterlichen Todes nach; bei Galvan (2013) steht die komplexe Funktion Fiores im Mittelpunkt.

Literatur

Banuls, André: Die Bruder-Problematik in Thomas Mann's *Fiorenza* und im Essay über den Künstler und den Literaten. In: *Orbis Litterarum* 38 (1978), 138–157.

Banuls, André: *Thomas Mann und sein Bruder Heinrich*. Stuttgart 1968, 127–136.

Böschenstein-Schäfer, Renate: Lorenzos Wunde. Sprachgebung und psychologische Problematik in Thomas Manns Drama *Fiorenza*. In: Kirsten Adamzik/Helen Christen (Hg.): *Sprachkontakt-Vergleich-Variation. Festschrift für Gottfried Kolde zum 65. Geburtstag*. Tübingen 2001, 39–59.

Burgard, Peter: *Fiorenza*: Mann contra Nietzsche. In: *Modern Language Quarterly*, vol. 44, 4 (1983), 359–373.

Eilers, Egon: *Perspektiven und Montage. Studien zu Thomas Manns Schauspiel »Fiorenza«*. Phil. Diss. Marburg/Lahn 1967.

Galvan, Elisabeth: *Fiorenza* – auf dem Theater und hinter den Kulissen. In: *TMJb* 21 (2008), 57–69.

Galvan, Elisabeth: Femme fatale und Allegorie. Thomas Manns Renaissancedrama *Fiorenza* und das München der Jahrhundertwende. In: Frank Baron/Helmut Koopmann (Hg.): *Die Wiederkehr der Renaissance im 19. und 20. Jahrhundert*. Münster 2013, 181–193.

Galvan, Elisabeth: Verborgene Erotik. Quellenkritische Überlegungen zu Thomas Manns Drama *Fiorenza*. In: *Literaturwissenschaftliches Jahrbuch* 1999, 237–254.

Galvan, Elisabeth: Zeitgeist im Renaissancegewand. Ein Blick hinter die Münchener Kulissen von Thomas Manns

Fiorenza. In: Dirk Heisserer (Hg.): *Thomas Mann in München V. Vorträge 2007–2009*. München 2010, 25–50.
Hagedorn, H. C.: Ein neuer Bildfund zu Thomas Manns *Fiorenza*: *Die Verleumdung* von Sandro Botticelli. In: *Jahrbuch der deutschen Schillergesellschaft* 41 (1997), 369–382.
Hartwich, Wolf-Daniel: Prediger und Erzähler. Die Rhetorik des Heiligen im Werk Thomas Manns. In: *TMJb* (1998), 31–50.
Jancke, Oscar: *Das analytisch-kritische Schaffenselement im Werke Thomas Manns*. Phil. Diss. München 1921, 38–44.
Klinger, Kurt: Thomas Manns unspielbares Stück. In: Ders.: *Theater und Tabus. Essays – Berichte – Reden*. Eisenstadt 1984, 159–164.
Koopmann, Helmut: *Thomas Mann – Heinrich Mann. Die ungleichen Brüder*. München 2005.
Kruft, Hanno Walter: Renaissance und Renaissancismus bei Thomas Mann. In: August Buck (Hg.): *Renaissance und Renaissancismus von Jacob Burckhardt bis Thomas Mann*. Tübingen 1990, 89–95.
Myers, Perry: Sickness and Death: The Transformation of ›Geist‹ in Thomas Mann's *Fiorenza*. In: *Seminar. A Journal of Germanic Studies*, vol. 37, 3 (2001), 209–226.
Ottmer, Eva: »Es ist der Tod, den du als Geist verkündest!« Der mittelalterliche Tod als Leitmotiv in Thomas Manns Drama *Fiorenza*. In: *Doitsu Bungaku. Neue Beiträge zur Germanistik* 7,2 (2008), 27–39.
Pikulik, Lothar: Thomas Mann und die Renaissance. In: Peter Pütz (Hg.): *Thomas Mann und die Tradition*. Frankfurt a. M. 1971, 101–129.
Pütz, Peter: Thomas Manns *Fiorenza* (1905): Ein Drama des 20. Jahrhunderts? In: Hans Dietrich Irmscher/Werner Keller (Hg.): *Drama und Theater im 20. Jahrhundert. Festschrift für Walter Hinck*. Göttingen 1983, 41–49.
Rehm, Walther: Der Renaissancekult um 1900 und seine Überwindung. In: *Zeitschrift für deutsche Philologie* 54 (1929), 296–328.
Sauer, Paul Ludwig: *Der »fürchterliche Christ«. Studien zur Genealogie des (pseudo)religiösen Totalitarismus und zum Spannungsfeld zwischen Ästhetik, Theologie und Politik anläßlich der Gestalt des Savonarola in Thomas Manns »Fiorenza«*. Hildesheim 1977/1978.
Stockum, Th. C. van: Savonarola, die historische Gestalt und ihre doppelte Spiegelung im Werke Thomas Manns. In: Ders.: *Von Friedrich Nicolai bis Thomas Mann*. Groningen 1962, 320–333.
Wich, Joachim: Thomas Manns *Gladius Dei* als Parodie. In: *Germanisch-Romanische Monatsschrift* 22 (1972), 389–400.
Wolf, Ernest M.: Savonarola in München – Eine Analyse von Thomas Manns *Gladius Dei*. In: *Euphorion* 64 (1970), 85–96.

Elisabeth Galvan

4 Lyrik

4.1 Thomas Mann und die Lyrik

Lyrische Anfänge

Thomas Mann, so »eindeutig wie keiner sonst« ein »reiner Epiker« (Kurzke 2001, 102), begann seinen literarischen Weg in den letzten Lübecker und seinen ersten Münchener Jahren (neben dramatischen) mit lyrischen Schreibversuchen. Als »ToMann. Lyrisch-dramatischer Dichter« bezeichnet er sich schon mit vierzehn Jahren im frühesten erhaltenen Brief von 1889 (an Frieda Hartenstein, GKFA 21, 21). Rückblickend erinnert sich Mann 1940 in *On Myself*, dass es »ziemlich lange« gedauert habe, »bis gegen mein zwanzigstes Jahr, daß die Vermutung, zum Erzähler bestimmt zu sein, sich in meinem Bewußtsein zu befestigen begann« (GW XIII, 133).

Die ersten Gedichte, von Jugendschwärmereien für die ›erste Liebe‹ Armin Martens beeinflusst (Tb 16. 7. 1950) und Manns eigenem Bekunden nach im Ton zunächst an die Vorbilder Heine und Storm angelehnt, sind nicht erhalten. Heinrich Mann verspottete sie als pathetisch-sentimental (an Ludwig Ewers, 27. 3. 1890; vgl. Mann 106 ff.). Auch Thomas Mann selbst hegte im späteren Leben keinerlei ästhetische Wertschätzung für seine lyrischen Anfänge – etwa, wenn er noch 1954 an seine »schlechte[n] Verse, die ich dem Heinrich Heine nachzumachen versuchte« erinnert (DüD I, 12) oder im Zusammenhang mit einer »[n]ächtliche[n] Heimsuchung« spöttisch aus »meinem dummen alten Poem von vor 60 Jahren« zitiert (Tb 7. 5. 1954). Zugleich wird das Lyrische als »distanzloses Bekenntnis« (Kurzke 2001, 101) damit jedoch gerade für einen in der bezeichneten Sache offenbar noch 1954 zutreffenden Versuch Manns funktional, auf erlebte eigene Gefühlsregungen unmittelbar und ohne den Abstand erzählerischer Ironie zuzugreifen, eine Form der Literarisierung, von der sich der Epiker später zwar deutlich distanziert, die er andererseits aber auch immer wieder bewusst einsetzt.

Mann selbst publizierte zwischen 1893 und 1899 sieben seiner Gedichte (zunächst in der von ihm mit herausgegebenen Schülerzeitschrift *Der Frühlingssturm* unter Pseudonym »Paul Thomas«, darauf in den Zeitschriften *Die Gesellschaft* und *Simplicissimus* sowie in der *Münchener Zeitung* unter eigenem Namen): »Zweimaliger Abschied«, »Nacht«, »Dichters Tod«, »Siehst du, Kind, ich liebe dich«, »Weihnacht«,

»Monolog« und »An Agnes Sorma« (vgl. GKFA 3.1). Für den familiären Privatgebrauch entstand zwischen 1896 und 1898 zudem in Zusammenarbeit mit dem Bruder Heinrich das heute verschollene *Bilderbuch für artige Kinder*, das neben Zeichnungen und Texten u. a. auch die von Viktor Mann überlieferte Schillerparodie »Raubmörder Bittenfeld vom Sonnenuntergang überwältigt« enthielt (dazu Kurzke 2001, 106).

»Versteckte« Lyrik und Gelegenheitsdichtung

Dass mit den sieben veröffentlichen Gedichten und dem *Bilderbuch* das Kapitel ›Lyrik‹ bei Thomas Mann jedoch keinesfalls abgeschlossen ist und der Fall vielmehr »komplizierter« liegt, betont zuletzt Galvan im Anschluss an Kurzkes Unterscheidung von Gelegenheitsdichtung, »Philosophische[r]« Lyrik und »Versteckte[n] Gedichte[n]« in Manns Werk: »Lyrisches findet sich – als Gedichte, Lieder oder auch in Form weniger Verse – in den Erzählungen und Romanen, den Briefen, in Tage- und Notizbüchern. Gedichte finden sich auch als Widmungen. Vor allem aber findet sich Lyrisches in Form versteckter, nahtlos in die Prosa eingefügter [...] Verse oder freier Rhythmen« (GKFA 3.2, 385). Nur so ist es auch zu verstehen, dass Mann sich selbst noch 1906, nach dem Erscheinen der beiden Novellenbände *Der kleine Herr Friedemann* und *Tristan* sowie seinem ersten Roman *Buddenbrooks*, als »ein Lyriker (wesentlich)« bezeichnet (an Kurt Martens, 28. 3. 1906; GKFA 21, 358). Zu den in Brief oder Notizbuch ›versteckten‹ Gedichten gehören explizit betitelte wie das im »hohen Platen-Ton, allzu schwer« (Kurzke 2001, 108) gehaltene »Nur eins« (im Brief an Otto Grautoff, 22. 12. 1898; BrGr, 109) oder unbetitelte wie das einem Brief an Paul Ehrenberg (vom 19. 6. 1903) beiliegende, »sorgfältig geformte[]« (Kurzke 2001, 111) Liebesgedicht »Hier ist ein Mensch, höchst mangelhaft« (vgl. GKFA 21, 645). An Ehrenberg als der »zentralen Herzenserfahrung« seiner homoerotischen Sehnsucht (Tb 6. 5. 1934) richtet Mann 1901 auch jenes Fragment eines Liebesgedichts, das in zwei Teilen im siebten Notizbuch überliefert ist: »Dies sind die Tage des lebendigen Fühlens!« (Notb II, 44 u. 46). Es erweist sich schließlich nicht nur als »Geheimtext«, der »immer wieder durch Manns Erzählwerk mäandriert« (Kurzke 2001, 113), sondern der zugleich offenlegt, welche Funktion dem Lyrischen hier für die Transposition von Erlebtem ins Werk, von Liebeserfahrung in Literatur, zukommt: Als ›Sprache des Herzens‹ werden die reimlosen, an Nietzsches Gedichte erinnernden Madrigalverse Manns hier zum Signum für unmittelbare Leidenschaft, für Sentimentalität und Pathos und bleiben in dieser Form lebenslang eine abrufbare Quelle für den sprachlichen Ausdruck emphatischen Liebeserlebens (Kurzke 2001, 110 ff.).

Einen konstanten Ort für die Lyrik bilden zudem die zahlreichen Widmungsverse, die Mann lebenslang verfasste und auf die er viel Aufmerksamkeit richtete. »Ich dichte jetzt hauptsächlich Widmungen«, ließ er Gottfried Bermann Fischer 1936 brieflich aus dem Exil wissen (17. 10. 1936; BrBF, 129). Auch hier nutzt Mann das Lyrische zur auf die eigene Person bezogenen subjektiven Aussprache sowie zur intimen Ansprache an die Adressierten (wie etwa in der Weihnachten 1939 für seine Frau Katia in ein Exemplar von *Lotte in Weimar* geschriebenen Widmung »Angefangen an trautem Ort«; vgl. Heine 1998, 112). Die Widmungsgedichte stehen dabei oft im Zeichen eigener Selbststilisierung wie das für Ilse Martens am 1. 4. 1896 in ein Exemplar von Eckermanns *Gesprächen mit Goethe* geschriebene Ghasel »Früh am Morgen wie am spöten«, in dem Mann das »nur wen'ge Kröten« werte Buch zwar scherzhaft, doch selbstbewusst durch die eigene Widmung aufwertet: »[E]rklecklich stieg [das Buch] im Preise, / seit ich süß und mit Erröthen / mir erlaubt als Widmung dieses / liebliche Ghasel zu flöten!« (Heine 1998, 22)

Anders stellt sich die Situation im literarischen Werk dar. So finden sich in Manns Prosawerken lyrische Einschübe meist in versteckter Form (u. a. in *Der Tod in Venedig, Herr und Hund, Der Zauberberg, Die vertauschten Köpfe, Joseph in Ägypten, Der Erwählte* und *Bekenntnisse des Hochstaplers Felix Krull*; vgl. Galvan, GKFA 3.2, 390 ff.). Offen metrisch abgesetzte Texte (u. a. in den *Buddenbrooks*, in *Die vertauschten Köpfe, Der junge Joseph* und *Joseph, der Ernährer*) bilden hier die Ausnahme – wie der fünfstrophige jambische Vierzeiler »Wenn rings der Abendschein verglomm« in der Novelle *Gefallen* (GKFA 2.1, 39), dessen auf Rührung abzielenden Effekt der Erzähler im Anschluss gleich selbst kommentiert: »Recht von Herzen kamen ihm eigentlich nur die letzten Verse, wo die wehmütige Monotonie des Klangfalls in der freudigen Erregung des gegenwärtigen Glücks von raschen, freien Rhythmen durchbrochen ward. Das übrige war nur so eine musikalische Stimmung, von der er sich vage Thränen in die Augen streicheln ließ.« (ebd., 39 f.) Andere Funktionen hingegen übernimmt das schon 1921 von Jancke am Beispiel von *Der Tod in Venedig* und *Fiorenza* beobachtete »Hervortreten des Verses aus der Prosa« bei Mann (Jancke 1921, 38 ff.). Die im Prosafluss der Novelle ›versteckten‹, z. T. auf Homer rekurrierenden Hexameter führen zu einem stellenweise rhythmisch gehobenen Prosaduktus, der an Fragen der Wirklichkeitswahrnehmung und der Reflexion poetischer Verfahren gekoppelt ist (vgl. Galvan, GKFA 3.2, 392 f.). Die hexametrische Überformung der Prosa bildet damit insbesondere den thematischen Bezug des vierten Kapitels zu Literatur und Philosophie der griechischen Antike auf sprachlicher Ebene ab – und zeigt zugleich das Bemühen des Schriftstellers Aschenbach um eine dem Liebeserleben angemessene (und der eigenen Verwirrung Einhalt gebietende) Formgebung in der Novelle.

Dass Lyrisches auch hier der sprachlichen Kodierung von Liebeserleben und Leidenschaft dient (und damit im Zeichen ihrer poetischen Formgebung im übergeordneten Rahmen erzählerisch vermittelter Wirklichkeit steht), wird nirgends deutlicher als gegen Ende des Zweiten Buches (Neuntes Kapitel) im *Felix Krull.* Die als Diane Philibert dichtende Madame Houpflé preist dort in den mit »La fleur de ta jeunesse« beginnenden Zeilen auf hymnische Weise die jugendliche männliche Schönheit in »gestelzte[n] Alexandriner[n]« (Kurzke 2001, 115), die jedoch nicht in Versform erscheinen, sondern (wie Kamadamanas erotische Verse in *Die vertauschten Köpfe*, vgl. GW VIII, 782 f. u. Galvan, GKFA 3.2, 391 und Mut-em-enets »Dankgebet« in *Joseph in Ägypten*, vgl. GW V, 1110 ff. u. Galvan, GKFA 3.2, 392) dem Fließtext der Erzählung eingefügt sind (z. B. »Nie endigt dieser Rausch; ich werde mit ihm sterben«; GKFA 12.1, 208). Diese in Prosa versteckten und in ein heterosexuelles Liebesgeschehen eingebundenen Verse ermöglichen dem Autor Thomas Mann hier eine homoerotische Maskerade im Rahmen eines Rollenspiels, für das die Lyrik erneut zum Zeichen und Indikator einer bekenntnishaften »Herzensaussprache« wird (Kurzke 2001, 114). Sie steht damit im Gegensatz zum sekundären Realitätsbezug narrativ vermittelter Erlebnisdarstellung.

Poetologie als Forschungsdesiderat

Die Forschung hat die lyrischen Versuche des jungen Thomas Mann überwiegend wertend abgetan als erste, »gestelzt[e]« und noch dazu sentimentale Fingerübungen, voller »Pathos aus dritter Hand« – als Texte mithin, die »völlig eines persönlichen Ausdrucks« entbehrten (Kurzke 2001, 105; vgl. auch Renner, TMHb, 623). Intertextuelle Bezüge im Zeichen uneigenständiger Nachahmung wurden dabei, lediglich den Hinweisen des Autors folgend, zu Storm (v. a. »Zweimaliger Abschied« und »Dichters Tod«) und Heine (v. a. »Dichters Tod«), aber auch zu Novalis (»Monolog«) hergestellt (vgl. GKFA 3.2). So blieb manche Quelle und mit ihr auch Manns Versuch, in der Adaption über die Vorlage weit hinaus zu gehen, unentdeckt – wie das Beispiel »Zweimaliger Abschied« (1893) deutlich macht, das sich in souveräner Form auf Conrad Ferdinand Meyers »Stapfen« (in der Fassung von 1882) bezieht. Abschied der Liebenden ist nicht nur – hier wie dort – das Thema; Manns »Zweimaliger Abschied« verabschiedet zugleich, die damals avantgardistische Form des Prosagedichts der 1880er Jahre aufgreifend, eine realistisch-pessimistische zugunsten einer frühmodernen, nicht länger einzig auf das Ende gerichteten, sondern im Zeichen des Anfangs und des Aufbruchs zu ›neuem Leben‹ stehenden Poetik, wenn Manns Gedicht (Meyers Text entgegen) dem Abend nunmehr einen Morgen, der endgültigen Trennung die (zumindest verbalisierte) Hoffnung auf ein Wiedersehen folgen lässt.

Doch zeigen die lyrischen Versuche Manns im Kontext der Positionierung des Autors und seiner Texte im literaturgeschichtlichen Epochenumbruch zwischen Spätrealismus und Früher Moderne noch weitaus mehr, erweisen sich Manns Gedichte doch als erstes Erprobungsfeld einer ›lyrischen‹ Formensprache, die neben einer Bandbreite metrischer Formen (u. a. Jamben und Trochäen, Terzinen, Hexameter, Madrigalverse, freie Rhythmen und das Ghasel) auch Formen des Wirklichkeitsbezugs und der Transposition von »lebensgeschichtliche[n] Orientierungen« (Renner, TMHb, 623) in Literatur erprobt. Lyrik dient dem jungen Thomas Mann damit keinesfalls nur als zeichenhafte Formelsprache für Leidenschaft, Pubertät und Unreife (Kurzke 2001, 113), sondern werkgenetisch auch der Herausbildung einer Formensprache, die »emphatische Kunsterfahrungen und erste narzißtische Selbstentwürfe miteinander verknüpft« (Renner, TMHb, 624). Dass hierzu gerade auch ein weiteres Verständnis des Lyrischen gehört, lässt sich am Beispiel der poetologischen Funktionalisierung der Gattungsdifferenz von Lyrik und Prosa zeigen, wie sie in Manns *Gesang vom Kindchen* eingangs explizit reflektiert wird. Im Zeichen einer Literarisierung von ›Vaterschaft‹ indiziert die Form der hexametrischen Idylle hier die »Zeugung und Geburt des ›Kindchens‹« als »Manifest[] poetischen Selbstbewusstseins« (Görner 2006, 163). Die stilisierte Selbstreflexion des Autors und des autobiographisch grundierten Gattungswechsels vom Lyrischen zum Prosaischen wird hier als schmerzhaftes Scheitern apostrophiert. Das »trunkene Lied« – als »[h]ymnisch[er]« »Gesang[]«, »[h]öherer Rausch« und »außerordentlich Fühlen« – steht für das aufgegebene Dichten des Lyrikers. Es ist in einer »[h]eimliche[n] Niederlage« und in »nie eingestandn[em] Versagen[]«, das schließlich »in Tugend [...] verkehrt« wird, der Prosa kontrastiert, die sich in einem »versachlichend Mühen« und einem »kältend Bemeistern« schließlich zur »sittlichen Fabel« rundet (GW VIII, 1069; vgl. auch Kurzke 2001, 115 ff.). Die semantisch funktionale und selbstreflexive Hinwendung zur lyrischen Überformung im *Gesang vom Kindchen* verdeutlicht somit, was Eloesser bereits 1925 beobachtete und erst jüngst durch Galvan in Erinnerung gerufen wurde: dass die Lyrik Mann geholfen habe, »den Rhythmus seiner Prosa in Fluß zu halten und ihre Perioden zu modulieren« (Eloesser 1925, 47), ja »dass die Lyrik auch für die dichterische Sprache des Erzählers Thomas Mann bestimmend ist und gewissermaßen die formalen Grenzen der Gattung sprengt« (Galvan, GKFA 3.2, 384). In diesem Sinne ist die »poetische Sprache« auch des Epikers Thomas Mann »bis zum Schluss in Klang, Melodie und Rhythmus der Lyrik verpflichtet« (ebd.).

Ein weiteres Verständnis des Lyrischen lässt sich darüber hinaus aber gerade auch am Beispiel der formalen und thematischen Nähe lyrischer und prosaischer Texte im Frühwerk zeigen. So führt Galvan die Nähe des (von einigen trochäischen und daktylischen Anklängen abgesehen) reimlosen und überwiegend einem Prosarhythmus folgenden Gedichts »Nacht« und des ersten Prosatexts *Vision* an, die sich hinsichtlich des semantischen Bezugsgeflechts von Lichteffekten, Farben und Formen motivisch entsprechen und sich intertextuell aufeinander zu beziehen scheinen (Galvan, GKFA 3.2, 400). Im Spiel mit solchen impressionistischen und jugendstilhaft-arabesken Elementen, wie sie *Vision* als ein »Formencrescendo« (GKFA 2.1, 12) vorführt, zeigt sich im Frühwerk Manns eine Spur, die auf die Bildhaftigkeit lyrischen Realitätsbezugs gerichtet ist. Mit ihr ist ein Forschungsdesiderat umrissen, welches das Lyrische nicht länger im Sinne metrischer, sondern auch bildhafter Formensprache im werkgeschichtlichen Kontext Manns versteht und das Entstehen der Prosa aus dem Duktus und der Bildhaftigkeit des Lyrischen nachzeichnen könnte. Mit dieser Spur wäre zudem auch eine poetologische Wende des jungen Autors bezeichnet, der den Wechsel vom Lyrisch-Dramatischen zum Narrativen auch als einen Wechsel von einer primären zu einer sekundären Form vermittelten Realitätsbezugs und bildhafter Überformung vollzieht.

Literatur

Eloesser, Arthur: *Thomas Mann. Sein Leben und sein Werk.* Berlin 1925.

Görner, Rüdiger: Thomas Manns lyrische Narratologie. Ästhetische Fragestellungen im *Gesang vom Kindchen.* In: *TMJb* 19 (2006), 159–174.

Heine, Gert/Paul Schommer (Hg.): *»Herzlich zugeeignet«. Widmungen von Thomas Mann 1887–1955.* Lübeck 1998.

Jancke, Oskar: *Das analytisch-kritische Schaffenselement im Werke Thomas Manns.* Phil. Diss. München 1921.

Kurzke, Hermann: Thomas Mann als Lyriker. In: *Thomas Mann. Ein Klassiker der Moderne.* Hg. von der Ortsvereinigung Hamburg der Goethe-Gesellschaft in Weimar. Halle an der Saale 2001, 101–117.

Mann, Heinrich: *Briefe an Ludwig Ewers 1899–1913.* Hg. von Ulrich Dietzel u. Rosemarie Eggert. Berlin/Weimar 1980.

Renner, Rolf Günter: Dramatisches, Lyrisches. In: *TMHb*, 623–628.

Wolf, Ernest M.: »Ein Verslein nach dem Französischen...« Zu einer Gedichteinlage in Thomas Manns *Buddenbrooks.* In: *BlTMG* 21, 17–26.

Andreas Blödorn

4.2 *Gesang vom Kindchen* (1919)

Am 23. 10. 1918 wurde Thomas Manns jüngste Tochter Elisabeth getauft, ein Ereignis, das er als »idyllische[s] Hexameter-Gedicht auf die kleine Lisa« (Tb 23. 10. 1918) literarisch zu verarbeiten plant. Am 2. 11. beginnt er mit einem Prosa-Entwurf, Ende November erwägt er die Einteilung in »Gesänge« (Tb 29. 11. 1918). Die eigentliche Niederschrift beginnt am 23. 12. 1918 und ist am 25. 3. 1919 beendet. Mann charakterisiert den *Gesang vom Kindchen* und die zuvor entstandene Idylle *Herr und Hund* als »leichte Ware. Erholung nach den Mühen des Kriegsbuches« (BrGr, 207). Der *Gesang* erschien als Zeitschriftenerstdruck im April und Mai 1919 in *Der Neue Merkur* und als Buchausgabe im selben Jahr – gekürzt im Abschnitt *Die Taufe* – bei S. Fischer in Berlin als *Herr und Hund. Gesang vom Kindchen. Zwei Idyllen.*

Dem Hexameter, der klassischen epischen Versform seit Homer, die in der deutschen Dichtung – beginnend mit Klopstocks *Messias* – einige Verbreitung fand, nähert sich Mann über einschlägige Lektüre. Während der Arbeit am *Gesang* liest er hexametrische Versepen wie *Luise* von Johann Heinrich Voß, Goethes *Hermann und Dorothea* und *Rei-*

neke Fuchs, Mörikes *Märchen vom sicheren Mann* und *Idylle vom Bodensee*. Das dem *Gesang* vorangestellte Motto stammt aus Goethes *Campagne in Frankreich* und beschwört die heimatliche »Enge [...], die uns allein beglücke« (GW VIII, 1068). Außerdem nimmt Thomas Mann Bezug auf Schopenhauers *Welt als Wille und Vorstellung* (ebd., 1089).

Im stark biographisch geprägten *Gesang vom Kindchen* werden Geburt, erste Lebensmonate und Taufe der Tochter besungen: »Dieses Intimste ist jedoch zugleich das Allgemeinste und Menschlichste [...]« (Tb 10. 1. 1919). Diese mythische Übersteigerung des Privaten ins Allgemein-Menschliche wird vielfach signalisiert, etwa durch die religiösen Anklänge an Mose in seinem Körbchen (1086) und an das Jesuskind, »da es segnet Völker und Erdkreis« (1093), und durch die die Realität ›korrigierende‹ Zahlenmystik im Abschnitt »Lebensdinge«.

Die 977 Verse des *Gesangs* sind – wie Goethes *Hermann und Dorothea* – eingeteilt in neun Abschnitte: Es geht um Reflexionen über den Dichter und sein Vorhaben (»Vorsatz«), die Geburt des Kindchens und – mythisch überhöht – seine Stellung in der Familie (»Lebensdinge«), die Pflege des Säuglings und seine herausgehobene Bedeutung (»In der Frühe«, »Das Mal«), die Aufgaben des Vaters und Führers in die Welt (»Schwesterchen«, »Unterhaltung«, »Die Krankheit«), das Kindchen als Verkörperung der Synthese (»Vom Morgenland«) und schließlich um »Die Taufe« selbst.

Die Reaktionen auf die Buchausgabe waren geteilt. Für Kahn ist der *Gesang vom Kindchen* eines der »peinlichst zu lesenden Pamphlete der Weltliteratur« (Kahn 1920, 54) und repräsentiert die ästhetische Armut der Zeit. Meyer-Benfey dagegen nimmt die beiden autobiographischen Idyllen als gelungene Kunstwerke wahr. Einziges Problem seien die missratenen Hexameter. Bezogen auf das Gesamtwerk zeige der *Gesang* die Wandlung von der Künstlerproblematik zum »Bürgerglück« (Meyer-Benfey 1920, 174). Für vollkommen hält Herwig beide Idyllen: Der *Gesang vom Kindchen* singe »seines Vaterlands Geschick, den Sturz und den Glauben an Auferstehung« (Herwig 1920, 378).

Dieses durch seine Form herausragende Werk einer literarischen und politischen Übergangsphase wurde in der Forschung wenig beachtet, meist unter den Aspekten des Autobiographischen, der Selbststilisierung und des Werk-Leben-Zusammenhangs. Müller betont den parodistischen Charakter des *Gesangs* und die ironische Distanzierung des Erzählers, die Zeitkritik im Passus über Pastor und Paten und das Humanitätsideal des Guten und Heiligen im Kinde. Kissler geht dem Vorbild *Hermann und Dorothea* nach und liest die Epen parallel als allegorische Darstellungen einer utopischen Einheit des Menschlichen in einer Zeit europaweiter Unruhen. Görner vollzieht die Verquickung von biographisch-menschlicher Ebene und werkästhetisch-kultureller Sinnbildlichkeit nach. Die viel gescholtenen Hexameter analysiert erst Randau und befindet sie für regelmäßig: Durch den Einsatz von Enjambements siedele Mann den Vers zwischen den Zeilen an – »[...] Ausdruck der Sehnsucht nach Synthese?« (Randau 2007, 10).

Die Synthese-Idee – Mann benennt diesen Aspekt seiner beiden Idyllen lapidar als »das *Mischlings*-Thema« (Tb 31. 12. 1918) – entfaltet sich in der »Morgenland«-Episode und zieht sich über die *Joseph*-Tetralogie und *Die vertauschten Köpfe* bis zu *Doktor Faustus*. In der Verbindung von östlichen und hanseatisch-nordischen Zügen, von Orient, Venedig und Lübeck, die im Kindchen und im Kunstwerk Gestalt annimmt, verwirklicht sich Heimat (vgl. Görner 2006, 166).

Literatur

Görner, Rüdiger: Thomas Manns lyrische Narratologie. Ästhetische Fragestellungen im *Gesang vom Kindchen*. In: *TMJb* 19 (2006), 159–174.

Herwig, Franz: Der Idylliker Thomas Mann. In: *Hochland* 17 (²1920), 377–379.

Kahn, Harry: Thomas Manns Idyllen. In: *Die Weltbühne* 16 (1920), 1. Halbjahr, 53–55.

Kissler, Alexander: Mein träumend Gefühl. Thomas Manns *Gesang vom Kindchen* als allegorische Dichtung und seine Beziehung zu Goethes *Hermann und Dorothea*. In: *Euphorion* 95 (2001), 211–236.

Meyer-Benfey, Heinrich: Thomas Mann als Idyllendichter. In: *Die Hilfe* 11, 11. 3. 1920, 172–174.

Müller, Joachim: Thomas Manns Sinfonia Domestica. In: *Zeitschrift für deutsche Philologie* 83 (1964), 142–170.

Randau, Daniel: Thomas Manns vergessenes Kindchen. http://www.thomasmann.de/sixcms/media.php/471/Thomas%20Manns%20vergessenes%20Kindchen.pdf (15. 04. 2015).

Wiebke Buchner

5 Essays und Reden

5.1 Politisches

Gedanken im Kriege (1914)

Zur Überraschung seiner Zeitgenossen reihte sich Thomas Mann mit diesem im August und September 1914 geschriebenen, im November in *Die neue Rundschau* veröffentlichten Aufsatz in die Gruppe derjenigen Autoren (u. a. Hofmannsthal, Hauptmann, Dehmel, Rathenau) ein, die sich zu Beginn des Ersten Weltkriegs nicht nur auf die Seite des Deutschen Reiches stellten, sondern darüber hinaus Krieg und Massensterben zu einer geistig-kulturellen Auseinandersetzung verklärten. Er setzte dieses Engagement mit den Aufsätzen *Gute Feldpost, Friedrich und die große Koalition* und *An die Redaktion des »Svenska Dagbladet«, Stockholm* fort. Der kurz vor Kriegsende veröffentlichte Groß-Essay *Betrachtungen eines Unpolitischen* argumentiert wesentlich differenzierter und blickt auch relativierend auf die *Gedanken im Kriege* zurück (vgl. GKFA 13.1, 250–252 u. Kurzke, GKFA 13.2, 9–55).

Die Frage nach den realen Ursachen des Krieges, etwa nach einer (Mit-)Verantwortung des deutschen Hegemonialstrebens, wird weitgehend ausgeblendet, nur davon, dass (englisches) »Händlertum« den Krieg »angestiftet« habe, ist kurz die Rede (GKfA 15.1, 39). Stattdessen werden die Ereignisse als von höheren Mächten (»Schicksal«) bewirkte und letztlich willkommene »Heimsuchung« (GKFA 15.1, 33 u. ö.) und »Not« (ebd.) interpretiert. Wie andere Autoren auch begrüßt Mann den Krieg als »Reinigung, Befreiung« (GKFA 15.1, 32) von einer für ihn vor allem durch einen allgemeinen Relativismus gekennzeichneten Vorkriegszeit.

Die Tatsache, dass und wie die einleitende Gegenüberstellung von »Kultur« und »Zivilisation« leicht verändert und nationalistisch aufgeladen aus der Sammlung *Notizen [II]* (1909) und mittelbar aus dem Notizenkonvolut zu dem nie geschriebenen Essay *Geist und Kunst* übernommen wird, lässt erkennen, dass Mann die allgemeine Kriegseuphorie dazu nutzt, um ihn seit langem beschäftigende Probleme durch einen Akt der radikalen Vereinfachung zu überwinden. Während er in den Vorkriegs-Essays immer wieder als engagierter Anwalt eines intellektuellen Künstlertums auftritt (vgl. etwa *Die gesellschaftliche Stellung des Schriftstellers in Deutschland*, 1910; GKFA 14.1, 225–230), dessen Probleme (die Trennung des ›Geistes‹ vom naiven ›Leben‹) er andererseits in der Erzählung *Tonio Kröger* am eindringlichsten gestaltet, ordnet er nun (im Rückgriff auf Klischees der deutschen Frankreich-Kritik seit dem 18. Jahrhundert) ›Geist‹, ›Auflösung‹ und ›Skepsis‹ der Feindseite zu; Deutschland dagegen wird mit (tendenziell irrationalen) Begriffen wie ›Dämonie‹, ›Natur‹ und ›Volk‹ assoziiert.

Entsprechend verspottet der Autor, der sich zehn Jahre zuvor emphatisch zu einem weiblichen Kunst- und Kulturideal bekannt hatte (vgl. *Das Ewig-Weibliche*, 1903; GKFA 14.1, 54–59), nun Frankreich für seine »Damennaivität« und greift stattdessen mehrfach auf ›männlichere‹ (wiewohl eigentlich gescheiterte) Projekte der Dekadenzüberwindung zurück: auf den seit Ende 1905 verfolgten Plan eines Romans über Friedrich II. von Preußen und auf Gustav von Aschenbachs soldatischen Neuklassizismus in *Der Tod in Venedig* (zu weiteren möglichen Gründen für das Schreiben dieses Essays siehe Kurzke 2010, 141–143; zu den Bezügen zur Vorkriegs-Essayistik vgl. Detering, GKFA 14.2, 577–604).

Während Mann selbst vereinfacht und mythisiert, kritisiert er nicht ohne Berechtigung Vereinfachungen und Pauschalisierungen im Deutschlandbild der ausländischen Presse, indem er etwa auf die hohen sozialen Standards im Deutschen Reich verweist.

Unmittelbare Kritik an dem Kriegsessay übten Wilhelm Herzog, Julius Bab und Romain Rolland; die verdeckten, aber leicht zu dechiffrierenden Attacken des Bruders Heinrich in dessen *Zola*-Essay (November 1915) führten dann wiederum zu einer deutlichen Verschärfung der im Entstehen begriffenen *Betrachtungen eines Unpolitischen*. Während der Jahre seines publizistischen Engagements gegen Nazi-Deutschland wurde Thomas Mann in den USA vor allem wegen der *Gedanken im Kriege* mehrfach scharf attackiert (vgl. *The Quotations of Mr. Peyre*, 1944; Ess V, 250–256 mit Kommentar). Die bedeutendste Auseinandersetzung mit seiner Kriegsbegeisterung führte der Autor jedoch selbst und zwar auf doppelte Weise im *Doktor Faustus:* Die patriotische Euphorie des Sommers 1914 wird dem Erzähler Serenus Zeitblom übertragen (vgl. GKFA 10.1, 436); die auf die Kulturdefinition in *Gedanken im Kriege* rekurrierende Suche des Protagonisten Adrian Leverkühn nach einer Synthese von Kultur und Barbarei durchzieht thematisch den ganzen Roman (vgl. etwa GKFA 10.1, 355).

Zusätzlich zum *Rundschau*-Druck wurde der Aufsatz aufgenommen in die Buchausgabe von *Friedrich und die große Koalition*, in den Nachkriegsausgaben aber weggelassen und zu Lebzeiten nicht mehr nachgedruckt.

Literatur

Detering, Heinrich: »*Juden, Frauen und Litteraten*«. *Zu einer Denkfigur beim jungen Thomas Mann*. Frankfurt a. M. 2005.
Gut, Philipp: *Thomas Manns Idee einer deutschen Kultur*. Frankfurt a. M. 2008.
Hansen, Sebastian: *Betrachtungen eines Politischen. Thomas Mann und die deutsche Politik 1914–1933*. Düsseldorf 2013.
Herzog, Wilhelm: *Die Überschätzung der Kunst. Gegen »Gedanken im Krieg«*. In: *Das Forum*, Jg. 1, Nr. 9: Dezember 1914, 445–458.
Kurzke, Hermann: *Thomas Mann. Das Leben als Kunstwerk*. München 1999.
Kurzke, Hermann: *Thomas Mann. Epoche – Werk – Wirkung*. 4., überarb. u. aktual. Aufl. München 2010.
Mann, Heinrich: *Zola*. In: *Die weißen Blätter* 2 (1915), H. 11, 1312–1382 [jetzt in: Heinrich Mann: *Essays und Publizistik*. Bd. 2: *Oktober 1904 bis Oktober 1918*. Hrsg. von Manfred Hahn. Bielefeld 2012, 148–209].
Mendelssohn, Peter de: *Der Zauberer. Das Leben des deutschen Schriftstellers Thomas Mann* [1975]. *Erster Teil: 1875–1918*. Frankfurt a. M. 1996.
Rolland, Romain: *Au-dessus de la mêlée*. Paris 1915.
Sontheimer, Kurt: *Thomas Mann und die Deutschen* [1961]. München 2002.

Stephan Stachorski

Betrachtungen eines Unpolitischen (1918)

Die *Betrachtungen eines Unpolitischen* stellen Thomas Manns umfangreichstes nichtfiktionales Werk dar; ein Erzeugnis der Kriegsjahre und der zeitbedingten Polemik, zugleich aber auch eine persönliche Schrift tiefgreifender Selbsterforschung und Selbstrechtfertigung. Sie sind ein Dokument der Politik und Poetik zugleich, denn sie selbst betreiben Politik wider Willen und leisten als literarische Bewältigung der »Ideen von 1914« einen gewichtigen Beitrag zur Poetik des Denkens und Sprechens in ideologischer Rollenrede, der bis heute kontrovers beurteilt wird. Wie die Jahre des Ersten Weltkriegs insgesamt bildet auch die Arbeit an den *Betrachtungen* den Schauplatz und Zeitraum eines substantiellen und folgenreichen Übergangs in den gesellschaftlich-kulturellen Auffassungen des Autors und in seiner literarischen Produktionsweise. Stärker als andere Texte Manns sind die *Betrachtungen* Ausdruck und Reflex ihrer zeitgeschichtlichen Situation, da aus der direkten Auseinandersetzung mit den Debatten um die kulturelle Bedeutung des Weltkriegs und die gesellschaftliche Stellung der Schriftsteller entsprungen. Die Entstehungsgeschichte, die sich in den Inkonsistenzen und der Disproportionalität des Textaufbaus durchzeichnet, wurde durch publizistische Kontroversen ausgelöst und vom persönlichen Zerwürfnis mit dem Bruder Heinrich begleitet. Charakteristisch für das Argumentationsgerüst des Textes ist der Einsatz von kulturtypologischen Schematisierungen und kontrastiven Dichotomien, wie sie dann auch in die großen Streitgespräche Naphtas und Settembrinis im *Zauberberg*, teils auch noch in die Figurenreden des *Doktor Faustus* übertragen werden. Gegen Ende der Arbeit sieht der Autor die Bedeutung des Groß-Essays zunehmend in der dadurch beförderten Selbsterforschung und Selbstrevision und betont bei der Abfassung des Vorworts 1918 dessen poetologische Dimension. In der Rezeptions- und Forschungsgeschichte kam nach selektiver politischer Indienstnahme des Werkes für »Konservative Revolution« (Mohler 1972; Baeumler/Brunträger/Kurzke 1989) oder Geopolitik (Werber 2007, 170–177) und zunächst ebenfalls politisch bedingter De-Kanonisierung des Textes sodann in den 1970er und 1980er Jahren die ideologiekritische Auseinandersetzung zum Zuge, während in jüngster Zeit Beiträge zur textkritischen und quellenkundlichen Rekonstruktion (Kurzke, GKFA 13.2) sowie zur diskursgeschichtlichen Kontextualisierung (Honold 2015; Werber 2012) dominieren.

Zeitgeschichtliche Einbettung

Ein »ziemlich dickes Buch« aus seiner Feder werde im Winter erscheinen, kündigt Mann seinem Schwager Peter Pringsheim am 6. 11. 1917 an (GKFA 22, 211), »eine Sache der Selbsterforschung und Selbstbehauptung«. Den Titel *Betrachtungen eines Unpolitischen* für seine »Abhandlung« hatte der Autor im Frühsommer 1916 festgelegt (8. 6. 1916 an Ernst Bertram; GKFA 22, 139). Eine erste Gesamtfassung des Manuskripts ging nach Abfassung der *Vorrede* Mitte März 1918 an S. Fischer, letzte Änderungen wurden noch bis Juli 1918 vorgenommen; die Drucklegung erfolgte im August. Als Frucht der Kriegsjahre traten die *Betrachtungen eines Unpolitischen* genau dann an die Öffentlichkeit, als Deutschlands Niederlage und der politische Zusammenbruch der Monarchie besiegelt waren.

Von Mobilmachung und Kriegsausbruch war Mann 1914 vollständig überrascht worden: »Ich muß sagen, daß ich mich erschüttert und beschämt fühle durch den furchtbaren Druck der Realität. Ich war bis heute optimistisch und ungläubig – man ist zu civilen Gemütes um das Ungeheuerliche für möglich zu halten« (aus Bad Tölz an Heinrich Mann, 30. 7. 1914; GKFA 22, 37). In einem zweiten Schritt beteiligte er sich im Herbst 1914 mit publizistischen Beiträgen wie *Gedanken im Kriege*, *Gute Feldpost* und schließlich *Friedrich und die große Koalition* an der literarisch-essayistischen Ausarbeitung dessen, was allgemein ab 1915 unter der von dem Nationalökonomen Johann Plenge geprägten Formel der »Ideen von 1914« (Bruendel 2003) firmierte. Mann griff dabei teils auf Überlegungen aus dem Konvolut von *Geist und Kunst* zurück, teils auch auf Bemerkungen zur Wesensverbindung von Soldatischem und Künstlertum aus der Novelle *Der Tod in Venedig*. Die als heiter-satirisches Gegenstück zu jener trauervoll gestimmten Künstlerleidenschaft im Juli 1913 begonnene Sanatoriumsnovelle (Grundstock des sich dann romanbreit auswachsenden *Zauberberg*) hatte Mann aus Aktualitätsgründen unterbrechen und dann auf unbestimmte Zeit zur Seite legen müssen.

Im Sommer 1915 sammelte Mann Argumente, die ihm geeignet schienen, seine mit den spontanen Kriegsschriften des Herbstes 1914 bezogene ideologische Position einer Legitimierung der deutschen Kriegsführung geistesgeschichtlich und kulturphilosophisch zu untermauern und dies mit einer literarästhetischen Standortbestimmung in eigener Sache zu verknüpfen. Der von ihm sehr geschätzte französische Schriftsteller Romain Rolland und andere internationale Intellektuelle hatten die deutsche Kriegsführung im Herbst 1914 (insbesondere den Einmarsch in das neutrale Belgien, die Bombardierung der Kathedrale von Reims und die Zerstörung der Bibliothek von Löwen) mehrfach öffentlich als verbrecherisch kritisiert und damit eine in der Tagespresse Deutschlands, Frankreichs, Großbritanniens und der neutralen Schweiz ausgetragene publizistische Kontroverse ausgelöst. Im Verlauf der Debatte zielte Rolland auch ausdrücklich auf einen als militaristisch kritisierten Artikel Manns und erneuerte seinen Vorwurf an diesen in der Buchpublikation *Au dessus de la mêlée* von 1915. Dass dies dann wiederum zu den initialen Impulsen für Manns weitergehende essayistische Positionsbestimmung gehörte, ist der vehementen Zurückweisung von Rollands Kritik im ausgearbeiteten Werk (Kapitel »Gegen Recht und Wahrheit«) abzulesen.

Da Mann bereits in der zweiten Jahreshälfte 1915 materiell am Konvolut der *Betrachtungen* arbeitete, spielte hingegen das um die Jahreswende 1915/16 ausbrechende Zerwürfnis mit Heinrich Mann keine auslösende, wohl aber eine verschärfende Rolle für die Niederschrift des eigenen großen Rechtfertigungswerks. Heinrich Manns *Zola*-Aufsatz (im November 1915 in den *Weißen Blättern* erschienen) enthielt vehement kritische Einlassungen gegen patriotische Propagandisten, die »[d]urch Streberei Nationaldichter werden« (Heinrich Mann 1989, 114) – Passagen, die Thomas Mann als unmittelbar gegen seine Person gerichtete Invektiven empfand. Mehr noch: Er fasste diese Publikation als Kampfansage gegen seine gesamte dichterische Existenz auf und reagierte auf sie, indem er die ohnehin schon begonnene Schrift nun wesentlich breiter und tiefer anzulegen beschloss. »Heinrichs *Zola* erst macht aus dem Generalrevisions-Aufsatz ein Buch« (Kurzke 2010, 150).

Direkten oder mittelbaren Niederschlag in der Abfassung der *Betrachtungen* finden auch weitere Diskurskonstellationen wie die Kontroverse mit Kurt Hiller oder die kriegsorganisatorische Rolle Walther Rathenaus, ferner künstlerische Wegmarken wie Hans Pfitzners (im Juni 1917 uraufgeführte) Oper *Palestrina* oder die Edition der von Emil Preetorius illustrierten *Taugenichts*-Ausgabe, zudem politisch-militärische Zeitumstände (der »Burgfrieden«, die Wahlrechtsdebatte, die Versenkung der *Lusitania*) und auch markante Wendepunkte des Kriegsgeschehens selbst (Tannenberg 1914, Somme-Schlacht 1916, Flandernoffensive Sommer 1917), zuletzt die nach der Oktoberrevolution eingetretene Destabilisierung der russischen Kriegsfront. Irritierbar wie selten gibt der Autor das Avancement seines Schreibwerks den wechselnden Auslenkungen der Tagesereignisse und Zeitungsmeldungen preis. Zugleich verarbeitet Mann in den *Betrachtungen* eine immense Zahl von literarischen und philosophischen Quellen sowie zeitgenössischen Stimmen. Seine eigene Schrift trägt nicht nur »den Stempel ihrer kriegerischen Entstehung« (GKFA 13.1, 532), sie besteht zu einem im sonstigen Werk beispiellosen Anteil aus Zitat, Referat und Reaktion.

Entstehungsgeschichte und Aufbau

In Thomas Manns mehrjähriger Arbeit am Text der *Betrachtungen* lassen sich vier Phasen unterscheiden: erstens der auf die zweite Hälfte 1915 zu datierende Beginn der Ausarbeitung im Gefolge der ersten Kriegsessays aus dem Herbst 1914; zweitens die am Fall des eigenen Bruders Heinrich polemisch herauspräparierte Phänomenologie des Zivilisationsliteraten und deren systematische Erweiterung mithilfe der Basis-Differenz von Kultur vs. Zivilisation; drittens die in dem Kapitel »Politik« kulminierende

Ausarbeitung eines Sets von typologischen Dichotomien, das bis in ironisch stilisierte Selbstwidersprüche getrieben wird und der Abhandlung epische Breite verleiht; viertens die mit der Einarbeitung ästhetischer Exkurse wie dem *Taugenichts*-Essay und der Besprechung von Pfitzners *Palestrina* eingeleitete poetologische Selbstbesinnung, die schließlich in der nachträglich entstandenen *Vorrede* vom März 1918 in eine fast resignative Kommentierung der Gesamtanlage übergeht.

Eine systematische Grundkonzeption der *Betrachtungen* lag zum Beginn der Niederschrift nicht vor. Aufgrund des spontanen Eintritts in die kriegsbedingte Schreibarbeit konnte Mann eine auch nur halbwegs zutreffende Abschätzung zum Gattungscharakter, Aufbau und Umfang des Werkes erst nach dem Durchstehen des schwierigen Jahres 1916 gewinnen, in dem mehrere Krisen den Schreibprozess hemmten und in seinem Fortgang neu ausrichteten. Zunächst war es anfangs 1916 die vertiefte Auseinandersetzung mit den Invektiven des Bruders (»ich komme über den Streich garnicht hinweg«; an Samuel Fischer, 14. 3. 1916; GKFA 22, 125), die Mann ad hoc zu unhaltbaren polemischen Ausfällen reizte und die Schreibtätigkeit nervlich belastete, bis hin zu einer schweren Grippeerkrankung und Gesichtsrose im März. Das bis dahin Entstandene (»ca 200 Quartseiten«) sei, teilte er dem Verleger freimütig mit, zwar »vom Herzen geschrieben, – aber auf eine so form- und atemlose [...] private Art«, dass es für die Öffentlichkeit nicht tauge (14. 3. 1916; GKFA 22, 126).

Mit den Kapiteln »Der Zivilisationsliterat« und »Einkehr« gewinnt die Arbeit an Fahrt und wächst sich nun, bei schrittweise zunehmender Kapitellänge, vom Aufsatz zur monographischen Studie aus. Damit wird die Klärung der Gattungsfrage desto dringlicher: Als »Rechenschaftsbericht« und »Selbstgespräch« charakterisiert Mann während der Durcharbeitung des Geschriebenen im Tölzer Sommeraufenthalt die Art des entstehenden Werks und nennt es gegenüber S. Fischer »das denkbar persönlichste Kriegsbuch« (GKFA 13.2, 49). Oder, wie das zu dieser Zeit überarbeitete »Einkehr«-Kapitel argumentiert: Die »Weltwende«, deren Zeuge man derzeit werde, sei Anlass, »eine General-Revision der eigenen Grundlagen anzusetzen« (GKFA 13.1, 76). Zur Festigung werden dazu die Eideshelfer Nietzsche, Schopenhauer und Wagner als ›Dreigestirn‹ aufgerufen; ein Kapitel, das in gekürzter Form im Märzheft 1917 der *Neuen Rundschau* zum Vorabdruck gelangte.

Geistiger Begleiter und Adressat fortschreitender Arbeitspläne wird seit Mitte 1916 neben dem Verleger vor allem der dem George-Kreis zugehörende Freund und Philologe Ernst Bertram. Dass Mann umfangreich von Bertrams literaturgeschichtlicher Beschlagenheit und vor allem von dessen im Entstehen begriffener *Nietzsche*-Studie profitierte, hat Walter Jens schon in den 1950er Jahren im Detail dargelegt (Jens 1978, 190 f.). An Bertram übermittelt Mann aus dem Sommeraufenthalt eine umfangreiche, nur scheinbar ungeordnete Stichwortliste späterer Kapitel-Themen: »Über den Aestheten und den Politiker, über den Jakobiner, über Politik und Kunst, über Ironie, über Tugend, über Menschlichkeit und Freiheit, über politischen Aesthetizismus, über Demokratie, über Konservatismus als Opposition – habe ich eine Menge ausgezeichneter, mir innig am Herzen liegender Dinge zu sagen« (28. 8. 1916; GKFA 22, 150). Es verwundert, wenn der Autor im selben Atemzug die Bearbeitung all dieser großen Themen für eine Aufgabe von nicht mehr so hohem Schwierigkeitsgrade erklärt: »das noch zu Bewältigende«, versichert er dem Korrespondenzpartner, »ist mehr Sache der Anordnung« (ebd.).

In der Tat bestand das Kerngeschäft der Abfassung in der Transformation kontingenter äußerer Schreibimpulse in eine zumindest suggestiv konsistente Abfolge. Grundsätzlich gehören die in der Arbeitsliste gegenüber Bertram genannten Themen zwei unterschiedlichen inhaltlichen Gruppen an. Einerseits handelt es sich um die von der ›Gegenseite‹ vereinnahmten Losungen und Schlagworte der philosophischen und politischen Aufklärung (Politik, Tugend, Menschlichkeit), welche Mann als problematische abzuhandeln gedenkt. Andererseits führt er (z. B. in den Kapiteln »Bürgerlichkeit« oder »Vom Glauben«) Werte und Denkweisen an, die das genuin deutsche und antiwestliche Credo der im Krieg stehenden Kulturnation umreißen sollen. Zusätzlich aber gibt es zwischen diesen beiden semantischen Gruppen mehrere mögliche diskursive Beziehungen, vor allem einesteils die der scharfen Abgrenzung oder andernteils diejenige des ›Spieß-Umkehrens‹, bei dem ein bestimmtes, von einer Seite besetztes Leitkonzept von der Gegenseite umgedreht wird (wie z. B. in der Kapitel-Überschrift »Gegen Recht und Wahrheit«). So wird etwa die ›falsche‹, weil bloß »humanitäre«, pazifistische »Humanität« umgedeutet in eine tiefer empfundene, die Bereitschaft zum Kriege bejahende »Menschlichkeit« (GKFA 13.1, 496, 498). Und ebenso widerstrebt gemäß Manns Argumentation ein wirklicher, d. h. nicht-naiver ›Glaube‹ dem zivilisatorischen Optimismus, indem er vom

Dunkel des Zweifels zeugt (GKFA 13.1, 539, 563). Zu den respektiven Schlüsselbegriffen konnten und mussten also unterschiedliche oder sogar gegensätzliche Argumentationsstrategien entfaltet werden; erstens je nachdem, ob ein ›westlicher‹ Wert abgetan oder umgekehrt dem anderen Lager entwunden werden sollte; und zweitens je nachdem, ob ein eigener Leitwert dem ›feindlichen Denken‹ räsonierend akzeptabel gemacht oder mit pathetischer Gebärde gegen dessen Zustimmung abgeschirmt werden sollte.

All diese Optionen bzw. Diskursstrategien wiederum wurden vom Verfasser nicht in eine systematische Abfolge gebracht, sondern auf jedem der thematischen Schauplätze wechselweise, neben- und auch durcheinander angewandt. Die Verbindungswege zwischen den einzelnen Themen entstehen nicht logisch, sondern assoziativ; im Sinne eines Gedanken-Romans, bei dem die einzelnen Schritte nicht durch eine Argumentationskette, sondern allein durch das prosaische Fortschreiten selbst aneinandergereiht werden. Schafft die bloße Sukzession insofern eine (wenngleich brüchige) erzählende Linie, so ist die innere Kurve, der Spannungsbogen der zwölf Kapitel, ein dramatischer. Ein Gebilde von Klimax und Antiklimax ergibt sich primär aus den zur Mitte hin anschwellenden, gegen Ende wieder abnehmenden Kapitelumfängen. Knapp 70 Seiten nehmen die vier ersten, im ersten Arbeitsjahr entstandenen Kapitel im Aufbau des Buches ein. Die acht restlichen Kapitel steigern sich quantitativ von den 50 Seiten des Kapitels »Bürgerlichkeit« über die 80 Seiten von »Gegen Recht und Wahrheit« bis zu den mehr als 160 Seiten des (siebten) Kapitels »Politik«, das genau in der Mitte des Bandes platziert ist, dem Haupt- und Kernstück der vorgeblich so ›unpolitischen‹ *Betrachtungen*. Es folgen noch drei relativ umfangreiche Kapitel, »Von der Tugend« und »Einiges über Menschlichkeit« mit jeweils 60 sowie »Vom Glauben« mit 50 Seiten. In das »Tugend«-Kapitel rückt Mann seine zuvor als Separatum erschienene Lektüre des Eichendorffschen *Taugenichts* ein, in »Vom Glauben« spricht er ausführlich über sein inniges Verhältnis zu Dostojewski. Vergleichsweise kurz mit etwas über bzw. unter 30 Seiten geraten die beiden Schlusskapitel, die unter den Titeln »Ästhetizistische Politik« sowie »Ironie und Radikalismus« kontroverse literarische Haltungen gegenüber politischem Engagement beschreiben. Während Mann die Übertragung ästhetizistischer Werte auf das politische Handeln (v. a. an den Beispielen des Bruders und Gabriele D'Annunzios) ablehnt und als ein Manöver der künstlichen Verlängerung einer bereits abgewirtschaftet habenden Kunstrichtung betrachtet, kommt mit dem seiner eigenen Künstlersphäre zuzurechnenden Begriff der Ironie abschließend ein entscheidendes Gegenmittel zum politisch-moralischen Radikalismus zur Geltung.

Das Argumentationsgerüst: Kulturtypologie und Dichotomiebildung

Zum semantischen Grundgerüst der *Betrachtungen* gehört Thomas Manns Überzeugung, dass im gegenwärtigen Krieg eine Auseinandersetzung um die großen kulturellen Traditionen und geistigen Werte Europas stattfinde. Einen »Gedankendienst mit der Waffe« (GKFA 13.1, 11) stellt die Schreibtischarbeit insofern dar, als sie zum Selbstverständnis Deutschlands im Kriege und zur Stärkung seiner ideologischen Position beizutragen sucht. Dies geschieht durch eine auf künstlerischen Leistungen und philosophischen Konzeptionen basierende Bestimmung deutscher Kultur und durch deren typologische Abgrenzung gegen die sie umgebenden Nationen. Die diffuse, allgemeine Angst vor einer ›Einkreisung‹ Deutschlands hatte nach dem Beginn des Zweifrontenkrieges (zu dem 1915 noch der südliche Kriegsgegner Italien hinzukam) konkrete Züge angenommen. Jede vergleichende Äußerung im Hinblick auf die anderen großen europäischen Kulturen erhielt, sofern deren Staaten nun zu militärischen Gegnern geworden waren, eine primär propagandistische Komponente und griff (implizit oder explizit) in die Debatte um Deutschlands Kriegsgründe und Kriegsziele ein. In den *Betrachtungen* richten sich die Manöver der geistigen Auseinandersetzung gegen das westliche, romanische Europa einerseits und gegen die russische Kultur andererseits mit ihren offenen Übergangsräumen in die asiatische Welt, welche der Autor schon im *Tod in Venedig* als bedrohlich-faszinierende Sphäre, als Heimstätte des Tigers, der Cholera und der Ausschweifung, imaginiert hatte.

Von solchen orientalistischen Konnotationen flankiert ist vor allem die scharfe Ablehnung der russischen Despotie zu Beginn des Krieges, während spätestens mit den revolutionären Unruhen des Jahres 1917 wieder die grundsätzliche und starke Sympathie für russische Themen und Autoren hervortritt, die im Werk und Denken des jungen und mittleren Mann ähnlich stark ausgeprägt war wie seine Zuneigung zu den skandinavischen Literaturen. An der anti-britischen Stoßrichtung der deutschen Kriegspropaganda, in der (etwa von Werner Sombart) dem englischen Händlervolk das deutsche Heldentum entgegengesetzt wurde, beteiligt sich Mann kaum. Deutschlands »Teilnahme an diesem Kriege« habe »mit Welt- und Handelsherrschaft garnichts zu tun«, betont der Autor; vielmehr begreife er den Krieg als »das große Mittel gegen die rationalistische Zersetzung der Nationalkultur« (GKFA 13.1, 128).

Zum Hauptgegner der *Betrachtungen* wird das auf eine überdeterminierte, vielschichtige Weise abgelehnte und bekämpfte Frankreich. Die Bücher Heinrich Manns hatten französische Ideen, Akteure und Schauplätze zu einer Art Wahlheimat erkoren, zuletzt im dezidierten Bekenntnis zu einem politischen Intellektualismus im Stile Emile Zolas. Frankreich war Impulsgeber der Aufklärung, der rationalen Wissenschaften und der politischen Philosophie, dort hatte sich nach der Revolution von 1789 die Überzeugung gefestigt, dass der Lauf der Geschichte nach abstrakten Prinzipien ausgerichtet werden könne und dass mit einem auf Ideen gegründeten politischen Handeln ein emanzipatorischer Fortschritt zu Freiheit, Gleichheit und Brüderlichkeit ermöglicht werde. Formelhafter Ausdruck der tiefen und vehementen Ablehnung, die Thomas Mann in jenen Jahren den französischen Traditionen politischen Denkens und Handelns entgegenbrachte, ist der in den *Betrachtungen* vielfach variierte Grundgegensatz von Kultur vs. Zivilisation.

Diskursgeschichtlicher Kontext und ideologischer Bezugsraum dieser Gegenüberstellung sind die im Herbst 1914 aufflammenden internationalen Vorwürfe gegen die Kriegsführung des deutschen Reiches. Auf sie reagierte ein ad hoc gebildeter Zusammenschluss deutscher Wissenschaftler und Künstler im November 1914 mit dem öffentlichen *Aufruf der 93* (vgl. Ungern-Sternberg/Ungern-Sternberg 1996; Schivelbusch 1987), welcher einerseits die Verbrechen gegen schützenswerte ausländische Kulturgüter herunterspielte, den Kritikern andererseits aber einen heroischen, militanten deutschen Kulturbegriff entgegenhielt, der als mit der Ausübung kriegerischer Gewalt durchaus vereinbar behauptet wurde. Gegen das ›zivilisierte‹ Frankreich wurde die im späten 19. Jahrhundert von rechtskonservativen Stichwortgebern wie Julius Langbehn vorbereitete antiwestliche Konzeption eines deutschen Sonderwegs (vgl. Stern 1986; Mosse 1981) in Stellung gebracht. Den deutschen »Kulturkrieg« (Beßlich 2000) eröffneten im Werk Manns die propagandistischen Essays des Jahres 1914 (*Gedanken im Kriege, Gute Feldpost, Friedrich und die große Koalition*), indem sie beharrlich das zwingende Zusammengehen von Krieger- und Künstlerwerk proklamierten. Dem sekundieren die *Betrachtungen*, indem sie eine geschichtlich weit zurückgreifende (Luther, Preußens Friedrich II.) Genealogie des ›Protests‹ gegen das römisch bzw. romanisch geprägte Europa des lateinischen Mittelalters und der katholischen Kirche aufbieten.

Deutsche Kultur gegen westliche Zivilisation? Ursprünglich besaß die Wiedergabe des gegen Ende des 18. Jahrhunderts in Frankreich aufgekommenen Neologismus *civilisation* durch den älteren deutschen Terminus *Kultur* keine polemische Komponente (Fisch 1992, 720). Doch haben die Begriffe im Deutschen unterschiedliche Konnotationsmöglichkeiten (das Zivile ist dem Militärischen entgegengesetzt; Kultur hingegen steht den Assoziationsfeldern der Agrikultur oder des Kolonialismus nahe), die zur Bildung von nationalen Stereotypen genutzt wurden: nach 1900 zunächst im antimodernen Kulturkampf des »ästhetischen Fundamentalismus« (Breuer 1995) eines Stefan George, später in den Deutungskämpfen des Weltkriegs. Dort wurde *Kultur* zu einer nicht mehr weiter explizierbaren Losung und erlangte »einen fast religiösen Klang« (Flasch 2000, 48).

An dieser Frontstellung ist die Kriegsessayistik Manns in führender Linie beteiligt. »Zivilisation und Kultur sind nicht nur nicht ein und dasselbe, sondern sie sind Gegensätze« (*Gedanken im Kriege*; GKFA 15.1, 27). Hier formuliert Mann sein Credo der ersten Kriegsjahre, das die Arbeit an den *Betrachtungen eines Unpolitischen* bis zum Wendepunkt des Kapitels »Politik« im Frühjahr und Sommer 1917 bestimmen wird. Im Groß-Essay wird die Antithese in ein komplexes Gebilde von Dichotomien eingebaut, dem Mann mühevoll und um den Preis flagranter Selbstwidersprüche eine historisch-systematische Tiefendimension zu verleihen versucht. Mit Dostojewski als Gewährsmann verficht er die These, »daß die geistigen Wurzeln dieses Krieges [...] in dem eingeborenen und historischen ›Protestantentum‹ Deutschlands liegen« und es sich beim gegenwärtigen Feldzug um »einen neuen Ausbruch, den großartigsten vielleicht, [...] des uralten deutschen Kampfes gegen den Geist des Westens« handele (GKFA 13.1, 52). Mit dem mit ungewöhnlicher Schärfe attackierten »Rhetor-Bourgeois« und »fils de la Révolution« (GKFA 13.1, 36) war nicht allein der pazifistisch ausgerichtete Heinrich Mann gemeint, obwohl diese persönliche Ebene bei der Abfassung eine motivierende Rolle spielte (Koopmann 2005, 275 ff.; Joch 2000). Getroffen werden sollte ein ganzes Bündel divergenter Stichwortgeber und Konzepte: zunächst die literarisch-philosophische Tradition französischer Moralistik im Allgemeinen, sodann im

Besonderen der politische Vordenker Rousseau und sein *Contrat social* sowie die hiervon abgeleitete Idee des sozialen Fortschritts; ferner kulturelle Ausprägungen wie die lateinisch-extrovertierte Lebensart, die forensische Rhetorik, die für das Frankreich des 19. Jahrhunderts kennzeichnende Gattungsdominanz des Gesellschaftsromans, nicht zuletzt aber die durch Zolas öffentlichen Vorstoß in der Dreyfus-Affäre begründete Diskursposition des politischen Intellektuellen (Joch 2000, 245 ff., 266).

Im diffusen Feindbild hat die Revolution von 1789 eine herausragende, wenngleich ambivalente Funktion. Einerseits subsumiert Mann ihrem Programm all jene Phänomene, in denen sich nach seinem Verständnis die epochenübergreifende neuzeitliche Tendenz zum Politischen manifestiert, andererseits aber fungiert die Französische Revolution in ihrer ›kairologischen‹ Komponente (jenem Diskursmuster also, eine politische Umwälzung und ihre langfristigen Veränderungsprozesse fast vollständig von einem ›großen Augenblick‹ herzuleiten) als zentrales Gegenüber für die Sinngebung des deutschen Augusterlebnisses. Ein mit ›1789‹ vergleichbares Geschichtszeichen hatte das Deutsche Reich bis dato noch nicht aufzuweisen gehabt. Mehrfach beschwören die *Betrachtungen* die Parallelität zu den damaligen Ereignissen, um den enthusiasmierten Kriegsbeginn von 1914 als geistiges Fanal herauszustellen. »Zieht man von der Französischen Revolution ›die Philosophie‹ ab, so bleibt die Hungerrevolte. Es bleibt eine Umwälzung in den Besitzverhältnissen. Aber wer wollte leugnen, daß der Französischen Revolution auf diese Weise großes Unrecht geschähe? Es ist mit dem Erlebnis unserer Tage nicht anders.« Gegen jene Stimmen, die »darauf bestehen, die einzige Wirklichkeit dieses Krieges sei seine Erscheinung, nämlich namenloses Elend« (GKFA 13.1, 49), will dieser Vergleich die ideelle Seite des Geschehens in ihr Recht setzen, den ›Geist‹ respektive die ›Ideen von 1914‹.

Politik und Poetik

Wie, das war vor dem Krieg schon eine poetologische Existenzfrage gewesen, konnte ein moderner, gesellschaftlich aufgeschlossener Schriftsteller (wie es Mann zweifellos von jeher war) auf dem Felde zeitzugewandter *Literatur* reüssieren, ohne dabei zugleich das traditionelle symbolische Kapital der *Dichtung* preiszugeben? »Zivilisation und Literatur sind ein und dasselbe« (GKFA 13.1, 56): Die gegenwärtige militärische Konfrontation erschien insofern nur als der aktuelle Ausdruck einer permanenten Ambivalität zwischen öffentlichem Diskurs und einsamem dichterischen Schaffen.

Manns idiosynkratische Abwehr von Politik, Demokratie und öffentlicher Rede war letztlich nicht argumentativ begründbar (denn das wäre selbst schon ›politisch‹), sie rührte von innerliterarischen, soziologischen und ästhetischen Verschiebungen her, in die sich der Autor selbst verstrickt wusste. Denn kaum war die Abgrenzung vom »Zivilisationsliteraten« statuiert, wurde sie ironisch unterlaufen von dem Eingeständnis, dass auch »der Roman selbst keine recht deutsche Gattung« ist (GKFA 13.1, 77). Die Lösung dieser intrikaten Zuweisungen konnte nur darin bestehen, sich zur inneren Zerrissenheit und Widersprüchlichkeit der eigenen Position freimütig zu bekennen. »Seelischer Kampfplatz für europäische Gegensätze zu sein: das ist deutsch« (GKFA 13.1, 60). Wenn es aber »beinahe zur deutschen Humanität gehört, sich undeutsch, und selbst antideutsch aufzuführen« (GKFA 13.1, 78), dann wird die am Schreibtisch bezogene Stellung noch unübersichtlicher als der deutsche Zwei-Fronten-Krieg.

Es ist die Rolle des in öffentlichen Angelegenheiten engagierten Schriftstellers, welcher Mann mit seinem Buch den Kampf ansagt; und zwar mit Gründen, die weniger auf der Ebene politischer Meinungsdifferenzen liegen als im Modus literarisch-fiktionaler Rede selbst. Als politischer Mensch das Wort zu ergreifen, setzt voraus, für das Geäußerte individuell verantwortlich und auch behaftbar zu sein. Im dichterischen Sprechakt hingegen ist der Autor doppelt involviert, als der Urheber literarischer Rollenrede wie auch der jeweils zugehörigen Sprecherfigur. Und gerade deshalb ist der Schriftsteller als persönliche Instanz ›aus dem Spiel‹, da er seine Figuren Recht haben lässt, nicht sich selbst – »wie Shakespeare und Goethe, in deren Werken jede Person, und wäre sie der Teufel selbst, während sie dasteht und redet, *recht behält*« (GKFA 13.1, 247).

Literatur

Baeumler, Marianne/Brunträger, Hubert/Kurzke, Hermann: *Thomas Mann und Alfred Baeumler. Eine Dokumentation.* Würzburg 1989.

Beßlich, Barbara: *Wege in den »Kulturkrieg«. Zivilisationskritik in Deutschland 1890–1914.* Darmstadt 2000.

Breuer, Stefan: *Ästhetischer Fundamentalismus. Stefan George und der deutsche Antimodernismus.* Darmstadt 1995.

Bruendel, Steffen: *Volksgemeinschaft oder Volksstaat. Die »Ideen von 1914« und die Neuordnung Deutschlands im Ersten Weltkrieg.* Berlin 2003.

Elias, Norbert: *Über den Prozeß der Zivilisation.* 2 Bde. Frankfurt a. M. 1976.
Fisch, Jörg: Art. ›Zivilisation, Kultur‹. In: Otto Brunner u. a. (Hg.): *Geschichtliche Grundbegriffe.* Bd. VII, Stuttgart 1992, 679–774.
Flasch, Kurt: *Die geistige Mobilmachung. Die deutschen Intellektuellen und der Erste Weltkrieg. Ein Versuch.* Berlin 2000.
Honold, Alexander: *Einsatz der Dichtung. Literatur im Zeichen des Ersten Weltkriegs.* Berlin 2015.
Jens, Walter: Betrachtungen eines Unpolitischen. Thomas Mann und Friedrich Nietzsche. In: Ders. (Hg.): *Statt einer Literaturgeschichte.* Pfullingen 1957, [7]1978, 185–213.
Joch, Markus: *Bruderkämpfe. Zum Streit um den intellektuellen Habitus in den Fällen Heinrich Heine, Heinrich Mann und Hans Magnus Enzensberger.* Heidelberg 2000.
Koopmann, Helmut: *Thomas Mann – Heinrich Mann. Die ungleichen Brüder.* München 2005.
Kurzke, Hermann: *Thomas Mann. Epoche – Werk – Wirkung.* 4., überarb. u. aktual. Aufl. München 2010.
Mann, Heinrich: Zola. In: *Die Weißen Blätter,* Jg. 2 (1915), H. 11, 1312–1382.
Mohler, Armin: *Die Konservative Revolution in Deutschland 1918–1932. Ein Handbuch.* 2., völlig neu bearbeitete und erw. Fassung. Darmstadt 1972.
Mosse, George L.: *Die völkische Revolution. Über die geistigen Wurzeln des Nationalsozialismus* (The Crisis of German Ideology. Intellectual Origins of the Third Reich). Frankfurt a. M. 1981 (engl. 1964).
Schivelbusch, Wolfgang: Zwei Aufrufe. In: Tilmann Buddensieg u. a. (Hg.): *Wissenschaften in Berlin.* 3 Bde. Berlin 1987. Bd. 3: *Gedanken,* 111–113.
Stern, Fritz: *Kulturpessimismus als politische Gefahr. Eine Analyse nationaler Ideologie in Deutschland* (The Politics of Cultural Despair). München 1986 (engl. 1961).
Ungern-Sternberg, Jürgen von/Ungern-Sternberg, Wolfgang von: *Der Aufruf »An die Kulturwelt«. Das Manifest der 93 und die Anfänge der Kriegspropaganda im Ersten Weltkrieg.* Stuttgart 1996.
Werber, Niels: *Die Geopolitik der Literatur. Eine Vermessung der medialen Weltraumordnung.* München 2007.
Werber, Niels: Das Politische des Unpolitischen. Thomas Manns Unterscheidungen zwischen Heinrich von Kleist und Carl Schmitt. In: Alexander Honold/Niels Werber (Hg.): *Deconstructing Thomas Mann.* Heidelberg 2012, 65–86.

Alexander Honold

Von deutscher Republik (1922)

Thomas Manns Eintreten für die neue, republikanische Staatsverfassung muss nach den *Betrachtungen eines Unpolitischen* als massiver Bruch wahrgenommen werden. Einen »bloßen Parlamentarismus«, notiert er am 3. 3. 1919 in sein Tagebuch, »kann ich nicht wollen« (Tb vom 3. 3. 1919), weder im Interesse der Fortschreibung des eigenen Lebenswerks, noch vor dem Hintergrund seines Glaubens an eine spezifisch deutsche, ständisch-hierarchische Volksanatomie. Erst zögerlich erfolgt ab Anfang der 1920er Jahre die Öffnung gegen die neue Regierungsform. Diese wird möglich durch die Aussöhnung mit dem Bruder im Januar 1922 und der damit einhergehenden Auflösung der biographisch fundamentierten Frontstellungen. Zugleich gelingt in der Erarbeitung eines republikanischen Volkstumskonzepts der Spagat zwischen neuer Lebenswirklichkeit und Kontinuität. Der ideengeschichtliche Fundus des langen 19. Jahrhunderts wird mit der ersten Fassung von *Goethe und Tolstoi* (1921; GKFA 15.1, 376–420; Lehnert/Wessell 1991, 101–110) zaghaft, mit *Von deutscher Republik* jedoch unübersehbar in den Dienst der jungen politischen Wirklichkeit gestellt. Allerdings erfolgt diese Fürsprache auf der argumentativen Grundlage der *Betrachtungen.* Im Verlauf der 1920er Jahre entwickelt sich daraus eine politisch-ästhetische Strategie, der Reaktion mit der Modifikation ihrer eigenen Begrifflichkeiten zu begegnen.

Manns politische Essayistik tendiert zur Bejahung des Bestehenden (Kurzke, TMHb, 696) – wenigstens bis Mitte der 1920er Jahre. Nach einer Assimilierungsphase wird mit der Republik-Rede diese Affirmation auf die neue Staatsverfassung übertragen und bestimmend für seine Texte. Er sei, konstatiert er am 25. 12. 1922 gegenüber Ernst Bertram, »im Grunde Pragmatist, Mann der praktischen Vernunft« (GKFA 22, 460). Im Juni 1922 führt die Ermordung Walther Rathenaus Mann deutlich vor Augen, wie bedrohlich die Alternativen zur Republik sind. Gegenüber Bertram nennt er dies am 8. 7. 1922: »einen schweren Choc. Welche Finsternis in den Köpfen dieser Barbaren! [...] Ich leide unter der Verzerrung des deutschen Antlitzes. Ich denke daran, einen Geburtstagsartikel über Hauptmann zu einer Art von Manifest zu gestalten, worin ich der Jugend, die auf mich hört, ins Gewissen rede« (GKFA 22, 440). Damit sind Adressatenkreis und Wirkungsabsicht von Manns am 13. 10. 1922 im Berliner Beethoven-Saal gehaltener Rede *Von deutscher Republik* bezeichnet (zur Veröffentlichung vgl. Kurzke, GKFA 15.2, 346 f.): Deren Ziel sei, heißt es darin explizit, diese Jugend »für die Republik zu gewinnen und für das, was Demokratie genannt wird, und was ich Humanität nenne« (GKFA 15.1, 522; dazu GKFA 22, 441). Denn im Gegensatz zur früheren Monarchie biete die Republik die Möglichkeit zu einer freien Entfaltung des deutschen Volksgeistes, nachdem »der Staat [...] unser aller Angelegenheit« (GKFA 15.1, 527) geworden ist.

In seiner Rede fordert Mann eine spezifisch deutsche Form der Republik, was als Anspruch und Distanzierungsgeste im Kontrast zur republikanischen

Gegenwart des Jahres 1922 zu verstehen ist (dazu GKFA 22, 454 sowie Schmidt 1997, 144 f.). Zugleich ist in diesem Rückgriff auf den Volksdiskurs angedeutet, dass der Vortrag zwar seine »argumentative Ausstattung [...] der Rüstkammer der ›konservativen Revolution‹« (Kurzke 2004, 350) entnimmt, jedoch zu einem abweichenden Ergebnis kommt. Denn die Republik-Rede weist selbst darauf hin, dass ihrem Verfasser die Geister, die seine *Betrachtungen eines Unpolitischen* heraufbeschworen haben, nicht mehr geheuer sind (GKFA 15.1, 522).

Um die Republik als deutsche Lebensform plausibel zu machen, verknüpft Mann Romantik und Republik: Denn »um zu beweisen, daß Demokratie, daß Republik Niveau haben, sogar das Niveau der deutschen Romantik haben kann, bin ich auf dieses Podium getreten« (GKFA 15.1, 541; vgl. GKFA 22, 444; Kurzke 2010, 185 ff.). Dazu bemüht Mann Novalis, den amerikanischen Lyriker Walt Whitman und Stefan George als »Eideshelfer« (GKFA 15.1, 518) und überführt den bereits in den *Betrachtungen* zitierten erotischen, männerbündischen Staatsentwurf Hans Blühers in eine republikanische Form (Lehnert/Wessell 1991, 101 ff.; Wißkirchen 1992, 27 ff.; Widding 1993; Opitz 2009, 207–248 sowie den Essay *Die Ehe im Übergang*).

Mit *Von deutscher Republik* rückt die Selbstüberwindung der Romantik in den Mittelpunkt, wie sie für Manns Nietzsche- und Wagner-Rezeption ab den 1920er Jahren bestimmend ist; denn »Erkenntnis [...] braucht nicht unbedingt hamletischen Ekel am Erkannten und seine Vernichtung im Erkenntnisekel zu bedeuten, wie bei Nietzsche; sie kann bejahend sein« (GKFA 15.1, 542; dazu Kurzke 2004, 351; Schmidt 1997, 141 ff.). Den Deutschen sei »[k]eine Metamorphose des Geistes [...] besser vertraut, als die, an deren Anfang die Sympathie mit dem Tode, an deren Ende der Entschluß zum Lebensdienste steht« (GKFA 15.1, 558). Somit wird das deutsche Wesen bestimmt durch seine Mittellage »zwischen Mystik und Ethik, Innerlichkeit und Staatlichkeit, zwischen totverbundener Verneinung des Ethischen, Bürgerlichen, des Wertes und einer nichts als wasserklar-ethischen Vernunftphilisterei« (GKFA 15.1, 559). Die Romantik gerät durch die Bewusstwerdung in ein Spannungsverhältnis – und wird so kritisier- und überwindbar. Diese Denkfigur findet sich nicht zuletzt im *Zauberberg* wieder (GKFA 15.1, 558; Neumann, GKFA 5.2, 40 f.; Kurzke 2010, 184). Die Republik bietet, folgt man Manns Fürsprache, in der »Einheit des politischen und des nationalen Lebens« (GKFA 15.1, 559) die Möglichkeit zur Überwindung des deutschen Traumas des 19. Jahrhunderts in der Vereinigung von Volk und Staat. Damit wohnt ihr das Potenzial inne, zu einer Entfaltung des deutschen Wesens zu führen – wenn sie in eine entsprechende Form findet.

Welche Aufmerksamkeit Manns Bekenntnis zur Republik erlangen würde, war für ihn abzusehen und ist in die Rede implizit, im fingierten Scharren der akademischen Jugend, wie auch explizit (»Und dein Buch? Deine antipolitisch-antidemokratischen Betrachtungen von anno 18?! Renegat! Überläufer! Gesinnungslump!«, GKFA 15.1, 533) integriert. Wird Mann nicht müde, die Kontinuität seiner politischen Haltungen zu betonen (vgl. etwa GKFA 15.1, 584 u. GKFA 22, 441, 447, 456, 473; *Meine Zeit* GW XI, 314), begreift die zeitgenössischen Rezeption die Rede als Zäsur gegenüber den *Betrachtungen*, als, wie Mann selbst zusammenfasst, »›Ueberläuferei‹, [...] ›Umfall‹, [...] ›Bruch‹« (GKFA 15.1, 583). Die Republik-Rede avanciert vor allem deshalb zu einem Bekenntnis, weil das konservative Bürgertum es als solches aufnimmt (Lehnert/Wessell 1991, 109 f.): So spottet Friedrich Hussong über das »gar zu überstürzte[] Tempo« (TMUZ 101 f.) der Sinneswandlung von *Saulus Mann*, und Otto Werner schreibt in der Zeitschrift *Das Gewissen* vom *Mann über Bord*. Die republikanisch-liberale Presse hingegen verhält sich interessiert bis reserviert (TMUZ 103–105; Opitz 1999, 201 ff.; Goll 2000, 147 ff.; Schlutt 2002, 172 ff.) und behält diese Haltung auch in den Folgejahren bei. Noch 1927 schreibt Mann nach einer Polemik Siegfried Kracauers erzürnt an den Verleger Heinrich Simon: »Das konservative Deutschland hat mir für die *Betrachtungen eines Unpolitischen* einst keinen Dank gewusst – aus Dummheit. Die Demokratie erweist sich nicht dankbarer. Die Demokratie (in Deutschland) erklärt durch den Mund Dr. Kracauers, dass mein Liebeswerben sie kompromittiere und dass sie ungeleitet von meinesgleichen nach Hause gehen könne. Wenn sie darüber nur nicht zur alten Jungfer wird!« (GKFA 23.1, 296).

Thomas Manns Rede ist in zweierlei Hinsicht zu bewerten: Erstens in Bezug auf den Anlass, immerhin handelt es sich um die Geburtstagsrede für Gerhart Hauptmann. Im Laufe der Weimarer Republik gewinnt die Konkurrenz zwischen Hauptmann und Mann um den Status als Repräsentanten der deutschen Republik eine eigene Dynamik, die sich angesichts der Peeperkorn-Affäre und Manns Nobelpreis-Intrige gegen Arno Holz reichlich problematisch gestaltet (de Mendelssohn 1972, 170–238; Opitz 1999, 194–200). Mit *Von deutscher Republik* verlagert sich Manns »Repräsentanzbewußtsein« (Stobel 2000, 173) auf die neue Staatsform und ermöglicht damit erst diese Dimension schriftstellerischer Konkurrenz.

Zweitens knüpft sich an die Republik-Rede ein umfangreicher Diskurs um Bruch und Kontinuität von Manns politischen Anschauungen (zusammenfassend Vaget 2007). Dieser erstreckt sich von der Beschreibung als gänzlich unpolitischem Autor (Görtemaker 2005) über den »Vernunftrepublikaner« Mann (Fechner 1990, 291 ff.; Kurzke 2010, 184) bis hin zur Betonung der Republik-Rede als »entscheidenden Wendepunkt« (Schmidt 1997, 141; dazu auch Harpprecht 1995, 499 ff.; Gut 2008, 161; Opitz 2009, 270 f.; zur Forschung allgemein vgl. ebd., 275–288). Vielfach führt dies jedoch zu (häufig diachronen) Bewertungen: Entweder wird die Qualität von Manns Demokratie-Verständnis einer Revision unterzogen (Görtemaker 2005, Fechner 1991), was der ideologischen Gemengelage der 1920er Jahre nur unzureichend gerecht wird, oder die Analysen folgen Manns Selbststilisierung eines geschlossenen und kontinuierlichen biographischen Lebens-Werks (Kurzke 2004, Lehnert/Wessel 1991).

Literatur

Fechner, Frank: *Thomas Mann und die Demokratie. Wandel und Kontinuität der demokratierelevanten Äußerungen des Schriftstellers.* Berlin 1991.

Görtemaker, Manfred: *Thomas Mann und die Politik.* Frankfurt a. M. 2005.

Goll, Thomas: *Die Deutschen und Thomas Mann. Die Rezeption des Dichters in Abhängigkeit von der Politischen Kultur Deutschlands 1898–1955.* Baden-Baden 2000, 146–151.

Gut, Philipp: *Thomas Manns Idee einer deutschen Kultur.* Frankfurt a. M. 2008, 152–170.

Harpprecht, Klaus: *Thomas Mann. Eine Biographie.* Reinbek bei Hamburg 1995, 499–511.

Kurzke, Hermann: Die politische Essayistik. In: *TMHb*, 696–706.

Kurzke, Hermann: *Thomas Mann. Das Leben als Kunstwerk.* Frankfurt a. M. [4]2004.

Kurzke, Hermann: *Thomas Mann. Epoche – Werk – Wirkung.* 4., überarb. u. aktual. Aufl. München 2010.

Lehnert, Herbert/Wessel, Eva: *Nihilismus der Menschenfreundlichkeit. Thomas Manns »Wandlung« und sein Essay Goethe und Tolstoi.* Frankfurt a. M. 1991.

Mendelssohn, Peter de: *Von deutscher Repräsentanz.* München 1972.

Opitz, Wilfried: *»Literatur ist demokratisch«. Kontinuität und Wandel im politischen Denken Thomas Manns.* Göttingen 2009.

Schlutt, Meike: *Der repräsentative Außenseiter. Thomas Mann und sein Werk im Spiegel der deutschen Presse 1898–1933.* Frankfurt a. M. 2002.

Schmidt, Christoph: *Ehrfurcht und Erbarmen. Thomas Manns Nietzsche-Rezeption 1914–1947.* Trier 1997.

Widdig, Bernd: Mann unter Männern: Männerbünde und die Angst vor der Masse in der Rede *Von deutscher Republik.* In: *The German Quarterly* 66 (1993), H. 4, 524–536.

Wißkirchen, Hans: Republikanischer Eros. Zu Walt Whitmans und Hans Blühers Rolle in der politischen Publizistik Thomas Manns. In: Gerhard Härle (Hg.): *»Heimsuchung und süßes Gift«. Erotik und Poetik bei Thomas Mann.* Frankfurt a. M. 1992, 17–40.

Vaget, Hans Rudolf: Ein unwissender Magier? Noch einmal der politische Thomas Mann. In: Ruprecht Wimmer (Hg.): *Vom Nachruhm. Beiträge zur Lübecker Festwoche 2005 aus Anlass des 50. Todestages von Thomas Mann.* Frankfurt a. M. 2007, 131–152.

Stefan Rehm

Deutsche Ansprache. Ein Appell an die Vernunft (1930)

So wie Thomas Mann sich mit der Rede *Von deutscher Republik* im Oktober 1922 im Berliner Beethoven-Saal zu der noch jungen und bedrohten Weimarer Republik bekennt, so ergreift er einen Monat nach dem ersten Massenerfolg der Nationalsozialisten bei den Reichstagswahlen vom 14. 9. 1930 mit einer am selben Ort (am 17. Oktober) gehaltenen Rede die Initiative, um die demokratischen Kräfte, vor allem aber das Bürgertum zu einer Zusammenarbeit zu ermahnen, die den weiteren Vormarsch der Extremisten und das Ende der Republik abwenden soll.

So klar und nüchtern wie in keinem anderen seiner politischen Texte analysiert er den Wahlausgang und greift aus dem »materiellen und geistigen Riesenkomplex von Ursachen« (GW XI, 874) für den Erfolg der Nationalsozialisten neben der wirtschaftliche Krisenlage ein Jahr nach dem New Yorker Börsenzusammenbruch, in der die »Verzweiflung von Millionen« (GW XI, 872) sich weiter zu verschärfen droht, die überharten Bedingungen des Friedens von Versailles und die anhaltende Skepsis gegenüber der parlamentarischen Demokratie heraus.

Als Nährboden für den rasanten Aufstieg des Nationalsozialismus macht er das fatale Aufeinandertreffen von irrationalistischen (auch akademisch beförderten) Geistesströmungen und allgemeinen Verrohungstendenzen im Massenzeitalter (»primitiv-massendemokratische[] Jahrmarktsroheit«; GW XI, 878) aus. Den zur Mode gewordenen Irrationalismus der Lebensphilosophie (in der Nachfolge Nietzsches) verurteilt er, auf Beispiele aus dem gerade entstehenden *Joseph*-Roman zurückgreifend, als das

Über-Bord-Werfen uralter zivilisatorischer Errungenschaften, als eine Umkehrung der Entwicklung vom »Naturkult« hin zu »geistigerer Anbetung« (GW XI, 877 f.; der Roman *Doktor Faustus* wird sich dann mehr als zehn Jahre später noch einmal intensiv mit der Irrationalismus-Mode auseinandersetzen). Auf knappem Raum finden sich damit schon die wesentlichen Elemente der Mann'schen Faschismusanalyse, wie sie in den ab 1933 erhaltenen Tagebüchern und in den nach den Jahren des notgedrungenen Schweigens ab 1937 formulierten Verlautbarungen zu finden ist.

Angesichts dieser Diagnose appelliert Mann an das Bürgertum, sich eingedenk seiner kulturellen Traditionen von der »radikalistische[n] Ekstase«, von dem »Veitstanz des Fanatismus« (GW XI, 882) abzuwenden. Dann widerlegt er der Reihe nach die gängigen bürgerlichen Vorurteile gegen die Sozialdemokratie, grenzt sie vom ›orthodoxen Marxismus‹ ab, verweist auf die Leistungen sozialdemokratischer Politiker (vor allem den Erhalt der Reichseinheit in den Krisenjahren nach dem Ersten Weltkrieg) und plädiert anknüpfend an die Essays *Goethe und Tolstoi* (1925; GKFA 15.1, 932 f.) und *Kultur und Sozialismus* (1928; GW XII, 649) nachdrücklich dafür, dass die auf die Zusammenarbeit von Bürgertum und Sozialdemokratie gestützte Politik des im März 1929 verstorbenen und von ihm ausführlich gewürdigten Gustav Stresemann fortgesetzt wird: »[D]er politische Platz des deutschen Bürgertums [ist] heute an der Seite der Sozialdemokratie« (GW XI, 889). Frankreich soll diese Zusammenarbeit durch eine weitere Bereitschaft zur friedlichen Revision des Versailler Vertrages unterstützen.

Es ist bezeichnend für die sich zuspitzende Atmosphäre in der Öffentlichkeit, dass Mann die Rede nicht ungestört halten konnte: Eine Gruppe von rechten Störenfrieden um Arnolt Bronnen und die Brüder Jünger (auch 20 SA-Männer waren im Smoking getarnt anwesend) provozierte durch Zwischenrufe und Tumulte; es kam zu einem Polizeieinsatz. Der mit den Örtlichkeiten gut vertraute Dirigent Bruno Walter (der Saal war eine Spielstätte der Berliner Philharmoniker) brachte seinen Freund Mann nach Ende der Rede in Sicherheit.

Auf einen gegen die Ansprache polemisierenden Artikel aus nationalsozialistischer Feder antwortete Mann im März 1931 mit dem nicht minder polemischen Aufsatz *Die Wiedergeburt der Anständigkeit* (GW XII, 649–677), in dem er einzelne Gedanken der *Deutschen Ansprache* noch einmal ausführlicher erläutert. Seinen Appell an das Bürgertum wiederholt Mann angesichts des anhaltenden Erfolges der Nationalsozialisten mit verstärkter Dringlichkeit am Ende der Rede *Goethe als Repräsentant des bürgerlichen Zeitalters* (1932; GW IX, 331 f.). Die Enttäuschung darüber, dass große Teile des Bürgertums seinen Ermahnungen nicht folgten, sondern sich stattdessen anschickten, Hitler an die Macht zu verhelfen, spiegelt sich darin, dass er sich in den letzten vor dem Exil geschriebenen politischen Texten (*Rede vor Arbeitern in Wien* und *Bekenntnis zum Sozialismus*) klar zum Anwalt der Sozialdemokratie macht.

Eine Einzelausgabe der *Deutschen Ansprache* erschien noch 1930 in mehreren Auflagen im S. Fischer Verlag Berlin. Mehrere Zeitungen (darunter der sozialdemokratische *Vorwärts* und die jüdische *C. V.-Zeitung*) brachten Auszüge.

Literatur

Andersch, Alfred: Mit den Augen des Westens. In: *Texte und Zeichen* 1 (1955), 85–100.

Bronnen, Arnolt: *arnolt bronnen gibt zu protokoll*. Hamburg 1954.

Hansen, Sebastian: *Betrachtungen eines Politischen. Thomas Mann und die Politik 1913–1933*. Düsseldorf 2013.

Harpprecht, Klaus: *Thomas Mann. Eine Biographie*. Reinbek b. H. 1995.

Kurzke, Hermann: *Thomas Mann. Das Leben als Kunstwerk*. München 1999.

Sontheimer, Kurt: *Thomas Mann und die Deutschen* [1961]. München 2002.

Walter, Bruno: Thomas Mann. In: *Die neue Rundschau. Sonderausgabe zu Thomas Manns 70. Geburtstag*, 6. 6. 1945, 712 f.

Stephan Stachorski

Ein Briefwechsel (1937)

Am 2. 12. 1936 wird dem in der Schweiz exilierten Thomas Mann die deutsche Staatsbürgerschaft aberkannt. Obwohl er seit dem 19. 11. 1936 tschechoslowakischer Bürger ist und um die »rechtliche Bedeutungslosigkeit« (Tb 5. 12. 1936) dieses Schritts weiß, gibt die Ausbürgerung doch dem *Briefwechsel mit Bonn* indirekt Anlass: Erstens ist ihre Rechtsfolge der Entzug der 1919 durch die Philosophische Fakultät der Universität Bonn verliehenen Ehrendoktorwürde am 19. 12. 1936, auf den der *Briefwechsel* reagiert; zweitens verfasste Mann bereits zu seiner Ausbürgerung eine unveröffentlichte »Äußerung« (ebd.), deren »beste[] Teile« (ebd., 414) in den vom 26. bis 30. 12. 1936 verfassten *Briefwechsel* eingehen.

Nach dem Brief *An Eduard Korrodi* im Februar

1936 (vgl. Ess IV, 169–174), in dem sich Mann öffentlich mit der literarischen Emigration solidarisiert, beendet der *Briefwechsel* Anfang 1937 das mehrjährige Schweigen *in politicis*, das er sich bei seinem Austritt aus der Akademie der Künste 1933 auferlegt hatte, um »alles Amtliche abzustreifen [...] und fortan in vollkommener Zurückgezogenheit meinen persönlichen Aufgaben zu leben« (an den Präsidenten der Akademie der Künste, 17. 3. 1933; vgl. Jens 1971, 197). Wurde diese Entsagung in den ersten Exiljahren stets mit der Antithese zwischen dem »Geistig-Künstlerischen« und dem »Politischen« (Ess IV, 84) begründet, so markiert der *Briefwechsel* die Wiederaufnahme der politischen Publizistik, die nach der Ausbürgerung kaum noch gegen die Gefahr, die »geistige und künstlerische Wirkungsmöglichkeit« (ebd., 76) in Deutschland zu verlieren, abzuwägen ist.

Nach dem Erstdruck Anfang 1937 im Verlag des Zürichers Emil Oprecht erreicht der Text bereits im März das 16. bis 20. Tausend. Vollständige und auszugsweise Nachdrucke finden sich bis zum Ende des Zweiten Weltkriegs in der Auslandspresse und in Exilpublikationen (vgl. Potempa 435 ff.). Tarndrucke (ebd., 435) und »zehntausende[] von Abschriften« (Tb 13. 3. 1937) in Deutschland belegen die Wirkung des Texts auch im ›Dritten Reich‹.

Der Text dokumentiert seinen direkten Anlass: Die »trübselige Mitteilung« (Ess IV, 183) aus Bonn ist der Replik darauf vorangestellt. So wie der Abdruck des amtlichen Briefs am Anfang Privates und Politisches eng führt, so folgt der weitgehende Verzicht auf Quellen – außer auf einige »aus dem Bereich [...] des Joseph-Romans« (Ess IV, 399) – dieser Bestimmung des Texts als »persönliche[s] Bekenntnis« (ebd., 185) mit allgemeiner Dimension.

Als »Publikationsform zum Vorbild diente« Jacob Grimms »Flugschrift« (Tb 7. 1. 1937) von 1838, in der dieser als einer der sog. ›Göttinger Sieben‹ seine Entlassung aus dem akademischen Dienst anklagte. Einige Überschneidungen, z. B. zur geistig-künstlerischen Existenz, die auch bei Grimm die »Abgeschiedenheit« (Grimm 1838/1985, 13) vom öffentlichen Leben verlässt, um »das Eis des Schweigens zu brechen« (ebd., 25), belegen, dass sich der *Briefwechsel* nicht nur stilistisch (vgl. Ess IV, 398) an diesem Prätext orientiert.

Der *Briefwechsel* gliedert sich in drei Abschnitte. Einem den Bonner Dekan adressierenden, der vom Entzug des Titels handelt, folgen zwei deklamatorische, die erst die Bedingungen der politischen Rede und die Frage der Repräsentanz klären, um dann die »Wahrheit zu sagen« (ebd., 189) zum Zustand Deutschlands und zur Kriegsgefahr.

Die Adresse an den Dekan etabliert den unversöhnlichen Standpunkt des Verfassers, der sich mit dem Angriff auf die deutschen Universitäten und die »verworfenen Mächte [...], die Deutschland moralisch, kulturell und wirtschaftlich verwüsten« (ebd., 184) die feindliche Demarkation des ›Dritten Reichs‹ von der »freie[n], geistige[n] Welt« (ebd., 184) zur nicht verhandelbaren Grundlage seiner Rede macht.

Die Erwähnung des 1935 durch die Universität Harvard verliehenen Ehrendoktors leitet über zum Begriff der Repräsentanz als Kern des Mann'schen Autorschaftskonzepts: Harvard ehrt ihn als Vertreter der »Würde der deutschen Kultur« (ebd., 184), als »Repräsentanten« (ebd., 185) des geistigen Deutschtums im Gegensatz zur falschen Repräsentanz der Machthaber, die sich »mit Deutschland [...] verwechseln« (ebd., 187). Der Repräsentationsbegriff ist rhetorisch deshalb so wirksam, weil ihm noch seine Suspendierung im Exil als Beweis dient, das als »Schicksalsirrtümlichkeit« (ebd., 185) im Leben des Repräsentanten auch das »[h]öchst Falsche[]« (ebd.) der historischen Entwicklung repräsentiert.

Die Abkehr vom »Schweigen« (ebd., 186) durch den »politischen Protest« (ebd., 185) ist somit keine Zäsur im Leben des Künstlers, sondern aus der Existenz des Repräsentanten heraus zu erklären. Begleitet von Gedanken über Sprache als Medium der »Totalität« (ebd., 187) des Humanen, das die Antithese von Kunst und Politik nivelliert, stellt sich die politische Subjektivierung des Künstlers als innere moralische »Forderung« (ebd., 186) dar, die aus dem Amt der Repräsentation und der »Verbundenheit von Nation und Autor« (ebd.) folgt.

Das finale Verdikt bestimmt das ›Dritte Reich‹ als zivilisatorischen Anachronismus, unter dem Deutschland hinter den moralischen Stand der »reifen und gebildeten Staaten« (ebd., 188) zurückfällt: Die Fixierung auf den Krieg und die Wahnidee der existentiellen Bedrohung (»falschheilige Sagennot«; ebd.) geben Mann Anlass zur Kritik am *appeasement* des Auslands gegenüber dem »gefährdete[n] und alles gefährdende[n] Land« (ebd.) sowie – anhand der faschistischen »Leitidee, der absoluten und ›totalen‹ Kriegsertüchtigung« (ebd., 189) – zu Versatzstücken einer Theorie des totalitären Staats.

Der *Briefwechsel* schließt mit dem Urteil, dass die geistige Depravation des deutschen Volks Krieg »unmöglich« (ebd., 190) mache. Der Blick zurück auf den ganz anderen »Zustande von 1914« (ebd., 189) als implizite Anspielung auf die *Betrachtungen eines*

Unpolitischen legt es nahe, diese (Fehl-)Einschätzung darauf zurückzuführen, dass Krieg hier weiterhin in einem ideellen Koordinatensystem statt hat, dessen Hinfälligkeit einzig das »Stoßgebet« andeutet, mit dem die letzten Zeilen »Gott« (ebd., 189 f.) um Beistand für Deutschland bitten.

Die Auflagenzahlen des Erstdrucks, die Nachdrucke und das ausländische Presseecho belegen die weltweite Wirkung, die mitsamt der beachtlichen klandestinen Rezeption in Deutschland (vgl. die Dokumentation bei Hübinger 1974, 251–266) noch die jüngere Literaturgeschichtsschreibung vom »bekanntesten Manifest der literarischen Emigration« (Ess IV, 397) sprechen lässt. Diese Wirkung veranlasste z. B. die Behörden im ›Dritten Reich‹, fortan die Publizität der Ausbürgerungen durch Einschränkung der Berichterstattung zu mindern (vgl. Hübinger 1974, 266 ff.). Angesichts vergleichbarer zeitgenössischer Fälle bleibt zu sagen, dass diese nachhaltige Wirkung des *Briefwechsels* in nicht geringem Maße auch »in der Person des berühmten Verfassers begründet« (ebd., 251) war.

Umfangreiche Forschung existiert zur politischen Vor- sowie zur Wirkungsgeschichte des *Briefwechsels* (vgl. Hübinger 1974, 101–279; zur Wirkung in Österreich/Ungarn Kaponya 2005). Anschlussfähig ist er für eine noch ausstehende systematische Untersuchung der Faschismustheorie (vgl. Kurzke 2010, 229–233) sowie, anhand des Repräsentanzbegriffs, von Autorschaftskonzepten (vgl. Ansel/Friedrich/Lauer 2009) bei Mann. Einigkeit besteht darüber, dass der *Briefwechsel*, den er als »wichtige[n] und für mich beglückende[n] Schritt« (Tb, 1. 1. 1937) bezeichnet, in Manns (politischer) Biographie »eine Phase des aktiven Kampfes in Rede und Schrift« (Kurzke 2010, 36) eröffnet, die die Spannung von Geistig-Künstlerischem und Politischem jedoch nicht auflöst, sondern weiterhin produktiv aufgreift (vgl. ebd., 35 ff.).

Literatur

Ansel, Michael/Friedrich, Hans/Lauer, Gerhard: Hybride Repräsentanz. Zu den Bedingungen einer Erfindung. In: Dies. (Hg.): *Die Erfindung des Schriftstellers Thomas Mann*. Berlin/New York 2009, 1–34.

Grimm, Jacob: *Jacob Grimm über seine Entlassung*. Göttingen 1985.

Hübinger, Paul Egon: *Thomas Mann, die Universität Bonn und die Zeitgeschichte. Drei Kapitel deutscher Vergangenheit aus dem Leben des Dichters. 1905–1955*. München/Wien 1974.

Jens, Inge: *Dichter zwischen rechts und links: die Geschichte der Sektion für Dichtkunst der Preußischen Akademie der Künste dargestellt nach den Dokumenten*. München 1971.

Kaponya, Zoltán: Briefwechsel mit Bonn. Die Kritik Thomas Manns an Hitlerdeutschland und ihr Nachhall in Österreich und Ungarn. In: András F. Balogh (Hg.): *Der Brief in der österreichischen und ungarischen Literatur*. Budapest 2005, 217–228.

Kurzke, Hermann: *Thomas Mann. Epoche – Werk – Wirkung*. 4., überarb. u. aktualis. Aufl. München 2010.

Sandro Holzheimer

Vom zukünftigen Sieg der Demokratie/The Coming Victory of Democracy/Democracy and Christianity (1938)

Im Schweizer Exil hatte sich Thomas Mann aus Rücksicht auf sein Gastland wie auf seinen Verlag mit politischen Äußerungen zurückgehalten; der Anfang 1937 erschienene *Briefwechsel mit Bonn* als Reaktion auf seine Ausbürgerung aus Deutschland signalisierte einen Wandel. Im Juli 1937 begannen die Vorarbeiten zu einem grundsätzlichen Text über die Demokratie, der zugleich in deutlichen Worten die Verbrechen des Nazi-Regimes benennen sollte: Konzentrationslager, Folter, Judenverfolgung. Der Text wurde im Dezember abgeschlossen, er bereitete die Übersiedelung in die USA vor, die dann im Zeichen der nationalsozialistischen Expansionspolitik im darauffolgenden Jahr erfolgte. 1934 war Thomas Mann hier zum ersten Mal ehrenvoll empfangen worden; 1935 kam es zur ersten Begegnung mit F. D. Roosevelt. *The Coming Victory of Democracy* wurde im Laufe des Jahres 1938 in 15 Städten der USA vorgetragen (Vaget 2011, 241–247). Damit beginnt eine rastlose politische Vortragstätigkeit, die bis 1950 fortgesetzt wurde. Insofern Mann sich in dieser Rede erstmals *grundlegend* mit einem spezifisch amerikanischen Verständnis von *democracy* befasst, ist die englische Sprache, in der sie zuerst vorgetragen wurde, keineswegs nur ein äußerlicher Begleitumstand.

Der programmatische Titel setzt gegen die Evidenz des Vormarsches und der kriegerischen Aggressivität autoritärer Bewegungen weltweit die These von der unvermeidlichen Durchsetzung der Demokratie, ein demonstrativer Optimismus gegen den Augenschein. Vor allem widerspricht er der Vereinnahmung eines (als Jugendkult und ›Natürlichkeit‹ drapierten) Vitalismus; wie im *Joseph* den Mythos, so will er hier die Lebensphilosophie Nietzsches »den fascistischen Dunkelmännern aus den Händen [...] nehmen« (an Karl Kerényi, 18. 2. 1941; BrKer, 98). Seine These muss er behaupten einerseits gegen den anthropologischen Pessimismus Schopenhauers, andererseits gegen eine Gleichsetzung von amerikanischer Demokratie und einem rücksichtslosen Kapitalismus. Die hier proklamierte *democracy* trägt daher als Erzieherin des Menschengeschlechts durchaus aristokratische Züge; sie ist friedfertig und nutzt ihre wirtschaftliche Kraft zu Reformen im Sinne eines sozialen Ausgleichs. Auch wenn die Sowjetunion Stalins irrigerweise als Friedensmacht vorausgesetzt wird und die dortigen Schauprozesse ausgeblendet sind, sucht Mann exemplarische Personifikationen der angestrebten Demokratie vor allem in demokratischen Politikern wie Léon Blum, Edvard Beneš und vor allem Roosevelt.

Der erste Teil leitet die Demokratie aus anthropologischen Prämissen ab, die bereits im *Zauberberg* und im *Joseph* (»Höllenfahrt«) entfaltet worden sind: Im Menschen tritt der Geist in die Natur; seine Manifestationen sind die Ideale der Freiheit, Gerechtigkeit, des Gewissens. Das Insistieren darauf, dass auch der Geist ›Natur‹ sei, richtet sich einerseits gegen die modische Geistfeindschaft in Philosophie und Politik und relativiert andererseits den anthropologischen Optimismus Rousseaus zum Vertrauen in eine prinzipielle Verbesserungsfähigkeit des Menschen, seine Fähigkeit zur Selbsterziehung. Der zweite Teil kontrastiert die soziale Demokratie mit einem Faschismus, der den drängenden sozialen Fragen ausweiche, anstelle der Demokratie eine repressive Pöbelherrschaft etabliere und sich in militärische Ablenkungsmanöver (wie den italienischen Äthiopienkrieg) flüchten müsse. Der dritte Teil skizziert notwendige Reformen der westlichen Demokratien hin zu einem entschlossenen, der Selbstverteidigung fähigen Humanismus (zu einer Abkehr von jeder Nachgiebigkeit gegenüber Hitler-Deutschland) und zu einer sozialen Demokratie. Damit unterhält die Rede engste Beziehungen zum letzten, ›amerikanischen‹ Band des *Joseph*, dessen politische Grundgedanken hier schon in wesentlichen Punkten vorweggenommen sind.

Zwar wird die Demokratie noch nicht wie in späteren Texten explizit aus dem Christentum abgeleitet. Dennoch ergibt sich ihre Begründung aus moralphilosophischen Erwägungen, deren religiöse Imprägnierung unübersehbar ist. Nicht auf Verfassungen und parlamentarische Regeln beruft sich der Redner, sondern auf die Überzeugung von der »Humanität« als einer durch die ›Sündenfall‹-Erkenntnis gegebenen Anlage des sündigen Menschen zur Selbsterziehung. Unter den Überarbeitungen der Rede verdient darum die am 29. 4. 1938 in der Universität von Illinois – aus Anlass der Verleihung des *Cardinal* [John Henry] *Newman Award* – vorgetragene besondere Beachtung, deren neu verfasster erster Teil sich explizit auf ein undogmatisch verstandenes ›Christentum‹ und einen ›universal‹ verstandenen Gottesglauben beruft; der Titel ist entsprechend modifiziert zu *Democracy and Christianity*. Hier zeigen sich zum ersten Mal die Grundzüge jener »amerikanischen Religion« (Detering 2012), die sich auch in der einleitenden Hervorhebung der demokratischen Dichtungen Whitmans und der politischen Praxis Lincolns vorbereitet.

Publiziert wurde der deutsche Text zuerst 1938 als Sonderheft von *Mass und Wert*; die englische Fassung erschien im selben Jahr in den USA und Großbritannien; gekürzte Versionen folgten in diversen Publikationen des Exils und als illegale Tarnschrift in Deutschland. Seit der Aufnahme in den Sammelband *Achtung, Europa!* (1938) trug die Rede den Titel *Vom kommenden Sieg der Demokratie*. Eine Einzelausgabe erschien erneut 1946 bei Suhrkamp.

Literatur

Detering, Heinrich: *Thomas Manns amerikanische Religion. Theologie, Politik und Literatur im kalifornischen Exil.* Frankfurt a. M. 2012, 274–284.

Görtemaker, Manfred: *Thomas Mann und die Politik.* Frankfurt a. M. 2005.

Sontheimer, Kurt: *Thomas Mann und die Deutschen* [1961]. München 2002.

Vaget, Hans Rudolf: *Thomas Mann, der Amerikaner. Leben und Werk im amerikanischen Exil 1938–1952.* Frankfurt a. M. 2011

Heinrich Detering/Stephan Stachorski

Bruder Hitler (1939)

Der Aufsatz entstand zwischen dem 4. und 21. 4. 1938 während des ersten Aufenthaltes Thomas Manns in Kalifornien. Die erste, etwa doppelt so umfangreiche Arbeitsfassung trug den Titel *Tagebuchblätter* und war zur Publikation in der Zeitschrift *Cosmopolitan* vorgesehen, zu der es allerdings nicht kam. Zurück in der Schweiz, reifte die Überlegung, den Hitler gewidmeten »Kernteil« (Tb 7. 7. 1938) gesondert zu publizieren. Eine geringfügige Überarbeitung dieses Teils wurde am 4. 9. 1938, kurz vor der Übersiedlung in die USA, abgeschlossen und *Der Bruder* betitelt. Die Publikation war für den Band *Achtung, Europa!* vorgesehen. Die Fahnen waren bereits gedruckt, als Mann den Text auf Drängen seines Verlegers im November 1938 enttäuscht zurückziehen musste. Bermann-Fischer fürchtete angesichts außenpolitischer Spannungen bei »allzu große[r] Aggressivität gegen Deutschland« (BrBF, 187) unter anderem eine Beeinträchtigung seiner Verlagstätigkeit in Stockholm. Der Aufsatz erschien erstmals am 3. 9. 1939 in englischer Sprache unter dem Titel *That man is my brother* in der Zeitschrift *Esquire* (Chicago), auf Deutsch dann am 25. 3. 1939 in der Zeitschrift *Das neue Tage-Buch* (Paris). Ihr Herausgeber Leopold Schwarzschild verantwortete den Titel *Bruder Hitler*, den Mann zunächst einen »schlechten Titel« (Ess IV, 434) nannte, beim deutschsprachigen Nachdruck 1953 allerdings beibehielt (*Altes und Neues. Kleine Prosa aus fünf Jahrzehnten*).

In *Bruder Hitler* verbindet Mann Zeitanalyse mit Selbstprüfung und argumentiert dabei ästhetisch und sehr persönlich. In zweierlei Hinsicht kann der Aufsatz eine Ausnahmestellung beanspruchen: Von den vielen politischen Stellungnahmen Manns im Exil unterscheidet er sich dadurch, dass er sich Hitler – dessen Name nicht explizit genannt wird – ausführlich als Person und Charakter widmet. Er unterzieht ihn einer Analyse, die primär ästhetischen und individualpsychologischen, nicht politischen Kategorien folgt. Entsprechend vielfältig sind die Beziehungen zum literarischen Werk Manns. Eine Ausnahmestellung nimmt der Beitrag als Psychogramm auch im Vergleich mit den Auseinandersetzungen anderer Emigranten mit dem ›Phänomen Hitler‹ ein. Auch für sie ist Hitler die Personifikation des Systems. Aber er ist für sie der eindeutig ›Andere‹. Mann hingegen lässt keinen Zweifel, dass Hitler Teile seines Selbst verkörpert; dass dessen Heraufkunft mit dem eigenen Herkommen zu tun hat. Die Formeln für das irritierende Verhältnis lauten ›Verwandtschaft‹ und ›Brüderlichkeit‹.

Der Erklärungsbedürftigkeit ästhetischer Betrachtung ist sich Mann bewusst. Der erste Satz erwähnt die »Opfer« Hitlers, die es kaum erlaubten, sein »Lebensphänomen fesselnd« (GW XII, 845) zu finden. Das Gewissen fordere Hass auf Hitler. An ihm mangele es auch Mann zwar keineswegs, aber der Hass stehe dem Bedürfnis nach ironischer und künstlerischer, nach souveräner und freier Behandlung im Wege. Damit erhebt sich Mann in »ungebundener Anschauung« über seinen Gegenstand, dem er statt mit Hass mit »Interesse« begegne (ebd., 846). Hinter Hitlers Aufstieg sieht Mann das »unergründliche Ressentiment«, die soziale Revanche des Zu-kurz-Gekommenen, die sich mit den »Minderwertigkeitsgefühlen eines geschlagenen Volkes« verbinde (ebd.). Verführungsmittel sei die »massenwirksame Beredsamkeit« (ebd., 847), die den Aufstieg des gedemütigten Volkes verheiße. Und tatsächlich gelinge der wundersame Siegeszug des Hysterikers, der sich Europa unterwerfe. »Märchenzüge« erkennt Mann in diesem Aufstieg (ebd.). Das Märchenmotiv schlägt die Brücke in die Wirkungswelt Richard Wagners und führt zum Kern der Argumentation: In Hitler werde eine »Erscheinung des Künstlertums« manifest. Mann porträtiert ihn als einen in die Politik versetzten Künstler, das von ihm dargebotene Schauspiel sei »[w]agnerisch, auf der Stufe der Verhunzung« (ebd., 848). Da sich eine charismatische Erscheinung wie Hitler den üblichen Deutungsmustern entzieht, greift Mann auf die ihm zu Gebote stehenden Mittel der Künstlerpsychologie zurück. Es ist einmal mehr Nietzsches Wagner-Kritik, die – bis in das Vokabular hinein – das Rüstzeug der nun folgenden Betrachtung bereitstellt. Indem er den Politiker Hitler zum Künstler erklärt, zieht ihn Mann zum Zweikampf auf vertrautes Terrain – um ihn dort umso sicherer zu entlarven. Er zeichnet das Porträt Hitlers als Décadence-Produkt, als Dilettanten mit ›Bajazzobegabung‹, als sozial marginalisierte Bohème-Existenz, die, unfähig zur Arbeit, in stolzem Hochmut jede ordentliche Tätigkeit als Zumutung von sich weist, zu deren Wut auf die Welt sich die unbestimmte Ahnung der einstigen Größe gesellt. Den praktischen Ausweg aus der existenziellen Hoffnungslosigkeit bietet ihm dann aber nicht die Kunst, in der er es zu nichts bringen kann, sondern die Politik mit ihren ungleich größeren Wirkungsmöglichkeiten. Der Wirkungskünstler wird zum Demagogen. Diese Analyse berührt das Ur-Eigenste des Verfassers und zwingt zur Selbsterkenntnis. Deutlich klingen andernorts autobiographisch genutzte Vorstellungen an und führen zur Feststellung der »reichlich peinliche[n] Verwandtschaft«. Hitler ist als ›Künstler‹ (und als Wagnerianer) »ein etwas unangenehmer und beschämender Bruder.« (ebd., 849) Mit der hier angewandten Denkfigur des »Bruderproblem[s]« (BrHM 1905), das die Spannung von partieller Identität und individueller Verschiedenheit umfasst, stützt sich Thomas Mann auf eine grundlegende Erfahrung, hinter der nicht zuletzt die Beziehung zu Heinrich Mann aufscheint. Literarisch hatte Mann sein Verständnis des Problems früh gestaltet (vgl. Karthaus 2000, 76): »Ich bin geworden wie ich bin […], weil ich nicht werden wollte wie du. Wenn ich dich innerlich gemieden habe, so geschah es, weil ich mich vor dir hüten muß, weil dein Sein und Wesen eine Gefahr für mich ist […]«. (GKFA 1.1, 638) So spricht Thomas Buddenbrook zu seinem Bruder

Christian. Auf Mann und Hitler bezogen heißt das: Der Autor der *Betrachtungen eines Unpolitischen* hätte seinem ›Sein und Wesen‹ nach sehr wohl Faschist werden können, aber er hat die ›Gefahr‹ abgewendet. Er kennt die den Faschismus antreibende Sehnsucht nach Vereinfachung aus eigenem Empfinden und erinnert daran, wie er sie selbst vielfach in seinem Werk gestaltet hat: als Verkündung des »Wunder[s] der wiedergeborenen Unbefangenheit« in *Fiorenza* und der »Absage an den Psychologismus der Zeit« im *Tod in Venedig*. Er sei »nicht ohne Kontakt mit den Hängen und Ambitionen der Zeit« gewesen, die nun »Geschrei der Gasse« geworden seien (GW XII, 850). Was Mann auf einen anderen Weg brachte als den missratenen ›Bruder‹, war auch sein ästhetischer Blick, der ihn die falsche Irrationalität der Nationalsozialisten durchschauen ließ. Der »Primitivismus in seiner frechen Selbstverherrlichung« (ebd., 849), der »Rückfall« in die Barbarei, die Feindseligkeit gegenüber der »Analyse« (Freud) (ebd., 850), die »Verhunzung« der ihm so wichtigen Kulturtradition widerten ihn an (ebd., 852). ›Verhunzt‹ wurde durch Hitler auch die Idee des ›großen Mannes‹. Mann fragt, ob angesichts von solch »moralischem und geistigen Tiefstand« wohl noch die Kategorie des Genies in Anschlag zu bringen sei. Da es sich beim Genie um ein primär »ästhetisches Phänomen«, nicht um ein »moralisches« handele, lautet die Antwort: ja. Retten ließe sich die Idee des ›großen Mannes‹ nur, indem man »die Unterschiede wahre[]« (ebd., 851). Der Begriff des Genies dient Mann als Beispiel für eine Vielzahl von Ideen: Die Grenze der Akzeptanz ist die »Verhunzung«, die das ›Echte‹ von seiner ›falschen‹ Bemächtigung durch die Nationalsozialisten unterscheide. Zu ›retten‹ bleibt schließlich am Ende dieser Argumentation die Kunst. Die Darstellung Hitlers als Künstler hatte auf sie ein zweifelhaftes Licht geworfen. Die Schlussworte Manns gelten daher der Hoffnung auf ein Künstlertum, das nicht »schwarze Magie«, sondern zukünftig »hellere[r] Zauber« und »Mittlertum zwischen Geist und Leben« sein möge (ebd., 852).

Die Forschung verweist neben den Bezügen zum Frühwerk regelmäßig auf die Verwandtschaft des Hitler-Psychogramms mit dem des Magiers Cipolla in *Mario und der Zauberer* (z. B. Sautermeister 1983). Auf den *Doktor Faustus* und die Rede *Deutschland und die Deutschen* weise *Bruder Hitler* aufgrund des durch die Brüderlichkeit konstatierten »duplizitären Charakter[s] des Deutschen« voraus (Görner 1999, 205). Die Denkfigur nehme die später explizierte Einsicht vorweg, dass es nicht ein ›böses‹ und ein ›gutes‹ Deutschland gebe, die sich trennen ließen. Ein Seitenblick auf die Hitler-Porträts anderer Autoren findet sich unter anderem bei Panizzo (2009) und Koopmann (2000), der den kontrafaktischen Bezug zu Heinrich Manns *Der große Mann* untersucht. Über die von allen Interpreten benannten Wagner-Nietzsche-Bezüge hinausgehend würdigt Vaget Manns Analyse als Beitrag zum Verständnis der »formative[n] Bedeutung« Wagners für Hitler (Vaget 2000, 183). Eine wichtige Erhellung des biographischen Kontextes bietet Sprecher, für den *Bruder Hitler* einen »Schlüsseltext für Thomas Manns Exil« darstellt (Sprecher 2010, 106). 1938 ist das Jahr der Übersiedlung in die USA, das den Eingriff Hitlers in das persönliche Schicksal vor Augen führt. Mann ringt um Repräsentanz, auch indem er sich als persönlichen Gegenspieler Hitlers inszeniert. Nicht zufällig finden sich die Worte »Wo ich bin, ist Deutschland« in den ausgeschiedenen *Tagebuchblättern* (Ess IV, 440), also in unmittelbarer Nähe des Bruderporträts. Dass der »Kern« von Manns Antifaschismus »seine Ästhetik« gewesen sei, wird mit Blick auf *Bruder Hitler* am Nachdrücklichsten von Kurzke vertreten (Kurzke 1990, 128), der die differenzierteste Würdigung der Erkenntnismöglichkeiten einer ästhetisch grundierten »Faschismustheorie« Manns bietet.

Literatur

Görner, Rüdiger: Peinliche Verwandtschaft. Formen der Selbstdiagnose in Thomas Manns Versuch *Bruder Hitler*. In: Ingrid Fichtner (Hg.): *Doppelgänger. Von endlosen Spielarten eines Phänomens*. Bern u. a. 1999, 201–217.

Karthaus, Ulrich: Hitlers ›Bruder‹ und die Deutschen. In: *TMJb* 13 (2000), 75–91.

Koopmann, Helmut: Bruder Hitler – Bruder Eichmann. Zu den Faschismus-Erklärungen von Heinrich und Thomas Mann, Brecht und Kipphardt. In: Alo Allkemper/Norbert Otto Eke (Hg.): *Literatur und Demokratie. Festschrift für Hartmut Steinecke zum 60. Geburtstag*. Berlin 2000, 213–229.

Kurzke, Hermann: ›Bruder‹ Hitler. Thomas Mann und das Dritte Reich. In: *Schopenhauer-Jahrbuch* 71 (1990), 125–135.

Panizzo, Paolo: Künstler, Genie und Demagoge. Thomas Manns Essay *Bruder Hitler*. In: Tim Lörke/Christian Müller (Hg.): *Thomas Manns kulturelle Zeitgenossenschaft*. Würzburg 2009, 13–27.

Sautermeister, Gert: Thomas Mann: Volkverführer, Künstler-Politiker, Weltbürger. Führerfiguren zwischen Ästhetik, Dämonie, Politik. In: *Exilforschung* 1 (1983), 302–321.

Siefken, Hinrich: Thomas Mann's essay *Bruder Hitler*. In: *German Life & Letters* 35 (1982), 165–181.

Sprecher, Thomas: Märtyrertum und Repräsentanz. Zu Thomas Manns Resilienz im Exil. In: Thomas Sprecher (Hg.): *Thomas Mann und das »Herzasthma des Exils«. (Über-) Lebensformen in der Fremde. Die Davoser Literaturtage 2008*, Frankfurt a. M. 2010 (= *TMS* 41), 93–110.

Temming, Tobias: *»Bruder Hitler«? Zur Bedeutung des politischen Thomas Mann. Essays und Reden aus dem Exil.* Berlin 2008.

Vaget, Hans Rudolf: Wieviel ›Hitler‹ ist in Wagner? Anmerkungen zu Hitler, Wagner und Thomas Mann. In: Dieter Borchmeyer/Ami Maayani/Susanne Vill (Hg.): *Richard Wagner und die Juden*. Stuttgart/Weimar 2000, 178–206.

Holger Pils

Deutschland und die Deutschen (1945)

Das Thema von Thomas Manns drittem Vortrag als *Honorary Consultant* der Library of Congress – nach *Joseph und seine Brüder* (1942) und *Schicksal und Aufgabe* (*The War and the Future*, 1943) – steht angesichts der Tatsache, dass die Kapitulation Deutschlands nur noch eine Frage von Monaten war, schon frühzeitig fest. »Ich habe«, schreibt Mann an Agnes Meyer, die ihm das Ehrenamt vermittelt hatte, »das deutliche Gefühl, dass ich mich über die deutsche Frage, wie ich nun einmal dastehe, nicht dauernd in Schweigen hüllen kann« (26. 11. 1944; BrAM, 602), und skizziert in einem anderen Brief an die Mäzenin schon sehr präzise Titel und Inhalt der Rede: »›Deutschland und die Deutschen‹ oder ›Deutschland und die Welt‹ – eine objektive, psychologische, kritische, aber keineswegs rein negative und auch aus dem eigenen Wesen schöpfende Darstellung des deutschen Charakters und Schicksals, der deutschen Geschichte, des deutschen grossen Mannes, der Besonderheit, Inhibiertheit und Schwierigkeit des deutschen Verhältnisses zur Welt.« Krankheitsbedingt entsteht die Rede erst im Februar/März 1945 und wird am 29. Mai, also drei Wochen nach der deutschen Kapitulation, vor einem mehrere tausend Zuhörer zählenden Publikum in hoch-offiziellem Rahmen (eingeleitet u. a. vom Vizepräsidenten der Vereinigten Staaten) gehalten. Wiederholungen in New York und Los Angeles folgen im Juni und Juli.

Um als amerikanischer Staatsbürger (seit 1944) seinen Landsleuten »zu erklären, wie doch in Deutschland alles so kommen konnte« (*Brief nach Deutschland;* GKFA 19.1, 79), versucht Mann zunächst ein »Seelenbild« seines Herkunftslandes zu geben: »Weltbedürftigkeit und Weltscheu«, »Kosmopolitismus und Provinzialismus« seien im »deutschen Wesen« vereinigt (GW XI, 1129). Darüber hinaus sieht er noch »eine geheime Verbindung des deutschen Gemütes mit dem Dämonischen«, räumt aber ein, dass diese »allerdings eine Sache meiner inneren Erfahrung, aber nicht leicht zu vertreten ist« (ebd., 1131).

Bei seinem Gang durch die deutsche Geschichte seit dem 16. Jahrhundert erzählt er diese zugespitzt als Geschichte der deutschen Innerlichkeit, geprägt vom »Auseinanderfallen des spekulativen und des gesellschaftlich-politischen Elements menschlicher Energie und der völligen Prävalenz des ersten vor dem zweiten.« (GW XI, 1132) Verantwortlich dafür sieht er vor allem das weichenstellende Wirken ›großer Männer‹. Ausführlich und exemplarisch schildert er, wie Luther zwar einerseits der Entwicklung von Forschung, Philosophie, ja Psychologie entscheidende Impulse gegeben, andererseits aber durch seine schroffe Ablehnung des Bauernaufstandes und sein Bekenntnis zu den bestehenden Obrigkeiten eine Entwicklung hin zu politischer (und eben nicht nur zu spiritueller) Freiheit behindert habe. Von Luther springt Mann zunächst zu den Befreiungskriegen gegen Napoleon, in denen sich die Freiheit nur als ein Freiheitsdrang »nach außen«, als Wunsch, »deutsch zu sein, nur deutsch und nichts anderes, nichts darüber hinaus« manifestiert habe und mit einem »befremdenden Maß von Unfreiheit, Unmündigkeit, dumpfer Untertänigkeit« im Innern zusammenging (ebd., 1137). Von hier aus wird die Entwicklungslinie dann über die deutsche Romantik und das Kaiserreich bis hin zum Nationalsozialismus gezogen. Die durch Luther begründete deutsche Politikfremdheit und Politikverachtung habe dazu geführt, dass ›der Deutsche‹ die Politik »für nichts als Lüge, Mord, Betrug und Gewalt, für etwas vollkommen und einseitig Dreckhaftes« hält und sie, wenn er aus seiner Einsamkeit heraus nach Weltherrschaft und Weltgenuss strebt, ganz in diesem Sinne betreibt (ebd., 1140).

Da Mann sich für den Vortrag, den er nach Abschluss der Niederschrift für »den besten hierzulande angebotenen« hält (Tb 18. 3. 1945), »möglichst wenig von der Hauptsache«, also dem im Entstehen begriffenen *Doktor Faustus* entfernen wollte (*Die Entstehung des Doktor Faustus*; GKFA 19.1, 482), bestehen, angefangen mit direkten Textübernahmen (vgl. den Kommentar in Ess V) vielfältige Beziehungen zwischen den beiden Werken: Die Rede gibt, indem sie feststellt, dass die Teufelsverschreibung »etwas dem deutschen Wesen eigentümlich Naheliegendes« sei (GW XI, 1131), und indem sie erläutert, warum Faust eigentlich »Musiker« sein müsste (ebd., 1131 f.), wichtige Hinweise für das Verständnis der Romankonzeption. Vor dem Hintergrund ihrer Ausführungen über das typisch deutsche Missverhältnis zur Politik wird verständlich, dass auch Adrian Leverkühns Ausweichen vor den politischen Implikationen künstlerischer Konzepte in diesem Sinne ›typisch deutsch‹ ist (vgl. etwa GKFA 10.1, 278).

Deutschland und die Deutschen ist vor allem zu verstehen als eine Antwort auf die *Betrachtungen eines Unpolitischen* im Lichte der seit 1918 gemachten Erfahrungen. Im Kriegsbuch zuerst hatte Mann die Geschichte Deutschlands als Geschichte der deutschen Innerlichkeit gezeichnet – allerdings mit vollkommen anderen Wertungen als 1945 – und Deutschland beispielsweise dafür gerühmt, dass »das Erlebnis der Reformation« die Deutschen »gegen die Revolution *immun*« gemacht habe (GKFA 13.1, 556). In den 1920er Jahren hatte er seine Position signifikant revidiert und etwa in *Kultur und Sozialismus* (1927) für eine Öffnung des durch die Innerlichkeitstradition geprägten bürgerlich-deutschen Kulturbegriffes hin zum Sozialen plädiert. Im Exil beschäftigt er sich dann mehrere Male eingehend und kritisch mit der Frage, inwiefern, prägende ›Leitsterne‹ seiner eigenen Bildungsentwicklung wie Schopenhauer oder Wagner in der nun als verhängnisvoll angesehenen deutschen Tradition der Politikferne und Politikverachtung standen (vgl. *Kultur und Sozialismus;* GW XII, 643–649 u. *Schicksal und Aufgabe;* ebd., 924–926).

Die schnell bekannt gewordene Formulierung, »daß es nicht zwei Deutschland gibt, ein böses und ein gutes, sondern nur eines, dem sein Bestes durch Teufelslist zum Bösen ausschlug« (GW XI, 1146), wird schon im Jahr 1939 gebraucht – bezeichnenderweise in einem offenen Brief, der über die Verbindungen zwischen dem Werk Richard Wagners und dem Nationalsozialismus reflektiert (*[Zu Wagners Verteidigung];* GW XIII, 258). Dies ist ein deutliches Indiz dafür, dass diese Formulierung wesentlich durch Manns in höchstem Maße ambivalent gewordenes Verhältnis zu den ›deutschen Größen‹ (v. a. Luther, Schopenhauer, Wagner) angeregt ist. Gleichzeitig impliziert die Rede vom ›einen Deutschland‹ immer auch die Einbeziehung des eigenen Lebens und Schaffens in die Auseinandersetzung mit der als problematisch erkannten deutschen Traditionslinie. Daraus resultiert die Ablehnung, sich selbst »als das ›gute Deutschland‹ zu empfehlen, ganz im Gegensatz zum bösen, schuldigen dort drüben, mit dem man gar nichts zu tun hat« (GW XI, 1128). Mann regiert mit dieser Formulierung aber wohl auch auf die vor allem im linken Exil gerne gebrauchte Rede vom ›anderen Deutschland‹ (vgl. etwa Brechts Aufsatz *The Other Germany* von 1943/44). Kurz nach der Fertigstellung von *Deutschland und die Deutschen* empört er sich angesichts der kritischen Reaktionen auf seinen Artikel *Das Ende* gegenüber Agnes Meyer über die »Verrücktheit des deutschen Emigranten-Patriotismus« und über die »Wut, die man erregt, wenn man sich zu der Wahrheit bekennt, dass der ›National-Sozialismus‹ *nicht* etwas den Deutschen von aussen Aufgezwungenes ist, sondern jahrhundertlange Wurzeln in der deutschen Lebensgeschichte hat« (BrAM, 620 f.). Losgelöst von diesen Kontexten war die Rede vom ›einen Deutschland‹ aber missverständlich, und so sah sich Mann sehr zu seinem Unwillen vor allem in Deutschland bald im Zentrum der Kollektivschuldebatte (vgl. Görtemaker 2005, 172).

In Deutschland wurde die Rede 1945/46 zunächst durch (meist aus dem Englischen rückübersetzte) Auszüge bekannt (Matter 1992, 552 f.). Der in Schweden erschienene Abdruck in der *Neuen Rundschau* vom Oktober 1945 dürfte nur eine geringe Verbreitung gefunden haben. 1947 erschienen dann Einzelausgaben im Suhrkamp Verlag und bei Bermann-Fischer (Stockholm). Der Kommentar in Ess V verzeichnet mehrere wichtige, im Manuskript gestrichene Passagen.

Literatur

Görtemaker, Manfred: *Thomas Mann und die Politik.* Frankfurt a. M. 2005.

Vaget, Hans Rudolf: *Germany: Jekyll and Hyde. Sebastian Haffners Deutschlandbild und die Genese von »Doktor Faustus«.* In: Eckhard Heftrich (Hg.): *Thomas Mann und seine Quellen.* Frankfurt a. M. 1991, 249–271.

Vaget, Hans Rudolf: *Thomas Mann, der Amerikaner. Leben und Werk im amerikanischen Exil 1938–1952.* Frankfurt a. M. 2011.

Stephan Stachorski

Deutsche Hörer! (1940–45)

Zwischen Oktober 1940 und November 1945 verfasste Thomas Mann im Auftrag der *British Broadcasting Corporation* (BBC) 58 Reden, die zumeist im monatlichen Abstand gesendet wurden. In einer ersten Phase bis zum Mai 1944 entstanden 47 Reden, in einer zweiten Phase folgten zehn weitere Reden von Januar bis Mai 1945, sowie eine letzte im November 1945. Die Texte der ersten vier Reden wurden telegraphisch aus den USA nach London übermittelt und dort von einem deutschsprachigen Sprecher verlesen. Danach sprach Mann seine Botschaften in

New York, dann in Los Angeles selbst auf Schallplatte. Die Aufnahmen wurden anschließend per Kurzwelle nach London übertragen. Ab Frühjahr 1942 wurden die Platten per Flugzeug dorthin gebracht, von wo aus sie über Langwelle nach Kontinentaleuropa ausgestrahlt wurden. Einzelne Ansprachen wurden in Zeitungen abgedruckt (vgl. Potempa 489–566). 1942 erschien eine erste Sammlung von 25 Texten, für die Mann ein Vorwort verfasste (GW XI, 983–986). 1943 folgte eine englische Übersetzung, 1945 eine Ausgabe mit 55 Ansprachen. Einen erstmalig vollständigen Abdruck aller 58 Ansprachen bieten zusammengenommen GW XI und XIII von 1974. Elf erhaltene Originalaufnahmen der Reden sind heute auf CD verfügbar.

Stärker als alle anderen politischen Texte des Exils unterliegen die Reden redaktionellen Vorgaben (vgl. Slattery 1992), nicht zuletzt einer Beschränkung auf fünf Minuten Sendezeit, die auf Bitten Manns auf acht Minuten verlängert wurde. Sie sind Gebrauchstexte, die den medialen Anforderungen des Hörfunks im Allgemeinen, und als Mittel alliierter psychologischer Kriegsführung dem Propagandazweck im Besonderen unterliegen. Neben der Kürze verlangte das Format Eindeutigkeit, nicht nur im Sprachlichen, sondern auch in der politischen Bewertung: Zweifel waren nicht am Platz. Deutlich wird die öffentliche Rolle, die Mann am Mikrophon einnimmt, durch die Gewissheit, mit der er beispielsweise das entschlossene Eingreifen der Amerikaner ankündigt und die deutsche Niederlage prophezeit, während sich im Tagebuch zeitgleich weit pessimistischere Äußerungen finden lassen.

Erkennbar ist das Bemühen, dem Medium sprachlich gerecht zu werden: durch Klarheit, dialogische Anlage, direkte Ansprache und wiederkehrende Strukturen. Mann beginnt jede Rede mit der Anrede »Deutsche Hörer!«, bezieht diese durch häufige Personalpronomina (»ihr«) und Anreden (»liebe Freunde«) ein, duzt sie und appelliert an ihr Handeln (»Handelt!«). Ein weiteres durchgängiges stilistisches Charakteristikum ist der polemische Tonfall, mit dem Mann sich Hitler zuwendet und der von der BBC als »far too abusive« kritisiert wurde (Slattery 1992, 164). Das Invektiven-Register ist lang: Hitler ist ein »stupider Völkermörder« (GW XI, 1121), »die abstoßendste Figur […], auf die je das Licht der Geschichte fiel«, eine »blutige[] Nichtigkeit von einem Menschen« oder schlicht eine »hohle Null« (GW XI, 1001). Wo sich Mann in *Bruder Hitler* noch von selbstkritischem ›Interesse‹ leiten ließ, darf der Hass sich in *Deutsche Hörer!* Luft verschaffen. An Agnes E. Meyer schrieb er am 28.4.1942: »Ich kann mir nicht helfen: es tut doch wohl, Hitler so recht ins Gesicht hinein einen blödsinnigen Wüterich zu nennen« (BrAM, 388 f.). Die durch Hitler verursachte »Vereinfachung der Gefühle« (GW XI, 253) schlägt sich ästhetisch nirgends im Werk Manns so deutlich nieder wie in den Reden *Deutsche Hörer!*, in ihrer Sprache und ihren Argumentationsfiguren. Sie kommt hier mit den Erfordernissen des Mediums zur Deckung, in dem darüber hinaus Manns eigene Stimme physische Präsenz verbürgt: Sie ist ein authentisches Lebenszeichen und unterstreicht so den Anspruch der Repräsentanz in einem auch persönlich motivierten und ausgetragenen Kampf gegen Hitler.

Vereinzelt trug die BBC vor allem zu Beginn der Zusammenarbeit neben formalen auch inhaltliche Wünsche vor. So gab sie allgemeineren Betrachtungen den Vorzug vor tagesaktuellen Kommentaren und wünschte sich Letztere nur ausnahmsweise, wie die Bitte um eine »Sonder-Sendung« nach der Bombardierung Lübecks im April 1942 (ebd., 1033–1035) zeigt. Darüber hinaus war Mann in der Wahl der Sendeinhalte offensichtlich zunehmend frei. Es können (nach Wolbold 2005, 176 f.) vier Gruppen unterschieden werden: Reden, die a) ausgehend von einem aktuellen Ereignis zu allgemeiner Reflexion übergehen; die b) ein Ereignis durchgehend kommentieren; die c) allgemeine Reflexionen ohne aktuelles Ereignis anstellen, oder die d) zu Festen und Jahrestagen gesendet wurden.

Die Kommentare zum politischen und militärischen Geschehen lassen sich als bewusstes, fortgesetztes Korrektiv zur nationalsozialistischen Propaganda lesen. Sie setzen zu einer Zeit ein, da Hitler siegreich ist. Vor diesem Hintergrund versucht Mann den Hörern nicht allein zu vermitteln, dass es sich um einen »sinnlos-anachronistischen Alexanderzug der Welteroberung« (GW XI, 990) handele, sondern dass man sich dereinst auf eine Niederlage einzustellen habe, da die Welt Hitler mit den Eroberungen nicht würde davon kommen lassen. Eine wichtige Funktion der Reden ist es sodann, von den Verbrechen der Deutschen in den besetzten Gebieten zu berichten, von dem »Maß [der] Untaten überall, von dem ihr in Deutschland wahrscheinlich nur eine schwache Vorstellung habt« (ebd., 1084). Die Aufklärung über die Taten geht einher mit der Aufklärung über die Sprache: Der Ätherkrieg war auch ein Krieg um Worte, um Deutungen und gegen die »unverschämte Sinnverkehrung der Sprache« (ebd., 1091), gegen die Anmaßung der Nationalsozialisten, »zu bestimmen, was Wahrheit und was Blödsinn ist«

(ebd., 1043), kurz: gegen die »Nazi-Lügen« (ebd., 1075).

Bevorzugtes Ziel von Manns Gegenpropaganda war Hitler selbst. Neben den erwähnten Verbalattacken waren es zwei miteinander verwandte Gegenüberstellungen, mit denen Mann ihm zu Leibe rückte: eine personalisierende und eine transzendierende. Deutlich personalisiert wird die kriegerische Auseinandersetzung als ein Duell Hitlers gegen Roosevelt (Vaget 2011, 102). Mann setzte alle Hoffnungen auf den amerikanischen Präsidenten, den er als eine gegen Hitler auftretende Lichtgestalt überhöht. Als Roosevelt noch während des Kriegs starb, adressierte Mann Hitler direkt: »Schande genug, du stupider Völkermörder, dass *Der* gehen mußte und du noch lebst! Wie kommst du, dazu noch zu leben?« (GW XI, 1121).

Roosevelt gegen Hitler, das war ein Kampf des Guten gegen das Böse: Das ist der zweite und durchgehende Antagonismus, der Manns Reden in dezidiert religiöser Dimension strukturiert. Hitler ist nicht nur »[d]ie *gottloseste aller Kreaturen*«, sondern »*Gottesgeißel*« (ebd., 1024). Der Krieg gegen ihn ist die »heilige Notwehr der Menschheit gegen das schlechthin Teuflische« (ebd., 1056). Mann bedient sich nicht nur biblischer Anspielungen, sondern auch einer Verkündigungsrhetorik, die »eschatologische Kategorien« bemüht und ihn selbst in die Nähe einer Nachfolge Christi rückt (Hamacher 2000, 67). Dem falschen Heilsversprechen Hitlers setzt Mann sein eigenes entgegen, dass nämlich der Untergang des Diktators bevorstehe: »Der ist besiegelt, glaubt mir, und fürchtet euch nicht!« (GW XI, 1044) und dass nach diesem Untergang die Zeit eines »gerechten Friedens« anbrechen werde (ebd., 997).

Zu den allgemeinen Betrachtungen gehören auch die Reflexionen über die Genese des Nationalsozialismus, dem Mann »lange Wurzeln im deutschen Leben« attestiert, wobei »die Geschichte des deutschen Nationalismus und Rassismus« nicht mit der »Geschichte des deutschen Geistes selbst zu verwechseln« sei (ebd., 1011). An mehreren Stellen klingen davon ausgehend Vorstellungen an, wie Mann sie in *Deutschland und die Deutschen* ausführlicher entwickelt. Immer wieder führt dies zu der schwierigen Frage, ob zwischen den Nationalsozialisten und Deutschland zu unterscheiden sei. Die Ineinssetzung verbot sich zunächst aus der Logik des Wirkungskalküls, denn Mann rief die Hörer dazu auf, sich vom Nationalsozialismus zu befreien. Daher musste eine Trennung möglich sein: »[I]hr solltet beweisen, was die Welt immer noch zu glauben sich zwingt, daß Nationalsozialismus und Deutschland nicht ein und dasselbe sind« (ebd., 1010). Mann hofft auf eine Selbstbefreiung der Deutschen. Sie sollten ihre »Seele« retten, indem sie dem Regime »Glauben und Gehorsam kündig[en]« (ebd., 994). Der Appell wird zum einen durch motivierende Hinweise auf die Existenz eines innerdeutschen Widerstandes unterstrichen. So würdigte Mann die Taten der ›Weißen Rose‹. Zum anderen soll der Blick in die Zukunft den Aufrufen Nachdruck verleihen: »Nur wenn ihr Euch selbst befreit, habt ihr ein Anrecht, teilzuhaben an der kommenden freien und gerechten Völkerordnung« (ebd., 1011). Im Sommer 1943 fordert Mann die Deutschen dazu auf, es den Italienern gleichzutun und sich von ihrem Regime loszusagen: »[W]enn ihr es nicht im letzten Augenblick fertigbringt, euch des Gesindels zu entledigen, das euch und der Menschheit so Schandbares angetan hat, so ist alles verloren, Leben und Ehre« (ebd., 1079). Das ›Schandbare‹ war zuallererst die Vernichtung der Juden, über die Mann zum ersten Mal im September 1941 spricht. Da ist noch allgemein von den Verbrechen »gegen Polen und Juden« (ebd., 1016) und »Massen-Vergasungen« (ebd., 1021) die Rede, später nennt Mann Details, klagt den »viehische[n] Massenmord von Mauthausen« (ebd., 1042), das Warschauer Ghetto, die Deportation der europäischen Juden in »Viehwagen«, ihre »Ausrottung« (ebd., 1052) in der »Hölle der Konzentrationslager« (ebd., 1075) an. Entsprechend fällt der Kommentar aus, als diese 1945 befreit werden. Mann sieht klar, dass ›Auschwitz‹ das Symbol für die Verbrechen des ›Dritten Reiches‹ sein wird, Verbrechen, die er den Deutschen in seiner Rede vom 14. 1. 1945 vor Augen führt und die gesühnt werden müssten, wenn sie sich mit der Welt aussöhnen wollten. Die Frage der Schuld war damit angesprochen. Solange Hoffnung auf Selbstbefreiung bestand, ließ Mann die Frage einer deutschen Gesamtschuld notwendigerweise offen. Dem Schwinden dieser Hoffnung aber korrespondierte die wachsende Überzeugung, dass für das Unrecht bezahlt werden müsse – und zwar vom ganzen Volk, das sich als unfähig zur Selbstbefreiung erwiesen hatte. Welche Form das staatliche Leben dann ›nach Hitler‹ konkret annehmen sollte, wurde von Mann kaum ausgeführt. Sicher schien ihm aber, dass es kein Zurück zum Nationalstaatsdenken geben könne. Durch die Reden zieht sich die Vision einer sozialen, »entpolitisierten Einheitswelt« (ebd., 1013) als Gemeinschaft freier Völker.

Dass der Appell Manns nicht die gewünschten Taten nach sich gezogen hat, liegt offen zutage. Dennoch gehört die Frage nach der ›Wirkung‹ der Reden zu den umstrittenen Aspekten der Forschung, da sie viel Raum für wertende Spekulation lässt. Dass Mann »zahlreiche Hörer« (Ess V, 351) erreichte, ist schwer zu belegen (Schätzungen bei Slattery 1992, 167 f.). Dabei ist zu berücksichtigen, dass das Hören von ›Feindsendern‹ im ›Dritten Reich‹ lebensgefährlich sein konnte. Es liegt also gewissermaßen der Sonderfall einer ›strafbewehrten Rezeption‹ vor, zu der sich die Hörer nicht offen bekennen *konnten*. Wenn Mann versicherte, es »lauschen mehr Menschen, als man erwarten sollte, [...] auch in Holland, im tschechischen ›Protektorat‹ und in Deutschland selbst« (GW XI, 984), so war das einerseits Teil der Ermutigung gegen oppositionelle Vereinzelung, hatte aber auch seinen Grund in tatsächlichen Rückmeldungen, die ihn trotz aller Hindernisse erreichten. Später bestätigten Hörer, Mann hätte mit seinen Ansprachen Trost gespendet, während andere – wie Frank Thiess als Sprecher der ›Inneren Emigration‹ – sofort nach dem Krieg begannen, Sinn und Wirkung der Reden in denunziatorischer Weise zu bestreiten. In der ›Großen Kontroverse‹ fanden sie so ihren verspäteten Resonanzraum und sind daher von kaum zu überschätzender Bedeutung für die Rezeption Manns in Nachkriegsdeutschland: als Beleg für Manns ›aufrechten antifaschistischen Kampf‹ oder aber, um ihm realitätsfernen Hass auf Deutschland nachzusagen. Die Forschung hat sich verschiedener weiterer Themen angenommen: Slattery (1992) dokumentiert in unverzichtbarer Weise das Zustandekommen der Sendungen und das institutionelle Umfeld, Hamacher (2000) unterzieht die Reden einer luziden poetologischen Lektüre, Weidenhaupt (2001) unternimmt eine journalistisch-publizistische Einordnung. Von allen drei Arbeiten profitiert die ausführliche Gesamtdarstellung von Martina Hoffschulte (2003). Den Gesamtkontext beleuchten – mit tendenziell gegensätzlicher Wertung – die Darstellungen von Görtemaker (2005) und Vaget (2001).

Literatur

Görtemaker, Manfred: *Thomas Mann und die Politik*. Frankfurt a. M. 2005.

Hamacher, Bernd: Die Poesie im Krieg. Thomas Manns Radiosendungen *Deutsche Hörer* als »Ernstfall der Literatur«. In: *TMJb* 13 (2000), 57–74.

Hoffschulte, Martina: *»Deutsche Hörer!« Thomas Manns Rundfunkreden (1940–1945) im Werkkontext. Mit einem Anhang: Quellen und Materialien*. Münster 2003.

Slattery, J. F.: Thomas Mann und die BBC. Bedingungen der Zusammenarbeit. In: *TMJb* 5 (1992), 142–170.

Weidenhaupt, Heike: *Gegenpropaganda aus dem Exil. Thomas Manns Radioansprachen für Deutsche Hörer 1940–1945*. Konstanz 2001.

Wolbold, Matthias: *Reden über Deutschland. Die Rundfunkreden Thomas Manns, Paul Tillichs und Sir Robert Vansittarts aus dem Zweiten Weltkrieg*. Münster 2005.

Vaget, Hans Rudolf: *Thomas Mann, der Amerikaner. Leben und Werk im amerikanischen Exil 1938–1952*. Frankfurt a. M. 2011.

Holger Pils

Die Lager (1945)

Über Entstehung und äußeren Anlass dieser Rundfunkansprache Thomas Manns informieren die Tagebücher: Der Erschütterung »über den Horror der deutschen Konzentrationslager« anlässlich der Bildstrecke über das KZ Buchenwald im *Time Magazine* folgt am 27. 4. 1945 sogleich der Wunsch, über diese »ungeheure Schande [...] sprechen« zu wollen (Tb 27. 4. 1945). Die betreffende Ansprache entsteht unter dem Titel *Die Lager* bzw. *The Camps* (ebd., 198) am 2. und 3. 5. 1945 auf behördlichen Wunsch des US-amerikanischen *Office of War Information* (vgl. ebd., 197; BrAM, 626).

Sendedatum der »Camp-Message« (Tb 28. 5. 1945) im deutschen Radio ist der 8. 5. 1945 (Loewy 1974, I, 36); übersetzte Auszüge erreichen »Rome, Paris, Bombay, Cairo, Ankara, Stockholm, Lisbon, Athens, Madrid, Brussels, Beirut and Belgrade« (O. W. I. an Thomas Mann am 10. 5. 1945; Tb VI, 636). Mit einem redaktionellen Vorwort erscheint der Artikel am 10. 5. 1945 in der vom US-Militär herausgegebenen *Frankfurter Presse*, am 12. 5. 1945 dann unter dem Titel *Die deutschen KZ* (so auch in Ess VI, 11–13) u. a. in der *Hessischen Post* und übersetzt als *Address to the German People* in *The Nation*. Ihren moralischen Kern betonend, druckt die *Bayerische Landeszeitung* die Ansprache am 18. 5. 1945 unter dem Titel *Thomas Mann über die deutsche Schuld* (weitere Drucke bei Potempa 556 f.).

Im Gegensatz zu Thomas Manns Dichtung, in der sich die »Wirkung der Zeit« eher »indirekt« (Kurzke 2010, 35) zeigt, zeichnet sich die Ansprache durch eine erhöhte historische Aktualität aus: Ihr Einflusshorizont ist der der Tagebücher, die in den letzten Kriegsmonaten die rasche Folge der Ereignisse und somit die »Erfahrungen, die man mit Deutschland, *in* Deutschland gemacht hat« (BrAM, 625), kommentieren. Charakteristisch ist also der hohe Realiengehalt des Texts: dazu gehören primär die

»schrecklichen / Enthüllungen« (Tb 21. 4. 1945) der Presse über die KZs, aber auch die Propaganda des »Goebbels-Radio[s]« (Ess VI, 12) oder die öffentliche Anfeindung der Alliierten durch den Münsteraner Bischof von Galen im April 1945 (vgl. ebd., 13). Der illokutiven Dimension der Ansprache sind die schwache ästhetische Codierung und der Verzicht auf ein intertextuelles Spiel mit literarischen Quellen geschuldet.

Der Text vermittelt historische Fakten an ihr moralisches Substrat. Er beginnt mit der »Genugtuung« (ebd.) über die Befreiung der Lager und der Beschreibung der Gräuel in diesen rechtlichen Ausnahmezonen (vgl. Agamben 2002), in denen »Gesetze[] der Menschlichkeit« zugunsten reiner »Gewalt« (Ess VI, 11) aufgehoben waren. Dieses Verdikt wird analog zu Hitlerdeutschland gesetzt, dessen »dickwandige[r] Folterkeller« (ebd., 11) ebenso die totale Suspension von »Recht«, »Wahrheit« und »Freiheit« (ebd., 12) bedeutete. In den Lagern wird eine politische Struktur und, moralisch gewendet, der Zivilisationsbruch sichtbar, den Deutschland im »Hitlerismus« (ebd., 11) sowohl erlitten als auch betrieben hat und der sich in der Aufhebung rechtlich-moralischer Normen sowie zivilisatorischer Unterscheidungen zeigt, z. B. der mehrfach erwähnten von Mensch und Tier (vgl. ebd., 11).

Eine weitere Krise der Unterscheidung führt zur Frage nach der Schuld. Unhaltbar sei es demnach, ein sittlich unbeschädigtes Deutschland von einer »kleine[n] Zahl von Verbrechern« (Ess VI, 11) zu trennen, um so ein »Zweierlei von ›gutem‹ und ›bösem‹ Deutschland« (BrAM, 625) zu erhalten. Die Schuld betrifft »alles Deutsche« (Ess VI, 11), nicht zuletzt die Exildeutschen (vgl. ebd., 12), und ist auch durch keine Analyse »nationalsozialistische[r] Menschenführung« (ebd.) zu mindern. So wenig sich Deutschland politisch »aus eigener Kraft befreien« (ebd., 13) konnte, so wenig führe seine moralische Rückkehr in den Schoß der freien Völker über die pervertierte Nationalidee des Deutschen: Nicht in der wahnhaften Fixierung auf das Eigene (»Rassensuperiorität«, ebd.), sondern in der Teilhabe an der Idee der Humanität, im »menschlichen Beitrag zum freien Geist« (ebd.) liege wie einst »einmal« auch in der Zukunft jede »deutsche Größe« (ebd.). Der Text endet somit mit der bereits etablierten Analogie zwischen Lagern und Nazideutschland: so wie die KZ-Häftlinge durch die Befreiung den »Gesetzen der Menschlichkeit zurückgegeben« wurden, so müssen im moralischen Wiederaufbau nun Deutsche nicht als Deutsche, »sondern als Menschen, der Menschheit zurückgegeben« (ebd.) werden.

Wenn auch eine »kolossale Verbreitung« (Tb 14. 5. 1945) angesichts des brachliegenden deutschen Pressewesens kaum plausibel ist (vgl. Ess VI, 376), fungiert der Text mit der Kollektivschuldthese doch als Auslöser der Debatte zwischen Exilliteraten und im ›Dritten Reich‹ verbliebenen Autoren zum Verhältnis von Literatur und Faschismus (Dokumentation bei Grosser 1963). Bittet Walter von Molos offener Brief Mann am 4. 8. 1945 noch um Rückkehr und Hilfe beim Wiederaufbau, sucht Frank Thiess' provokativ betitelter Aufsatz *Die innere Emigration* (18. 8. 1945) die offene Auseinandersetzung mit dem Repräsentanten der Exilliteratur, welche dieser in *Warum ich nicht nach Deutschland zurückgehe* (28. 9. 1945; GKFA 19.1, 72–82) mit seinen unversöhnlichen Thesen zur Literatur im ›Dritten Reich‹ jedoch entschieden abwehrt. Ein Nachspiel hat diese sogenannte ›Große Kontroverse‹ im *Doktor Faustus*: Dort werden, mit subtiler Provokation, dem ›inneren Emigranten‹ Zeitblom Zitate aus *Die Lager* untergeschoben, d. h. genau aus dem Text, mit dem Thomas Manns Streit mit der Inneren Emigration begann (vgl. GKFA 10.1, 696 f.).

Neben der politischen Biographie des Autors (u. a. Stammen, TMHb, 48–52; Kurzke 2010, 273–277) spielt die Ansprache vor allem anlässlich der »Großen Kontroverse« bei der Erforschung von Manns Verhältnis zur Inneren Emigration (z. B. Görtemaker 2005, 177–192; Hermand/Lange 1999; Wenninger 2004, 14–31) sowie der literarisch-publizistisch Öffentlichkeit in Nachkriegsdeutschland (Essig 1999, 260–264) eine Rolle.

Literatur

Agamben, Giorgio: *Homo Sacer. Die souveräne Macht und das nackte Leben* (Homo sacer. Il potere sovrano e la nuda vita). Frankfurt a. M. 2002 (ital. 1995).

Essig, Rolf-Bernhard: *Der Offene Brief. Geschichte und Funktion einer publizistischen Form von Isokrates bis Günter Grass.* Würzburg 1999.

Grosser, Johannes F. G.: *Die große Kontroverse: Ein Briefwechsel um Deutschland.* Hamburg 1963.

Görtemaker, Manfred: *Thomas Mann und die Politik.* Frankfurt a. M. 2005.

Hermand, Jost/Lange, Wigand: *»Wollt ihr Thomas Mann wiederhaben?« Deutschland und die Emigranten.* Hamburg 1999.

Kurzke, Hermann: *Thomas Mann. Epoche – Werk – Wirkung.* 4., überarb. u. aktualis. Aufl. München 2010.

Loewy, Ernst: *Thomas Mann – Ton- und Filmaufnahmen. Ein Verzeichnis.* Frankfurt a. M. 1974.

Stammen, Theo: Thomas Mann und die politische Welt. In: *TMHb*, 18–53.
Wenninger, Robert: *Streitbare Literaten. Kontroversen und Eklats in der deutschen Literatur von Adorno bis Walser.* München 2004.

Sandro Holzheimer

Warum ich nicht nach Deutschland zurückgehe (1945)

Den Offenen Brief an den Schriftsteller Walter von Molo verfasste Thomas Mann in den Tagen vom 2. bis 10. 9. 1945. Nach einer gekürzten Fassung im New Yorker *Aufbau* vom 28. 9. 1945 unter der redaktionellen Überschrift *Warum ich nicht nach Deutschland zurückgehe* erschien der Text am 9. 10. 1945 erstmals vollständig in der *Süddeutschen Zeitung*, hier mit dem von Mann stammenden Titel *Brief nach Deutschland*. Es folgten zahlreiche Nachdrucke (vgl. Potempa 560–562). Der Brief markiert den Auftakt der so genannten ›Großen Kontroverse‹ um Mann, eines für Nachkriegsdeutschland zentralen »Selbstverständigungsdiskurses« (vgl. Lühe 2002, 311) und ist zugleich ihr wichtigstes Dokument.

Zur unmittelbaren Vorgeschichte gehört Manns Artikel *Die Lager*, der seit dem 10. 5. 1945 in mehreren deutschen Tageszeitungen abgedruckt worden war. Auf ihn bezog sich Molo, als er sich in einem Offenen Brief mit der Aufforderung zur Rückkehr nach Deutschland an Mann wandte. Molos Brief wurde am 4. 8. 1945 in der *Hessischen Post* gedruckt. (BrAu, 365–368); zeitgleich mehrten sich ähnliche Anfragen, auch durch die amerikanische Presse, sodass die Frage nach der Rückkehr nach einer klärenden Antwort verlangte. Thomas Mann übergab seinen Text am 17. 9. 1945 dem amerikanischen *Office of War Information*, das mit der *Deutschen Allgemeinen Nachrichten Agentur* die Verbreitung in Deutschland besorgte.

Walter von Molo hatte auf Manns repräsentative Position gezielt, indem er ihn persönlich, nicht die Exilanten allgemein zur Rückkehr nach Deutschland aufforderte: »Kommen Sie bald wie ein guter Arzt, der nicht nur die Wirkungen sieht, sondern die Ursachen der Krankheit sucht [...]« (ebd., 367 f.). Molo verband diesen Appell mit einer eigenen Beschreibung von ›Ursachen‹ und ›Wirkungen‹. Bei diesen ist er ganz auf das »unsagbare Leid« der Deutschen fixiert, das Mann mit eigenen Augen sehen solle, damit er ihnen sodann »Trost durch Menschlichkeit« spenden könne (ebd., 366). Molo greift Manns Botschaft über die Schande der Konzentrationslager auf, indem er das ganze Land selbst zu einem »allmählich gewordenen großen Konzentrationslager« erklärt (ebd.). Was die ›Ursachen‹ des Leids angehe, so sei das deutsche Volk seit einem Vierteljahrhundert hungernd und leidend, und überdies, so Molo, zum Hass nicht fähig. Es habe »im innersten Kern nichts gemein mit den Missetaten und Verbrechen« der Nationalsozialisten (ebd., 367). Deutlich wird, worum es Molo und worum es in der gesamten, nun folgenden Debatte ging: Um die Frage der Schuld. Molo wies sie für sich, die im Lande gebliebenen Intellektuellen und für das ›Volk‹, für das er zu sprechen beanspruchte, kollektiv zurück.

Die hybride Form des Offenen Briefes mit seiner doppelten, privat-öffentlichen Adressatenschaft erlaubte es Mann, Molos Rückkehrbitte zu beantworten und zugleich zu allen Deutschen zu sprechen; sie erlaubte es, von Persönlichstem zu berichten und zugleich ins Grundsätzliche überzugehen. Molos Briefe sind nur der Anlass eines Schreibens, mit dem Mann sich seiner repräsentativen Position in einer historischen Umbruchsituation versichert. Gegenstand ist neben der Frage der Schuld das Bedürfnis nach Anerkennung des durch die Emigration erlittenen Unrechts (vgl. GKFA 19.2, 70). Zu der fortgesetzten Enttäuschung Manns über die nicht erfolgte Selbstbefreiung der Deutschen fügte sich nun die Empörung über ihr Unschuldspathos. Wichtige Argumente des Offenen Briefes waren bereits in *Die Lager* angelegt, andere übernahm er aus der Rede *Deutschland und die Deutschen*.

Mann dankt Molo für sein Ansinnen und bringt sofort Zweifel vor, was er denn überhaupt bewirken solle, wenn er nach Deutschland zurückkehre. Die an ihn gerichteten Appelle seien nicht wohlüberlegt und hätten »sogar Ungerechtes« an sich (GKFA 19.1, 72). Mann greift Molos medizinische Metaphorik auf, indem er sich als »alte[n] Mann, an dessen Herzmuskel die abenteuerliche Zeit doch auch ihre Anforderungen gestellt« habe, bezeichnet (ebd.). Mit »technischen, bürgerlichen, seelischen Schwierigkeiten« wird die Absage angedeutet (ebd., 73), bevor Mann nach dem zweiten Absatz mit einer längeren autobiographischen Erzählung beginnt (vgl. Strobel 2013, 325), die den Deutschen (»ihr dort drinnen« GKFA 19.1, 74) die Erfahrungen des Exils nahe bringen soll (»Wir draußen« ebd., 76). Er rekapituliert die Vertreibung von 1933, »das Herzasthma des Exils, die Entwurzelung, die nervösen Schrecken der Heimatlosigkeit« (ebd.). Er beklagt die mangelnde Solidarität derjenigen, die im Lande geblieben seien und zweifelhafte »Vorteile« genossen hätten (ebd.).

Dem folgt der Umschlag der »Leidensgeschichte des Emigranten« in eine »Erfolgsgeschichte« (Strobel 2013, 325), die den eigenen ›Vorteil‹ ausstellt: Die Vorzüge der amerikanischen Staatsbürgerschaft, Auszeichnungen, günstiges Klima, Wohlstand. Warum, so Mann, solle er all dies nicht genießen angesichts der Nachteile, die er zuvor in Kauf zu nehmen hatte. Nach dieser ›persönlichen Geschichte‹ fragt Mann, wie es soweit habe kommen können, also nach der ›allgemeinen Geschichte‹. Die Antwort ist kurz und – wie in anderen Texten – nationalpsychologisch grundiert: »Es ist ein Ergebnis des Charakters und Schicksals des deutschen Volkes« (GKFA 19.1, 75).

Mann stellt dem nun die Geschehnisse in Deutschland während der vorangegangenen zwölf Jahre gegenüber, die ihm das Land habe »fremd« werden lassen. Deutlich markiert er die Differenz »zwischen einem, der den Hexensabbat von außen erlebt, und euch, die Ihr mitgetanzt und Herrn Urian aufgewartet habt«. Kultur in Deutschland zu machen, habe geheißen, »das Verbrechen [zu] schmücken« (ebd., 76). Polemischer Höhepunkt dieser Erzählung ist das totalitär anmutende Urteil Manns, alle Bücher, die in Deutschland zwischen 1933 und 1945 gedruckt werden konnten, seien »weniger als wertlos [...]. Ein Geruch von Blut und Schande haftet ihnen an; sie sollten alle eingestampft werden.« (ebd.) Mann wendet sich in diesem Lichte wieder der Frage der Rückkehr zu und hält den Briefen, die ihn dazu auffordern, solche entgegen, die ihm abraten, damit er sich nicht der zu erwartenden Aggressionen durch »lauernde Feinde« aussetze (ebd., 78).

Nach der Hervorhebung der trennenden Erfahrung überrascht der Text mit einer abermaligen Wendung: Mann betont die »unzerreißbaren Bande« (ebd.), die ihn mit Deutschland und seiner kulturellen Tradition verbinden. Er werde sich immer als deutscher Schriftsteller fühlen und habe auch über sein Exilwerk den Kontakt zu den Deutschen halten wollen. Er habe mit den Deutschen gelitten und sich schließlich in seinem Vortrag *Deutschland und die Deutschen* mit ihnen solidarisch erklärt. Er glaube an »Gnade« für Deutschland (ebd., 80), an seine Zukunft und seine Versöhnung mit der Welt. Deutlich losgelöst von dem konkreten Schreibanlass lässt Mann zentrale Motive der erwähnten Rede, aber auch des im Entstehen begriffenen *Doktor Faustus* anklingen, einschließlich des Gnadenmotivs, und mündet im Grundsätzlichen. Am Ende des Briefes wendet sich Mann in diesem versöhnlichen Ton nochmals Molo zu. An dem klar geäußerten Entschluss aber, nicht – oder allenfalls besuchsweise – nach Deutschland zurückzukehren, änderte das nichts.

Manns offener Brief löste heftige Reaktionen aus. Zur Eskalation haben einerseits überspitzte Formulierungen des Briefes (»Geruch von Blut und Schande«) beigetragen (vgl. Stachorski 1999, 33 f.), die die versöhnlichen Töne überlagerten. Verschärft wurde die Diskussion andererseits durch das Eingreifen Dritter, insbesondere das von Frank Thiess. Mit seinem Artikel *Die innere Emigration* in der *Münchner Zeitung* vom 18. 8. 1945 bezog sich Thiess zustimmend auf Molo und brachte zugleich das nun bestimmende Schlagwort in die Debatte ein. Thiess begründete offensiv, warum er nicht emigriert sei: Er sei durch die »schauerliche Epoche [...] reicher an Wissen und Erleben« geworden, was ihm nicht möglich gewesen wäre, wenn er »aus den Logen und Paterreplätzen des Auslands der Tragödie« zugeschaut hätte (Grosser 1963, 24). Die eigene Überlegenheit gegenüber den Emigranten wird in schrillen Bildern behauptet. Ihnen wird letztlich vorgeworfen, aus mangelndem Patriotismus den leichteren Weg gegangen zu sein, während die ›inneren‹ Emigranten ›anständig‹ geblieben seien *und* Deutschland in schwerer Zeit die Treue gehalten hätten. Der ›äußeren‹ Emigration fehle es schlicht an Kenntnissen über die Leidenszeit des Nationalsozialismus, sodass sie nicht befähigt sei, die Daheimgebliebenen zu verurteilen. Pathetische ›Verabschiedungen von Mann‹ kamen einer zweiten Vertreibung gleich. Beide Seiten sahen sich denunziert und missverstanden. Sie rangen um den Anspruch, die Kontinuität deutscher Kultur während des Nationalsozialismus gewährleistet zu haben. In vielen weiteren Dokumenten (vgl. GKFA 19.2, 71–81; Gesamtdarstellung Hajdu 2002, mit Angaben zur Sekundärliteratur) wird die tiefe Kluft zwischen der nun so genannten ›inneren‹ und ›äußeren‹ Emigration deutlich. Die Debatte wurde früh in ihrer Repräsentativität erkannt und dokumentiert (tendenziös durch Grosser 1963). Sie wuchs sich nicht nur zur ersten großen deutschen Literaturdebatte nach dem Zweiten Weltkrieg aus, sondern wurde eine Diskussion von gesamtgesellschaftlicher Bedeutung. Diese Wirkung konnte sie entfalten, weil es nicht nur um die Frage nach der Verantwortung der Künstler ging (und der für sie existenziellen Herausforderung, sich der neuen Zeit als unschuldig zu empfehlen), sondern um die brisante politische, rechtliche und moralische Frage der kollektiven Schuld und Verantwortung angesichts der nationalsozialistischen Menschheitsverbrechen.

Literatur

Grosser, J. F. G. (Hg.): *Die große Kontroverse. Ein Briefwechsel um Deutschland*. Hamburg 1963.
Hajdu, Marcus: *»Du hast einen anderen Geist als wir!« Die »große Kontroverse« um Thomas Mann 1945–1949*. Diss. phil. masch. Universität Gießen 2002; http://geb.uni-giessen.de/geb/volltexte/2005/2056/pdf/HajduMarcus-2003-07-02.pdf (15. 04. 2015).
Hermand, Jost/Lange, Wiegand: *»Wollt ihr Thomas Mann wiederhaben?« Deutschland und die Emigranten*. Hamburg 1999.
Lühe, Irmela von der: »Kommen Sie bald wie ein guter Arzt« – Die ›große Kontroverse‹ um Thomas Mann (1945). In: Joanna Jabłkowska (Hg.): *Engagement Debatten Skandale. Deutschsprachige Autoren als Zeitgenossen*. Łódź 2002, 305–320.
Stachorski, Stephan (Hg.): *Fragile Republik. Thomas Mann und Nachkriegsdeutschland*. Frankfurt a. M. 1999.
Strobel, Jochen: Ein *J'accuse* – an alle! Thomas Manns Offener Brief an Walter von Molo. In: Jörg Schuster/Jochen Strobel (Hg.): *Briefkultur. Texte und Interpretationen – von Martin Luther bis Thomas Bernhard*. Berlin/Boston 2013, 317–332.

Holger Pils

5.2 Ästhetisches, Philosophisches, Kulturkritisches

Bilse und ich (1905)

Bilse und ich ist der ambitionierteste ästhetische Essay des jungen Thomas Mann, »das zentrale Dokument seiner Poetik« jedenfalls im Frühwerk (Vaget, TMHb, 578), dessen grundlegenden konzeptionellen und begrifflichen Klärungen nur der *Versuch über das Theater* an die Seite zu stellen ist. Wie dort, so befasst sich Thomas Mann auch hier mit der zeitgenössischen Gattungshierarchie im Horizont der Wagner'schen Kunstreligion; wie dort das Theater in seinem künstlerischen Rang relativiert wird – zumal in seiner Erhöhung zum Ort einer »Tempelkunst« –, so wird hier der moderne Roman des Typus *Buddenbrooks* als zeitgemäße künstlerische Gattung aufgewertet und zugleich im Hinblick auf das Verhältnis von Faktualität und Fiktionalität in der Repräsentation von ›Wirklichkeit‹ bestimmt.

Der Essay hat sich schrittweise aus einer anlassbezogenen Stellungnahme entwickelt. In einem Lübecker Gerichtsverfahren um die möglicherweise ehrverletzenden Darstellungen in Johannes Doses Schlüsselroman *Der Muttersohn* (1904) verwies der Angeklagte 1905 unter anderem auf das Beispiel Thomas Manns; der Staatsanwalt Enrico von Brocken machte daraufhin in seinem Schlussplädoyer *Buddenbrooks* als einen »Bilse-Roman« verächtlich (zu dem Prozess und seinen Folgen Detering 2001 und Rösch 2004) und bezog ihn damit auf einen im gesamten deutschen Sprachraum lebhaft diskutierten Literaturskandal.

Der literarisch ambitionierte Leutnant Fritz Oswald Bilse (1878–1951) hatte im Herbst 1903 unter Pseudonym den Schlüsselroman *Aus einer kleinen Garnison. Ein militärisches Zeitbild* veröffentlicht. Darin schilderte er in nur oberflächlicher Camouflage, ebenso mutig wie kolportagehaft, die desaströsen Zustände in der Garnison des lothringischen Forbach. Der Roman wurde umgehend verboten, Bilse aus der Armee entlassen und zu sechs Monaten Arrest verurteilt. Das vergleichsweise geringe Strafmaß verdankte sich seiner faktischen Rehabilitation durch den Prozess, an dessen Ende das Gericht ausdrücklich feststellte, Bilse habe »kein Pamphlet« geschrieben – woraufhin Kaiser Wilhelm II. dem Kriegsgericht sein Missfallen aussprach und mehrere beteiligte Richter in den Ruhestand versetzte; weitere juristische Nachspiele und eine Reichstagsdebatte über den Fall folgten und trugen zu internationaler Aufmerksamkeit für den Roman bei. Der Begriff ›Bilse-Roman‹ wurde zum redensartlichen Synonym für literarisch unbedeutende skandalträchtige Schlüsselromane.

Brockens Vorwurf geht zurück auf die Lübecker Empörung über *Buddenbrooks* und die leichte Identifizierbarkeit von Romanfiguren mit vermeintlichen Lübecker Vorbildern; entsprechende Entschlüsselungslisten hatten in der Stadt weite Verbreitung gefunden. Am 18. 4. 1806 wurde Dose in zweiter Instanz vom Lübecker Landgericht zu einer Geldstrafe und zur Vernichtung sämtlicher Exemplare und Druckplatten seines Romans verurteilt.

Thomas Manns erste Stellungnahme zum Bilse-Vorwurf erschien bereits am 7. 11. 1905 im *Morgen-Blatt* der *Lübeckischen Anzeigen*, unter der voreiligen Überschrift *Ein Nachwort*. Bereits am 14. 11. 1905 erschien in der Augsburger und Münchner *Allgemeinen Zeitung* der zweite Teil dieses Artikels auf seinen Wunsch als separater Text unter der bereits ins Grundsätzliche gehenden Überschrift *Darf der Dichter Zeitgenossen porträtieren?* Diese zweite Publikation erklärt sich aus dem abermals seine eigene Familie betreffenden Streit um die Novelle *Wälsungenblut*, die ja auf Betreiben seines Schwiegervaters von der Publikation in der *Neuen Rundschau* vom Januar 1906 zurückgezogen werden musste; hinzu kamen Vorwürfe des befreundeten Münchner Schriftstellers Arthur Holitscher, der sich in Detlev Spinell in *Tristan* wiedererkannte (1901), und des Kritikers Alfred Kerr, der sich in Thomas Manns Artikel *Über die Kritik* (1905) angegriffen sah. Da in diesen drei Fällen auch Antisemitismus-Vorwürfe mitspielten, ist denkbar, dass Thomas Manns Selbstverteidigung implizit auch darauf reagiert.

Den zweiten Schritt von anlassbezogenen Bemerkungen zur programmatischen Grundsatzreflexion vollzieht Thomas Mann mit der Publikation des Essays *Bilse und ich*, an dem er bereits seit Dezember 1905 arbeitete. Der Essay erschien zunächst in den *Münchner Neuesten Nachrichten* vom 15. und 16. 2. 1906, kurz darauf dann als selbständige Publikation im kurzlebigen Münchner Verlag des (später mit der *Biene Maja* bekannt gewordenen) Schriftstellers Waldemar Bonsels, und zwar Manns – demonstrativ auf den »50. Todestag Heinrich Heines« datiertem – Vorwort zufolge um »möglichst weiter Verbreitung« des Textes willen. Die Broschüre erreichte noch im selben Jahr drei Auflagen, eine vierte erschien mit einem neuen Vorwort 1910; sie wurde in den Feuilletons lebhaft diskutiert. In einem Brief vom 2. 3. 1910 (an Walther Schotte) erwähnt Thomas Mann sogar einen (nicht realisierten) Plan, den Text zusammen u. a. mit dem *Versuch über das Theater* in einem Essayband zu publizieren. Eine abermals überarbeitete Fassung nahm er 1922 in *Rede und Antwort* auf.

Der Essay übernimmt wörtlich einige polemische Passagen aus *Ein Nachwort*, fügt aber fast alle grundsätzlichen Erörterungen neu hinzu. Einige dieser apologetischen Gedanken zur Literaturgeschichte der »Indiscretion« hatte Thomas Mann bereits am 19. 8. 1904, also noch vor dem Lübecker Prozess, in einem Brief an Ida Boy-Ed skizziert. Der Text entwirft nun ein Modell der Produktionsbedingungen und Wirkungsmöglichkeiten des literarischen Kunstwerks in seinem Verhältnis zur empirischen Wirklichkeit und pointiert die Spannung zwischen dem Eigenrecht künstlerischer Gestaltungsfreiheit und den Erfordernissen der Lebenswelt als Opposition von künstlerischen und »bürgerlichen Gesetzen«. Dabei bezieht er sich implizit auf das Schiller'sche Konzept der Kunstautonomie, explizit auf Schopenhauers Ästhetik (»die Welt [...], die meine Vorstellung ist« GKFA 14.1, 110) und den »Erkenntnis-Lyriker Friedrich Nietzsche« (ebd., 105) mit seiner Proklamation der Kunst als Lebens-Kritik sowie mit im Laufe des Textes zunehmender Intensität auch auf die im *Versuch über das Theater* explizit thematisierte, hier nur stillschweigend vorausgesetzte Wagner'sche Kunstreligion.

Im Verlauf dieses Gedankengangs werden – im Blick nicht nur auf das eigene Werk, sondern auch auf Turgenjews *Väter und Söhne*, Goethes *Werther* und Shakespeares Dramen – zunächst metaphorisch eingesetzte Begriffe zu einem nun selbst kunstreligiös bestimmten Beziehungsnetz verknüpft (Müller 2010; Buchner 2011; Detering 2011). Seine schmerzhafte, mit Opfern verbundene Selbstzucht im Bemühen um eine Durchdringung und »Beseelung« des »Stofflichen« erfüllt eine triviale Wirklichkeit »mit seinem Odem und Wesen« (vgl. Gen 2,7), macht sie »zu seinem Eigentum« und verwandelt die zu »seinen Geschöpfen« gewordenen lebensweltlichen Modelle in »Emanationen des dichtenden Ich« (GKFA 14.1, 102). Dieser Grundgedanke überhöht den für die Ästhetik des Poetischen Realismus vor allem bei Fontane zentralen Begriff der läuternden »Verklärung« der Wirklichkeit im Kunstwerk ins Kunstreligiöse. Das so entstehende »innere Einswerden« (ebd.) von Schöpfer und Geschöpf bewirkt eine ›Erlösung‹ (vgl. GKFA 14.1, 104) der defizienten Realität; es ist getragen vom »Glauben« des Künstlers, »daß böse und stumme Dinge erlöst und gut gemacht werden, wenn man sie ausspricht« (ebd.). Für den Künstler selbst bedeutet dieser Prozess nicht nur einen »Gerichtstag über sich« (im Sinne von Ibsens dem *Tristan*, 1903, als Motto vorangestellten Vers), sondern auch ein »Martyrium«, ja eine stellvertretend für die banalen lebensweltlichen Vorbilder erlittene »Passion« (GKFA 14.1, 106): den »Schmerz des Erkennens und Gestaltens« (GKFA 14.1, 109, der Begriff »Schmerz« erscheint zehnmal). Erst infolge dieser Passion darf dann der »Künstler-Egoist sein eigenes Herz als Monstranz zu erheben« beanspruchen (wie Wagner es, dem *Versuch über das Theater* zufolge, im *Parsifal* tat; GKFA 14.1, 114; vgl. ebd., 158). Das derart »in Schmerzen« vollbrachte Werk »*rechtfertigt*« auch den selbstsüchtigen Geltungsanspruch und Ehrgeiz des Künstlers (GKFA 14.1, 110); Thomas Manns typographische Hervorhebung dieses Schlüsselwortes lässt seinen theologischen Ursprung wohl absichtsvoll durchscheinen.

Die abschließende selbstironische Bestimmung des Textes als eines »Manifests« und »Sendschreibens« bezeichnet durchaus zutreffend die durchgängige Ambivalenz von ästhetischer Argumentation und einem kunstreligiösen Pathos, das durch die streckenweise überanstrengt wirkende, an den Vorbildern Heines und Nietzsches orientierte polemische Ironie kaum relativiert wird. Gerade auf diese Seite des Textes hat Mann sich auch in späteren poetologischen Äußerungen bezogen. Noch der 1950 in

Chicago gehaltene Vortrag *Meine Zeit* greift, nun allerdings selbstkritisch und mit dem Verweis auf den Schlüsselbegriff der ›Gnade‹, auf die zuerst in *Bilse und ich* entwickelten Gedanken zurück.

Literatur

Buchner, Wiebke: *»Die Gottesgabe des Wortes und des Gedankens«. Kunst und Religion in den frühen Essays Thomas Manns.* Würzburg 2011.

Detering, Heinrich: *Herkunftsorte. Literarische Verwandlungen im Werk Storms, Hebbels, Groths, Thomas und Heinrich Manns.* Heide 2001.

Detering, Heinrich: Das Werk und die Gnade. Thomas Mann und die Religion. In: Niklaus Peter/Thomas Sprecher (Hg.): *Der ungläubige Thomas. Zur Religion in Thomas Manns Romanen.* Frankfurt a. M. 2011, 149–166.

Müller, Tilo: *Frömmigkeit ohne Glauben. Das Religiöse in den Essays Thomas Manns (1893–1918).* Frankfurt a. M. 2010 (= *TMS* 42).

Rösch, Gertrud Maria: *Clavis scientiae. Studien zum Verhältnis von Faktizität und Fiktionalität am Fall der Schlüsselliteratur.* Tübingen 2004.

Vaget, Hans Rudolf: Die Erzählungen. In: *TMHb*, 534–618.

Heinrich Detering

Versuch über das Theater (1908)

Nach Abschluss des Dramas *Fiorenza* 1905 und im zeitlichen Umkreis von dessen Uraufführung 1907 am Frankfurter Schauspielhaus (GKFA 14.2, 179; GKFA 3.2, 105) schrieb Thomas Mann den Essay *Versuch über das Theater* vermutlich in mehr als einer Fassung. Unmittelbarer Auslöser dafür war eine Umfrage der Zeitschrift *Nord und Süd* (GKFA 14.2, 178–180), wo der Essay im Januar und Februar 1908 in zwei Teilen zusammen mit anderen Umfrage-Beiträgen (z. B. von Eduard von Keyserling, Heinrich Mann und Stefan Zweig) unter der Sammelüberschrift *Die kulturellen Werte des Theaters* erschien. Das fünfte Kapitel des Essays wurde unter dem Titel *Das Theater als Tempel* im Juni 1907 separat publiziert (vgl. GKFA 14.1, 117–122), der gesamte Essay 1921/22 für *Rede und Antwort* (Berlin 1922) nochmals überarbeitet.

Die Rezeptionsgeschichte dieses Essays muss erst noch detailliert geschrieben werden, er diente aber beispielsweise dem Münchner Theaterwissenschaftler Artur Kutscher als Reibungsfläche zur Profilierung seines eigenen Theaterverständnisses; so reagiert Kutschers Essay *Die Ausdruckskunst der Bühne* (1910) explizit auf den *Versuch über das Theater*, und die zweite, überarbeitete Auflage von Kutschers *Grundriß der Theaterwissenschaft* (1949) nimmt Manns Essay nochmals auf (vgl. Bartl 2008, 76 u. 80). Auch wurde *Versuch über das Theater* von politisch konservativen, ästhetisch antimodernistischen Theatertheoretikern der Weimarer Republik wie Hans Brandenburg, Ewald Geißler, Richard Benz etc. im Sinne eines programmatischen Theoriemodells für eine mögliche konservative Bühnenreform gelesen (Biccari 2001, 44–54).

Der *Versuch über das Theater* zeugt von der umfassenden Auseinandersetzung Manns mit Theatertheoretikern des 18. und 19. Jahrhunderts wie der Theateravantgarde seiner Gegenwart: Friedrich Schiller, Friedrich Nietzsche, Friedrich Hebbel, Friedrich Theodor Vischer, Richard Wagner, zudem Artur Kutscher, Georg Fuchs, Max Reinhardt (Galvan, GKFA 3.2, 113–119), Otto Falckenberg etc. Der Essay ist in sechs Kapitel geteilt, die jeweils in sich selbst abgeschlossene Klein-Essays bilden, aber durch wiederkehrende »Leitmotiv[e]« (GKFA 14.1, 128) miteinander verbunden sind: So prägt beispielsweise die starke Auseinandersetzung mit Wagner, Nietzsche und der zeitgenössischen Münchner Theaterszene alle Abschnitte. Argumentativ ergibt sich daraus eine Spannung, die für viele Essays Thomas Manns charakteristisch ist: Einerseits schreitet die Argumentation, angelehnt an die Struktur (kultur-) wissenschaftlicher Abhandlungen, strikt logisch voran: von generellen Begriffsklärungen zu Detailfragen, von historisch-diachronen Entwicklungen zum gegenwärtigen, synchronen Ist-Zustand und weiter zu zukünftigen Entwicklungen bzw. zum utopischen Soll-Zustand. Andererseits folgt sie den mäandernd-abschweifenden Gedankengängen und experimentellen Annäherungen, wie sie für die »Essais« (Versuche) eines Michel de Montaigne typisch sind, oder ähnelt der arabeskenhaft-fragmentartigen Progressivität eines künstlerischen Essays in der Rezeptionslinie der Romantik.

Der *Versuch über das Theater* reflektiert über (I) Begriffsklärungen von Drama und Theater, (II) die historische Entwicklung und Hierarchie der Gattungen Epik und Dramatik, (III) die (vergangene und gegenwärtige) Wirkung des Theaters aus persönlicher Perspektive, (IV) das Verhältnis von Schauspieler und Dichter, (V) den Sinnbildcharakter des Theaters und (VI) aktuelle Debatten und Praktiken des Theaters sowie dessen idealtypische Zukunftsentwicklung hin zu einer »neue[n] Bühne« (GKFA 14.1, 163).

Der *Versuch* begreift (und darin erweist er sich als durchaus anschlussfähig für aktuelle Theorien der Theatralität und des postdramatischen Theaters)

Theater als Kunstform, in der der Text nur ein Element unter vielen ist. Mehrere Zeichensysteme (Text, Schauspiel, Musik, Bühnenbild, Technik etc., vgl. GKFA 14.1, 131) stehen im theatralen Kommunikationsprozess gleichberechtigt nebeneinander. Das Theater ist des Weiteren geprägt von seinem starken Aufführungs- und auch Öffentlichkeitsbezug; Theater findet stets im öffentlichen Rahmen statt, hat hohe gesellschaftliche Relevanz und ist (inklusive des Spektakels im Zuschauerraum und Foyer) stets nur als performativer Akt denkbar. Die Ästhetik des Theaters changiert dabei, so der *Versuch*, zwischen einer modernen Produktionsform im Kollektiv und einer populistischen Wirkungssucht. Das Theater sei zudem keine rational-analytische, dafür eine märchenhaft-irrationale Kunstform, die von »Rausch« (GKFA 14.1, 138) und großer Sinnlichkeit geprägt sei. Historisch verortet der *Versuch* den Ursprung des Theaters im kultischen Ritus und leitet daraus auch für die Gegenwart ein der Religion verwandtes, säkularisiert-sakrales Wesen des Theaters ab. In all diesen Aspekten liege die Faszination und gleichzeitig Ablehnung, ja Verachtung (vgl. GKFA 14.1, 126) begründet, mit der ein Schriftsteller dem Theater begegne, bestehe zwischen Literatur (selbst Dramenliteratur) und Theater (als Aufführungskunst) doch eine unauflösliche »Fremdheit« (GKFA 14.1, 123).

In dieser Abgrenzung zwischen Literatur und Theater, Prosa und Drama entwickelt der *Versuch* implizit eine Poetik, die mit dem literarischen Selbstverständnis Manns eng verwandt ist und mit den poetologischen Selbst-Reflexionen in *Bilse und ich* oder dem späteren Princetoner Vortrag *Die Kunst des Romans* (GKFA 14.2, 182) korrespondiert. So spricht sich der *Versuch über das Theater* für ein Primat der Epik, besonders des Romans, gegenüber der Dramatik aus und plädiert für eine moderne, der eigenen pluralistischen Gegenwart entsprechende Ästhetik des Hybriden, »der Zwischengattungen, der Mischungen und Verwischungen« (GKFA 14.1, 127). Der Roman ist hierfür die geeignete Form, verbindet er doch – im Sinne einer Zeitdiagnostik wie zugleich im Gefolge einer romantisch inspirierten Idee der progressiven Universalpoesie – Lyrik und Dramatik mit Epik (vgl. GKFA 14.1, 128).

Darüber hinaus diskutiert der *Versuch* detailgenau und kenntnisreich Aspekte der Theaterreformbewegung v. a. Münchens, ja beweist eine erstaunliche Offenheit für die zeitgenössische Theateravantgarde. Thomas Mann zeigt hier Interesse für das Volkstheater, Puppen-, Krippen- und Schattenspiel (vgl. GKFA 14.1, 167), wie es damals in unterschiedlichen Projekten von Alexander von Bernus, Will Vesper und Otto Falckenberg in Schwabing aufgeführt und von Artur Kutscher theatertheoretisch reflektiert wurde (Bartl 2008, 94 f.). Über diese Rezeptionshaltung ergibt sich auch in Thomas Manns Forderung nach einer anti-illusionistischen Dramatik ohne naturalistisches Bühnenbild (trotz späterer politischer Differenzen beider Autoren) eine überraschende gedankliche Nähe zu Bertolt Brecht, der etwa gleichzeitig ähnliche Kontakte zur Münchner Theaterszene hatte.

Thomas Manns *Versuch über das Theater* kritisiert die pseudorealistische Theater-Ästhetik des Naturalismus und plädiert für eine Ästhetik der »Andeutung« (GKFA 14.1, 163) und verfremdenden Abstraktion, beispielsweise durch den Einsatz von Masken und einem anti-illusionistischen, abstrahierenden Bühnenbild. Das soll, so Manns Essay, zur Entsinnlichung des Theaters führen und ein neues Theater des Geistes evozieren. Dieses kann bis in die Architektur hineinwirken, würdigt der *Versuch* doch, neben Wagners Bayreuther Theater, die Bestrebungen zeitgenössischer Architekten wie Max Littmann (und sein Münchner Künstlertheater auf der Theresienhöhe), durch Modernisierung der Amphitheater-Struktur (und damit Wegfall von Repräsentationslogen etc.) die »Demokratisierung des Zuschauerraumes« (GKFA 14.1, 159) voranzutreiben.

Diesen vielfältigen Bezügen des *Versuchs über das Theater* (und anderer Theater-Essays Thomas Manns) weiter nachzugehen, stellt ein ebenso großes Forschungsdesiderat dar wie der Aspekt ›Thomas Mann und das Theater‹ generell.

Literatur

Bartl, Andrea: Auf der Suche nach der ›neuen Bühne‹. Thomas Mann, Artur Kutscher und die Münchner Theateravantgarde. In: *TMJb* 21 (2008), 71–100.

Balme, Christopher B.: Modernität und Theatralität. Zur Theaterkultur in München um 1900. In: Gilbert Merlio/Nicole Pelletier (Hg.): *Munich 1900 site de la modernité. München 1900 als Ort der Moderne*. Bern u. a. 1998, 99–115.

Biccari, Gaetano: Thomas Manns *Versuch über das Theater* und seine Rezeption in den zwanziger Jahren. In: Ders.: *»Zuflucht des Geistes«? Konservativ-revolutionäre, faschistische und nationalsozialistische Theaterdiskurse in Deutschland und Italien 1900–1944*. Tübingen 2001, 35–54.

Detering, Heinrich: *»Juden, Frauen und Litteraten«. Zu einer Denkfigur beim jungen Thomas Mann*. Frankfurt a. M. 2005.

Eilert, Heide: Thomas Mann und das Theater. In: *TMHb*, 358–362.
Kurzke, Hermann: Warum war Thomas Mann kein Dramatiker? Überlegungen im Umkreis von *Fiorenza*. In: *Zagreber Germanistische Beiträge* 1 (1992), 35–43.

Andrea Bartl

Geist und Kunst (entstanden 1909–12)

Im April 1909 schreibt Thomas Mann an Samuel Fischer, er »komponiere an dem Notizenmaterial zu einem Essay, der allerhand Zeitkritisches enthalten und den geplanten Essay-Band kompletieren [sic] soll«. Recht enthusiastisch kündigt er an: »Das wird mein nächstes Buch und am Ende nicht einmal mein Schlechtestes« (DüD I, 287). Der Essay sollte, so Mann erstmals in einem Brief an die *Saale-Zeitung* im November 1909, »den Titel ›Geist und Kunst‹ führen« (GKFA 14.1, 210). Das Projekt beschäftigt Mann in der folgenden Zeit intensiv, kommt aber nicht zum Abschluss, wird schließlich aufgegeben und (zusammen mit anderen unvollendeten Arbeiten dieser Zeit) an Gustav von Aschenbach, den Protagonisten von *Der Tod in Venedig* (1912), ›abgegeben‹, den Verfasser jener »leidenschaftlichen Abhandlung über ›Geist und Kunst‹, deren ordnende Kraft und antithetische Beredsamkeit ernste Beurteiler vermochte, sie unmittelbar neben Schillers Raisonnement über naive und sentimentalische Dichtung zu stellen« (GKFA 2.1, 508).

Die Notizen hat Mann zeit seines Lebens aufbewahrt und für zahlreiche spätere Projekte verwendet, sie liegen heute im TMA in Zürich; erstmals ediert und mit einem ausführlichen Kommentar versehen wurden sie 1967 von Hans Wysling. Das Konvolut besteht aus etwa 60 Blättern mit ca. 75 beschriebenen Seiten sowie einer Mappe mit Zeitungsausschnitten und Prospekten, die Mann im Rahmen der Arbeit an dem Essay gesammelt hat. Die Aufzeichnungen tragen die Überschrift »Zum Litteratur-Essay« und umfassen 152 Notizen, von denen die ersten 118 von Mann selbst nummeriert wurden (vgl. zur Textlage die ausführliche Darstellung bei Wysling 1967, 124–126). Die Notizen sind in Umfang und Ausarbeitungsgrad extrem heterogen, das Spektrum reicht von nahezu druckreifen (und später auch in dieser Form gedruckten) Formulierungen bis zu knappen Gedankenstützen etwa in der Form »55. *Heimatkunst*: Hamb. Dramat. I. 116« (Wysling 1967, 180).

Das zentrale Thema der Ausführungen ist die Frage nach dem Wesen des modernen, zeitgenössischen Künstlertums. In diesem Zusammenhang unternimmt Mann eine an Nietzsche geschulte Kritik unterschiedlicher aktueller Tendenzen der (vornehmlich deutschen) Kunstszene vom Künstlertheater bis zur ›literarischen Nacktkultur‹ und einer ›Tempelkunst‹ im Sinne Wagners. Gegen diese Strömungen verteidigt er die gesellschaftliche Bedeutung der ›Literatur‹, deren Aufgaben wie folgt umrissen werden: »Erweckung des Verständnisses für alles Menschliche, Sittigung, Veredelung, Besserung. Schwächung dummer Überzeugungen und Werturteile. Skeptisierung. Humorisierung. Was das Moralische betrifft: *zugleich* Verfeinerung u. Reizbarkeit einerseits und Erziehung zum Zweifel, zur Gerechtig‹keit›, Duldsamkeit. *Psychologisierung*. [...] Erlösung der Leidenschaften durch ihre Analyse« (Notiz 20, Wysling 1967, 164 f.). Literatur wird verstanden als die Kunst des schönen Wortes, des treffenden Ausdrucks, die im Gegensatz zur naiven Kunst auf Wissen, Kritik und Erkenntnis gründet und keinesfalls – wie in der Nachfolge Wagners vor allem in Deutschland immer wieder behauptet – gegenüber der ›Dichtung‹ als inferior anzusehen sei. Um sein Konzept von Literatur zu verteidigen und dem pejorativen Gebrauch des Wortes eine positive Vorstellung entgegenzuhalten, betont Mann aber nicht nur die wichtige gesellschaftliche Position des Literaten, sondern versucht zugleich immer wieder, den herausgestellten Unterschied zwischen Literat und Dichter, zwischen ›Geist‹ und ›Kunst‹, zu verwischen und beide Konzepte einander anzunähern – den ›Geist‹ mithin auch als eine Form von ›Kunst‹ auszuweisen. So wird zum einen die »*Intellektualität* des repräsentativen modernen Künstlers« (Notiz 13, Wysling 1967, 159) generell betont, womit letztlich alle wichtigen Künstler der Moderne als Kritiker erscheinen, Wagner eingeschlossen. Es findet sich aber auch der Versuch, den Kritiker umgekehrt dem plastisch arbeitenden Künstler anzunähern. Eine stringente Argumentationslinie lässt sich aus den Notizen somit nicht extrahieren, Mann probiert vielmehr verschiedene Positionen aus, um die Frage des ›repräsentativen Künstlertums‹ zu beantworten – und damit natürlich gleichzeitig die eigene künstlerische Position zu bestimmen und zu verteidigen.

Ein weiteres Problem der Notizen ist, dass sich die Theorie über das Wesen des modernen Künstlers ausweitet zu einer Theorie der modernen Zivilisation generell, wie u. a. die in Notiz 124 aufgelisteten Gegensatzpaare zeigen: Neben »Geist und Kunst« werden dort auch »Geist und Natur«, »Kultur und Natur«, »Kultur (Zivilisation) und Kunst«, »Wille und Vorstellung«, »Naiv und sentimental«, »Realismus und Idealismus«, »Heidentum und Christentum (Platonismus)« sowie »Plastik und Kritik« genannt (Wysling 1967, 218). Offenbar reichte Manns eigene ›ordnende Kraft‹ nicht aus, diese Vielzahl von Antithesen in befriedigender Weise miteinander in Beziehung zu setzen, geschweige denn zu einer Synthese zu führen. So wird das Projekt letztlich wohl im Laufe des Jahres 1912 aufgegeben. Aus der Arbeit an dem Essay entwickelt und publiziert wird neben den *Notizen [II]* zunächst nur noch der zweiteilige Essay *Der Literat* (1913). Der 1910 in diesem Zusammenhang verfasste Aufsatz *Die gesellschaftliche Stellung des Schriftstellers in Deutschland* bleibt ebenfalls unveröffentlicht.

Trotz seines Fragment-Charakters ist *Geist und Kunst* einer der zentralen poetologischen Texte in Manns Frühwerk, Kurzke bezeichnet ihn gar als »geheimes Zentrum der frühen Ästhetik Thomas Manns« (Kurzke 2010, 91). Hier werden Gedankengänge aus früheren Texten, etwa dem Künstlergespräch des *Tonio Kröger*, gebündelt, überdacht und weiterentwickelt, die im Werk der nächsten Jahre und gar Jahrzehnte immer wieder eine große Rolle spielen werden. In den Essays der Weltkriegsjahre, vor allem *Gedanken im Kriege* und *Betrachtungen eines Unpolitischen*, wird er sich freilich von der positiven Bewertung des Literaten und der Kritik zunächst deutlich distanzieren.

Literatur

Kurzke, Hermann: *Thomas Mann. Epoche - Werk - Wirkung*. 4., überarb. u. aktual. Aufl. München 2010.

Reed, Terence J.: *Geist und Kunst*. Thomas Mann's Abandoned Essay on Literature. In: *Oxford German Studies* 1 (1966), 53–101.

Wysling, Hans: *Geist und Kunst*. Thomas Manns Notizen zu einem ›Literatur-Essay‹. In: Paul Scherrer/Hans Wysling (Hg.): *Quellenkritische Studien zum Werk Thomas Manns*. Bern/München 1967 (= *TMS* 1), 123–233.

Regine Zeller

Der alte Fontane (1910)

»Ich wollte, er hätte das Erscheinen von ›Buddenbrooks‹ noch erlebt«, schreibt Thomas Mann am 21. 7. 1954 an Henry H. Remak (Br. III, 351). Der Verfasser des »Meisterwerk[s]« (GKFA 14.1, 245) *Effi Briest* ist gemeint, der 1898, also drei Jahre vor *Buddenbrooks* verstorbene Theodor Fontane, aus dessen berühmtestem Werk Mann den Namen für die Kaufmannsfamilie seines Debütromans adaptiert. Es ist nur die bekannteste von vielen »offenen und versteckten Fontane-Anspielungen [...] im erzählerischen Werk Thomas Mann[s]« (Heftrich 1998, 21). Auch in vielen Briefen sowie in kurzen Texten oder längeren Essays äußert sich Mann zeit seines Lebens immer wieder über Fontane, beginnend 1904 in dem Essay *Der französische Einfluß* mit einem Verweis auf Fontane als Vorbild (vgl. GKFA 14.1, 75), endend 1954 mit dem Essay *Noch einmal der alte Fontane*, einer Rezension von Briefen Fontanes an Georg Friedländer. Zu den in den Jahrzehnten dazwischen publizierten wichtigen Äußerungen gehören eine knappe Stellungnahme 1910 anlässlich der Einweihung des Fontane-Denkmals von Max Klein im Berliner Tiergarten (vgl. GKFA 14.1, 352) sowie die weitgehend positive, bei den Ausführungen zum *Stechlin* aber »entschiedenen Widerspruch« (Köhne 2001, 116, vgl. Heftrich 1998, 21) einlegende Besprechung der ersten Fontane-Monographie von Conrad Wandrey aus dem Jahr 1919, überschrieben mit *Anzeige eines Fontane-Buches*. Weiterhin schrieb Mann eine Einleitung zu einer Werkausgabe Fontanes im Reclam-Verlag von 1928, der im Jahr darauf unter dem Titel *Theodor Fontane* in Reclams Universum abgedruckt wurde, und vor allem den Essay *Der alte Fontane* (vgl. GKFA 14.2, 357 f.). Darin rezensiert Mann den zweiten Band von *Briefen Fontanes an Freunde - Theodor Fontane's Briefe. Zweite Sammlung: Briefe an Freunde und Zeitgenossen*. 2 Bände. Berlin 1910 - in der Zeitschrift *Zukunft* von Maximilian Harden. Die Entstehungsgeschichte des am 1. 10. 1910 als ›Aufmacher‹ erschienenen Textes ist durch eine Reihe von Briefen Thomas Manns und nur zum Teil erhaltenen Antworten Hardens dokumentiert (vgl. Martin 1996,146–153; GKFA 21, 459–461; GKFA 14.2, 354–357). Aus ihnen wird ersichtlich, dass der Herausgeber der Zeitschrift, der sich aufgrund von »Fontanes zunehmend distanzierter Haltung zu Bismarck [...] zu einem überzeugten Fontane-Kritiker gewandelt« (Harslem 2000, 16) hat, »einen denkbar ungeeigneten Adressaten« (ebd., 16) der »enthusiastische[n] Rezension« (Heftrich 1998, 12) abgibt.

Mann selbst würdigte in einem Brief an Remak vom 7. 2. 1951 den Essay als »das Beste, was ich kritisch zustande gebracht habe« (DüD I, 388). In der Forschung gilt *Der alte Fontane* als der erste »identifikatorische[], d. h. insbesondere auch der »autobiographische[n] Selbstreflexion« (Renner, TMHb, 630 f., vgl. Schweizer 1971, 11–14) dienende Text. Mehrfach wird betont, dass mit dem Essay die »moderne Fontane-Kritik« (Remak 2002, 269) beginne bzw. dessen Aufstieg zum Klassiker wesentlich befördert worden sei (vgl. Vaget 1998, 252; Paulsen 1981, 487; Schopf 1978, 98), wobei Mann stets explizit sowohl die Briefe und die Romane des ›alten‹ Fontane, insbesondere *Poggenpuhls*, *Effi Briest* und *Der Stechlin*, feierte (vgl. Detering, GKFA 14.2, 372), während er die früheren Werke dagegen für »unbeträchtlich« (GKFA 14.1, 245) hielt. Bislang sind allerdings *Der alte Fontane* sowie die anderen Fontane-Texte Manns nur selten Gegenstände einer intensiveren literaturwissenschaftlichen Auseinandersetzung geworden, da sich die Forschung (vgl. Harslem 2000) in der Regel auf intertextuelle Bezüge zwischen den Primärwerken konzentriert.

Schwerpunkte des Essays bilden Fontanes pragmatisches Selbstverständnis als Schriftsteller, sein realistisches Stilkonzept, seine Offenheit gegenüber dem Naturalismus und seine kritische Einstellung gegenüber der deutschen Politik, allesamt Thomas Mann zufolge Qualitäten, die den alten Fontane gegenüber dem jungen auszeichnen. Fontanes »Schauspiel einer Vergreisung, die künstlerisch, geistig, menschlich eine Verjüngung ist« (GKFA 14.1, 273), erscheint dementsprechend als Prototyp eines Alters-Avantgardismus, der die zeitgenössische »Philisterei« der Jungen (ebd., 262) weit hinter sich lässt. Wie sehr Thomas Mann mit dieser Fontane-Deutung eigene Autorschaftskonzepte propagiert, zeigt sich auch daran, dass er Fontane in die Nähe Friedrich Nietzsches rückt: Beide würden im »redlichen Rationalismus« (GKFA 14.1, 255), im »Kunstfleiß« (ebd., 256) und in der »Bildung« (ebd., 257) Qualitätsmerkmale des Künstlers erkennen, gehören also tendenziell dem Typus des *poeta doctus* an, während andere, von Mann »die Feierlichen, die Priester und Schwindler« genannt, den Typ des *poeta vates*, eine »Kreuzung aus Lucifer und Clown« (ebd., 255) darstellten. Mann schreibt mit diesem Urteil einen Aphorismus Nietzsches fort, der Richard Wagner in *Die Fröhliche Wissenschaft* als »Clown« charakterisierte (vgl. Buchner, 107). Abgesehen von Wagner, der in diesem Essay als »der ständige heimliche Antipode Fontanes« (Borchmeyer 1998, 241) präsent ist, gehört zu diesem Künstlertyp u. a. der »Heilige[] Stefan« (GKFA 14.1, 265), also Stefan George, wie aus dem Kontext dieser Passage ersichtlich wird. Während George oder Wagner Leben und Kunst radikal voneinander trennen würden, seien Fontane und Nietzsche dem Leben zugewandt (vgl. ebd., 255 f.). Diese zumindest in Bezug auf Nietzsche einseitigen Äußerungen werfen in erster Linie ein Licht auf die Bemühungen Manns um 1910, sich dem selbst verordneten ›bürgerlichen‹ Autorschaftsmodell zu unterwerfen, andere, stärker bohèmehafte Lebensformen hingegen, zu denen er sich durchaus hingezogen fühlte, auf Distanz zu halten.

Eine kritische Würdigung von Fontanes Stilkonzept unternimmt Mann anhand von dessen Auseinandersetzung mit Gottfried Kellers Prosa. Fontane wendet sich wiederholt gegen die starke »Erzählerpräsenz« (Neumann 1998, 157) in Kellers Texten, die die Grenzen hin zur Figurenrede immer wieder überschreite (vgl. ebd., 155), weil sie einem realistischen oder ›objektiven‹ und damit »stilvolle[n]« (GKFA 14.1, 260) Erzählen widerspreche, das, wie Fontane in einem Brief schreibt, »die Menschen so sprechen [...] lasse[], wie sie wirklich sprechen« (zit. n. Neumann 1998, 158). Obwohl Mann selbst diese Überzeugung Fontanes immer wieder als ein Credo seines eigenen Schreibens ausgegeben hat (vgl. Detering, GKFA 14.2, 371), wendet er sie in seinem Essay zum Teil gegen diesen. Denn nicht allein Keller, auch Fontane habe einen eigenen, ›zauberhaften‹ (vgl. ebd., 261) Stil: »Die Sache ist die, daß der Künstler zwar nicht selber redet, sondern die Dinge reden läßt, daß er sie aber auf seine persönliche Art reden läßt.« (ebd., 261)

Fontanes »Modernität« (GKFA 14.1, 268, vgl. Neumann 1998, 162) ist Mann zufolge nicht allein seinem Stil, sondern auch seiner Aufgeschlossenheit gegenüber neuen literarischen Strömungen wie dem Naturalismus (vgl. GKFA 14.1, 266) und seiner zunehmend sozialkritischen Haltung geschuldet. Als »unsicherer Kantonist« (ebd., 269) liebe er zwar den Adel, politisch aber vertrete er eine andere Position (vgl. ebd., 269), die ihn zum Kritiker Bismarcks werden lasse (vgl. ebd., 272); Fontane verurteile daher »Kolonisirungspolitik« (ebd., 272) ebenso wie den »Militarismus« (ebd., 273). Zwischenzeitlich, im Kontext der Betrachtungen eines Unpolitischen, revidiert Mann seine Äußerungen über den modernen, sozialkritischen Fontane, wie der im Kommentarband der GKFA vorgenommene Vergleich mit der stark überarbeiteten zweiten Fassung zeigt, die in *Das Fontane-Buch. Beiträge zu seiner Charakteristik. Unveröffentlichtes aus dem Nachlaß. Das Tagebuch aus seinen letzten Lebensjahren von 1919* publiziert wird. Hier erscheint Fontane trotz seiner Invektiven als »›konservativer‹ Bewunderer des Adels, Bismarcks, des ›Deutschtums‹« (Detering, GKFA 14.2, 387). In seinen späteren Äußerungen zu Fontane kehrt Mann dann wieder zu der 1910 vertretenen Position zurück.

Literatur

Borchmeyer, Dieter: Fontane, Thomas Mann und das »Dreigestirn« Schopenhauer – Wagner – Nietzsche. In: Eckhard Heftrich u. a. (Hg.): *Theodor Fontane und Thomas Mann. Die Vorträge des Internationalen Kolloquiums in Lübeck 1997*. Frankfurt a. M. 1998 (= *TMS* 18), 217–248.

Buchner, Wiebke: *Die Gottesgabe des Wortes und des Gedankens. Kunst und Religion in den frühen Essays Thomas Manns*. Würzburg 2011.

Harslem, Ralf: *Thomas Mann und Theodor Fontane*. Frankfurt a. M. 2000.

Heftrich, Eckhard: Theodor Fontane und Thomas Mann. Legitimation eines Vergleichs. In: Eckhard Heftrich u. a. (Hg.): *Theodor Fontane und Thomas Mann. Die Vorträge des Internationalen Kolloquiums in Lübeck 1997*. Frankfurt a. M. 1998 (= *TMS* 18), 9–23.

Köhne, Roland: Der Roman Effi Briest in Thomas Manns Anzeige eines Fontane-Buches. In: *TMJb* 13 (2001), 113–122.

Martin, Ariane (Hg.): *Frank Wedekind. Thomas Mann. Heinrich Mann: Briefwechsel mit Maximilian Harden*. Darmstadt 1996.

Neumann, Michael: Eine Frage des Stils. Keller – Fontane – Thomas Mann. In: Eckhard Heftrich u. a. (Hg.): *Theodor Fontane und Thomas Mann. Die Vorträge des Internationalen Kolloquiums in Lübeck 1997*. Frankfurt a. M. 1998 (= *TMS* 18), 149–167.

Paulsen, Wolfgang: Zum Stand der heutigen Fontane-Forschung. In: *Jahrbuch der deutschen Schillergesellschaft* 25 (1981), 474–508.

Remak, Henry H. H.: Ehe und Kinder im Leben Theodor Fontanes und Thomas Manns. Vorstufe zur Werkanalyse. In: Monika Hahn (Hg.): *»Spielende Vertiefung ins Menschliche«. Festschrift für Ingrid Mittenzwei*. Heidelberg 2002, 269–281.

Renner, Rolf G.: Literaturästhetische, kulturkritische und autobiographische Essayistik. In: *TMHb*, 629–677.

Schopf, Roland: *Physiognomisches Sehen in der literarkritischen Essayistik Thomas Manns*. Heidelberg 1978.

Schweizer, Roland: *Thomas Mann und Theodor Fontane. Eine vergleichende Untersuchung zu Stil und Geist ihrer Werke*. Zürich 1971.

Vaget, Hans Rudolf: Fontane, Wagner, Thomas Mann. Zu den Anfängen des modernen Romans in Deutschland. In: Eckhard Heftrich u. a. (Hg.): *Theodor Fontane und Thomas Mann. Die Vorträge des Internationalen Kolloquiums in Lübeck 1997*. Frankfurt a. M. 1998 (= *TMS* 18), 249–274.

Christof Hamann

Chamisso (1911)

Zweimal hat sich Thomas Mann in »Gelegenheitsarbeiten« (Stoupy 1999, 99) ausführlicher mit Adelbert von Chamisso (1781–1838) und seinem bekanntesten Werk, *Peter Schlemihls wundersame Geschichte* (1814), beschäftigt. 1910 erschien *Peter Schlemihl*, eine Rezension der Ausgabe *Peter Schlemihls wundersame Geschichte. Von Adelbert von Chamisso* im Hyperion-Verlag Hans von Weber in München mit Illustrationen von Emil Preetorius (1907) in der Weihnachtsausgabe des *Berliner Tageblatts*, 1911 folgte *Chamisso* in der Oktoberausgabe der *Neuen Rundschau*; hier bezieht sich Mann abgesehen von der erwähnten Publikation auf die zweibändige Ausgabe *Chamisso's Werke*, Hg v. Wilhelm Rauschenbusch in der G. Groteschen Verlagsbuchhandlung (Berlin 1894). Beide Essays wurden danach jeweils noch in anderen Kontexten abgedruckt (vgl. GKFA 14.2, 396, 432). Wie aus den Titeln bereits ersichtlich, befasst sich der frühere Essay vornehmlich mit dem literarischen Text, im späteren thematisiert Mann diesen zwar auch und zitiert dabei ausführlich aus seiner Rezension, setzt sich aber zusätzlich intensiv mit der Biographie Chamissos und mit anderen Werken von ihm auseinander.

Ebenso wie *Der alte Fontane* gehört Chamisso zu den ersten ›identifikatorischen‹ Essays Thomas Manns (vgl. Renner, TMHb, 631). In der Forschung wird denn auch durchweg die autobiographische Lesart von Chamissos Leben und Werk betont (vgl. Detering, GKFA 14.2, 434; Stoupy 1999, 100; Detering 2009, 201). Dabei rekurrieren die Studien erstens auf von Thomas Mann inszenierte Parallelen hinsichtlich der »Zerrissenheit« (Stoupy 1999, 103 f.; vgl. GKFA 14.1, 312) zwischen der romanischen und der deutschen Kultur (vgl. Detering, GKFA 14.2, 430): Erst die dreijährige Reise um die Welt (1815–1818) habe bei Chamisso eine Entscheidung hinsichtlich des »Zwiespalt[s] doppelter Nationalität« herbeigeführt und ihn »wirklich ganz und im Herzen« (GKFA 14.1, 313) deutsch werden lassen. Zweitens hebt Mann bei dem von ihm Porträtierten eine Wandlung von einem »entwurzelten« (Stoupy 1999, 107) Weltreisenden hin zu einem ebenso sesshaften wie bürgerlichen Arbeits- und Lebensweisen verpflichteten Künstler hervor. Manns Kommentar »Nur ewige Bohèmiens finden das langweilig« (GKFA 14.1., 330) lässt sich auch als Strategie der »Selbstrechtfertigung« (Detering 2009, 201) lesen: Denn die eindeutige Lektüre von Chamissos Lebensweg dient Mann indirekt dazu, eigene biographische Veränderungen wie die Heirat mit Katia Pringsheim 1905 ebenso wie stärker bürgerliche Autorschaftskonzepte zu verteidigen. Drittens schließlich hat Detering durch eine Analyse der zahlreichen Anstreichungen Manns in dessen Ausgabe von Chamissos Erzählung, die im TMA einsehbar ist, und dem Peter-Schlemihl-Essay gezeigt, inwiefern Mann »Schlemihls romantisches Außenseitertum primär als ein erotisches gelesen und damit auch auf die eigene Lebenssituation bezogen« (Detering 2005, 74) hat.

Diese drei Momente der impliziten autobiographischen Verweise finden sich auf ähnliche Weise in den intratextuellen Bezügen insbesondere zu den Erzählungen *Tonio Kröger* und *Der Tod in Venedig* wieder. Thomas Mann selbst hat in den *Betrachtungen eines Unpolitischen* auf die Verwandtschaft zwischen Schlemihl und Kröger (vgl. GKFA 13.1, 101), der zwischen der Welt des Künstlers und der des Bürgers hin- und hergerissen ist (vgl. GKFA 2.1, 317; Stoupy 1999, 104 f.), aufmerksam gemacht. Und in der bald nach *Chamisso* geschriebenen Novelle *Der Tod in Venedig* bemüht sich Gustav von Aschenbach darum, dem »libertinischen Puppenstande« (GKFA 2.1, 514) zu entwachsen, doch im Unterschied zu Chamisso – jedenfalls in der Mann'schen Lesart (vgl. GKFA 14.1, 330) – gelingt ihm dies nicht. An Aschenbach, der dem »Zigeunertum« (GKFA 2.1, 588) abschwört, um sich dann doch dem »Abenteuer des Sinnlichen willenlos« (Stoupy 1999, 111) zu ergeben, ebenso wie an Tonio Krögers unauflösbarer Ambivalenz zwischen Künstler- und Bürgertum offenbart sich besonders offensichtlich die Prekarität des Autorschaftskonzepts, das Thomas Mann in seinen Künstleressays zu propagieren bemüht ist.

Über das Autobiographische und Intratextuelle hinaus eröffnet Mann mit *Peter Schlemihl* und *Chamisso* erstmals aber auch über das Biographische hinausgehende, dezidiert literaturwissenschaftliche, heute allerdings tendenziell überholte Lesarten. Aufgrund der Einbettung phantastischer Elemente in eine »realistisch-bürgerliche« (GKFA 14.1, 320), d. h. detailgenaue, den »Anspruch auf Wahrhaftigkeit und Realität« (ebd.) durchweg wahrende Erzählweise bestimmt er *Peter Schlemihl* gattungstypologisch als »›phantastische Novelle‹« (ebd.; vgl. Stoupy 1999, 108). Dagegen wird gegenwärtig tendenziell davon ausgegangen, dass sich der Text hinsichtlich der Gattungsfrage nicht festlegen lässt (vgl. Betz/Hagestedt 2003, 146). Hinsichtlich des zentralen Motivs des Schattens setzte mit Manns *Chamisso* eine »Interpretationslinie ein, die in dem Schattenverlust den Mangel an bürgerlicher Existenzberechtigung« (Schlitt, 199) und in dem Schatten somit »das Symbol aller bürgerlichen Solidität und menschlichen Zugehörigkeit« (GKFA 14.1, 329) erkennt. Gegenüber dieser eindeutigen Entschlüsselung des Schattenmotivs tendieren aktuelle Untersuchungen dazu, die Mehrdeutigkeit des französischen Begriffs »solide« (Chamisso 2003, 105) – es bezeichnet nicht nur etwas Festes, Dauerhaftes, sondern auch den lichtlosen Raum hinter einem beleuchteten opaken Körper (vgl. Schlitt 2008, 199; Lommel 2007, 47–49) – ernst zu nehmen, von dem Chamisso in seiner Vorrede zur französischen Ausgabe spricht. Zugleich gehen neuere Interpretationen statt von einer Identifizierung von einer Unbestimmbarkeit des Schattens aus; dieser wird zum ›verschobenen Signifikanten‹ erklärt, für den kein eindeutiges Signifikat zur Verfügung steht (vgl. Kuzniar 1985; Schlitt 2008, 202).

Literatur

Betz, Thomas/Hagestedt, Lutz: Kommentar. In: Adelbert von Chamisso: *Peter Schlemihls wundersame Geschichte.* Frankfurt a. M. 2003, 109–190.

Chamisso, Adelbert von: *Peter Schlemihls wundersame Geschichte.* Mit einem Kommentar von Thomas Betz und Lutz Hagestedt. Frankfurt a. M. 2003.

Detering, Heinrich: *Juden, Frauen und Litteraten. Zu einer Denkfigur beim jungen Thomas Mann.* Frankfurt a. M. 2005.

Detering, Heinrich: Der »Litterat«. Inszenierung stigmatisierter Autorschaft im Frühwerk Thomas Manns. In: Michael Ansel/Hans-Edwin Friedrich/Gerhard Lauer (Hg.): *Die Erfindung des Schriftstellers Thomas Mann.* Berlin/New York 2009, 191–206.

Kuzniar, Alice A.: »Spurlos ... Verschwunden«: Peter Schlemihl und sein Schatten als der verschobene Signifikant. In: *Aurora. Jahrbuch der Eichendorff-Gesellschaft* 45 (1985), 189–204.

Lommel, Michael: Peter Schlemihl und die Medien des Schattens. In: *Athenäum – Jahrbuch für Romantik* 17 (2007), 33–50.

Renner, Rolf G.: Literaturästhetische, kulturkritische und autobiographische Essayistik. In: *TMHb*, 629–677.

Schlitt, Christine: *Chamissos Frühwerk. Von den französischsprachigen Rokokodichtungen bis zum Peter Schlemihl.* Würzburg 2008.

Stoupy, Joëlle: »Dichter, die sich selbst geben, wollen im Grunde, daß man sie erkenne«. Zu Thomas Manns Essay über Adelbert von Chamisso. In: *TMJb* 12 (1999), 99–112.

Christof Hamann

Goethe und Tolstoi (1922)

Bei Thomas Manns *Goethe und Tolstoi* handelt es sich nicht um einen Essay im eigentlichen Sinne, sondern um eine in die beiden titelgebenden Autoren projizierte Auseinandersetzung mit einem künstlerisch-politischen Ideenkomplex, die sich über einen Zeitraum von zehn Jahren erstreckt und in der sich Manns eigene Entwicklung widerspiegelt (Reed, TMHb, 113). Es liegen drei Fassungen vor: Ausgangspunkt ist die Rede von 1921, die Anfang 1922 in der konservativen *Deutschen Rundschau* erschien

(GKFA 15.1, 376–420 und GKFA 15.2, 260–276). 1925 wurde diese für den Band *Bemühungen* durch erneute Materialsammlung ausgebaut (GKFA 15.1, 809–936 und GKFA 15.2, 504–635; Lehnert/Wessel 1991, 126–140). Dabei handelt es sich um die wirkungsvollste und von Mann bevorzugte Version. 1932 erfolgte für eine Jubiläums-Publikation im S. Fischer-Verlag nochmals eine Überarbeitung an einigen Stellen. Zugleich bildet das Notizen-Konvolut eine Material- wie auch Ideensammlung für Manns Goethe-Reden des Jahres 1932.

Für seine Projektionen in *Goethe und Tolstoi* exzerpierte Mann insbesondere Albert Bielschowskys *Goethe*-Monographie (1905; 8. Aufl.) sowie Leo N. Tolstois *Biographie und Memoiren* (hg. von Paul Birukof und durchgesehen von Leo Tolstoi. Wien/Leipzig 1906/09). Hinzu kamen Passagen aus Eckermanns und Riemers Gesprächen mit Goethe sowie Gorkis *Erinnerungen an Lew Nikolajewitsch Tolstoi* (1920/21) (GKFA 15.2, 263f. und 507f.). In der für Thomas Mann typischen Manier werden diese Quellen vor allem als ›Steinbruch‹ verwendet, um durch die Menschen Goethe und Tolstoi geistesgeschichtliche Konfliktlagen des 19. und frühen 20. Jahrhunderts zu beschreiben.

Goethe und Tolstoi dienen Mann insbesondere als Kondensationsfiguren zur Revision seines Konzepts von Künstlertum zwischen Leben und Kunst, Dienst und Ästhetizismus, Gesundheit und Krankheit, wie es die neue, republikanische Staatsform notwendig macht. Die Rede *Goethe und Tolstoi*, die Mann anlässlich der *Nordischen Woche* am 4. 9. 1921 in Lübeck hielt, rückt insbesondere den Aspekt der Erziehung in den Mittelpunkt (Tb., 25. 7. 1921). An Jean Jacques Rousseau entwickelt Mann zentrale Gemeinsamkeiten zwischen Goethe und Tolstoi in den Begriffen »›*Pädagogik*‹ und ›*Autobiographie*‹« (GKFA 15.1, 381). Einerseits wird damit ein modernes Künstlertum in seiner Verabsolutierung des künstlerischen Ichs in der Nachfolge von *Bilse und ich* entworfen. Diesem steht andererseits in der Pädagogik die gesellschaftliche Verantwortung des Künstlers gegenüber, die Mann im Laufe der 1920er Jahre mit dem Begriff der Lebensfreundlichkeit profiliert. Der moderne Autor, demonstriert Mann an den Biographien der beiden Großschriftsteller, trägt soziale und pädagogische Verantwortung jenseits eines rein egoistischen Ästhetizismus.

An dieses Synthesekonzept eines mittleren Zustandes ist ein Diskurs um das Deutschtum als Projekt einer Volksbildung durch die Kultivierung einer Urkraft geknüpft: Im »Deutschland unserer Hoffnung« müsse »Erhöhung und Vermenschlichung des Natürlichen« als »vielfacher Volksorganismus, gegliedert und einheitlich, voll Ehrfurcht und Gemeinsamkeit, Echtheit und Gegenwart« (GKFA 15.1, 420) entstehen. Mit dieser Darstellung öffnet sich ein Weg hin zum Arrangement mit der neuen republikanischen Staatsform, wie sie wenig später, im Oktober 1922 in der Rede *Von deutscher Republik* »zwischen Mystik und Ethik, Innerlichkeit und Staatlichkeit« (GKFA 15.1, 559) Gestalt gewinnt. Goethe wie auch Tolstoi fungieren als Garanten einer kultivierten »Urkraft, Ursprünglichkeit des Talentes, der nur das Mythisch-Wurzelhaft-Volkstümliche recht gemäß ist« (GKFA 15.1, 415).

In den Folgejahren gewinnt das Ideenfeld der »Ursprünglichkeit« und des »Mythisch-Wurzelhaft-Volkstümliche[n]« durch Manns Einfinden in die Republik und die Konjunktur von Konservativismus und Faschismus eine neue, problematische Bedeutung. Der naive Typus und das »germanisch-aristokratische[] Heidentum[]« (GKFA 15.1, 417) bedürfen nun eines ausführlichen Kommentars, läuft doch eine derartige Perspektive Gefahr, »den Höhlenbären des Nationalismus allzu wohl damit zu gefallen« (GKFA 15.1, 894). Die Gestalt Goethes ist, heißt es nun, »immer nur drei Schritt vom Brutalen entfernt« (GKFA 15.1, 895). In den weggelassenen, hinzugefügten und überarbeiteten Passagen der zweiten Fassung zeichnet sich Manns Auseinandersetzung mit der Republik und sein zunehmender Widerstand gegen reaktionär-völkisches, faschistisches Gedankengut deutlich ab (vgl. Lehnert/Wessel 1991, 137–140). Zudem konturieren 1925 die Komplementärfiguren Schiller und Dostojewski die Konstellation Goethe und Tolstoi unübersehbar, womit der Gegensatz von naiver Natürlichkeit und sentimentalischer Zivilisation an Gewicht gewinnt. Ganz im Sinne des Essays *Die Ehe im Übergang* (1925) gehört es zum Merkmal des Künstlers, Einblick zu haben in die menschlichen Abgründe, von denen er »drei Schritt« entfernt steht. In dieser Ambivalenz von menschlichen Abgründen und gesundem Lebenswillen besteht der Identifikations- und Projektionsreiz, durch den Goethe zum »Repräsentant Thomas Manns« (Reed, TMHb, 114) wird.

Die Überarbeitung des Jahres 1932 für eine Buch-Ausgabe im S. Fischer Verlag steht stark unter dem Einfluss des Goethe-Jahres und den Goethe-Reden Manns. Dafür überarbeitet er den Schlussteil des Kapitels »Unterricht« ganz auf die Linie seines Widerstands gegen den Nationalsozialismus (GKFA 15.2, 531–537). Der zuvor für Goethe benutzte Ausdruck des »germanisch-aristokratischen Heidentums« (GKFA 15.1, 417) wendet sich nun als »völkisches Heidentum, Wotanskult, [...] romantische Barbarei« (GKFA 15.2, 534) gegen den Faschismus und bezeichnet die Gefahren der menschlichen Natur. Damit steht das wilde »germanische[] Urwesen[]« (GKFA 15.2, 535) der irrigen, barbarischen, faschistischen Zivilisation gegenüber. Der Protestantismus als humanistischer Zivilisationsmotor, wie er in Goethe und eben auch Nietzsche bestimmend für das deutsche Volk gewesen sei, erliege der »völkischen Anti-Humanität« (GKFA 15.2, 536) – woraus keine Resignation abgeleitet wird, sondern ein Aufruf zum Widerstand.

Auch in Veröffentlichung und Rezeption von *Goethe und Tolstoi* spiegelt sich Manns Arrangement mit der Republik wider. Erscheint die Rede noch in der völkisch-konservativen *Deutschen Rundschau*, findet die Essayfassung von 1925 insbesondere in der republikanischen Presse Beachtung. In den nachfolgenden Jahren trägt Mann seinen Essay vielfach vor und verschafft ihm damit eine umfangreiche Beachtung, bis diese Goethe-Deutung erst durch die Vorträge des Jahres 1932 und dann durch den Goethe-Roman *Lotte in Weimar* überlagert wird.

Literatur

Lehnert, Herbert/Wessel, Eva: *Nihilismus und Menschenfreundlichkeit. Thomas Manns »Wandlung« und sein Essay »Goethe und Tolstoi«*. Frankfurt a. M. 1991 (= *TMS* 9).

Reed, Terence J.: Thomas Mann und die literarische Tradition. In: *TMHb*, 109–117.

Siefken, Hinrich: *Thomas Mann. Goethe – »Ideal der Deutschheit«. Wiederholte Spiegelungen*. München 1981.

Stefan Rehm

Okkulte Erlebnisse (1924)

Der Essay Thomas Manns behandelt das für die Frühe Moderne relevante Thema des Okkultismus. In dieser Epoche gibt es bekanntlich umfängliche soziale Teilgruppen, die okkultistische Positionen vertreten; dem entspricht eine bedeutende fantastische Literatur (vgl. Wünsch 1991). Eine Teilmenge dieser Okkultismen bildet der Spiritismus, wie er sich seit Mitte des 19. Jahrhunderts herausgebildet hat. Konstante und Zentrum dieses Spiritismus ist ein – überproportional weibliches – ›Medium‹, das in ›Trance‹ versetzt wird und durch dessen scheinbar nur passive Mitwirkung angeblich ›über-‹ bzw. ›nicht-natürliche‹ Phänomene hervorgebracht werden. Diese spiritistischen Phänomene wurden schon früh immer wieder als Betrug erwiesen; die Techniken, derer sich die ›Medien‹ bedienten, hat Max Dessoir 1910 in *Vom Jenseits der Seele. Eine Kritik der Geheimwissenschaften* präzise beschrieben. Thomas Mann hat in den frühen 1920er Jahren an spiritistischen Sitzungen des Münchner Parapsychologen Dr. Albert Schrenck-Notzing teilgenommen und äußert sich in drei Briefen an Schrenck-Notzing von 1922/33 (GKFA 15.1, 587–602) sowie dann auch in dem Essay *Okkulte Erlebnisse* (GKFA 15.1, 611–652) über seine Erfahrungen, die er auf einer außerordentlich erfolgreichen Lesereise auch außerhalb Deutschlands kommunizierte. Der Essay erschien 1924 zunächst in einer limitierten Ausgabe von 300 Exemplaren, dann, geringfügig geändert und gekürzt, in der Neuen Rundschau des S. Fischer Verlags. Die sich ereignenden telekinetischen Phänomene werden von Thomas Mann nicht als ein okkultistischer Akt, sondern, wie schon in den Briefen, als »Gebärakt« (GKFA 15.1, 590) des Mediums, also als ein biologischer Akt beschrieben, die Rede ist von »wehenartig[en] [...] Anfällen« (GKFA 15.1, 631), von seiner »zeugerisch-kreißende[n] Arbeit« (ebd., 631), von einer »männliche[n] Wochenstube im Rotdunkel« (ebd.). Der spiritistische Akt wird bei Mann also sexualisiert, das männliche Medium erscheint einerseits in der weiblichen Rolle einer Gebärenden, andererseits als hermaphroditisches Wesen, das an sich selbst eine Zeugung vornimmt und deren Produkt gebiert. Die Betonung, das Ganze finde im »Rotdunkel« statt, evoziert zudem eine Bordellatmosphäre. Schließlich empfindet der Autor bei der Séance eine »[l]eichte Seekrankheit« (GKFA 15.1, 639): das heißt offenkundig eine Desorientierung, eine Unsicherheit und Verunsicherung der gewohnten Ordnung der Welt. Neu gegenüber den Briefen ist nun aber die Menge der evaluativen Aussagen, die Mann in *Okkulte Erlebnisse* den spiritistischen Phänomenen angedeihen lässt. Es handle sich um »eine okkulte Gaukelei des organischen Lebens, um untermenschlich-tief verworrene Komplexe« (GKFA 15.1, 647). Angesichts der Alternative zwischen Realität der Phänomene und Nicht-Realität konstruiert er sich einen dritten Wert, nämlich jene »Gaukelei des organischen Lebens«, die aber nicht dem Medium zugeschrieben, sondern als biologisches Phänomen behandelt wird. Die negative evaluative Komponente wird deutlich, wenn Mann sein Thema als »ehrlos« und »verdorben« klassifiziert. Es ist die Rede davon, dass der Bereich des Okkulten »boshaf[t]«, »dämonisch-zweideutig[]« (GKFA 15.1, 615), eine ›trübe

Mischung‹ (ebd., 614), ein »geistige[r] Pfuhl« (ebd., 651) sei: es gäbe eine »Verderbnis, die ausgeht von der Welt« (GKFA 15.1, 611), sie stehe in Opposition zur »Gesittung«, in der Beschäftigung mit ihr gehe man der »sittlichen Oberwelt« verloren (GKFA 15.1, 612). In der Sprache Thomas Manns erscheinen die Phänomene als etwas, das er dem Bereich des ›Zweideutigen‹ zuordnet. ›Zweideutig‹ meint hier vor allem, dass etwas sich einer eindeutigen Kategorisierung entzieht; es meint aber auch, dass das sprachlich-wörtlich Angeführte zugleich immer mehr meint als nur dieses: das ›Zweideutige‹ avanciert somit zu einem zentralen poetologischen Subtext, der für die Interpretation des *Zauberbergs*, aber nicht nur für diesen, sich als zentral erweisen wird. Jene Erlebnisse Thomas Manns bei Schrenck-Notzing und deren Verarbeitung in *Okkulte Erlebnisse* bilden schließlich das Material, das transformiert in das Kapitel »Fragwürdigstes« des *Zauberberg*-Romans eingehen wird, das die Beschwörung des toten Cousins Ziemßen als real setzt, diese aber moralisch als Vergehen abwertet, wenn Hans Castorp den Toten um Verzeihung bittet.

Literatur

Dierks, Manfred: *Studien zu Mythos und Psychologie bei Thomas Mann. An seinem Nachlaß orientierte Untersuchungen zum »Tod in Venedig«, zum »Zauberberg« und zur »Joseph«-Tetralogie.* Bern/München 1972 (= *TMS* 2).

Dierks, Manfred: Thomas Mann und die Tiefenpsychologie. In: *TMHb*, 284–300.

Kurzke, Hermann: *Thomas Mann. Epoche – Werk – Wirkung.* 4., überarb. u. aktual. Aufl. München 2010.

Orlik, Franz: *Das Sein im Text. Analysen zu Thomas Manns Wirklichkeitsverständnissen und ihrem Wandel.* Würzburg 1997.

Pytlik, Prisca: *Okkultismus und Moderne. Ein kulturhistorisches Phänomen und seine Bedeutung für die Literatur um 1900.* Paderborn 2005.

Wünsch, Marianne: *Die Fantastische Literatur der Frühen Moderne (1890–1930). Definition. Denkgeschichtlicher Kontext. Strukturen.* München 1991.

Wünsch, Marianne: Okkultismus im Kontext von Thomas Manns *Zauberberg*. In: *TMJb* 24 (2011), 85–103.

Marianne Wünsch

Die Ehe im Übergang (1925)

Thomas Mann verfasste seinen Essay *Die Ehe im Übergang* (später, im Sammelband *Die Forderung des Tages* [1930], nur noch mit dem abgeschwächten Titel *Über die Ehe*) für den vom Reiseschriftsteller und Philosophen Hermann Graf Keyserling herausgegebenen Band *Das Ehe-Buch. Eine neue Sinngebung im Zusammenklang der Stimmen führender Zeitgenossen* (Celle: Kampmann Verlag 1925). Diese Sammlung zahlreicher Stellungnahmen prominenter Zeitgenossen (neben Mann etwa die Psychoanalytiker Alfred Adler und C. G. Jung oder die Schriftsteller Ricarda Huch und Jakob Wassermann) solle, so Keyserling in seinem Vorwort, allen denen helfen, »die in den Ehestand treten wollen«, wie auch jenen, »welche persönlich an der Problematik leiden« (Keyserling 1925, 7). Diese Fragestellung bildet den Ausgangspunkt für Manns Essay, der jedoch darüber hinaus zu einer vorsichtigen Auseinandersetzung mit dem Problemfeld von Homosexualität und Kunst ausgebaut wird.

In seiner Bestimmung der Homoerotik greift Thomas Mann auf das Konzept des Männerbunds zurück, wie ihn der Wandervogel, Philosoph und Schriftsteller Hans Blüher in *Die Rolle der Erotik in der männlichen Gesellschaft* (1917/19) entworfen hatte. Staatenbildung und Kultur entsteht Blüher zufolge auf der Grundlage einer »*männlichen Gesellschaft, die ihr Dasein dem mann-männlichen Eros verdankt und sich in den Männerbünden auswirkt*« (Blüher 1917, I, 7), im Gegensatz zu heterosexuellen Eheformen. Dieses »zwanghafte Gegeneinanderwirken«, so Blüher, »bringt den Menschen zum Staat« (ebd.). Der Mann befinde sich dabei im Spannungsfeld von Familie und erotisch konnotierten Männerbund (Blüher 1919, II, 91; dazu Bruns 2005). Den staatskonstitutiven Aspekt dieser Männerbünde erwähnt Mann bereits in *Von deutscher Republik* (1922; GKFA 15.1, 553 ff.; Kurzke 2004, 378 f.). Der *Ehe*-Essay hingegen leitet im Rückgriff auf Blüher aus der Spannung zwischen Homoerotik und Ehe eine produktive Bestimmung des Künstlertums ab, wie sie bereits im Brief an Carl Maria Weber vom 4. 7. 1920 vorgezeichnet ist (GKFA 22, 347–353). Als Belegautoritäten werden Hegel, Kant und Hermann Cohen angeführt (Kurzke, GKFA 15.2, 699 f.; Brunträger 1993, 72 ff.; Detering 2002, 275).

Der Beitrag *Die Ehe im Übergang* beginnt mit einer Revision der Institution Ehe. Gegenwärtig lasse sich eine Auflösung traditioneller Geschlechterordnungen beobachten, was sich in der Verweiblichung des Mannes und der Vermännlichung der Frau zeige. Diese Entwicklung wird verstanden als Wiederherstellung der »ursprünglichen und natürlichen Bisexualität des Menschen« (GKFA 15.1, 1030). Allerdings geht die allgemeine Betrachtung der Institution der Ehe über in eine, wie Thomas Mann an seine Tochter Erika schreibt, »prinzipielle Auseinandersetzung mit der Homoerotik, ei, ei.« (GKFA 23.1, 183) Ehe und Homoerotik fungieren als Pole: Während die Ehe für Leben, Moral, Kinderreichtum und Beständigkeit steht, findet sich in der Homoerotik das Gegenteil: Kunst, Ästhetik, Unfruchtbarkeit und nomadisches Umherschweifen. Die Verurteilung der Homoerotik als »[u]nästhetisch« (GKFA 15.1, 1031) und staatsschädigend verkehrt Mann mit Hilfe Blühers in ihr Gegenteil: Kunst und Staat entspringen dieser Sphäre eines »erotische[n] Ästhetizismus« (GKFA 15.1, 1032). An diese Konstellation wird wiederum die Überwindung der »Sympathie mit dem Tode« durch den »Entschluß zum Lebensdienste« (GKFA 15.1, 558) geknüpft. Denn die Treue ist »Sache des Lebens[,] [...] kategorischer Imperativ, [...] Lebensbefehl – während aller Ästhetizismus pessimistisch-orgiastischer Natur, d. h. des Todes ist« (GKFA 15.1, 1034). In diesem Spannungsfeld figuriert der Künstler als »*Mittler* zwischen den Welten des Todes und des Lebens« (GKFA 15.1, 1035). Für das Künstlertum wird die Ehe als Disziplinierungs- und Ordnungsinstanz durch ihre Selbstzucht zu einer Möglichkeit, dem Schicksal Gustav von Aschenbachs oder Thomas Buddenbrooks zu entgehen (GKFA 15.1, 1035 f.; Oosterhuis 2005, 120; Kurzke 2010, 193). Wo im oben erwähnten Brief an Carl Maria Weber Kunst und Leben einander noch unversöhnlich gegenüberstanden, bietet der Ehe-Essay fünf Jahre später einen produktiven Entwurf: Die »Gewalt des Erotischen« erhält das »Gesetz ihrer Bewältigung« (Renner, TMHb, 657).

Manns Beitrag entfachte in der Weimarer Republik wohl auch deswegen keine Debatte über dessen Homosexualität, weil er sich vordergründig vor allem mit der Problematik der Ehe auseinandersetzt. Die programmatische Feststellung Manns gleich zu Beginn: »Man ist Ehemann« (GKFA 15.1, 1026) markiert den Versuch, das »glätteste[] Glatteis« (GKFA 15.1, 1026) zu umgehen und nicht zum Opfer jenes »prekären Eisfestes« (GKFA 15.1, 1026) zu werden. Dennoch trägt *Die Ehe im Übergang* von allen Essays Manns, die sich mit der Homoerotik und Homosexualität beschäftigen (insbesondere *Die große Szene in Kleists ›Amphitryon‹* (1928), *Protest der Prominenten gegen die geplante Beibehaltung und Verschärfung des § 175* (1928), *»Si le grain ne meurt –«* (1929), *Platen – Tristan – Don Quichotte* (1930)), am deutlichsten einen verborgenen Bekenntnischarakter.

Die Forschung zum Ehe-Essay hat besonders zwei Aspekte betont: Einerseits die poetologische Dimension für das literarische Werk Manns (Böhm 1991, 353 ff.; Böhm 2008). Dabei wird der Essay etwa als ein Schlüssel für Figurenpsychologie im *Zauberberg* gelesen. Andererseits wurde die autobiographische Bestimmung des Künstlertums zwischen homoerotischen Neigungen und bürgerlicher Pflicht in den Vordergrund gespielt. Der Essay suggeriert eine persönliche Involvierung, sowohl formal in der Verwendung der Briefform (Detering 2002, 274) als auch inhaltlich (GKFA 15.1, 1036). In der künstlerischen Lebensform sind homoerotischer Ästhetizismus und bürgerliche Lebensform vereinbar. Dementsprechend erscheint die Ehe mit Katia Pringsheim als Versuch, sich nach dem Ästhetizismus der Frühzeit, wie Mann 1906 an seinen Bruder Heinrich schreibt, »eine Verfassung zu geben« (GKFA 21, 340; dazu Böhm 1991; Brunträger 1993, 73 f.; Detering 2002, 273; Kurzke 2010, 198).

Dieser Entwurf einer Lebensform, die Trieb und Zähmung verbindet, findet sich später im Essay *Die Stellung Freuds in der modernen Geistesgeschichte* (1929) ins Politische gewendet wieder. Wie auch im *Ehe*-Essay wird dort im Rückgriff auf Nietzsche ebenfalls die Perspektive moderner Lebensfreundlichkeit durch den kritisch-analytischen Einblick in die bedrohlichen menschlichen Abgründe etabliert.

Literatur

Blüher, Hans: *Die Rolle der Erotik in der männlichen Gesellschaft. Eine Theorie der menschlichen Staatsbildung nach Wesen und Wert.* 2 Bde. Jena 1917 u. 1919.

Böhm, Karl Werner: *Selbstzucht und Verlangen. Thomas Mann und das Stigma Homosexualität. Untersuchungen zu Frühwerk und Jugend.* Würzburg 1991.

Böhm, Karl Werner: Homosexuelle Elemente in Thomas Manns *Der Zauberberg*. In: Heinrich Detering/Stephan Stachorski (Hg.): *Thomas Mann. Neue Wege der Forschung.* Darmstadt 2008, 60–79.

Brunträger, Hubert: *Der Ironiker und der Ideologe. Die Beziehungen zwischen Thomas Mann und Alfred Bäumler.* Würzburg 1993.

Bruns, Claudia: *Politik des Eros. Der Männerbund in Wissenschaft, Politik und Jugendkultur.* Köln, Weimar, Wien 2008.

Bruns, Claudia: Der homosexuelle Staatsfreund. Von der Konstruktion des erotischen Männerbunds bei Hans Blüher. In: Susanne zur Nieden (Hg.): *Homosexualität und Staatsräson. Männlichkeit, Homophobie und Politik in Deutschland 1900–1945.* Frankfurt a. M. u. a. 2005, 100–117.

Detering, Heinrich: *Das offene Geheimnis. Zur literarischen Produktivität eines Tabus von Winkelmann bis zu Thomas Mann.* Göttingen ²2002.

Kurzke, Hermann: *Thomas Mann. Das Leben als Kunstwerk.* Frankfurt a. M. ⁴2004.

Kurzke, Hermann: *Thomas Mann. Epoche – Werk – Wirkung.* 4., überarb. u. aktual. Aufl. München 2010.

Oosterhuis, Harry: Vom fragwürdigen Zauber männlicher Schönheit. Politik und Homoerotik in Leben und Werk von Thomas und Klaus Mann. In: Susanne zur Nieden (Hg.): *Homosexualität und Staatsräson. Männlichkeit, Homophobie und Politik in Deutschland 1900–1945.* Frankfurt a. M. u. a. 2005, 118–146
Renner, Rudolf G.: Literaturästhetische, kulturkritische und autobiographische Essayistik. In: *TMHb*, 629–677.
Sommerhage, Claus: *Eros und Poesis: Über das Erotische im Werk Thomas Manns.* Bonn 1983.

Stefan Rehm

Meine Ansicht über den Film (1928)

Der Text entstand laut Manuskript (Yale Collection) am 21. 3. 1928 als Antwort auf eine nicht bekannte Umfrage und erschien erstmals unter dem Titel *Meine Ansicht über den Film* am 3. 6. 1928 in *Die Wochenschau* (Nr. 23, 18). Es folgten Nachdrucke in diversen Zeitungen und Zeitschriften, unter anderem in *Schünemanns Monatshefte*, hier unter dem Kurztitel *Über den Film* und mit dem Zusatz *Antwort auf eine Rundfrage*, 1930 dann unter dem Titel *Über den Film* in Thomas Manns Essay-Sammlung *Die Forderung des Tages*.

Thomas Mann äußerte sich zwischen 1923 und 1955 insgesamt fünf Mal in essayistischer Form zum Medium Film (Bedenig Stein 2001, 183). Zahlreiche Tagebucheinträge zu Kinobesuchen bezeugen zudem Manns lebhaftes Interesse am Film; darüber hinaus bestand eine grundsätzliche Aufgeschlossenheit gegenüber Verfilmungsplänen seiner Werke (Vaget, TMHb, 619–622). In chronologischer Abfolge der Essays lässt sich eine schwindende Skepsis gegenüber dem Film und seiner Stellung innerhalb des Kulturbetriebes feststellen (Bedenig Stein 2001, 183), wobei eine gewisse Faszination von Anfang an bestand. In *Meine Ansicht über den Film*, Manns zweitem Essay über das Kino, spricht er von »einer heiteren Passion«, er »liebe« den Film, aber »verachte« (Ess III, 85) ihn zugleich. Dem Bereich des Lebens zugehörig, nicht der »*kalte*[n] Sphäre« (ebd., 86) der Kunst – eine Dichotomie, die bereits in *Tonio Kröger* ausführlich entfaltet wird – spreche das neue Medium das Herz, nicht den Verstand an. Was Mann am Film interessiert sind »Leben und Wirklichkeit« (ebd., 85): Landschaftsaufnahmen, schöne Körper und spaßhafter Klamauk. Der Kinosaal biete dem passionierten Beobachter die Möglichkeit ungenierter und unmittelbarer Teilhabe am Geschauten und lasse ihn in »einfältiger Gelöstheit« (ebd., 86) zurück. Im Unterschied zum Theater, das »geistige[r] Illusionierung« bedarf, »*erzählt*« der Film »in Bildern« (ebd., 87), was ihn in die Nähe zur Epik rückt.

Mit der Beschreibung der Darsteller als »lebendige Schatten« (ebd., 87), die das Gewesene zur zeitlosen Anschauung bringen, knüpft Mann an seine Bioskop-Theater-Szene im *Zauberberg*-Kapitel »Totentanz« an (vgl. Zander 2005, 14–23; Marx 2009). In seinem ersten ›Film-Essay‹, *Der Film, die demokratische Macht* von 1923 hatte Mann bereits z. T. wörtlich die anachronistische Beschreibung einer typischen Wochenschau der 1920er Jahre aus dem *Totentanz*-Kapitel übernommen, und auch hier wird der Raum und Zeit vernichtende Aspekt, der »Reiz [und] Zauber« (GKFA 15.1, 697) des Kinos ausmache, betont. Der Titel verweist zudem auf die Massenkompatibilität des Mediums, dem Mann, trotz einer gewissen Wesensferne, eine »erzieherische [...] künstlerisch-geistige Möglichkeit[] zuerkenn[t]« (GKFA 15.1, 697). Prodolliet weist darauf hin, dass Mann bereits 1926 in seiner Einleitung zu Frans Masereels Holzschnittzyklus *Mein Stundenbuch* das Kino der politischen Sphäre zuordnet (Prodolliet 1991, 64; Bedenig Stein 2001, 125–166). Mann sah hier eine Überlagerung der »konservative[n] Kunst« (Masereel 1926, 13) des Holzschnitts durch das progressive Kino: »eine Begegnung und Vermählung, die Durchdringung des demokratischen Kinogeistes mit dem aristokratischen Geist der Kunst, die Vergeistigung und Beseelung eines bis dahin wildsensationellen Vergnügens« (ebd., 20).

Literatur

Bedenig Stein, Katrin: *Nur ein »Ohrenmensch«? Thomas Manns Verhältnis zu den bildenden Künsten.* Bern u. a. 2001.
Marx, Friedhelm: *»Durchleuchtung der Probleme« Film und Photographie in Thomas Manns »Zauberberg«.* In: *Thomas Mann Jahrbuch* 22 (2009), 71–83.
Masereel, Frans: *Mein Stundenbuch. 165 Holzschnitte.* München 1926.
Prodolliet, Ernest: *Das Abenteuer Kino. Der Film im Schaffen von Hugo von Hofmannsthal, Thomas Mann und Alfred Döblin.* Freiburg (Schweiz) 1991.
Vaget, Hans-Rudolf: Filmentwürfe. In: *TMHb* 619–622.
Schaller, Angelika: *»Und seine Begierde ward sehend«. Auge, Blick und visuelle Wahrnehmung in der Prosa Thomas Manns.* Würzburg 1997.
Zander, Peter: *Thomas Mann im Kino.* Berlin 2005.

Miriam Albracht

Die Stellung Freuds in der modernen Geistesgeschichte (1929)

Thomas Manns erster Kontakt mit Sigmund Freuds Psychoanalyse fand bereits um 1911 im Rahmen seiner Arbeit am *Tod in Venedig* statt (Dierks, TMHb, 284) und wirkt im *Zauberberg* als »Satyrspiel« (GKFA 23.1, 147) zur Venedig-Novelle deutlich nach. Eine intensivere Auseinandersetzung erfolgt vermutlich erst während der Arbeit am *Joseph*. In seinem kurzen Essay *Mein Verhältnis zur Psychoanalyse* (1925) äußert Mann, diese spiele auch im *Zauberberg* wie auch in der Zeit »ihre Rolle« (GKFA 15.1, 991). Manns Aussagen zur Bedeutung der Psychoanalyse für sein Werk sind allerdings widersprüchlich und schwanken zwischen »dem unmittelbaren Einfluß von Freud« (Thomas Mann und die Psychoanalyse. In: *Internationale Zeitschrift für Psychoanalyse* [Wien], Bd. 11, H. 2, 247) und der Behauptung im Freud-Essay von 1929, er habe er von Freud nicht mehr gewusst als »das Allgemeinste« (Ess III, 148). Diese Stilisierung hat durchaus System, zielt der Essay von 1929 insbesondere darauf ab, Freud und die Psychoanalyse einerseits als Wegmarke des allgemeinen geistesgeschichtlichen Fortschritts zu schildern, andererseits zur politisch-ideologischen Radikalisierung in Beziehung zu setzen. Das zeigt sich auch an den beiden Fassungen, in denen der Text Verbreitung fand: Einerseits erscheint er im Mai/Juni 1929 der Zeitschrift *Die psychoanalytische Bewegung* (Ess III, 122–154), andererseits in einer gekürzten Fassung in der *Neuen Rundschau* unter dem spezifischeren Titel *Reaktion und Fortschritt* (GW X, 256–280; dazu GKFA 23.1, 405 f.).

In seiner Rezeption der Psychoanalyse schließt Mann Freud an Schopenhauer und Nietzsche an, denen er eine Mittelstellung zwischen Einblick in die dionysischen Abgründe und kritischer Reflexion zuschreibt (Dierks 1972, 127 ff.; Schmidt 1997, 209 ff.; Dierks, TMHb, 286 f.). Freuds Psychoanalyse erscheint dabei in der geistesgeschichtlichen Entwicklung als Selbstüberwindung der Romantik, wie sie schon 1922 die Rede *Von deutscher Republik* entwirft. Ganz in diesem Sinne konstatiert Sigmund Freud selbst in einem Brief am 28.7.1929 an Lou Andreas-Salomé nüchtern: »Der Aufsatz von Thomas Mann ist ja sehr ehrenvoll. Er machte mir den Eindruck, also ob er grade einen Aufsatz über die Romantik bereit hatte, als die Aufforderung kam, über mich zu schreiben und so hat er diesen halben Aufsatz vorne und rückwärts mit Psychoanalyse furniert, wie die Tischler sagen: die Masse ist aus anderem Holz. Immerhin, wenn Mann etwas sagt, hat es Hand und Fuß« (Freud/Salomé 1966, 198 f.). Manns Auseinandersetzung mit der Romantik ist dabei bezogen auf politische-ideologische Situation der 1920er Jahre im Allgemeinen sowie auf die Auseinandersetzung mit Alfred Baeumler im Besonderen (Brunträger 1993; dazu auch die *Pariser Rechenschaft*; GKFA 15.1, 1159 ff.). Das psychoanalytische »Furnier« speist sich insbesondere aus der Auswertung von Freuds kulturhistorischer Untersuchung *Totem und Tabu* (1912/13) für Manns *Joseph*-Projekt (Renner, TMHb, 641).

Dieser Blick auf Freud und die Psychoanalyse ist bereits in früheren Äußerungen vorgezeichnet. Im Notizbuch etwa heißt es bereits 1916: »Freud fortschrittlich-zersetzend, wie alle Psychologie. Die Kunst wird unmöglich, wenn sie durchschaut ist. Er wirkt für den Geist« (Notb II, 269). Auch im erwähnten Essay *Mein Verhältnis zur Psychoanalyse* (1925) stellt Mann die Psychoanalyse in den Kontext der von Nietzsche ausgelösten Umbrüche. Für ihn, schreibt er dort, sei die Psychoanalyse und deren »*melancholische* Erkenntnis« nichts Neues gewesen: »Bei Nietzsche, namentlich in seiner Wagner-Kritik, hatte ich es im wesentlichen erlebt, und es war, als Ironie, zu einem Element meiner geistigen Verfassung und meiner Produktion geworden« (GKFA 15.1, 990). Damit wird die geistesgeschichtliche Linie der Kämpfer gegen die Reaktion und für Fortschritt erweitert zu Schopenhauer – Nietzsche – Freud – Mann, womit *en passant* eine Selbstversicherung und Legitimation der eigenen kritisch-ästhetischen wie auch politischen Haltung erfolgt.

Manns *Die Stellung Freuds in der modernen Geistesgeschichte* lässt sich in zwei Teile gliedern und folgt dabei einem medizinischen Muster: Auf eine Anamnese der Krankheit der Zeit im Rückgriff auf Nietzsche folgt eine Schilderung der Heilungsmöglichkeiten durch die Psychoanalyse als Essayistik und damit: Kunst. Die Anamnese geschieht im Rückgriff auf Nietzsches Aphorismus »Die Feindschaft der Deutschen gegen die Aufklärung« (*Morgenröte*, 3. Buch, Nr. 197), der (mit Blick auf Richard Wagner) die »Aufrichtung des Gefühlskultus an Stelle des Kultus der Vernunft« (Ess III, 124) kritisiert. Mann zufolge sind alle »Kämpfe und Krämpfe« der Gegenwart nur »ein Satyrspiel und eine skurrile Wiederholung seines [Nietzsches] geistigen Erlebens im Klein-Wirklichen [...] ... Oder was wären unsere geistespolitischen Kontroversen anderes, als die sozusagen journalistische Ausmünzung seines epochalen, durch und durch symbolisch-repräsentativen Kampfes gegen Wagner, der Selbstüberwindung der Romantik durch ihn und in ihm?« (Ess III, 125 f.). Ist diese Romantik bestimmt durch das »Nächtige, Heilig-Ursprüngliche, Lebensträchtig-Vorbewußte, mythisch-historisch-romantischen Mutterschoß« (Ess III, 129), tritt mit Nietzsche im 19. Jahrhundert ein neues, revolutionäres Prinzip als »Wille zur Zukunft« auf: »Es ist das zu höheren Stufen leitende Prinzip der Bewußtwerdung und der Erkenntnis; der Drang und Wille, durch das Bewußtmachen des Unbewußten verfrühte, auf Bewußtlosigkeit unsicher und moralisch verdienstlos ruhende Scheinvollkommenheiten und Scheinharmonien des Lebens zu zerstören und auf dem Wege der Analyse, der ›Psychologie‹, über Phasen der Auflösung, die man unter dem Gesichtswinkel der Kultureinheit als Anarchie bezeichnen mag, in denen es aber kein Halt und kein Zurück, keine ›Restauration‹ und irgend haltbare Wiederherstellung gibt, hinüberzuführen zu echter, durch Bewußtsein gesicherter und freier Lebenseinheit, zur Kultur des zu vollkommenem Selbstbewußtsein entwickelten Menschen. Nur dies heißt revolutionär. Nur dem durch Bewußtmachung und analytische Auflösung führenden Willen zur Zukunft gebührt der Name der Revolution. Man muß das heute der Jugend sagen. Es gibt keine Predigt und keinen Imperativ des großen Zurück [...]« (Ess III, 133). Damit sind Methode, Zielgruppe und Wirkungsabsicht des Essays umrissen. Durch die »Bewußtmachung und analytische Auflösung« muss (wie schon in der Republik-Rede) insbesondere die Aufklärung der Jugend im Interesse einer Entfaltung der Humanität fortgeführt werden, wodurch die Synthese-Denkfigur eine reaktionäre Rückwendung unmöglich macht. Auf diesem Weg, so entwirft es die Dramaturgie des Essays, ist eine Heilung der kranken Zeit möglich – und damit auch Fortschritt anstelle des reinen »moderne[n] Irrationalismus« (Ess III, 139) der Reaktion. In der Nachfolge Nietzsches kommt damit Freud und Mann die Aufgabe zu, zwischen Unbewusstem und Psychologie eine moderne, kritische »Aufklärung [...] weiterzuführen« (Ess III, 125). Denn in der Psychoanalyse, schreibt Thomas Mann an Charles du Bos, finde sich »die einzige Erscheinungsform des modernen Anti-Rationalismus [...], welche keinerlei Handhabe [...] zu reaktionärem Missbrauch« (GKFA 23.1, 401 f.) bietet.

Der Essay zieht einerseits eine geistesgeschichtliche Verbindung von der Romantik über Nietzsche bis zur modernen kritischen Kunst. Andererseits bildet er einen wichtigen Beitrag zu den politisch-ideologischen Kontroversen der 1920er und 1930er Jahre (Renner, TMHb, 643; Dierks 1972, 127 ff. u. 146 ff.; Schmidt 1997, 209 ff.; Kurzke 2010, 225). Kunst und Künstler befinden sich dabei im Spannungsfeld zwischen Irrationalismus und Aufklärung – und werden gerade durch diese analytische Mittelstellung produktiv.

Thomas Manns Essay entfaltete durch dessen rege Vortragstätigkeit sowie zahlreiche Teilabdrucke eine starke Wirkung. Unübersehbar steckt der Vortrag – wie schon *Von deutscher Republik* – »voller pädagogischer Absichten« (GKFA 23.1, 401). Der Essay zielt insbesondere darauf ab, der konservativen oder nationalsozialistischen Reaktion die ideologischen Grundlagen und Adressaten abspenstig zu machen. Während Mann in der republikanischen Presse dafür durchaus Zuspruch erhält, erfährt der Essay aus dem völkisch-konservativen Spektrum Widerspruch und Polemik, etwa im *Heidelberger Student* (GKFA 23.1, 408 f.), der politischen Wochenschrift *Der Ring* oder dem *Völkischen Beobachter*. Im Brief an Freud vom 3. 1. 1930 konstatiert Mann er habe für seinen Essay »allerlei deutsche[] Frömmigkeit und Komplex-Konservativismus zu hören bekommen [...]. Es war nicht wohllautend, aber ach, ich habe wenig Grund, stolz darauf zu sein. Ich bin beschämend spät gekommen – *langsame* Natur, die ich durchaus und in allen Stücken bin. Alles muß sehr reif in mir werden, bevor ich es mitteilen kann« (GKFA 23.1, 441 f.).

Literatur

Brunträger, Hubert: *Der Ironiker und der Ideologe. Die Beziehungen zwischen Thomas Mann und Alfred Bäumler.* Würzburg 1993.

Dierks, Manfred: *Studien zu Mythos und Psychologie bei Thomas Mann. An seinem Nachlaß orientierte Untersuchungen zum »Tod in Venedig«, zum »Zauberberg« und zur »Joseph«-Tetralogie.* Bern/München 1972 (= *TMS* 2).

Dierks, Manfred: Thomas Mann und die Tiefenpsychologie. In: *TMHb*, 284–300.

Pfeiffer, Ernst (Hg.): *Freud, Sigmund, Lou Andreas-Salomé. Briefwechsel.* Frankfurt a. M. 1966.

Kurzke, Hermann: *Thomas Mann. Epoche – Werk – Wirkung.* 4., überarb. u. aktual. Aufl. München 2010.

Renner, Rolf G.: Literaturästhetische, kulturkritische und autobiographische Essayistik. In: TMHb, 629–677.

Schmidt, Christoph: *Ehrfurcht und Erbarmen. Thomas Manns Nietzsche-Rezeption 1914–1947.* Trier 1997.

Stefan Rehm

Theodor Storm (1930)

Für Thomas Mann war Theodor Storm ein früher literarischer Bezugspunkt, er zählte ihn zu seinen »geistigen Väter[n]« der Jugenddichtung (GW IX, 247). Lebenslang kam er immer wieder auf Storm als frühe Orientierungsgröße und »Jugendliebe« (an Karl Vossler, 4. 5. 1935; vgl. Br I, 388) zurück, wenngleich Storm nicht zum »Fixsternhimmel« seiner großen Vorbilder gerechnet werden kann (Schumann 1964, 42). Insbesondere Storms »sublime Lyrik« galt Mann noch am Lebensende als eine »Jugendzärtlichkeit«, die »durch mein ganzes Leben fortgewirkt« habe (Mann an Elmar O. Wooley, 20. 9. 1954; zit. n. Schumann 1964, 46). So standen auch Manns erste lyrische Versuche eigenem Bekunden nach »unter dem Einfluß Storms und Heine's« (GW XI, 452; vgl. auch GW XIII, 132). Auch in den frühen Novellen, v. a. in *Tonio Kröger*, Manns »ins Modern-Problematische fortgewandelter Immensee« (GKFA 13.1, 116), lassen sich vielfach Storm'sche Bezüge nachweisen. In der kurzen Widmung für das von Friedrich Düsel herausgegebene *Gedenkbuch zu Storms hundertstem Geburtstage* betont Mann schließlich 1916, was ihn an Storms Leben und Werk mit Blick auf sich selbst besonders interessiert: die spezifische, »Antithesen« im Sinne einer »Einheit« überwindende »Mischung von Künstlertum, ja Artistik, und Bürgerlichkeit« (*[Über Theodor Storm]*; vgl. GW XIII, 33), die er in den *Betrachtungen eines Unpolitischen* auf jenen Begriff des »deutsch-handwerkerlichen Kunstmeistertums« bringt (und dem auch er selbst sich »[s]tammesverwandt[]« sieht; vgl. GKFA 13.1, 116).

Entstanden ist der Essay im Sommer 1930 als Auftrags- und »Nebenarbeit« (an Ida Herz, 23. 6. 1930; zit. n. Laage 1996, 79). Er diente der im selben Jahr bei Knaur in Berlin erschienenen, von Friedrich Düsel herausgegebenen zweibändigen Ausgabe der *Sämtlichen Werke* Storms als Einleitung (dort 7–26; unterzeichnet mit dem Datum »Juni 1930«). Zu Lebzeiten Manns wurde der vollständige Text noch zweimal abgedruckt (in *Leiden und Größe der Meister*, 1935; u. *Adel des Geistes*, 1945). In gekürzter Form erschien der Essay 1930 auch als Zeitschriftenabdruck in zwei Teilen in *Daheim. Ein deutsches Familienblatt mit Illustrationen* (Teil 1 als »Der Lyriker Theodor Storm«, in Bd. 66, Nr. 46, 14–16 u. Teil 2 als »Theodor Storm, der Mensch« in Bd. 66, Nr. 47, 14–16; vgl. Laage 1996, 79).

Die Quellen, derer sich Mann bei der Abfassung des Essays intensiv bediente, sind bei Laage (ebd., 49 ff.) verzeichnet, zu ihnen gehören neben der 1922/25 bei Knaur in Berlin erschienenen sechsbändigen Ausgabe von *Storms Sämtlichen Werken* (mit einer Einleitung von Friedrich Düsel, aus der Mann umfänglich zitiert) u. a. die Briefwechsel Storms mit Emil Kuh, mit Paul Heyse und Gottfried Keller, sowie die Storm-Ausgabe Albert Kösters im Insel Verlag (1919 ff.). Manns Essay selbst kann jedoch als eigenständiges »Künstlerwerk« (Laage 1996, 59) gelten.

Mit dem Storm-Essay entwickelt Mann 1930 ein gegenüber seinen früheren Äußerungen zu Storm wesentlich vertieftes Bild des Husumer Dichters. In fünf größeren Abschnitten widmet sich Manns Essay einleitend der »geradezu brüderliche[n] Ähnlichkeit« Storms und Turgenjews und benennt damit die »geistigen Väter« v. a. seines *Tonio Kröger* (GW IX, 246 f.), stellt dann die von ihm hochgeschätzte Lyrik Storms in den Mittelpunkt, um anschließend den Kontext der ›Heimat‹ abzuhandeln, das ›Wesensbild‹ Storms im Zeichen der ›Inkorrektheit‹ zu zeichnen und am Ende die Bedeutung des Todes für Leben und Werk Storms zu würdigen. So ergibt sich insgesamt eine »wohl durchdacht[e]«, »klingende Komposition« (Laage 1996, 49 u. 59), wobei sich Mann seine Quellen nicht nur produktiv aneignet, sondern »Themenkomplexe und Zitate verschiedener Herkunft« kombiniert, ihm bedeutsame, eigene »Themen und Motive« anschlägt, variiert und »leitmotivisch weiter[führt]« (ebd., 59). In deren Mittelpunkt steht denn auch dezidiert nicht Storms Biographie, sondern das »Bild seines Wesens« (GW IX, 258). Dabei ist es Mann ein Anliegen, Storm nicht nur gegen alles Heimattümelnde und »Sentimentale« (ebd., 248), gegen »Simpelei und Winkeldumpfigkeit« (ebd., 253) zu verteidigen, sondern seinen dichterischen Rang auf der Höhe der Weltliteratur zu verorten: als Kontrapunkt zu Turgenjew sowie auf Augenhöhe mit Dichtern von Walther von der Vogelweide und Heinrich Heine bis zu Stefan George. Bei Storm werde »das Menschliche« mit größter »Einfalt und Reinheit« gesagt (ebd., 249), seine Lyrik besitze »die absolute Weltwürde der Dichtung« (ebd., 253). Damit grenzt sich Mann deutlich vom bis in die 1920er Jahre hinein gängigen Storm-Bild eines ›Heimatdichters‹ »deutsch-nationale[r] Gesinnung« ab (vgl. das »Vorwort«, in: Düsel 1916, 7), wie Düsel es (in prekärem Rekurs auf die Begriffe »Blut« und »Boden«, vgl. Düsels Einleitung zur sechsbändigen Storm-Ausgabe bei Knaur 1922/25, S. IIff.) zeichnete. »Heimatlichkeit«, so betont Mann dagegen, meine bei Storm etwas ganz anderes, nämlich (eine zeitlich dimensionierte, vgl. Strowick 2012, 169) »Sehnsucht, Nostalgie, ein Heim*weh*«, wie es sich in seiner Lyrik als »unendliche[] Heimweh-Sensitivität« finde und auf ein »Heimweh als Transzendenz, das Heimatsmysterium« hinauslaufe: »Gemüt in Reinkultur und im Zustande äußerster Sublimierung« (GW IX, 253 f.).

Sein »ungewöhnlich tiefgehende[s] Verständnis« für den Husumer Dichter (Laage 1996, 71) zeigt sich auch in Manns Bemühen, dem gängigen Storm-Bild seiner Zeitgenossen und der Vereinnahmung Storms für deutsch-nationale Bürgerlichkeit entgegenzuwirken. Nicht »Bürgernormalität« oder die von Fontane unterstellte »›Provinzialsimpelei‹« kennzeichneten Storm, sondern »sensitive Vergeistigung«, »Extremismus seiner Gemüthaftigkeit«, sogar »leichte[] Krankhaftigkeit« (GW IX, 255). »Inkorrektheit« (ebd., 258) sei daher das Signum des Storm'schen Künstlertums: »Das Element des Abenteuerlichen, Exzentrischen, Unregelmäßigen, Norm- und Glückswidrigen, das zur künstlerischen Konstitution gehört, ist bei ihm vielleicht fühlbarer als bei dem liebenswürdig korrekten Fontane. Korrekt gerade ist eigentlich nichts bei Storm« (ebd., 255). Mit diesem veränderten Blick auf Storms »Dichtertum« als der »*lebensmögliche[n]* Form der Inkorrektheit« (ebd., 258) rückt Mann auch jene von den Zeitgenossen unterschlagene andere, ›ungemütliche‹ Seite Storms in das Blickfeld: dessen von heidnischem Volksglauben eingefärbte ›Un‹- bzw. Vorchristlichkeit und seine Vergänglichkeitsängste sowie die Faszination für das Irrationale, Storms »Sympathie für das Spuk- und Gespensterwesen« (Laage 1996, 59). Zuletzt zeigt sich für Mann in Storms für die deutsche Lyrik einmaligen, »durchdringendsten Trauer- und Abschiedsgedichte[n]« (GW IX, 246), aber auch in dessen von keinem christlichen Jenseitsglauben mehr aufgefangener, unbeschönigter, von Hypochondrie und »Vernichtungsgrauen« (ebd., 265) getragener Todesauffassung insgesamt, die ganze Widersprüchlichkeit seiner dem Tode abgetrotzten Kunst, die »das stärkste Mittel zur Bewußtmachung und Verwirklichung des Ich« sei – und zugleich (wie Storms der tödlichen Krebserkrankung abgetrotzter *Schimmelreiter*) ein »Produkt« der »Illusionierung«, entstanden aus dem »Vollendungs- und Lebenswillen des außerordentlichen Kunstwerks« (ebd., 266 f.). Für Mann sind es somit gerade das ambivalente Ineinander von Bürgerlichkeit und Künstlertum sowie eine Spannung, die aus dem Wunsch nach Korrektheit und gelebter Inkorrektheit resultiert, welche Storms literarische ›Meisterschaft‹ auszeichnen.

Dass Mann in seinem Essay ein für die damalige Zeit völlig neues, eigenständiges und »äußerst modernes« Storm-Bild entwickelt, das weit über das Ende der 1920er Jahre gängige Bild Storms hinausgeht und »bis heute volle Gültigkeit« beanspruchen darf (Laage 1996, 70 f.), ist nach Erscheinen des Textes lange Zeit nicht wahrgenommen worden. So blieb Manns Essay, auch der politischen Situation in Deutschland geschuldet, in den 1930er und 1940er Jahren zunächst »ohne Einfluß auf die damalige zeitgenössische Storm-Forschung« (ebd., 71), die Storm »zum Idylliker, zum Heimat- und Blut- und Boden-Dichter« hin interpretierte (Laage 1999, 202). Erst als Mitte der 1960er Jahre die Aufmerksamkeit der Forschung auf die Beziehung Theodor Storm–Thomas Mann fällt (vgl. Schumann 1964 u. Laage 1967), wird auch Manns Essay explizit gewürdigt. Weydt, der »Umwertungen des Stormbildes durch Thomas Mann« konstatiert (Weydt 1968 u. 1969), kritisiert jedoch gerade jene stilisierenden Akzentuierungen, die Mann 1930 in seiner »Diagnose des Abenteuerlichen« vornimmt, um Storm »der Normalität und Korrektheit« zu entkleiden und fragt, »ob nicht einige Gewichte zu sehr verschoben sind« (Weydt 1968, 97 f.). So fällt tatsächlich erst in den 1990er Jahren eine verstärkte Aufmerksamkeit auf die »brüderliche[n] Gefühle« Manns zu Storm, die gerade aus jenem Moment des bürgerlich Inkorrekten herrühren, das Storm wie Mann als »verirrte Bürger« ausweise (Hoffmann 1992, 130). Den Arbeiten von Laage, vor allem dessen gründlicher Einzeledition und Kommentierung des Storm-Essays (Laage 1996; vgl. auch Laage 1999), ist es zu verdanken, dass die Bedeutung des von Mann entwickelten neuen Storm-Bildes umfassend (auch hinsichtlich seiner Quellen und Einflüsse) herausgestellt wurde. So entwickele Mann in seinem Essay ein Storm-Bild, das dessen »Modernität« betone und letztlich »auf seine Zeit und ihn [Thomas Mann] selbst« vorausweise, in dem es »Züge eines modernen, unbürgerlichen Künstlertums« offenbare (Laage 1996, 62). Sein von der empfundenen »Wesensverwandtschaft« mit dem Husumer Dichter (ebd., 77) geprägtes Storm-Bild gerät Mann somit gleichzeitig zum Selbstbild, zu »ein[em] umfassende[n], Tiefen auslotende[n] Bild von Thomas Mann, wie er Künstler und Künstlertum definiert, wie er sich selbst definiert« (Laage 1999, 203). Damit wertet Mann implizit auch sich selbst auf, wenn er Storms Bedeutung für die (nicht nur deutsche) Literatur festhält: »Er ist ein Meister, er bleibt« (GW IX, 252).

Literatur

Düsel, Friedrich (Hg.): *Theodor Storm Gedenkbuch zu Storms hundertstem Geburtstage*. Braunschweig 1916.
Hoffmann, Fernand: *Thomas Mann und seine Welt*. Hildesheim u. a. 1992.
Laage, Karl Ernst: *Theodor Storm und Iwan Turgenjew. Persönliche und literarische Beziehungen, Einflüsse, Briefe, Bilder*. Heide 1967.
Laage; Karl Ernst: Untersuchungen zu Thomas Manns Storm-Essay. In: *Thomas Mann: Theodor Storm Essay*. Hg. u. kommentiert v. Karl Ernst Laage. Heide 1996, 45–82.
Laage; Karl Ernst: Thomas Manns Storm-Essay und sein neues Storm-Bild. In: *TMJb* 12 (1999), 191–203.
Pitrou, Robert: Thomas Mann, juge de Theodor Storm. In: *Revue Germanique* 22 (1931), 257–261.
Schumann, Willy: Theodor Storm und Thomas Mann: Gemeinsames und Unterschiedliches. In: *Schriften der Theodor-Storm-Gesellschaft* 13 (1964), 28–44.
Strowick, Elisabeth: Exzentrik von Wahrnehmung. Thomas Manns wehmütige Mimesis an Theodor Storm. In: Stefan Börnchen/Georg Mein/Gary Schmidt (Hg.): *Thomas Mann. Neue kulturwissenschaftliche Lektüren*. München 2012, 167–189.
Weydt, Günther: Umwertungen des Stormbildes durch Thomas Mann. In: *Schriften der Theodor-Storm-Gesellschaft* 17 (1968), 94–101.
Weydt, Günther: Thomas Mann und Storm. In: Renate Heydebrand/Klaus Günther Just (Hg.): *Wissenschaft als Dialog. Studien zur Literatur und Kunst der Jahrhundertwende*. Stuttgart 1969, 174–193.

Andreas Blödorn

Goethe als Repräsentant des bürgerlichen Zeitalters (1932)

Kurz vor dem Goethejahr 1932 dachte Thomas Mann an die Abfassung eines volkstümlichen Goethebuches, ließ aber den Plan wieder fallen. Die Materialien, die er Ende 1931 zusammenzutragen begann, wurden schließlich auf die verschiedenen Essays und Reden verteilt, die ihm der hundertste Todestag Goethes abforderte. Eine gekürzte Fassung von *Goethe als Repräsentant des bürgerlichen Zeitalters* lag dem Vortrag zu Grunde, der im März 1932 an der Akademie der Künste in Berlin gehalten wurde, der gesamte Text erschien im April in der *Neuen Rundschau* und wurde im gleichen Jahr als Buchausgabe gedruckt.

Der Autor bezog sein Material aus eigenen Werken, hier aus seinen früheren essayistischen oder fiktionalen ›Goethebildern‹ sowie aus den dafür angefertigten Notizen, und aus neueren Exzerpten. Im vorliegenden Fall finden sich vor allem Spuren und Zitate aus den *Betrachtungen eines Unpolitischen*, aus *Goethe und Tolstoi*, von Goethe'schen Werken sind zu nennen *Maximen und Reflexionen* (neben verschiedenen Gedichten), die *Zahmen Xenien*, von den Publikationen über Goethe *Eckermanns Gespräche*, Riemers *Mitteilungen über Goethe* und *Goethes Gespräche*, herausgegeben von Flodoard Freiherr von Biedermann.

Im Jubiläumsjahr erschienen zwei weitere größere Goethebeiträge, *An die japanische Jugend* und *Goethes Laufbahn als Schriftsteller*. Abgesehen davon, dass sich schon in diesen Texten bereits bekannte Perspektiven realisieren, muss der Essay über Goethes Bürgerlichkeit auch als Glied einer langen, sich durch Thomas Manns weiteres Leben ziehenden Kette von ›Goethebildern‹ gesehen werden. Genannt seien hier nur der Roman *Lotte in Weimar* von 1939, der Goethe als antinationalsozialistischen deutschen Mythos sieht, die beiden Goethereden im Jubiläumsjahr 1949, und der späte Essay *Die drei Gewaltigen* von 1950, worin der Weimarer Dichter in eine Reihe mit Luther und Bismarck gestellt wird – und die beiden anderen »Gewaltigen« dominiert.

Die Struktur des Textes ist bestimmt durch häufige Perspektivenwechsel; Thomas Mann dokumentiert die verschiedensten Facetten des Begriffs der Bürgerlichkeit.

Der Essay beginnt mit einer Erinnerung an das Frankfurter Goethehaus und zugleich mit dem Eingeständnis größter persönlicher Nähe, beruhend im »Patrizisch-Bürgerliche[n]« (GW IX, 297). Damit schuf sich Mann, ähnlich wie in seinem Schopenhauer-Essay, eine zusätzliche Legitimation durch Vertrautheit. Er betonte die Möglichkeit, als Bürger das Phänomen der Bürgerlichkeit in seiner Mehrdeutigkeit, aber auch bis in seine Zukunftswirkungen hinein auszuloten.

Zunächst aber wird die bürgerliche, ›mittlere‹ Perspektive des Themas abgegrenzt gegen zwei andere: gegen Goethe als »Herr und Meister« der klassischen »deutschen Bildungsepoche« (GW IX, 298) – und als überzeitliches, zum Mythos werdendes »Persönlichkeitswunder«. Der bürgerliche Blickwinkel erscheint Mann in einer Zeit, in der das Bürgertum dem Ende entgegengehe, der »nächstliegende und natürlichste«; die bürgerliche Epoche, die er von 1500 bis zum Ende des 19. Jahrhunderts reichen lässt, sei jene Zeit, für die Goethe insgesamt stehen könne. Die »Wurzeln seiner Kultur« (GW IX, 299) lägen im 18. Jahrhundert, doch sei er »ein Sohn des sechzehnten [...] ebensogut« (GW IX, 300); geboren in der Mitte der Zeitstrecke, »hat er geistig und seelisch vom neunzehnten vieles mitumfaßt« (GW IX, 299). Dann passieren Zentralereignisse und Persönlichkeiten der frühen Epoche Revue, denen Goethe auf verschiedene Weise zugeordnet werden kann: Die protestantische Reformation, der Humanismus, Luther und Erasmus. Betont wird die Zweideutigkeit Goethes: seine protestierende Haltung gegen »›Papsttum und Pfafftum‹« (GW IX, 300), aber auch sein Hochhalten von Bildung und Gesittung. Wie zwischen Reformation und Bildungshumanismus steht Goethe auch, auf das 15. Jahrhundert zurückweisend, zwischen Kunst und Naturwissenschaft, das »Doppelseelentum« (GW IX, 301) eines Leonardo wiederholend.

Es folgen Beobachtungen über prosaischere Formen von Goethes »mittlere[m] Zustand«, über Goethe als *»gesetzte[n] Dichter«*, über seine »Sorgfalt der Kleidung«, über die »Nettigkeit und Reinlichkeit all dessen, was von seiner Hand ging« (GW IX, 302), sein einfaches, höfliches Wesen, seine Liebenswürdigkeit, seinen Sinn für natürliche Lebensrhythmen. Der Begriff des »Behagens« wird als übergreifende Kennzeichnung all dieser Züge herangezogen, und Mann rechnet auch die Liebe zu gutem Essen und Trinken dazu. Das Spektrum dieses »humoristischen Bildes von Bürgerlichkeit« (GW IX, 303) wird erweitert um die Facetten der wirtschaftlichen Genauigkeit und der finanziellen Pedanterie, des bei aller Bedächtigkeit immer ›Fertig-werden-Wollens‹, aber auch des Reifenlassens vieler Werke: der *Novelle*, des *Egmont*, der *Iphigenie*, des *Tasso*, der *Lehrjahre*, des *Faust* (GW IX, 306). Hier hat Thomas Mann sich wieder unverkennbar selbst im Auge.

Zitiert werden nun abwertende bis gehässige Äußerungen über die Ordnungsliebe des Dichters, deren Hellsichtigkeit aber trotz allem akzeptiert und durch anekdotische Belege dokumentiert wird. Sie finden ihren Höhepunkt in der Polemik des Frühromantikers Novalis, der gerade dadurch, dass er Goethe als *»praktische[n] Dichter«* apostrophiert und seine Werke wie englische Waren als »höchst einfach, nett, bequem und dauerhaft« (GW IX, 311) verspottet, Thomas Mann dazu veranlasst, diese Urteile ins Positive zu wenden. Dieser spricht jetzt vom »vernünftigen Zauber«, vom »kindlich-göttlichen Liebreiz der Goethischen Schreibweise« und leitet über zum Goethe'schen Realismus (GW IX, 312). Er verweist, auf *Goethe und Tolstoi* anspielend, auf die parallelen Gegensatzpaare Goethe – Schiller und Tolstoi – Dostojewski, beide charakterisiert durch den Antagonismus von Wirklichkeitssinn und Abstraktheit, und stellt die »unpolitische[] [...] Gesinnung« Goethes, seinen »Antidemokratismus« dem von der Idee ausgehenden Denken und Dichten Schillers gegenüber. Er entwirft, auf den Schiller'schen Gegensatz von »naive[r] und sentimentalische[r] Dichtung« (GW IX, 313) sich berufend, weitere Unterschiede zwischen beiden. Die individuelle ›Menschenfreundschaft‹ des Realisten brauche keinen »sehr hohen Begriff von [...] der Menschheit« zu haben, der Idealist in seinem »generösen Menschheitsglauben« hingegen – dieser erscheint als »französisch[]« –, laufe Gefahr, »die Menschen zu verachten«. Goethe erscheint als »kerndeutsche[r] Unpatriot[]« vor dem Hintergrund des »internationale[n] Patriot[en]« Schiller (GW IX, 313 f.). Weitere Charakteristika des spezifisch Bürgerlichen des ›Realisten‹ Goethe sind seine Verachtung der Französischen Revolution, seine Verteidigung gesellschaftlicher Gegebenheiten bei aller inneren Freiheit, sein »Grauen vor der Politisierung, das heißt der Demokratisierung Europas«, sein Weltbürgertum (GW IX, 315 f.).

Es folgen überraschende »Merkmale der antiideellen Verfassung«. Goethes »in einem hohen und vollkommen ironischen Sinn gesinnungs- und wertungslos-objektive[s] Dichtertum« (GW IX, 316) gehe Hand in Hand mit Phänomenen, die herkömmlichen Harmonie- und Glücksvorstellungen widersprechen, es fallen Vokabeln wie Gram, Missmut, Bosheit, Unfreude, Zweifel. Damit in Verbindung gebracht werden Goethes oftmals auftretende »Verlegenheit und Befangenheit«, die in die Nähe eines »ironischen Nihilismus« (GW IX, 319) gerückt erscheinen.

Die Tendenz Manns, Goethes Bürgertum als mehrdimensional bis hin zum Widersprüchlichen zu charakterisieren, setzt sich dadurch fort, dass Goethes befremdliche Züge, die Angriffsmöglichkeiten, die er der zeitgenössischen Kritik bietet, zurückgeführt werden auf seinen Eigensinn, gegen »die Hauptrichtung seines Jahrhunderts, die demokratische und die nationale Idee«, leben zu wollen, andererseits kontrastiert erscheinen durch seine Menschenliebe, seine »Lebensfreundlichkeit« (GW IX, 320), die durch des Autors Begriffsprägung der »*Lebensbürgerlichkeit*« in das Vortragsthema (GW IX, 321) hereingeholt wird. Doch wieder folgt die Problematisierung: Neben Äußerungen voll von »Lebenssicherheit« (GW IX, 321) stehen solche, die die Glücksarmut, die permanente Lebensmühsal betonen, fällt der Blick auf Goethes »zarte Organisation«, auf seine lebensbegleitenden Krankheiten (GW IX, 322), auf die alles andere als lebensbürgerliche Welt des Werther (GW IX, 323).

Gegen Ende verstärkt sich Manns Tendenz, den von Anfang an mehrdimensional gekennzeichneten Begriff der Goethe'schen Bürgerlichkeit ins »Bürgerlich-Überbürgerliche« zu weiten und den Dichter als Wegbereiter der deutschen und europäischen Zukunft zu sehen.

Goethe verteidigt Byrons »Kühnheit, Keckheit und Grandiosität«, er lehnt es ab, »das Bildende stets im entschieden Reinen und Sittlichen suchen zu wollen«, er kritisiert die Formversessenheit und die Pedanterie der Franzosen, und spricht so, nach Mann, »das überbürgerlichste Wort vielleicht, [...] das je aus seinem Munde kam«. In seiner »Lebensfreundlichkeit« (GW IX, 324) bleibt er fern von jedem reaktionären Geist, er, »der sogenannte Fürstenknecht«, erklärt es für unmöglich, dass »Fürsten und Schriftsteller zu gemeinsamem Wirken« vereint werden könnten. Er plädiert für das »Freie und Starke in der Kunst« (GW IX, 325) und redet trotz »allen Anfeindungen [...] zur ganzen Nation«. Dabei verstärkt sich mit den Jahren seine Tendenz zum Internationalen; er kreiert den Begriff der »Weltliteratur«, einer Literatur, die Weltbesitz wird (GW IX, 326). Sein Werk, mit seinen humanistisch-klassischen Komponenten, aber auch dem »exemplarisch Nordische[n] und Deutsche[n] darin« gehört bereits dazu (GW IX, 327). Damit verbindet sich Goethes »bürgerlich-überbürgerliche[r] [...] Zug[] ins Große und Weltweite« allgemein. Goethe wird an den Anfang der Reihe Schopenhauer – Wagner – Nietzsche gestellt (GW IX, 328 f.) und eröffnet so den Reigen der geistigen Vorfahren und Vorbilder Manns. Damit verbindet sich Goethes »hoffnungsvolle Freude am Technisch-Zivilisatorischen« (GW IX, 330), die das Bürgerliche gewissermaßen überholt, indem sie es mit der Aufforderung konfrontiert, »sich [...] seiner eingeborenen Möglichkeiten zu erinnern und sich geistig und sittlich zu ihnen zu entschließen«, d. h. zu »Selbstbefreiung und Selbstüberwindung« (GW IX, 332). Damit geht einher – so Mann jetzt in eigener Sache – das Zutrauen in die zukunftsgestaltende Macht der Demokratie.

Thomas Mann versucht in diesem Essay, den bürgerlichen Goethe einerseits durch Kontraste zu charakterisieren; damit weist er indirekt die Eindeutigkeit anderer zeitgenössischer Goethebilder zurück, vor allem aber die Vereinnahmung Goethes durch jegliche Ideologie. Andererseits versucht er, die Gestalt als Wegweiser in eine nachbürgerliche Welt der Zukunft zu beanspruchen, die einen anderen Weg zu gehen hat. Allerdings zeigen persönliche Äußerungen, dass er an den diesbezüglichen Möglichkeiten des Bürgertums ernsthaft zweifelt (Ess III, 480).

Der Text wurde in Deutschland aus politischen Gründen zunächst kaum rezipiert; posthum wird er dann von der Forschung als wichtiger Bestandteil von Manns Auseinandersetzung mit Goethe gewichtet und detailliert kommentiert (vgl. Siefken 1981, 137–169, und den Kommentar von Kurzke und Stachorski in Ess III, 479–494).

Literatur

Linder, Jutta: »*Vaterspiel*«. *Zu Thomas Manns Goethe-Nachfolge*. Messina 2009.

Marx, Friedhelm: »Die Vermenschlichung des Göttlichen.« Thomas Manns Goethe-Bild in *Lotte in Weimar*. In: *TMJb* 10 (1997), 113–132.

Marx, Friedhelm: »*Ich aber sage Ihnen...*« *Christusfigurationen im Werk Thomas Manns*. Frankfurt a. M. 2002 (= *TMS* 25).

Siefken, Hinrich: *Thomas Mann. Goethe – »Ideal der Deutschheit«. Wiederholte Spiegelungen 1893–1949*. München 1981.

Wysling, Hans: Thomas Mann in den Spuren Goethes. In: Eckhard Heftrich/Thomas Sprecher (Hg.): *Hans Wysling zum Gedenken*. Frankfurt a. M. 1998, 28–42.

Ruprecht Wimmer

Leiden und Größe Richard Wagners (1932)

Der Essay verdankt seine Entstehung einer Einladung des Wagner-Verbands Amsterdam, zum 50. Todestag des Komponisten im Concertgebouw, in einem von W. Mengelberg geleiteten Konzert, eine Rede zu halten. Thomas Mann unterbrach die Arbeit an *Joseph in Ägypten* und begann im Dezember 1932 mit der Niederschrift, die am 30. Januar abgeschlossen war. Die Wiederbeschäftigung mit dem ihn endlos faszinierenden Gegenstand gestaltete sich unter der Hand zu einem Resümee seines Verhältnisses zu Wagner im Lichte von dessen ubiquitärer Vereinnahmung durch die Republik-Gegner von rechts. Schon sehr bald nach der Veröffentlichung des Essays und dem folgenreichen Streit um sein Wagnerbild hielt er *Leiden und Größe* »für meine beste essayistische Arbeit« (DüD II, 416).

Weitere Einladungen kamen hinzu, darunter die der Münchner Goethe-Gesellschaft; vor dieser hatte die Vortragsfassung am 10. Februar im Auditorium Maximum der Universität Premiere. Die mehr als doppelt so lange Essayfassung erschien im Aprilheft der *Neuen Rundschau*; die geplante Buchausgabe kam nicht mehr zustande. In der Übersetzung von Felix Bertaux erschien in Paris noch 1933 eine

Buchausgabe; die englische Fassung kam ebenfalls 1933 in *Past Masters and Other Papers* in New York und London heraus.

Der Essay stellt eine kunstvolle Komposition von Passagen aus früheren Texten zu Wagner dar (Nachweise im Kommentar zu Ess IV). Mann beruft sich sehr gezielt auf Baudelaire, G. B. Shaw, in der Hauptsache auf Nietzsche, dessen Wagner-Kritik er als »Panegyrikus mit umgekehrtem Vorzeichen« (GW IX, 373) liest. Neben Wagners Schriften liefern Briefe an Franz Liszt und Mathilde Wesendonck die erhellendsten Belege. Aus der neueren Wagner-Literatur werden vor allem Wilhelm Peterson-Berger und Paul Bekker herangezogen.

Ausgehend von der Verwandtschaft mit anderen großen Gestalten des 19. Jahrhunderts (Zola, Tolstoi, Ibsen, Freud) wendet sich Mann prinzipiell gegen die »Versimpelung« (ebd., 423) Wagners durch die »patriotischen Ausleger« (ebd., 424) und durch die wagneroffizielle Literatur (d. h. Glasenapp, Chamberlain u. a.). Dem allem stellt er ein Wagnerbild von singulärer Komplexität entgegen – das rhetorisch glänzende Zeugnis seiner tiefen, doch keineswegs unkritischen Bewunderung für den Siegeszug dieser sehr deutschen Kunst, an der er besonders ihre »eingeborene Fähigkeit zu kosmopolitischer, zu planetarischer Wirkung« (GW IX, 422) hervorhebt. In Wagners künstlerischer Physiognomie wird das »Kontradiktorische« (ebd., 403), die »Verschränktheit scheinbarer Widersprüche« (ebd., 425) aufgedeckt: das neuartige Ineinander von Mythos und Psychologie, von »Dämonie und Bürgerlichkeit«(ebd., 408), »Deutschheit« und »Mondänität« (ebd., 421), Märchentreuherzigkeit und »Ausgepichtem« (ebd., 404), Genie und Dilettantismus (ebd., 381), Revolution und Reaktion (ebd., 425) u. a. mehr.

Gegen die These von der »mythischen Herkunft seiner Produktion« betont Mann Wagners »Kraft der Reflexion« (ebd., 407) und den »außerordentlichen Verstand, den er in seinen kritischen Schriften bekundet«(ebd., 408). Sein Leben lang sei er »mehr Sozialist [...], denn Patriot im Sinne des Machtstaates« (ebd., 418) gewesen. Kennzeichnend für das Verhältnis zu Wagner, zumal im Hinblick auf die neuere Wagner-Diskussion, die um das Problem der Judenfeindschaft kreist, ist die Unterscheidung zwischen Schöpfer und Werk. Während »Unschuld das letzte Wort« sei, das auf die Kunst anwendbar sei, so gelte doch: »der Künstler ist unschuldig.« (ebd., 415) Die »vollkommene und ehrwürdige Reinheit und Idealität seines Künstlertums« steht für ihn außer Frage, denn jeder Künstler mache »genau das [...], was er ist, was ihn selber gut und schön dünkt.« (ebd., 414) Zu dem nicht ganz unschuldigen Aspekt und zur historischen Befrachtung der Werke gehört, dass Wagner »Politiker genug« war, »seine Sache mit der des Bismarckschen Reiches zu verbinden«, so dass »die europäische Hegemonie seiner Kunst [...] das kulturelle Zubehör zur politischen Hegemonie Bismarcks geworden« ist (ebd., 420).

Es gebe zwar unleugbar »*reaktionäre* Züge in Wagners Erscheinung« – der Antisemitismus bleibt auch hier unerwähnt – doch sei es unstatthaft, seinen »nationalistischen Gesten [...] den heutigen Sinn zu unterlegen [...]«. (ebd., 425) Sie seien Ausfluss eines Künstleridioms, »mit dem auf Schritt und Tritt ganz anderes, vollkommen Revolutionäres gemeint« sei. (ebd., 425) Lebte Wagner heute, würde man ihn »ganz sicher einen Kulturbolschewisten« (ebd.) schimpfen.

Der Vortrag in München ging ohne Zwischenfall über die Bühne; er hatte zunächst auch eine freundliche Presse. Dann aber brachten die gleichgeschalteten *Münchner Neuesten Nachrichten* am 16./17. 4. 1933 den von 45 Unterzeichnern getragenen »Protest der Richard-Wagner-Stadt München«, in dem Mann mit sinnentstellenden Falschzitaten beschuldigt wird, den »großen deutschen Meister Richard Wagner« verunglimpft zu haben. Im einzelnen wurde beanstandet, er habe die Werke Wagners zur »Fundgrube für die Freudsche Psycho-Analyse« erklärt; sie als einen »ins Monumentale getriebenen Dilettantismus« bezeichnet und Wagners »Deutschheit« in Frage gestellt. Dass darüber hinaus alte politische Rechnungen beglichen wurden, die seit Manns Hinwendung zur Weimarer Republik 1922 offen standen, und ihm die fortgesetzte Kritik an der Münchner Kulturszene heimgezahlt werden sollte, geht aus dem sehr gezielten Hinweis hervor, »Herr Mann« habe »das Unglück erlitten [...], seine früher nationale Gesinnung bei der Errichtung der Republik einzubüßen und mit einer kosmopolitisch-demokratischen Auffassung zu vertauschen [...].« Der Anstoß zu der Aktion kam von dem Dirigenten Hans Knappertsbusch, der auch dafür sorgte, dass die Unterzeichner, überwiegend Professoren der Akademien der Tonkunst und der bildenden Künste, eine opportunistische Allianz mit einer Handvoll von Vertretern der neuen Machthaber bildeten, wodurch der Angriff auf Thomas Mann eine erhöhte politische Bedrohlichkeit erlangte.

Mann schrieb zunächst eine maßvolle »Erwiderung«, die in mehreren Tageszeitungen erschien und in der er die »stillen Freunde« seiner Arbeit bat, sich an seiner Verbundenheit mit »deutscher Kultur und Überlieferung [...] nicht irre machen zu lassen« (GW XIII, 77). Zwei Monate später schrieb er eine weit ausholende *Antwort an Hans Pfitzner*, den neben Richard Strauss prominentesten Mitunterzeichner, die aber nicht mehr publiziert werden konnte. Darin prangert er die Aktion der Münchner Wagnerianer als ein »hirnlose[s] Lynchgericht« (GW XIII, 83) an und erklärt, was es für ihn bedeutet: eine »lebensgefährliche Denunziation, die gesellschaftliche Ächtung, die nationale Exkommunikation« (XIII, 91). Schon nach der Reichstagwahl vom 5. 3. 1933 stellte sich ihm die Rückkehr nach München von seiner Vortragsreise und dem anschließenden Winterurlaub in Arosa als ungewiss dar. Nach dem Protest gegen seine Wagner-Rede wurde ihm vollends klar, »daß ich unter Menschen, die mir dies angetan, nicht so bald wieder würde leben können« (DüD II, 410). Die Münchner Aktion, wiewohl sie von nicht-nazistischen Vertretern des Münchner Kulturlebens getragen wurde – vielmehr eben deswegen – besiegelte den zunächst traumatischen Entschluss zum Exil. Als er nach dem Krieg aufgefordert wurde, zurückzukehren, lehnte er u. a. mit dem Hinweis auf die Aktion von 1933 ab. Die Reaktion auf seinen Wagner-Essay, meinte er 1934, sei »für mein Außenbleiben entscheidend« (DüD II, 416) gewesen; sie belastete noch die Einstellung zu Nachkriegsdeutschland.

In der Sache Knappertsbusch contra Mann stießen zwei konträre, unvereinbare Wagner-Auffassungen aufeinander: eine deutsch-nationale mit dem ideologischen Gravitationszentrum Bayreuth und eine europäisch-kosmopolitische, an Baudelaire und Nietzsche orientierte mit dem Gravitationszentrum Paris. Was Mann an kosmopolitischen Zügen an Wagner herausstellte, galt dem anderen Lager als undeutsch; was er als »modern gebrochen«, »intellektuell« und »analytisch« bewunderte, galt Knappertsbusch und seinen Mitverschworenen als dekadent und artfremd. Die Konfrontation der beiden unverträglichen Wagner-Deutungen zeichnete sich von langer Hand ab. Dass sie in dem Moment geschah, als sich mit Adolf Hitler ein glühender Wagnerianer anschickte, einen Führerstaat zu etablieren, signalisiert die historische Bedeutung der Münchner Aktion.

Über diesen Streit hat die Geschichte ihr Urteil gefällt. International betrachtet hat das Wagnerbild Knappertsbuschs und der Bayreuth-hörigen Wagnerianer, nicht zuletzt weil es durch den Wagner-Kult Hitlers kontaminiert ist, ausgespielt und ist nur noch von historischem Interesse. Weiterführende Impulse für die Wagner-Forschung oder die Wagner-Regie gehen von ihm nicht mehr aus. Hingegen hat sich das kosmopolitische Paradigma der Wagner-Deutung, deren wichtigster Anwalt und Kustode der Verfasser von *Leiden und Größe Richard Wagners* war, durchgesetzt. Es bildet heute im Zusammenspiel mit dem sozialistischen und radikaldemokratischen Paradigma das verlässliche intellektuelle Fundament der anhaltenden Faszination durch Werk und Gestalt Richard Wagners.

Literatur

Mann, Thomas: *Schatten Wagners. Thomas Mann über Richard Wagner*, ausgewählt, kommentiert und mit einem Essay von H. R. Vaget [1999]. Frankfurt a. M. [3]2010.

Reinke, Claudius: *Musik als Schicksal. Zur Rezeptions- und Interpretationsproblematik der Wagnerbetrachtung Thomas Manns*. Osnabrück 2002.

Hans Rudolf Vaget

Schopenhauer (1938)

Schopenhauer ist, abgesehen von verstreuten Passagen aus anderen Essays, vor allem den *Betrachtungen*, Thomas Manns einzige ausführliche, zusammenhängende Äußerung über den Philosophen. Das erstaunt angesichts der Bedeutung, die dieser für Thomas Manns Denken und Dichten hat, genauso wie der schmucklose, auf jeden deutenden Unterton verzichtende Titel. Ursprünglich eine Auftragsarbeit – der New Yorker Verlag Longmans, Green & Co. hatte für seine Reihe »The Living Thoughts Library« ein Vorwort für eine amerikanische Auswahlausgabe der *Welt als Wille und Vorstellung* erbeten, die mit einer dafür von Golo gekürzten Fassung auch 1939 unter dem Titel »The Living Thoughts of Schopenhauer. Presented by Thomas Mann« erschien und in zahlreiche Sprachen übersetzt wurde –, wuchs sie sich, mit 64 Manuskriptseiten, zu einem der längsten monographischen Essays überhaupt aus; ungekürzt erschien sie 1938 im Bermann-Fischer Verlag, Stockholm. Das Honorar belief sich, nach anfänglich zugesagten 750 Dollar, schließlich auf 800 Dollar. Die ausweislich des Tagebuchs am 13. 1. 1938 in Arosa begonnene und am 18. 5. 1938 in New York beendete, von einschlägiger Werk- und biographischer Lektüre begleitete Niederschrift fiel in die Spätphase von *Lotte in Weimar*, ging, wie so vieles, zunächst schwer, dann immer leichter vonstatten. Nach anfänglicher Unsicherheit (»bin mir über seinen Wert nicht klar«, Tb. 22. 5. 1938) fand Thomas Mann, ermutigt wohl auch von der Zustimmung Hermann

Hesses, schnell zu der Einschätzung, dass es sich um ein gewichtiges, über rein philosophische Fragen hinausreichendes Wort zu Schopenhauer handelte.

Dennoch fällt über weite Strecken ein eher distanzierter Duktus auf, das Porträt von Person und Lehre ist ambivalent; nur gelegentlich, in den rein biographischen Passagen, vor allem zur kaufmännischen Herkunft und bürgerlichen Lebensführung, spürt man so etwas wie Identifikation. Die eher allgemein gehaltene, langatmige Einleitung widmet sich dem generellen Verhältnis von (philosophischer) Wahrheit und (ästhetischer) Wohlgeformtheit und könnte insofern fast wie ein Rückfall in das ästhetizistische Denken der *Betrachtungen eines Unpolitischen* anmuten. Erst auf der dritten Seite wird der Name des Philosophen überhaupt erstmals genannt, dessen »Künstlerphilosophie par excellence« sei eine »Ideensymphonie« (GW IX, 530). Die ersten Passagen gehorchen einem stark ästhetischen Gesichtspunkt, die Faszination durch die Geschlossenheit und Überschaubarkeit des philosophischen Systems ist unüberhörbar.

Dass die erstmalige, wie bereits in den *Betrachtungen* als persönliche Offenbarung gefeierte Schopenhauer-Lektüre auf 1899, die Zeit der *Buddenbrooks*-Niederschrift, datiert wird – tatsächlich dürfte sie schon 1895 stattgefunden haben (Frizen 1978, 44; Reents 1998, 465; Szendi 2001, 328 f.) –, mag sich einer Erinnerungslücke verdanken. An einer vorherigen, gegen die asketische Tendenz teilweise richtiggehend immun machenden Imprägnierung durch Nietzsche ist so oder so nicht zu zweifeln. Mit Ausnahme der »Metaphysik der Geschlechtsliebe« und der daran angehängten Verdammung der Homosexualität kommen sämtliche wichtigen Elemente der Schopenhauer'schen Philosophie klar und bündig zur Sprache: Erkenntnistheorie, Psychologie als das spezifische Verhältnis Wille – Intellekt, Unfreiheit des Willens, Ästhetik/Kunstdeutung, Pessimismus, ahistorische Tendenzen, Erlösungsgedanke. Schopenhauer erscheint gleichermaßen als klassischer Humanist (GW IX, 568 f.) wie als Romantiker (ebd., 574 f.), entschieden wird die persönliche »Zweiheit und Zerrissenheit« herausgearbeitet: »Bipolarisch, kontrast- und konflikthaft, qualvoll-heftig erlebt er die Welt als Trieb und Geist« (ebd.). Breiten Raum nimmt Thomas Buddenbrooks Schopenhauer-Erlebnis ein, wobei Thomas Mann den lebensbejahenden, nur mit Nietzsche erklärlichen Einschlag im Roman als dichterische Lizenz für sich nimmt und damit auch sein eigenes, grundsätzliches Verhältnis zu dieser Philosophie erklärt: Es geht ihm zuletzt um »diese Vitalität selbst, ihr Essentielles und Persönliches« (ebd., 561); die asketische Moral erscheint hier als Anhängsel. Die Rede von »im Sinne« eines Philosophen denken statt »nach seinem Sinne«, markiert eine Absetzung von der weltverneinenden Tendenz. Ihr kontrastiert freilich das lebenslang entschiedene Bekenntnis zum grundsätzlichen Pessimismus, dem Leiden an der Welt.

Die entschiedenste Differenz zeigt sich im Politischen: War Schopenhauer in den *Betrachtungen* einer der wichtigsten Eideshelfer für ein konservativ-reaktionäres Weltbild gewesen, so erscheinen seine Staatsferne und sein dennoch stark ausgeprägter Untertanengeist im Revolutionsjahr 1848 nun als »Philisterei und Drückebergerei« (ebd., 564).

Zum Schluss aber fällt ein »versöhnlicher Ausblick« (Schöll 2004, 129) auf: Schopenhauer wird als in die Zukunft weisender Denker verabschiedet, der dazu zwinge, das »Verhältnis von Pessimismus und Humanität« neu zu erörtern, wobei Thomas Mann selbst seine Zuflucht nimmt bei einer für ihn so typischen essayistischen Synthese: »Schopenhauers Pessimismus, das ist seine Humanität.« (GW IX, 578) So, als Humanist, der über die dunklen Seiten von Mensch und Welt Bescheid gibt, ohne seine »Ehrfurcht« (ebd., 580) davor zu verleugnen, erscheint Schopenhauer doch noch als »zukünftig« (ebd., 579; vgl. Klugkist 2002, 87).

Obwohl Thomas Mann sich der schriftstellerischen Bedeutung und der zeitgeschichtlichen Relevanz seines Aufsatzes bewusst war, nahm er die darin markierte politische Distanz später indirekt zurück und erklärte sie als von den damaligen Umständen erzwungene: »Meine Schrift über ihn stammt aus dem Jahr 38 – also aus der Zeit von meines demokratischen Optimismus Maienblüte« (gegenüber Ferdinand Lion am 13. 3. 1952, Br III, 248). Erkennbar war also der Aufsatz im Zwiespalt geschrieben zwischen politisch-historischer Opportunität (Stichwort »Pessimismus«) und ganz persönlichem Bekenntnis; letzteres erwies sich dann doch als die stärkere Triebkraft, wie schon kurz nach der Fertigstellung gegenüber dem Bruder gestanden wird: »Über Schopenhauer habe ich nicht 20, sondern 60 Seiten geschrieben. Warum setzt man mich auf die Fährte!« (BrHM, 54)

Eigene Untersuchungen nur zu *Schopenhauer* gibt es bis heute nicht. Lange stand der Essay im Verdacht, eine reine Pflichtübung zu sein, und diente hauptsächlich als Zitatenschatz, um das grundsätzliche Verhältnis Thomas Manns zum Philosophen zu illustrieren; sein künstlerischer Eigenwert spielt nach wie vor kaum eine Rolle. Koopmann machte »kühle Verehrung« aus (Koopmann 1971, 183). Der ambivalente Charakter der Schrift wurde immer wieder hervorgehoben, besonders von Frizen, der sie »zwischen Bekenntnis und Nietzsche-Adaption« verortete (Frizen 1980, 31); das »konfessorische Element« stand aber nie ernsthaft in Frage (Reents 1998, 424).

Wie es um den äußeren Anlass des Essays, die Schopenhauer-Textauswahl, stand, so wurden die Zweifel, die Frizen an Thomas Manns tatsächlicher Mitwirkung äußerte (Frizen 1980, 464 f.), von Vaget bestätigt: Die Auswahl sei »stillschweigend« von Golo Mann getroffen worden (BrAM, 845). Das erklärt, warum in dieser Auswahl entscheidende, für Thomas Mann wichtige Texte fehlen.

Die jüngere Forschung hat erkannt, dass *Schopenhauer* ohne die historischen Begleitumstände und Thomas Manns Exil, also ohne seine damalige politische Umorientierung, nicht angemessen gewürdigt und verstanden werden kann. Schöll ordnet die Schrift Thomas Manns politischem »Emanzipationsprozeß« zu und liest sie als Zeugnis der »politischen Distanzierung vom Schopenhauer'schen Denken« (Schöll 2004, 126; ähnlich Wimmer 2000, 189 f.). Dass die Dichotomie Wille-Vorstellung den Ironie-Begriff grundiert, war der Forschung schon bekannt, als *Schopenhauer* noch gar nicht geschrieben war (Erlacher 1932, 37 ff.; Reents 1998, 85 ff.); dass der Essay diesen Einfluss dann selbst bestätigt, wurde ebenfalls immer wieder bemerkt (zuletzt Wimmer 2000, 190). Frizen deutet die spätere briefliche Bemerkung an Ferdinand Lion als »glatten Widerruf des Essays« (Frizen 1980, 37) – wohlgemerkt des Essays, der Kritik am politischen Schopenhauer geübt hatte, nicht Schopenhauers selbst.

Literatur

Erlacher, Louis: *Untersuchungen zur Romantechnik Thomas Manns*. Liestal 1932.

Frizen, Werner: *Zaubertrank der Metaphysik. Quellenkritische Überlegungen im Umkreis der Schopenhauer-Rezeption Thomas Manns*. Frankfurt a. M. u. a. 1980.

Klugkist, Thomas: *Der pessimistische Humanismus. Thomas Manns lebensphilosophische Adaption der Schopenhauerschen Mitleidsethik*. Würzburg 2002.

Koopmann, Helmut: Thomas Mann und Schopenhauer. In: Peter Pütz (Hg.): *Thomas Mann und die Tradition*. Frankfurt a. M. 1971, 180–200.

Reents, Edo: *Zu Thomas Manns Schopenhauer-Rezeption*. Würzburg 1998.

Schöll, Julia: Zur Schopenhauer-Rezeption Thomas Manns in den Jahren der Emigration. In: *Schopenhauer-Jahrbuch* 85 (2004), 109–130.

Szendi, Zoltán: Das »Dreigestirn« (Schopenhauer, Nietzsche und Wagner) im Spiegel der Essayistik Thomas Manns. In: Márta Gaál-Baróti/Péter Bassola (Hg.): *»Millionen Welten«. Festschrift für Árpád Bernáth zum 60. Geburtstag*. Szeged 2001, 324–335.

Wimmer, Ruprecht: Zur Nachwirkung Schopenhauers im Werk Thomas Manns. In: *Literaturwissenschaftliches Jahrbuch. Im Auftrage der Görres-Gesellschaft*. Berlin 2000, 185–201.

Edo Reents

Nietzsches Philosophie im Lichte unserer Erfahrung (1947)

Der 1947 entstandene Essay resümiert Thomas Manns lebenslange produktive wie kritische Auseinandersetzung mit der Philosophie und Kunsttheorie Friedrich Nietzsches vor dem Hintergrund des Spätwerks und des Nationalsozialismus. Äußerungen in Briefen, Interviews und im Tagebuch zeigen, dass Thomas Mann schon seit 1934 den Plan verfolgte, sich nach der *Rede, gehalten zur Feier des 80. Geburtstages Friedrich Nietzsches am 15. Oktober 1924* (siehe GKFA 15.1, 788–793) in einem weiteren Text ausführlich mit Nietzsche zu beschäftigen. Ein Anlass dafür war die Vereinnahmung von Nietzsches Kultur- und Geschichtsphilosophie durch die Nationalsozialisten. Es gab deshalb einerseits das Bedürfnis, Nietzsche dagegen zu verteidigen, andererseits will sich Thomas Mann mit der Frage auseinandersetzen, ob Nietzsches »fast schon exzessive und gefährliche Verherrlichung des Lebens auf Kosten des Geistes« (*Vom kommenden Sieg der Demokratie*, GW XI, 922) als kulturgeschichtliche Wegbereitung für den Nationalsozialismus zu sehen ist. Ab dem 6. 10. 1945 (Tb) wurde das Essay-Vorhaben erstmals konkret verfolgt. Geplant war, den Text im Frühjahr 1946 als *Lecture* in der Washingtoner Library of Congress unter dem Titel »Nietzsche und das deutsche Schicksal« (BrAM, 653) vorzutragen. Nach seiner Krebserkrankung im Frühjahr 1946 unterbrach Mann die Arbeit am Essay zugunsten der Fertigstellung des *Doktor Faustus* für fast ein Jahr. Nach Vorarbeiten wurde der Text zwischen dem 17.2. und dem 17. 3. 1947 niedergeschrieben (Tb). Am 29. 4. 1947 hielt Thomas Mann den Vortrag in der Library of Congress, kurz darauf in New York und London (vgl. GKFA 19.1, 254), die deutsche Fassung wurde erstmals in Zürich beim internationalen PEN-Kongress vorgestellt (vgl. ebd., 256 f.), danach in Bern und Basel. Das Manuskript ist im TMA erhalten. Der Erstdruck erfolgte in der *Neuen Rundschau* (58, 1947, 359–389), wofür ein inzwischen verlorenes Typoskript als Druckvorlage diente.

Für seinen Essay zog Thomas Mann Texte aus allen Phasen von Nietzsches Werk heran. Er verwendete dafür die aus 20 Bänden bestehende Großoktav-Ausgabe (siehe hierzu GKFA 19.2, 216–218). Zusätzlich benutzte Mann eine Erstausgabe von *Ecce Homo* (Leipzig 1908) und eine von Alfred Baeumler herausgegebene Auswahlausgabe *Nietzsches Philosophie in Selbstzeugnissen* (Leipzig 1931). Er ging davon aus, dass Baeumler vor allem solche Stellen in diese Ausgabe aufgenommen hatte, die eine Verbindung zwischen Nietzsches Philosophie und nationalsozialistischen Ideen belegen sollten. Die Randbemerkungen Manns in dieser Ausgabe, von denen einige in GKFA 19.2, 218 abgedruckt sind, legen den Schluss nahe, dass er mit seinem Essay u. a. den Zweck verfolgte, sich von diesen Gedanken Nietzsches, v. a. aber von deren Deutung durch Baeumler zu distanzieren (vgl. GKFA 19.2, 237–311).

Neben den Primärtexten hatte Mann in seiner lebenslangen Beschäftigung mit Nietzsches Philosophie auch deren Rezeption detailliert wahrgenommen. Eine starke Prägung hatte sein Nietzsche-Bild durch Ernst Bertrams Groß-Essay *Nietzsche. Versuch einer Mythologie* erhalten, der parallel zu den *Betrachtungen eines Unpolitischen* (1918) entstand. Mann hat Bertrams Deutung vor 1933 hoch geschätzt und sich nach dessen nationalsozialistischem Engagement auch nur geringfügig davon distanziert. Die für Mann wichtigen Sekundärquellen wurden während der Konzeptionsphase des Textes durch eine Reihe von Nietzsche-Deutungen ergänzt, die er (teilweise erneut) gelesen und auf das im Essay behandelte Problem hin ausgewertet hat. Dies ergibt sich sowohl aus Tagebucheintragungen als auch aus einem von zwei zu diesem Text erhaltenen Notizenkonvoluten (TMA, Mp IX 199 Nr. 1 und 2 grün, s. dazu GKFA 19.2, 212 f. und 219–233). Es sind zwei Gruppen von Sekundärquellen zu unterscheiden: Erstens solche, die Nietzsches Werk explizit politisch deuten, eine Beziehung zur nationalsozialistischen Ideologie herstellen und damit Manns Fragerichtung teilen, zweitens solche, die sich auf die kulturphilosophischen Aspekte des Werks konzentrieren. Zur ersten Gruppe zählen Texte von Georg Lukács, in denen Nietzsches Philosophie aus dem Blickwinkel der marxistischen Geschichtsphilosophie betrachtet und ihre vermeintlich reaktionäre Tendenz als Wegbereiterin für den Nationalsozialismus interpretiert wird. Eine gegensätzliche Deutung vertritt Hermann Friedmann (Friedmann 1944). Nietzsche wird von ihm als Beispiel für eine antitotalitäre Gesellschaftsphilosophie in Deutschland vorgeführt, – unter Rückgriff auf Passagen aus Nietzsches Werk, die dessen antinationale und antideutsche Gesinnung deutlich werden lassen. Zur zweiten Gruppe zählen einige Texte, die Nietzsche als Überwinder der defizitären Welt der Moderne ansehen, etwa von Ludwig Klages (Klages 1926) und Friedrich Muckle (Muckle 1921). Während der Entstehungsphase nimmt Thomas Mann auch Sekundärquellen zur Krankheitsgeschichte Nietzsches wahr, die den Einfluss der psychischen Erkrankung auf Struktur und Inhalt des Werks untersuchen (vgl. GKFA 19.2, 226–228). Ambivalent wird Alfred Baeumlers kleine Schrift *Nietzsche, der Philosoph und Politiker* kommentiert. Während Mann sowohl Baeumlers Reflexionen zur Systematik und Struktur von Nietzsches Werk als auch seine Hinweise auf Nietzsches erkenntnistheoretische Positionen übernimmt, distanziert er sich in seinen Randbemerkungen sehr deutlich von den Passagen, die Baeumlers nationalsozialistische Überzeugung erkennen lassen. Auch marxistisch argumentierende Studien nimmt Mann zur Kenntnis, distanziert sich zwar von den materialistischen Deutungen von Nietzsches Werk, übernimmt hier aber Gedanken über die deutsche Schuld, die er auch an Nietzsche festmacht (siehe Tb vom 5. 7. 1945). Mit Blick auf die in der Rede diskutierte Frage, wie Nietzsches Überbetonung anti-rationalistischer Kategorien zu bewerten ist, zieht Mann ein ihm bereits bekanntes Buch des Basler Philosophen Karl Joël (Joël 1905) heran.

Mann geht in seinem Essay der Frage nach, wie gerechtfertigt die Vereinnahmung von Nietzsches Philosophie durch die Nationalsozialisten war, um am Ende für seine eigene Idee eines neuen Humanismus einzutreten. Er beginnt mit einer knappen Darstellung von Nietzsches Biographie, in der er sich »der unwahrscheinlichen Abenteuerlichkeit seiner Lebenskurve« (GKFA 19.1, 186) annähern will. Während zunächst alles auf eine »Laufbahn der Korrektheit auf vornehmem Niveau« (ebd., 187) hingedeutet habe, sei durch das Zusammenfallen von Genie und Krankheit der Lebensweg anders verlaufen. Bei der Beschreibung dieser Krankheit schließt sich Mann der – naheliegenden, aber damals wie heute umstrittenen – These an, dass Nietzsche an progressiver Paralyse infolge einer Syphilis-Infektion gelitten habe. Sie habe das Genie erst zur vollen Entfaltung gebracht, allerdings habe er »die beseligende Kehrseite seines Leidens« (ebd., 192) nicht als Symptom der Krankheit erkannt, sie vielmehr verherrlicht und die daraus resultierenden »göttliche[n] Kraft- und Machtgefühle« (ebd.) als Therapeutikum verstanden, das er der »schwächlich-vernünftigen Epoche« (ebd., 193) der Moderne habe verordnen wollen. Darin sieht Mann den Kern von Nietzsches Anthropologie: »Leben« bedeute nur das physische und instinktive Dasein, ihm seien »Bewußtsein und Erkenntnis, die Wissenschaft und endlich die Moral« (ebd., 197) als »Todfeinde und Zerstörer« (ebd.) gegenübergestellt. Als Quellen des Lebens fungierten dementsprechend »Instinkte und *kräftige Wahnbilder*« (ebd., 201). Mann sieht diese Gedanken am prägnantesten in der zweiten der *Unzeitgemäßen Betrachtungen* Nietzsches formuliert, die für eine Re-Naivisierung menschlichen Handelns eintrete.

Im nächsten Abschnitt (GKFA 19.1, 206–211) kritisiert Mann Nietzsches Anthropologie, um die Gefahren der Instinktverherrlichung deutlich zu machen. Er sieht in seiner Philosophie einen konsequenten Naturalismus, der keiner reflektierenden Instanz erlaubt, die vitalen Interessen zu kontrollieren. Im Begriff der »Moral« konzentriere sich für Nietzsche alles, was die Verabsolutierung vitaler Instinkte eingrenzen könnte. Dem stellt Mann seine eigene Anthropologie gegenüber: Humanität besteht für ihn darin, dass Natur (Leben) und die reflektierende, kritische Distanz zu ihr (Geist) zusammengesehen werden, ohne zu einer Synthese zu gelangen: »Aber im Menschen kommen doch irgendwie Natur und Leben über sich selbst hinaus [...], sie bekommen *Geist* – und Geist ist die Selbstkritik des Lebens« (ebd., 207 f., Hervorhebung im Text). Deshalb sei es Nietzsches Grundirrtum gewesen, das Leben gegen die scheinbare Übermacht des Geistes verteidigen zu wollen, ›Leben‹ und ›Moral‹ seien auch nicht als Gegensätze zu sehen. Für Mann gehören sie zusammen: »Ethik ist Lebensstütze, und der moralische Mensch ein rechter Lebensbürger« (ebd.). Politisch relevant ist Nietzsches Anthropologie für Mann dabei nicht, er bezeichnet sie als praxisfern und »als die Phantasien eines Unerfahrenen, des Sohnes einer langen Friedens- und Sekuritätsepoche« (ebd., 212).

Der nächste größere Abschnitt (GKFA 19.1, 214–221) fragt explizit nach der Beziehung zwischen Nietzsches Philosophie und der nationalsozialistischen Ideologie. Diese habe zwar »[a]lles, was er [...] gegen Moral, Humanität, Mitleid, Christentum und für die schöne Ruchlosigkeit, den Krieg, das Böse gesagt hat« aufgegriffen und »manche seiner rassehygienischen Auslese-, Züchtungs-, Ehevorschriften sind tatsächlich, wenn auch vielleicht ohne wissentliche Bezugnahme auf ihn, in die Theorie und Praxis des Nationalsozialismus übergegangen« (ebd., 215 f.), doch sei es unzulässig, Nietzsche als ihren »Mitschöpfer und Ideensouffleur« (ebd., 215) anzusehen. Erstens sei der Faschismus »als Massenfang, als letzte Pöbelei und elendestes Kultur-Banausentum« (ebd., 216) nicht mit Nietzsches elitärem Kulturverständnis vereinbar. Zweitens verweigere sich Nietzsches radikaler Ästhetizismus jeglicher Überführung in praktische Politik, er sei »der vollkommenste und rettungsloseste Ästhet« der Geschichte und sein Denken nur als »ästhetisches Phänomen« zu rechtfertigen (ebd., 220) sein Denken sei »unpragmatisch zum Äußersten, [...] von tiefer Politiklosigkeit« (ebd., 223). So habe Nietzsche auch selbst immer wieder davor gewarnt, seine Ideen ernst zu nehmen; Mann sieht darin eine ironische Struktur seiner Philosophie (vgl. ebd., 221 f.).

Am Ende des Textes (GKFA 19.1, 223–226) rückt er sein eigenes Humanitätskonzept in den Vordergrund, das eine Art säkularer Normenbegründung darstellt. Die Erfahrung des Nationalsozialismus zeige, dass eine »Korrektur [...] des Lebens durch den Geist – oder die Moral« (ebd., 224) notwendig sei und nicht umgekehrt. Auch wenn Nietzsche selbst eine Hinwendung zu allgemeiner Menschenliebe als Norm abgelehnt habe, deutet Mann sein Denken doch als Schritt in diese Richtung, wenn er dessen Moral- und Religionskritik als Ausdruck von Menschenliebe bezeichnet, die das menschliche Dasein ehre. Sein eigenes Menschenbild gründet er hier auf Nietzsche, betrachtet ihn als intellektuellen Partner, weil dessen Vision einer atheistischen Religion mit einem Humanismus grundiert sei, der »alles Wissen ums Untere und Dämonische hineinnähme in seine Ehrung des menschlichen Geheimnisses« (ebd., 225). Nietzsches Philosophie bildet für Mann eine wichtige Station des Nachdenkens über Moralbegründung in der Moderne. Seine Moralkritik weise darauf hin, dass die rationalistische Regulierung sozialer Strukturen defizitär sei, stattdessen müsse sich in der aktuellen politischen Situation eine »Grundgesinnung«, ein »Gefühl für die Schwierigkeit und den Adel des Menschseins« durchsetzen. Dazu könne auch die Kunst etwas beitragen, denn sie sei nicht »gelehrt und gemacht«, sondern werde »erlebt und erlitten« (ebd., 226).

Die unmittelbar auf die Vorträge bzw. auf die Erstveröffentlichungen folgenden Rezensionen heben die Sonderstellung von Manns Nietzsche-Deutung hervor. Die Rezensenten gehen darauf ein, dass Mann sein Humanismus-Konzept mit Nietzsches

Philosophie in Verbindung bringt, was gemeinhin als kontra-intuitiv bewertet wird, so etwa von Ludwig Landgrebe in seiner 1948 in der *Hamburger Akademischen Rundschau* erschienenen Besprechung (vgl. GKFA 19.2, 236). Zugleich wird in diesen ersten Rezensionen die Ausgewogenheit betont, mit der Mann Nietzsches Philosophie behandle, so etwa bei dem US-amerikanischen Journalisten Melvin J. Lasky (vgl. GKFA 19.1, 234), der ihm attestiert, die Disparatheit von Nietzsches Denken gut erfasst zu haben. In der Forschung wird der Text in den allermeisten Fällen als Nebenwerk des Romans *Doktor Faustus* wahrgenommen und im Zusammenhang mit der dort artikulierten Nietzsche-Deutung gesehen. Mann hatte den Zusammenhang in *Die Entstehung des Doktor Faustus* (1949) selbst hergestellt, indem er den Vortrag als ein »essayistische[s] Nachspiel« des Romans (GKFA 19.1, 581) bezeichnete.

Dass Mann in seinem Bemühen, Nietzsche nicht zum philosophischen Vorreiter des Nationalsozialismus verkommen zu lassen, mitunter über das Ziel hinausschieße, betont Hubert Brunträger, der im Essay »eine einseitige Humanisierung« der Gedanken Nietzsches sieht, die einer philologischen Überprüfung kaum stand halte (Brunträger 1993, 188); Mann habe dies in Kauf genommen, um seine lebenslange Treue zu Nietzsche mit seinem Selbstbild als Kämpfer für Demokratie und Humanismus vereinbaren zu können (vgl. ebd., 189).

Auf die defizitäre, weil zeitgebundene, Nietzsche-Deutung im Essay weist Thomas Körber hin: Mann habe Nietzsches Vitalismus nicht erklären können, weil er sich auf dessen Kategorie der ›ewigen Wiederkehr‹ des Lebens nicht eingelassen habe (vgl. Körber 2002, 434–436).

In der aktuellen Nietzsche-Forschung wird der Essay als Dokument »einer äußerst widerspruchsvollen Periode der Rezeptionsgeschichte des Philosophen im 20. Jahrhundert« eingeschätzt (Reschke 2006, 288), in der Deutungskämpfe um sein Werk entbrannt waren. Manns Text sei aber von »einer geradezu zeitlosen Gültigkeit« (ebd.), denn er habe etwa marxistische Interpreten dazu gebracht, ihr einseitiges Bild von Nietzsche als Vorreiter des Faschismus zu überdenken.

Literatur

Baeumler, Alfred: Nietzsche, der Philosoph und Politiker. In: *Nietzsches Werke in vier Bänden*, 4. Bd. Leipzig 1931.

Brunträger, Hubert: *Der Ironiker und der Ideologe. Die Beziehungen zwischen Thomas Mann und Alfred Baeumler.* Würzburg 1993.

Friedmann, Hermann: Nietzsche and the Germans. In: Hans J. Rehfisch (Hg.): *In Tyrannos, Four Centuries of Struggle against Tyranny in Germany*. London 1944, 256–281.

Joël, Karl: *Nietzsche und die Romantik.* Jena 1905.

Klages, Ludwig: *Die psychologischen Errungenschaften Nietzsches.* Leipzig 1926.

Körber, Thomas: Thomas Manns lebenslange Nietzsche-Rezeption. In: *Wirkendes Wort* 52 (2002), H. 3, 417–440.

Muckle, Friedrich: *Friedrich Nietzsche und der Zusammenbruch der Kultur.* München 1921.

Reschke, Renate. [Rezension]. In: *Nietzscheforschung* 13 (2006), 287–295.

Jens Ewen

Die Entstehung des Doktor Faustus (1949)

Thomas Manns literarische Technik, erworbene Kenntnisse aus verschiedenen Disziplinen fugenlos in seine Texte einzuarbeiten, hatte ihn beim *Doktor Faustus* in eine etwas heikle Lage gebracht. Denn einerseits schien sein Helfer und wichtigster persönlicher Ansprechpartner in Sachen Musik, Theodor W. Adorno, seinen Anteil an den fiktiven Kompositionen Adrian Leverkühns höher einzuschätzen, als es der Fall war; zumindest kommunizierte er sein Engagement mehr, als es Mann lieb sein konnte (vgl. Sauerland 1979; Görner 2005). Und andererseits war Arnold Schönberg, der Komponist und tatsächliche Entwickler der Zwölftontechnik, unzufrieden damit, dass seine Urheberschaft zugunsten des fiktiven Tonsetzers kassiert wurde (Bahr 2007; Schoenberg 2008). Während Mann die Schwierigkeiten mit Schönberg geringer einschätzte und ohnehin mit einem Hinweis auf den Komponisten am Schluss des Romans für erledigt hielt, stellte Adorno die größere Herausforderung dar. So bildet denn auch die Abwehr oder doch zumindest Relativierung von Adornos Ansprüchen den ersten und hauptsächlichen Schreibanlass für den autobiographischen Essay *Die Entstehung des Doktor Faustus*. In einem Brief an Jonas Lesser hat Mann 1951 einbekannt, dass der Essay vor allem Adorno zurechtweisen sollte, indem er ihn zwar lobt, aber die tatsächliche Bedeutung seiner Hilfsdienste abmindert und in weitere Kontexte rückt (Br III, 226 f.). Auch Manns Tagebuch aus dem Jahr 1948 verweist verschiedentlich auf seine Motivation, den anmaßenden Adorno und dessen reklamierte Teilhaberschaft zu beruhigen. Eine besondere Rolle dabei spielten Katia und Erika Mann, die Thomas Mann einerseits bedrängten, Adorno nicht allzu wichtig zu nehmen, und andererseits unzufrieden damit waren, wie sehr Mann in dem Essay dann doch Adornos Hilfe herausstreicht (Tb 7. 2. 1948, 27. 10. 1948, 30. 10. 1948; vgl. auch Mann 1999, 158 ff.).

Als weiterer Beweggrund darf Manns Versuch gelten, sein Verhältnis zu Deutschland zu klären. So parallelisiert er sein Fortschreiben am *Doktor Faustus* mit den Fortschritten im Krieg gegen das nationalsozialistische Deutschland; der Roman wird in seiner Deutung so zu einer Selbstermächtigung gegen das Land, das ihn vertrieben hat. Der *Doktor Faustus* wird von Mann dargestellt als seine Mitwirkung am Krieg, als seine Waffe gegen die Nazis. Und nicht zuletzt reflektiert der Essay das Verhältnis des Autors zum Nachkriegsdeutschland.

Die Entstehungsgeschichte des Essays hat Herbert Lehnert rekonstruiert (GKFA 19.2, 510–512). Mann schaltet *Die Entstehung des Doktor Faustus* ein in die Arbeit an dem Roman *Der Erwählte*. Zudem ist er mit dem Vorwort zu einer amerikanischen Ausgabe von *Joseph und seine Brüder* beschäftigt, das die Autobiographie als Textsorte, als Reflexion der eigenen Poetik und Einbindung des eigenen Tuns in weitere Kontexte in sein Blickfeld rückt. Ab dem 16. 6. 1948 liest Mann die zugehörigen Einträge in seinen Tagebüchern und legt ein entsprechendes Notizenkonvolut an. Zudem sucht er gewissermaßen Rückhalt für das autobiographische Schreiben durch eine erneute Lektüre von Goethes *Dichtung und Wahrheit*. Am 20. 10. 1948 wird im Tagebuch der Abschluss des Essays festgehalten. Danach setzt der Lektorats- und Redaktionsprozess durch Erika Mann ein, den Mann durchaus mit Verdruss im Tagebuch kommentiert: es sind vor allem die Passagen über Adorno, die moniert werden. Am 30. 11. 1948 erklärt sich Mann »schließlich nicht unzufrieden« (Tb 30. 11. 1948), und am 5. 12. 1948 wird das Manuskript nach Amsterdam zum Verlag geschickt. Ein Vorabdruck erscheint in der Winterausgabe der *Neuen Rundschau* 1949, ehe der Essay im selben Jahr in Buchform bei Bermann-Fischer in Amsterdam und als Lizenzausgabe bei Suhrkamp in Berlin erscheint.

Die Entstehung des Doktor Faustus folgt der Chronologie der Arbeit Manns am *Doktor Faustus* und den sie begleitenden Tagebuchnotaten. Das allmähliche Voranschreiten des Romans ist eingebettet in die Darstellung des Lebensalltags im amerikanischen Exil. Wiederholt schildert er Familienbesuche. Die eigene Befindlichkeit und gesundheitliche Probleme nehmen einen großen Platz ein, der Roman wird gezeigt als das Werk eines schon älteren Mannes, der mit seiner Produktivität hadert. Erinnerungen an wechselseitige Besuche, Gespräche und – für den Roman besonders wichtig – Konzerte verweisen auf den lebendigen Zusammenhalt der Exilanten. Zugleich beschreibt Mann das politische Umfeld der USA und notiert den Kriegsverlauf und die deutschen Neuanfänge nach dem Krieg. Der Essay zeigt, wie sehr die Arbeit an dem Roman bestimmt ist von den verschiedenen Konstellationen, in denen er sich bewegt. Privates und Freundschaftliches prägt die Stimmung, vor allem die sich häufenden Todesfälle im Freundeskreis, etwa Franz Werfels oder Bruno Franks. Für einen Ausgleich sorgen die Besuche der Enkelkinder, vor allem Frido Manns, die aber sogleich wieder auf den Roman zurückführen, wenn der Großvater in Frido das Vorbild für Nepomuk Schneidewein entdeckt. Auch die politische Situation trägt zur Verdüsterung bei, trotz der Erfolge gegen Nazideutschland und des dann gewonnenen Krieges. Die Nachrichten von den Konzentrationslagern in Verbindung mit Briefen aus Deutschland, die sich über die Alliierten beklagen, trüben Manns Freude über den Sieg, weil sie ihn fürchten lassen, es habe sich nichts geändert in Deutschland. Die Kontroverse um seine Person, die nach seiner Antwort an Walter von Molo aufflammt, bestätigt ihn in seiner pessimistischen Sicht. Und auch die neue Heimat USA wird ambivalent gesehen. Einerseits berichtet Mann von seiner Einbürgerung, andererseits nimmt er aufmerksam wahr, wie nach dem Tode Roosevelts die USA eine gefährliche politische Richtung einschlagen, die ihn an einen neuen »Fascismus« (GKFA 19.1, 567) denken lässt. Die Gründung des *House Committee on Un-American Activities*, das sich auch gegen die *Library of Congress* richtet, in der Mann unter anderem seinen Vortrag *Deutschland und die Deutschen* gehalten hat, lässt erste Gedanken an eine Abkehr von den USA aufkommen. Gespiegelt werden diese Sorgen in der Frage nach dem eigenen Rang. Mann beklagt das Nachlassen seiner Schaffenskraft und vergleicht sich zu seinem scheinbaren Nachteil mit Joyce, in dem er einen moderneren Autor sieht, über dessen *Ulysses* er lesen musste, damit ende der Roman in seiner bislang bekannten Form. All dies rundet sich zur niedergestimmten Haltung, mit dem eigenen Alter das Ende einer Epoche erreicht zu haben und der anbrechenden Zeit künstlerisch nicht mehr gewachsen zu sein. Wenn Mann für den *Doktor Faustus* eine umfassende Kulturkrise als zeitdiagnostischen Hintergrund benennt, dann zeigt *Die Entstehung des Doktor Faustus* in seiner deprimierten Stimmung, dass der Krieg diese Krise nicht beendet hat. Der »Roman meiner Epoche« setzt sich in dem Bericht über die Entstehung dieses Romans gleichsam fort. Insofern liest sich der Essay als autobiographischer Bericht der Jahre 1943 bis 1947.

Doch dominiert dabei nicht das System der Reihung von Arbeitsfortschritten und historischen Ereignissen. Vielmehr ist dem Essay selber untergründig etwas Romanhaftes eingeschrieben, auf das der Autor schon mit dem Untertitel *Roman eines Romans* deutlich hinweist. Vorangestellt als Motto ist ein Zitat aus Goethes *Dichtung und Wahrheit*, das verschiedene Funktionen erfüllt. So erteilt Mann mit Goethe denjenigen eine Absage, die hier seine eigene Interpretation des *Doktor Faustus* erwarten; er will nur über die Entstehung berichten. Zugleich richtet er damit den Blick auf den Zusammenhang von Biographie und Fiktion, den der Essay selber dann umkreist. Und nicht zuletzt wird durch den Untertitel und das Motto schon das eigentliche strukturgebende Prinzip kenntlich gemacht, das den Essay leitet: das Romanhafte ergibt sich aus den in der Rückschau als sinnvoll verstandenen Ereignissen, die sich aufeinander beziehen und die im Tagebuch etwa noch als kontingent gelten. Das heißt, der *Roman eines Romans* ist selber in gewisser Weise eine fiktionale, also durchdacht komponierte Darstellung, die Wirklichkeitselemente aufnimmt und in besonderer Weise miteinander vermittelt. Für seine Montage von Biographischem in den Roman *Doktor Faustus* nimmt Mann in Anspruch, dass dadurch die Wirklichkeit »absorbiert« (GKFA 19.1, 432) wird; sie wird mit einem neuen Sinn aufgeladen und transzendiert. Entsprechend nimmt er den *Doktor Faustus* als »sonderbar real [b]iographisch[]« wahr, obwohl er doch Fiktion ist (GKFA 19.1, 515). Und genau in dieser Weise ist der Essay *Die Entstehung des Doktor Faustus* ein fiktionales Werk, das alle Ereignisse, aber auch die Gespräche und Lektüren, von denen berichtet wird, als planmäßig aufeinander bezogen ausweist. Der Essay ist geprägt von einem sinnstiftenden Gestus, der die Erzählelemente des romantischen Romans bedient: So ist von einem geheimnisvollen Plan die Rede, der gleichsam schicksalhaft waltet, der das Schreiben des *Doktor Faustus* zu einer das Leben bestimmenden Aufgabe macht. Dieser Plan geht einerseits auf die dichterischen Anfänge Manns zurück, da Ideen aus der Frühzeit jetzt umgesetzt werden. Andererseits scheint eine Vorsehung die Arbeit zu unterstützen, indem sie Mann zur rechten Zeit wichtige Anregungen und Helfer zuspielt. Eine romantische Überblendung von Leben und Kunst organisiert den Bericht von der Entstehung eines Romans. Zudem setzt der Essay mit einer Prophezeiung ein, die freilich nicht eingetreten ist. Denn Mann muss einem Journalisten erklären, weshalb er entgegen seiner Vorhersage nicht mit 70 Jahren verstorben sei. Im weiteren Verlauf wird immer deutlicher, wie sehr Mann das Schreiben am *Doktor Faustus* mit dem eigenen Leben verknüpft; noch die Krebserkrankung mit dem längeren Krankenhausaufenthalt wird als Folge des Romans, der über die Kräfte geht, verstanden. Mehr noch: Der Roman, der noch nicht fertig ist und erst abgeschlossen werden muss, wird zum Heilmittel erhöht, die Krankheit zu besiegen. Der nächste Schritt der Überblendung von Leben und Roman besteht darin, Autobiographisches in die Fiktion zu überführen, wobei Mann sehr deutlich macht, dass es hierbei nicht um tatsächliche Ereignisse des eigenen Lebens geht, sondern das Autobiographische sich auf die Deutung und die Kommentierung der Epoche und der deutschen Schuld bezieht. Genau darum verführt ihn der Roman in der Rückschau zu dem Umkehrschluss, im Erfundenen das Biographische zu erkennen. Zugleich wird das Thema von Leben und Roman auf andere Weise wiederholt reflektiert, wenn der *Doktor Faustus* als ein Endwerk beschrieben wird, das schon der junge Mann plante und nun, zum Abschluss des Schreibens wie des Lebens, durchgeführt wird. In seiner Darstellung rundet sich mit dem *Doktor Faustus* das eigene Werk, indem früheste Ideen und Stimmungen jetzt fruchtbar gemacht wurden. Darin erkennt Mann einen Plan, der ihm jeweils zur rechten Zeit der Konzeption und Durchführung des Romans die notwendigen Quellen und Gesprächspartner an die Hand gibt. Diese gleichsam schicksalhafte Fügung dient zur Bestätigung, das Richtige zu tun trotz der Zweifel, als Erzähler auf der Höhe der Moderne zu stehen. Als Durchhalten und Fertigmachen und nicht zuletzt als Behauptung gegen Nazideutschland besteht der Roman als »moralische Leistung« (GKFA 19.1, 580).

Die rasch einsetzende Rezeption, die Lehnert nachzeichnet (GKFA 19.2, 514 ff.), rückt vor allem vier Themenkreise in den Mittelpunkt. Erstens dominiert die Auseinandersetzung mit Deutschland naturgemäß die Kritiken. Die Kränkung, die Mann durch seine Exilsituation empfinde, schlage sich auch in *Die Entstehung des Doktor Faustus* nieder und erkläre die Deutschlandpassagen des Essays. Wohlmeinende Stimmen erkennen darin die »Heimkehr im Roman« (GKFA 19.2, 515); andere versuchen die Kritik an Deutschland zu entschärfen, indem sie von Manns Hassliebe sprechen, die er mit Goethe oder Nietzsche teile: damit sollen die kritischen Passagen durch den Klassikerrang abgemildert werden. Eine Auseinandersetzung mit Manns Deutschlandbild wird schließlich von denjenigen Rezensenten von vornherein zurückgewiesen, die keinerlei Anteilnahme an Deutschland bei ihm erkennen und sein »Mitgefühl für das deutsche Elend« völlig vermissen (GKFA 19.2, 517). Zweitens wird gerade das Autobiographische gegen Mann angeführt. Als eitles Buch, das den Autor vor das Werk stelle, wird der Essay abgeurteilt; das Urteil wird noch verschärft durch den Vorwurf, Mann sei vom Krieg verschont geblieben. Letztlich werden die Deutschlandpassagen als Anklagen Manns gelesen, die in den Rezensionen deutlich bis aggressiv zurückgewiesen werden. Eine dritte Argumentationslinie greift auf die alte Herabsetzung des Literaten gegenüber dem Dichter zurück; die im *Doktor Faustus* und Reden wie *Leiden und Größe Richard Wagners* von Mann angegriffene Kulturidolatrie mit ihrem heiklen Begriff des genialen Künstlers erweist sich in diesen Kritiken als äußerst lebendig. Mann sei kein echter Dichter wie etwa Gerhart Hauptmann, sondern bloß ein misanthropischer Schriftsteller mit einem deprimierenden Alltag. Und viertens vermissen einige Rezensenten Aussagen Manns zur Deutung des *Doktor Faustus* und verdeutlichen damit gerade unfreiwillig, dass der autobiographische Gehalt des Romans gerade nicht in der Lebensgeschichte des Verfassers liegt.

Die Reflexion über das Wesen der Fiktion bildet das zentrale Thema des Essays, der gerade auch historische Ereignisse und Personen einzig in ihrer Funktion für das Zustandebringen des Romans zeichnet. Daran, wie Mann Adornos Ansprüche relativiert, lässt sich das eindrücklich zeigen. Wiederholt nennt der Essay Adorno als den wichtigsten Helfer, der Teile des Manuskripts liest und begutachtet, der weitere Schriften zur Verfügung stellt und Hinweise gibt und nicht zuletzt den Auftrag von Mann erhält, Vorschläge für die letzten Kompositionen Adrian Leverkühns zu machen. Zugleich jedoch weist der Text an verschiedenen Stellen auf die vielen anderen musikwissenschaftlichen und musikphilosophischen Quellen, etwa die für den Roman unbedingt wichtigen Schriften Paul Bekkers, hin, die neben die Perspektive Adornos andere, teilweise gegensätzliche setzen. Den autobiographischen Hintergrund, den Mann in den Roman überführt, kennzeichnet der Essay somit als die produktive, intellektuelle wie künstlerische Auseinandersetzung Manns mit seinen verschiedenen Ratgebern. Neben die Intertextualität tritt die besondere Konstellation der Exilanten in den USA, die in ihrer Gemeinschaft in der Fremde über Deutschland beraten. Manns immanente Poetik des Romans besteht in der konstanten sinnvollen Vermittlung von Geschichte, von verschiedenen auf ihn einwirkenden und von ihm reflektierten Ideen und Personen zu einem komponierten Text. Indem der Essay darüber hinaus nach dem eigenen Werkzusammenhang und der Modernität fragt, wird er zu einem wichtigen Dokument künstlerischer Selbstreflexion.

In der Forschung spielt der Essay bislang keine allzu große Rolle. Er wird vor allem als Quellensammlung wahrgenommen, mit der sich der musikwissenschaftliche und philosophische Hintergrund des *Doktor Faustus* rekonstruieren lässt. Zudem greifen biographische Studien darauf zurück, um Mann im amerikanischen Exil vorzustellen und seine Auseinandersetzung mit Deutschland zu beschreiben (Vaget 2011). Die besondere Konstellation zwischen Mann, Adorno und Schönberg ist verschiedentlich Gegenstand der Forschung und gerade vor dem Hintergrund des gemeinsamen Exils beschrieben worden (Abel 2002). Zur Reflexion einer Poetik der Moderne und Manns eigener Modernität wurde der Essay bislang nur selten herangezogen (Ausnahme: Schmidt-Schütz 2003).

Literatur

Abel, Angelika: *Musikästhetik der Klassischen Moderne. Thomas Mann – Theodor W. Adorno – Arnold Schönberg.* München 2002.

Bahr, Ehrhard: *Weimar on the Pacific. German Exile Culture in Los Angeles and the Crisis of Modernism.* Berkeley 2007.

Görner, Rüdiger: *Thomas Mann. Der Zauber des Letzten.* Düsseldorf/Zürich 2005.

Mann, Katia: *Meine ungeschriebenen Memoiren.* Frankfurt a. M. 1999.

Sauerland, Karol: »Er wußte noch mehr...« Zum Konzeptionsbruch in Thomas Manns *Doktor Faustus* unter dem Einfluß Adornos. In: *Orbis Litterarum* 34 (1979), 130–145.

Schmidt-Schütz, Eva: *Doktor Faustus zwischen Tradition und Moderne. Eine quellenkritische und rezeptionsgeschichtliche Untersuchung zu Thomas Manns literarischem Selbstbild.* Frankfurt a. M. 2003.

Schoenberg, E. Randol (Hg.): *Apropos Doktor Faustus. Briefwechsel Arnold Schönberg – Thomas Mann 1930–1951.* Wien 2008.

Vaget, Hans Rudolf: *Thomas Mann, der Amerikaner. Leben und Werk im amerikanischen Exil 1933–1952.* Frankfurt a. M. 2011.

Tim Lörke

Versuch über Tschechow (1954)

In seiner Analyse dieses 1954 erschienenen Essays Thomas Manns hebt Michael Wegner zwei charakteristische Grundzüge hervor, nämlich dass der »Tschechow-Essay Züge eines ästhetisch-weltanschaulichen Testaments Manns erkennen lässt«, und dass das »Besondere an diesem Essay [...] der kaum verhüllte Bekenntnischarakter dieser Arbeit [ist]«. (Wegner 1990, 1203 u. 1206) Tatsächlich betont Mann hier seine Betroffenheit durch Tschechows Dichtung und Biographie. Er zitiert zunächst eine für Tschechow zentrale Frage: »Führe ich nicht [...] den Leser hinters Licht, da ich ja doch die wichtigsten Fragen nicht zu beantworten weiß?« (GW IX, 846). Danach heißt es: »Das Wort hat mich wie kein andres getroffen; es war geradezu das Motiv, das mich bestimmte, mich mit Tschechows Biographie eingehender zu beschäftigen« (ebd.). Die Betroffenheit durch diese Grundfrage Tschechows kommt auch in Manns Vorliebe für Tschechows Erzählung *Eine langweilige Geschichte* zum Ausdruck. Er nennt deren Hauptcharakter, einen ranghohen General und hoch angesehenen Wissenschaftler namens Nikolai Stepanytsch, einen »Verzweifelten« (GW IX, 854), weil dieser im Rückblick auf sein äußerlich erfolgreiches Leben zu dem Ergebnis kommt, dass letztlich »*überhaupt nichts da*« gewesen sei, weil seinem Leben »eine allgemeine Idee gefehlt hat« (ebd.).

Zu diesem Grundproblem Tschechows, keinen eindeutigen Standpunkt beziehen, keine positive Überzeugung und keine feste Lebensanschauung besitzen, und seinen Lesern deshalb auch keine positiven Antworten geben zu können, kehrt Mann in seinem Essay immer wieder zurück. Wiederholt thematisiert er ein entscheidendes Ereignis im Leben Stepanytschs. Katja, Stepanytschs Mündel, »eine gescheiterte Schauspielerin« (GW IX, 855), fragt ihn in einer schweren Lebenskrise: »Was soll ich tun?« Auf diese Frage antwortet Stepanytsch: »›Ich weiß es nicht. Auf Ehre und Gewissen, Katja, ich weiß es nicht‹. Da verlässt sie ihn« (ebd.). Wie tief diese Situation Mann beeindruckt hat, geht daraus hervor, dass diese Frage und Antwort weitere fünfmal in dem Essay zitiert werden. Diese Unfähigkeit des Generals Nikolai Stepanytsch und seines Autors, Antworten und Orientierung in entscheidenden Situationen zu geben, weil sie weder über eine »allgemeine Idee«, einen »Glauben« noch eine »bestimmte Weltanschauung« (ebd.) verfügen, hat Mann tief getroffen, weil damit zugleich seine eigene ironische Weltanschauung in Frage steht.

Dass Mann sich mit dem Grundproblem Tschechows identifiziert, geht auch daraus hervor, dass er sich zu Tschechows »Brüder[n] im Leid« (GW IX, 859) zählt: »[U]nd auch heute hat Tschechow Brüder im Leid, denen es nicht wohl ist bei ihrem Ruhm, weil sie ›eine verlorene Welt ergötzen ohne ihr die Spur einer rettenden Wahrheit in die Hand zu geben‹« (ebd.). Das Zitat im Zitat ist in diesem Zusammenhang besonders wichtig. Es stammt aus Walter Muschgs 1948 erschienenem Buch *Tragische Literaturgeschichte*. In diesem Werk ist Muschg bemüht, Mann sowohl als Mensch als auch als Dichter zu diskreditieren, indem er u. a. unterstellt, Mann sei durch sein Werk für die Katastrophe des Nationalsozialismus mit verantwortlich (Muschg 1948, 425 f.). Danach heißt es: »Er glaubt mit seiner Doppelzüngigkeit alle bisherigen Begriffe von Dichtung hinter sich zu lassen und ergötzt eine verlorene Welt [...], ohne ihr die Spur eines rettenden Gedankens zu geben« (ebd., 426).

Mann reagierte verständlicherweise mit Empörung, räumt aber in einem Brief an Friedrich H. Weber (vom 18. 7. 1954), zur Entstehungszeit des *Versuchs über Tschechow*, ein, Muschg habe »nicht so unrecht«, tatsächlich gebe er der Welt keine »Spur einer rettenden Wahrheit« (Br I, 349). Dieses Problem Tschechows, nicht mehr über eine absolute Wahrheit und eine unerschütterliche Gewissheit zu verfügen, zeigt sich damit als ureigenstes Grundproblem Manns, und zwar als eines, das sein ironisches Weltverhalten begründet.

Mann hat wie Nietzsche, Hermann Broch und viele andere Intellektuelle an einer Grunderfahrung teil, die am Ende des 19. Jahrhunderts und im 20. Jahrhundert die mentalitätsgeschichtliche Lage entscheidend beeinflusst hat. Wie Nietzsche, der die Entwertung der obersten Werte feststellte, und Hermann Broch, der in seinem Werk den Zerfall der abendländischen Werte analysierte, ist auch Manns Schaffen von dem Zusammenbruch der bisher geltenden metaphysischen und christlichen Daseinsdeutung tief geprägt. In seiner Analyse dieses Orientierungsverlustes folgt Mann Nietzsches Diagnose eines drohenden Nihilismus. Die Auflösung der christlichen Daseinsdeutung hat die bislang geltenden Antworten auf die Grundfragen des Daseins in Frage gestellt und einen grundlegenden Zweifel und eine ebenso grundsätzliche Skepsis hinterlassen. Die *Ungewissheit* ist an die Stelle der *Gewissheit* getreten. Auf die Frage Else Vielhabers, ob er gläubig sei, antwortet Mann, er könne mit einem »unergründlichen Gott« nichts anfangen, sei aber auch kein »gläubiger

Atheist«, eine Auffassung, die er folgendermaßen begründet: »Denn schließlich steht ja doch die Frage da nach dem letzten Ursprung von Natur und Leben. [...] Kein Mensch wird die Frage je beantworten. Wir leben und sterben alle im Rätsel [...]. Es ist ein etwas anspruchsvolles Wort, aber das Bewusstsein hoffnungsloser Unwissenheit kommt ja einer gewissen Frömmigkeit ohne Weiteres gleich« (Br I, 390).

Mit der Frage »nach dem letzten Ursprung von Natur und Leben« stellt Mann in diesem Brief wie der Erzähler des *Zauberbergs* die Frage nach dem »*unbedingten* Grund« (GKFA 5.1, 53) des Seins. Für Mann kann es hier keine ›rettende‹ Antwort und Wahrheit geben, weil der »unbedingte Grund« der Plausibilisierung solcher Antworten und Wahrheiten mit der Auflösung der christlichen Seinsdeutung in die Unendlichkeit entschwunden ist, oder wie Mann die Ergebnisse seiner Reflexionen über Tschechows Nichtswissenkönnen zusammenfasst: »Die Lebenswahrheit, auf die der Dichter vor allem verpflichtet ist, entwertet die Ideen und Meinungen. *Sie ist von Natur ironisch*, und leicht führt das dazu, daß einem Dichter, dem die Wahrheit über alles geht, Standpunktlosigkeit, Gleichgültigkeit gegen Gut und Böse, Mangel an Idealen und Ideen vorgeworfen wird« (GW IX, 857).

Wenn die letzte und endgültige Wahrheit über das Leben ironisch ist und sich damit einer eindeutigen Festlegung auf *eine* Wahrheit entzogen hat, bleibt dem Dichter Mann, wenn ihm »die Wahrheit über alles geht«, logischerweise nur jene absolute Wahrheit, die sich in der unendlichen Fortsetzbarkeit des Fragens offenbart und damit jede positive Wahrheit negiert. Alle Festlegungen, alle Positionierungen und alle eindeutigen Antworten müssen vor dem Hintergrund von Manns Wahrheitsverständnis mit einem deutlichen Zeichen der Vorläufigkeit, mit einem ironischen Vorbehalt versehen werden. Er kann kraft seines »Bewusstsein[s] hoffnungsloser Unwissenheit« zwar mit Standpunkten, Meinungen und Wahrheiten experimentieren, aber es verbietet sich ihm definitiv, sich eindeutig festzulegen.

Literatur

Kristiansen, Børge: *Thomas Mann – Der ironische Metaphysiker. Nihilismus – Ironie – Anthropologie in Thomas Manns Erzählungen und im »Zauberberg«*. Würzburg 2013.

Muschg, Walter: *Tragische Literaturgeschichte*. Bern 1948.

Sprecher, Thomas: *Thomas Mann in Zürich*. München 1992.

Michael Wegner: »Dies Dichtertum hat es mir angetan«. Thomas Mann und Anton Tschechow. In: Rolf-Dieter Kluge (Hg.): *Anton P. Tschechow. Werk und Wirkung*. Bd. II. Wiesbaden 1990, 1201–1215.

Børge Kristiansen

Versuch über Schiller (1955)

Thomas Manns letzter großer Essay geht zurück auf den Wunsch der Deutschen Schillergesellschaft, ihn als Festredner für die Schillerfeier am 8. 5. 1955 in Stuttgart zu gewinnen. Er sagte am 22. 7. 1954 zu. Er schrieb sich, seinem eigenen Bekenntnis nach, allerdings nur schwer in den Vortrag hinein, war von seiner Aufgabe zwar »vollkommen besessen«, zweifelte jedoch am Wert seiner Arbeit: »Die Qualität nicht zu beurteilen«, hieß es noch am 24. 12. 1954 im Tagebuch (Tb 24. 12. 1954). Dabei uferte die Arbeit aus; schon am 4. 12. 1954 hatte Thomas Mann von einem kleinen Buch gesprochen, »aus dem dann das mündlich zu Sagende erst herauspräpariert werden muß« (DüD III, 544). Die ersten 32 Seiten wurden bereits am 1. 3. 1955 zusammengekürzt; die »Radikal-Kürzung der Schillerrede« fand dann am 9. 4. und 10. 4. 1955 unter Mithilfe von Erika Mann statt. Das Redemanuskript, »maschinenschriftliche Blätter mit mancherlei handschriftlichen Korrekturen«, war dem Präsidenten der Deutschen Schillergesellschaft, Wilhelm Hoffmann, im März 1955 zur Weitergabe an den Bundespräsidenten Heuss zugeschickt worden; es ist später im Bundespräsidialamt verloren gegangen. Thomas Manns Rede wurde am 8. 5. 1955 im Staatstheater Stuttgart gehalten und am 14. 5. 1955 im Weimarer Nationaltheater wiederholt.

Von der *Ansprache im Schillerjahr 1955* gab es eine Einzelausgabe im Aufbau-Verlag und acht vollständige unselbständige Drucke. Der *Versuch über Schiller* wurde 1955 im S. Fischer-Verlag veröffentlicht und erschien als Lizenzausgabe im gleichen Jahr auch im Aufbau-Verlag. Vorabdrucke und Nachdrucke gab es in Auszügen in verschiedenen Zeitschriften und Zeitungen.

Schiller hat für seinen Essay zunächst einmal dieselben Quellen genutzt, die ihm auch schon 1905 für seine Schiller-Novelle *Schwere Stunde* zur Verfügung gestanden hatten: das war vor allem die Darstellung von Ernst Müller: *Schiller. Intimes aus seinem Leben nebst einer Einleitung über seine Bedeutung als Dichter und einer Geschichte der Schillerverehrung* (Berlin 1905) sowie das *Marbacher Schillerbuch* [...] hg. vom Schwäbischen Schillerverein (Stuttgart/Berlin 1905, darin besonders *Schillers Theatralismus* von Adolf

Bartels, *Schillers Idee von seinem Dichterberuf* von Adolf Baumeister, *Friedrich Hölderlin, aus Friedrich Vischers Vorträgen, mitgeteilt von Robert Vischer*). Neu hinzu kam Fritz Strich: *Schiller. Sein Leben und sein Werk* (Leipzig 1912; Ergänzungsband zu *Schillers Sämtliche Werke*, 12 Bände, Leipzig 1910–1912); diese Ausgabe diente Thomas Mann als Textgrundlage. Er nutzte auch Arthur Eloesser: *Die deutsche Literatur vom Barock bis zur Gegenwart*. Bd. 1 (Berlin 1930) sowie Ricarda Huch: *Blüthezeit der Romantik* (Leipzig 1899). Weitere Quellen verzeichnet Sandberg (u. a. Goethes Gespräche, Briefwechsel zwischen Schiller und Goethe). Zur Vorbereitung nutzte er zudem von Thomas Carlyle: *Schiller* (Berlin 1912). Sehr sorgfältig (»mit dem Bleistift«) hat er auch eine Schrift gelesen, an die er sich in seiner Einleitung sehr genau gehalten hat: *Schillers Beerdigung und die Aufsuchung und Beisetzung seiner Gebeine (1805, 1826, 1827). Nach Actenstücken und authentischen Mittheilungen aus dem Nachlasse des Hofraths und ehemaligen Bürgermeisters von Weimar Carl Leberecht Schwabe, von Dr. Julius Schwabe* (Leipzig 1852). Sandberg (1964) hat akribisch genau registriert, was Thomas Mann seinen Quellen im Einzelnen entnahm; er hat außerdem auf einige periphere Quellen hingewiesen, die sich in Thomas Manns Bibliothek fanden.

Thomas Mann hat in kaum einem anderen der großen Essays ein derart großes Ausmaß an Quellen genutzt; dennoch war der *Versuch* sehr viel mehr als eine Kompilation – er hat das Angelesene gründlich verarbeitet und zugleich alles getan, um dessen Herkunft zu verschleiern. So konnte er sich als gründlicher Schiller-Kenner präsentieren, der auch dann, wenn er aus zweiter Hand lebte, seinem Essay die nötige Originalität, Authentizität und Frische zu geben verstand. Im Übrigen kam Thomas Mann zugute, dass er sich mit Schiller schon in *Tonio Kröger*, *Goethe und Tolstoi* und in *Lotte in Weimar* beschäftigt hatte.

Schillers Rede überzeugt auch heute noch durch ihre Geschlossenheit und Ausgewogenheit. Er selbst allerdings hat »*Neuheit* auf Schritt und Tritt« vermisst, meinte: »Man kann dem längst Gesagten nur etwas persönliche Erfahrung und Farbe mitgeben« und fragte sich, ob die *Schwere Stunde*, »jene Knapp-Skizze von damals [...], nicht frischer, inniger, glücklicher, bleibender« sei (DüD III, 550).

Thomas Manns *Versuch über Schiller* ist eine psychologisierende Charakterstudie, die Schillers »Zug ewiger Knabenhaftigkeit und Abenteuerlust« (GW IX, 878), aber zugleich dessen »Sich-Vergraben in ästhetische Metaphysik und Kritik« (GW IX, 881) sichtbar machen will. Er folgt im Wesentlichen der Biographie und würdigt in seiner erinnernden Vergegenwärtigung von Person und Werk Schillers vor allem dessen Dramen und darunter besonders das »Riesenwerk« (GW IX, 896) des *Wallenstein*. Der *Versuch* ist geprägt von »Bewunderung und Aufblick« (DüD III, 560); Thomas Mann rühmt Schillers »Erhabenheit«, seine »Großheit« (GW IX, 876) und das »Emporreißende« (GW IX, 876), das er seiner eigenen Gegenwart sichtbar machen möchte. Der Essay trägt wie alle großen Dichteressays Thomas Manns auch Züge eines Selbstporträts, aber gedacht war er vor allem als Appell an den »Willen zum Schönen, Wahren und Guten, zur Gesittung, zur inneren Freiheit, zur Kunst, zur Liebe, zum Frieden« (GW IX, 951) angesichts einer bedrohten Welt und einer beispiellosen »Regression des Menschlichen«.

Hamburger (1989) und Strich (1957) rühmten das Einzigartige der Stuttgarter Rede; ähnlich positiv (»echt schöpferisch«) hat Hatfield (1962, 102) den *Versuch über Schiller* bewertet. Doch es gab auch kritische Äußerungen. Gruenter (1955, 14) sprach vom »Subjektivismus der Interpretation«; Thomas Mann sei mehr daran interessiert gewesen, über Schiller zu »dichten« als die Wahrheit über Schiller zu ermitteln. Sandberg betonte die »Kompilations-Technik«, die den Aufbau nahezu des gesamten *Versuchs* bestimme; es sei dem Autor nicht gelungen, »sich aus der Stoffgebundenheit zu befreien« – eine »originäre Idee« habe Thomas Mann von vornherein gefehlt (Sandberg 1964, 115), teilweise sei der Essay auch »ein montiertes Stimmungsbild« (ebd., 114). Koopmann (1999) hat darauf hingewiesen, dass das heroisierende Schillerbild Thomas Manns, wie es sich auch in seinem *Versuch über Schiller* präsentiere, wohl auf wirklichkeitsfernen Missverständnissen Schillers und seines Werkes beruhe. Dagegen betont Alt Schillers »Brauchbarkeit«; gegen die »Verheerungen der Neuzeit« empfehle Thomas Mann »eine konservative Therapie«, in der Schillers »Freiheitskonzept« und die »Verbindung zwischen Kunst und Moral« zum Antidot würden (Alt 2009, 56, 59).

Literatur

Alt, Peter-André: Von der Brauchbarkeit eines modernen Klassikers. Thomas Mann liest Schiller. In: *TMJb* 22 (2009), 45–59.

Gruenter, Rainer: Selbstbildnis. Thomas Mann: Versuch über Schiller. In: *Neue Deutsche Hefte* 21 (1955), darin: Kritische Blätter zur Literatur der Gegenwart, H. 3, Dezember 1955, 14 f.

Hamburger, Käte: Zu Thomas Manns Schiller-Bild. Eine Dankrede aus Anlaß der Verleihung des Schiller-Preises am 10. November 1989 in Stuttgart. In: *LiLi. Zeitschrift für Literaturwissenschaft und Linguistik* 21 (1991), 124–129.

Hatfield, Henry: Der Zauberer und die Verzweiflung. Das Alterswerk Thomas Manns. In: *Wirkendes Wort* 12 (1962), 91–102.

Koopmann, Helmut: Thomas Manns Schiller-Bilder – lebenslange Mißverständnisse? In: *TMJb* 12 (1999), 113–131.

Sandberg, Hans-Joachim: *Thomas Manns Schiller-Studien. Eine quellenkritische Untersuchung.* Oslo/Bergen/Tromsö 1964.

Strich, Fritz: Schiller und Thomas Mann. In: *Die neue Rundschau* 68 (1957), 60–83.

Helmut Koopmann

5.3 Autobiographisches

Im Spiegel (1907)

Unter den autobiographischen Essays Thomas Manns ist *Im Spiegel* einer der am meisten nachgedruckten Texte (vgl. GKFA 14.2, 242 f.) und die erste zusammenhängende Darstellung des eigenen Lebens. Er schrieb die kleine Selbstcharakteristik im November und Dezember 1907 in München auf Anfrage der Berliner Zeitschrift *Das literarische Echo*; der Titel nimmt den Namen der schon Jahre zuvor eingeführten Rubrik »Im Spiegel. Autobiographische Skizzen« auf.

Erschienen ist die Skizze in Heft 6 im 10. Jahrgang von *Das literarische Echo* (am 15. 12. 1907); die Nachdrucke zu Lebzeiten in den Essaybänden *Rede und Antwort* (1922) und *Altes und Neues* (1953) sowie in GW XI weichen geringfügig vom Erstdruck ab (vgl. Ess I, 98–101; GKFA 14.1, 181–184). Die im TMA erhaltene Handschrift des Textes (transkribiert in GKFA 14.2, 245–249) zeigt, dass der Autor seine Biographie zunächst wie ein ironisches Märchen modellieren wollte, für den Zeitschriftendruck dann aber das Muster einer »ins Komische gewendet[en]« (Detering, GKFA 14.2, 241) Hochstaplergeschichte wählte.

Die Forschung hat den Essay zumeist inmitten der Künstlerproblematik des Frühwerks verortet und Bezüge zu *Tonio Kröger* (1903), *Schwere Stunde* (1905), zu den frühen Arbeiten am *Krull*-Roman (Wysling 1982, 64 f.) und zu Nietzsche ausgemacht (Detering, GKFA 14.2, 241 f.).

Im Spiegel spielt mit Selbstzitaten und tatsächlichen Ereignissen, die im Dienst eines medienbewusst inszenierten Selbstporträts stehen (Detering 2010). Zunächst entwirft der Autor einen Lebenslauf in absteigender Linie, von der gescheiterten Schullaufbahn über die unzulänglichen dichterischen Anfänge, das abgebrochene Studium und den vorzeitig quittierten Militärdienst bis zur Tätigkeit bei der satirischen Wochenschrift *Simplicissimus*. Kontrapunktisch beschreibt der zweite Teil des Essays den – dann wieder märchenhaft anmutenden – Aufstieg des Bohèmekünstlers zum glanzvollen Großschriftsteller, der, statt zu schreiben (einzig die erste Novelle *Gefallen* wird hier unter den Werken genannt), in feinen Kreisen zu repräsentieren gewohnt ist. In einer Schlussreflexion wird jedoch dieses Autorenbild ohne Werk abermals hochstaplerisch gewendet: der Dichter sei kein staatstragender Intellektueller, sondern ein »anrüchiger Charlatan« (GKFA 14.1, 184), der die Öffentlichkeit vor einem wie ihm zu warnen weiß.

An Manns handschriftlichen Korrekturen ist zu erkennen, wie sehr der Autor am Text gefeilt hat, um sein eigenes Leben zu stilisieren. Er jongliert mit den Stilmitteln von Understatement und Übertreibung. In den *Betrachtungen eines Unpolitischen* (1918) spricht Mann von der »Ironie eines jugendlichen Künstlertums« (GW XII, 574). Dort findet sich zugleich, im Abschnitt »Ironie und Radikalismus«, eine Verteidigung dieser Ironie als »Weg des Künstlers zum Geiste« (GW XII, 573).

In der Thomas-Mann-Forschung wird der kurze Text im Kontext des Frühwerks diskutiert. Sprecher und Bussmann sehen in *Im Spiegel* den Ton und die Technik des Hochstaplerromans vorweggenommen: eine ironische »Vorstudie zum *Krull*« (Sprecher GKFA 12.2, 12). Demgegenüber spricht Brenner von der legendenhaft-karikierenden Darstellung einer »ziemlich dissonanten Bildungsbiographie« (Brenner 2013, 31). Auch das von Neumann ausgewiesene Thema der »Verzauberung des Künstler-Außenseiters in eine Märchen-Idylle« (GKFA 5.2, 10) aus der Vor-*Zauberberg*-Zeit gehört zu diesem uneindeutigen bildungsbürgerlichen Lebenslauf. Ob der Text auf diese Weise schon früh Manns Abhängigkeit von öffentlichem Lob (»eitel« sei der Autor da gewesen, schreibt Prater 1995, 706) akzentuiert, seine »Suche nach der Authentizität des Ich« beschreibt (Renner, TMHb, 653) oder ein Bild des durch Erfolg stigmatisierten Autors entwirft (Detering 2009, 198–201), ist in der Forschung umstritten.

Literatur

Brenner, Peter J.: Thomas Mann – ein Virtuose der Halbbildung. In: *Glanzlichter der Wissenschaft. Ein Almanach.* Hg. vom Deutschen Hochschulverband. Saarwellingen 2013, 25–32.

Detering, Heinrich: Der Litterat. Inszenierung stigmatisierter Autorschaft im Frühwerk Thomas Manns. In: Michael Ansel/Hans-Edwin Friedrich/Gerhard Lauer (Hg.): *Die Erfindung des Schriftstellers Thomas Mann.* Berlin/New York 2009, 191–206.

Detering, Heinrich: »Akteur im Literaturbetrieb. Der junge Thomas Mann als Rezensent, Lektor, Redakteur«. In: *TMJb* 23 (2010), 27–45.

Prater, Donald A.: *Thomas Mann. Deutscher und Weltbürger. Eine Biographie.* Aus dem Englischen von Fred Wagner. München/Wien 1995 (engl. 1995).

Renner, Rolf G.: Literaturästhetische, kulturkritische und autobiographische Essayistik. In: TMHb, 629–677.

Wysling, Hans: *Narzissmus und illusionäre Existenzform. Zu den Bekenntnissen des Hochstaplers Felix Krull.* Bern/München 1982. (= *TMS* 5).

Michael Braun

Lübeck als geistige Lebensform (1926)

Thomas Mann wurde gebeten, anlässlich der 700-Jahrfeier der Reichsfreiheit Lübecks 1926 eine Festrede zu halten. Er sagte zu und nutzte – wie so oft – auch diese Möglichkeit, in einem repräsentativen Rahmen über sich, sein Leben und seine Kunst zu sprechen. Seine Intention wird in einem Brief an die *Lübeckischen Blätter* vom 10. 5. 1926 deutlich, mit dem er einen Beitrag zu deren »Festnummer« absagte, da er die ihm von der Zeitschrift übermittelten Fragen in seiner Festrede zu beantworten gedenke (GKFA 15.1, 1216). Die Fragen lauteten: »Was ist mir Lübeck gewesen? Was danke ich Lübeck? Wie sehe ich Lübeck?« (Brockhaus 1926, 358). Mann hielt die Rede unter dem Titel *Lübeck als geistige Lebensform* am 5. 6. 1926 anlässlich der Feierlichkeiten der damals noch Freien und Hansestadt Lübeck im Stadttheater. Die erste Veröffentlichung als Buchausgabe erschien noch im Jahr 1926 in Lübeck beim Verlag Otto Quitzow. Thomas Mann nahm den Text später zudem in seinen 1930 veröffentlichten Essayband *Die Forderung des Tages. Reden und Aufsätze aus den Jahren 1925–1929* auf.

Mann betont das spezifisch Autobiographische seiner Rede. Es geht ihm nicht um Jugenderinnerungen im anekdotischen Sinne. Mit dem Titel »ist die Lebensform und Lebensauswirkung *eines Lübeckers* gemeint«, der zudem »als Schriftsteller ein Lübecker geblieben ist« (GW XI, 377). Interessant ist, dass Mann sich auf Joseph Nadler beruft, dessen *Literaturgeschichte der deutschen Stämme und Landschaften* in den 1920er Jahren kontrovers diskutiert wurde, weil eine Nähe zu völkischen Gedanken durchaus gegeben war. Thomas Mann scheint dies noch nicht als eine Gefahr wahrgenommen zu haben, sonst wäre die Formulierung, er sei sich bewusst, dass er »im Nadlerschen Sinne das Patrizisch-Städtische, das stammesmäßig Lübeckische oder das allgemein Hanseatische heute [...] vertrete« (ebd., 378), nicht erklärbar. In seiner Rede *Deutsche Ansprache* sieht Thomas Mann 1930 dann klar. Er kritisiert scharf »eine gewisse Philologen-Ideologie, Germanisten-Romantik und Nordgläubigkeit aus akademisch-professoraler Sphäre« (GW XI, 878), die eine geistige Stärkung des Nationalsozialismus intendiert habe. Damit ist auch Nadler gemeint.

Ein anderer wichtiger Bezugspunkt ist Emanuel Geibel. Der in Lübeck geborene und gestorbene Lyriker und Dramatiker war eine der zentralen literarischen Figuren zwischen 1840 und 1880. Seit den 1920er Jahren vergessen, hatte er noch im 19. Jahrhundert eine repräsentative Stellung inne, die speziell nach seiner Rückkehr nach Lübeck, versehen mit einer preußischen Pension, von nationaler Bedeutung war. In diesem Sinne ist die von Mann wiedergegebene Anekdote, dass eine alte Frau in Lübeck nach dem Tod Geibels gefragt habe, wer denn nun »de Stell« des Dichters bekomme, nicht nur ironisch zu verstehen, sondern wird aus dem Bedürfnis nach eigener Repräsentanz gespeist.

Nicht zufällig betont Mann zweierlei in seiner Rede: Er habe Geibel noch gekannt und seine prägende Rolle verstanden und er habe sodann gewusst, dass man künftig diese Rolle so nicht mehr ausfüllen könne. Der eigene Anspruch findet sich in der Formulierung wieder, »was sich nunmehr als literarischer Ausdruck lübeckischen Wesens auszugeben wagte, das war als solcher zunächst wahrhaftig nicht wiederzuerkennen« (ebd., 378).

Es folgt nach diesem verdeckten Bekenntnis einer neuen Lübecker Repräsentanz eine ausführliche Passage über *Buddenbrooks*. Die Entstehungs- und Wirkungsgeschichte wird als eine Erfolgsgeschichte präsentiert und das Repräsentative des Werkes betont: Es ist demnach nicht nur als »Seelengeschichte des deutschen Bürgertums« sondern auch des »europäischen Bürgertums überhaupt« zu verstehen (ebd., 383). Am Ende aber kommt Mann auf den Punkt. Trotz aller europäischen Dekadenz, aller Nietzsche- und Wagner-Einflüsse, sei *Buddenbrooks* für ihn ein Lübeck-Buch, das ihn als sein repräsentatives Werk mit der Stadt verbinde. Dies formuliert er gegen die bisherige Rezeption vieler Lübecker, »die, beleidigt durch gewisse kritische Schärfen des Buches, einen Abtrünnigen und Verräter, einen Entfremdeten hatten in mir sehen wollen« (ebd., 385). Dagegen setzt er seine These von der Gründung seiner Kunst in der Stadt der Herkunft und weitet diese Behauptung über *Buddenbrooks* hinaus aus: Es handle »sich [...] nicht um irgendwelches bohemisierte und entwurzelte Virtuosentum, sondern um eine Lebensform, um *Lübeck als geistige Lebensform* [...]« (ebd., 385).

Wie aber definiert Mann nun diese spezifische Lebensform? Der zweite Teil der Rede gibt die Antwort auf diese Frage. Er beruft sich in einem ersten Schritt auf seine in den *Betrachtungen eines Unpolitischen* entwickelte Genealogie des Bürgerlichen, die in der urbürgerlichen Stadt Nürnberg gründete. Sodann fügt er den Begriff des Ethischen ein, der bei ihm in einer spezifischen »Lebensbürgerlichkeit«, geprägt durch das Beispiel des Vaters, zum Ausdruck kommt. Gemeint ist hier vor allem das Engagement des Vaters für seine Stadt, mithin die Verantwortung für das Gemeinwesen, in dem man lebt. Diese reklamiert Mann nun auch für sich (ebd., 387). Dazu liefert er seinen Zuhörern eine Interpretation seines letzten Romans, *Der Zauberberg* (1924). Nur noch lose über das Hanseatentum des Helden Hans Castorp mit Lübeck verbunden, gelangt Mann am Schluss der Rede zu seiner Definition des Bürgertums, wie es sich für ihn seit Mitte der 1920er Jahre als eine neue Kategorie seines politisch-ästhetischen Denkens herausgeschält hatte. Es ist die Formel von der »Entbürgerlichung« (ebd., 398) des Bürgers, die er abschließend benennt.

Für Mann war die Rede in Lübeck wichtig. Dass er nun »zum Sohn der Stadt avanciert« war, löste nicht nur ironische Gefühle aus. Im Gegenteil. An Félix Bertaux hatte er am 1. 3. 1923, nach der Eröffnung der Buddenbrookbuchhandlung, geschrieben: »Das ist komisch, und wenn es mir dennoch wohlthut, so ist das bezeichnend für die tieferen Beziehungen, die mich immer mit dieser Sphäre verbinden werden« (GKFA 22, 473). Der sozialdemokratisch ausgerichtete *Lübecker Volksbote* vom 8. 6. 1926 lobt die fortschrittliche Bürgerlichkeit, sieht Manns Werk aber am Ende einer Entwicklung, als eines des »Abends, des Abschiednehmens«. In anderen Lübecker Presseorganen wird das philosophische Konstrukt, das »Reflektionäre« (Heimatblätter. Monatsschrift des Lübecker Generalanzeigers, 3. 7. 1926, Nr. 24) kritisiert. In den *Lübeckischen Blättern* vom 20. 6. 1926 wird der Vortrag dagegen uneingeschränkt gelobt. Die Zuhörer hätten an den Lippen des Vortragenden gehangen und es sei eine fortschrittliche »lübekische Seele« von Thomas Mann verkörpert worden.

Der Text entwickelt sich von dem Anlass seiner Entstehung hin zu einem allgemeinen Bekenntnis, zu einem neuen Begriff von Bürgerlichkeit, den Mann mit seinem Roman *Der Zauberberg* Mitte der 1920er Jahre entwickelt hatte. Die zentrale Begrifflichkeit ist die der »*Mitte*« (XI, 396), die er aus dem Schneetraum des Zauberberghelden Hans Castorp ableitet und als eine genuin »deutsche Idee« (ebd.) kennzeichnet. Deutschland wird als »das Mittlere und Vermittelnde« (ebd.) verstanden. Am Ende dieses Gedankenganges setzt Mann in einer Engführung das so definierte Deutschtum mit dem Begriff des Bürgertums synonym.

Der Gedanke der deutschen Mitte taucht, unter Berufung auf Novalis, erstmals in der 1922 gehaltenen Rede *Von deutscher Republik* auf (GKFA 15.1, 535). Er findet sich auch im Schlussteil des 1925 erschienenen Essays *Goethe und Tolstoi* (ebd., 934 ff.). Dies zeigt, dass es Mann nicht nur um die Definition seines Verhältnisses zur Stadt seiner Herkunft zu tun war, sondern dass seine Rede 1926 auch in einem klaren zeithistorischen Kontext zu verorten ist. Mann begann in jenen Jahren, gegen die konservativen Angriffe auf die Weimarer Republik öffentlich einzutreten, und er tat dies auch im durchaus konservativen Lübeck. Die Rede hat hier eine politisch-pädagogische Zielrichtung.

Eine weitere Bedeutung kommt hinzu: Die Rede ist der erste zentrale autobiographische Text, der die »Erfindung des Schriftstellers Thomas Mann« (Ansel 2009) entscheidend mitsteuert. In ihm legt Mann erstmals interpretatorische Spuren und Raster aus, die, vom Autor beglaubigt, bis heute die Forschung mitprägen. Neben der spezifischen Bürgerlichkeit, die er fest im hanseatischen Lübeck verankert, und einer von der Idee der Mitte bestimmten Bürgerlichkeit, ist es vor allem ein Motiv, das er am Roman *Buddenbrooks* entwickelt, das aber werkübergreifende Bedeutung erlangen sollte: Der Gedanke, dass *Buddenbrooks* als ein sehr persönliches Buch, das mit seinem Stoff auf der Jugend in Lübeck basiert, in seiner Wirkung dann zuerst eine nationale und später sogar eine europäische Bedeutung erlangt hat (GW XI, 385).

Literatur

Ansel, Michael/Friedrich, Hans-Edwin/Lauer, Gerhard (Hg.): *Die Erfindung des Schriftstellers Thomas Mann.* Berlin/New York 2009.

Brockhaus, Paul: Zum Geleit. In: *Lübeckische Blätter* 23 (1926), 358.
Brückner, Wilhelm: Rückblick. In: *Lübeckische Blätter* 26 (1926), 425–427.
Schlodtmann, Walter: Was bleibt der Nachwelt von Lübecks 700-Jahr-Feier? In: *Lübeckische Blätter* 26 (1926), 427 f.
Enns, Abram: Reden und Vorträge zur 700-Jahr-Feier. In: *Lübeckische Blätter* 26 (1926), 429 f.
Haase-Lampe, Wilhelm: Nachträgliche Gedanken zur 700-Jahrfeier Lübecks. In: *Heimatblätter. Mitteilungen des Vereins für Heimatschutz Lübeck* 24 (1926), 98.
Füllenbach, Elias H.: Ein Außenseiter als Sündenbock? Der Fall Joseph Nadler. In: *Kritische Ausgabe – Zeitschrift für Germanistik & Literatur* 2 (2004), 25–30.
Vaget, Hans Rudolf: Thomas Mann und das Hanseatentum. In: Rainer Herin/Rainer Nicolaysen (Hg.): *Lebendige Sozialgeschichte. Gedenkschrift für Peter Borowsky*. Wiesbaden 2003, 735–747.
Wißkirchen, Hans: Emanuel Geibel. Von der Notwendigkeit einer literarischen Wiederentdeckung. In: Michael P. Schulz (Hg.): *Wären meine Lieder Perlen. Das Lübecker Geibel-Projekt*. Lübeck 2008, 55–91.

Hans Wißkirchen

Lebensabriß (1930)

Von Januar bis Anfang Februar 1930 schrieb Thomas Mann den autobiographischen Essay *Lebensabriß*. Anlass war der Wunsch der Schwedischen Akademie, einen Lebenslauf des im Jahr zuvor von ihr mit dem Nobelpreis ausgezeichneten Schriftstellers zu erhalten, wie Mann am 20. 6. 1930 an den Freiburger Germanisten Philip Witkop schrieb (GKFA 23.1, 475). Im Juni 1930 erschien der Text in der Zeitschrift *Die neue Rundschau*, allerdings mit einigen »Druck- und Flüchtigkeitsfehlern« und einer zweifachen »Namensverballhornung«, für die sich der Autor im Juli-Heft in einer Notiz bei seinen Lesern entschuldigte (Kurzke, Ess III, 433 f.). Nachgedruckt wurde der Aufsatz in der DDR-Ausgabe der *Gesammelten Werke* aus dem Jahr 1955, in den *Gesammelten Werken* (1974) sowie, dem Erstdruck folgend, dessen Fehler aber verbessernd, im dritten Band der *Essays* (1994).

Manns Essay, von ihm selbst als »verfrüht und vorläufig« angesehen (GKFA 23.1, 475), kam bei prominenten Zeitgenossen gut an, bei André Gide etwa und bei Ernst Robert Curtius. Noch 1930 rechtfertigte der Autor bei seinem amerikanischen Verleger Alfred A. Knopf eine limitierte »Luxus-Ausgabe« (Brief vom 14. 11. 1930; GKFA 23.1, 496), die in englischer Übersetzung erschien (Mann 1930).

Der Text kombiniert autobiographische Quellen, z. B. aus dem Essay *Lübeck als geistige Lebensform* (1926), mit Bezügen auf klassische Literatur. Eine vornehmliche Rolle spielt hier Goethe, der schon, als es um das elterliche Erbteil geht, zitiert wird. Goethe liefert der damals aktuellen Arbeit an den *Joseph*-Romanen das inspirierende »Motto« (Ess III, 214). Dieses Verfahren, eigene Überlegungen an große geistesgeschichtliche Traditionen anzubinden, dient der Stilisierung der künstlerischen Existenz. Im *Lebensabriß* wird das erstmals konsequent und mit psychologisierender Absicht durchgeführt. Der Nobelpreisträger entwirft ein am Vorbild Goethes ausgerichtetes »ideale[s] Künstlerleben«, von dessen Einheit und Ordnung er in »zufriedener Rückschau« Bericht erstatten kann (Renner, TMHb, 657).

Der *Lebensabriß* verliert vergleichsweise wenige Seiten über die Herkunft der Eltern, die Lebensumstände in Lübeck, in München und Palestrina, die frühen Bekanntschaften aus der Kunstszene. Wichtiger ist das Vordringen zum Werk, das, aus der zeitlichen Distanz betrachtet, mit sanfter Ironie kommentiert und bereichert durch Anekdoten über die Schreibumstände, in den eigentlichen Mittelpunkt der Selbstdarstellung rückt. Schon die »erste Erzählung«, *Gefallen* (1895), wird gleich zum »ersten literarischen Erfolg« erklärt (Ess III, 180). Mit *Buddenbrooks* (1901), deren Erscheinungsjahr Mann auf die Symbolzahl 1900 vorverlegt (Ess III, 192), beginnt der »Siegeszug« des Autors (Ess III, 195). Dieser Erfolg wird wiederum weniger planvoll, vielmehr durch Glück begünstigt; die vorzeitige Entlassung als Soldat verdankt sich nicht nur Manns Fußverletzung, die Heinrich Mann für seinen Romanhelden in *Der Untertan* (1918) übernommen hat, sondern vor allem einem verständnisvollen Stabsarzt, der dem vom Militärdrill geplagten Schriftsteller seine »Ruhe« gönnt (Ess III, 192).

Die Darstellung der schriftstellerischen Entwicklung wird bestimmt durch zwei Kunstgriffe, die abermals der »Selbstvergewisserung durch Identifikation« (Renner, TMHb, 657) dienen. Zum einen versichert sich der Künstler, wenn er seine geistigen Orientierungsgrößen nennt, der Grundlagen seines Künstlertums. Während die Nietzsche-Rezeption moralisch, nicht psychologisch gedeutet wird, steht die Aufnahme der Philosophie Schopenhauers unter stark affektiven Vorzeichen; das bekannte Gegensatzpaar ›apollinisch‹-›dionysisch‹ wird hier zum Selbstinterpretament. Wichtig an der Deutung des Nietzsche-Einflusses ist die Rolle der Ironie. Mit ihr kann sich der Autor von der Bohème distanzieren und den Gegensatz von Bürger und Künstler überwinden.

Zum anderen aber bedarf der bürgerliche Schriftsteller einer gewissen Ordnung. Diese Ordnung als

»Klarheit eines produktiven Lebensplans« (Ess III, 213) wird im *Lebensabriß* durch »Beziehungs-Sinn« (Nietzsche, KSA 12, 97) hergestellt. Mit ausdrücklichem Bezug auf Nietzsche deutet Mann das »Bedeutende« als das »Beziehungsreiche« (Ess III, 202). So rücken die Romane und die Erzählungen in ein harmonisches Beziehungsgeflecht, dessen Struktur der Autor feinsinnig enthüllt. *Buddenbrooks* und *Tonio Kröger*, *Der Zauberberg* und *Der Tod in Venedig* werden in ein mehrfaches Korrespondenz- und Konkurrenzverhältnis gesetzt; der Joseph-Stoff wird an die Kindheitsträume zurückgebunden. Auch der Essay selbst – zum Zeitpunkt des *Lebensabrisses* lagen bereits drei Essaybände vor – wird als »kritische Überwachung [s]eines Lebens« (Ess III, 208) gerechtfertigt.

Bestärkt wird die erfolgreiche Autorrolle durch die »Zustimmung der Welt« (Ess III, 220) bei Reisen und Begegnungen, am schönsten bei der Nobelpreisverleihung in Stockholm, wo sich Mann als Repräsentant der deutschen Kultur würdig aufgenommen sieht. Diesem literarischen Wunschlebenslauf liegt eine umfassende Ordnungsphantasie zugrunde. Paarung und Mitte sind die strukturellen Gesetze, die Manns autobiographische Selbstdeutung bestimmen. Das wird am Ende des *Lebensabrisses* besonders deutlich. Der Text entstand unmittelbar vor der Silberhochzeit mit Katia Mann (am 11. 2. 1930); die Ankündigung des eigenen Todes im 70. Lebensjahr, dem Todesjahr seiner Mutter, ironisierte Mann später in einem Zusatz als eine Art Bestechung des Schicksals (vgl. Ess III, 441). Mit runden Zahlen wird so das Leben zum Kunstwerk abgerundet.

In diesem Sinne hat die Forschung recht mit der Warnung, dass man Thomas Manns autobiographischen Text nicht für bare Münze zu nehmen hat (u. a. Renner, TMHb, 658–660; Ridley/Vogt 2009, 84 f.; Sprecher 2009, 37 f.). Was zählt, ist der psychologische, bei aller Distanz erfolgsverwöhnte und legendenverliebte Blick aufs eigene Werk; der Autor hat es nicht nötig, biographische Auskunft zu geben über seine Existenz, weil sie – so Manns treffende Formulierung – ja »im Buche« steht (Ess III, 195). Es geht ihm demgemäß weder um Lebensbeichte noch um Lebensbericht, vielmehr um »das stilisierte und ins Symbol gekleidete Bekenntnis«, wie er am 20. 1. 1930 an André Gide schrieb (GKFA 23.1, 449). Auch dank dieser Fiktionalisierung hat Manns Autobiographik teil an dem modernen »Aufrücken der Gattung von der Zweckform zur Kunstform« (Holdenried 2000, 39).

So sehr auch der *Lebensabriß* die kriegsbejahende Einstellung der *Betrachtungen eines Unpolitischen* im nachhinein zur Vorwegnahme des Zusammenbruchs des deutschen Bürgertums verklärt (Kurzke, Ess III, 434), so kommen doch wenigstens einmal die existentiellen Selbstdarstellungselemente von »Traum und Schmerz« zum Zuge (Mayer 1971, 65), nämlich beim Selbstmord der Schwester Carla (Ess III, 198 f.). Die »Beschönigungszensur«, durch die der autobiographische Essayist ansonsten sein Leben in eine ironische Ordnung zwingt, wird erst in den Alterstagebüchern gelockert (Kurzke 1999, 17).

Literatur

Holdenried, Michaela: *Autobiographie*. Stuttgart 2000.

Kurzke, Hermann: *Thomas Mann. Das Leben als Kunstwerk*. München/Wien 1999.

Mann, Thomas: *A Sketch of my Life*. Übersetzt von Helen T. Lowe-Porter. Paris 1930.

Mayer, Hans: Thomas Mann. Zur politischen Entwicklung eines Unpolitischen. In: Ders.: *Der Repräsentant und der Märtyrer. Konstellationen der Literatur*. Frankfurt a. M. 1971, 65–93.

Renner, Rolf G.: Literaturästhetische, kulturkritische und autobiographische Essayistik. In: *TMHb*, 629–677.

Ridley, Hugh und Vogt, Jochen: *Thomas Mann*. Paderborn 2009.

Sprecher, Thomas: Strategien der Ruhmesverwaltung. Skizzen zu Thesen. In: Michael Ansel/Hans-Edwin Friedrich/Gerhard Lauer (Hg.): *Die Erfindung des Schriftstellers Thomas Mann*. Berlin/New York 2009, 37–46.

Michael Braun

On Myself (1940)

Anfang März 1940 nahm Thomas Mann die Arbeit an einem Aufsatz über sein Werk auf (Tb 5. 3. 1940). Das Schreiben dieses Essays, inmitten der Beschäftigung mit der indischen Novelle *Die vertauschten Köpfe*, der Vorträge über *Goethes Werther* und *The Art of the Novel*, der politischen Publizistik, der Vorbereitungen des Umzugs nach Kalifornien und der wachsenden Besorgnis über Hitlers Westfeldzug, ging offenbar zuerst recht »schleppend« voran (Tb 8. 3. 1940). Der Essay gehörte zu dem akademischen Pflichtprogramm, das der Autor während seiner dreisemestrigen Tätigkeit als *Lecturer in the Humanities*, also als außerplanmäßiger Dozent, an der Princeton University 1938 bis 1940 zu absolvieren hatte. Im Frühjahrssemester, am 10. und am 17. 4. 1940 jeweils vormittags, hielt Mann den »deutschen Vortrag« (Tb 18. 3. 1940) vor fortgeschrittenen Literaturstudenten im germanistischen Kurs von Hans Jäger. Kurz darauf, am 2. und 3. Mai, verlas er eine von seinem Sekretär Hans Meisel hergestellte englische Fassung vor einem größeren Kolleg über ›European Literatures and Cultures‹ der Komparatisten Harvey W. Hewett-Thayer und Walter S. Hastings, schließlich am 6. 11. 1940, auf 75 Minuten gekürzt, in New York an der Columbia University. Über die Resonanz des englischsprachigen Vortrags bei den »jungen Leuten« zeigte sich der Autor erfreut (Tb 3. 5. 1940; Br II, 141), deutlich missvergnügt aber war er über Meisels Übersetzung und Redaktion (Tb 24. 3. 1940, 16. 4. 1940).

Erstgedruckt wurde die deutschsprachige Typoskript-Fassung, die keinen Titel trägt, 1966 (BlTMG 6); Nachdrucke finden sich in Wysling 1974 und in Bd. XIII der *Gesammelten Werke*. Eine weitere englische Fassung, übersetzt von Helen Lowe-Porter, ist enthalten in dem Band *Essays of Three Decades* (New York und London 1947). Der neuseeländische Germanist James Bade hat 1996 eine von ihm revidierte Fassung des englischsprachigen Vortrags ediert. Der Titel *On Myself*, möglicherweise angelehnt an Hofmannsthals autobiographischen Essay *Ad me ipsum* (1916), stammt aus Manns Tagebuchnotizen (Tb 13. 3. 1940, 1. 5. 1940) und aus einem Brief an Agnes E. Meyer vom 4. 5. 1940 (Br II, 140); im englischen Manuskript ist der erste Teil »From Childhood to ›Death in Venice‹« betitelt, der zweite gar nicht (Wysling 1974, 190). Im TMA liegt ein fünfblättriges handschriftliches Fragment mit einer nicht ins Typoskript übernommenen Ergänzung (Wysling 1974, 73).

Der Essay gilt als die »umfangreichste und detaillierteste Selbstdarstellung« Thomas Manns (Vaget 2011, 284). Er traktiert die großen Themen des Werks, Künstlerexistenz und Bürgertum, Ironie und Erkenntnisekel, Geist und Politik, Lob der Nachahmung und Krise der Repräsentanz, Erfolg und Wirkung. Der Autor griff auch hier auf Bekanntes zurück. Er montierte Teile vor allem aus dem Vortrag *Lübeck als geistige Lebensform* (1926) und dem *Lebensabriß* (1930) neu zusammen, um seinen Lebensmythos psychologisch zu vertiefen (Renner, TMHb, 660). Voraussetzung dafür ist die intensive Beschäftigung mit der Psychoanalyse seit dem Aufsatz über *Die Stellung Freuds in der modernen Geistesgeschichte* (1929), den er am 13. 2. 1939 vor amerikanischen Studenten wiederholte. Freud lieferte Mann das Rüstzeug für die Komposition eines narzisstischen »Bühnen-Ich[s]« (Kurzke 1999, 459), das sein eigenes Leben bespiegelt. Die Rhetorik des Vortrags berücksichtigt, dass die Zuhörer junge Studierende der deutschen Literatur sind. Mann belehrt über weltliterarische Einflüsse (vgl. den Aufsatz *Goethe und Tolstoi*, 1921), geizt nicht mit anekdotischen Heiterkeiten und bringt immer wieder griffige Selbstdeutungsformeln. Die bekannteste unter ihnen lautet: »Dichten heißt: die Wirklichkeit ›erfinden‹« (GW XIII, 167).

Der Essay beginnt mit dem Vorsatz, das eigene Leben »als Schriftsteller« zu erzählen (GW XIII, 127). Dieser ›epische‹ »Lebensweg« (GW XIII, 152) wird zugleich erzählt wie die Geschichte der Entstehung eines Kunstwerks. Eine ähnliche Erzählweise hatte Mann 1939 in seiner *Einführung in den »Zauberberg«* an der Princeton University erprobt. Doch in *On Myself* geht es um die Erfindung nicht des Werks, sondern des Lebens. Auffällig ist nunmehr, wie dieser Absicht des Autobiographen in *On Myself* die epische Technik dienstbar gemacht wird. Sie beruht auf einem »musikalisch-ideellen Beziehungskomplex« (GW XIII, 157), auf Montagekunst, Ironie, Humanisierung der Wirklichkeit und Psychologisierung des Mythos (Wysling 1975, 310). So folgt die Darstellung insgesamt gesehen nicht der Lebens- und Werkchronologie überprüfbarer Tatsachen, sondern der eigenwilligen Logik der inneren künstlerischen Entwicklung, als deren Urkern die sichtbaren und unsichtbaren Spiele der Kindheit ausgemacht werden. Ausführlich werden die von den Helden der griechischen Mythologie beeinflussten »Maskenspiele«, das Puppentheater, die Kinderspiele der Phantasie und die ersten »Schreibereien« gewürdigt. Die Idee vom Spieltrieb verleiht nicht nur der Imagination die Würde der Kunst: Auf diese Weise verbinden sich auch Leben und Werk zum Selbstbild des Künstlers, der, wie es am Ende des Vortrags heißt, »mit seiner imitatio Gottes auf dem Unbewußten *spielt*« (GW XIII, 164). Mit sichtlichem Vergnügen (vgl. Lange 1977, 531) beobachtet sich der Autor am Werk – und im Werk. Er lässt sich dabei seinerseits von Zuhörern und Lesern beobachten. Das Spiel wird zur ästhetischen Rechtfertigung des autobiographischen Schreibens erhoben.

So schwebt der autobiographische Erzähler wie ein olympischer Gott über seinen Werken, spannt Beziehungsbögen, erklärt Entwicklungen und Entwicklungsbrüche, grenzt Produktionsphasen voneinander ab (mit der zentralen Zäsur des *Tods in Venedig*), setzt sich in erhabene Distanz zu Tradition und Gegenwart (gegen den Naturalismus im *Tonio Kröger*, als Parodie der Autobiographie im *Krull*-Roman) und meldet den Anspruch einer nationalen Repräsentanz an. So sei, schreibt Thomas Mann, mit den *Buddenbrooks* der deutsche Roman weltfähig geworden.

An zentraler Stelle – und die beiden Vortragsteile trennend – steht die Selbstdeutung von *Der Tod in Venedig* (1913). Mit dieser Erzählung wird in *On Myself* auch der ›Tod‹ der spätbürgerlichen ›Welt von gestern‹ (Stefan Zweig) erklärt. *Der Zauberberg* (1924) markiert den Schritt aus der Dekadenzthematik in die Moralität künstlerischer Verantwortung. Interessanterweise wird der Essay *Betrachtungen eines Unpolitischen* (1918) nicht, wie noch im *Lebensabriß* (GW XI, 125–127), in die Chronologie der Werke eingeflochten, sondern aus dem späteren Roman heraus so gedeutet, dass der Essay, ebenso wie der Held am Ende des *Zauberbergs*, seinen Sinn darin findet, »mit dem Krieg und seinen Problemen ›fertig werden‹« (GW XIII, 159) zu müssen. Am Ende von *On Myself* steht der Selbstkommentar zu den *Joseph*-Romanen (drei von vier lagen 1940 vor) und zu dem Roman *Lotte in Weimar* (1939). Vor allem wird hier deutlich, wie raffiniert Thomas Mann seine Goethe-Figur in ein »Kunst-Schauspiel« (Heftrich, TMHb, 426) versetzt, in dem er sich selbst die Hauptrolle zuspielt. Dabei geht es weniger um Nachahmung oder Identifikation, vielmehr um die ironisch-respektvolle Empörung gegen eine, wenn nicht *die* Vaterfigur der deutschen und europäischen Bildungstradition. Gleichwohl bleibt Mann der Tradition verhaftet, weil er seine Lebensdarstellung nach dem Gesetz der Steigerung wie einen Bildungsroman komponiert: »am Anfang der Roman deutschen Bürgertums, in der Mitte der Roman europäischer Problematik und Dialektik und am Ende [...] der Menschheitsmythos von Joseph und seinen Brüdern« (GW XIII, 152).

Die Forschung hat den autobiographischen Vortrag vergleichsweise stiefmütterlich behandelt. Bis auf die kommentierte Edition von Bade und den knappen, richtungsweisenden Kommentar von Wysling (1974, 67–70) gibt es derzeit keine größeren Analysen. Der Sammelband von Ansel/Friedrich/Lauer (2009) liefert indes eine vorzügliche Grundlage, um die Dramaturgie und Soziologie der autobiographischen Autorschaft Manns system- und feldtheoretisch zu untersuchen. Auch die Aspekte der psychologischen Verbindung, die Manns Schreiben mit seinem Leben eingeht, sind in dieser Lebensdarstellung längst noch nicht ausgeschöpft (›Maske machen‹, ›Idee der Heimsuchung‹, ›Einbruch der Leidenschaft‹, ›Kommen des fremden Gottes‹, ›Niederlage der Zivilisation‹, ›heulender Triumph der unterdrückten Triebwelt‹ usw.). Und schließlich liefert Thomas Mann hier wertvolle Stichworte zu seiner ästhetisch-poetologischen Grundhaltung (Ironie und Erlebnis, ›motivische Rückbeziehung‹ u. a.).

Literatur

Ansel, Michael/Friedrich, Hans-Edwin/Lauer, Gerhard (Hg.): *Die Erfindung des Schriftstellers Thomas Mann.* Berlin/New York 2009.

Bade, James N.: *Thomas Mann: »On myself« and Other Princeton Lectures. An annotated edition bases on Mann's lecture typescripts.* Frankfurt a. M. 1996.

Kurzke, Hermann: *Thomas Mann. Das Leben als Kunstwerk.* München/Wien 1999.

Heftrich, Eckhard: *Lotte in Weimar.* In: *TMHb*, 423–446.

Lange, Victor: Thomas Mann: Tradition und Experiment. In: Beatrix Bludau (Hg.): *Thomas Mann 1875–1975.* Frankfurt a. M. 1977, 566–585.

Renner, Rolf G.: Literaturästhetische, kulturkritische und autobiographische Essayistik. In: *TMHb*, 629–677.

Vaget, Hans Rudolf: *Thomas Mann, der Amerikaner. Leben und Werk im amerikanischen Exil 1938–1952.* Frankfurt a. M. 2011.

Wysling, Hans: Die Technik der Montage. Zu Thomas Manns *Erwähltem* (1963). In: Helmut Koopmann (Hg.): *Thomas Mann.* Darmstadt 1975 (Wege der Forschung 335), 257–319.

Wysling, Hans: Anmerkungen zu *On Myself.* In: Ders.: *Dokumente und Untersuchungen. Beiträge zur Thomas-Mann-Forschung.* Bern/München 1974 (= *TMS* 3), 190–196.

Michael Braun

Meine Zeit (1950)

Thomas Mann hatte seit 1942 als *Consultant of Germanic Literature* an der Library of Congress in Washington einmal jährlich einen öffentlichen Vortrag zu halten. Für das Jahr 1950 dachte er zunächst an das Thema ›Schopenhauer‹, verwarf den Plan aber zugunsten von *Meine Zeit.* Nach einer zweiwöchigen Phase der Planung und Vorbereitung begann er mit der Niederschrift Ende Februar 1950. Sie war beeinträchtigt durch Depressionen und Zweifel sowie durch den Tod des Bruders Heinrich am 12.3. und fand am 21.3. ein vorläufiges Ende. Der vorgesehene Vortragstermin kam indessen nicht zustande. Die Library reagierte auf das allgemeine Befremden, das das Verhalten des Autors im Amerika des Kalten Krieges ausgelöst hatte und lud Thomas Mann aus. Dieser begann daraufhin seine Vortragstournee am 22.4. in Chicago. Die Erstveröffentlichung des Textes erfolgte 1950 bei S. Fischer. Der Entschluss, seine Lebenszeit und deren historisch-politische Hauptereignisse zu behandeln, bedeutete für Thomas Mann wieder einmal die Auseinandersetzung mit dem eigenen Lebenswerk. Das machte übergreifende Lektüre »in eigenen Dingen« (Tb 25.2.1950) notwendig, von den eigenen Werken stehen im Vordergrund *Buddenbrooks, Gedanken im Kriege, Betrachtungen eines Unpolitischen, Der Zauberberg,* die *Joseph*-Tetralogie, *Doktor Faustus* und *Der Erwählte*, außerdem sind Rückbezüge auf Schopenhauer und Nietzsche zu erkennen, auf Goethes *Gespräche mit Eckermann*, auf Literatur über Ernst Jünger.

Manns Text beginnt, ganz im Stil des Vortrags, mit einer persönlich gehaltenen Dokumentation der erlebten historisch-politischen Ereignisse, dann schaltet er atmosphärische Rückerinnerungen ein und geht über zu einer Positionierung eigener Werke. Am Ende steht dann eine politische Zukunftsvision. Eingangs unterstreicht Mann seine Vorbehalte gegen das direkt Autobiographische. Er hebt das Schuldhafte des eigenen Lebens hervor und die Notwendigkeit der ständigen Wiedergutmachung durch das Werk. Seine Zeit zu behandeln, bedeutet für ihn zweierlei: die Auseinandersetzung mit den Begebenheiten dieser Zeitstrecke, »deren Zeuge [er] war«, aber auch die Würdigung »seiner« Zeit als persönliches Geschenk, womit das Autobiographische dann doch nicht »fern zu halten« ist (GW XI, 303). Er setzt vergleichend an bei Goethe, der sich gerühmt hatte, die »größten Weltbegebenheiten« (ebd.) miterlebt zu haben und führt – gespielt selbstbewusst – das eigene historische Erleben dagegen ins Feld. Hineingeboren in die raschlebige »Epoche der Technik«, kann er *seine* Weltereignisse Revue passieren lassen: den deutsch-französischen Krieg, das Ende des zweiten französischen Kaiserreichs, Deutschlands europäische Hegemonie unter Bismarck und die viktorianische Hochblüte Großbritanniens, dann den Ersten Weltkrieg, den Eintritt der Vereinigten Staaten in die Weltpolitik, die russische Revolution, die Entwicklung des italienischen Faschismus und des deutschen Nationalsozialismus (ebd., 304).

In einem zweiten Durchgang charakterisiert er nun die geistigen Strömungen wie die politischen Ereignisse der zurückgelegten Lebensstrecke: das ausgehende 19. Jahrhundert als Endstadium des bürgerlich-liberalen Zeitalters, als eine Art *Ancien régime* der Bildung, aber den Keim des Zerfalls schon in sich tragend, die endende Kaiserzeit, deren Exponenten Wilhelm I. und Moltke er noch selbst gesehen hatte, das Heraufkommen der oppositionellen »Freisinnspartei« und der Sozialdemokratie August Bebels. Er widmet sich der Einstellung Bismarcks zur Sozialdemokratie, zum Liberalismus und zum katholischen Ultramontanismus; dann dem von diesem »dämonischen Konservativen« geführten ›Deutschen Reich‹ mit seiner späten kaiserlichen Romantik (ebd., 305 f.).

Es folgt ein atmosphärisches Spektrum des damaligen Lebens: Der Blick fällt auf das »Goldgeld«, das Erscheinungsbild der Damen, auf die turnerischen Ertüchtigungsanstrengungen der Jugend im Geiste des Turnvaters Jahn, die Bierseligkeit der Korpsstudenten, die Bügelfalte, auf die allgemeine Elektrifizierung, auf das Telefon, das »Velociped« und seine Vorform des Hochrades (ebd., 309 f.). Schließlich ist, nun überschauender, die Rede vom neuen Freiheitsdenken der Jugend, der emporkommenden *Décadence*, dem Hintergrund des Nietzsche'schen Denkens, der »ästhetischen Überreife« der neuen Lyrik »von Hofmannsthal bis Trakl«, vom modischen Oberbegriff des Fin de Siècle (ebd., 310 f.). Diese skizzenhafte Kennzeichnung dient als kontrastierender Hintergrund der eigenen damaligen Position, welche nie »auf der Höhe des Tages« sein wollte, sondern in vielem dem bürgerlichen Denken des auslaufenden 19. Jahrhunderts verbunden war. Nie habe er, so Mann, »das Narrenkleid des *Fin de siècle*« getragen – er grenzt sich ab von Naturalismus, Neuromantik, Neuklassik, Symbolismus und Expressionismus, um sich ausdrücklich in die Nachfolge großer Exponenten des mittleren und ausgehenden Jahrhunderts zu stellen: Wagners, Tolstois, Nietzsches und dessen Vorgängers Schopenhauer (ebd., 311 f.).

Bevor Mann dann zu *Buddenbrooks* kommt, nennt er noch weitere Impulsgeber seines Erstlingsromans: Den englischen und skandinavischen Roman »von 1850 und 60«, »dazu ein gut Teil niederdeutscher Humoristik«. *Buddenbrooks* werden nicht nur als Verfallsgeschichte eines Bürgerhauses, sondern als Gestaltung einer »weit größeren kulturell-sozialgeschichtlichen Zäsur« gewertet, als Vorbote der *Betrachtungen eines Unpolitischen*, in denen dann romantische Bürgerlichkeit eine großangelegte Verteidigung fand. Betont wird nicht nur die rasche Loslösung von diesem Werk, sondern auch die dadurch ungefährdete Konsequenz des eigenen Lebensweges. Die »stumpfe Ablehnung« dieses rückwärtsgewandten »Experimental- und Bildungsroman[es]« ausgerechnet durch die Nationalkonservativen ging Hand in Hand mit dem Aufkommen von Faschismus und Nationalsozialismus (ebd., 312 f.). Der *Zauberberg* brachte dann anstelle einer Verteidigung des Geistes und der Kunst gegen die Politik eine zukunftsträchtige Auseinandersetzung mit dieser letzteren. Er habe das Ringen spät- bis nachbürgerlicher humanistischer Politik und »asketischer Inhumanität« um die »Seele des Abendlandes« beschrieben und weise bereits voraus auf die Zeit der terroristischen, menschenverachtenden Radikalität (ebd., 316). Thomas Mann unterstreicht hier seine unversöhnliche Gegnerschaft zum Totalitarismus. Er begründet sie, gerade in seiner Eigenschaft als Künstler, mit dessen prinzipieller Lügenhaftigkeit und Gewalttätigkeit - und dadurch, dass auf diesem Wege die Lüge zu einer »geschichtsbildenden Macht« werde. Demgegenüber wird jedoch die Unmöglichkeit betont, in einer »individualistischen Diaspora« der Freiheit zu leben, und die Gefahr artikuliert, dass der Mensch mehrheitlich »lieber den Schrecken will, als die Freiheit«. Verwiesen wird hier nochmals auf künstlerische Entsprechungen im *Zauberberg* und – im Vorübergehen - auf den *Doktor Faustus* (ebd., 317 f.).

Der Schlussteil des Essays riskiert es nun, als zukunftsweisende Perspektive einen Schulterschluss Amerikas und Russlands im Kampf für einen dauerhaften Weltfrieden, also eine Fortsetzung der alten »Waffengemeinschaft« zur Abwehr des Faschismus zu fordern, und gegen eine Entente zur Verteidigung der Demokratie gegen den Bolschewismus zu argumentieren. Mann erkennt zumindest einen Teil der Probleme, die sich der Verwirklichung seiner Vision entgegenstellen: auf der einen Seite die Wendung der von ihm an sich bewunderten Russischen Revolution zum Autokratischen, auf der anderen die von beiden »Imperialismen« aufrechterhaltenen Konstellationen des Kalten Krieges. Mann unterstreicht demgegenüber seine weit zurückreichende Verehrung der Menschlichkeit Russlands, und entwirft das Schreckensszenario eines nächsten »heißen Krieges« (ebd., 321) angesichts der jetzt disponiblen »Zerstörungsmittel« (ebd., 320).

Amerika und Russland sollen wieder zusammenfinden, sollen ihre Schwächen bemeistern, wenn sie nicht die Welt vernichten wollen. Ähnlichkeiten zwischen beiden werden beschworen: die beiderseitige »Größe« und »Großräumigkeit«, die »Großzügigkeit der Zeitbewirtschaftung«, mithin die Geduld, die bis ins Physiognomische hinein wahrnehmbare Menschlichkeit beider Gesellschaften. Ein neues Gleichgewicht zwischen den an sich demokratischen Prinzipien der Freiheit und der Gleichheit müsse gefunden werden; erst, wenn Russland sich gegen eine amerikanische Initiative einer »universellen Friedenskonferenz«, gegen eine »umfassende Finanzierung des Friedens« stelle, sei der Gedanke erlaubt, dass es den Frieden nicht wolle (ebd., 321 f.). Abschließend wird das Generalthema ›Zeit‹ nochmals angeschlagen; die geschenkte Zeit biete die Chance, »dass wir in ihr klüger, reifer, vollkommener werden«. Und die Hoffnung auf die »Gnade der Zeit« ist es, die der fünfundsiebzigjährige Autor der zukünftigen Welt mit auf den Weg gibt, auf einen Weg von »Friede und Freude« (ebd., 323 f.).

Die »unmittelbare Presseresonanz« auf den Vortrag war »recht gering«, besonders in Deutschland (vgl. Ess VI, 485); das war angesichts der politischen Ausrichtung der jungen Bundesrepublik nicht verwunderlich. Eine Sendung erfolgte anlässlich des 75. Geburtstags Manns am 6. 6. 1950 im Bayerischen Rundfunk. Zur weiteren Analyse der Einflüsse und zur Wirkung vgl. den Kommentar in Ess VI, 483–495.

Literatur

Jens, Inge: »...eingeholt von der Vergangenheit«. Der späte Thomas Mann und die Politik. In: *TMJb* 5 (1992), 171–187.

Ruprecht Wimmer

Unitarische Kanzelrede (Pulpit Editorial vor der First Unitarian Church, Los Angeles, 1951)

Diese kurze Ansprache ist ein Schlüsseltext für das politische und religiöse Denken des Amerikaners Thomas Mann, und zwar in zweifacher Hinsicht. Erstens stellt sie, über den aktuellen Bezug hinaus, seine wichtigste programmatische Äußerung zum amerikanischen Unitarismus und zur Unitarischen Kirche dar, denen er sich seit seiner Übersiedlung in die USA (und unter Rückgriff u. a. auf seine Whitman-Studien für die Rede *Von deutscher Republik*) zunehmend angenähert hatte. Zweitens verbindet dieser Text so konzise (und auf der Kanzel überdies so entschieden ›in statu confessionis‹) wie kein anderer die politische und die religiöse Dimension seines Denkens in dieser Zeit. Der zentrale Begriff der »applied Christianity« (GW XIII, 800) resümiert ein Ethos, das für den letzten Band des *Joseph*-Romans ebenso bestimmend wird wie für die Reden und Aufsätze etwa in *Order of the Day* (1942) und noch für den Schlussteil des *Erwählten*.

Unter den Neuerungen, die der 1948 in die First Unitarian Church in Los Angeles gekommene Pastor Stephen H. Fritchman einführte, waren ›Pulpit Editorials‹ in ihrer Genrebestimmung zwischen Vortrag und Predigt changierende Kanzelreden zu Zeitfragen. Manns Auftritt ergab sich aus engen persönlichen und politischen Beziehungen zu den amerikanischen Unitariern. Seine jüngste Tochter war von einem unitarischen Geistlichen in Princeton getraut, auf sein Betreiben hin waren vier Enkelkinder in der *First Unitarian Church* getauft und sein Bruder Heinrich dort bestattet worden. Mit dem wegen seiner sozialistischen Sympathien vom FBI verfolgten Fritchman, den er einen »defender of American evangelic freedom« nannte, hatte Thomas Mann mehrfach zusammengearbeitet; im Zusammenhang der auch sie beide betreffenden McCarthy-Verfolgungen hatten sich freundschaftliche Beziehungen ergeben.

Am 4.3.1951 hielt Mann in der *First Unitarian Church* eine Kanzelrede, die über das angekündigte Thema *The Unfinished Task: The Work of the Unitarian Service Committee* von Anfang an hinausging. Thomas Mann nutzte den Anlass zu einem grundsätzlichen Bekenntnis seiner Zuneigung zum amerikanischen Unitarismus im Allgemeinen und zu Fritchmans Gemeinde im Besonderen. Die Arbeit des *Unitarian Service Committee* – das auch Heinrich und Golo Mann zur Flucht nach Amerika verholfen hatte – dient ihm als Beispiel eines undogmatischen und pragmatischen Konzepts von Religion, zu dem er, der deutsche Lutheraner, sich nun bekennt und das er in Fritchmans Kirche verwirklicht sieht. In seiner Indifferenz gegenüber theologischen Dogmen und seiner pragmatischen, auch in ihren sozialistischen Akzenten undogmatischen Nächstenliebe repräsentiert der amerikanische Unitarismus für ihn ebenjenen »rejuvenated, religiously tainted humanism« (GW XIII, 801), den er als zeitgemäße Erscheinungsform des Christentums proklamiert; seine praktische Arbeit exemplifiziert »*applied* religion, *applied* Christianity« (ebd., 800). Unter Berufung auch auf Fritchmans Schrift *Unitarianism Today* (1950) sieht Thomas Mann beides in den politischen Aktivitäten der Unitarier ebenso verwirklicht wie in Hilfsprogrammen im Sinne des *social gospel*: »[T]he term ›Unitarianism‹ [...] became tantamount to the terms ›help‹, ›escape‹, ›safety‹« (ebd., 801).

Bemerkenswert ist auch die Konsequenz, mit der Thomas Mann sich, inmitten der zeitgenössischen Auseinandersetzungen in den Unitarischen Kirchen in den USA um die Bindung an das Christentum, auf die Seite der christlichen Tradition stellt. Die Begründung des ›angewandten Christentums‹ im Geheimnis Gottes umschreibt er in Ausdrücken, die an Paul Tillich erinnern: »[B]ent on bettering man's status and condition on earth, while at the same time honoring, and bowing in reverence to, the secret which lies at the bottom of all human existence and which must and will never be LIFTED, – for it is holy« (Detering 2012, 295). Die durch Gedankenstrich markierte Pause hebt diesen Schluss im Typoskript noch nachdrücklicher hervor als im Druck: Auch auf der Kanzel seiner unitarischen Gemeinde beharrt Mann auf einem religiösen Bekenntnis, das mit dem humanistischen nicht zusammenfällt, sondern ihm vorausgeht. Aus der Sicht Fritchmans, der Manns Text rückblickend als die eindrucksvollste Kanzelrede seiner 22-jährigen Dienstzeit würdigte, trug er damit auch zum Selbstverständnis der amerikanischen Unitarier bei: Thomas Manns Ansprache »helped to define the concept of religion we were attempting to circulate in those days« (Fritchman 1977, 131 f.).

Literatur

Detering, Heinrich: *Thomas Manns amerikanische Religion. Theologie, Politik und Literatur im kalifornischen Exil.* Frankfurt a. M. 2012 [darin auch der Text nach dem Typoskript: 295–297].

Fritchman, Stephen H.: *Heretic. A Partisan Autobiography.* Boston 1977.

Fritchman, Stephen H.: *Unitarianism Today.* Boston 1950.

Heinrich Detering

6 Tagebücher

Das Tagebuch des Schriftstellers – Verlegenheit und Irritation

»›Daily notes from 33–51. Without any literary value, but not to be opened by anybody before 20 [gestrichen: 25] years after my death.‹« – Was Thomas Mann noch vor seiner Rückkehr nach Europa, zu seinem 77. Geburtstag (Tb 5. 6. 1952; vgl. Tb 13. 10. 1950) handschriftlich auf drei »aus braunem Packpapier gefertigten und mit gewöhnlichem Bindfaden verschnürten, versiegelten Paketen« (Mendelssohn 1977, XIIIf.) vermerkte – und was seine Tochter Erika auf einem vierten Paket ein Vierteljahr nach dem Tode ihres Vaters bekräftigte –, steht für die Aporie eines jeden Schriftstellerdiariums. Es bewegt sich zwischen Klandestinität, dem Willen zur Absonderung eines ›Journal Intime‹, und vorauszusetzender (späterer) Öffentlichkeit. Diesen Zwiespalt (vgl. Schultz 1982, 129; Wuthenow 1990, 196) hat die Forschung durch fortgesetzte Überlegungen zur Poetik der Gattung abdecken wollen, indem sie »das Tagebuch als literarische Form« (u. a. Just 1963) zu erfassen suchte, um so »unserem Mißtrauen gegen den Wahrheitsgehalt« einer Textsorte des »Übergangs« (Rüdiger 1976, 26, 35) zwischen Leben und Werk, Realität und deren Fiktionalisierung zu begegnen. Der Verweis auf die ihr als Möglichkeit immanente Kunstform lässt in der Tat deutlich werden, auf welche Weise »das fiktionale Ich« (Jurgensen 1979) seit dem 18. Jahrhundert, dem Beginn der »Tagebuchkultur« (Boerner 1969, 42), die Progression eigener Subjektivität hat betreiben können und durch neue Ausdrucksformen eine stetig wachsende »Literarisierung des Privaten« (Görner 1986, 29) erreicht worden ist.

»Thomas Mann war während seines ganzen Lebens, von der Lübecker Gymnasiastenzeit an bis drei Wochen vor seinem Tode« – hier haben sich die Betrachter (Jens, TMHb, 721) offenbar um eine Woche verrechnet – »ein ebenso ausschweifender wie penibler Tagebuchschreiber«. Fortlaufend erhalten geblieben sind allerdings nur diejenigen Aufzeichnungen, die sein Werk seit der Emigration begleiten; die früheren fielen diversen Autodafés zum Opfer. Von einem solchen Vorgang (» – Übrigens: Ich habe es dieser Tage bei mir ganz besonders warm. Ich verbrenne nämlich meine sämmtlichen Tagebücher – ! – [...] Es wurde mir peinlich und unbequem, eine solche Masse von geheimen – sehr geheimen – Schriften liegen zu haben«) berichtet bereits ein Brief an Otto Grautoff (17. 2. 1896, BrGr, 70); sehr viel später heißt es: »Begann mit der Vernichtung alter Tagebücher« (Tb 20. 6. 1944). Und am 21. 5. 1945 (Tb): »alte Tagebücher vernichtet in Ausführung eines längst gehegten Vorsatzes, Verbrennung im Ofen draußen«. Golo Mann glaubt, sich als Augenzeuge daran erinnern zu können (Mendelssohn 1977, XIII). Aufzeichnungen der Zeit zwischen 1918 und 1921 sind offenbar nur deshalb erhalten geblieben, weil der Autor sich daraus Material für den *Doktor Faustus* zu entnehmen versprach (vgl. Mendelssohn 1977, XIVf.; Tb 26. 3. 1945). Doch auch deren Lektüre erscheint ihm »unzuträglich, verwirrend und niederdrückend« (Tb 5. 12. 1945). Und noch im Frühherbst 1950 begegnen ihm »Hintergedanken [...] alle Tagebücher in irgend einem sich empfehlenden Augenblick zu verbrennen« (Tb 15. 9. 1950). Die Aussicht auf posthume Leserschaft (»Heitere Entdeckungen dann, in Gottes Namen«) nimmt deren absehbare Irritation schließlich billigend in Kauf (Tb 13. 10. 1950).

Die Lektüre der zwischen 1977 und 1995 veröffentlichten Tagebücher hat für den Blick auf Thomas Mann tatsächlich einen entscheidend neuen Blickwinkel eröffnet. Eine ungeheure Diskrepanz tat sich auf zwischen öffentlicher und privater Autorfigur, auf irritierende Weise (vgl. Schulenburg 2005) offenbarte sich ein »Doppel-Leben« (Jens, TMHb, 731) als »Ineinander von Qual und Glanz« (Tb 20. 9. 1953). Der geborene ›Repräsentant‹ – grenzenlos anerkannt oder vielgehasst – bot gewissermaßen »eine Rückenansicht« (Kempowski 2007, 31), offenbarte die »Nacht- und Schattenseite« (Meyer 1999, 17) seiner Existenz; sichtbar wurden bis dahin nicht bekannte Gestehungskosten eines Werks, das von einer unbezweifelbaren Gewissheit getragen schien, aber quälenden Selbstzweifeln, »Depressionen und Ängsten« (Heftrich 1982, 107) abgerungen werden musste (vgl. Schirnding 2000, 269–271, 276f.) und fortwährender »Selbstherstellung und Selbststützung« (Guntermann 2003, 291) ihres Urhebers bedurfte.

Themen und Motive: Aus dem Alltag eines ›Repräsentanten‹

»Die Tagebücher Thomas Manns [...] bestehen vorwiegend aus höchst belanglosen, ja geradezu banalen Eintragungen« (Reich-Ranicki 1995, 180). Solches Befremden irritierter Leser richtet sich auf die vermeintliche Inferiorität und Einförmigkeit ihres Inhalts. Tatsächlich hat sich im Laufe der Zeit ein festes, wiederkehrendes Schema herausgebildet, dem die einzelnen Notate gehorchen. Einleitend stehen jeweils Bemerkungen zur Witterung und dem (schwankenden) körperlichen Befinden, im Rückblick auch auf gewährte »Schlaftiefe und -dauer« (Wysling 1987, 149); danach eröffnet sich ein Leben in der Kommunikation: Nachrichten des Tages aus Zeitungen und Rundfunk werden referiert und kommentiert; der Eingang von Post (»die üblichen Briefe, Bücher und Manuskriptsendungen«, Tb 12. 6. 1920) bringt Anfragen und Korrekturen, Reaktionen von bekannten und unbekannten Lesern. Dem gegenüber steht das Fortschreiten der Arbeit am jeweiligen Werk, summarisch nur festgehalten, etwa durch Angabe von geleisteter Seitenzahl im Manuskript, und bewertet durch Gemütsstimmung oder ästhetische Anmutung. Nach Ruhe erfolgt der tägliche Spaziergang, offen gelegentlich für Naturanblicke als Sedativum; zu Briefschreiben und -diktat gesellen sich empfangene oder abgestattete Besuche, Gespräche mit Gästen zum Essen, bisweilen gespiegelt im Austausch mit »K[atia]« oder erörtert mit den (älteren) Kindern. Den Abend gestalten zuweilen Vorlesungen im privaten Kreis, oft Theater, auch Kino, Oper oder Konzert, hilfsweise Musikdarbietungen auf dem häuslichen Grammophon (»für das ich eine etwas ins Lasterhafte abbiegende Leidenschaft habe«, Tb 21. 5. 1920); vor dem Schlaf steht die Lektüre zumeist literarischer Werke. Dieses Gleichmaß wird nur durchbrochen, wenn Reisen bilanziert werden, allzu oft als entbehrliche Störung, im Ungenügen an Mängeln der Umgebung und fraglich geworden durch Selbstzweifel und innere Unruhe; öffentliche Lesungen und Vorträge werden gemessen an Aufwand und Umständen der Vorbereitung und am Ausmaß der buchenswerten Resonanz.

Solcherart beschaffen sind Gerüst und Bauplan für den Alltag eines Schriftstellers, der sich mit Hilfe einer konsistenten »Ordnung und Regelmäßigkeit« (Wysling 1987, 143) und »Interesse fürs Detail« ihres Nachvollzugs »lebenslänglich, Tag für Tag« (Heftrich 1982, 110, 103) gegenüber den wechselnden Anforderungen seiner Umgebung zu wappnen suchte. Besonders deutlich wird dies an der lebensgeschichtlichen Scharnierstelle, dem »Choc des Exils« (Tb 8. 2. 1942), wenn der Diarist im Frühjahr 1934 in eigener Sache programmatisch bedenkt: »Diese Tagebuchaufzeichnungen, wieder aufgenommen in Arosa, in Tagen der Krankheit durch seelische Erregung und durch den Verlust der gewohnten Lebensbasis, waren mir ein Trost und eine Hilfe seither, und gewiß werde ich sie fortführen. Ich liebe es, den fliegenden Tag nach seinem sinnlichen und andeutungsweise auch nach seinem geistigen Leben und Inhalt fest zu halten, weniger zur Erinnerung und zum Wiederlesen als im Sinn der Rechenschaft, Rekapitulation, Bewußthaltung und bindenden Überwachung ...« (Tb 11. 2. 1934).

Das Werk als unabweisbarer Vorwurf

Thomas Manns Tagebuchaufzeichnungen verstehen sich nicht nur als Wiedergabe eines »genau geregelten, ja ritualisierten Alltags« (Reich-Ranicki 1995, 181), sondern auch als dessen Prüfung und »Bilanz« (Heftrich 1982, 108). So unabweisbar die Außenwelt präsent ist und gesucht wird, in Nachrichten und Meldungen, Briefen und Gesprächen – »die Überwachung der täglichen Arbeit« (Wysling 1987, 142) am Werk bleibt das gegenständige Thema. »Beschäftigung mit dem Manuskript« (Tb 14. 5. 1933) ist der gesuchte Mittelpunkt, zustimmend vermerkt oder zweifelnd, oft voll Skepsis, ja Abscheu: »Mißgestimmt, ungläubig, abgestoßen« (Tb 1. 3. 1920). »Jeder einzelne Tageseintrag ist auf den einen Satz zentriert: Ich habe am Werk weitergeschrieben« (Wysling 1987, 143).

Dieses Werk aber erscheint in auffällig reduzierter Weise, die Notate dazu erfolgen nicht nur in Abbreviatur, sondern verbleiben in einer Art von Schwundstufe. Gelegentlich erscheint Handwerkliches (zum *Zauberberg* etwa, dem Gesicht des alten Castorp: »habe kein rechtes Vorbild, kein Gesicht, kann mich zu keiner Barttracht entschließen«, Tb 28. 4. 1919); Problemstellungen sind eher resultathaft denn diskursiv festgehalten (»Von den 3 Möglichkeiten: [...] hat jede viel für sich und gegen sich«, Tb 11. 4. 1921). Auch die äußeren Bedingungen der Produktion werden als Hilfsmittel ins Kalkül gezogen: »Benutzte wieder das karrierte Papier, das das Schreiben erleichtert« (Tb 28. 10. 1921). Privater Vortrag des Gefertigten als erste Probe, im kleinen Kreis vor Katia, der Familie oder Freunden, gewährt womöglich beglückt vermerkte Rückversicherung (»enorme Begeisterung«, »exzeptioneller Eindruck«, »erfreuliche Anteilnahme«, »große Bewegung«, Tb 11./12. 7. 1937, 16. 7. 1937; 15. 9. 1937), allzu oft bewirkt er jedoch das Gegenteil: »Übrigens quälte, langweilte und ekelte mich, was ich 2 Stunden lang las, in höchstem Grade« (Tb 12. 4. 1921). Bemerkungen zum eigenen Lektürepensum belegen eine rastlose (»Las nachher wieder einmal in [...]«, Tb 11. 3. 1920), nimmermüde Suche nach Anregungen (»kann nützlich sein«, Tb 31. 5. 1921); der Autor als Leser von Fremdem, geradezu genäschig zu Büchern und Almanachen greifend, zeigt sich begierig nach und anfällig für Empfehlungen (»Zum Thee L. Hardt, der mir Prosa eines Pragers, Kafka, vorlas, merkwürdig genug«, Tb 1.8.1921), jederzeit offen für Trouvaillen: »Zum Abendessen Annette Kolb, die mir ziemlich mißfiel [...]. Sie pries sehr einen franz. Romancier, der Proust o. ä. heißen soll« (Tb 28.7.1920). Die Urteile über stattgehabte Leseerfahrungen, ob bei Keller oder Feuchtwanger, Fontane oder Werfel, sind grundiert von der Frage nach einem impliziten Vergleich (des Werks der A. Seghers etwa; Tb 3.7.1950) zum eigenen Tun. Seine »Empfänglichkeit für künstlerische und intellektuelle Eindrücke« (Reich-Ranicki 1995, 185) bestärkt ihn darin, die Aufmerksamkeit auf jene eigenen, bleibend gültig sein sollenden literarischen Zielgrößen zu bündeln, die ein früh projektierter Vortrags- und dann Essay-Titel benennt: »›Goethe und Tolstoi‹« (Tb 24.4.1921).

Form – das zurückgenommene Ich

Der »Ichbezogenheit, oder sagen wir besser: der autobiographischen Neigung Thomas Manns« (Koopmann 1987, 204) sind viele Deutungen zuteil geworden. Die Tagebücher belegen dieses Merkmal für das Schreiben des Autors auf eine paradoxe Weise. Das ›Ich‹ ist in ihnen als Inhalt und Thema dezidierter Selbstwahrnehmung zentral und besitzergreifend (»Sitze wieder an meinem geretteten, schönen Mahagoni-Schreibtisch in meinem Küsnachter Arbeitszimmer, nachdem ich die Nacht gut und beruhigt unter meiner geliebten purpurnen Seiden-Steppdecke, die so leicht und warm ist, geschlafen« Tb 10.2.1934). Der Autor erscheint allgegenwärtig – bis in die beiläufigste Privatheit, wenn der Gang »zum Haarschneiden« etwa (Tb 3.10.1950) oder zur Fußpflege (Tb 19.5.1945) vermerkt wird, oder die schon sprichwörtlich gewordene abendlich genossene »Chokolade« (vgl. Reich-Ranicki 1995, 181) wiederholt Erwähnung findet. Doch dieses noch in randständigsten Details omnipräsente, zentral aufgestellte Ich tritt als Form, Personalpronomen der Ersten Person, grammatikalisch in auffälliger Weise zurück: »Kurzer Abendgang in Seide flußabwärts zwischen den Fledermäusen, vor denen mich fürchte« (Tb 18.9.1918). In »Thomas Manns nach vorne drängendem und die hinteren Satzglieder [...] zurücklassendem Tagebuchduktus« (Maar 2000, 12) ist eine zunehmende Tendenz zur Verknappung zu beobachten; bis in Satzbau und Grammatik hinein erscheint das Ich suspendiert, und dies nicht nur aus Gründen der Schreibkommodität. Allzu verbreitet begegnen Einwortsätze, »die als Abbreviaturen und Konkremente figurieren, mit dem Ziel einer Eskamotage desjenigen, was gleichwohl unverhüllbar bleiben muß.« Auch die Litotes als Redefigur, die auf zurückgenommene Weise »Beifälliges in eigener Sache zu sagen erlaubt« (Guntermann 2004, 174), trägt zu einer solchen Kontraktion, ja Verkapselung bei. Derartige Stilmerkmale dürfen nicht als ästhetischer Mangel missverstanden werden (»nichts hat er so schnell und schludrig, so schlecht geschrieben wie diese Tagebücher«, Reich-Ranicki 1995, 180). Vielmehr verweist der Zug zur verbalen Zurücknahme des Subjekts auf eine grundlegende Aporie diaristischer Selbstvergewisserung. Nirgends wird dies deutlicher als im Notat lebensgeschichtlicher Wendepunkte: » – Fast hätt' ich's vergessen: Mitteilung der philos. Fakultät von Bonn über Aberkennung des Ehrendoktors als Folge der Ausbürgerung. – Antwort erwogen« (Tb 25.12.1936). Die inszenierte Reduktion des Ich gewinnt ihre Funktion als eine Form, die fremde Ansprüche anschaulich macht und zugleich die Berechtigung der eigenen Reaktion sanktionieren soll. In ihr und mit ihrer Hilfe hat eine unaufhörlich neu zu bestimmende Balance von Innen und Außen, dem Privaten und dem Allgemeinen zu erfolgen. Noch dann, wenn die äußeren Umstände gegenüber den Interessen des Chronisten die Oberhand zu behalten drohen, bleibt in der Form Widerstand dagegen aufgehoben, als Vermeidung des direkten, zur Billigung genötigten Subjekts: »Dies hat meine Zustimmung« (Tb 17.5.1933).

Eine staunenswerte Fülle von sprachlichen Kunstgriffen steht Thomas Mann zu Gebote, um die Außenwelt auszubreiten und gleichwohl in ihre Schranken zu verweisen, um das Ich zentral zu halten und dabei doch zurückzunehmen, Widerständiges anzuerkennen und zugleich eine Abwehr gegen sie zu organisieren. Dazu muss der fremden »Kalamität« (»Schnee- und Wetterkalamität draußen«, Tb 8.3.1920; »Im Hotel Licht-Kalamität für einige Zeit. Auch der Elevator gestört«, Tb 22.10.1943; u. ö.) die Schuld an der Störung eigener Unversehrtheit schreibend vorgehalten werden. So wie im »Zug ½6 nach Chicago«: »Bed-rooms über der Achse, unerlaubt schwankend und stoßend« (Tb 15.8.1949). Oder, auf der ›Queen Elizabeth‹: »Übertriebenes Rollen des Schiffes« (Tb 15.5.1947). Oder: »Die Ohren bleiben in ungehörigem Zustand« (Tb 29.9.1949). Solcher »Widerspruchsharmonie«, wie sie auch als Strategie seines literarischen Werks beschrieben worden ist (Baumgart 1989, 243), gehorchen eigene Wortbildungen, mit denen sich erfinderisch und ingeniös sein Lexikon erweitert und immer neue Annäherungen an eigene physische (»Rektal-Angelegenheit«, Tb 2.6.1951) und psychische Defizienz erfolgen (»müde und nerventraurig«, Tb 24.12.1933; vgl.

Schirnding 2000, 276–278, 286 f., 290). Rare Komposita sind auf diese Weise entstanden, die, wie in Romanform eingesetzt (wenn er Goethe Lottes Besuch in Weimar als »›lieb-erwünscht‹« ansprechen lässt), »einem vorbedachten, die Dinge vom ersten Worte an entschieden regelnden Ausweichen« dienlich sein können (GKFA, 9.1, 389; Ruge 2006, 475); auch Aspekte seiner »scheinbar abschweifende[n]« (Frizen 1995, 856) Verwendung von Attributen und Adverbien fallen hierunter, sogar Strategien assoziativ-appositionierender Zeichensetzung (vgl. Guntermann 2004). Das »merkwürdige Mißverhältnis zwischen dem von Thomas Mann ja ausdrücklich bezeugten literarischen Desinteresse an sich selbst, autobiographischer Abneigung also, und diesem persönlichen Rechtfertigungsbedürfnis, dieser kathartischen Neigung zur dennoch fast unablässigen Selbstbeschäftigung«, wäre von hier aus auch für sein fiktionales Werk weiter zu verfolgen, wenn »man sich entschließt, in der Selbstdarstellung, der Autobiographisierung«, vollzogen auf dem Wege einer »Mythisierung von Vorgängen und Figuren«, »den eigentlichen Motor der epischen Darstellung« zu sehen (Koopmann 1987, 200, 202).

›Bindende Überwachung‹ – das Exil als Zäsur

Die frühesten erhaltenen Tagebücher 1918–1921 stellen, text- und werkgeschichtlich gesehen, nicht nur »eines der aufschlußreichsten Zeugnisse dar, die wir von Thomas Mann über ihn selbst besitzen, überragend sogar im Vergleich mit den übrigen Tagebüchern« (Heftrich 1982, 106); sie mögen »manchem Leser, dessen Vorstellungen sich an den Schriftsteller in seiner zweiten Lebenshälfte heften, bis zur völligen Unbegreiflichkeit fremd sein« (Mendelssohn 1977, IX). Die Differenz zu den späteren Aufzeichnungen ist unverkennbar – und nur aus literaturpsychologischer Perspektive heraus (vgl. Renner 1985, 132) lässt sich eine Konstanz hypostasieren; hier ausführlichste Selbstbefragungen und quälend kreisende Umschau, dort immer weiter ins Lakonische voranschreitende, einander gleichbleibend werdende Fixierung. Die frühe Berichtszeit fiel »mit einer der prekärsten Phasen in Thomas Manns Leben zusammen« (Heftrich 1982, 106). Die letzten Monate des Ersten Weltkriegs und die militärische Niederlage, Novemberrevolution und Januarunruhen, Versailler Friedensvertrag, Kapp-Putsch und einsetzende Inflation verlangten dringend nach einer geistigen und politischen Positionierung. Die Tagebücher legen die fraglichen Hälften einer gespaltenen Existenz und Selbsterfahrung offen und tragen bei zu einer geänderten Wahrnehmung und Verarbeitung der sich wandelnden Umgebung und zu einer neuen Teilhabe am Zeitgeschehen. Aber auch die lebensgeschichtliche Erschütterung des Exils, die fortschreitende äußere und innere Entfernung zu Deutschland, wird sich in ihnen niederschlagen; die Ungewissheit über den Verbleib des in München zurückgelassenen ›Handkoffers‹ mit sämtlichen Vorgängerheften ließ sie zeitweilig in den Mittelpunkt der Sorge rücken: »Meine Befürchtungen gelten jetzt in erster Linie u. fast ausschließlich diesem Anschlage gegen die Geheimnisse meines Lebens. Sie sind schwer und tief. Furchtbares, ja Tötliches kann geschehen« (Tb 30. 4. 1933).

Einzelne lebensgeschichtliche Stationen lassen sich entlang der Tagebücher und mit ihrer Hilfe verfolgen, werkgeschichtliche Schwerpunkte (Meyer 1999) können nachvollzogen, bis in kleinformatige thematische Stichworte hinein identifiziert werden – und sind, umgekehrt, bei der Absicherung der »Chronik« seiner Biographie (Kurzke 1999) behilflich: so die gespannte Erwartung und bald zwiespältige Wahrnehmung der Resonanz, die den *Betrachtungen eines Unpolitischen* zuteil wird (1918), oder der private Hintergrund seiner Arbeit an den Idyllen *Herr und Hund* und *Gesang vom Kindchen* nach der Geburt der Tochter Elisabeth (1918); wechselnde Etappen des 1933 einbrechenden Exils finden sich kommentiert und durchbrochen durch erste Reisen in die USA; gegen die Aberkennung der deutschen Staatsbürgerschaft (1936) und den Entzug des Ehrendoktor-Titels der Bonner Universität (1937) stehen die Befassung mit der Welt des *Joseph* und die Zeitschrift *Mass und Wert*. Wir sehen den Autor nach der Übersiedlung nach Amerika auf dem Höhepunkt seiner öffentlichen Wirkung (*Deutsche Hörer! 25 Radiosendungen nach Deutschland*), erfahren von Differenzen innerhalb der Gemeinde der Exilanten in Kalifornien und deren Bedrohung durch das *Committee on Un-American Activities*. Das Wiedersehen mit Deutschland findet einen triumphalen Rahmen, unter Goethes Zeichen in Frankfurt und Weimar 1949, der verwundert, mit Genugtuung und zugleich skeptisch-reserviert festgehalten wird, ähnlich wie die Randumstände einer von Papst Pius XII. gewährten Privataudienz 1953 (Tb 1. 5. 1953). Verlusterfahrungen (durch den Tod des Sohnes, des Bruders) finden ihre Entsprechung in der Klage über verlorengegangenen Schaffensantrieb – und lassen selbst deren Notat fragwürdig erscheinen: »Ich sollte aufhören, dies nutzlose, leere Tagebuch zu führen, aus Scham vor meiner gegenwärtigen elenden Existenz« (Tb 21.6.1954). Doch bietet sich eben dieses Tagebuch bis zu seinem letzten Eintrag für wache Selbstbeobachtung bereit: »Lasse mir's im Unklaren, wie lange dies Dasein währen wird. Langsam wird es sich lichten« (Tb 29.7.1955).

Generell gilt, dass die Aufzeichnungen das aktuelle Tagesgeschehen überwiegend kleinformatig festhalten, mit entsprechend kurzschrittigen Wendungen von Perspektive und Einschätzung; die politischen Vorstellungen bleiben anfangs, während der »Jahre der Prüfung und Wandlung« (Kurzke 2010, 133), entwickelt in schmerzlich empfundenem Widerspruch gegenüber dem Bruder Heinrich, als »Orientierungsversuche« (Kurzke 1999, 269) durchaus zweifelhaft (»›demokratische Diktatur‹ oder ›diktatorische Demokratie‹«, Fechner 1990, 155), unsicher und schwankend in politisch sich gebenden ›Begriffen des Unpolitischen‹ (Meyer 1999, 101). Demgegenüber gewinnen die Ausblicke, in denen es ihm gelingt, politische und gesellschaftliche Tendenzen mit seiner Selbstwahrnehmung als Künstler zu verbinden und auf Anschauungsformen der eigenen, ästhetischen Praxis zu stützen, zunehmend an Tiefe und diagnostischer Klarheit. Das Herstellen von Beziehungen (»unter dem Gesichtspunkt der Einheit des Lebens und des Werks«, mit ›Unterbrechung‹, ›Wiederaufnahme‹, ›Fortführung‹, ›Rückgriff‹; Tb 21.3.1943), die Bereitschaft zu fortwährender Referenz und Analogiebildung, ist bereits als (›intertextuelles‹) ästhetisches Verfahren für Manns Werk anerkannt (vgl. Pikulik 2013, 19f.). Im Tagebuch greift er hierzu etwa auf die Kohärenz von Daten zurück: »Der Kreis ist also geschlossen, wir sind, um 5 Uhr, wieder hier angelangt, wo ich voriges Jahr, ein wenig später schon, am 15. März, diese neuen Aufzeichnungen begann« (Tb 26.2.1934). Oder er hält Ausschau nach einem inneren, gedanklichen Konnex, wie bei Gelegenheit der Lektüre einer erkenntnistheoretischen »Kritik der Einstein'schen Theorie«: »worin das Problem der Zeit wieder die Rolle spielt, deren heutige Urgenz ich bei der Conception des Zbg, wie die politischen Antithesen des Krieges, anticipierte« – so konstatiert er dabei mit »Genugthuung« seine »seismographische Empfindlichkeit« (Tb 3.3.1920). »Mit dem Joseph bin ich früher fertig geworden, als die Welt mit dem Fascismus« (Tb 8.1.1943) – ein auf solche Weise organisierter Überblick sucht die Auseinandersetzung mit fremder Umgebung und erlittener Geschichte dem eigenen Maßstab anzumodeln und ihn mit jenen abzugleichen; daraus erwächst eine haltgebende Struktur für die (veränderten) Lebensgewohnheiten und Umstände, die dann in diaristischer Spiegelung, Konservierung und Entsprechung wiederkehren. Nur ausnahmsweise politische Akteure (wie später Roosevelt), vor allem Künstlergestalten (*Goethe und die Demokratie*) sind es, die als Referenzfiguren für politische Ideale (vgl. Fechner 1990, 190) und Ansporn zu »Nachahmung im mythischen Sinn, Nachfolge also« dienen (Tb 23.10.1933). Sie bestärken den Diaristen in seinem Vorsatz und seiner Bereitschaft, alles ihm Zufallende oder Zustoßende im Lichte ästhetischer Kategorien zu fassen. Auf diese Weise kann auch die entscheidende Lebenswende der Exilierung unter einem der Kunst affinen Vorzeichen darstellbar und einsehbar werden: »ein schwerer Stil- und Schicksalsfehler meines Lebens« (Tb 14.3.1934).

Ästhetisch vermittelte Zeitgenossenschaft

So nimmt es nicht Wunder, wenn für Thomas Manns Gestalt gewordene Einsicht, dass Kunst und Politik nicht zu trennen seien, als literarischer Beleg mit dem *Doktor Faustus* schließlich ausgerechnet jener Roman angeführt werden kann (Pikulik 2012, 151), für dessen Vorbereitung die frühen Tagebücher hatten studiert werden sollen (und so der Vernichtung entgingen). Und umgekehrt der gegen Kriegsende als ›Politicum‹ neu aufgenommene, 1946 erschienene Essay *Leiden an Deutschland* ursprünglich als »›Tagebuch‹«-Veröffentlichung (Tb 4.7.1945) projektiert gewesen ist. Das »bleibend Unpolitische« seines Argumentierens darf nicht täuschen (Kurzke 1999, 354): Im Lichte der Kunst wird in den Tagebüchern Politisches kenntlich – das paradoxal anmutende Ansinnen, »anti-politisch« (Tb 22.3.1919) die eigene Teilhabe an politischen Bewegungen verstehen zu wollen, wird schon früh formuliert. Im Laufe der Jahre, parallel zur Geschichte der Weimarer Republik und dann als Spiegelbild der Erfahrungen des Exils, des Zweiten Weltkriegs und des ›Cold War‹, entwickelt sich dieser Vorsatz – auch in Auseinandersetzung mit Forderungen und Wünschen seiner Kinder Erika und Klaus – zu einer elaborierten, antifaschistisch (Kurzke 2010, 219) zu nennenden Strategie. Ästhetisches Ungenügen (am gewalttätigen Zugriff Hitlers auf deutsche Zustände: »keß-sadistisch«, »schauderhaft und miserabel«, Tb 17.3.1933) wird zum Hebel, die eigene Haltung gegenüber der gesellschaftlichen Gegenwart zu bestimmen. Eine solche Haltung lässt sich »narzißtisch und ästhetizistisch« nennen und das Tagebuch ansehen lassen als »Therapeutikum zur Ermöglichung eines moralischen Werks« (Kurzke 2010, 306). Doch in welchem Maße der Diarist darin sich selbst, vor dem Horizont der geschichtlichen Verwerfungen, als historisch zu sehen und seinen Standort zu relativieren weiß, illustriert etwa die Kommentierung des Kriegsendes im Mai 1945 (Tb 7.5.1945; vgl. Guntermann 2003, 302 f.). Die Vorstellung eines *Bruder Hitler*, das vielleicht instruktivste Beispiel für »Thomas Manns Neigung, sich in andere hineinzusehen« (Koopmann 1987, 206), macht eine Auseinandersetzung mit dem Nationalsozialismus als Kultur-, ja Stilkritik möglich (Tb 8.9.1933: »Die Gedanken, die er [...] hilflos, sich immer wiederholend, unter beständigen Entgleisungen und in einem erbarmungswürdigen Stil, aneinander reiht, sind die eines hülflos bemühten Klippschülers«). Der Tagebuchschreiber verschafft sich damit Abstand und Nähe zugleich und kann in Engführung von politischer und ästhetisch-moralischer Sicht seine Teilhabe und zugleich Reserve gegenüber den Zeitläufen haltgebend und zielsetzend begründen. Das wird ihn schließlich auch davon abhalten, die ihm angetragene Position des Repräsentanten eines »neuen Deutschland« (Tb 16.2.1943, 7.7.1943) anders denn als geistig-künstlerischen Auftrag zu verstehen. Der »Verdruß an der Zukunftswelt« (Meyer 1999, 182) in den späten Notaten richtet sich vornehmlich auf den für ihn absehbaren Gang der Zeitgeschichte; aber auch der Blick auf das eigene Werk hält schließlich nur noch retrospektiv Ansehnliches bereit: »Die Neigung zur Bewunderung des früher Gekonnten – bedenklich« (Tb 28.8.1953).

Tagebuch und Werk – Deutungshorizonte

Thomas Manns Tagebücher haben der Forschung neue Wege gewiesen (vgl. Detering/Stachorski 2008, 7–12). Mit der in ihnen anzuschauenden Doppelung von Leben und Literatur sind sie als (frühes) Modell des Werks und als Argument für deren innere Einheit (Mayer 1980, 458) angesehen worden. Unterstellt wird dabei etwa, sie lieferten »diskursive Versatzstücke« einer Selbstbeobachtung, »die durch den höheren Grad ihrer Bewußtheit von Anfang an zur produktiven Verarbeitung im schöpferischen Entwurf drängen. Von Anbeginn werden hier erlebtes und erdachtes Leben als korrespondierend und symmetrisch behandelt« (Renner 1985, 128). In der Tat erscheint es möglich, anhand der diaristischen Technik Beziehungen zwischen autobiographischem, essayistischem und fiktionalem Schreiben nachzugehen und in ihnen gleichermaßen »Autoanalyse« eigenen Lebens und »Imitatio« (Renner 1985, 185, 197) fremder Literatur wirksam zu sehen. Fraglich nur, ob in diesem Zusammenhang ein durchgängig »sexuell bestimmte[r] Fokus der unterschiedlichen Themen« (Renner 1985, 132) angenommen werden muss. Auch hier bietet sich eine komplementär gerichtete Betrachtung zumindest ergänzend an, die aus den Notaten und deren lebensgeschichtlichem Fundus Tendenzen ihrer möglichen Fiktionalisierung abzulesen weiß. Beeindruckt doch immer wieder, mit welchem literarischen Aufwand in ihnen die Anverwandlung (homo-)erotischer Antriebe des Schreibenden unternommen worden ist. Ein spätes und nachdrückliches Beispiel hierfür ist die Spannweite wechselnder Adressierungen und Ansprachen, die der 75-Jährige während der vielbeachteten ›Kellner‹-Episode für das adorierte Objekt findet (Tb 3.7.1950 – 28.8.1950: zwischen »F. W.« und dem »Erreger«; vgl. Kurzke 1999, 566–576). Ihre Varianz und Kohärenz, und die Reichweite und Eintauchtiefe, mit der deren vorbehaltlose Reflexion (über die Bedingungen der Möglichkeit von ›Liebe‹) erfolgt, sprechen für die durchgängige Bereitschaft und Fähigkeit des Autors, Reales an Möglichem zu messen und (eigene) Wirklichkeit der Fiktion zu überantworten. Verantwortlich für die Aufhebung des Wirklichen in der Welt des Vorzustellenden wäre dann eine offensichtliche Aufgabenteilung zwischen Tun und Besinnung, mithin ein gesteigerter, virtualisierter Vollzug im Sinne einer ›illusionären Existenzform‹ (Wysling 1982): »Der eine erlebt und der andere schreibt auf«. – »Als Tagebuchschreiber ist Thomas Mann stets tätig als sein eigener Doppelgänger«. Eine solche »Zweiteilung« aber entspricht jenem ›epischen Prinzip‹ (Mayer 1980, 452, 460) schlechthin, das die Forschung in seinem fiktionalen Werk in Form eines dem Geschehen allgegenwärtig vor- und zugeschalteten auktorialen Erzählers glaubt annehmen zu dürfen. Insofern mag der Blick auf die Tagebücher auch dabei behilflich sein, unterschiedliche Antriebe, die im literarischen Kontext selbst wirksam werden, wiederzufinden. Von »der protestantischen wie der narzisstischen Verfassung« Manns ist gesprochen worden, seinem puritanisch-bürgerlichen Ethos und Pflichtbewusstsein einerseits und griechisch-dionysisch anmutender »Künstler-Selbstverliebtheit« auf der anderen Seite: »Was im *Doktor Faustus* und im *Krull* am extremsten auseinandergefaltet ist, das steht in den Tagebüchern auf engstem Raum beisammen. Ihre Lektüre ist gerade deshalb so intrikat« (Wysling 1987, 151, 147, 152).

»Warum schreibe ich dies alles?« (Tb 25. 8. 1950)

Thomas Mann sind seine Diarien bleibend fraglich geblieben, als Tun (»das Falsche, Schädliche und Kompromittierende«) und als Besinnung: »Nahm die alten Tagebücher an mich und graute mich vor ihnen« (Tb 8. 2. 1942). Dennoch bleibt »die nahezu magische Wirkung dieser Prosa« (Reich-Ranicki 1995, 183), die ihr Verfasser fortführte, um das Kleine mit dem Großen, seinen privaten Lebensalltag mit der Geschichte zusammenzuführen und zusammenzuhalten. »Übrigens hat die bisherige Art, das Tagebuch zu führen, keinen Sinn. Werde nur noch Bemerkenswertes eintragen«, nimmt sich Mann am 20. 1. 1919 vor (Tb). Gerade daran wird er sich nicht halten können. Oder besser: Was als ›bemerkenswert‹ erscheint, wird immer wieder neu ausgehandelt werden müssen, zwischen Antrieb des Innen und Zumutungen des Außen, die beide zu verbuchen und miteinander zu vermitteln sind. Es spricht nicht nur für den Quellenwert, sondern auch für die ästhetische »Wahrheit und Lüge des Diaristen« (Boerner 1969, 30) und seiner Aufzeichnungen, dass der Autor in ihnen uns sehen lässt, »wie die Dinge sich fügen« (Tb 27. 8. 1950), und einen Einblick in jene Erhaltungssysteme gewährt, die der (willentlichen, oft gewaltsamen) Herstellung, ja Erzwingung von Souveränität dienen. So haben wir teil an den Grenzen schreibender Selbstvergewisserung und an deren Überwindung – prospektiv und unter der Einwilligung in die Zeit als zurechtrückende Größe; auch hier noch bleibt Literatur, die Schlusszeile aus Platens XLIX. Ghasel, letzte Bezugsgröße: »Es kenne mich die Welt, aber erst, wenn alles tot ist. – – « (Tb 13. 10. 1950)

Literatur

Baumgart, Reinhard: Das Leben – kein Traum? Vom Nutzen und Nachteil einer autobiographischen Literatur. In: *Jahrbuch der Deutschen Akademie für Sprache und Dichtung* (1984), 15–35.

Boerner, Peter: *Tagebuch*. Stuttgart 1969.

Detering, Heinrich/Stachorski, Stephan (Hg.): *Thomas Mann. Neue Wege der Forschung*. Darmstadt 2008.

Fechner, Frank: *Thomas Mann und die Demokratie. Wandel und Kontinuität der demokratierelevanten Äußerungen des Schriftstellers*. Berlin 1990.

Frizen, Werner: Thomas Manns Sprache. In: *TMHb*, 854–873.

Görner, Rüdiger: *Das Tagebuch. Eine Einführung*. München/Zürich 1986.

Guntermann, Georg: Zur Wahrnehmung von Geschichte in Thomas Manns frühen Tagebüchern. In: Michael Braun/Birgit Lermen (Hg.): *Man erzählt Geschichten, formt die Wahrheit. Thomas Mann – Deutscher, Europäer, Weltbürger*. Frankfurt a. M. 2003, 291–304.

Guntermann, Georg: Geschichte, vergrößert – Zur Poetik der Satzzeichen bei Brecht u. a. In: *Zeitschrift für Deutsche Philologie* 123 (2004), Sonderheft, 161–178.

Heftrich, Eckhard: *Vom Verfall zur Apokalypse. Über Thomas Mann. Bd. II*. Frankfurt a. M. 1982.

Jens, Inge und Walter: Die Tagebücher. In: *TMHb*, 721–741.

Jurgensen, Manfred: Das Tagebuch in der zeitgenössischen Literatur. In: *Universitas* 32 (1977), 685–692.

Just, Klaus Günther: Das Tagebuch als literarische Form. In: *Zeitwende* 34 (1963), 751–760.

Kempowski, Walter: »Das größte Leseerlebnis für mich waren seine Tagebücher«. Dankesrede von Walter Kempowski anlässlich der Übergabe des Thomas-Mann-Preises am 7. August 2005 im Scharbausaal der Stadtbibliothek. In: Ruprecht Wimmer/Hans Wißkirchen (Hg.): *Vom Nachruhm. Beiträge zur Lübecker Festwoche 2005 aus Anlass des 50. Todesjahres von Thomas Mann*. Frankfurt a. M. 2007, 27–32.

Koopmann, Helmut: Thomas Manns Autobiographien. In: Ralph Ley u. a. (Hg.): *Perspectives and Personalities. Studies in Modern German Literature Honouring Claude Hill*. Heidelberg 1987, 198–213.

Kurzke, Hermann: *Thomas Mann. Epoche – Werk – Wirkung*. 4., überarb. u. aktual. Aufl. München 2010.

Kurzke, Hermann: *Thomas Mann. Das Leben als Kunstwerk*. München 1999.

Maar, Michael: *Das Blaubartzimmer. Thomas Mann und die Schuld*. Frankfurt a. M. 2000.

Mayer, Hans: Die Tagebücher. In: Ders. (Hg.): *Thomas Mann*. Frankfurt a. M. 1980, 449–501, 527.

Mendelssohn, Peter de: Vorbemerkungen des Herausgebers. In: Mann, Thomas: *Tagebücher 1933–1934*. Hg. von Peter de Mendelssohn. Frankfurt a. M. 1977, V-XXII.

Meyer, Martin: *Tagebuch und spätes Leid. Über Thomas Mann*. München/Wien 1999.

Pikulik, Lothar: *Thomas Mann. Der Künstler als Abenteurer*. Paderborn 2012.

Pikulik, Lothar: *Thomas Mann und der Faschismus. Wahrnehmung – Erkenntnisinteresse – Widerstand*. Hildesheim/Zürich/New York 2013.

Reich-Ranicki, Marcel: »Bin ich am Ende?« Über den zehnten und letzten Band der Tagebücher Thomas Manns. In: *Der Spiegel*, 11. 12. 1995, 180–190.

Renner, Rolf-Günter: *Lebens-Werk. Zum inneren Zusammenhang der Texte von Thomas Mann*. München 1985.

Rüdiger, Horst: Das Tagebuch als Literatur. Versuch über das Tagebuch als literarische Form. In: *Deutsche Akademie für Sprache und Dichtung. Jahrbuch 1975* (1976), 24–35.

Ruge, Nikolaus: Methodische Bemerkungen zur Untersuchung der so genannten Bindestrichkomposita Thomas Manns. In: *Wirkendes Wort* 56 (2006), 475–488.

Schirnding, Albert von: »Darmaffektation, Nerventiefstand«. Der leidende Thomas Mann im Spiegel seiner Tagebücher. In: Thomas Sprecher (Hg.): *Vom »Zauberberg« zum »Doktor Faustus«. Die Davoser Literaturtage 1998*. Frankfurt a. M. 2000, 269–293.

Schulenburg, Silke: »Es kenne mich die Welt, aber erst wenn alles tot ist«. Die Veröffentlichung der Tagebücher Thomas Manns 1977–1995. In: Kulturstiftung der Hansestadt Lübeck (Hg.): *Das zweite Leben. Thomas Mann 1955–2005. Das Magazin zur Ausstellung*. Lübeck 2005, 42–47.

Schultz, Uwe (Hg.): *Das Tagebuch und der moderne Autor. Günther Anders, Heinrich Böll, Elias Canetti, Marie Luise Kaschnitz, Wolfgang Koeppen, Hans Werner Richter, Arno Schmidt, Ulrich Sonnemann*. München 1982.

Wuthenow, Ralph-Rainer: *Europäische Tagebücher. Eigenart, Formen, Entwicklung*. Darmstadt 1990.

Wysling, Hans: *Narzißmus und illusionäre Existenzform. Zu den Bekenntnissen des Hochstaplers Felix Krull*. Bern/München 1982.

Wysling, Hans: Thomas Mann als Tagebuchschreiber. In: *Internationales Thomas-Mann-Kolloquium 1986 in Lübeck* (1987), 139–155.

Georg Guntermann

7 Briefe

Kunstübung

Als in der Novelle *Tristan* der Dichter Detlev Spinell einen Brief schreibt, merkt der Erzähler leicht sarkastisch an (GKFA 2.1, 358): »Die Worte schienen ihm durchaus nicht zuzuströmen, für einen, dessen bürgerlicher Beruf das Schreiben ist, kam er jämmerlich langsam von der Stelle, und wer ihn sah, mußte zu der Anschauung gelangen, daß ein Schriftsteller ein Mann ist, dem das Schreiben schwerer fällt, als allen anderen Leuten.« Auch über sein eigenes Briefschreiben hat Thomas Mann manchmal betrübte Berichte geliefert. Meist handelt es sich um Entschuldigungen für ungenügende, zu kurze, flüchtige, verspätete oder ganz versäumte Korrespondenz. So heißt es in einem Brief aus dem Jahr 1908 an Ida Boy-Ed (GKFA 21, 389): »Ich bin zu träge, schwerfällig und meistens zu schlaff und gelangweilt durch meine unselig langsame Produktionsart, um ein aufgelegter und mitteilungsfreudiger Briefschreiber zu sein.«

Das war indes Rhetorik. Tatsächlich stellte Mann an sein Briefschreiben hohe und höchste Ansprüche, und der Aufwand an Zeit und Künstlergewissenhaftigkeit wich nicht von jenem des Erzählwerks ab. »Sollte ein namhafter Mann und ernster Künstler lieber nicht so viel Zeit daran wenden, [...] ewig namenlose Kinder mit glänzenden Briefen zu unterhalten?« fragt er sich schon um 1904 im Notizbuch (Notb II, 112 f.) und gibt zur Antwort: »Ich thu es dennoch; habe Würde genug, um viel verschwenden zu dürfen. Solche Briefe sind eine Kunstübung wie eine andere, und da ich nachmittags an das eigentliche, repräsentirende, symbolisirende ›Werk‹ fast niemals Hand zu legen wage, so sehe ich nicht, wie die Stunden besser zu nutzen wären.« An dieser Übung hielt Thomas Mann ein Leben lang fest.

Der früheste Brief, der sich erhalten hat, stammt von dem Vierzehnjährigen aus dem Jahr 1889 und ist an sein Kinderfräulein Frieda L. Hartenstein gerichtet, der letzte Brief vom 10. 8. 1955, zwei Tage vor seinem Tod, an seine Übersetzerin Lavinia Mazzucchetti. Setzt man die sechsundsechzig Jahre, die dazwischenliegen, mit der Zahl der bekannten Briefe in ein Verhältnis, so ergibt sich, dass Thomas Mann im Durchschnitt mehr als einen Brief pro Tag verfasst hat.

Bestände und Rang

Denn der ›Großschriftsteller‹ war auch ein Großbriefschreiber. Die meisten Briefe und Briefkopien werden im Thomas-Mann-Archiv der ETH Zürich (TMA) aufbewahrt, das sie systematisch sammelt; zahlreiche davon wurden ihm bereits von der Erbengemeinschaft übergeben. 1976 sprach Hans Wysling davon, dass etwa 14.000 Briefe zusammengetragen seien. Heute liegen im TMA etwa 21.000 Briefe, darunter über 2.000 Originale. Insgesamt sind derzeit etwa 25.000 Briefe bekannt, wozu auch Post-, Brief- und Ansichtskarten zählen. Thomas Mann hat in der Regel keine Abschriften vorgenommen. Vielmehr haben die meisten Briefpartner seine Briefe aufbewahrt. In Einzelfällen liegen nicht mehr die Originale, aber Kopien oder Drucke vor. Naturgemäß sind spätere Briefe eher überliefert, während für die frühen Jahre Verluste zu beklagen sind und der erhaltene Briefbestand auch kriegsbedingt ausgedünnt ist.

Das Briefwerk zählt aber nicht nur quantitativ zum Hauptwerk Thomas Manns. Die Forschung ist sich darüber einig, dass die Briefe »gleichrangiger Bestandteil seines Gesamtwerks« und »als eigene Kunstwerke anzusehen« (Lang, 119) sind, als gestaltete, in sich geschlossene, welthaltige Kompositionen (Wenzel, XXVIII).

Während Mann bei seinen Romanen stark korrigierte Seiten nochmals ab- und ins Reine schrieb, ist dergleichen bei Briefen nicht bekannt. Nur selten, auch in wichtigen oder familienintern umstrittenen Fällen, fertigte Mann zuerst ein Konzept an. Es ist bemerkenswert, mit welcher Kunstfertigkeit, Formvollendung und Sprachmeisterschaft er selbst längere Briefe auf Anhieb erfolgreich zu Papier brachte. Auch am Briefwerk arbeitete er mit hoher Sorgfalt, konzentriert, stets mit dem Willen zur Form. Seine Epistolographie kennt denn auch Strategien und Stilmittel, wie sie im erzählerischen Werk zur Anwendung gelangen: metaphorisch-bildhafte Sprache, Ironie, Parodie, Alliteration, Allusion, fremdsprachliche Einsprengsel, Sprichwörter usw.

Motivationen und Funktionen

Wie kommt ein Autor dazu, ein dermaßen umfangreiches Briefwerk zu schaffen? Welches sind seine äußeren und inneren Gründe? Und welche Funktionen erfüllen die Briefe? Die Literaturwissenschaft hat hier allgemein zahlreiche Funktionen unterschieden und sie meist neu benannt. Wysling schlug in Bezug auf Thomas Manns Briefwerk acht Stichwörter vor: Urbanität, Rechenschaft, Zeitgenossenschaft, Liebe zu sich selbst, Lebensgestaltung, Ruhmesverwaltung, Selbstinterpretation, Oratio ad amicos. Teilweise mit Rekurs darauf seien folgende Antriebe und Wirkungen unterschieden:

1. Zunächst muss man sich vor Augen halten, dass es zu Manns Zeiten zur brieflichen Kommunikation wenig Alternativen gab. Nicht jedermann verfügte über einen Telefonanschluss. So war das Versenden von Briefen der klassische Weg zur distanzüberbrückenden Übermittlung von Informationen. Zu beachten ist dabei, dass man in Zeiten des Exils mit sachlichen Mitteilungen vorsichtig sein musste. Briefe waren dann Botschaften an eine noch weniger verlässlich eingrenzbare Mitwelt.

2. Briefe zu schreiben war selbstverständlich. Es gehörte nicht nur zur bürgerlichen Briefkultur, in die Mann gebettet war, sondern schlechthin zum klassischen Schriftstellertum. Goethe, Schiller, Keller, alle hatten sie Briefe geschrieben. Mann war ein Leser ihrer Briefe, und er hat etwa die »gearbeitete[n]«, »künstlerisch betreut[en« Briefe (GW IX, 818) Theodor Fontanes bewundert. Diese Tradition fortzuführen stand für ihn außer Frage.

3. Dazu gehörte auch die Pflicht, jeden eingehenden Brief zu beantworten. Thomas Mann hielt dies für einen Akt der Höflichkeit.

4. Briefe waren eine Form des notwendigen Kontakts mit der Leserschaft; über Korrespondenz hörte der Autor das erwünschte Echo – auch das narzisstisch ersehnte Lob.

5. Thomas Mann verstand die Briefe als Teil seines Lebenswerks. Sie stehen an der Schnittstelle von Leben und Werk und gehören zu beidem, sind literarisches und Lebenswerk zugleich und mithin tägliche Autobiographie.

6. Thomas Mann liebte das Briefschreiben, die Causerie, das Kunst-, Sprach- und Mimikry-Spiel. Dass die Schreibsituation bei jedem Brief eine andere war, stachelte seine histrionische Rollenspiellust an. Und so gibt es Briefe konventioneller Höflichkeit, eines förmlichen Grüßens und matten Dankens, aber auch solche einer rührenden Herzenszugewandtheit, solche, in denen Aufrichtigkeit und Rhetorik eine spannungsreiche Beziehung eingehen, und solche unverstellter Konfession.

7. Briefe erlaubten die Stellungnahme zum Zeitgeschehen, politische und andere Bekenntnisse. Manns Korrespondenz bietet daher Einblick nicht nur in private Zusammenhänge und die eigene Seelenlage, sondern auch ein zeitgeschichtliches Panorama, das sich von 1889 bis ins Todesjahr 1955 erstreckt. Sie zeugt von einer außerordentlich engen Verflochtenheit des Briefschreibers mit seiner Zeit.

8. Wie erwähnt waren Briefe im Hinblick auf das literarische Werk ein Erprobungsraum.

9. Der Briefsteller macht sich selbst zum Objekt und arbeitet an seinem Ich. Die Nachmittagsarbeit galt daher nicht einzig dem Adressaten. Manns Briefwerk war auch ein tägliches egozentrisches Verhandeln des »problematische[n] Ich[s]« (GKFA 13.1, 23). Es diente der Selbstreflexion, Selbsterforschung, Selbstbefragung, Selbsterörterung, Selbstrechtfertigung, Selbstbehauptung. Dies alles führt zur Selbstdarstellung und Selbstgestaltung. Der Brief ist eine Ich-Inszenierung, Briefschreiben identitätsbildend. In Briefen setzt sich das epistolarische Ich in Szene und versichert sich gleichzeitig seiner selbst. In tausendfacher Spiegelung und situationsspezifischer Brechung konstituieren Briefe Identität. Wie jenes eines Tagebucheintrags ist das Ich des Briefs immer nur vorläufig, auf Zeit, ein Augenblicks-Ich. Es zeigt sich als dynamisch und in dauernder Wandlung begriffen. Selbstinszenierung sind Thomas Manns Briefe selbst dort, wo sie nicht Introspektion im engeren Sinn betreiben. Sie liegt im Wesen des Briefs, geschieht immanent und bedürfte nicht einmal der Autorintention. Es geht um die Bildung von Meinungen, Eroberung von Positionen, Überprüfung von Haltungen. Jeder Brief schafft eine momentane Klärung – und sei es nur die, dass Klarheit derzeit nicht zu haben ist. Da Briefe aber eben nicht nur ein Selbstgespräch sind, wie das Diarium, sondern ein kommunikativer Akt und Gespräch mit einem oder mehreren anderen, bestimmt der Adressat den Auftritt immer mit.

Zu ihm gehören auch außersprachliche Elemente, wie Format und Farbe des Papiers oder die Beschaffenheit der Schrift: »Thomas Mann setzte die äußerliche Erscheinungsform seiner Briefe ebenso gezielt für seine selbstdarstellerischen Absichten ein wie seine sprachlichen Selbstinszenierungen« (Lang 2013, 141). Dazu zählten die vorgedruckten Briefköpfe der Papierbögen, die Mann für seine Korrespondenz häufig verwendete (»Dr. Thomas Mann«), die schwungvolle Unterstreichung seiner Unterschrift am Ende vieler Briefe, die Verwendung von Briefpapier erstklassiger Hotels oder von solchem mit eingeprägtem Wasserzeichen (GKFA 21, 26, 50).

10. Der Briefschreiber Thomas Mann verströmt zunehmend das Selbstverständnis eines erfolgreichen, meist überaus geschäftigen Schriftstellers. Da redet ein bedeutender Dichter, dessen Wort Gewicht hat. Korrespondenz gehörte bei ihm so selbstverständlich zur Ruhmesverwaltung wie bei Manns *alter ego* Gustav von Aschenbach, von dem es im *Tod in Venedig* heißt (GKFA 2.1, 508): »Zehn Jahre später hatte er gelernt, von seinem Schreibtische aus zu repräsentieren, seinen Ruhm zu verwalten, in einem Briefsatz, der kurz sein mußte (denn viele Ansprüche dringen auf den Erfolgreichen, den Vertrauenswürdigen ein)[,] gütig und bedeutend zu sein. Der Vierziger hatte, ermattet von den Strapazen und Wechselfällen der eigentlichen Arbeit, alltäglich eine Post zu bewältigen, die Wertzeichen aus aller Herren Ländern trug.«

In einem Brief vom 18. 9. 1947 an Walter A. Berendsohn schrieb Mann, er habe »beim Briefeschreiben nie viel achtgegeben auf mich und die Nachwelt und bin mir dunkel bewußt, viel Unsinn geschrieben zu haben« (TMA). Das gehört zu den Aussagen, die als untauglicher Versuch der Rezeptionssteuerung betrachtet werden müssen. Thomas Mann wäre der Letzte gewesen, den man von Bedeutung und überzeitlichem Wert seiner Briefe hätte überzeugen müssen. Spätestens in der zweiten Hälfte seines Lebens musste er sich dessen bewusst sein, dass Thomas-Mann-Briefe nicht fortgeworfen werden, dass sie ein Nachleben haben und beitragen zum Bild seiner Existenz, ja dass sie irgendwann veröffentlicht werden. Und so lassen nicht wenige von ihnen den Charakter auch von Reden an die Nachwelt erkennen und gehören zu den Strategien seiner Ruhmesverwaltung.

11. Briefe besaßen eine nicht zu unterschätzende multiplikatorische Wirkung und waren daher ein günstiger Ort, die eigenen Schriften ins rechte Licht zu rücken. In ihnen nahm Mann Selbstinterpretation und Rezeptionssteuerung vor. Dazu gehörte auch die Widerspiegelung der Aufnahme: Dieser außerordentlich rezeptionsorientierte Autor reagierte von früh an auf alles, was er über sich zu lesen bekam, mit großer Empfindlichkeit – gerade auch in Briefen.

12. Vor der Folie seines Narzissmus-Konzepts hat Wysling auch Kompensation der Kontaktscheu und Lebensängstlichkeit, der »erkältenden Wirkung seines Wesens« angeführt. Für ihn war das Briefwerk im Ganzen eine »Bitte um Erlösung«, der Versuch, aus der Einsamkeit auszubrechen (Wysling 1996, 402 f.). Leicht allgemeiner ließe sich sagen, dass Thomas Mann Gefühle besser und lieber in Briefen ausdrückte. Im Gegensatz zum persönlichen Austausch waren Briefe mittelbar, das Gesagte kontrollierbar. Es konnte, bevor es in die Tinte floss, überprüft und adjustiert werden. In Briefen vermochte Mann eine Nähe darzustellen, die er im unvermittelten Umgang mied. Briefe verbanden Intimität mit Distanz. Von der Diskrepanz zwischen der brieflichen Wärme und

der persönlichen Kälte hat Käte Hamburger 1947 berichtet.

In summa: Mit der referentiellen Funktion verbinden sich stets auch andere. Die verschiedenen, hier ohne Anspruch auf Vollständigkeit aufgeführten Funktionen der brieflichen Kontakte zeigen sich selten rein, sondern überlagern und mischen sich, Mitteilung mit Selbstdarstellung, Bekenntnis mit Erkundigung.

Zu beachten ist auch, dass Briefe Teil eines umfassenden kommunikativen Kontinuums zwischen zwei Personen sind, das in sehr unterschiedlichen Formen lebt. Bei den meisten Briefen muss daher berücksichtigt werden, dass sie nicht die einzige Ebene des Austauschs darstellten. Oft ging das persönliche Gespräch voraus, nebenher, oder folgte der Schrift (Wenzel, XXIV). Das galt vor allem für die Zeiten der Zensur. Andererseits führten das Exil und auch die enormen Distanzen in den USA und von dort nach Europa dazu, dass die brieflichen Kontakte den sozialen Kontakt teilweise gänzlich ersetzten, was die Briefe naturgemäß ausführlicher werden ließ (Lang 2013, 146). Dass Briefe das persönliche Gespräch imitieren, ist bei Mann indes seit je zu beobachten. Seine Briefe bemühen sich um Frische und Lebendigkeit, erzeugen Gegenwart und täuschen die Mündlichkeit unmittelbaren Erzählens vor.

Gattung, Kategorien, Briefwechsel

Seiner Gattung nach steht der Brief zwischen Tagebuch und literarischem Werk. Dabei werden die Grenzen bei Mann gelegentlich überschritten. So gibt es Briefe, die sich zwar formal als solche ausweisen, indem sie Anrede und Schlussformel aufnehmen, aber in Wirklichkeit Essays sind, zum Beispiel die Antworten auf Zeitungsanfragen, die sich wohl an einen Redakteur richten, aber zur Veröffentlichung bestimmt sind, Werbetexte über Bücher und Schriftsteller, in denen Mann seinen panegyrischen Talenten Auslauf gönnte, politische Stellungnahmen, Glückwünsche oder Gutachten.

Inhaltlich ließen sich viele verschiedene Gruppen von Briefen unterscheiden, zum Beispiel die kurzen Sachmitteilungen (Einladung zum Tee, Verabredung einer Lesung), die Antworten auf ungefragt eingesandte Manuskripte junger Dichter, die Verhandlungen mit Verlegern, der Austausch mit Familienangehörigen, jener mit Schriftstellerkollegen, Anfragen an Behörden usw. Mann korrespondierte mit rund 4.200 Adressaten in aller Welt (vgl. Reg IV, 627), darunter vielen bekannten Zeitgenossen.

Veröffentlichungen, Briefausgaben

Schon zu Manns Lebzeiten wurden Einzelbriefe veröffentlicht, manchmal auch gegen den Willen des Autors. Bald nach seinem Tod begann die Publikation von Briefwechseln. Erschienen sind etwa jene mit Theodor W. Adorno, Paul Amann, Julius Bab, Ernst Bertram, Hermann Hesse, Karl Kerényi, Emil Liefmann, Helen Lowe-Porter, Heinrich Mann, Kurt Martens, Agnes E. Meyer oder Max Rychner. Unterdessen liegen mehrere Dutzend solcher Editionen vor, und ihre Zahl ist weiter im Steigen begriffen.

In den Jahren 1961 bis 1965 hat Erika Mann eine Auswahl von Briefen Manns in drei Bänden veröffentlicht. Das Verdienst dieser Edition war es, zum ersten Mal einen weitgehend repräsentativen Querschnitt aus Manns gewaltigem Brieføuvre zugänglich zu machen. Erika Mann hatte den Vorteil, über viele Familieninterna Bescheid zu wissen und Angehörige wie auch Freunde der Familie befragen zu können. Andererseits wurden ihr durch die Nähe zum Vater, teilweise auch zu seinen Briefpartnern, gewisse Rücksichten auferlegt, die sich bei Auswahl und Kommentierung als nachteilig erwiesen. Auch nahm sie mehrere Auslassungen vor, ohne diese zu kennzeichnen.

Die mangelnde Qualität dieser Edition, aber auch der Umstand, dass seit den 1960er Jahren sehr viele Briefe neu aufgetaucht waren, führten zum Desiderat einer neuen, umfassenderen und gründlicher kommentierten Briefausgabe. Das konkrete Projekt einer solchen achtbändigen Edition, welche etwa 3.000 Briefe umfassen soll, geht auf das Jahr 1994 zurück. Es wurde dann in die wenig später initiierte *Große kommentierte Frankfurter Ausgabe* (GKFA) eingegliedert. Bisher sind drei Bände erschienen. Auch hier handelt es sich um eine Auswahlausgabe. An eine zukünftige Gesamtausgabe ist wohl nur noch in digitaler Form zu denken.

Eine enorme Leistung und ein erstrangiges Hilfsmittel ist das fünfbändige Verzeichnis *Die Briefe Thomas Manns. Regesten und Register*, bearbeitet und herausgegeben von Hans Bürgin und Hans-Otto Mayer, überarbeitet und ergänzt von Gert Heine und Yvonne Schmidlin (Frankfurt a. M. 1976–1987 [= Reg]).

Korrespondenzpartner

Seine Korrespondenzpartner kann man in sehr unterschiedliche, sich zum Teil überschneidende Gruppen aufteilen: Familienmitglieder; Schriftstellerfreunde und -kollegen, Verleger, Übersetzer, Redakteure etc.; unbekannte Autoren, die Mann ihre Werke schickten; Redakteure, Literaturwissenschaftler und andere potentielle Ruhmesvermehrer; Zuträger und Ratgeber, wozu Mediziner, Musikwissenschaftler, Mythologen, oder Theologen zählten, die jenes Fachwissen lieferten, nach denen Manns Werk gerade verlangte. Zu ihnen gehören etwa Karl Kerényi oder Theodor W. Adorno. Eigentliche Briefwechsel führte er mit Personen, mit denen er, weit über das literarische Milieu hinaus, auch sonst Umgang pflegte.

Einmal versandte Briefe entziehen sich der Kontrolle. Jeder kann sie lesen, weiterleiten und -verbreiten. Thomas Mann war dies bewusst, und er machte es sich mitunter sogar zunutze. Denn manche seiner Briefe haben mehrere Adressaten, indem sie sich, über den nominellen Empfänger hinaus, an die Halböffentlichkeit oder Öffentlichkeit, eine nicht bestimmbare Mitwelt richten. Meist aber war der formelle auch der eigentliche Empfänger und keineswegs unbedeutend. Er hatte auf die Briefgestaltung erheblichen Einfluss. Mann berichtet ihm von Haus und Hof, von allem, was ihn interessieren mag und auf was zu erfahren er Anspruch hat. Er nimmt aber auch Anteil und geht auf ihn, seine Situation und Wesensart, subtil ein. Je besser er ihn kennt, desto klarer kommt dies zum Ausdruck, weshalb sich die Briefwechsel deutlich voneinander unterscheiden. Mitunter ging es natürlich auch darum, das Briefgegenüber zu beeinflussen, es zu etwas aufzufordern, ihm Wünsche zu unterbreiten, die man selten abschlug. Thomas-Mann-Briefe zeigten regelmäßig Wirkung.

Unter den Korrespondenzpartnern hervorzuheben sind:

- Theodor W. Adorno (Philosoph)
- Paul Amann (Philologe und Kulturhistoriker)
- Elsie Attenhofer (Schauspielerin)
- Julius Bab (Essayist, Dramaturg, Theaterkritiker)
- Otto Basler (Lehrer, Essayist, Literaturkritiker)
- Ernst Bertram (Germanist, Lyriker, Essayist, Pate von Tochter Elisabeth)
- Ernst Bloch (Philosoph)
- Hans Bodmer (Gründer des Lesezirkels Hottingen)
- Giuseppe Antonio Borgese (Literaturwissenschafter, Gatte von Tochter Elisabeth)
- Ida Boy-Ed (*Grande Dame* der literarischen Szene Lübecks)
- Ernst Cassirer (Philosoph)
- Joseph Chapiro (Journalist und Literat)
- Ernst Robert Curtius (Romanist)
- Richard Dehmel (Lyriker und Dramatiker)
- Alfred Döblin
- Carl (Musiker und Komponist) und Paul (Maler) Ehrenberg (Jugendfreunde)
- Albert Einstein
- Robert Faesi (Germanist und Schriftsteller)
- Lion Feuchtwanger,
- Kuno Fiedler (evangelischer Pastor)
- Gottfried Bermann Fischer (Verleger)
- Sigmund Freud
- André Gide
- Otto Grautoff (Lübecker Schulfreund)
- Käte Hamburger (Literaturwissenschafterin)
- Gerhart Hauptmann
- Ida Herz (Sammlerin)
- Hermann Hesse
- Hugo von Hofmannsthal
- Erich von Kahler (Kulturphilosoph, Soziologe)
- Karl Kerényi (Philologe und Religionswissenschafter)
- Alfred Knopf (amerikanischer Verleger)
- Annette Kolb (Erzählerin, Essayistin, Jugendfreundin von Katia Mann)
- Eduard Korrodi (Feuilletonchef der NZZ)
- Else Lasker-Schüler
- Ferdinand Lion (Essayist, Literatur- und Kulturkritiker)
- Helen T. Lowe-Porter (amerikanische Übersetzerin)
- Samuel Lublinski (Essayist)
- Kurt Martens (Freund aus der Jugendzeit, Feuilletonredakteur)
- Lavinia Mazzucchetti (italienische Übersetzerin)
- Agnes E. Meyer (Mäzenin in den USA)
- Alfred Neumann (Erzähler, Dramatiker, Lektor)
- Caroline Newton (Psychoanalytikerin)
- Walter Opitz (Schriftsteller)
- Emil und Emmie Oprecht (Zürcher Buchhändler- und Verleger-Ehepaar)
- Josef Ponten (Schriftsteller)
- Emil Preetorius (Graphiker, Bühnenbildner)
- Klaus Pringsheim (Zwillingsbruder von Katia Mann, Musiker)
- Hans Reisiger (Erzähler und Übersetzer)
- Georg Martin Richter (Münchner Kunsthistoriker, -sammler und -händler)
- Franklin D. und Eleanor Roosevelt (amerikanisches Präsidentenpaar)
- Max Rychner (Literaturhistoriker und Essayist)
- René Schickele (Schriftsteller)
- Arthur Schnitzler
- Arnold Schönberg
- Willi Schuh (Zürcher Musikschriftsteller und -kritiker)

- Richard Schweizer (Drehbuchautor, Familienfreund)
- Carl Seelig (Zürcher Schriftsteller und Journalist)
- Upton Sinclair
- Peter Suhrkamp (Verleger)
- Fritz von Unruh (Dramatiker)
- Bruno Walter (Dirigent)
- Werner Weber (Feuilletonchef der NZZ)
- Frank Wedekind
- Philipp Witkop (Germanist)
- Stefan Zweig

Bezüge von Briefen und Werk

Wie eingangs gezeigt, werden im epischen Werk Briefe manchmal als Stilmittel eingesetzt (vgl. etwa auch das neunte Kapitel im dritten Buch des *Felix Krull*). Darüber hinaus stehen Manns eigene Briefe in vielfacher Beziehung zum belletristischen Werk. Häufig enthalten sie Hinweise zu seiner literarischen Produktion und ihrer Entstehung, aber auch Selbstkommentare. Sodann können in Briefen verwendete Formulierungen und Gedanken in das literarische Werk eingehen. Zum Beispiel wurde die Charakterisierung für Erika Manns Cabaret *Die Pfeffermühle* als »Mischung von Keckheit und Reinheit« aus dem Brief vom 9. 1. 1934 an Ernst Bertram (BrB, 181) in den Essay [*Die Pfeffermühle*] von 1936 (GW XI, 457) übernommen. Oft lässt sich gar nicht mehr entscheiden, an welchem Ort eine Wendung erstmals Niederschlag fand, was das Übergängliche zwischen den Gattungen zeigt – alles war hier Prägung und Werk.

Das Briefschreiben gehörte stets dem Nachmittag – am Vormittag arbeitete Mann am ›Hauptgeschäft‹. Der Nachmittag (und Abend) bereitete die Arbeit des kommenden Vormittags vor. So liegt der Gedanke nahe, Thomas Mann, der so ökonomisch vorgehende Autor, habe auch das Briefschreiben in den Dienst des Erzählwerks gestellt und es als Raum verstanden, in dem Gedanken, Wendungen, Stilmittel ausprobiert werden konnten, die im guten Fall auch in veröffentlichten Werken zu verwenden waren (vgl. Reg I, XI; Lang 2013, 129).

Anspielung, Zitat und Variation

Es ging aber auch in die andere Richtung, vom epischen ins epistolarische Werk. Was Mann im *Zauberberg* Lodovico Settembrini in den Mund gelegt hat – »[...] ich erinnere mich wohl meines Ausdrucks, ich behalte tüchtige und treffliche Äußerungen, die zu tun ich Gelegenheit fand, stets im Gedächtnis« (GKFA 5.1, 621) –, gilt auch für ihn selbst. Er liebte das Selbstzitat (vgl. Bruhn, 151). Dabei neigte er wie im fiktionalen und essayistischen Werk auch in seinen Briefen zu einer indirekten Schreibweise der Anspielung und der verdeckten Zitation.

Damit verwandt ist die Gewohnheit, über ein Ereignis an verschiedene Briefpartner in identischen oder ähnlichen Formulierungen zu berichten. Erika Mann hat in diesem Zusammenhang von »Wiederholsamem« (Br II, 585) gesprochen und weiter angemerkt (Br I, X f.): »Was er einmal schriftlich fixiert und formuliert hatte, das blieb, wie es war. [Er wusste] das Gesagte ganz einfach besser nicht auszudrücken, und es haftete gültig in seinem Sinn [...].« Es werden aber nicht nur, aus Freude am Fund und aus arbeitsökonomischen Gründen, bereits verwendete Prägungen im nächsten Brief wiederholt. Oft auch kommt es zu kleinen stilistischen und semantischen Abweichungen von Brief zu Brief, reizvoll erkennbar erst für die Leser von Briefsammlungen.

Unterstützung durch Familienmitglieder und Sekretäre

Manns Korrespondenz ist nicht gleichmäßig über die Jahre verteilt. Sie schwillt mit den Jahren und der wachsenden Berühmtheit des Autors an, vor allem dann auch in den USA. Dort konnte er nicht mehr alles handschriftlich erledigen, wie er am 21. 1. 1949 Emil Preetorius wissen ließ (TMA): »meine Korrespondenz ist ein wahrer Fluch und hängt an meinem Leben wie eine Eisenkugel; ich kann das alles kaum noch lesen, geschweige denn irgendwie zulänglich darauf eingehen, selbst wenn ich, ganz gegen meine Natur, diktiere, was ich oft serienweise tue.«

Hinzu kam die Schwierigkeit der fremden Sprache. Beim englischsprachigen Briefverkehr halfen nun nebst Erika, Katia und Golo mehrere Sekretäre. Nach einem von ihnen, Konrad Kellen, soll Thomas Mann dennoch alle Briefe selbst verantwortet haben (Kellen, 369): »Auch die kleinste Notiz auf deutsch unterschrieb er nicht, wenn er sie nicht selbst diktiert hatte.« Allerdings haben wohl auch Familienmitglieder manche »Thomas-Mann-Briefe« verfasst, die der Dichter dann nur noch signieren musste. So werden in *Regesten und Register* unter dem 15. 12. 1942 immerhin 24 Briefe aufgeführt, die sich kaum von einem Einzigen an einem einzigen Nachmittag schreiben ließen. Die Familienmitglieder scheinen es oft auch übernommen zu haben, unverlangt eingesandte fremdsprachige Schriften zu lesen und dann Antwortbriefe zu entwerfen, die kundig und taktvoll auf deren Inhalt eingingen.

Geringe wissenschaftliche Beschäftigung

Die Forschung hat sich bisher eher am Rande mit Thomas Manns Briefen befasst. Eine gründliche wissenschaftliche Untersuchung bleibt ein Desiderat. Dabei könnten etwa die vorne skizzierten Motive und Funktionen, welche die Briefe in Leben und Werk spielten, näher beleuchtet werden, damit verbunden ihre typisierte und individualisierte Rhetorik, oder auch ihre Medialität im Vergleich zu anderen Formen des Austausches.

Literatur

Blume, Bernhard: Der Briefschreiber Thomas Mann. In: Jeffrey L. Sammons/Ernst Schürer (Hg.): *Lebendige Form, Interpretationen zur deutschen Literatur*. München 1970, 277–289.

Bruhn, Gert: *Das Selbstzitat bei Thomas Mann, Untersuchungen zum Verhältnis von Fiktion und Autobiographie in seinem Werk*. New York 1992.

Kellen, Konrad: Mein Boß, der Zauberer. Als Sekretär von Thomas Mann in Los Angeles. In: *Sinn und Form* 3 (2009), 362–371.

Lang, Daniel: Thomas Mann – der Briefschreiber. In: Daniel Lang (Hg.): *Thomas Mann – Emil Liefmann, Briefwechsel*. Frankfurt a. M. 2013, 117–161.

Sprecher, Thomas: *Kleine Anmerkungen zur Thomas Mann-Briefausgabe*. Bonn 2013.

Wenzel, Georg: *Thomas Manns Briefwerk, Bibliographie gedruckter Briefe aus den Jahren 1889–1955*. Berlin 1969.

Wysling, Hans: Zu Thomas Manns Briefwerk. In: Thomas Sprecher/Cornelia Bernini (Hg.): *Ausgewählte Aufsätze 1963–1995*. Frankfurt a. M. 1996, 395–404.

Thomas Sprecher

III. Kontexte, Bezüge und Einflüsse

1 Amerika

Die Entscheidung, den Wohnsitz in die Vereinigten Staaten zu verlegen, fiel im Frühjahr 1938. Thomas Mann befand sich auf seiner ersten transkontinentalen Vortragsreise – vorangegangen waren Kurzaufenthalte an der Ostküste 1934, 1935 und 1937 –, als der ›Anschluss‹ Österreichs an Hitler-Deutschland erfolgte, wodurch auch die Sicherheit seines Schweizer Exils gefährdet schien. Für den kämpferischen Humanismus, zu dem er Amerika in dem Vortrag *Vom kommenden Sieg der Demokratie* aufrief, boten die USA die größeren Wirkungsmöglichkeiten. Wie ernst es ihm damit war, seinen publizistischen Kampf gegen Nazi-Deutschland im Schutze der westlichen Großmacht fortzusetzen, geht u. a. daraus hervor, dass er noch auf der Vortragstournee von 1938 die amerikanische Staatsbürgerschaft beantragte. Der Entschluss, Amerikaner zu werden, wurde ihm erleichtert durch das Angebot einer »Lectureship« an der Princeton University, das Agnes Meyer, seine Gönnerin, eingefädelt hatte.

Mit der Übersiedlung nach Princeton im September 1938 begann der knapp vierzehn Jahre währende Aufenthalt in den USA, wo er als »the greatest living man of letters« galt (Vaget 2011, Abbildung 21). Den tiefsten Einschnitt dieser 14 Jahre markierte der Tod des verehrten Präsidenten Franklin D. Roosevelt am 12. 4. 1945. Während die ersten sieben Jahre von einer vorbehaltlos positiven Einstellung geprägt waren, standen die folgenden sieben im Zeichen einer wachsenden Enttäuschung und Kritik, zumal während der sogenannten McCarthy-Ära, die mit den Anhörungen des *House Un-American Activities Committee* 1947 einsetzte. Das Land, dessen Kampf gegen den Faschismus er leidenschaftlich unterstützt hatte, schien ihm nach dem Sieg über Hitler-Deutschland selbst das Opfer seiner latent faschistischen Tendenzen zu werden.

Im März 1941 erfolgte die Übersiedlung nach Los Angeles, das »Weimar on the Pacific« (Bahr 2007), das schon bei der ersten Berührung im März 1938 als endgültige Niederlassung ins Auge gefasst wurde. Dort, in Pacific Palisades, baute Mann sich ein geräumiges Haus im Bauhaus-Stil, das im Februar 1942 bezogen wurde. Zu dem engeren Freundeskreis zählten Bruno Frank, Alfred Neumann, Franz und Alma Mahler-Werfel, Bruno Walter, Lion Feuchtwanger, Theodor W. Adorno, Ludwig Marcuse, Eva Herrmann sowie Berthold und Salka Viertel.

Neben Los Angeles und New York, dem Sitz seines Verlegers Alfred A. Knopf, waren Chicago, wo die mit dem Historiker G. A. Borgese verheiratete Tochter Elisabeth lebte, sowie Washington die häufigsten Ziele seiner ausgedehnten Reisetätigkeit. In der Hauptstadt hatte ihm Agnes Meyer an der Library of Congress eine Sinekure als *Consultant in Germanic Literature* eingerichtet. Dort hielt er von 1942 bis 1949 fünf Vorträge, u. a. *Germany and the Germans*. Mann unternahm, von einer literarischen Agentur organisiert, fünf strapaziöse Vortragstourneen (1938, 1939, 1940, 1941 und 1943), auf denen er das kriegsunwillige Amerika von der Notwendigkeit und dem Sinn des Kampfes gegen Hitler-Deutschland zu überzeugen versuchte. Insgesamt nahm er in den amerikanischen Jahren 134 Redetermine wahr.

Nicht weniger bemerkenswert ist seine Anteilnahme am politischen Leben Amerikas, die sich in seinen Kriegsschriften, vor allem in *Deutsche Hörer!*, den über BBC ausgestrahlten Radiokommentaren, niedergeschlagen hat. Wie fast alle Exilanten bewunderte und verehrte Mann den »Rollstuhl-Cäsar« (Vaget 2011, 89 ff.) im Weißen Haus, in dem er nach der ersten Begegnung 1935, einem privaten Dinner, den Ausschlag gebenden Gegner Hitlers in dem unvermeidlichen Krieg erblickte. Nach Roosevelts Wiederwahl 1940 und kurz nach Beginn der Propagandatätigkeit für BBC bemühte sich Mann, gleichsam zu ihrer Absegnung, um eine zweite Audienz mit dem Präsidenten. Sie wurde gewährt und führte zu dem dreitägigen Aufenthalt im Weißen Haus, mit Frau Katia und Tochter Erika im Januar 1941. Wie schon 1935 kam die Begegnung mit dem Präsidenten durch Vermittlung W. H. van Loons zustande, eines mit den Roosevelts befreundeten Kollegen. Nach Erhalt der amerikanischen Staatsbürgerschaft setzte sich Mann im Wahlkampf 1944 aktiv für die Wiederwahl Roosevelts ein; im Wahlkampf 1948 unterstützte er Henry Wallace, Roosevelts früheren Vizepräsidenten.

In den Beratungen der Emigranten über eine politische Neuordnung in Deutschland sprach Mann sich, im Gegensatz zu Bertolt Brecht u. a., für eine nachhaltige Entmachtung Deutschlands aus. Die diesbezüglichen Stellungnahmen sowie der Umstand seiner US-Staatsbürgerschaft machten ihn in Nachkriegsdeutschland zur umstrittensten Figur der Emigranten. Eine stark politisch gefärbte Dimension hatte auch seine Hinwendung zur Unitarischen Kirche in Los Angeles, der liberalsten und politisch aktivsten Glaubensgemeinschaft Amerikas (Detering 2012). Zusammen mit dem unitarischen Pfarrer Stephen H. Fritchman erschien Mann in einer Fotoreportage der Illustrierten *Life* (4. 4. 1949), in der die 50 angeblich ahnunglosesten Mitläufer des Kommunismus angeprangert wurden.

Wiewohl Mann eine Reihe bedeutender Schriftsteller kennenlernte (Willa Cather, Sinclair Lewis, Archibald MacLeish, Upton Sinclair u. a.), ergab sich kein enges Verhältnis zur zeitgenössischen amerikanischen Literatur. Eine Ausnahme stellt der junge Gore Vidal dar, von dessen homosexuellem Bekenntnisroman *The City and the Pillar* (1948) er sich ergriffen zeigte (Vaget 2011, 344 ff.). Beeindruckt war er jedoch von dem hohen Niveau der amerikanischen Literaturkritik. Seine Kenntnis der englischen Sprache war anfangs recht mangelhaft; sie verbesserte sich über die Jahre hin, so dass seine Washingtoner Vorträge, wie die Tonbänder ausweisen, in Punkto Aussprache keine großen Probleme bereiteten. Mit den Jahren wuchs auch seine Bewunderung für den Reichtum der englischen Sprache; *Doktor Faustus* und *Der Erwählte* weisen zahlreiche Anglizismen auf, Zeugnis seiner produktiven Bewunderung.

Von der Vielfalt der *popular culture* Amerikas nahm Mann nur sehr selektiv Kenntnis. Für Jazz und die anderen Formen der Unterhaltungsmusik, wie auch der ernsten Musik, entwickelte er kein Interesse. Auch die gesellschaftlich bedeutende Rolle des Sports entging seiner Wahrnehmung. Das wichtigste Medium, das ihm das amerikanische Leben und die amerikanische Denkungsart vermittelte, war der Film. Mann war ein regelmäßiger Kinogänger. Hollywood bereitete ihm bei seinem ersten Besuch im April 1938 einen glänzenden Empfang im Haus Jack Warners. Eine Verfilmung des *Joseph* wurde verschiedentlich angedacht und in Aussicht gestellt; zu Manns großer Enttäuschung kam sie jedoch nie zustande.

Der Entschluss zur Rückkehr in die Schweiz bahnte sich über mehrere Jahre an und war eine Folge der Verschlechterung des politischen Klimas. Hatte er 1948 noch verlauten lassen, er halte, trotz des derzeit schlechten Wetters, das politische Klima Amerikas für gut und zuträglich (GKFA 19.1, 397 ff.), so musste er wenig später die Erfahrung machen, dass sich auch dieses Klima verschlechterte. Sein für 1950 vorgesehener Vortrag in Washington (*Meine Zeit*) wurde wegen seines Besuchs in Weimar 1949 von der Library of Congress auf Druck von außen, d. h. vom FBI, abgesagt. »Der Gedanke einer wiederholten Emigration spukt längst«, vertraut er dem Tagebuch bereits 1950 an (Tb 18. 8. 1950). Um von dem Faktum seiner zweiten Emigration kein Aufhebens zu machen, wurde die Ende Juni 1952 angetretene Europareise als ein gewöhnlicher Sommeraufenthalt ausgegeben. Obgleich Thomas Mann das Haus in Pacific Palisades schon bald zu vermissen begann, fand er Trost in dem Gedanken, in europäischer Erde begraben zu werden.

Literatur

Abel, Angelika: *Thomas Mann im Exil. Zum zeitgeschichtlichen Hintergrund der Emigration.* München 2003.

Bahr, Ehrhard: *Weimar on the Pacific. German Exile Culture in Los Angeles and the Crisis of Modernism.* Berkeley, CA 2007.

Detering, Heinrich: *Thomas Manns amerikanische Religion: Theologie, Politik und Literatur im kalifornischen Exil.* Frankfurt a. M. 2012.

Palmier, Jean-Michel: *Weimar in Exile. The Antifascist Emigration in Europe and America* [Paris 1987], Übers. von David Fernbach. London 2006.

Vaget, Hans Rudolf: *Thomas Mann, der Amerikaner. Leben und Werk im amerikanischen Exil, 1938–1952.* Frankfurt a. M. 2011.

Hans Rudolf Vaget

2 Bildende Kunst

Nietzsches Unterscheidung zwischen »Augenmenschen und Ohrenmenschen« (GW X, 181) hat Thomas Mann auch auf sich selbst übertragen: »Ich bin ein ›Ohrenmensch‹, bin durch Musik und Sprache gebildet« (GKFA 14.1, 399; vgl. Pütz 1989; Schaller 1997). Entsprechend zurückhaltend ordnete er seinen Bezug zur bildenden Kunst ein: »Bedauert mich, aber ich habe die Welt des ›Bildes‹, die Vergeistigung des Schaubaren durch Farbe, Erz und Stein niemals mit voller Kraft, immer nur gelegentlich und nebensächlich erlebt und verdanke meinen respektvollen Pflicht- und Bildungsvisiten in dieser Sphäre an Begeisterung, Liebe, Glück der Verehrung, Aufregung eigenen Vermögens wenig« (GW X, 783). Am aufgeschlossensten bezeichnete er sich gegenüber der Plastik: »In der bildenden Kunst galt mein Interesse von jeher vorwiegend der Bildhauerei, wohl weil sie sich fast ausschließlich mit dem Menschen beschäftigt [...]. Der plastischen Kunst gegenüber bin ich modern: ich glaube manches von dem zu verstehen, was Rodin und Maillol, Minne und Barlach gesagt haben« (GKFA 14.1, 399). In Bezug auf zeitgenössische Malerei hingegen »stehe [er] wie der Ochs vorm neuen Tor« und müsse sich »das Armutszeugnis ausstellen, daß [er] zur modernen Malerei, ja, zur Malerei überhaupt wenig Verhältnis habe« (ebd.). In der Figur Adrian Leverkühns hat Mann die Trennung und Wertung zwischen Musik und bildender Kunst weiter zugespitzt, aus Sicht Serenus Zeitbloms aber auch ironisch gebrochen (GKFA 10.1, 258–259).

Trotz seiner vernichtenden Selbsturteile stand Mann der Bildwelt nicht beziehungslos gegenüber. Schon in jungen Jahren hatte er ein Faible für Karikaturen und zeichnete selbst (Scheyer 1966; Sprecher/Wißkirchen 2003). Er besuchte Vorlesungen zur Kunstgeschichte (Schmidlin/Sprecher 2001) und war mit einer Reihe von bildenden Künstlern persönlich bekannt oder befreundet – u. a. mit Max Beckmann, Gunter Böhmer, Wolfgang Born, Paul Citroen, Hermann Ebers, Paul Ehrenberg, Eva Herrmann, Ludwig von Hofmann, Oskar Kokoschka, Alfred Kubin, Max Liebermann, Frans Masereel, Ernst Mollenhauer, Max Oppenheimer, Emil Preetorius, Ludwig Schwerin, Gustav Seitz, Eugen Spiro (Bedenig 2001, 39–40, 155–156). Die Kunstmedien Fotographie und Film verfolgte er mit zunehmendem Interesse (GKFA 15.1, 697–698; GKFA 15.1, 764–765; GW X, 898–901; GW X, 932–934; GW X, 936–937; Downing 2006; Margetts 1989; Turck 2003; Zander 2005).

Zur realitätsnahen Werkgestaltung verwendete Mann zahlreiche visuelle Vorlagen, darunter auch Beispiele aus der bildenden Kunst. Wysling geht davon aus, »dass Thomas Mann seine Bildersammlungen nicht aus Kunstinteresse angelegt hat [...], sondern einzig auf die Verwertbarkeit bestimmter Bildvorlagen« Wert legte (Wysling/Schmidlin 1975, 16). Stammt eine Vorlage aus der bildenden Kunst, besitzt sie allerdings zusätzliche Qualität: Sie kann vom Leser als Kunstzitat erkannt werden und den »Beziehungszauber« (GW IX, 520) erhöhen.

Unter den vielen Zitaten der bildenden Kunst im Werk Manns finden sich beispielsweise Vorlagen aus Renaissance, Barock oder Symbolismus in *Gladius Dei* (Schuster 1984; Turck 2003), Renaissance und Neorenaissance in *Fiorenza* (Kruft 1990; Hagedorn 1997; Galvan, GKFA 3.2, 46–85, 361–375), Ludwig von Hofmann im Schneekapitel des *Zauberberg* (Saueressig 1967; Sprecher 1996), altägyptische Kunst in den *Joseph*-Romanen (Grimm 1992), Dürer im *Doktor Faustus* (Meyers 1975; Dörr 1993), Michelangelo in *Joseph* und *Das Gesetz* (Makoschey 1998; Blum 2008), mittelalterliche bis zeitgenössische Zitate in *Der Erwählte* (Wysling 1963; Makoschey 1998). Einen Querschnitt möglicher Bildvorlagen liefern Wysling/Schmidlin (1975).

Darüber hinaus hat Mann einige Texte gezielt bildenden Künstlern gewidmet (vgl. Bedenig 2001): *Dürer* (GW X, 230–232), *Max Liebermann zum achtzigsten Geburtstag* (GW X, 442–444), *Gedenken an Liebermann* (Tagebücher 1944–1. 4. 1946, Anhang, 816–817), *Vorwort zu Masereels ›Stundenbuch‹* (GW X, 660–673) und *Vorwort [zu Frans Masereels ›Jeunesse‹]* (GKFA 19.1, 281–288), *Symphonie* (Max Oppenheimer, GKFA 15.1, 1073–1075), *[Über Oskar Kokoschka]* (GW X, 914–916), *Vorwort zu einer Bildermappe* (Wolfgang Born, GKFA 15.1, 348–350).

In der Auseinandersetzung mit bildender Kunst hebt Mann meist Linie und Zeichnung vor Farbe und Malerei hervor. Er betont das »Graphisch-Deutsche« (GW X, 783 u. 232), das »Deutsch-Zeichnerische« (GW X, 443), den »Vorzug [des] Graphischen [...] vor der Farbe« (GW X, 784). Bei geistiger Übereinstimmung mit den dargestellten Inhalten verwendet der Autor überdies häufig den Begriff der »Sympathie« und definiert ihn als »Einverständnis mit gewissen kulturellen Wünschen, Bedürfnissen, Anlagen, die [...] in diesen Malereien ausgedrückt« seien (GW X, 914).

Schließlich sind Kunstwerke belegt, die Mann viel

bedeuteten – Arnold Böcklins *Heiliger Hein*, Hans Thomas *Wandfries aus dem Musiksaal des Hauses Pringsheim*, Ludwig von Hofmanns *Die Quelle*. Sie zeigen eine »arkadische Schönheitsphantasie« (Tb 3. 3. 1919), »jugendliche Körperlichkeit« (ebd.), »festliche Menschlichkeit« (GKFA 22, 34), die der Autor als »unsäglich schön[]« (GKFA 21, 271) bezeichnet und die ihn »[be]stärkt« (GKFA 14.1, 399).

Gute Übersichtsdarstellungen bieten Kruft (TMHb) und Rauchenbacher (2011), weiterführende Einzelbeiträge im TMJb 2013, bei Mehring 2014 und Bastek 2014.

Literatur

Bastek, Alexander/Pfäfflin, Anna Marie (Hg.): *Thomas Mann und die bildende Kunst. Katalog zur Ausstellung im Museum Behnhaus Drägerhaus und Buddenbrookhaus Lübeck, 13. 9. 2014 bis 6. 1. 2015*. Petersberg 2014.

Bedenig Stein, Katrin: *Nur ein »Ohrenmensch«? Thomas Manns Verhältnis zu den bildenden Künsten*. Bern 2001.

Blum, Gerd: Michelangelo als neuer Mose. Zur Rezeptionsgeschichte von Michelangelos *Moses*. Vasari, Nietzsche, Freud, Thomas Mann. In: *Zeitschrift für Ästhetik und Allgemeine Kunstwissenschaft* 53/1 (2008), 73–106.

Dörr, Volker: »Apocalipsis cum figuris«. Dürer, Nietzsche, Doktor Faustus und Thomas Manns »Welt des Magischen Quadrats«. In: *Zeitschrift für deutsche Philologie* 112 (1993), 251–270.

Downing, Eric: Photography, Psychoanalysis, and Bildung in Thomas Mann's *The Magic Mountain*. In: Ders.: *After Images. Photography, Archeology, and Psychoanalysis and the Tradition of Bildung*. Detroit 2006, 17–85.

Grimm, Alfred: *Joseph und Echnaton. Thomas Mann und Ägypten*. Mainz 1992.

Hagedorn, Hans Christian: Ein neuer Bildfund zu Thomas Manns *Fiorenza*. *Die Verleumdung* von Sandro Botticelli. In: *Jahrbuch der deutschen Schillergesellschaft* 41 (1997), 369–382.

Kruft, Hanno-Walter: Renaissance und Renaissancismus bei Thomas Mann. In: August Buck (Hg.): *Renaissance und Renaissancismus von Jacob Burckhardt bis Thomas Mann*. Tübingen 1990, 89–102.

Kruft, Hanno-Walter: Thomas Mann und die bildende Kunst. In: *TMHb*, 343–357.

Makoschey, Klaus: *Quellenkritische Untersuchungen zum Spätwerk Thomas Manns. »Joseph, der Ernährer«, »Das Gesetz«, »Der Erwählte«*. Frankfurt a. M. 1998.

Margetts, John: Die »scheinbar herrenlose« Kamera. Thomas Manns *Tod in Venedig* und die Kunstphotographie Wilhelm von Gloedens. In: *Germanisch-Romanische Monatsschrift* 70 (1989), 326–337.

Mehring, Reinhard/Rossi, Francesco (Hg.): *Thomas Mann und die Künste. Neue Perspektiven der Forschung* (Thomas Mann e le arti. Nuove prospettive della ricerca). Rom 2014.

Menz, Henner: Thomas Mann und sein Verhältnis zur bildenden Kunst. In: *Jahrbuch der Staatlichen Kunstsammlungen Dresden* (1989/1990), 107–116.

Meyers, Jeffrey: Dürer and Doctor Faustus. In: Ders.: *Painting and the Novel*. Manchester 1975, 157–174.

Pütz, Peter: Ein Ohren-, doch kein Augenmensch. Die bildende Kunst bei Thomas Mann. In: Maria Moog-Grünewald/Christoph Rodiek (Hg.): *Dialog der Künste. Intermediale Fallstudien zur Literatur des 19. und 20. Jahrhunderts*. Frankfurt a. M. 1989, 279–290.

Rauchenbacher, Marina: Thomas Mann. In: Konstanze Fliedl u. a. (Hg.): *Handbuch der Kunstzitate. Malerei, Skulptur, Fotografie in der deutschsprachigen Literatur der Moderne*. Bd. 2. Berlin 2011, 517–522.

Saueressig, Heinz: *Die Bildwelt von Hans Castorps Frosttraum*. Biberach 1967.

Schaller, Angelika: *»Und seine Begierde ward sehend«. Auge, Blick und visuelle Wahrnehmung in der Prosa Thomas Manns*. Würzburg 1997.

Scheyer, Ernst: Über Thomas Manns Verhältnis zur Karikatur und bildenden Kunst. In: Georg Wenzel (Hg.): *Betrachtungen und Überblicke. Zum Werk Thomas Manns*. Berlin 1966, 143–168.

Schmidlin, Yvonne/Sprecher, Thomas (Hg.): *Thomas Mann. Collegheft 1894–1895*. Frankfurt a. M. 2001 (= *TMS* 24).

Schuster, Peter-Klaus: *»München leuchtete«. Karl Caspar und die Erneuerung christlicher Kunst in München um 1900*. München 1984.

Sprecher, Thomas: »Une promesse de bonheur«. Thomas Manns Neigung zum Œuvre Ludwig von Hofmanns. In: *Bayerische Akademie der Schönen Künste* 10 (1996), 147–178.

Sprecher, Thomas/Wißkirchen, Hans (Hg.): *Thomas und Heinrich Mann im Spiegel der Karikatur. Mit einem Beitrag von Uwe Naumann*. Zürich 2003.

Turck, Eva-Monika: *Thomas Mann. Fotografie wird Literatur*. München 2003.

Turck, Eva-Monika: Das Vorbild der *Madonna mit Kind* in der Novelle *Gladius Dei* von Thomas Mann. In: *Germanisch-Romanische Monatsschrift* 53 (2003), 241–247.

Wilpert, Gero von: Die bildenden Künste. In: Moulden, Ken/von Wilpert, Gero (Hg.): *Buddenbrooks-Handbuch*. Stuttgart 1988, 259–267.

Wich, Joachim: Thomas Manns frühe Erzählungen und der Jugendstil. Ein Forschungsbericht. In: Hermann Kunisch (hg. im Auftrage der Görres-Gesellschaft): *Literaturwissenschaftliches Jahrbuch, Neue Folge* 16 (1975), 257–275.

Wysling, Hans: Die Technik der Montage. Zu Thomas Manns *Erwähltem*. In: *Euphorion* 57 (1963), 156–199.

Wysling, Hans/Schmidlin, Yvonne (Hg.): *Bild und Text bei Thomas Mann*. Bern 1975.

Zander, Peter: *Thomas Mann im Kino*. Berlin 2005.

Katrin Bedenig

3 Deutschland

Thomas Manns Deutschlandbild ist das Ergebnis der Reflexion von Kulturtraditionen, besonders Literatur und Musik, der Beschreibung religiös geprägter Mentalität und des politisch orientierten Vergleichs mit anderen Nationen. Es ist zunächst ein Idealbild, das Mann der tatsächlichen politischen Wirklichkeit im Kaiserreich entgegensetzt. Deutschland wird dabei gesehen als Land der Bildung und des Geistes, das sich den Ansprüchen von Kapitalismus und Wissenschaft widersetzt und in dem sich die Künstler in einer inneren Opposition befinden gegen »ins banal Theatralische entartete historische Mächte« (GKFA 22, 441), die »derbster Imperial-Wirtschaftlichkeit« vorstehen (GKFA 15.1, 1084). Der Gegensatz zwischen dem idealen kunstsinnigen und gebildeten Deutschland und dem tatsächlichen, geschäftstüchtigen schlägt sich etwa nieder im Anfang der Novelle *Gladius Dei* und Manns anderen Stellungnahmen zu München, die als »unlitterarische Stadt par excellence« (BrGr, 73) als eher kunstgewerblich, also oberflächlich diskreditiert wird (Mendelssohn 1986, Schirnding 2002).

In den *Betrachtungen eines Unpolitischen* und anderen Essays aus der Zeit des Ersten Weltkriegs verwendet Mann viel Mühe darauf, das ideale Deutschlandbild schärfer zu zeichnen und so zur nationalen Identitätsbildung beizutragen. Er beschreibt den deutschen Nationalcharakter als bürgerlich, romantisch und letztlich protestantisch. Deutschlands geographische Lage zwischen dem republikanischen Frankreich, dem liberalen England und dem spirituellen Russland macht es zum Land der Mitte zwischen den verschiedenen Ausprägungen des Politischen. »Seelischer Kampfplatz für europäische Gegensätze« ist es damit aber auch, wodurch es seine »innere Einheitlichkeit und Geschlossenheit« zu verlieren droht (GKFA 13.1, 60), weil es in sich die europäischen Gegensätze vermitteln muss. Deutschland wird so zu dem Land, das alle nationalen Eigenschaften in sich vereinigt und zur Synthese bringt (Kurzke 2010, 164). Es eignet sich dazu durch die besondere Tiefe, die Mann Deutschland zuschreibt und die er als Ergebnis der Reformation bestimmt. Tiefe und Innerlichkeit sind für ihn zutiefst bürgerlich und eng mit dem spezifisch deutschen Bildungsgedanken verknüpft. Er markiert somit eine Traditionslinie, die die Größe Deutschlands seit je aus den kulturellen, aber nicht politischen Leistungen begründet, die im Reich vollbracht wurden. In Manns historischer Bestimmung Deutschlands ergibt sich aus dem Luthertum eine radikale Verinnerlichung des Religiösen, die sich im weiteren Verlauf zur Kulturreligiosität entwickelt. Um Kultur als das bestimmende Merkmal Deutschlands herauszuarbeiten, kassiert Mann bei seiner historischen Herleitung die Jahrhunderte zwischen der Reformation und dem 19. Jahrhundert (Wißkirchen 1986). Zudem setzt er auf ein idealisiertes Bild vom Mittelalter, um die Zeitentiefe der deutschen Mentalität zu betonen (Schlüter 2011). Mann schließt damit an die Sonderwegideologie an, die Deutschland eine besondere Entwicklung innerhalb der Moderne zuschreibt und es deutlich vor allem von den westlichen Nationen unterscheidet (Bollenbeck 1993). Denn gerade die deutsche Innerlichkeit und Kultur, wie Mann im Einklang mit solchen Überzeugungen festhält, machen Deutschland anderen Nationen wie Frankreich oder Großbritannien überlegen; dort bestimmen Politik und Wirtschaft das nationale Interesse, während hier kulturreligiös vermittelte, tiefere Wahrheiten eine spezifisch deutsche Identität stiften.

In dem Maße, in dem Mann sein Kulturkonzept mit der Republik in Einklang bringt, ändert sich zwar nicht sein Deutschlandbild, das in seinen Grundzügen konstant bleibt, wohl aber seine Bewertung der deutschen Kulturreligiosität. Zu lange hat das Bildungsbürgertum als Träger der Kultur in »machtgeschützter Innerlichkeit« verharrt, wie Mann 1933 in seiner Rede *Leiden und Größe Richard Wagners* (Ess IV, 65) anmerkt. Die bildungsbürgerliche Verweigerung der Politik hat zum Erstarken des Nationalsozialismus geführt, der Deutschland aus dem politischen Modernisierungsprozess ausscheren lässt. In Manns Deutung ist es der Protestantismus, der einerseits die deutsche Tiefe erst konstituiert, anderseits dann aber durch seine Säkularisierung zur Kulturreligiosität ohne politische Konsequenz ein Orientierungsdefizit hervorruft, das der Nationalsozialismus als politische Religion mit »romantische[r] Barbarei« (GKFA 15.1, 932) ausgleichen will. Früh vergleicht Mann den Nationalsozialismus mit der Reformation, um die Entwicklungslinie von der Innerlichkeit zur Diktatur zu kennzeichnen. Insbesondere Manns Lutherbild schwankt bei seiner Deutung der deutschen Geschichte (Hamacher 1996); sich selbst sieht er gar einrücken in die Rolle eines Erasmus gegen die Diktatur (Tb 2.4.1933). Der deutsche Sonderweg, den die *Betrachtungen eines Unpolitischen* lobten, stellt sich nun als gefährlicher Irrweg heraus.

Im Zusammenhang mit seinem Deutschlandroman *Doktor Faustus* hält Mann im Mai 1945 nach

Kriegsende die Rede *Deutschland und die Deutschen* in der Library of Congress. Darin analysiert er die deutsche Geschichte, die er konsequent auf das Versagen der kulturtragenden Schicht reduziert. Er stellt heraus, dass es gerade die deutsche Eigenschaft der Tiefe und Innerlichkeit war, die den Nationalsozialismus ermöglicht hat, indem sie sich gesellschaftspolitischen Ansprüchen verweigerte. Er hält an den Kernelementen seines Deutschlandbildes weiterhin fest. Er führt allerdings vor, wie die Diktatur gerade aus diesen eigentlich positiven Eigenschaften erwächst, dass in der Kulturnation der Totalitarismus vorbereitet wird, wenn diese Eigenschaften nicht politisch eingebunden werden. Das Versagen des deutschen Bildungsbürgertums vor den Herausforderungen der politischen Moderne führt der *Doktor Faustus* vor Augen; sein Erzähler Zeitblom kann den ästhetisch-politischen Ideen seines Freundes Leverkühn nicht folgen, weil er sie als Bildungsbürger nicht teilt (Lörke 2010). Dieses Deutschlandbild Manns wird von anderen Exilautoren wie Plessner oder Haffner geteilt (Plessner 1974, Vaget 1991).

Die Entwicklung Deutschlands nach dem Nationalsozialismus betrachtet Mann skeptisch. Zurückkehren aus dem Exil nach Deutschland will er nicht, zu sehr schreckt ihn die uneinsichtige öffentliche Haltung in der frühen Nachkriegszeit, wie sie besonders im Streit um seine Person zum Ausdruck kommt. In der Bundesrepublik sieht Mann mit Unbehagen das Erstarken der Wirtschaft und nimmt stark restaurative Tendenzen wahr; er hält sich allerdings mit öffentlicher Kritik zurück (Stachorski 1999, 198). Der DDR steht er ebenfalls kritisch gegenüber und mahnt in Briefen, verhängte Todesurteile nicht zu fällen; doch auch die DDR kritisiert er nicht öffentlich, was ihm den Vorwurf einbringt, es mit dem Kommunismus zu halten. Noch hier sind seine Stellungnahmen geprägt von dem bildungsbürgerlichen Deutschland als Kulturnation, wenn er auf der deutschen Einheit beharrt, die sich in der Kultur beweise.

Literatur

Bollenbeck, Georg: Politik drängt sich auf. ›Bürgerliches Künstlertum‹ und reflexives Sonderwegbewußtsein bei Thomas Mann. In: Helmut Scheuer (Hg.): *Dichter und ihre Nation*. Frankfurt a. M. 1993, 392–410.

Gut, Philipp: *Thomas Manns Idee einer deutschen Kultur*. Frankfurt a. M. 2008.

Hamacher, Bernd: *Thomas Manns letzter Werkplan Luthers Hochzeit. Edition, Vorgeschichte und Kontexte*. Frankfurt a. M. 1996.

Kurzke, Hermann: *Thomas Mann. Epoche – Werk – Wirkung*. 4., überarb. u. aktual. Aufl. München 2010.

Lörke, Tim: *Die Verteidigung der Kultur. Mythos und Musik als Medien der Gegenmoderne*. Würzburg 2010.

Mendelssohn, Peter de: *Thomas Mann und München*. München 1986.

Plessner, Helmuth: *Die verspätete Nation. Über die politische Verführbarkeit des bürgerlichen Geistes*. Frankfurt a. M. 1974.

Schirnding, Albert von: »die unlitterarische Stadt par excellence«. Thomas Mann und das München der Familie Pringsheim. In: *TMJb* 15 (2002), 201–208.

Schlüter, Bastian: *Explodierende Altertümlichkeit. Imaginationen vom Mittelalter zwischen den Weltkriegen*. Göttingen 2011.

Stachorski, Stephan: *Fragile Republik. Thomas Mann und Nachkriegsdeutschland*. Frankfurt a. M. 1999.

Vaget, Hans: Germany: Jekyll and Hyde. Sebastian Haffners Deutschlandbild und die Genese des *Doktor Faustus*. In: Eckhard Heftrich/Helmut Koopmann (Hg.): *Thomas Mann und seine Quellen. Festschrift für Hans Wysling*. Frankfurt a. M. 1991, 249–271.

Wißkirchen, Hans: *Zeitgeschichte als Roman. Zu Thomas Manns Zauberberg und Doktor Faustus*. Bern 1986 (= *TMS* 6).

Tim Lörke

4 Exil

In ihrem Aufsatz »Exil in der Literatur« verweist die Kulturwissenschaftlerin Elisabeth Bronfen darauf, dass Exilliteratur auf drei Ebenen zu dekodieren sei: »biographisch referenziell, thematisch inhaltlich und textästhetisch strukturell« (Bronfen 1993, 171). ›Exil‹ meint im Kontext der Literatur Thomas Manns somit 1. zunächst einmal eine biographische Tatsache, der Begriff lässt sich 2. auf inhaltlicher, motivbezogener Ebene, der Ebene der *histoire* auf seine Texte anwenden, und er bezieht sich 3. auf das ›Exil‹ als ästhetische Kategorie, auf den *discours*.

1. Mann verlässt Deutschland bereits kurz nach der ›Machtergreifung‹ durch die Nationalsozialisten. Am Tag nach seinem Vortrag *Leiden und Größe Richard Wagners* (GW IX, 363) am 10. 2. 1933 an der Universität München bricht er zu einer Vortragsreise nach Amsterdam, Brüssel und Paris auf, an die sich ein Erholungsurlaub in der Schweiz anschließt. Nach Warnungen vor einer Rückkehr in die Heimat und nach einem Sommeraufenthalt im südfranzösischen Sanary-sur-mer lässt sich die Familie im Herbst 1933 in Küsnacht bei Zürich nieder. Spätestens ab diesem Zeitpunkt ist Mann in Selbst- und Fremdeinschätzung als ›Exilant‹ zu betrachten, wenn er sich auch erst im Januar 1936, nach langem politischem Schweigen, öffentlich zu diesem Status bekennen und sich explizit gegen das deutsche NS-Regime stellen wird (Abel 2003, 86–95; Schöll 2004, 43–51). Im Herbst 1938 siedelt Mann mit seiner Frau und den jüngeren Kindern in die USA über, wo er zunächst in Princeton, später in Pacific Palisades nahe Los Angeles lebt.

Nach seinem öffentlichen Bekenntnis zum Exil entwickelt der Autor eine unermüdliche politische Tätigkeit, zwischen 1937 und 1945 entstehen mehr als 300 politische Aufsätze, Essays, Vorträge, Festreden, Grußworte etc. (Kurzke 1999, 445). Hinzu kommt eine Vielzahl an Briefen, die er mit anderen Exilanten, aber etwa auch mit Amerikanern wie seiner Gönnerin Agnes E. Meyer austauscht. Mann gibt eine eigene Exilzeitschrift, *Mass und Wert*, heraus (1937–1940) und hält während des Krieges 58 Rundfunkansprachen (*Deutsche Hörer!* 1940–1945), die von der BBC als Appelle nach Deutschland übertragen werden. In den USA erlangt Mann weniger als literarischer Autor denn als politischer Repräsentant des deutschen Exils Berühmtheit. Er trifft den amerikanischen Präsidenten Roosevelt, erhält mehrere Ehrendoktorwürden amerikanischer Eliteuniversitäten und avanciert vor allem während der Kriegsjahre zum zentralen Ansprechpartner zahlreicher Flüchtlinge aus Europa (Kurzke 1999).

2. Bezieht man den Topos ›Exil‹ inhaltlich-thematisch auf Manns Texte, geraten sowohl seine literarischen als auch nicht-literarischen Texte in den Blick. Während jedoch letztere die existentiellen, gesellschaftlichen, politischen und künstlerischen Dimensionen der Emigration explizit ausloten, präsentieren sich die literarischen Texte auf den ersten Blick zurückhaltend in dieser Hinsicht. Mann schreibt keinen Exilroman im engeren Sinne, keinen Text, der die Flucht vor den Nationalsozialisten und die Realität des Exils beschreiben würde. Gleichwohl enthält das Œuvre Manns drei der wichtigsten Romane des deutschen Exils: die Tetralogie *Joseph und seine Brüder* (Band III und IV entstehen im Exil), den Goetheroman *Lotte in Weimar* und die große moralische, ästhetische und politische ›Abrechnung‹ des Autors mit Deutschland, *Doktor Faustus* (siehe Wimmer, GKFA 10.2). In der Exilzeit entstehen außerdem die Erzählungen *Die vertauschten Köpfe* und *Das Gesetz* sowie jene Vielzahl an politischen Essays und Reden, die zu zentralen Texten der deutschen Emigration avancieren, darunter u. a. *Vom zukünftigen Sieg der Demokratie* (1937), *Dieser Friede* (1938), *Bruder Hitler* (1938), *Dieser Krieg* (1939) und *Deutschland und die Deutschen* (1945). Aus der gegenwärtigen Rezeptionsperspektive zählen auch die umfangreiche Korrespondenz aus dieser Zeit sowie seine Tagebücher, die er explizit für die Nachwelt erhält, zu Manns Exilwerk.

3. Als ästhetische Kategorie ist der Topos ›Exil‹ am schwierigsten zu fassen. Gibt es ein narratologisches, stilistisches oder strukturelles Prinzip exilliterarischen Schreibens? Der Roman *Lotte in Weimar* (1939) etwa spielt im Weimar des Jahres 1816, doch Figurenrede wie die folgende aus dem Mund der fiktiven Goethefigur wird nur als Anachronismus und Verweis auf die Gegenwart der Entstehungszeit verständlich: »Unseliges Volk [der Deutschen], es wird nicht gut ausgehen mit ihm, denn es will sich selber nicht verstehen, und jedes Mißverstehen seiner selbst erregt nicht das Gelächter allein, erregt den Haß der Welt und bringt es in äußerste Gefahr. Was gilts, das Schicksal wird sie schlagen, weil sie sich selbst verrieten und nicht sein wollten, was sie sind; es wird sie über die Erde zerstreuen wie die Juden, – zu Recht, denn ihre Besten lebten immer bei ihnen im Exil« (GKFA 9.1, 335). Erst als Deklaration des Exilautors lässt sich die Stelle dechiffrieren. Ähnliches gilt auch für viele Passagen des Romans *Joseph*

und seine Brüder, etwa diejenigen, in denen Josephs Exilstatus oder seine Assimilation in der Fremde verhandelt wird.

›Exil‹ wird im Werk Thomas Manns dann als ästhetische Kategorie lesbar, wenn – vor dem Hintergrund der realen Exilerfahrung des Autors – *histoire* und *discours* in der Interpretation des Textes eng verschränkt gedacht werden. Die Thomas-Mann-Forschung verweist im Sinne dieser umfassenden Lesart des Exils unter anderem auf das Spiel mit Identität und Maskierungen (Schneider-Philipp 2001), auf die Politisierung (Pikulik 2013), Europäisierung (Lützeler 1997) und Amerikanisierung (Vaget 2011) des Autors und seiner Texte, auf die politischen Geschlechterkodierungen, etwa im Essay *Bruder Hitler* (Schöll 2012), auf die topographischen, psychoanalytischen, familiären, stereotypen oder existenzphilosophischen Dimensionen der Exiltexte Manns (u. a. Sprecher 2010).

Literatur

Abel, Angelika: *Thomas Mann im Exil. Zum zeitgeschichtlichen Hintergrund der Emigration*. München 2003.

Bronfen, Elisabeth: Exil in der Literatur: Zwischen Metapher und Realität. In: *Arcadia* 28 (1993), H. 2, 167–183.

Kurzke, Hermann: *Thomas Mann. Das Leben als Kunstwerk*. München 1999.

Lützeler, Paul Michael: *Europäische Identität und Multikultur. Fallstudien zur deutschsprachigen Literatur seit der Romantik*. Tübingen 1997.

Pikulik, Lothar: *Thomas Mann und der Faschismus. Wahrnehmung – Erkenntnisinteresse – Widerstand*. Hildesheim/Zürich/New York 2013.

Schneider-Philipp, Sybille: *Überall heimisch und nirgends. Thomas Mann – Spätwerk und Exil*. Bonn 2001.

Schöll, Julia: *Joseph im Exil. Zur Identitätskonstruktion in Thomas Manns Exil-Tagebüchern und -Briefen sowie im Roman »Joseph und seine Brüder«*. Würzburg 2004.

Schöll, Julia: Nichts, was Männer können. Installation und Demontage des ›großen Mannes‹ in Thomas Manns Essays. In: Alexander Honold/Niels Werber (Hg.): *Deconstructing Thomas Mann*. Heidelberg 2012, 105–119.

Sprecher, Thomas (Hg.): *Thomas Mann und das »Herzasthma des Exils«. (Über-)Lebensformen in der Fremde. Die Davoser Literaturtage 2008*. Frankfurt a. M. 2010.

Vaget, Hans Rudolf: *Thomas Mann, der Amerikaner. Leben und Werk im amerikanischen Exil 1938–1952*. Frankfurt a. M. 2011.

Julia Schöll

5 Gegenwartsliteratur

Die Literatur seiner Zeit bildet für Thomas Mann einen wichtigen, bislang unterschätzten poetologischen Orientierungs- und Reflexionsrahmen. Seine literarischen Anfänge fallen in eine Zeit, die anstelle von epochenverbindlichen künstlerischen Programmen eine kaum zu überbietende Ausdrucks- und Stilpluralität offeriert. Die ästhetische Vielstimmigkeit der Moderne führt auch im Fall Thomas Manns zu fortwährenden Reflexionen auf Kunst und Künstlerschaft im Medium der Literatur und der Literaturkritik (Marx 2003). Von Anfang an sucht der junge Autor nicht nur Anschluss an die große, kanonisierte literarische Tradition, er setzt sich ebenso intensiv mit der spezifisch modernen Inflation der ästhetischen Programme und Stilrichtungen seiner Zeit auseinander. Das lässt sich unmittelbar an jenen literarischen Werken ablesen, in denen sich Autoren wie Arthur Holitscher (*Tristan*), Ludwig Derleth (*Beim Propheten*) oder Gerhart Hauptmann (*Der Zauberberg*) gespiegelt sahen. Was Mann 1906 in seinem Essay *Bilse und ich* im Hinblick auf die *Tristan*-Novelle als literarische Selbstkritik bezeichnet, reflektiert und kritisiert zugleich konkrete andere Positionen und Akteure der Gegenwartsliteratur. Neben den unmittelbaren Spuren im literarischen Werk zeigen die Briefe, die Tagebücher, nicht zuletzt die zahlreichen literaturkritischen Essays und Rezensionen, dass Thomas Mann zeitlebens eine engagierte und produktive Auseinandersetzung mit der Literatur seiner Zeit führte. Für den an Friedrich Nietzsche geschulten Autor ist Kritik nichts dem »eigenen Wesen Entgegengesetztes« (GKFA 14.1, 86), sondern ein notwendiger, inspirierender Aspekt der literarischen Produktion. Wichtige europäische Autoren des Fin de Siècle wie Paul Bourget, Gabriele D'Annunzio oder Herman Bang gehören von Anfang an zum literarischen Orientierungsfeld.

Schon vor den ersten literarischen Erfolgen erprobt sich Thomas Mann als vielseitiger »Akteur im Literaturbetrieb« (Detering 2010), indem er als Lektor, Journalist und Rezensent Gegenwartsliteratur wahrnimmt und beurteilt. Diese Auseinandersetzung klingt durchaus nicht ab, als sich der junge Autor der eigenen literarischen Spur sicherer wird und die ersten schriftstellerischen Erfolge zu verzeichnen sind. Im Gegenteil: Mit dem wachsenden öffentlichen Renommee als Autor mehren sich die Anfragen und Einsendungen von jungen Schriftstellern, von der Presse, den Verlagen oder auch öffentlichen Institutionen wie dem Münchener Zensurbeirat. Manns briefliche oder essayistische Einlassungen auf derartige Anfragen wurden mitunter als belanglose Gefälligkeiten (Reich-Ranicki, TMHb) oder als lästige Ablenkung vom literarischen Werk unterschätzt. Insgesamt sind sie zwar nur in wenigen Fällen auf Vernichtung aus, aber auch die freundlichsten Stellungnahmen vermessen noch den Abstand zum eigenen Werk. Wenn Mann im *Lebensabriß* über seine wochenlange Vertiefung in Kleists *Amphitryon* anmerkt, dass »allerlei unterirdische Beziehungen diese kritische Arbeit mit dem ›Hauptgeschäft‹« verbinden (GW XI, 139), so gilt das ebenso für seine vielseitige, kritische Auseinandersetzung mit der Literatur seiner Zeit. Die Anzahl und die Substanz der zahlreichen essayistischen Stellungnahmen zur Gegenwartsliteratur sprechen für lebenslange Neugier und das nicht nachlassende Bedürfnis, sich selbst zu den literarischen Mitspielern und Konkurrenten ins Verhältnis zu setzen. Das von Mann u. a. im *Doktor Faustus* zitierte Diktum Goethes aus dem *West-östlichen Divan* »Lebt man denn, wenn andre leben« (GKFA 10.1, 587) bezeichnet das durchweg spannungsreiche, auch von Selbstzweifeln geprägte Verhältnis Manns zum literarischen Feld seiner Zeit.

Da ist zunächst die eigene Schriftstellergeneration, deren durchaus heterogene literarische Ausrichtung der literarischen Orientierung oder auch der kritischen Distanzierung dient. Als Rezensent spielt der junge Thomas Mann Werke von Toni Schwabe oder Gabriele Reuter gegen den virilen literarischen Renaissance- und Schönheitskult seines Bruders Heinrich aus (vgl. Detering 2005), dessen Œuvre bis zum Ersten Weltkrieg die wichtigste poetologische Reibungsfläche bildet (Koopmann 2005). Ungleich entspannter, aber nicht weniger ambivalent erscheint das Verhältnis zu Dramatikern wie Gerhart Hauptmann und Frank Wedekind oder Lyrikern wie Stefan George (Marx 2006).

Spätestens in der Weimarer Republik verschieben sich die Interessen und Konstellationen. Seit den *Betrachtungen eines Unpolitischen* (1918), die sich von der kriegskritischen Ausrichtung des Bruders Heinrich polemisch distanzieren, führen Manns Urteile über die Gegenwartsliteratur einen politischen Subtext mit sich. Die Hinwendung zur Weimarer Republik provoziert dementsprechend eine Revision der literarischen Wertungskriterien (vgl. Rehm 2013) – und eine Distanzierung von Erscheinungsformen politischer Reaktion, wie er sie etwa im Spätwerk Hugo von Hofmannsthals wahrnimmt. Wie andere renommierte Vorkriegsautoren sieht sich Thomas Mann in der Weimarer Republik mit einer jungen Schriftstellergeneration konfrontiert, die für sich beansprucht, die literarische Stimme der Gegenwart zu vertreten. Gegenüber jungen Agenten des literarischen Vatermords wie Bertolt Brecht nimmt er 1926 für seine Generation in Anspruch, »mehr Erneuerung, Schollenumbruch, Revolution [initiiert zu haben] als das bißchen Tempo, Dynamik, Kinotechnik und Bürgerfresserei, womit unser Nachwuchs uns vergebens in bleiche Wut zu treiben sucht« (GW XI, 754). Zugleich verstärkt sich die (immer schon präsente) Auseinandersetzung mit der internationalen Literatur, die sich in einschlägigen, poetologisch signifikanten Essays über Knut Hamsun (1922), Joseph Conrad (1926) oder André Gide (1929) niederschlägt. Im Exil intensiviert sich insbesondere die Wahrnehmung amerikanischer Gegenwartsautoren wie Upton Sinclair, Theodore Dreiser, Ernest Hemingway, John Dos Passos oder William Faulkner (Vaget 2011, 328–335), in der unmittelbaren Nachkriegszeit provozieren die Anwürfe von Seiten der sogenannten Inneren Emigration eine »große Kontroverse« (Grosser 1963). Manns briefliche, essayistische, literaturkritische und literarische Auseinandersetzung mit der Gegenwartsliteratur dient offenbar bis zuletzt der poetologischen Selbstvergewisserung und der Selbstbehauptung im (nunmehr welt-)literarischen Feld. Sie bildet die Voraussetzung für eine produktive Rezeption, die von der Forschung wohl auch deshalb bislang nicht hinreichend wahrgenommen wurde, weil sie Manns Selbstinszenierung widerspricht, die einerseits den Abstand zu allen »Schulen« betont (Klausnitzer 2009), andererseits den Anschluss an den Kanon der Tradition ausstellt.

Literatur

Detering, Heinrich: Akteur im Literaturbetrieb. Der junge Thomas Mann als Rezensent, Lektor, Redakteur. In: *TMJb* 23 (2010) 27–45.

Detering, Heinrich: *»Juden, Frauen und Litteraten«. Zu einer Denkfigur beim jungen Thomas Mann.* Frankfurt a. M. 2005.

Grosser, Johannes F. G. (Hg.): *Die große Kontroverse. Ein Briefwechsel um Deutschland.* Hamburg 1963.

Klausnitzer, Ralf: Jenseits der Schulen und Generationen? Zur literarischen Beziehungspolitik eines Solitärs. In: Michael Ansel/Hans-Edwin Friedrich/Gerhard Lauer (Hg.): *Die Erfindung des Schriftstellers Thomas Mann.* Berlin/New York 2009, 453–487.

Klüger, Ruth: Thomas Mann als Literaturkritiker. In: *TMJb* 13 (2000), 229–236.

Koopmann, Helmut: *Thomas Mann – Heinrich Mann. Die ungleichen Brüder.* München 2005.

Marx, Friedhelm: Der Heilige Stefan? Thomas Mann und Stefan George. In: *George-Jahrbuch* 6 (2006/2007), 80–99.
Marx, Friedhelm: Literatur und Erlösung. Kunst und Kunstreligion im Frühwerk Thomas Manns. In: Michael Braun/Birgit Lermen (Hg.): *»Man erzählt Geschichten, formt die Wahrheit«. Thomas Mann – Deutscher, Europäer, Weltbürger*. Frankfurt a. M. 2003, 241–255.
Reich-Ranicki, Marcel: Thomas Mann als literarischer Kritiker. In: *TMHb*, 707–720.
Rehm, Stefan: »Könnte das Massenhafte, das Massengerechte nicht einmal gut sein?« Thomas Mann und die Massenkultur des Literaturmarktes der Weimarer Republik. In: Sebastian Hansen (Hg.): *Düsseldorfer Beiträge zur Thomas Mann-Forschung*. Bd. 2 Düsseldorf 2013, 199–210.
Vaget, Hans Rudolf: *Thomas Mann, der Amerikaner. Leben und Werk im amerikanischen Exil 1938–1955*. Frankfurt a. M. 2011.

Friedhelm Marx

6 Judentum

Thomas Manns Verhältnis zum Judentum und demzufolge seine literarische Gestaltung jüdischer Figuren machten im Lauf seiner Lebenszeit beträchtliche Wandlungen durch. Wenn diese von der Forschung wenig wahrgenommen wurden, dann sicherlich wegen der Bedeutung, die ihm seit der NS-Diktatur als *dem* Repräsentanten eines besseren Deutschland zuwuchs, als einem engagierten Fürsprecher auch der deutschen Juden, der deren Beiträge, »rezeptiv und produktiv«, zur »Kultur ihres sogenannten Wirtslandes« zu ehren wusste (GW XIII, 482). In der Folge solcher vergangenheitspolitischen Vereinnahmungen musste er von der Geschichte des Antisemitismus gründlicher dissoziiert werden, als es ein unvoreingenommener Blick v. a. auf sein Frühwerk eigentlich zuließe.

Seine frühe Verstrickung in einen vergleichsweise moderaten Durchschnittsantisemitismus ergab sich vermutlich aus einem Zusammenspiel gesellschaftlicher und persönlicher Faktoren: sozialgeschichtlich aus der Emanzipation der deutschen und auch der – ziemlich wenigen – Lübecker Juden in der zweiten Hälfte, erst recht im letzten Drittel des 19. Jahrhunderts, d. h. aus der Konkurrenz, die sie für das Besitz- und Bildungsbürgertum darzustellen begannen; biographisch aus der drohenden Deklassierung, die einen verkrachten Gymnasiasten ohne konkrete Karriereaussichten für antisemitische Ressentiments empfänglich zu machen nur zu geeignet war. So gesehen wird es kaum Zufall sein, wenn die Juden seines Frühwerks gerne als Rivalen der seinem Herkunftsmilieu entstammenden Figuren auftauchen: Hagenström vs. Buddenbrook; Jimmerthal vs. Kröger; Spinell vs. Klöterjahn usw.

Solche und andere Juden sind zwar über ihre typischen Namen wie über stereotype Körpermerkmale eindeutig identifizierbar; doch werden sie von Anfang an (Dr. Selten in *Gefallen*) und bis *Wälsungenblut* in der Regel nicht mit dem »Wort ›Jude, jüdisch‹« bedacht (GKFA 21, 335); eine Technik, die Mann in einem Selbstkommentar gerade zu dieser besonders unverblümt antisemitischen Novelle eigens explizierte. Die so vorsätzlich offengehaltenen wie leicht zu füllenden Leerstellen erzeugen eine ganz bestimmte Appellstruktur. Diese bearbeitet ein Problem oder suggeriert vielmehr die Lösbarkeit eines Problems, vor dem der Erzähler im *Willen zum Glück* noch kapitulieren musste: Wie erkennt man den Juden unter den Bedingungen seiner virtuell restlos geglückten Assimilation?

Die Animositäten, die solch einem Bedürfnis nach unbedingter Diskriminierbarkeit zugrunde lagen, verrieten sich nirgends so unverstellt wie in *Wälsungenblut*. Die skandalumwitterte Novelle, deren antisemitisches Potenzial sich bereits in einer spektakulären Publikationsgeschichte niederschlug, versammelt mit seltener Vollständigkeit antijudaistische und antisemitische Klischees, wie sie sonst über das Gesamt- und v. a. eben über das Frühwerk verstreut sind: Inzucht, Verachtung des Christentums und des ›Wirtsvolks‹, raubtierhafte Animalität, outrierte Kulturbeflissenheit, Malice und Arroganz usf. Auch die Gemeinplätze, die Wagner in *Das Judentum in der Musik* verbreiten half, fehlen nicht – wobei freilich ungeklärt bleibt, ob Mann das berüchtigte Pamphlet aus erster Hand kannte; denn den Lesespuren seines Handexemplars, da er dieses antiquarisch erworben zu haben scheint, kommt hier kein Evidenzwert zu –: Juden haben ein gebrochenes Verhältnis zu den von ihnen nur angenommenen Sprachen. Sie sind unfähig zu »wahre[r] Leidenschaft« und »zum Kunstschaffen« nicht berufen. (Wagner o. J., 78)

Die »Judengeschichte« *Wälsungenblut* (GKFA 21, 333), indem sie einen Höhepunkt und zugleich das Ende einer im Frühwerk erkennbar antisemitischen Tendenz markiert, reflektiert in eins damit die biographischen Voraussetzungen, die zu deren Überwindung beitrugen: Manns Heirat mit einer Jüdin aus schwerreichem Haus, eine mittelbare Konsequenz seiner ersten literarischen Großerfolge und seines Wiedergewinns v. a. auch von sozialem Kapital.

Von nun an muss man bei den fiktionalen Texten genauer hinsehen, um darin Reste und Schwundstufen judenfeindlicher Stereotypen zu finden, im *Tod in Venedig* etwa oder in den älteren Teilen des *Felix Krull* und des *Zauberberg* (wo z. B. antisemitische Bemerkungen den braven Joachim keinerlei Erzählersympathien kosten). Dagegen tritt bereits in dem Roman, der unmittelbar nach *Wälsungenblut* erschien, *Königliche Hoheit*, der erste sympathische Jude des Gesamtwerks auf, Dr. Sammet. Dieser ist denn prompt auch nicht mehr jenem Ratespiel ausgesetzt, sondern von vornherein als Jude bezeichnet. Obendrein nach seinen Diskriminierungserfahrungen gefragt, verleugnet er sie weder, noch beschönigt er sie auch nur. Dabei wird die Stigmatisierung der Juden in Analogie gesetzt zur gesellschaftlichen Sonderstellung hier des Fürsten wie anderwärts immer wieder der Künstler.

Aus der Antwort des fingierten Doktors zitierte Mann – oder *vice versa* –, als er 1907 eine Presseumfrage mit dem *in hindsight* unheimlichen Titel *Die Lösung der Judenfrage* beantwortete. Entsprechend wohlmeinend fiel diese für lange Zeit einzige ausführlichere Stellungnahme *Zur jüdischen Frage* aus (so der Titel einer weiteren Rundfrage von 1921, deren Beantwortung offenbar wegen Katia Manns Widerständen erst posthum erschien). Darin bekannte sich Mann als »Philosemit« (GKFA 14.1, 174). Eingeschlossen in dieses Bekenntnis, das nur noch vereinzelte antisemitische Ausfälle wie z. B. gegen Theodor Lessing in Frage stellen sollten, war einerseits die auch späterhin aufrechterhaltene, wenn endlich auch etwas irritierte Überzeugung, dass Juden eine *species sui generis* und ihren Assimilationsversuchen mithin gewisse essenzielle Grenzen gesetzt sind. Andererseits aber seien solche Versuche doch wünschenswert; und der Zionismus, wenn verwirklicht, bedeute für Europa einen empfindlichen Kulturverlust (ebd.).

Je mehr indessen seit der Zwischenkriegszeit die Wahnvorstellungen von Rassenfanatikern Platz griffen, wie ein spätes *Zauberberg*-Kapitel einen ins Visier nimmt, desto energischer engagierte sich Mann öffentlich gegen »die Kulturschande des Antisemitismus« (Arco u. a. 1930). Auch in seinen Romanen und Novellen konnte er sich nunmehr mit dem Judentum solidarisieren. In der Erzählung *Unordnung und frühes Leid*, die er dem Herausgeber eines Novellenbands anstelle von *Wälsungenblut* aufzunehmen vorschlug (DüD I, 230 f.), identifizierte er sich unübersehbar mit der Gestalt eines jüdischen Professors. In *Lotte in Weimar*, ein von einem deutschen Juden inspiriertes Werk – wobei er diese Inspiration durch Felix A. Theilhabers Goethe-Monographie stets verschwieg –, lässt er Goethe »die allerwunderlichste Verwandtschaft« zwischen Juden und Deutschen konstatieren (GKFA 9.1, 411). In den Josephsromanen, wie dann auch nochmals in *Das Gesetz*, erschloss er sich und der dazu gewillten Leserschaft einen Zugang zur Frühgeschichte des Judentums, der unter den nichtjüdischen Autoren des deutschen Literaturkanons seinesgleichen nicht hat; mögen auch hierher noch einzelne Überbleibsel aus dem antisemitischen Stereotypenarsenal mit verschleppt sein (Marquardt 2003).

Auch porträtierte er einen Gewährsmann seines *Joseph*-Projekts, Oskar Goldberg, im *Doktor Faustus* als widerwärtigen Protofaschisten, ohne dieses Porträt, zu seinem im Nachhinein eingestandenen Bedauern, mit einer sympathischeren Gestalt jüdischer

Gelehrsamkeit zu konterkarieren. Der Rabbiner, dessen Serenus Zeitblom sich gerne erinnert und dem Mann übrigens den Namen sowohl eines jüdischen Mitschülers als auch eines bedeutenden Vorstehers der Lübecker Synagoge verlieh, »Carlebach«, ist immerhin keine besonders reinliche Erscheinung. Und an Herablassung lässt es Zeitblom auch nicht fehlen, wenn er auf Kunigunde Rosenstiel zu sprechen kommt, die letzte Jüdin des Gesamtwerks. Denn hernach, mit der ihrerseits bezeichnenden Ausnahme des *Erwählten*, des vorneuzeitlichen »Wucherer[s]« Timon (GW VII, 115), sind die Juden aus Manns Romanen und Novellen so vielsagender- wie makabrerweise verschwunden. Juden ließ Mann nicht einmal dort noch vorkommen, wo sich ihm besonders naheliegende Gelegenheiten dafür geboten hätten – denn viele unter seinen deutsch-jüdischen Figuren sind Mediziner –: In der *Betrogenen*, deren Handschrift er zu Gunsten israelischer Kinder faksimilieren ließ, um seine jetzt vorbehaltlose Solidarität mit dem jüdischen Staat zu bekräftigen, änderte er den jüdisch konnotierbaren Spott- oder Klagenamen eines Arzts, »Seufzer«, zugunsten einer nunmehr ganz stummen Namensvariante, »Muthesius«.

Zu den Ungeheuerlichkeiten, auf die solche Absenzen beredt-verschwiegen reagierten, hatte sich Mann in einer seiner letzten BBC-Botschaften an die *Deutschen Hörer!* sehr eindringlich geäußert, nach der Entdeckung der großen Vernichtungslager. Ihre *literarischen* Spuren hinterließ die Shoa freilich auch schon an dem Porträt jener letzten Jüdin, Kunigunde Rosenstiels, das fast zeitgleich mit der Eröffnung der Nürnberger Prozesse entstand. Mit den dort verhandelten Verbrechen kommuniziert das Porträt insofern, als es aus Reminiszenzen ausgerechnet an die biblischen Klagelieder besteht, deren alten Titel, *Echa*, die Figur mit ihrem stehenden »Ach« permanent im Mund führt. Auch sonst wird ihr Judentum, anders als bisher, weit weniger über physische *marker* dargestellt denn als ein geschichtlich bedingtes Schicksal verstanden, vor dessen Tragik die ehedem so wichtigen Körperzeichen zurücktreten. Dennoch vermochte wie gesagt auch der späte Mann die essentialistischen Vorstellungen von der jüdischen Alterität nicht gänzlich zu überwinden. Symptomatisch dafür sind seine Verunsicherungen durch einen Rabbiner, der solche Vorstellungen von Grund auf bestritt: »[I]rgend etwas anderes ist es mit ihnen […]. Ist dies Erlebnis Anti-Semitismus? […] [E]s ist doch *ein* Geblüt« (Tb 27. 10. 1945).

Literatur

Arco, Georg Graf u. a. [darunter Thomas Mann]: Gegen die Kulturschande des Antisemitismus. In: *Central-Verein-Zeitung. Blätter für das Deutschtum und Judentum* 9.37 (1930), 485.

Darmaun, Jacques: *Thomas Mann, Deutschland und die Juden* (*Thomas Mann et les Juifs*). Tübingen 2003 (frz. 1995).

Detering, Heinrich: »*Frauen, Juden, Litteraten*«. *Eine Denkfigur beim jungen Thomas Mann*. Frankfurt a. M. 2005.

Dierks, Manfred/Wimmer, Ruprecht (Hg.): *Thomas Mann und das Judentum. Die Vorträge des Berliner Kolloquiums der Deutschen Thomas-Mann-Gesellschaft*. Frankfurt a. M. 2004.

Elsaghe, Yahya: *Die imaginäre Nation. Thomas Mann und das ›Deutsche‹*. München 2000.

Elsaghe, Yahya: *Thomas Mann und die kleinen Unterschiede. Zur erzählerischen Imagination des ›Anderen‹*. Köln/Weimar/Wien 2004.

Elsaghe, Yahya: Apokryphe Juden und apokryphe Antisemitismen in Thomas Manns späterem und spätestem Erzählwerk. In: Stefan Börnchen/Claudia Liebrand (Hg.): *Apokrypher Avantgardismus. Thomas Mann und die Klassische Moderne*. München 2008, 225–242.

Elsaghe, Yahya: »Edhin Krokowski aus Linde bei Pinne«, »Provinz Posen«. Judentum und Antisemitismus im *Zauberberg* und seiner Vorgeschichte. In: *Monatshefte für deutschsprachige Literatur und Kultur* 101.1 (2009), 56–72.

Klüger, Ruth: Thomas Manns jüdische Gestalten. In: Dies.: *Katastrophen. Über deutsche Literatur*. Göttingen 1994, 39–58.

Kontje, Todd Curtis: *Thomas Mann's World. Empire, Race, and the Jewish Question*. Ann Arbor 2011.

Marquardt, Franka: *Erzählte Juden. Untersuchungen zu Thomas Manns »Joseph und seine Brüder« und Robert Musils »Mann ohne Eigenschaften«*. Münster 2003.

Marquardt, Franka: Der Manager als Sündenbock. Zur Funktion des jüdischen Impressario Saul Fitelberg in Thomas Manns *Doktor Faustus*. In: *Zeitschrift für Germanistik. Neue Folge* 14.3 (2004), 564–580.

Marquardt, Franka: Judentum und Jesuitenorden in Thomas Manns *Zauberberg*. Zur Funktion der ›Fehler‹ in der Darstellung des jüdischen Jesuiten Leib-Leo Naphta. In: *Deutsche Vierteljahrsschrift für Literaturwissenschaft und Geistesgeschichte* 81.2 (2007), 257–281.

Schößler, Franziska: *Börsenfieber und Kaufrausch. Ökonomie, Judentum und Weiblichkeit bei Theodor Fontane, Heinrich Mann, Thomas Mann, Arthur Schnitzler und Émile Zola*. Bielefeld 2009.

Schwarz, Egon: Die jüdischen Gestalten in *Doktor Faustus*. In: *TMJb* 2 (1989), 79–101.

Wagner, Richard: Das Judentum in der Musik. In: Ders.: *Sämtliche Schriften und Dichtungen. Volksausgabe*, Bd. 5. Leipzig ^{6}o.J., 66–85.

Yahya Elsaghe

7 Mittelalter

Wenig sinnvoll ist es, Thomas Manns vielfältige Rekurse auf das Mittelalter und Mittelalterliches unter dem Begriff der ›Mittelalterrezeption‹ zu subsumieren. Zwar gibt es, vornehmlich im Spätwerk, die produktive Anverwandlung konkreter mittelalterlicher Texte, mindestens genauso wichtig ist aber seine Auseinandersetzung mit den Bildern und Inanspruchnahmen des Mittelalters als einer zum Selbstdeutungsfundus der Moderne gehörenden Epochenkonstruktion (vgl. Oexle 2011 u. 2013). Schon für die erste Phase von Manns Mittelalterrekursen bis 1918 ist dies fruchtbar; das Mittelalter erscheint hier, fundiert von Schopenhauers Ewigkeitsdenken, als fortwährender Bestandteil deutscher Geschichte: In den *Betrachtungen* tritt es amalgamiert mit Kernbegriffen wie ›Romantik‹ und ›Bürgerlichkeit‹ auf (vgl. GKFA 13.1, 125; auch Brief an Ida Boy-Ed v. 17. 10. 1918; GKFA 22, 260 f.; dazu Hellmann 1972). Zeitgleich mit der zweckgerichteten Verfertigung eigener Mittelalterbilder erweist sich Mann als sensibel für die Zurichtbarkeit solcher Geschichtskonstruktionen. In den *Betrachtungen* wird der in den kulturpolitischen Debatten der späten Kaiserzeit instrumentalisierte Gotik-Begriff zwar einerseits positiv – für *Buddenbrooks* – in Anspruch genommen, anderseits wird aber auf seine Gefährlichkeit als Kampfformel »der neuen Intoleranz« hingewiesen (GKFA 13.1, 98, 540). Ironisiert hatte Mann die harmlose Form eines solchen Mediävalismus schon 1903 in *Tristan*: Detlev Spinells ästhetizistischer Roman, gedruckt in »Buchstaben, von denen ein jeder aussah wie eine gotische Kathedrale«, spielt zweifellos auf die zeitgenössische Buchkunst im Umkreis Stefan Georges an (GKFA 2.1, 328).

Nach 1918 verschieben sich die Koordinaten von Manns Geschichtsbildern, das nationale Mittelalter der Kaiserzeit wird unbrauchbar, weil seine Funktionalisierung als Waffe gegen die republikanische Gegenwart deutlich zutage tritt. Zunächst aber wird die Epochenimagination im Jahr 1919 zu einem historischen Geleitschutz, mit deren Hilfe Mann Neues ins historische Denken aufnimmt: Den Münchner Räte-Kommunismus, den er – angeleitet durch die Lektüre einschlägiger Schriften Gustav Landauers und besonders Heinrich von Eickens' *Geschichte und System der mittelalterlichen Weltanschauung* [1887] ^{2}1913 – als Option für die Zukunft denkt. Er lässt sich als Neufassung einer positiv verstandenen mittelalterlichen (Gesellschafts-)Ordnung imaginieren (vgl. Wißkirchen 1986). Wenige Jahre später jedoch revidiert Mann diese Synthesebemühungen kritisch und schreibt sie als politische Gefahr der Naphta-Figur im *Zauberberg* ein, deren Plädoyer für einen mittelalterlich-kommunistischen Gottesstaat in Nihilismus und Terror mündet und damit den politischen Terror der frühen 1920er Jahre reflektiert; aber auch auf den Gotik-Diskurs der Vorkriegsjahre wird zurückgegriffen (vgl. Wißkirchen 1986; Riedl 2005; Schlüter 2011). Im Jahr 1923 arbeitet Mann an einem Drehbuch für einen Film *Tristan und Isolde*. Bedeutsam ist, dass er nicht, naheliegend, auf Richard Wagner, sondern auf Gottfrieds von Straßburg Epos (13. Jh.) zurückgreifen will. Im Film, den er als »ungeheure demokratische Macht« (GKFA 15.1, 697) einschätzt, soll Tristan als »ein politischer Kopf« dargestellt werden (GKFA 3.1, 143). Hier zeichnet sich ein neues, gleichsam demokratisch-republikanisches Mittelalterbild ab, dargeboten im modernen Massenmedium – die Inflation verhindert jedoch die Umsetzung dieser kulturpolitischen ›Arbeit am Mythos‹ (vgl. Kolb 1986; Schlüter 2011, Mertens 2012).

Die Mittelalterbilder der Exilzeit leitet sodann die Auseinandersetzung mit der deutschen Geschichte; im *Doktor Faustus* (und der Rede *Deutschland und die Deutschen*) rückt Mann über die Faust-, Luther- und Dürer-Bezüge das 16. Jahrhundert in den Blick, das er als Beginn eines problematischen historischen Prozesses deutet, an dessen Ende der Nationalsozialismus steht (vgl. Bergsten 1974). Im *Faustus*-Roman verweist darauf die symbolische Stadt Kaisersaschern, die die »Hysterie des ausgehenden Mittelalters« bis in die Gegenwart bewahrt (GKFA 10.1, 58). Diese gefährliche deutsche Mentalität äußert sich, so Manns Deutung, in politischen Machtgelüsten, die sich in radikalisierten Geschichtsbildern widerspiegeln: Der »hochtechnisierte Romantizismus« des Kaiserreichs steht dafür wie die Forderung nach einer »neuigkeitsvollen Rückversetzung der Menschheit in theokratisch mittelalterliche Zustände« in der Weimarer Zeit (Ess V, 277; GKFA 10.1, 535). Von großem Gewicht ist abschließend der zweite Aspekt der Mittelalterrekurse der Exilzeit. Die historische Epoche vor dem heiklen 16. Jahrhundert sieht Mann als durchzogen von einem »ursprünglichen Universalismus und Kosmopolitismus« (Ess V, 274). Deren Repräsentant ist im *Doktor Faustus* der mittelalterliche Kaiser Otto III. (980 bis 1002), der, mit historischem Recht, als Vertreter dieses Universalismus dargestellt wird (vgl. Vaget 1977; Schlüter 2012). Dieses Mittelalterbild lässt sich als Verweis Manns auf einen mittelalterlichen Traditionsbestand verstehen, der für ein befriedetes Europa nach dem Zweiten Weltkrieg in Anspruch zu nehmen ist. Von hier aus wird auch *Der Erwählte* als Zeitroman der Nachkriegsjahre verständlich, angesiedelt in einem heiteren, vielstimmigen Mittelalter, das durch vielerlei Quellenbezüge aus dem deutschen und europäischen Mittelalter zum Sprechen gebracht wird: die *Gesta Romanorum*, Hartmanns von Aue *Gregorius*-Legende, dazu das *Nibelungenlied*, Wolframs von Eschenbach *Parzival* und Gottfrieds *Tristan* (vgl. Wysling 1967; Wimmer 1991; Makoschey 1998). Diese Texte führen überdies zurück zu Manns erster Begegnung mit mittelalterlicher (Literatur-)Geschichte, die 1894/95 während seiner Gasthörerschaft an der Münchner Technischen Hochschule in den Vorlesungen des Philologen Wilhelm Hertz stattfand (vgl. Schmidlin/Sprecher 2001).

Literatur

Bergsten, Gunilla: *Thomas Manns »Doktor Faustus«. Untersuchungen zu den Quellen und zur Struktur des Romans.* Tübingen ²1974.

Hellmann, Winfried: *Das Geschichtsdenken des frühen Thomas Mann 1906–1918.* Tübingen 1972.

Kolb, Herbert: Über Thomas Manns Filmexposé *Tristan und Isolde.* In: Erich Huber-Thoma/Ghemela Adler (Hg.): *Romantik und Moderne.* Frankfurt a. M. 1986, 303–327.

Makoschey, Klaus: *Quellenkritische Untersuchungen zum Spätwerk Thomas Manns. »Joseph, der Ernährer«, »Das Gesetz«, »Der Erwählte«.* Frankfurt a. M. 1998.

Mertens, Volker: Mit Wagners Augen? Thomas Manns ›mittelalterliche‹ Werke: *Tristan*-Film und *Der Erwählte.* In: *TMJb* 25 (2012), 129–143.

Oexle, Otto Gerhard: *Die Wirklichkeit und das Wissen. Mittelalterforschung – Historische Kulturwissenschaft – Geschichte und Theorie der historischen Erkenntnis.* Göttingen 2011.

Oexle, Otto Gerhard: *Die Gegenwart des Mittelalters.* Berlin 2013.

Riedl, Peter Philipp: *Epochenbilder – Künstlertypologien. Beiträge zu Traditionsentwürfen in Literatur und Wissenschaft 1860 bis 1930.* Frankfurt a. M. 2005.

Schlüter, Bastian: *Explodierende Altertümlichkeit. Imaginationen vom Mittelalter zwischen den Weltkriegen.* Göttingen 2011.

Schlüter, Bastian: Ein rechtes Kind des 19. Jahrhunderts? Thomas Mann und die Bilder vom Mittelalter. In: *TMJb* 25 (2012), 41–57.

Schmidlin, Yvonne/Sprecher, Thomas (Hg.): *Thomas Mann. Collegheft 1894–1895.* Frankfurt a. M. 2001 (= *TMS* 24)

Vaget, Hans Rudolf: Kaisersaschern als geistige Lebensform. Zur Konzeption der deutschen Geschichte in Thomas Manns *Doktor Faustus.* In: Wolfgang Paulsen (Hg.): *Der deutsche Roman und seine historischen und politischen Bedingungen.* Bern/München 1977, 200–235.

Wimmer, Ruprecht: Die altdeutschen Quellen im Spätwerk Thomas Manns. In: Eckhard Heftrich/Helmut Koopmann (Hg.): *Thomas Mann und seine Quellen.* Frankfurt a. M. 1991, 272–299.

Hans Wißkirchen: *Zeitgeschichte im Roman. Zu Thomas Manns »Zauberberg« und »Doktor Faustus«.* Bern 1986.

Wysling, Hans: Thomas Manns Verhältnis zu den Quellen. Beobachtungen am *Erwählten.* In: Paul Scherrer/Hans Wysling (Hg.): *Quellenkritische Studien zum Werk Thomas Manns.* Bern/München 1967, 258–324.

Bastian Schlüter

8 Musik

Musik war Thomas Manns elixierhafte Weg- und Werkbegleiterin. Ihre tragende Funktion in seinem Lebens- und Kunstschaffen – beides folgte einem ästhetischen Kalkül – hat die Forschung seit Gert Hofmanns früher Überblicksskizze (Hoffmann 1955) umfassend aufgearbeitet (zuletzt Vaget 2006; Mertens 2006). Es spiegelte sich besonders in den musikalischen Strukturen seines Erzählens, seiner Rhythmik, den motivischen Wiederholungen, die sich zu einer subtilen, freilich auch von Tolstoi beeinflussten Leitmotivtechnik ausbildeten, sowie des Prinzips ›Thema und Variation‹, das sein Schaffen von Anbeginn prägte.

Naturgemäß galt bislang *dem* Musikroman schlechthin, *Doktor Faustus*, als der Lebensgeschichte eines Tonsetzers die detaillierteste Aufmerksamkeit (Carnegy 1973). Von herausragender Bedeutung hierbei erwies sich die Lübecker Ausstellung zum *Doktor Faustus* von 1997, die neues Quellenmaterial zu Tage förderte, unter anderem auch die im TMA Zürich aufbewahrte Tonaufzeichnung *Wer wünscht was?* des Süddeutschen Rundfunks aus dem Jahre 1954. In dieser Sendung stellte Mann seine Lieblingsmusik vor mit Kommentaren und kurzen Lesungen aus den Romanen *Der Zauberberg* und *Doktor Faustus*: Von Richard Wagner das Vorspiel zum 1. Akt der Oper *Lohengrin*, Claude Debussys Tondichtung *Prélude à l'après-midi d'un faune*, Franz Schuberts Lied *Im Dorfe* aus dem Zyklus *Die Winterreise*, Robert Schumanns Eichendorff-Vertonung *Zwielicht* und Ludwig van Beethovens dritte *Leonoren-Ouvertüre*. In dieser Auswahl drückte sich ein bürgerlich-traditionalistisches Musikverständnis aus, das sich auch in seiner Schallplattensammlung spiegelte (vgl. Kropfinger 1995; Mertens 2006, 271–272). Die maßgeblich von Willi Reich und dem jungen Theodor W. Adorno vermittelte kritische Auseinandersetzung mit der musikalischen Moderne – vor allem mit Arnold Schönberg und Alban Berg, aber auch mit Ernst Krenek – erfolgte maßgeblich im Umfeld der Arbeit am *Doktor Faustus* (vgl. Tiedemann 1992, 9–34).

Das musikalische Urerlebnis für Thomas Mann dürften jedoch das Klavierspiel und die Singstimme seiner Mutter Julia gewesen sein. Der romanisch-südländische Musikgeschmack, der sich in Manns bleibendem Interesse für Charles Gounod, Giacomo Puccini, Georges Bizet und Guiseppe Verdi äußerte, entsprach weitgehend – soweit bekannt – den Vorlieben der Mutter. Eine eigene Note gewann später seine wachsende Vorliebe für César Franck. Bei Gelegenheit behauptete er sogar, er hätte wie Franck komponiert (und wie Bruno Walter dirigiert!), wäre er als Musiker zur Welt gekommen (vgl. GKFA 19.1, 155). Doch die mütterliche Einstimmung auf die Musik sowie sein eigenes Geigen- und Klavierspiel hatten ihn auch für die Musikwelt Wagners sensibilisiert und namentlich auf *Lohengrin* eingestimmt, den er als Schüler im Lübecker Stadttheater zum ersten Mal gehört hatte. Die Szene ist in den neunten Abschnitt der Novelle *Der kleine Herr Friedemann* (1897) eingegangen. Noch 1954 bezog sich Mann in besagter Rundfunksendung auf diese Lübecker Szene und nannte folgende Hörbeobachtung, übrigens unter Berufung auf ein Urteil von Richard Strauss, zu dessen Person und Schaffen er ein komplexes Sonderverhältnis unterhielt, über das Vorspiel zum 1. Akt des *Lohengrin*: Dieses »unübertreffliche« in sich geschlossene Musikstück in A-Dur nehme die Gralserzählung im dritten Akt in seiner Essenz vorweg, womit Mann etwas darüber verriet, was ihn an Wagner zeitlebens faszinierte: Dass er vollenden konnte und noch ein Verständnis von Werk hatte, das der Moderne abhanden gekommen sei. Und doch zählte Wagner im *Zauberberg* nicht zu den »Vorzugsplatten« Hans Castorps, nachdem Mann den Komponisten in den frühen Kapiteln des *Felix Krull* in Gestalt Felix Schimmelpreesters, des Paten und Mentors des angehenden Hochstaplers, karikiert hatte.

Das Klavierspiel der Mutter dagegen – man glaubt es in jenem der Gerda Buddenbrook, der Frau von Rinnlingen und der Gabriele Klöterjahn zu hören, und das nicht nur, wenn Letztere den *Tristan*-Akkord anschlägt, sondern vor allem in ihrer Interpretation von Chopins Es-Dur-Nocturne. Diese Bezogenheit auf das Instrument jedoch verschob sich zunehmend auf Mittel der technischen Musikreproduktion, ein für das Verhältnis Manns zur Musik bezeichnender Medienwechsel (Görner, 2008). Das Grammophon, der »Musikapparat« (GKFA 5.1, 1028) und das Rundfunkgerät ersetzten zunehmend das Instrument, beispielhaft im Kapitel »Die Fülle des Wohllauts« im *Zauberberg*. Bildlich symbolisierte sich dieser Medienwechsel durch selbstinszenierende Gesten Manns, die ihn auf Fotographien beim Musikhören zeigen. Es ist der Ausdruck staunend-lauschender Andacht oder auch eines stummen Zwiegesprächs zwischen ihm und dem »Musikapparat«. Hierbei fällt auf, dass Aufnahmen aus der Münchener Villa in der Poschingerstraße das Radio in der Eingangshalle aufgestellt zeigen; als Medium war es mithin allen zugänglich. Der Musikapparat dagegen befand sich im Arbeitszimmer – in quasi-intimer Nähe zum Schaffensprozess. Das Plattenhören, nicht selten von Mann kokettierend als »Laster« bezeichnet, gehörte, wie die Tagebücher vielfach belegen, neben dem Anhören von Rundfunkübertragungen von Konzerten und Opernaufführungen zum Ablauf eines jeden zu Hause verbrachten Abends.

Zu der musik-symbolischen Ikonographie zählt jedoch auch eine weitere Photographie, die den Schriftsteller auffallend entspannt zwischen den neben Wilhelm Furtwängler bedeutendsten Dirigenten seiner Zeit zeigt, Bruno Walter und Arturo Toscanini, aufgenommen anlässlich der Salzburger Festspiele des Jahres 1935. Diese Zeugnisse sind deswegen von Bedeutung, weil sie Hinweise darauf sind, wie Mann mit Musik in Berührung kam und wie eingehend er sich mit der Verschiedenheit musikalischer Interpretationen beschäftigt hat.

Werkbestimmend blieb Thomas Manns an Nietzsche orientierte Ambivalenz gegenüber Wagner, die freilich mehr der Person galt als dessen Kunst, vor allem aber der Art der Nachwirkung des Projekts Bayreuth. In den zwischen 1909 und 1912 geschriebenen Briefen sowie in den Fragmenten zum geplanten Großessay *Geist und Kunst* entwickelte Thomas Mann eine Wagner-Kritik, die nicht ahnen ließ, dass er sie in den *Betrachtungen eines Unpolitischen* (1918), *Leiden und Größe Richard Wagners* (1933) sowie *Richard Wagner und der Ring des Nibelungen* (1937) ins Positive umwerten würde. Und doch vermerkt das Tagebuch am 13. 2. 1935: »Grausiges Gefühl davon, wie dieser als Charakter abscheuliche Kleinbürger [Richard Wagner] tatsächlich vom Nationalsozialismus antizipiert.«

Doch es interessierte ihn an Wagners (wie auch später an Schönbergs) Musik stets auch deren Struktur, das im eigentlichen Sinne Kompositorische. Puccini und Debussy hörte er zum genießenden Ausgleich. Ohne die musikdramatische *Ring*-Konzeption wäre Thomas Manns *Joseph*-Tetralogie, eine novellistisch-mythopoetische Parallelkomposition, nicht denkbar gewesen. Musik bedeutete für Mann strukturierte Sinnlichkeit und Klangwege zu ihrer Transzendierung. Einzeluntersuchungen zur musikalischen Strukturiertheit von Manns Werken und dem, was als musikalisierte Narrativität zu bezeichnen wäre, bilden jedoch bislang eher eine Ausnahme (vgl. Dickson, 1964; Kaiser, 2001).

Anlässlich des fünfzigjährigen Dirigentenjubiläums von Bruno Walter schrieb Mann in seinem Beitrag *Die Sendung der Musik*, sein eigenes Verhältnis zur Musik summarisch und doch präzise auf den Begriff bringend: »Groß ist das Geheimnis der Musik – sie ist ohne Zweifel die tiefsinnigste, philosophisch alarmierendste, durch ihre sinnlich-übersinnliche Natur, durch die erstaunliche Verbindung, die Strenge und Traum, Sittlichkeit und Zauber, Vernunft und Gefühl, Tag und Nacht in ihr eingehen, die faszinierendste Erscheinung der Kultur und Humanität« (GW XIII, 859). Eben damit waren auch die Gründe dafür benannt, weshalb ihm die literarische Umsetzung der Musik so wichtig war: weil in ihr das Zweideutige Form gewinnt und das scheinbar Eindeutige mit seiner Auflösung spielt – und das in rhythmischer Gestalt; für Thomas Mann war sie der Ursprung allen Schaffens in erzählerischer Prosa.

Literatur

Carnegy, Patrick: *Faust as Musician: a Study of Thomas Mann's Novel »Doktor Faustus«*. London 1973.

Dickson, Keith: The Technique of a »musikalisch-ideeller Beziehungskomplex«
in *Lotte in Weimar*. In: *Modern Language Review* 59 (1964), 413–424.

Görner, Rüdiger: Das Medium welcher Botschaft? Oder: Wovon die Musik bei Thomas Mann erzählt. In: Sandra Poppe/Sascha Seiler (Hg.): *Literarische Medienreflexionen. Künste und Medien im Fokus moderner und postmoderner Literatur*. Berlin 2008, 124–136.

Hoffmann, Gerd: Die Musik im Werk Thomas Manns. In: *Aufbruch* 11 (1955), 561–572.

Kaiser, Hartmut M.: Intertextuelles Spiel mit Wagner-Analogien. Thomas Manns Burleske *Tristan* und der *Ring des Nibelungen*. In: *TMJb* 14 (2001), 189–212.

Mertens, Volker: *Thomas Mann und die Musik*. Leipzig 2006.

Tiedemann, Rolf: »Mitdichtende Einfühlung«. Adornos Beitrag zum *Doktor Faustus* – noch einmal. In: *Frankfurter Adorno Blätter* 1 (1992), 9–34.

Vaget, Hans Rudolf: *Seelenzauber. Thomas Mann und die Musik*. Frankfurt a. M. 2006.

Rüdiger Görner

9 Mythos und Mythologie

Als ideengeschichtliche und intellektuelle Rahmung von Thomas Manns Zugang zu Mythos und Mythologie lässt sich, wie so oft, das »Dreigestirn« (GKFA 13.1, 79) Schopenhauer, Wagner und Nietzsche in Anschlag bringen: Schopenhauers Ewigkeitsdenken (›nunc stans‹), das eine alineare und damit ›mythosaffine‹ Zeitlichkeit privilegiert – Wagners sich mit dem *Nibelungen*-Projekt ab 1848 verbindender ›moderner‹ Mythos im Gewande des Musikdramas – Nietzsches von Wagner beeinflusste Revision antiker griechischer Mythologie unter dem Begriffspaar ›apollinisch‹ vs. ›dionysisch‹ in der *Geburt der Tragödie aus dem Geiste der Musik*, unbedingt aber auch seine spätere Wagner-Kritik, die den neuen Mythos als aufgeblähte Travestie bürgerlicher Gegenwarten entlarvt. Am Ende stehen wieder die Erkenntnisse aus der Lektüre Schopenhauers, mit dessen Willensmetaphysik solche Entlarvungen nicht als Bankrott der Kunst, sondern als ihre größten Potentiale denkbar werden. Von hier aus öffnet sich der Blick sogleich auf das zentrale Werk der Frühphase in diesem Zusammenhang, auf *Der Tod in Venedig*.

In diese Erzählung, die den Abschluss des Frühwerks und die Auseinandersetzung Manns mit einer klassizistischen Poetik markiert, fließt eine große Zahl von Anspielungen auf die griechische Mythologie ein. Zentral ist das Hermes-Motiv, das in den wiederkehrenden Todesboten aufgerufen wird, in denen der Gott als Führer der Seelen in die Unterwelt (Psychagogos/Psychopompos) figuriert. Als Quellen dienen Mann, neben zeitgenössischen Lehrbüchern, Plutarchs *Dialog über die Liebe*, Platons *Symposion* und *Phaidros*; von dorther wird die Tadzio-Konstellation gestaltet – die Figur wird so nicht zuletzt zum mythopoetischen Pendant zu Stefan Georges *Maximin* (1906). Das Erzählen verläuft zwischen Nietzsches Polen des Apollinischen und Dionysischen, zwischen der Schilderung des beherrschten Leistungsethikers Aschenbach und seines Untergangs in der rauschhaften Liebe. Von großer Bedeutung für diese mythische Substruktur des Erzählens – und für Manns Mythoskonzeption im Allgemeinen – ist dabei die Verknüpfung mit der Psychologie, die Mann in der Entstehungszeit der Erzählung in einer ersten Freud-Lektüre kennenlernt. Mythisches Erzählen wird damit zur literarischen ›Wiederkehr des Verdrängten‹, welche in den Verweisungszusammenhang von realistischer Oberfläche und antiker Mythologie als weitere Bedeutungsebene eingewoben wird (vgl. Dierks 2003, Rothenberg 1972).

Besonders auf der Ebene mythischer Allusionen weist sich der *Der Zauberberg* als das ›Satyrspiel‹ zum *Tod in Venedig* aus, welches er in der ersten Arbeitsphase werden sollte. Die Reise vom Norden über das »Schwäbische[] Meer[]« (GKFA 5.1, 11) in den Süden der Davoser Alpen am Romanbeginn ist als Hades-Fahrt angelegt analog zu Aschenbachs Reise von Triest nach Venedig, Hermes-Figurationen treten auch im Roman auf: der Arzt Dr. Krokowski, in dessen analytischem Interesse die Verknüpfung von Mythos und Psychologie gleichermaßen expliziert wie ironisiert wird; Ludovico Settembrini versieht sich selbst gesprächsweise mit dem Flügelschuh-Attribut des Hermes.

Hofrat Behrens wird in der Rede Settembrinis zum Rhadamant, der mit Krokowski als Minos über das Totenreich des *Zauberberg* gebietet. Hans Castorp hingegen erscheint wahlweise als Odysseus und Orpheus, zusammen mit seinem Vetter wird er zu Castor und Pollux – um nur einige Anspielungen und Namen zu nennen – und vieles mehr an solcherart Anspielungen und Namen findet sich. Durch zweierlei erfährt der Mythos-Komplex im Roman darüber hinaus bedeutende Erweiterung. Zum einen wird über die Assoziationsfolge Zauberberg-Hörselberg-Venusberg, die Mann anstößt, nunmehr auch die deutsche Mythologie in romantischer Einkleidung über Eichendorff, Jacob Grimm (*Deutsche Mythologie*, 1835) bis zu Wagner (*Tannhäuser*, 1845) in die mythische Erzählebene miteinbezogen (vgl. GW XI, 125). Zum anderen schreibt sich der Roman durch die prominente Thematisierung von Zeit und Zeitlichkeit jenseits der Linearität (im Kern geht das auf Schopenhauer zurück) gleichzeitig in wichtige Diskurse über Mythos und Zeitlichkeit in den 1920er Jahren ein (vgl. Kristiansen 1978; Borchmeyer 1998; Hardtwig 2001; Dierks 2003).

Die Arbeit am *Joseph*-Roman seit 1926 bringt bedeutende Neuakzentuierungen in Manns Mythosverständnis. Dies ist nicht sogleich als Reaktion *ex negativo* auf den politischen Missbrauch des mythischen Denkens zu verstehen, sondern zunächst im Kontext von Manns positiver Kulturarbeit in republikanischer Zeit zu sehen (vgl. Lörke 2010). Dennoch muss sich in der Folge die Einsicht durchsetzen, dass auch der Mythos ›verhunzt‹ werden kann – von denjenigen, die ebenfalls von Nietzsche herkommen, nicht aber, wie Mann, Nietzsches Wagner- und Selbstkritik mitvollzogen haben: etwa Ernst Bertram (*Nietzsche – Versuch einer Mythologie*, 1918) oder

Alfred Baeumler (*Bachofen - der Mythologe der Romantik*, 1926). Unter diesen Bedingungen schärft Mann Begriff und Konzept seines mythischen Erzählens und gibt ihm eine Funktion: politisch, gegenwartsbezogen. Bewährtes wird beibehalten - Mythos als alineare Zeit »gleichsam nach hinten offen« (GW IX, 495), die Verknüpfung mit der Psychologie -, Neues tritt hinzu, denn es gilt, »den Mythos den fascistischen Dunkelmännern aus den Händen zu nehmen und ihn ins Humane ›umzufunktionieren‹«, wie Mann an den mythenkundlichen Berater Karl Kerényi schreibt (Brief v. 18. 2. 1941; BrKer, 98). Das heißt, auch die nunmehr von ihm im negativen Licht Gesehenen wie Baeumler werden als Quelle genutzt, jedoch unter geänderten Vorzeichen integriert. Mythos ist »Ur-Norm und Ur-Form des Lebens«, ist »je gegebene Formel, in die das Leben eingeht, indem es aus dem Unbewußten seine Züge reproduziert« (GW XI, 656). Mythisches Erzählen ist den Menschen zugewandt, weiß, dass sie ›in Spuren gehen‹, die die Vernunft allein nicht einholen kann - die gleichwohl aber die Vernunft nicht ausschließen: die Synthese von Mythos und Aufklärung. Josephs Weg zum Ernährer ist der Weg des Individuums in die Gemeinschaft, ist mythisches Exempel für Verantwortung und Politik aus dem Geist der Humanität. Das war Programm schon für die Republik, wird aber nach 1933 zum geistigen Widerstand gegen die ›Dunkelmänner‹. Synthese steht im Vordergrund: von Wirklichem und Erdachtem, Vergangenem und Gegenwärtigem, von Mythos und Logos, Matriarchat und Patriarchat und anderem mehr - der mythische Roman wird zum ›Fest der Erzählung‹ wider die eine Wahrheit und Wirklichkeit, die der Faschismus aus dem Mythos abzuleiten meint. Dass die biblische Tetralogie am Ende ihrerseits souverän in den Spuren der vermeintlich ›germanischen‹ Wagner'schen *Ring*-Tetralogie geht, unterstreicht dies nur (vgl. Heftrich 1993, Galvan 1996, Borchmeyer 1998, Dierks 2003, Assmann 2006).

Manns ›Arbeit am Mythos‹ unter den Bedingungen des Exils prägt mit Nachdruck auch den *Faustus*-Roman, hier erweitert um die Dimensionen der Kritik und Revision eines zentralen deutschen ›politischen Mythos‹ im Sinne einer nationalen Identitäts- und Legitimationserzählung: Faust als Vertreter deutschen ›Wesens‹ und deutscher Kultur. Der Roman formuliert am Mythos entlang die Aporien des ›deutschen Sonderwegs‹, verweist aber auch auf Traditionsbestände, an die wieder anzuknüpfen ist - und leitet damit über zum *Erwählten*, dessen zeitloses Mittelalter einen heiter-humoristischen, deutschen wie europäischen Mythenfundus bereithält, auf den sich ein befriedetes Europa nach dem Krieg berufen kann (vgl. Münkler 2009, Lörke 2010). Nachdrückliche Kritik noch zu Lebzeiten Manns hat Walter Muschg geäußert, der ihm 1948 eine ›Verfälschung‹ des Mythos ins Psychologische vorwarf: »Pausenlos geschäftig verwandelt er alles, was einst heilig war, in den glitzernden Schaum seiner Romane.« (Muschg 1948, 255)

Literatur

Assmann, Jan: *Thomas Mann und Ägypten. Mythos und Monotheismus in den Josephsromanen*. München 2006.

Borchmeyer, Dieter: Mythos und Romanstruktur - Thomas Manns Joseph und seine ästhetischen Brüder. In: Rolf Grimminger/Iris Hermann (Hg.): *Mythos im Text*. Bielefeld 1998, 195–215.

Dierks, Manfred: *Studien zu Mythos und Psychologie bei Thomas Mann* [1972]. Frankfurt a. M. [2]2003.

Galvan, Elisabeth: *Zur Bachofen-Rezeption in Thomas Manns Joseph-Roman*. Frankfurt a. M. 1996.

Hardtwig, Wolfgang: Die Krise des Geschichtsbewußtseins in Kaiserreich und Weimarer Republik und der Aufstieg des Nationalsozialismus. In: *Jahrbuch des Historischen Kollegs* (2001), 47–75.

Heftrich, Eckhard: *Geträumte Taten. »Joseph und seine Brüder«*. Frankfurt a. M. 1993.

Kristiansen, Børge: *Thomas Manns »Zauberberg« und Schopenhauers Metaphysik*. Bonn [2]1986.

Lörke, Tim: *Die Verteidigung der Kultur. Mythos und Musik als Medien der Gegenmoderne*. Würzburg 2010.

Münkler, Herfried: *Die Deutschen und ihre Mythen*. Berlin 2009.

Muschg, Walter: *Tragische Literaturgeschichte*. Bern 1948.

Rothenberg, Jürgen: Der göttliche Mittler. Zur Deutung der Hermes-Figurationen im Werk Thomas Manns. In: *Euphorion* 66 (1972), 55–80.

Bastian Schlüter

10 Naturwissenschaften und Medizin

Die Bedeutung der Medizin für Thomas Manns Werk gehört zu den frühesten Perspektiven der Quellenforschung, so Bergsten (1963) und Voss (1975) zur Syphilis im *Doktor Faustus*. Die Naturwissenschaften werden erst im Kontext der Snow'schen Zwei-Kulturen-These stärker wahrgenommen. Maßgeblich dazu ist Herwigs Arbeit von 2004, welche populärwissenschaftliche Publikationen über naturwissenschaftliche Themen favorisiert. Grawe überrascht 1992 noch mit dem Nachweis, dass Mann den Typhus-Artikel aus *Meyers Konversations-Lexikon* (4. Auflage) weitgehend unverändert für den Typhus-Tod des kleinen Hanno Buddenbrook übernommen hat. Mittlerweile ist belegt, dass Mann seine Kenntnisse zu Naturwissenschaft und Medizin gleichermaßen aus der Fachliteratur wie aus der Populärliteratur bezogen hat. Wie das naturwissenschaftliche und medizinische Material poetisch von Mann instrumentalisiert wird, erscheint inzwischen relevanter als die Frage wörtlicher Übernahmen. Dabei beschränkt sich weder die Funktion des naturwissenschaftlichen noch des medizinischen Wissens auf die Verarbeitung von Bildungsbrocken aus ›Materialquellen‹. Mann liegen medizinische Motive nicht zuletzt deswegen nahe, weil er sie durch Nietzsches Verfallspsychologie und die Schopenhauer'sche Todesmetaphorik sinnstiftend in seine Romanwelt integrieren kann (Hoffmann 1975). Nahezu genauso komplex nutzt der Autor auch »die weltanschaulichen Sinnstiftungsangebote der Biologie und Physik« (Herwig 2004, 3; dazu Schneider 2009). Dabei fungiert die Rezeption der Naturwissenschaften als weitere Goethe-Imitatio (Herwig 2004).

Unter den Naturwissenschaften ist das Mann'sche Werk am stärksten der ›Lebenswissenschaft‹ der Biologie verpflichtet. *Felix Krull* ist der Roman, in dem die Biologie alle anderen Naturwissenschaften am stärksten dominiert und – selten genug – die Medizin fast gänzlich verdrängt. Im Mittelpunkt stehen Professor Kuckucks Ausführungen über Evolutionsbiologie – und Kosmologie – im Zug von Paris nach Lissabon und der Besuch des dortigen naturhistorischen Museums. Versöhnlich führt die Kuckucksche Evolutionstheorie zur ›Allsympathie‹. Dabei ist Mann der zeitgenössischen Naturwissenschaft im kosmologischen Teil des Zuggesprächs voraus. (Grenz/Fischer 2004, dazu Schneider 2009) Auch der *Zauberberg* hat die Biologie als Wissenschaft nachhaltig der Poesie ›zugeführt‹ (Zissler 2003, 48). Das liegt nicht zuletzt an Manns erotischer Interpretation der Biologie, die er mit den zeitgenössischen Naturwissenschaftlern teilt. Castorps zellbiologischer Republikbegriff hat deutlich »erotische Hintergedanken« (Herwig 2004, 123). Im *Doktor Faustus* steht Mann vor der Herausforderung, in das mittelalterlich-alchimistische Motivgewebe die zeitgenössischen Naturwissenschaften einzubringen. Die Leidenschaft des Vaters Adrian Leverkühns, ›die Elementa zu spekulieren‹, antizipiert mit den chemisch-physikalischen Experimenten über phantastisch-groteske Grenzformen zwischen Unbelebtem und Belebtem das verbotene Wissen, mit dem der erwachsene Leverkühn seine künstlerische Sterilität überwinden will. Zu den sündigen Vergünstigungen des Teufelspaktes gehört auch die Augenlust, so dass eine Tiefseefahrt nie geschaute ozeanographische Einblickebietet und eine Fahrt ins Weltall den Teufelsbündner mit astrophysikalischen Einblicken bereichert. An der Naturwissenschaft interessiert im *Doktor Faustus* vor allem das Bizarre und Seltsame. Die glasflüglige Hetaera Esmeralda ist das prominenteste naturwissenschaftliche Leitmotiv des Romans und nimmt als namensgebender Schmetterling für Adrians venerisch-giftige Geliebte die Erotisierung des Biologischen aus dem *Zauberberg* wieder auf.

Die Medizin ist seit dem Frühwerk von herausragender Bedeutung für Manns Fiktion. Dies betrifft vor allem die Ätiologie und Pathogenese seiner Figuren, in etwas geringerem Maße auch die Diagnostik und – die wenig erfolgreiche – Therapie. Medizin fungiert als realistische Bezugsinstanz des physischen Leids der Figuren und unterliegt den poetischen Gesetzen des jeweiligen Romans. Während Johann Buddenbrook sen. als Gründungsvater der *Buddenbrooks* noch rechtschaffen an Frieseln und Blattern erkrankt (vgl. GKFA 1.1, 61), leidet die geschwächte dritte Generation unspezifisch an Neurasthenie und stirbt wie Thomas Buddenbrook »an einem Zahne« (GKFA 1.1, 759). Auch die Ärzte und ihre Therapie verändern sich mit fortschreitender Degeneration der Kaufmannsfamilie: Dr. Grabow und sein Allheilmittel »Taube und Franzbrot« (GKFA 1.1, 75) für der Völlerei allzu ergebene Bürger wird vom eitlen Dr. Langhals abgelöst, der Lebertran und Rizinusöl zur Stärkung des kleinen Hanno verschreibt. Im *Zauberberg* lässt Mann den jungen Hans Castorp seinen Bildungserfahrungen in der Klausur eines Lungensanatoriums und damit unter der Deutungshoheit der Medizin machen. Die nicht selten tödliche Lungentuberkulose wird medizinisch als erotisierende, fiebrig-berauschende Krankheit diskutiert (Max 2013). Dies ermöglicht es dem wissbegierigen Adepten, sich auch zentralen Lebensfragen wie erotischer Anziehung im medizinisch-wissenschaftlichen Duktus zu näheren. So kann er Hofrat Behrens gegenüber hervorheben, wie dessen physiologische und dermatologische Fachkenntnisse im Gemälde der begehrten Clawdia Chauchat zum Tragen kommen; das reizvolle Dekolleté des Bildes zeugt vom Wissen unterhalb der Epidermis. Medizin, Kunst und Erotik gehen hier eine charakteristische Verbindung ein (Herwig 2004, 87). Dass Hans Castorp später Clawdias Röntgenbild mit sich umherträgt, macht einmal mehr deutlich, wie sich im *Zauberberg* naturwissenschaftliche Accessoires nicht zuletzt auch wegen ihres ironischen Potentials als Liebespfand eignen und gleichzeitig die düstere Nähe des Todes chiffrieren. Manns *Doktor Faustus* ist nicht nur ein Künstler-, Nietzsche- und allegorischer Deutschlandroman, sondern auch ein hochkomplexer Syphilisroman, der einen Großteil der Kulturgeschichte der Syphilis aufnimmt (Schonlau 2003). In Orientierung am Genie und Wahnsinn-Topos, den der Psychiater Cesare Lombroso Ende des 19. Jahrhunderts aktualisiert, wird die progressive Paralyse als Folgekrankheit der Syphilis von Mann als berauschende Krankheit aufgefasst, deren Spirochäten das Gehirn des Künstlers toxisch illuminieren können. Adrian Leverkühns venerische Infektion erfolgt bewusst und freiwillig und besiegelt den Teufelspakt um der Kunst willen – ein sündiger Weg, der Deutschlands Weg in den Faschismus allegorisiert. Bei der Darstellung der Syphilis bezieht sich Mann auf Fachliteratur über Geschlechtskrankheiten aus dem einschlägigen Zeitraum vor Adrians fiktivem Todesdatum 1940 und auf Gespräche mit befreundeten Medizinern, ergänzt um Details aus Nietzsches Krankengeschichte. Vergleichsweise sparsam, aber äußerst anschaulich geht er mit der Mikroperspektive der Bakteriologie um: Nur der Teufel parliert über die ›Lebeschräubchen‹ der bleichen Spirochäte. Wenige Werke Manns befassen sich nicht mit der Medizin bzw. mit medizinisch fundierten Krankheitsbildern.

Literatur

Bergsten, Gunilla: *Thomas Manns Roman »Doktor Faustus«. Untersuchungen zu den Quellen und zur Struktur des Romans.* Lund 1963.

Grawe, Christian: »Eine Art von höherem Abschreiben«. Zum ›Typhus‹-Kapitel in Thomas Manns *Buddenbrooks*. In: *TMJb* 5 (1992),115–124.

Grenz, Henning: *Was Professor Kuckuck noch nicht wußte: Naturwissenschaftliches in den Romanen Thomas Manns, ausgewählt, kommentiert und auf den neuesten Stand gebracht.* Reinbek bei Hamburg 2004.

Herwig, Malte: *Bildungsbürger auf Abwegen. Naturwissenschaft im Werk Thomas Manns.* Frankfurt a. M. 2004.

Hoffmann, Fernand: *Thomas Mann als Philosoph der Krankheit. Versuch einer systematischen Darstellung seiner Wertphilosophie des Bionegativen.* Luxemburg 1975.

Max, Katrin: *Liegekur und Bakterienrausch. Literarische Deutungen der Tuberkulose im »Zauberberg« und anderswo.* Würzburg 2013.

Schneider, Wolfgang: Parvenü der Erkenntnis. In: *Cicero.de* (21. 10. 2009); http://www.cicero.de//salon/parvenue- der-erkenntnis/45106 (15. 04. 2015).

Schonlau, Anja: *Syphilis in der Literatur. Über Ästhetik, Moral, Genie und Medizin (1880–2000).* Würzburg 2003.

Voss, Lieselotte: *Die Entstehung von Thomas Manns Roman »Doktor Faustus«.* Tübingen 1975.

Zissler, Dieter: Zur Biologie in Thomas Manns *Zauberberg*. In: Dietrich von Engelhardt/Hans Wißkirchen (Hg.): *»Der Zauberberg«. Die Welt der Wissenschaften in Thomas Manns Roman.* Stuttgart 2003, 48–70.

Anja Schonlau

11 Neue Medien

Thomas Manns Beschäftigung mit den Neuen Medien seiner Zeit lässt sich bis in den Nachkriegswinter 1918/19 (vgl. GKFA 3.2, 415) zurückverfolgen und schlägt sich sowohl in seinem literarischen als auch in seinem essayistischen Werk nieder. Wie zahlreiche Autoren der Weimarer Republik nutzt er die Auseinandersetzung mit den Medien Film und Fotographie, um über sein eigenes Medium, das Buch, zu reflektieren (vgl. Marx 2009, 71). Im Vordergrund seiner Beschäftigung mit den Neuen Medien steht hierbei eine Grundfrage seines Schaffens: Wie verhalten sich Wirklichkeit und Kunst zueinander (vgl. Wysling 1975, 9; *Bilse und ich*, GKFA 14,1, 95–111; *Lübeck als geistige Lebensform*, Ess III, 16–38)? Als besonders ergiebig für diese Thematik erweist sich Manns Roman *Der Zauberberg*, der vorführt, wie die Neuen Medien, hier neben dem Film und der Fotographie noch das Grammophon, in die hermetische Welt der Berghofgesellschaft einbrechen und in Medienkonkurrenz zum Buch treten (vgl. Hörisch 1992; Marx 2009). Zum einen erscheinen hier der Film – das Kapitel *Totentanz* enthält die einzige detaillierte Beschreibung eines Kinobesuchs im Œuvre Manns – und die private Fotographie der Sanatoriumspatienten als wenig anspruchsvolle Unterhaltungsmittel der Masse, die dem »große[n] Stumpfsinn« (GKFA 5,1, 947; vgl. Marx 2009, 71) auf dem Zauberberg zugerechnet werden können. Zum anderen dienen sie aber auch als Reflexions- und Anschauungsmittel für die grundsätzliche Frage nach Leben und Tod und ihrem Verhältnis zur Zeit. Der Film bringt die der Zeit entrückten »Schattenbilder« (GKFA 5,1, 480) auf die Leinwand, und das fotographische Röntgenbild gewährt durch Sichtbarmachung des Skeletts einen Blick in die Zukunft, in das »eigene[] Grab« (GKFA 5,1, 333; vgl. Turck, 76 ff.).

Auch in den Essays, die sich explizit mit dem Film und seiner Stellung innerhalb des Kulturbetriebs auseinandersetzen, beschäftigt Mann die Frage, inwiefern die Neuen Medien – im Vergleich zu Theater und Literatur – auch neue Möglichkeiten der Aneignung von Realität eröffnen. Während das Theater und mehr noch die Literatur der Reflexion bedürfen, spricht der massenkompatible Film direkt die Gefühle der Rezipienten an und erzeugt für die Dauer des Schauens die Illusion direkter Teilhabe am Geschehen. Genau das macht für Mann auch den ganz besonderen Reiz des Mediums aus. Schon früh mit dem Kino konfrontiert – Mann wurde 1918 von der Münchner Polizeidirektion in den »Lichtspiel-Censur-Beirat« (Tb 25. 12. 1918) berufen – entwickelte er sich in den Jahren des kalifornischen Exils zu einem passionierten Kinogänger. In Hollywood lernte Mann viele Filmschaffende auch persönlich kennen, die Tagebücher geben hierüber, ebenso wie über seine zahlreichen Kinobesuche, detailliert Auskunft (vgl. Vaget 2012, 349–376). Das herangeholte Leben im Kinosaal, die »lebenswahre[] und wirklichkeitsechte[]« (*Meine Ansicht über den Film*, Ess III, 85) Darstellung schöner Körper und Gesichtszüge dienten Mann, ebenso wie seine bei Wysling gut dokumentierten Bildvorlagen, als »Subsidia, Stimulantien [und] Mittel zur Erwerbung [...] anderer Welten« (Wysling 1975, 10). Mann findet hier Vorlagen für seine Romanfiguren, aber auch Anreize für Pläne zur Verfilmung seiner Werke (vgl. Zander 2005, 47–60). Dem Kunstwerk sollte auf diese Weise der »Charakter der Authentizität« (Wysling 1975, 11) verliehen werden. Zugleich kommt hier Manns grundsätzliches Bedürfnis nach und seine Freude an Nachahmung und Parodie (vgl. GW XII, 105) zum Ausdruck, in denen er, mit Nietzsche und Freud, »die primitive Wurzel der Kunst« (*On Myself*, GW XIII, 128; vgl. Wysling 1975, 13) sah. Auch als Drehbuchautor versuchte sich Mann. Im Jahr 1923 verfasste er unter Mitarbeit seines Bruders Viktor ein Filmmanuskript mit dem Titel *Tristan und Isolde* (GKFA 3.1, 143–157). Der Drehbeginn zu dem geplanten Stummfilm wurde jedoch zunächst aus finanziellen Gründen immer wieder verschoben und schließlich hatte sich das Projekt durch die Einführung des Tonfilms überlebt (vgl. Galvan, GKFA 3.2, 425). In den Jahren des kalifornischen Exils wurde Mann noch zwei weitere Male gebeten, an Filmprojekten mitzuwirken: 1942 verfasste er »ein fünfseitiges Exposé zu einem Odysseus-Film« (Vaget, TMHb, 621) für das Filmstudio Twentieth Century Fox und 1944 sollte Mann in einem Film mit dem Titel *Die Frau mit den hundert Gesichtern* als Erzähler vor der Kamera auftreten. Auch diese beiden Projekte zerschlugen sich schließlich – wohl aus nachlassendem Interesse der Beteiligten (vgl. ebd., 622). Einen erfolgreichen filmischen Auftritt absolvierte Mann jedoch bereits 1929 (vgl. Loewy 1974, 13). Die Aufnahme, die sich im Filmarchiv des Bundesarchivs befindet (Archivsignatur 20520), zeigt den »erste[n] [und] einzige[n] [...] Tonfilm eines deutschen Dichters vor 1933« (Hieber 2014). Anlässlich des zweihundertsten Geburtstages Gotthold Ephraim Lessings spricht Mann gut dreieinhalb Minuten seine *Worte zum Gedächtnis Lessings* direkt in die Kamera.

Auch das Radio spielte eine bedeutende Rolle in Leben und Schaffen Manns. Bereits am 13. 7. 1924 las er in einer Radiosendung live aus seinem wenige Monate später veröffentlichten Roman *Der Zauberberg* (vgl. Hieber 2014), es folgten zahlreiche weitere Rundfunkbeiträge, aber vor allem auch Schallplatten- und Tonbandaufnahmen (vgl. Loewy 2014, 29–127). Während des Zweiten Weltkrieges wurde ihm das Radio dann zur unentbehrlichen Informationsquelle über die Ereignisse an den Kriegsschauplätzen, aber auch zum Medium des Musikgenusses, wenn er Übertragungen und Mitschnitten von Konzerten lauschte. Zudem nutze Mann das Radio nun zur politischen Einflussnahme auf die Bevölkerung in Nazi-Deutschland. Im Exil »jeder geistigen Wirkungsmöglichkeit in Deutschland beraubt« (GW XI, 983), folgte Mann einer Bitte der British Broadcasting Corporation und sprach von Oktober 1940 bis Mai 1945 die Sendung *Deutsche Hörer!* (GW XI 983–1123) ein. In seinen Beiträgen verleiht er immer wieder seiner festen Überzeugung Ausdruck, Deutschland könne den Krieg nicht gewinnen und es sei nur eine Frage der Zeit, bis das deutsche Volk für seine tiefe Schuldverstrickung zur Rechenschaft gezogen werden würde (vgl. ebd., 1026 f.). Ungeschönt hält er den Deutschen die Gräueltaten der Nazis in den Konzentrationslagern vor Augen (vgl. ebd., 1025) und entlarvt die falschen Versprechen von »Welteroberung« (ebd., 990) und »Revolution« (ebd., 996) der deutschen Propagandamaschinerie.

Auch in den Nachkriegsjahren wurden Lesungen des Autors mitgeschnitten, so etwa Manns Nietzsche-Vortrag aus dem Jahre 1947, den er beim XIV. Kongress des PEN-Clubs in Zürich hielt. Thomas Mann nutzte hier, anlässlich seiner ersten Europareise nach dem Zweiten Weltkrieg, die Breitenwirkung und Aktualität des Radios, um seiner persönlichen Haltung gegenüber Nachkriegsdeutschland Ausdruck zu verleihen. Seiner musikalischen Passion schließlich konnte Mann 1954 im Radio nachgehen (vgl. Kissler 2010). Im Süddeutschen Rundfunk moderierte er ein *Wunschkonzert*, bei dem er eine knappe Stunde lang die Gelegenheit hatte, seine Lieblingsmusik zu spielen und zu kommentieren.

Literatur

Hieber, Jochen: Der audiovisuelle Urknall unserer Literatur. Thomas Mann im Tonfilm. In: *Frankfurter Allgemeine Zeitung*, 20. 09. 2014.

Hörisch, Jochen: »Die deutsche Seele up to date«: Sakramente der Medientechnik auf dem *Zauberberg*. In: Ders. (Hg.): *Brot und Wein. Die Poesie des Abendmahls*. Frankfurt a. M. 1992, 247–262.

Kissler, Alexander: Der Zauberer am Plattenteller. 1954 moderierte Thomas Mann ein Wunschkonzert im Radio. In: *Süddeutsche Zeitung*, 10. 8. 2010.

Loewy, Ernst: *Thomas Manns. Ton- und Filmaufnahmen. Ein Verzeichnis*. Frankfurt a. M. 1974.

Marx, Friedhelm: »Durchleuchtung der Probleme«: Film und Photographie in Thomas Manns *Zauberberg*. In: *TMJb* 22 (2009), 71–83.

Turck, Eva Monika: *Thomas Mann. Fotografie wird Film*. München u. a. 2003.

Vaget, Hans Rudolf: *Thomas Mann, der Amerikaner. Leben und Werk im amerikanischen Exil 1938–1952*. Frankfurt a. M. [2]2012.

Vaget, Hans Rudolf: Filmentwürfe. In: *TMHb*, 619–622.

Wysling, Hans: *Bild und Text bei Thomas Mann. Eine Dokumentation*. Bern/München 1975.

Zander, Peter: *Thomas Mann im Kino*. Berlin 2005.

Miriam Albracht

12 Norden – Süden/Osten – Westen

Die geographische und geopolitische Symptomatik der Schauplätze von Manns Werk speist sich – und wurde von ihm selbst abgeleitet – aus seiner familiären Abstammung von einer brasilianischen Mutter und einem deutschen Vater. Diese familiäre Opposition von Süd und Nord wurde mit zeittypischen geschlechtlichen und kulturellen Stereotypen verbunden, so dass der Süden metaphorisch und metonymisch für Weiblichkeit, Mutterwelt und Künstlertum, der Norden für Männlichkeit, Vaterwelt und Bürgertum stehen konnte. Der Nachkomme befindet sich damit zwischen den gegensätzlichen Prägungen und Einflüssen, was gleichermaßen eine Belastung wie eine Chance darstellt und seine Situation insofern zur typisch modernen macht, als ihm die selbstverständliche Zugehörigkeit zu einer Seite der binären Opposition und damit eine eindeutige kulturelle Heimat verwehrt ist und er zur Figur des Dritten wird, dem es aufgetragen ist, zwischen den Polen zu vermitteln. Diese familiäre Konstellation teilen zahlreiche Figuren in Manns Erzähltexten mit ihrem Autor, so schon Paolo Hofmann in *Der Wille zum Glück*: »Der alte Hofmann hatte sein Geld als Plantagenbesitzer in Südamerika verdient. Er hatte dort eine Eingeborene aus gutem Hause geheiratet und war bald darauf mit ihr nach Norddeutschland, seiner Heimat, gezogen« (GKFA 2.1, 50). Bei Paolo wie bei Tonio Kröger ist die Opposition auch im Namen mit dem Gegensatz von romanischem Vor- und germanischem Nachnamen ausgedrückt.

Bereits früh schreibt sich der Nord-Süd- eine West-Ost-Opposition ein: Die einzelnen Pole sind jeweils mit literarischen Bezügen verbunden, im Norden zur skandinavischen, im Westen zur französischen und im Osten zur russischen Erzählliteratur des 19. und frühen 20. Jahrhunderts; der Süden wird weitgehend mit dem Renaissance- und Italienkult des zeitgenössischen Ästhetizismus, insbesondere Heinrich Manns, assoziiert. Die Lokalisierung der eigenen Position und die jeweilige Kontrastierung bzw. Verbindung der Gegensätze erweist sich darüber hinaus als abhängig von der geopolitischen Positionierung des Deutschen Reiches, zunächst insbesondere Preußens, hernach ebenso der Republik, sowie vom jeweiligen Europadiskurs, so dass nicht nur die Topographie, sondern der Chronotopos zu analysieren ist. Teilweise werden Süden und Osten sowie Norden und Westen synonym verwendet, doch verhindert die Überkreuzung der Oppositionen immer wieder deren Erstarrung. Frankreich etwa steht, vor allem in der Auseinandersetzung mit dem Bruder Heinrich, als westlicher Nachbar Deutschlands häufig gemeinsam mit Italien für den Süden, so dass die Himmelsrichtungen weniger topographisch als kulturell bedingt erscheinen, die Topographie von der realen zu einer imaginären wird. So kann selbst die Bewegung von Norden nach Süden innerhalb einer Stadt kulturelle Symptomatik entwickeln, wie etwa bei Johannes Friedemanns Bewegung innerhalb seiner Heimatstadt (vgl. Blödorn 2004, 181). Ein Unterscheidungsversuch wie derjenige Bellers, dem zufolge Mann kein »Vertreter des Gegensatzes zwischen Ost und West« sei, sondern vielmehr »seine kulturgeographischen Koordinaten der Nord-Süd-Achse verhaftet« blieben (Beller 2006, 162), greift dabei zu kurz.

Ein erster Überblick lässt sich anhand der Standortbestimmung gewinnen, die Mann in der Rede *Lübeck als geistige Lebensform* (1926) vornahm. Dort bildet er in Bezug auf *Tonio Kröger* den Gegensatz »von nordischer Gefühlsheimat und südlicher Kunstsphäre« (Ess III, 32) – wobei die Verortung des Gefühls im Norden und damit die Entgegensetzung von Gefühl und Kunst die Stereotypik der Zuordnung aufbricht, allerdings auch zu verstehen gibt, dass die südliche Kunst nicht diejenige des Verfassers ist –, weitet ihn aber ins Anthropologische und Ästhetische aus: »Man hat die Menschen und besonders die Künstler eingeteilt in Augenmenschen und in Ohrenmenschen, in solche, deren Welterlebnis vorzugsweise durch das Auge geht, und solche die wesentlich mit dem Ohr erleben. Ich möchte das erstere die Empfänglichkeit des *Südens*, das zweite die Sensibilität des *Nordens* nennen« (ebd., 29). Damit wird die Musik dem Norden, die bildende Kunst dem Süden zugeschrieben. Durch den Verweis auf die orientalische Herkunft des Lübecker Marzipans (vgl. ebd., 31) wird auch der Osten eingespeist – ganz ähnlich im *Gesang vom Kindchen*, in dem die jüdische Ehefrau als orientalische Märchenprinzessin erscheint –, wobei der Orient in diesem Beispiel weniger im Sinne des Orientalismus der Profilierung der eigenen Kultur durch die Entgegensetzung des Anderen und Fremden dient als vielmehr in der Mitte der eigenen Kultur angesiedelt und in ihr integriert ist. Das Deutsche wird hier, in der Weimarer Republik, von dieser sowohl geographischen als auch ideologisch-politischen Position der Mitte und der Synthese aus bestimmt: »[...] die Idee der *Mitte*. Das ist aber eine deutsche Idee. Das ist *die* deutsche Idee, denn ist nicht deutsches Wesen die Mitte, das Mittlere und Vermittelnde und der Deutsche der mittlere Mensch im großen Stile? Ja, wer Deutschtum sagt, der sagt Mitte; wer aber Mitte sagt, der sagt Bürgerlichkeit« (ebd., 36). Durch diese letzte Ergänzung wird klar, dass Bürgerlichkeit zwar mit Norden assoziiert wird, aber mit einem Norden, in dem, aufgrund der dargelegten Herkunft, die topographischen Gegensätze ideologisch vereinigt sind. So bezeichnet Blödorn den Norden in *Tonio Kröger* im poetologischen Sinne als »Reich der *literarischen* Erkenntnis« (mit »literarischen Vorläufermodellen«), in dem dem Protagonisten »das Aushalten des Zerrissenseins zwischen Mann und Frau, zwischen Leben und Kunst, zwischen Süd und Nord« möglich sei (Blödorn 2004, 193 f.). Diese Idee der ›nordischen‹ Mitte versteht Mann nun in *Lübeck als geistige Lebensform* als vom Osten bedroht, denn die bürgerliche Lebensform »sei ausgeleert, ausgelebt, todgeweiht, verurteilt und bestimmt, von einer neuen, im Osten heraufgestiegenen Welt mit Stumpf und Stiel verschlungen zu werden« (Ess III, 36). Darin ist eine Anspielung auf Oswald Spenglers Kulturphilosophie in *Der Untergang des Abendlandes* zu sehen. Zur Zeit des Ersten Weltkriegs, in den *Betrachtungen eines Unpolitischen*, wurde – in Anlehnung an Dostojewski – der Bezug Deutschlands als des mittleren Reichs zum Osten, namentlich zu Russland, noch positiv gesehen, weil dort die Opposition zu Frankreich und der demokratischen Zivilisation des Westens im Vordergrund stand.

Für diejenigen Texte, deren erzählte Zeit und Handlungsraum im Wilhelminischen Kaiserreich situiert sind, konnte Elsaghe in detaillierten Untersuchungen nachweisen, wie Mann als repräsentativer Angehöriger der ersten Generation nach der Reichsgründung eine diskursive Konstruktion der Reichsgrenze in verschiedenen Aspekten vornahm, nämlich »auch als Sprach-, Kontinental- und als Geschlechtergrenze« (Elsaghe 2000, 21). Dem größten nationalistischen Begründungsdruck war die Südostgrenze des Reiches ausgesetzt, da sie nicht mit der Sprachgrenze zusammenfiel. Anhand des *Tod in Venedig* lässt sich zeigen, wie die Reichsgrenze im Allgemeinen und die Grenze zu Österreich im Besonderen als »*cordon sanitaire*« (ebd., 39) imaginiert wurden, eine hygienische Grenze, die in *Buddenbrooks* von Norden nach Süden zwischen dem nicht namentlich genannten Lübeck und München verläuft. Die Ansteckung erfolgt, sowohl im *Tod in Venedig* als auch im *Doktor Faustus*, außerhalb des Reichs, wobei fremdländische Vorfahren, bezeichnenderweise mütterlicherseits, die Disposition zur Infektion begünstigen und dem Überschreiten der Grenze jeweils innerhalb des Reichs eine Bewegung von Nord nach Süd beziehungsweise von West nach Ost vorausliegt – eine Bewegung, die mit dem allmählichen Verlust zunächst der deutschen und schließlich der Sprache überhaupt einhergeht. Der Süden wird im *Tod in Venedig* zum Ort der Aufhebung von realer Raum- und Zeitordnung (vgl. Blödorn 2004, 185) und dabei durch den Einbruch des Gottes Dionysos östlich bzw. orientalistisch konnotiert. In *Doktor Faustus* wird der Orient als »*Chrono*topos« konzeptualisiert: »Als solcher nimmt er die Bedeutung gynaikokratischer Verhältnisse an [...]. Lokal beginnt der Orient in Bayern und in München. Zeitlich fällt er mit der Republik zusammen, die Mann zu diesem Ende zurückdatierte« (Elsaghe 2012, 129). Innerhalb des Reichs wird das Östliche und Orientalische in erster Linie durch das Jüdische vertreten.

Eine besonders komplexe Raumsemantik weist *Der Zauberberg* auf. Die Nord-Süd-Opposition ist durch den Gegensatz von nordischem Flachland und alpinem Hochgebirge vertreten, die West-Ost-Opposition zunächst in den Disputen zwischen dem Italiener Settembrini – der von ihm verkörperte Süden steht zugleich für die westliche Aufklärung und nimmt Partei für das nordische Flachland – und dem jüdischen Jesuiten Naphta präsent, der für die Welt Russlands steht. Innerhalb der östlichen Sphäre wird noch eine Binnendifferenzierung zwischen ›gutem‹ und ›schlechtem‹ Russentisch vorgenommen. Vor allem die Figur Clawdia Chauchats, die das östliche, asiatische Prinzip der Auflösung repräsentiert, nach ihrer Rückkehr im zweiten Teil des Romans aber auch das Ethos der Menschlichkeit, verhindert eine Erstarrung der Gegensätze. Die kulturelle Entwicklung und schließlich Degeneration Castorps, als Deutscher Vertreter der Mitte, ist an seinen wechselnden Positionierungen im Speisesaal ablesbar, wobei er zuletzt am schlechten Russentisch landet. Mit dem Auftritt Peeperkorns weitet sich die »ideell-politische Weltkarte, die bisher eher auf Gebiete innerhalb Europas bezogen und auf die europäischen Völkerschaften [...] beschränkt war, [...] ins Globale. Zugleich neigt sich die Achse dieser Geographie ersichtlich nach Süden« (Tamura 2010, 209). In der Figur Peeperkorns wird der Diskurs des europäischen Kolonialismus und dessen Krise verhandelt. Der malayische Kammerdiener überlebt seinen Kolonialherrn. »Die Tropen gewinnen zunehmend an Einfluss« (ebd., 212), was sich in der Sanatoriumsgesellschaft auch an den Gemütszuständen des

Stumpfsinns und der Gereiztheit zeigt, die an die Symptomatik des Tropenkollers erinnern. Mit dem Ausbruch des Krieges werden die topographischen Koordinaten ausgelöscht, was als Verweis gesehen werden kann, dass die geopolitischen Karten neu gemischt werden. Der Erzähler kann den Wegweisern keine Orientierung mehr entnehmen: »Ost oder West? Es ist Flachland, es ist der Krieg« (GKFA 5.1, 1081).

Die Erzählung *Mario und der Zauberer* ist das aussagekräftigste Beispiel dafür, wie Mann seine Utopie der Mitte in der Zwischenkriegszeit konzeptualisiert (vgl. Hamacher 2010). Charakteristisch für die kulturelle Topographie ist hier die Einordnung des Faschismus in die Gegensätze von Nord und Süd bzw. Europa und Afrika. Italien ist nicht mehr das Land der Antike, sondern als faschistischer Staat von der Meteorologie bis in die Physiognomie der Bevölkerung hinein afrikanisch konnotiert. Im Entstehungskontext der Erzählung bekommt dabei die Ostsee gegenüber dem Mittelmeer eine besondere kulturelle Bedeutung: In den Ostseebädern Rauschen und Nidden fand Mann gewissermaßen Italien ohne das, was ihn inzwischen an Italien störte: ein Italien ohne Faschismus und ohne ›afrikanische‹ Hitze. Mann hoffte in der Weimarer Republik, den Faschismus als der mitteleuropäischen Kultur fremdes, eben ›afrikanisches‹ Phänomen aus dem Kern Europas nach Süden ausgrenzen zu können. Die sommerliche Ostsee konnte kurzzeitig als symbolischer Ort für die Mitte und damit die kulturelle Einheit Europas stehen, ein Ort, der alle positiven Eigenschaften von West, Ost, Nord und Süd in sich vereinigte, ein Schnittpunkt der Kulturen, der überdies die noch im *Zauberberg* virulenten Stereotype des Ostens (nicht aber diejenigen des Südens) überwand.

Im nach dem Ende des Zweiten Weltkriegs verfassten Spätwerk, in *Die Betrogene* und in *Felix Krull*, wurde, wie wiederum Elsaghe gezeigt hat, die »Imagination der deutschen Westgrenze« dominant (Elsaghe 2000, 267), was die Abgrenzung von Amerika und zugleich auch von der westlichen Demokratie implizierte. In seiner kulturpolitischen Essayistik, vor allem im Goethejahr 1949, war Mann um die Synthese der westlichen und östlichen Machtblöcke im Kalten Krieg bemüht. Seine Remigration nicht nach Deutschland, sondern in die Schweiz ist in diesem Sinne symbolisch zu sehen.

Literatur

Beller, Manfred: Das Bild Italiens und der Nord-Süd-Topos in Thomas Manns literarischen und politischen Schriften. In: Ders. (Hg.): *Eingebildete Nationalcharaktere. Vorträge und Aufsätze zur literarischen Imagologie.* Göttingen 2006, 161–175.

Blödorn, Andreas: »diese nördliche Neigung« und »meine Liebe zum Meer« – Zur Konstruktion imaginärer und realer Topographie im Frühwerk Thomas Manns. In: Astrid Arndt u. a. (Hg.): *Imagologie des Nordens. Kulturelle Konstruktionen von Nördlichkeit in interdisziplinärer Perspektive.* Frankfurt a. M. 2004, 177–199.

Elsaghe, Yahya: *Die imaginäre Nation. Thomas Mann und das ›Deutsche‹.* München 2000.

Elsaghe, Yahya: Das Goldene Horn und die Hörner der Männchen. Zur Krise der Männlichkeit in *Doktor Faustus* und *Mario und der Zauberer.* In: Alexander Honold/Niels Werber (Hg.): *Deconstructing Thomas Mann.* Heidelberg 2012, 121–134.

Hamacher, Bernd: Die Utopie der Mitte. Zum politischen Kontext und zur kulturellen Topographie von *Mario und der Zauberer.* In: Holger Pils/Christina Ulrich (Hg.): *Thomas Manns »Mario und der Zauberer«.* Lübeck 2010, 17–35.

Tamura, Kazuhiko: Südwärts vom Zauberberg. In: Akio Ogawa/Kazuhiko Tamura/Dieter Trauden (Hg.): *»Wie alles sich zum Ganzen webt«. Festschrift für Yoshito Takahashi zum 65. Geburtstag.* Tübingen 2010, 199–214.

Bernd Hamacher

13 Philosophie

Thomas Manns Verhältnis zur Philosophie ist sowohl rezeptiv als auch produktiv. Es lässt sich nicht beschränken auf eine bloße Quellensuche, die die Romane und Essays daraufhin mustert, welche Philosophen die Anregungen für die Texte lieferten. Die Quellenphilologie hat lange versucht, Manns Darstellung philosophischer Probleme an der jeweiligen Quelle zu messen, um oftmals die Abweichungen vom vermeintlichen Original als Missverständnis Thomas Manns zu bemängeln. Solche Deutungen behaupten eine Vorrangstellung der Philosophie über die Literatur und verfehlen die autonome literarische Gestaltung. So wurde beispielsweise Manns fiktive Musik im *Doktor Faustus* auf die Vorgaben Adornos bezogen, die erkennbaren Abweichungen davon wurden als Fehler Manns markiert und damit die textinterne Deutungsdimension verfehlt (Görner 2005).

Es sind vor allem Schopenhauer und Nietzsche, die sich Mann systematisch angeeignet hat. Dabei geht es um eine produktive Anverwandlung. Manns Romane erscheinen gleichsam als Laborsituationen, in denen philosophische Thesen auf ihre Brauchbarkeit und Konsequenz für die Deutung menschlicher Lagen geprüft werden. Philosophische Theoreme werden von Mann in die Figuren- und Handlungskonstellationen übersetzt, um sie einerseits zu verdeutlichen und andererseits einzelne, miteinander konfligierende Positionen gegeneinander antreten zu lassen. In *Buddenbrooks* greift etwa Thomas Buddenbrook auf Schopenhauers Todesvorstellung zurück, um sich in seiner demütigenden Situation Trost zu verschaffen. Schopenhauers abstrakte Vorstellung wird von Mann somit konkret in einer Lektüresituation vorgeführt, um den Interpretationshorizont der Philosophie für Lebenssituationen auf Figurenebene zu reflektieren. Zugleich stirbt Thomas Buddenbrook kurz darauf einen hässlichen Tod, der keineswegs dem Heimgehen des Ich in das umfassende Allgemeine ähnelt, wie es Schopenhauer darstellt; der Roman nutzt die Philosophie, um ihren Deutungswert zu relativieren. Andere Theoreme Schopenhauers prägen Thomas Mann zeitlebens, besonders das pessimistische Verhältnis von Geist und Leben/Willen. In *Freud und die Zukunft* (GW IX, 478 ff.) erklärt Mann, das Leben folge eben nicht den Vorgaben der Vernunft, sondern lasse sich leiten von einem ungezähmten Trieb. Diese Idee setzt er vielfach literarisch um, etwa in dem immer wiederkehrenden Muster des Einbruchs des zerstörerischen Triebs in einen mühsam errichteten Lebensentwurf (*Der kleine Herr Friedemann*, *Der Tod in Venedig*, *Joseph in Ägypten*). Daraus ergibt sich Manns Künstlerpsychologie, die in der Darstellung des Lebens eine Befreiung vom Willen erreicht: der Trieb wird durchschaut und seine Tricks werden im Kunstwerk entlarvt, das somit Distanz davon gewinnt. *Der Zauberberg* präsentiert in seiner Zeitkonzeption eine weitere Facette der Philosophie Schopenhauers: das *nunc stans*, das stehende Jetzt der Gegenwart verweist auf Castorps Sehnsucht nach Formauflösung in der Ewigkeit. Hier werden die verschiedenen Formen schopenhauerischer Philosophie im Werk Thomas Manns gebündelt: Pessimismus, Willensmetaphysik und Todessehnsucht schießen zusammen. Der *Schopenhauer*-Essay von 1938 stellt dies im Zusammenhang dar und wirft im Kontext anderer Essays dieser Zeit ein kritisches Licht auf Schopenhauers Abwendung von der Politik und seine Konzentration auf die Innerlichkeit, in der Mann einen Grund für antidemokratische Haltungen erkennt (Kristiansen 1985; Reents 1998; Marx 2003).

Von ähnlicher lebenslanger Bedeutung ist Manns Auseinandersetzung mit Friedrich Nietzsche, die in vielen Punkten Parallelen zur Schopenhauer-Rezeption erkennen lässt. Der Pessimismus wird bei Nietzsche umgekehrt, so dass Mann hier die Psychologie des dekadenten und verfallenden Lebens kennenlernt, die besonders das Frühwerk prägt. Mit Nietzsche entlarvt er den oberflächlichen Scheincharakter menschlicher Existenz. Eng verbunden damit ist der Ästhetizismus der »Artistenmetaphysik« Nietzsches (KSA 1, 17), die sich in der Schein-Existenz der Künstlerfiguren Manns wie Tonio Kröger niederschlägt und noch Felix Krull zu seinen betrügerischen Maskenspielen inspiriert. Von Nietzsche übernimmt Mann die Antithese des Dionysischen und Apollinischen, die er zunächst auf das Schopenhauer-Muster projiziert, wenn Gustav von Aschenbach von seinem unterdrückten Verlangen heimgesucht wird. Doch Mann geht dann weit darüber hinaus, wenn er nach der gelingenden Synthese von Kreativität und Form sucht (etwa *Pariser Rechenschaft*) und daraus sogar seine politischen Überzeugungen bildet, wenn er die deutsche dionysische Kultur mit der apollinischen demokratischen Zivilisation verschmelzen will. Ganz in diesem Sinne sind die fingierten Kompositionen des *Doktor Faustus* gestaltet, die mit Nietzsches *Die Geburt der Tragödie aus dem Geiste der Musik* die Dissonanz als Ergebnis der gelingenden Synthese vorführen. (Pütz 1975, Schmidt 1997, Heftrich 2000)

Daneben nimmt Thomas Mann eine Reihe von kulturkritischen Texten wahr: u. a. Spenglers *Der Untergang des Abendlandes*, Hammachers *Hauptfragen der modernen Kultur* oder die Schriften Alfred Baeumlers, die er zu seiner Abgrenzung vom Nationalsozialismus nutzt (Brunträger 1993). Im Kern seiner Auseinandersetzung mit diesen Schriften steht die Diagnose der Moderne, die besonders Manns Rezeption Max Webers leitet. In den *Betrachtungen eines Unpolitischen* weist er auf seine Vorwegnahme von Webers Protestantismus-These in *Buddenbrooks* hin, unterschlägt dabei zugleich die große Bedeutung, die Weber für *Der Tod in Venedig* hat. Hier folgt Thomas Mann Webers *Die Protestantische Ethik und der Geist des Kapitalismus* bei seiner Beschreibung des Zusammenhangs von Askese und Selbstdisziplinierung bei der Herausbildung der modernen kapitalistischen Gesellschaft. Webers These von der »Entzauberung der Welt« und dem damit verbundenen umfassenden Sinnverlust ähnelt Manns Reflexionen zur sinnstiftenden Kraft des Mythos (Goldman 1992, Weiller 1994, Lörke 2012).

Doch die besondere Leistung von Manns Rezeption philosophischer Texte und Traditionen besteht nicht allein in der Veranschaulichung abstrakter Theoreme und der Prüfung ihrer Deutungsfunktion für die Moderne, sondern auch in Manns eigenen philosophischen Reflexionen in den Romanen und in seiner politischen Essayistik. Hier verknüpft er die Antithesenbildungen Nietzsches und die zeitgenössische Kulturkritik mit der romantischen Geschichtsphilosophie, die er bei Novalis, Friedrich Schlegel und Kleist kennenlernt. Er entwickelt in so verschiedenen Texten wie dem Essay *Joseph und seine Brüder* oder *Doktor Faustus* ein triadisches Geschichtsmodell, in dessen erster Phase das mythische Kollektiv steht, aus dem das aufgeklärte Ich ausbricht, um in einer zweiten Phase der reinen Vernunft nach einer neuen gemeinschaftlichen Verbindlichkeit zu streben, die in der angestrebten dritten Phase als Synthese aus Geist und Leben, Kultur und Zivilisation, Kunst und Politik die »Demokratie der Zukunft« (Ess V, 197) ermöglicht (Lörke 2010).

Literatur

Brunträger, Hubert: *Der Ironiker und der Ideologe. Die Beziehungen zwischen Thomas Mann und Alfred Baeumler*. Würzburg 1993.

Görner, Rüdiger: *Thomas Mann. Der Zauber des Letzten*. Düsseldorf/Zürich 2005.

Goldman, Harvey: *Politics, Death, and the Devil. Self and Power in Max Weber and Thomas Mann*. Berkeley 1992.

Heftrich, Eckhard: *Nietzsches tragische Größe*. Frankfurt a. M. 2000.

Kristiansen, Børge: *Thomas Manns Zauberberg und Schopenhauers Metaphysik*. Bonn [2]1985.

Lörke, Tim: *Die Verteidigung der Kultur. Mythos und Musik als Medien der Gegenmoderne*. Würzburg 2010.

Lörke, Tim: Der dichtende Leib. Gustav von Aschenbach, *Der Tod in Venedig* und die Poetik des Körpers. In: Kerstin Klein/Holger Pils (Hg.): *Wollust des Untergangs. 100 Jahre Thomas Manns »Der Tod in Venedig«*. Göttingen 2012, 29–37.

Marx, Friedhelm: Abenteuer des Geistes – Philosophie und Philosophen im »Zauberberg«. In: Dietrich von Engelhardt/Hans Wißkirchen (Hg.): *Der Zauberberg – Die Welt der Wissenschaften in Thomas Manns Roman*. Stuttgart 2003, 137–148.

Pütz, Peter: *Kunst und Künstlerexistenz bei Nietzsche und Thomas Mann*. Bonn [2]1975.

Reents, Edo: *Zu Thomas Manns Schopenhauer-Rezeption*. Würzburg 1998.

Schmidt, Christoph: *»Ehrfurcht und Erbarmen«. Thomas Manns Nietzsche-Rezeption 1914 bis 1947*. Trier 1997.

Weiller, Edith: *Max Weber und die literarische Moderne. Ambivalente Begegnungen zweier Kulturen*. Stuttgart/Weimar 1994.

Tim Lörke

14 Politik

Das Verhältnis Thomas Manns zur Politik ist ambivalent und bleibt zeitlebens von Skepsis geprägt. Besonders beunruhigt ihn, dass man sich der Politik nicht verweigern kann: »*Weiß* man auch nur von ihr, so ist man ihr schon verfallen. Man hat seine Unschuld verloren« (GKFA 13.1, 451). Hierin drückt sich ein bildungsbürgerlich geprägtes Unbehagen an der Politik aus, die als defizitäres Sinnstiftungssystem wahrgenommen wird und somit der eigentlich bedeutenden Kultur unterlegen ist (Plessner 1974, Bollenbeck 1996). Kultur versteht Mann als einen autonomen, unverfügbaren Zweck, allein auf den Einzelnen und seine innerliche Bildung ausgerichtet und somit frei von sozialen Ansprüchen. Der Skandal der Politik liegt darin, die Kultur zu einem Mittel gesellschaftlicher Verständigung und Organisation zu machen und so zu entwerten. Der Verlust der Unschuld resultiert aus der Vereinnahmung der Kultur für die Politik. Beeindruckt vom Heraufziehen totalitärer Systeme reflektiert Mann diese Position und sieht im Verharren in »machtgeschützter Innerlichkeit« (Ess IV, 65), der freiwilligen Verweigerung politischer Partizipation des Bildungsbürgertums, einen wesentlichen Grund für die Etablierung des Nationalsozialismus. In den Kern der politischen Reflexionen Manns rückt damit nach dem Ende des Ersten Weltkrieges allmählich die gelingende Vermittlung der sinnstiftenden Kultur mit der gemeinschaftsbildenden Politik.

Thomas Mann reiht sich 1914 auf den ersten Blick ein unter die Kriegsbegeisterten, doch erweisen sich seine Kriegsschriften in politischer Hinsicht als widerständig. Er deklariert den Weltkrieg als »Kulturkrieg« (Beßlich 2000) und scheint sich seinem Aufsatz *Gedanken im Kriege* an der propagandistischen Kultur-Zivilisations-Antithese zu orientieren, mit der sich die Überlegenheit der unpolitischen deutschen Kultur über die französische oder englische Zivilisation beweisen lässt. Mann jedoch überführt die Antithese in ein anderes Modell, indem er Zivilisation als einen untergeordneten Teil der Kultur einschreibt; hier wird bereits sein eigenes Politikverständnis deutlich, das auf die Inklusion der Politik in die Kultur setzt (GKFA 15.1, 27). In den *Betrachtungen eines Unpolitischen* treibt Mann die Synthese von Kultur und Zivilisation weiter voran, nicht zuletzt, indem er sich selber als Schriftsteller im Dienst einer in die Kultur eingebundenen Zivilisation vorstellt (GKFA 13.1, 22 f., 188 f.). Zugleich bricht er mit dem Monarchismus, wenn er auch in Deutschland die zerstörerischen und entfremdenden Folgen einer reinen Zivilisation erkennt, die alle Lebensbereiche wirtschaftlichen Vorgaben unterordnet (GKFA 15.1, 33, 1084). Mann schließt damit an die bildungsbürgerliche Ernüchterung nach der Reichsgründung 1871 an, als keineswegs Kultur, sondern Wirtschaft und Naturwissenschaften in den Mittelpunkt des staatlichen Interesses rückten (Mommsen 1994, Ullrich 2004). Die Kriegsessays bereiten Manns Politikziel vor, Kultur und Politik miteinander zu versöhnen, indem sie zunächst die Zivilisation in die Kultur einbeziehen.

Manns politisches Denken changiert zwischen Reformkonservatismus (Borchmeyer 1997, Kurzke 2000) und linkem Liberalismus (Breuer 1997). Es ist getragen von der Einsicht, dass die politische Moderne zur Einrichtung von Demokratie und Republik führt, und der Sorge, in diesem Prozess könnte die sinn- und gemeinschaftsstiftende Wirkung der Kultur verloren gehen. Darum sucht er eine Strategie, Kultur unter demokratischen Bedingungen zu erhalten (Lörke 2010). In einem ersten Schritt entwickelt er einen bildungsbürgerlich-meritokratischen Volksstaat, in dem der Bildungsgrad die Zahl der Stimmen bedingt (GKFA 13.1, 293). Der Volksstaat soll die bildungsbürgerliche Hegemonie herstellen in einer parlamentarischen Monarchie, in der politische Belange Spezialisten übertragen werden, die durch das meritokratische Wahlrecht vom Bildungsbürgertum abhängig sind.

Der zweite Schritt rückt die Verpflichtung des Bildungsbürgertums zur Politik und damit zur Gemeinschaft in den Mittelpunkt. Die Republik-Rede von 1922 vermittelt die deutsche romantische Tradition der Kultur mit der Demokratie, die damit als Staatsform der Kultur angetragen wird. Zugleich fordert Mann in der *Gedenkrede auf Rathenau*, das Bildungsbürgertum müsse politisch aktiv werden, Politik als Bestandteil der Bildung zulassen (GKFA 15.1, 679). An seinem Kulturbegriff hält Mann fest, setzt ihn aber nun für die Politik ein: Kultur definiert die Ziele und Inhalte, auf die die Gemeinschaft verpflichtet ist. Das Bildungsbürgertum wird in die Verantwortung genommen, Kultur so zu vermitteln, dass die Politik die Ideen aufgreifen kann. Diese Haltung assoziiert Thomas Mann gar mit dem Sozialismus, wenn er in der *Rede vor Arbeitern in Wien* die Beschränkung auf die bildungsbürgerliche Innerlichkeit als Irrweg abtut und stattdessen das Soziale und die Demokratie als Kern des Humanen nennt (GW XI, 899; auch Ess III, 353 ff.). Es ist die Pflicht des Bürgers, die Republik handelnd mit Blick auf das gesamtgesellschaftliche Gefüge zu gestalten. Dem Roman *Joseph und seine Brüder* schreibt der Autor dies als politisches Programm ein, wie er in dem gleichnamigen Essay betont; in Joseph spiegelt sich der notwendige Entwicklungsschritt vom Individuellen zu sozialer Reife und Tätigkeit für die Gemeinschaft (Ess V, 197).

Seine Auseinandersetzung mit dem Nationalsozialismus führt Thomas Mann zur Diagnose einer Moderne, in der die Beschränkung auf eine rein innerweltliche politische Sphäre zu einer Legitimationskrise des Gemeinwesens führt. Die Pflicht zur Gemeinschaft im Dienste der Kultur und den von ihr geoffenbarten Wahrheiten mündet dagegen in eine »sozial-religiös[e] Bindung« (GKFA 10.1, 179), die Demokratie als Staatsform transzendent begründet. Deutlich wird dabei der ambivalente Vorbehalt Manns gegen die Demokratie, deren Ziele für ihn letztlich bildungsbürgerlich geprägt bleiben sollen. 1943 stellt er in der Library of Congress in Washington fest, dass Demokratie »Güte, Gerechtigkeit und Sympathie von oben« bedeute und keineswegs egalitären Aushandlungsprozessen unterliege (Ess V, 232 f.). Er hält an einer sinnstiftenden Begründung der Demokratie fest, die ihre Legitimität aus den überpersönlichen Werten der Kultur bezieht. Kultur bleibt der Politik übergeordnet, die sie anleitet. In veränderter Form werden Manns politische Ideen von liberalkonservativen Intellektuellen der Bundesrepublik Deutschland aufgegriffen und aktualisiert (Hacke 2006). Allerdings ist Manns durchaus heikles Demokratiekonzept und damit sein Politikverständnis von der Forschung teilweise kritisiert und als unpolitisch abgeurteilt worden. In den Fokus rückt dabei das Konzept des Unpolitischen, das gerade in seiner Bevorzugung der Kultur vor der Politik Manns Ahnungslosigkeit bestätige und ihn in die Nähe antidemokratischer Bewegungen rücke (Görtemaker 2005). Dem ist entgegen zu halten, dass Mann durchaus ein Demokratieverständnis entwickelt, das sich freilich nicht mit dem heute etablierten deckt, und sich frühzeitig von totalitären Ideologien deutlich absetzt: bereits 1918 distanziert er sich von Büchern wie Spenglers *Der Untergang des Abendlandes* oder Ernst Bertrams *Nietzsche* (GKFA 22, 271) und bezieht ab 1921 öffentlich Stellung gegen den sich etablierenden Nationalsozialismus (GKFA 15.1, 427 ff.).

Literatur

Beßlich, Barbara: *Wege in den »Kulturkrieg«. Zivilisationskritik in Deutschland 1890–1914.* Darmstadt 2000.

Bollenbeck, Georg: *Bildung und Kultur. Glanz und Elend eines deutschen Deutungsmusters.* Frankfurt a. M. 1996.

Borchmeyer, Dieter: Politische Betrachtungen eines angeblich Unpolitischen. Thomas Mann, Edmund Burke und die Tradition des Konservatismus. In: *TMJb* 10 (1997) 83–104.

Breuer, Stefan: Ein Mann der Rechten? Thomas Mann zwischen ›konservativer Revolution‹, ästhetischem Fundamentalismus und neuem Nationalismus. In: *Politisches Denken. Jahrbuch* 1997, 119–140.

Görtemaker, Manfred: *Thomas Mann und die Politik.* Frankfurt a. M. 2005.

Hacke, Jens: *Philosophie der Bürgerlichkeit. Die liberalkonservative Begründung der Bundesrepublik.* Göttingen 2006.

Kurzke, Hermann: Das Kapitel ›Politik‹ in den Betrachtungen eines Unpolitischen. In: *TMJb* 13 (2000), 27–41.

Lörke, Tim: *Die Verteidigung der Kultur. Mythos und Musik als Medien der Gegenmoderne.* Würzburg 2010.

Mommsen, Wolfgang J.: *Bürgerliche Kultur und künstlerische Avantgarde. Kultur und Politik im deutschen Kaiserreich 1870 bis 1918.* Frankfurt a. M./Berlin 1994.

Plessner, Helmuth: *Die verspätete Nation. Über die politische Verführbarkeit des bürgerlichen Geistes.* Frankfurt a. M. 1974.

Ullrich, Volker: *Die nervöse Großmacht. Aufstieg und Untergang des deutschen Kaiserreichs 1871–1914.* Frankfurt a. M. 2004.

Tim Lörke

15 Realismus

Im Fall von Thomas Manns Werk kann nicht umstandslos von ›Realismus‹ gesprochen werden. Und doch hat sich die Einschätzung, Mann sei ein »Realist von seltener Wirklichkeitstreue« (Lukács 1953, 9), ein »genaue[r] Wirklichkeitsschilderer« (Faesi 1955, 13), ja ein »Meister des Realismus« (Berendsohn 1965, 244), bis heute als zählebig erwiesen, obwohl deutliche Zweifel an dieser Einordnung spätestens Anfang der 1960er Jahre geäußert wurden (Koopmann 1980 [1962], 38; Sørensen 1965, 85). Verschiedene Gründe lassen sich für die lang anhaltende Realismusdebatte anführen. Zum einen liegen Manns dichterische Ursprünge im epochengeschichtlichen Übergang zwischen Realismus und Früher Moderne und weisen thematisch, formal und intertextuell auf realistische Erzähltraditionen des 19. Jahrhunderts zurück, als deren Fortsetzer und Vollender Mann dieser Hinsicht nach gelten könnte, darin der Selbstinszenierung des Autors als »Spätester und Letzter, ein Erfüller« folgend (Tb 3. 4. 1951), »dem es gefällt, hundertmal erzählte Geschichten zum letzten Mal, abschliessend [...] und endgültig zu erzählen« (an Hans Joachim Mette, 15. 4. 1951; Tb IX, 793). Zu dieser Kontinuitätslinie gehört etwa Manns Vorliebe für den Familien- und Gesellschaftsroman oder die Variation des gerade für den deutschen Realismus kennzeichnenden Erzählens vom Tod aus (und auf ihn hin) sowie die Funktionalisierung der realistischen ›Todessemantik‹ für eine durch Vergänglichkeit, Tod und Verlust geprägte Realitätswahrnehmung (vgl. Blödorn 2014) v. a. im Frühwerk Manns. Zum anderen lassen Manns auf den ersten Blick traditionell wirkende Sprache und die scheinbar ungebrochene Dominanz des Inhalts über das sprachliche Darstellungsverfahren sein Werk gegenüber einer experimentellen und sprachreflexiven Moderne vom Stil her als konventionell erscheinen. Dem Autor selbst war diese Tatsache bewusst: »[N]eben Joyce's exzentrischem Avantgardismus«, so fürchtet Mann während der Entstehung des *Doktor Faustus*, drohe sein eigenes Werk »wie flauer Traditionalismus« zu wirken (GW XI, 205). Während ›Traditionalismus‹ und ›Naturalismus‹ Manns Selbsteinschätzung des eigenen Schaffens bezeichnen, spielt der Begriff ›Realismus‹ hingegen für ihn selbst kaum eine Rolle und vermag ihm vage nicht viel mehr als »Genauigkeit« zu bezeichnen (Koopmann 1990, 71 ff.). Er beabsichtigt damit jedoch keinesfalls eine mimetische Wiedergabe von primärer Wirklichkeit: In *Bilse und ich* legt Mann bereits früh sein dichterisches Verhältnis zur Wirklichkeit offen, von der doch fraglich sei, ob sie nach der Aneignung durch den Dichter »überhaupt noch Wirklichkeit bleibt« (GKFA 14.1, 100 f.). Denn es komme auf die »Beseelung« des Angeeigneten an, auf die »*subjektive Vertiefung* des Abbildes einer Wirklichkeit« (GKFA 14.1, 101). Trotz der bei Mann »augenfällige[n] Vorrangstellung« des Subjektiven »vor allem Objektiven« (Kristiansen, TMHb, 823) im Verhältnis seiner Dichtung zur Wirklichkeit hat die Forschung seit den Arbeiten von Pache (1907) und Havenstein (1927) allerdings immer wieder einen ins 19. Jahrhundert zurückreichenden und an französische, skandinavische und russische Vorbilder (sowie an Storm und v. a. Fontane) anschließenden ›Realismus‹ diagnostiziert (Koopmann 1980, 37 ff.). Seit den *Buddenbrooks*, Erich Auerbach zufolge ein verspäteter »erste[r] große[r] realistische[r] Roman« der deutschen Literatur (Auerbach 1946, 459), schien Mann festgelegt auf diese realistische Traditionslinie des europäischen Gesellschaftsromans. Auf der anderen Seite hat die Forschung v. a. seit den 1980er Jahren aber immer wieder auch eine »Warnung vor Wirklichem« bei Mann ausgesprochen, denn »die Wirklichkeit, wo sie bei Thomas Mann [...] erscheint«, ist »vorgeordnet [...], strategisch genutzt, akzentuiert, eingeschränkt und zurechtgebogen auf Ausschnitte« (Koopmann 1990, 77). So weist Ryan darauf hin, dass die realistische Oberfläche der *Buddenbrooks* »far from straightforwardly referential in its conception« sei (Ryan 2001, 134). Abhängig vom angelegten Modernebegriff, ließe sich Manns Werk in einem weiten Begriffsverständnis daher andererseits auch einer »luxurierende[n]« Traditionslinie der ästhetischen Moderne zuordnen (Bürger 1987, 65). Vergleichbar haben Börnchen und Liebrand (und ähnlich schon Görner 2006, 145) einen ›apokryphen Avantgardimus‹ Manns auszuloten versucht, der »Arrièregarde und Avantgarde« zugleich impliziert und Manns Werk damit vollgültig der klassischen Moderne zurechnen kann (Börnchen/Liebrand 2008, 13).

Auch andere Beiträge sehen in prinzipiell ›modernen‹, einer ›doppelten Optik‹ verpflichteten Schreibansätzen Manns – wie der Montage und der Ironie (und Parodie) – einen vordergründig bestimmenden Realismus in seinem Werk unterminiert. Generell verweist die Forschung auf Manns spezifisches, zweideutiges Erzählverfahren, das realistisches Erzählgeschehen mit Formen der Mythisierung, der Symbolisierung und der Allegorisierung stets doppeldeutig auf eine der Diegese übergeordnete, ›höhere‹ Deutungsebene beziehbar macht (und die dargestellte Welt damit als widersprüchlich und scheinhaft erweist, vgl. Reiß 1970, 192; u. Lehnert, TMHb, 138), ohne diese Ebene jedoch als einzig und letztgültig zu behaupten. Vorgeschlagen wurde daher schon früh (der Selbstdeutung des Autors aus seiner *Einführung in den Zauberberg* folgend, vgl. GW XI, 612), von einer ins Symbolische gesteigerten und zu ihr tendierenden Realistik zu sprechen (z. B. bei Hamburger 1958, 11 f.; Meyer 1961, 211).

Eine andere Ebene semantischer, die realistische Deutungstradition konterkarierender Ambivalenz besteht in Manns Aktualisierung phantastischer Elemente (vgl. die Beiträge im TMJb 24 (2011); schon Renner hat Mann 1987 als »phantastische[n] Realist[en]« bezeichnet). Die »Durchsetzung des realistischen Erzählens mit phantastischen Einbrüchen« (Renner 1994, 400) in die erzählte Wirklichkeit, darin dem »poetischen Grundgesetz der Vexation« verpflichtet (Renner 1987, 83), führt Manns Werk durchaus an die moderne Grunderfahrung der Zweideutigkeit, die im *Doktor Faustus* schließlich zum ›System‹ wird, heran.

Die Frage nach dem spezifischen ›Realismus‹ Manns muss somit insgesamt sowohl Aspekte der Ästhetik, Semantik und Stilistik seiner Texte als auch der literaturgeschichtlichen Zuordnung zur Epoche des europäischen Realismus einbeziehen, dessen deutscher Variante Mann gerade durch sein selektives Verfahren im Umgang mit der zeitgenössischen sozialen Wirklichkeit eng verbunden ist (Koopmann 1990, 77). Der häufig konstatierte »Wirklichkeitsgehalt« der Werke Manns jedoch, der mit ausführlichen, »wissenschaftlich abgesichtert[en]« »Sachstudien« des Autors (Koopmann 1990, 75 f.) und seiner »in ihrer Akribie geradezu wissenschaftlich anmutenden Arbeitsweise« (Rothenberg 1969, 223) begründet wird, vermag als epistemologisches Kriterium über die Stilistik und Ästhetik der Texte sowie ihren literarhistorischen Ort nur wenig auszusagen. Dass es sich vielmehr lediglich um den »Eindruck großer Wirklichkeitsnähe und -dichte« (ebd., 93) handelt, der einer näheren Betrachtung nicht standhält, sondern sich als ›vorgetäuscht‹ erweist (ebd.; vgl. auch Reiß 1970, 189 ff.), hat erstmals Rothenberg zum Anlass einer grundlegenden Studie über das Realismusproblem bei Thomas Mann genommen und an seiner Untersuchung der *Buddenbrooks* den Realismus Manns als »Legende« erwiesen (Rothenberg 1969, 5). Und doch, so Rothenberg, liefert »die Klärung des Verhältnisses zur Realität den Schlüssel [...] zum Geheimnis Thomas Manns« (ebd., 10). Dessen »Detailvernarrtheit« (ebd., 225) lasse sich allerdings nicht als das vom Autor selbst immer wieder beanspruchte »Genaumachen« (ebd., 167) verstehen, sondern sei Ausdruck eines Verfahrens, mit dem Mann die Darstellung von Wirklichkeit vielfach verzerre (ebd., 10). Übergenauigkeit im Einzelnen bedinge daher eine Ungenauigkeit im Ganzen (ebd., 168; vgl. auch Reiß 1970, 192). Zu den von Rothenberg nachgewiesenen Verfahren Manns, mit denen die ›Wirklichkeit‹ in den *Buddenbrooks* verzeichnet werde, gehören u. a. die »Technik des Auslassens und Verschweigens« (Rothenberg 1969, 21 ff.), der »Ausfall alles Mittleren und Gemäßigten« (ebd., 58 ff.), die »Tendenz zur Weltentzweiung« (ebd., 62 ff.), das »›Pathologische‹ der Stoffwahl« (ebd., 65 ff.), die »Neigung zu typisierendem Verfahren« (ebd., 92 f.) und die metaphorische Unterwanderung« und »Entwertung der Realien« (ebd., 95 ff. u. 114 f.). Auch wenn Rothenberg Mann damit »unzweideutig« als dem 19. Jahrhundert zugehörig ausweist (ebd.), so lässt sich Manns ›Realismus‹ im Epochenkontext der Frühen Moderne und ihres gebrochenen Verhältnisses zur Annahme einer intersubjektiv erfahrbaren ›Wirklichkeit‹ zuletzt doch als der Moderne durchaus nahestehender Effekt jener seiner Verfahren erkennen, mit denen er die »Illusion von Wirklichkeit« (Seiler 1986, 475) hervorbringt. Für diesen Realismus-Effekt sei Manns Ironie möglicherweise »nicht nur nicht abträglich, sondern sie wäre sogar eine seiner Voraussetzungen« (ebd., 462).

Dabei gilt es jedoch, einen anderen, konzeptuellen Grundzug Mann'scher Wirklichkeitskonstituierung zumindest bis in die *Zauberberg*-Zeit hinein nicht aus dem Blick zu verlieren: Der philosophischen Grundauffassung Schopenhauers folgend, wird die dargestellte Wirklichkeit (der Welt als ›Vorstellung‹) bei Mann vom Frühwerk an stets als Täuschung und Schein entlarvt (vgl. Kristiansen, TMHb, 824 ff.). Erst der Tod bedeutet demnach die Erlösung aus der scheinhaften Wirklichkeit der Individuation. Wirklichkeit wird somit nicht nur zur »Phantasmagorie«, sondern letztlich zugunsten eines als wahr angenommenen metaphysischen Seinsbereichs (der Welt als ›Wille‹) »negiert« (Koopmann 1990, 79), so dass Mann aus dieser Perspektive geradezu als »Antirealist« bezeichnet werden könnte (ebd., 80). Lebenswirklichkeit wird bei Mann folglich »nur als Vorwand und als Darstellungsmittel einer wesenhaft anderen Wirklichkeit« – und somit als »Maske« und »Kulisse« geschildert, so dass sich mit Kristiansen von einem »›Maskenhafte[n]‹ Realismus« sprechen lässt (TMHb, 826 f.). Zu den Mitteln, mit denen

Manns Erzählen diese Demaskierung vordergründiger Realität gewährleistet, gehören Leitmotive, intertextuelle und intratextuelle Zitate und mythische Wiederholungsstrukturen (ebd., 829 ff.); ergänzend zu nennen wären Techniken der Allegorisierung und der Typisierung (Reiß 1970) und die von Larsson erkannten relativierenden »Formen der Maskierung« wie Subtexte und uneigentliche Rede (Larsson 2011). Ihnen allen ist eine entindividualisierende Funktion gemeinsam, indem sie scheinbar individuelle Einzelerscheinungen immer wieder auf bestimmte, sich wiederholende Grundmuster zurückführen, so dass ein über Raum- und Zeitkonzeption der dargestellten Wirklichkeit stehender »Transpersonalismus« sowie eine »Synchronizität« der Dinge erkennbar werden, wie Bulhof am *Zauberberg* ausgeführt hat (Bulhof 1966).

Zwar hat Koopmann darauf hingewiesen, dass sich Manns Wirklichkeitsverständnis nach dem *Zauberberg* wandelt und mit einem neuen Bekenntnis zum Leben verbunden ist (Koopmann 1990, 81): Nicht mehr Flucht und Erlösung aus einer demaskierten Realität, sondern die »Bewältigung der Wirklichkeit« durch Geist, Kunst und die »wirklichkeitsüberwindende[] Macht des Wortes« trete seitdem in den Vordergrund (ebd., 84 f.). Doch weisen auch Manns spätere Entwürfe fiktionaler Wirklichkeit den Schopenhauer'schen Doppelcharakter der Welt – als Wille und Vorstellung – auf und sind damit kontinuierlich jenem auf eine »eigentliche metaphysische Tiefenrealität« hindeutenden ›Oberflächen-Realismus‹ verpflichtet: Das Erzählen leistet *zugleich* den Aufbau einer vordergründig »realistisch anmutende[n] Welt« als Illusion *und* gewährleistet deren Entlarvung als Schein (Kristiansen, TMHb, 829 u. 835). Im »vorgeblich realistischen Erzählen« Manns schaffen vielfache »äußere[] Spannungen«, »Störungen und Einbrüche« damit, wie Renner bemerkt, eine »berichtigende Unordnung«: »Erfahrungswirklichkeit« in der Fiktion zeigt sich somit als »verstellte Realität« (Renner 1987, 74). Dass sich dies bei Mann aber »paradoxerweise« im erzählerischen Rahmen und in der Bewahrung »überlieferter epischer Konventionen und Schemata« wie der auktorialen Erzählsituation oder »linear verlaufenden [...] Fabeln« realisiert, macht – auch im Abgleich mit der avancierten Moderne – das »Schockierende und Unkonforme seiner Erzählkunst« aus (Žmegač 1971, 10). Die Frage nach dem Realismus Manns deutet daher immer auch auf gegenläufige Erzählschichten in seinem Werk – und verlangt »nicht nur nach einer hermeneutischen, sondern zu ihrer Korrektur auch nach einer dekonstruktivistischen Lektüre« (Renner 1994, 407).

Literatur

Auerbach, Erich: *Mimesis. Dargestellte Wirklichkeit in der abendländischen Literatur.* Bern 1946.

Berendsohn, Walter A.: *Thomas Mann. Künstler und Kämpfer in bewegter Zeit.* Lübeck 1965.

Bürger, Christa: Realismus und ästhetische Moderne. Zu Thomas Manns *Doktor Faustus*. In: *Heinrich Mann-Jahrbuch* 4 (1986), 56–68.

Blödorn, Andreas: Die Todessemantik des Realismus. Zum Zusammenhang von Sinneswahrnehmung, Tod und Narration am Beispiel von Wilhelm Raabes *Else von der Tanne*. In: *Jahrbuch der Raabe-Gesellschaft* (2014), 1–19.

Börnchen, Stefan/Liebrand, Claudia: Einleitung. In: Dies. (Hg.): *Apokrypher Avantgardismus. Thomas Mann und die klassische Moderne.* München 2008, 7–27.

Bulhof, Francis: *Transpersonalismus und Synchronizität. Wiederholung als Strukturelement im »Zauberberg« von Thomas Mann.* Groningen 1966.

Faesi, Robert: *Thomas Mann. Ein Meister der Erzählkunst.* Zürich 1955.

Görner, Rüdiger: Dem Späten voraus sein oder: Kunst zwischen Arrièregarde und Avantgarde. In: Heide Kunzelmann/Martin Liebscher/Thomas Eicher (Hg.): *Kontinuitäten und Brüche. Österreichs literarischer Wiederaufbau nach 1945.* Oberhausen 2006, 143–158.

Hamburger, Käte: Der Epiker Thomas Mann. In: *Orbis Litterarum* 13 (1958), 7–14.

Havenstein, Martin: *Thomas Mann. Der Dichter und Schriftsteller.* Berlin 1927.

Karthaus, Ulrich: Thomas Manns *Doktor Faustus* – ein realistischer Roman? In: *Colloquia Germanica Stetinensia* 3 (1992), 5–23.

Koopmann, Helmut: *Die Entwicklung des ›intellektualen Romans‹ bei Thomas Mann. Untersuchungen zur Struktur von »Buddenbrooks«, »Königliche Hoheit« und »Der Zauberberg«.* 3. erw. Aufl. Bonn 1980 [[1]1962].

Koopmann, Helmut: Warnung vor Wirklichem: Zum Realismus bei Thomas Mann. In: Helmut Koopmann/Clark Muenzer (Hg.): *Wegbereiter der Moderne. Studien zu Schnitzler, Hauptmann, Th. Mann, Hesse, Kaiser, Traven, Kafka, Broch, von Unruh und Brecht.* Tübingen 1990, 68–87.

Kristiansen, Børge: Das Problem des Realismus bei Thomas Mann. Leitmotiv – Zitat – Mythische Wiederholungsstruktur. In: *TMHb*, 823–835.

Larsson, Kristian: *Masken des Erzählens. Studien zur Theorie narrativer Unzuverlässigkeit und ihrer Praxis im Frühwerk Thomas Manns.* Würzburg 2011.

Lehnert, Herbert: Thomas Mann und die deutsche Literatur seiner Zeit. In: *TMHb*, 137–163.

Lukács, Georg: *Thomas Mann.* Berlin 1953.

Meyer, Herman: *Das Zitat in der Erzählkunst. Zur Geschichte und Poetik des europäischen Romans.* Stuttgart 1961.

Pache, Alexander: Thomas Manns epische Technik. In: *Mitteilungen der literarhistorischen Gesellschaft Bonn.* Jg. 2, H. 2 (1907), 43–71.

Reiß, Gunter: *»Allegorisierung« und moderne Erzählkunst. Eine Studie zum Werk Thomas Manns*. München 1970.
Renner, Rolf Günter: Thomas Mann als phantastischer Realist. Eine Überlegung anlässlich der *Vertauschten Köpfe*. In: Cornelia Bernini/Thomas Sprecher/Hans Wysling (Red.): *Internationales Thomas-Mann-Kolloquium 1986 in Lübeck*. Bern 1987. (= *TMS* 7).
Renner, Rolf Günter: Die Modernität des Werks von Thomas Mann. In: Hans Joachim Piechotta/Ralph-Rainer Wuthenow/Sabine Rothemann (Hg.): *Die literarische Moderne in Europa*. Bd. 1: *Erscheinungsformen literarischer Prosa um die Jahrhundertwende*. Opladen 1994, 398–415.
Rothenberg, Klaus-Jürgen: *Das Problem des Realismus bei Thomas Mann. Zur Behandlung von Wirklichkeit in den »Buddenbrooks«*. Köln 1969.
Ryan, Judith: *Buddenbrooks*: Between Realism and Aestheticism. In: Ritchie Robertson (Hg.): *The Cambridge Companion to Thomas Mann*. Cambridge 2002, 119–136.
Seiler, Bernd W.: Ironischer Stil und realistischer Eindruck: Zu einem scheinbaren Widerspruch in der Erzählkunst Thomas Manns. In: *Deutsche Vierteljahrsschrift für Literaturwissenschaft und Geistesgeschichte* 60 (1986), 459–483.
Sørensen, Bengt Algot: Die symbolische Gestaltung in den Jugenderzählungen Thomas Manns. In: *Orbis Litterarum* 20 (1965), 85–97.
Žmegač, Viktor: Konvention, Modernismus und Parodie. Bemerkungen zum Erzählstil Thomas Manns. In: Peter Pütz (Hg.): *Thomas Mann und die Tradition*. Frankfurt a. M. 1971, 1–13.

Andreas Blödorn

16 Religion und Glaube

An Reinhold Schneider schreibt Thomas Mann 1953, er beneide ihn um seine »katholische Basis und Bindung«; sein angestammter Protestantismus sei dagegen »bloße Kultur« (BrAu, 413). Gerade aus der Reflexion des in diesem Begriff Resümierten aber hat sich in Manns Werk eine spezifische Religiosität entwickelt, die konfessionell nicht fixiert ist, ihrem Selbstverständnis nach jedoch in der christlichen Tradition steht (Schwöbel 2008, Peter/Sprecher 2011).

Religion spielt im Lebenswerk Manns eine zentrale Rolle, in unterschiedlichen Akzentuierungen und Erscheinungsformen von »Religion« (zum Begriff Detering 2007), von den Auseinandersetzungen mit Schopenhauer und Wagners Kunstreligion bis zum jüdisch-christlichen »biblischen Werk« (Hamburger 1981) des *Joseph* und der Erzählung *Das Gesetz* und zum Legendenroman *Der Erwählte*. Das gilt für seine Essays und Reden ebenso wie für die Erzählungen und Romane, und es gilt in enger Verschränkung von Lebens- und Werkgeschichte. Zu unterscheiden sind dabei *das Religiöse* als anthropologisch-kulturgeschichtliche Kategorie, die *unterschiedlichen Mythologien und Religionen* als Gegenstand vergleichender Religionsgeschichte und das *Christentum* mitsamt seinen jüdischen und altorientalischen Traditionen. Die unterschiedlichen Menschenbilder und Weltsichten werden lebenslang in experimentellen Erzählverfahren modelliert und durchgespielt: (1) in der Ambivalenz mythischer und psychologisch-realistischer Konzepte und den entsprechend zweideutigen Modellierungen der erzählten Welten (als mythisch-realistische Zweideutigkeit in *Der Tod in Venedig*, auf der Grundlage eines komplex ausdifferenzierten Mythosbegriffs im *Joseph*), (2) im Spiel des Romans mit Genres wie Sage, Märchen, Legende (von *Königliche Hoheit* über den *Faustus* bis zum *Erwählten*), (3) in immer neuen Kontextualisierungen vor allem christlicher Traditionen in anthropologischen, philosophischen, theologischen Deutungshorizonten – die in Dialogen erörtert werden, aber in Figurenkonzeptionen auch buchstäblich Gestalt annehmen können (exemplarisch zu Christus-Figurationen Marx 2002).

Dem kaiserzeitlichen Kulturprotestantismus »Lübecks als geistiger Lebensform«, der in *Buddenbrooks* spöttisch denunziert wird, stellt Mann früh die neuromantische Kunstreligion Wagners entgegen. An die Stelle von dessen Versuch, *Das Theater als Tempel* zu etablieren (1907), setzt er jedoch eine postromantische Konzeption, der zufolge gerade der moderne Roman ein Gutmachen der »böse[n] und stumme[n] Dinge« (GKFA 14.1, 104) bewirken solle: »Denn die Seele des Dichters ist Sehnsucht, und die letzte, die tiefste Sehnsucht ist die nach Erlösung« (ebd., 381).

Hat er in den *Betrachtungen eines Unpolitischen* irrationalistische Aspekte eines vor allem als »Sympathie mit dem Tode« verstandenen Christentums erkundet – abermals eine, mit dem mehrmals zitierten Wort Ernest Renans, »piété sans la foi« –, so beantwortet er 1931 im *Fragment über das Religiöse* die Frage: »Was aber ist denn das Religiöse?« lakonisch: »Der Gedanke an den Tod.« (Ess III, 296) Es ist diese Todesmetaphysik als Sehnsucht nach Vergehen und Entgrenzung, nach dem *Süßen Schlaf* (GKFA 14.1, 202–209), die Hanno Buddenbrook, Gustav von Aschenbach und der im Schneesturm halluzinierende Hans Castorp mit ihrem Autor teilen. Im Sinne dieser Willensverneinung und Sehnsucht nach Ich-Auflösung, die er aus der Philosophie Schopenhauers und Wagners *Tristan* wie aus den Schriften des Novalis kannte (Kristiansen 1986), versteht er auch die Lehren des Buddha (Borchmeyer 2014). Die Abkehr von diesem Pessimismus proklamiert er als sittliche Hinwendung zu einem Leben in sozialer Verantwortung, das ihm zunehmend zur Ausdrucksform christlicher Humanität wird: einem entschlossen optimistischen Christentum der Tat. Im umgedeuteten Legendenschluss von *Königliche Hoheit* (1909) deutet sich diese Wendung an, die dann mit dem Vortrag über *Goethe und Tolstoi* 1921 und der Rede *Von deutscher Republik* 1922 programmatisch erörtert und im riesenhaften Vorhaben des *Joseph* in biblischen Dimensionen entfaltet wird. Stets muss diese Lebensbejahung gegen die skeptische Willensmetaphysik und gegen den Vorbehalt der Trivialität verteidigt werden; die *Betrachtungen* wie dann der *Zauberberg* führen diese Debatte in vielen Varianten. 1925 unterscheidet Mann »zweierlei Lebensfreundlichkeit: eine, die vom Tode nichts weiß; die ist recht einfältig und robust, und eine andere, die von ihm weiß« (GKFA 15.1, 988). Dabei tritt mit dem *Joseph* das Konzept einer sich historisch entwickelnden und auf eine humane Zukunft ausgerichteten Religion in den Mittelpunkt.

Im *Joseph* dominiert zunächst das anthropologische Interesse an der Religion als Frage des Menschen nach sich selbst. Gerade aus dessen religionsgeschichtlicher Vertiefung aber ergibt sich eine genuin theologische Weiterung: *Die Einheit des Menschengeistes*, die von panbabylonischen Religionshistorikern wie Alfred Jeremias sichtbar gemacht werde, vermöge selbst »den ursprünglich humanistisch und nicht theologisch Gestimmten [...] der religiösen Welt aufs menschlichste zu verbinden«, heißt es 1932 (Ess III, 303 f.). So wird denn im *Joseph* das Fragen nach dem einen Gott in unauflöslicher Ambivalenz anthropologischer und theologischer Perspektiven entfaltet. Im »Hervordenken Gottes« durch den Menschen vollzieht sich zugleich seine Selbstoffenbarung: »Schon richtig, dass Abram die Eigenschaften Gottes mit Hilfe der eigenen Seelengröße ausmachte [...]. Darum blieb Gott aber doch ein gewaltig Ich sagendes Du außer Abraham und außer der Welt« (GW IV, 431).

Derselbe Joseph, der die theologische Spekulation bis in christologische und trinitarische Denkexperimente vorantreibt, wird am Ende selbst als *der Ernährer* zur Verkörperung einer humanistischen Religiosität des sozialen und politischen Handelns. Damit wird auch im Erzählwerk jene neue Bejahung des Christentums fassbar, die Manns Kampf gegen den Faschismus wesentlich mitbestimmt und die sich in der Teufelsbündner-Erzählung vom *Doktor Faustus* mit einer radikalen Infragestellung des eigenen Lebens und Schreibens (und im Blick auch auf Kierkegaards Existenzialtheologie) zu einer Auseinandersetzung mit Grundfragen nach Schuld und Gnade verbindet. Zumal während des kalifornischen Exils gewinnt im politischen Kampf (*Order of the Day*, 1942) der amerikanische Unitarismus mit seiner dezidiert anthropologischen, interreligiös-universalistischen und politischen Ausrichtung an Bedeutung.

Die *Unitarian Church* bleibt die einzige kirchliche Institution, zu der sich Thomas Mann bis in persönlichste Lebensumstände bekannt hat. Dabei steht er in dieser Kirche entschieden auf der Seite derjenigen, die gegenüber deren agnostischen Tendenzen an einer christlichen Bindung festhalten. So kann denn im *Faustus* wie in dessen humoristisch-versöhnlichem Gegenstück *Der Erwählte* »die Idee von Sünde und Gnade« als der »religiöse Kern«, ja als das unaufgebbare »Christentum« dieser Dichtungen festgehalten werden (Ess VI, 206). Dass der Legende vom heiligen Papst die zielstrebig herbeigeführte Privataudienz bei Pius XII. 1953 als dem Repräsentanten einer Weltkirche zur Seite tritt, inszeniert er als bewusste Verwischung der Grenze von Leben und Werk: »Ist das der Ring des Fischers?« (Tb 1. 5. 1953). Was Mann 1951 in seiner Rede über die *Unitarian Church* gesagt hat, lässt sich darum auch auf ihn selbst beziehen: »bent on bettering man's status and condition on earth, while, at the same time honoring, and bowing in reverence to, the secret which lies at the bottom of all human existence and which must and will never be lifted, – for it is holy« (Detering 2012, 288).

Literatur

Borchmeyer, Dieter: Die vertauschten Köpfe. In: *Der Buddha in der deutschen Dichtung*. Hg. von Heinrich Detering, Maren Ermisch, Pornsan Watanangura. Göttingen 2014, 51–79.
Detering, Heinrich: *Thomas Manns amerikanische Religion. Theologie, Politik und Literatur im kalifornischen Exil*. Frankfurt a. M. 2012.
Detering, Heinrich: Religion. In: Thomas Anz (Hg.): *Handbuch Literaturwissenschaft. Bd. 1*. Stuttgart 2007, 382–395.
Frizen, Werner: Thomas Mann und das Christentum. In: *TMHb*, 307–326.
Hamburger, Käte: *Thomas Manns biblisches Werk*. München 1981.
Kristiansen, Børge: *Thomas Manns Zauberberg und Schopenhauers Metaphysik*. 2. erw. Aufl. Bonn 1986.
Marx, Friedhelm: *»Ich aber sage Ihnen ...« Christusfigurationen im Werk Thomas Manns*. Frankfurt a. M. 2002.
Peter, Niklaus/Thomas Sprecher (Hg.): *Der ungläubige Thomas. Zur Religion in Thomas Manns Romanen*. Frankfurt a. M. 2011.
Schwöbel, Christoph: *Die Religion des Zauberers. Theologisches in den großen Romanen Thomas Manns*. Tübingen 2008.

Heinrich Detering

17 Romantik

Thomas Manns Verhältnis zur Romantik lässt sich unter den drei folgenden Blickwinkeln beschreiben: (1) Manns Gebrauch des Romantik-Begriffs, (2) Manns Rezeption der literarischen Romantik, (3) Bezüge zwischen der romantischen Poetik und Manns Werk.

Mann verwendet den Romantik-Begriff nicht systematisch, sondern abhängig vom jeweiligen Kontext. In den *Betrachtungen eines Unpolitischen* erklärt er die »Sympathie mit dem Tode« zur »Formel und Grundbestimmung aller Romantik« (GKFA 13.1, 461). Kurzke hat anhand dieser Wendung gezeigt, dass ›Romantik‹ und ›Dekadenz‹ für Mann »[a]n ihrer Wurzel [...] deckungsgleich« sind (Kurzke 2010, 186). Manns Romantik-Begriff besitzt daher große inhaltliche Schnittmengen mit seinem von der Wagnerkritik Nietzsches beeinflussten Dekadenz-Begriff. Tiefere Kenntnisse von den philosophischen Grundlagen der Frühromantik, von Kant, Fichte und Schelling, hat Mann nicht besessen. Stattdessen identifiziert er Romantik mit einer Schopenhauer nahestehenden Sehnsucht nach Erlösung von der Allgegenwart des triebhaften ›Willens‹. Wie die Décadence, so verneint aus Manns Perspektive daher auch die Romantik das vom ›Willen zum Leben‹ erzeugte *principium individuationis*. Romantik als ›Sympathie mit dem Tode‹ meint bei Mann also Sehnsucht nach Subjektauflösung. Damit hängt auch die kulturkritische Dimension seines Romantik-Begriffs zusammen. Romantik gilt ihm als »gründlich undemokratisch« (GKFA 13.1, 127), weil sie an der Idee einer politischen Einheit festhält, bei der das Individuum sich in einer gesellschaftlichen Ganzheit auflöst.

Wo die Argumentation es erfordert, bezeichnet Mann mit Romantik jedoch auch eine ironische Haltung, die Distanz gegenüber der naiven Sehnsucht nach Subjektauflösung wahrt (u. a. Wysling 1967, 172; GKFA 15.1, 773). Selbst in den *Betrachtungen* wird Romantik mit Ironie identifiziert (GKFA 13.1, 101). Auch dieser zweite Bedeutungsaspekt zeigt jedoch, dass Mann die Romantik als Vorläufer der Décadence versteht. In Anlehnung an Nietzsches Wagnerkritik sieht er im Décadent und im Romantiker einen Intellektuellentypus, der sich nach Erlösung von der Allgegenwart des Willens sehnt, der diese Sehnsucht aber mittels einer künstlich arrangierten Ästhetik kommuniziert, die auf einer ironisch-distanzierten Lebenshaltung basiert.

Mann selbst identifiziert die beiden Bedeutungsaspekte seines Romantik-Begriffs offenbar mit verschiedenen kulturgeschichtlichen Phasen: In der *Pariser Rechenschaft* richtet er sich gegen zeitgenössische Versuche, die ironische Frühromantik abzuwerten und die Musik Richard Wagners zur ›wahren Romantik‹ zu stilisieren (GKFA 15.1, 1159–1162). Mann dagegen will keine der beiden ›Romantiken‹ verabsolutieren. Zugleich zeigt sich hier jedoch, dass er die Differenz zwischen den beiden Aspekten seines Romantik-Begriffs auch als eine Differenz der Epoche und des Mediums begreift: Die ironische Romantik gehört in die Zeit um 1800 und ins Medium ›Literatur‹, Romantik als Sehnsucht nach Subjektauflösung dagegen erscheint erst im späten 19. Jahrhundert und zwar vor allem im Medium ›Musik‹.

Mann hält an beiden Bedeutungsaspekten lebenslang fest, verlagert den Akzent aber je nach Kontext. In der Rede *Deutschland und die Deutschen* etwa unterscheidet er zwar genau zwischen Romantik als Sehnsucht nach Subjektauflösung und einer ironischen Romantik (GW XI, 1142–1143). Um den Amerikanern das Phänomen ›deutscher Innerlichkeit‹ zu erklären, entzieht er dem Romantik-Begriff in diesem Fall jedoch seine ironischen Aspekte.

Mann besaß eher oberflächliche Kenntnisse von der literarischen Romantik (vgl. Kurzke 2010, 185; Huber 2003, 553). Sein Romantik-Bild verdankt sich der Lektüre zweier Literaturgeschichten, die unterschiedliche Wertungsakzente setzen: Georg Brandes' *Die Hauptströmungen der Literatur des neunzehnten Jahrhunderts* und Ricarda Huchs neuromantische Arbeit *Blütezeit der Romantik*. Während Brandes' Literaturgeschichte in einer Traditionslinie mit der vormärzlichen Romantikkritik steht und die Romantiker als Vertreter ›reaktionären‹ Denkens stigmatisiert, engagiert sich Huch für ihre Rehabilitation.

Darüber hinaus hat Mann sich in seinem Frühwerk eingehender mit Joseph von Eichendorff beschäftigt (vgl. Böschenstein 1987). Als konkrete Einflüsse von Seiten der literarischen Romantik wurden zudem das Werk Clemens Brentanos (vgl. Mayer 1996) und das Werk E. T. A. Hoffmanns identifiziert (vgl. Lieb/Meteling 2003). Manns Konzept von Romantik als ›Sympathie mit dem Tode‹ wird vor allem im *Zauberberg* literarisch produktiv: Der Abschnitt *Fülle des Wohllauts* erzählt von Hans Castorps heimlicher Todessympathie, die Franz Schuberts Vertonung von Wilhelm Müllers Gedicht *Der Lindenbaum* auslöst.

Intensiv setzt Mann sich zudem in der Rede *Von deutscher Republik* mit der Romantik auseinander: Er will zeigen, dass die Romantik einen demokratischen Kern besitze und die Weimarer Republik kein oktroyiertes System sei, sondern in Einklang mit der deutsch-romantischen Tradition stehe. Um die Weimarer Republik zu rechtfertigen, beruft Mann sich ausgerechnet auf Novalis' Fragmentsammlung *Glauben und Liebe*, in der die preußische Monarchie romantisiert und die Hoffnung auf eine »Demokratie von Königen« (GKFA 15.1, 539) artikuliert wird. Mann übernimmt dabei Novalis' Demokratie- und Republik-Konzept, womit der Romantiker nicht Parlamentarismus oder das Mehrheitsprinzip meint, sondern ein Ideal ›wahrer‹ menschlicher Gemeinschaft, einen Bund freier und gleicher Individuen, der sich an keine konkrete politische Organisationsform bindet. Im Unterschied zum Romantik-Begriff der *Betrachtungen* reaktiviert Manns *Republikrede* somit zwar auch die romantische Gemeinschaftsideologie, aber nicht, um damit Kulturkritik an der Demokratie zu üben, sondern um diese zu nobilitieren (vgl. Löwe 2015).

Mehrfach wurde in der Forschung nach generellen Bezügen zwischen der romantischen Poetik und Manns Werk gefragt: Hamburger hat 1932 die ideengeschichtliche These vertreten, dass Mann und die Romantik das gleiche »Problemerlebnis« teilen, dem jedoch mit unterschiedlichen »Problemsymbol[en]« Ausdruck geben (Hamburger 1932, 2). Eichner dagegen hält die Parallelen zwischen Mann und der Romantik für »überschätzt« (Eichner 1969, 154). Dem schließt sich auch Huber an, er zeigt jedoch, dass es sich bei ›Romantik‹ dennoch um einen Leitbegriff von Manns Essayistik handelt, anhand dessen immer wieder Fragen der persönlichen und nationalen Identität thematisiert werden (Huber 2003). Konträr zu Eichner hat Kurzke eine Kontinuität zwischen der romantischen Poetik und Manns Werk betont. Die Parallele bestehe darin, dass die Romantiker und Mann »aus dem Verlust einer ursprünglichen Lebenseinheit heraus dichte[n]« (Kurzke 2010, 185 f.), also ›sentimentalische‹ Dichter seien. Kurzke stellt daher auch Bezüge zwischen der romantischen und der Mann'schen Ironie her. In beiden Fällen gehe es darum, mit den Mitteln der Kunst die Sehnsucht nach einer verlorenen Lebenseinheit zu gestalten, aber zugleich eine Formensprache für unhintergehbare Differenzen bereitzustellen: Indem sie die »Gemachtheit der Kunst« ironisch thematisieren, kommunizieren Mann wie die Romantiker ein Bewusstsein von der Unabschließbarkeit ihrer eigenen Sehnsucht nach einer sich immer wieder entziehenden Lebenseinheit (ebd.).

Literatur

Böschenstein, Renate: Eichendorff im Werk Thomas Manns. In: *Aurora. Jahrbuch der Eichendorff-Gesellschaft* 47 (1987), 31–52.
Eichner, Hans: Thomas Mann und die deutsche Romantik. In: Wolfgang Paulsen (Hg.): *Das Nachleben der Romantik in der modernen deutschen Literatur.* Heidelberg 1969, 152–173.
Hamburger, Käte: *Thomas Mann und die Romantik. Eine problemgeschichtliche Studie.* Berlin 1932.
Huber, Marc Oliver: Heimwehlieder und Zukunftsgeist. Romantik und Nation bei Thomas Mann (1914–1925). In: *Weimarer Beiträge* 49 (2003), 553–569.
Kurzke, Hermann: *Thomas Mann. Epoche – Werk – Wirkung.* 4., überarb. u. aktual. Aufl. München 2010.
Lieb, Claudia/Meteling, Arno: E. T. A. Hoffmann und Thomas Mann. Das Vermächtnis des *Don Juan.* In: *E. T. A. Hoffmann Jahrbuch* 11 (2003), 34–59.
Löwe, Matthias: ›Romantik‹ bei Thomas Mann: Leitbegriff, Rezeptionsobjekt, Strukturphänomen. In: Jens Ewen/Tim Lörke/Regine Zeller (Hg.): *Im Schatten des Lindenbaums. Thomas Mann und die Romantik.* Würzburg 2015.
Mayer, Reinhard: *Fremdlinge im eigenen Haus. Clemens Brentano als Vorbild für Adrian Leverkühn und Clemens der Ire in den Romanen »Doktor Faustus« und »Der Erwählte« von Thomas Mann.* New York u. a. 1996.
Wysling, Hans: »Geist und Kunst«. Thomas Manns Notizen zu einem Literatur-Essay. In: Paul Scherrer/Hans Wysling (Hg.): *Quellenkritische Studien zum Werk Thomas Manns.* Bern/München 1967, 123–233.

Matthias Löwe

18 Theater

Obwohl sich in Thomas Manns Theater-Essays (*Lübecker Theater, Versuch über das Theater,* die Selbstäußerungen zu *Fiorenza, Rede über das Theater, Gedenkrede auf Max Reinhardt* etc.) teilweise die poetologisch motivierte These findet, dass ein Literat dem Theater gegenüber zwangsläufig »Befremdung« (GKFA 14.1, 123) empfinden müsse, zeigen diese Texte eine erstaunlich große theatertheoretische wie -praktische Sachkompetenz. Mehr noch, sie belegen, trotz ihrer u. a. an Friedrich Nietzsche geschulten Theater-Schelte, eine emotionale Bindung an diese Kunstform: eine »lebenslange, nie ermüdete, aus jeder Sättigung oder Enttäuschung sich in ursprünglicher Frische wiederherstellende sinnlich-geistige Liebesneigung« (GW X, 285). Mann selbst ging gerade in Lübeck und München regelmäßig ins Theater (Ettinger 1988, 38–45; Eilert 2001, 360), nahm an den so genannten ›Autorenabenden‹ des Münchner Universitätsdozenten Artur Kutscher teil und stand im Münchner »Akademisch-dramatischen Verein« (später: »Neuen Verein«) als Schauspieler auf der Bühne: In einer der ersten deutschen Inszenierungen von Ibsens *Wildente* spielte Mann die Rolle des Großhändlers Werle. Zudem lernte er in diesem Verein Theaterschaffende wie Max Reinhardt kennen, der im Beisein Manns eine »Don Carlos-Parodie« improvisierte (GW X, 492). Thomas Mann las umfassend theatertheoretische Schriften von Lessing und Schiller über Friedrich Theodor Vischer und Richard Wagner bis zu zeitgenössischen Autoren; Theaterkritiken gehörten ebenfalls zu seiner regelmäßigen Lektüre (Detering, GKFA 14.2, 185). Die Thomas-Mann-Forschung konnte zudem nachweisen, welche Vielzahl von Dramentexten Mann rezipierte und für sein eigenes Schreiben ›nutzbar‹ machte: Neben dem Musiktheater Richard Wagners sind hier insbesondere Dramen Shakespeares, Goethes, Schillers und Ibsens als wichtige Prätexte für Manns Werke zu nennen.

Aus seiner Poetik heraus, die den Roman als zeitgemäße, alle Gattungen vereinende Kunstform ansieht und sich generell für eine Ästhetik der Mitte und der »Synthese« (GKFA 14.1, 349) ausspricht, experimentierte Mann zwar mit der Gattung des Dramas (vgl. *Fiorenza*), erweiterte sie aber ebenfalls konsequent zu einer dramatisch-epischen Mischform, einer Art Lese- oder »Buchdrama« (GKFA 14.1, 146). Damit reagierte er u. a. auf die zeitgenössische Theateravantgarde, die sich um eine Ent-Literarisierung des Theaters bemühte sowie bei der Inszenierung den Text als nur ein Zeichensystem neben anderen (Bühnenbild, Kostüme, Klang, Licht etc.) begriff. Mann erprobte im Gegenzug dazu mit *Fiorenza* eine Re-Literarisierung, ja Episierung des Dramas (Bartl 2008, 85–88).

Auch motivisch stellt das Theater eine wichtige Prägung in Manns Werk dar, spielen für die Handlung entscheidende bzw. die Figuren maßgeblich charakterisierende Szenen doch oft während Theater-, zumeist Opernaufführungen (Oper: *Buddenbrooks*, *Der kleine Herr Friedemann*, *Wälsungenblut*, *Der Bajazzo*, *Königliche Hoheit* etc.; Sprechtheater: *Lotte in Weimar*; vgl. Eilert, TMHb, 361). Der Motivkreis ›Theater, Schauspieler‹ eröffnet (zusätzlich zur Auseinandersetzung mit dem Theater und der Oper als Kunstformen) über Aspekte wie Schein/Sein, Hochstapelei, Künstlertum/Dilettantismus erkenntnistheoretische, ethische und poetologische Argumentationen. Darin zeigt sich zudem eine lebenslange, kritische wie konstruktive Auseinandersetzung mit dem Werk Heinrich Manns, das durchgehend von ähnlichen Motiven und Themen geprägt ist.

Noch zu wenig untersucht, aber ertragreich ist in diesem Kontext die Frage nach der Theatralität und Performanz der Prosa Thomas Manns, gerade was deren Szenen- und Figurengestaltung, Choreographie, Dialogizität, Schauplätze (Kulissen/Bühnenaufbau), Lichtführung, onomatopoetischen Klangcharakter, im Ganzen: deren Visualität und Auditivität angeht. Für prägende Einflüsse durch das Musiktheater (insbesondere Wagners) und einzelne Dramatiker des Sprechtheaters (Shakespeare, Ibsen, Hauptmann etc.) liegen bereits Analysen vor, eine umfänglichere, neuere Untersuchung der innovativen Hybridisierung von Theater und Literatur bzw. Drama und Prosa im Gesamtwerk steht aber immer noch aus.

Dass Manns theateraffine, die Gattungsgrenzen verwischende Prosa für Theaterpraktiker durchaus interessant ist, zeigen nicht unbedingt die heute spärlichen Inszenierungen von *Fiorenza*, aber dafür mehrere Bühnenbearbeitungen, die Manns Romane in den vergangenen Jahrzehnten erfuhren. So fand beispielsweise (nach einer ersten Dramatisierung des Romans durch Tadeus Pfeifer; Uraufführung am 12. 12. 1976 am Theater Basel) am 13. 12. 2005 die Premiere von John von Düffels Bühnenfassung der *Buddenbrooks* am Hamburger Thalia Theater statt (Gutjahr 2007, 16 f.).

Literatur

Bartl, Andrea: Auf der Suche nach der ›neuen Bühne‹. Thomas Mann, Artur Kutscher und die Münchner Theateravantgarde. In: *TMJb* 21 (2008), 71–100.

Eilert, Heide: Thomas Mann und das Theater. In: *TMHb*, 358–362.

Ettinger, Albert: *Der Epiker als Theatraliker. Thomas Manns Beziehungen zum Theater in seinem Leben und Werk*. Frankfurt a. M. u. a. 1988.

Gutjahr, Ortrud (Hg.): *Buddenbrooks von und nach Thomas Mann. Generation und Geld in John von Düffels Bühnenfassung und Stephan Kimmigs Inszenierung am Thalia Theater Hamburg*. 2., durchges. Aufl. Würzburg 2007.

Kurzke, Hermann: Warum war Thomas Mann kein Dramatiker? Überlegungen im Umkreis von *Fiorenza*. In: *Zagreber Germanistische Beiträge* 1 (1992), 35–43.

Pütz, Peter: Thomas Manns *Fiorenza* (1905): Ein Drama des 20. Jahrhunderts? In: Hans Dietrich Irmscher/Werner Keller (Hg.): *Drama und Theater im 20. Jahrhundert. Festschrift für Walter Hinck*. Göttingen 1983, 41–49.

Tiedemann, Rüdiger von: »Ein minder triviales Dasein«: Opernbesuche bei Thomas Mann. In: Kirsten von Hagen/Martina Grempler (Hg.): *Opernwelten. Oper – Raum – Medien. Festschrift für Franz-Josef Albersmeier*. Berlin 2012, 53–66.

Andrea Bartl

19 Tiefenpsychologie und Psychoanalyse

Als ›Tiefenpsychologie‹ werden die drei systematisch angelegten Seelenmodelle der Psychoanalyse (Freud), der Analytischen Psychologie (Jung) und der Individualpsychologie (Adler) verstanden. Sie haben ihre medizinischen Vorläufer im Mesmerismus des späten 18. Jahrhunderts, im Hypnotismus Jean-Martin Charcots und Hippolyte Bernheims und vor allem in der dynamischen Psychologie Pierre Janets. In dieses unmittelbare Vorfeld der systematischen Tiefenpsychologie gehören auch die zwei für Thomas Mann grundlegenden Philosophen: der empiriebewusste Schopenhauer (der in der Berliner Charité psychiatrische Studien trieb) und Nietzsche, der sich gut in der französischen medizinisch-psychiatrischen Literatur auskannte. Allen gemeinsam ist die Annahme eines unbewussten Seelenlebens, was als das Hauptkriterium für tiefenpsychologische Konzepte und deren Vorläufer gelten muss. Zusammen bilden sie wesentliche Mentalitätszüge der Moderne ab und stehen in deren wirtschaftlichen, industriellen und gesellschaftlichen Zusammenhängen. Manns Werk spiegelt diesen Sachverhalt. Es unterhält nicht nur Beziehungen zur Psychoanalyse und zur Analytischen Psychologie, sondern auch zu deren eigenständigen Vorläufern und Abtrünnigen: In der medizinischen Motivschicht sind *Buddenbrooks* ein zeitgenössischer ›Nervenroman‹ und erzählen das Krankheitsmuster der Neurasthenie durch; *Königliche Hoheit* bietet mit der verkrüppelten Hand des Prinzen Klaus Heinrich eine genaue Entsprechung zu Alfred Adlers Theorie der »Organminderwertigkeit« (1907); das Okkultismus-Kapitel des *Zauberberg* stützt sich auf die Lehre des Parapsychologen Schrenck-Notzing und reproduziert damit Grundzüge des Hypnotismus und Somnambulismus des 19. Jahrhunderts; und schließlich ruft *Mario und der Zauberer* noch einmal das Verfahren der hypnotischen Suggestion auf, das Mann seit 1897 kannte – damals als »Therapie« der Homosexualität, der sich sein Freund Grautoff unterzog.

Umfassendere Beziehungen bestanden zu den großen tiefenpsychologischen Systemen Freuds und Jungs: Der direkte Einfluss der klassischen Psychoanalyse setzt 1911/12 zum *Tod in Venedig* ein, ist im *Zauberberg* besonders deutlich, politisiert sich in den beiden Freud-Reden von 1929 und 1936 gegen den Nationalsozialismus und hat – mit *Totem und Tabu* – bedeutenden Anteil an der fingierten Theorie eines archaischen Bewusstseins im Josephsroman.

Zum *Tod in Venedig* studiert Mann 1911 Freuds Aufsatz *Der Wahn und die Träume in W. Jensens »Gradiva«* (1907), in dem das Konzept der Wiederkehr verdrängter Gefühlsansprüche an einer zeitgenössischen Novelle demonstriert wird. Damit werden auch Grundzüge der Psychoanalyse vermittelt. Auf dieser Verstehensbasis rezipiert Mann dann kursorisch den – schon nicht mehr zu übersehenden – Auftritt der Psychoanalyse in der Öffentlichkeit, etwa Freuds Studie *Zeitgemäßes über Krieg und Tod* von 1915. Zum *Zauberberg*- Kapitel »Analyse« zieht er um 1915 dann intensiv die *Drei Abhandlungen zur Sexualtheorie* (1905) heran, die über die Trieblehre und sexuelle Abirrungen informieren.

Die erste systematische – auch die Metapsychologie und Anthropologie erfassende – Lektüre Freuds erfolgte erst 1925 anhand der Gesamtausgabe von 1924. Der Blickwinkel ist dabei durch Schopenhauers Willensmetaphysik und Nietzsches Kulturpsychologie voreingestellt – die Psychoanalyse wird von Mann bei der Lektüre immer wieder an diese fundamentalen Orientierungen assimiliert und erscheint ihm offenbar als deren naturwissenschaftliche Artikulation: Die Rede über *Freuds Stellung in der modernen Geistesgeschichte* von 1929 ist dafür ein deutlicher Beleg: die Psychoanalyse sei »Naturwissenschaft gewordene Romantik« (Ess III, 170 f.). Die therapeutische Praxis und Freuds berühmte Fallgeschichten übergeht Mann 1925 weitgehend, hierzu weiß er prinzipiell genug.

Sehr eindringlich jedoch liest er die epochale Studie *Zur Einführung des Narzissmus* (1914). Freud konzipiert hier einen Zustand der libidinösen Selbstbesetzung des Kleinkindes, das heißt, er unterscheidet erstmals zwischen einer primären Selbst- und einer nach außen gewandten Objektliebe. In den Blick gerät vor allem die komplizierte Herausbildung des Ich: Die Notwendigkeit von Objektbeziehungen dafür wird angedacht und damit das Gewicht der Trieblehre für die Ich-Entwicklung wesentlich vermindert. Für Freud sind diese Erkenntnisse ein Wendepunkt hin zu seinem zweiten Seelenmodell (*Zweite Topik* von 1923). Doch auch für die Gesamtentwicklung der Psychoanalyse bis heute ist Freuds Einführung des Narzissmus entscheidend gewesen. Hier setzen die produktiven Abweichler wie Heinz Hartmann mit der Ich-Psychologie (1937) und später Heinz Kohut mit der Narzissmustheorie (1971) an. Vor allem Kohut geht es dann – etwa im Fall der Homosexualität – nicht primär um das Triebschicksal, sondern um die Persönlichkeitsstruktur (das *Selbst*) des an einem »gestörten Narzissmus« Leidenden.

Thomas Manns Lektürespuren zu Freuds genannter Studie zeugen von identifikatorischem Lesen – hier konnte er narzisstische Grundzüge des eigenen Lebens und Schreibens wiedererkennen. Tatsächlich hat Mann – durch Introspektion – in seinem Werk völlig eigenständig die abweichende narzisstische Entwicklungslinie der Psychoanalyse ausgebildet, wie sie deren klassischer Theorie noch heute widerspricht (Wysling 1982). Das ist von besonderem Interesse für die Mentalitätsgeschichte der Moderne, für die ›Narzissmus‹ eine psychologisch-soziologische Leitmetapher darstellt.

Die Beziehung Manns zu C. G. Jungs *Analytischer Psychologie* ist im Wesentlichen indirekt über Schopenhauer vermittelt – so entspricht beispielsweise das zeitlose, überindividuelle *Kollektive Unbewusste* Jungs dem metaphysischen *Willen* Schopenhauers, und beide kommen unter in Manns Idee von der »Allgegenwart der Seele« (GW IV, 53). Einer systematischen Rezeption Jungs durch Lektüre verdanken sich solche Entsprechungen selten (mentalitätsgeschichtlich muss man sie natürlich ernst nehmen). Bis zum Josephsroman nimmt Mann auch wenig Notiz von Jungs Seelenmodell – doch zwangsläufig kommt er ihm manchmal so nahe wie im Schneetraum des *Zauberberg*, wenn der aus der Zeit gefallene Hans Castorp von einer archetypischen Antike träumt: »Hans Castorp hatte das nie gesehen, nichts dergleichen. [...] Dennoch *erinnerte* er sich« (GW III, 678).

Während der *Joseph*-Zeit ergeben sich (begrenzt) direkte, inhaltliche Beziehungen zu Jung über den ungarischen Mythologen Karl Kerényi. Mann erfährt aus dessen Studie *Das göttliche Kind* (1941), dass seine »Lieblingsgottheit« Hermes zwiegeschlechtlich angelegt sei und gerade dies Voraussetzung für den Selbstwerdungsprozess des Menschen sei. Hier wurde ihm von Jung ein biographisch-künstlerisches Motiv bestätigt – *Androgynie, Bisexualität* –, das seit dem *Tod in Venedig* eine zentrale Rolle spielte.

Für Mann war die Psychoanalyse »schicksalsbestätigend«. Mit ihr hat er vor allem sein Lebensthema Sexualität besser verstanden und schließt sie deshalb auch an seine primären Denkstrukturen an, wobei es dann im Werk zu erstaunlichen Konstruktionen kommt. An einem Beispiel soll diese produktive Rezeption deutlich und konkret werden.

Die Hinwendung zu Freud hat 1911 existentielle Gründe: Die in Venedig wieder sehr aktuell gewordene Homosexualität wollte »bearbeitet« werden – das gelang mit Freuds Konzept der »Wiederkehr des Verdrängten«. Der Text des *Tod in Venedig* hat deshalb eine psychodynamische Grundbewegung: ein von außen (wieder) Eindringen bedrohlicher Mächte (Cholera, Dionysoszug, Wanderer, Kriegsgefahr). Der manifest homosexuell ›gewordene‹ Aschenbach ergibt sich ihnen und geht unter.

Als – ab 1913 – der *Zauberberg* geplant wird, ist der Psychoanalytiker Krokowski von Anfang an dabei. Tatsächlich soll noch einmal die ›Wiederkehr des Verdrängten‹ durchgespielt werden, aber mit glücklicherem Ausgang. Dazu geht Mann erst einmal in die eigene biographische Tiefe – auf den Lübecker Schulhof und zu seiner Jugendliebe Willri Timpe, aus denen er einen Urtypus formt. ›Oben‹, auf dem Zauberberg, soll er wiederkehren, doch mit verändertem Geschlecht – aus dem Schuljungen Hippe wird das Schulmädchen Clawdia (in der realbiographischen Abfolge Willri Timpe-Katia Mann). Die »Wiederkehr des Verdrängten« wird korrekt nach den psychoanalytischen Regeln durcherzählt. Hans Castorp wird unbewusst vom Schulmädchenhaften Clawdia Chauchats angezogen, bis er endlich darauf kommt, warum: Sie ist Hippe ähnlich. Er hat sie »schon gekannt«, und deshalb hat er sie jetzt nicht kennengelernt, sondern »wiedererkannt« (GKFA 5.1, 1095). Zu dieser Einsicht verhelfen ihm auch seine psychoanalytisch versierten Träume, in denen Raum und Zeit vor dem Unbewussten hinfällig werden: Clawdia befindet sich plötzlich auf dem Schulhof seiner Kindheit und hat Hippe ersetzt.

Bis hierher folgt das klassischen Überlegungen Freuds (wie sie Mann ja für Dr. Krokowskis Vorträge in den *Drei Abhandlungen* studiert hatte): Ausgerüstet mit einer ursprünglichen Bisexualität verdrängt der Mensch nach der Pubertät sein eigenes ›Gegengeschlecht‹ ins Unbewusste – es kann aber wieder heraufsteigen. Eine hinreichende Erklärung dafür kann Freud nicht geben. Aber Hans Castorp kommt sie ahnungsweise. Als ihm Hippe im Traum erschienen war, wundert er sich: »Wie merkwürdig ähnlich er ihr sah, – dieser hier oben! Darum also interessiere ich mich so für sie? Oder vielleicht auch: habe ich mich darum so für *ihn* interessiert? Unsinn! Ein schöner Unsinn« (GKFA 5.1, 189). Wie aber kann Castorp sich für den Früheren *deshalb* interessiert haben, weil er der Späteren ähnlich sieht? Solch *schöner Unsinn* wird sinnvoll durch Schopenhauers Metaphysik – mit dessen Auffassung der platonischen Idee als überzeitliches Urmuster. Diese überzeitliche Idee von der Liebe und ihrem Objekt – blaugraugrüne Augen soll es haben und hohe Wangenknochen – hat sich einmal metaphysisch hergestellt und vollzieht sich nun immer wieder von Neuem im Leben. Madame Houpflé (mit dem kleinen dunklen Bärtchen auf der Oberlippe) erläutert das später dem Felix Krull: »Willst du glauben, Geliebter, dass ich nur dich, immer nur dich geliebt habe, seit ich empfinde? Will sagen, natürlich nicht dich, doch die Idee von dir [...]?« (GKFA 12.1, 206) Das Tagebuch verrät, dass Mann hier in eigener Sache spricht (Tb 11.7.1950, Tb 6.3. u. 22.3.–2.4.1951): Das zeitlose Urmuster des erotischen Begehrens existiert *vor* seinen Objekten – der ›Gattung‹ der ihm entsprechenden Jünglinge im Falle Felix Krulls. Im Falle Hans Castorps liegt es der Bisexualität voraus und realisiert sich einmal bei Hippe, dann bei Clawdia. Das ist keine psychoanalytische Klärung des Geheimnisses der Sexualität mehr, sondern Schopenhauers Metaphysik. Es zeigt das Verhältnis der beiden: Schopenhauer bleibt Grundorientierung, die Psychoanalyse deren zeitgemäße Umsetzung.

Literatur

Böhm, Karl Werner: *Zwischen Selbstzucht und Verlangen. Thomas Mann und das Stigma Homosexualität. Untersuchungen zu Frühwerk und Jugend.* Würzburg 1991.

Dierks, Manfred: *Mythos und Psychologie bei Thomas Mann* [1972]. Frankfurt a. M. ²2003 (=*TMS* 2).

Dierks, Manfred: Der Wahn und die Träume im *Tod in Venedig.* Thomas Manns folgenreiche Freud-Lektüre im Jahr 1911. In: *Psyche* 44 (1990), 1–23.

Dierks, Manfred: Thomas Mann und die Tiefenpsychologie. In: *TMHb*, 284–300.

Dierks, Manfred: *Thomas Manns Geisterbaron.* Gießen 2012.

Finck, Jean: *Thomas Mann und die Psychoanalyse.* Paris 1973.

Gutjahr, Ortrud (Hg.): *Thomas Mann.* Würzburg 2012.

Max, Katrin: *Niedergangsdiagnostik. Zur Funktion von Krankheitsmotiven in »Buddenbrooks«.* Frankfurt a. M. 2008 (= *TMS* 40).

Sprecher, Thomas (Hg.): *Das Unbewusste in Zürich. Literatur und Psychologie um 1900.* Zürich 2000.

Wünsch, Marianne: Okkultismus im Kontext von Thomas Manns *Zauberberg.* In: *TMJb* 24 (2011), 85–103.

Wysling, Hans: *Narzißmus und illusionäre Existenzform. Zu den Bekenntnissen des Hochstaplers Felix Krull.* Bern/München 1982 (= *TMS* 5).

Manfred Dierks

20 Weimarer Klassik

›Weimarer Klassik‹ als harmonisch-spannungsloses, in sich homogenes Phänomen, als Ideologie oder in sich geschlossene Ideenwelt gab es für Thomas Mann nicht; er hat den Begriff ›Klassiker‹ ohnehin gemieden, weil der mit der »Vorstellung langweiliger Würde« verbunden zu sein pflege, das ›Klassische‹ mit trockener, abstrakter und blutloser »Schulgerechtheit und Mustergültigkeit« (GW IX, 229). Vorbildlich sei das Klassische nicht als das »allgemein Vorbildliche«, sondern nur als »anfängliche Gründung einer geistigen Lebensform durch das Lebendig-Individuelle«, in der sich späteres Leben wiedererkennen und in dessen Fußstapfen es wandeln könne. Als Klassiker in diesem Sinne hat er vor allem Lessing gewürdigt; Lessing war für ihn »der Klassiker des dichterischen Verstandes« (GW IX, 232). Aber auch die ›Weimarer Klassik‹ war für ihn nicht »im Sinne leerer Musterhaftigkeit« zu verstehen, sondern persönlichkeitsbezogen; sein im Grunde antithetisches Denken verstand ›Weimarer Klassik‹ als ein Gegenüber und zugleich Miteinander von Goethe und Schiller, wie sich das am deutlichsten in *Goethe und Tolstoi* von 1921/25 zeigt: das ›Gesunde‹ bei Goethe und Tolstoi im Gegensatz zu Schiller und Dostojewski, die »kranke Menschen waren« (GKFA 15.1, 832). ›Weimarer Klassik‹ aber waren beide; er hat in seinem *Versuch über Schiller* zustimmend Goethes Satz zitiert: »Man wird uns [...] verschieden spezifizieren, aber unsere Arten einander nicht unterordnen, sondern unter einem höheren idealistischen Gattungsbegriffe einander koordinieren« (GW IX, 946). Allein auf die Persönlichkeiten Goethes und Schillers bezogen aber wollte er ›Weimarer Klassik‹ auch nicht sehen; sie war für ihn zugleich das Gegen- und Miteinander von ›Naivem‹ und ›Sentimentalischem‹, von Leben und Geist, von Natur und Kunst, von Realismus und Idealismus, von Objektivem und Subjektivem. Das waren nicht kontradiktorische Positionen; er forderte, sie »als identisch« zu begreifen (GKFA 15.1, 834). Ein wichtiges Dokument der Klassik ist für ihn in diesem Sinne Schillers Abhandlung *Über naive und sentimentalische Dichtung*; er hat sie als »klassischen Essay der Deutschen« bezeichnet, »der eigentlich alle übrigen überflüssig macht, da er sie in sich enthält« (ebd., 968). Ähnlich hat er Goethes *Wahlverwandtschaften* als »höchste Dichtung in ihrer Einheit von Gestalt und Gedanke« gerühmt (ebd., 977), fand dort »Naturvergeistigung« und Goethe als »im Bund gleichermaßen mit beiden Mächten, Natur und Geist«.

Es war, wie es in *Goethe und Tolstoi* einmal heißt, »die Seinswirklichkeit« Goethes und Schillers, die ihn an der Weimarer Klassik fesselte, und deren »Seinswirklichkeit« (GKFA 15.1, 848) ist das, was er in seinen Essays über Goethe und Schiller zu vermitteln suchte. Goethe ist für ihn ein »Fürst des Lebens«, mehr noch: »der höchste Repräsentant europäischer Kultur, Gesittung und Menschlichkeit« (ebd., 828), der Inbegriff »vollendeter Humanität« (ebd., 936); Schiller, etwas weniger gewürdigt, verkörpert zunächst eher die dunkle Seite der Klassik, das angestrengte Bemühen, die von ihm erlebten Widersprüche von Leben und Denken dennoch zur Synthese zu bringen. Von der Weimarer Lebenswirklichkeit Goethes und Schillers erfahren wir im essayistischen Werk nur wenig, um so mehr von ihrer fiktiven in erzählerischen Werken; der weitaus größere Teil davon gilt bezeichnenderweise mit *Lotte in Weimar* Goethe, nicht Schiller.

Thomas Mann hat Goethe (und Schiller) von Anfang an nicht in ihrer Andersartigkeit gesehen, sondern aus seiner persönlichen Nähe zu ihnen. Seine Bemühung um Goethe hatte schon 1897 mit der Lektüre der Eckermann'schen *Gespräche mit Goethe* eingesetzt; sie erreichte im *Goethe und Tolstoi*-Essay und in den Goethereden des Jahres 1932 (*Goethe als Repräsentant des bürgerlichen Zeitalters*; *Goethes Laufbahn als Schriftsteller*) ihren Höhepunkt. Die Goethewürdigungen liefen über diese in Goethe hineingesehene Gemeinsamkeit der geistigen Lebensformen und des Weltverständnisses. Das Hineindenken in Schiller dokumentierte sich bereits 1903 in *Tonio Kröger* und 1905 in der *Schweren Stunde*, am deutlichsten aber wohl in der späten Schiller-Rede von 1955. Das bedeutete beidemal »ein In-Spuren-Gehen«, das »Leben als Nachfolge«, ja als »Identifikation«, wie Thomas Mann das (auch) in seinem Essay *Freud und die Zukunft* beschrieben hat (GW IX, 492). Damit hat er die Distanz zu den beiden großen Vertretern der ›Weimarer Klassik‹ im eigentlichen Wortsinn überspielt, hat die Differenzen zwischen seiner Welt und der Welt Weimars nicht gesehen – und wohl auch nicht sehen wollen. Das wird besonders dort deutlich, wo er über Goethes ›Bürgerlichkeit‹ spricht – nicht Weimar, sondern Goethes Frankfurter Haus vermittelt ihm »Nachfolge«, die Treppen und Zimmer des Goethehauses waren ihm »nach Stil, Stimmung, Atmosphäre urbekannt« (GW IX, 297). Goethes »bürgerliche Ordnungsliebe«, die »Sorglichkeit » in seiner »Zeitökonomie«, sein Fleiß, seine am Ende religiös-protestantisch begründete »bürgerliche Ethik«: das war für ihn der klassische Goethe, Goethe als Weimaraner, der sein Frankfurt nie verleugnen konnte. Eigentlich ein geheimes Selbstporträt, ausgemalte »Nachfolge«. Eine solche direkte Nachfolge gab es bei Schiller nicht. Aber der erscheint dem späten Thomas Mann mit seinem »Willen zum Schönen, Wahren und Guten, zur Gesittung, zur inneren Freiheit« ebenfalls als Bewahrer und Verkünder des »rein Menschlichen« (GW IX, 951, 948). Darin waren beide, Goethe und Schiller, nichts weniger als ›Weltbürger‹, so wie er sich selbst als einen solchen verstand, und Klassik ein zeitloses Weltbürgertum, nicht an Weimar gebunden.

Über die Bedeutung Goethes für Thomas Mann hat nie Zweifel geherrscht; die gründlichste Studie zur »Nachfolge« stammt von Wysling (1978; vgl. auch Siefken 1981). Über Thomas Manns Interpretation Goethes als Verkörperung der humanistischen Tradition und seiner »humorvollen Zuneigung zum bildungsbürgerlichen Leser« handelt die große Studie von Lehnert und Wessel (1991). Kritischer sieht Reed die Beziehung Manns zu Goethe und den damit verbundenen Kunstfragen: »Hatten zugespitzte Weltkrise und Exil nicht genügt, Thomas Mann von seiner lebenslangen, oft solipsistisch anmutenden Beschäftigung mit Kunst- und Künstlerfragen abzubringen?« (Reed, TMHb, 135). Auf Veränderungen im Goethe-Bild Thomas Manns macht Marx (1997) aufmerksam: In den dreißiger Jahren wird Goethe geradezu zu einer religiösen Heilsgestalt, vom ›Originalgenie‹ zum mythischen Charakter. Schiller hat eine solche Würdigung erst im *Versuch über Schiller* erfahren; Thomas Mann hat allerdings auch gestanden, dass ihm zu diesem dort porträtierten Schiller nur wenig Neues eingefallen sei (DüD III, 552); auch Sandberg hat 1964 in seiner immer noch maßgeblichen Schiller-Studie darauf aufmerksam gemacht, dass Thomas Mann für seinen Schiller-Essay eigentlich keine originäre Idee gehabt habe; Koopmann hat 1999 auf lebenslange Missverständnisse hingewiesen. Eine eigene große Studie über die Beziehung Thomas Manns zur ›Weimarer Klassik‹ fehlt bislang.

Literatur

Koopmann, Helmut: Thomas Manns Schiller-Bilder – lebenslange Mißverständnisse?. In: *TMJb* 12 (1999), 113–131.

Lehnert, Herbert/Wessel, Eva: *Nihilismus der Menschenfreundlichkeit. Thomas Manns »Wandlung« und sein Essay »Goethe und Tolstoi«*. Frankfurt a. M. 1991 (= *TMS* 9).

Marx, Friedhelm: Die Menschwerdung des Göttlichen. Thomas Manns Goethe-Bild in *Lotte in Weimar*. In: *TMJb* 10 (1997), 113–132.
Reed, Terence J.: Thomas Mann und die literarische Tradition. In: *TMHb*, 95–136.
Sandberg, Hans-Joachim: *Thomas Manns Schiller-Studien. Eine quellenkritische Untersuchung*. Oslo/Bergen/Tromsö 1964.
Siefken, Hinrich: *Thomas Mann. Goethe – »Ideal der Deutschheit«. Wiederholte Spiegelungen 1893–1949*. München 1981.
Wysling, Hans: Thomas Manns Goethe-Nachfolge. In: *Jahrbuch des Freien Deutschen Hochstifts* 1978, 498–551.

Helmut Koopmann

IV. Konzeptionen: Denkfiguren, Schreibweisen, Motive

1 Ambiguität und Doppelte Optik

In einem nachgelassenen Fragment aus dem Herbst 1887 (KSA 12, 436), auf das Thomas Mann an mehreren Stellen seines Werks implizit oder explizit Bezug nimmt, hält Friedrich Nietzsche zwei Gruppen von Kunstrezipienten fest, die in der Epoche der *décadence* mit unterschiedlichen Erwartungen und Bedürfnissen an die Kunst herantreten: hier das breite »Publikum«, das dem demagogisch eingestellten Künstler den »Massen-Erfolg« (KSA 6, 37) einbringen kann – dort das elitäre »Coenakel« der eingeweihten Kunstkenner, deren Gunst der moderne Künstler durch die vollkommene Beherrschung seines Handwerks zu erobern sucht. »[I]m ersten« – so Nietzsche – »*muß* man heute Charlatan sein; im zweiten *will* man Virtuose sein und nichts weiter!«. Die ›größten‹ Künstler der *décadence* seien gerade diejenigen, die sowohl das »Publikum« als auch das »Coenakel« gleichzeitig zufriedenzustellen wissen, indem sie »große Charlatanerie« und »ächte[s] *Virtuosenthum*« miteinander verbinden – ja, indem sie in der Lage sind, im Prozess künstlerischen Schaffens eine »wechselnde Optik« einzunehmen, »bald in Hinsicht auf die gröbsten Bedürfnisse, bald in Hinsicht auf die raffinirtesten«. Im Grunde stellt die »wechselnde Optik« für Nietzsche einen strategischen Kunstgriff dar, mit dem die ›größten‹ Künstler der *décadence* – aus »*Mangel an Größe*« (KSA 12, 436) – ihre Publikumswirksamkeit bedingen und bezwingen.

Nietzsches nachgelassene Betrachtungen zur »wechselnde[n] Optik« treffen einen freiliegenden Nerv des modernen Kunstbetriebs, indem sie die heikle Frage nach dem wechselseitigen Verhältnis von Kunstproduktion und Kunstrezeption aufwerfen. Die Rolle, die diese Frage bei Mann (dem Schriftsteller mit dem »großen Riecher für [...] das Publikumswirksame«: Sprecher 2009, 45) gespielt hat, ist kaum zu überschätzen – und dies auch deutlich über sein Frühwerk hinaus.

Viele Protagonisten in Manns frühen Erzählungen (man denke an den *Bajazzo* oder an Detlev Spinell) sind vereinsamte Dilettanten, die sich durch künstlerische Publikumswirksamkeit nicht zuletzt soziale Revanche versprechen (Panizzo 2007). Doch auch der anerkannte Schriftsteller Gustav von Aschenbach, der Protagonist der Venedig-Novelle, kennt sich offensichtlich gut in Sachen der ›wechselnden Optik‹ aus – der Wink des Erzählers ist dabei unmissverständlich: »[S]ein Talent [war] geschaffen, den Glauben des breiten Publikums und die bewundernde, fordernde Teilnahme der Wählerischen zugleich zu gewinnen« (GKFA 2.1, 509). Expliziten Bezug auf Nietzsches »wechselnde Optik« nimmt Thomas Mann in einem Brief vom 1. 4. 1910 an Hermann Hesse, der die demagogischen »Antreibereien des Publikums« in seiner Besprechung von *Königliche Hoheit* kritisiert hatte. In seiner Replik bringt Mann das ihm vorgeworfene Liebäugeln mit dem Publikum in der Nachfolge Nietzsches mit seinem »langen, leidenschaftlich-kritischen Enthusiasmus für die Kunst Richard Wagners« in Verbindung – dieser »ebenso exklusive[n] wie demagogische[n] Kunst«, wie er sie nennt, die sein »Ideal« und seine »Bedürfnisse vielleicht auf immer beeinflusst, um nicht zu sagen: korrumpiert hat« (GKFA 21, 448). Denn lediglich mit einer »Coenakel-Wirkung« sei es schließlich in seiner Kunst nicht getan: »*Mich verlangt auch nach den Dummen*« (ebd.), erklärt der Schriftsteller unverblümt in seinem Brief an Hesse.

Spätestens an dieser Stelle wird bei Thomas Mann eine Ambivalenz in Bezug auf Wagners Kunst deutlich, die der Schriftsteller nie endgültig gelöst hat: Einerseits ist sich Mann darüber im Klaren, dass Nietzsches Formel der »wechselnde[n] Optik« das Stigma der *décadence* anhaftet und dass sie die Verschlagenheit jener sowohl exklusiven als auch demagogischen Wirkungsmittel offen an den Pranger stellt, auf die der moderne Künstler aus »*Mangel an Größe*« systematisch rekurriert; andererseits gibt er allerdings offen zu, nicht bereit zu sein, im Kampf um den »Massen-Erfolg« auf die Wirkungsmacht jener als anrüchig-demagogisch stigmatisierten Mittel Verzicht zu leisten.

Die Ambivalenz dieser Haltung ist im Grunde an jeder weiteren Stelle im Gegenlicht zu erkennen, da Mann auf Nietzsches »wechselnde Optik« (die er allerdings außer im zitierten Brief an Hesse sonst eine »doppelte« oder auch eine »zweifache Optik« nennt) und auf das demagogische Wirkungspotential von Wagners Kunst zu sprechen kommt – sei dies mit eher tadelndem Gestus, wie im Notizenkonvolut zum Essay *Geist und Kunst* (vgl. die Notizen 10, 43, 45, 119 in Wysling 1967, 157, 172, 173f. und 216) oder doch mildernd und verteidigend, wie in den *Betrachtungen eines Unpolitischen* (GKFA 13.1, 116–122). Hier – wo übrigens Manns ausführlichste Auseinandersetzung mit Nietzsches »wechselnde[r] Optik« stattfindet – zeigt sich, dass Thomas Mann wohl das von Nietzsche aufgedeckte Moment des Demagogischen in Wagners Kunst akzeptiert. Was er dabei bestreitet, ist der Vorwurf des Kalkulierten im Einsatz künstlerischer Wirkungsmittel (jene »Art von Schläue«, die Nietzsche »an Wagners Kunst degoutierte« – wie es noch im *Versuch über Schiller* von 1955 heißen wird; Ess VI, 340), indem er Wagners Geltungs- und Wirkungssucht »ins Psychologische *zurück*übersetzt« (die Formulierung in *Verkannte Dichter unter uns?* von 1926: GKFA 15.1, 1107). Denn entgegen Nietzsches Analyse sei Wagners Geltungsdrang – wie man in den *Betrachtungen* liest – als ein spontan-unschuldiger »Instinkt« (GKFA 13.1, 119f.) aufzufassen, er stelle ein »aus Bedürfnis entsprungene[s] Vermögen[]« dar (ebd.). Ähnlich wird Mann außerdem in *Leiden und Größe Richard Wagners* (1933) (Ess IV, 50f.) und *Zu Wagners Verteidigung* (1939) (Ess V, 77) argumentieren.

Seit den Ausführungen von Koopmann (1962) und Lämmert (1970) wurde in der Forschung immer wieder auf die Bedeutung hingewiesen, die Nietzsches Betrachtungen zur »wechselnde[n] Optik« des modernen Künstlers in der Auseinandersetzung mit Manns Werk und Wirkung einnehmen. Dabei ist ein Zweifaches hervorzuheben: Zum einen, dass die »doppelte Optik« und die damit verbundene interpretatorische ›Ambiguität‹ der Figuren und Motive in Manns Werken (je nachdem, ob die ›naiv-realistische‹ oder doch die ›symbolische‹ Bedeutungsebene in Betracht gezogen wird) in der Forschung irrtümlicherweise (wie auch Klugkist 2000, 454 und Neumann 2001, 52f. hervorheben) immer wieder mit dem erkenntniskritischen ›Perspektivismus‹ der Moderne und mit Manns ›Ironie‹ in Zusammenhang gebracht wurde: »Die Kunst als Ganzes« bewege sich – so bereits Koopmann (1962, 36) – »im Raum der doppelten Optik«; »die doppelte Optik bewahr[e] die Kunst von einem einseitigen Engagement« (ebd.); »Ironie« sei gar »angewandte doppelte Optik« (ebd.). Zum anderen, dass gerade die Ambivalenz und das Ungelöste in Manns Wagner-Verehrung, die sich in den Auslassungen des Schriftstellers zum Thema der »doppelten Optik« deutlich widerspiegeln, in der Forschungsliteratur oft stillschweigend in den Hintergrund gedrängt wurden. In seinem Überblick über das »Zusammenwirken der Einflüsse Wagners, Nietzsches und Schopenhauers als Grundlegung der Ästhetik Thomas Manns«, der auch alle Eckpunkte zum Thema der »doppelten Optik« treffend zusammenfasst, betont Kurzke (2010, 117–122) zu Recht, dass Mann aus Nietzsches Wagner-Kritik nicht zuletzt die »Bewußtheit des Gebrauchs artistischer Mittel zur Erreichung bestimmter Wirkungen« gelernt hat (ebd., 118). Dabei ist deutlich hervorzuheben, dass der »Rezeptur« (ebd.), die Thomas Mann aus Nietzsches »Kritik macht« (ebd.), stets etwas Anrüchiges anhaftet, so wie Manns »Wagner-Verehrung« stets eine »Liebe mit schlechtem Gewissen« (ebd.) blieb. Die »doppelte Optik« und deren programmatische ›Ambiguität‹ bloß als »Kompositionstechnik« oder »Grundstruktur der Texte Thomas Manns« aufzufassen (Rickes 2006, 17) – noch mehr: sie als Manns »Schreibprinzip« (Wißkirchen 2009, 300) oder »leitendes Kunstprinzip« (Wißkirchen 2003, 7) zu betrachten, mag daher allzu schnell den Eindruck erwecken, die Frage der ›doppelten Optik‹ hätte im Endeffekt lediglich mit einem besonderen Erzählverfahren oder gar mit den ›fürsorglichen Bemühungen‹ eines Autors um »seine verschiedenen Leser« zu tun (vgl. bereits Lämmert 1970, 70). In Bezug auf die schwergewichtigen Implikationen von Nietzsches Fragment vor dem Hintergrund des modernen Kunstbetriebs und in Anbetracht der Brisanz, welche die Frage nach der demagogischen Einstellung des modernen Künstlers nicht zuletzt in der Auseinandersetzung mit Manns *politischem* (Selbst)-verständnis von der Jahrhundertwende bis in die zweite Nachkriegszeit hinein besitzt, mag vor dem beschriebenen Hintergrund festgehalten werden, dass das Thema der ›doppelten Optik‹ noch Freiräume für fruchtbare literaturwissenschaftliche Auseinandersetzungen anhand von Thomas Manns Werk bietet.

Literatur

Klugkist, Thomas: *Sehnsuchtskosmogonie. Thomas Manns »Doktor Faustus« im Umkreis seiner Schopenhauer-, Nietzsche- und Wagner-Rezeption*. Würzburg 2000.

Koopmann, Helmut: *Die Entwicklung des »intellektualen Romans« bei Thomas Mann. Untersuchungen zur Struktur von »Buddenbrooks«, »Königliche Hoheit« und »Der Zauberberg«*. Bonn 1962.

Kurzke, Hermann: *Thomas Mann. Epoche – Werk – Wirkung*. 4., überarb. und aktual. Aufl. München 2010.

Lämmert, Eberhard: Doppelte Optik. Über die Erzählkunst des frühen Thomas Mann. In: Karl Rüdinger (Hg.): *Literatur, Sprache, Gesellschaft*. München 1970, 50–72.
Neumann, Michael: *Thomas Mann. Romane*. Berlin 2001.
Panizzo, Paolo: *Ästhetizismus und Demagogie. Der Dilettant in Thomas Manns Frühwerk*. Würzburg 2007.
Rickes, Joachim: *Die Romankunst des jungen Thomas Mann*. Würzburg 2006.
Sprecher, Thomas: Strategien der Ruhmesverwaltung. Skizzen zu Thesen. In: Michael Ansel/Hans-Edwin Friedrich/Gerhard Lauer (Hg.): *Die Erfindung des Schriftstellers Thomas Mann*. Berlin/New York 2009, 37–46.
Wißkirchen, Hans: Sein und Meinen. Zur stabilisierenden Funktion eines Gegensatzpaares in den Jahren 1922 und 1933. In: Michael Ansel/Hans-Edwin Friedrich/Gerhard Lauer (Hg.): *Die Erfindung des Schriftstellers Thomas Mann*. Berlin/New York 2009, 299–315.
Wißkirchen, Hans: 100 Jahre *Tonio Kröger* – oder: Sieben Gründe, warum wir Thomas Manns Novelle noch heute lesen. In: Walter Mayr/Hans Wißkirchen (Hg.): *Thomas Manns »Tonio Kröger«. Wege einer Annäherung*. Heide 2003, 7–27.
Wysling Hans: »Geist und Kunst«. Thomas Manns Notizen zu einem Literatur-Essay. In: Paul Scherrer/Hans Wysling (Hg.): *Quellenkritische Studien zum Werk Thomas Manns*. Bern/München 1967, 123–233.

Paolo Panizzo

2 Apollinisch/Dionysisch

Thomas Manns Beschäftigung mit der Philosophie Nietzsches lässt sich auf das Jahr 1894/95 zurückverfolgen, aber wann er *Die Geburt der Tragödie* zum ersten Mal in der Hand gehabt hat, lässt sich nicht exakt feststellen. Einen *terminus ante quem* stellt das Jahr 1896 insofern dar, als die Arbeit an *Der kleine Herr Friedemann* in diesem Jahr abgeschlossen war und diese Erzählung ohne gründliche Kenntnisse der Tragödienschrift kaum denkbar ist. Sie ist wie die anderen Werke und Essays Manns von Nietzsches lebensphilosophischem Modell maßgeblich beeinflusst.

Mann unterscheidet wie Nietzsche zwischen dem metaphysischen und dem empirischen Leben, indem er die metaphysische Weltkonzeption der *Geburt der Tragödie* weitgehend übernommen hat. Bei Mann finden wir den Gedanken eines Seinsgrundes, der wie das ›Ur-Eine‹ Nietzsches den »Willen in seiner Allmacht gleichsam hinter dem principio individuationis« (KSA 1, 108) darstellt. Dieser gestalt- und formlosen Seinstotalität ist nach Nietzsche eine Urkraft inhärent, die unablässig nach Leben strebt. Indem das ›Leben‹ in die dem *principium individuationis* unterworfene ›Vorstellungswelt‹ eintritt, erfolgt eine Zerstückelung des ›Ur-Einen‹, wodurch eine »zerrissene, in Individuen zertrümmerte Welt« (KSA 1, 72) entsteht. Bei Nietzsche und Mann steht die empirische Welt der Individuation dem Urgrund des Seienden gegenüber, der dem *principium individuationis* nicht unterworfen ist. Das die beiden Seinsbereiche Trennende ist also das Prinzip der Individuation, der Gestalt- und Formwerdung des gestaltlosen ozeanischen ›Lebens‹. Durch diese Abtrennung der einzelnen Phänomene von der allumfassenden Lebenstotalität wird der »Zustand der Individuation« (KSA 1, 72) in der Sicht Nietzsches zum »Quell und Urgrund alles Leidens« (KSA 1, 73) und zu »etwas an sich Verwerfliche[m]« (KSA 1, 73). Diese Vorstellung erscheint bei Mann als ein Leiden an der Individualität (vgl. Thomas Buddenbrook, Klaus Heinrich in *Königliche Hoheit*, Aschenbach in *Der Tod in Venedig*) und begründet damit eine ›Sympathie mit dem Tode‹, wobei der Tod nicht als schlechthinniges Aufhören des Lebens zu verstehen ist, sondern vielmehr den Durchgang zum Eintauchen in das ozeanische ›Leben‹ jenseits des Individuationsprinzips bedeutet.

Diese Befreiung von dem Fluch der Individuation vollzieht sich bei dem Philosophen und dem Dichter schrittweise durch das Dionysische, auch wenn es hier bedeutsame Differenzen gibt. Bei Nietzsche stellt das Dionysische ein vitales Lebensprinzip dar, das durch die Unterminierung der Individuationsgrenzen nach der Auflösung des gestaltgewordenen empirischen Lebens strebt, um es in das ozeanische ›Leben‹ des ›Ur-Einen‹ zurückzubringen. Diesem dionysischen Auflösungsprinzip steht das gegensätzliche, im ›Willen‹ fundierte Prinzip des Apollinischen gegenüber und bemüht sich, das dionysische Streben nach dem Verfließenden in gesetzliche Normierungen, Form und Kultur einzufügen und festzuhalten. Es handelt sich zwar um zwei entgegengesetzte ›Triebe‹, aber da das Dionysische ohne das Apollinische das empirische Leben aufheben und das Apollinische ohne das Dionysische zur Erstarrung des Lebens führen würde, sind die beiden Prinzipien aufeinander angewiesen und bringen in einem ausgewogenen Gleichgewichtszustand eine vitale Kulturform hervor, die in der *Geburt der Tragödie* das Ideal Nietzsches ausmacht.

Im Gegensatz zu Nietzsches Konzeption, für die der Gleichgewichtszustand entscheidend ist, wird das Verhältnis zwischen dem Dionysischen und Apollinischen bei Mann in ein *absolutes* Gegensatzverhältnis umgedeutet, was sich vor allem in seiner Figurendarstellung zeigt. Figuren wie Friedemann (*Der kleine Herr Friedemann*), Gustav von Aschenbach (*Der Tod in Venedig*), Hans Castorp (*Der Zauberberg*), Mut-em-enet (*Joseph und seine Brüder*) sind in einer frühen Entwicklungsphase bemüht, die ›Form‹ (vgl. GKFA 15.1, 982) in verschiedenen Varianten aufrechtzuerhalten. Als Schutz vor dem dionysischen Leben haben sich Friedemann, Aschenbach und Mut-em-enet auf eine apollinische Bastion zurückgezogen und sind bestrebt, durch eine Willensanspannung das dionysische ›Leben‹ auszugrenzen, während Hans Castorp ebenfalls ein strenges Formbewusstsein an den Tag legt und alles tut, um den bürgerlichen Konventionen gerecht zu werden. Auch Joachim Ziemßen (*Der Zauberberg*) distanziert sich mit allen Kräften von dem dionysischen Bereich der Formlosigkeit (verkörpert in der Russin Marusja), indem er wie die anderen Figuren das ›Leben‹ unterdrückt. In dieser Phase unterdrückt das apollinische Formprinzip also das dionysische Lebensprinzip.

Durch die gewaltsame Unterdrückung des vitalen ›Lebens‹ entsteht jedoch eine Erstarrung, aus der sich ein »Erstarken zum Bösen, Verbotenen, zum sittlich Unmöglichen« (GKFA 2.1, 514) ergibt, bis jener Punkt erreicht ist, an welchem das unterdrückte ›Leben‹ wiederkehrt. Die Begegnung Friedemanns mit Gerda von Rinnlingen setzt die verdrängten Lebensmächte frei, die ihn wehrlos in ein seine bisherigen apollinischen Grenzen aufhebendes dionysisches Chaos mitreißt, das in seinem Selbstmord gipfelt. In *Königliche Hoheit* wird der nur Form und Etikette darstellende Klaus Heinrich in der Bürgerballszene ebenfalls zum Opfer eines die Grenzen aufhebenden dionysischen Rausches. Im *Tod in Venedig* wird dann der Einbruch der grenzaufhebenden dionysischen Lebensmächte schrittweise vorgeführt, bis sie in Aschenbachs ›furchtbarem Traum‹ Individuation und Zivilisation vernichten und in einen dionysischen Irrsinn aufheben. Für Mut-em-enet ergeben sich, als sie von ihrer Liebe zu Joseph zur Überschreitung der Grenzen ihrer apollinischen Bastion getrieben wird, ein Selbstverlust und ein dionysisches Chaos, das aus ihrer vornehmen Persönlichkeit ein hexenähnliches Weib macht. In dieser Phase herrscht das die apollinischen Grenzen unterminierende und auflösende dionysische Lebensprinzip vor. Ein harmonischer Gleichgewichtszustand zwischen den beiden Prinzipien, eine humane Mitte wie bei Nietzsche findet sich bei Mann nur in seiner politischen Essayistik und wird durch seine Figurendarstellung relativiert.

Andere für Mann charakteristische Differenzen gibt es in der Auffassung des Dionysischen. Im *Tod in Venedig* lässt Mann die Entwicklung Aschenbachs in einem dionysischen Rausch gipfeln, und als die grenzenlose, geschlechtliche »Vermischung« (GKFA 2.1, 584) im Traum ihren Höhepunkt erreicht, ist Aschenbach mit den anderen in ein einziges kopulierendes Chaos aufgelöst. Alles ist hier »das *eine* Lebendige, mit dessen Zeugungslust wir verschmolzen sind« (KSA 1, 109). Diese Verschmelzung mit dem ›Ur-Einen‹ bringt Nietzsche zufolge eine erlösende »Einheitsempfindung« hervor, in welcher die tragischen Dissonanzen des Daseins von einer »Weltenharmonie« (KSA 1, 29) abgelöst sind. Die gleiche Verschmelzung Aschenbachs mit der »Zeugungslust« des ›Ur-Einen‹ wird dagegen im Zeichen des Untergangs und der Entwürdigung dargestellt. Als er in die Realität des Alltags zurückkehrt, ist ihm lediglich eine völlig vernichtete Existenz geblieben. Mann ist bei jener barbarischen Form des Dionysischen stehen geblieben, die Nietzsche in der *Geburt der Tragödie* als den »eigentlichen Hexentrank« (KSA 1, 32) verwirft. Diese Umwertung des Dionysischen zeigt, dass Mann nicht bereit war, Nietzsche in der Verherrlichung des dionysischen Lebens zu folgen, sondern bei Schopenhauers Lebensskeptizismus stehen blieb.

Literatur

Heimendahl, Hans Dieter: *Kritik und Verklärung. Studien zur Lebensphilosophie Thomas Manns in den »Betrachtungen eines Unpolitischen«, »Der Zauberberg«, »Goethe und Tolstoi« und »Joseph und seine Brüder«.* Würzburg 1998.
Heller, Peter: *Probleme der Zivilisation. Versuche über Goethe, Thomas Mann, Nietzsche und Freud.* Bonn 1978.
Jendreiek, Helmut: *Thomas Mann. Der demokratische Roman.* Düsseldorf 1977.
Kristiansen, Børge: *Unform-Form-Überform. Thomas Manns »Zauberberg« und Schopenhauers Metaphysik.* Kopenhagen 1978.
Kristiansen, Børge: *Thomas Mann – Der ironische Metaphysiker. Nihilismus – Ironie – Anthropologie in Thomas Manns Erzählungen und im »Zauberberg«.* Würzburg 2013.
Kurzke, Hermann: *Thomas Mann. Epoche – Werk – Wirkung.* 4., überarb. und aktual. Aufl. München 2010.
Sloterdijk, Peter: *Der Denker auf der Bühne. Nietzsches Materialismus.* Frankfurt a. M. 1986.

Børge Kristiansen

3 Bürger/Künstler

Die Antithese von Bürger und Künstler erscheint als einer der konstitutiven Gegensätze im Werk Thomas Manns (Kurzke 2010, 86–116): Den »Blonden und Blauäugigen« (GKFA 2.1, 318), die naiv und lebenstüchtig »herumgehen und lachen und Geld verdienen und sich den Bauch vollschlagen« (GKFA 5.1, 303), stehen sentimentalisch und distanziert die Künstler gegenüber, die die Scheinhaftigkeit der Welt durchschauen und sich deshalb ihren unreflektierten Mitmenschen überlegen fühlen. Das Spektrum der Künstlerfiguren erstreckt sich dabei von »junge[n], bleiche[n] Genies« (GKFA 2.1, 408), die an den Rändern der Gesellschaft ihr Dasein fristen (*Beim Propheten*), bis zu etablierten Schriftstellern, die trotz aller gesellschaftlichen Akzeptanz ein Leben als »Abenteurer des Gefühls und des Geistes« (GKFA 13.1, 438) führen (vgl. Pikulik 2011). Doch nicht nur Manns Erzählungen, Romane und autobiographische Schriften kreisen um die Frage, wie unter den Bedingungen der bürgerlichen Gesellschaft eine künstlerisch-schöpferische Existenz möglich sei; auch in Essays und tagespolitischen Äußerungen argumentiert er vielfach mit den Kategorien ›Bürger‹ und ›Künstler‹.

Essays wie die *Betrachtungen eines Unpolitischen* oder *Lübeck als geistige Lebensform* und Romane wie *Buddenbrooks, Der Zauberberg* oder *Doktor Faustus* zeigen, dass Thomas Manns Denken und Schreiben nachhaltig von seinem Selbstverständnis als »Kind und Urenkelkind deutsch-bürgerlicher Kultur« (GKFA 13.1, 126) geprägt sind (vgl. Kurzke 2010, 46–55). Obgleich sein Hauptinteresse der Psychologie des Künstlers gilt, hat er daher auch den Bürger in zahlreichen Variationen gezeichnet: von der animalischen Vitalität und Unreflektiertheit Anton Klöterjahns (*Tristan*) und der »legere[n] und großzügige[n]« (GKFA 1.1, 450) Lebensart Hermann Hagenströms (*Buddenbrooks*) über die metaphysisch bedürftigen »Sorgenkind[er] des Lebens« (GKFA 5.1, 467) Hans Castorp (*Der Zauberberg*) und Thomas Buddenbrook, bis hin zu »Bürger[n] auf Irrwegen« (GKFA 2.1, 281) wie Tonio Kröger, dem sensiblen Spätling Hanno oder seinem Onkel Christian (*Buddenbrooks*).

Ihnen gegenüber stehen nicht nur schöpferische Genies wie der Komponist Adrian Leverkühn (*Doktor Faustus*), der jede gesellschaftliche Einordnung ablehnt (Baier 2011, 276–283), sondern auch Felix Krull, der die Scheinhaftigkeit der Gesellschaft ausnutzt (*Bekenntnisse des Hochstaplers Felix Krull*), die Gesegneten Joseph und Gregorius (*Der Erwählte*) sowie Prinz Klaus Heinrich (*Königliche Hoheit*), dessen rein repräsentative Existenz »unzweideutige Züge und Stigmata des Künstlers trägt« (Koopmann 2005, 516). Dieses Stigma des Besonderen und Abgesonderten tragen selbst diejenigen Künstler, die in »bürgerlichem Ehrenstande« (GKFA 2.1, 515) leben: der ›große Mann‹ Goethe (*Lotte in Weimar*), der seine existentielle Fremdheit hinter einer bürgerlichen Maske verbirgt (Baier 2011, 142–152), ebenso wie Gustav von Aschenbach (*Der Tod in Venedig*) oder Tonio Kröger.

Mag Manns Künstler nun als bürgerlicher Repräsentant deutscher Kultur oder Erwählter Gottes auftreten, als einsiedlerisches Genie oder blutarmer Ästhet, als lebensuntüchtiger Neurastheniker, weltfremder Fürst oder betrügerischer Hochstapler – selten betrachtet die Gesellschaft ihn ganz ohne Missbilligung oder Misstrauen: »Der Künstler ist der Bruder des Verbrechers und des Verrückten« (GKFA 10.1, 345). Das konstitutive *tertium comparationis* dieser vielfältigen Künstlerfiguren besteht daher weniger in konkreter schöpferischer Produktivität als vielmehr in der Abweichung ihrer Lebensform von der bürgerlichen Norm, ihrer stets abenteuerlichen Existenz und der daraus resultierenden unüberbrückbaren inneren Distanz zu den »Ordentlichen und Gewöhnlichen« (GKFA 2.1, 252).

Thomas Manns Vorstellung von Kunst und Künstlertum ist maßgeblich von der Philosophie Friedrich Nietzsches beeinflusst (Pütz 1963, 46–66; Koopmann 2005, 260–276; Kurzke 2010, 117–132). Der Gegensatz apollinisch-dionysisch ist konstitutiv für die psychische Verfasstheit von Figuren wie Gustav von Aschenbach oder Johannes Friedemann (*Der kleine Herr Friedemann*), während Nietzsches Entlarvungspsychologie vor allem den Blick der Künstler auf die äußere Welt prägt. Die Einsicht in ihre Scheinhaftigkeit, in die Beliebigkeit gesellschaftlicher Konventionen und die Motive für menschliches Verhalten löst einen »Erkenntnisekel« (GKFA 2.1, 276) aus, der das Gefühl ironischer Überlegenheit noch verstärkt und sich bis zu Nihilismus und Amoralität steigern kann. Dieser distanzierte »Blick der Kunst« (GKFA 9.1, 89) bildet einerseits die Voraussetzung jeder schöpferischen Tätigkeit, denn »[e]s ist aus mit dem Künstler, sobald er Mensch wird und zu empfinden beginnt« (GKFA 2.1, 271); andererseits stellt eine solche Existenz in Einsamkeit und Kälte eine stete Gefahr für den kreativen Impuls selbst dar.

Entsprechend steht im Zentrum von Manns Werk die stets aufs Neue zu beantwortende Frage nach den Möglichkeitsbedingungen künstlerischen Schaffens. Maßgeblich für das Frühwerk ist dabei die von Nietzsche beeinflusste Décadencevorstellung des Fin de Siècle (Kurzke 2010, 108–110): Der Künstler erscheint hier als Produkt eines Verfallsprozesses bürgerlicher Tüchtigkeit, der ihn kränklich und für das praktische Leben unbrauchbar macht, aber zu Verfeinerung und erhöhter Sensibilität führt (Hanno Buddenbrook). Allerdings hemmt dieser Mangel an »robuste[r] Naivität« (GKFA 10.1, 195) zugleich die künstlerische Schöpfungskraft, so dass das Künstlertum zur Manier und der Künstler zum Dilettanten werden kann (vgl. Panizzo 2007). Eine Vermittlung zwischen Bürger und Künstler ist im Frühwerk nur zeitweise (Gustav von Aschenbach) oder mit Einschränkungen möglich (Tonio Kröger).

Das Motiv einer durch Krankheit hervorgerufenen »alchimistischen Steigerung« (GKFA 5.1, 818) wird im *Zauberberg* sowie in *Lotte in Weimar* wieder aufgenommen, wo sich der fiktionale Goethe zu »Wahnsinn [...] als Untergrund des Glanzes« (GKFA 9.1, 325) bekennt. Seine volle Komplexität entfaltet es jedoch erst im *Doktor Faustus*, da es Adrian Leverkühn nur dank der durch die syphilitische Infektion hervorgerufenen »›unlautere[n]‹ Steigerung [s]einer natürlichen Gaben« (GKFA 10.1, 14) gelingt, schöpferisch tätig zu sein. Damit werden Krankheit und Wahn zu Voraussetzungen produktiven Künstlertums erklärt (Baier 2011: 78–87 u. 243–267).

Doch entwickelt Mann in *Lotte in Weimar* darüber hinaus das Konzept einer »androgyne[n] Kunst« (GKFA 9.1, 334), in der sich die Gegensätze von männlich und weiblich, Geist und Natur fruchtbar vereinigen. Das Motiv des Künstlers als Mittlerfigur erlangt in *Joseph und seine Brüder* zentrale Bedeutung: Gesegnet »oben vom Himmel herab und aus der Tiefe, die unten liegt« (GW IV, 880), gelingt es Jaakobs Sohn, die Gegensätze von ›Vatergeist‹ und ›Mutterdunkel‹ als harmonische Synthese in seiner Person zu vereinen und auch als Ernährer, als ›bürgerlicher‹ Familienvater und Staatsbeamter, ein Künstler zu bleiben.

Der spielerische Umgang des ›mythischen Hochstaplers‹ Joseph mit der eigenen Identität stellt nicht nur eine Verbindung zu Felix Krull her (vgl. Schulz 2000), sondern illustriert zudem eine weitere Variante der Künstler-Thematik im Werk Manns; die des Künstlers als (Schau-)Spielers, der in wechselnden Masken auftritt: Klaus Heinrich spielt die Rolle des Herrschers, wie sein Volk es von ihm erwartet; Goethe trägt die Maske von »Deutschlands großem

Dichter« (GKFA 9.1, 217), um die »Eiseskälte« (GKFA 9.1, 325) seines Wesens vor der Gesellschaft zu verbergen; Joseph erfüllt dank seiner *imitationes Deorum* den Plan Gottes; und Felix Krull entlarvt mit seinen Verwandlungen die Beliebigkeit der bürgerlichen Ordnung, die ihn trotz allem prägt (vgl. Sprecher 1998). Dabei ist diese illusionäre Existenzform nicht auf Künstlerfiguren beschränkt, denn auch das Leben des Kaufmanns Thomas Buddenbrook ist »kein anderes mehr, als das eines Schauspielers« (GKFA 1.1, 677): Beide Lebensformen sind gleichermaßen scheinhaft, doch ist gewöhnlich nur der Künstler sich dieses Umstandes bewusst.

Allerdings hat Manns Vorstellung des Künstlers als Schauspieler noch eine weitere, von Nietzsches Wagner-Kritik beeinflusste Dimension (Koopmann 2005: 122–124): Während er Richard Wagner als den »moderne[n] Künstler par excellence« betrachtet (GKFA 13.1, 87, vgl. KSA 6, 23), rückt der kalkulierte Einsatz künstlerischer Mittel, die beim Publikum »Wirkungen zugleich narkotischer und aufpeitschender Art« (GW IX, 406) hervorrufen (*Leiden und Größe Richard Wagners*), den Komponisten in die Nähe des Gauklers und Scharlatans vom Schlage eines Cavaliere Cipolla (*Mario und der Zauberer*). Cipolla erweitert die Reihe der Künstlerfiguren um den Verführer und Demagogen, was es Mann wiederum erlaubt, den Demagogen Hitler in seinem Essay *Bruder Hitler* als eine »Erscheinungsform des Künstlertums« (GW XII, 848) zu betrachten.

Mit Ausnahme des utopischen »Menschheitssymbol[s]« (GW XI, 667) Joseph, dem die harmonische Synthese gegensätzlicher Einflüsse gelingt, schildert Mann die Künstlerexistenz als ein prekäres »Balance-Kunststück genauer Not« (GKFA 9.1, 323) zwischen den Anforderungen des Schöpferischen und der Notwendigkeit, in und mit der Gesellschaft zu leben. Dieses Spannungsverhältnis zwischen bürgerlicher ›Verfassung‹ und künstlerischem Schaffen, das auch Manns eigenes Leben kennzeichnet, kommt nicht nur in den zahlreichen künstlerisch dilettierenden Bürgern zum Ausdruck, die sein Werk bevölkern, sondern auch darin, dass einige seiner Künstlerfiguren dezidiert bürgerliche Charakterzüge aufweisen: Der fiktionale Goethe pflegt einen »minuziösen, um nicht zu sagen pedantischen Zeitkult[]« (GKFA 9.1, 56); Aschenbach übt sich in strikter Selbstdisziplin, um trotz schwächlicher Konstitution sein Werk zu vollbringen; und für den »verirrte[n] Bürger« (GKFA 2.1, 281) Tonio Kröger ist nur die »Bürgerliebe zum Menschlichen, Lebendigen und Gewöhnlichen« (GKFA 2.1, 318) in der Lage, »aus einem Litteraten einen Dichter zu machen« (ebd.). Diese Figuren, wiewohl zweifellos Künstler und als solche erfolgreich, machen sich mit ihrem bürgerlich-protestantischen Arbeitsethos die Forderung Thomas Buddenbrooks zu eigen: »[W]ir sollen uns hinsetzen, zum Teufel, und etwas leisten« (GKFA 1.1, 290).

Nicht nur im Kapitel ›Bürgerlichkeit‹ der *Betrachtungen eines Unpolitischen* (vgl. GKFA 13.1, 112–163), sondern auch in Essays wie *Goethe als Repräsentant des bürgerlichen Zeitalters* hat Thomas Mann diesen Künstlertypus weiter konkretisiert: Indem er Goethe als »Kind der Bürgerlichkeit« (GW IX, 298) auffasst, begründet er nicht nur die Verbindung von Bürgertum und Künstlertum, sondern rechtfertigt auch seine ganz persönliche Lebensform: Durch die Berufung auf das Vorbild Goethe legitimiert der Autor seine Existenz als Künstler, der dennoch geruht hat, sich »eine Verfassung zu geben« (an Heinrich Mann, 17. 1. 1906; GKFA 21, 340).

Damit bestimmt der spannungsvolle Gegensatz zwischen Bürger und Künstler nicht nur Thomas Manns schriftstellerisches Werk, sondern auch Leben und Persönlichkeit (vgl. Kurzke 2006) und bildet, wie im Falle mancher seiner Figuren, Ursprung und Triebfeder seines künstlerischen Schaffens.

Literatur

Baier, Christian: *Zwischen höllischem Feuer und doppeltem Segen. Geniekonzepte in Thomas Manns Romanen »Lotte in Weimar«, »Joseph und seine Brüder« und »Doktor Faustus«*. Göttingen 2011.

Kurzke, Hermann: *Thomas Mann. Das Leben als Kunstwerk. Eine Biographie*. München 2006.

Kurzke, Hermann: *Thomas Mann. Epoche – Werk – Wirkung*. 4., überarb. u. aktual. Aufl. München 2010.

Panizzo, Paolo: *Ästhetizismus und Demagogie. Der Dilettant in Thomas Manns Frühwerk*. Würzburg 2007.

Pikulik, Lothar: *Thomas Mann. Der Künstler als Abenteurer*. Paderborn 2011.

Pütz, Peter: *Kunst und Künstlerexistenz bei Nietzsche und Thomas Mann. Zum Problem des ästhetischen Perspektivismus in der Moderne*. Bonn 1963.

Schulz, Kerstin: *Identitätsfindung und Rollenspiel in Thomas Manns Romanen »Joseph und seine Brüder« und »Bekenntnisse des Hochstaplers Felix Krull«*. Frankfurt a. M. 2000.

Sprecher, Thomas: *Bürger Krull*. In: *Blätter der Thomas Mann Gesellschaft Zürich* 27 (1998), 5–25.

Christian Baier

4 Christus

Dass Christus in der Moderne als Künstlerfigur entdeckt wird, bildet den wichtigsten Impuls für die zahlreichen Christus-Allusionen im Werk Thomas Manns. Auch wenn er 1895 »Christus« als »*Lieblingshelden in der Geschichte*« nennt (GKFA 14.1, 33), richtet sich sein Interesse weniger auf die historische Figur als auf die zahlreichen und divergenten Vermittlungen ihrer Wirkungsgeschichte. Jenseits der lutherisch geprägten Erziehung in Lübeck liefert Friedrich Nietzsches ambivalentes Verhältnis zum Christentum und seiner Gründungsfigur die wichtigsten Anregungen: Einerseits ermöglicht Nietzsches psychologische Demaskierung des asketischen Priesters, jede Heilandsattitüde auf Herrschsucht und Ressentiment zurückzuführen, andererseits erscheint Nietzsches Identifikation mit dem Gekreuzigten in seinen letzten Briefen als exemplarische Form einer *Imitatio Christi*. Damit avanciert die Lebensform Christi zu einem zentralen künstlerischen Selbstdeutungstopos der Moderne (Marx 2003, Wacker 2013), an dem sich auch Manns Werk abarbeitet. Leid, Selbstzweifel und Vereinsamung des modernen Künstlers sind in ihr ebenso vorgezeichnet wie das Bewusstsein einer exzeptionellen Berufung. Zeitgenössische Christusdeutungen von Ernest Renan, Dmitri Mereschkowski, Hans Blüher, Oscar Wilde, Georg Brandes, Max Weber und Alfred Jeremias, zudem die unterschiedlichen literarischen Christusfigurationen der Moderne von Fjodor M. Dostojewski, Leo Tolstoi über Gerhart Hauptmann, Stefan George und Frank Wedekind bis zu William Faulkner erweitern das Deutungsspektrum. Wenn es, wie Thomas Mann am 19. 3. 1940 an Kuno Fiedler schreibt, nicht auf den historischen Jesus ankäme, sondern darauf, was aus ihm gemacht worden ist (vgl. GW X, 771), bieten die Christus-Deutungen der Moderne ein vielschichtiges Reservoir, auf das er von den frühen Erzählungen bis zu seinem letzten Werkplan immer wieder zurückgreift.

In ihrer spezifisch modernen Wahrnehmung bildet die Lebensform Christi für Thomas Mann schon früh eine Option des literarischen *Self-Fashioning*. Indem er die Schriftstellerexistenz als Passion und Martyrium der Erkenntnis entwirft, schreibt er ihr genuin christologische Aspekte ein (Marx 2002, Buchner 2011). Dass sich in Christus einerseits das prekäre Außenseitertum des modernen Künstlers, andererseits der künstlerische Anspruch auf Repräsentation spiegeln lassen, kommt dem Selbstbild schon des jungen Schriftstellers entgegen und gewinnt im Exil eine unerwartete Aktualität.

Im Frühwerk richtet sich das erzählerische Interesse vor allem auf das psychologische Profil religiöser oder quasireligiöser Fanatiker, die wie Lobgott Piepsam in *Der Weg zum Friedhof* prophetische Gerichtsreden halten oder wie Hieronymus in *Gladius Dei* im Namen einer heiligen Kunst gegen das sorglose Leben Einspruch erheben (Neymeyr 2004 u. 2014). Ihr Außenseitertum, ihre Leidenserfahrung und Herrschsucht verbindet sie mit der Lebensform des Künstlers. Im Spätwerk avanciert Christus zu einem Vorbild all der Figuren, die den Mythos zelebrieren oder ironisch mit ihm spielen (wie es Thomas Mann Goethe attestiert: vgl. GW IX, 507 f.). Dass Jesus, wie Max Weber und andere reklamierten, sein Leben als Kunstwerk begriffen habe, es unter Rückgriff auf die Schrift gestaltet und es noch am Kreuz als deren Erfüllung erkennbar gemacht habe, bildet den konzeptionellen Kern des mythischen Spurengangs, der in der *Joseph*-Tetralogie narrativ entfaltet wird. Manns Joseph inszeniert sich unter Rückgriff auf babylonische, sumerische, ägyptische, griechische und nicht zuletzt neutestamentliche Gottesbilder (Schwöbel 2008). Der mythische Synkretismus der *Joseph*-Tetralogie setzt sich im Zwischenspiel des Goethe-Romans *Lotte in Weimar* fort (Marx 1997). Zu der Vielzahl mythologischer Vergleichsgrößen, die Thomas Mann seiner Goethe-Figur einschreibt, gehört die Lebensform Christi, insofern sie stellvertretendes Leid, Verlassenheit und Lebensopfer als Grunderfahrungen der künstlerischen Existenz erkennbar macht.

Der *Faustus*-Roman schließlich treibt das Spiel mit dem Christus-Mythos auf die Spitze, indem der Teufelsverschreibungsgeschichte christologische Deutungsmuster eingeschrieben werden: Einerseits weisen die zahlreichen Passionsanalogien Adrian Leverkühn als Künstlerfigur der Moderne aus, andererseits kommen ihm diabolische Aspekte zu, die die im Frühwerk thematisierte Nähe des Künstlers zum Verbrecher weit überbieten.

Noch der letzte Werkplan, das Komödienprojekt *Luthers Hochzeit*, verzeichnet Hinweise auf Luthers Eigenart, sich in Christus zu spiegeln. Als mythische Erzählfigur ist die Lebensform Christi für Thomas Mann zu keinem Zeitpunkt und durch kein Werk ›erledigt‹.

Literatur

Buchner, Wiebke: *Die Gottesgabe des Wortes und des Gedankens: Kunst und Religion in den frühen Essays Thomas Manns.* Würzburg 2011.

Detering, Heinrich: Das Werk und die Gnade. Thomas Mann und die Religion. In: Niklaus Peter/Thomas Sprecher (Hg.): *Der ungläubige Thomas. Zur Religion in Thomas Manns Romanen.* Frankfurt a. M. 2011, 149–166.

Frizen, Werner: Thomas Mann und das Christentum. In: *TMHb*, 307–326.

Marx, Friedhelm: Die Menschwerdung des Göttlichen. Thomas Manns Goethe-Bild in *Lotte in Weimar*. In: *TMJb* 10 (1997), 113–132.

Marx, Friedhelm: *»Ich aber sage Ihnen...«. Christusfigurationen im Werk Thomas Manns.* Frankfurt a. M. 2002 (= *TMS* 25).

Marx, Friedhelm: Literatur und Erlösung. Kunst und Kunstreligion im Frühwerk Thomas Manns. In: Michael Braun/Birgit Lermen (Hg.): *»Man erzählt Geschichten, formt die Wahrheit«. Thomas Mann – Deutscher, Europäer, Weltbürger.* Frankfurt a. M. 2003, 241–255.

Müller, Tilo: *Frömmigkeit ohne Glauben. Das Religiöse in den Essays Thomas Manns (1893–1918).* Frankfurt a. M. 2010 (= *TMS* 42).

Neymeyr, Barbara: Militanter Messianismus. Thomas Manns Erzählung *Beim Propheten* im kulturhistorischen Kontext. In: *Literaturwissenschaftliches Jahrbuch* 45 (2004), 179–198.

Neymeyr, Barbara: Jesus-Imitatio – Savonarola-Mimikry – Derleth-Echo. Strategien zur Inszenierung religiöser Hybris in Gerhart Hauptmanns *Apostel* sowie in Thomas Manns *Gladius Dei* und *Beim Propheten*. In: Barbara Beßlich/Dieter Martin (Hg.): *»Schöpferische Restauration«. Traditionsverhalten in der Literatur der Klassischen Moderne.* Würzburg 2014, 171–192.

Schwöbel, Christoph: *Die Religion des Zauberers: Theologisches in den großen Romanen Thomas Manns.* Tübingen 2008.

Wacker, Gabriela: *Poetik des Prophetischen. Zum visionären Kunstverständnis in der Klassischen Moderne.* Berlin/Boston 2013.

Friedhelm Marx

5 Dekadenz

Das Schlagwort ›Dekadenz‹ (frz. *décadence*) fungiert seit dem späten 19. Jahrhundert als Fremd- und Selbstzuschreibung eines Intellektuellen- oder Künstlertypus, der dem gleichzeitig weit verbreiteten ›Vitalismus‹ eine besondere Vorliebe für den Verfall, das Künstliche, die Krankheit oder den Tod entgegensetzt. Entscheidend ist, dass die Dekadenz mit dem Vitalismus dasselbe lebensphilosophisch-deterministische Weltbild teilt, daraus aber keine optimistisch-lebensbejahenden, sondern pessimistisch-lebens*verneinende* Konsequenzen zieht. Finden sich bei Charles Baudelaire (1976 [1857]) und Paul Bourget (1883) durchaus positive Deutungen der Dekadenz, so wird sie in Friedrich Nietzsches einflussreicher Schrift *Der Fall Wagner* als »Psychologie des Schauspielers« (KSA 6, 31) kritisiert, der an die Stelle lebendig-instinktiver Handlungen die Rationalisierung der Instinkte, die bewusste Maskerade und das artifizielle Arrangement setzt. In Richard Wagners späten Kompositionen sieht Nietzsche zudem den Inbegriff einer dekadenten Kunst verwirklicht, die dem Publikum organische Geschlossenheit vortäuscht, jedoch eigentlich »zusammengesetzt« ist, »künstlich, ein Artefakt. –« (ebd., 27).

In den *Betrachtungen eines Unpolitischen* charakterisiert sich Thomas Mann als Teil jener Autorengeneration des Fin de Siècle, die »aus der décadence kommend, zu Chronisten und Analytikern der décadence bestellt, gleichzeitig den emanzipatorischen Willen zur Absage an sie, – sagen wir pessimistisch: die Velleität dieser Absage im Herzen tragen« (GKFA 13.1, 220). Manns stark von Nietzsches Wagnerkritik inspiriertes Dekadenzkonzept wird als individuelles und kulturelles Deutungsmuster in den Texten des Frühwerkes (*Buddenbrooks, Tristan, Der Tod in Venedig*), aber auch des mittleren und späten Werkes (*Der Zauberberg, Doktor Faustus*) literarisch inszeniert. Als Ursache der Dekadenz erscheint in Manns Texten einerseits eine geerbte schwächliche Veranlagung, andererseits eine Hinwendung der Figuren zu einer lebensphilosophisch-deterministischen Interpretation des menschlichen Daseins, auf die sie aber nicht mit lebensbejahender Vitalität, sondern mit ›Erkenntnisekel‹, Willenlosigkeit und Todessehnsucht reagieren. Motive und Anzeichen der Dekadenz sind physiologische Rück- oder Fehlbildungen, Nervosität, Krankheit und eine Vorliebe für die Musik und das Meer als Medien der Subjektauflösung und metaphysischen Entgrenzung. Mit Figuren wie

Thomas Buddenbrook oder Gustav Aschenbach treten zwar immer wieder Protagonisten auf, die die eigene Dekadenz zugunsten eines Leistungsethos oder einer neuen vitalen Unbefangenheit überwinden wollen; diese Versuche haben aber den Charakter der ›Velleität‹, der künstlich forcierten und schauspielerischen Imitation des ›Lebens‹, hinter der die Anzeichen des Verfalls schließlich umso stärker hervortreten. In den Novellen *Tonio Kröger*, *Der Tod in Venedig* und dem späten Roman *Doktor Faustus* reflektiert Mann zudem die Problematik des modernen – dekadenten – Künstlers, dessen Werke zwar noch den Anschein intuitiven Schöpfertums erwecken, tatsächlich aber das Ergebnis mühsamer Kleinarbeit, rhetorischen Kalküls und bewusster Camouflage sind.

Die literaturwissenschaftliche Forschung hat sich in zahlreichen Beiträgen mit der Literarisierung der Dekadenz in einzelnen Erzählungen und Romanen Manns beschäftigt. Eine Untersuchung zur Reflexion der nietzscheanischen Dekadenzdiagnose und deren insbesondere kunsttheoretischen Aspekte in Manns Gesamtwerk findet sich bei Hillesheim (1989). Die Stellung des Frühwerkes innerhalb der ›literarischen Décadence‹ um 1900 wird zudem von Koppen (1973), Rasch (1986) und Kafitz (2004) diskutiert. Neben der inhaltlichen Reflexion der Dekadenz hat besonders die jüngere Forschung einen *style de décadence* in Manns frühen Texten ausgemacht, der den dekadenten Formverlust durch ein Changieren der Erzählsprache zwischen Fragmentarisierung und Musikalisierung ästhetisch einfängt (Happ 2010; Kafitz 2004, 403–424). Zur Diskussion steht jedoch auch, ob und inwiefern die Dekadenzdiagnose und die ihr zu Grunde liegende lebensphilosophisch-deterministische Weltdeutung insgesamt in Manns Erzähltexten durch die Art der narrativen Vermittlung perspektiviert (Blödorn 2006) und in ihrer Verbindlichkeit relativiert wird (Max 2008, 317–330).

Literatur

Bahr, Hermann: Die Décadence. In: Ders.: *Studien zur Kritik der Moderne.* Frankfurt a. M. 1894, 19–26.

Baudelaire, Charles: Notes nouvelles sur Edgar Poe [1857]. In: Ders.: *Œuvre completes II.* Hg. von Claude Phichois. Paris 1976, 319–337.

Blödorn, Andreas: Perspektivenwechsel und Referenz. Zur Metaphorik des Todes in Thomas Manns frühen Erzählungen. In: Ders./Søren R. Fauth (Hg.): *Metaphysik und Moderne. Von Wilhelm Raabe bis Thomas Mann.* Wuppertal 2006, 253–280.

Bourget, Paul: *Essais de psychologie contemporaine.* Paris 1883.

Happ, Julia S.: ›Nietzsches décadence im Lichte unserer Erfahrung‹: Wandlungen der Dekadenz bei Thomas Mann (*Wälsungenblut*). In: Dies. (Hg.): *Jahrhundert(w)ende(n). Ästhetische und epochale Transformationen und Kontinuitäten 1800/1900.* Berlin 2010, 179–208.

Hillesheim, Jürgen: *Die Welt als Artefakt. Zur Bedeutung von Nietzsches »Der Fall Wagner« im Werk Thomas Manns.* Frankfurt a. M. 1989.

Kafitz, Dieter: *Décadence in Deutschland. Studien zu einem versunkenen Diskurs der 90er Jahre des 19. Jahrhunderts.* Heidelberg 2004.

Koppen, Erwin: *Dekadenter Wagnerismus. Studien zur europäischen Literatur des Fin de siècle.* Berlin/New York 1973.

Max, Katrin: *Niedergangsdiagnostik. Zur Funktion von Krankheitsmotiven in »Buddenbrooks«.* Frankfurt a. M. 2008.

Pross, Caroline: *Dekadenz. Studien zu einer großen Erzählung der frühen Moderne.* Göttingen 2013.

Rasch, Wolfdietrich: *Die literarische Décadence um 1900.* München 1986.

Jens Ole Schneider

6 Dilettantismus

Der Begriff des Dilettantismus gewann Mitte des 18. Jahrhunderts eine gewisse Geläufigkeit und erlangte in der Ästhetik der Weimarer Klassik – bei Karl Philipp Moritz, Goethe und Schiller – eine zentrale Bedeutung. Als Dilettant galt, wer ohne wirkliche Kreativität und allein aufgrund seiner Empfänglichkeit für Kunst sich fälschlich für einen Künstler hält. Während im 19. Jahrhundert diese überwiegend negative Beurteilung vorherrschte, erfuhr der Typus des Dilettanten am Ende des Jahrhunderts eine enorme Aktualisierung, woraus sich die Häufigkeit seiner Thematisierung in der Literatur um 1900 erklärt.

Thomas Mann verwendet den Begriff sowohl in seinem hergebrachten als auch in dem modernen Sinn. In *Schwere Stunde* sinniert Schiller – durchaus im Sinne der mit Goethe geplanten, umfassenden Kritik des Dilettantismus – über den Unterschied zwischen dem Künstler und dem Dilettanten: »Nur bei Stümpern und Dilettanten sprudelte es« (GKFA 2.1, 424). Hingegen macht es sich der wahre Künstler schwer, er setzt sich »dem Druck und der Zucht des Talentes« aus (ebd.). Auch in *Tonio Kröger* dient der Dilettant zur Kontrastfigur des wahren Künstlers: »Wir Künstler verachten niemand gründlicher, als den Dilettanten, den Lebendigen, der glaubt, obendrein bei Gelegenheit einmal ein Künstler sein zu können« (GKFA 2.1, 279). Die moderne Bedeutungsvariante schreibt sich aus der französischen Literatur her, in der Hauptsache den Essays und Romanen Paul Bourgets, insbesondere *Le Disciple* (1889; dt. 1892) und *Cosmopolis* (1892, deutsch 1894). In seinen *Essais de psychologie contemporaine* (2 Bde. 1883) lieferte Bourget in kulturkritischer Absicht am Beispiel von Ernest Renan und anderen eine Phänomenologie des modernen Dilettantismus. Er attestiert dem Typus des Dilettanten nicht in erster Linie einen Mangel an Kreativität, sondern eine problematische, zeittypische Geisteshaltung (»une disposition d'esprit«), in der sich hohe Intelligenz mit Vielseitigkeit paart in dem Verlangen, sich gleichsam probeweise in andere Existenzformen hineinzuversetzen. Nicht zu trennen von dieser letztlich haltlosen Geisteshaltung sind die Phänomene der Willensschwäche, der Nervosität und der Ruhelosigkeit, d.h. des »cosmopolitisme«, den Bourget als die »habituelle frequentation des pays étrangers« definiert. Zum Dilettantismus gehört des Weiteren eine »neue Psychologie« (H. Bahr), die sich der Zergliederung der eigenen Befindlichkeit, der »états d'âme«, widmet. Mit alledem stellt sich der moderne Dilettant als die repräsentative Figur der Décadence dar. Bourget erlebte um 1890, lange bevor er sich einer katholischen, monarchistisch-reaktionären Kulturkritik verschrieb, eine intensive Rezeption, die in der Hauptsache durch Nietzsche und Hermann Bahr vermittelt wurde. Die deutlichsten Spuren der Bourget-Rezeption finden sich im Frühwerk der Brüder Mann sowie bei den Dichtern Jung-Wiens (Hofmannsthal, Schnitzler, Andrian u.a.). In seiner Bourget-Rezeption folgte der junge Thomas Mann seinem Bruder Heinrich, dessen erster Roman *In einer Familie* (1893) Bourget gewidmet ist. Die Spuren seiner Bourget-Lektüre finden sich im Notizbuch (Bd. I, 17), in den Briefen (GKFA 21, 66 und 73) und in *Erkenne dich selbst!* (GKFA 14.1, 33), *Ein nationaler Dichter* (ebd., 40) sowie *Kritik und Schaffen* (ebd., 49). Als die konzentrierteste novellistische Gestaltung des Dilettanten ist *Der Bajazzo* (1897) anzusehen. Im Grunde ist jedoch überall im Frühwerk, wo von Décadence gehandelt wird, Bourget mitzudenken.

Zu einem Politikum wurde der Begriff des Dilettantismus 1933. In seinem Vortrag *Leiden und Größe Richard Wagners* charakterisierte Mann, Stichworten Nietzsches (und Wagners selbst) folgend, »auf die Gefahr hin, mißverstanden zu werden [...], Wagners Kunst [als] ein[en] mit höchster Willenskraft und Intelligenz monumentalisierte[n] und ins Geniehafte getriebene[n] Dilettantismus« (GW IX, 375f.). In dem »Protest der Richard-Wagner-Stadt München« bildet die Verknüpfung des Namens Wagner mit dem Reizwort Dilettantismus einen besonders gewichtigen Vorwurf. Wagner galt weithin als Inbegriff des Genies, und eine vermeintliche Verunglimpfung zu dem Zeitpunkt, als ein glühender Wagner-Verehrer an die Macht gelangte, hatte unabsehbare politische Implikationen. Hans Knappertsbusch, der Initiator jenes »Protests«, und die 45 Mitunterzeichner, verstanden die Vokabel ›Dilettantismus‹ im alten, absprechenden Sinn als Werturteil, während Mann sie in dem modernen Sinn als künstlertypologische, mitnichten absprechende Kennzeichnung verwandte.

Literatur

Bourget, Paul: *Essais de psychologie contemporaine. Études littéraires*. Édition établie et préface par André Guyaux. Paris 1993.

Schröter, Klaus: *Thomas Mann* [1964]. Reinbek ^{31}2001, 30–33.

Stoupy, Joëlle: *Maître de l'heure. Die Rezeption Paul Bourgets in der deutschsprachigen Literatur um 1890*. Frankfurt a. M. 1996.

Stoupy, Joëlle: »Thomas Mann und Paul Bourget« In: *TMJb* 9 (1996), 93–106.

Vaget, Hans Rudolf: »Der Dilettant. Eine Skizze der Wort- und Bedeutungsgeschichte«. In: *Jahrbuch der deutschen Schillergesellschaft* 14 (1970), 131–158.

Vaget, Hans Rudolf: Dilettantismus als Politikum: Wagner, Hitler, Thomas Mann. In: Stefan Blechschmidt/Andrea Heinz (Hg.): *Dilettantismus um 1800*. Heidelberg 2007, 369–385.

Michael Wieler: *Dilettantismus. Wesen und Geschichte. Am Beispiel von Heinrich und Thomas Mann*. Würzburg 1996.

Hans Rudolf Vaget

7 Familie und Genealogie

Die Eingrenzung des Motivkomplexes ›Familie und Genealogie‹ gestaltet sich schwierig. Zum einen figurieren intergenerationelle Beziehungen in den meisten Werken Thomas Manns. Zu konstatieren ist zum anderen das weitgehende Fehlen von »Grundlagentexte[n]« (Gutjahr 2012, 24; vgl. Reidy 2013, 298) über die Thematik und besonders über die Gattung des Familien- bzw. Generationenromans, zu deren Archeget Mann mit *Buddenbrooks* im deutschen Sprachraum wurde (vgl. Ru 1992, 166). Bei der Erarbeitung einer Motivgeschichte des ›Familiären‹ sowie einer Gattungstheorie und Literaturgeschichte des deutschsprachigen Generationenromans handelt es sich um literaturwissenschaftliche Desiderate. Davon, sowie von der Annahme, dass generationelle Strukturen in ihrer Literarisierung zu beziehungsreichen »Figur[en] des Wissens« werden (Parnes et al., 330), gehen die folgenden Schlaglichter auf einzelne Aktualisierungen des Motivkomplexes in Manns Schaffen aus.

Im Frühwerk ist die Thematik als »problematische Größe« (Blödorn 2007, 11) akut. In den elf Erzählungen, die vor *Buddenbrooks* erschienen, und im Debütroman selbst wird der Familie eine durchgehend »schlechte[] Diagnose« zuteil (Elsaghe 2007, 159). Das mag zunächst autobiographisch und produktionsästhetisch motiviert sein: Der junge Thomas Mann lebte im Bewusstsein der eigenen gesellschaftlichen »Deklassiertheit« (Reed, GKFA 2.2, 63). Über die Markierungen der Degeneration partizipieren die Familiendarstellungen dieser Schaffensphase aber auch am zeitgenössischen Décadence-Diskurs; entsprechende Lektüreanweisungen gab Mann selbst (BrGr, 96; GKFA 13.1, 153). Diesem ideengeschichtlichen Kontext ist *Königliche Hoheit* dann prima facie entrückt. Als »Hofgeschichte« über die »dynastische[] Lebensform« (GW XI, 118) rührt der Roman dennoch an die aus dem Frühwerk vertraute und hier nur aus anderem Gesichtswinkel fokussierte Problematik der Prägung und der »erbliche[n] Disposition« (Blödorn 2007, 36). Überhaupt ist die im Familienverband drohende »Liquidierung individueller und [...] generationeller Identität« (Elsaghe 2004, 324) charakteristisch für die meisten einschlägigen Schilderungen bei Mann – sogar die Idylle *Gesang vom Kindchen* konzediert, dass der »Jüngling-Vater« angesichts seines »stattlichen Anhang[s]« »bänglich [...] bedacht« ist um »seine Freiheit und Einsamkeit« (GW VIII, 1070–1071).

Zwar werden die für das Frühwerk konstitutiven autobiographischen Substrate und die Auseinandersetzung mit »erbliche[r] Disposition« spätestens ab den Zwanzigerjahren sukzessive durch eine tiefgreifende Faszination für »das Religions- und Mythengeschichtliche« (GW XI, 425) verdrängt. Dabei aber hebt der Mythosbegriff, zu dem Mann u. a. in Anlehnung an Johann Jakob Bachofen gelangt, auf »Wiederkehr, Zeitlosigkeit, Immer-Gegenwart« (GW IX, 229, vgl. Dierks 1972, 89) ab. Obwohl sich Manns »humane[s] Interesse[]« (GW XI, 425) also verlagerte, mündeten seine paradoxerweise zugleich zyklischen und statischen mythologischen Denkfiguren auch in der Mittel- und Spätzeit in Familiengeschichten, die oft von Identitätserosion und genealogischer Zirkularität erzählen. Auf Bachofens reaktionäre Geschichtsphilosophie mag zudem die Renaissance der Verfallsthematik in Manns Spätwerk zurückzuführen sein, das immer wieder Regressionsszenarien entwirft, in denen die überwundenen Kulturstufen des ›Hetärismus‹ und des ›Mutterrechts‹ die patriarchale Ordnung gefährden. Zunächst jedoch wird in der Tetralogie *Joseph und seine Brüder*, die Mann selbst mit den *Buddenbrooks* assoziierte (vgl. Br I, 390), »die Verfallslinie zu einer Fortschrittslinie umgebogen« (Kurzke 1993, 113): In dieser Versuchsanordnung erfährt die Genealogie durch Joseph eine »Verfeinerung[]« (Br I, 390); zugleich steht sie im Zeichen des mythisch »zeitlos Gegenwärtige[n]« (GW IV, 34), für das »die Zukunft Vergangenheit ist« (ebd., 828). In *Lotte in Weimar* sodann führt August von Goethes Abkunft vom großen Klassiker zur vollkommenen Paralyse: August ist »nur der Repräsentant und Kommissionär« (GKFA 9.1, 280) Johann Wolfgangs. Als zyklische, über Bachofen lesbare (vgl. Elsaghe 2010, 270–283) Verfallsgeschichte wiederum, die ihrerseits in ›Wiederkehr‹ mündet, ist Adrian Leverkühns Lebensweg in *Doktor Faustus* strukturiert. Der Tonsetzer entfernt sich zunächst vom Hof Buchel, den seine Familie bewirtschaftet, wohnt indes zuletzt auf dem Hof der Schweigestills, der zu demjenigen seiner Eltern in einer »Wiederholungsbeziehung« (GKFA 10.1, 44) steht. Dass Adrians ›Lebensweg‹ also zyklisch verläuft, steht außer Zweifel; er (ver-)endet denn auch als regredierter Umnachteter in der Pflege seiner Mutter. Die bei Mann bald mit »erbliche[n] Disposition[en]« und Verfallstrajektorien, bald mit mythologisch grundierter »Wiederkehr« assoziierten Familienbande scheint nur Felix Krull abwerfen zu können. Allerdings vermag auch dieser letzte Romanprotagonist keine distinkte, aus jeglichen genealogischen Zusammenhängen herausgelöste Identität zu konstituieren, ist doch sein »Ich-selber-Sein[] [...] nicht bestimmbar, weil tatsächlich nicht vorhanden« (GKFA 12.1, 265).

Mittlerweile liegt eine Vielzahl von Lektüren vor, die Manns Erzählwerk – v. a. *Buddenbrooks* – jenseits des Biographismus durch die Linse des Motivkomplexes ›Familie und Genealogie‹ fokalisieren. Marxistische Deutungen hatten eine Weile Konjunktur (Lukács 1968, 211–308; Kuczynski 1964), und während die Familienproblematik des Frühwerks oft aus psychoanalytischer Warte umrissen wurde, hat man *Buddenbrooks* auch mit dem Rüstzeug der Familientherapie gelesen (Vogtmeier 1987; Eickhölter 2004). In Kombination mit ideengeschichtlichen und ideologiekritischen Ansätzen erweisen sich psychoanalytische Konzepte bis heute als ergiebig (vgl. Elsaghe 2012). Aktuell begegnet die Thomas-Mann-Forschung der Thematik mit heterogenen Erkenntnisinteressen: Mal wird unter neuen Vorzeichen auf tradierte (eben z. B. psychoanalytische) Herangehensweisen rekurriert, mal kommen neuartige Fragestellungen zur Sprache (z. B. literatur- und generationssoziologische in Marx 2004 und Klausnitzer 2009 oder gendertheoretische in Erhart 2001). Dabei rückt immer wieder die Problematik des v. a. im Frühwerk durchdeklinierten familiären ›Verfalls‹ in den Blick. Hierzu gibt es mittlerweile medizinhistorische und diskursanalytische Untersuchungen (Dierks 2002; Max 2008), aber auch kontextualisierende sozial-, wirtschafts- und mentalitätsgeschichtliche sowie intertextuelle Interpretationen (vgl. z. B. Elsaghe 2000, 157–205; Elsaghe 2007; Elsaghe 2010, 16–18; Bohnen 2002, 55–68). Schließlich findet *Buddenbrooks* mitunter in der Forschung zum Generationenroman der deutschsprachigen Gegenwartsliteratur Erwähnung (z. B. bei Weigel 2006; Eigler 2010); eine umfassende gattungstypologische Untersuchung mit entsprechendem Schwerpunkt auf Manns Beitrag zu dieser Gattung steht jedoch, wie erwähnt, noch aus.

Literatur

Blödorn, Andreas: Gestörte Familien – verstörte Helden. Zum Zusammenhang von Fremdbestimmung und Selbstheilung in Thomas Manns *Der kleine Herr Friedemann*, *Der Bajazzo* und *Tonio Kröger*. In: Rüdiger Sareika (Hg.): *Buddenbrooks, Houwelandt & Co. Zur Psychopathologie der Familie am Beispiel des Werks von Thomas Mann und John von Düffel*. Iserlohn 2007, 11–37.

Bohnen, Klaus: »Bild-Netze. Zur ›Quellenmixtur‹ in den *Buddenbrooks*. In: *TMJb* 15 (2002), 55–68.

Dierks, Manfred: *Studien zu Mythos und Psychologie bei Thomas Mann*. Bern/München 1972 (= *TMS* 2).
Dierks, Manfred: *Buddenbrooks* als europäischer Nervenroman. In: *TMJb* 15 (2002), 135–151.
Eickhölter, Manfred: Thomas Mann stellt seine Familie – *Buddenbrooks*. Literatur als Lebenspraxis? Eine methodische Annäherung. In: *TMJb* 17 (2004), 105–125.
Eigler, Friederike: Beyond the Victims Debate. Flight and Expulsion in Recent Novels by Authors from the Second and Third Generation (Christoph Hein, Reinhard Jirgl, Kathrin Schmidt, and Tanja Dückers). In: Laurel Cohen-Pfister/Susanne Vees-Gulani (Hg.): *Generational Shifts in Contemporary German Culture*. Rochester NY 2010, 77–94.
Elsaghe, Yahya: *Die imaginäre Nation. Thomas Mann und das ›Deutsche‹*. München 2000.
Elsaghe, Yahya: *Thomas Mann und die kleinen Unterschiede. Zur erzählerischen Imagination des Anderen*. Köln 2004.
Elsaghe, Yahya: Die kleinen Herren Friedemänner. Familie und Geschlecht in Thomas Manns frühesten Erzählungen. In: Christine Kanz (Hg.): *Zerreissproben/Double Bind. Familie und Geschlecht in der deutschen Literatur des 18. und des 19. Jahrhunderts*. Bern 2007, 159–180.
Elsaghe, Yahya: *Krankheit und Matriarchat. Thomas Manns »Betrogene« im Kontext*. Berlin/New York 2010.
Elsaghe, Yahya: *Königliche Hoheit* als Familienroman. In: Ortrud Gutjahr (Hg.): *Thomas Mann*. Würzburg 2012, 45–79.
Erhart, Walter: *Familienmänner. Über den literarischen Ursprung moderner Männlichkeit*. München 2001.
Gutjahr, Ortrud: Beziehungsdynamiken im Familienroman. Thomas Manns *Buddenbrooks*. In: Ortrud Gutjahr (Hg.): *Thomas Mann*. Würzburg 2012, 21–44.
Klausnitzer, Ralf: Jenseits der Schulen und Generationen? Zur literarischen Beziehungspolitik eines Solitärs. In: Michael Ansel/Hans-Edwin Friedrich/Gerhard Lauer (Hg.): *Die Erfindung des Schriftstellers Thomas Mann*. Berlin/New York 2009, 453–487.
Kuczynski, Jürgen: Thomas Mann. In: *Jahrbuch für Wirtschaftsgeschichte 1963, Teil IV* (1964), 11–56.
Kurzke, Hermann: *Mondwanderungen. Wegweiser durch Thomas Manns Joseph-Roman*. Frankfurt a. M. 1993.
Lukács, Georg: *Faust und Faustus. Ausgewählte Schriften II*. Reinbek b. Hamburg 1968.
Marx, Friedhelm: Väter und Söhne. Literarische Familienentwürfe in Thomas Manns *Unordnung und frühes Leid* und Klaus Manns *Kindernovelle*. In: *TMJb* 17 (2004), 83–103.
Max, Katrin: *Niedergangsdiagnostik. Zur Funktion von Krankheitsmotiven in »Buddenbrooks«*. Frankfurt a. M. 2008 (= *TMS* 40).
Reidy, Julian: *Rekonstruktion und Entheroisierung. Paradigmen des ›Generationenromans‹ in der deutschsprachigen Gegenwartsliteratur*. Bielefeld 2013.
Ru, Yi-Ling: *The Family Novel. Toward a Generic Definition*. Frankfurt a. M. 1992.
Parnes, Ohad/Vedder, Ulrike/Willer, Stefan: *Das Konzept der Generation. Eine Wissenschafts- und Kulturgeschichte*. Frankfurt a. M. 2008.
Vogtmeier, Michael: *Die Familien Mann und Buddenbrook im Lichte der Mehrgenerationen-Familientherapie. Untersuchungen zu »Buddenbrooks. Verfall einer Familie«*. Frankfurt a. M. 1987.
Weigel, Sigrid: *Genea-Logik. Generation, Tradition und Evolution zwischen Kultur- und Naturwissenschaften*. München 2006.

Julian Reidy

8 Form, Unform, Überform

Im Werk Thomas Manns gibt es drei Grundbegriffe, die für sein Denken eine wichtige Rolle spielen, nämlich ›Unform‹, ›Form‹, ›Überform‹. In dem frühen Essay *Süßer Schlaf!* hat Thomas Mann durch eine Darstellung des »Zustandekommen[s] des Fötus im Leibe der Mutter« (GKFA 14.1, 206) eine Definition des ›Form‹-Begriffes gegeben, indem er ihn auf die Philosophie Schopenhauers und Nietzsches bezieht. Nachdem er das ›Zusammenschließen‹ unseres Kopfes als eine Gestalt beschrieben hat, die sich aus der »Welt der Möglichkeiten« (ebd.) herausbildet, heißt es: »Mir ist dann, als sei alles individuelle Dasein als Folge zu begreifen eines übersinnlichen Willensaktes und *Entschlusses zur Konzentration*, zur Begrenzung und Gestaltung, zur Sammlung aus dem Nichts, zur Absage an die Freiheit, die Unendlichkeit, an das Schlummern und Weben in raum- und zeitloser Nacht – eines *sittlichen* Entschlusses zum Sein und zum Leiden« (ebd.).

Die ›Welt der Möglichkeiten‹, das ›Nichts‹, die ›Freiheit‹, die ›Unendlichkeit‹ und die ›raum- und zeitlose Nacht‹ sind dadurch gekennzeichnet, dass sie ›grenzenlos‹ sind. Sie sind in ihrer Unendlichkeit jenseits jeder ›Form‹, und als das, was auf ›Form‹ überhaupt keinen Bezug hat, nur mit dem Begriff der ›Unform‹ angemessen zu bezeichnen. Da diese Sphäre ›*hinter* der Erscheinung‹, also jenseits des *principii individuationis* existiert, lässt sie sich als jene Seinssphäre bestimmen, die bei Schopenhauer der ›Wille‹ und bei Nietzsche das dionysische »ewige Leben jenseit aller Erscheinung« (KSA 1, 108) ist. Aus dieser ›Unform‹ entsteht kraft eines ›übersinnlichen Willensaktes‹ die Erscheinungswelt mit ihrer Vielfalt verschiedenster Formen und Individuationen. ›Form‹ erscheint also in ihrer allgemeinsten Bedeutung bei Mann als das *principium individuationis*. Sie bedeutet als »*sittliche[r]* Entschluß« das Heraustreten aus dem ozeanischen Seinsgrunde in die vereinzelte Existenz und stellt die *Grenze* der jeweiligen Individuation und Erscheinung dar.

Nach der Fertigstellung des *Zauberbergs* hat Mann seine Definition des ›Form‹-Begriffes in dem Essay *Form* ergänzt und konkretisiert: »Form, so habe ich einmal zu sagen versucht, ist etwas Lebensgesegnet-Mittleres zwischen Tod und Tod: zwischen dem Tode als Unform und dem Tode als Überform, zwischen Auflösung also und Erstarrung, zwischen Wildheit und Erstorbenheit, sie ist das Maß, sie ist der Wert, sie ist der Mensch, sie ist die Liebe« (GKFA, 15.1, 982). Das »[L]ebensgesegnet Mittlere« (ebd., 730) stellt bei Mann jene ›humane Mitte‹ dar, die vor allem in der politischen Essayistik zum Ausdruck kommt. Die ›humane Mitte‹ der ›Form‹ erscheint hier unter den Bezeichnungen des »klassischen Gleichgewichtszustands« (ebd., 1082) und des »humanen Gleichgewichts« (ebd., 1083). Dieser Gleichgewichtszustand stellt in der politischen Essayistik den Versuch Manns dar, die Grundlage einer dauerhaften Zivilisation zu begründen, wobei er sich an Nietzsche und dessen Begriffen des Apollinischen und Dionysischen aus der *Geburt der Tragödie* orientiert. Bei Nietzsche stellt das Dionysische das vitale geistlose ›Leben‹ dar, das blind nach der Befriedigung seiner Bedürfnisse strebt und deshalb auf die Auflösung der ›Form‹, das Ozeanische und das ›Ur-Eine‹ des Seinsgrundes ausgerichtet ist. Das Apollinische stellt dagegen das gestalterische Formprinzip des Geistes dar und erscheint als ein Wille zur Einfügung des dionysischen Strebens nach dem Verfließenden in fest umrissene Grenzen und gesetzliche Normierungen, ist also ein Streben nach Gestaltung der dionysischen Lebensentfaltung zu einer zivilisierten ›Form‹.

Diese Prämissen Nietzsches hat Mann in sein Denken so weitgehend integriert, dass er in den politischen Schriften das Ideal eines »humanen Gleichgewichts« von diesen Prämissen her formuliert. Er stellt sich einen zivilisierten Zustand vor, der insofern mit Nietzsches Kulturideal in der *Geburt der Tragödie* korrespondiert, als es sich um eine ›Form‹ handelt, in welcher sich der dionysische Lebenswille an dem apollinischen Drang zur ›Form‹ bricht, so dass das apollinische Formprinzip eine Ausschreitung des dionysischen Lebensprinzips ins Chaos unterbindet, während das vitale Lebensprinzip die Ausschreitung des Formprinzips ins ›tote Leben‹ verhindert.

Eine solche Zivilisation, deren Fundament aus einer ›Übereinkunft‹ zwischen den beiden Prinzipien besteht, kann nach Mann jederzeit aus dem Gleichgewicht geraten und die ›humane Mitte‹ bedrohen. Das Gleichgewicht kann einerseits durch apollinische Rationalität, andererseits aber auch durch dionysische Irrationalität aus der Balance gebracht werden. Wird das Formprinzip auf Kosten des Lebensprinzips dominierend, ergibt sich aus dieser Verrationalisierung der Lebensverhältnisse das Extrem einer Erstarrung des vitalen ›Lebens‹. Aus der Dominanz des Lebensprinzips erfolgen dagegen die Überschreitung der Grenzen und die Aufhebung der ›Form‹ mit dem Ergebnis barbarischer Wildheit.

Den ersten dieser beiden Extremzustände nennt Mann ›Überform‹, den zweiten dagegen ›Unform‹. Damit lässt sich der *kulturtheoretische* Sinngehalt dieser Begriffe präzisieren: ›Form‹ heißt eine durch die Ausgewogenheit von Geist und Leben, Vitalität und Rationalität gekennzeichnete humane Zivilisation. ›Unform‹ bedeutet eine durch irrationale Denkströmungen überfrachtete geistesgeschichtliche Konstellation auf Kosten des rationalen Denkens, die sich auf der politischen Ebene als inhumane Barbarei konkretisieren kann. ›Überform‹ bezeichnet dagegen eine Ausuferung des rationalistischen Denkens auf Kosten der natürlichen Lebensentfaltung.

›Unform‹, ›Form‹, ›Überform‹ haben ebenfalls *anthropologische* Bedeutungen. Hier bedeutet ›Form‹ eine im Wesen des Menschen vorhandene Balance zwischen Geist und Leben: »Mühelose Natur, das ist Rohheit. Müheloser Geist ist Wurzel- und Wesenlosigkeit. Eine hohe Begegnung von Geist und Natur auf ihrem sehnsuchtsvollen Weg zueinander: Das ist der Mensch« (GKFA 15.1, 898), wie Mann diese innere ›Form‹ des Menschen in *Goethe und Tolstoi* definiert hat. In seinem dichterischen Werk dominieren allerdings die beiden anderen Befindlichkeiten der ›Überform‹ und der ›Unform‹ in einer inneren dialektischen Verbundenheit. Die ›Überform‹ stellt eine erste Entwicklungsphase der Figuren dar, die durch die Dominanz des Formprinzips des Geistes gekennzeichnet ist. Sie führt zur Ausgrenzung des vitalen und sinnlichen Lebens mit dem Ergebnis einer ›Erstarrung‹ und ›Erstorbenheit‹ des Lebens. Da das Ausgegrenzte den apollinischen Bastionen als Bedrohung entgegensteht, baut sich aber eine Spannung auf, die den Widerstand der unterdrückten Natur immer mächtiger werden lässt, bis jener Punkt erreicht worden ist, an dem das Verdrängte mit dialektischer Notwendigkeit in eine selbstzerstörerische Lebensbegehrlichkeit oder gar in den dionysischen Irrsinn umschlägt. Die ›Unform‹ geht aus der ›Überform‹ und die »Niederlage der Zivilisation« aus dem »heulenden Triumph der unterdrückten Triebwelt« hervor.

Literatur

Heimendahl, Hans Dieter: *Kritik und Verklärung. Studien zur Lebensphilosophie Thomas Manns in den »Betrachtungen eines Unpolitischen«, »Der Zauberberg«, »Goethe und Tolstoi« und »Joseph und seine Brüder«*. Würzburg 1998.

Heller, Peter: *Probleme der Zivilisation. Versuche über Goethe, Thomas Mann, Nietzsche und Freud*. Bonn 1978.

Kristiansen, Børge: *Unform-Form-Überform. Thomas Manns »Zauberberg« und Schopenhauers Metaphysik*. Kopenhagen 1978.

Kristiansen, Børge: *Thomas Mann – Der ironische Metaphysiker. Nihilismus – Ironie – Anthropologie in Thomas Manns Erzählungen und im »Zauberberg«*. Würzburg 2013.

Kurzke, Hermann: *Thomas Mann. Epoche – Werk – Wirkung*. 4., überarb. u. aktual. Aufl. München 2010.

Børge Kristiansen

9 Geschlecht, Androgynie und Identität

Thomas Manns literarische Beschäftigung mit dem Thema der Identität, die in seinem Werk durchgehend von Geschlecht und Sexualität affiziert ist (Webber 2002, 64–66), findet am Ende seines Lebenswerkes, in seinem letzten Roman *Bekenntnisse des Hochstaplers Felix Krull*, einen verdichteten Ausdruck. Identität erscheint hier deutlich als Konstruktion, die auf die narrative Konstruktionsarbeit des Erzählers angewiesen ist. Sowohl auf der Ebene der Erzählung als auch auf der Ebene der erzählten Handlung wird dabei der performative Charakter der Identitätskonstitution herausgestrichen, den der Erzähler Felix Krull im Dritten Buch auf die Formel bringt: »Verkleidet aber war ich in jedem Fall, und die unmaskierte Wirklichkeit zwischen den beiden Erscheinungsformen, das Ich-selber-Sein, war nicht bestimmbar, weil tatsächlich nicht vorhanden« (GKFA 12.1, 265). Was hier in radikaler und verdichteter Form erscheint – Identität als Performanz, hinter der keine Essenz mehr zu suchen ist (vgl. Schöll 2005, 19–21) –, scheint das Ergebnis eines Abarbeitens am Thema der Identität seit den frühesten Erzählungen zu sein, das dabei schon immer Geschlecht und Sexualität als zentrale Faktoren der Identitätsstabilisierung und -unterminierung in den Blick nimmt.

Die fragwürdige Geschlechtlichkeit, die homoerotischen Anteile, die androgynen Merkmale, die sich die glückhafte Identität eines Felix Krull zuschreibt (vgl. ebd., 24–26), haben ihre Wurzeln in den gedemütigten und scheiternden Männlichkeitskonstruktionen im Frühwerk. Identität verhandelt Thomas Mann vornehmlich – freilich nicht ausschließlich – an männlichen Figuren, was Webber in der Formulierung von »Mann's man's world« (Webber 2002, 64f.) auf den Punkt bringt. In der frühen Erzählung *Luischen* lässt sich eine männliche Figur, der Rechtsanwalt Christian Jacoby, dabei beobachten, wie er im Verhältnis zur *femme fatale*-Weiblichkeit seiner Ehefrau Amra um das Aufrechterhalten seiner männlichen Identität und damit ums Überleben kämpft. Geschlecht und Heterosexualität erscheinen hier als ein normativer Verbund, der das eine vom anderen abhängig macht und dabei zugleich das Subjekt in Deformation und Identitätsverlust treibt. Wenn Jacoby dem sadistischen Wunsch Amras entspricht, bei einem Gartenfest im weiblichen *drag* als ›Luischen‹ aufzutreten, so wird vor Augen geführt, dass das dialektische Verhältnis von Zwangsheterosexualität und Geschlecht ein dysfunktionales ist: Der Versuch, den aus der heterosexuellen Beziehung sich ergebenden Imperativen zu entsprechen, muss zu einem Scheitern der Herstellung von Männlichkeit auf performativem Wege führen. In ironischer Spiegelung der ärztlichen Initiierung des Vergeschlechtlichungsprozesses bei der Geburt – ›Es ist ein Junge/Mädchen‹ – (vgl. Butler 1997, 29), schließt der Text mit einem performativen Sprechakt eines Mediziners: »Gleich darauf erschien der junge Arzt aufs neue im Saal [...]. Einigen Herrschaften, die ihn an der Thür umringten, antwortete er achselzuckend: ›Aus.‹« (GKFA 2.1, 180).

Im Spannungsfeld zwischen einem solchen tödlichen Scheitern der Geschlechterperformanz und Felix Krulls glückhafter Maskerade begegnet im Werk Thomas Manns eine Vielzahl von Figuren, deren geschlechtliche und sexuelle Identität als brüchig, als umkämpft erscheint. Dabei tritt immer wieder der Komplex der Androgynie als ein Gravitationspunkt der Identitätskonstitution auf. Auf der positiven Seite einer nicht zum Scheitern verurteilten androgynen Existenz ist dabei der Erwählte Joseph zu verzeichnen. Als emblematisches Paradigma der auf zwei Personen verteilten androgynen Einheit dient das schöne Geschwisterpaar, so erneut im *Felix Krull* das Paar auf dem Frankfurter Balkon, ein »Doppelwesen«, das »beiderlei Geschlechtsgestalt selig umfaßt[...]« (GKFA 12.1, 97f.). Ebendieses androgyne Geschwisterpaar birgt jedoch auch seine Abgründe: schöne Geschwisterpaare drohen immer wieder, sich inzestuös aufeinander zu beziehen und katastrophal zu kollabieren, so vor allem in *Wälsungenblut* und in *Der Erwählte*. Das androgyne Ideal bedeutet eine Verführung des Subjekts, die sich sowohl im lächerlichen Scheitern des kosmetischen Dandytums alternder Herren ausdrücken kann, man denke an den ältlichen Stutzer auf dem Schiff und an Aschenbachs Friseurbesuch in *Der Tod in Venedig*, als auch in der verführerisch-gefährlichen Androgynie vermännlichter Frauengestalten, so Dunja Stegemanns in *Gerächt* (vgl. Luft 1998, 45–49) oder der Trapezkünstlerin Andromache im *Felix Krull* (vgl. Janz 2003, 183–185), die deren Untauglichkeit für heterosexuelle Beziehungen zur Folge zu haben scheinen. Bei alldem sind sich die Reflexionen über Geschlecht und Identität in den Mann'schen Texten der Tatsache bewusst, dass sie in einem spezifisch-historischen Kontext stehen. Das wird besonders in *Unordnung und frühes Leid* deutlich, wo schon in der intergenerationellen

Konstellation von Eltern und Kindern eine diachrone Dimension manifest ist. Den Abstand zwischen alt und neu nimmt der Protagonist Professor Cornelius vor allem an den ihm fremden Geschlechterarrangements der Kindergeneration wahr – Männer schminken sich (GW VIII, 637 f.), Frauen tanzen mit Frauen, Männer mit Männern (ebd., 647) – und fasst zusammen: »es ist ihnen alles einerlei« (ebd.).

Geschlecht ist im Werk Thomas Manns freilich alles andere als ›einerlei‹, es erscheint vielmehr als eine fragwürdige und umkämpfte zentrale Dimension von Identität, als ein Gegenstand stetiger Beunruhigung und Befragung. Seine performative Herstellung ist nicht auf die Handlungsebene der erzählten Wirklichkeit von ›Mann's man's world‹ beschränkt, sondern wird immer wieder auch auf der Ebene der Interaktion von Erzählung und Erzähltem verhandelt und so – das erweist sich gerade an den unzuverlässigen Erzählern des Spätwerks– fundamental destabilisiert. Die Verwunderung, die der Sprecher des *Gesangs vom Kindchen* zum Ausdruck bringt, kann so auch als ein Charakteristikum des Mann'schen Gesamtwerks gelesen werden: »Wunderlich schien es mir, das Geschlecht [...]« (ebd., 1072; vgl. Renner, TMHB, 626–628).

Zieht man in Betracht, dass Vaget Thomas Mann den »größten Psychologen der Sexualität in der deutschen Literatur« (Vaget, TMHb, 616) nennt und Webber dem Komplex von Sexualität und Geschlecht, und hier vor allem der männlichen Homosexualität, eine »paradigmatic function for Mann's depiction of identity at large and for his whole aesthetic enterprise« (Webber 2002, 65) zuspricht, so kann die relativ geringe Zahl von Forschungsbeiträgen mit dezidiert *queerer* Perspektive (z. B. Blödorn 2006; Bergmann 2012; Tobin 2012) verwundern. Ein Grund für diesen Umstand könnte darin liegen, dass sich die Thomas-Mann-Philologie gerade in Bezug auf das Thema der Homoerotik nur schwer von biographistischen Ansätzen lösen zu können scheint, welche die Begründung von homoerotischen Konstellationen im Werk stets auf die Biographie des als Homoerotiker verstandenen Autors beziehen (vgl. etwa Detering 2002, 273–322). Vor dem Hintergrund des Interesses der Texte Manns am performativen Charakter der Herstellung von Identität erscheint ihre systematische *queere* Lektüre, die auch die intersektionale Verschränkung mit anderen zentralen Differenzkategorien neben Geschlecht und Sexualität wie Nationalität, Klasse und *race* (vgl. Elsaghe 2004) in den Blick nimmt, als geboten und wünschenswert.

Literatur

Bergmann, Franziska: Poetik des Unbestimmten. Eine ›queer‹theoretische Lektüre von Thomas Manns Erzählung *Der Kleiderschrank. Eine Geschichte voller Rätsel*. In: Stefan Börnchen/Georg Mein/Gary Schmidt (Hg.): *Thomas Mann. Neue kulturwissenschaftliche Lektüren*. Paderborn 2012, 81–93.

Blödorn, Andreas: Von der ›Queer Theory‹ zur Methode eines ›Queer Reading‹: Tonio Krögers ›verquere‹ Normalität. (Queer Studies). In: Tim Lörke/Christian Müller (Hg.): *Vom Nutzen und Nachteil der Theorie für die Lektüre. Das Werk Thomas Manns im Lichte neuer Literaturtheorien*. Würzburg 2006, 129–146.

Butler, Judith: *Körper von Gewicht. Die diskursiven Grenzen des Geschlechts*. Frankfurt a. M. 1997 (engl. 1993).

Detering, Heinrich: *Das offene Geheimnis. Zur literarischen Produktivität eines Tabus von Winckelmann bis zu Thomas Mann*. Göttingen 2002.

Elsaghe, Yahya: *Thomas Mann und die kleinen Unterschiede. Zur erzählerischen Imagination des »Anderen«*. Köln/Weimar/Wien 2004.

Janz, Rolf-Peter: Die doppelte Lust an der Verstellung. Thomas Manns *Felix Krull* und Steven Spielbergs *Catch me if you can*. In: Claudia Benthien/Inge Stephan (Hg.): *Männlichkeit als Maskerade. Kulturelle Inszenierungen vom Mittelalter bis zur Gegenwart*. Köln 2003, 178–192.

Luft, Klaus Peter: *Erscheinungsformen des Androgynen bei Thomas Mann*. New York u. a. 1998.

Renner, Rolf Günter: Dramatisches, Lyrisches. In: *TMHb*, 623–628.

Schöll, Julia: »Verkleidet aber war ich in jedem Fall«. Zur Identitätskonstruktion in *Joseph und seine Brüder* und *Bekenntnisse des Hochstaplers Felix Krull*. In: *TMJb* 18 (2005), 9–29.

Tobin, Robert Deam: Queering Thomas Mann's *Der Tod in Venedig*. In: Stefan Börnchen/Georg Mein/Gary Schmidt (Hg.): *Thomas Mann. Neue kulturwissenschaftliche Lektüren*. Paderborn 2012, 67–80.

Vaget, Hans Rudolf: Die Erzählungen. In: *TMHb*, 534–618.

Webber, Andrew J.: Mann's man's world: gender and sexuality. In: Ritchie Robertson (Hg.): *The Cambridge Companion to Thomas Mann*. Cambridge 2002, 64–83.

Benedikt Wolf

10 Gewalt und Krieg

Zu den Erinnerungen Johann Buddenbrooks d. Ä. zählen eine persönliche Begegnung mit Napoleon Bonaparte in Paris und jene Epoche, in der Lübeck als Kanton des *Département des Bouches de l'Elbe* (1806–1813) und Teil des französischen Kaiserreichs firmierte. Sie sind nicht unfreundlich. Monsieur Buddenbrook bewundert den Kaiser, parliert gerne französisch und nennt seinen Sohn Jean. Obschon der Niedergang der Familie vom Erzähler bis ins Jahr 1877 verfolgt wird, spielt der deutsch-französische Krieg keine Rolle. Bismarck wird nur ein einziges Mal erwähnt, das Deutsche Reich gar nicht. Der Krieg gegen Dänemark (1864) und gegen Österreich (1866) erhält größeren Raum, aber allein mit Blick auf die ökonomischen Konsequenzen für Lübeck im Allgemeinen und das Handelshaus Buddenbrook im Besonderen. Wer behaupte, der »junge« Thomas Mann habe mit »Politik nichts im Sinn« gehabt, trage Eulen nach Athen, hat Görtemaker (2005, 13) festgestellt; und dies gilt auch für die Politik mit ›anderen Mitteln‹: »Thomas Mann war kein Kriegsschriftsteller« (Schumann 1986, 30). Krieg als staatlich organisierte Gewalt wird in *Buddenbrooks* nicht dargestellt, von ›Erbfeindschaft‹ ist nicht die Rede. Sein Personal ist, wenn nicht gerade frankophil, so doch keinesfalls so nationalistisch oder gar chauvinistisch wie unter den politischen Protagonisten des Deutschen Reichs um 1900 nicht unüblich.

Vor diesem Hintergrund kann man die nach dem Ausbruch des Ersten Weltkriegs publizierten Zeitungs- und Zeitschriftenbeiträge von *Gedanken im Kriege* und *Gute Feldpost*, die das Soldatische als Haltung des Dichters entdecken und den Krieg als ›Feuerprobe‹ begrüßen, über *Friedrich und die große Koalition* (1914), der den Einmarsch in Belgien mit einer historischen Analogie rechtfertigt, bis zu *Weltfrieden* (1917) als Dokumente einer unabsehbaren Wende zu einer bellizistischen Publizistik auffassen, deren Höhepunkt die *Betrachtungen eines Unpolitischen* (1918) darstellen (vgl. Sontheimer 1958). Versatzstücke des dort entfalteten (geo-)politischen Dualismus (›landfremde‹ Zivilisation vs. ›deutsche‹ Kultur, Gesellschaft vs. Gemeinschaft) lassen sich noch in den Texten nachweisen, die Mann in der Epoche der Weimarer Republik schreibt, selbst in seinen Bekenntnissen zu ihr wie *Von deutscher Republik* (1922) oder *Deutschland und die Demokratie* (1925), in denen auch die ›Frontgemeinschaft‹ des Krieges erinnert und als Avantgarde des neuen Deutschlands anerkannt wird. Zwar hat sich der Weltkrieg als »Einbruch von Tod und Gewalt« auch in Erzählungen wie *Herr und Hund* eingeschrieben (Honold 2012, 60), doch in keinem anderen Text spielt die in den *Betrachtungen* verdichtete Krisen- und Kriegssemantik eine derart prominente Rolle wie im *Zauberberg*. Während des Zweiten Weltkriegs führt Mann aus dem Exil erneut, etwa in seinen Rundfunkansprachen, einen »Krieg der Semantik« (Hamacher 2000, 62), diesmal auf Seiten der Alliierten, doch kommt der Motivkomplex Krieg und Gewalt in seinem literarischen Schaffen nicht mehr derart pointiert zur Darstellung. Der *Zauberberg* und die *Betrachtungen* stehen daher im Zentrum dieses Eintrags.

Hans Castorp befindet sich seit etwa einem Jahr im Sanatorium Berghof, als mit Naphta ein Antipode Settembrinis in seinen engeren Bekanntenkreis tritt (GKFA 5.1, 562). Dass diese beiden gelehrten Herren miteinander streiten, ohne sich je zu einigen, gehört zu den Eigentümlichkeiten ihrer Diskurse (ebd., 582). Aber es ist sein Vetter Joachim Ziemßen, aus dem quasi »das Militär« spreche (ebd., 582), der in diesem Streiten die Möglichkeit einer gewalttätigen Eskalation angelegt findet. »Ja, er wurde ungemütlich, als auf persönlichen Mut die Rede kam« (ebd., 583). Castorps Entgegnung wiederum verdeutlicht, dass er Settembrini den »Mut« nicht zutraue, »seine Freiheit und Tapferkeit« anders als mit Worten zu verteidigen (ebd., 583), Naphta allerdings vor möglichen Konsequenzen einer »scharfen« (ebd., 563) Parteinahme für seine Sache wohl keine »Angst« haben werde (ebd., 583).

Die Positionen, die Naphta und Settembrini in ihren Gesprächen mit Castorp beziehen, sind den Lesern der *Betrachtungen eines Unpolitischen* bekannt (vgl. Walser 1976). Die Arbeit an diesem Großessay, den Mann selbst als seinen Beitrag zur Kriegsführung bezeichnet (GKFA 13.1, 11, 22 f.), hat seine Beschäftigung mit der ›Davos-Novelle‹ nicht etwa nur unterbrochen, sondern semantisch strukturiert und mit einem Ende versehen: Castorp beim Sturmangriff auf einen feindlichen Kampfgraben (GKFA 5.1, 1082 f.).

Die apologetischen *Betrachtungen* begrüßen den Krieg in aller Offenheit, insofern er, mit Blick auf die zuvor kursierenden Visionen einer ökonomisch und verkehrstechnisch fundierten »schiedlich-friedliche[n] Völkergemeinschaft« (GKFA 13.1, 504), allem falschen »Schein ein Ende« (ebd., 495) bereite und die »europäische[n] Gegensätze« (ebd., 60) klar zu Tage fördere, austrage und entscheide. Mit einem an Carl Schmitt (er ist während des Krieges Manns

Münchener Militärzensor) gemahnenden Dezisionismus und Existenzialismus wird der Krieg als heuristisches Mittel und ultimative Probe gerechtfertigt (vgl. van Heekeren 2001, Werber 2012). Er zwingt zur Stellungnahme, sortiert die Meinungen und bringt den Streit zur Entscheidung. Castorp repräsentiert jene im großen Krieg auszufechtenden »Entscheidungen« bzw. ihren Schauplatz (GKFA 5.1, 779; vgl. Nenno 1996, 307).

Die in den *Betrachtungen* idealtypisch inszenierten Kontroversen (vgl. GKFA 13.1, 34–40) zwischen deutscher »Kultur« und westlicher »Civilisation« (vgl. Beßlich 2000) werden in der als *Zauberberg* fortgesetzten Davos-Novelle von Settembrini und Naphta aufgegriffen, zunächst in Form von diskursiven Schlagabtäuschen, die niemals zu einem Kompromiss und niemals zu einem Ende führen. Diese Dispute sind »uferlos« (GKFA 5.1, 705) und enden immer nur aus kontingenten Gründen, etwa weil es spät wurde oder zu kalt. Keiner gönnt dem anderen das letzte Wort. Hans Castorp jedoch hatte die »Ohren voll vom Wirrwarr und Waffenlärm der beiden Heere« (ebd., 705), womit der Erzähler einen deutlichen Hinweis darauf gibt, dass die Kontroverse, ganz wie in den *Betrachtungen*, als »Schlachtgetümmel« (ebd., 706) eines Krieges zu lesen sei, der auch mit der Feder geführt, aber letztlich von der Reichswehr gewonnen werde (GKFA 13.1, 11, 638). Ganz wie die europäischen Staaten (ebd., 213, 532) sind Settembrini und Naphta »Hausgenossen und Widersacher« (GKFA 5. 1., 1045). Die geopolitische Dimension ihrer Auseinandersetzungen wurde in der Forschung bereits betont (Thesz 2006, 389; vgl. GKFA 5.1, 374 f.). Dass sie sich nicht ›schiedlich-friedlich‹ einigen werden, steht zu erwarten (Cunliffe 1976, 411). Letztlich kommt es zum Duell, also zu einer Form gehegter Gewalt, als die das Völkerrecht auch den Krieg zu verstehen versuchte.

Im Kapitel »Große Gereiztheit« verschafft sich der »allgemein verbreitete Wunsch nach Krieg« (GKFA 5.1, 1046) einen handgreiflichen Ausdruck. Jene »kriselnde Gereiztheit«, welche auch die Mentalitätsgeschichte zur Symptomatik des Vorkriegs zählt (vgl. Ulrich 2014), eskaliert auf dem Berghof über »geballte[] Fäuste« und »zusammengebissene[] Zähne« (GKFA 5.1, 1036) bis hin zur Schlägerei (ebd., 1038) und einem veritablen »Ehrenhandel« (ebd., 1039), an dem auch Settembrini und Naphta »verbissenen« und »hingerissenen« Anteil nehmen (ebd., 1045). Man hat dies als »Satire« gelesen (Elsaghe 2009, 60). Als Settembrini einen an Castorp gerichteten Monolog Naphtas über Fichte, Arndt und Görres »mit Schärfe« unterbricht und seine Ausführungen infam nennt (GKFA 5.1, 1055), kommt es zu einer Forderung: Ob man nicht den »Austrag dieser kleinen Differenz an den gehörigen Ort verlegen« wolle (ebd., 1057)? Es kommt zum »Duell« (ebd., 1058), und die festgelegten Regeln – kurze Distanz und dreimaliger Kugelwechsel – sind »mörderisch[]« (ebd., 1062). Nachdem Settembrini aber absichtlich hoch in die Luft schießt, statt auf seinen Kombattanten (ebd., 1069), bezichtigt Naphta ihn als »Feigling« und, da er einen Gegner, der nicht auf ihn schießt, nicht zu töten vermag, erschießt sich selbst (ebd., 1070). Auf »Naphtas krasses Ende« (ebd., 1076) folgen »Tage schwülster Erwartung, als eine Steckfolter die Nerven Europas spannte«, dann »Mobilisationen« und »Kriegserklärung« (ebd., 1078); »es ist der Krieg« (ebd., 1081). Im »Getümmel« der Schlacht, Erdreich und Körperfetzen fliegen umher, verliert der Erzähler Castorp »aus den Augen« (ebd., 1084) und beendet das Werk.

Moralisierende Bewertungen der Personen und ihrer Positionen (vgl. Grenville 1985 und Neumann 1997, 146) verkennen die Tektonik des Textes, der konsequent vorführt, wie philosophische, religiöse, historische oder pädagogische Meinungsunterschiede politisiert werden und die so entstehende Freund-Feind-Differenz schließlich zu jener »Todesbereitschaft und Tötungsbereitschaft« führen, die von seinen Bürgern zu fordern Carl Schmitt für das zentrale Recht (*jus belli*) eines Staates hält (Schmitt 1932, 34). Das Duell kommt dem Kriegsausbruch nur um kurze Zeit zuvor. Und auf den Notenwechsel der polnischen »Kavaliere« über Beleidigung und Genugtuung (GKFA 5.1, 1040–1043) und das dort verhandelte »Schnellfeuer offizieller Ohrfeigen« (ebd., 1043) folgt das »Sperrfeuer von Schrapnells« (ebd., 1082; vgl. Würffel 1995, 214).

Es ist Naphta, der Settembrinis pädagogisches Monopol bricht und es dem Erzähler ermöglicht, jenen scharfen Dualismus in die Gesprächswelt des Berghofs einzuführen, den Mann in den *Betrachtungen* erprobt hat: Kultur versus Zivilisation, Freiheit versus Gesellschaft, Helden versus Händler, Krieg versus Komfort, Deutschland gegen die Entente. Der Krieg offenbare, und zwar jedem, worum es wirklich gehe (GKFA 13.1, 189). Nicht um »Macht und Geschäft«, wie man annehmen könne, es sei vielmehr ein »Krieg zwischen Ideen« (ebd., 191). Mit seinen eigenen »felddienstmäßig gerüsteten Artikeln« (ebd., 176) nimmt Mann nach eigener Einschätzung an diesem Krieg teil: »Ich wollte dienen« (ebd., 177). Jede Kontroverse um Ideen birgt mithin die Möglichkeit einer Eskalation, die dann zu Gewalt und Krieg führt, wenn es den Diskutanten ernst ist mit der Sache, die sie vertreten. »Wer für das Ideelle nicht mit seiner Person, seinem Arm, seinem Blute einzutreten vermag, der ist seiner nicht wert«, erläutert Settembrini die Notwendigkeit des Duells (GKFA 5.1, 1060 f.). Ein »abstraktes«, »[g]eistige[s]« »Zerwürfnis[]« spitzt sich zu »zur Situation des Du oder Ich« (ebd., 1060 ff.). Dass Mann »nur in blanken, gewissermaßen ausgebluteten Entgegensetzungen« denke (Walser 1976, 20), trifft auch 1924 noch zu. Als »Gegen-Langemark« (Schumann 1986, 44) lässt sich *Der Zauberberg* so nicht lesen. Auch die These, dass der Roman die Gegensätze des »Kriegsbuchs« zwar als »Reservoir« nutzte, die aus den *Betrachtungen* bekannten »Argumente« nun jedoch »ironisch, versöhnlich, objektiv und zeitlos einander gegenüber« stelle (Kurzke 2010, 200), widerstreitet einer plausiblen dezisionistischen Lesart der Eskalation vom Diskurs über das Duell zum Krieg. Auch Koopmann liest den *Zauberberg* als Fortsetzung der *Betrachtungen* (Koopmann 1995, 68). Die hier verhandelten Gegensätze munitionieren im *Zauberberg* zunächst einen Diskurs über den Krieg und seine Gründe und Ziele (GKFA 5.1, 578–583; vgl. Thesz 2006, 389), der die Kontrahenten schließlich zum Zweikampf führt und letztlich Castorp in die Erste Flandernschlacht bei Ypern. Es mag ein Ausweis einer eisigeren Ironie sein, als man sie von Mann kennt, dass gerade dort die Entscheidung immer wieder mit allen militärischen Mitteln vergeblich gesucht worden ist. Ob Hans Castorp, nachdem der Erzähler ihn aus seinem Blick lässt, die ›Stahlgewitter‹ der Westfront nun überlebt oder ob er fällt wie Hunderttausende: es spielt für die in den *Betrachtungen* und im *Zauberberg* verhandelten geopolitischen und ideologischen Alternativen keine Rolle.

Literatur

Beßlich, Barbara: *Wege in den »Kulturkrieg«. Zivilisationskritik in Deutschland 1890–1914.* Darmstadt 2000.

Cunliffe, W. Gordon: Cousin Joachim's Steel Helmet: *Der Zauberberg* and the War. In: *Monatshefte für deutschen Unterricht, deutsche Sprache und Literatur* 68.4 (1976), 409–417.

Elsaghe, Yahya: »Edhin Krokowski aus Linde bei Pinne, Provinz Posen.« Judentum und Antisemitismus im Zauberberg und seiner Vorgeschichte. In: *Monatshefte für deutschsprachige Literatur und Kultur* 101.1 (2009), 56–72.

Görtemaker, Manfred: *Thomas Mann und die Politik,* Frankfurt a. M. 2005.

Grenville, Anthony: ›Linke Leute von rechts‹: Thomas Mann's Naphta and the Ideological Confluence of Radical Right and Radical Left in the Early Years of the Weimar Republic. In: *Deutsche Vierteljahrsschrift für Literaturwissenschaft und Geistesgeschichte* 59 (1985), 651–675.

Hamacher, Bernd: Die Poesie im Krieg. Thomas Manns Radiosendungen *Deutsche Hörer!* als ›Ernstfall‹ der Literatur. In: *TMJb* 13 (2000), 57–74.

Honold, Alexander: Vorkriegs-Nachlese mit *Herr und Hund.* In: Alexander Honold/Niels Werber (Hg.): *Deconstructing Thomas Mann.* Heidelberg 2012. 43–63.

Koopmann, Helmut: Die Lehren des *Zauberbergs.* In: Thomas Sprecher (Hg.): *Das »Zauberberg«-Symposium 1994 in Davos.* Frankfurt a. M. 1995 (= *TMS* 11), 59–80.

Kurzke, Hermann: *Thomas Mann. Epoche – Werk – Wirkung.* 4., überarb. u. aktual. Aufl. München 2010.

Nenno, Nancy P.: Projections on Blank Space: Landscape, Nationality, and Identity in Thomas Mann's *Der Zauberberg.* In: *The German Quaterly.* 69.3 (1996), 305–321.

Neumann, Michael: Ein Bildungsweg in der Retorte : Hans Castorp auf dem *Zauberberg.*
In: *TMJb* 10 (1997), 133–148.

Schmitt, Carl: *Der Begriff des Politischen.* Berlin 1932.

Schumann, Willy: »Deutschland, Deutschland über alles« und »Der Lindenbaum«. Betrachtungen zur Schlußszene von Thomas Manns *Der Zauberberg.* In: *German Studies Review* 9.1 (1986), 29–44.

Sontheimer, Kurt: Thomas Mann als politischer Schriftsteller. In: *Vierteljahrshefte für Zeitgeschichte* 6.1 (1958), 1–44.

Thesz, Nicole A.: Thomas Mann und »Die Welt vor dem großen Kriege«: Abgrenzung und Dialektik auf dem *Zauberberg.* In: *Monatshefte für deutschsprachige Literatur und Kultur* 98.3 (2006), 384–402.

Ulrich, Bernd: Krieg der Nerven, Krieg des Willens. In: Stefan Kaufmann/Lars Koch/Niels Werber: *Erster Weltkrieg. Kulturwissenschaftliches Handbuch.* Stuttgart 2014, 232–258.

van Heeckeren, Menno: Thomas Mann: Parteigänger oder Untergangsprophet der ›Deutschen Ideologie‹? In: *Neophilologus* 85.2 (2001), 245–256.

Walser, Martin: Ironie als höchstes Lebensmittel oder: Lebensmittel der Höchsten. In: *Text und Kritik. Sonderband Thomas Mann.* München 1976, 5–26.

Würffel, Stefan Bodo: Zeitkrankheit – Zeitdiagnose aus der Sicht des *Zauberbergs*: Die
Vorgeschichte des Ersten Weltkrieges – in Davos erlebt. In: Thomas Sprecher (Hg.): *Das »Zauberberg«-Symposium 1994 in Davos.* Frankfurt a. M. 1995 (= *TMS* 11), 197–223.

Werber, Niels: Das Politische des Unpolitischen. Thomas Manns Unterscheidung zwischen Heinrich von Kleist und Carl Schmitt. In: Alexander Honold/Niels Werber (Hg.): *Deconstructing Thomas Mann.* Heidelberg 2012. 65–87.

Niels Werber

11 Heimsuchung

Auf die Bedeutung des Motivs der ›Heimsuchung‹, das in seiner wichtigsten Ausprägung in Thomas Manns Œuvre die Zerstörung einer mühevoll aufgebauten und bewahrten (doch immer fragilen, weil auf Triebunterdrückung aufgebauten) Lebensordnung durch eine nicht mit dieser Ordnung vereinbare Liebe meint, hat der Autor selbst mehrfach hingewiesen: Am Beginn des Kapitels »In Schlangennot« von *Joseph in Ägypten* (1936) reflektiert der Erzähler, der hier die Grenze zwischen Fiktion und Realität durchbricht und unmissverständlich zur Stimme des Autors wird, darüber, dass es eine »Vorliebe« (GW V, 1082) für »die Idee der Heimsuchung, des Einbruchs trunken zerstörender und vernichtender Mächte in ein gefaßtes und mit allen seinen Hoffnungen auf Würde und ein bedingtes Glück der Fassung verschworenes Leben« (GW V, 1082 f.) schon im Frühwerk und in der Lebensmitte gab. Vier Jahre später schreibt Thomas Mann in seiner Princeton-Lecture *On Myself,* dass dieses »Grundmotiv« »im Gesamtwerk die gleiche Rolle spielt wie die Leitmotive im Einzelwerk.« (GW XIII, 135)

Anlass des exzeptionellen autopoetologischen Rückblicks im Kapitel »In Schlangennot« ist die sich steigernde Leidenschaft der ägyptischen Dame Mut-em-ent für den jungen und schönen Hausmeier Joseph. Schon als Kind für die Ehe mit dem Kastraten und Höfling Peteprê (so heißt hier der biblische Potiphar) bestimmt, führt Mut ein ganz durch kultivierte Äußerlichkeiten bestimmtes und auf sexuelle Erfüllung verzichtendes Leben. Die sich bis zur Verfallenheit steigernde Liebe zu Joseph unterminiert im Laufe von drei Jahren ihren Lebens-»Kunstbau« (GW V, 1083) und bringt die anfangs kühle und sittenstrenge Mut zu immer fragwürdigerem Verhalten: Sie treibt mit der alten Sklavin Tabubu Liebeszauber, lässt Joseph ihren (durch die Bibel vorgegebenen) überdirekten Antrag »Komm, dass wir uns eine Stunde des Schlafens machen!« (GKFA 8.1, 1193) zukommen und schlägt schließlich vor, den störenden Gatten Peteprê durch Mord zu beseitigen (vgl. ebd., 1214).

Die Tatsache, dass Mann für die Gestaltung von Muts Passion auf Notizen aus der Zeit seiner eigenen Verliebtheit in Paul Ehrenberg zurückgegriffen hat, wurde (vgl. etwa Kurzke 1999, 429) als Hinweis darauf gedeutet, dass die immer wieder gestaltete ›heimsuchende‹ Liebe, die wie in *Joseph in Ägypten* so auch in den meisten anderen Texten des Autors einem jungen Mann gilt, autobiographisch grundiert ist von der Furcht des Autors vor der Zerstörung seiner bürgerlichen Lebensordnung durch eine homoerotische Liebe. Auf diese persönlichen Bezüge weist auch der (deutlich von der späten Liebe zu Franz Westermeier geprägte) Essay *Die Erotik Michelangelos,* in dem es über den italienischen Künstler heißt, dass er »die Liebe stets als Übel, als Heimsuchung und süßes Gift verwünscht und dabei ihr angehangen [hat] wie keiner« (GW IX, 792).

Das Kapitel »In Schlangennot« verweist, als es auf die Bedeutung des Motivs der ›Heimsuchung‹ in den bis dahin vorliegenden Werken zurückblickt, durch eindeutige Umschreibungen, aber ohne die Titel zu nennen, auf zwei Erzählungen: auf *Der kleine Herr Friedemann* (1897), wo der körperbehinderte und deshalb alle Leidenschaften aus seinem Leben ausklammernde Protagonist durch die Liebe zu Gerda von Rinnlingen schließlich in einen besonders demütigenden Selbstmord getrieben wird, und auf den *Tod in Venedig* (1912), wo der Schriftsteller Gustav von Aschenbach, dessen Leben bis dahin ganz auf Selbstbeherrschung, Repräsentation und eine neue Klassizität ausgerichtet war, durch die Liebe zu dem schönen Knaben Tadzio zunächst zu entwürdigenden Handlungen (wie der falschen Verjüngung durch den Friseur) und schließlich – unfähig oder unwillig, sich vor der in Venedig grassierenden Cholera in Sicherheit zu bringen – in den Tod getrieben wird. Vor allem in der Venedig-Erzählung (aber nicht nur in diesem Text), steht die Ausgestaltungen des ›Heimsuchungs‹-Motivs unter dem prägenden Einfluss von Nietzsches *Geburt der Tragödie* und ist als Umschlag von apollinischer Form in dionysischen Rausch und Auflösung gestaltet.

Über die im »Schlangennot«-Kapitel bezeichneten Texte hinaus sind das Motiv der ›Heimsuchung‹ und seine Varianten aber noch in zahlreichen weiteren Werken des Autors auszumachen, bis hin zu der letzten Erzählung *Die Betrogene,* nach deren Lektüre Manns Tochter Erika feststellte, dass die Geschichte von der Liebe der alternden Witwe Rosalie von Tümmler zu dem jungen Hauslehrer Ken Keaton zum »Ur-Kram« des Vaters, also zur Kernthematik seines Werkes gehöre (Tb 2. 4. 1953). Der Tod der Protagonistin ist hier allerdings nicht eine Folge der Liebesleidenschaft.

Die Heimsuchung durch die Liebe oder allgemeiner: das Verlangen, die für Manns Protagonisten charakteristische Einsamkeit zu überwinden, verläuft nicht immer tödlich: So bleibt etwa in *Königliche Hoheit* der mit seiner Entwürdigung verbundene

Versuch des Prinzen Klaus Heinrich, aus seinem durch Zeremoniell und leere Repräsentation geprägten Leben auszubrechen und in der Gemeinschaft der ›normalen Menschen‹ aufzugehen, eine Episode (GKFA 4.1, 113–115). In ähnlicher Weise wird das geordnet-bürgerliche Leben des Ingenieurs Hans Castorp im *Zauberberg* durch die Passion für die Russin Clawdia Chauchat und die mit ihr verbundene Sphäre ›russisch-asiatischer Formlosigkeit‹ (vgl. Kristiansen 1986) bedroht, aber nicht zerstört.

Im *Joseph*-Roman selbst wie in anderen Werken wird das Wort ›Heimsuchung‹ aber nicht nur als idiolektischer Terminus technicus für zerstörerisches Liebesleid, sondern daneben auch in einer weniger spezifischen Weise etwa für die vom jüdisch-christlichen Gott verhängten Strafen, z. B. die Sintflut (vgl. GKFA 7.1, XXXIV) oder die sieben mageren Jahre (vgl. 8.1, 1502) gebraucht. Im *Erwählten* werden die prophetischen Träume der Römer Probus und Liberius »Heimsuchung« genannt (GW VII, 208), in *Doktor Faustus* die religiösen Eingebungen Johann Conrad Beißels (vgl. GKFA 10.1, 99).

Eine wichtige Variante des Heimsuchungs-Motivs findet sich in der Essayistik des Ersten Weltkrieges, vor allem in den *Gedanken im Kriege*, wo der Ausbruch des Krieges nicht auf seine realen Wurzeln und Hintergründe befragt, sondern als »Heimsuchung« bezeichnet und begrüßt wird (GKFA 15.1, 31 u. 33; vgl. auch den Brief an Heinrich Mann vom 7. 8. 1914; TM/HM, 170). Wie die Liebes-Heimsuchung lässt auch die politische Heimsuchung eine fragile Ordnung zusammenbrechen und wird herbeigesehnt; so ist auch in den *Betrachtungen eines Unpolitischen* noch vom »Traum eines Volks von Heimsuchung und notgeborener Tat« die Rede (GKFA 13.1, 173.) Dies gilt insbesondere für den Autor selbst, der sich von der Heimsuchung des Kriegsausbruchs die Befreiung aus einer künstlerischen Krise erhoffte. Der Spätroman *Doktor Faustus* greift die im Begriff der ›Heimsuchung‹ implizierte Verlagerung der Verantwortlichkeiten in den Bereich nicht näher bestimmter numinoser Mächte ebenso wie das leichtfertige Herbeisehnen einer Weltkatastrophe kritisierend auf (vgl. GKFA 10.1, 436 f.).

Literatur

Härle, Gerhard (Hg.): *»Heimsuchung und süßes Gift«. Erotik und Poetik bei Thomas Mann.* Frankfurt a. M. 1992.

Kristiansen, Børge: *Thomas Manns »Zauberberg« und Schopenhauers Metaphysik* [1978]. Bonn 1986.

Kristiansen, Børge: *Die »Niederlage der Zivilisation« und der »heulende Triumph der unterdrückten Triebwelt«: Die Erzählung »Der kleine Herr Friedemann« als Modell der Anthropologie Thomas Manns.* In: *Orbis Litterarum* 58 (2003), 397–451.

Kurzke, Hermann: *Die Hunde im Souterrain. Die Philosophie der Erotik in Thomas Manns Roman »Joseph und seine Brüder«.* In: Gerhard Härle (Hg.): *»Heimsuchung und süßes Gift«. Erotik und Poetik bei Thomas Mann.* Frankfurt a. M. 1992, 126–138.

Kurzke, Hermann: *Friedemanns Heimsuchung.* In: *Neue Rundschau* 108 (1997), 171–179.

Kurzke, Hermann: *Thomas Mann. Das Leben als Kunstwerk.* München 1999.

Stephan Stachorski

12 Humanität und Lebensfreundlichkeit

Seit *Tonio Kröger*, noch verstärkt dann in der Essayistik der 1920er und 1930er Jahre, laufen Gedankengänge Thomas Manns regelmäßig auf die Schlüsselbegriffe der ›Lebensfreundlichkeit‹ zu. Erst im Hinblick auf den Decadénce-Komplex der Todesromantik, die notorischen Vorwürfe der Kälte und ironischen »Lieblosigkeit gegen alles Fleisch und Blut« (an Kurt Martens, 28. 3. 1906; GKFA 21, 357) sowie Manns Irritation durch das Organisch-Körperliche verliert der Begriff seine schiere Selbstverständlichkeit – welches lebende Wesen muss sein ›Ja‹ zum Leben umständlich versichern? – und wird als bedeutendes ethisches Projekt erkennbar.

Das Ideal der Lebensfreundlichkeit richtet sich gegen die Verführung zum Tod, der wie die Krankheit beim frühen und mittleren Thomas Mann allerdings weniger als biologisches Phänomen denn als geistesgeschichtliche Liebhaberei zu begreifen ist – ein mit kulturellen Passionen aufgeladener Motivkomplex, in dem vor allem die Musik ihren festen Platz hat. Es richtet sich aber auch gegen einen Affekt des Lebensekels. »Das Fleisch [...] ist normalerweise nur sich selber nicht widerwärtig«, weiß Adrian Leverkühn (GKFA 10.1, 274). Thomas Mann ist Idealist genug, um immer wieder – die Tagebücher geben darüber Aufschluss – die Zumutungen durch das Körperliche zu erfahren, Scham und Schrecken der Leiblichkeit zu erleiden. ›Mutter Natur‹ ist eine degradierende, unheimliche Verwandte für den Würde und Überlegenheit suchenden ›Geist‹.

Beginnend mit Christian Buddenbrooks indezent-zwanghaften Reden über seine absonderlichen Zustände, finden sich in fast allen Werken Manns prägnante Momente der – zumeist mittels Komik/Humor erzählbar gemachten – Verstörung durch das Körperliche. Wenn Hans Castorp noch am Ankunftsabend im Sanatorium Berghof dem schauerlichen Husten des sterbenden »Herrenreiters« lauscht, so ist sein Kommentar eine gültige Analyse des ›Lebens‹, mit dem sich nicht leicht befreunden lässt: »[...] als ob man dabei in den Menschen hineinsähe, wie es da aussieht, – alles ein Matsch und Schlamm...« (GKFA 5.1, 25). Sexualität, gleich welcher Spielart, bleibt aus dieser Perspektive immer einem starken Vorbehalt, einem Mischverhältnis von Begehren und Abscheu ausgesetzt und begnügt sich zumeist mit den Ekstasen der Sehnsucht. Auch in den gewunden klingenden Definitionen der Liebe manifestiert sich diese Ambivalenz, wenn es etwa heißt, Liebe sei »das rührend wollüstige Umfangen des zur Verwesung Bestimmten« (GKFA 5.1, 908).

Die biologisch-medizinischen ›Forschungen‹ des *Zauberbergs* geraten zur Höllenfahrt ins Organische und versuchen doch, die ›Sympathie‹ mit demselben zu begründen. Die biologische Optik verhilft dazu, die Misere des Körpers zum Wunder des Lebens umzudeuten. Die Vanitas-Motivik wird entschärft. Dazu verhilft nicht zuletzt ein emphatischer Form-Begriff nach dem Modell der Homöostase: »Leben ist, daß im Wechsel der Materie die Form erhalten bleibt« (GKFA 5.1, 404). Die biologische Lebensforschung wird bei Thomas Mann zeitweise zur Passion, was sich noch in Professor Kuckucks inspirierten Belehrungen im *Felix Krull* niederschlägt.

Programmatisch formuliert ist der Wille zur Lebensfreundlichkeit im Ergebnissatz des *Zauberbergs*: *»Der Mensch soll um der Güte und Liebe willen dem Tode keine Herrschaft einräumen über seine Gedanken.«* (GKFA 5.1, 748) Neben vielen Einflüssen, die in Sachen ›Lebensja‹ geltend gemacht wurden, allen voran Goethe und Nietzsche, ist die Sentenz des »Schnee«-Kapitels formal inspiriert von Theodor Fontanes Roman *Der Stechlin*, den Mann während der Arbeit am *Zauberberg* zum wiederholten Mal las und von den Werken Fontanes – überhaupt ein Gewährsmann in Sachen ›Lebensfreundlichkeit‹ – am meisten schätzte. *Der Stechlin* enthält im zentralen Gespräch zwischen Lorenzen und Melusine (29. Kapitel) ebenfalls einen Sollenssatz: »Alles Alte, soweit es Anspruch darauf hat, sollen wir lieben, aber für das Neue sollen wir *recht eigentlich* leben.« Das entspricht der Antithese, die Mann aufspannt: Die Liebe zum Tode/zum Alten auf der einen, die Ethik des Lebens und die Bereitschaft zum Neuen auf der anderen Seite, wo sich Lebensfreundlichkeit und Demokratie/Republik als das politisch Neue und Zeitgemäße koppeln.

Die manchmal umständlich oder forciert klingenden Formeln der Lebensfreundlichkeit verdanken sich aber auch einem Dilemma. Der gebräuchlichere und sachverwandte, allerdings keineswegs deckungsgleiche Begriff der ›Humanität‹ ist von Bruder Heinrich Mann besetzt und wird von Thomas Mann nur zögernd verwendet, nachdem er ihn in den *Betrachtungen eines Unpolitischen* mit schwerem rhetorischem Geschütz (»Humanitätsbetulichkeiten recht abgeschmackter Art«, GKFA 13.1, 421) bekämpft hat: Die dort auf verlorenem Posten errichtete Konzeption einer ›antihumanitären‹ Humanität redet

Kriegsgräuel schön und postuliert den ethischen Mehrwert des Krieges vor allem deshalb, weil ihn der Zivilisationsliterat mit Settembrini-Pathos gebärdenreich anklagt.

Die unermüdlich in den Essays, Reden und Briefen variierte Programmmusik der Lebens- und Menschenfreundlichkeit wird vor allem in den späteren Werken flankiert von einer Erzählkunst, die sie in der seit den *Buddenbrooks* unter Kälteverdacht stehenden Menschendarstellung umzusetzen versucht. Auch in diesem Sinn wird *Joseph und seine Brüder* zum Epos der Lebensfreundlichkeit. Das mythische Erzählen mit seiner neuen Konzeption von Rolle und Identität verhilft endlich auch den vormals meist auf Komik, Elend, Banalität und allegorische Bedeutung reduzierten Nebenfiguren zur ›Spielwürde‹, zu Schicksal, höherer Komplexität und einem Lebenswandel in ›vorbildlichen‹ Spuren. Das Leitmotiv, das im naturalistischen Sinn Zwangsverhalten bedeutete, wird zur erhabenen Form der Wiederholung – eine erstaunliche Um- und Aufwertung. Die detailfreudigen Porträts der Mentoren, die Josephs Leidensweg und Aufstieg begleiten (der Ismaeliter, Mont-kaw, Mai-Sachme) lassen sich als systematische Anerkennung praktisch-lebensweltlicher Bezüge begreifen. So gesehen, ist ›Lebensfreundlichkeit‹ weit mehr als eine Formel für dichterische Sonntagsreden, sondern eng verbunden mit den zentralen Themen, Motiven und Idiosynkrasien von Thomas Manns Erzählen.

Literatur

Lehnert, Herbert/Wessell, Eva: *Nihilismus der Menschenfreundlichkeit. Thomas Manns »Wandlung« und sein Essay »Goethe und Tolstoi«*. Frankfurt a. M. 1991.

Schneider, Wolfgang: *Lebensfreundlichkeit und Pessimismus. Thomas Manns Figurendarstellung.* Frankfurt a. M. 1999.

Schulze-Berge, Sibylle: *Heiterkeit im Exil. Ein ästhetisches Prinzip bei Thomas Mann. Zur Poetik des Heiteren im mittleren und späten Werk Thomas Manns.* Würzburg 2006.

Wolfgang Schneider

13 Humor

›Humor‹ fungiert in der Literaturwissenschaft als ein Sammelbegriff für »alle Spielarten des Komischen« (Preisendanz 2007). Dieser Offenheit und Integrationskraft des Begriffs korrespondiert im Fall Thomas Manns eine spezifische begriffliche Unschärfe: Während es sich bei Manns Ironie um ein gründlich erforschtes Sujet (so schon Hamburger 1965, 225) und für den Rezipienten zumeist unmittelbar identifizierbares Phänomen handelt, ist das humoristische Moment seiner Texte schwerer zu fassen, weil es sich vom Ironischen jeweils kaum oder gar nicht unterscheiden lässt – weder für den Leser und die Leserin noch für den Autor selbst. So lobt Mann etwa in seinem Vorwort zu Joseph Conrads *Geheimagent* dessen »festen, kühlen und humoristischen Blick« und charakterisiert diesen als ein »männliches Talent« (GW X, 646), indem er ihn dem virilen Humor der Angelsachsen zuordnet (siehe hierzu Vaget 2011, 47 ff.). Was er indes im Folgenden als Beispiele anführt, fällt ausschließlich in die Kategorie der Ironie und wird auch von Mann als solche bezeichnet (»eine sehr hübsche Ironie«; GW X, 652).

Gleichwohl kennt das Werk Manns auch Episoden einer ruhigen, fast kontemplativen Heiterkeit, etwa die Erzählung *Herr und Hund* (1919) oder die lyrische Idylle *Gesang vom Kindchen* (1919), die sich in die Tradition des subtilen Humors der Realisten des 19. Jahrhunderts, in die Tradition Mörikes, Stifters, Storms, Kellers, Fontanes und Raabes fügen. Auch der erste Teil des Romans *Bekenntnisse des Hochstaplers Felix Krull* (1910–1913) ist ebenso ironisch wie heiter angelegt: Krulls spielerischer Umgang mit der eigenen Existenz, seine ästhetischen Inszenierungen, sein Lebenskünstlertum werden von der Erzählstimme stets wohlwollend-freundlich, gleichsam lächelnd präsentiert – was natürlich dem Umstand geschuldet ist, dass Krull selbst diese erzählende Instanz ist. Die Musterungsszene des fünften Kapitels des zweiten Buchs (GKFA 12.1, 101–126) ist eines der berühmtesten Exempel dieser leichten, ebenso ironischen wie humoristischen Heiterkeit im frühen Werk Manns. Sie kann sich entfalten, da der Leser zu diesem Zeitpunkt bereits sicher sein kann, dass Felix Krulls Selbstinszenierungstechniken so ausgereift sind, dass er sich der Strenge des Militärs erfolgreich entziehen wird – er wird eben nicht, wie Hans Castorp am Ende des *Zauberbergs*, in einem Krieg kämpfen, der seinen sicheren Tod bedeutet.

Noch stärker zeichnen sich indes das mittlere und

besonders das späte Werk Manns durch Techniken eines feinsinnigen, freundlichen, nicht nur ironischen Humors aus (*Lotte in Weimar*, *Joseph und seine Brüder*, *Die vertauschten Köpfe*, die Fortsetzung des *Krull*-Projekts). Der Humor dieser Texte gründet sich sowohl auf Figurenrede und -handlung als auch auf deren Präsentation durch die narrative Instanz. Figuren wie Goethe, Joseph und Felix Krull kommunizieren und handeln humorvoll und werden zugleich von ihren Erzählinstanzen milde-ironisch *und* wohlwollend-humoristisch betrachtet. Wie auch in der Erzählung *Die vertauschten Köpfe* (Hamburger 1965, 20 ff., 24 f.) entsteht ein komischer Effekt im Josephsroman wie in *Felix Krull* nicht zuletzt durch das Spiel mit Identitäten (Schwan 2004, Schöll 2005). Joseph, der seine Existenz zeit seines Lebens spielerisch und ästhetisch inszeniert, führt dieses Spiel zu einem Höhepunkt, wenn er am Ende des Romans das Wiedersehen mit seinen Brüdern – die den lange Verschollenen in der ägyptischen Maske nicht erkennen – wie ein Theaterstück arrangiert. Doch seine Bühne ist die des »Welttheaters« (Marx 2012), und somit eine existentiell bedeutsame, auf der es gilt, Gott den eigenen Witz für eine gelungene Inszenierung zur Verfügung zu stellen (GW V, 1586). Der Humor des Textes läuft ästhetisch und moralisch also nicht ins Leere. Ähnliches gilt für den Roman *Felix Krull*, der selbst Bedeutsames wie die Menschheitsgeschichte in humoristischer Form verhandelt. Im Gespräch Krulls mit Professor Kuckuck im Zug nach Lissabon etwa wird nichts Geringeres besprochen als Ursprung und Geheimnis des Lebens – in leichter und heiterer Form, der es gleichwohl nicht an heiligem Ernst mangelt.

Mann selbst hat in einer Reflexion über die Fortsetzung des *Krull*-Projekts den Roman als einen »humoristisch-parodistischen Bildungsroman« bezeichnet und ihn explizit in die Tradition des Schelmenromans gestellt. Gleichzeitig beharrt er darauf, dass der Roman bei aller Leichtigkeit – ebenso wie der nur vermeintlich unzeitgemäße Josephsroman – als Kommentar seiner Zeit ernst zu nehmen sei (GW XI, 530 f.). Wenn Mann proklamiert, der Roman *Joseph und seine Brüder* sei Teil eines »humanen Widerstand[s]« gegen das »Unmenschliche« (GW XI, 531), so beruft er sich dabei nicht zuletzt auf die ironische, parodistische und *heitere* Grundhaltung des Textes. Der Topos der »Lebensfreundlichkeit« lässt sich im essayistischen wie im Brief- und Tagebuch-Werk Manns schon seit den 1920er Jahren nachvollziehen (Schneider 1999, 22), in den Jahren des Exils gewinnt die »höhere Heiterkeit« seiner Texte indes eine ungleich größere Bedeutung (Schulze-Berge 2006).

Versteht man mit Meyer »Humor« als Gemütszustand, der »sowohl die Sinnsuche als auch die Destruktion von Sinn« verweigert (Meyer 2007, 332 f.), so trifft diese Definition für Manns Texte insofern zu, als sie das Ästhetisch-Spielerische des Humors und zugleich seinen Ernst betont – ganz im Sinne des Schiller'schen Diktums aus den Briefen *Über die ästhetische Erziehung des Menschen*, der Mensch spiele nur, wo er »in voller Bedeutung des Worts Mensch« sei, und er sei nur da »ganz Mensch, wo er spiele« (Schiller 2004, 617 f.); auf Schillers ästhetische Theorie verweist nicht zuletzt der Josephsroman immer wieder. Zu dieser spielerischen und zugleich existentiellen Bedeutung des Humoristischen bei Mann passt, dass es nicht die ›virilen‹ Figuren in seinen Texten sind, die ein heiteres, nicht nur ironisches Lachen evozieren, vielmehr die Mittlerfiguren – Goethe, Joseph, Krull –, die nicht bloß männlich, bloß intellektuell, bloß moralisch, sondern auch effeminiert, spielerisch und ästhetisch kodiert sind.

Mann selbst wollte gegen Ende seines Lebens lieber als humoristisch-heiterer denn als ironischer Autor wahrgenommen werden. In seinem Beitrag zu einer Radiodiskussion *Humor und Ironie* aus dem Jahr 1953 (zwei Jahre vor seinem Tod) distanziert sich Mann vom Prinzip der Ironie, vermittelt über Goethes Diktum, Ironie sei das Körnchen Salz, welches das Aufgetischte erst genießbar mache. Hatte Mann dieses *Bonmot* – das im Übrigen offenbar nicht von Goethe, sondern von ihm selbst stammt (Nebrig 2013, 215 f.) – 1939 im Roman *Lotte in Weimar* (GkfA 9.1, 92) sowie im Essay *Die Kunst des Romans* noch zustimmend zitiert (GW X, 353), so rückt er 1953 von dieser Position ab, in der er das Ironische als Apollinisches und ästhetisches Prinzip an sich deklariert hatte. Dem stellt Mann nun ein Bekenntnis zum wohlwollenden Humor entgegen: »Ironie, wie mir scheint, ist der Kunstgeist, der dem Leser oder Lauscher ein Lächeln, ein intellektuelles Lächeln möchte ich sagen, entlockt, während der Humor das herzaufquellende Lachen zeitigt, das ich als Wirkung der Kunst persönlich höher schätze und als Wirkung meiner eigenen Produktion mit mehr Freude begrüße als das erasmische Lächeln, das durch die Ironie erzeugt wird.« (GW XI, 802; Leich 2008, 125 f.). Er freue sich immer, so Mann weiter, wenn man in ihm mehr den Humoristen als den Ironiker sehe und es werde nicht schwer sein, das »humoristische Element« in seinen Texten zu finden (GW XI, 803). Und er verweist darauf, dass er selbst einen »melancholische[n] und tiefernste[n] Roman« (GW XI, 804) wie *Doktor Faustus* bewusst mit humorvollen Passagen ausgestattet habe.

Nicht zuletzt ist literarischer Humor eine Frage der Rezeption. Apollo, der Gott der Ironie und der Objektivität ist auch der »Gott der Ferne, der Gott der Distanz«, so Mann in *Die Kunst des Romans* (GW X, 353). Humor indes schafft Nähe: Nähe zwischen intra- und extradiegetischer Welt, Nähe zwischen der Leserschaft und den Figuren, aber auch Nähe zwischen Leserschaft und Autor. Diese letztgenannte gewinnt gegen Ende seines Lebens offenbar eine neue Qualität, wie Manns Radio-Bekenntnis zu *Humor und Ironie* beweist, in dem der Autor auf eine Szene aus *Felix Krull* verweist und deren Effekt bei Lesungen beschreibt: »Sehen Sie, bei dieser Stelle ist immer im Auditorium herzlich gelacht worden, es war eine der Stellen, deren Wirkung mir die Genugtuung bereitete, die ein Humorist empfindet, wenn sein Publikum in Heiterkeit versetzt wird« (GW XI, 803 f.).

Literatur

Hamburger, Käte: *Der Humor bei Thomas Mann. Zum Joseph-Roman*. München 1965.

Hermsdorf, Klaus: *Thomas Manns Schelme. Figuren und Strukturen des Komischen*. Berlin 1968.

Kiesel, Helmuth: Thomas Mann *Doktor Faustus*. Reklamation der Heiterkeit. In: *Deutsche Vierteljahrsschrift für Literaturwissenschaft und Geistesgeschichte* 64 (1990), 726–743.

Leich, Karin: Zu Humor und Bewusstsein in Thomas Manns *Joseph*-Roman. In: Tina Hoffmann u. a. (Hg.): *Humor. Grenzüberschreitende Spielarten eines kulturellen Phänomens*. Göttingen 2008, 119–146.

Marx, Friedhelm: Welttheater. Eine religiös-ästhetische Deutungsfigur in Thomas Manns *Joseph*-Romanen. In: Thomas Sprecher (Hg.): *Zwischen Himmel und Hölle. Thomas Mann und die Religion. Die Davoser Literaturtage 2010*. Frankfurt a. M. 2012, 85–98.

Meyer, Urs: Humor. In: Dieter Burdorf/Christoph Fasbender/Burkhard Moennighoff (Hg.): *Metzler Lexikon Literatur*. Stuttgart/Weimar 2007, 332 f.

Nebrig, Alexander: *Disziplinäre Dichtung. Philologische Bildung und deutsche Literatur in der ersten Hälfte des 20. Jahrhunderts*. Berlin/Boston 2013.

Preisendanz, Wolfgang: Humor. In: Fricke, Harald (Hg.): *Reallexikon der deutschen Literaturwissenschaft. Bd. II. H-O*. Berlin/New York 2007, 100–103.

Schiller, Friedrich: *Sämtliche Werke. Bd. V. Erzählungen. Theoretische Schriften*. Hg. von Wolfgang Riedel. München/Wien 2004.

Schneider, Wolfgang: *Lebensfreundlichkeit und Pessimismus. Thomas Manns Figurendarstellung*. Frankfurt a. M. 1999.

Schöll, Julia: »Verkleidet also war ich in jedem Fall«. Zur Identitätskonstruktion in *Joseph und seine Brüder* und *Felix Krull*. In: *TMJb* 18 (2005), 9–29.

Schulze-Berge, Sibylle: *Heiterkeit im Exil – Ein ästhetisches Prinzip bei Thomas Mann. Zur Poetik des Heiteren im mittleren und späteren Werk*. Würzburg 2006.

Schwan, Werner: Hermetische Heiterkeit in Thomas Manns Josephsroman. In: Olaf Hildebrand/Thomas Pittrof (Hg.): *»... auf klassischem Boden begeistert«. Antiken-Rezeption in der deutschen Literatur*. Freiburg im Breisgau 2004, 433–448.

Vaget, Hans Rudolf: *Thomas Mann, der Amerikaner. Leben und Werk im amerikanischen Exil 1938–1952*. Frankfurt a. M. 2011.

Julia Schöll

14 Ironie

Ironie gilt als das herausragende Stilmerkmal von Thomas Manns literarischen Texten. Keine andere narrative Darstellungsstrategie wird von der allgemeinen Leserschaft wie auch von der literaturwissenschaftlichen Forschung so häufig mit seinem Werk in Verbindung gebracht. Schon sehr frühe Rezeptionszeugnisse belegen diese Einschätzung. Manns Schulfreund Otto Grautoff etwa attestiert dem Debütroman *Buddenbrooks* (1901) in einer 1903 erschienenen Rezension, dass dieser von einem »Unterton sanfter Ironie durchzogen« sei (Grautoff 1903, 25). Auch der Germanist Heinrich Meyer-Benfey kommt in einem 1904 unternommenen Überblick über das bisher erschienene Werk zu dem Schluss, dass das Attribut »ironisch« am besten geeignet sei, um Manns Texte zu beschreiben: »ich wüsste in der Tat keins, das diesen Künstler so gut charakterisiert« (Meyer-Benfey 1904, 35).

Dieser Allgegenwart der Rede von Manns Ironie entspricht auffälligerweise kein allgemein etabliertes Verständnis davon, was mit dieser Ironie eigentlich gemeint ist, worauf sie sich bezieht, in welcher Form sie in den Texten auftritt und welche Funktionen sie dort übernimmt. Zwar gibt es kaum eine literaturwissenschaftliche Studie, die ohne eine Bemerkung zu ironischen Strukturen in Manns Texten auskommt, die Zahl der Spezialuntersuchungen zum Phänomen der Ironie ist aber überschaubar. Die Ansichten darüber, wie Manns ironische Redeweisen in seinen literarischen Texten begrifflich zu explizieren, welcher Sprecherinstanz sie zuzuordnen und wie sie hinsichtlich ihrer Bedeutung zu interpretieren seien, gehen weit auseinander. Ihre Erforschung wird auch insofern erschwert, als die vorliegenden Selbstäußerungen begrifflich stark voneinander abweichen. So verwendet Mann die Begriffe Ironie und Humor beinahe synonym und bezeichnet mit ihnen in unterschiedlichen Kontexten dasselbe Phänomen (vgl. etwa den Vortrag *Joseph und seine Brüder* in GW XI, 654–669 gegenüber *Humor und Ironie* in GW XI, 801–805). In der Rezeptionsgeschichte von Manns Werk wurde dessen ironische Signatur in einigen Phasen zum Ansatzpunkt teilweise scharfer Kritik, weil man sie als Zeichen für seine Weigerung gesehen hat, sich politisch festzulegen und als Schriftsteller gesellschaftliche Verantwortung zu übernehmen (vgl. Walser 1981).

Hilfreich für die Beschreibung ironischer Redeweisen in Manns Werk ist die Unterscheidung nach deren Sprecherinstanzen, nach Figuren- und Erzählerironie. In den frühesten Erzählungen ist die Verwendung von Figurenironie dominant, so etwa in *Gefallen* (1894), *Der Wille zum Glück* (1896) und *Enttäuschung* (1898). Auf diese Weise werden Äußerungen und Haltungen von Figuren durch ironische Repliken anderer Figuren ironisiert, die Gültigkeit ihrer Positionen mithin im Rahmen der Dialoge relativiert. Diese Relativierung von Positionen und Normen kann als die zentrale Funktion der Ironie gesehen werden. Ihre Vermittlung wird innerhalb des Frühwerks allerdings in zunehmend komplexere narrative Strukturen eingebunden. In den Künstlernovellen (etwa *Der Bajazzo*, *Tonio Kröger*, *Tristan* und *Der Tod in Venedig*) wird die Frage nach der sozialen Stellung des Künstlers verhandelt, es wird danach gefragt, auf welche Weise auch der Künstler trotz seiner selbst beanspruchten Außenseiterstellung ein gelingendes Leben führen kann. Die Erzählungen greifen einschlägige Positionen der ästhetischen Diskurse ihrer Entstehungszeit auf, stellen aber mit Hilfe von Ironie die Begrenztheit und Einseitigkeit dieser Positionen dar. So wird etwa die Ernsthaftigkeit, mit der Tonio Kröger in der gleichnamigen Erzählung sein Selbstverständnis als Künstler inszeniert, vom Erzähler belächelt, indem er Tonios literarische Einfälle, denen dieser große Bedeutung beimisst, mit Hilfe ironischer Kommentare als belanglos darstellt (vgl. GKFA 2.1, 263 f.). Eine ähnliche Struktur liegt in *Der Tod in Venedig* (1912) vor, wenn vorgeführt wird, dass die klassizistischen Ideale, die der Protagonist Gustav von Aschenbach vertritt, einer Überprüfung an der Lebenspraxis nicht standhalten (vgl. etwa GKFA 2.1, 540). Eine zusätzliche ironische Wendung erhält der Text aber durch den Umstand, dass seine äußere Struktur (in wiederum ironisch gebrochener Form) dem Fünfaktschema der klassischen Tragödie entspricht, formal also gerade dasjenige Ideal nachahmt, das der Text durch den Tod des Protagonisten inhaltlich disqualifiziert.

Sind die Texte des Frühwerks nicht zuletzt vom Nachdenken über poetologische Prämissen des eigenen Schreibens bestimmt, so stellen die *Betrachtungen eines Unpolitischen* (1918) auch insofern einen werkbiographischen Einschnitt dar, als diese Reflexionen hier zu einem diskursiven Abschluss geführt werden. Will man sich einen Begriff von Manns Ironie machen, dann lassen sich die Bemerkungen aus dem Kapitel »Ironie und Radikalismus« dazu heranziehen. Hier wird Ironie als Lösung der im Frühwerk verhandelten Probleme und als eine Darstellungsstrategie vorgeführt, die den Bedingungen der sozialen und wissensgeschichtlichen Moderne entspricht: Ironie stellt einen Sprachmodus zur Verfügung, der einseitige Positionierungen vermeidet, unterschiedliche Überzeugungen in der Schwebe hält und nicht gegeneinander ausspielt. Ironie dient deshalb dazu, die in den Texten verhandelten Probleme als unlösbar zu inszenieren. Dies zeigt sich auch im Roman *Der Zauberberg* (1924), wenn das Pathos und der Absolutheitsanspruch, mit dem die beiden Kontrahenten Settembrini und Naphta ihre Weltdeutungssysteme vertreten, vom Erzähler ironisch perspektiviert werden (vgl. das Kapitel »Vom Gottesstaat und von übler Erlösung«, GKFA 5.1, 584–621). Ironisierung meint dabei nicht die völlige Disqualifizierung der Thesen, sondern kann eher als deren gegenseitige Relativierung beschrieben werden.

Seit dem *Zauberberg* stehen in Manns Texten weniger Künstlerprobleme als Fragen nach der Geltungsfähigkeit von Weltdeutungssystemen im Vordergrund. Dies schließt auch ästhetische Weltdeutungen ein, und Manns Ironie macht dementsprechend auch nicht vor den Deutungen halt, die seine Romane vornehmen. So tritt mit dem *Zauberberg*, stärker aber noch mit der Romantetralogie *Joseph und seine Brüder* (1930–43) eine Ironisierung des Erzählers und damit der intentionalen Ebene des Textes hervor. Dies zeigt sich etwa darin, dass die Kompetenzen des Erzählers als begrenzt markiert werden, im Fall des *Zauberberg*-Erzählers durch eine Limitierung seines Zugriffs auf die Geschichte und ihre Figuren (vgl. im »Vorsatz« des Romans, GKFA 5.1, 10, und am Schluss, GKFA 5.1, 1075, 1080 f.), im Fall des *Joseph*-Romans dadurch, dass der Erzähler einerseits einen wissenschaftlich-quellenkritischen Anspruch verfolgt, andererseits einer ausschweifenden Fabulierlust frönt und seine Geschichte mit fiktiven Elementen ausschmückt. In den Romanen des Spätwerks (*Doktor Faustus*, *Der Erwählte*) wird diese Funktion der Ironie beibehalten und in verschiedenen narrativen Spielarten inszeniert.

Lange Zeit war die 1952 entstandene, dann 1964 erschienene Dissertation von Baumgart der einzige umfassendere Versuch, Manns ironische Schreibweisen zu explizieren. Baumgart entwickelt eine allgemeine Typologie ironischer Formen, um die Funktionsweisen der Ironie ausdrücklich nur am jeweiligen Text zu interpretieren. Eine Programmatik der Ironie sieht er in Manns Werk nicht und deutet sie als »Gegentyp zur romantischen Ironie« (Baumgart 1964, 15). Für Jendreiek ist die Ironie auf der formalen Ebene die Entsprechung für das »demokratische[] Interesse am Allgemeinen« (Jendreiek 1977, 9), sie sei deshalb erst ab dem *Zauberberg* realisiert. Alt stellte in seiner groß angelegten Studie *Ironie und Krise* einen Vergleich zwischen *Der Zauberberg* und Robert Musils Romanfragment *Der Mann ohne Eigenschaften* an, analysiert detailliert ironische Strukturen auf der inhaltlichen wie formalen Ebene und deutet sie als einen Versuch, den künstlerischen Anspruch auf Wahrheit in nachutopischen Zeiten einzulösen (vgl. Alt 1985, 11). Karthaus hingegen beschreibt Manns Ironie als Reaktion auf eine als komplex erfahrene Wirklichkeit, die durch das »Nebeneinander von Verschiedenem bestimmt« sei (Karthaus 1988, 83). Kristiansen nimmt in seiner großen Untersuchung *Thomas Mann – Der ironische Metaphysiker* an ausgewählten Beispielen das Gesamtwerk Manns in den Blick. Er grenzt es von der realistischen Erzähltradition ab, weil es von dem (bei Nietzsche formulierten) Grundproblem des modernen Sinnverlusts bestimmt sei, so dass Mann eine ironische Erzählstrategie entwickelt habe, die zunächst den Nihilismus Nietzsches perspektiviere, später (ab der Erzählung *Tonio Kröger*) ein agnostisches Erkenntnissystem inszeniere (vgl. Kristiansen 2013). Ebenfalls aus einer problemgeschichtlichen Perspektive, aber unter Rückgriff auf neuere Deutungen der romantischen Ironietheorie deutete zuletzt Ewen Manns Ironie als Reaktion auf dessen Wahrnehmung der sozialen und wissensgeschichtlichen Moderne. Ironie wird ähnlich wie die romantische Ironie als eine Redeform gedeutet, mit der unterschiedliche Positionen in der Schwebe gehalten, widersprüchliche normative Geltungsansprüche zugleich formuliert und relativiert und Probleme der Moderne (etwa das Problem künstlerischer Weltdeutung oder grundsätzliche anthropologische Probleme) als unlösbar inszeniert werden können. Im Unterschied zu vielen anderen Autoren seiner Zeit mache Mann kein Sinnangebot, sondern erkenne die wissensgeschichtliche Situation der Moderne an, indem Aussagen in ihrer jeweiligen Begrenztheit vorgeführt werden (vgl. Ewen 2015).

Literatur

Baumgart, Reinhard: *Das Ironische und die Ironie in den Werken Thomas Manns*. München 1964.

Ewen, Jens: *Erzählter Pluralismus. Thomas Manns Ironie im Kontext der Moderne*. Berlin/Boston 2015.

Grautoff, Otto: Thomas Mann. In: *Die Gegenwart* (1903), zit. n. Klaus Schröter (Hg.): *Thomas Mann im Urteil seiner Zeit. Dokumente 1891–1955*. Hamburg 1969, 24–26.

Jendreik, Helmut: *Thomas Mann. Der demokratische Roman*. Düsseldorf 1977.
Karthaus, Ulrich: Zu Thomas Manns Ironie. In: *TMJb* 1 (1988), 80–98.
Kristiansen, Børge: *Thomas Mann - Der ironische Metaphysiker: Nihilismus - Ironie - Anthropologie in Thomas Manns Erzählungen und im »Zauberberg«*. Würzburg 2013.
Meyer-Benfey, Heinrich: Thomas Mann. Beilage zur *Allgemeinen Zeitung* (München) vom 22. 3. 1904, zit. n. Klaus Schröter (Hg.): *Thomas Mann im Urteil seiner Zeit. Dokumente 1891–1955*. Hamburg 1969, 30–37.
Walser, Martin: *Selbstbewußtsein und Ironie. Frankfurter Vorlesungen*. Frankfurt 1981.

Jens Ewen

15 Kälte

Weil die Leser heute ganz andere Spielarten literarischer Kälte, Coolness, Lakonie, Härte gewohnt sind, kann es verwundern, dass sich der Schriftsteller Thomas Mann zeitlebens Vorwürfen der »Kälte« ausgesetzt sah. »Ich bin ein ›kalter Künstler‹, es steht in mehr als einer Zeitschrift«, klagt er am 19. 8. 1904 in einem Brief an Ida Boy-Ed (GKFA 21, 297). Da war gerade erst die Novelle *Tonio Kröger* erschienen, die zwar eine Poetik des »Aufs-Eis-legen der Empfindung« (GKFA 2.1, 277) zelebriert und von den »kalten Ekstasen« des »artistischen Nervensystems« (ebd., 270) spricht, dabei aber durchaus warme Sentimentalität entwickelt.

Der Autor, der eine geduldig gefeilte, im besten Sinn umständliche, bisweilen etwas überschmückte, die eigene Sprachmächtigkeit nicht ohne Selbstgefallen ausstellende Prosa schrieb – ein »kalter Künstler«? Manns Ton ist weniger geprägt von den Stahlgewittern der Moderne als vielmehr von der Liebe zu Pathos und Ornament, wie sie in der wilhelminischen Ära stilbildend war. Die Themenkomplexe Verfall/ Tod, inflationär in Kunst, Musik und Literatur um 1900, können ebenfalls nicht erklären, warum Thomas Mann und seine Werke immer wieder den Kältevorwurf auf sich zogen. Es sind vor allem zwei Aspekte, die verantwortlich dafür waren. Zum einen die Neigung zur »kaltherzigen« Karikatur der Nebenfiguren, die auf kuriose Leitmotive und deren zwanghafte Wiederholung reduziert werden und das komische Kontrastprogramm zu den zentralen Künstler-Figuren bilden: unschmeichelhafte Porträts, in denen sich immer wieder Zeitgenossen, Bekannte, Freunde zu ihrem Verdruss wiedererkannten, als Gegenstand vermeintlich ›kalter‹ Beobachtung. Arthur Holitscher, der in die Figur des Detlev Spinell einging, erzählte, dass er, nachdem er Thomas Manns Schwabinger Wohnung verlassen hatte, von diesem mit dem ›Opernglas‹ beim Weggehen beobachtet wurde; eine charakteristische Anekdote über die vermeintlich ›hinterhältige‹ Beobachterposition des Schriftstellers. Opfer des ›kalten Blicks‹ werden vor allem Figuren mit allzu lebenspraktischer Orientierung, Vertreter ungeistiger Banalität wie der Unternehmer Klöterjahn oder die notorisch ›ungebildete‹ Frau Stöhr, über deren leitmotivisches Zwangskorsett sich (nicht nur) Martin Walser empörte (Walser 1981).

Zum anderen war es die Ironie Thomas Manns, die von zeitgenössischen Lesern vielfach als ›kalt‹ empfunden wurde. »Was Ironie ist, und daß sie nicht nothwendig aus einer vereisten Psyche hervorzugehen braucht, das wissen in Deutschland fünf, sechs Leute, mehr nicht« – so weiter der Brief an Ida Boy-Ed (GKFA 21, 297). Pathos *und* Ironie, diese Doppel-Rezeptur zeichnet Thomas Manns Erzählungen und Romane im Unterschied zu den größtenteils vergessenen Werken der Literaturepoche des Kaiserreichs aus.

Einerseits reagiert Thomas Mann auf jeden Kältevorwurf sensibel oder verschnupft, andererseits weiß er, dass gerade die Poetik der ›Kälte‹ seinem Erzählen bei äußerlich konservativem Habitus eine Portion Modernität sichert (Schneider 1999). Denn zum literarischen Betriebssystem der Moderne gehört die Verhaltenslehre der Kälte als Schreibstrategie der Autoren von Rang und Epoche. Zu vermeiden ist jede mittlere, gemäßigte Temperatur. Seit Flaubert wechselt der avancierte Autor zwischen Feuer und Frost, arbeitet im literarischen Labor mit Hitze- und Kälteschocks.

Erzählerisch ist die Motivik der Kälte in den Werken denn auch überaus produktiv. Auf den Spuren von Nietzsches Eis-Metaphern und Hans Christian Andersens Märchen *Die Schneekönigin* (Maar 1995), installiert sie Mann fest in seinem antithetischen Leitmotivregister. In den *Buddenbrooks* ist vor allem die fremdartige Gerda Buddenbrook (geb. Arnoldsen) durch Kälte und Unnahbarkeit gekennzeichnet – eine Repräsentantin von Musik und Kunstsinnigkeit. Zum zentralen Bedeutungsträger wird das Kälte-Motiv im *Zauberberg*, Thomas Manns Schweizer Polarfahrt. Der eisigen Reinheit der Frostlandschaft, der strengen Form der Schneekristalle kontrastiert das (Liebes-)Leben als »Fieber der Materie« (GKFA 5.1, 418), das rituelle Temperaturmessen der Patienten sowie die Unform ihrer erotischen und politischen Erhitzungen.

Kälte als psychologische Mitgift des Genies wird ausgiebig in *Lotte in Weimar* und im *Doktor Faustus* verhandelt. Entfernung vom Wärmepol der sozialen Gemeinschaft, kühle, unbestechliche Beobachtung, naturkindliche Indifferenz, werkdienliche Egozentrik, frostige Souveränität – solche Eigenschaften und Verhaltensweisen erzeugen Irritationen. »[...] man kann nicht umhin, ihm eine eigentümliche Kälte, einen vernichtenden Gleichmut zuzuschreiben«, äußert sich Riemer über Goethe (GKFA 9.1, 88), der jederzeit kalte Duschen für Schwärmer bereithielt. Gerade der Kältevorwurf gibt dem identifikatorischen Spiel von Thomas Manns Goethe-Imitatio ein Moment der Selbstparodie. »Um ihn war *Kälte*«, bemerkt Zeitblom im Eingangskapitel des *Doktor Faustus* über den Komponisten Leverkühn und sein Leben in Eis und Einsamkeit (GKFA 10.1, 15). Das Kälte-Motiv wird in diesem Werk alldurchdringend durch weitverzweigte leitmotivische Verflechtungen: Kälte verbindet sich unter anderem mit Rationalität, Regelmaß, Intellektualität, Konstruktion, Künstlichkeit, Analyse, Disziplin, Ironie, Spott, Parodie, Unglauben, Hochmut, Lachen, Langeweile, Melancholie, Liebesverbot, Gefühllosigkeit, Barbarei, Tod, Teufelswerk (Schulze-Berge 2006).

Angesichts dieser Ergiebigkeit wundert es nicht, dass Thomas Mann sich zwar einerseits im Geist von Lessings *Nathan* zu rechtfertigten pflegte (»Ich bin nicht kalt. Ich sehe wahrlich / nicht minder gern, was ich in Ruhe sehe«), andererseits aber doch der ›Kälte‹ die Treue hielt – jedenfalls als poetologischer Metapher, die gleichermaßen in Romantik und Moderne verwurzelt ist. Gerade deshalb sollte man sich aber auch hüten, die Kälte-Motivik umstandslos auf den Menschen Thomas Mann selbst zu übertragen, wie es in der Rezeption ein Jahrhundert lang (bis zur Überdehnung der Narzissmuspsychologie) geschehen ist.

Literatur

Brockmeier, Alke/Ulrike Schermuly: Thomas Mann – Ein ›kalter Künstler‹? Zur Einführung. In: *Literaturkritik.de*, Nr. 4 (2010); http://www.literaturkritik.de/public/rezension.php?rez_id= 14213&ausgabe= 201004 (15. 04. 2015).

Lipinski, Birte: ›Warme Kunst‹ und ›kalter Künstler‹? Kai Graf Mölln, Hanno Buddenbrook und eine romantische Universalpoesie. In: *Literaturkritik.de*, Nr. 4 (2010); http://www.literaturkritik.de/public/rezension.php?rez_id= 14214&ausgabe= 201004 (15. 04. 2015).

Maar, Michael: *Geister und Kunst. Neuigkeiten aus dem Zauberberg*. München 1995.

Kristiansen, Børge: *Thomas Mann – Der ironische Metaphysiker. Nihilismus, Ironie und Anthropologie in Thomas Manns Erzählungen und im »Zauberberg«*. Würzburg 2013.

Pottbeckers, Jörg: »Dein Leben soll kalt sein«. Kühle Ästheten als einsame Künstler? Versuch der Neubewertung eines zähen Klischeebildes bei Thomas Mann. In: *Literaturkritik.de*, Nr. 4 (2010); http://www.literaturkritik.de/public/rezension.php?rez_id= 14228&ausgabe= 201004 (15. 04. 2015).

Schneider, Wolfgang: *Lebensfreundlichkeit und Pessimismus. Thomas Manns Figurendarstellung*. Frankfurt a. M. 1999.

Schulze-Berge, Sibylle: *Heiterkeit im Exil. Ein ästhetisches Prinzip bei Thomas Mann. Zur Poetik des Heiteren im mittleren und späten Werk Thomas Manns*. Würzburg 2006.

Walser, Martin: *Selbstbewußtsein und Ironie. Frankfurter Vorlesungen*. Frankfurt a. M. 1981.

Wolfgang Schneider

16 Kindheit/Alter

Die systematische Auseinandersetzung mit den Themen Kindheit und Alter begann in den Geisteswissenschaften erst nach Thomas Manns Tod. Auch die Gerontologie findet in der Germanistik noch nicht lange Beachtung (z. B. Hartung u. a. 2007). Zumindest eines dieser Erkenntnisinteressen scheint Mann geradezu antizipiert zu haben: Mit Kindheiten, der eigenen und fiktionalen, befasste er sich immer wieder. Nach genuinen Altersbildern dagegen muss man im Erzählwerk vergleichsweise lange suchen; deutlich prominenter sind Schilderungen des Alterns. Dabei kommt es oft zur Koinzidenz von Kindheit und Altern. Wenngleich einige von Manns bekanntesten Texten um Kindheit (bzw. Jugend) und das Altern (aber eben kaum das Alter) gravitieren, liegt noch keine ausgreifende Analyse vor, die dieser Polarität in seinem Schaffen nachgeht.

In Manns autobiographischen Schriften erhält die Lebensstufe der Kindheit poetologische Signifikanz: Seine »Kindheitsspiele[]« (GW XIII, 127) stilisiert er zum Übungsfeld »der unabhängigen Kraft [s]einer Phantasie« (GKFA 14.1, 80) und lokalisiert in ihnen die »Wurzel« seines »Künstlertums« (GW XIII, 127). Aber auch das Alter wird für Mann zur poetologischen Chiffre: Den *Doktor Faustus* weist er, an den Topos des ›Spätwerks‹ anschließend, als »meinen ›Parsifal‹« (GW XI, 157) aus, und überhaupt gefällt er sich in der Pose des »Späten und Letzten« (zit. n. Hilscher 1983, 273).

Im Frühwerk – exemplarisch in *Der Bajazzo* – ist das Attribut der Kindlichkeit assoziiert mit jenen begünstigten Glücksmenschen, deren Typus den Widerpart der lebensuntüchtigen ›kleinen Herren Friedemänner‹ (Elsaghe 2007) bildet: »Es giebt eine Art von Menschen, Lieblingskinder Gottes [...]« (GKFA 2.1, 142). Zudem evoziert Mann Kindlichkeit oft als Facette eines körperlichen (zumeist weiblichen und auf Katia Mann verweisenden) Schönheitsideals (siehe GKFA 2.1, 148, 456, 534; GKFA 4.1, 203; GKFA 5.1, 993; GW VIII, 1088).

Auf Thomas Manns Konto gehen drei der bekanntesten Kindheitsdarstellungen der deutschsprachigen Literatur, namentlich der »sensitive[] Spätling[]« (GW XI, 380) Hanno Buddenbrook, der »vollkommen schön[e]« Knabe (GKFA 2.1, 530) Tadzio im *Tod in Venedig* sowie die »Kinderschönheit« (GKFA 10.1, 21) Nepomuk/Echo Schneidewein im *Doktor Faustus*. Seinen Status als »Meister der literarischen Pathografie« (Herwig 2010, 345) erlangte und festigte Mann gerade auch durch diese Kinderfiguren: Der schwächliche Hanno geht am Typhus zugrunde; der schöne Tadzio ist »kränklich« und wird »wahrscheinlich nicht alt werden« (GKFA 2.1, 541) – und Nepomuk stirbt qualvoll an »Cerebrospinal-Meningitis« (GKFA 10.1, 687). Wirklich »alte[] Leute« wie die nur tangential erwähnten »Urgreise« (GW VIII, 619) in *Unordnung und frühes Leid* oder Potiphars/Peteprês vom »Alter verbogen[e]« (GW IV, 855) Eltern Huij und Tuij entwarf Mann indes kaum. Diesen Befund darf man wohl, zumindest mit Bezug auf die im Fin de Siècle wurzelnde frühe Schaffensphase Manns, durchaus als zeittypisch bezeichnen: Auch bei Zeitgenossen wie Hofmannsthal oder Beer-Hofmann finden sich kaum Greisenfiguren (eher noch Aktualisierungen des puer-senex-Topos).

Am akutesten wird die Altersthematik bei Mann vielleicht im zweiten Kapitel des *Zauberberg*, das Hans Castorps Großvater und dessen altem Hausdiener Fiete gewidmet ist, und in der Ironisierung der ›Altersweisheit‹ Kamadamanas in den *Vertauschten Köpfen*. Öfter ist vom Altern die Rede, und gerade die berühmten Kindheitspathographien sind in solche Geschichten vom Altern und Absterben eingebunden. Hannos kurzes Leben ist nur eine Synekdoche des ›Verfalls einer Familie‹, während Tadzio von einem noch nicht alten, aber eben »alternde[n] Künstler« (GKFA 2.1, 553) begehrt wird, der zum stereotypen Schreckbild des »widerlich[en] [...] aufgestutzten Greisen« (ebd., 521) mutiert und zuletzt der Cholera erliegt. Adrian Leverkühn schließlich, Nepomuks Onkel, stirbt als frühvollendetes Genie: Auch seine Trajektorie ist höchstens ein Altern, wenn er nach Nepomuks Tod sukzessive dem »[W]ahnsinn[]« (GKFA 10.1, 728) verfällt. Kindheit und Altern sind mithin in diesen Versuchsanordnungen jeweils verschränkt.

Die auch und gerade auf Goethes ›entwürdigendes‹ (GKFA 21, 514) Marienbad-Erlebnis zurückgehende Auseinandersetzung mit der Liebe einer alternden zu einer deutlich jüngeren Person prägt nicht nur – in tatsächlich ›entwürdigender‹ Form – den *Tod in Venedig* und die Episode um Diane Houpflé im *Krull*. Dergestalt asymmetrisches Begehren steht auch im Zentrum von Manns überhaupt letzter Erzählung, *Die Betrogene*. Rosalie von Tümmler, eine »wohlerhalten[e]« (GW VIII, 878) und wiederum nicht ›alte‹, sondern alternde ›Frau von funfzig Jahren‹ (so Schößler 2000 in Anspielung auf Goethes *Mann von funfzig Jahren*; siehe hierzu und zur Altersdarstellung in der *Betrogenen* generell auch Fitzon 2012), verliebt sich in den jungen Amerikaner Ken

Keaton. Da sie überzeugt ist, mit der Menopause ihr »Vollmenschentum« (GW XIII, 892) eingebüßt zu haben, begrüsst Rosalie die scheinbare Wiederkehr der Menstruation als »Wunder« (ebd., 903) – aber bei den Blutungen handelt es sich um Symptome des Gebärmutterkarzinoms, das ihr »einen milden Tod« (ebd., 950) bescheren wird.

Die Monographie über ›Kindheitsbilder und Alterungsprozesse bei Thomas Mann‹ ist noch zu schreiben. Die einschlägigen Einzelstudien sind mit Bezug auf Methodologie und berücksichtigte Textkorpora eher disparat: Sie untersuchen z. B. die Leiden des jungen Hanno aus medizinhistorischer (Max 2008, 199–233) oder psychoanalytischer Perspektive (Gutjahr 2012) oder lesen den Knaben Tadzio mit gendertheoretischem Interesse (Tobin 1994; s. grundlegend Webber 2002). Einem solchen entspringen auch die Überlegungen Elsaghes (2004, 148, 303) zur Markierung weiblicher Schriftbilder als ›kindlich‹ (siehe GKFA 1.1, 174; GKFA 4.1, 266; GKFA 9.1, 15). In Ehrhard Bahrs postkolonialer Analyse sodann wird Tadzios Knabenkörper unter Aschenbachs »koloniale[m] Blick« zum »Objekt [...], das [...] in Besitz genommen werden kann« (Bahr 2003, 4), und somit zu einer Metonymie kolonialistischer Appropriation. In jüngster Zeit sind beachtenswerte Arbeiten vorgelegt worden, die sich kritisch mit dem in der *Betrogenen* verhandelten Skandalon des «sexuelle[n] Interesse[s] einer älteren Frau an einem jungen Mann« (Jung 2005, 291) auseinandersetzen (Schößler 2000; Herwig 2010), wobei die »Gynophobie« des Textes u. a. mit den von Johann Jakob Bachofen herrührenden »ideologischen Formation[en]« (Elsaghe 2010, 306) in Verbindung gebracht werden kann, die in Manns Spätwerk bedenkliche Spuren hinterließen.

Literatur

Bahr, Ehrhard: Imperialismuskritik und Orientalismus in Thomas Manns *Tod in Venedig*. In: Frank Baron/Gert Sautermeister (Hg.): *Thomas Mann. Der Tod in Venedig. Wirklichkeit, Dichtung, Mythos*. Lübeck 2003, 1–16.

Elsaghe, Yahya: *Thomas Mann und die kleinen Unterschiede. Zur erzählerischen Imagination des Anderen*. Köln 2004.

Elsaghe, Yahya: Die kleinen Herren Friedemänner. Familie und Geschlecht in Thomas Manns frühesten Erzählungen. In: Christine Kanz (Hg.): *Zerreissproben/Double Bind. Familie und Geschlecht in der deutschen Literatur des 18. und des 19. Jahrhunderts*. Bern 2007, 159–180.

Elsaghe, Yahya: *Krankheit und Matriarchat. Thomas Manns »Betrogene« im Kontext*. Berlin/New York 2010.

Fitzon, Thorsten: In der Mitte des Lebens. Zeiterfahrung im ›Altersnarrativ‹ um 1900. In: *Zeitschrift für Germanistik* XXII (2012), 306–317.

Gutjahr, Ortrud: Beziehungsdynamiken im Familienroman. Thomas Manns *Buddenbrooks*. In: Ortrud Gutjahr (Hg.): *Thomas Mann*. Würzburg 2012, 21–44.

Hartung, Heike u. a. (Hg.): *Graue Theorie. Die Kategorien Alter und Geschlecht im kulturellen Diskurs*. Köln/Weimar/Wien 2007.

Herwig, Henriette: Altersliebe, Krankheit und Tod in Thomas Manns Novellen *Die Betrogene* und *Der Tod in Venedig*. In: Michael Piper (Hg.): *Jahrbuch der Heinrich-Heine-Universität Düsseldorf 2008/2009*. Düsseldorf 2010, 345–361.

Hilscher, Eberhard: *Thomas Mann. Leben und Werk*. Berlin 1983.

Jung, Werner: »Ich pflege Wollust, scham- und gramvolle Wollust«. Anmerkungen zu Texten von Arthur Schnitzler und Thomas Mann. In: Petra Josting/Walter Fähnders (Hg.): *»Laboratorium Vielseitigkeit«. Zur Literatur der Weimarer Republik*. Bielefeld 2005, 287–294.

Max, Katrin: *Niedergangsdiagnostik. Zur Funktion von Krankheitsmotiven in »Buddenbrooks«*. Frankfurt a. M. 2008 (= *TMS* 40).

Schößler, Franziska: »Die Frau von funfzig Jahren«. Zu Thomas Manns Erzählung *Die Betrogene*. In: *Sprachkunst* 31 (2000), 289–307.

Tobin, Robert: Why is Tadzio a Boy? Perspectives on Homoeroticism in *Death in Venice*. In: Clayton Koelb (Hg. und Übers.): *Thomas Mann. Death in Venice*. New York 1994, 207–232.

Webber, Andrew J.: Mann's man's world: gender and sexuality. In: Ritchie Robertson (Hg.): *The Cambridge Companion to Thomas Mann*. Cambridge 2002, 64–83.

Julian Reidy

17 Körper, Gesundheit/ Krankheit

Die stärkste Denkfigur des Mann'schen Gesamtwerkes ist die Wechselbeziehung von Kunst und Krankheit, ergänzt um die Auszeichnung ihrer Repräsentanten als Außenseiter. Manns dekadente Interpretation des ›Geist und Natur‹-Topos geht vor allem im Frühwerk mit gefährdeter Bürgerlichkeit einher. Durch Krankheit ausgezeichnete bürgerliche Mängelwesen sind dem gesunden Durchschnittsbürger durch ihre Verfeinerung in Kunstproduktion wie -rezeption – und psychologischer Analyse – überlegen, ohne dem Leben standhalten zu können. Gemäß Nietzsches Verfallspsychologie siegen die Vertreter des Vitalismus, aber die Sympathie der Texte gilt den verfeinerten Verlierern (*Der kleine Herr Friedemann, Buddenbrooks, Tristan, Tonio Kröger*). Mann überblendet die Kunst-und-Krankheit-Relation früh mit dem ›Tod und Eros‹-Topos. In dieser romantischen Todeserotik Schopenhauerischer Provenienz findet der Liebende nicht nur keine dauerhafte Erfüllung, sondern er und/oder sein Objekt sind dem Tod geweiht (u. a. *Tod in Venedig*). Durch Nietzsche geprägt ist Manns Verständnis einer ›höhere[n] Gesundheit‹, die »durch die tiefen Erfahrungen von Krankheit und Tod hindurchgegangen sein muß« (GW 13, 158). Im *Doktor Faustus* gelangt Mann durch die Überblendung einer genialisierenden Syphilisinfektion mit der Deutschlandallegorie zu der – problematischen – Denkfigur Krankheit und Politik. Problematisch daran ist Manns poetisches Verfahren, eine politische Weltanschauung (Faschismus) durch eine pathologische Metapher zu chiffrieren. Dass der Rausch Kunst und/oder Erkenntnis befördert, ist ebenso eine Potenzierung des Mann'schen Verständnisses von Krankheit wie seines Eros-Begriffs.

Mann eröffnet in seinem Gesamtwerk ein einzigartiges Panorama an Krankheitsmotiven, u. a. Neurasthenie, Diabetes, Zahnschmerzen, Typhus, Cholera, diverse Lungenkrankheiten, Rheuma, Syphilis und Gebärmutterkrebs (Sprecher 2001). Im dekadenten Frühwerk ist Krankheit auf der naturalistischen Erzählebene äußeres Zeichen des Verfalls, auf der allegorischen Erzählebene zeigt sie gleichzeitig den unaufhaltsamen Niedergang an. Dabei thematisieren Manns Texte diese Unverhältnismäßigkeit selbst: »An einem Zahne« wie Thomas Buddenbrook, »[a]ber, zum Donnerwetter, daran starb man doch nicht!« (GKFA 1.1, 759) Die einschlägigen Textsignale sind zentrale Leitmotive, seien es die zarten, blaugeäderten Schläfen des kleinen Hanno Buddenbrook, die verkrüppelte Hand des Prinzen in *Königliche Hoheit* oder die vermeintliche Monatsblutung der *Betrogenen*. Seltener arbeitet Mann mit längeren medizinischen Passagen wie dem Krankheitsverlauf des kleinen Hanno (Grawe 1992) oder mit Belehrungs-Dialogen mit Medizinern wie Hofrat Behrens im *Zauberberg*. Auch die positive künstlerisch-dilettantische Bilanz der krankheitsanfälligen Figuren wird meist leitmotivisch vermittelt. Sie spielen inflationär Geige (*Der kleine Herr Friedemann*, Gerda Buddenbrook) und Klavier (Gabriele Klöterjahn) und lieben das Theater (Hanno und Christian Buddenbrook) . Zwei durch Krankheit bestimmte Romanformen fallen aus dem Gesamtwerk heraus: Zum einen das Modell des Sanatoriumromans bzw. der -novelle, welches Mann im *Zauberberg* und im *Tristan* verwirklicht. Mit dem *Zauberberg* bringt er ein schon im 19. Jahrhundert beliebtes Genre zur Vollendung, welches voraussetzt, dass seine Protagonisten ihre Erfahrung in nahezu geschlossener Klausur machen. Keine der Figuren ist aber ein Außenseiter, wenn alle Figuren krank sind – der Kranke wird hier also zum exemplarischen Menschen schlechthin, wie es eigentlich dem Künstler vorbehalten ist. Die zweite spezifisch durch eine Krankheit bestimmte Romanform ist mit dem *Doktor Faustus* die fiktive Biographie Adrian Leverkühns, ›erzählt von einem Freunde‹. Hier erzählt ein gesunder, zuverlässiger, durch seine bürgerliche Perspektive leicht beschränkter und höchst langatmiger Erzähler – »ich bitte wieder ansetzen zu dürfen« (GKFA 10.1, 11) – die spektakulär-tragische Geschichte der geistigen Umnachtung eines künstlerischen Genies, dessen andere Lesart als freiwilliger, sexuell besiegelter Teufelspakt das skandalöse und schauerliche Potential des Stoffes noch einmal erhöht. In diesen Text ist die unzuverlässige Erzählung des genialen Paralytikers eingebunden, die durch ein integriertes Teufelsgespräch unklarer Qualität noch einmal gesteigert wird. Relevant ist die Krankheitsgeschichte – um den sündigen, rauschhaften Stoff vermitteln zu können, braucht es aber den trocken-gesunden Erzähler.

Die Protagonisten Manns leiden mit überwältigender Mehrheit unter ihrem versehrten Körper, begehren aber gleichzeitig einen gesunden und schönen Körper. Im Frühwerk ist das Objekt der Begierde zunächst weiblich und auffällig an der *femme fatale* orientiert, so Gerda von Rinnlingen im *Kleinen Herrn Friedemann* und ihre Namensvetterin Gerda Buddenbrook. Im Weiteren ist es nicht mehr das Geschlecht, das den schönen Körper definiert, sondern allein seine Funktion als Objekt der Begierde. Der blonde Hans Hansen wird von Tonio in *Tonio Kröger* ebenso geliebt wie die blonde, lustige Inge aus der Tanzstunde. Schön ist der Körper des vom alternden Aschenbach bewunderten Tadzio im *Tod in Venedig*, ebenso wie der junge Amerikaner Ken Keaton, die Altersliebe der krebskranken *Betrogenen*. Der oder die Begehrende ist dagegen niemals schön, sondern behindert, gealtert oder auch nur unzureichend blond. Dabei erscheint Gesundheit als tendenziell hässlich, soweit sie Figuren zugeschrieben wird, die den schwächeren Protagonisten an vitalistischer Stärke deutlich überlegen sind. Den lebensuntüchtigen Ästheten Detlev Spinell mögen im *Tristan* böse Zungen mit ›einem verwesten Säugling‹ vergleichen. Der kräftige Säugling, der nach dem frühen Tod seiner anfälligen, von Spinell verehrten Mutter am Ende der Novelle seinen vitalistischen Triumph heraus kräht, ist jedenfalls eine deutlich unsympathischere Erscheinung. Und zeichnet einmal Gesundheit die Hauptfigur aus, handelt es sich bei Mann um eine Täuschung: Die vermeintlich wiederkehrende Fruchtbarkeit der *Betrogenen* entpuppt sich als Gebärmutterkrebs (Elsaghe 2010).

Literatur

Elsaghe, Yahya: *Krankheit und Matriarchat. Thomas Manns »Betrogene« im Kontext*. Berlin/New York 2010.

Grawe, Christian: »Eine Art von höherem Abschreiben«. Zum ›Typhus‹-Kapitel in Thomas Manns *Buddenbrooks*. In: *TMJb* 5 (1992),115–124.

Hoffmann, Fernand: *Thomas Mann als Philosoph der Krankheit. Versuch einer systematischen Darstellung seiner Wertphilosophie des Bionegativen*. Luxemburg 1975.

Max, Katrin: *Liegekur und Bakterienrausch. Literarische Deutungen der Tuberkulose im »Zauberberg« und anderswo*. Würzburg 2013.

Schonlau, Anja: *Syphilis in der Literatur. Über Ästhetik, Moral, Genie und Medizin (1880–2000)*. Würzburg 2003.

Sprecher, Thomas: Anmerkungen zu Thomas Mann und die Medizin. In: *Praxis* 90 (2001), 1235–1239.

Anja Schonlau

18 Kultur vs. Zivilisation

Die moderne Verwendungsgeschichte dieser beiden (jeweils auf eine lateinische Wurzel zurückgehenden) Begriffe beginnt im 18. Jahrhundert. Während ›civilisation‹ jedoch zunächst vor allem in Frankreich und England gebraucht und diskutiert wird, avanciert das Wort ›Kultur‹, angeregt etwa durch Herders *Ideen zur Philosophie der Geschichte der Menschheit* (1784–1791), zu einem beliebten Gegenstand der philosophischen Diskurse in Deutschland. Hier liegt eine wesentliche Voraussetzung für die spätere nationalistische Instrumentalisierung. Schon Ende des 18. Jahrhunderts werden ›Kultur‹ und ›Zivilisation‹ und ihre Ableitungen ›kultiviert‹ und ›zivilisiert‹ (allerdings noch nicht polemisch) nebeneinander- und gegeneinandergestellt, zum Beispiel in Kants Aufsatz *Idee zu einer allgemeinen Geschichte in weltbürgerlicher Absicht* (1784).

Zu einem Modethema wird der Gegensatz von ›Kultur‹ und ›Zivilisation‹ in Deutschland erst nach der Reichgründung von 1871, vor allem bei konservativen und nationalistischen Autoren wie Paul de Lagarde, Julius Langbehn oder Houston Stewart Chamberlain. Alle als problematisch empfundenen Aspekte der Moderne (Technisierung, Ökonomisierung, Phänomene des beginnenden Massenzeitalters) werden der ›Zivilisation‹ zugeordnet, die nun deutlich gegenüber der (deutschen) ›Kultur‹ abgewertet wird (vgl. Bollenbeck 1992, 270).

Thomas Mann beschäftigt sich mit dem Begriffspaar zum ersten Mal 1909 im Rahmen der Arbeit an dem dann ungeschrieben bleibenden Essay *Geist und Kunst*, zu dessen wesentlichen Themen die Verteidigung des in Deutschland häufig gering geschätzten ›Literaten‹, also des dezidiert intellektuellen und dem eher naiven Dichter entgegengestellten Schriftstellers, gehört (vgl. Detering 2004 u. 2005). In Notiz 67 ergänzt er eine für die Zeit typische Begriffsbestimmung des Historikers Karl Lamprecht (1856–1915) – »Zivilisation bedeutet Herrschaft über die leblose Natur und die organische Natur […] durch aeußere, technische […] Mittel« – »Kultur bedeutet die spezifische *geistige Behauptung der Welt:* ist Religion, Kunst, Wissenschaft, *insofern diese der Weltanschauung zustrebt*« (Wysling 1967, 187) – ganz im Sinne seines Plädoyers für den Literaten, durch die Überlegung, dass die Kultur als »geistige Behauptung und Organisation der Welt« ohne die »gute literarische Form«, »die Kultur des sprachlichen Ausdrucks« nicht denkbar ist.

In Notiz 118 kommt er dann zu einer eigenen Bestimmung der beiden Begriffe, die sich deutlich von derjenigen Karl Lamprechts unterscheidet, wenn es u. a. heißt, dass »Kultur [...] offenbar nicht der Gegensatz von Barbarei« ist, dass sie »vielmals oft genug nur eine stylvolle Wildheit war«, und wenn andererseits »Civilisation« mit »Vernunft, Aufklärung, Sänftigung, Sittigung, Skeptisierung, Auflösung, – *Geist*« gleichsetzt wird (ebd., 215). Inspiratoren dieser Neudefinition sind Georges Bizet – Mann zitiert hier (Notiz 75, S. 191) und ausführlicher in den *Betrachtungen* (vgl. GKFA 13.1, 186) einen Brief, in dem der Komponist Vernunft und Fortschritt als Feinde der Kunst bezeichnet –, vor allem aber wohl Friedrich Nietzsche, der in *Menschliches, Allzumenschliches I* (1878) geschrieben hatte, dass eine »solche hoch cultivierte und daher nothwendig matte Menschheit, wie die der jetzigen Europäer, nicht nur der Kriege, sondern der grössten und furchtbarsten Kriege – also zeitweiliger Rückfälle in die Barbarei – bedarf, um nicht an den Mitteln der Cultur ihre Cultur und ihr Dasein einzubüssen.« (KSA 2, 312) Auch Nietzsches Bestimmung der Zivilisation als »gewollte[] und erzwungene[] *Tierzähmung*« (Nachlassfragment; KSA 13, 486) scheint Manns Definition beeinflusst zu haben.

Ergänzt und ausformuliert wird Notiz Nr. 118 zusammen mit sieben anderen Kurztexten Ende 1909 in der Zeitung *Der Tag* veröffentlicht (*Notizen [II]*; GKFA 14.1, 211–216). Angesichts der Tatsache, dass Thomas Mann sich in den *Geist und Kunst*-Notizen mehrfach kritisch mit anti-intellektuellen Tendenzen bei anderen Autoren auseinandersetzt (vgl. z. B. Nr. 103, S. 207) und in den folgenden Jahren, etwa in *Die gesellschaftliche Stellung des Schriftstellers in Deutschland* (1910) und *Der Literat* (1913), noch mehrmals Partei für den intellektuellen Schriftsteller ergreift, erscheint die Begriffsbestimmung des Jahres 1909 eher als der Versuch, einen originellen Beitrag zu einer Debatte zu liefern, die »in der gehobenen Publizistik der Vorkriegsjahre [...] eine zentrale Rolle« spielt (Bollenbeck 1994, 271), denn als Bekenntnis zu Irrationalismus und Rebarbarisierung. Rückblickend heißt es in den *Betrachtungen:* »Ich wäre ja fast kein deutscher Schriftsteller, wenn ich niemals dies Thema variiert, niemals auch meinerseits eine ›endgültige‹ Definition dieser vieldeutigen und viel mißbrauchten Wörter zu liefern versucht hätte« (GKFA 13.1, 185).

In den *Gedanken im Kriege* greift Mann im August/September 1915 auf seine Bestimmung von ›Kultur‹ und ›Zivilisation‹ zurück, und nun wird die Antithese (wie bei anderen deutsche Autoren in ihren Kriegsbeiträgen auch) dezidiert nationalistisch interpretiert: Die geistfreundliche ›Zivilisation‹ wird der feindlichen Entente zugeordnet, die deutlich irrational tingierte und durch Begriffe wie ›Dämon‹, ›Genie‹ und ›umwölktes Schicksal‹ charakterisierte ›Kultur‹ Deutschland (vgl. GKFA 15.1, 35).

Die *Betrachtungen eines Unpolitischen* (1915–1918) knüpfen zwar insofern an die *Gedanken* an, als sie immer wieder gegen die westliche Zivilisation und vor allem den ›Zivilisationsliteraten‹ polemisieren, doch greifen sie nicht auf deren ›barbarisierten‹ Kulturbegriff zurück. Charakteristischerweise formuliert Mann hier den Wunsch, dass das Nachkriegseuropa »dem selbstverräterischen Hang zur Barbarei entsagen« möge (GKFA 13.1, 531).

Als nach dem Ersten Weltkrieg Geistfeindschaft und Irrationalismus immer mehr Anhänger finden und die Re-Barbarisierung von einem ästhetisches Spiel zu einer immer bedrohlicheren politischen Realität wird, reagiert Mann, indem er sich in seinem Aufsatz *Kultur und Sozialismus* (1927) für eine Wandlung der konservativen deutschen Kulturidee, ihre Öffnung zum Sozialen und für einen »Pakt« von (Kultur)-Bürgertum und Sozialismus einsetzt (GW XII, 649). In den Krisenjahren der Weimarer Republik rückt er so weit von den *Gedanken im Kriege* ab, dass er in Bezug auf den »Unterschied von Zivilisation und Kultur« von einem »nachgerade auf den Hund gekommenen, ins nationalistische Feuilleton heruntergekommenen Gegensatz« spricht (*Die Wiedergeburt der Anständigkeit,* 1931; ebd., 661). Er selbst wird nun von seinen rechtskonservativen Kritikern als »Zivilisationsliterat« diffamiert (vgl. etwa Schröter 2000, 235).

Im großen Epochenrückblick des *Doktor Faustus* greift Mann die transitorische eigene Nähe zum Irrationalismus auf, indem er die Suche des Komponisten Adrian Leverkühn nach einer re-barbarisierten Kultur (vgl. GKFA 10.1, 91 u. 355) zu einem durchgängigen Thema des Romans macht, und den Erzähler Zeitblom kritisch über die Nähe von »Ästhetizismus und Barbarei«, d. h. über das unverantwortliche künstlerische Spiel mit dem Primitiven und Irrationalen reflektieren lässt (ebd., 541).

Literatur

Beßlich, Barbara: *Wege in den »Kulturkrieg«. Zivilisationskritik in Deutschland 1890–1914* [2000]. Darmstadt 2013.

Bollenbeck, Georg: *Bildung und Kultur. Glanz und Elend eines deutschen Deutungsmusters.* Frankfurt a. M./Leipzig 1994.

Detering, Heinrich: *Im Krieg der Gedanken. Von Thomas Manns »Gedanken im Kriege« zur Republikrede.* In: *Merkur* 58 (2004), 836–846.

Detering, Heinrich: *»Juden, Frauen und Litteraten«. Zu einer Denkfigur beim jungen Thomas Mann.* Frankfurt a. M. 2005.

Flasch, Kurt: *Die geistige Mobilmachung. Die deutschen Intellektuellen und der erste Weltkrieg. Ein Versuch.* Berlin 2000.

Gut, Philipp: *Thomas Manns Idee einer deutschen Kultur.* Frankfurt a. M. 2008.

Koester, Eckart: »Kultur« versus »Zivilisation«. Thomas Manns Kriegspublizistik als weltanschaulich-ästhetische Standortsuche. In: Wolfgang J. Mommsen (Hg.): *Krieg und Kultur. Die Rolle der Intellektuellen, Künstler und Schriftsteller im Ersten Weltkrieg.* München 1996, 249–258.

Pflaum, Michael: Die Kultur-Zivilisations-Antithese im Deutschen. In: *Europäische Schlüsselwörter. Wortvergleichende und wortgeschichtliche Studien.* Bd. 3: *Kultur und Zivilisation.* München 1967, 288–427.

Schröter, Klaus: *Thomas Mann im Urteil seiner Zeit. Dokumente 1891–1955.* Hg. mit einem Nachwort und Erläuterungen von Klaus Schröter [1969]. Frankfurt a. M. 2000 (= *TMS* 22).

Wysling, Hans: »Geist und Kunst«. Thomas Manns Notizen zu einem »Literatur-Essay«. In: Paul Scherrer/Hans Wysling: *Quellenkritische Studien zum Werk Thomas Manns.* Bern/München 1967 (= *TMS* 1), 123–233.

Stephan Stachorski

19 Leitmotiv

Leitmotiv und Leitmotivtechnik stellen zentrale Begriffe in der ambivalenten Auseinandersetzung Thomas Manns mit dem Werk Richard Wagners dar und bilden für ihn den theoretischen Rahmen einer literarischen Transformation musikalischer Strukturen. Ein inflationärer Gebrauch der Begriffe in der Forschung sorgte lange Zeit für eine defizitäre terminologische Präzision und gefährdete ihren heuristischen Nutzen.

1981 konstatierte Schlee grundlegende Probleme der Leitmotivforschung, die sie exemplarisch an Peacocks unzureichender Begriffsbehandlung festmachte (Schlee 1981, 12). Tatsächlich ist die Anzahl der Forschungsbeiträge, die sich dezidiert mit dem Leitmotiv in Manns Texten auseinandersetzen, gering. Wird es verhandelt – wie schon zu Anfang des 20. Jahrhunderts (vgl. dazu Koopmann, TMHb, 943 f.) – so werden Begriff und Verfahren in breiteren Kontexten (Musik, Poetologie, Motiv- und Themengeschichte, Erzählen) diskutiert und folglich systematisch und historisch in größere Zusammenhänge eingeordnet. Nachdem in der ersten Hälfte des 20. Jahrhunderts Studien zum literarischen Leitmotiv im Sinne einer allgemeinen Begriffsbestimmung entstanden, besteht seit Beginn der 1980er das Bedürfnis nach substantieller Ausdifferenzierung. Insbesondere mit Odendahls systematischer, semiotisch fundierter Arbeit, seiner kleinteiligen, analytischen Auseinandersetzung und Bestimmung der spezifischen Ausformung des Leitmotivs bei Thomas Mann liegt erstmals ein praktisch anwendbares sowie heuristisch wertvolles Analyseinstrumentarium vor.

Grundsätzlich zu unterscheiden vom musikalischen Leitmotiv ist das Leitmotiv im literarästhetischen Kontext. Zwar wird bei der literarischen Leitmotivtechnik vom Resultat eines ›Transfers von Musik in die Literatur‹ (Odendahl 2008) gesprochen, allerdings differieren die jeweiligen semiotisch-textuellen Bedingungen beider Kunstformen fundamental. Mithin handelt es sich um ein transmediales Phänomen, welches in diversen Medien auftritt und jeweils anhand entsprechender Zeichenkombinationen medienspezifisch zu bestimmen ist. Insofern sind angesichts eines literarischen Leitmotivs literaturspezifische, d. h. sprachbasierte und literaturtheoretische Kategorien zur Begriffsbezeichnung und Analyse heranzuziehen (Kaiser 2001, 128 f.; Odendahl 2008, 174). Eine allgemeine transmediale Definition des Leitmotivs geht aus von singulären und abgeschlossenen strukturellen Einheiten in einem Textgefüge, die wiederholt und i. d. R. formal variiert auftreten und nicht allein eine strukturelle, sondern vor allem auch eine semantische Funktion erfüllen. Im Falle literarischer Leitmotive handelt es sich demnach um einzelne Lexeme oder Phrasen, die im Zuge ihres erstmaligen Erscheinens im Text semantisch einer Figur oder Figurenkonstellation, einer Situation, einem Raum oder anderen (narrativen) Elementen zugeordnet und infolgedessen wiederholt und variiert werden und symbolisch über sich hinausweisen.

In der Einführung in den *Zauberberg* spricht Mann Richard Wagner und die Leitmotivtechnik explizit an, differenziert zwischen »naturalistisch-charakterisierende[n]« (in *Buddenbrooks*) und »symbolischen« Leitmotiven (in *Der Zauberberg*) und nennt einen daraus entstehenden »musikalisch-ideellen Beziehungskomplex« (GW XI, 611). Bei Wagner wiederum handelt es sich um den prominentesten Vertreter im Bereich der Musik, der die Ausbildung dieser Technik in praktischer Anwendung seiner Kompositionen und in theoretischer Konzeption innerhalb seiner Schriften (Oper und Drama, 1851) vorangetrieben hat, obwohl er den Begriff des Leitmotivs selbst weder eingeführt noch verwendet hat (Veit 1996, 1080). Prinzipiell hebt Wagner mit seinen Termini ›Grundmotiv‹ oder ›Grundthema‹ auf die »Fähigkeit des Orchesters zur Vergegenwärtigung der Erinnerung« (Veit 1996, 1081) ab, wobei musikalische Elemente zum einen mit sprachlichen Ausdrücken verknüpft werden und anschließend losgelöst von diesen in einem ›Gewebe‹ von Themen aufgehen, zum anderen Musik Nicht-Aussprechbares sinnfällig mache und zum Ausdruck bringen könne. Dadurch bildet die von Wagner angewandte und beschriebene Technik ein formkonstituierendes Prinzip, das von seinen Rezipienten insbesondere mit Blick auf *Tannhäuser* (1845) und *Lohengrin* (1850) unter Verwendung des Leitmotiv-Begriffs beschrieben worden ist.

Manns Leitmotivtechnik hebt indes nicht nur auf die Adaption musikalischer Strukturalität ab. Vielmehr ist an ihr die grundsätzliche Problematik einer Zusammenführung von »Scheinhaftigkeit der realistisch-objektiven Kulissen- und ›Masken‹-Welt sowie der subjektiven Welt« (Kristiansen 2005, 827) abzulesen, die Mann aus Arthur Schopenhauers Unterscheidung zwischen der ›Welt als Vorstellung‹ und der ›Welt als Wille‹ ableitet. Auszugehen hat man daher stets von einer Ambivalenz textueller Motivgeflechte, deren Einzelmotive einerseits etwa der Charakterisierung von Figuren dienen, andererseits aber darüber hinaus einen übergeordneten Sinnzusammenhang herstellen.

Mann kann als Autor gelten, der die Leitmotivtechnik über sein gesamtes Schaffen hinweg zur Anwendung gebracht hat; dass er sie, wie er selbst es andeutet, seit der Hinwendung zur Produktion seiner großen Romane sukzessive perfektioniert habe, ist allerdings mehrfach relativiert worden. Mit Blick auf *Tonio Kröger* konstatiert zwar Odendahl ein groß »angelegtes Netz von bloß symbolischen leitmotivischen Setzungen« (Odendahl 2008, 184), während das Motiv des »Zitterns in der Erzählung *Der kleine Herr Friedemann* noch vollständig in der Tolstoi'schen Tradition des Charakterisierungsmotivs« stehe (ebd.). Dahingegen zeichne sich etwa *Doktor Faustus* angesichts der Leitmotivtechnik durch eine Ebenendoppelung aus – eine realistische Erzählebene, die von einer »symbolisch-leitmotivischen Bedeutsamkeit auf scheinbar zufällige Weise überlagert« werde (ebd., 188). Allerdings führt auf der anderen Seite Kluge anschaulich vor Augen, inwiefern der Motivkomplex aus variierten Farb- und Helligkeitswerten und dem Motiv des Zitterns bereits im *Kleinen Herrn Friedemann* bedeutungskonstitutiv eingesetzt wird. Auch hier gehen die motivischen Zuschreibungen über eine »naturalistische Erzähltechnik« (Kluge 1967, 494) hinaus und erfüllen eine kompositorische Funktion, die auf das zentrale Thema des Textes hindeutet. Vor allem die Farbsemantik im Frühwerk Manns (*Der kleine Herr Friedemann*, *Tonio Kröger*, *Buddenbrooks*, *Königliche Hoheit*, *Der Tod in Venedig*) spielt im Zusammenhang der Leitmotivik eine zentrale Rolle: Indem Farben »in einem der Musik vergleichbaren Sinne von Motiv, Motivwiederholung und Variation« (Blödorn 2013, 168) funktionalisiert werden, strukturieren sie die »Narration als Ganzes« (ebd.) und weisen so über die Gegenständlichkeit der Welt hinaus auf »Bedeutung, Stimmung und Wahrnehmung von Realität« (ebd.). Ein einzeltextübergreifendes Motiv, das Farbe und körperliches Merkmal in Verbindung setzt, stellt in diesem Kontext das Schläfenader-Motiv dar, das u. a. im *Kleinen Herrn Friedemann*, in *Buddenbrooks* und im *Tod in Venedig* zu beobachten ist.

Ein prominentes Beispiel der an die Funktionalisierung von Leitmotiven gekoppelten Ebenendoppelung findet sich im *Tod in Venedig*, und zwar in Verbindung mit der Zeit- und Raumstruktur (Blödorn 2004, 183–186) sowie mit den Realitätsebenen und ihrer Motivierung (Martínez 1996, 172). Ein zentrales Element der Bedeutungskonstitution stellen hier die Todesboten dar (Jacobs 1983), die über einen Merkmalskomplex (Physiognomie und Requisiten) formiert werden, bei welchem dem Farbwert ›Rot‹ ein besonderer, leitmotivischer Charakter zukommt. Körperliche Merkmale, Requisiten und Raumzeichen werden dabei auf zu unterschiedlichen Zeiten und an unterschiedlichen Orten auftretende Figuren übertragen. ›Rot‹ taucht so rekurrent und variiert auf: Haar und Wimpern des fremden Wanderers zu Beginn sind rot, dann die Augenbrauen des Gondoliere, das Haar des Gitarristen und schließlich Tadzios »rotseidene[] Masche auf der Brust« (GKFA 2.1, 534). ›Rot‹ ist mithin die Farbe der Verführung. Aber sie findet sich nicht nur bei Verführern, sondern ebenso bei Verführten wie schließlich sogar bei Aschenbach selbst, der im Zuge seiner eigenen Verjüngung Wangen und Lippen rot färben lässt. »Je mehr ›Rotes‹ jedenfalls der alternde Schriftsteller in seiner Nähe duldet und genießt, so legt eine leitmotivische Lesart der Erzählung nahe, desto mehr wird er umgarnt, affiziert und schließlich infiziert von sinnlichem Genuss und todbringender Seuche.« (Odendahl 2013, 70) Der Todesbote ist in diesem Zusammenhang eine konkrete (figurale) Manifestation des auf die Grundopposition zwischen ›Leben‹ und ›Tod‹ ausgerichteten Motivkomplexes um den Farbwert ›Rot‹ und weist die strukturelle Funktion einer Vorausdeutung (auf Aschenbachs Tod) und Rückwendung (auf den eigentlichen Ausbruch aus der selbstgeschaffenen bürgerlichen Ordnung) auf. Er fungiert gleichermaßen als Korrelation von Klassizismus (mythologische Muster und Formgebung) und moderner Dekonstruktion (›junger Greis‹, Tod eines Meisters). In diesen Punkten kulminiert folglich die »Textidee der Novelle« (Klussmann 1984, 21), und zwar durch die Etablierung einer musikalisch-motivischen Variation »von Grimasse, Maske, Verführungsgestalt, Übermächtigungsgeste und Todesmelodie« (ebd.).

Literatur

Blödorn, Andreas: »Diese nördliche Neigung« und »Meine Liebe zum Meer«. Zur Konstruktion imaginärer und realer Topographie im Frühwerk Thomas Manns. In: Astrid Arndt u. a. (Hg.): *Imagologie des Nordens. Kulturelle Konstruktionen von Nördlichkeit in interdisziplinärer Perspektive*. Frankfurt a. M. u. a. 2004, 177–199.

Blödorn, Andreas: Farbschattierungen. Bildlichkeit im Frühwerk Thomas Manns. In: *TMJb* 26 (2013), 155–168.

Fähnrich, Hermann: *Thomas Manns episches Musizieren im Sinne Richard Wagners. Parodie und Konkurrenz*. Frankfurt a. M. 1986.

Gronicka, André von: *Das Leitmotiv im Werke Thomas Manns*. Rochester 1935.

Hotes, Leander: *Das Leitmotiv in der neueren Romanliteratur*. Diss. Frankfurt a. M. 1931.

Jacobs, Joachim: *Thomas Manns frühe Erzählungen*. Hagen 1983.

Kaiser, Gerhard: *»... und sogar eine alberne Ordnung ist immer noch besser als gar keine.«. Erzählstrategien in Thomas Manns »Doktor Faustus«*. Stuttgart/Weimar 2001.

Kluge, Gerhard: Das Leitmotiv als Sinnträger in *Der kleine Herr Friedemann*. Ein Versuch zur frühen Prosadichtung Thomas Manns. In: *Jahrbuch der deutschen Schillergesellschaft* 11 (1967), 484–526.

Klussmann, Paul Gerhard: Die Struktur des Leitmotivs in Thomas Manns Erzählprosa. In: Rudolf Wolff (Hg.): *Thomas Mann. Erzählungen und Novellen*. Bonn 1984, 8–26.

Koopmann, Helmut: Forschungsgeschichte. In: *TMHb*, 941–1007.

Kristiansen, Børge: Das Problem des Realismus bei Thomas Mann. Leitmotiv – Zitat – Mythische Wiederholungsstruktur. In: *TMHb*, 823–835.

Martínez, Matías: *Doppelte Welten. Struktur und Sinn zweideutigen Erzählens*. Göttingen 1996.

Odendahl, Johannes: *Literarisches Musizieren. Wege des Transfers von Musik in die Literatur bei Thomas Mann*. Bielefeld 2008.

Odendahl, Johannes: Rot in Venedig. Leitmotivisches Erzählen in Thomas Manns Novelle *Der Tod in Venedig* und in deren Verfilmung durch Lucchino Visconti. In: *Der Deutschunterricht* 3 (2013), 67–75.

Pache, Alexander: Über das Leitmotiv bei Thomas Mann. In: *Hamburger Nachrichten*. Juni 1906.

Peacock, Ronald: *Das Leitmotiv bei Thomas Mann*. Bern 1934.

Schlee, Agnes: *Wandlungen musikalischer Strukturen im Werke Thomas Manns. Vom Leitmotiv zur Zwölftonreihe*. Frankfurt a. M./Bern 1981.

Schmitz, Jens: *Konstruktive Musik. Thomas Manns »Doktor Faustus« im Kontext der Moderne*. Würzburg 2009.

Veit, Joachim: Leitmotiv. In: Ludwig Finscher (Hg.): *Die Musik in Geschichte und Gegenwart*. 2., neubearb. Ausg., Sachteil Bd. 5. Kassel/Stuttgart 1996, 1078–1095.

Walzel, Oskar: Leitmotive in Dichtungen. In: *Zeitschrift für Bücherfreunde* NF 8 (1917), 263–278.

Stephan Brössel

20 Liebe und Erotik

»Ich sage: Trennen wir den Unterleib von der Liebe!« (GKFA 21, 42), fordert der junge Thomas Mann am 5. 3. 1895 in einem Brief an den befreundeten Journalisten Otto Grautoff. Die dem Autor durch die Forschung (vgl. Sommerhage 1982; Krug 1997) unterstellte Sexualfeindlichkeit lässt sich anhand verschiedener Zeugnisse dokumentieren – so äußert Mann im November 1896, ebenfalls in einem Brief an Grautoff, weitaus heftiger: »Wie ich sie hasse, diese Geschlechtlichkeit [...], sie ist das *Gift*, das in aller Schönheit lauert!« (GKFA 21, 81). An der »Geschlechtlichkeit« entbrennt ferner der erste Streit mit Heinrich Mann; im Dezember 1903 echauffiert Thomas sich über dessen eben erschienenen Roman *Die Jagd nach Liebe* folgendermaßen: »Diese schlaffe Brunst in Permanenz, dieser fortwährende Fleischgeruch ermüden, widern an« (GKFA 21, 248).

Dass sich die Liebes- und Ehepaare in den Werken Thomas Manns nur äußerst selten sexuell vereinigen, veranlasst Baumgart zu der Aussage, Manns schriftstellerische Bühne sei die des »Vorspiels« (Baumgart 1989, 44). Sexuelle Erfüllung scheint es für die bürgerlichen Protagonisten nicht zu geben: immer dort, wo die ›dionysischen‹ Triebe tatsächlich einmal ausbrechen, steuern die Figuren unausweichlich auf ihren körperlichen oder seelischen Untergang zu – der kleine Herr Friedemann und Gustav von Aschenbach sind hierfür prominente Beispiele. Manns Ansichten zum »Unterleib« sind aber nicht ausschließlich negativer Natur, wenn er ihm gleichermaßen eine »ganze Menge Poesie« zuschreibt (GKFA 21, 42). Der kontrollierte Trieb dient als Motor für das künstlerische Schaffen – so lautet die bürgerliche Maxime der Sublimierung, die Thomas Mann sich selbst und seinen literarischen Figuren auferlegt. Im Gegensatz zum Autor werden die Figuren in den wenigsten Fällen diesem Diktat gerecht: Aschenbachs »der erotischen Anfechtung entgegengestemmte Leistungsethik« (Honold/Werber 2012, 6) erliegt der unkontrollierten Eskalation (homo)sexueller Triebe bis hin zu phantasierten Orgien; Friedemanns Sublimierung durch Kunst- und Naturkonsum zerbricht an der Begegnung mit Gerda von Rinnlingen (vgl. Blödorn 2007, 15), und auch Detlev Spinell, der selbsterklärte Ästhet (vgl. GKFA 2.1, 328), fällt letzten Endes dem unterdrückten Eros anheim: Obwohl Spinell sich den größtmöglichen Anschein bürgerlicher Sittsamkeit gibt – beispielsweise betrachtet er lieber den »verwischte[n] Schatten« einer schöner Frau, als ihr »plump und wirklichkeitsgierig« ins Gesicht zu starren (GKFA 2.1, 335) –, gerät seine Existenz durch die Begegnung mit Gabriele Klöterjahn aus dem Gleichgewicht. Die Zerrissenheit der Mann'schen Protagonisten zwischen erotischer Sehnsucht und moralischer Sittsamkeit ist paradigmatisch für die soziokulturellen Umstände der Wilhelminischen Zeit, in der Fortschrittsoptimismus, Säkularisierung und beginnende Verunsicherung des bürgerlichen Selbstverständnisses kollidieren (vgl. Hettling/Hoffmann 2000, 8).

Ferner ist bedeutsam, wie genau Thomas Mann zwischen Erotik und Sex unterscheidet: »Erotik ist Poesie, ist das, was aus der Tiefe redet«; »Sexualismus« hingegen ist »das Nackte, das Unvergeistigte« (GKFA 21, 248). Härle reduziert Erotik bei Mann auf eine nicht eingelöste Homoerotik (Härle 1992, 7). Gegengeschlechtliche, gesellschaftlich anerkannte Sexualität hingegen würde »zum Bereich der bürgerlichen Lebensverfassung« gehören und bliebe ihrerseits »vom Erotischen frei« (ebd.). Auslöser für eine solche Interpretation war vor allem die seit Mitte der 1970er Jahre einsetzende Veröffentlichung der Tagebücher, in deren Folge Manns Homosexualität bekannt wurde (vgl. Krug 1997, 13; Wißkirchen 1992, 17 f.). Die fehlende Erotik in den zahlreichen Ehen seiner Figuren ist offensichtlich: Sexualität zwischen den Ehepartnern in den *Buddenbrooks* wird nicht einmal angedeutet. Die Mitglieder der Lübecker Kaufmannsfamilie heiraten zum Wohl der Firma, also aus rein ökonomischen Gründen. Tony Buddenbrook begehrt vergebens gegen diese Direktive auf, die von dem wirtschaftswissenschaftlichen Diskurs der Zeit bestimmt wird: Fast wörtlich gibt Konsul Jean Buddenbrook die Äußerungen prominenter Nationalökonomen wie Gustav Schmoller und Werner Sombart wieder, um die arrangierte Heirat seiner Tochter Tony zu rechtfertigen (vgl. GKFA 1.1, 160 f.; Totzke 2014, 18). Die leidenschaftslose Beziehung von Imma und Prinz Klaus Heinrich in *Königliche Hoheit* ist hierfür ebenfalls bezeichnend. Auch wenn ihre Verbindung aus Liebe geschlossen wird, entbehrt sie jeglicher Erotik (vgl. Krug 1997, 163). Eine erotische Anziehungskraft zwischen Hans Castorp und Clawdia Chauchat kann im Sinne des aufgezeigten Motivkomplexes nur entstehen, weil ihre kranken Körper der bürgerlichen Konvention enthoben werden – sie sind weder fruchtbar noch lebenstauglich. Der kranke Körper handelt im »Geist der Verwesung, der Wollust und der Schande« (GKFA 5.1, 381) wie Settembrini Hans Castorp erklärt. Der Zauberberg wird also – ähnlich wie Aschenbachs Venedig – zum Ort enthemmter Begegnungen und erotischer Phantasien.

Im Hinblick auf die Darstellung der Frauenfiguren spricht die Forschung von einer misogynen Tendenz, die sich vor allem im Motiv der *horror feminae* zeige, wie Sommerhage erörtert: »der Untergang des Mannes, das ist die Frau« (Sommerhage 1983, 104). Im tradierten Bild der *femme fatale* manifestiert sich die (männliche) Angst vor dem weiblichen Geschlecht – beispielhaft verkörpert durch Gerda von Rinnlingen, die Friedemann in den (erotischen) Wahnsinn treibt. Auch Seltens frauenfeindliches Urteil in der ersten größeren Erzählung *Gefallen* zeugt von den unterstellten Tendenzen: »Wenn eine Frau heute aus *Liebe* fällt, so fällt sie morgen um *Geld*« (GKFA 2.1, 49).

Einen weiteren wichtigen Aspekt stellt das erotische Erzählen respektive die »erotische Ironie« dar. Über Letztere schreibt Mann in den *Betrachtungen eines Unpolitischen*: »Der Geist, welcher liebt, ist nicht fanatisch, er ist geistreich [...] und sein Werben ist erotische Ironie [...]. Ironie aber ist immer Ironie nach beiden Seiten hin; sie richtet sich gegen das Leben sowohl wie gegen den Geist [...]« (GKFA 13,1, 618, 622). Honold erörtert die Funktion des erotischen Erzählens anhand der kurzen Novelle *Das Eisenbahnunglück*: »Die Lust am Doppelbödigen, Schlüpfrigen« veranlasse den Erzähler dazu, »die privatesten Momente« der »Schlafwagen-Gesellschaft« zu entblößen (Honold 2012, 208). Das frivole Erzählen enttarnt gleichsam die hierarchisch erstarrte und lustfeindliche Wilhelminische Gesellschaft: Durch das Unglück geraten die sittlichen und klassengesellschaftlichen Ordnungen aus den Fugen, so durchmischen sich die Passagiere der ersten und zweiten Klasse und die »halbnackten Damen« (GKFA 2.1, 476) und die in Schlafanzüge gekleideten Herren laufen kreischend über die Gleise (vgl. GKFA 2.1, 475 f.). Mit diesem narratologischen »Bühnentrick« werden die »schützenden Wände aus dem Privatgehäuse der Menschen herausgelöst«, so dass sich das Innere der Gesellschaft »auf schrille Weise« ins Freie stülpt (Honold 2012, 212).

Die Forschung betont ebenfalls die Bedeutsamkeit Nietzsches, Wagners und Schopenhauers für die Konzeption von Liebe und Erotik in den Werken Thomas Manns. Genannt werden hier vor allem die von Nietzsche entlehnten dionysischen Elemente, die beispielsweise in Aschenbachs geträumten Orgien, dem Bürgerball in *Königliche Hoheit* sowie dem Karnevalsfest im *Zauberberg* vorkommen (vgl. Krug 1997, 22). Auch die Koinzidenz von Wagner'scher Musik und Erotik ist auffällig: Wagners Musik kommt in den Schriften »stets im Kontext sexueller Verführung« (ebd., 24) vor. So begehen die Aarenhold-Zwillinge aus *Wälsungenblut* nach dem Besuch der *Walküre* Inzest, Detlev Spinell ›verführt‹ Gabriele Klöterjahn zum Klavierspiel von *Tristan und Isolde* und leitet damit ihren physischen Niedergang ein, und auch Friedemann erliegt während der *Lohengrin*-Aufführung im Stadttheater dem »warmen Duft« (GKFA 2.1, 101) Gerda von Rinnlingens. Dass Musik also gerade »zur Chiffre für Sexualität« (Krug 1997, 19) schlechthin wird, konterkariert auch den von Schopenhauer geführten Diskurs über die Divergenzen zwischen »Geschlechtstrieb« und Vernunft (Schopenhauer II 1960, 656); Musik erlöst die Protagonisten in Manns Werken nämlich keinesfalls von ihrem »schnöden Willensdrang« (ebd. I, 280), wie Schopenhauer in *Die Welt als Wille und Vorstellung* behauptet, sondern verführt sie vielmehr zur unkontrollierten Sinnlichkeit.

Literatur

Baumgart, Reinhard: *Selbstvergessenheit. Drei Wege zum Werk: Thomas Mann, Franz Kafka, Bertolt Brecht.* Wien 1989.

Blödorn, Andreas: Gestörte Familien – verstörte Helden. Zum Zusammenhang von Fremdbestimmung und Selbstheilung in Thomas Manns *Der kleine Herr Friedemann*, *Der Bajazzo* und *Tonio Kröger*. In: Rüdiger Sareika (Hg.): *Buddenbrooks, Houwelandt & Co. Zur Psychopathologie der Familie am Beispiel des Werks von Thomas Mann und John von Düffel.* Iserlohn 2007, 11–37.

Krug, Dietmar: *Eros im Dreigestirn. Zur Gestaltung des Erotischen im Frühwerk Thomas Manns.* Frankfurt a. M. 1997.

Härle, Gerhard: »Vorwort«. In: Ders. (Hg.): *»Heimsuchung und süßes Gift«. Erotik und Poetik bei Thomas Mann.* Frankfurt a. M. 1992, 7–10.

Hettling, Manfred/Hoffman, Stefan-Ludwig: Zur Historisierung bürgerlicher Werte. Einleitung. In: Dies. (Hg.): *Der bürgerliche Wertehimmel. Innenansichten des 19. Jahrhunderts.* Göttingen 2000, 7–21.

Honold, Alexander/Werber, Niels: Einleitung. In: Dies. (Hg.): *Deconstructing Thomas Mann.* Heidelberg 2012, 5–13.

Honold, Alexander: Frivole Kollisionen. Die Klassengesellschaft im Schlafwagen und das ›Déjà-vu‹-Erlebnis des *Eisenbahnunglücks*. In: Stefan Börnchen/Georg Mein/Gary Schmidt (Hg.): *Thomas Mann. Neue kulturwissenschaftliche Lektüren.* München 2012, 193–212.

Schopenhauer, Arthur: Die Welt als Wille und Vorstellung, Bd. 1 u. 2. In: Ders.: *Sämtliche Werke*, 5 Bde., hrsg. von Wolfgang Frhr. v. Löhneysen. Stuttgart/Frankfurt a. M. 1960 ff.

Sommerhage, Claus: *Eros und Poesie. Über das Erotische im Werk Thomas Manns.* Bonn 1982.

Totzke, Ariane: Der Homunculus Oeconomicus bei der Arbeit. Militärische Untauglichkeit und gedemütigter Männerstolz in Thomas Manns *Der Bajazzo*. In: Andrea Bartl/Nils Ebert (Hg.): *Der andere Blick der Literatur. Perspektiven auf die literarische Wahrnehmung der Wirklichkeit*. Würzburg 2014, 13–33.
Wißkirchen, Hans: Republikanischer Eros. Zu Walt Whitmans und Hans Bühlers Rolle in der politischen Publizistik Thomas Manns. In: Gerhard Härle (Hg.): *»Heimsuchung und süßes Gift«. Erotik und Poetik bei Thomas Mann*. Frankfurt a. M. 1992, 17–40.

Ariane Totzke

21 Männerbilder/Frauenbilder

Eine Betrachtung der Männer- und Frauenbilder in Thomas Manns Werk ist aus dem Gegenstand heraus, der im Kontext der heteronormativen Geschlechterverhältnisse der westlichen Moderne (vgl. Butler 1991) steht, nur als ein relationales Projekt zu haben. Männlichkeiten und Weiblichkeiten konstituieren sich auch in Manns Texten im Verhältnis zueinander. So wird beispielsweise die Inversion der Geschlechterrollen in der Werbung Mut-em-enets um Joseph (GW V, 1124–1126) erst im Blick auf die voneinander abhängigen Geschlechtsidentitäten der beiden Figuren und erst vor dem Hintergrund eines asymetrisch-patriarchalen Geschlechterverhältnisses greifbar.

Von sexuierten Asymmetrien bestimmt ist denn auch die Verhandlung von Männlichkeiten und Weiblichkeiten überhaupt bei Thomas Mann. Das Verhältnis eines als männlich markierten impliziten Autors (Elsaghe 2004, 276–284) zu seinem Text hat Folgen für die Strukturierung der erzählten Welten. Manns Texte sind in weiten Teilen um männliche Figuren und deren Männlichkeitsentwürfe zentriert (Webber 2002), die allermeisten Protagonisten Manns sind Männer (vgl. Mundt 2004, 292; Elsaghe 2010, 11). Aus diesem Umstand folgt, dass männliche Identitätsentwürfe an vielen Stellen im Gesamtwerk in höherem Maße zum Thema, in höherem Maße auch problematisch werden als weibliche. So erzählt die späte Erzählung *Die vertauschten Köpfe* eine klassische Dreiecksgeschichte, in der die beiden Protagonisten Schridaman und Nanda ihr homosoziales Begehren (vgl. Sedgwick 1985) über die begehrte Sita vermitteln. Während so die männlichen Figuren als dynamisch, vom Widerstreit zwischen Körper und Kopf bestimmt, gefasst werden und ihr homosoziales Begehren auf den physischen Tausch der Köpfe abgebildet wird, bleibt Sita in ihrer psychischen wie somatischen Dimension relativ stabil. Der These, Manns Frauenfiguren seien im Gegensatz zu seinen Männerfiguren wesentlich schematisch (u. a. Böhm 1991, 169 f.), wurde jedoch mit Recht widersprochen (u. a. Mundt 2004, 272). Auch in den *Vertauschten Köpfen*, die ja »[d]ie Geschichte der schönhüftigen Sita [...] und ihrer beiden Gatten« (GW VIII, 712) erzählen, zeichnet sich in dem Umstand, dass letztlich Sita als matriarchale Polygamistin erscheint, eine Inversion konventioneller Geschlechterrollen (Elsaghe 2004, 321–323), wie sie die Struktur des erotischen Dreiecks erwarten lässt, ab, die

Sitas Weiblichkeit in die Problematisierung von Identität und Geschlecht mit einbezieht.

Grob lässt sich für die Verhandlung von Geschlechterverhältnissen bei Thomas Mann eine Entwicklung von den »Geschlechterkriegen« (Elsaghe 2007, 163) des Frühwerks hin zu einem aus der Rezeption der Theorien Johann Jakob Bachofens (vgl. Elsaghe 2010) resultierenden Modell der Verknüpfung von Weiblichkeit und Männlichkeit mit einem historischen Modell der Kulturstufen von Mutter- und Vaterrecht, wobei aber nicht das biologische Geschlecht (*sex*) den Ausschlag gibt (vgl. Schöll 2002, 169, zu *Lotte in Weimar*), feststellen. Ist das Frühwerk gekennzeichnet durch die Beziehung unterlegener Männer, die öfter durch einen körperlichen Defekt stigmatisiert sind (z. B. Johannes Friedemann in *Der kleine Herr Friedemann*), zu überlegenen Frauen, die öfter an die Fin de Siècle-Figuren der *femme fatale* (z. B. Gerda von Rinnlingen in *Der kleine Herr Friedemann*) und der *femme fragile* (z. B. Anna Rainer in *Der Bajazzo*; Elsaghe 2007, 161–168) anschließen, diese aber selten in Reinform, sondern immer wieder vom Stereotyp in signifikanter Weise abweichend verkörpern (Mundt 2004, 273–275), so ist das Werk der Exil- und Nachkriegszeit geprägt von männlichen ›Erwählten‹ (z. B. Joseph und Grigorß) und starken Matriarchinnen (etwa Maria Pia Kuckuck im *Felix Krull*). Diese hier sehr schematisch umrissene Entwicklung darf freilich nicht darüber hinwegtäuschen, dass die Texte Manns in beinahe jedem Fall subversive Lektüren von Geschlecht zulassen oder gar herausfordern. So wird in einem der frühesten Texte, *Gefallen*, die Erzählung der Liebe des Protagonisten zur sich prostituierenden Schauspielerin zwar durch die novellistische Rahmung in der Auseinandersetzung einer Herrenrunde über die Emanzipation der Frau als antifeministisches Argument markiert (Elsaghe 2007, 172), doch eröffnet gerade diese Rahmung eine potentiell kritische Blickrichtung auf die geschlechterpolitische Situiertheit der (Binnen-)Erzählung. Die letzte vollendete Erzählung andererseits, *Die Betrogene*, arbeitet den an vielen der männlichen Protagonisten erprobten Komplex von Scheinhaftigkeit und Erwähltheit an der Figur Rosalie von Tümmlers aus, die nach ihrer Menopause ›wieder‹ einsetzende Blutungen als Zeichen ihrer Erwähltheit liest (»Was tut die große, gute Natur für ein Wunder an mir und segnet damit meinen Glauben!«, GW VIII, 922), und bezieht die Scheinhaftigkeit dieser Erwählung in radikaler Weise auf den Geschlechtskörper: »Die Curettage ergab Carcinomzellen, dem Charakter nach vom Eierstock herrührend [...]« (ebd., 948).

Hatte sich die Thomas-Mann-Forschung seit der Veröffentlichung aller Tagebücher längere Zeit am Thema der Homosexualität abgearbeitet und im selben Zuge weibliche Figuren häufig nicht als solche ernstgenommen, sondern als Camouflage (vgl. Detering 2002, 273–322) des Autors verstanden (prägnant Böhm 1991, 170), so macht sich seit der Jahrtausendwende eine produktive Hinwendung zu Ansätzen der poststrukturalistischen Geschlechterforschung bemerkbar (vgl. etwa Lange-Kirchheim 2000). Dabei wird allerdings Geschlecht in den allermeisten Fällen als von anderen sozialen Differenzen relativ unabhängiger Komplex analysiert. Mit Elsaghe (2004, ohne Intersektionalitätsbegriff) sind erste Voraussetzungen für eine intersektionale bzw. interdependente Analyse von Geschlecht bei Thomas Mann gegeben. Die konsequente Analyse von Geschlecht als einer interdependenten Kategorie (Walgenbach 2012), welche die Texte Thomas Manns in ihrer Komplexität wesentlich mitstrukturiert, bleibt eine offene Aufgabe.

Literatur

Böhm, Karl Werner: *Zwischen Selbstzucht und Verlangen. Thomas Mann und das Stigma Homosexualität. Untersuchungen zu Frühwerk und Jugend*. Würzburg 1991.

Butler, Judith: *Das Unbehagen der Geschlechter*. Frankfurt a. M. 1991 (engl. 1990).

Detering, Heinrich: *Das offene Geheimnis. Zur literarischen Produktivität eines Tabus von Winckelmann bis zu Thomas Mann*. Göttingen 2002.

Elsaghe, Yahya: *Thomas Mann und die kleinen Unterschiede. Zur erzählerischen Imagination des Anderen*. Köln/Weimar/Wien 2004.

Elsaghe, Yahya: Die kleinen Herren Friedemänner. Familie und Geschlecht in Thomas Manns frühesten Erzählungen. In: Christine Kanz (Hg.): *Zerreissproben/Double Bind. Familie und Geschlecht in der deutschen Literatur des 18. und 19. Jahrhunderts*. Bern/Wettingen 2007, 159–180.

Elsaghe, Yahya: *Krankheit und Matriarchat. Thomas Manns* Betrogene *im Kontext*. Berlin/New York 2010.

Lange-Kircheim, Astrid: Das zergliederte Porträt – *gender*-Konfigurationen in Thomas Manns *Zauberberg*. In: Ina Brueckel u. a. (Hg.): *Bei Gefahr des Untergangs. Phantasien des Aufbrechens. Festschrift für Irmgard Roebling*. Würzburg 2000, 173–195.

Mundt, Hannelore: Female Identities and Autobiographical Impulses in Thomas Mann's Work. In: Herbert Lehnert/Eva Wessel (Hg.): *A Companion to the Works of Thomas Mann*. Rochester, New York 2004, 271–295.

Schöll, Julia: Geschlecht und Politik in Thomas Manns Exilroman *Lotte in Weimar*. In: Dies. (Hg.): *Gender – Exil – Schreiben*. Würzburg 2002, 165–182.

Sedgwick, Eve Kosofsky: *Between Men. English Literature and Male Homosocial Desire*. New York 1985.

Walgenbach, Katharina: Gender als interdependente Kategorie. In: Dies. u. a.: *Gender als interdependente Kategorie. Neue Perspektiven auf Intersektionalität, Diversität und Heterogenität*. Opladen/Berlin/Toronto ²2012, 23–64.

Webber, Andrew J.: Mann's man's world: gender and sexuality. In: Ritchie Robertson (Hg.): *The Cambridge Companion to Thomas Mann*. Cambridge 2002, 64–83.

Benedikt Wolf

22 Märchen

Obwohl erst vergleichsweise spät von der Forschung hervorgehoben, lassen sich in den Werken Thomas Manns zahlreiche intertextuelle Spuren des Märchens und des Märchenhaften nachweisen. »[D]ieser epische Scherz voller [...] symbolischer Zweideutigkeiten ist ein Märchen« (GKFA 14.1, 180), bewirbt Mann seinen zweiten Roman *Königliche Hoheit*, und auch der Erzähler des *Zauberbergs* betont, »daß die unsrige [Geschichte] mit dem Märchen [...], ihrer inneren Natur nach, das eine oder andre zu schaffen hat« (GKFA 5.1, 10). Nachdem bis in die 1990er Jahre solche Hinweise entweder im kursorischen Überblick (Petersen 1973; Marx, TMHb, 1990) oder biographisch-psychologisch (Wysling 1982) untersucht wurden, erschienen Anfang der 1990er Jahre die ersten Monographien, die Auftrittsform und Poetologie des Märchens bei Mann in den Fokus rückten (Syfuß 1993, Maar 1995). Mit der Adaption von Motiven aus den Grimm'schen Volksmärchen, aus romantischen Kunstmärchen und allen voran den Werken Hans Christian Andersens eröffnen die Texte einerseits zahlreiche Referenzen zu kanonischen Texten der Gattung, andererseits nimmt das Märchenhafte im Zuge einer intertextuellen Aneignung selbst strukturbildende Funktion ein.

Als den »tiefste[n] und nachhaltigste[n]« literarischen Eindruck bezeichnet Mann in einer Umfrage von 1928 die Kunstmärchen Andersens (zit. n. Detering, GKFA 4.2, 141), deren vielfältige Spuren im Œuvre insbesondere Maar (1995) aufdeckte. Schon im *Kleiderschrank* stamme der rot-weiße Regenschirm, der auf mysteriöse Weise auf den Schreibtisch van der Qualens gelangt, ursprünglich aus Andersens *Ole Lukøje*, der als titelgebende Märchenfigur für die Träume entkleideter Kinder sorgt – und damit in Analogie zu van der Qualens Traumreise und der kindlichen Gestalt im Schrank tritt. Die Figur der Imma Spoelmann aus *Königliche Hoheit* referiert mit ihrer Haut wie »Meerschaum« und einem »Kleid aus seegrüner, glänzender Seide« (GKFA 4.1, 312; 224) unmittelbar auf Andersens *Kleine Seejungfrau*, um an anderer Stelle als erlösende »[k]leine Schwester« aus der *Schneekönigin* aufzutreten (GKFA 4.1, 313). Zum »Symbol meines Lebens« (BrAM 796 f.) erklärt Mann in einem späten Brief Andersens *Standhaften Zinnsoldaten*, der nicht nur dem stigmatisierten Prinzen Klaus Heinrich, sondern auch Joachim Ziemßen aus dem *Zauberberg* konzeptionell zugrunde liegt. Maar geht am Ende seiner Untersuchung so weit, sogar Hans Castorp als ›Hans C.‹ Andersen auszuweisen, der gemeinsam mit spirit Holger und Elly Brand in der Zeremonie des »Fragwürdigsten« den Zinnsoldaten Joachim kreiert (Maar 1995, 252 f.).

Über Andersen hinaus finden die Kunstmärchen der deutschsprachigen Romantik Eingang in das Werk, wobei neben der Auseinandersetzung mit E. T. A. Hoffmann und Novalis insbesondere Adelbert von Chamissos *Peter Schlemihls wundersame Geschichte* als prägender Intertext fungiert, den Mann als »wundersam [...], aber nie eigentlich als wunderbar im Sinne des Außernatürlichen und Unverantwortlich-Märchenhaften« lobt (GKFA 14.1, 320, vgl. Syfuss 1993, 25–27). Trotz eines solchen Affronts gegen das ›Wunderbare‹ des Kindermärchens lassen sich zugleich Referenzen auf das Volksmärchen Grimm'scher Prägung nachweisen, so in den Lesestunden Ida Jungmanns in den *Buddenbrooks* (vgl. Lipinski 2011) und in Verweisen auf *Schneewittchen*, die Syfuss (1993, 122–128) u. A. im wiederkehrenden Motiv des ›giftigen‹ Granatapfels erkennt. Statt einer gattungstheoretischen Unterscheidung zwischen Volks- und Kunstmärchen streng zu folgen, differenziert Mann die zwei Märchentypen vorrangig auf Grundlage eines »Realismus-Argument[s]« (Hamacher 1996, 79): Während das Volksmärchen nach Mann, das von den Brüdern Grimm, Charles Perrault oder auch den *Märchen aus 1001 Nacht* besetzt wird, der Wirklichkeit auf ›wunderbare‹ Weise entrückt bleibt, sucht das avancierte Kunstmärchen die Analogie zur bürgerlichen Realität und täuscht mittels realistischer Verfahren über die Grenze von Phantastik und Wirklichkeit hinweg. In den Werken behauptet das Volksmärchen auf diese Weise ein idealistisches, nicht erreichbares Gegenmodell zur Diegese, während die Kunstmärchen, wie die idealen Märchen Kai Graf Möllns, »an Interesse dadurch [gewinnen], daß sie [...] von der Wirklichkeit ausgingen und diese in ein seltsames und geheimnisvolles Licht rückten...« (GKFA 1.1, 572)

So wird der Umgang mit dem Märchen für Mann zum Gegenstand, das Verhältnis von Poesie und Realität in jeweils spezifischer Weise auszuloten. Während das Frühwerk noch einen unvereinbaren Widerspruch von Märchen und Diegese betont, der im Scheitern und Verfall der Figuren endet, nähert sich Mann im Zuge der Verlobung mit Katia Pringsheim einer engeren, auch biographisch gedeuteten Verzahnung von Realität und Märchen an. Eine solche Überwindung der naturalistischen Schule schlägt sich insbesondere im »Märchen-Roman« (GW XI, 581) *Königliche Hoheit* nieder, mit dem Mann eine Schreibkrise nach *Tonio Kröger* überwindet und der im märchenhaften »strenge[n] Glück« des Prinzen kulminiert (GKFA 4.1, 399). Mit der Sprengung des *Zauberbergs* durch den Ausbruch des Ersten Weltkrieges wird die Grundspannung von Märchen und Wirklichkeit zeitgeschichtlich interpretiert und auf diese Weise im Spätwerk weitergeführt, sodass sich auch der symbolische ›tote Zahn‹ im *Doktor Faustus* als »Märchen-bricolâge« (Lipinski 2011, 179) zu erkennen gibt, importiert aus dem Andersen-Märchen *Tante Zahnweh* (vgl. Maar 1995, 26–33).

Eine nicht zu vernachlässigende Textfunktion des Märchens besteht bei Mann in der Präfiguration von Handlungselementen und der Konstitution einer vermeintlich ›phantastischen‹ Diegese. Durch Prolepsen sowie Verschränkungen verschiedener Märchenzitate entsteht ein Effekt der »Synthese« (Syfuss 1993, 92), welcher die Deutung des ansonsten realistischen Textgeschehens in Form einer schicksalshaften, hermetischen Schließung potentiell ermöglicht. Mit der Aneignung des Märchenhaften eröffnet sich das Angebot einer doppelten Welt, welches jedoch zugleich als »ziemlich unbewiesenes Gemunkel« (GKFA 4.1, 51), genauer: als höchst brüchige und unwahrscheinliche Option ausgewiesen wird. Mit den Hinweisen auf seine Artifizialität bleibt das Märchen bei Mann somit ironisch gebrochen, behält aber den Effekt bei, den Oberhofmarschall von Bühl zu Bühl beschreibt, wenn er »von seiner Gabe Gebrauch [macht], mit offenen Augen zu schlafen, – reglosen Blicks und in bester Haltung das Bewußtsein von Zeit und Raum zu verlieren, ohne die Würde des Ortes im mindesten zu verletzen.« (GKFA 4.1, 17)

Literatur

Detering, Heinrich: »*Königliche Hoheit*«. *Thomas Manns Märchen-Roman*. Bonn 2010.

Hamacher, Bernd: Poetologische Funktionen des Märchens bei Thomas Mann. In: Thomas Eicher (Hg.): *Märchen und Moderne. Fallbeispiele einer intertextuellen Relation*. Münster 1996, 69–113.

Lipinski, Birte: Romantische Beziehungen. Kai Graf Mölln, Hanno Buddenbrook und die Erlösung in der Universalpoesie. In: *TMJb* 24 (2011) 173–194.

Maar, Michael: *Geister und Kunst. Neuigkeiten aus dem Zauberberg*. München u. a. 1995.

Marx, Leonie: Thomas Mann und die skandinavischen Literaturen. In: *TMHb*, 164–199.

Petersen, Jürgen H.: Die Märchenmotive und ihre Behandlung in Thomas Manns Roman *Königliche Hoheit*. In: *Sprachkunst* 4 (1973), 216–230.

Sauer, Paul Ludwig: Das ›vernünftige Märchen‹ Thomas Manns. Der Roman *Königliche Hoheit* im Spannungsfeld zwischen Volksmärchen und Kunstmärchen. In: *Blätter der Thomas-Mann-Gesellschaft* 23 (1990), 31–43.
Syfuss, Antje: *Zauberer mit Märchen. Eine Studie zu Thomas Mann.* Frankfurt a. M. 1993.
Wysling, Hans: *Narzißmus und illusionäre Existenzform. Zu den »Bekenntnissen des Hochstaplers Felix Krull«.* Bern/München 1982.

Raphael Stübe

23 Maskierung, Entlarvung, Camouflage

Die Begriffe ›Maske‹ und ›Maskierung‹ sind auf literarische Texte in dreierlei Hinsicht anwendbar: Zum ersten können sie der Beschreibung eines biographischen Phänomens dienen, zum zweiten auf den Text als symbolisches, auf die außerliterarische Welt verweisendes Gefüge und drittens auf die Figurenebene angewandt werden. Vor allem Letztere erweist sich im Fall Thomas Manns als besonders interessant.

Auf der biographischen Ebene kann der literarische Text als Maskierung des Autors gelesen werden. Mann selbst schreibt im April 1897 aus Rom an seinen Jugendfreund Otto Grautoff, er habe mit der Arbeit an *Der kleine Herr Friedemann* die »diskreten Formen und Masken« gefunden, in denen er mit seinen Erfahrungen »unter die Leute« gehen könne (BrGr, 90). Diese und ähnliche Bemerkungen gaben der Forschung immer wieder zu biographischen Interpretationen der Texte Manns Anlass, wobei die Interpretierenden jeweils die Rolle des Entlarvenden übernahmen, der hinter die vermeintlichen Masken blickt (z. B. Mattenklott 1992, Maar 2000). Besonders die Publikation der Tagebücher des Autors ab 1977 gab diesen Lesarten Auftrieb (siehe u. a. Vaget 1997). Über den literaturwissenschaftlichen Nutzen biographistischer Lesarten für das Textverständnis lässt sich indes streiten.

Als Medium des eigentlichen wie uneigentlichen, metaphorischen, allegorischen, symbolischen Sprechens verweist jeder literarische Text auf die außerliterarische Welt. In diesem Sinne lassen sich viele fiktive Figuren als Masken realer Personen lesen: das Personal des Romans *Buddenbrooks* als reale Lübecker Bürgerschaft, die Zwillinge Aarenhold als Zwillinge Pringsheim (*Wälsungenblut*), der literarische Goethe als eine Maske des historischen (*Lotte in Weimar*), die Josephsfigur als Porträt des US-amerikanischen Präsidenten Franklin D. Roosevelt (*Joseph, der Ernährer*) oder die Figur des Tonsetzers Adrian Leverkühn (*Doktor Faustus*) als Maske für Dürer, Luther, Goethe, Nietzsche, Wolf, Schönberg, Strawinski – oder als Thomas Mann selbst.

Spannender erscheint gleichwohl der Blick auf die innerliterarische Welt und ihr Personal. Eine Maske zu tragen, solange man sich in der Öffentlichkeit bewegt, kann schlicht bedeuten, dass man sich zu benehmen weiß, die gesellschaftlichen Gepflogenheiten kennt, etwas ›auf sich hält‹. Die Maskierung dient dann dem sozialen Konsens, der Aufrechterhaltung der symbolischen Ordnung der Gesellschaft und ist in dieser Lesart mit dem sozialwissenschaftlichen Konstrukt der ›Rolle‹ identisch. Ob sich indes hinter den Masken des öffentlichen Raums das ›wahre‹ Selbst einer Person verbirgt, das dann im Privaten zutage träte, mag mit den Identitätstheorien der Postmoderne und Dekonstruktion bezweifelt werden.

Auf der Ebene der *histoire* tragen viele, wenn nicht alle literarischen Figuren Manns gesellschaftliche Masken. Die wenigstens von ihnen werden sozial auffällig, allenfalls psychologisch; die Maske bleibt zumeist bis zuletzt intakt. Gustav von Aschenbach stirbt in *Der Tod in Venedig* ›übermaskiert‹ durch sein geckenhaft geschminktes Gesicht, gleichwohl formvollendet. Auch im Hause Buddenbrook wird der Schein bis zum Schluss gewahrt, gelitten wird allenfalls hinter verschlossenen Türen. Der bereits vom Schopenhauer'schen Zweifel befallene Konsul Thomas Buddenbrook trägt Anzüge von »tadellose[r] und diskrete[r] Eleganz« wie ein Schauspieler seine Maske, doch sein Leben ist bereits zu einer nur mehr »anstrengenden und aufreibenden Schauspielerei« geworden (GKFA 1.1, 676 f.). Selbst der von syphilitischem Wahnsinn gemarterte Adrian Leverkühn wird nur ein einziges Mal ausfällig in der Öffentlichkeit und erlaubt sich einen Wutausbruch gegenüber seiner Mutter während einer Bahnfahrt. Doch der treue Freund und Erzähler Serenus Zeitblom beeilt sich sofort hinzuzufügen: »Es war ein einmaliges Vorkommnis. Niemals hat Ähnliches sich wiederholt« (GKFA 10.1, 736).

Der Begriff der ›Camouflage‹ geht über den der ›Maske‹ noch hinaus. Während die Maske als solche erkennbar ist – allen Beteiligten ist bewusst, dass man in Gesellschaft, zumal in ›guter‹ Gesellschaft nicht sein Innerstes nach außen kehrt –, verschmilzt im Fall der Camouflage der Maskierte mit seiner Umgebung. Er verschwindet als maskiertes Subjekt vor der Kulisse. Der Maskierte ist Teil einer Gemeinschaft ebenfalls Maskierter, der Camouflage-Träger hingegen wirkt angepasst, bleibt aber immer der Andere. Die Künstlerfiguren des Frühwerks sind Prototypen dieser Gattung: Gustav von Aschenbach, der etablierte und angesehene Nationalautor, der sich heimlich nach der Liebe eines Knaben sehnt und sein Begehren nur über Blicke kommuniziert (*Der Tod in Venedig*, GKFA 2.1), oder Tonio Kröger, der die Maske des *Bohémien* und Künstlers trägt, aber stets nach der Zuneigung und Anerkennung der Bürger strebt (GKFA 2.1, u. a. 317 f.). An Tonio Krögers Beispiel wird zudem deutlich, wie schmerzhaft Entlarvung und Demaskierung sind: Wenn er als Jugendlicher während der Tanzstunde »unter die Damen« gerät, uns somit sein Außenseitertum für einen Moment evident wird, trägt ihm dies den verletzenden Spott der Umstehenden ein, nicht zuletzt den der geliebten Inge Holm (vgl. GKFA 2.1, 259). Im Moment seines Unter-die-Damen-Stolperns wird Tonio vom Tanzlehrer demaskiert und »Fräulein Kröger« genannt (ebd.), eine Bemerkung, die auch auf Krögers heimliche Liebe zu Hans Hansen anspielt und sein homoerotisches Verlangen entlarvt. Für die Umstehenden ist diese Anspielung nicht zu entschlüsseln, wohl aber für den Leser, der Krögers Leidenschaft kennt.

Detering, der den Begriff der »homoerotischen Camouflage« für die Literaturwissenschaft geprägt hat, beschreibt die dazugehörige ästhetische Technik als eine »kalkulierte Doppelbödigkeit« (Detering 1994, 9 ff.). Was an der Oberfläche so erscheint, als ginge es vollständig mit der heterosexuellen Norm der Gesellschaft konform, birgt ein »offenes Geheimnis«, das nur für Eingeweihte zu entschlüsseln ist, hier das des homoerotischen Begehrens (ebd.). Für Detering stehen Manns Romane und Erzählungen am Ende einer langen Reihe von Texten, die Homosexualität zu camouflieren suchten. Mann habe indes spätestens mit *Der Tod in Venedig* »das *coming out* der deutschen *mainstream*-Literatur« unternommen (ebd., 34). Gleichwohl bleibt Sexualität in diesen Texten Medium der Inszenierung und des Verschleierns: Männlichkeit und Weiblichkeit sind hier nicht »essentieller Zustand«, sondern Maskerade (Stephan 2003, 25; siehe auch Webber 2002).

Die Figur, die gesellschaftliche und geschlechtliche Masken am häufigsten, souveränsten, spielerischsten trägt und wechselt, ist Felix Krull. Sein Leben lässt sich als »illusionäre Existenzform« (Wysling 1982), als eine »Existenz in Rollen« (Schulz 2000, 19) beschreiben. Mehr als alle anderen Figuren Manns ist ihm die Austauschbarkeit der Masken (vgl. GKFA 12.1, 257), aber auch die Wichtigkeit ihrer Perfektion bewusst: In Paris trägt er, obwohl nur ein Diener, die Garderobe eines noblen Gentleman, er mietet sogar eine Wohnung als Ort der Zelebrierung und Inszenierung des Maskenwechsels. Als gesteigerter Akt der Camouflage lässt sich schließlich sein Identitätstausch mit dem Marquis de Venosta lesen: Felix Krull *spielt* nicht Venosta, er *wird* Venosta und ist schließlich mehr Graf als das Original.

Krull trägt keine Masken, er *ist* die Maske. Seine Identität ist nicht fixierbar, sondern »transitorisch«

(Renn/Straub 2002), sie ist Inszenierung und *performance* (Schöll 2005, 19 ff.). Es gibt kein ›wahres‹ Ich hinter der Maske, Maske und Identität sind deckungsgleich: »Verkleidet also war ich in jedem Fall, und die unmaskierte Wirklichkeit zwischen den beiden Erscheinungsformen, das Ich-selber-Sein, war nicht bestimmbar, weil tatsächlich nicht vorhanden« (GKFA 12.1, 265). Die Figur Felix Krull bildet somit den Höhepunkt des literarischen Maskenspiels im Werk Manns. Eine Entlarvung erübrigt sich in diesem Fall.

Literatur

Detering, Heinrich: *Das offene Geheimnis. Zur literarischen Produktivität eines Tabus von Winckelmann bis zu Thomas Mann.* Göttingen 1994.

Maar, Michael: *Das Blaubartzimmer. Thomas Mann und die Schuld.* Frankfurt a. M. 2000.

Mattenklott, Gert: Einleitung. In: Härle, Gerhard: *»Heimsuchung und süßes Gift«. Erotik und Poetik bei Thomas Mann.* Frankfurt a. M. 1992, 11–16.

Renn, Joachim/Straub, Jürgen: Transitorische Identität. Der Prozesscharakter moderner personaler Selbstverhältnisse. In: Dies. (Hg.): *Transitorische Identität. Der Prozesscharakter des modernen Selbst.* Frankfurt a. M., New York 2002, 10–31.

Schöll, Julia: »Verkleidet also war ich in jedem Fall«. Zur Identitätskonstruktion in *Joseph und seine Brüder* und *Bekenntnisse des Hochstaplers Felix Krull.* In: *TMJb* 18 (2005), 9–29.

Schulz, Kerstin: *Identitätsfindung und Rollenspiel in Thomas Manns Romanen »Joseph und seine Brüder« und »Bekenntnisse des Hochstaplers Felix Krull«.* Frankfurt a. M. 2000.

Stephan, Inge: Im toten Winkel. Die Neuentdeckung des ›ersten Geschlechts‹ durch ›men's studies‹ und Männlichkeitsforschung. In: Benthien, Claudia/Dies. (Hg.): *Männlichkeit als Maskerade. Kulturelle Inszenierungen vom Mittelalter bis zur Gegenwart.* Köln/Weimar/Wien 2003, 11–35.

Vaget, Hans Rudolf: Confession and Camouflage: The Diaries of Thomas Mann. In: *Journal of English and Germanic Philology* 96 (October 1997), 567–590.

Webber, Andrew J.: Mann's man's world: gender and sexuality. In: Robertson, Ritchie: *The Cambridge Companion to Thomas Mann.* Cambridge 2002, 64–83.

Julia Schöll

24 Moderne

Thomas Mann wird international als ein führender Vertreter der literarischen Moderne wahrgenommen. Er entwickelt seine charakteristischen Schreibverfahren im Kontext der Frühen Moderne um 1900 und bleibt deren Parametern verpflichtet. An den Avantgarden der emphatischen Moderne ab 1910 mit ihren formalen Experimenten hat sein Werk kaum Anteil, wohl aber setzt es sich mit wesentlichen Diskursformationen der Moderne auseinander, nicht nur in politisch-weltanschaulicher, sondern auch in ästhetischer Hinsicht. Verfahrensgeschichtlich kann Manns Moderne-Einsatz in seiner spezifischen Form ironischen Erzählens gesehen werden.

Die Frage nach Thomas Manns Modernität wird in der Forschung häufig und kontrovers diskutiert (Überblick: Schmidt-Schütz 2003, 15–27). Mann war kein »Traditions-Ikonoklast« (Börnchen/Liebrand 2008, 9), sondern verstand sich selbst als Spätling (»vielleicht der Letzte, der überhaupt weiß, was ein Werk ist«, Tb 3. 4. 1951). Sein Versuch, »die Erzähltradition des bürgerlichen Realismus in die Moderne hinüberzuretten« (Becker 2009, 91), bezieht sich jedoch nicht auf dessen Verklärungspostulat, sondern allenfalls auf eine realistische Schreibweise mit auktorialem Erzähler. Bereits die frühen Erzählungen zehren vielmehr von Naturalismus (Kausalketten z. B. in *Der kleine Herr Friedemann*: »Die Amme hatte die Schuld«; GKFA 2.1, 87) und vor allem Décadence (die Verbindung von Krankheit und Kunst bleibt ein rekurrentes Motiv), etablieren jedoch, wie die Werke Heinrich Manns, bereits zu beiden eine ironische Distanz, die in der Personalisierung der jeweiligen Positionen und einer auktorialen Kommentar- und Leitmotivtechnik zum Ausdruck kommt. Die Ironie ist also Funktion eines Erzählers, der »ein bis zum Grotesken durchgeführtes Maß an Souveränität« behält (Lange 1977, 571). Dieses Verfahren wird im weiteren Werk auf weltanschauliche Positionen und Lebensentwürfe aller Art ausgedehnt (im *Zauberberg* geradezu enzyklopädisch), was als formale Antwort auf die »epistemologischen Bedingungen der Moderne« verstanden werden kann; »denn in ironischer Rede wird das Offenhalten von Gegensätzen sprachlogisch realisiert, werden Geltungsansprüche zugleich erhoben und in Frage gestellt.« (Ewen 2013, 94). Eine avantgardistische Freigabe der Semiose wird dagegen vermieden; unter »Montage« versteht Mann ausgiebige, aber kontrollierte Intertextualität (Kurzke 2010, 191–193), mediumistische Phänomene werden diegetisch erzählt (*Der Kleiderschrank*, Kapitel »Fragwürdigstes« im *Zauberberg*), aber nicht poetologisch gewendet, im Gegenteil: In der *écriture automatique* des Spirits Holger wird Avantgardeprosa als formlos parodiert: Holger bleibt ein defekter »Dichtr« (GKFA 5.1, 1003). Die auktoriale Kontrolle hält im *telling* das Erzählen als willkürlichen Akt immer bewusst, insofern wirkt Manns Realismus nie naiv; ausgestellt wird dieses Bewusstsein z. B. im »Pinguin-Effekt« in *Joseph und seine Brüder* (Baßler 1994, 108–110), in Zeitbloms Reflexion auf die Erzählbarkeit von ihm nicht bezeugter Szenen im *Doktor Faustus* oder in der berühmten Eingangssequenz des *Erwählten* (»Wer läutet die Glocken?«; GW VII, 9). Es handelt sich also um eine Modernität »auf der Grenze« (Blödorn 2011, 72), die vom Autor selbst ab den 1940er Jahren gerade auch in der Interaktion mit der Literaturwissenschaft aber offensiv *als* Modernität reflektiert und behauptet wird (Marx 2009).

Thematisch mustern Manns Texte die politischen, philosophischen, wissenschaftlichen (u. a. Ökonomie, Psychoanalyse, Geisteswissenschaften) und ästhetischen Angebote der Moderne, wobei er, wie ein Großteil der klassischen Moderne, zunächst eher in – bei ihm ausdrücklich ästhetizistischer – Opposition zu bestimmten technischen, ökonomischen und demokratischen Fortschrittsideen steht (*Betrachtungen eines Unpolitischen*). Nicht untypisch für die Frühe Moderne ist der starke Einfluss von Richard Wagner, Schopenhauer, Nietzsche und den Skandinaviern. Die radikalisierte Ästhetik der emphatischen Moderne nimmt er wahr, am Beispiel der (Neuen) Musik wird sie im *Doktor Faustus* verhandelt. ›Traditionalismus‹ und ›Lesbarkeit‹ der eigenen Prosa, die ihm als populärem Romancier stets den Zugang zum bürgerlichen Bücherschrank bahnten, stellt er selbstbewusst neben und gegen den Avantgardismus eines James Joyce (Schmidt-Schütz 2003, 29–113).

Literatur

Baßler, Moritz: *Die Entdeckung der Textur. Unverständlichkeit in der Kurzprosa der emphatischen Moderne 1910–1916.* Tübingen 1994.

Becker, Sabina: Jenseits der Metropolen. Thomas Manns Romanästhetik in der Weimarer Republik. In: *TMJb* 22 (2009), 83–97.

Blödorn, Andreas: »Wer den Tod angeschaut mit Augen«. Phantastisches im *Tod in Venedig*. In: *TMJb* 24 (2011), 57–72.

Börnchen, Stefan/Liebrand, Claudia (Hg.): *Apokrypher Avantgardismus. Thomas Mann und die Klassische Moderne.* München 2008.

Dierks, Manfred: Buddenbrooks und die kapitalistische Moderne. In: Thomas Sprecher (Hg.): »*Was war das Leben? Man wußte es nicht!*«. *Thomas Mann und die Wissenschaften vom Menschen.* Frankfurt a. M. 2008, 111–126.

Ewen, Jens: Moderne ohne Tempo. Zur literaturgeschichtlichen Kategorisierung Thomas Manns – am Beispiel von *Der Zauberberg* und *Unordnung und frühes Leid*. In: Katrin Max (Hg.): *Wortkunst ohne Zweifel? Aspekte der Sprache bei Thomas Mann.* Würzburg 2013, 77–99.

Kurzke, Hermann: *Thomas Mann. Epoche – Werk – Wirkung.* 4., überarb. u. aktual. Aufl. München 2010.

Lange, Viktor: Thomas Mann. Tradition und Experiment. In: Beatrix Bludau u. a. (Hg.): *Thomas Mann 1875–1975.* Frankfurt a. M. 1977, 566–585.

Marx, Friedhelm: »Lauter Professoren und Docenten«. Thomas Manns Verhältnis zur Literaturwissenschaft. In: Michael Ansel (Hg.): *Die Erfindung des Schriftstellers Thomas Mann.* Berlin 2009, 85–96.

Schmidt-Schütz, Eva: *Doktor Faustus zwischen Tradition und Moderne. Eine quellenkritische und rezeptionsgeschichtliche Untersuchung zu Thomas Manns literarischem Selbstbild.* Frankfurt a. M. 2003.

Moritz Baßler

25 Ökonomie

Geld und wirtschaftliche Verflechtungen spielen im Werk des Kaufmannssohns Thomas Mann zeitlebens eine bedeutende Rolle. So steht etwa der Verfall der Familie Buddenbrook auch unter einem ökonomischen Vorzeichen, *Königliche Hoheit* erzählt von der märchenhaften Rettung einer maroden Volkswirtschaft, und in der *Joseph*-Tetralogie bewahrt das segensreiche und vorausschauende Wirtschaften von Joseph, dem Ernährer, Ägypten in den Jahren der Dürre vor der Staatskrise. Mann, der 1894 in München unter anderem Vorlesungen in Nationalökonomie gehört hatte, stattet seine Texte immer wieder mit ökonomischem Wissen aus – sei es zu betriebs- oder volkswirtschaftlichen Details, zu wirtschaftsgeschichtlich bedeutsamen Ereignissen (wie dem Beitritt Lübecks zum Zollverein in den *Buddenbrooks*) oder zu zeitgeschichtlichen Entwicklungen (wie bei der Darstellung der Inflationszeit in *Unordnung und frühes Leid* oder den deutlichen Analogien von Josephs Wirtschaftsplan zu Franklin D. Roosevelts Politik des *New Deal* in den USA der 1930er Jahre). Auch in den Essays spielt das Ökonomische immer wieder eine entscheidende Rolle, etwa in den *Betrachtungen eines Unpolitischen* oder in der Auseinandersetzung mit Sozialismus und Kommunismus seit den späten 1920er Jahren, in denen sich Mann für die Verbindungslinien von Politik, Wirtschaft und Humanität interessiert (etwa in *Kultur und Sozialismus* von 1927, *Deutsche Ansprache* aus dem Jahr 1930 oder der *Rede vor Arbeitern in Wien* 1932). Seine Werke nehmen so teil am zeitgenössischen Diskurs um die Bedeutung von Wirtschaft und Geld, in den fiktionalen Texten interessieren ihn aber vor allem die psychologischen Auswirkungen des modernen Kapitalismus. Zentral ist diesbezüglich neben der moralischen Bewertung wirtschaftlichen Agierens besonders die Bedeutung von Glauben und Vertrauen für das Funktionieren von Geld- und Kreditgeschäften, das Problem der Repräsentation sowie die Verbindung von ökonomischem Handeln mit den Motivkomplexen des Spiels, der Täuschung und der Theatralität. Das ökonomische Wissen dient somit nicht nur dem ›Realismus‹ der Texte, sondern strukturiert sie über ein komplexes Netzwerk aus Motiven und Metaphern, die mit Geld und Wirtschaft in Bezug gesetzt werden.

So steht auch in den *Buddenbrooks* nicht das alltägliche Firmengeschäft im Vordergrund, über dessen Entwicklung der Leser sporadisch und überblicksartig informiert wird, sondern vielmehr die psychische Verfasstheit von Individuen in einem Umfeld, in dem »sämtliche Beziehungen [...] einem ökonomischen Imperativ [unterliegen]« (Kinder 2013, 27). Das Scheitern der Familienmitglieder im Wirtschaftlichen liegt in ihrer Weigerung begründet, die »sozialgeschichtliche Transformation des spezialisierten Großhändlers zum Kapitalisten« (Schößler 2009, 111) zu vollziehen und die Möglichkeiten des modernen Kreditwesens zu nutzen, das – etwa durch die Episoden mit dem Betrüger Grünlich und der Pöppenrader Ernte – als »amoralisch, [...] als betrügerische Machenschaft und als Spiel« diffamiert wird (ebd., 115). Die Forschung hat in diesem Zusammenhang darauf aufmerksam gemacht, dass die als problematisch präsentierten wirtschaftlichen Praktiken dabei konsequent auf jüdisch konnotierte Figuren verschoben werden (vgl. Elsaghe 2000, 118; 188 ff.).

Spielerischer wird der Täuschungs- und Simulationscharakter der modernen kapitalistischen Welt in *Bekenntnisse des Hochstaplers Felix Krull* verhandelt, in denen sich der Protagonist durch gekonnte Maskeraden als idealer Held der konsumorientierten Gesellschaft erweist. Auch die Erzählung *Unordnung und frühes Leid* verbindet den ›Irrsinn‹ der Inflationsjahre auf heiter-ironische Weise durch ein enges Geflecht aus Theater-, Spiel- und Verwechslungsmotiven mit der Frage nach der Authentizität des Repräsentierten (vgl. Cantor 1994, 27), was die thematische Nähe zum *Felix Krull* aufzeigt: So wie Geld im modernen Wirtschaftssystem nicht mehr durch einen realen Gegenwert gedeckt ist, so sind soziale Identitäten nicht festgeschrieben, sondern in erster Linie Ergebnis einer Inszenierung.

In *Königliche Hoheit* erweist sich nach Kinder (2013) genau das Gegenteil als Hauptproblem der maroden Volkswirtschaft, nämlich das Festhalten an einem »auf dem Repräsentationsgedanken« beruhenden Geldbegriff und die Verweigerung moderner Finanzmarktstrategien zur Sanierung des Staatshaushaltes (Kinder 2013, 62). Analog leidet Klaus Heinrich unter seinem repräsentativen Dasein und führt damit genau wie Felix Krull vor, dass Mann geldtheoretische Überlegungen immer wieder eng an die psychische Konstitution seiner Protagonisten koppelt (vgl. ebd., 16). Repräsentation, Glauben und Vertrauen im Wirtschaftlichen wie im Privaten können als die zentralen Themen des Romans identifiziert werden, und nicht zufällig spielt der Begriff ›Glauben‹ im Werben des Prinzen um die Milliardärstochter die entscheidende Rolle. Am Ende besteht das Happy End darin, dass Glauben und Vertrauen in der Paarbeziehung wie an den Börsen (wieder) etabliert werden und sich Protagonisten wie Wirtschaft vom Gedanken der reinen Repräsentanz verabschieden (vgl. Schößler 2009, 137; Kinder 2013, 81).

Die Sphäre des Ökonomischen durchdringt so Romane, Erzählungen und Essays auf subtile wie umfassende Weise. Dabei führen beispielsweise das Streitgespräch zwischen Naphta und Settembrini zum Kapitalismus im *Zauberberg*, die Diskussion um eine Umgehung des Zinsverbots in *Der Erwählte* oder die Frage nach der Verbindung von Ökonomie und Künstlertum in den frühen Erzählungen stets zum Kern der Texte, sind also keineswegs nur Nebenschauplätze. Dass Mann die moderne kapitalistische Wirtschaftsordnung bei aller Kritik nicht einfach nur verteufelt, sondern seine Helden – wie Jaakob und Joseph – ihren ökonomischen Nutzen aus dieser unmoralischen ›Unterwelt‹ ziehen lässt, hat auch einen biographischen Hintergrund: Er selbst konnte nämlich in jungen Jahren während seines Aufenthalts in Italien, ähnlich wie Hans Castorp auf dem *Zauberberg* oder der *Bajazzo*, gut von den Zinsen des geerbten Vermögens leben und sah sich deshalb »persönlich der kapitalistischen Weltordnung [...] zu Dank verpflichtet«, weshalb es ihm niemals anstehen werde, »so recht à la mode auf sie zu spucken« (GKFA 15.1, 351). Beschäftigt haben ihn die Auswirkungen auf die Individuen aber doch sein Leben lang, so dass man Geld und Ökonomie durchaus als (wenn auch sicher nicht die einzigen) »Hauptthemen von Thomas Manns Romankunst« bezeichnen kann (Hörisch 1996, 341).

Literatur

Cantor, Paul A.: Hyperinflation and Hyperreality. Thomas Mann in light of Austrian economics. In: *The Review of Austrian Economics* 7 (1994), 3–29.

Elsaghe, Yahya: *Die imaginäre Nation. Thomas Mann und das ›Deutsche‹*. München 2000.

Hörisch, Jochen: *Kopf oder Zahl. Die Poesie des Geldes*. Frankfurt a. M. 1996.

Kinder, Anna: *Geldströme. Ökonomie im Romanwerk Thomas Manns*. Berlin/Boston 2013.

Schößler, Franziska: *Börsenfieber und Kaufrausch. Ökonomie, Judentum und Weiblichkeit bei Theodor Fontane, Heinrich Mann, Thomas Mann, Arthur Schnitzler und Émile Zola*. Bielefeld 2009.

Regine Zeller

26 Phantastik

Obwohl die meisten Werke Thomas Manns vordergründig einem ›Realismus‹ verpflichtet scheinen und, geprägt durch Lukács (1949), auch lange Zeit v. a. unter diesem Vorzeichen rezipiert wurden (vgl. Koopmann 1971, 37), gibt es einige, meist neuere Untersuchungen zur Phantastik bei Mann. Dabei lassen sich grob drei verschiedene Begriffsverwendungen unterscheiden: ›Phantastik‹ im engsten Sinn steht für Texte, in denen zwei inkompatible »Realitätssysteme« (Durst 2007) aufeinandertreffen, von denen eines natürlich, eines übernatürlich ist und die in Bezug auf ihren Realitätsstatus unentscheidbar bleiben (vgl. Todorov 1970; Durst 2007). Neben diesem engsten existiert ein weiter gefasster Phantastik-Begriff, für den der Ausgang dieses Konflikts keine Rolle spielt: Hier werden auch Texte in die Phantastik einbezogen, bei denen sich schlussendlich eine der beiden »Seinsordnungen« (Kindt 2011) oder »oppositionellen Teilwelten« (Wünsch 2003, 71) durchsetzt. Enger wie weiter unterscheiden sich von einem dritten, sehr weiten Phantastik-Begriff, der alle Texte umfasst, deren Inhalt in irgendeinem Aspekt vom in der textexternen Wirklichkeit Möglichen abweicht, ohne dass dabei textintern zwei Welten aufeinanderprallen müssten (also etwa auch Märchen, Mythen, Dystopien etc.).

Phantastik in diesem weitesten Sinne kommt bei Mann v. a. im Spätwerk vor, in *Die vertauschten Köpfe* als Eingreifen einer Göttin und als Wiedererweckung zweier Enthaupteter – und das auch noch mit »vertauschten Köpfen« – sowie in der *Joseph*-Tetralogie, die bereits mit einer »Höllenfahrt« beginnt. Die Forschung fokussiert hier auf den Umgang mit Mythen und Märchenmotiven (z. B. prophetische Träume) sowie auf das Verhältnis von Ironie und Pathos bei der Thematisierung wunderbarer Ereignisse (z. B. Koopmann 1971; Assmann 2006; Kurzke 2008). Zuweilen wird das Märchenhafte im Kontext von Manns Schopenhauer-, Nietzsche- und Freud-Rezeption als Symbol für psychische Zustände gedeutet und Mann als »phantastischer Realist« (Renner 1987) verstanden.

Doch auch Phantastik im engsten Sinn kommt bei Mann vor, etwa im *Doktor Faustus* als (fraglicher) Teufelspakt Adrian Leverkühns, von dem nur extern auf Leverkühns Freund Zeitbloom fokalisiert erzählt wird, aber auch bereits in der frühen Erzählung *Der Kleiderschrank*, in der ein Schlusskommentar andeutet, es könne sich evtl. auch nur um einen Traumbericht gehandelt haben (vgl. Brockmeier 2013, 124–139). Unentscheidbarkeit in Bezug auf die dargestellten Ereignisse wird zudem für *Buddenbrooks* diskutiert, wo die Möglichkeit »okkultistische[r] Episteme« (im Sinne eines über dem Haus der Buddenbrooks hängenden Fatums) angedeutet und konsequent »in der Schwebe« gehalten wird (vgl. Detering 2011, 39). Ein solches Fatum wird auch in *Der Tod in Venedig* – hier durch die konsequente »Innenwahrnehmung Aschenbachs« (Blödorn 2011, 65) im Hauptteil der Novelle – suggeriert (vgl. Cohn 1983; Martínez 1996, 151–176). Es wird jedoch durch den »›realistischen‹, auktorialen Erzählrahmen« (Blödorn 2011, 70) rückblickend auf den Status eines reinen »Wahrnehmungsphänomen[s]« (ebd., 71) zurückgestuft. Der Text ist damit höchstens phantastisch im weiteren Sinn.

Phantastik im weiteren Sinne kennzeichnet auch Manns literarische Darstellungen des Verhältnisses von Übernatürlichem und Faschismus, vor allem in *Mario und der Zauberer* (vgl. Müller-Salget 1982; Rasson 1987), aber auch schon im *Zauberberg*. Es wird diskutiert, inwiefern Mann den Faschismus über die Beschwörung des Übernatürlichen als »prekäre politische Bewegung« der »grassierenden Anti-Vernunft« (Marx 2011: 142) charakterisiert sah und wie er sich zu der vom Irrationalen ausgehenden Faszination stellte. In *Mario und der Zauberer* lässt die auf einen autodiegetischen Erzähler begrenzte Perspektive kein abschließendes Urteil über die (scheinbar) übersinnlichen Hypnosekünste Cipollas und daher auch keine schonungslose Kritik an den demagogischen, potentiell übernatürlichen Ereignissen zu, was diesen fiktionalen Text von Manns klarer urteilenden politischen Essays der Zeit unterscheide (vgl. Rasson 1987).

Manns sich verändernde Haltung gegenüber der möglichen Existenz von Übernatürlichem und deren Bezug zu Psychoanalyse und philosophischer Skepsis wird zudem für Texte wie den Vortrag *Okkulte Erlebnisse*, den *Zauberberg* (v. a. im Kapitel »Schnee« mit Castorps Traum-Erkenntnis und im Kapitel »Fragwürdigstes«, das von einer spiritistischen Totenbeschwörung handelt) oder *Mario und der Zauberer* diskutiert (vgl. Dierks 1972; Orlik 1997; Crescenzi 2011; Pytlik 2005; Dierks 2011; Wünsch 2011)

Letztlich wird unter der Frage nach der Phantastik bei Mann die »Frage nach der spezifischen Modernität der Texte Manns« (Blödorn 2011, 58) verhandelt. Für sein Frühwerk hat Mann selbst durch den Begriff »bürgerliche Phantastik« betont, dass er sich vom Realismus wie von »radikal phantastischen Programmen im Kontext der Moderne« abgrenze (vgl. Marx 2011, 133). Phantastik im engeren wie weiteren Sinn problematisiert bei Mann immer das Verhältnis von »äußere[r] Realität und innere[r] ›Wirklichkeit‹« (Blödorn 2011, 58).

Literatur

Assmann, Jan: *Thomas Mann und Ägypten. Mythos und Monotheismus in den Josephsromanen*. München 2006.

Blödorn, Andreas: »Wer den Tod angeschaut mit Augen«. Phantastisches im *Tod in Venedig*? In: *TMJb* 24 (2011), 57–72.

Brittnacher, Hans Richard/May, Markus (Hg.): *Phantastik. Ein interdisziplinäres Handbuch*. Stuttgart/Weimar 2013.

Brockmeier, Alke: *Die Rezeption französischer Literatur bei Thomas Mann. Von den Anfängen bis 1914*. Würzburg 2013.

Cohn, Dorrit: The Second Author of *Der Tod in Venedig*. In: Benjamin Bennett u. a. (Hg.): *Probleme der Moderne. Studien zur deutschen Literatur von Nietzsche bis Brecht*. Tübingen 1983, 223–245.

Crescenzi, Luca: Traummystik und Romantik. Eine Vision im *Zauberberg*. In: *TMJb* 24 (2011), 105–118.

Detering, Heinrich: The Fall of the House of Buddenbrook: *Buddenbrooks* und das phantastische Erzählen. In: *TMJb* 24 (2011), 25–41.

Dierks, Manfred: *Studien zu Mythos und Psychologie bei Thomas Mann. An seinem Nachlaß orientierte Untersuchungen zum »Tod in Venedig«, zum »Zauberberg« und zur »Joseph«-Tetralogie*. Bern/München 1972.

Dierks, Manfred: »Spukhaft, was? Über Traum und Hypnose im *Zauberberg*«. In: *TMJb* 24 (2011), 73–83.

Durst, Uwe: *Theorie der phantastischen Literatur*. Aktual., korr. u. erw. Neuausg. Berlin 2007.

Kindt, Tom: »Das Unmögliche, das dennoch geschieht«. Zum Begriff der literarischen Phantastik am Beispiel von Werken Thomas Manns. In: *TMJb* 24 (2011), 45–56.

Koopmann, Helmut: *Die Entwicklung des ›Intellektualen Romans‹ bei Thomas Mann. Untersuchungen zur Struktur von »Buddenbrooks«, »Königliche Hoheit« und »Der Zauberberg«*. 2., verb. und erw. Aufl. Bonn 1971.

Kurzke, Hermann: *Mondwanderungen. Wegweiser durch Thomas Manns Joseph-Roman* [2003]. Frankfurt a. M. ^{2}2008.

Lukács, Georg: *Thomas Mann*. Berlin 1949.

Martínez, Matías: *Doppelte Welten. Struktur und Sinn zweideutigen Erzählens*. Göttingen 1996.

Marx, Friedhelm: ›Bürgerliche Phantastik‹? Thomas Manns Novelle *Mario und der Zauberer*. In: *TMJb* 24 (2011), 133–142.

Müller-Salget, Klaus: Der Tod in Torre di Venere. Spiegelung und Deutung des italienischen Faschismus in Thomas Manns *Mario und der Zauberer*. In: *Arcadia* 17 (1982), 50–65.

Orlik, Franz: *Das Sein im Text: Analysen zu Thomas Manns Wirklichkeitsverständnissen und ihrem Wandel*. Würzburg 1997.

Pytlik, Prisca: *Okkultismus und Moderne. Ein kulturhistorisches Phänomen und seine Bedeutung für die Literatur um 1900*. Paderborn 2005.
Rasson, Luc: Le fantastique, le merveilleux, le fascisme. Robert Brasillach face à Thomas Mann. In: *Arcadia* 22 (1987), 180–191.
Renner, Rolf Günter: Thomas Mann als phantastischer Realist. Eine Überlegung anläßlich der *Vertauschten Köpfe*. In: Eckhard Heftrich/Hans Wysling (Hg.): *Internationales Thomas-Mann-Kolloquium*. Bern 1987, 73–91.
Todorov, Tzvetan: *Introduction à la littérature fantastique*. Paris 1970.
Wünsch, Marianne: Phantastische Literatur. In: Jan-Dirk Müller u. a. (Hg.): *Reallexikon der deutschen Literaturwissenschaft*, Bd. III. Berlin/New York 2003, 71–74.
Wünsch, Marianne: Okkultismus im Kontext von Thomas Manns *Zauberberg*. In: *TMJb* 24 (2011), 85–103.

Sonja Klimek

27 Schönheit/Hässlichkeit

Um 1900 erreicht die seit der Romantik virulente Debatte um die nicht mehr schönen Künste ihren Höhepunkt. Der im Kontext des Naturalismus radikalisierten »Ästhetik des Hässlichen« (Karl Rosenkranz) steht spätestens zur Jahrhundertwende ein exzessiver, ästhetizistischer Schönheitskult gegenüber, der sich nicht nur auf die künstlerischen Sujets, sondern auch auf die Formen ihrer Vermittlung erstreckt (Simonis 2000, Maase/Kaschuba 2001, Jacob 2007, 377–409; Braungart 2007). Thomas Manns literarisches Frühwerk entsteht in diesem ästhetischen Spannungsfeld, wird von ihm geprägt und macht es zu seinem Thema.

Abgesehen von den kunsthistorischen Kollegs, die Mann 1894/95 vorübergehend an der Technischen Universität München besucht (*Collegheft 1894–1895*), liefern die Architektur, die Kunstszene, die literarische Bohème und die karnevaleske Lebensform der Stadt München die wichtigsten Anregungen. Die Novelle *Gladius Dei* etwa stellt dem im München der Jahrhundertwende betriebenen »treuherzige[n] Kultus der Linie, des Schmuckes, der Form, der Sinne, der Schönheit« (GKFA 2.1, 225) einen äußerlich hässlichen, innerlich empörten Mönch entgegen, der eine verbindliche Antwort sucht auf die Frage: »Was ist Schönheit? Wodurch wird die Schönheit zutage getrieben und worauf wirkt sie?« (GKFA 2.1, 237).

Manns Frühwerk reflektiert den Schönheitskult der Jahrhundertwende vor allem im Medium der Musik Richard Wagners. So empfindet Hanno Buddenbrook bei der Aufführung des *Lohengrin*, »wie wehe die Schönheit thut, wie tief sie in Scham und sehnsüchtige Verzweiflung stürzt und doch auch den Mut und die Tauglichkeit zum gemeinen Leben verzehrt« (GKFA 1.1, 774). Die durch die Musik Wagners vermittelte Schönheit wirkt in ihrer erotisierenden Wirkung zugleich lebensbedrohlich, insofern sie künstlerisch sensible Figuren wie Hanno Buddenbrook, Johannes Friedemann (*Der kleine Herr Friedemann*), Gabriele Klöterjahn (*Tristan*) und die Zwillinge Aarenhold (*Wälsungenblut*) nervlich zerrüttet und dem gewöhnlichen Leben vollends entfremdet. Um nicht ihrerseits in den Verdacht eines ästhetizistischen Schönheitskults zu geraten, konterkarieren diese Werke die rauschhaft erfahrene Musik Wagners durch eine groteske Inszenierungspraxis (u. a. Wagners *Walküre* in *Wälsungenblut*) oder körperliche Intermezzi des Hässlichen (Pastorin Höhlenrauch in *Tristan*).

Eine ähnlich ambivalente, unmittelbar erotisierende Wirkung entfaltet schon im novellistischen Frühwerk der schöne männliche Körper, der als Stimulans künstlerischer Produktion (*Tonio Kröger*), aber auch als tödliche Heimsuchung (*Der Tod in Venedig*) figuriert. Die Zeilen August von Platens »Wer die Schönheit angeschaut mit Augen, / Ist dem Tode schon anheimgegeben« markieren für Mann »die Ur- und Grundformel alles Ästhetizismus« (GKFA 15.1, 1032, vgl. ebd., 981 f.), insofern sie Schönheit und Tod verkoppeln (Panizzo 2007). Während die schönen jungen Männer im Frühwerk meist nur als schlichtes Anschauungsobjekt figurieren, kommt den schönen Frauen wie Angela Becker in *Anekdote* oder Amra Jacoby in *Luischen* eine abgrundtiefe, genuin hässliche Bosheit zu.

Durchweg wird der Schönheits-Diskurs durch das Wechselspiel zwischen Schein und Sein, Körper und Geist, Schönheit und Hässlichkeit narrativ entfaltet und poetologisch transparent gemacht. Dem Kult des schönen Scheins stehen hässliche Figuren entgegen (Hieronymus in *Gladius Dei*, Savonarola in *Fiorenza*, Detlev Spinell in *Tristan*), die intellektuelle oder auch künstlerische Sensibilität für sich reklamieren, – aber auch sie sind dem provozierenden, erotisierenden Reiz der Schönheit verfallen. Geschlechtlichkeit erscheint bei Thomas Mann von Anfang an als prekäres, zugleich erzählerisch außerordentlich produktives »*Gift*, das in aller Schönheit lauert« (GKFA 21, 81), wie er am 8. 11. 1896 an Otto Grautoff schreibt. Das zeigen selbst die beiden einzigen Romanprojekte, deren Protagonisten außerordentliche Schönheit attestiert wird: In den *Bekenntnissen des Hochstaplers Felix Krull* und in der *Joseph*-Tetralogie geht es nicht um einen abstrakten »Schulmeistertraum« (GW IV, 393) von Schönheit, sondern um deren schwankende »Gefühlswirksamkeit«, mithin um den »Geschlechtszauber« (GW IV, 394), den ein schöner Körper generiert.

Vor diesem Hintergrund ist Manns Selbsteinschätzung in den *Betrachtungen eines Unpolitischen* »Nie war es mir um ›Schönheit‹ zu tun« (GKFA 13.1, 117) missverständlich. Sie markiert durchaus kein Desinteresse an der Schönheit, sondern eine poetologische und ethische Distanz zu jenen Spielarten des dekadenten Schönheitskults, die Mann in der Literatur und Kultur der Bohème vorfand, u. a. im Frühwerk seines Bruders Heinrich oder in der »unleidlichen Schönheits-Großmäuligkeit des d'Annunzio« (GKFA 13.1, 116).

Das Hässliche erscheint als ästhetische Option allerdings ebenso problematisch. Einerseits distanziert sich Mann schon in den *Buddenbrooks* von der bürgerlichen Tabuisierung des Hässlichen, die zur Lebensform der Kaufmannsfamilie gehört: »Es giebt viele häßliche Dinge auf Erden, dachte die Konsulin Buddenbrook, geborene Kröger. [...] Aber man spricht nicht davon. Man vertuscht es« (GKFA 1.1, 299 f.). Andererseits vermeidet der Roman gerade in der Darstellung des Verfalls eine radikale Ausstellung von Hässlichkeit nach dem Muster Gustave Flauberts oder Emile Zolas: Noch die medizinisch präzise, dem *Meyer'schen Konversationslexikon* verpflichtete Beschreibung der Typhus-Erkrankung Hanno Buddenbrooks wird um einige krude Details gekürzt. Was Mann an der Sphäre des Hässlichen interessiert, ist weniger die ästhetische Provokation (wie sie im Naturalismus, später im Expressionismus ausgestellt wird) als die ethische Substanz. In den *Betrachtungen eines Unpolitischen* erscheint das Hässliche dementsprechend als moralisches Widerlager zum ästhetizistischen Schönheitskult der *décadence*: »Denn das Häßliche, die Krankheit, der Verfall, *das ist das Ethische*, und nie habe ich mich im Wortsinn als ›Ästheten‹, sondern immer als Moralisten gefühlt« (GKFA 13.1, 117).

Der *Zauberberg*-Roman trägt diesen Vorbehalt gegenüber der Schönheit u. a. dadurch aus, dass Hans Castorps Schneetraum von arkadischer, landschaftlicher und körperlicher Schönheit in die hässliche Tempelvision des Blutmahls übergeht, mithin »Schönes wie Scheußliches« (GKFA 5.1, 746) enthält. Zuvor wird das ästhetisch-ethische Paradox bereits in der gotischen Pietà greifbar, die Castorp in Naphtas Wohnung entdeckt und gerade in ihrer Verschränkung von Hässlichkeit und Schönheit bewundert. »Erzeugnisse einer Welt der Seele und des Ausdrucks [...] sind immer häßlich vor Schönheit und schön vor Häßlichkeit, das ist die Regel« (GKFA 5.1, 593), resümiert (der leitmotivisch hässliche) Jesuit Naphta. Dessen Denkfigur einer geistigen Schönheit, die Hässlichkeit mit sich führt, macht der Roman sich poetologisch zu eigen.

Kippfiguren des Hässlich-Schönen gehören zur Signatur des literarischen Werks, etwa in Gestalt des Schauspielers Müller-Rosé, der dem jungen Felix Krull auf der Bühne als Verkörperung des »Schönen und Glücklich-Vollkommenen« (GKFA, 12.1, 35) erscheint, in der Garderobe dagegen abgeschminkt und pickelübersät einen Anblick »von unvergeßlicher Widerlichkeit« (GKFA 12.1, 38) bietet. Ohne jeden Einschlag des Hässlichen ist das Schöne auch hier nicht zu haben. Schönheit und Hässlichkeit bilden im Werk Manns ein untrennbares ästhetisch-ethisches Dispositiv, dessen genaue Analyse – insbesondere im Hinblick auf gender- oder aging-Codierungen – immer noch aussteht.

Literatur

Bauer, Roger: *Die schöne Décadence. Geschichte eines literarischen Paradoxons.* Frankfurt a. M. 2001.

Braungart, Wolfgang: »die schönheit die schönheit die schönheit«. Ästhetischer Konservatismus und Kulturkritik um 1900. In: Jan Andres/Wolfgang Braungart/Kai Kauffmann (Hg.): *»Nichts als die Schönheit«. Ästhetischer Konservatismus um 1900.* Frankfurt a. M./New York 2007, 30–55.

Jacob, Joachim: *Die Schönheit der Literatur: Zur Geschichte eines Problems von Gorgias bis Max Bense.* Tübingen 2007.

Maase, Kaspar/Kaschuba, Wolfgang (Hg.): *Schund und Schönheit. Populäre Kultur um 1900.* Köln/Weimar/Wien 2001.

Mann, Thomas: *Collegheft 1894–1895.* Hg. von Yvonne Schmidlin und Thomas Sprecher. Frankfurt a. M. 2001 (= *TMS* 24).

Simonis, Annette: *Literarischer Ästhetizismus. Theorie der arabesken und hermetischen Kommunikation der Moderne.* Tübingen 2000.

Panizzo, Paolo: *Ästhetizismus und Demagogie. Der Dilettant in Thomas Manns Frühwerk.* Würzburg 2007.

Friedhelm Marx

28 Schrift/Schreiben – Sprache/Stimme

Thomas Manns Werk inszeniert das Konkurrenzverhältnis von Stimme und Schrift in destruktiven, selten harmonischen Konfigurationen sprachlicher und nicht-sprachlicher Zeichen. Die temporäre, körperliche Performanz der (›dionysischen‹) Stimmen des Sprechens und Singens und non-verbale, musikalische und szenische Äußerungsformen werden mit der Dauerhaftigkeit schriftlicher, also visuell-›stummer‹ Zeichen (insofern ›apollinischer‹, Nietzsche: KSA 1, 563: »verklärte Welt des Auges«) konfrontiert. Theatralischen Repräsentationen mit starker sozialer Bindungskraft stehen die ›toten‹ Zeichen der Schrift gegenüber, deren kommunikativer Erfolg ohne gleichzeitige Anwesenheit von Produzent und Rezipient unsicher scheint. Damit sind zugleich Koordinaten einer impliziten Wirkungspoetik markiert, mit der Manns fiktionale Texte die Bedingungen erfolgreicher literarischer Produktion und Rezeption ebenso reflektieren wie die Paradoxie, Fiktionen als unverzichtbare, aber trügerische Medien von ›Wahrheit‹ zu nutzen (vgl. Ort 2009).

Schon früh kritisiert Mann den Wirkungsvorsprung von Drama und Theater und wertet ihn moralisch ab: »Das Theater ist [...] Gegenwart« und »Sinnlichkeit« (*Das Theater als Tempel*, 1907: GKFA 14.1, 118, 121), und »seine direkte Wirkung auf eine konkrete Versammlung, zusammen mit seiner [...] außerordentlichen Wirkungs*sucht*, war der Grund, warum es sich [...] skrupellos *außer*künstlerischer Wirkungen bedient« (ebd., 122). Und im *Versuch über das Theater* (1908) wirft Mann die Frage auf, ob das ›Drama‹ »überhaupt noch Kunst und nicht vielmehr Gaukelei« sei (GKFA 14.1, 131).

Während die weniger publikumswirksamen Artefakte der Schriftkultur zu Medien von ›Geist‹ und ›Wahrheit‹ erhoben werden, unterliegt szenisch-rituelle Performanz dem Verdacht, ihre kurzfristig gesteigerte Wirkung auf Akteure und Rezipienten einer unlauteren Illusion zu verdanken. Als Medium von Täuschung und Betrug verführt sie ihre Rezipienten zu Moralverstößen (*Wälsungenblut*, 1906) oder tötet ihre ›Künstler‹ – sei es, dass das erzählte Bühnenspektakel plötzlich eine entehrende Wahrheit enthüllt (*Luischen*, 1900), sei es, dass sich der manipulierte Zuschauer selbst als Akteur gegen den ›Künstler‹ zur Wehr setzt (*Mario und der Zauberer*, 1930). Schon in *Gefallen* (1894) thematisiert die mündliche Binnenerzählung aus zeitlicher Distanz »in Novellenform« (GKFA 2.1, 17) die Brief- und Gedichtproduktion, mit welcher der in eine Theater- und Alltags-Schauspielerin verliebte Erzähler seinem Ich- und Wirklichkeitsverlust zu begegnen versucht (siehe Lorenzen-Peth 2008, 185–203; Mergenthaler 2009). Auch im Bühnenstück *Fiorenza* (1905) zitiert und berichtet Pico von Mirandola lediglich in kunstvoller mündlicher Rede (GKFA 3.1, 23–32), wie der wortgewaltige Bußprediger Girolamo Savonarola mit demagogischer Rhetorik gegen die »Augen- und Schaukunst« (ebd., 120) und die theatralische Konkurrenz der als ›Hure Babylon‹ gebrandmarkten Fiore ankämpft, deren pompöser Auftritt seine Predigt unterbricht. Am Ende überlebt der kranke Prior Girolamo zwar seinen feindlichen »Bruder« (ebd., 119, auch 123) Lorenzo de‹ Medici, scheitert aber als Wort-»Künstler, der zugleich ein Heiliger« sein will (ebd., 120), am Selbstwiderspruch seiner mündlichen Ausdrucksmittel. Der Erfolg seiner gewalttätigen rhetorischen Selbstinszenierung (ebd., 127: »Meine Kunst gewann das Volk!«) droht die moralische ›Wahrheit‹ seiner Botschaft zu dementieren (siehe ebd., 115; vgl. Auerochs 2009, 287–293, Ort 2009, 243–246 und den scheiternden Bilderfeind in *Gladius Dei*, 1902).

Aber auch missratene bzw. erfolglose Schriftproduktion wird thematisiert, so z. B. in *Der Bajazzo* (1897), worin dem primär rezeptiven Pseudo-Künstler die selbsttherapeutische Verschriftung des eigenen Lebens misslingt (»Ich höre auf zu schreiben, [...]!«, GKFA 2.1, 158). In *Tristan* (1903) provoziert der Brief, den der resignierte Romanautor und narzisstische Selbstleser Spinell in »sorgfältig gemalte[r]« Handschrift (GKFA 2.1, 358) an Klöterjahn geschrieben hat (vgl. Elsaghe 2004/2008, 204–205), den aggressiven Auftritt des Empfängers und eine mündliche Antwort, die Spinells Brief verfälschend zitiert (GKFA 2.1, 363–368).

Die Harmonisierung von Erfolg und ›Wahrheit‹ der konkurrierenden Medien des »ewigen Festes und der heiligenden Vergeistigung des Lebens« (*Offener Brief an den ›Weser-Kurier‹* 1955 anlässlich einer *Fiorenza*-Inszenierung, GW XI, 565), also von mündlich-auditiver und literal-visueller Produktion und Rezeption, gelingt nur selten. Sie bleibt dem zur »Synthese selbst« hochstilisierten ›Dichter‹ vorbehalten (*Zu ›Fiorenza‹*, 1912, GKFA 14.1, 349), der nicht nur »Geist und Kunst« (ebd.), Wahrheit und Fiktion, sondern auch »eisige[] Geistigkeit und verzehrende[] Sinnenglut«, ›tote‹ Kunst und ›Leben‹ (*Tonio Kröger*, 1903, GKFA 2.1, 265, auch 266, 315) zu versöhnen vermag. Letzteres beansprucht der bürgerliche ›Dichter‹ Tonio Kröger in seinem abschließenden Brief an Lisaweta Iwanowna (ebd., 316–318), den er in sicherer Distanz zur Natur aber in Hörweite ihrer rauschenden Stimme verfasst (ebd., 318: »Während ich schreibe, rauscht das Meer zu mir herauf«). Zuvor artikuliert er sich mündlich (im Dialog mit Lisaweta, ebd., 266–281) und non-verbal (»innerer Sang an das Meer«, ebd., 300), imaginiert das »Rauschen« des heimatlichen »Wallnußbaumes« (ebd., 296) und beobachtet festlich-rauschhafte Szenen mit Tanz und Musik (ebd., 260 f., 314 f., 299: auch das »Meer tanzte«), aber auch den Hotelier und einen Polizisten beim Lesen in seiner noch unveröffentlichten Novelle (ebd., 294 f.), die wiederum seine bürgerliche Existenz verbürgt.

Der Erfolgsautor Aschenbach erlebt in Gegenwart Tadzios (*Der Tod in Venedig*, 1912, GKFA 2.1, 556: »im Angesicht des Idols und die Musik seiner Stimme im Ohr«) sogar den synästhetischen *kairos* eines »zeugende[n] Verkehr[s] des Geistes mit einem Körper« (ebd.) und formt geschriebene Sprache nach Bild und Stimme Tadzios zu einem singulär »schöne[n] Werk« (ebd.), empfindet dessen Produktionsumstände aber als ebenso unmoralisch wie die geträumten sexuellen Ausschweifungen danach (Jahraus 2009, 227–234).

Dagegen belegt die moralische ›Formung‹ des Volkes Israel durch den von Mose in Steintafeln gemeißelten Dekalog in *Das Gesetz* (1943) den inversen Extremfall eines inhaltlich schlichten, sprachlich kunstlosen, aber ›schriftbildlich‹ innovativen Schreibaktes (GW VIII, 863–865). Als »bündig-bindende[s]« (ebd., 865) Medium göttlicher Wahrheit scheitert Moses Schrift zwar zunächst an der orgiastischen Wirkung des goldenen Götzenbildes, aber nach dessen Zerstörung erfüllt eine zweite Tafel mit verbessertem Schriftbild ihre erzieherische Funktion, allerdings nicht ohne Unterstützung durch die mündliche Rede des Schrifterfinders Mose, der sich vom unbeholfenen Redner zum rhetorisch erfolgreichen ›Volksbildner‹ entwickelt hat.

Komponenten von Manns werkimmanenter, normativer ›Mediologie‹ (vgl. Ort 2009) werden zwar in der Forschungsliteratur zu seiner Autorschafts- und Werkkonzeption, zur erzählerischen Selbstreflexion sowie zur Literatur-, Musik- und Kunstthematik einzelner Werke immer wieder gestreift, darüber hinaus aber nur zögernd und dann meist unter poststrukturalistischen Prämissen rekonstruiert (z. B. metaphorologisch und ›grammatologisch‹ von Börnchen 2006 zu Schrift, Stimme und Musik in *Doktor Faus-*

tus oder von Lorenzen-Peth 2008 als ›Allegorien des Lesens‹ im Anschluss an Paul de Man).

Literatur

Auerochs, Bernd: Drei Stilisierungsweisen: Charisma bei Buber, George, Mann. In: Michael Ansel/Hans-Edwin Friedrich/Gerhard Lauer (Hg.): *Die Erfindung des Schriftstellers Thomas Mann*. Berlin/New York 2009, 275–298.

Börnchen, Stefan: *Kryptenhall. Allegorien von Schrift, Stimme und Musik in Thomas Manns »Doktor Faustus«*. Paderborn 2006.

Elsaghe, Yahya: Judentum und Schrift bei Thomas Mann [2004]. In: Heinrich Detering/Stephan Stachorski (Hg.): *Thomas Mann. Neue Wege der Forschung*. Darmstadt 2008, 202–216.

Jahraus, Oliver: Die Geburt des Klassikers aus dem Tod der Figur. Autorschaft diesseits und jenseits des Textes *Der Tod in Venedig* von Thomas Mann. In: Michael Ansel/Hans-Edwin Friedrich/Gerhard Lauer (Hg.): *Die Erfindung des Schriftstellers Thomas Mann*. Berlin/New York 2009, 219–235.

Lorenzen-Peth, Jennifer: *Erzählperspektive und Selbstreflexion in Thomas Manns Erzählungen. Sinnkonstitution und Sinndestruktion*. Kiel 2008.

Mergenthaler, Volker: Der ›eigentliche‹ »Einsatz dieser mächtigen Schriftstellerschaft«. Überlegungen zur autor-genetischen Entwertung von Thomas Manns »unreifem Früchtchen« *Gefallen*. In: Michael Ansel/Hans-Edwin Friedrich/Gerhard Lauer (Hg.): *Die Erfindung des Schriftstellers Thomas Mann*. Berlin/New York 2009, 163–189.

Nietzsche, Friedrich: *Die dionysische Weltanschauung* [1870]. In: KSA 1, 551–577.

Ort, Claus-Michael: Körper, Stimme, Schrift: Semiotischer Betrug und ›heilige‹ Wahrheit in der literarischen Selbstreflexion Thomas Manns. In: Michael Ansel/Hans-Edwin Friedrich/Gerhard Lauer (Hg.): *Die Erfindung des Schriftstellers Thomas Mann*. Berlin/New York 2009, 237–271.

Reed, Terence James: Tod eines Klassikers. Literarische Karrieren im *Tod in Venedig*. In: Thomas Sprecher (Hg.): *Liebe und Tod – In Venedig und anderswo*. Frankfurt a. M. 2004 (= *TMS* 33), 171–186.

Strohm, Stefan: Selbstreflexion der Kunst. Thomas Manns Novelle *Das Gesetz*. In: *Jahrbuch der deutschen Schillergesellschaft* 31 (1987), 320–353.

Claus-Michael Ort

29 Schuld und Rechtfertigung

Obwohl Thomas Mann schon sehr bald bestrebt war, seine Einzelwerke in einen Zusammenhang einzuordnen, sie nach Goethe als »Bruchstücke einer großen Konfession« (GKFA 15.1, 382) zu bewerten, gliedert sich sein Gesamtwerk in mehrere Phasen, die von verschiedenen Leitthemen dominiert sind. So hält er im Vortrag *Meine Zeit* (1950) fest, dass er mit dem rein Autobiographischen stets Schwierigkeiten hatte, da er sein Leben als schuldhaft ansehe und stets die Notwendigkeit einer Wiedergutmachung durch das Werk vor Augen habe (GW XI, 302). Deswegen sei vieles von ihm Geschaffene durch eine Abfolge von Schuld und Rechtfertigung bestimmt. Im Hintergrund von Manns Rechtfertigungsbegriff steht neben anderem der Gedanke Luthers, dass die Gnade Gottes allein den sündigen Menschen rechtfertige und dieser sich nur durch den Glauben an diese göttliche Gnade rechtfertigen könne. Dazu kam Anfang des 19. Jahrhunderts die leistungsethische Position Max Webers, dass der Mensch sich durch Disziplin und richtiges Handeln der göttlichen Gnade zu vergewissern versucht. Von der Lebensmitte Thomas Manns an beginnen nun Varianten der thematischen Doppelung von Schuld und Rechtfertigung im Werk eine dominante Rolle zu spielen, als Verfehlung und Verzeihung, aber auch – ins Theologische hineinreichend – als Sünde und Vergebung, als Sünde und Gnade. Man hat diese Hinweise auf eine eigene Schuld zunächst generell verstanden, dann aber auch bis hinein ins Biographische verfolgt, die Erfahrung der Geschlechtlichkeit in Erwägung gezogen und sogar die (nicht beweisbare) These von einer geheimen, ins Kriminelle weisenden Verfehlung aufgestellt (Vgl. Maar 2000).

Es gibt Vorverweise im Frühwerk; so begegnet etwa das Motiv der Selbstdisziplinierung in *Buddenbrooks*, in *Königliche Hoheit* und in *Tod in Venedig*, dann ist es allgegenwärtig: von der *Joseph*-Tetralogie an über *Lotte in Weimar* bis hin zum *Doktor Faustus* und zum *Erwählten* – und selbst das lebensüberspannende Werk des *Felix Krull* steht damit im Zusammenhang, ebenso wie die mittlere und späte Essayistik. In den *Joseph*-Romanen ist die werkübergreifende Entsprechung von der Schuld der Brüder und Josephs Vergebung integriert in das Riesenformat der biblischen Komödien-Inszenierung. Josephs Verzeihung erhält ein Vorspiel: die besondere Treue der Brüder gegenüber Benjamin erscheint zwar nicht als Rechtfertigung, aber doch als schweigendes Eingeständnis, als Wiedergutmachungsversuch ihrer frühen Verfehlung. Joseph ist Künstler auch hier: er vergibt den Sündern auf die denkbar schonendste Weise, indem er die individuelle Schuld gleichsam im Vorübergehen bagatellisiert; er behandelt sie als notwendiges und gottgewolltes Element des göttlichen Heilsplanes. In den Jahren der Emigration erhält Manns Auseinandersetzung mit der Problematik von Kunst und Künstler eine neue Dimension; das Gegenüber von Schuld und Rechtfertigung bekommt angesichts der ›deutschen Schuld‹ ein neues, politisch-existentielles Gewicht. Vorher aber trifft man in *Lotte in Weimar* (1939) auf das Motiv des einerseits schuldigen, andererseits aber sich verausgabenden, ja sich geradezu opfernden Dichters und die damit verbundene Notwendigkeit der Selbstrechtfertigung, der Abbitte. Als Goethe unvermutet – ob nun imaginiert oder real – auf der Rückfahrt vom Theater neben Lotte im Wagen sitzt und diese auf ihr Leid zu sprechen kommt, das sie seinetwegen in der Vergangenheit zu tragen hatte, äußert er »die herzlichste Bitte um Vergebung« und beschreibt sich als einen, »dessen Schicksal es vielleicht von jeher war, sich in unschuldiger Schuld zu winden« (GKFA 9. 1, 441). Er benutzt die Doppelmetaphorik der Kerzenflamme, in der die Mücke zu Tode kommt, und die sich ihrerseits selbst aufzehrt und opfert. Im *Doktor Faustus* (1947) sieht sich der Autor vor der Notwendigkeit eines zweifachen Bekenntnisses: es geht um die Rechenschaftsablage in eigener Sache, aber auch um die offene Auseinandersetzung mit Nazideutschland. Das Schicksal Adrian Leverkühns verbindet deshalb autobiographische Aspekte mit allegorischen Elementen. Einerseits nimmt Leverkühn durch die Teufelsverschreibung schwerste Schuld auf sich, um künstlerisch den »Durchbruch« (Wimmer, GKFA 10.2, 2, 882) zu schaffen, d. h. um der in eine Sackgasse geratenen deutschen (und europäischen) Musik einen Neubeginn zu ermöglichen, andererseits weisen der Teufelspakt und der Sturz in den finalen Wahnsinn der Paralyse auch auf die deutsche Schuld, sich mit Hitler eingelassen zu haben. »Vielleicht kann gut sein aus Gnade, was in Schlechtigkeit geschaffen wurde« (ebd., 888) – dieses Wort der Titelfigur bezeichnet die verzweifelte Hoffnung des innovativen Künstlers, doch steht daneben die Parallelisierung des Leverkühn'schen Endes mit Michelangelos Jüngstem Gericht, was den Untergang des ›Dritten Reichs‹ *allegorisch* sichtbar werden lässt (ebd., 706). Leverkühn erscheint als sich opfernder Erlöser ebenso wie als verdammter Sünder. Eine wiedergutmachende Rechtfertigung wird sichtbar, ist aber keineswegs sicher, weder künstlerisch noch politisch.

Im *Erwählten* (1951) erscheint ohne jede Einschränkung die Gnadenerhöhung nach schwerster Schuld, die Wiedergutmachung eines zutiefst sündigen Lebens durch schwerste Buße und durch das segensreiche Wirken auf dem Papstthron. Der *Doktor Faustus* erhält durch die Wiedererzählung der mittelalterlichen Legende ein nur scheinbar leichtgewichtiges Gegenbild. Der »sehr große Papst« Gregorius ist nicht nur selbst Gegenstand der göttlichen Gnadenerhöhung, er ist in den Stand gesetzt, seiner Mutter und Frau zu vergeben und zum Segen der Christenheit insgesamt zu wirken. Damit gewinnt Manns Künstlerhoffnung in eigener Sache eindeutige Gestalt (Schmidt-Schütz 2013). Dass die Hoffnung auf Wiedergutmachung und, ins Theologische übersetzt, auf Gnade den Autor bis zuletzt in Atem hält, zeigt sein Brief an Walter Ulbricht, indem er sich für die Häftlinge des »neuen Buchenwald« verwendet: »Nutzen Sie Ihre Macht, diesen Gnadenakt herbeizuführen. Darum bittet, das rät Ihnen ein alter Mann, in dessen Denken und Dichten die Idee der Gnade längst bestimmend hereinwirkt« (1951, Reg 51/286). In die nämliche Richtung weist der kurze Lebensrückblick im Tagebuch vom 1. 5. 1953: »O seltsames Leben [...], leidend und ungläubig erhoben. Elend, Begnadung« (Wimmer 1998).

Literatur

Maar, Michael: *Das Blaubartzimmer. Thomas Mann und die Schuld.* Frankfurt a. M. 2000.

Koopmann, Helmut: Über das Böse. Ein Versuch. In: Heinrich Detering/Friedhelm Marx/Thomas Sprecher (Hg.): *Thomas Manns »Doktor Faustus« – Neue Ansichten, neue Einsichten.* Frankfurt a. M. 2013 (= *TMS* 36), 63–76.

Schmidt-Schütz, Eva: Der Epilog im Himmel – *Der Erwählte, Doktor Faustus* und die Gnade der Absolution. In: Heinrich Detering/Friedhelm Marx/Thomas Sprecher (Hg.): *Thomas Manns »Doktor Faustus« – Neue Ansichten, neue Einsichten.* Frankfurt a. M. 2013 (= *TMS* 36), 97–109.

Wimmer, Ruprecht: Der sehr große Papst. Mythos und Religion im *Erwählten.* In: *TMJb* 11 (1998), 91–107.

Ruprecht Wimmer

30 Text und Bild

Thomas Mann unterschied mit Nietzsche stets »zwischen Augenmenschen und Ohrenmenschen« (GKFA 15.1, 789) und ordnete sich entschieden den Letzteren zu. Dennoch weisen seine Texte zahlreiche Bezüge zu Bildquellen aller Art auf – zu Werken der bildenden Künste ebenso wie zu Abbildungen aus Sachbüchern oder Ausschnitten aus Zeitschriften. Sein Umgang mit Bildern ist dabei weniger in einer medialen oder ästhetischen Reflexion des Verhältnisses von Sprache und Bild zu verorten als eher in der Tradition rhetorischer Ekphrasis (Wysling 1996). Hierbei kann funktional differenziert werden zwischen einer Verwendung von Bildern zur »Realisation« des Textes einerseits und zu dessen »Komposition« andererseits (Wysling/Schmidlin 1975, 11). Realisation meint vornehmlich die Erzeugung eines ›Wirklichkeitseffekts‹ im Text, den Einsatz als »verläßliche zeitgeschichtliche oder atmosphärische« Quelle (Kruft, TMHb, 350). *Joseph und seine Brüder* beispielsweise beruht gleichermaßen auf Bild- wie auf Textvorlagen, die zur Ausgestaltung des altägyptischen Umfeldes herangezogen wurden (Wysling/Schmidlin 1975, 186–319; Grimm 1992), und für *Felix Krull* legte Mann ein umfangreiches Bildarchiv mit Ausschnitten aus Illustrierten, Zeitungen und Zeitschriften an (Wysling/Schmidlin 1975, 82–153). Schon im Frühwerk geht Mann dieser »Philologenarbeit« nach (so Alfred Kerr spöttisch über *Fiorenza*; Schröter 1969, 61). Im Fall der Komposition hingegen kommen Bildvorlagen strukturbildend, etwa im Kontext der Leitmotivtechnik, zum Einsatz. Hierbei stellt sich das Problem der Erkennbarkeit für den Leser; eine Problematik, die anhand des Frosttraums Hans Castorps im *Zauberberg* deutlich wird. Dort werden reale Bildvorlagen Ludwig von Hofmanns zum symbolischen (Traum-)Bild transformiert, deren Kenntnis wiederum mögliche Lesarten des Textes generiert (Sauereßig 1967). Im *Doktor Faustus* werden unter anderem Adrian Leverkühns Eltern nach Dürer-Bildern gestaltet, womit sich ein weiter Deutungskontext eröffnet. Auch Bilder, die im Text nicht ekphrastisch beschrieben, sondern explizit genannt werden, können Teil der Komposition sein: in *Buddenbrooks* bestehen Zusammenhänge zwischen der Entwicklung der Familie und den Bildern, mit welchen sie sich umgibt (Wilpert 1988).

Neben dem Verhältnis von Bild und Text spielt vor allem Bildlichkeit im Text bei Mann eine große Rolle. Visuelle Gestaltungsmerkmale treten als formales Strukturmoment im Text auf; so lassen sich Jugendstil-Charakteristika wie ›Fläche‹ und ›Ornament‹ in Manns frühen Erzählungen nachweisen (Neumeister 1972). Trotz einer angenommenen Vorliebe Manns für Graphik und Linie, im Gegensatz zu Malerei und Farbe (Pütz 1989), setzt er auch Farbsymbolik zur inhaltlichen Strukturierung seiner Texte ein. Das Schicksal des *Kleinen Herrn Friedemann* wird zum Beispiel begleitet von einem Wandel der Farbigkeit seiner Umgebung hin vom stillen Grau über einfallendes Gelb zu dunkel-verderblichem Rot (Blödorn 2013).

Auch zwischen Manns eigenen Zeichnungen, v. a. dem mit Heinrich Mann gestalteten, heute verschollenen *Bilderbuch für artige Kinder*, und seinem schriftstellerischen Werk bestehen intermediale Bezüge. Karikaturistische Zeichnungen wie die von ›Mutter Natur‹ lassen sich bis hin zur *Betrogenen* als Visualisierung wiederkehrender Konzepte nachverfolgen, ohne dass Thomas Mann, wie sein Bruder Heinrich, eine ausdrückliche Doppelbegabung an den Tag gelegt hätte (Scheyer 1966). Außer dem *Bilderbuch* ist *Joseph und seine Brüder* das einzige Werk Manns, in dem ein Bild sichtbar im Text vorhanden ist: die Hieroglyphen mit Mut-em-enets Botschaft, ihr ›schlafe bei mir!‹, sind als Bild-Schrift in den Text integriert (GW V, 1154).

Zuletzt hat Manns Erzählwerk wiederholt Anlass zur bildlichen Verarbeitung, paratextuell oder adaptierend, geboten (Hilscher 2000; Bedenig 2013; Mehring/Rossi 2014; Bastek/Pfäfflin 2014). Manns Texte sind so nicht nur inspiriert von und geprägt durch Bilder, sondern sie haben auch wiederholt den Weg zurück, vom Text zum Bild, durchlaufen.

Literatur

Bastek, Alexander/Pfäfflin, Anna Marie (Hg.): *Thomas Mann und die bildende Kunst. Katalog zur Ausstellung im Museum Behnhaus Drägerhaus und Buddenbrookhaus Lübeck, 13. 9. 2014 bis 6. 1. 2015*. Petersberg 2014.

Bedenig, Katrin: Thomas Mann, Ernst Barlach und Alfred Kubin. In: *TMJb* 26 (2013), 69–1 94.

Blödorn, Andreas: Farbschattierungen. Bildlichkeit im Frühwerk Thomas Manns. In: *TMJb* 26 (2013), 155–168.

Grimm, Alfred: *Joseph und Echnaton*. Mainz 1992.

Hilscher, Eberhard: Aschenbach und Tadzio im Text und Bild. Zu Thomas Manns *Tod in Venedig*. In: Ders.: *Dichtung und Gedanken. 30 Essays von Goethe bis Einstein*. Stuttgart 2000, 146–153.

Kruft, Hanno-Walter: Thomas Mann und die bildende Kunst. In: *TMHb*, 343–357.

Neumeister, Erdmann: *Thomas Manns frühe Erzählungen. Der Jugendstil als Kunstform im frühen Werk*. Bonn 1972.

Mehring, Reinhart/Rossi, Francesco (Hg.): *Thomas Mann e le arti. Nuove prospettive della ricerca/Thomas Mann und die Künste. Neue Perspektiven der Forschung.* Rom 2014.
Pütz, Peter: »›Ein Ohren -, doch kein Augenmensch‹ – Die bildende Kunst bei Thomas Mann«. In: Moog-Grünewald, Maria/Rodiek, Christoph (Hg.): *Dialog der Künste. Intermediale Fallstudien zur Literatur des 19. und 20. Jahrhunderts.* Frankfurt a. M. u. a. 1989, 279–290.
Sauereßig, Heinz: *Die Bildwelt von Hans Castorps Frosttraum.* Biberach an der Riss 1967.
Scheyer, Ernst: Über Thomas Manns Verhältnis zur Karikatur und bildenden Kunst. In: Wenzel, Georg (Hg.): *Betrachtungen und Überblicke. Zum Werk Thomas Manns.* Berlin/Weimar 1966, 143–168.
Schröter, Klaus (Hg.): *Thomas Mann im Urteil seiner Zeit. Dokumente 1891–1955.* Hamburg 1969.
Wilpert, Gero von: Die bildenden Künste. In: Moulden, Ken/Wilpert, Gero von (Hg.): *Buddenbrooks-Handbuch.* Stuttgart 1988, 259–268.
Wysling, Hans: Thomas Manns Kunst der Deskription. In: Bernini, Cornelia/Sprecher, Thomas (Hg.): *Ausgewählte Aufsätze 1963–1995.* Frankfurt a. M. 1996 (= *TMS* 13), 367–394.
Wysling, Hans/Schmidlin, Yvonne (Hg.): *Text und Bild bei Thomas Mann. Eine Dokumentation.* Bern/München 1975.

Franziska Stürmer

31 Sterben und Tod

»Es würde schwerlich gedichtet werden auf Erden, ohne den Tod«, ergänzt Thomas Mann 1913 in seiner Gedächtnisrede auf Friedrich Huch Schopenhauers bekanntes Diktum, »daß ohne den Tod auf Erden schwerlich philosophiert werden würde« (GKFA 14.1, 381). Dichter pflegten, so Mann im Jahr nach der Erstveröffentlichung seiner Novelle *Der Tod in Venedig*, »mit dem Tode auf vertrautem Fuße zu stehen« (ebd.). In Tagebüchern, Essays und Briefen artikuliert Mann eine biographisch tief sitzende »Todeswehmut« (*Tb* 14. 9. 1918) und eine nihilistische »Todesvagabondage« (GW XI, 387), die sein Leben fortdauernd melancholisch grundiert (Rütten 2004, 22). So ist es nicht verwunderlich, dass Mann schon 1917 bekennt, auch seine Bücher handelten »eigentlich nur von ihm«, dem Tod, bzw. genauer: von »Kreuz, Tod und Gruft« (an Lilli Dieckmann, 29. 3. 1917; GKFA 22, 183). Krankheit, Sterben und Tod stehen bei Thomas Mann denn auch literarisch von Beginn an im Zeichen einer »Faszination morbider Dekadenzästhetik«, die einem ›gesunden‹, ›gewöhnlichen‹ – und ›geistlosen‹ – Leben kontrastiert ist (Eigler 2005, 118 f.). Und so wird der Tod als geistiges »Erkenntnismittel« (ebd.) für Mann zum Ausgangspunkt allen Dichtens: »Wo wäre der Dichter, der nicht täglich [des Todes, A. B.] gedächte – in Grauen und in Sehnsucht? Denn die Seele des Dichters ist Sehnsucht, und die letzte, die tiefste Sehnsucht ist die nach Erlösung« (GKFA 14.1, 381).

Die Forschung ist dieser These vom Tod als Erlösung und Erfüllung früh gefolgt: Wie der Tod das ›Herz‹ darstelle, von dem aus Schopenhauers Metaphysik zu begreifen sei, so bilde – in direkter Anlehnung an den Philosophen – auch »der Todesgedanke den Mittelpunkt im Werke Thomas Manns«, bilanziert Kasdorff in seiner grundlegenden Studie 1932 (Kasdorff 1932, 4). Mann selbst hatte im Vorjahr diese Spur noch einmal neu ausgelegt, als er im *Fragment über das Religiöse* den Tod als das »ewige[] Rätsel« (GW XI, 424) bezeichnete, das ihn konstant beschäftige: »Keinen Tag, seitdem ich wach bin, habe ich nicht an den Tod und an das Rätsel gedacht« (ebd.). Dieser spezifische Blick auf Manns Werk, so haben neuere Arbeiten gezeigt, gilt tatsächlich insbesondere für die frühen Erzählungen und Romane bis hin zum *Zauberberg* (vgl. Höpfner 1995; Grote 1996; Pfeiffer 1997; Dierks 1997; Paul 2005; Blödorn 2006; Anton 2013; Blamberger 2014), in denen das Erzählen vom Tod poetologisch sinnstiftend wird. So lässt sich Manns erzählerischer Blick auf den Tod im Zeichen einer »hermeneutischen Wende« (Anton 2013, 205) in die Zeit vor bzw. nach NS-Diktatur und Exil unterscheiden, rückt doch mit den späteren Werken wie v. a. *Joseph und seine Brüder*, *Doktor Faustus* und *Der Erwählte* insbesondere die (politisch, mit Blick auf Deutschland kontextualisierbare) Frage nach einer kollektiven Bedeutungsdimension des Todes und nach dem Verhältnis von Individuum und »mythische[m] Kollektiv« (GW XI, 665) in den Mittelpunkt.

In Manns Frühwerk nimmt die Auseinandersetzung mit dem Tod eine dominierende Rolle ein, sowohl aufgrund »reichlich viele[r] Todesfälle[]«, die Dierks im Licht epochentypischer, für die Ästhetik des Fin de Siécle einflussreicher Krankheitsbilder wie Neurasthenie und Tuberkulose verortet (Dierks 1997, 11), als auch aufgrund seiner strukturbildenden, poetologisch bedeutsamen und in einigen Fällen titelgebenden Funktion (*Der Tod*, *Der Weg zum Friedhof*, *Der Tod in Venedig*). Auch die Erzählungen *Der Wille zum Glück*, *Der kleine Herr Friedemann*, *Tobias Mindernickel*, *Luischen* und *Tristan* handeln zentral von Geschehnissen, die – in spätrealistischer Erzähltradition (vgl. Wünsch 1999) – auf einen finalen Tod zulaufen, im Fall des Romans *Buddenbrooks* gar auf das Aussterben einer ganzen Familie. Dabei ist es gerade das »doppelte[] Gesicht« (GKFA 15.1, 833) von Krankheit und Tod, das Mann in seinen Erzählungen funktionalisiert: Neben das Biologisch-Körperliche tritt hier ein geistig-metaphorisches Konzept von ›Krankheit‹ und ›Tod‹, das auf die unvermeidliche Lebensferne, Lebensuntauglichkeit und das ›Außerhalb-Stehen‹ des zu Erkenntnis und Geist Befähigten zielt und den metaphorischen ›Tod‹ als Chiffre eines defizitären Zustandes von Nicht-Teilhabe am Leben ausweist. In diesem doppelten Sinne umkreisen Manns frühe Erzählungen denn auch immer wieder den Zustand eines vom Leben gezeichneten, an der Teilhabe am bürgerlichen Leben gehinderten Außenseiters als dessen metaphorischen ›Todeszustand‹, der das finale biologische Sterben des Helden (oder seines Substituts) »als ›natürliche‹ Erfüllung« des Lebens vorwegnimmt (Neumeister 1972, 51) und den Tod gelegentlich zugleich als finale, emphatische Lebenssteigerung konzipiert (am deutlichsten im *Tod in Venedig*: Verfall, Heimsuchung und Sterben werden hier in ambivalenter Weise zugleich als Befreiung und Entgrenzung des Subjekts ersehnt).

Todessehnsucht und eine von Nietzsches *Götzen-Dämmerung* (»Moral für Ärzte«) beeinflusste Selbstaufgabe des Subjekts grundieren die Chronik eines vorhergesagten Todes in *Der Tod* (und ebenso in *Der kleine Herr Friedemann*); als ersehnte finale Lebenssteigerung aber vermag selbst der Tod am Ende nur »diese letzte Enttäuschung« zu sein (*Enttäuschung*, vgl. GKFA 2.1, 86). Der einzige Ort in Manns Frühwerk, der es den zu Erkenntnis befähigten (und in dieser Hinsicht im positiven Sinne ›ausgezeichneten‹) Protagonisten ermöglicht, »vom Leben abzusehen«, von »einem befreiten Leben zu träumen, in dem [...] es keinen Horizont mehr giebt« (ebd.), lässt sich nur im Symbolraum des Meeres erahnen, das schon in *Buddenbrooks* und *Tonio Kröger* zum Ort einer befreienden Betäubung der Sinne und einer im Meeresrauschen sich realisierenden temporären Entgrenzung avanciert – und das sich doch immer wieder selbst als im Horizont begrenzt erweist: »Das Meer ist weit, mein Blick [...] hoffte, befreit zu sein: dort hinten aber war der Horizont« (ebd., 85). Erst im *Tod in Venedig* wird das ins Unendliche ausgreifende, weite und offene Meer zum Ort eines mythisch überformten »Nebelhaft-Grenzenlosen« und »Verheißungsvoll-Ungeheure[n]«, in das Gustav von Aschenbach in seiner Todessekunde in Form einer »ekstatische[n] Selbstaufgabe« (Uhlig 1975, 107) überzutreten glaubt, geleitet von seinem ihm »voranschweb[enden]« ›Psychagogen‹ Tadzio (GKFA 2.1, 592). Das hier anklingende und ins Homoerotische gekehrte Liebestodmotiv nimmt schon in *Tristan* den Tod der lungenkranken Gabriele Klöterjahn vorweg, wenn sie sich beim emphatisch gesteigerten Spiel von Wagners *Tristan und Isolde* ein letztes Mal am Klavier verausgabt. So vermögen im Frühwerk lediglich *Der Bajazzo* und *Tonio Kröger* die Disposition der Helden zum Tode durch Strategien der Stillstellung, des Aus- und Durchhaltens (und des Schreibens) zumindest vorübergehend zu überwinden und zu Formen leidlich gelingenden, wenngleich um dauerhaftes Glück reduzierten Lebens zu gelangen.

Eine Sonderstellung im Frühwerk nimmt auch hinsichtlich der Behandlung und Darstellung des Todes der erste Roman Manns ein: In den *Buddenbrooks* wird über vier Generationen der Niedergang als ›Absterben‹ einer Familie auch in eindrücklichen Sterbeszenen vorgeführt. Vom anfänglich erstaunten »Kurios« Johann Buddenbrooks angesichts des Einzugs, den der Tod als etwas »Neues, Fremdes, Außerordentliches« ins Familienleben hält (GKFA 1.1, 76 f.), über den ›Schlag‹, der Jean in der nächsten Generation trifft und der auch seinen Sohn Thomas später nach einer Zahnextraktion auf offener Straße dahinrafft, bis hin zu Hannos Tod, den der Erzähler nur indirekt, durch eine lexikalische Typhus-Schilderung ersetzt, darstellt. Höhepunkt der Sterbeszenen ist jedoch das erbarmungslos grausame ›Verrecken‹ der Konsulin Elisabeth, die einen langen, ungelinderten Erstickungskampf »mit dem Leben um den Tod« (ebd., 625) führen muss. Nicht nur das biologische Sterben, sondern auch die Atmosphäre des familiären Niedergangs wird dabei im Rückgriff auf eine realistische, auf die Sinneswahrnehmung bezogene ›Todessemantik‹ durchgespielt: Das Aussterben der Buddenbrooks wird von Beginn an durch eine farbsemiotische ›Verdunkelung‹ und ein prozessuales ›Verstummen‹, ›Erkalten‹ und ›Erstarren‹ auch metaphorisch an Figuren, Raum und Umweltwahrnehmung ablesbar, synästhetisch erweitert durch mit Tod und Verwesung konnotierte Körpervorgänge des Verschluckens, Erstickens und des üblen Gestanks (Blödorn 2014 u. 2015). So liefern die *Buddenbrooks* nicht nur »eine grandiose Kulturgeschichte des Sterbens und des Todes im 19. Jahrhundert« (Blamberger 2014, 46), sondern reflektieren zugleich explizit Schopenhauers Todesauffassung in der berauschenden, am Ende aber verstörenden Lektüre des Kapitels »Über den Tod« aus der *Welt als Wille und Vorstellung*, wie sie Thomas Buddenbrook unternimmt (GKFA 1.1, 722).

Manns Tendenz zum immer wieder auch »allegorische[n] Sprechen über den Tod« (Blamberger 2014, 42) zeigt sich nicht nur deutlich in den vielfach ausgestalteten ›Todesboten‹ im *Tod in Venedig* oder in den Figurationen von ›Leben‹ und ›Tod‹ als Personifikationsallegorien im *Weg zum Friedhof*, wenn sich Radfahrer und Lobgott Piepsam gegenüberstehen, sondern auch noch im »Todesinitiationsroman« *Der Zauberberg* (Rütten 2004, 20). Bei einer Röntgenuntersuchung seines lungenkranken Vetters Joachim nimmt Hans Castorp dort dessen auf dem Bild erscheinende »Grabesgestalt« als »Totenbein« und als »dies kahle Gerüst und spindeldürre Memento« wahr (GKFA 5.1, 332). An dieser christlich-mittelalterlichen Todesallegorie lässt sich die Funktion des allegorischen Sprechens über den Tod bei Mann in der zentralen Strategie erkennen, Formen möglicher Sinngebungen des Todes zwar anzudeuten, sie dabei aber stets ambivalent in der Schwebe und in ihrer »inkommensurable[n]« Divergenz (Rütten 2004, 15) letztlich zweideutig offen zu halten (Blamberger 2014, 40). So bleibt auch Joachim Ziemßens ›Gerippe‹ lediglich eine röntgenbedingte »Veranstaltung der physikalisch-optischen Wissenschaft« (GKFA 5.1, 332) und damit kausalreal erklärbar: sie hat in dieser Hinsicht metaphysisch »nichts zu bedeuten« (ebd.). Und doch ruft die Todesallegorie wie im »Vexierbild[]« (Blamberger 2014, 44) zweideutig die Möglichkeit einer höheren metaphysischen, mythischen und religiösen Bedeutungsebene auf.

Von Bedeutung ist der Tod im *Zauberberg* nun aber vor allem aufgrund jener »Sympathie mit dem Tode«, von der Mann erstmals 1913 gegenüber seinem Bruder Heinrich als ihm selbst »tief eingeboren« spricht (GKFA 21, 535). Hans Castorp erteilt ihr nach den mythisch überhöhten Traumbildern von Tod und Hadesfahrt im ›Gedankentraum‹ des »Schnee«-Kapitels eine Absage (»Ich will dem Tode keine Herrschaft einräumen über meine Gedanken!«), die er darauf noch einmal in Form einer allgemeinen Lebensethik bekräftigt: »*Der Mensch soll um der Güte und Liebe willen dem Tode keine Herrschaft einräumen über seine Gedanken.*« (GKFA 5.1, 748) Die Überwindung der Todesfaszination zugunsten des Lebens und hin zu »Güte und Menschenliebe« (ebd.) bleibt jedoch nur momentane Erkenntnis, »die Wirklichkeit hält diesem ›Traumwort‹ nicht stand, und nach wie vor behauptet sich eine von Liebesleidenschaft genährte Todessehnsucht«, die Hans Castorp zu Clawdia Chauchat hinzieht (Anton 2013, 204). Trotz der Anlage des Romans, der Krankheit und Todesnähe auf dem Zauberberg noch einmal als dekadenztypisch gesteigerte Lebensformen durchspielt, führt er aber doch als Ganzes ein neues Todesverständnis ein, das Mann selbst als »Todesromantik plus Lebensja« (Tb 14. 9. 1918) avisierte und das erstmals im Gespräch Castorps mit Hofrat Behrens im Kapitel »Humaniora« seinen Ausdruck findet. Denn Leben und Tod erweisen sich dort (aus naturwissenschaftlicher Sicht) beide als Kehrseite des jeweils Anderen: als »Verbindung mit Sauerstoff«, als »Oxydation« (GKFA 5.1, 404). Die daraus resultierende Erkenntnis (»Leben ist Sterben« und »wenn man sich für das Leben interessiert [...], so interessiert man sich namentlich für den Tod«, ebd.) wird im Schneetraum noch einmal als auf Humanität und ›Lebensfreundlichkeit‹ zielende Erkenntnis reformuliert: »Wer aber den Körper, das Leben erkennt, erkennt den Tod« (ebd., 746).

Mit dem *Zauberberg* ist der Tod in Manns Werk, wie er selbst in seiner *Tischrede bei der Feier des 50. Geburtstags* bilanziert, dem Leben nicht mehr übergeordnet, sondern an die Seite gestellt: »Wenn ich einen Wunsch für den Nachruhm meines Werkes habe, so ist es der, man möge davon sagen, *daß es lebensfreundlich ist, obwohl es vom Tode weiß.*« (GKFA 15.1, 988) Diese spezifische Todeskonzeption, die

Leben und Tod im Zeichen einer »Lebensfreundlichkeit der Künstler, Dichter und Schriftsteller« (ebd.) untrennbar miteinander verbindet, findet sich im Spätwerk – wenngleich nicht mehr von jener zentralen leitmotivischen Bedeutung wie noch im *Zauberberg* (und von der Forschung weitgehend vernachlässigt) – vielfach ausformuliert: im Kontext einer »Existenzdialektik« und als »Lebenserneuerung aus dem Geist« in *Lotte in Weimar* oder als Überwindung der dualistischen Entgegensetzung von Leben und Tod in der Tetralogie *Joseph und seine Brüder*, für die Anton noch einmal einen »Paradigmenwechsel« in Manns Todesverständnis reklamiert (Anton 2013, 200 ff.). Leben und Tod werden hier v. a. als Metaphern bedeutsam, wenn Josephs Zeit in der Grube einerseits als ›Tod‹, seine Errettung als »Erstehen« (GW V, 674) semantisiert sind; zugleich aber erscheint das neue Leben wiederum als Todeszustand, der der »Einsicht in die tödliche Fehlerhaftigkeit seines bisherigen Lebens« entspringt und »zum Verzicht auf die Rückkehr« in das alte Leben führt (ebd., 674 f.). Josephs Verschwinden bedeutet daher seinen sozialen ›Tod‹: »Wenn tot und gestorben sein heißt: an einen Zustand unverbrüchlich gebunden zu sein, der keinen Wink und Gruß zurück, keine leiseste Wiederaufnahme der Beziehungen zum bisherigen Leben gestattet [...] – so war Joseph tot« (ebd., 674).

Eine neue Dimension gewinnt die Auseinandersetzung mit dem Tod im Roman *Doktor Faustus*. Im Versuch, die ›deutsche Tragödie‹ aus einem romantisch-irrationalen, antihumanen Denken heraus zu erklären, wird der Tod Adrian Leverkühns hier durch das Faustisch-Dämonische mythisiert. Andererseits wird Leverkühns Tod – dem Aschenbachs vergleichbar – ebenfalls realistisch motiviert, lässt die mit dem Teufelspakt verbundene Syphilisinfektion ihn doch im Endstadium, nachdem »die Zeit ausgelaufen« (GKFA 10.1, 728) und er zusammengebrochen ist, bis zu seinem finalen Ableben dahindämmern. Auch in der *Betrogenen* werden schließlich noch einmal tödliche Krankheit und Erotik miteinander verbunden. Der dargestellte Krebstod der Rosalie von Tümmler folgt einem grausamen ›falschen‹ Frühling und »höhnischer Grausamkeit der Natur« (GW VIII, 950): Das Wiedererblühen ihrer Liebeslust war eine bloße Folge »carcinomatös[er]« Verdickungen eines »Freßgezücht[s]« im Unterleib (ebd., 949). Doch Rosalie findet zu einem inneren Frieden und darf einen »milden Tod« sterben (ebd., 950). Ihrer Tochter gegenüber bilanziert sie: »Aber wie wäre denn Frühling ohne den Tod? Ist ja doch der Tod ein großes Mittel des Lebens, und wenn er für mich die Gestalt lieh von Auferstehung und Liebeslust, so war das nicht Lug, sondern Güte und Gnade.« (ebd., 950) Das letzte Bild, das Mann hier in seinem Werk für den in Schönheit getarnten, zugleich gütigen und doch erbarmungslos herannahenden Tod findet, ist das des Rosalie anzischenden, flügelschlagenden schwarzen Schwans mit seinem blutroten Schnabel.

Literatur

Anton, Herbert: Todeserfahrung und »Lebenserneuerung aus dem Geist« im Erzählwerk Thomas Manns. In: Günter Seubold/Thomas Schmaus (Hg.): *Ästhetik des Todes. Tod und Sterben in der Kunst der Moderne*. Bonn 2013, 199–216.

Blamberger, Günter: Kippfiguren: Thomas Manns Todesbilder. In: Sabine Meine u. a. (Hg.): *Auf schwankendem Grund. Dekadenz und Tod im Venedig der Moderne*. Paderborn 2014, 37–48.

Blödorn, Andreas: Perspektivenwechsel und Referenz. Zur Metaphorik des Todes in Thomas Manns frühen Erzählungen. In: Andreas Blödorn/Søren R. Fauth (Hg.): *Metaphysik und Moderne. Von Wilhelm Raabe bis Thomas Mann*. Wuppertal 2006, 253–280.

Blödorn, Andreas: Die Todessemantik des Realismus. Zum Zusammenhang von Sinneswahrnehmung, Tod und Narration am Beispiel von Wilhelm Raabes *Else von der Tanne*. In: *Jahrbuch der Raabe-Gesellschaft* 2014, hg. v. Dirk Göttsche u. Florian Krobb, 1–19.

Blödorn, Andreas: *Todessemantiken: Sinneswahrnehmung und Narration im Wandel literarischer Epistemologie des 19. Jahrhunderts*. 2015.

Dierks, Manfred: Krankheit und Tod im frühen Werk Thomas Manns. In: Thomas Sprecher (Hg.): *Auf dem Weg zum »Zauberberg«*. Frankfurt a. M. 1997 (= *TMS* 16), 11–32.

Eigler, Jochen: Krankheit und Sterben. Aspekte der Medizin in Erzählungen, persönlichen Begegnungen und essayistischen Texten Thomas Manns. In: Thomas Sprecher (Hg.): *Liebe und Tod – in Venedig und anderswo*. Frankfurt a. M. 2005 (= *TMS* 33), 97–124.

Grote, Katja: *Der Tod in der Literatur der Jahrhundertwende. Der Wandel der Todesthematik in den Werken Arthur Schnitzlers, Thomas Manns und Rainer Maria Rilkes*. Frankfurt a. M. u. a. 1996.

Höpfner, Felix: »Öäwer tau Moder müssen wi alle warn...«. Zur Physiognomie des Todes in Thomas Manns *Buddenbrooks*. In: *Wirkendes Wort* 45, 1 (1995), 82–111.

Kasdorff, Hans: *Der Todesgedanke im Werke Thomas Manns*. Leipzig 1932.

Neumeister, Erdmann: *Thomas Manns frühe Erzählungen. Der Jugendstil als Kunstform im frühen Werk*. Bonn 1972.

Paul, Astrid: *Der Tod in der Literatur um 1900. Literarische Dokumentationen eines mentalitätsgeschichtlichen Wandels*. Marburg 2005.

Pfeiffer, Joachim: *Tod und Erzählen. Wege der literarischen Moderne um 1900*. Tübingen 1997.

Rütten, Thomas: Sterben und Tod im Werk von Thomas Mann. In: Thomas Sprecher (Hg.): *Lebenszauber und Todesmusik. Zum Spätwerk Thomas Manns.* Frankfurt a. M. 2004 (= *TMS* 29), 13–34.
Uhlig, Ludwig: *Der Todesgenius in der deutschen Literatur von Winckelmann bis Thomas Mann.* Tübingen 1975.
Wimmer, Ruprecht: Form contra Tod. In: Thomas Sprecher (Hg.): *Lebenszauber und Todesmusik. Zum Spätwerk Thomas Manns.* Frankfurt a. M. 2004 (= *TMS* 29), 133–148.
Wünsch, Marianne: ›Tod‹ in der Erzählliteratur des deutschen Realismus. In: *Jahrbuch der Raabe-Gesellschaft* 40 (1999), 1–14.

Andreas Blödorn

32 Zitat und Montage

Es ist bekannt, dass Thomas Mann in seinen Texten unterschiedlichste Quellen verarbeitete und dabei selbst gern, unter Berufung auf Joyce, von »Montage« sprach (Br III, 16). Im Unterschied zu anderen Montagen der literarischen Moderne betont Mann jedoch weder graphisch noch sprachlich die Bruchstellen zwischen montierten Textteilen, sondern verschmilzt heterogenes Material, das er sich aus Zeitungen, Zeitschriften, Sachbüchern und ›hoher‹ Literatur zusammenstellt, in seinen Texten nahezu nahtlos. Er sammelt dafür akribisch alles, was »zur ›Sache‹« des jeweiligen Werkes gehört (GKFA 19.1, 428). Anfänge dieses Verfahrens finden sich bereits in *Buddenbrooks* mit dem Typhus-Kapitel, für welches er Passagen aus *Meyers Konversationslexikon* fast wörtlich in den Roman übernimmt. In späteren Texten intensiviert Mann diese Montage noch und stellt zusätzlich zu solchen ›Realitätseffekten‹ einen vielschichtigen »Beziehungszauber« her (GW IX, 520), bei dem zwischen scheinbar Verschiedenem Querverbindungen entstehen und so eine »mythische Wiederholungsstruktur« erkennbar wird (Kristiansen, TMHb, 823–835). Hierdurch wird seine mit ähnlicher Funktion und Wirkung entwickelte Leitmotivtechnik zusätzlich unterstützt.

Diese kann begriffen werden als intratextuelles (bzw. zumindest werkinternes) Selbstzitat. Auch einzeltextübergreifende Selbstzitate Manns bewirken einen solchen ›Beziehungszauber‹ innerhalb des Gesamtwerks und erzeugen überdies zuweilen eine strategische Inszenierung und Verflechtung von Leben und Werk. Mann legt, wie nach 1975 deutlich wurde, wiederholt Figuren Textteile aus seinen Tagebüchern in den Mund, und zu jedem Roman existieren zudem mehr oder minder umfangreiche essayistische Beiträge, welche nicht selten durch wörtliche Entsprechungen eng mit dem jeweiligen erzählenden Text verbunden sind (vgl. Bruhn 1992). Im Unterschied zum Zitat oder zur Anspielung handelt es sich bei der Montage allerdings um ein Verfahren, das nicht unbedingt auf ein Erkennen des Ursprungs durch den Leser abzielt. Für den *Zauberberg* zieht Mann beispielsweise medizinisch-naturwissenschaftliche Fachliteratur heran, und bei *Joseph und seine Brüder* sind es ägyptologische Fachbücher, die in die Ausgestaltung der Romane einfließen (Virchow 1995; Grimm 1992). *Lotte in Weimar* besteht zu weiten Teilen aus montierten Versatzstücken der Briefe und Werke Goethes – wobei es von der Belesenheit des Lesers abhängt, welche und wie viele der verwendeten Vorlagentexte er erfasst. Den Ursprung jeder einzelnen montierten Textpassage zu erkennen, ist im *Doktor Faustus* aufgrund ihrer Vielgestaltigkeit kaum möglich. Die montierten Textteile sprechen hier für sich und gewinnen ihre Bedeutung aus dem Romankontext, in den sie gestellt werden – was nicht bedeutet, dass das Erkennen von Ursprüngen nur noch »Ernüchterung« bewirke (Möbius 2000, 429). Vielmehr wird durch das Zusammentragen eines breiten Quellenspektrums das dichte Beziehungsnetzwerk eines Textes wie *Doktor Faustus* deutlicher – mit u. a. einer ›Deutschland‹-, einer ›Nietzsche‹-, und natürlich einer ›Faust‹-Ebene (Bergsten 1974; Voss 1975).

Anders als solche ihre Wirkung oftmals erst im Gesamtüberblick entfaltenden Montagen (oder auch Selbstzitate) zielen intertextuelle (bzw. werkexterne) Zitate, Paraphrasen und Anspielungen, je markierter sie im Text auftreten, desto mehr auf unmittelbare Erkennbarkeit ab und erfüllen eine zentrale Funktion im Motivgefüge, bei der es nicht zuletzt auf die Rolle der zitierenden Instanz ankommt (im Verhältnis etwa von Figuren- vs. Erzählerrede). Im *Zauberberg* wird so in der Beziehung Hans Castorps zu Clawdia Chauchat durch Anspielungen Settembrinis der Zusammenhang zwischen Castorp, Odysseus und dem Goethe'schen Faust hergestellt und durch Anspielungen des Erzählers bekräftigt (GKFA, 375, 496 f., 518). Im *Faustus* hingegen setzt Adrian Leverkühn immer wieder Zitate als Selbstaussagen ein, die vom Erzähler Zeitblom nur teilweise erkannt werden, und trägt so maßgeblich zur Verschmelzung unterschiedlicher Vorbilder in seinem inszenierten »zitathafte[n] Leben« bei (GW IX, 497) – wobei es dem Leser obliegt, durch Berücksichtigung des Zitatursprungs und -kontexts über die Figurenrede hinausgehende Inhalte mit zu erkennen und zu denken. Wird schließlich der Zitat-Begriff nicht am Zeichen oder Inhalt einer Text-Text-Relation festgemacht, sondern die strukturelle Bezugnahme berücksichtigt, so treten auch Formzitate, wie das der Legende im *Erwählten*, zu Tage. Bei einem solchen Formzitat handelt es sich um die verweisende Verwendung nicht bestimmter Zeichen oder Inhalte, sondern von Strukturen und Stilmerkmalen – einer Gattung oder auch eines Autors (Böhn 2001). Auch kontrafaktische Schreibweisen lassen sich so noch als ›Zitat‹ im weitesten Sinne begreifen; etwa die Referenz auf *Effi Briest* in *Der kleine Herr Friedemann* (Vaget 1975).

Am vielschichtigen und beziehungsreichen Umgang mit montiertem Material in Manns Texten wird deutlich, dass und inwiefern sich diese Schreibweise im Vergleich mit Montage-Texten von Alfred Döblin oder James Joyce verorten lässt, welche anders als diejenigen Manns ihre Bruchstellen betonen. In der ›Geschichtenklitterung‹ heterogenen Textmaterials in einem neuen, homogenen Sprachkunstwerk tritt hier eine Poetik zu Tage, die als eine Form »postgenialer Kreativität« (Hamacher 2008, 44) zu sehen ist. Sie stellt eine Abkehr vom aus dem Nichts Neues schaffenden Künstler dar, eine an dessen Stelle tretende Erneuerung der Sprache und des Kunstwerks aus der Tradition und aus der umfassenden Verwendung und Kombination vorgefertigten Materials heraus (Stürmer 2014).

Literatur

Bergsten, Gunilla: *Thomas Manns Doktor Faustus. Untersuchungen zu den Quellen und zur Struktur des Romans.* Tübingen [2]1974.

Böhn, Andreas: *Das Formzitat. Bestimmung einer Textstrategie im Spannungsfeld zwischen Intertextualitätsforschung und Gattungstheorie.* Berlin 2001.

Bruhn, Gert: *Das Selbstzitat bei Thomas Mann. Untersuchungen zum Verhältnis von Fiktion und Autobiographie in seinem Werk.* New York 1992.

Grimm, Alfred: *Joseph und Echnaton.* Mainz 1992.

Hamacher, Bernd: Zauber des Letzten – Zauber des Ersten? Epigonalität, Avantgardismus und das Problem der Kreativität – in der Moderne und bei Thomas Mann. In: Stefan Börnchen/Claudia Liebrand (Hg.): *Apokrypher Avantgardismus. Thomas Mann und die Klassische Moderne.* München 2008, 29–50.

Kristiansen, Børge: Das Problem des Realismus bei Thomas Mann. Leitmotiv – Zitat – Mythische Wiederholungsstruktur. In: *TMHb*, 823–835.

Möbius, Hanno: *Montage und Collage. Literatur, bildende Künste, Film, Fotografie, Musik, Theater bis 1933.* München 2000.

Stürmer, Franziska: *»Leverkühn der Mensch und seine tragische Lebensgeschichte«. Thomas Manns »Doktor Faustus« und die Shakespeare-Biographie von Frank Harris.* Würzburg 2014.

Vaget, Hans Rudolf: Thomas Mann und Theodor Fontane: Eine rezeptionsästhetische Studie zu *Der kleine Herr Friedemann.* In: *MLN* 90 (1975), 448–471.

Virchow, Christian: Medizin und Biologie in Thomas Manns Roman *Der Zauberberg.* Über physiologische und biologische Quellen des Autors. In: Thomas Sprecher (Hg.): *Das »Zauberberg«-Symposium 1994 in Davos.* Frankfurt a. M. 1995 (= *TMS* 11), 117–171.

Voss, Lieselotte: *Die Entstehung von Thomas Manns Roman »Doktor Faustus«. Dargestellt anhand von unveröffentlichten Vorarbeiten.* Tübingen 1975.

Franziska Stürmer

V. Neuere Forschungsansätze

1 Poststrukturalismus/ Dekonstruktion

Der Dekonstruktion verpflichtete Lektüren wurden in Bezug auf Thomas Manns Œuvre lange Zeit so gut wie gar nicht unternommen. Da sich das Interpretationsverständnis der Hermeneutik inzwischen so weit geändert hat, dass die Dekonstruktion im Zeichen des ›close reading‹ nahezu ›eingemeindet‹ wurde, haben sich die methodischen Frontstellungen der 1980er und 90er Jahre relativiert. Gerade vor diesem Hintergrund jedoch ist die Thomas-Mann-Forschung als Modellfall für die Methodik der Dekonstruktion besonders instruktiv.

Das methodische Desinteresse an Mann kam nicht von ungefähr: Zielte die Dekonstruktion als Lektüreverfahren – ob in der poststrukturalistischen französischen, Derrida verpflichteten, oder in der amerikanischen, de Man folgenden Variante – vor allem auf die Kritik und Auflösung der zentralen Kategorien des Autors und des Werks, so scheint Mann wie kaum ein anderer moderner Autor für deren Geschlossenheit zu stehen: »Bin einer der Letzten, vielleicht der Letzte, der überhaupt weiß, was ein Werk ist«, so notierte er am 3. 4. 1951 im Tagebuch. »Habe nichts dagegen, ein Spätester und Letzter, ein Erfüller zu sein. Damit repräsentiert man das Abendland.« (Tb 3. 4. 1951) Im Unterschied zu Autoren, die der emphatischen, avantgardistischen Moderne zugerechnet (wie Kafka) oder als ihre Vorläufer eingestuft wurden (wie Kleist), ließ sich Mann von einer sich ihrerseits als avantgardistisch verstehenden Theorie scheinbar problemlos der Vormoderne zuschlagen und damit ignorieren, zumal seine Texte »eher einsinnig fixierbar« zu sein schienen, »ja so erschöpfend, daß jegliche Geheimnishaftigkeit getilgt ist« (Pütz 1991, 179), und die Interpretation als ganzheitliche Sinnkonstitution sich auf die Autorität des Autors berufen konnte bzw. diese in Anspruch nahm. Schon eine genaue hermeneutische Lektüre hat indes erwiesen, dass auf Manns »vorgeblich schematisierende Entgegensetzung, seine zum System geronnene narrative Konstruktion binärer Oppositionen [...] ganz und gar kein Verlaß mehr ist«, so dass »eine irritierende Fragwürdigkeit« erzeugt werde (ebd., 178 f.). Nicht umsonst ist es nicht Mann selbst, sondern Gustav von Aschenbach im *Tod in Venedig*, der die »ordnende Kraft und antithetische Beredsamkeit« zur Abhandlung *Geist und Kunst* aufbringen kann (GKFA 2.1, 508) – bei Mann gerieten die Antithesen durcheinander, und der Essay blieb Fragment.

Vor diesem Hintergrund relativiert sich der innovatorische Gestus einer poststrukturalistischen Modell-Lektüre, die aufgrund des Verzichts auf vermeintliche hermeneutische Sicherheiten »zwangsläufig [...] von grundlegender Instabilität« geprägt sei und »konstitutive Differenzen und etwaige Widersprüche oder gegenläufige Tendenzen« in den Texten nicht einebne (Brune 2006, 26 f.). Es ist jedoch keineswegs so, als renne die Dekonstruktion inzwischen nur mehr offene Türen ein, denn es bleibt zu konstatieren, dass sie gerade in der Thomas-Mann-Forschung noch immer beträchtliche Abwehrreflexe erzeugt und gelegentlich als unwissenschaftlich diffamiert wird. So polemisierte Kurzke noch 2005 in einem Festvortrag: »Dekonstruktivistisch gesehen ist das Werk ein zersplitterter Spiegel, in dessen Scherben der Rezipient immer nur Bruchstücke seiner selbst wiederfindet.« (Kurzke 2007, 95) Gegen solche Ressentiments hat u. a. Börnchen mit dem Hinweis auf die Vereinbarkeit von Hermeneutik und Dekonstruktion Einspruch erhoben (vgl. Börnchen 2006, 40).

Eine nicht zu unterschätzende Rolle beim (Nicht-) Umgang der Thomas-Mann-Forschung mit der Dekonstruktion kommt der GKFA zu. Während in einzelnen Kommentarbänden neue methodische Tendenzen explizit Berücksichtigung finden, werden sie in anderen mehr oder weniger gezielt ignoriert. Eine solche stillschweigende Abgrenzung von Seiten der Philologie ist schon deshalb problematisch, weil sie nicht mehr unbestritten deren Diskussionsstand entspricht. Gumbrecht etwa versteht die Dekonstruktion als »bis zur Grenze des Möglichen getrieben[en]« »fortlaufenden Kommentar[]« und als »Vollschreiben der Ränder« (Gumbrecht 2003, 82–87). In diesem Bild bleibt an den Rändern auch der neuen Ausgabe noch viel Platz für Kommentare. Die Grenzen des Möglichen sind noch nicht erreicht. Die dekonstruktivistische Aufmerksamkeit für Widersprüche der Texte wirkt sich auch auf editorische Fragen der Textkonstitution aus, wie zum Beispiel im Fall des berühmten Lesefehlers »Fugengewicht« statt

»Eigengewicht der Akkorde« im *Doktor Faustus* (vgl. Börnchen/Mein/Schmidt 2012, XIVf.).

›Schulmäßige‹ Anwendungen dekonstruktiver Theorie auf Texte Manns sind nach wie vor selten – zu nennen sind neben der programmatischen Modellanalyse von Luckscheiter (2006) unter anderem die Monographien von Ogrzal zum *Zauberberg* (2007) und Börnchen zum *Doktor Faustus* (2006), wobei Letzterer im Bemühen um Überwindung überholter methodischer Fronstellungen betont, dass auch »[d]ekonstruktive Kunstgriffe« dazu dienen können, »›hermeneutische Befriedigung‹ zu verschaffen« (ebd., 41). Besonders provokativ für die traditionelle Thomas-Mann-Forschung waren Studien, die den dekonstruktiv inspirierten Gender Studies verpflichtet sind (vgl. Lange-Kirchheim 2000). Ansonsten hat sich inzwischen ein Begriff von Dekonstruktion eingebürgert, der »nicht ›schulmäßig‹ ausgerichtet« ist, sondern »auf der Ebene jener metaphorischen und metonymischen Operationen, die sich dem Wort- und Bildfeld selbst abgewinnen lassen«, verbleibt und sich vor allem »auf die sprachlich-rhetorische Verfassung dieser künstlerischen Gebilde« konzentriert (Honold 2012, 44f.). Roberts räumt »zumindest die Möglichkeit einer dekonstruktiven Lektüre« des *Doktor Faustus* ein, »die einen ›postmodernen‹ Gegendiskurs zur herrschenden theologischen Metaphysik der Kunst im Roman hervorhebt« (Roberts 1986, 152).

Als kleinster gemeinsamer Nenner der sich in irgendeiner Weise als dekonstruktiv verstehenden Analysen kann die Wendung gegen die Autorintention gelten. So kennzeichnet Elsaghe sein Verfahren, an Manns Werken das aufzuweisen, »was an ihnen Teil und Ausdruck übergreifender Strukturen ist und dem Autor möglicherweise sogar gleichsam hinter dessen Rücken unterlief«, methodisch dergestalt, dass er die Texte »diskursanalytisch« lesen und »insofern« ›dekonstruieren‹ möchte (Elsaghe 2000, 13). Damit wendet er sich gegen die »konsequent blinden Stellen der Rezeption« und »die unbewußten Allianzen der Wissenschaftler« mit dem Autor (ebd., 14). Ein solches, auch als ideologiekritisch zu bezeichnendes Verständnis von Dekonstruktion steht auch hinter anderen Verwendungen dieses Terminus in Bezug auf Mann, wenn auch nicht immer in so dezidierter Wendung gegen die ältere Forschung (vgl. etwa Schöll 2003). Elsaghes Verweis auf die Diskursanalyse zeigt zugleich, dass eine trennscharfe Abgrenzung moderner Literaturtheorien in der Praxis häufig nicht (mehr) möglich und im Blick auf die Fruchtbarkeit des Verfahrens auch gar nicht wünschenswert ist. Dies belegen beispielsweise Versuche, moderne Narratologie mit Dekonstruktion und Rezeptionstheorie zu verbinden (vgl. Lorenzen-Peth 2008) und damit die »Unbestimmtheit der Erzählperspektive und die sich zerstreuenden Stimmen der Erzählung« (Brune 2006, 29) genauer in den Blick zu nehmen. Vor allem ist eine dekonstruktive Erweiterung der Intertextualitätsforschung zu konstatieren. So gelangt etwa Schmitt in seiner Analyse des *Tod in Venedig* zu dem Ergebnis, dass »das Text-Gewebe« der Erzählung »nicht nur die Grenzüberschreitung als ästhetische Provokation« exerziere, »sondern auch die Einsicht in die Unmöglichkeit der Totalität, in dem [sic] die einzelnen Texte nahtlos verwoben werden können«, und dies »[o]bwohl Thomas Mann geradezu zwanghaft auf der Einheit und Geschlossenheit seiner Texte insistierte« (Schmitt 2006, 99).

Insgesamt haben dekonstruktiv inspirierte Lektüren in den vergangenen Jahren zu einer Reihe innovativer, bewusst forcierter Interpretationen geführt, die – mit dem Titel eines Sammelbandes von Börnchen/Liebrand (2008) – gegen literaturhistorische Klischees Manns ›apokryphen Avantgardismus‹ unter Beweis stellen wollen und dabei nach der Maxime verfahren: »Thomas Mann wie Kafka lesen« (Börnchen/Liebrand 2008, 17). Zu welch produktiven Debatten dieses Verfahren führt, belegt nicht zuletzt der Umstand, dass manche Beiträger jenes Bandes sich gegen diese Agenda wenden und deren Prämissen bestreiten.

Literatur

Börnchen, Stefan: *Kryptenhall. Allegorien von Schrift, Stimme und Musik in Thomas Manns »Doktor Faustus«*. München 2006.

Börnchen, Stefan/Liebrand, Claudia: Einleitung. In: Dies. (Hg.): *Apokrypher Avantgardismus. Thomas Mann und die Klassische Moderne*. München 2008, 7–27.

Börnchen, Stefan/Mein, Georg/Schmidt, Gary: Einleitung. In: Dies. (Hg.): *Thomas Mann. Neue kulturwissenschaftliche Lektüren*. München 2012, IX–XXVIII.

Brune, Carlo: »In leisem Schwanken« – Die Gondelfahrt des Lesers über Thomas Manns *Der Tod in Venedig*. (Poststrukturalismus). In: Tim Lörke/Christian Müller (Hg.): *Vom Nutzen und Nachteil der Theorie für die Lektüre. Das Werk Thomas Manns im Lichte neuer Literaturtheorien*. Würzburg 2006, 23–47.

Elsaghe, Yahya: *Die imaginäre Nation. Thomas Mann und das ›Deutsche‹*. München 2000.

Gumbrecht, Hans Ulrich: *Die Macht der Philologie. Über einen verborgenen Impuls im wissenschaftlichen Umgang mit Texten* (The Powers of Philology. Dynamics of Textual Scholarship). Frankfurt a. M. 2003 (engl. 2002).

Honold, Alexander: Vorkriegs-Nachlese mit *Herr und Hund*. Eine Dekonstruktion. In: Ders./Niels Werber (Hg.): *Deconstructing Thomas Mann*. Heidelberg 2012, 43–63.
Kurzke, Hermann: Thomas Mann verstehen. Zu Geschichte und Gegenwart seiner Inanspruchnahme. In: Ruprecht Wimmer/Hans Wißkirchen (Hg.): *Vom Nachruhm. Beiträge zur Lübecker Festwoche 2005 aus Anlass des 50. Todesjahres von Thomas Mann*. Frankfurt a. M. 2007 (= *TMS* 37), 95–112.
Lange-Kirchheim, Astrid: Das zergliederte Porträt – gender-Konfigurationen in Thomas Manns *Zauberberg*. In: Ina Brueckel u. a. (Hg.): *Phantasien des Aufbrechens. Festschrift für Irmgard Roebling*. Würzburg 2000, 173–195.
Lorenzen-Peth, Jennifer: *Erzählperspektive und Selbstreflexion in Thomas Manns Erzählungen. Sinnkonstitution und Sinndestruktion*. Kiel 2008.
Luckscheiter, Christian: Der Igel auf der Datenautobahn. Der Erwählte auf der Insel, mit Derrida gelesen. (Dekonstruktion). In: Tim Lörke/Christian Müller (Hg.): *Vom Nutzen und Nachteil der Theorie für die Lektüre. Das Werk Thomas Manns im Lichte neuer Literaturtheorien*. Würzburg 2006, 213–224.
Ogrzal, Timo: *Kairologische Entgrenzung. »Zauberberg«-Lektüren unterwegs zu einer Poetologie nach Heidegger und Derrida*. Würzburg 2007.
Pütz, Peter: Verwirklichung durch »lebendige Ungenauigkeit«. *Joseph* von den Quellen zum Roman. In: Eckhard Heftrich/Helmut Koopmann (Hg.): *Thomas Mann und seine Quellen. Festschrift für Hans Wysling*. Frankfurt a. M. 1991, 173–188.
Roberts, David: Die Postmoderne – Dekonstruktion oder Radikalisierung der Moderne? Überlegungen am Beispiel des *Doktor Faustus*. In: Walter Haug/Wilfried Barner (Hg.): *Ethische contra ästhetische Legitimation von Literatur. Traditionalismus und Modernismus: Kontroversen um den Avantgardismus*. Tübingen 1986, 148–153.
Schmitt, Axel: Von Schwelle zu Schwelle. Thomas Manns *Tod in Venedig* und der Totentanz der Zeichen. (Intertextualität). In: Tim Lörke/Christian Müller (Hg.): *Vom Nutzen und Nachteil der Theorie für die Lektüre. Das Werk Thomas Manns im Lichte neuer Literaturtheorien*. Würzburg 2006, 77–101.
Schöll, Julia: Goethe im Exil. Zur Dekonstruktion nationaler Mythen in Thomas Manns *Lotte in Weimar*. In: *TMJb* 16 (2003), 141–158.

Bernd Hamacher

2 Intertextualität/Intermedialität

Dass Literatur aus Literatur entsteht, ist in der Moderne ein Gemeinplatz. Seit der Öffnung von Thomas Manns Nachlass 1956 und der damit verbundenen Entdeckung seiner Arbeitsweise ist dieser grundsätzlich intertextuelle Charakter des Werks jedoch bei kaum einem anderen Autor ähnlich umfassend nachvollziehbar. Das zuvor ungeahnte Ausmaß der Materialverwendung führte zu einer Krise der Forschung, die aus der Nachwirkung der Genie- und Originalitätsästhetik in der Germanistik erklärbar ist. Wyslings im Rückblick formulierte Frage: »Waren Thomas Manns Werke denn alle ausgestopfte Vögel?« (Wysling 1987, 373) wurde zu einem geflügelten Wort, und es wurde gar gefragt, ob er ein »arch-deceiver« gewesen sei (ebd.), ein Hochstapler wie seine Romanfigur Felix Krull. Dabei war es keineswegs so, dass der Autor die Traditionsbezogenheit seines Schreibens geleugnet hätte. In der Rede *Lübeck als geistige Lebensform* (1926) etwa sprach er von der Anlehnungsbedürftigkeit seiner literarischen Anfänge: »Lektüre mußte die schwankende Kraft stützen« (Ess III, 21), und den Alexandrinismus seines Spätwerks hat er offensiv und selbstbewusst vertreten, sich dadurch nicht zuletzt zum *poeta doctus* stilisierend: »Tatsächlich fühle ich mich als Traditionalist und als ein Spätgekommener, dem es zufällt und dem es gefällt, hundertmal erzählte Geschichten zum letzten Mal, abschliessend, sozusagen, und endgültig zu erzählen« (an Hans Joachim Mette, zit. in Tb IX, 793).

Probleme bereiteten weniger dieser Traditionalismus als vielmehr Art und Umfang zitathafter Übernahmen aus vermeintlich ›dubiosen‹ und gerade nicht hochliterarischen Quellen. So lag es nahe, in Anlehnung an die Unterscheidungen des Autors unterschiedliche Kategorien zu bilden (vgl. Wysling 1967) und sich zunächst den von Mann selbst besonders hervorgehobenen literarischen, philosophischen, mythologischen und anderen Bezügen zu widmen, die, Wysling zufolge, einerseits der »Legitimation« eigener Positionen dienten und zum anderen die »Einheit des [weltliterarischen] Menschengeistes« hervorheben und begründen sollten, so dass ein erzählerischer »Multiperspektivismus« entstanden sei, der »eine bestimmte seelische oder gesellschaftliche Situation aus der Perspektive verschiedener traditioneller Standpunkte zu betrachten und zu werten sucht« (Wysling 1987, 375). Dabei blieben Manns Bezugnahmen in besonders eminenten Fällen nicht auf einzelne Texte bzw. Werke beschränkt, sondern zielten – etwa im Fall der Goethe-›Nachfolge‹ oder des komplexen Verhältnisses zu Wagner – auf die jeweilige Autorschaft und deren Inszenierungen, so dass man von ›Interauktoralität‹ sprechen kann. Koopmann liest in diesem Sinne das Gesamtwerk als Auseinandersetzung mit dem Bruder Heinrich (vgl. Koopmann 2005).

Manns intertextuelle Verfahrensweise wurde – mit einem von ihm selbst geprägten Terminus – als ›höheres Abschreiben‹ bezeichnet, dessen Untersuchung sich ein Großteil der im Zeichen der Quellenkritik stehenden Thomas-Mann-Philologie widmete. Seit der Veröffentlichung der Tagebücher war es dabei möglich, Manns Lektüren genau nachzuvollziehen und so auch seine Strategien der Verschleierung und der Rezeptionssteuerung – etwa in der *Entstehung des Doktor Faustus* – offenzulegen (vgl. Heftrich 1991). Schwieriger gestaltet sich ein solcher Nachweis für jene Schaffensphasen, für die keine Materialquellen wie Tage- oder Notizbücher vorhanden bzw. die Exzerpte und Vorarbeiten des Autors nicht erhalten sind, so dass hier immer wieder größere Neuentdeckungen möglich sind, wie etwa im Fall der Entschlüsselung der Andersen-Bezüge im *Zauberberg* durch Maar (1995) oder der Analyse der vom Autor in ihrem Ausmaß verschleierten Rezeption französischer Literatur im Frühwerk durch Brockmeier (2013).

Der Terminus ›Intertextualität‹ wurde erstmals von Vaget in seinen rezeptionsästhetischen Untersuchungen zu Manns frühen Erzählungen verwendet, in denen er Bezügen zu Fontane und Heinrich Mann nachging (vgl. Vaget 1975, 1982). Im Gegensatz zur älteren Forschung versteht Vaget Intertextualität nicht mehr als Mangel und konstitutionelle Schwäche, sondern als »Zeichen von Stärke« und »eine im Grunde aggressive künstlerische Geste« (Vaget 2005, 22). Der »Durchbruchscharakter« des *Kleinen Herrn Friedemann* sei in der »konsequent intertextuellen Schreibstrategie begründet« (ebd., 26). Diese Intertextualität wird von ihm näher als »Parodie« und »Kontrafaktur« bestimmt (Vag 39) und konstituiere »eine spezifisch moderne Kunstleistung« (Vaget 2005, 16). Genettes strukturalistischer Ausdifferenzierung unterschiedlicher Kategorien von Hypertextualität (vgl. Genette 1993) ist die Thomas-Mann-Forschung trotz der großen Fülle intertextueller (im Sinne Genettes: vor allem transtextueller) Untersuchungen allerdings kaum gefolgt. Spielerische, satirische und ernsthafte Bezugnahmen auf unterschiedliche Hypotexte greifen bei Mann oft ineinander. Genette selbst behandelt *Lotte in Weimar* als Beispiel für ein allographes ironisches Nachspiel (vgl. ebd., 282 f.).

Mit Vagets konzeptioneller Aufwertung von Manns umfassender Verarbeitung fiktionaler wie faktualer Texte wurde die These Blooms revidiert, nach der Mann unter »Einflußangst« als einer die Kreativität verhindernden Krankheit des Selbstbewusstseins gelitten habe (vgl. Bloom 1995, 29 u. 48). Gegen die Nachwirkung eines auf Originalität zentrierten Kreativitätsbegriffs kann Manns intertextuelles Verfahren als post-geniale Kreativität bestimmt werden, die die Aporien der Originalitätsästhetik in der Moderne und damit das Problem der Epigonalität überwindet, indem sie durch die innovative Kombination von Prätexten Neues schafft (vgl. Hamacher 2008).

Fast durchgehend wird in der Thomas-Mann-Forschung mit einem engeren, auf die Kategorie des Autors und dessen Intention bezogenen Intertextualitätsbegriff gearbeitet (vgl. Stocker 1998), so dass der Nachweis intertextueller Bezüge immer wieder auch zur empirischen Falsifikation ›ideologischer‹ Interpretationen dienen soll. Baßlers Begriff des Archivs zielt demgegenüber auf ein »Netzwerk von unmittelbar zeitgleichen Texten [...], zu denen ein intertextueller Bezug im konservativen Sinne einer vom Autor bewusst angelegten Verbindung oder eines Einflusses gar nicht bestehen kann. Die Verbindungen lägen hier in der gemeinsamen Teilhabe an einer literarischen Kultur mit bestimmten dominanten Diskursen« (Baßler 2012, 20). Damit kommt ein weiter Begriff von Intertextualität ins Spiel, der sich vor allem von der Autorintention löst. Unter dieser methodischen Perspektive schärft sich der Blick für Manns Zeitgenossenschaften, so dass erhellende Parallellektüren möglich werden (zu Kafka vgl. Hamacher 2004). In der Untersuchung solcher diskursiver Netzwerke steht die Forschung erst am Anfang, und von dieser Position aus lässt sich sowohl die Beschränkung auf hochliterarische bzw. -kulturelle Bezüge wie auch auf die Einflussforschung generell überwinden, wobei dann strenge methodische Unterscheidungen zwischen Intertextualitätsforschung, Diskursanalyse und Kulturwissenschaft oft wenig hilfreich sind. Wird ein erweiterter Intertextualitätsbegriff zugrunde gelegt, löst sich zudem die Fokussierung auf einzelne Bezüge, und das Lektüreverfahren wird dekonstruktivistisch, wie es bei Schmitts methodischer Modellanalyse zu sehen ist: Die intertextuelle Struktur des *Tod in Venedig* thematisiere »widersprüchliche Signifikationsprozesse und Ordnungsmechanismen [...], die sich letztlich gegenseitig dementieren« (Schmitt 2006, 88). Gemeint ist hier das Gegeneinander von Neuklassik und Antiklassizismus in den Antike-Bezügen der Erzählung.

Die Analyse textueller Bezüge muss bei Mann um andere Medien erweitert werden. Das methodische Design der Intermedialität folgt dabei demjenigen der Intertextualität: Wieder stehen sich ein enger, intentionaler, und ein entgrenzter Begriff gegenüber, wobei die vorliegenden Untersuchungen zu Mann überwiegend einen engeren Begriff verwenden. Bei intermedialen Bezügen ist zwischen System- und Einzelreferenz zu unterscheiden, d. h. entweder liegt ein Bezug auf das Medium als solches vor oder aber auf ein konkretes mediales Werk. In der Untersuchung der Referenzen auf nichtsprachliche und -schriftliche Medien bei Mann steht die Musik deutlich an erster Stelle, und zwar in traditionellem Bezug auf die Beschreibungen realer und fiktiver Musik (vor allem im *Doktor Faustus*) ebenso wie unter Verwendung eines erweiterten Intermedialitätsbegriffs (vgl. Brinkemper 1997). Ein Fall von Systemreferenz liegt – nach Manns eigenem mehrfachen Bekunden – beim sogenannten Leitmotiv vor, das Wagners musikalische Technik in ein narratives Verfahren umsetzt (oder aber für ein narratives Verfahren eine musikalische Metapher nutzt). Für bildliche Vorlagen – sowohl bedeutende Werke der bildenden Kunst als auch Fotographien und Illustrationen aller Art aus Zeitungen und Zeitschriften – bietet der Nachlass eine reiche Fundgrube (vgl. Wysling/Schmidlin 1975). Ekphraseis im eigentlichen Sinne kommen bei Mann nur selten vor, meist dienen Porträts als Vorlagen für Figurenbeschreibungen in den Erzähltexten (vgl. zu den Dürer-Bezügen in *Doktor Faustus* Trübenbach 2006).

Die narrativen Bezüge auf die neuen Medien Film und Grammophon, vor allem im *Zauberberg*, betonen die intermedialen Differenzen zum literarischen Diskurs und vermitteln Manns Ehrgeiz, auch in dieser Beziehung zu zeigen, dass das »kontaktnehmende« Medium gegenüber dem »kontaktgebenden« die Deutungshoheit hat (Trübenbach 2006, 110). Der Roman als Gattung der Moderne soll auch die neuen Medien in sich aufnehmen. Intermedialität dient dann vor allem der »textuellen Selbstreflexion«, so dass die Erzählkunst zum »Metamedium« wird, »das die anderen Medien medialisiert« (Goebel 2010, 52 f.; vgl. auch Dotzler 1996, Marx 2009). Mann nutzt den Film im *Zauberberg* zur Aufhebung von Raum und Zeit – in der Beschreibung der exotistischen Völkerschau im Bioskop-Theater, aber auch bei der Beschwörung Joachim Ziemßens durch eine Art Lichtbild-Projektion im Kapitel »Fragwürdigstes«. Das Rauschen der leeren Endrille der Grammophonplatte dient dabei als Umschlag von der vorausgehenden »Fülle des Wohllauts« zur nachfolgenden »großen Gereiztheit«.

Darüber hinaus erweist sich aber auch – nach einem älteren Begriff von ›Medium‹ – der Körper bei Mann als Kreuzungspunkt unterschiedlicher alter und neuer Medien und damit als Organ der Intermedialität (vgl. Hamacher 2007).

Literatur

Baßler, Moritz: Literarische und kulturelle Intertextualität in Thomas Manns *Der Kleiderschrank*. In: Alexander Honold/Niels Werber (Hg.): *Deconstructing Thomas Mann*. Heidelberg 2012, 15–27.

Bloom, Harold: *Einflußangst. Eine Theorie der Dichtung* (The Anxiety of Influence. A Theory of Poetry). Basel/Frankfurt a. M. 1995 (engl. 1973).

Brinkemper, Peter V.: *Spiegel & Echo. Intermedialität und Musikphilosophie im »Doktor Faustus«*. Würzburg 1997.

Brockmeier, Alke: *Die Rezeption französischer Literatur bei Thomas Mann. Von den Anfängen bis 1914*. Würzburg 2013.

Dotzler, Bernhard J.: »...diese ganze Geistertummelage«. Thomas Mann, der alte Fontane und die jungen Medien. In: *TMJb* 9 (1996), 189–205.

Genette, Gérard: *Palimpseste. Die Literatur auf zweiter Stufe* (Palimpsestes. La littérature au second degré). Frankfurt a. M. 1993 (frz. 1982).

Goebel, Rolf J.: Medienkonkurrenz und literarische Selbstlegitimierung bei Thomas Mann. In: Uta Degner/Norbert Christian Wolf (Hg.): *Der neue Wettstreit der Künste. Legitimation und Dominanz im Zeichen der Intermedialität*. Bielefeld 2010, 41–56.

Hamacher, Bernd: »Wieviel Brüderlichkeit bedeutet Zeitgenossenschaft ohne weiteres!« Franz Kafka und Thomas Mann – Versuch eines ›Kulturtransfers‹. In: Claudia Liebrand/Franziska Schößler (Hg.): *Textverkehr. Kafka und die Tradition*. Würzburg 2004, 361–384.

Hamacher, Bernd: Thomas Manns Medientheologie. In: Christine Künzel/Jörg Schönert (Hg.): *Autorinszenierungen. Autorschaft und literarisches Werk im Kontext der Medien*. Würzburg 2007, 59–77.

Hamacher, Bernd: Zauber des Letzten – Zauber des Ersten? Epigonalität, Avantgardismus und das Problem der Kreativität – in der Moderne und bei Thomas Mann. In: Stefan Börnchen/Claudia Liebrand (Hg.): *Apokrypher Avantgardismus. Thomas Mann und die Klassische Moderne*. München 2008, 29–50.

Heftrich, Eckhard: Vom höheren Abschreiben. In: Eckhard Heftrich/Helmut Koopmann (Hg.): *Thomas Mann und seine Quellen. Festschrift für Hans Wysling*. Frankfurt a. M. 1991, 1–20.

Koopmann, Helmut: *Thomas Mann – Heinrich Mann. Die ungleichen Brüder*. München 2005.

Maar, Michael: *Geister und Kunst. Neuigkeiten aus dem Zauberberg*. München 1995.
Marx, Friedhelm: »Durchleuchtung der Probleme«. Film und Photographie in Thomas Manns *Zauberberg*. In: *TMJb* 22 (2009), 71–81.
Schmitt, Axel: Von Schwelle zu Schwelle. Thomas Manns *Tod in Venedig* und der Totentanz der Zeichen. (Intertextualität). In: Tim Lörke/Christian Müller (Hg.): *Vom Nutzen und Nachteil der Theorie für die Lektüre. Das Werk Thomas Manns im Lichte neuer Literaturtheorien*. Würzburg 2006, 77–101.
Stocker, Peter: *Theorie der intertextuellen Lektüre. Modelle und Fallstudien*. Paderborn 1998.
Trübenbach, Holger-Falk: Martyrium des Künstlers und der Kunst. Intermediale (Re)Konstruktion der imitatio Christi im *Doktor Faustus*. (Intermedialität). In: Tim Lörke/Christian Müller (Hg.): *Vom Nutzen und Nachteil der Theorie für die Lektüre. Das Werk Thomas Manns im Lichte neuer Literaturtheorien*. Würzburg 2006, 103–127.
Vaget, Hans Rudolf: Thomas Mann und Theodor Fontane. Eine rezeptionsästhetische Studie zu *Der kleine Herr Friedemann*. In: *Modern Language Notes* 90 (1975), 448–471.
Vaget, Hans Rudolf: Intertextualität im Frühwerk Thomas Manns. *Der Wille zum Glück* und Heinrich Manns *Das Wunderbare*. In: *Zeitschrift für deutsche Philologie* 101 (1982), 193–216.
Vaget, Hans Rudolf: Vom ›höheren Abschreiben‹. Thomas Mann, der Erzähler. In: Thomas Sprecher (Hg.): *Liebe und Tod – in Venedig und anderswo*. Frankfurt a. M. 2005 (= *TMS* 33), 15–31.
Wysling, Hans: Thomas Manns Verhältnis zu den Quellen. Beobachtungen am *Erwählten*. In: Paul Scherrer/Hans Wysling: *Quellenkritische Studien zum Werk Thomas Manns*. Bern 1967 (= *TMS* 1), 258–324.
Wysling, Hans: 25 Jahre Arbeit im Thomas-Mann-Archiv. Rückblick und Ausblick. In: *Internationales Thomas-Mann-Kolloquium 1986 in Lübeck*. Bern 1987 (= *TMS* 7), 370–380.
Wysling, Hans/Schmidlin, Yvonne (Hg.): *Bild und Text bei Thomas Mann. Eine Dokumentation*. Bern 1975.

Bernd Hamacher

3 Narratologie

Thomas Manns episches Œuvre zeichnet sich nicht allein durch eine große Vielfalt erzählerischer Formen aus, es macht das Problem des Erzählens darüber hinaus immer wieder ausdrücklich selbst zum Thema. Insofern überrascht es nicht, dass die Narratologie (oder Erzähltheorie) seit ihrer wissenschaftlichen Durchsetzung in den 1950er und 1960er Jahren das Mann'sche Werk häufig als aufschlussreichen Modellfall betrachtet und sich für die Thomas-Mann-Forschung als wichtiger Impulsgeber erwiesen hat.

Im Folgenden soll ein knapper Überblick über die Wirkung der Erzähltheorie innerhalb der Mann-Philologie in der jüngeren Vergangenheit gegeben werden. Der Artikel stellt in vier Abschnitten einige narratologisch inspirierte Ansätze zu Manns epischen Werken vor; er betrachtet neuere Debatten zur Gestaltung der Erzählerfiguren (1), zur Nutzung der Leitmotivtechnik (2), zur Konzeption mehrdeutiger Erzählwelten (3) und zu der Frage, ob sich Manns Erzählungen, Novellen und Romane aufgrund ihrer markanten erzählreflexiven Abschnitte als literarische Beiträge zur Narratologie einstufen lassen (4).

1. Wie schon von Zeitgenossen bemerkt wurde und von der Forschung seither mit unterschiedlicher Akzentsetzung untersucht wird, lenken Manns Erzähltexte das Augenmerk bei der Rezeption oftmals nicht allein auf das geschilderte Geschehen, sondern auch oder gerade auf dessen erzählerische Vermittlung und die auftretenden Erzähler. Das vordringliche Interesse der Beiträge, die dieser Beobachtung nachgegangen sind, galt lange Zeit der erzählerischen Ironie in Manns Texten im Sinne einer Ironisierung des Geschilderten durch die fiktiven Erzählerfiguren, etwa mit Hilfe des Verfahrens der erlebten Rede (vgl. grundlegend Hoffmeister 1965, 45–85) oder über- und untertreibender Kommentare (vgl. insbes. Seiler 1986, 466–475). Seit einigen Jahren hat sich das Hauptaugenmerk der Forschung auf eine andere Variante erzählerischer Ironie verlagert, die freilich mit der erstgenannten verbunden werden kann, nämlich auf die Ironisierung oder – allgemeiner gesagt – Problematisierung der fiktiven Erzählerfiguren selbst. Zentraler Bezugspunkt vieler Arbeiten zu diesem Phänomen ist das – von Wayne C. Booth geprägte – narratologische Konzept der ›erzählerischen Unzuverlässigkeit‹ (vgl. Booth 1961, 158 f.; für einen Überblick Köppe/Kindt 2014, Kap. 4.4). Erscheinen die betreffenden Überlegungen in narrato-

logischer Hinsicht auch nicht immer überzeugend, insbesondere, weil sie vielfach nicht angemessen zwischen verschiedenen Erzählformen und wesentlichen Spielarten erzählerischer Unzuverlässigkeit unterscheiden (vgl. z. B. Petersen 2008), so verdankt ihnen die Mann-Philologie doch in textanalytischer Hinsicht eine Reihe wichtiger Impulse.

Zu einem vertieften Verständnis hat die Analyse der Erzähler und die Diskussion ihrer Zuverlässigkeit zum Einen in den Auseinandersetzungen über Manns Erzähltexte in Ich-Form geführt, etwa im Fall des *Felix Krull* (vgl. zuletzt Kablitz 2009, der allerdings die vorausgegangene Diskussion von Riggan 1981 bis zu Wimmer 2005 unberücksichtigt lässt), aber auch im Fall kürzerer Ich-Erzählungen aus der Zeit um 1900 wie *Der Bajazzo* oder *Das Eisenbahnunglück*, in denen Mann – wie K. Larsson detailliert gezeigt hat – Techniken unzuverlässigen Erzählens in den Dienst auktorialer Maskierungsstrategien stellt (vgl. Larsson 2012, Kap. 3). Zu nennen ist im vorliegenden Zusammenhang aber vor allem die Auseinandersetzung über die Konzeption des *Doktor Faustus*: Mit Blick auf den Roman haben genaue erzähltheoretisch fundierte Untersuchungen die narrative Unzuverlässigkeit der Erzählerfigur Serenus Zeitblom verdeutlicht (vgl. Petersen 1996; 2008; Kaiser 2001; Ewen 2014; zusammenfassend Baier 2010, 193–203), ihre konzeptionelle Überfrachtung im Werkzusammenhang aufgezeigt und die metanarrative Aufladung ihres Erzählberichts nachgezeichnet (vgl. Bollenbeck 2001; Kaiser 2001; siehe hierzu auch unten) – und sie haben so einer grundlegenden Revision etablierter, an Manns Selbstdeutungen orientierter Interpretationstraditionen den Boden bereitet.

Im Anschluss an Cohns Beitrag *The Second Author of ›Der Tod in Venedig‹* (Cohn 1983) hat das Konzept der erzählerischen Unzuverlässigkeit zum Anderen aber auch den Anstoß zu einer ertragreichen Neubetrachtung Mann'scher Erzähltexte der Er-Form gegeben. Einerseits ist dabei Cohns Annahme weiter differenziert worden, dass die Schilderungen des Erzählers in *Tod in Venedig* von den Werten des Werks abweichen, dass in der Novelle also ›axiologisch unzuverlässig‹ (vgl. Kindt 2008, 46–52) bzw. von einem ›discordant narrator‹ (Cohn 2000, 307) berichtet wird (vgl. dazu insbes. Larsson 2012, Kap. 2). Andererseits ist in Weiterführung Cohns und in Anknüpfung an die neuere Unzuverlässigkeitsforschung untersucht worden, ob Mann in seinen Er-Erzählungen auch Verfahren ›mimetisch unzuverlässigen‹ Erzählens nutzt, d. h. mit Erzählern operiert, deren Ausführungen mit Blick auf die jeweilige fiktive Welt unangemessen oder zumindest irreführend sind (vgl. dazu Köppe/Kindt 2014, 237–250). Für die Erzählerstimme in *Joseph und seine Brüder* scheint dies in der Forschung mittlerweile unstrittig zu sein: Auch wenn ein gewisser Dissens darüber zu beobachten ist, wie der Erzähler, sein Verhältnis zur erzählten Welt und seine Erzählweise im Detail einzuordnen sind (vgl. etwa Petersen 1991, 139–143; Swensen 1994, 3 u. ö.; Kirschbaum 2010, 118–122), so wird doch mittlerweile einhellig davon ausgegangen, dass die Geschehnisse der Romantetralogie von einem ironisierten Narrator präsentiert werden, dessen Darstellungen aufgrund ihres Szientismus den Erzählgegenstand und aufgrund ihrer Emotionalität den eigenen Erzählanspruch verfehlen und insofern sowohl in mimetischer als auch in axiologischer Hinsicht zweifelhaft erscheinen (vgl. insbes. Löwe 2010 u. 2015; Baier 2011). Dass im Fall nicht weniger Er-Erzähler in Manns Werk die faktenbezogene Angemessenheit der Ausführungen fragwürdig erscheint, hat Larsson in seiner Studie *Masken des Erzählens* durch Analysen von Erzählungen wie *Vision*, *Tod in Venedig*, *Tonio Kröger*, *Die Hungernden*, *Gladius Dei* oder *Schwere Stunde* plausibel gemacht: Er leitet die mimetische Fragwürdigkeit der Erzählerberichte in den betreffenden Texten wesentlich aus deren spezifischer perspektivischer Gestaltung her, die er als ›simulierte Fokalisierung‹ bezeichnet und als »Fokus auf Objekte ohne Fokalisator« (Larsson 2012, 119) bestimmt. Eine solche Fokalisierungsvariante führe »zur Ausbildung einer inauthentischen Schicht« (ebd., 158) in Schilderungen und mithin zur mimetischen Fragwürdigkeit von Erzählungen. Andere Studien haben mit erzählanalytischen Mitteln gerade die mimetische und axiologische Verlässlichkeit von Er-Erzählern wie etwa dem in *Tonio Kröger* zu belegen versucht und in ihr die Grundlage für die Problematisierung der Hauptfiguren der Texte ausgemacht (vgl. z. B. Selbmann 2007). Allerdings kann – das ist z. B. überzeugend für den *Zauberberg* ausgeführt worden (vgl. etwa Liewerscheidt 2006; Ewen 2013) – die Ironisierung der Figuren durch den Erzähler mit der Ironisierung des Erzählers im Werkzusammenhang einhergehen, so dass eine Form von »Doppelironie« (Larsson 2012, 155 u. ö.) vorliegt.

2. Wie die narratologisch ausgerichtete Mann-Philologie deutlich gemacht hat, handelt es sich beim unzuverlässigen Erzählen um nur ein Element neben anderen in einem recht breiten Spektrum von Verfahren der ›Metanarration‹, derer sich Mann in sei-

nem epischem Œuvre bedient – also von Ausprägungen eines Erzählens, das sich selbst zum Thema und so die Narrativität und das narrative Profil der Texte bewusst macht (vgl. hierzu allgemein Swales 2005). Ein entsprechender Effekt wird auch verschiedenen die Erzähltexte prägenden Mustern der Textgestaltung zugeschrieben, die zur »Überlagerung der Erzählstimme durch andere Stimmen und Textsorten« (Jannidis 2008, 70) führen und auf diese Weise Polyphonie herstellen, etwa Verfahren der intertextuellen Referenz und der literarischen Montage, vor allem aber der für Manns gesamtes Werk wichtigen ›Leitmotivtechnik‹: In Anknüpfung an die Opern Richard Wagners konzipiert Mann vielfach – so haben etwa Kirschbaum für die *Joseph*-Tetralogie oder Kaiser für den *Faustus*-Roman gezeigt (vgl. Kaiser 2001; Kirschbaum 2010; ferner Löwe 2010) – die Motivebene seiner Erzähltexte als autonome Bedeutungsebene, die zur Erzählerrede in einem komplexen, nicht selten spannungsreichen Verhältnis steht; er entwirft eine ›erzählerische Doppelstruktur‹, bei der »[s]owohl der Erzähler als auch die von ihm unabhängige (leit-)motivische Struktur[en] [...] Kommentarfunktion« (Kirschbaum 2010, 283) haben. Im Rahmen neuerer literarhistorischer Einordnungen wird der Einsatz der Leitmotivtechnik und anderer Gestaltungsformen, die zur Ambiguität und Polyphonie der Texte beitragen, zumeist als Zeichen ihrer Modernität gewertet: In Abgrenzung von der lange vorherrschenden Sichtweise wird Manns Epik nicht mehr als Fortführung realistischer Erzähltraditionen, sondern im Gegenteil gerade als Beitrag zur Entwicklung moderner Erzählformen eingestuft, für die Selbstbezüglichkeit und Repräsentationsskepsis kennzeichnend sind; in diesem Sinne hat etwa Kristiansen die Auffassung vertreten, dass durch die Mann'sche Leitmotivik »die realistisch dargebotene Wirklichkeit [...] zur Maske und zur allegorischen *pictura* [wird], die für einen Sinn steht, der nicht – wie im Symbol – in den dargestellten Dingen selbst wesenhaft enthalten ist« (Kristiansen, TMHb, 831).

3. Ergänzend zu den vorgestellten Positionen, ist in den letzten Jahren zunehmend in den Blick gekommen, dass Uneindeutigkeit nicht allein die Erzähl*weise* vieler epischer Texte Manns auszeichnet, sondern auch die Erzähl*welten*, die in ihnen entworfen werden. Dies zeigt sich etwa, wenn der sinnhafte Zusammenhang der Ereignisse in den Erzählungen betrachtet wird (vgl. Köppe/Kindt 2014, 50–61): So hat Martínez in einer wegweisenden Fallstudie zum *Tod in Venedig* verdeutlicht, dass mit Blick auf die in der Novelle dargestellten Geschehnisse ein durchgehendes Nebeneinander von ›kausaler‹ und ›finaler Motivierung‹ besteht, das zur Ambivalenz der Erzählung »zwischen empirischer (katastrophischer) *Verfallsgeschichte* und (mythischer) erfolgreicher *Initiationsgeschichte*« (Martínez 1996, 173) führt. Eine vergleichbare Koexistenz von Kausalität und Finalität kennzeichnet beispielsweise auch die Schilderung des ›Familienverfalls‹ in den *Buddenbrooks* (vgl. dazu Jannidis 2008, 57 f.). Erkennbar wird die Uneindeutigkeit vieler Mann'scher Erzählwelten aber auch bei einer näheren Rekonstruktion ihrer ontologisch-nomologischen Struktur: Angeregt durch Deterings Hinweis auf Manns »Affinität zum Phantastischen« (Detering 2011, 25) sind verschiedene neuere Beiträge der Frage nachgegangen, in welcher Form und Funktion er in Texten von den *Buddenbrooks* über *Tod in Venedig* und *Mario und der Zauberer* bis zum *Doktor Faustus* mit Konfrontationen zwischen einer naturalistischen und einer metaphysischen Ontologie spielt, die Signum der phantastischen Literatur des ausgehenden 19. und beginnenden 20. Jahrhunderts ist (vgl. Blödorn 2011; Detering 2011; Kindt 2011; Marx 2011).

4. Unter Bezug auf die erzählreflexive Ausrichtung vieler seiner Texte wird seit einiger Zeit die These vertreten, dass Manns epische Werke nicht allein als instruktive Gegenstände der Erzählanalyse, sondern auch als eigenständige literarische Beiträge zur Erzähltheorie zu sehen seien. Dieser Auffassung liegen oft unklare Vorstellungen von Narratologie zugrunde, und sie ist mit Blick auf die jeweils betrachteten Texte darum in der Regel nicht sehr erhellend (vgl. etwa Görner 2006). In einigen Fällen hat die These allerdings genaue Untersuchungen zu der Frage angestoßen, ob und gegebenenfalls wie Mann mit seinen narrativen Werken anregend oder klärend auf die narratologische Theoriebildung innerhalb der Literaturwissenschaft gewirkt hat. So hat Werle in einer Untersuchung zur erzählreflexiven Struktur und erzählorientierten wissenschaftlichen Erstrezeption von *Der Erwählte* überzeugend gezeigt, dass Mann dank der zahlreichen metanarrativen Einlassungen zum ›Geist der Erzählung‹, die der Roman enthält, »ein wichtiger Impulsgeber für einige der später kanonisch gewordenen Erzähltheorien der 1950er Jahre, vor allem für die Überlegungen [Käte] Hamburgers und [Wolfgang] Kaysers gewesen ist« (Werle 2012, 463; vgl. auch Löwe 2011).

Literatur

Baier, Christian: *Zwischen höllischem Feuer und doppeltem Segen. Geniekonzepte in Thomas Manns Romanen »Lotte in Weimar«, »Joseph und seine Brüder« und »Doktor Faustus«*. Göttingen 2011.

Blödorn, Andreas: »Wer den Tod hat angeschaut mit Augen«. Phantastisches im *Tod in Venedig*? In: *TMJb* 24 (2011), 57–72.

Bollenbeck, Georg: *Doktor Faustus*: Das Deutungsmuster des Autors und die Probleme des Erzählers. In: Werner Röcke (Hg.): *Thomas Mann: »Doktor Faustus« 1947–1997*. Bern 2001, 35–58.

Booth, Wayne C.: *The Rhetoric of Fiction*. Chicago 1961.

Cohn, Dorrit: The Second Author of *Der Tod in Venedig*. In: Benjamin Bennett/Anton Kaes/William J. Lillyman (Hg.): *Probleme der Moderne. Studien zur deutschen Literatur von Nietzsche und Brecht*. Tübingen 1983, 223–245.

Cohn, Dorrit: Discordant Narration. In: *Style* 34.2 (2000), 307–316.

Detering, Heinrich: The Fall of the House of Buddenbrook: *Buddenbrooks* und das phantastische Erzählen. In: *TMJb* 24 (2011), 25–42.

Ewen, Jens: Moderne ohne Tempo. Zur literaturgeschichtlichen Kategorisierung Thomas Manns – am Beispiel von *Der Zauberberg* und *Unordnung und frühes Leid*. In: Katrin Max (Hg.): *Wortkunst ohne Zweifel? Aspekte der Sprache bei Thomas Mann*. Würzburg 2013, 77–99.

Ewen, Jens: Deutungsangebote durch Sympathiepunkte. Zur Strategie narrativer Unzuverlässigkeit in Thomas Manns Roman *Doktor Faustus*. In: Claudia Hillebrandt/Elisabeth Kampmann (Hg.): *Sympathie und Literatur. Zur Relevanz des Sympathiekonzeptes für die Literaturwissenschaft*. Berlin 2014, 270–283.

Görner, Rüdiger: Thomas Manns lyrische Narratologie. Ästhetische Fragestellungen im *Gesang vom Kindchen*. In: *TMJb* 19 (2006), 159–174.

Hoffmeister, Werner: *Studien zur erlebten Rede bei Thomas Mann und Robert Musil*. London u. a. 1965.

Jannidis, Fotis: »Unser moderner Dichter« – Thomas Manns *Buddenbrooks. Verfall einer Familie* (1901). In: Matthias Luserke-Jaqui (Hg.): *Deutschsprachige Romane der Klassischen Moderne*. Berlin/New York 2008, 47–72.

Kablitz, Andreas: *Bekenntnisse des Hochstaplers Felix Krull*: Der unreliable narrator und die Struktur der Fiktion. In: *comparatio* 1,1 (2009), 113–144.

Kaiser, Gerhard: *»...und sogar eine alberne Ordnung ist immer noch besser als gar keine.« Erzählstrategien in Thomas Manns »Doktor Faustus«*. Stuttgart/Weimar 2001.

Kindt, Tom: *Unzuverlässiges Erzählen und literarische Moderne. Eine Untersuchung der Romane von Ernst Weiß*. Tübingen 2008.

Kindt, Tom: »Das Unmögliche, das dennoch geschieht«. Zum Begriff der literarischen Phantastik am Beispiel von Werken Thomas Manns. In: *TMJb* 24 (2011), 43–56.

Kirschbaum, Dorothea: *Erzählen nach Wagner. Erzählstrategien in Richard Wagners »Ring des Nibelungen« und Thomas Manns »Joseph und seine Brüder«*. Hildesheim u. a. 2010.

Köppe, Tilmann/Kindt, Tom: *Erzähltheorie. Eine Einführung*. Stuttgart 2014.

Kristiansen, Børge: Das Problem des Realismus bei Thomas Mann. Leitmotiv, Zitat, mythische Wiederholungsstruktur. In: *TMHb*, 823–835.

Larsson, Kristian: *Masken des Erzählens: Studien zur Theorie narrativer Unzuverlässigkeit und ihrer Praxis im Frühwerk Thomas Manns*. Würzburg 2011.

Liewerscheidt, Dieter: Lebensfreundliche Illumination und erschöpfte Ironie. In: *Revista de Filología Alemana* 14 (2006), 67–80.

Löwe, Matthias: Narrativer Angstschweiß. Zur ästhetischen Funktion erzählerischer Emotionalität im *Joseph*-Roman. In: *literaturkritik.de*, Nr. 4 (29. 3. 2010); http://www.literaturkritik.de/public/rezension.php?rez_id= 14190&ausgabe= 201004 (15. 04. 2015).

Löwe, Matthias: »Das Fest der Erzählung«. Käte Hamburgers ›episches Präteritum‹ und ihre Deutung von Thomas Manns *Joseph*-Roman. In: Martin Blawid/Katrin Henzel (Hg.): *Poetische Welt(en)*. Leipzig 2011, 279–292.

Löwe, Matthias: Hobbyforscher, Märchenonkel, Brunnentaucher: Der unzuverlässige Erzähler in Thomas Manns Josephsromanen und seine ästhetische Funktion. In: *TMJb* 28 (2015).

Martínez, Matías: *Doppelte Welten. Struktur und Sinn zweideutigen Erzählens*. Göttingen 1996.

Marx, Friedhelm: ›Bürgerliche Phantastik‹? Thomas Manns Novelle *Mario und der Zauberer*. In: *TMJb* 24 (2011), 133–142.

Petersen, Jürgen H.: *Der deutsche Roman der Moderne. Grundlegung – Typologie – Entwicklung*. Stuttgart 1991.

Petersen, Jürgen H.: Widerstände gegen die Rezeptionslenkung durch Erzähler, Hauptfigur und Autor bei der Lektüre von Thomas Manns Roman *Doktor Faustus*. In: Wolfgang Brandt (Hg.): *Erzähler, Erzählten, Erzähltes*. Stuttgart 1996, 1–12.

Petersen, Jürgen H.: Der unzuverlässige Narrator. Figuren-Erzählen in Thomas Manns *Doktor Faustus*. In: *Revista di Filología Alemana* 16 (2008), 167–185.

Riggan, William: *Picaros, Madmen, Naives, and Clowns: The Unreliable First-Person Narrator*. Norman 1981.

Seiler, Bernd W.: Ironischer Stil und realistischer Eindruck. Zu einem scheinbaren Widerspruch in der Erzählkunst Thomas Manns. In: *Deutsche Vierteljahrsschrift für Literaturwissenschaft und Geistesgeschichte* 60 (1986), 459–483.

Selbmann, Rolf: Wenn der Erzähler seinen Helden demontiert. Eine Neulektüre von Thomas Manns Erzählung *Tonio Kröger*. In: *Wirkendes Wort* 57 (2007), 269–277.

Swales, Martin: Diagnostic Form: Reflections on Generic Issues in Thomas Mann's Narrative Work. In: *Oxford German Studies* (2005), 211–216.

Swensen, Alan J.: *Gods, Angels, and Narrators. A Metaphysics of Narrative in Thomas Mann's »Joseph«*. New York 1994.

Werle, Dirk: Thomas Manns *Erwählter* und die Erzähltheorie der 1950er Jahre. In: *Euphorion* 106 (2012), 439–464.

Wimmer, Ruprecht: *Krull* I – *Doktor Faustus* – *Krull* II. Drei Masken des Autobiographischen. In: *TMJb* 18 (2005), 31–50.

Tom Kindt

4 Diskursanalyse

Unter diskursanalytischer Lektüre versteht man eine Leseweise, die auf die regelförmige Konstruktion sozialer Gegebenheiten scharfgestellt ist. Verglichen mit den anderen modernen und postmodernen Ansätzen der Literaturwissenschaft, setzte sich die Diskursanalyse in der Thomas-Mann-Forschung nicht so widerstandslos durch wie etwa die Psychoanalyse; doch hatte sie es immerhin leichter als etwa die Dekonstruktion. Brach die Dekonstruktion radikal mit Autorintentionalismen, wie sie in dieser Forschung noch immer weitgehend unangefochten sind, und ließ sich anderseits die Psychoanalyse ohne Mühe biographischen oder produktionsästhetischen Frageinteressen assimilieren, wie sie erhebliche Teile derselben nach wie vor beherrschen, so kam die Diskursanalyse sozusagen auf wenigstens halbem Weg der Quellenkritik entgegen, einer seit jeher besonders ausgeprägten Stärke der professionellen Beschäftigung mit Mann'schen Texten. Die Frage freilich, ob ein gegebenes Zeugnis im positivistischen Sinn des Begriffs als Quelle zu werten sei oder bloß als ein mehr oder weniger beliebiges Ereignis einer Diskursgeschichte, an der eben auch Manns Schreiben teilhat, blieb dabei oft offen oder wurde gar nicht erst gestellt.

Die hier bisher einschlägigen Thomas-Mann-Studien entstammten ziemlich verschiedenen Diskursfeldern: psychiatrischen und medizinischen (z. B. Radkau 1996; Schonlau 2005; Max 2008; Rütten 2013); sexualtheoretischen und geschlechtertypologischen (z. B. Tobin 1998, 2002, 2012; Liebrand 2012); konfessionellen und rassenbiologischen (z. B. Marquardt 2003); ökonomischen und politischen (z. B. Marcus 1996; Strobel 2000; Breithaupt 2008; Schößler 2009; Kontje 2011; Kinder 2013); nationalistischen und antiurbanistischen (z. B. Elsaghe 2000, 2004). Ein Hauptergebnis solcher Studien besteht darin, zwischen diesen unterschiedlichen Diskursen bzw. ihren Artikulationen in Manns Texten etliche Homologien, Interferenzen und Kollusionen aufgezeigt zu haben, auch abgesehen von dem als ›Intersektionalität‹ wohlbekannten Zusammenspiel von Sexismus und Rassismus.

Beispielsweise kommuniziert die Binäropposition von Gesundheit und Krankheit über weite Strecken mit den Codes Norden vs. Süden, Westen vs. Osten, Heimat vs. Fremde; und dieser Code interferiert seinerseits mit den Codierungen von Provinz und Großstadt. Diese wiederum gehen teilweise mit dem Code christlich-deutsch vs. jüdisch zusammen oder auch mit dem Code protestantisch vs. katholisch, der seinethalben mit der Opposition von Geist und Körperlichkeit oder, in nietzscheanisch-mythopoetischer Übertragung, von Apollinischem und Dionysischem zu konvergieren tendiert. Die Opposition von Intellekt und Körper für ihren Teil, in einer bis auf Aristoteles zurückverfolgbaren Weise, kolludiert mit der Geschlechterdifferenz, die ihrerseits alle anderen Binärcodes tendenziell so imprägniert, dass deren positiven Pole je männlich und die negativen Enden jeweils weiblich besetzt sind.

Gleicht man solche Vorstellungskonglomerate mit der Entstehungschronologie des Gesamtwerks ab, weisen sie eine zum Teil staunenswerte Konstanz, aber auch signifikante Brüche auf. Konstant z. B. bleiben über die längste Zeit die sozusagen sanitären Funktionen der deutschen Grenze, die Besetzungen des Südens, Ostens und Südostens als Bereich der Gefährdung, der als solcher entweder weiblich oder sogar mütterlich definiert und hierin der Großstadt homolog ist. In »Abenteuer des Fleisches«, »Wollust und heiße Schuld« etwa verirrt sich ein Tonio Kröger notwendig erst »in großen Städten und im Süden« (GKFA 2.1, 264). Und zwar scheint ihn ausdrücklich »das Blut seiner Mutter« dorthin zu locken (ebd.): »Diese Romanen haben kein Gewissen in den Augen.« (GKFA 2.2, 214)

Im verseuchten Venedig, als venerisch ansteckender Frauenleib imaginiert und als solcher bereits den Zeitgenossen erkennbar (H. Mann 1913), holt den Provinzpreußen Aschenbach das »Blut« *seiner* Mutter ein, ihr böhmisch-jüdisches und *eo ipso* »sinnlicheres Blut« (GKFA 2.1, 508). In dieser Stadt erst verfällt er seiner bisher erfolgreich unterdrückten Triebhaftigkeit. Und in Bratislava infiziert sich Adrian Leverkühn mit seiner finalen Krankheit, nachdem er seiner *femme fatale* bereits in Leipzig begegnet ist. Diese erste Großstadt seines Lebens wird dabei, vermöge der soeben statthabenden Messe, auch noch orientalisiert und explizit mit Ninive gleichgesetzt, unter geringfügiger Abwandlung des Topos von der Hure Babylon, wie er, von Augustins *Civitas Dei* her immer schon in den antiurbanistischen Diskurs einlesbar, auch anderwärts herumspukt: Aschenbachs Ruin beispielshalber vollzieht sich parallel zu einer fortschreitenden Sprachverwirrung und einem sukzessiven Verlust des *sermo patrius.*

Die Binnendifferenzierung des deutschen Reichsgebiets, die sich in der für Leverkühn fatalen Rolle der sächsischen Metropole verrät, verläuft zu einem guten Teil entlang der Fronten der deutschen Reichseinigung, ihrer Vorgeschichte und ihren z. B. kulturkämpferischen Folgekonflikten. So beginnt die Entfremdung vom paternalen Erbe und in eins damit die Immersion in die Großstadt zwar jeweils noch auf deutschem Boden, aber häufig bereits auf katholischem Territorium und in aller Regel in der südlichsten Hauptstadt des Reichs, München. Die »Isarstadt« (GKFA 10.1, 414) wird bei solchen Gelegenheiten ihrerseits unfehlbar orientalistisch oder sonst wie verfremdet: sei es in Gestalt eines orientalisch-großstädtischen Gemäldesujets, des Goldenen Horns, in dessen Gegenwart Leverkühn seine erste Zwölftonkomposition beginnt; sei es in Form eines »byzantinische[n] Bauwerk[s]« (GKFA 2.1, 502) an der *Ungerer*straße, wo Aschenbach der erste Sendbote des nach damaliger Lehrmeinung »fremden Gotte[s]« Dionysos begegnet (GKFA 2.1, 584); oder sei es auch nur über diverse renaissancistisch-florentinische, anderweitig italienische und kosmopolitan-babylonische Reminiszenzen wie in *Gladius Dei*.

In die »dionysische[]« Hauptstadt Bayerns (GKFA 10.1, 414) bzw. in die unmittelbare Nähe der europäisch-asiatischen Grenze, wie sie durch jenes Gemälde des Goldenen Horns vergegenwärtigt ist, gelangt Leverkühn auf einer südwärts gerichteten, also auch topographisch abschüssigen Bahn. Diese führt ihn über die Zwischenstationen je und je größerer Städte immer weiter aus dem Kerngebiet der Reformation heraus, weg vom Stammland seiner Väter und fort auch vom ländlichen Raum, wo allein noch Männer »besten deutschen Schlages« zu finden sein sollen (ebd., 23).

Nach München verschlägt es auch schon Gustav von Aschenbach aus einer patriarchalisch demarkierten Region. Denn Aschenbachs Vaterstadt »L.« soll in der Provinz Schlesien liegen; und wie v. a. aus seinen propagandistischen Beiträgen zum deutschen Kriegsdiskurs hervorgehen sollte, stellte sich diese für Mann als die virile Beute eines Geschlechterkampfs zwischen Preußen und Österreich dar, wobei die Front der Schlesischen Kriege ja noch einmal fraktal zwischen den patri- und den matrilinearen Vorfahren seines *alter ego* Aschenbach verläuft.

Tonio Kröger endlich gelangt nach München und noch weiter »unten auf der Landkarte« (GKFA 2.1, 247), wo seine Mutter bekanntlich herkommt – eine verräterische Formulierung, weil sie die Suggestionskraft diskursiver Repräsentationen belegt, die Vorgängigkeit der Diskursivierung gegenüber dem darin durchaus nicht einfach nur *Re*präsentierten –, nach unten also gerät Tonio aus einer Stadt, die über indirekte, aber ziemlich unmissverständliche Referenzialisierungen (Piatti 2012) als Manns eigene Vaterstadt zu identifizieren ist und deren Initiale doch wohl kaum von ungefähr mit jener Abkürzung »L.« übereinstimmt.

Gegenläufig dazu, jedoch innerhalb desselben Imaginationsschemas, kann das Andere indessen auch von außen über das ehedem heile Eigene hereinbrechen. Vorzugsweise rückt es von Großstädten aus heran, die hierbei ihrerseits weiblich sexualisiert sind. Oder es fällt gar aus der Reichshauptstadt ein, die regelmäßig auch noch jüdisch konnotiert wird. Nicht umsonst gibt Berlin im Gesamtwerk den Schauplatz einzig und allein für eine von Mann selber so genannte »Judengeschichte« ab: *Wälsungenblut* (GKFA 21, 333).

Den kleinen Herrn Friedemann sucht sein Unheil in Gestalt einer *femme fatale* heim, deren Alterität man in allem und jedem ausdrücklich als hauptstädtisch wahrnimmt. Auch in den *Buddenbrooks* erscheint Berlin als der Ursprung etlicher Übel: des zur Tyrannei verkommenen Gymnasiums oder eines fadenscheinigen, bloß noch bigotten Protestantismus, da dessen Vertreter, unter dem antiprussianistisch-anspielungsreichen Namen Trieschke, der erstmals geschiedenen Tochter des Hauses schlüpfrige Avancen zu machen sich nicht entblödet. Aus Berlin kommt ebenso ein jüdischer »Teufelsbraten« von Rechtsanwalt (GKFA 1.1, 579), der den Verfall der Familie Buddenbrook womöglich noch beschleunigt.

Deren Erzfeinde hingegen stammen zu ihrer eindeutig semitischen Hälfte aus Frankfurt, der vor und dann neben Berlin ›jüdischsten‹ aller deutschen Städte. Dabei entspricht die Modellierung dieser und anderer Juden den zeitgenössischen Mustern auch des ökonomischen Diskurses (Marcus 1996; Elsaghe 2000; Schößler 2009). Die Opposition jüdisch vs. alt- und gutdeutsch konvergiert insbesondere mit dem Gegensatz, in den der moderne »Ellenbogen«-Kapitalismus (GKFA 1.1, 128) zu traditionsgebundenen, oligopolistischen Wirtschaftsformen gestellt wird.

Der Stabilität solcher Assoziationscluster stehen anderseits eben auch einige Modifikationen und regelrechte Paradigmenwechsel gegenüber. Diese zeigen sich seit der Etablierung zunächst der Weimarer Republik und dann erst recht der nationalsozialistischen Diktatur v. a. an bestimmten Verwerfungen im Diskurs vom Eigenen und Fremden; mussten sich Mann und anderen gemäßigt kulturkonservativen Bildungsbürgern doch von nun an gewisse Anpassungen und Revisionen dessen aufdrängen, was vordem an positiven Konnotaten mit dem Eigenen noch ganz selbstverständlich assoziiert gewesen war. Symptomatisch dafür sind etliche Rekonfigurationen des Deutschland- oder ›Deutschtums‹-Diskurses. Dessen zuvor nationalistische und kulturkämpferische Parteilichkeiten weichen kosmopolitischer Aufgeschlossenheit und ›ultramontaner‹ oder selbst philosemitischer Toleranz.

In der nostalgisch-melancholischen »Inflationsgeschichte« *Unordnung und frühes Leid* (DüD II, 63), der ersten Novelle, die er nach dem Ende des wilhelminischen Kaiserreichs schrieb, identifizierte sich Mann unverkennbar selber mit einem ebenso unverkennbar jüdischen Protagonisten, indem er denn auch alles Mitgefühl der Rezipienten auf diesen zu lenken wusste. Die *Bekenntnisse des Hochstaplers Felix Krull*, deren Held ganz ausnahmsweise der katholischen Kirche angehört, brachte er erst spät zu einem wenigstens vorläufigen Ende. Die Bearbeitung der Legende vom Papst Gregorius sollte sein letzter vollendeter Roman bleiben. Und die Hauptfigur seiner letzten Erzählung ist ihrerseits eine mutmaßliche Katholikin. Katholiken sind auch die nach Manns eigenem Dafürhalten einzig sympathischen Figuren des *Doktor Faustus*, Else Schweigestill und der Erzähler Serenus Zeitblom.

Dabei hat man diesen Autorkommentar wohl *cum grano salis* zu nehmen oder national zu spezifizieren. Denn rundum sympathisch ist auch noch eine obendrein sehr gut aussehende Nebenfigur, Johannes Schneidewein. Schneidewein ist aber für seine Person kein Deutscher im nationalstaatlichen Sinn des Worts, sondern ein Revenant aus Jeremias Gotthelfs Romanen und als solcher Berner, Deutschschweizer.

Erschienen Deutschschweizer und Schweizerdeutsch in den früheren Erzählungen und Romanen eher lächerlich oder widerwärtig, so bilden sie jetzt eine Erinnerung an ein altes, besseres Deutschland. Das Schweizerdeutsche bzw. das Mittelhochdeutsche, in das es in den Gebetsversen des engelhaften Kindes Nepomuk Schneidewein unversehens übergeht, gerät hier in einen schlechterdings eschatologischen Gegensatz zur Standardsprache bzw. zum Luther- oder Reformationsdeutsch, in das diese im Mund des Teufels und des Teufelsbündlers gelegentlich ausartet. Der Unterschied der Varietäten scheint so eben mit der Differenz von Heil und Verdammnis nachgerade zusammenzufallen (Elsaghe 2010 a).

Die hiermit verbundene Abwertung reichsdeutscher Männer, »Männchen« und »Männlein« (GKFA 10.1, 420, 480, 555, 667, 668, 671) geht seit den Zwanzigerjahren mit neuen Figurationen des Weiblichen einher. Eine bislang so nicht dagewesene Faszinationsfigur tritt jetzt neben dessen hergebrachte Imaginationsformen, die sich so bequem an andere Alterisierungsdiskurse anlagern konnten, antimodernistische, antiurbanistische oder hygienische: Schemen von der Art eben der Hure Babylon, der Frau Welt alias »Fräulein Weltner« (GKFA 2.1, 18) oder der *femme fatale* à la Oscar Wilde und Richard Strauss: Nach Bratislava reist Leverkühn unter dem vielleicht halbwahren Vorwand einer *Salome*-Premiere.

Solche Phantasmen werden nun überlagert durch das eben ganz neue Faszinosum der Großen Mutter, das den misogynen Klischees nicht mehr gar so bündig einschreibbar wäre. Diskursgeschichtlich stellt sich dieser Überformungsvorgang als Teil und Ausdruck einer Renaissance dar, die Johann Jakob Bachofens prozessual-dynamistische Konzeptualisierungen der Geschlechterdifferenz in der Zwischenkriegszeit erfuhren und deren Sogwirkung bald auch Manns Frauenbilder erfasste. Züge der *Magna Mater* treten zuvörderst an den diversen Muttergestalten des *Doktor Faustus* hervor: an Elsbeth Leverkühn und ihren Doppelgängerinnen – »Mutter Else« Schweigestill und Peronella Manardi, deren beide Namenshälften auf hier nahtlos integrierbare Frivolitäten des *Decamerone* verweisen (Elsaghe 2010 c) –; aber auch schon in *Mario und der Zauberer* (wo fast alle Namen ebenfalls über einschlägige Novellen des *Decamerone* zum Sprechen gebracht werden können, vgl. Elsaghe 2009 a). Hierher gehören außerdem die Josephsromane (Galvan 1996), die späten Kapitel des *Felix Krull* (Elsaghe 2012), *Die vertauschten Köpfe* (Elsaghe 2004) oder *Die Betrogene* (Elsaghe 2010 b).

Nicht zufällig bedeutet dieses letzte vollendete Werk, das als einziges eine Protagonist*in* hat, auch das Ende der für das Mann'sche Œuvre bisher leitenden Infektionsnarrative. Damit nimmt es seismographisch einen medizin-, aber auch mentalitätsgeschichtlichen Paradigmenwechsel auf. Dieser lässt sich auf das Jahr 1945 datieren, als der Nobelpreis für Medizin an die Entdecker des Penicillins ging. Indem die mediale Verbreitung des Wissens um solch einen epochalen Durchbruch der Pharmakologie zumindest in der ›entwickelten‹ Welt ein vorläufiges Ende der alten Ansteckungsängste besiegelte, machten diese dem genuin modernen Grauen vor dem Krebstod Platz; ein Prozess, dem man *in actu* beiwohnen kann am Übergang vom *Doktor Faustus* zur *Betrogenen*.

Die Krankheit der *Betrogenen* wird nun nicht mehr von außerhalb eingeschleppt. Vielmehr rührt sie von Zellen her, »die seit der Geburt da manchmal ruhen und [...] durch Gott weiß welchen Reizvorgang zu maligner Entwicklung kommen« (GW VIII, 949). Insofern erscheint sie als etwas autochthon Deutsches. Und soweit der Text andrerseits einem findigen Leser wenigstens unterschwellig doch auch noch die Möglichkeit eines von außen kommenden Erregers insinuiert – »Gott weiß welchen Reizvorgang« (GW VIII, 949) –, so kann dieser Erreger immerhin nicht mehr aus dem Süden oder Osten eingedrungen sein. Der potenzielle Auslöser der Krankheit und das Objekt des durch diese wiederum hormonell bedingten Begehrens stammt nunmehr ausgerechnet aus den USA – ein Jahr vor der NATO-Mitgliedschaft der Bundesrepublik und nachdem ›der‹ Amerikaner in Manns Liebesnarrativen auf der Skala der erotischen Attraktionen bislang immer nur ganz unten rangieren durfte (Elsaghe 2009b).

Unbeschadet dieses also gleich mehrfachen Paradigmenwechsels bleibt die Krankheit freilich auch in der *Betrogenen* wie gehabt dem ›anderen‹ Geschlecht zugeordnet. Der Krebs befällt Eierstock und Gebärmutter, d. h., wie schon in Theodor Storms *Bekenntnis* oder Gottfried Benns *Morgue*-Zyklus, exklusiv weibliche Organe. Über solche kruden Sexualisierungen aber weit hinaus wird die Imagination der Krebskrankheit mit den Vorstellungen enggeführt, die Bachofen von der ›hetäristisch‹-vorpatriarchalen Kopulationswut, ihrer irregulären Fertilität und einer hemmungslosen, sozusagen wildgewordenen Weiblichkeit gehegt hatte (Elsaghe 2010b). Dabei ließen sich solche gynophoben Metaphorisierungen der »Sumpfvegetation« (Bachofen 1926a) wiederum leicht zusammenbringen mit Elementen eines seinerzeit hochmodernen Krebsdiskurses, wie sie genau zeitgleich etwa bei Wilhelm Reich auftauchen: »Cancer [...] is due to a stagnation« (Reich 1967 [1952]).

Solchen Denkbahnen entlang als autodestruktive Selbstermächtigung der Einzelzelle verstanden (Anders 2002 [1956]), war die Krebskrankheit wiederum an den reaktionären Gemeinplatz von der ›Sumpfkultur‹ der Weimarer Republik anzuschließen wie an den antirepublikanischen Diskurs überhaupt, an dem sich schon Bachofen weidlich beteiligt hatte. Demokratie und Gleichheit aller hatte er innerhalb seines Verlaufsmodells als Rückfall auf die primitivste Kulturstufe der Menschheitsgeschichte denunziert. Solche Assoziationsmechanismen halfen Kulturkonservativen wie Mann bei der Bewältigung der Kriegsniederlage und der Bewegungen, die seit dem Sturz des wilhelminisch-autoritären Kaiserreichs verstärkt in die Ordnung der Geschlechter gerieten. Die dadurch hervorgerufene Irritation bezeugen am eindringlichsten die Texte, die Mann unmittelbar vor seiner Bachofen-Lektüre vollendete, jene wehmütige »Inflationsgeschichte« und sein offener Brief *Die Ehe im Übergang*.

Seine Versuche, einen um Bachofen'sche Theoreme angereicherten Geschlechterdiskurs auf zeitgeschichtliche Phänomene anzuwenden und so zumal der Erscheinung des erstarkten ›Weibes‹ beizukommen, projizierten diese zunächst, wie kaum anders zu erwarten, nach außen. Zuerst richteten sie sich noch auf Italien und gegen den Faschismus (Elsaghe 2009a), namentlich in *Mario und der Zauberer*, also noch zur Zeit der Weimarer Republik. Dann aber, schon in den entsprechenden Kapiteln des *Doktor Faustus*, als diese Republik im Nationalsozialismus untergegangen war, erstreckten sie sich auch auf das ›Vaterland‹ des Autors. Nicht einfach das Deutsche Reich schlechthin, sondern eben nur das republikanische Deutschland erscheint von nun an unter der Signatur einer gewaltigen Regression in präpatriarchale Zustände, weil solche seit dem verlorenen Krieg hier einreißen und denn auch die dodekaphonen Hauptwerke eines ewigen Muttersohns von Komponisten erst zum Gedeihen bringen sollen.

Eine womöglich noch dubiosere Rolle kommt der Weimarer Republik sodann in der *Betrogenen* zu, dem einzigen Erzähltext *nota bene* des Gesamtwerks, dessen Handlung ausschließlich in den Goldenen Jahren dieser Republik spielt. Die republikanisch gelockerten Verhältnisse geben hier den Hintergrund und die Legitimation einer weiblich-emanzipierten Sexualität ab. In eins damit bilden sie aber eben auch ein Äquivalent, wenn nicht sogar die Voraussetzung einer entsprechend konzeptualisierbaren Krankheit zum Tode: ob man diese nun, dem patenten Interpretationsangebot des Texts folgend, nur als biochemisch-medizinische Ursache solch enthemmten Begehrens versteht; oder ob man sogar eine poetische ›Gerechtigkeit‹ zu inferieren sich bereit findet, der zufolge sie zugleich auch die Strafe dafür sein könnte.

In alledem behaupten sich die Eigenmächtigkeit und das Beharrungsvermögen wesentlich älterer, scheinbar vor Zeiten schon überwundener Diskursformationen. Ihren letzten noch ganz ungeschminkten Ausdruck nämlich hatte Manns Partizipation am antirepublikanischen Diskurs bereits in den *Betrachtungen eines Unpolitischen* gefunden. Untergründig jedoch scheinen sich die konservativ-monarchistischen Diskursmuster eben über seine Bekehrung zum Vernunftrepublikaner hinweg gehalten zu haben, denn man kann sie in seinem Œuvre ja auch noch ausmachen, nachdem er sein Bekenntnis zu *Deutscher Republik* längst abgelegt hatte. Sie prägen die Handlungslogik seiner literarischen Fiktionen noch während des Exils und sogar bis in die Nachkriegszeit, als ihm gleich zwei deutsche Republiken zu huldigen sich anschickten.

Damit bewährt oder bewahrheitet sich paradeexemplarisch ein Grundpostulat aller diskursanalytischen Literaturwissenschaft. Die impliziten Antirepublikanismen des Spätwerks geben etwas von der Macht des Diskurses über seine Teilnehmer zu erkennen. Diese sind ihm offenbar weit mehr unterworfen, als dass sie ihn autonom und selbstbestimmt hervorbrächten.

Literatur

Anders, Günther: *Die Antiquiertheit des Menschen. Bd. 1: Über die Seele im Zeitalter der zweiten industriellen Revolution* [1956]. München ²2002.

Bachofen, Johann Jakob: *Der Mythus von Orient und Occident. Eine Metaphysik der alten Welt. Aus den Werken von J. J. Bachofen. Mit einer Einleitung von Alfred Baeumler.* Hg. von Manfred Schröter. München 1926a.

Bachofen, Johann Jakob: *Urreligion und antike Symbole. Systematisch angeordnete Auswahl aus seinen Werken [...].* Hg. von Carl Albrecht Bernoulli. Leipzig 1926b.

Breithaupt, Fritz: *Der Ich-Effekt des Geldes. Zur Geschichte einer Legitimationsfigur.* Frankfurt a. M. 2008.

Elsaghe, Yahya: *Die imaginäre Nation. Thomas Mann und das ›Deutsche‹.* München 2000.

Elsaghe, Yahya: *Thomas Mann und die kleinen Unterschiede. Zur erzählerischen Imagination des ›Andern‹.* Köln/Weimar/Wien 2004.

Elsaghe, Yahya: Die »Principe[ssa] X« und »diese Frauen –!« Zur Bachofen-Rezeption in *Mario und der Zauberer*. In: *TMJb* 22 (2009), 175–193 (2009a).

Elsaghe, Yahya: Thomas Manns Amerikaner. Stereotypie und Exilerfahrung. In: *Germanic Review* 84.2 (2009), 151–176 (2009b).

Elsaghe, Yahya: Exil und Stereotypen. Thomas Manns Schweizer vor und nach der Emigration. In: Thomas Sprecher (Hg.): *Thomas Mann und das »Herzasthma des Exils«. (Über-)Lebensformen in der Fremde. Die Davoser Literatur- und Kulturtage 2008.* Frankfurt a. M. 2010a, 111–132.

Elsaghe, Yahya: *Krankheit und Matriarchat. Thomas Manns »Betrogene« im Kontext.* Berlin/New York 2010b.

Elsaghe, Yahya: »Mutter Manardi«. Zur Boccaccio- und Bachofen-Rezeption in Thomas Manns *Doktor Faustus*. In: *Germanisch-Romanische Monatsschrift. Neue Folge* 60.3 (2010), 323–338 (2010c).

Elsaghe, Yahya: Hoc signo felix. Religion und Urreligion in den *Bekenntnissen des Hochstaplers Felix Krull*. In: Niklaus Peter/Thomas Sprecher (Hg.): *Der ungläubige Thomas. Zur Religion in Thomas Manns Romanen.* Frankfurt a. M. 2012, 117–148.

Elsaghe, Yahya: Zentrum und Peripherie in Thomas Manns Novelle vom *Kleinen Herrn Friedemann*. In: *Germanistik in der Schweiz* 10 (2013), 329–336.

Galvan Morley-Fletcher, Elisabeth: *Zur Bachofen-Rezeption in Thomas Manns »Joseph«-Roman.* Frankfurt a. M. 1996.

Kinder, Anna: *Geldströme. Ökonomie im Romanwerk Thomas Manns.* Berlin 2013.

Kontje, Todd Curtis: *Thomas Mann's World. Empire, Race, and the Jewish Question.* Ann Arbor 2011.

Liebrand, Claudia: Queering the Tradition. Thomas Manns Novelle *Mario und der Zauberer* und Boccaccios *Decamerone*. In: Stefan Börnchen/Georg Mein/Gary Schmidt (Hg.): *Thomas Mann. Neue kulturwissenschaftliche Lektüren.* München 2012, 353–369.

Mann, Heinrich: *Der Tod in Venedig*. Novelle von Thomas Mann. In: *März* 7.13 (1913), 478 f.

Marquardt, Franka: *Erzählte Juden. Untersuchungen zu Thomas Manns »Joseph und seine Brüder« und Robert Musils »Mann ohne Eigenschaften«.* Münster 2003.

Max, Katrin: *Niedergangsdiagnostik. Zur Funktion von Krankheitsmotiven in »Buddenbrooks«.* Frankfurt a. M. 2008.

Marcus, Judith: Werner Sombart's Influence on German Literature. The Case of Thomas Mann. In: Jürgen G. Backhaus (Hg.): *Werner Sombart (1863–1941) – Social Scientist. Bd. 3.: Then and Now.* Marburg 1996, 133–146.

Piatti, Barbara: Mit Karten lesen. Plädoyer für eine visualisierte Geographie der Literatur. In: Brigitte Boothe u. a. (Hg.): *Textwelt – Lebenswelt.* Würzburg 2012, 261–288.

Radkau, Jaochim: Neugier der Nerven. Thomas Mann als Interpret des ›nervösen Zeitalters‹. In: *TMJb* 9 (1996), 29–54.

Reich, Wilhelm, [Interview vom:] October 19, 1952. In: Mary Higgins/Chester M. Raphael (Hg.): *Reich Speaks of Freud. Wilhelm Reich Discusses His Work and His Relationship with Sigmund Freud.* New York 1967, 76–128.

Rütten, Thomas: Genius and Degenerate? Thomas Mann's *Doktor Faustus* and a Medical Discourse on Syphilis. In: Thomas Rütten/Martina King (Hg.): *Contagionism and Contagious Diseases. Medicine and Literature 1880–1933.* Berlin 2013, 147–166.

Schößler, Franziska: *Börsenfieber und Kaufrausch. Ökonomie, Judentum und Weiblichkeit bei Theodor Fontane, Heinrich Mann, Thomas Mann, Arthur Schnitzler und Émile Zola.* Bielefeld 2009.

Schonlau, Anja: *Syphilis in der Literatur. Über Ästhetik, Moral, Genie und Medizin (1880–2000).* Würzburg 2005.

Strobel, Jochen: *Entzauberung der Nation. Die Repräsentation Deutschlands im Werk Thomas Manns.* Dresden 2000.

Tobin, Robert Deam: The Life and Work of Thomas Mann. A Gay Perspective. In: Thomas Mann: *Death in Venice.* Hg. von Naomi Ritter. Boston/New York 1998, 224–244.

Tobin, Robert Deam: Making Way for the Third Sex. Male Desire in Thomas Mann's Early Short Fiction. In: Todd Curtis Kontje (Hg.): *A Companion to German Realism. 1848–1900.* Rochester 2002, 307–338.

Tobin, Robert Deam: Queering Thomas Mann's *Tod in Venedig*. In: Stefan Börnchen/Georg Mein/Gary Schmidt (Hg.): *Thomas Mann. Neue kulturwissenschaftliche Lektüren.* München 2012, 67–79.

Yahya Elsaghe

5 Kulturwissenschaften

Kulturwissenschaftliche Ansätze haben spätestens seit den 1990er Jahren auch in der germanistischen Literaturwissenschaft Konjunktur. Im Gegensatz zu den *Cultural Studies* in England oder dem *New Historicism* in den USA entsteht ›Kulturwissenschaft‹ in Deutschland aber nicht als einheitliche ›Schule‹ an einem bestimmten Ort oder gar als geschlossenes Forschungsparadigma (vgl. Assmann 2008, 18); vielmehr dient sie als Sammelbegriff für verschiedene Modernisierungstendenzen der traditionellen Geisteswissenschaften, denen gemein ist, dass sie »Kunst und Literatur [...] als ein Teil der übergreifenden Kultur [wahrnehmen], was sie in Bezug setzt zu politischen, wirtschaftlichen, historischen, gesellschaftlichen Bedingungen und Entwicklungen« (ebd., 18 f.). Ihr Blick richtet sich dabei auf die symbolische Verfasstheit der Welt und auf die medialen Grundlagen von Sinn-Konstruktionen, der »Interessenschwerpunkt verlagert sich [...] von inhaltlichen und formalen Textaspekten hin zu transzendentalen Fragen nach den Bedingungen der Erzeugung von kultureller Kommunikation, von Erinnerung und Gedächtnis und von Weltwahrnehmung« (Bollenbeck/Kaiser 2004, 626). Kultur wird als Text aufgefasst, als System von Symbolen; dies impliziert eine Ausweitung des Gegenstandsbereichs literaturwissenschaftlicher Forschung im Sinne einer interdisziplinären Ausweitung und transmedialen Integration verschiedenster kultureller Objektivationen, damit aber auch eine »Entprivilegisierung des literarischen Textes als eines genuin literaturwissenschaftlichen Untersuchungsobjektes« (ebd., 625): Wird die Welt als medial vermittelter Text mit einer narrativen Struktur lesbar gemacht, so steht sie folglich den Möglichkeiten der Textinterpretation offen, die nicht mehr auf das literarische Kunstwerk allein Anwendung finden. Kanonerweiterung, Kontextorientierung und Interdisziplinarität können somit als prägende Merkmale kulturwissenschaftlichen Arbeitens gelten. Diese Neuausrichtung ist auch der Grund dafür, weshalb die Kulturwissenschaften als ein möglicher Weg aus der Legitimationskrise der Geisteswissenschaften erscheinen: So formulieren die Autoren der Denkschrift *Geisteswissenschaft heute* 1991 etwa programmatisch, die Geisteswissenschaften seien der Ort, »an dem sich moderne Gesellschaften ein Wissen von sich selbst in Wissenschaftsform verschaffen«, und es sei ihre Aufgabe, dies in der Weise zu tun, dass sich »ihre Optik [...] auf das *kulturelle Ganze*, auf Kultur als Inbegriff der menschlichen Arbeit und Lebensformen [...], auf die *kulturelle Form der Welt*« richtet (Frühwald u. a. 1991, 40 f.).

Kontextbezogene Ansätze zur Untersuchung literarischer Texte hat es in der germanistischen Literaturwissenschaft allgemein wie in der Thomas-Mann-Forschung speziell freilich schon vor dem *cultural turn* der 1990er Jahre gegeben, etwa im Bereich der Sozialgeschichte der Literatur und der Quellengeschichte. Letztere spielt in der Thomas-Mann-Forschung traditionell eine große Rolle, haben doch zahlreiche Erkenntnisse der zeitgenössischen Wissenschaften durch Manns Arbeitsstil des ›höheren Abschreibens‹ Eingang in sein Werk gefunden; das von Mann selbst betonte Paradebeispiel ist die Übernahme ganzer Passagen aus *Meyers Konversationslexikon* für das ›Typhus‹-Kapitel der *Buddenbrooks* (vgl. Br II, 470 u. Grawe 1992). Im Gegensatz zu ›traditionelleren‹ Ansätzen, deren Ziel es ist, die jeweilige Quelle aufzuspüren und damit die Verarbeitung positiven Wissens im Text nachzuweisen, betonen kulturwissenschaftlich ausgerichtete Ansätze allerdings die Textualität auch der Quelle, die nicht als gegebenes und der Literatur vorgeordnetes Faktum, sondern gleichfalls als kulturelles und narratives Konstrukt gesehen wird. Herwig zeigt in seiner Studie zu »Naturwissenschaft im Werk Thomas Manns« (2004), dass sich eine solche Sichtweise auf die Quellen schon bei Mann selbst erkennen lässt, dessen Lektüre naturwissenschaftlicher Werke nicht nur einem »Bemühen um Wirklichkeitstreue« geschuldet war. Vielmehr las Mann die naturwissenschaftlichen Texte gleichfalls »unter einem Gesichtspunkt, den die Verfasser derartiger Sachprosa üblicherweise in Abrede stellen und zu verhüllen versuchen: Er spürte dem weltanschaulichen und mythischen Substrat naturwissenschaftlicher ›Realitäten‹ nach« (Herwig 2004, 46) und stellt zugleich die »ästhetischen und affektiven Komponenten« dieser Texte heraus (ebd., 48).

In der Thomas-Mann-Forschung sind besonders seit der Jahrtausendwende zahlreiche Arbeiten erschienen, die Manns Werk auf die Verbindungen zu spezifischen Wissensordnungen der Zeit und die darin konstruierten ›Realitäten‹ hin untersuchen, beispielsweise mit Blick auf die Medizin (Schonlau 2005, Max 2008 und 2013) oder die Ökonomie (Kinder 2013). In diesem Zusammenhang wurde außerdem vermehrt die Frage diskutiert, inwiefern die Bezugnahme auf verschiedene »Wissenskontexte« zugleich die »Ausbildung neuartiger Sprach- und Darstellungsformen« bedingt (Pross 2012, 29; ähnlich auch Kinder 2013, 3).

Das Bewusstsein für die Konstruiertheit aller kulturellen Erzeugnisse führt dabei zu einer Abwendung von dem Studium der nachweisbaren Quellen hin zu einer diskursanalytisch orientierten Intertextualitätsforschung, deren Ziel es nicht ist, die von Mann tatsächlich verwendeten Vorlagen zu rekonstruieren, sondern die Werke in einem ›Generaltext‹ der jeweiligen Zeit zu verorten, wie es Baßler beispielhaft für Manns frühe Erzählung *Der Kleiderschrank* vorführt (Baßler 2012). Baßler fordert die Abkehr von einer Intertextualitätsforschung, die »hermeneutisch sinnschließend« arbeitet, und betont dagegen die »gegenseitige semiotische Bereicherung« von Texten in einem solchen ›Generaltext‹ (ebd., 18 f.). »Die akribische Lektüre« wird dabei »über den literarischen Text hinaus auf den Text der Kultur [ausgedehnt]« (Baßler 2012, 23). Müller-Richter, der ebenfalls eine explizit kulturwissenschaftliche Lektüre von *Der Kleiderschrank* unternimmt, geht beispielsweise Verbindungen des Textes zur Eisenbahnmedizin und zur Hysterieforschung nach und stellt fest, dass die Erzählung »geradezu überfüllt« ist mit »Bruchstücken einer ›Poesie der hysterischen Zeichen und Zeichenkombinationen‹« (Müller-Richter 2001, 173). Text und ›Quelle‹ treten in einen Dialog und bereichern sich gegenseitig, literarisches Werk und (natur-)wissenschaftlicher Text werden nicht als zwei unterschiedlichen Wissensordnungen (im Sinne einer ›Zwei-Kulturen-These‹) zugehörig begriffen, sondern als gleichwertige Teile eines Diskurses gedacht. Die Prozesse, die zwischen den verschiedenen Texten ablaufen, lassen sich nach dieser Auffassung mit Stephen Greenblatt als »Zirkulation sozialer Energie« beschreiben (z. B. Greenblatt 1994).

In der traditionell oftmals biographisch ausgerichteten Thomas-Mann-Forschung setzt sich das Bewusstsein für die Textualität der Quellen vermehrt auch für die autobiographischen ›Vorlagen‹ und Kommentare Manns aus Briefen und Tagebucheinträgen durch. ›Schließende‹ Argumentationen, die sich in der Feststellung einer Vorlage erschöpfen und der literarischen Gestaltung keine weitere Bedeutung zuweisen, machen der Frage Platz, was Mann an einem Erlebnis, einer Person oder einer Lektüre so interessiert hat, dass er es literarisch ausgestaltete (vgl. etwa Elsaghe 2000, 25). Schöll argumentiert mit Blick auf die Briefe und Tagebücher der Exilzeit, diese seien keine »Lieferanten von Fakten, welche dann wiederum der Interpretation des literarischen Werks zugrunde gelegt werden« könnten, sondern müssten ebenfalls als Texte ernst genommen werden, die nicht etwa Realität abbilden, sondern »narrativ etwas konstruieren« (Schöll 2004, 333).

Kulturwissenschaftliche Arbeiten verorten das literarische Werk mithin in einem Netzwerk oder Hypertext aus Referenzen zu anderen materiellen und immateriellen kulturellen Objektivationen der Zeit, wobei sie zugleich den Konstruktcharakter aller kulturellen Erzeugnisse betonen. Für Aleida Assmann ist dieses Interesse an der Konstruiertheit der Kultur das zentrale Element kulturwissenschaftlichen Forschens, das bei seinem diffusen Gegenstandsbereich – der Kultur ›allgemein‹ – doch »klar[e] Perspektiven und Fragestellungen« aufweise: »Sie [die Kulturwissenschaften] interessieren sich dafür, wie das vom Menschen Gemachte, die Kultur, gemacht ist, d. h. unter welchen Voraussetzungen, mit welchen Verfahren, Funktionen und Konsequenzen« (Assmann 2008, 19). Eine kulturwissenschaftlich ausgerichtete Thomas-Mann-Forschung untersucht somit, inwiefern die Texte an einer solchen Konstruktion kultureller Repräsentationen teilhaben, welcher Verfahren sie sich dabei bedienen und welche Folgen sich daraus für die Interpretation des Textes wie für den untersuchten Diskurs ergeben. Die Ergiebigkeit solcher Fragestellungen zeigen die Publikationen der letzten Jahre eindrucksvoll. Zum einen gibt es inzwischen eine Reihe von Sammelbänden, die sich Manns Werk explizit aus kulturwissenschaftlicher Perspektive nähern (Börnchen/Mein/Schmidt 2012; Honold/Werber 2012; Börnchen/Liebrand 2008). Zum anderen existiert kaum ein Themenfeld oder Schlagwort aus der kulturwissenschaftlichen Diskussion, das nicht schon mit Bezug auf Manns Œuvre untersucht worden ist. So hat zum Beispiel Elsaghe zahlreiche Beiträge zur zentralen Frage nach der Konstruktion von Identität und Alterität vorgelegt: In *Thomas Mann und die kleinen Unterschiede* widmet er sich neben nationalen und konfessionellen auch ethnischen und sexuellen Unterschieden (Elsaghe 2004 b); *Die imaginäre Nation. Thomas Mann und das ›Deutsche‹* stellt die Konstruktion einer ›deutschen Nationalidentität‹ sowie die damit einhergehenden Ausgrenzungsmechanismen in den Vordergrund (Elsaghe 2000). Weitere Aufsätze befassen sich mit einzelnen Aspekten der ›erzählerischen Konstruktion des Anderen‹, etwa in Bezug auf die Gestaltung von Juden, Amerikanern, Katholiken, Frauen oder Schweizern (vgl. beispielhaft Elsaghe 2004 a und 2009). Detering liefert mit *Juden, Frauen und Litteraten* ebenfalls einen Beitrag zur Konstruktion von – in diesem Falle:

künstlerischer – Identität im Frühwerk Manns, wobei er die Parallelen in der Darstellung von Künstlern mit jüdischen und weiblichen Figuren vor dem Hintergrund ihrer gemeinsamen gesellschaftlichen Stigmatisierung und Außenseiterrolle betont. Zum Komplex der Konstruktion von Identität gehören daneben selbstverständlich auch die zahlreichen Studien zur Konstruktion geschlechtlicher Identität.

Das breite Spektrum kulturwissenschaftlicher Arbeiten, die verschiedenste Leitbegriffe der theoretischen und methodologischen Diskussionen der letzten Jahre aufgreifen, sei abschließend an einer Reihe von Beispielen illustriert, die allerdings keineswegs Vollständigkeit suggerieren will: So gibt es Untersuchungen zur Körperthematik (Pegatzky 2002; Lörke 2012), zum Themenkomplex ›Erinnerung und Gedächtnis‹ (Blödorn 2005), zum Phänomen der Performanz (Lange-Kirchheim 2008, Pfeiffer 2012) und zu verschiedensten Medienformen (der Sammelband von Börnchen, Mein und Schmidt widmet den ›Medien‹ etwa ein eigenes Kapitel). Bahr untersucht »Imperialismuskritik und Orientalismus« im *Tod in Venedig*, Kuzniar widmet sich in ihrer Studie *Melancholia's Dog* sowohl *Tobias Mindernickel* als auch *Herr und Hund* aus der Perspektive der *Animal Studies*, und Gumbrecht hat die Venedig-Novelle auf den Konnex von »Stimmung und Modernität« (2008) hin analysiert.

Insgesamt kann festgestellt werden, dass kulturwissenschaftliche Ansätze in der Thomas-Mann-Forschung (wie wohl generell) besonders dann zu fruchtbaren Ergebnissen kommen, wenn sie zum einen die Texte selbst im Blick behalten und zum anderen neue Perspektiven auf die Werke eröffnen (statt lediglich etablierte Interpretationsmuster wie die Künstler/Bürger-Problematik oder die Nord/Süd-Dichotomie mit ›modernen‹ Termini wie Identität und Alterität zu überschreiben). Sie zeigen dann, wie Manns Werk kulturelle Denkmuster festigt, unterläuft oder etablieren hilft, und damit an den wissenschaftlichen und populären Diskursen der Zeit partizipiert – und das nicht immer nur in einer Art und Weise, die dem Autor schmeichelt, wie etwa die Analyse stereotyper Darstellungen jüdischer Figuren gezeigt hat. Manns literarische, essayistische und autobiographische Schriften müssen als Beiträge auch zu diesen Diskursen ernst genommen werden; die These von den ›zwei Kulturen‹ verliert angesichts der Erkenntnis von der Textualität aller kulturellen Erzeugnisse ihre Relevanz. Jan Assmann betont in diesem Sinne und mit Blick auf die *Joseph*-Tetralogie: »Obwohl Thomas Mann auf [den Gebieten alttestamentliche Theologie, Judaistik, Assyriologie, Ägyptologie und Religionsgeschichte] im allgemeinen der Nehmende war, geht man trotzdem sicher nicht fehl, wenn man ihn zu den bedeutenden Religions- und Mythostheoretikern seiner Zeit rechnet« (Assmann 2006, 10). Manns eigenem Verständnis von der Repräsentanz des Schriftstellers hätte das sicher zugesagt.

Literatur

Assmann, Aleida: *Einführung in die Kulturwissenschaft. Grundbegriffe, Themen, Fragestellungen*. Berlin ^{2}2008.

Assmann, Jan: *Thomas Mann und Ägypten. Mythos und Monotheismus in den Josephsromanen*. München 2006.

Bahr, Ehrhard: Imperialismuskritik und Orientalismus in Thomas Manns *Tod in Venedig*. In: Frank Baron (Hg.): *Thomas Mann, »Der Tod in Venedig«. Wirklichkeit, Dichtung, Mythos*. Lübeck 2003, 1–16.

Baßler, Moritz: Literarische und kulturelle Intertextualität in Thomas Manns *Der Kleiderschrank*. In: Alexander Honold/Niels Werber (Hg.): *Deconstructing Thomas Mann*. Heidelberg 2012, 15–27.

Blödorn, Andreas: »Vergessen ... ist das denn ein Trost?!« Verfall und Erinnerung in den *Buddenbrooks*. In: Walter Delabar (Hg.): *Thomas Mann (1875–1955)*. Berlin 2005, 11–28.

Bollenbeck, Georg/Kaiser, Gerhard: Kulturwissenschaftliche Ansätze in den Literaturwissenschaften. In: Friedrich Jaeger u. a. (Hg.): *Handbuch der Kulturwissenschaften. Bd. 2: Paradigmen und Disziplinen*. Stuttgart/Weimar 2004, 615–637.

Börnchen, Stefan/Liebrand, Claudia (Hg.): *Apokrypher Avantgardismus. Thomas Mann und die klassische Moderne*. München 2008.

Börnchen, Stefan/Mein, Georg/Schmidt, Gary (Hg.): *Thomas Mann. Neue kulturwissenschaftliche Lektüren*. München 2012.

Detering, Heinrich: *Juden, Frauen und Litteraten. Zu einer Denkfigur beim jungen Thomas Mann*. Frankfurt a. M. 2005.

Elsaghe, Yahya: *Die imaginäre Nation. Thomas Mann und das »Deutsche«*. München 2000.

Elsaghe, Yahya: Judentum und Schrift bei Thomas Mann. In: Manfred Dierks (Hg.): *Thomas Mann und das Judentum. Die Vorträge des Berliner Kolloquiums der Deutschen Thomas-Mann-Gesellschaft*. Frankfurt a. M. 2004, 59–73.

Elsaghe, Yahya: *Thomas Mann und die kleinen Unterschiede. Zur erzählerischen Imagination des Anderen*. Köln/Weimar/Wien 2004.

Elsaghe, Yahya: Thomas Manns Amerikaner. Stereotypie und Exilerfahrung. In: *The Germanic review* 84.2 (2009), 151–176.

Frühwald, Wolfgang u. a.: *Geisteswissenschaften heute. Eine Denkschrift*. Frankfurt a. M. 1991.

Grawe, Christian: »Eine Art von höherem Abschreiben.« Zum ›Typhus‹-Kapitel in Thomas Manns *Buddenbrooks*«. In: *TMJb* 5 (1992), 115–124.

Greenblatt, Stephen: Die Zirkulation sozialer Energie. In: Christoph Conrad/Martina Kessel (Hg.): *Geschichte schreiben in der Postmoderne. Beiträge zur aktuellen Diskussion.* Stuttgart 1994, 219–250.

Gumbrecht, Hans Ulrich: Scirocco. Über Stimmung und Modernität von Thomas Manns *Der Tod in Venedig.* In: Stefan Börnchen/Claudia Liebrand (Hg.): *Apokrypher Avantgardismus. Thomas Mann und die klassische Moderne.* München 2008, 299–306.

Herwig, Malte: *Bildungsbürger auf Abwegen. Naturwissenschaft im Werk Thomas Manns.* Frankfurt a. M. 2004.

Honold, Alexander/Werber, Niels (Hg.): *Deconstructing Thomas Mann.* Heidelberg 2012.

Kinder, Anna: *Geldströme. Ökonomie im Romanwerk Thomas Manns.* Berlin/Boston 2013.

Kuzniar, Alice A.: *Melancholia's Dog.* Chicago 2006.

Lange-Kirchheim, Astrid: Maskerade und Performanz – vom Stigma zur Provokation der Geschlechterordnung. Thomas Manns *Der kleine Herr Friedemann* und *Luischen.* In: Stefan Börnchen/Claudia Liebrand (Hg.): *Apokrypher Avantgardismus. Thomas Mann und die klassische Moderne.* München 2008, 187–224.

Lörke, Tim: Der dichtende Leib. Gustav von Aschenbach, *Der Tod in Venedig* und die Poetik des Körpers. In: Holger Pils (Hg.): *Wollust des Untergangs – 100 Jahre Thomas Mann »Der Tod in Venedig«.* Göttingen 2012, 29–37.

Max, Katrin: *Liegekur und Bakterienrausch. Literarische Deutungen der Tuberkulose im »Zauberberg« und anderswo.* Würzburg 2013.

Max, Katrin: *Niedergangsdiagnostik. Zur Funktion von Krankheitsmotiven in »Buddenbrooks«.* Frankfurt a. M. 2008.

Müller-Richter, Klaus: Kann man Kleiderschränke kulturwissenschaftlich lesen? Thomas Mann, die Eisenbahnmedizin und die Nervenklinik. In: Roland S. Kamzelak (Hg.): *»Historische Gedächtnisse sind Palimpseste.« Hermeneutik – Historismus – New Historicism – Cultural Studies.* Paderborn 2001, 157–176.

Pegatzky, Stefan: *Das poröse Ich. Leiblichkeit und Ästhetik von Arthur Schopenhauer bis Thomas Mann.* Würzburg 2002.

Pfeiffer, Joachim: *Bekenntnisse des Hochstaplers Felix Krull* – Narzissmus, Travestie, Performanz? In: Ortrud Gutjahr (Hg.): *Thomas Mann.* Würzburg 2012, 313–326.

Pross, Caroline: Divergente Spiegelungen. Anmerkungen zum Verhältnis von Wissen, Erzählen und Poesie im Frühwerk Manns (*Buddenbrooks*). In: Alexander Honold/Niels Werber (Hg.): *Deconstructing Thomas Mann.* Heidelberg 2012, 29–42.

Schöll, Julia: *Joseph im Exil. Zur Identitätskonstruktion in Thomas Manns Exil-Tagebüchern und Briefen sowie im Roman »Joseph und seine Brüder«.* Würzburg 2004.

Schonlau, Anja: *Syphilis in der Literatur. Über Ästhetik, Moral, Genie und Medizin (1880–2000).* Würzburg 2005.

Regine Zeller

6 Gender Studies

Nach heutigem Diskussionsstand beschäftigen sich die Gender Studies, die seit Anfang der 1990er Jahre an den deutschen Universitäten zum Forschungs- und Lehrgegenstand werden, »mit der Konstruktion von Geschlecht, also mit der gesellschaftlichen Normierung von Männlichkeit und Weiblichkeit, mit dem Verhältnis der beiden Geschlechter und ihrem spezifischen Rollenverhalten sowie mit den Ausschlüssen, die die geltende heterosexuelle Ordnung mit sich bringt. Die Kategorie Geschlecht gilt dabei als universal und als Fundament jeglichen Wissens, das heißt jede kulturelle Äußerung – in der Literatur, im Film, auf Festen, in Riten – trifft Aussagen über das geltende Geschlechterverhältnis« (Schößler in: Bergmann/Schößler/Schreck 2012, 9; vgl. von Braun/Stephan 2005). Geschlecht ist mithin als zentrales Herrschafts- und Organisationsprinzip von Gesellschaft, Kultur und Wissenschaft erkannt und anerkannt (Frey Steffen 2006, 95). Die Gender Studies haben sich aus der politischen Frauenbewegung entwickelt und lassen noch deren gesellschaftsverändernden Impetus erkennen. Die Verschiebung von den *Feminist* und *Women's Studies* – diese wären zwischen 1960 und 1990 anzusetzen – zu den Gender Studies hatte eine deutliche Erweiterung und Vertiefung der Geschlechterforschung zur Folge: Deren Gegenstand sind seitdem »nicht nur beide Geschlechter, sondern ebenso selbstverständlich die Intersektionalität von Rasse, Ethnizität, Klasse, sexueller und religiöser Orientierung und Alter in der Ausformung einer differenzierten Gender-Identität« (Frey Steffen 2006, 95). In diesem Sinne reiht sich Detering in den Gender-Diskurs ein, wenn er mit der Abfolge *Juden, Frauen und Litteraten. Zu einer Denkfigur beim jungen Thomas Mann* (2005) dessen Stigma Homosexualität breit mit Beispielen aus Manns Essayistik kontextualisiert und analogisiert – von der Schwärze des Shakespeare'schen *Othello* über die Rezensionen zu Schriftsteller*innen* wie Esther Franzenius bis zu den Notizen über den medizinischen Begriff der ›Hemmungsbildung‹ –, wobei die Mann'schen Formeln wie ›Künstlerjude‹, ›ist man ein Jude – ist man eine Frau‹, das Kontagiöse der Ab- und Ausgrenzungsdiskurse sichtbar machen wie auch ihr gegenseitiges Vertretungsverhältnis per Analogie: Intersektionalität *avant la lettre.* Mit dieser Studie schließt Detering zur Geschlechterforschung auf, verwendet er doch die Formel *gender trouble* schon wie gängige Münze, ohne auf ihre Herkunft bei Judith Butler einzugehen. Deren in der Nachfolge Foucaults verfasste Schrift *Gender Trouble. Feminism and the Subversion of Identity* erscheint 1990, wird umgehend übersetzt und fungiert bereits ab 1991 als ›Basistext‹ der Gender Studies bzw. einer sich dekonstruktiv-feministisch verstehenden Literaturwissenschaft (Vinken 1992). Für Butler ist die Aufhebung der Opposition von *sex* und *gender* im Sinne einer Entgegensetzung von Natur und Kultur entscheidend, *sex* ist immer schon *gender*, da ebenso diskursiv – rhetorisch-kulturell – verfasst, Identität ist antiessentialistisch gedacht als ein Effekt performativer Akte und diskursiver Praktiken. Damit werden theatralische Konzepte wie Performanz, Imitation, Inszenierung, Maskerade, Transvestie und Travestie zentral für die Konstitution von Geschlecht und begründen andererseits die hohe Produktivität der Butler'schen Kategorien für die Analyse von Texten.

Im Rückblick: Stigma und Camouflage

Deterings große Arbeit zur literarischen Camouflage von 1994 steht im weiteren Kontext der – angestoßen durch die Veröffentlichung der Tagebücher seit den 1970er Jahren – auch literaturwissenschaftlichen Auseinandersetzung mit Manns Homosexualität. Aufbauen kann Detering vor allem auf den Darstellungen von Böhm (1985 u. 1991) sowie auf Härles psychoanalytisch unterstützten Ausführungen zum *Zauberberg* (1986). Im Blick ist hier die Verzahnung von Leben und Werk, wie Härles Kommentar zur Werbung Mut-em-enets um Joseph zu entnehmen ist: »Ein nicht gelebtes homosexuelles coming out ist hier Literatur geworden, und seine Literaturwerdung ist Teil der Überlebensstrategie eines homosexuellen Dichters« (Härle 1987, 59). Im Sinne solchen Stigma-Managements untersucht Böhm (1991) im Rückgriff auf Erving Goffman Textstrukturen des »Verhüllenden Enthüllens« oder von »Kalkulierter Mimikry« und deren Entwicklung im Werk. Auch die literarische Camouflage Deterings, deren Intentionalität den Autorbezug voraussetzt, ist noch Arbeit am Stigma, da mit den Techniken des ›Maskierens‹ und ›Signalisierens‹ (vgl. Keilson-Lauritz 1987) ein Erkanntwerden, d. h. ein Heraustreten aus dem ›Schamversteck‹ (Härle 1986, 49) betrieben wird. Nicht zuletzt hat die parallel zu Detering erschienene detaillierte Untersuchung von Maar zur Andersen-Rezeption bei Thomas Mann (1995) einen Verständigungsraum für die Thematisierung von Homosexualität geschaffen. Daran ist auch die feministische psychoanalyseorientierte Literaturwissenschaft beteiligt, die schon lange vor Detering und ebenfalls mit Bezug auf Andersen zur Homoerotik in Texten Manns publiziert hat (Wallinger 1986).

Buddenbrooks und *Zauberberg*: Vom weiblichen Porträt zur Durchleuchtung der Geschlechterordnung

Einer der ersten der Geschlechterforschung zum Werk Manns zuzurechnenden Beiträge stammt von Boa (1995). Ihre patriarchatskritische Lektüre zu *Buddenbrooks* verortet den Roman im Kontext des amerikanischen Feminismus mit seiner Diskussion von Frauentausch und Zwangsheterosexualität im Gefolge der Kritik an Lévi-Strauss' strukturaler Anthropologie. Unter dem Stichwort »Decline as Feminization« zeigt Boa die Krise der männlichen Identität auf, deren Gefährdung sich in der Konzeption der Frau als ›der Anderen‹ im Sinne Beauvoirs manifestiere. Wie die auf ihren Objekt-Status festgelegte Frau zur Diskreditierung weiblicher Aspirationen führt, weisen Boas lesenswerte Ausführungen zur Figur der Tony Buddenbrook nach. Die seit den 1980er Jahren vermehrt erscheinenden Arbeiten der feministischen Literaturwissenschaft zu Frauenbildern bzw. zum Weiblichen als Repräsentation (Bronfen 1992, 1995) ermöglichte die Diskussion des Ölgemäldes der Madame Chauchat unter Gender-Gesichtspunkten. Ausgangspunkt der Arbeit von Lange-Kirchheim (2000) ist die binär konzipierte Geschlechterordnung, in der die Polarisierung der Geschlechter mit Asymmetrie und der Priorisierung des männlichen Pols einhergeht, das Weibliche mithin reduziert wird auf Nicht-Männlich. In der so als A vs. Nicht-A verstandenen Geschlechterdifferenz bekommt das Weibliche die Funktion zugewiesen, als Grenze männliche Geschlechtsidentität zu stabilisieren. Die Frau erhält die Aufgabe, all das zu repräsentieren, was der Mann aus seiner Selbstdefinition ausgeschlossen hat, d. i. die Aufgabe zu repräsentieren, ohne selbst repräsentiert zu sein. Wegen der Priorisierung des männlichen Pols spricht die feministische Psychoanalysekritik hier von einem phallisch-monistischen Weltbild (vgl. Rohde-Dachser 1991, 58). Die Erörterung des Gemäldes ausschließlich durch eine Runde von Männern, den Maler Dr. Behrens selbst sowie Hans Castorp und Joachim, steht in einer langen Tradition erotisierter Kunstgespräche, in denen zumeist Maler und Liebhaber/Auftraggeber um das Bild konkurrieren, es be- und zerreden und zur Projektionsfläche ihrer Phantasien machen. Dass dabei die Relation Maler-Pinsel-Modell ebenso phallisch konnotiert ist wie die Relation zwischen (männlichem) Sehen und (weiblichem)

Gesehenwerden, macht die Szene zum Paradigma der asymmetrischen Geschlechterordnung, in der die Subjektposition männlich, die Position des Objekts weiblich besetzt ist. Quer zu diesem binären Gendering steht die erkennbar unterschiedene Begehrensstruktur (sexuelle Orientierung) der drei Männer: Das ›Manns*bild*‹ Joachim ist durch sein Schweigen so abwesend wie die Frau im Bild, Behrens ist heterosexuell gezeichnet, Hans Castorp sucht nach dem richtigen Ort für das Bild, das ihn fasziniert. Dass er es abhängt, mit sich herumträgt und schließlich auf seinem Knie postiert, ist, mit Butler gesprochen, ein *doing gender*: Er versucht das Bild mit seinem Begehren kompatibel zu machen. Das Knie ist als *Glied*maße entsprechend der Leitmotiv-Logik des Romans homosexuell konnotiert. Der sich im Fluss befindlichen problematischen Geschlechtsidentität Hans Castorps korrespondiert daher vielmehr das Röntgenbild der Madame Chauchat, das, ohne Kopf und Antlitz, als ein ›Innen‹- und ›Skelettporträt‹, eine Montage von *Gliedern*, keine eindeutige geschlechtliche Semantisierung mehr zulässt, denn es wird zugleich auf die Gestalt Claudia Chauchats und Joachims hin transparent. Als Bild des Menschenleibes allgemein sowie als *Memento mori* verspricht das Röntgenbild zudem die Einebnung der Unterschiede und qualifiziert sich so für die Symbolisierung der mann-männlichen Liebe, wenngleich es auch deren Bedrohung durch den Tod transportiert, den der Name des frühen Freundes Hippe einspielt. Das ›fotographische Negativ‹ wird auf diesem Wege zum hochgeschätzten ›Diapositiv‹. Dass hier eine Subvertierung der durch Polarität und Asymmetrie gekennzeichneten heterosexuellen Geschlechterordnung stattfindet, bestätigt schließlich die Verschiebung des Tropus von der Frau als schöner Leiche auf den ritualisiert aufgebahrten schönen Mann, den toten Joachim. Eine Subversion des den abendländischen Schöpfungsmythen zugrunde liegenden phallischen Monismus steht damit im Zentrum des Romans, um Raum für ein anderes als heterosexuelles Begehren zu schaffen. Die Szenen in Behrens' Durchleuchtungslaboratorium und der spiritistischen Séance unter der Regie Krokowskis (Kapitel: »Fragwürdigstes«) haben Hans Castorps Initiation zum Ziel (Lange-Kirchheim 2001). Die Verrichtungen in diesen Räumen, als ein *doing gender* betrachtet, finden nur unter – von Fall zu Fall weiblich semantisierten – Männern statt: der voyeuristische, d. h. phallische Blick des gottgleichen *artifex* Behrens hat Hans Castorp als Stricherknaben im Visier und ›gendert‹ zugleich die schönen Jünglingskörper zu weiblich Empfangenden. Die noch anwesende Frau in der spiritistischen Geburtsszene, das Medium Elly, wird in die Identifikation mit dem spirit Holger hineinmanipuliert und damit zu einem ›Er‹. Da aus Gründen der Reproduktion auf Zweigeschlechtlichkeit nicht verzichtet werden kann, ist das weibliche Geschlecht nur unter der Bedingung seiner gleichzeitigen Abwesenheit zugelassen. Die menschliche Gesellschaft, in die Hans Castorp initiiert werden soll, stellt unter gleichzeitiger Ächtung der Homosexualität einen homosozialen Männerbund dar. In der spiritistischen Sitzung wird die Jungfrauengeburt travestierend als Junggesellengeburt zur Kenntlichkeit entstellt. Kulturgeschichtlicher Hintergrund ist hier die monogenetische Fortpflanzungstheorie, die besagt, dass die Menschwerdung allein auf der Zeugung beruhe, die Frau nur das Gefäß der Austragung darstelle (Klinger 1995, 43 f.). Hans Castorp erhält in dieser christlich konnotierten Geburtsszene mit dem ›Jungfräulein‹ Elly die Rolle des ›zugehörigen Gatten‹, zugewiesen, was bei ihm zur Verwirrung führt, die einem regelrechten *gender trouble* gleichkommt, da er sich – auch durch das gehauchte Ja-Wort des Mediums Elly – in einen heterosexuellen Ehebund hineingezogen fühlt, andererseits aber auf Grund der Binarität weiblich verortet wird, da Elly wegen der Einkörperung Holgers männlich geworden ist und nur noch mit ›Er‹ bezeichnet werden darf. Das heterosexuelle Machtregime Krokowskis signifiziert Castorp also zugleich männlich und weiblich, was eine Denunziation seines homosexuellen Begehrens bedeutet. Zum *gender trouble* trägt auch bei, dass die (Wieder-)Geburt Joachim zu einer Sohnesfigur macht, Hans Castorp aber, symbolisch genealogisch gesprochen, zu ihm in einem Bruderverhältnis steht, denn er wünscht sich Joachim als einen Beschützer nach dem Muster des Geschwisterpaares Valentin : Gretchen. Dadurch wird Hans Castorp zwar erneut weiblich signifiziert, aber nur auf Grund einer fehlenden Alternative zum heterosexuellen Geschlechtersystem. Als Joachim schließlich in grotesker Gestalt erscheint, wird Hans Castorp von Gefühlen überwältigt, auch dem Gefühl der Schuld, denn er hat den Geliebten verraten, indem er mit der Teilnahme an der Séance zum Komplizen des heterosexuellen Regimes geworden ist. Deshalb macht er dieser Szene ›skandalöser Niederkunft‹ abrupt ein Ende. Wenn die Bildungsgeschichte, die Hans Castorp im *Zauberberg* durchläuft, eine der Re-homosexualisierung ist (so Böhm 1991), dann hat er hier, mit dieser Geste, die Konsolidierung seiner Homosexualität erreicht.

Maskerade und Performanz

Die Äußerung Manns, »Seit dem *Kleinen Herrn Friedemann* vermag ich plötzlich die diskreten Formen und Masken zu finden, in denen ich mit meinen Erlebnissen unter die Leute gehen kann« (an Grautoff 6. 4. 1897; GKFA 21, 89), provoziert dazu, diese ›Formen und Masken‹ zum Maskeraden- und Performanzbegriff der Geschlechterforschung, wie er vor allem von Butler entwickelt wurde (1990/1991), in Bezug zu setzen und für die Darstellung von Hetero- und Homosexualität im Werk fruchtbar zu machen (Lange-Kirchheim 2008). Trotz der Differenz im Maskeradebegriff – die Gender-Maskerade meint nicht primär ein Verhüllen von etwas darunterliegendem Eigentlichen, sondern versteht sich als Imitation ohne Original – kann man zeigen, dass auch Thomas Mann mit den Zeichen von Männlichkeit und Weiblichkeit als verschiebbaren Masken zur Tarnung des homosexuellen Begehrens arbeitet. Böhm (1991) hat von den frühen Novellen an die Funktionalisierung von Frauengestalten zur Maskierung des Geliebten herausgestellt: die virile Gerda von Rinnlingen als Hülle des vergeblich begehrten Mannes. Diese Umschaltung von männlich/homosexuell auf weiblich/heterosexuell hat eine ganze Reihe weiterer Versetzungen und Verschiebungen von Geschlechterspezifika (›gegenderter‹ Gegenstände wie der Reitpeitsche der Gerda von Rinnlingen oder mimischer Gesten wie der Phallizität der Blicke u. ä.) zur Folge, setzt implizit die kulturelle Konstruiertheit von Geschlecht voraus und arbeitet an der Neukonstruktion der Geschlechterordnung mit. In den stigmatisierten Protagonisten der frühen Erzählungen Manns – hinter denen sich der verachtete Homosexuelle verbirgt – wird immer auch die gesamte symbolische Ordnung mit ihren Ausgrenzungen auf den Prüfstand gestellt. Parabolisch geschieht das im *Kleinen Herrn Friedemann* durch die Infragestellung des Parallelenaxioms, indem mathematisch bewiesen wird, dass mehr als zwei parallele Linien durch einen Punkt denkbar sind, womit Binarität als das Spezifische der heterosexuellen Geschlechterordnung verabschiedet wird. Der Zwang zur Maskierung entwickelt also aus sich heraus den produktiven Effekt, Gegenordnungen zu entwerfen, die auch die Position der Frau im Geschlechtersystem neu bestimmen. Zu den breit gestreuten Verwerfungen des binär strukturierten Systems von Zweigeschlechtlichkeit und Heterosexualität gehört z. B. die Ausfaltung einer die sexuelle Not des Protagonisten spiegelnden lesbischen Szene im *Kleinen Herrn Friedemann* wie die Vervielfältigung devianter sexueller Verkehrsformen in den als ›Posse‹ defigurierten Ehen der immer wieder als »Herren«, »Herrschaften« apostrophierten Protagonisten der Erzählung *Luischen* (1897). Die Mittelpunktsfigur, der Rechtsanwalt Jacoby, ist ein doppelt Stigmatisierter, denn er ist sowohl als Homosexueller wie als Jude kenntlich gemacht. Allerdings wird er nicht von der Leidenschaft heimgesucht, sondern von einer lynchlustigen Menge, die den ob seiner (weiblichen) Körpermasse buchstäblich untragbaren Außenseiter mehrfach zum Tier defiguriert und schließlich ins transvestitische Cross-dressing zwingt, damit er sich auf der Bühne, auf den Brettern, die die Welt bedeuten, singend oute, was seiner Hinrichtung gleichkommt. Gegenüber dem *Kleinen Herrn Friedemann* erfolgt in *Luischen* eine Fokusverschiebung vom stigmatisierten Einzelnen zu den stigmatisierungsbereiten Vielen, die mit subtiler Gewalt auf die Provokation der Ordnung durch den Außenseiter reagieren und die heteronormativen Verhältnisse wiederherstellen. Dass dies alles auf dem Theater geschieht, die Erzählung selbst eine fünfaktige Struktur aufweist, kennzeichnet mittels dieses Ortes der Performanz ganz im Sinne Butlers die Geschlechterordnung als Macht- und Herrschaftsregime, das seine Opfer fordert und seine Tragödien inszeniert. Der Transvestit ist für Butler eine zentrale Figur, denn sie bringt die Performativität von Geschlecht zur Anschauung. Geschlecht ist nicht mehr eine Sache der Anatomie oder Biologie, sondern die Befolgung der bei der Geburt ausgesprochenen Anweisung, ein sexuiertes Wesen, Mann oder Frau zu werden. Dies geschieht über Identifizierungen bzw. die Einfädelung in einen vestimentären und performativen Code, der über einen Prozess wiederholter Inszenierungen als männlich oder weiblich Geschlecht erst generiert. Der Rechtsanwalt im Seidenkleid, der – wie unfreiwillig immer – als *drag queen* die heterosexuelle Ordnung parodiert, ist als Sachwalter von Recht und Ordnung – sprich Heteronormativität – nicht mehr tragbar, denn die Maskerade enthüllt nicht nur seine Devianz, sondern führt auch Geschlechtsidentität als entnaturalisiert und entessentialisiert, mithin als erworben und fluide vor Augen, und nicht zuletzt auch deren Melancholie. Der Transvestit ist eine melancholische Gestalt, da in ihr die Trauer um den Verlust des gleichgeschlechtlichen Liebesobjekts noch gegenwärtig ist. Der Zwang zur Heterosexualität hinterlässt, so Butler, unbetrauerte Verluste. Dass sich das Maskerade-Konzept auch für das Spätwerk Manns, hier den *Felix Krull*, fruchtbar machen lässt, hat Joachim Pfeiffer gezeigt (2012). Mittels der vielfältigen

Verwandlungskünste und Inszenierungen der Figur dekonstruiere Mann radikal den Zusammenhang zwischen Außen und Innen, Schein und Wesen, Uneigentlichkeit und Eigentlichkeit, so dass es kein »Ich-selber-Sein« hinter den Maskierungen mehr gäbe: »Verkleidet also war ich in jedem Fall« (*Felix Krull*, GKFA 12.1, 265) wird zur Selbstdefinition der Figur. Das entspricht der Performanz der Geschlechtsidentität bei Judith Butler, denn sie besteht auf deren grundsätzlicher Imitationsstruktur und bestreitet die Differenz zwischen Kopie und Original. Aber, und damit unterscheidet sie sich grundlegend von Manns Roman, diese (Selbst-)Inszenierungen sind keineswegs ein freies Spiel, sondern Teil einer kulturell eingeforderten (Überlebens-)Strategie, denn »wir strafen regelmäßig diejenigen, die ihre Geschlechtsidentität nicht ordnungsgemäß in Szene setzen« (Butler 1992, 205). Es ist also der fehlende zweite Teil des Romans, der über die Triftigkeit einer Lektüre mit Butler hier zu entscheiden hätte.

Queer Studies

Seit Anfang der 2000er Jahre erscheint auch im deutschen Sprachraum eine Reihe von Aufsätzen, die sich mit *Queer Theory* und deren Fruchtbarmachung für die Lektüre von Texten befasst. Für die Thomas-Mann-Forschung hat das exemplarisch Blödorn (2006) mit seiner Studie über »Toni Krögers verquere ›Normalität‹« vorgeführt. 2012 enthält ein Sammelband »Neuer kulturwissenschaftlicher Lektüren zu Thomas Mann« (Börnchen/Mein/Schmidt 2012) bereits fünf als *Queer Studies* ausgewiesene Beiträge. Die *Queer Studies* – in diesem Begriff ist die negative Konnotation von *queer* = ›seltsam‹, ›sonderbar‹, ›fragwürdig‹, ›verrückt‹, auch ›pervers‹, offensiv gewendet – zielen auf die Anerkennung eines sexuellen Pluralismus, der neben schwuler und lesbischer Sexualität auch Bisexualität und Transsexualität einbezieht. Als kritische Theorie kultureller Marginalität hat *Queer Theory* den Begriff der Heteronormativität als einer Machtformation im Zentrum. Diskurse der Herstellung und Aufrechterhaltung von Heterosexualität als Norm müssen identifiziert und Möglichkeiten zu deren Subvertierung erarbeitet werden – mit dem Ziel der Denaturalisierung von Geschlechtlichkeit und der Destabilisierung auf dem Binarismus beruhender Ordnungskategorien. Gerade weil der »Tonio Kröger«-Text von Anfang an exzessiv mit Entgegensetzungen arbeitet (Tonio vs. Kröger, Norden vs. Süden, Künstler vs. Bürger etc.) eignet er sich für eine dekonstruktivistische Lektüre, die Tonios »Ausgespanntsein zwischen den Polen als ein Sowohl-als-auch, das *zugleich* ein Entweder-oder ist« (Blödorn 2006, 137), lesbar macht. Der gesellschaftliche Zwang zur Einnahme einer Position werde unterwandert durch die wechselnde ironisierende spielerische Annahme beider Standpunkte bzw. die distanzierte temporäre Einnahme solcher Identifikationen. Blödorn sieht den Gewinn einer *queeren* Lektüre hier nicht zuletzt darin, dass sogar der Gegensatz zwischen Erzähler und Figur (analog dem von Bürger und Künstler) unterwandert werde, da beide Tonio Kröger seien (je außerhalb bzw. innerhalb der eigentlichen Diegese angesiedelt); die Textstrategie subvertiert Anfang und Ende, der beschriebene Tonio (der inneren Zerrissenheit) zeigt sich am Ende als Schreibender. Es gehört zum Gewinn der *queeren* Lektüre, dass die systematische Befragung der binären Struktur auch die Kategorien des Fragenden auf den Prüfstand stellt, hier die der Narratologie und deren Anwendungen. Auch Tobin (2012) nimmt die Entgegensetzung der unterschiedlichen Diskurse zur Homosexualität und deren Bündelung nach dem Ordnungsprinzip West vs. Ost, Vater- vs. Mutterwelt, männlich vs. weiblich, gesund vs. krank, das Eigene vs. das rassisch Fremde, aber auch Figur vs. Erzähler im *Tod in Venedig* zum Ausgangspunkt eines *Queering*. Die Entwicklung des Helden zum Tode scheine zwar die Position des Erzählers zu bestätigen, d. h. die zeitgenössische medikalisierte, psychosexuelle (invertierter Typus), rassenbiologische (der dunkle Typus) Kategorisierung des Homosexuellen, die mit dem Osten (Cholera) assoziiert ist. Eine genauere Betrachtung des Selbstverständnisses der Figur des Gustav von Aschenbach in der Innensicht ergibt aber ein anderes Bild, das einer ironischen Durchkreuzung der Diskurse: die Reise nach Venedig ist auch eine Platen-Nachfolge, Aschenbach lässt sich erinnernd von dessen »Gesang«, d. h. »von schon gestalteter Empfindung [...] beweg[en]«, in der Hoffnung auf »ein spätes Abenteuer des Gefühls« (Tobin 2012, 78). Damit ist die sexuelle Identität Aschenbachs mit der impliziten Todesdrohung ironisch als Effekt der Diskurse der ›westlichen‹ Kultur ausgewiesen, das heißt jedoch nur, dass keine Entscheidung hinsichtlich der Wahrheit der Diskurse und ihrer Ordnungen getroffen, wohl aber deren Zwang bestätigt wird, eine Geschlechtsidentität auszubilden. *Queer reading* bewährt sich nicht nur an der Dekonstruktion der durch den Text angebotenen Ordnungskategorien, sondern auch in der Aufschließung verrätselter Sujets und deren erzählerischer Präsentation. Das lässt sich an den Lektüren der lange Zeit wenig beachteten frühen Erzählungen

Manns beobachten. Dass es sich bei der Erzählung *Gefallen*, die den Topos von der gefallenen Frau in den Vordergrund stellt, um eine »Dichterinitiationsgeschichte« handelt, noch dazu um eine der Abkehr vom heterosexuellen Begehren, liegt nicht auf der Hand (Wortmann 2012). Sie muss durch Aufschließen der zahlreichen intertextuellen Verweise ebenso plausibel gemacht werden wie die Annäherung an die »Geschichte voller Rätsel«, welche der Text *Der Kleiderschrank* präsentiert. Bergmann (2012) liest diese unter der *queeren* Maßgabe einer Poetik der Unbestimmtheit, eine Lektüre, der hoher Verdienst zukommt, da sie den Text aus der bloßen Zuordnung zur phantastischen Literatur herauslöst, die Uneindeutigkeit als Programm erkennt und nicht zuletzt avancierte Theorien zu *queer* aus dem angelsächsischen Sprachraum in die Thomas-Mann-Forschung einführt, wie überhaupt deren Internationalisierung durch die Gender Studies als ein willkommener Effekt gewertet werden kann. Denn natürlich legt die Räumlichkeit des Kleiderschranks die Assoziierung mit engl. *closet* und dem Standardwerk zu *queer* von Eve Kosofsky Sedgwick, *Epistemology of the Closet* (1990) nahe. Die ›verquere‹ Lektüre sucht nach den Ambiguierungsstrategien, um die Fixierungen durch die Norm aufzubrechen, und findet sie z. B. in der Gestalt im Kleiderschrank, die noch kürzlich umstandslos als »Mädchen« behandelt wurde (Galvan 2011, 124), als weiblich jedoch nur auf Grund des grammatischen Geschlechts – *die* Gestalt – gelten kann, im Text aber geschlechtlich uneindeutig bleibt, höchstens androgyn genannt werden könnte. Als besonders ertragreich erweist sich *queer*theoretische Textanalyse auf dem Feld der Gattungstheorien, wie Liebrand gezeigt hat (2012). Literarische Gattungen sind ›gegendert‹: seit Boccaccios *Decamerone* gilt die Novelle als ›weibliches‹ Genre innerhalb der Prosa, ist an Frauen gerichtet, erzählt von den Ränken der Frauen und hat durchgängig ein heterosexuelles Sujet. In *Mario und der Zauberer,* so Liebrand, wendet Mann diese Vorlage subversiv: die Geschichte spielt sich hauptsächlich zwischen Männern ab und ist an Männer gerichtet, ihr Sujet ist homosexuell, was durch Einspielung einer lesbischen Beziehung gespiegelt und verstärkt wird, ansonsten aber seien die Frauen marginalisiert. Eine weitere Subversion betreffe die von ›privat‹ zu ›öffentlich‹: während die Novelle als weibliches Genre von privaten Bedrängnissen (im genus humile) erzählt, finde das Geschehen bei Mann *coram publico*, analog zur Tragödie (im genus grande) auf der Bühne statt und lasse sich als politische Allegorie auf den Faschismus lesen. Für das Gendering der literarischen Gattungen war Thomas Mann höchst sensibel, wie Elsaghe nachgewiesen hat (2002). Im *Felix Krull* repräsentiert die Schriftstellerin und Lyrikerin Diane Philibert – die natürlich mit dem Alexandriner falsch umgeht – all das, was der Romanautor Mann aus seiner Selbstdefinition ausgeschlossen hat, denn für ihn galt die Verhältnisgleichung Prosa zu Poesie wie männlich zu weiblich, die Prosa sei der natürliche Ausdruck des Bewusstseins, die Poesie der des Unbewussten (Elsaghe 2002, 14). Elsaghe zeigt, zu welchen Rechtfertigungsanstrengungen der *Gesang vom Kindchen* Mann nötigte. In einem großen Übersichtsartikel zur Darstellung und Entwicklung der homoerotischen Geschlechterbeziehungen vom *Zauberberg* bis zu den späten Romanen hat Gremler (2012) unter Heranziehung von Intertexten, insbesondere von Herman Bangs Werk, die *queere* Emotionalität der Liebenden thematisiert. Im Vergleich mit Bang als Prätext ergibt sich eine gewisse Typik von Trauer- und Abschiedsszenen mit reduzierter Gefühlsintensität oder emotionaler Überwältigung, ausgelöst etwa durch die ›Wiederkehr‹ Joachims in der okkultistischen Szene. Joachim stelle sich als das eigentliche Liebesobjekt Hans Castorps heraus. Schon Detering und Maar haben die immense Bedeutung der Intertexte für die literarische Signalisierung der homoerotischen Beziehung aufgezeigt. Dazu gehört das Muster des Bruderverhältnisses (auch wenn keine Verwandtschaft vorliegt, Ziemßen und Castorp sind nur ›Stiefvettern‹), der soldatischen Männlichkeit, der Kameradschaft zugleich mit deren Lädierung. Bang, wie auch immer wieder Andersen, und Mann folgten dem ›*Happy End*-Verbot‹ als Muster, welches die Wiederherstellung der heterosexuellen Normativität anzeigt. Im *Zauberberg* zeige sich bereits eine Wandlung, da Hans Castorp zunächst am Leben bleibt und erst im Krieg zu Tode kommt. Das auf dem Schlachtfeld vereinte Freundespaar signalisiere die Hoffnung, dass nach dem Krieg auch die homoerotische Liebe möglich werden könnte. Mit dem Essay *Die Ehe im Übergang* trete neben die mann-männliche Verschmelzung auch die Vision einer »menschlich ausgeglichenen Kameradschaft zwischen den Geschlechtern« (Gremler 2012, 256). Maskulinität bleibe aber eine bedrohte Größe, wie die *Joseph*-Romane zeigten. Hier sieht Gremler ›hegemoniale Männlichkeit‹ als soziales Dominanzverhältnis im Sinne Connells im Vordergrund sowie eine Rückkehr zu traditionellen Geschlechterverhältnissen – in Korrespondenz zur fragilen Maskulinität in der Joseph-Figur. Gremler beklagt, dass immer noch *queer*theoretische Auseinandersetzungen mit dem Spätwerk fehlen.

Kulturwissenschaft und Gender

In diesem Zusammenhang verdienen die kulturwissenschaftlichen Studien von Elsaghe besondere Beachtung, der seit Mitte der 1990er Jahre mit zahlreichen Beiträgen zur Alteritätsforschung hervorgetreten ist, die sich vielfach mit den Zielen der Gender Studies überschneidet. In *Thomas Mann und die kleinen Unterschiede* (2004) erstellt Elsaghe mit großer philologischer Akribie und auf Grund umfassender Recherche ideologiekritische Analysen von Figuren, deren ›Andersheit‹ er entsprechend ihrer nationalen, konfessionellen, ethnischen oder sexuellen Differenz thematisiert. Für eine weiterführende gendersensible Lektüre der Texte Manns sind Elsaghes Ausführungen z. B. zu den ›Juden und Jüdinnen‹ und zu den ›Schriftstellerinnen‹ im Gesamtwerk unverzichtbar, vor allem weil er mehrfach, mit Bezug auf Homi Bhabha, die Kollusion von Rassismen und Sexismen herausstellt (»collusion between racism and sexism«, Elsaghe 2004, 26). Die seit der Novelle *Mario und der Zauberer* im Werk Manns – so im *Doktor Faustus* sowie in der Novelle *Die Betrogene* – wiederholt erscheinenden mächtigen, vor allem sexuell dominanten Frauenfiguren wiederum hat Elsaghe unter dem Stichwort ›Matriarchat‹ (2010) in Manns Bachofen-Rezeption verortet und politisch mit dem Ende des Ersten Weltkriegs, d. h. dem republikanischen Staatswesen der Weimarer Republik in Verbindung gebracht. Die Bachofen'sche Kulturtheorie mit ihrem Dreischritt von Hetärismus, Matriarchat, Patriarchat, kombiniert mit der Möglichkeit eines kulturellen Rückschritts und der Gefahr der Wiederkehr des Zyklus, hätte bei Mann die Nostalgie nach dem Kaiserreich verstärkt. So komme es zu einer »Symbiose von Misogynie und Antirepublikanismus [...] von Antiurbanismus und Xenophobie [...] von Gynophobie und Krebsangst« (Elsaghe 2010, 315). Das zeige sich besonders eindrücklich in der *Betrogenen*. Inszeniert dieser Text damit erneut eine apotropäische Indienstnahme des Weiblichen, wie sie vielfach von den Feministinnen in der Literatur aufgewiesen worden war? Probleme bereitet aber auch, die Technik der camouflierenden Ersetzung des homoerotischen Liebesobjekts durch eine Frau für diese letzte Erzählung Manns in Anschlag zu bringen, denn, so kritisch Pontzen (2012), der Oberflächentext sei – im Sinne des Peinlichen – anstößiger als der Subtext. Dem narratologischen Anspruch, der hier an das Muster gestellt wird, dass nämlich die Frau als Titelheldin aus der Position des Liebesobjekts in die des Subjekts trete, Hauptperson und Sympathieträger*in* werde, wird nicht entsprochen. Die Performanz der liebenden, aber alten Frau, versehen mit allen Elementen der vetula-Topik, werde zu einer peinigenden Lektüre, so Pontzen. Deshalb ihr Fazit: die Erzählung sei »thematisch in weiten Teilen emanzipatorisch; diskursiv misogyn« (Pontzen 2012, 295). Diese widersprüchlichen Einschätzungen zu Manns später Novelle sollten Anlass geben, seine Texte in der Gender-Perspektive erneut in den Blick zu nehmen und dabei besonders die Verwobenheit der Ausgrenzungsdiskurse – auch im Kontext neuerer Konzepte wie Intersektionalität oder Diversität – zum Thema zu machen (vgl. Lange-Kirchheim 2012). Fragen der Ethik lässt sich dabei nicht ausweichen, denn die Diskurse der Differenzen transportieren Anerkennung oder Verwerfung. Elsaghe hat gezeigt, dass Mann mit seinen Gestaltungen jüdischer Frauen am rassenbiologischen Antisemitismus partizipiert hat. Ebenso hat Mann hinsichtlich der Verwendung der Frau als Maske für das männliche Liebesobjekt im Sinne der Camouflage am traditionellen Weiblichkeitsdiskurs partizipiert, der durch den realen und symbolischen Ausschluss von Frauen und zugleich ihrer realen und symbolischen Indienstnahme gekennzeichnet ist, eine Vereinnahmung, die hier noch gesteigert erscheint, da diese Frauenfiguren, ›femmes fatales‹ zumeist, seien sie Gerda von Rinnlingen, Clawdia Chauchat oder Mut-em-enet, zur Darstellung einer männlichen Problematik funktionalisiert werden. Nur vereinzelt ist hier von »›missbrauchte[r]‹ Weiblichkeit« gesprochen (Rey 1996) worden. An Mut-em-enet hat Rey die Verletzung der weiblichen Emotionalität durch deren Überschreibung mit einem männlichen Liebesdiskurs – gespeist aus dem Erlebnis der Leidenschaft für Paul Ehrenberg – herausgestellt, diese Nicht-Achtung weiblicher Integrität aber von der Konzeption des Romans her, also *ästhetisch*, gerechtfertigt angesehen. Elsaghe hat sogar mit deutlichen Worten von kompromittierter Weiblichkeit bei Mann gesprochen: Die selbsternannte ›Schriftstellerin‹ Diane Houpflé-Philibert habe er »nach allen Regeln und mit allen Mitteln der Kunst« bloßgestellt (Elsaghe 2004, 296). Ein Beitrag zur Misogynie im Werk Thomas Manns steht noch aus.

Literatur

Bergmann, Franziska/Franziska Schößler/Bettina Schreck (Hg.): *Gender Studies*. Bielefeld 2012.

Bergmann, Franziska: Poetik der Unbestimmtheit. Eine *queer*-theoretische Lektüre von Thomas Manns Erzählung *Der Kleiderschrank. Eine Geschichte voller Rätsel*. In: Stefan Börnchen/Georg Mein/Gary Schmidt (Hg.): *Thomas Mann. Neue kulturwissenschaftliche Lektüren*. München 2012, 81–93.

Blödorn, Andreas: Von der ›Queer Theory‹ zur Methode eines ›Queer Reading‹: Tonio Krögers verquere ›Normalität‹. (Queer Studies). In: Tim Lörke/Christian Müller (Hg.): *Vom Nutzen und Nachteil der Theorie für die Lektüre. Das Werk Thomas Manns im Lichte neuer Literaturtheorien*. Würzburg 2006, 129–146.

Boa, Elizabeth: *Buddenbrooks*: Bourgeois Patriarchy and ›fin-de-siècle‹ Eros. In: Michael Minden (Hg.): *Thomas Mann*. London/New York 1995, 125–142.

Böhm, Karl Werner: Die homosexuellen Elemente in Thomas Manns *Der Zauberberg* (1985). In: Heinrich Detering/Stephan Stachorski (Hg.): *Thomas Mann. Neue Wege der Forschung*. Darmstadt 2008, 60–79.

Böhm, Karl Werner: *Zwischen Selbstzucht und Verlangen. Thomas Mann und das Stigma der Homosexualität. Untersuchungen zu Frühwerk und Jugend*. Würzburg 1991.

Braun, Christina von/Inge Stephan (Hg.): *Gender@Wissen. Ein Handbuch der Gender-Theorien*. Köln/Weimar/Wien 2005.

Bronfen, Elisabeth: *Nur über ihre Leiche. Tod, Weiblichkeit und Ästhetik* (Over her Dead Body. Death, Femininity and the Aesthetic). München 1994 (engl. 1992).

Bronfen, Elisabeth: Weiblichkeit und Repräsentation – aus der Perspektive von Semiotik, Ästhetik und Psychoanalyse. In: Hadumod Bußmann/Renate Hof (Hg.): *Genus. Zur Geschlechterdifferenz in den Kulturwissenschaften*. Stuttgart 1995, 408–445.

Butler, Judith: *Das Unbehagen der Geschlechter* (Gender Trouble. Feminism and the Subversion of Identity). Aus dem Amerikanischen von Kathrina Menke. Frankfurt a. M. 1991 (engl. 1990).

Butler, Judith: *Körper von Gewicht. Die diskursiven Grenzen des Geschlechts* (Bodies that Matter). Aus dem Amerikanischen von Karin Wördemann. Frankfurt a. M. 1997 (engl. 1993).

Connell, Raewyn: *Masculinities*. Cambridge 1995.

Detering, Heinrich: *Das offene Geheimnis. Zur literarischen Produktivität eines Tabus von Winckelmann bis zu Thomas Mann*. Göttingen 1994.

Detering, Heinrich: *»Juden, Frauen und Litteraten«. Zu einer Denkfigur beim jungen Thomas Mann*. Frankfurt a. M. 2005.

Elsaghe, Yahya A.: *Die imaginäre Nation. Thomas Mann und das ›Deutsche‹*. München 2000.

Elsaghe, Yahya A.: ›Genre‹, ›Gender‹ und sexuelle Orientierung in Thomas Manns Erzählwerk. In: *Forum Homosexualität und Literatur* 41 (2002), 5–16.

Elsaghe, Yahya A.: *Thomas Mann und die kleinen Unterschiede. Zur erzählerischen Imagination des Anderen*. Köln/Weimar/Wien 2004.

Elsaghe, Yahya A.: *Krankheit und Matriarchat. Thomas Manns »Betrogene« im Kontext*. Berlin/New York 2010.

Frey Steffen, Therese: *Gender*. Leipzig 2006.

Galvan, Elisabeth: *Der Kleiderschrank* und seine Folgen. In: *TMJb* 24 (2011), 119–132.

Gremler, Claudia: »Etwas ganz Peinliches« – *queere* Emotionalität im *Zauberberg*. In: *TMJb* 25 (2012), 237–257.

Härle, Gerhard: *Die Gestalt des Schönen. Untersuchungen zur Homosexualitätsthematik in Thomas Manns Roman »Der Zauberberg«*. Königstein/Ts. 1986.

Härle, Gerhard: Hinter-Sinn. Zur Bedeutung des Analen für die Ästhetik homosexueller Literatur. In: *Forum Homosexualität und Literatur* 1 (1987), 38–72.

Keilson-Lauritz, Marita: *Von der Liebe die Freundschaft heißt. Zur Homoerotik im Werk Stefan Georges*. Berlin 1987.

Klinger, Cornelia: Beredtes Schweigen und verschwiegenes Sprechen: Genus im Diskurs der Philosophie. In: Hadumod Bußmann/Renate Hof (Hg.): *Genus. Zur Geschlechterdifferenz in den Kulturwissenschaften*. Stuttgart 1995, 34–59.

Kraß, Andreas (Hg.): *Queer denken. Gegen die Ordnung der Sexualität (Queer Studies)*. Frankfurt a. M. 2003.

Lange-Kirchheim, Astrid: Das zergliederte Porträt – ›gender‹-Konfigurationen in Thomas Manns Roman *Der Zauberberg*. In: *Bei Gefahr des Untergangs – Phantasien des Aufbrechens*. Festschrift für Irmgard Roebling. Hg v. Ina Brückel u. a. Würzburg 2000, 173–195.

Lange-Kirchheim, Astrid: Zergliederte Jünglinge und Mißgeburten. Zum ›gender trouble‹ in Thomas Manns Roman *Der Zauberberg*. In: *Jugend. Psychologie – Literatur – Geschichte*. Festschrift für Carl Pietzcker. Hg v. Klaus-Michael Bogdal/Ortrud Gutjahr/Joachim Pfeiffer. Würzburg 2001, 231–257.

Lange-Kirchheim, Astrid: Maskerade und Performanz – vom Stigma zur Provokation der Geschlechterordnung. Thomas Manns *Der kleine Herr Friedemann* und *Luischen*. In: Stefan Börnchen/Claudia Liebrand (Hg.): *Apokrypher Avangardismus. Thomas Mann und die klassische Moderne*. München 2008, 187–224.

Lange-Kirchheim, Astrid: ›Die Verwirrung des Lesers‹ – Diversität versus Binarität? Thomas Manns Novelle *Wälsungenblut*. In: *Freiburger literaturpsychologische Gespräche. Jahrbuch für Literatur und Psychoanalyse* 31 (2012), Themaband: »Thomas Mann«, 143–166.

Liebrand, Claudia: ›Queering the Tradition‹. Thomas Manns Novelle *Mario und der Zauberer* und Boccaccios *Decamerone*. In: Stefan Börnchen/Georg Mein/Gary Schmidt (Hg.): *Thomas Mann. Neue kulturwissenschaftliche Lektüren*. München 2012, 353–370.

Maar, Michael: *Geister und Kunst. Neuigkeiten aus dem Zauberberg*. Frankfurt a. M. 1995.

Pfeiffer, Joachim: *Bekenntnisse des Hochstaplers Felix Krull* – Narzissmus, Travestie, Performanz?. In: *Freiburger literaturpsychologische Gespräche. Jahrbuch für Literatur und Psychoanalyse* 31 (2012), Themaband: »Thomas Mann«, 313–326.

Pontzen, Alexandra: Indiskrete Zeugenschaft: *Die Betrogene* als strukturell peinvolle Lektüreerfahrung. In: *Freiburger literaturpsychologische Gespräche. Jahrbuch für Literatur und Psychoanalyse* 31 (2012), Themaband: »Thomas Mann«, 289–312.

Rey, William H.: Die ›missbrauchte‹ Weiblichkeit. Ambivalente Überlegungen zu Thomas Manns Darstellung der

Beziehung zwischen Joseph und Mut in seiner *Joseph*-Tetralogie. In: *Orbis Litterarum* 51.6 (1996), 334–355.

Rohde-Dachser, Christa : *Expedition in den dunklen Kontinent. Weiblichkeit im Diskurs der Psychoanalyse.* Berlin/Heidelberg/New York 1991.

Sedgwick, Eve Kosofsky: *Epistemology of the Closet.* Berkeley/Los Angeles 1990.

Tobin, Robert Deam: Queering Thomas Mann's *Der Tod in Venedig.* In: Stefan Börnchen/Georg Mein/Gary Schmidt (Hg.): *Thomas Mann. Neue kulturwissenschaftliche Lektüren.* München 2012, 67–79.

Vinken, Barbara (Hg.): *Dekonstruktiver Feminismus. Literaturwissenschaft in Amerika.* Frankfurt a. M. 1992.

Wallinger, Sylvia: »Und es war kalt in dem silbernen Kerzensaal, wie in dem der Schneekönigin, wo die Herzen der Kinder erstarren.« Gesundete Männlichkeit – gezähmte Weiblichkeit in Thomas Manns *Königliche Hoheit* und *Wälsungenblut.* In: Wallinger, Sylvia/Monika Jonas (Hg.): *Der Widerspenstigen Zähmung. Studien zur bezwungenen Weiblichkeit in Literatur vom Mittelalter bis zur Gegenwart.* Innsbruck 1986, 235–257.

Webber, Andrew J.: Mann's man's world: gender and sexuality. In: Ritchie Robertson (Hg.): *The Cambridge Companion to Thomas Mann.* Cambridge 2002, 64–83.

Wortmann, Thomas: Reifeprüfung. Poetologie, Künstlertum und Sexualität in Thomas Manns Novelle *Gefallen.* In: Stefan Börnchen/Georg Mein/Gary Schmidt (Hg.): *Thomas Mann. Neue kulturwissenschaftliche Lektüren.* München 2012, 107–126.

Astrid Lange-Kirchheim

VI. Rezeption und Wirkung

1 Nachlass und Archive

Es gibt weltweit zahlreiche Thomas-Mann-Sammlungen und -Einzelbestände in öffentlichen Einrichtungen. Dieser Überblick über die wichtigsten Institutionen folgt der Chronologie ihrer Einrichtung und berücksichtigt, ob und in welcher Form Thomas Mann diese selbst aktiv unterstützt oder bereichert hat.

Thomas Mann Collection, Yale University

Schon vor Thomas Manns Emigration nach Amerika entstand in den USA die erste öffentliche Thomas-Mann-Einrichtung. Im Frühjahr 1937 schlug Joseph Warner Angell Mann vor, an der Yale University eine Thomas-Mann-Sammlung zu gründen (undatierter Brief Angells an Thomas Mann, Original im TMA; Tb 4.3.1937; Reg 37/48). Ein Jahr später konnte Mann zu Beginn seiner viermonatigen *Lecture Tour* durch die Vereinigten Staaten bereits an der Feier *Zur Gründung einer Dokumenten-Sammlung in Yale University* teilnehmen (GW XI, 458–467; Tb 25.2.1938). Die Kollektion umfasste zu Beginn 38 Originalmanuskripte und wurde in den folgenden Jahren tatkräftig erweitert. Sie beinhaltete so wichtige Werkhandschriften wie diejenigen der ersten beiden *Joseph*-Romane *Die Geschichten Jaakobs* und *Der junge Joseph*, 71 ausgeschiedene und umgearbeitete Seiten des ansonsten verlorenen *Zauberberg*-Manuskripts, Notizen zu *Buddenbrooks* und *Der Tod in Venedig* sowie die Handschriften zahlreicher bedeutender Reden und Essays. Außerdem waren Erstausgaben, Übersetzungen, Quellenmaterial und persönliche Gegenstände des Autors vertreten (Angell 1938). 1950 versuchte Joseph Warner Angell, den Nachlass Thomas Manns für die Yale Collection zu sichern. Er verhandelte mit Mann über den »Ankauf aller [s]einer Manuskripte, jedes Blattes durch die Yale Library«, einschließlich der Tagebücher (Tb 13.10.1950). Der vorbereitete Ankauf scheiterte jedoch (Tb 14.12.1950, 17.11.1951; die Kaufübersicht ist im TMA erhalten: Signatur Thomas Mann 1757). In den Jahren 1956 und 1957 gingen allerdings die wertvollen Thomas-Mann-Sammlungen von Helen Lowe-Porter und Agnes E. Meyer in die Yale Collection ein und bereicherten die Sammlung durch große Brief- und Dokumentenbestände.

Thomas Mann Collection, Princeton University

Öffentlich zugänglich wurde die Princetoner Thomas-Mann-Sammlung zwar erst nach Eröffnung der Yale Collection, sie geht allerdings zurück auf eine Sammlung Caroline Newtons, die zwischen 1937 und 1955 angelegt wurde. Newton erhielt damals – wahrscheinlich auch in Zusammenhang mit der von ihr geplanten Thomas-Mann-Biographie (Tb 5.3.1939) – wertvolle Briefbestände von Mann geschenkt. Caroline Newton erweiterte die Schenkung Thomas Manns tatkräftig durch weitere Briefkonvolute und Dokumente und übertrug ihre Sammlung der Princeton University. Heute befinden sich mehrere Rede- und Vorlesungstyposkripte Manns in der Princetoner Collection, das Original seiner Dankesrede zur Verleihung des Princetoner Ehrendoktorats, aber auch Umbruchkorrekturen des *Erwählten* und Druckfahnen von *Lotte in Weimar*. Caroline Newton legte nicht nur den Grundstein für die Thomas Mann Collection in Princeton, sondern suchte auch den Ankauf des Nachlasses durch Yale zu fördern (*The letters of Thomas Mann to Caroline Newton*, 1–6, 103–104).

Bibliotheca Bodmeriana, Cologny bei Genf

1948 wurde Thomas Mann die Versteigerung der Originalhandschrift eines seiner Hauptwerke vorgeschlagen. Er überlegte sich die Veräußerung des *Doktor Faustus* (Tb 26.4.1948), gab dann aber *Lotte in Weimar* frei. Der Schweizer Sammler Martin Bodmer erzielte in einer spektakulären Versteigerung des Antiquariats L'Art Ancien (Erwin Rosenthal, Zürich) den Zuschlag für die Handschrift von Manns Goethe-Roman (Tb 18.11.1948; Wie wir hören (1948); GKFA 9.2, 57). Auf diese Weise kehrte die zu großen Teilen in Küsnacht bei Zürich verfasste Handschrift wieder in die Schweiz zurück. 1956 gehörte Martin Bodmer zu den Gründungsmitgliedern der Thomas Mann-Gesellschaft Zürich. Bodmer hat das Manuskript von *Lotte in Weimar* später in der Bibliotheca Bodmeriana öffentlich zugänglich gemacht – einer umfangreichen Sammlung der Weltliteratur von der Antike bis zur Moderne.

Thomas-Mann-Archiv der Deutschen Akademie der Wissenschaften der DDR, Berlin

In seinem letzten Lebensjahr stimmte Thomas Mann dem Vorschlag einer Institution »zur Pflege und Erforschung seines Werkes« in Ostdeutschland zu: Im Mai 1955 wurde an der Deutschen Akademie der Wissenschaften der DDR ein Thomas-Mann-Archiv gegründet, das die Herausgabe einer kritischen Gesamtausgabe unternehmen sollte und eine eigene Materialiensammlung zu Thomas Mann anlegte (Die Entstehung, 697 f.). Die ursprüngliche Idee einer kritischen Ausgabe konnte zu diesem Zeitpunkt zwar noch nicht umgesetzt werden, doch das ostdeutsche Thomas-Mann-Archiv leistete wichtige Editions- und Forschungsarbeiten. 1973 wurde das Archiv an die Akademie der Künste der DDR verlegt. 1993 fanden die Akademie der Künste der DDR und die Akademie der Künste West-Berlins in der heutigen Akademie der Künste, Berlin, zusammen. Diese besitzt u. a. einen wichtigen Bestand an Briefen Manns.

Thomas-Mann-Archiv, Eidgenössische Technische Hochschule Zürich: Der Nachlass

Thomas Mann starb am 12. 8. 1955 in Zürich und wurde auf dem Friedhof seines letzten Wohnorts Kilchberg beigesetzt. »Sein Wunsch, den er schon 1934 in einem Brief an René Schickele ausgedrückt hatte: ›Ich will in der Schweiz begraben sein‹, war in Erfüllung gegangen« (Schweizer 1962, 19). Nachdem die erste öffentliche Thomas-Mann-Sammlung in den USA entstanden war, gab es auch unmittelbar nach Manns Tod amerikanische Bemühungen zum Erwerb des gesamten Nachlasses (Jonas 1972, 41). Die Erben hatten sich aber bereits für die Schweiz entschieden. Golo Mann begründete diese Entscheidung mit dem Wunsch seines Vaters: »Seine Liebe aber hat der Schweiz gehört [...]. Hier [...] war seine letzte Adresse; hier [...] sollte die allerletzte, die Erinnerungsstätte sein« (Mann 1962, 24). Die Wahl der Erbengemeinschaft fiel auf die Eidgenössische Technische Hochschule Zürich. Die ETH Zürich hatte Mann anlässlich seines 80. Geburtstags einen Ehrendoktor der Naturwissenschaften verliehen und stellte damals noch die einzige gesamtschweizerische Hochschule dar. Auf diese Weise blieb der Nachlass in dem Land, das Mann als erstes Exil gewährt hatte und wohin er zu seinem Lebensende zurückgekehrt war. Am 11. 6. 1956 übertrug die Erbengemeinschaft Manns gesamten literarischen Nachlass sowie die Einrichtung seines letzten Arbeitszimmers einschließlich seiner eigenen Bibliothek der ETH Zürich als Schenkung (Sprecher 2006, 106–111). Die ETH Zürich ihrerseits gründete das Thomas-Mann-Archiv, das den Nachlass archivarisch erschloss und Manns Arbeitszimmer als Ausstellung zugänglich machte. Da sich im Nachlass die größte erhaltene Anzahl an Thomas-Mann-Autographen befindet, stellt das Zürcher Archiv die zentrale Forschungsstelle für die Werk- und Briefhandschriften dar. Der Nachlass umfasst sämtliche noch erhaltenen Tagebücher und Notizbücher Manns, sein Collegheft, alle zum Zeitpunkt seines Todes in seinem Besitz befindlichen Werkhandschriften, Typoskripte, Druckfahnen, Werkmaterialien und Briefe sowie eine Foto-Sammlung und zahlreiche persönliche Gegenstände und Dokumente. Seit seiner Gründung erweitert das Thomas-Mann-Archiv Zürich seine Bestände durch Ankäufe von Autographen, Werkausgaben und Sekundärliteratur. Basierend auf der umfangreichen Pressesammlung von Ida Herz wurde außerdem eine inzwischen rund 80.000 Dokumente umfassende spezialisierte Zeitungsartikelsammlung angelegt (Hollender 2006).

Heinrich-und-Thomas-Mann-Zentrum, Buddenbrookhaus Lübeck

Das Buddenbrookhaus, Wohnhaus von Manns Großeltern, ist über den nobelpreisgekrönten Roman in die Weltliteratur eingegangen. Ab 1891 war das Haus nicht mehr in Familienbesitz. 1897 wurde im ersten Stock des Gebäudes eine Volksbibliothek untergebracht – Thomas Mann besuchte die Bibliothek zwei Jahre später und schrieb der Titelfigur seiner Novelle *Tonio Kröger* eine ähnliche Begegnung zu (Dittmann 2008, 82 f.). Nach einer Renovierung wurde 1922 erstmals ein öffentlich wirksamer Bezug zwischen dem Gebäude und dem *Buddenbrooks*-Roman hergestellt: Am 4. März öffnete an der Mengstraße 4 unter persönlicher Mitwirkung Manns die »Buddenbrook-Buchhandlung«. Der Autor der *Buddenbrooks* hielt dabei eine Rede, deren Notizen erhalten sind: *Zur Eröffnung der Buddenbrook-Buchhandlung in Lübeck* (GKFA 15.1, 492–493). Das im Zweiten Weltkrieg zerstörte Gebäude wurde nach dem Krieg wieder aufgebaut. 1975 wurde hier ein »Thomas-Mann-Zimmer« eingerichtet. 1993 konnte schließlich das Heinrich-und-Thomas-Mann-Zentrum eröffnet werden, das seither das bedeutendste Zentrum von Familie-Mann-Ausstellungen darstellt, eine Spezial-Sammlung zu *Buddenbrooks* aufgebaut hat und wertvolle Gegenstände aus dem Familienbesitz sowie wichtige Briefkonvolute verwahrt. 2011 konnte zur Erweiterung der Ausstellungsmöglichkeiten das Nebengebäude angekauft werden.

Thomas-Mann-Sammlung, Heinrich-Heine-Universität Düsseldorf

»Neben dem Thomas-Mann-Archiv in Zürich und dem Buddenbrook-Haus in Lübeck ist die Thomas-Mann-Sammlung der Universitäts- und Landesbibliothek Düsseldorf wohl die bedeutendste Forschungsstätte zu Thomas Mann weltweit. Literaturarchiv (Zürich), Literaturmuseum (Lübeck) und Literaturdokumentation bzw. -sammlung (Düsseldorf) – so können die Funktionen dieser drei Einrichtungen am treffendsten unterschieden werden« (Olliges-Wieczorek 2009, 205). Dass es zu einer so bedeutungsvollen Düsseldorfer Sammlung kam und dass sie besonders durch ihre Werkausgaben und ihre Pressedokumentation besticht, geht auf Hans-Otto Mayer zurück. Seit den 1920er Jahren hatte er Thomas-Mann-Drucke in allen Ausprägungen gesammelt. Später baute er neben der Sammlung von Werkausgaben, illustrierten Kunstdrucken und Rara auch eine Kollektion der Sekundärliteratur und ein Archiv von Pressebeiträgen auf. 1969 erwarb Rudolf Groth für die Heinrich-Heine-Universität Düsseldorf die groß angelegte Thomas-Mann-Sammlung Hans-Otto Mayers. Heute befindet sich hier die wohl größte Kollektion an Publikationen von und über Thomas Mann. Außerdem verfügt die Heinrich-Heine-Universität Düsseldorf über zwei Essaymanuskripte sowie Originalbriefe Manns. Zahlreich vertreten sind Briefkopien und -Abschriften (Olliges-Wieczorek 2009).

Thomas-Mann-Sammlung des Deutschen Literaturarchivs Marbach

Seit 1955 hat das Literaturarchiv Marbach eine repräsentative Sammlung an Thomas-Mann-Ausgaben und Sekundärliteratur angelegt. Darüber hinaus verfügt das Literaturarchiv über mehrere Prosa-Manuskripte, darunter *Schwere Stunde* und *Offener Brief an Hermann Grafen Keyserling*. Herausragend wird diese Sammlung allerdings durch über 800 Originalbriefe Manns, die meist aus Einzelnachlässen des Literaturarchivs stammen. Besonders umfangreich sind die Briefbestände an Ernst Bertram, Hermann Hesse, Jonas Lesser, Heinrich Mann, René Schickele und Victor Wittkowski (Zeller 1976, Jonas 2006).

Seit 1986 überträgt Monika Schoeller das Archiv des S. Fischer Verlags dem Deutschen Literaturarchiv. Durch die von ihr begründete S. Fischer Stiftung stellt Schoeller außerdem Mittel für Ankäufe und Erschließung des S. Fischer Archivs bereit, um dieses nach Abschluss der Erschließungsarbeiten öffentlich zugänglich zu machen.

Monacensia, Städtisches Literaturarchiv und Bibliothek München

Der Direktor der städtischen Bibliotheken in München, Hans Ludwig Held, begann in den 1920er Jahren, zeitgenössische Autoren um Manuskripte zu bitten. Er legte damit den Grundstein für die in den kommenden Jahrzehnten zu großer Bedeutung gelangenden Handschriftensammlung. Thomas Mann schenkte Held eine wertvolle Handschrift: Das Manuskript seines einzigen Dramas *Fiorenza* (Hummel 2002, 24). Auch Heinrich und Klaus Mann bereicherten Helds Handschriftensammlung durch Schenkungen. 1994 wurde aus der Handschriftenabteilung das Literaturarchiv der Monacensia. Neben den Werkhandschriften sind die Briefbestände besonders hervorzuheben. Neben über 100 Korrespondenzstücken Manns besitzt die Monacensia insgesamt über 1.000 Briefe der Familie Mann. 1972 und 1976 gingen außerdem die Nachlässe von Klaus und Erika Mann in der Monacensia ein. Seither bildet sie das Kompetenzzentrum insbesondere zu den beiden ältesten Kindern von Thomas und Katia Mann. Da später auch Teilnachlässe von Elisabeth, Michael und Monika Mann an dieser Stelle zusammengeführt wurden, ist die Monacensia heute die wichtigste Forschungsstelle zu den Kindern der Manns und macht neben den weitläufigen Briefbeständen auch Tagebücher, Prosahandschriften, Werkausgaben und Pressedokumentationen der Familienmitglieder zugänglich. Ergänzend zur Archiv- und Sammlungstätigkeit führt die Monacensia auch Veranstaltungen und Ausstellungen zur Familie Mann durch (Tworek 2002, 15–19). Der Nachlass Golo Manns liegt nicht bei denjenigen seiner Geschwister in der Monacensia, sondern im Schweizerischen Literaturarchiv in Bern (Kolp 2009, 110).

Sammlung Klaus W. und Ilsedore B. Jonas, Universität Augsburg

1990 wurde der größte Teil der bedeutenden Sammlung des Ehepaars Jonas von der Universität Pittsburgh an die Universität Augsburg überführt, während bestimmte Bestände für eigene bibliographische Arbeiten noch im Besitz der Sammler blieben. Die Kollektion war bereits 1950 begonnen worden und befand sich seit 1957 an der Universität Pittsburgh, wo sie sich neben Yale und Princeton zu einer der wichtigsten Sammel- und Forschungsstätten zu Thomas Mann in Amerika entwickelte. Es handelt sich allerdings nicht um eine Spezialsammlung zu Mann, sondern um ein breit angelegtes Projekt: Eine Reihe ausgewählter Autoren der ersten Hälfte des 20.

Jahrhunderts stehen im Zentrum des Interesses. Innerhalb dieser Ausrichtung werden Thomas Mann, seine Familie und sein Umfeld aber besonders stark gewichtet. Die Bestände umfassen sowohl Werkausgaben als auch Periodika und Einzeldrucke. Eine breit angelegte Pressedokumentation zeichnet die Rezeptionsgeschichte im deutschsprachigen wie auch US-amerikanischen Raum nach. Bibliophile Raritäten, Originalbriefe, Widmungen und einzelne Prosaautographen runden die Sammlung ab.

2008 erwarb die Universitätsbibliothek Augsburg in Ergänzung zur Sammlung Jonas mit Hilfe der Zauberberg-Stiftung und der Gesellschaft der Freunde der Universität den Nachlass Gert Heines. Ein großer Teil dieses Nachlasses besteht aus Kopien von Thomas-Mann-Briefen, die zur Fertigstellung der *Briefe Thomas Manns. Regesten und Register* des S. Fischer Verlags in Zusammenarbeit mit dem Thomas-Mann-Archiv Zürich verwendet wurden.

Weitere Institutionen

Die Archive und Bibliotheken, die Thomas-Mann-Autographen und -Sammlungen in kleinerem Umfang besitzen, sind so zahlreich, dass nicht alle einzeln genannt werden können.

Im *deutschsprachigen Europa* sind hervorzuheben: Stadtbibliothek Aachen, Staatsbibliothek Berlin, Stadt- und Landesbibliothek Dortmund, Heinrich-Heine-Institut Düsseldorf, Exilsammlung der Deutschen Nationalbibliothek Frankfurt am Main, Goethehaus in Frankfurt (Freies Deutsches Hochstift), Staats- und Universitätsbibliothek Hamburg, Schleswig-Holsteinische Landesbibliothek Kiel, Stadtbibliothek der Hansestadt Lübeck, Bayerische Staatsbibliothek München, Universitätsbibliothek der Ludwig-Maximilians-Universität München; Österreichische Nationalbibliothek Wien, Wienbibliothek im Rathaus, Theatermuseum Wien; Zentralbibliothek Zürich.

Als Standorte namhafter Einzelbestände in den *USA* gelten: University of Austin/Texas; Leo Baeck Institute New York; Brandeis University Waltham/Massachusetts; University of California Irvine; University of Cincinnati/Ohio; Colby College Library Waterville/Maine; Colorado College; Library of Congress/Washington D.C; Harvard University; Lilly Library, Indiana University/Bloomington; University of Maryland; University of New Hampshire; New York Public Library; University of Southern California.

Im *Nahen Osten* ist The National Library of Israel, Jerusalem, zu nennen.

Ausgezeichnete Übersichten geben insgesamt Jonas 1972 und Jonas/Stunz 2006. Dort finden sich auch wertvolle Informationen über die Bestände privater Sammlungen.

Literatur

Angell, Joseph W.: The Thomas Mann Collection. In: *The Yale University Library Gazette* 13/2 (1938), 41–45.

Dittmann, Britta: Von den Manns zu den Buddenbrooks 1842–2008. In: Britta Dittmann/Hans Wißkirchen (Hg.): *Das Buddenbrookhaus*. Lübeck 2008, 82–85.

Die Entstehung des Thomas Mann-Archivs der Deutschen Akademie der Wissenschaften zu Berlin. In: *Wissenschaftliche Annalen zur Verbreitung neuer Forschungsergebnisse* 5/9 (1956), 695–701.

Hollender, Gabi u. a.: Die Bestände. In: *Im Geiste der Genauigkeit. Das Thomas Mann-Archiv der ETH Zürich 1956–2006*. Frankfurt a. M. 2006, 331–366.

Hummel, Ursula: Das literarische Gedächtnis der Stadt. In: Elisabeth Tworek unter Mitarbeit von Ursula Hummel (Hg.): *Literatur im Archiv. Bestände der Monacensia*. München 2002, 23–29.

Jonas, Klaus W./Stunz, Holger: Thomas Mann auf vier Kontinenten. Gedenkstätten, Institutionen und private Sammlungen. In: *Im Geiste der Genauigkeit. Das Thomas Mann-Archiv der ETH Zürich 1956–2006*. Frankfurt a. M. 2006, 43–87.

Jonas, Klaus W.: Thomas Manns Handschriften. In: Ders.: *Die Thomas-Mann-Literatur 1896–1955*. Berlin 1972, 15–48.

Kolp, Franziska: Literarische Nachlässe und Archive in der Schweiz. In: *Zeitschrift für Bibliothekswesen und Bibliographie* Sonderband 98 (2009), 109–127.

The Letters of Thomas Mann to Caroline Newton. With a foreword by Robert F. Goheen. Princeton 1971.

Mann, Golo: Schlusswort. In: *BlTMG* 3 (1962), 23–25.

Olliges-Wieczorek, Ute: Die Thomas-Mann-Sammlung der Universitäts- und Landesbibliothek Düsseldorf. In: *Zeitschrift für Bibliothekswesen und Bibliographie*, Sonderband 98 (2009), 205–210.

Schmidlin, Yvonne/Sprecher, Thomas (Hg.): *Thomas Mann. Collegheft 1894–1895*. Frankfurt a. M. 2001 (= *TMS* 24).

Schweizer, Richard: *Zürich als Stätte des Thomas Mann-Archivs*. In: *BlTMG* 3 (1962), 18–23.

Sprecher, Thomas: Das Thomas-Mann-Archiv 1956–2006. In: *Im Geiste der Genauigkeit. Das Thomas Mann-Archiv der ETH Zürich 1956–2006*. Frankfurt a. M. 2006, 91–301.

Tworek, Elisabeth: Maßnahmen gegen das Verschwinden. Sind Literaturarchive heute noch zeitgemäß?. In: Elisabeth Tworek unter Mitarbeit von Ursula Hummel (Hg.): *Literatur im Archiv. Bestände der Monacensia*. München 2002, 15–21.

Wie wir hören. In: *Aufbau*, Bd. XIV, Nr. 51, 17. 12. 1948, 5.

Zeller, Bernhard: Die Thomas Mann-Sammlung des Deutschen Literaturarchivs. Mit einer Auswahl unveröffentlichter Briefe. In: *Jahrbuch der Deutschen Schillergesellschaft* 20 (1976), 557–601.

Katrin Bedenig

2 Editionen, Bibliographien, Forschungsberichte

Editionen

Thomas Manns Texte erschienen zeit seines Lebens im 1886 gegründeten S. Fischer Verlag, zunächst unter der Leitung des Verlagsgründers Samuel Fischer (1859–1934), später unter der seines Schwiegersohns und Nachfolgers, Gottfried Bermann Fischer (1897–1995). Thomas Mann ist seit 1897 Autor des S. Fischer Verlags, in dem sein erster Novellenband (*Der kleine Herr Friedemann*, 1898), der erste Roman *Buddenbrooks* (1901) und in der Folge, neben einigen wenigen Lizenzausgaben in anderen Verlagen, alle seine literarischen wie essayistischen Texte erscheinen. Auch als Gottfried Bermann Fischer 1936 das Unternehmen in Teilen nach Österreich, 1938 nach Schweden und 1940 in die USA transferiert, hält Mann ihm die Treue. Die Publikationsrechte an den Texten Manns liegen bis heute bei den Erben sowie dem S. Fischer Verlag. Erst im Jahr 2025, 70 Jahre nach dem Tod des Autors, wird die Schutzfrist des Copyrights auslaufen. Neben dem genuinen Interesse der Verlegerpersönlichkeiten wurde und wird das Werk Manns im S. Fischer Verlag von namhaften Lektoren betreut (Mendelssohn 1970), u. a. von Moritz Heimann, Oskar Loerke, J. Hellmut Freund und aktuell von Roland Spahr.

Bereits zu Lebzeiten Manns erscheinen diverse Ausgaben seiner *Gesammelten Werke*, die erste bereits zwischen 1922 und 1935/36 bei S. Fischer, im Exil dann die berühmte *Stockholmer Ausgabe* (Potempa 3 ff.). Als zitierfähig etabliert sich nach Manns Tod zunächst die Ausgabe *Gesammelte Werke in zwölf Bänden*, die 1960 von Hans Bürgin bei S. Fischer herausgegeben wird und seit 1967/68 leicht verändert auch als Taschenbuchausgabe erhältlich ist (Potempa 6 f.). Sie wird abgelöst von der 1974 von Bürgin und Mendelssohn verantworteten Ausgabe der *Gesammelten Werke in dreizehn Bänden* (GW), die der Ausgabe von 1960 folgt, diese ergänzt und seit 1990 im Taschenbuch vorliegt. Zwischen 1980 und 1986 erscheint die von Peter de Mendelssohn edierte *Frankfurter Ausgabe*, die sich in der Forschung allerdings nicht durchsetzt. Die bis heute maßgebliche Ausgabe *GW* wird derzeit ersetzt durch die neue, textkritische *Große kommentierte Frankfurter Ausgabe* (GKFA) der Werke, Briefe und Tagebücher Thomas Manns, die seit dem Jahr 2002 fortlaufend von einem internationalen Editoren-Gremium im S. Fischer Verlag herausgegeben und 38 Bände umfassen wird. Jeder Textband wird hier jeweils von einem umfangreichen Kommentarband begleitet, der Entstehungs- und Rezeptionsgeschichte, Quellen und Textlage diskutiert und einen Stellenkommentar bereitstellt. Da fast alle Texte zweifelsfrei überliefert sind, erübrigt sich eine historisch-kritische Ausgabe. Gleichwohl korrigiert die GKFA zahlreiche Fehler bisheriger Editionen, vor allem werden die Essays erstmals vollständig publiziert und die Briefe Manns in einer umfangreichen repräsentativen Auswahl vorgelegt.

Neben den Gesamtausgaben existiert eine ganze Reihe von Ausgaben der gesammelten Romane und Erzählungen. Die Essays und politischen Texte Manns werden unter verschiedenen Buchtiteln publiziert: u. a. *Reden und Aufsätze* (1960), *Leiden und Größe der Meister* (1982), *Über mich selbst* (1983), *Rede und Antwort* (1984), *Von Deutscher Republik* (1984), *An die gesittete Welt* (1986) und *Die Forderung des Tages* (1986). In Ostberlin werden die *Aufsätze, Reden, Essays* in einer von Harry Matter verantworteten, nicht abgeschlossenen Ausgabe 1983 im Aufbau-Verlag herausgegeben. 1993–1997 erscheinen, von Kurzke und Stachorski ausgewählt und kommentiert, die Essays Manns in einer sechsbändigen Ausgabe bei S. Fischer (Ess).

Die Briefe Manns werden u. a. ab 1961 in einer dreibändigen von Erika Mann herausgegebenen Ausgabe bei S. Fischer veröffentlicht (Br), 1988 publiziert Hans Wysling Thomas Manns *Briefwechsel mit Autoren* (BrAu). Daneben existieren Briefwechsel mit verschiedenen Zeitgenossen als Einzelausgaben, u. a. mit Karl Kerényi (BrKer, 1945), Heinrich Mann (BrHM, seit 1956 in immer wieder ergänzten Ausgaben), Paul Amann (BrA, 1959), Ernst Bertram (BrB, 1960), Hermann Hesse (BrHe, 1968/2003), Bruno Walter (1969), Gottfried Bermann Fischer (BrBF, 1973), Samuel und Hedwig Fischer (Fischer 1989, 394–466), René Schickele (Bernini/Wysling 1992), Agnes E. Meyer (BrA, 1992) und Theodor W. Adorno (BrAd, 2003). Ab 1976 erscheint in fünf Bänden eine Übersicht über die bekannte Korrespondenz Manns mit kurzen inhaltlichen Zusammenfassungen unter dem Titel *Die Briefe Thomas Manns. Regesten und Register*, herausgegeben von Hans Bürgin und Hans-Otto Mayer, ab Band IV ergänzt und überarbeitet von Gert Heine und Yvonne Schmidlin.

Ab 1977 publiziert Peter de Mendelssohn die Tagebücher Manns, die im Zürcher Thomas-Mann-Archiv lagerten und auf Wunsch ihres Verfassers erst zwanzig Jahre nach seinem Tod zur Öffnung freigegeben wurden. Erhalten und veröffentlicht sind die Hefte zwischen 1918 und 1921 sowie die Aufzeichnungen von 1933 bis 1955. Nach dem Tod de Mendelssohns übernimmt Inge Jens die Herausgeberschaft und ediert die Tagebücher ab 1944, insgesamt umfasst die Ausgabe zehn Bände (Tb). Auch die Tagebuchausgabe wird im Rahmen der *Großen kommentierten Frankfurter Ausgabe* (GKFA) revidiert und ergänzt. Nach Publikationen in Auszügen edierten Hans Wysling und Yvonne Schmidlin 1991 und 1992 die Notizbücher in einer zweibändigen Ausgabe (Notb). 2001 erschien das »Collegheft« Manns, seine Vorlesungsmitschriften als Gasthörer an der Universität München 1894/1895 (Schmidlin/Sprecher 2001).

Bibliographien und Forschungsberichte

Bereits zu Lebzeiten Manns wird eine Werkbibliographie publiziert (Jacob 1926), es folgt 1959 die teilweise kommentierte Übersicht *Das Werk Thomas Manns* (Bürgin 1959). In der sicherlich umfassendsten Bibliographie dokumentiert Potempa in den 90er Jahren in zwei Bänden *Das Werk* (Potempa) sowie Übersetzungen und Interviews Manns (Potempa 1997).

Eine erste Überblicksdarstellung zur Rezeption der Texte Manns erscheint bereits 1969 (Schröter 1969). Ausführliche Dokumentationen der Thomas-Mann-Forschung bieten die dreibändige Bibliographie *Die Thomas-Mann-Literatur*, welche Beiträge der Kritik und Wissenschaft von 1896 bis 1994 verzeichnet (Jonas 1972, Jonas 1979, Jonas/Koopmann 1997), sowie in der DDR Matters zweibändige Publikation *Die Literatur über Thomas Mann* (Matter 1972). Hinzu kommen zahlreiche Einzel- und Teilbibliographien zu verschiedenen Primärtexten, zu Kritik und Forschungsliteratur (z. B. Wenzel 1969, Loewy 1974, Jonas 1991, Ridley 1994, Goll 2000, Schlutt 2002, Pils 2012).

Zentrale Positionen der Thomas-Mann-Forschung präsentiert das von Koopmann herausgegebene *Thomas-Mann-Handbuch* (TMHb). Wißkirchen dokumentiert darin die deutschen wie europäischen Beiträge der Literaturkritik zu den Romanen Manns (Wißkirchen, TMHb, 2001), Wagener die der US-amerikanischen Kritik (Wagener, TMHB, 2001). Koopmann gibt einen Überblick über die Forschungsgeschichte zum Werk Manns von 1903 bis in die 90er Jahre (Koopmann, TMHb, 2001).

Wichtige Publikationsorgane für jeweils aktuelle Forschungsberichte und wissenschaftliche Studien sind die ab 1958 veröffentlichten *Blätter der Thomas Mann Gesellschaft Zürich* sowie die seit 1967 vom Thomas-Mann-Archiv der ETH Zürich herausgegebenen *Thomas-Mann-Studien*, die u. a. die Vorträge der *Davoser Literaturtage* dokumentieren. Im *Thomas Mann Jahrbuch*, begründet von Eckhard Heftrich und derzeit herausgegeben von Katrin Bedenig und Hans Wißkirchen, werden neben Forschungsberichten und Forschungsbibliographien die Beiträge des jährlich stattfindenden Herbstkolloquiums der Deutschen Thomas Mann-Gesellschaft veröffentlicht. Auch der Ortsverein der Deutschen Thomas Mann-Gesellschaft Köln/Bonn (seit 2009), die Thomas Mann-Gesellschaft Düsseldorf (seit 2011) und das Thomas Mann-Forum München (seit 2001) publizieren jeweils eine eigene Schriftenreihe.

Kurzke präsentiert wichtige Ergebnisse der Thomas-Mann-Forschung in zwei Überblicksbänden (Kurzke 1977 u. 1985), Detering und Stachorski schließen mit ihrem Band über die Jahre 1977 bis 2004 an (Detering/Stachorski 2008). Verweise auf die wichtigsten Internetquellen zu Thomas Mann finden sich u. a. auf den Webseiten des *Thomas-Mann-Archivs* der ETH Zürich, des *Heinrich-und-Thomas-Mann-Zentrums* im Buddenbrook-Haus Lübeck, der Schweizer sowie der Deutschen *Thomas Mann-Gesellschaft*, der *Sammlung Dr. Hans-Otto Mayer* der Universitätsbibliothek Düsseldorf, des Instituts *Monacensia* der Münchner Stadtbibliothek sowie der *Beinecke Rare Book & Manuscript Library* der Yale University.

Literatur

Bernini, Cornelia/Wysling, Hans (Hg.): *Jahre des Unmuts. Thomas Manns Briefwechsel mit René Schickele 1930–1940*. Frankfurt a. M. 1992.

Bürgin, Hans: *Das Werk Thomas Manns*. Frankfurt a. M. 1959.

Detering, Heinrich/Stachorski, Stephan (Hg.): *Thomas Mann. Neue Wege der Forschung*. Darmstadt 2008.

Fischer, Samuel/Fischer, Hedwig: *Briefwechsel mit Autoren*. Hg. von Dierk Rodewald u. Corinna Fiedler. Frankfurt a. M. 1989.

Goll, Thomas: *Die Deutschen und Thomas Mann. Die Rezeption des Dichters in Abhängigkeit von der Politischen Kultur Deutschlands 1898–1955*. Baden-Baden 2000.

Jacob, Gerhard: *Das Werk Thomas Manns*. Berlin 1926.

Jonas, Klaus W.: *Die Thomas-Mann-Literatur. Bd. I. Bibliographie der Kritik 1896–1955*. Berlin 1972.

Jonas, Klaus W.: *Die Thomas-Mann-Literatur. Bd. II. Bibliographie der Kritik 1956–1975*. Berlin 1979.

Jonas, Klaus W./Koopmann, Helmut: *Die Thomas-Mann-Literatur. Bd. III. Bibliographie der Kritik 1976–1994*. Berlin 1997.
Jonas, Klaus W.: Illustrierte Thomas-Mann-Ausgaben: ein Überblick. In: *Aus dem Antiquariat* 5 (1991), Nr. 5, A 177–A 184.
Koopmann, Helmut: Forschungsgeschichte. In: *TMHb*, 941–1007.
Kurzke, Hermann: *Thomas-Mann-Forschung 1969–1976. Ein kritischer Bericht*. Frankfurt a. M. 1977.
Kurzke, Hermann: *Stationen der Thomas-Mann-Forschung. Aufsätze seit 1970*. Würzburg 1985.
Loewy, Ernst: *Thomas Mann – Ton- und Filmaufnahmen. Ein Verzeichnis*. Frankfurt a. M. 1974.
Mann, Thomas: *Collegheft 1894–1895*. Hg. von Yvonne Schmidlin und Thomas Sprecher. Frankfurt a. M. 2001
Mann, Thomas/Walter, Bruno: Briefwechsel. Aus den Beständen des Thomas-Mann-Archivs der Eidgenössischen Technischen Hochschule vorgelegt von Hans Wysling. In: *BlTMG* 9 (1969), 13–43.
Matter, Harry: *Die Literatur über Thomas Mann. Eine Bibliographie 1898–1962*. 2 Bde. Berlin 1972.
Mendelssohn, Peter de: *S. Fischer und sein Verlag*. Frankfurt a. M. 1970.
Pils, Holger: *Thomas Manns »geneigte Leser«: die Publikationsgeschichte und populäre Rezeption der »Bekenntnisse des Hochstaplers Felix Krull« 1911–1955*. Heidelberg 2012.
Potempa, Georg: *Thomas Mann-Bibliographie. Übersetzungen, Interviews*. Morsum/Sylt 1997.
Ridley, Hugh: *The Problematic Bourgeois: Twentieth Century Criticism on Thomas Mann's »Buddenbrooks« and »The Magic Mountain«*. Columbia/SC 1994.
Schlutt, Meike: *Der repräsentative Außenseiter. Thomas Mann und sein Werk im Spiegel der deutschen Presse 1898 bis 1933*. Frankfurt a. M. 2002.
Schröter, Klaus: *Thomas Mann im Urteil seiner Zeit. Dokumente 1891–1955*. Hamburg 1969.
Wagener, Hans: Thomas Mann in der amerikanischen Literaturkritik. In: *TMHb*, 925–940.
Wenzel, Georg: *Thomas Manns Briefwerk. Bibliographie gedruckter Briefe aus den Jahren 1889–1955*. Berlin 1969.
Wißkirchen, Hans: Thomas Mann in der literarischen Kritik. In: *TMHb*, 875–924.

Julia Schöll

3 Rezeption und Wirkung in Deutschland

Thomas Manns Wirkung in Deutschland begann früh. Er war ein sehr wirkungsbewusster Autor; schon bei seinem Erstling *Buddenbrooks* findet sich ein zentrales Element, das noch bis heute die Rezeption und die Forschung mit beeinflusst: die Rezeptionslenkung. So gibt er dem Freund Otto Grautoff für eine Kritik seines Romans ausführliche Ratschläge, etwa die Rolle des Leitmotivs betreffend, mahnt ihn, nicht zu positiv zu sein und schließt mit den programmatischen Worten: »Damit genug! Mach Deine Sache recht gut und verschiebe sie nicht zu lange« (GKFA 21, 180). Wenn man also über die Wirkung Thomas Manns spricht, dann hat man ein Kontinuum vor sich: Schon früh haben sich Muster herausgebildet, an die später – bewusst und oft auch unbewusst – angeknüpft wird.

Vor dem Ersten Weltkrieg

»Vom kalten Künstler« ist eine Kritik von Karl Muth aus dem Jahre 1904 in der Monatsschrift *Hochland* betitelt (vgl. Schröter 2000, 37–40). Sie fasst den ambivalenten Blick auf Thomas Mann, der vor dem Ersten Weltkrieg die Rezeption bestimmte, paradigmatisch zusammen. Mann wird als der Künstler angesehen, der alles dafür tut, »für keine Gestalt seiner Phantasie auch nur die geringste Sympathie fühlbar werden zu lassen« (Schröter 2000, 38). Um das zu erreichen, sei die Ironie das zentrale Element seines Schreibens. Die Novelle *Tonio Kröger* zeige nun als neue Perspektive, dass dieser Ästhetizismus nicht Manns alleinige Antwort sei, sondern dass die Hinwendung zur Wirklichkeit des Lebens angestrebt werde. Die Rezeption ist in diesen Jahren frei von allem Politischen. Thomas Mann wird allenthalben als ein Meister der literarischen Formung angesehen, dem es vor allem darum geht, seine Novellen und Romane zu in sich geschlossenen Kunstwerken zu machen. Er wird auch als eine neue Stimme wahrgenommen, die sich nicht bruchlos in die literarischen Muster seiner Zeit einfügen lässt.

Der Erste Weltkrieg und die Weimarer Republik

Diese Wahrnehmung ändert sich mit dem Ausbruch des Ersten Weltkriegs. Es sind nun die Kriegsessays und vor allem ab 1918 die *Betrachtungen eines Unpolitischen*, die den Blick auf Thomas Mann bestimmen. Sehr stark spielt dabei das Verhältnis zum Bruder Heinrich Mann hinein, das bis etwa 1922 eine starke Verschränkung von Literatur- und Zeitgeschichte zeigt. Beispielhaft ist etwa die Perspektive Egon Friedells, der in seiner Rezension der *Betrachtungen* im März 1919 von der produktiven Feindschaft der Brüder Mann spricht, die zwei gültige Tendenzen der Zeit und Menschheit widerspiegle (vgl. Schröter 2000, 83–87). Nach seinem Bekenntnis zur Republik im Jahr 1922 wird Thomas Mann immer stärker politisch rezipiert und dabei vor allem von den republikfeindlichen Kräften als ein Hauptgegner gesehen. Diese Wahrnehmung korrespondiert mit der Tatsache, dass er sich als Vertreter einer auf den Begriff der Mitte konzentrierten Bürgerlichkeit für die immer mehr in die Defensive geratene Weimarer Republik engagierte. Gleichzeitig wuchs aber auch seine literarische Bedeutung, wozu entscheidend das Erscheinen des Romans *Der Zauberberg* 1924 und der Nobelpreis von 1929 beitrugen. Als Beispiel mag eine Umfrage der *Literarischen Welt* dienen, die am 20. 5. 1926 im *Berliner Tageblatt* erschien. Auf die Frage, wer in die »Sektion für Dichtkunst der preußischen Akademie der Künste« gehöre, nannten 1421 der Befragten Thomas Mann, der damit die Liste mit großem Vorsprung vor Franz Werfel (682 Stimmen) und Gerhart Hauptmann (594 Stimmen) anführte (vgl. Goll 2000, 216).

Das ›Dritte Reich‹

Die Machtübernahme Hitlers im Februar 1933 markiert eine deutliche Zäsur in der Rezeption Manns. Das zentrale Dokument für die radikal geänderte Haltung gegenüber dem Autor ist der »Protest der Richard-Wagner-Stadt München« aus den *Münchner Neuesten Nachrichten* vom 16./17. 4. 1933. Hier sagte sich ein Großteil der Münchner Prominenz, größtenteils mit Mann in mehr oder minder direktem Umgang, von ihm los. Grund ist die vermeintliche »Herabsetzung unseres großen deutschen Musikgenies« Wagner durch Thomas Mann (zit. n. Schröter 2000, 199). Ideologischer Hintergrund ist die Tatsache, dass »die nationale Erhebung Deutschlands festes Gefüge angenommen hat« (ebd.) und ein differenziertes Wagner-Bild, das sich nicht den klaren Konturen des durch Hitler vorgegebenen Wagner-Kultus fügt, keinen Raum mehr in Deutschland hatte.

Zu Beginn des ›Dritten Reiches‹ gab es noch vereinzelte Wirkungszeugnisse zu Mann. Sie finden sich in zwei gänzlich unterschiedlichen Bereichen: Der jüdischen und der nationalsozialistischen Presse. Die Olympiade im Sommer 1936 war hier ein zentrales Datum. Aus Gründen der Reputation in der Weltöffentlichkeit vermied man es bis dahin, sich öffentlich mit literarischen Größen wie dem Nobelpreisträger Thomas Mann auseinanderzusetzen. So war es etwa noch 1936 möglich, dass der dritte Band der *Joseph*-Tetralogie, *Joseph in Ägypten*, in jüdischen Zeitungen besprochen werden konnte. Hermann Sinsheimer etwa weist in seiner Besprechung in der *Jüdischen Rundschau* (3. 11. 1936) darauf hin, dass Mann den Mythos psychologisch eingefärbt habe und lobt das Buch in den höchsten Tönen (vgl. Goll 2000, 261). Dagegen steht die Reaktion der Nationalsozialisten. »Agonie: Schlußwort zu Thomas Mann«, so betitelt Ernst Krieck seinen in der Zeitschrift *Volk im Werden* 1937 erschienenen Artikel, der in dem Vorwurf gipfelt, der Roman schwöre auf den »Gott der Verwesung und der Lüge« (ebd., 262).

Bis 1945 finden sich nach der Ausbürgerung Manns am 2. 12. 1936 nur noch wenige und vereinzelte Stimmen. Die Strategie der Machthaber war eindeutig: Man wollte Thomas Mann aus der Öffentlichkeit verbannen. In diesem Sinne schreibt ein anonymer Autor in der Zeitschrift *Das schwarze Korps* am 29. 7. 1937 unter der bezeichnenden Überschrift »Eine Art Nekrolog: Wer war Thomas Mann?«: »Herrn Thomas Mann, seit 1933 jenseits der Grenzen befindlich, wurde jüngst die deutsche Staatsangehörigkeit abgesprochen. Er gilt damit für uns in gewisser Hinsicht als verstorben« (ebd., 262).

Rezeption nach 1945

Die Rezeption in den Jahren nach dem Ende des Zweiten Weltkriegs und dem Tod Thomas Manns lässt sich gut an der Debatte um seinen Roman *Doktor Faustus* (1947) nachvollziehen. Hans Egon Holthusen war der Debattenführer für die junge Generation in der Stunde Null nach dem verlorenen Krieg. Mann wurde in dieser Debatte der »Patriotismus« nicht nur abgesprochen, er wurde in perfider Zuspitzung sogar als »amerikanischer Patriot« bezeichnet, dem alles Verständnis für die deutsche Situation fehle (vgl. Holthusen 1949). Was das für seine Wirkungsgeschichte bedeutete, schreibt Mann an Otto Veit aus Pacific Palisades am 24. 3. 1950: »Moralisch ist freilich der ›Faustus‹ arg überholt, – wie Holthusens Wort überholt und veraltet ist: ›Wir stehen vor der Welt in der Rolle des Angeklagten und Diffamierten‹. Wie lange ist das her! Ich habe Deutschland recht einfältig religiöse Ehre erwiesen, indem ich ihm eine Höllenfahrt andichtete und den Gedanken der Gnade, eine mir unentbehrliche Idee, aus meinem Herzen in seines verlegte. Sein Weizen blüht unter der Gunst einer Weltkonstellation, die sonst freilich alles niederhält. Es ist nie zur Hölle gefahren, und auf Schuld und Gnade pfeift es. Es verbittet sich, durch Herrn Holthusen, daß man ›seine Geschichte dämonisiert‹. Es ist arroganter und selbstgerechter als je, trägt den Kopf höher als je und ist niemandem etwas schuldig« (DüD III, 248).

Wie sah nun die Rezeption Manns in den beiden deutschen Staaten anlässlich seines Todes aus? In der noch jungen Bundesrepublik gab man sich 1955 große Mühe, bei allen wertenden Äußerungen das Ästhetische und das Politische zu trennen. *In politicis*, so die verbreitete Meinung, habe er nach 1945 keine Position gegenüber der Bundesrepublik gefunden. So heißt es etwa am 15. 8. 1955 in der *Bonner Rundschau*: »Die Emigration hatte ihm die Klarheit des Blickes und die Sachlichkeit des Urteils über die seelische Not und die innere Haltung der deutschen Brüder getrübt. Seine politische Ideologie, die westliche Demokratie mit östlichem Sozialismus verbinden zu können glaubt, erscheint uns auch nur dadurch zu erklären.« Dann fügt das Blatt aber sofort hinzu: »Diese Feststellung beeinträchtigt in keiner Weise die Hochachtung vor der literarischen Leistung und Persönlichkeit des Toten« (ebd.). Es gab noch deutlichere Töne. So spricht Walter Klaulehn am 16. 8. 1955 im *Münchner Merkur* lediglich davon, dass man immer bereit gewesen sei, den »Dichter Thomas Mann [...] hinzunehmen«, um dann aber kein Blatt mehr vor den Mund zu nehmen: Den »Weltmann mit den seltsamen Krötenaugen jedoch, der den Nationalsozialismus haßte und das politische Rußland mitsamt der Ostzone tolerierte, den konnten wir nicht verstehen.«

Angesprochen wird der gescheiterte Versuch, in einen produktiven Dialog mit der ›Inneren Emigration‹ zu treten, verübelt wird ihm die klare Ablehnung, nach dem Krieg in die Bundesrepublik zurückzukehren. Seine Vorbehalte gegenüber dem »Adenauer-Deutschland«, wie er es nannte, wurden genau registriert. Seine Sorgen vor einem Wiedererstarken des Nationalsozialismus wurden als unbegründete Träumereien eines Gestrigen abgetan. Natürlich nahm man ihm auch seine Besuche in Weimar anlässlich der Goethe- und Schiller-Jubiläen 1949 und 1955 übel. Unmittelbar nach dem Tod Manns, so kann man konstatieren, beginnen also schon die festen Zuschreibungen von außen. Ein Bild von Thomas Mann wird gezeichnet und tradiert, das den großen Dichter anerkennt, der aber freilich ein »Ärgernis« gewesen sei, »wenn er irdisch wurde und sich in die Politik mengte« (*Münchner Merkur*, 16. 8. 1955).

In der DDR hatte man dagegen keine Probleme damit, sowohl den Schriftsteller als auch den politischen Denker Thomas Mann als eine Persönlichkeit für sich zu reklamieren. Diese Haltung mag entscheidend dazu beigetragen haben, dass Mann als politischer Autor im Westen mit großer Reserve betrachtet wurde. Aber noch etwas Wesentliches zeichnet die DDR-Rezeption aus: Die Wahrnehmung der politischen Werkaspekte verdeckte nicht den ästhetischen Blick auf den Künstler. Dies lässt sich auch in der Germanistik der DDR gut beobachten, die im Anschluss an Georg Lukács, der ein großer Bewunderer Manns war, mit hervorragenden Arbeiten hervorgetreten ist, etwa von Inge Diersen und Hans Mayer. Johannes R. Becher etwa, damals Gründer und Präsident des Kulturbundes der DDR, später erster Kultusminister der DDR (1954), schreibt in seinem Nachruf: »Ganz Deutschland, und mit ihm die Welt, trauert um Thomas Mann [...]. In Thomas Mann vereint sich die schönste humanistische Tradition unserer Literatur mit dem lebensverbundenen Geist des Fortschritts. Welch ein gewaltiges, vielfältiges, vom Ringen um die menschliche Wahrheit erfülltes Werk hat Thomas Mann, unser unvergleichlicher Thomas Mann von den ›Buddenbrooks‹ bis zum ›Faustus‹ und zum ›Felix Krull‹ vollbracht!« Bei aller Formelhaftigkeit und bei allem staatlich verordnetem Pathos ist hier sehr gut das vielfach variierte Grundmuster der Rezeption Manns in der DDR zu erkennen. Literatur und Politik werden im Geiste eines auf der deutschen Klassik basierenden Humanismus gleichsam enggeführt. Der Humanismus und der Fortschritt werden beide im Werk angesiedelt.

Hingewiesen werden muss natürlich darauf, dass auch die Zuschreibungen der DDR – ebenso wie die der Bundesrepublik – Thomas Mann im Sinne der ideologischen Auseinandersetzung der beiden deutschen Staaten instrumentalisierten. Auch Mann geriet somit zwischen die ideologischen Fronten. »Und wo ist Deutschland? Wo ist es aufzufinden, auch nur geographisch? Wie kehrt man heim in ein Vaterland, das als Einheit nicht existiert […]?« (GKFA 19.1, 115) – so spricht er Ende 1945 in seiner Rundfunkansprache *Deutsche Hörer!* über den BBC. Und vier Jahre später, in der bereits erwähnten *Ansprache im Goethejahr 1949,* konstatiert er den paradigmatischen Charakter des Wirkungsstreites um sein Werk und sein Leben im Nachkriegskontext: »Aber nicht nur zu dieser Danksagung bin ich hier, sondern auch, weil ein untrügliches Gefühl mir sagt, daß der Streit, der in Deutschland geht um mein Werk und meine Person, […] an Bedeutung weit hinausreicht über diese gleichgültige Person, dies eben nur bemühte und gewiß von anderen übertroffene Werk« (GKFA 19.1, 676). Und er schließt mit der Feststellung: »Das ist nicht Literaturkritik mehr, es ist der Zwist zwischen zwei Ideen von Deutschland, eine Auseinandersetzung, nur anläßlich meiner, über die geistige und moralische Zukunft dieses Landes.« (ebd.)

Die Rezeption nach 1955

In den fünfziger Jahren verlor sich in der bundesdeutschen Wirkungsgeschichte das Politische mehr und mehr, während es in der DDR bis 1989 dominant blieb. Mann wurde als ein unpolitischer, konservativer, im negativen Sinne bürgerlicher Autor des 19. Jahrhunderts gesehen, der für das aktuelle Lesepublikum nicht mehr relevant sei. Der Tiefpunkt seines öffentlichen Ansehens wurde nach den Ereignissen von 1968 erreicht. Prägnant zum Ausdruck kommt er in einem Artikel von Hanjo Kesting aus dem *Spiegel* vom 26. 5. 1975. Unter dem Titel »Thomas Mann oder der Selbsterwählte. Zehn polemische Thesen über einen Klassiker« finden sich hier sämtliche Argumente gegen Mann wie im Brennglas gebündelt: Er sei ein »Bewahrer« gewesen und der »Statthalter der bürgerlichen Kulturtradition«, die »längst verfault war« (Kesting 1975, 144). Er sei ein eitler Mensch gewesen, der seine eigenen Leiden zu wichtig genommen habe. Politisch gehöre er mit seinen *Betrachtungen eines Unpolitischen* »in die Vorgeschichte des deutschen Faschismus« (ebd., 146). 1914 und 1933, als es politisch darauf ankam, habe er versagt. Sein vielgelobtes ironisches Schreiben sei eine Ausbeutung der Wirklichkeit, die eine ehrliche Auseinandersetzung mit der Realität, der politischen Situation seiner Zeit verhindern sollte. Als Anhänger des Großbürgertums und des Adels orientierte er sich an Goethe. Seine »Frauengestalten sind reine Schemen oder bloße Demonstrationsobjekte« (ebd., 148) gewesen. Und schließlich: »Sprachlich hat Thomas Mann wenig gewagt, keine Grenzüberschreitungen, keine Expedition in Neuland« (ebd.).

In dem von Marcel Reich-Ranicki 1986 herausgegebenen Band *Was halten sie von Thomas Mann? Achtzehn Autoren antworten* findet sich dieser Eindruck bei den befragten Schriftstellern bestätigt. Das Negative überwiegt etwa bei Martin Walser, Wolfgang Koeppen (»kühles, etwas gelangweiltes, Verehrung nicht ausschließendes Interesse«; Reich-Ranicki 1986, 41), Adolf Muschg (»man wird es aber nie so gut können«; ebd., 65), Hans Erich Nossack (»ein warnendes Beispiel dafür […], wie man auf keinen Fall schreiben darf«; ebd., 67), Peter Rühmkorf (»Was hier Laut gibt, ist eine nur an ihren Rändern gebrochene Großbürgerlichkeit, deren Sorgen nie die meinen waren«, ebd., 69) und Alfred Andersch (»Tiefe Bewunderung des Handwerklichen bei klarer Erkenntnis, daß von da aus für mich kein Weg weiterführt«; Arnold 1982, 163). Es ist vor allem das Motiv der fehlenden Nachfolge, das sich hier zeigt. Mann wird als ein Könner anerkannt, der aber ein Werk der Vergangenheit geschaffen habe, aus dem keine Wege in die Gegenwart führen – und zwar weder im literarischen noch im gesellschaftlich-politischen Sinne.

Diese Sicht auf den großbürgerlichen und langsam aus dem öffentlichen Interesse wegdriftenden Autor des vergangenen Jahrhunderts änderte sich radikal mit dem Erscheinen der Tagebücher, die einen ganz anderen Thomas Mann zeigten. Die Legende vom realitätsfernen Artisten, dem die stilistische Reinheit des Werkes über alles und das Schicksal der zu seiner Zeit lebenden und leidenden Menschen rein gar nichts anging, kam an ihr Ende. Beispielhaft seien einige Sätze der Revision seines größten Kritikers Hanjo Kesting aus den *Frankfurter Heften* vom Juni 1980 zitiert: »Neue Dokumente liegen vor, die jeden Thomas Mann-Leser und -Liebhaber beunruhigen und irritieren müssen […]. Es handelt sich dabei keineswegs um unbedeutende Nebenprodukte seiner schriftstellerischen Tätigkeit. Denn das jetzt posthum ans Licht tretende Œuvre dieses offenbar schreibbesessenen Mannes ist schon rein quantitativ nicht unerheblich: es umfaßt viele tausend Seiten. Und schon heute, da nicht einmal die Hälfte des Nachlasses veröffentlicht worden ist, ist eine Korrektur der Thomas Mann-Legende notwendig, ja unabweisbar geworden« (Kesting 1980, 53).

Seit den 1980er Jahren hat sich die Popularität Manns ständig gesteigert. Dieser Wirkungsbefund gilt sowohl für die Forschung, als auch für die Schriftstellerkolleginnen und -kollegen und für das große

Publikum. Zwar gibt es natürlich auch kritische Stimmen, wie die von Feridun Zaimoglu oder Maxim Biller – aber sie sind in der Minderheit. Es dominiert ein neuer Zugang zu dem Autor, der beispielhaft bei Juli Zeh zum Ausdruck kommt. Sie gesteht in einer Umfrage der *Frankfurter Allgemeinen Sonntagszeitung* im Jahr 2002, von Mann ganz früh und ganz stark beeinflusst worden zu sein. Zwar sei er heute für sie nur noch eine Stimme neben vielen anderen Autorinnen und Autoren, aber, so ihr sehr persönliches Fazit: »Lebte er noch, und sähe ich ihn eines Tages auf der Strasse angegriffen von fünf wilden Gesellen: Ich würde mich dazwischenwerfen« (*Frankfurter Allgemeine Sonntagszeitung*, 16. 12. 2002). Es ist der Zugang über die Person, der jetzt wieder möglich geworden ist.

Wie eine Art Conclusio liest sich vor diesem Hintergrund die Laudatio des Thomas Mann-Preisträgers Daniel Kehlmann von 2008 (*Frankfurter Allgemeine Zeitung*, 25. 10. 2008). Er weist hin auf die Diskrepanz von bürgerlicher Persönlichkeit und abenteuerlichem Werk, auf die Schwierigkeit, sich seiner Person zu nähern und auf die gewaltige und ungebrochene Wirkungsgeschichte seines Werkes über 100 Jahre hinweg. Und er stellt die entscheidende Frage: »Wie also erklärt man, dass einerseits die Verehrung für ihn nie völlig ungemischt ist und dass andererseits dieser ›Ungeliebte‹ Generation um Generation so viele Leser mehr findet als die meisten Autoren nicht nur seiner Zeit?« (ebd.). Er selbst gibt die bis in die Gegenwart gültige Antwort mit folgender rhetorischer Frage: »Kann es sein, dass auch Thomas Manns Größe mit jener problematischen Seite untrennbar verbunden ist und dass das Grandiose an ihm nicht zu haben ist ohne das, was einen an ihm stört?« (ebd.).

Literatur

Anon. (Dr. St.): Dichter im Zeitensturm. Zum Tode von Thomas Mann. In: *Bonner Rundschau*, 15. 8. 1955.

Arnold, Heinz Ludwig: Deutsche Schriftsteller über Thomas Mann. In: Ders. (Hg.): *Thomas Mann*. München 1982, 195–237.

Becher, Johannes R.: Dem großen Künstler und Humanisten. Nachruf des Ministeriums für Kultur der Deutschen Demokratischen Republik. In: *Neues Deutschland*, 14. 8. 1955.

Dvoretzky, Edward: Thomas Manns Doktor Faustus. Ein Rückblick auf die frühe deutsche Kritik. In: *Blätter der Thomas Mann Gesellschaft* 17 (1979), 9–24.

Goll, Thomas: *Die Deutschen und Thomas Mann. Die Rezeption des Dichters in Abhängigkeit von der politischen Kultur Deutschlands 1898–1955*. Baden Baden 2000.

Heftrich, Eckhard: Der gehaßte Kollege. Deutsche Schriftsteller über Thomas Mann. In: Eckhard Heftrich/Hans Wysling (Hg.): *Internationales Thomas-Mann-Kolloquium 1986 in Lübeck* (= *TMS* 7). Frankfurt a. M. 1987, 351–369.

Holthusen, Hans Egon: Die Welt ohne Transzendenz. In: *Merkur* 3 (1949), 38–58.

Kehlmann, Daniel: Dyonisos und der Buchhalter. In: *Frankfurter Allgemeine Zeitung*, 25. 10. 2008.

Kesting, Hanjo: Der Unpolitische und die Republik. Altes und Neues aus den Jahren 1918 bis 1921. In: *Frankfurter Hefte* 6 (1980), 53–68.

Kesting, Hanjo: Thomas Mann oder der Selbsterwählte. Zehn polemische Thesen über einen Klassiker. In: *Der Spiegel* 22 (1975), 144–148.

Klaulehn, Walther: Die Heimkehr des Proteus oder: Das Unbehagen an Thomas Mann. In: *Münchner Merkur*, 16. 8. 1955.

Orlowski, Hubert: Die größere Kontroverse. Zur deutschen ›nichtakademischen‹ Rezeption des *Doktor Faustus* von Thomas Mann (1947–1950). In: Ralf Kloepfer/Gisela Janetzke-Diller (Hg.): *Erzählung und Erzählforschung im 20. Jahrhundert*. Stuttgart u. a. 1981, 245–255.

Pils, Holger: *Thomas Manns »geneigte Leser«. Die Publikationsgeschichte und populäre Rezeption der »Bekenntnisse des Hochstaplers Felix Krull« 1911–1955*. Heidelberg 2012.

Reich-Ranicki, Marcel: *Was halten Sie von Thomas Mann? Achtzehn Autoren antworten*. Frankfurt a. M. 1986.

Schröter, Klaus: *Thomas Mann im Urteil seiner Zeit. Dokumente 1891 bis 1955* (= *TMS* 22). Frankfurt a. M. 2000.

Trapp, Frithjof: Artistische Verklärung der Wirklichkeit. Thomas Manns Roman *Königliche Hoheit* vor dem Hintergrund der zeitgenössischen Presserezeption. In: Hermann Kurzke (Hg.): *Stationen der Thomas Mann Forschung. Aufsätze seit 1970*. Würzburg 1985, 25–40.

Trapp, Frithjof: Thomas Mann und sein Werk im Spiegel der marxistischen Literaturkritik des Exils. In: Eckhard Heftrich/Hans Wysling (Hg.): *Internationales Thomas-Mann-Kolloquium 1986 in Lübeck* (= *TMS* 7). Frankfurt a. M. 1987, 329–350.

Was bedeutet Ihnen Thomas Mann? Und was verdanken Sie ihm? Die junge Generation der deutschen Literatur antwortet – aus gegebenem Anlaß. In: *Frankfurter Allgemeine Sonntagszeitung*, 16. 12. 2001.

Wißkirchen, Hans: Sechzehn Jahre. Zur Europäischen Rezeption der Roman-Tetralogie *Joseph und seine Brüder*. In: Hans Wißkirchen (Hg.): *»Die Beleuchtung, die auf mich fällt, hat … oft gewechselt«. Neue Studien zum Werk Thomas Manns*. Würzburg 1991, 85–145.

Wißkirchen, Hans: Thomas Manns Romanwerk in der europäischen Literaturkritik. In: Helmut Koopmann (Hg.): *Thomas Mann Handbuch*. Stuttgart [2]1995, 875–924.

Wißkirchen, Hans: Die frühe Rezeption von Thomas Manns *Buddenbrooks*. In: Andrea Bartl/Jürgen Eder (Hg): *»In Spuren gehen…«. Festschrift für Helmut Koopmann*. Tübingen 1998, 301–321.

Wißkirchen, Hans (Hg.): *Das zweite Leben – Thomas Mann 1955–2005. Das Magazin zur Ausstellung*. Lübeck 2005.

Wißkirchen, Hans: Vier Generationen lesen Thomas Mann. Ein Überblick von 1955 bis 2006. In: Manfred Papst/Thomas Sprecher (Hg.): *Vom Weltläufigen Erzählen. Die Vor-*

träge des Kongresses in Zürich 2006 (= *TMS* 38). Frankfurt a. M. 2008, 25–42.
Wißkirchen, Hans: Politische Lektüren. Die Rezeption der Brüder Heinrich und Thomas Mann im geteilten Deutschland zwischen 1945 und 1955. In: *TMJb* 27 (2014), 33–46.

Hans Wißkirchen

4 Internationale Rezeption und Wirkung

Übersetzungen

Kaum ein anderer deutschsprachiger Autor, dessen Werk in der ersten Hälfte des 20. Jahrhunderts angesiedelt ist, wurde so schnell und so reichlich im Ausland rezipiert wie Thomas Mann. Sein erster Roman *Buddenbrooks* wurde bereits im Jahr 1903 ins Dänische und 1904 ins Schwedische übersetzt – in eben jenen Länder, aus denen einige der wichtigsten literarischen Vorbilder von Manns Familiensaga stammten. Die russische Übersetzung folgte im Jahr 1910 im Rahmen der ersten und äußerst frühen systematischen Publikation einer fünfbändigen Ausgabe von Manns *Gesammelten Werken* – ein Unterfangen, das hiermit noch wesentlich früher als in den deutschsprachigen Ländern zustande kam. In den 1910er Jahren erschienen noch die holländische und die tschechische Übersetzung der *Buddenbrooks*. In den 1920er Jahren folgten nun die hebräische, die lettische, die norwegische und endlich auch die englische Übersetzung, kurz danach – aber schon in den 1930er Jahren – erschienen *Buddenbrooks*-Übersetzungen auch in den romanischen Ländern (Italien, 1930, Frankreich 1932, Spanien 1936). Beim nächsten Roman verringerte sich der Abstand zwischen Originalausgabe und Übersetzungen erheblich – in manchen Ländern erschien *Königliche Hoheit* bereits ein Jahr nach dem Original (etwa in Dänemark, in Russland, in Schweden, in Prag und in Budapest). Parallel dazu boten die ausländischen Verleger auch unterschiedliche Sammlungen von frühen kürzeren Erzählungen an. Was die frühen, längeren Erzählungen betrifft, war Thomas Mann 1903, zur Zeit des *Tonio Kröger*, noch nicht so bekannt, als dass der Text den Sprung in den ausländischen Buchmarkt schaffte – eine Ausnahme stellte Dänemark dar, wo die Novelle bereits 1905 erschien. Zehn Jahre später, als *Der Tod in Venedig* veröffentlicht wurde, war es soweit: Dort, wo die ersten beiden Romane bereits erschienen waren, wurde auch die Aschenbach-Novelle sogleich übersetzt (z. B. in Russland, in Schweden und in Ungarn). Die systematische Übernahme der Mann'schen Texte in den Kanon europäischer Literatur geschah jedoch erst zur Zeit des *Zauberbergs* – ab Mitte der 1920er Jahre wurden alle neuen Werke Manns in den wichtigsten Kulturländern Europas unmittelbar nach Erscheinen übersetzt. Manchmal dauerte es noch ein paar Jahre, weil noch die Veröffentlichung einiger Werke aus der Vergangenheit nachzuholen war. Spätestens beim ersten *Joseph*-Roman beschleunigten sich die Tempi dann noch einmal, da Übersetzungen nun wohl schon auf der Grundlage von Druckfahnen entstanden, wie es im internationalen Buchmarkt mittlerweile Usus ist. Die Beschleunigung lag wohl auch am Nobelpreis, der Thomas Mann ziemlich genau zwischen dem *Zauberberg* und den *Geschichten Jakobs* zugesprochen wurde. Im angelsächsischen Raum sowie in Frankreich, in Spanien und in Italien wurden Manns Großromane im Laufe der Jahrzehnte mehrmals übersetzt – ein Privileg der großen Klassiker, das im Hinblick auf die deutschsprachige Literatur des 20. Jahrhunderts wohl nur Franz Kafka und zum Teil Robert Musil zukam. Abgesehen vom frühen Beispiel der russischen fünfbändigen gesammelten Werke Thomas Manns sind mittlerweile auch in anderen Ländern mehrbändige, z. T. kommentierte Ausgaben zu verzeichnen, so z. B. in den USA (acht Bände ab 1950), in Spanien (drei Bände zwischen 1951 und 1968), in der Tschechoslowakei (sogar drei unterschiedliche, mehrbändige Editionen zwischen 1934 und 1974), in Ungarn (zwölf Bände zwischen 1968 und 1970). Italien stellt mit einer dreizehnbändigen Ausgabe zwischen 1953 und 1963 beim Verlag Mondadori das umfangreichste Beispiel einer systematischen Vermittlung der Werke Manns dar; seit 2005 werden hier sämtliche Romane Manns neu übersetzt und mit einem groß angelegten Kommentar versehen.

Pioniere

Nimmt man eine der zahlreichen Sektionen, die in Klaus Jonas' Bibliographie zu finden sind, in den Blick, dann ergibt sich ein ziemlich kohärentes Bild im Hinblick auf die frühe internationale Rezeption Thomas Manns und seiner veröffentlichten bzw. übersetzten Werke. Eine kleine statistische Erhebung hilft dieser Tatsache Evidenz zu verleihen: In der Abteilung »Allgemeine Darstellungen« stammen unter den ersten 100 Einträgen (1904–1929) nicht weniger als 36 aus dem Ausland (Ungarn, Italien und die USA sind die am meisten vertretenen Länder). Bei den sogenannten »Gesamtdarstellungen« – hier umfasst der Zeitraum von 1914–1969 – sind die Einträge aus dem Ausland sogar die Mehrheit (56 von 98), Ähnliches gilt bei den »Sammlungen« (48 Einträge von 100).

Sowohl die feuilletonistische Literaturkritik – in Form von punktuellen Besprechungen der jeweils übersetzten Werke und von kurzen Porträts eines *Shooting Stars* der europäischen literarischen Öffentlichkeit – als auch die professionelle, akademische, germanistische Literaturwissenschaft begannen sehr früh, d. h. in 1920er und in manchen Fällen sogar in den 1910er Jahren, sich mit Manns Werk zu beschäftigen. In vielen Ländern übernahmen einige wichtige Akteure als Kritiker, Vermittler, Multiplikatoren, Übersetzer gleich mehrere Rollen gleichzeitig: – so etwa Lavinia Mazzucchetti in Italien, Felix Bertaux in Frankreich, Agnes E. Meyer und Anna Jacobson in den USA.

Seit den Anfängen der Thomas-Mann-Forschung in den frühen 1930er Jahren spielten ausländische Wissenschaftler und deutschsprachige Wissenschaftler, die im Ausland tätig waren, eine kaum zu unterschätzende Rolle. Der in Philadelphia geborene und in Yale tätige Hermann Weigand (1892–1985) etwa, Sohn deutscher Emigranten, publizierte bereits 1931 einen wissenschaftlichen Aufsatz für die PMLA zu *Königliche Hoheit*, zwei Jahre später lieferte er eine in vielen Abschnitten bereits vor-strukturalistisch zu nennende Monographie zum *Zauberberg*, die auch 80 Jahre später kaum an Plausibilität eingebüßt hat und die zusammen mit Käte Hamburgers Monographie aus dem Jahre 1932 (*Thomas Mann und die Romantik. Eine problemgeschichtliche Studie*) zu den Pionierleistungen der Thomas-Mann-Forschung gehört. In seiner vor den Princetoner Studenten vorgetragenen *Einführung in den Zauberberg* erwähnte Mann eine weitere, damals hoch aktuelle, weil im Jahr 1939 geschriebene Bachelor-Arbeit, die aus den USA stammt: *The Quester Hero. Myth as Universal Symbol in the Works of Thomas Mann*. Obwohl diese Arbeit des als Sohn russischer Eltern in New York geborenen, später u. a. als Träger des Pulitzer Preises bekannt gewordenen Howard Nemerov (1920–1991) unveröffentlicht blieb, steht sie am Anfang der zahlreichen Mythos-Analysen zum Werk Thomas Manns.

Georg Lukács und Erich Heller

Kontrafaktisch könnte man sich fragen, was aus den Thomas-Mann-Beiträgen von Georg Lukács geworden wäre, wenn er nach seiner allerersten Publikation – der längeren Rezension über *Königliche Hoheit* aus dem Jahre 1909 (*Thomas Mann ú regénje. Königliche Hoheit*) – weiterhin auf Ungarisch publiziert hätte. Das wissenschaftliche *coming out* von Lukács in Sachen Thomas Mann (*Thomas Mann über das literarische Erbe*) geschah Mitte der 1930er Jahre auf

Deutsch und von Moskau aus, nämlich in der Exil-Zeitschrift *Internationale Literatur*, in der auch sein vielleicht bekanntester, anlässlich von Manns 70. Geburtstag geschriebener Aufsatz (*Auf der Suche nach dem Bürger*) erschien, welcher das Fundament der beim Aufbau Verlag veröffentlichten Essaysammlung aus dem Jahre 1949 bilden sollte. Lukács' Buch ist der mit Abstand wirkungsvollste Text der Thomas-Mann-Forschung im Ausland. Übersetzt wurde es ins Englische (1964), ins Französische (1967), ins Spanische (1969, bei einem mexikanischen Verlag). In Italien erschien die Übersetzung bereits im Jahr 1956 beim gerade gegründeten Verlag Feltrinelli und prägte dort von nun an, wohl auch dank der Vermittlung des Germanisten Cesare Cases (1920–2005), die ›linke‹ Rezeption der Werke Thomas Manns.

Nach Jahren einer äußerst unspektakulären inländischen Rezeption kommt der vielleicht wichtigste Impuls des Jahrzehnts erneut aus dem Ausland, und zwar von dem in Komotau geborenen, in Cambridge promovierten und lehrenden Erich Heller (1911–1990), der 1958 sein noch heute als Standardwerk zu bezeichnendes, gleichzeitig in London und Boston veröffentlichte Buch *The Ironic German. A Study of Thomas Mann* publiziert, das ein Jahr später in der Übersetzung des Verfassers auf Deutsch bei Suhrkamp erscheint. Heller, selbst ein Ironiker wie sein Autor, vermittelt wissenschaftliche *close readings* mit einem essayistischen Stil. Der Teil über den *Zauberberg* ist z. B. in Form eines Dialogs abgefasst, einer in jenen Jahren weder in der BRD noch in der DDR denkbaren wissenschaftlichen Ausdrucksform.

Im Archiv

Am 25. 2. 1961 wurde das Thomas-Mann-Archiv eröffnet. Anlässlich der Dankesrede zur Verleihung der Thomas Mann-Medaille im Jahr 1998 erinnerte sich Herbert Lehnert an die Kollegen, die 1962 gleichzeitig mit ihm im Archiv forschten: Hans Joachim Sandberg, ein gebürtiger Deutscher, der in Bergen tätig war, legte 1965 anhand der im Archiv erschlossenen Quellen über Manns Schiller-Studien eine wichtige Monographie vor. Herbert Lehnert selbst, ebenfalls ein gebürtiger Deutscher, publizierte 1965 die Monographie *Thomas Mann. Fiktion. Mythos. Religion*. Er unterrichtete an mehreren US-amerikanischen Universitäten und gehört seither (wie wenig später Hans Rudolf Vaget) zu den Thomas-Mann-Forschern, die sowohl die deutschsprachige als auch die US-Amerikanische Forschung der letzten fünfzig Jahre wesentlich bestimmt haben. Terence J. Reed schließlich, gleichfalls 1962 bereits im Zürcher Archiv, veröffentlichte im Jahr 1974 die Monographie *Thomas Mann. The Uses of Tradition* – inzwischen ein Standardwerk der Thomas-Mann-Forschung.

Paradigmenwechsel

Dass *The Uses of Tradition* – im Gegensatz etwa zu Hellers Buch oder auch zu Reeds Beiträgen zur deutschen Klassik – nie ins Deutsche übersetzt worden ist, erklärt sich nur aus der Tatsache, dass seit den 1960er Jahren die deutschsprachige, die angelsächsische und die aus den USA stammende Thomas-Mann-Forschung de facto derselben diskursiven Ebene angehören, auch wenn allein innerhalb der US-amerikanischen Szene Forscher wie Herbert Lehnert, Clayton Koelb, Todd Kontje, Egon Schwarz, Hans Rudolf Vaget je eigene Akzente setzen. Außerhalb dieser zweisprachigen Konstellation gibt es zwar zahlreiche Aufsätze und Monographien aus dem Ausland, welche aber zumeist nur im Rahmen der jeweiligen Auslandsgermanistik rezipiert werden. Die rekapitulierenden Bände bzw. Aufsätze, die sich mit dieser besonderen und gleichsam peripheren Sparte der Thomas-Mann-Forschung beschäftigen, sind kaum noch zu überschauen: Mann in bzw. sein Verhältnis zu China, Finnland, Frankreich, Italien, Korea, Ungarn, der UdSSR usw. Diese Forschungsberichte ähneln sich in ihrer positivistisch-bibliographischen Kleinarbeit, die – in den (besten) Beispielen aus den letzten Jahren –Anspruch erheben auf die Erschließung möglicher Interaktionen zwischen der Literatur (und der Literaturkritik) des jeweiligen Ankunftslands und der internationalen Diskurse, die um Manns Werk kreisen. Kaum einem Aufsatz, kaum einer Monographie, die nicht aus dem deutschen oder dem angelsächsischen Sprach- und Kulturraum kam, ist es je gelungen, international breiter rezipiert zu werden. Da mindestens seit den 1960er Jahren die Thomas-Mann-Forschung von deutschen, englischen und US-amerikanischen Forscherinnen und Forschern dominiert wird, sind viele ausländische Germanisten dazu übergegangen, direkt auf Deutsch zu veröffentlichen – eine Tendenz, die wohl nicht nur für die Thomas-Mann-Forschung gilt. Die französische Germanistik mag als Beispiel dienen: Konnte es sich Pierre Paul Sagave (1913–2006) noch im Jahr 1954 leisten, eine damals viel beachtete Monographie (*Réalite sociale et idéologie religieuse dans les romans de Thomas Mann*) auf Französisch zu verfassen, so sind die späteren Beiträge, die aus Frankreich bzw. aus Belgien kommen und eine Rolle im Thomas Mann-Diskurs spielen, allesamt direkt auf Deutsch verfasst, auch wenn sie in französischen (Universitäts)-Verlagen oder in den »Études Germaniques« veröffentlicht werden – etwa das Buch des belgischen Germanisten Jean Finck über Thomas Mann und die Psychoanalyse aus dem Jahre 1973 oder die Beiträge von Claude David. Einige weitere wichtige Beiträge der Auslandsgermanistik zur Thomas-Mann-Forschung sollen hier noch erwähnt werden: Børge Kristiansens Buch über Manns Schopenhauer-Rezeption aus dem Jahre 1978 (erste Fassung in Kopenhagen bzw. 1986 zweite, erweiterte Fassung in Bonn) und das Buch der italienischen Germanistin Elisabeth Galvan über die Bachofen-Rezeption in den *Joseph*-Romanen (1996).

Neueste Tendenzen?

Im Jahre 2011 veröffentlichte der Autor der wichtigsten Bibliographie der Werke über Thomas Mann, der lange Jahre in Pittsburgh tätige Klaus W. Jonas (1920) zusammen mit Holger R. Stunz (1976) einen weiteren bibliographischen (kommentierten) Band: *Die Internationalität der Brüder Mann*. Das Buch ist der 43. Band der *Thomas-Mann-Studien* und trägt den vielversprechenden Untertitel *100 Jahre Rezeption auf fünf Kontinenten (1907–2008)*. Erschlossen werden sämtliche Veranstaltungen (Vorträge, Konferenzen, Kolloquien) über Thomas Mann, die übrigens in den meisten Fällen zu Publikationen geführt haben. Der Band sagt nicht nur etwas über die nunmehr hundertjährige Geschichte der Thomas-Mann-Forschung aus, sondern auch Einiges über die aktuelle Situation. Die deutschsprachigen (egal, ob aus dem deutschsprachigen oder aus dem englischsprachigen Raum kommenden) Akteure, die seit 40 bis 50 Jahren gleichsam die Deutungshoheit in Sachen Thomas Mann besitzen, sind immer noch sehr aktiv am Werk. Die im Band erschlossenen Vortragsreihen und Konferenzen entsprechen einem gemeinsamen, rekurrierenden Modell: Zusammengesetzt wird anlässlich jedes Kolloquiums eine Mischung aus Germanisten, die im Land lehren und forschen, in dem die Konferenz stattfindet, und aus Germanisten aus dem deutschsprachigen Raum, die ihre Positionen ins jeweilige Ausland tragen. Man kann bezweifeln, ob das in den letzten Jahren zu einer wirklichen *New Entry* in Sachen Thomas-Mann-Forschung aus dem Ausland geführt hat.

Thomas-Mann-Gesellschaften

Neben der bereits 1958 gegründeten Thomas Mann Gesellschaft Zürich, der 1965 gegründeten Deutschen Thomas Mann-Gesellschaft (Lübeck) und der Thomas Mann-Gesellschaft Düsseldorf wurden in den letzten Jahren weitere Foren der internationalen Thomas-Mann-Forschung etabliert: im Februar 2012 die Dänische Thomas-Mann-Gesellschaft (Det Danske Thomas Mann Selskab; Kopenhagen) und im Juni 2012 die Associazione Italiana di Studi Manniani (AISMANN; Rom), die sich der Erforschung der Werke der Familie Mann zum Ziel setzt. Bereits 2006 wurde an der Sungshin University in Seoul die koreanische Thomas-Mann-Gesellschaft gegründet; eine chinesische Thomas-Mann-Gesellschaft befindet sich derzeit in der Gründungsphase.

Literatur

Crescenzi, Luca: *Melancolia occidentale. »La Montagna Magica« di Thomas Mann*. Rom 2011.

Finck, Jean: *Thomas Mann und die Psychoanalyse*. Paris 1973.

Galvan, Elisabeth (Hg.): *Heinrich e Thomas Mann. Un confronto con il romanzo moderno*. Rom 2012.

Galvan, Elisabeth: *Zur Bachofen-Rezeption in Thomas Manns Joseph-Romanen*. Frankfurt a. M. 1996.

Hamburger, Käte: *Thomas Mann und die Romantik: eine problemgeschichtliche Studie*. Berlin 1932.

Heller, Erich: *Der ironische Deutsche* (The Ironic German). Frankfurt a. M. 1959 (engl. London 1958).

Horiuchi, Yosunorie: Die Thomas Mann-Rezeption in Japan. Im Spiegel der Forschung und der Übersetzung seiner Dichtung bis zu seinem 100. Geburtstag. In: *Zeitschrift der Hochschule für Wirtschaft und Recht Osaka* (1994), H. 3, 81–85.

Jonas, Klaus W.: *Die Thomas-Mann-Literatur. Bd. I: Bibliographie der Kritik 1896–1955*. Berlin 1972; *Bd. II: Bibliographie der Kritik 1956–1975*. Berlin 1979; *Bd. III: Bibliographie der Kritik 1976–1994* (mit Helmut Koopmann). Berlin 1997.

Jonas, Klaus W./Stunz, Holger R.: *Die Internationalität der Brüder Mann. 100 Jahre Rezeption auf fünf Kontinenten (1907–2008)*. Frankfurt a. M. 2011.

Kim, Youn-Ock: Eine Bestandaufnahme der Rezeption Thomas Manns in Korea. In: *Dogil-Munhak (= Zeitschrift für Deutsche Sprache und Literatur)* 15 (2001), 427–441.

Kontje, Todd: *The Cambridge Introduction to Thomas Mann*. Cambridge, New York 2011.

Kristiansen, Børge: *Unform, Form, Überform. Thomas Manns Zauberberg und Schopenhauers Metaphysik [Kopenhagen 1978]*. 2., erw. Aufl. Bonn 1986.

Kristiansen, Børge: *Thomas Mann – Der ironische Metaphysiker: Nihilismus – Ironie – Anthropologie in Thomas Manns Erzählungen und im »Zauberberg«*. Würzburg 2013.

Kristiansen, Børge: *Thomas Mann. Digtning og Tankeverden*. København 2013.
Lehnert, Herbert: *Thomas Mann: Fiktion, Mythos, Religion*. Stuttgart 1965.
Lukács, György: *Thomas Mann*. Berlin 1949.
Mádl, Antal: *Thomas Mann und Ungarn*. Köln/Wien 1977.
Mazzetti, Elisabetta: *Thomas Mann und die Italiener*. Frankfurt a. M. 2009.
Mirabelli Lorenzo: *Centotre anni di bibliografia italiana su Thomas Mann (1908–2011)*. Rom 2012.
Mittner, Ladislao: *L'opera di Thomas Mann*. Mailand 1936.
Reed, Terence J: *Thomas Mann. The Uses of Tradition*. Oxford 1974.
Ridley, Hugh: *The Problematic Bourgeouis. Twentieth-Century Criticism on Thomas Mann's »Buddenbrooks« and »The Magic Mountain«*. Columbia 1994.
Ritchie Robertson (Hg.): *The Cambridge Companion to Thomas Mann*. Cambridge 2002
Rossi, Francesco (Hg.): *Thomas Mann e le arti*. Rom 2014.
Sagave, Pierre Paul: *Réalite sociale et idéologie religieuse dans les romans de Thomas Mann*. Paris 1954.
Sandberg, Hans-Joachim: *Thomas Manns Schiller-Studien*. Oslo 1965.
Scheiffele, Eberhard/Shitahodo, Ibuki: Bemerkungen zur Thomas-Mann-Rezeption in Japan. Am Beispiel literarischer und wissenschaftlicher Publikationen seit dem Zweiten Weltkrieg. In: *TMJb* 22 (2010), 279–291.
Shu, Changshan: *Die Thomas-Mann-Rezeption in China*. Frankfurt a. M. 1995.
Vaget, Hans Rudolf (Hg.): *Thomas Mann's »The Magic Mountain«. A Casebook*. New York 2008.
Vaget, Hans Rudolf: *Seelenzauber. Thomas Mann und die Musik*. Frankfurt a. M. 2006.
Vaget, Hans Rudolf: *Thomas Mann, der Amerikaner: Leben und Werk im amerikanischen Exil 1938–1952*. Frankfurt a. M. 2011.
Weigand, Hermann J.: *Thomas Mann's Novel »Der Zauberberg«. A Study*. New York 1933.

Matteo Galli

5 Mediale Wirkung

Gegenstand und Systematisierung

Im Komplex der von Thomas Mann ausgehenden medialen Wirkung sind mindestens drei Grundkonstellationen zu unterscheiden: erstens die Transformation Mann'scher Texte in andere mediale Zusammenhänge; dazu gehören auch Formen intertextueller Bezugnahmen anderer Medien auf Texte Manns. Unabhängig von der Frage, welcher Adaptionstyp vorliegt, spielt hier zunächst der *Umstand* einer solchen Übertragung die entscheidende Rolle für eine Berücksichtigung im vorliegenden Kontext. Intertextuelle (literarische) Referenzen stellen wiederum einen eigenen, abermals kaum mehr überschaubaren Untersuchungsbereich dar (vgl. Marx 2007; Schwarz 2013) und seien daher an dieser Stelle ausgeklammert. Zweitens kann einerseits der Einfluss geltend gemacht werden, den der Autor auf die Übertragung seiner Werke (in Inszenierungen, Verfilmungen oder Hörfassungen) genommen hat, und andererseits, inwiefern er Medien genutzt hat, in welchem Verhältnis er zu ihnen stand, wie er sich in ihnen und zu ihnen geäußert hat und wie etwa Photographie, Grammophon, Film, Malerei in seiner Textproduktion Niederschlag gefunden haben. Auch diese Aspekte sollen hier allerdings unberücksichtigt bleiben. Drittens schließlich tritt Thomas Mann als Person medial in Erscheinung. Nicht trennscharf voneinander zu scheiden sind die Darstellung seiner Person auf der einen und die Stilisierung Manns zum Autor mit Klassikerstatus und zum ›Meister der Moderne‹ auf der anderen Seite. Ersteres ist der Fall bei Portraits, Büsten oder filmischen Biographien; Letzteres deutlicher bei Karikaturen (Sprecher/Wißkirchen 2003) oder Spielfilmen ausgeprägt, in denen Mann als Figur auftritt (vgl. Zander 2010, 105 f.).

›Mediale Wirkung‹ meint hier demnach nicht die Wahrnehmung des Autors etwa im journalistischen Diskurs (formiert durch Artikel im Feuilleton, Kritiken in Literaturzeitschriften oder Berichterstattungen über Handlungen Manns in gesellschaftlichen Kontexten usw.). Vielmehr umfasst sie als medial manifestierte Rezeption Phänomene der ästhetischen Verarbeitung seines Werkes oder seiner Person, die zumeist als (im Umgang mit dem Ursprungstext freiere) ›Transformation‹ oder (im Umgang mit dem Ursprungstext enger an diesen angelehnte) ›Adaption‹ bezeichnet werden. Zur systematischen Erfassung des Untersuchungsfeldes und Kategorisierung seiner Elemente wie auch als Ausgangspunkt einer analytischen Auseinandersetzung können drei prinzipielle Analyseparameter herangezogen werden.

Erstens macht eine Besonderheit der hier im Fokus stehenden ›Texte‹ ihre funktionale Abhängigkeit entweder zum Werk Manns oder zu seiner Person aus; sie sind demnach durch einen Komplex der intertextuellen oder intermedialen Bezugnahme gekennzeichnet bzw. durch die Übernahme inhaltlicher und formaler Strukturen der literarischen Vorlage. Transformationen bzw. Adaptionen des Werkes – ›Texte‹ also, die über nur singuläre Einzelreferenzen hinausgehen – differenzieren sich im Anschluss an Michaela Mundt weiter in

1. eine (der Tendenz nach) *analoge Wiedergabe* der literarischen Vorlage in struktureller, funktionaler und konzeptioneller Hinsicht,
2. eine *konzeptionelle Interpretation*, bei der im Adaptionsprozess nur als zentral empfundene Elemente und Strukturen selektiert worden sind,
3. eine *semiotische Interpretation*, bei der die Oberflächenstruktur medienspezifisch transformiert, die semantische Grundstruktur aber gemäß der Vorlage realisiert wird,
4. eine *eigenständige mediale Verarbeitung*, bei der der literarische Bezugspunkt nur einer unter vielen ist (vgl. Mundt 1994, 38 ff.).

Jedem dieser Formtypen korreliert eine jeweils unterschiedlich konstituierte Relation zwischen literarischer Vorlage und Adaption/Transformation. Ein analytischer Vergleich zwischen Vorlage und medialer Adaption fragt dabei stets nach der genauen semantischen, strukturellen und konzeptuellen Funktion der transformierten Elemente im Gesamtkontext des Zielmediums.

Zu den relevanten Analyseparametern medialer Wirkung gehört zweitens das Verhältnis zum soziokulturellen Kontext, d. h. zu anderen Kunstsystemen sowie möglicherweise zum System der Technologie, zum Wissenschaftssystem und zum ökonomischen System, insgesamt zum Wissens- und Denksystem der jeweiligen Epoche: Indem Transformationen durch ihre jeweilige Gestaltung bestimmte Aspekte der Vorlage hervorheben oder aber vernachlässigen, lassen sie immer auch Rückschlüsse auf Kontexte und Diskurse ihrer jeweiligen Entstehungszeit zu. Insofern handelt es sich bei medialen Transformationen nicht nur um eine Hommage an Thomas Mann, dessen Werk interpretierend aufgegriffen wird, sondern zugleich um eigenständige ›Texte‹ im Kontext ihrer Zeit.

Fundamental ist schließlich drittens die durch Determinanten des jeweiligen Medienkontextes erzeugte Realisierung eines ›Textes‹ und damit seine medial-semiotische Materialität und technologische Konstitution (Ryan 2014, 27). Neben literarischen Texten, die Manns Werk adaptieren oder intertextuelle Bezüge herstellen, sind hier v. a. weitere Medien und diverse mediale Zusammenhänge relevant: Film, Hörspiel und Hörbuch, Oper und Ballett, Theater, Musik, bildende Kunst, Comic, Karikatur und Graphic Novel. Jedes dieser Medien bringt spezifische semiotische Bedingungen mit sich, verwendet bestimmte Zeichensysteme und Kodes, d. h. spezifische Zeichen und Regeln der Zeichenkombination, und ist zudem abhängig von technischen Produktionsverfahren. Zu beachten ist dabei, dass das mediale *Setting* Auswirkungen auf die Präsentation des Inhalts und damit auch auf den Inhalt selbst hat. Die Transformation wird in diesem Sinne stets durch das Zielmedium determiniert: durch dessen technologische Konstitution und dessen zur Verfügung stehende Kodes.

Allgemeiner Überblick über mediale Adaptionen und Transformationen von Manns Werk

Film

Den größten Teil der medialen Wirkung Manns machen die Verfilmungen seiner Werke aus. Drei Filmprojekte, an denen Mann in der Konzeptionsphase beteiligt war, konnten nicht realisiert werden und kamen über das Entwurfsstadium nicht hinaus (deren Arbeitstitel lauteten: *Tristan und Isolde*, *Heimkehr des Odysseus*, *Die Frau mit den hundert Gesichtern*; vgl. Vaget, TMHb, 619 ff.). Zu Lebzeiten Manns entstanden dagegen zwei Verfilmungen seiner Werke; erst nach seinem Tod 1955 setzte eine intensivere filmische Adaption ein, die bis heute andauert. Als Spiel- und Fernsehfilm oder als TV-Mehrteiler produziert worden sind bislang Adaptionen einer Vielzahl seiner Romane und Erzählungen:

- *Buddenbrooks:* D 1923, Regie: Gerhard Lamprecht; BRD 1959 (zweiteilige Fassung), Regie: Alfred Weidenmann (einteilige Fassung: BRD 1963); GB 1965 (BBC, 7 Teile), unter dem Titel *The Buddenbrooks*, Regie: Michael Imison; I 1971 (RAI, 7 Teile), unter dem Titel *I Buddenbroock*, Regie: Edmond Fenoglio; BRD/PL/A 1979 (ARD, 11 Teile), Regie: Franz Peter Wirth; D 2008, Regie: Heinrich Breloer

- *Königliche Hoheit:* BRD 1953, Regie: Harald Braun
- *Bekenntnisse des Hochstaplers Felix Krull:* BRD 1957, Regie: Kurt Hoffmann; BRD/A 1982 (ZDF/ORF, 5 Teile), Regie: Bernhard Sinkel
- *Die vertauschten Köpfe:* F 1957, unter dem Titel *Les têtes interverties* bzw. alternativ *La Cravate*, Regie: Alejandro Jodorowsky; I/ARG 1979, unter dem Titel *Org*, Regie: Fernando Birri
- *Mario und der Zauberer:* GB 1959 (BBC), unter dem Titel *Mario*, Regie: Anthony Pélissier; ČSSR 1977 (TV-Film), unter dem Titel *Mário a kúzelník*, Regie: Miloslav Luther; D/F/A 1994, Regie: Klaus Maria Brandauer
- *Herr und Hund:* BRD 1963, Regie: Caspar van den Berg
- *Tonio Kröger:* BRD 1964, Regie: Rolf Thiele
- *Wälsungenblut:* BRD 1965, Regie: Rolf Thiele
- *Der Zauberberg:* BRD 1968 (SFB), Regie: Ludwig Cremer; BRD/F/I/A 1982 (fünfstündige TV-Fassung, 3 Teile, 1984), Regie: Hans W. Geißendörfer; GUS 1993, unter dem Titel *Konstruktor Krasnogo Tsweta*, Regie: Andrej I.
- *Der Tod in Venedig:* I 1971, unter dem Titel *Morte a Venezia*, Regie: Luchino Visconti; USA 1994, unter dem Titel *Death in Venice, CA*, Regie: P. David Ebersole
- *Lotte in Weimar:* DDR 1975, Regie: Egon Günther
- *Gefallen:* BRD 1975 (WDR), Regie: Hans Quest),
- *Tristan:* BRD 1975 (ZDF), Regie: Herbert Ballmann; H 1975 (TV-Film), unter dem Titel *Trisztán*, Regie: Miklós Szinetár
- *Unordnung und frühes Leid:* BRD 1977, Regie: Franz Seitz
- *Doktor Faustus:* BRD 1982, Regie: Franz Seitz
- *Der Bajazzo:* UdSSR 1989, unter dem Titel *Posesh-cheniye*, Regie: Valeri Tkachyov
- *Der kleine Herr Friedemann:* D 1991 (DFF/NDR), Regie: Peter Vogel
- *Die Betrogene:* F 1992, unter dem Titel *Le Mirage*, Regie: Jean-Claude Guiguet
- *Der Erwählte:* BRA 1996, unter dem Titel *Crede-Mi*, Regie: Bia Lessa u. Dany Roland
- *Der Kleiderschrank:* D 2009, unter dem Titel *Heiligendamm*, Regie: Michael Blume

Der dreiteilige Fernsehfilm *Die Manns – Ein Jahrhundertroman* (Regie: Heinrich Breloer, D 2001) entwirft im Wechsel von Spielszenen und dokumentarischem Filmmaterial ein familienbiographisches Portrait der Manns, in dessen Zentrum Thomas Mann steht. 2013 erschien zudem der brasilianische Fernsehfilm *O Amor e a Morte* unter der Regie Marco Altbergs, in dem verschiedene Werke Manns verarbeitet werden.

Hörbuch und Hörspiel

Mit Blick auf das Hörbuch sind zwei Stränge hervorzuheben: zum einen die von Mann selbst eingelesenen Texte wie *Tonio Kröger*, *Bekenntnisse des Hochstaplers Felix Krull* und Passagen aus anderen seiner Werke (*Der Zauberberg*, *Joseph und seine Brüder*, *Doktor Faustus*, *Bekenntnisse des Hochstaplers Felix Krull* und *Der Erwählte*), zuletzt in umfangreicheren Editionen aufgelegt im Hörverlag 2005 (*Hörwerke*, herausgegeben von Marcel Reich-Ranicki, darin auch eine Auswahl seiner Radioansprachen *Deutsche Hörer*) und 2015 (*Die große Originalton-Edition*, darin außerdem die Vorträge *Nietzsches Philosophie im Lichte unserer Erfahrung*, *Meine Zeit*, *Die Künstler und die Gesellschaft* und *Aus meinem Leben*); zum anderen die von Gert Westphal bearbeiteten und eingelesenen Romane *Buddenbrooks*, *Der Zauberberg*, *Joseph und seine Brüder*, *Lotte in Weimar*, *Doktor Faustus*, *Der Erwählte* und *Felix Krull* (Deutsche Grammophon, neu aufgelegt 2001–2005). Von Westphal stammen auch Ende der 1970er und Anfang der 1980er Jahre aufgenommene Einlesungen folgender Erzählungen Manns: *Tristan*, *Der Tod in Venedig*, *Mario und der Zauberer*, *Die vertauschten Köpfe* und *Das Gesetz* (zuletzt gesammelt erschienen als *Die großen Erzählungen* im Hörverlag 2013).

Seit den 1980er Jahren erschienen zudem eine Reihe weiterer Einlesungen verschiedener Mann-Erzählungen als Hörbücher in z. T. gekürzter Fassung. Neben den von Will Quadflieg in den 1985er Jahren eingelesenen Erzählungen (*Tristan*, *Gladus Dei*, *Tonio Kröger*, *Wälsungenblut*, *Der Tod in Venedig*, *Herr und Hund*, *Unordnung und frühes Leid*, *Der kleine Herr Friedemann*, *Mario und der Zauberer* und *Schwere Stunde*; zuletzt als Sammlung erschienen bei Deutsche Grammophon 2005) sind (allein für den deutschsprachigen Raum) u. a. zu nennen:

- Werkauswahl *Loriot liest Thomas Mann: »Das Eisenbahnunglück« und andere Begebenheiten* (1996; Vicco von Bülow trägt neben dem *Eisenbahnunglück* Ausschnitte vor aus: *Felix Krull*, *Lotte in Weimar* und *Herr und Hund*)
- *Der Tod in Venedig* (gesprochen von Gerd Wameling, Argon Verlag 2006)
- *Der Tod in Venedig* (gelesen von Matthias Brandt, Hörbuch-Verlag 2013)
- *Bekenntnisse des Hochstaplers Felix Krull* (gelesen von Boris Aljinović, Argon Verlag 2009)

- *Die vertauschten Köpfe. Eine indische Legende* (gelesen von Christian Brückner, Parlando Verlag 2007)
- *Mario und der Zauberer* (gelesen von Peter Matic, Argon Verlag 2006)

Als Hörspiel erschienen:

- *Königliche Hoheit:* 1954, Regie: Ulrich Lauterbach, veröffentlicht im Hörverlag 2002; 1954, Regie: Werner Hausmann
- *Fiorenza:* 1948, Regie: Karl Peter Biltz; 1955, Regie: Ernst Schönwiese; 1955, Regie: Curt Goetz-Pflug; 1969, Regie: Klaus W. Leonhard; 1973, Regie: Ludwig Cremer, veröffentlicht im Hörverlag 2003
- *Buddenbrooks:* 1965, Regie: Wolfgang Liebeneiner, veröffentlicht im Hörverlag 2001; 2008, Regie: Heinrich Breloer, veröffentlicht im Hörverlag
- *Lotte in Weimar:* 1996, Regie: Christian-Simon Jauslin, veröffentlicht im Hörverlag 2004
- *Der Tod in Venedig:* 1997, Regie: Peter Wolf; 2009, Regie: Ulrich Lampen, veröffentlicht im Hörverlag 2009
- *Der Zauberberg:* 2000, Regie: Ulrich Lampen, veröffentlicht im Hörverlag 2003
- *Doktor Faustus:* 2007, Regie: Leonhard Koppelmann
- *Felix Krull:* 2008, Regie: Sven Stricker, veröffentlicht im Hörverlag 2009
- *Fülle des Wohllauts – Hans Castorp hört Schallplatten:* 1965, Regie: Dieter Kranz
- *Wie Joseph verkauft wird:* 1975, Regie: Gert Westphal

Bildende Kunst, Karikatur, Illustration und Comic

Die bildende Kunst hat sich zum einen motivisch mit der Person Manns auseinandergesetzt. Verwiesen sei in diesem Zusammenhang auf den Katalog der Ausstellung *Thomas Mann und die bildende Kunst* (Bastek/Pfäfflin 2014), in dem u. a. Arbeiten Hans Schwegerles (Plastik, Münzen), Karl Bauers (Portraitlithographie) und Max Liebermanns (Kohlezeichnung) sowie Max Oppenheimers (Ölgemälde, Radierung, Kaltnadelradierung) in den Blick genommen werden; darüber hinaus existiert jedoch eine noch nicht aufgearbeitete, bis in die Gegenwart reichende Fülle von bildkünstlerischen Portraits und Arbeiten zu Thomas Mann, von denen zuletzt v. a. die von Horst Janssen und Armin Mueller-Stahl größere Aufmerksamkeit und Verbreitung gefunden haben. Für den Bereich der auch politisch bedeutsamen Karikatur ist der Zeitraum von 1904 bis 2002 erfasst und dargestellt worden (vgl. Sprecher/Wißkirchen 2003; weitere Porträts, Zeichnungen und Karikaturen bei Carstensen 1975), in dem u. a. Darstellungen von Thomas Theodor Heine, A. Paul Weber, Olaf Gulbransson, Otto Pankok, Emil Orlic, Loriot, Hans Traxler, F. W. Bernstein und Robert Gernhardt entstanden.

Zum anderen ist Manns Werk aber immer wieder auch Anlass für – vom Autor zu Lebzeiten mitunter geförderte und begleitete, gelegentlich auch verhinderte – Illustrationen und bildkünstlerische Adaptionen geworden, die Manns Texte innerhalb einer großen Bandbreite unterschiedlich interpretieren, indem sie zwischen symbolischer Überhöhung, karikaturistischer Vereinfachung oder illustrativem ›Ausmalen‹ changieren (vgl. Bastek 2014, 258). Mann selbst war der erste Illustrator seiner Werke: Zu seinen Novellen *Luischen* und *Der kleine Herr Friedemann* fertigte er im Rahmen des 1897 mit seinem Bruder gemeinsam erstellten, heute verschollenen *Bilderbuchs für artige Kinder* zwei karikaturistische Zeichnungen an. Neben der hier ausgeklammerten illustrativen Ausgestaltung von Buchumschlägen (erstmals mit den Umschlagzeichnungen von 1903, zur einbändigen *Buddenbrooks*-Ausgabe durch Wilhelm Schulz und zur Erstausgabe von *Tristan* durch Alfred Kubin) sind es dann folgende Werke Manns, die (allein im deutschsprachigen Raum) auch mit Textillustrationen versehen wurden oder Anlass für selbstständige künstlerische Arbeiten, Zyklen und Mappenwerke waren:

- *Tonio Kröger:* Berlin 1913, illustriert von Erich M. Simon; Berlin 1975, illustriert von Lutz R. Ketscher
- *Herr und Hund:* München 1919, illustriert von Emil Preetorius; Berlin 1925, illustriert von Georg W. Rößner; Frankfurt a. M./Hamburg 1955, illustriert von Gunter Böhmer
- *Der kleine Herr Friedemann:* München 1920, illustriert von Otto Nückel-Aibling; Frankfurt a. M. 2000, illustriert von Karl-Georg Hirsch
- *Wälsungenblut:* München 1921, illustriert von Thomas Theodor Heine
- *Der Tod in Venedig:* München 1921, Bildermappe *Der Tod in Venedig. Neun farbige Lithographien zu Thomas Manns Novelle* von Wolfgang Born (abgedruckt in der illustrierten Buchausgabe im Verlag Der Morgen Berlin 1990); Buchausgaben: Frankfurt a. M. 1973, illustriert von Alfred Hrdlicka; Mailand 1980, illustriert von Rosario Morra; Unterreit 1993, illustriert von Kurt Steinel; Frankfurt a. M. u. a. 2005, illustriert von Felix Scheinberger

- *Bekenntnisse des Hochstaplers Felix Krull/Buch der Kindheit:* Wien u.a. 1922, illustriert von Oskar Laske; Ostberlin/Weimar 1965, illustriert von Werner Klemke; Frankfurt a.M. 1975, illustriert von Gunter Böhmer; zudem entstand 1958 in der DDR zum *Felix Krull* ein fünfzehnteiliger Zyklus von Zeichnungen Karl-Erich Müllers
- *Tristan:* München 1922, illustriert von Edwin Scharff; Zürich 1966, illustriert von Hans Gruber
- *Unordnung und frühes Leid:* Zeichnungen und Lithographien von Hermann Ebers aus dem Jahr 1925, abgedruckt in Bastek/Pfäfflin 2014, 283–291; Buchausgabe Berlin 1926, illustriert von Karl Walser
- *Mario und der Zauberer:* Berlin 1930, illustriert von Hans Meid; Ascona/Unterreit 1998, illustriert von Kurt Steinel; Lübeck 2006, illustriert von Heinz Minssen; Großhansdorf 2014, illustriert von Kat Menschik
- *Die Geschichten Jaakobs:* 1933, zwei Zeichnungen von Oskar Kokoschka, abgedruckt im *Wiener Kunstwanderer*, Jg. 1, Nr. 10
- *Die vertauschten Köpfe:* Wien/Amsterdam 1948, illustriert von Hans Fronius
- *Thamar:* Frankfurt a.M. 1956, illustriert von Gunter Böhmer
- *Königliche Hoheit:* Gütersloh 1961, illustriert von Gottfried Rasp
- *Der Zauberberg* und *Doktor Faustus:* Ostberlin 1967, Mappe *15 Radierungen zu Th. Mann* von Heinz Zander, der zum *Doktor Faustus* zudem eine Reihe weiterer Gemälde, Zeichnungen, Radierungen und Lithographien angefertigt hat, vgl. dazu Dieckmann 1971, 44f.
- *Buddenbrooks:* Ostberlin 1974, illustriert von Paul Rosié; Frankfurt a.M. 2005 (nur das ›Weihnachtskapitel‹), illustriert von Reinhard Michl
- *Meistererzählungen:* Ottobrunn 1985, illustriert von Gonzalo Fonseca

Vom Berliner Graphiker Wilhelm Busch illustriert wurde außerdem die 1960 in Sao Paulo erschienene Doppelausgabe von *Tônio Kroeger/A morte em Veneza.* Des Weiteren erschien 2005 eine von Barbara Hoffmeister zusammengestellte und von Robert Gernhardt illustrierte Textauswahl aus Werken Thomas Manns (*Das Randfigurenkabinett des Doktor Thomas Mann*, Frankfurt a.M.). Zuletzt entstanden im Rahmen eines Illustrationswettbewerbs 2014 eine Reihe neuer Mann-Illustrationen (vgl. Bastek/Mölck-Tassel/Pfäfflin 2014).

Unter den ausländischen Mann-Illustrationen sind v.a. die folgenden, größtenteils bei Dieckmann (1971, 45ff.) verzeichneten hervorzuheben (in chronologischer Folge):

- *Tonio Kröger:* Riga 1928, Schulbuchausgabe, illustriert von S. Widberg
- *Altesse Royale:* Paris 1931, von Zyg Brunner illustrierte französische Ausgabe von *Königliche Hoheit* – entgegen Dieckmann (1971, 45) tatsächlich der erste illustrierte Roman Manns überhaupt
- *Carlotta a Weimar:* Mailand 1947, von Luigi Grosso illustrierte Ausgabe von *Lotte in Weimar*
- *Tonio Kröger:* Oslo 1949, illustriert von Aage Torsvik
- *Huset Buddenbrook:* Kopenhagen 1953, illustriert von Svend Otto S[ørensen].
- *A Buddenbrook ház:* Budapest 1954, von Béni Ferenczy illustrierte ungarische Ausgabe der *Buddenbrooks*
- *Tristan:* Boston, MA 1960, anonym illustrierte Schulbuchausgabe
- *Mario a kouzelník:* Prag 1956, von František Tichý illustrierte tschechische Ausgabe von *Mario und der Zauberer*
- *Egy szélhámos vallomásai:* Budapest 1957, von Béni Ferenczy illustrierte ungarische Ausgabe der *Bekenntnisse des Hochstaplers Felix Krull*
- *Az elcserélt fejek:* Budapest 1957, von Lajos Kondor illustrierte ungarische Ausgabe der *Vertauschten Köpfe*
- *Le Docteur Faustus:* Saverne 1957, illustriert u.a. durch Notenhandschriften und Reproduktionen historischer und fotografischer Bilddokumente, vgl. dazu ausführlich Dieckmann 1971, 48f.
- *A törvény:* Budapest 1958, von István Drahos illustrierte ungarische Ausgabe von *Das Gesetz*
- *Mario és a varázsló:* Budapest 1958, von Piroska Szántó illustrierte ungarische Ausgabe von *Mario und der Zauberer*
- *Vymenené hlavy:* Bratislava 1958, von Hermina Melicharová ausgestattete slowakische Ausgabe der *Vertauschten Köpfe*
- *La mort à Venise:* Paris 1962, illustriert von Louradour
- *L'Élu:* Paris 1962, von Fernand van Hamme illustrierte französische Ausgabe des *Erwählten*
- *The Magic Mountain:* New York 1962, illustriert von Felix Hoffmann
- *A Varázshegy:* Budapest 1963, von Béla Kondor illustrierte ungarische Ausgabe des *Zauberberg*
- *A kiválasztott:* Budapest 1965, von Lajos Kondor illustrierte ungarische Ausgabe des *Erwählten*

- *Death in Venice:* Avon, CT 1970, illustriert von Felix Hoffmann
- *The Magic Mountain:* Franklin Center, PA 1981, illustriert von Gonzalo Fonseca

Außerdem erschienen einige illustrierte Sammelbände mit Werken Manns: 1955 in Budapest zwei Bände mit von Béni Ferenczy illustrierten Novellen (ungarischer Titel *Novellák I-II*), 1959 in Prag ein von Vladimir Fuka mit Titelvignetten versehener Band mit Erzähltexten (tschechischer Titel *Novely a povídky*), 1977 der von Robert Borja illustrierte Band *Thomas Mann: Five Stories* (Franklin Center, PA).

Im Bereich der Comic-Adaption der Werke Manns sind v. a. die Arbeiten von Isabel Kreitz erwähnenswert, die neben *Deutschland. Ein Bilderbuch* (Köln 2011), in dem Manns Besuch in Deutschland 1949 dargestellt wird, eine kurze Version der *Buddenbrooks* für den von Sven Abel u. a. herausgegebenen Band *Moga Mobos 100 Meisterwerke der Weltliteratur* (Berlin 2001) beigesteuert hat sowie eine längere, sechsseitige Version (gedruckt im *Zeit-Magazin* Nr. 43/1997). Gleich zwei Romane Manns werden zudem im von Wolfgang Alber und Heinz Wolf herausgegebenen Band *50 – Literatur gezeichnet* (Wien 2003) adaptiert: *Buddenbrooks* (von Claudia Molitoris) und *Der Zauberberg* (von Rafael Lück). Ob Manns Texte darüber hinaus in Zukunft auch als Graphic Novels adaptiert werden, bleibt abzuwarten.

Theater, Oper, Ballett

Für die Theaterbühne inszeniert worden sind neben Thomas Manns Drama *Fiorenza* (UA Frankfurt a. M. 1907, Regie: Carl Heine; zu weiteren Aufführungen vgl. GKFA 3.2, 101 ff.) v. a. im Anschluss an die Dramatisierungen verschiedener Mann-Romane durch John von Düffel seit 2005 Bühnenadaptionen seiner Romane und Erzählungen, darunter u. a.:

- *Buddenbrooks* (1) Bearbeitung: Magdalena Müller, UA Lübeck 1928, Regie: Hans Helmuth Koch (Liebhaberaufführung einiger Szenen aus dem Roman unter dem Titel *Visionen im Buddenbrookhaus*); (2) Bearbeitung: Tadeus Pfeifer, UA Basel 1976, Regie: Hans Hollmann; (3) Bearbeitung: John von Düffel, UA Hamburg 2005, Regie: Stefan Kimmig; Lübeck 2007, Regie: Pit Holzwarth; München 2007, Regie: Beat Fäh; Dortmund 2007, Regie: Hermann Schmidt-Rahmer; Düsseldorf 2007, Regie: Michael Talke; Halle 2007, Regie: Moritz Sostmann (Puppentheater); Frankfurt 2008, Regie: Cilli Drexel; Saarbrücken 2008, Regie: Stephan Suschke; Dresden 2008, Regie: Hermann Schein; Darmstadt 2008, Regie: Peter Hailer; Marburg 2008, Regie: David Gerlach; Wien 2008, Regie: Herbert Föttinger; Bregenz 2008, Regie: Herbert Föttinger; Olten/Schweiz 2008, Regie: Frank Matthus; St. Gallen 2009, Regie: Peter Ries; Stuttgart 2009, Regie: Carl Philipp von Maldeghem; Nürnberg 2009, Regie: Andreas von Studnitz; Celle 2009, Regie: Kalle Kubik; Aachen 2010, Regie: Ulrich Wiggers; Mönchengladbach 2010, Regie: Bernarda Horres; Regensburg 2010, Regie: Johannes Zametzer; Krefeld 2010, Regie: Bernarda Horres; Münster 2011, Regie: Tobias Lenel; Landshut 2011, Regie: Peter Rein; Lüneburg 2011, Regie: Udo Schürmer; Bochum 2011, Regie: Sibylle Broll-Pape; Essen 2011, Regie: Christoph Roos; Bremerhaven 2011, Regie: Ulrich Mokrusch; Bremen 2012, Regie: Klaus Schumacher; Kiel 2012, Regie: Detlef Götz; Kaiserslautern 2012, Regie: Harald Demmer; Ludwigshafen 2013, Regie: Harald Demmer; Wilhelmshaven 2013, Regie: Olaf Strieb; Pforzheim 2014, Regie: Matthias Kniesbeck; Hof 2014, Regie: Michael Blumenthal; Würzburg 2014, Regie: Malte Kreutzfeldt; Bratislava 2014, Regie: Roman Polák; Oldenburg 2015, Regie: Peter Hailer; Wiesbaden 2015, Regie: Uwe Eric Laufenberg; Stendal 2015, Regie: Cordula Jung; Winterthur 2015, Regie: Kay Neumann; (4) Bearbeitung: Jarg Pataki u. Viola Hasselberg, UA Freiburg 2009, Regie: Jarg Pataki u. Viola Hasselberg
- *Mario und der Zauberer*: UA Stuttgart 1982, Regie: Edith Koerber; UA Rom 1998, Regie: Mario Moretti; UA Bremen 2011, Regie: Sebastian Kautz
- *Joseph und seine Brüder*: (1) Bearbeitung: John von Düffel, UA Düsseldorf 2009, Regie: Wolfgang Engel; Lübeck 2011, Regie: Andreas Nathusius; Berlin 2012, Regie: Alize Zandwijk; (2) Bearbeitung: Herbert Schäfer, UA Wien 2013, Regie: Günter Krämer
- *Felix Krull*: (1) Bearbeitung: Michael Wallner, UA Lübeck 2009, Regie: Michael Wallner; (2) Bearbeitung: John von Düffel, UA Saarbrücken 2010, Regie: Bernarda Horres; Aachen 2010, Regie: Ann-Marie Arioli; Berlin 2015, Regie: Matthias Witting; (3) Bearbeitung: Bastian Kraft, UA München 2011, Regie: Bastian Kraft; (4) Bearbeitung: Katrin Lindner, UA Frankfurt 2011, Regie: Katrin Lindner; (5) Bearbeitung: Jan Böde, UA Dresden 2012, Regie: Jan Böde; (6) Bearbeitung: Martin Nimz u. Stefan Schnabel, UA Magdeburg 2012, Regie: Martin Nimz; (7) Bearbeitung: Volkmar Kamm, UA Salzburg 2012, Regie: Volkmar Kamm;

(8) Bearbeitung: Nora Schlocker u. Moritz Führmann, UA Düsseldorf 2013, Regie: Nora Schlocker; (9) Bearbeitung: Frank Abt u. Stefanie Eue, UA Osnabrück 2013, Regie: Frank Abt; (10) Bearbeitung: Stefan Suske, UA Bern 2014, Regie: Stefan Suske
- *Doktor Faustus*: (1) Bearbeitung: Friederike Heller, UA Wien 2008, Regie: Friederike Heller; (2) Bearbeitung: John von Düffel, UA Lübeck 2010, Regie: Pit Holzwarth
- *Lotte in Weimar*: (1) Bearbeitung: Anika Bárdos, UA Wiesbaden 2012, Regie: Slobodan Unkovski; (2) Bearbeitung: John von Düffel, UA Lübeck 2013, Regie: Pit Holzwarth; (3) Bearbeitung: Beate Seidel, UA Weimar 2014, Regie: Hasko Weber
- *Der Zauberberg*: (1) Bearbeitung: Marcel Luxinger, UA Frankfurt 2007, Regie: Friederike Heller; (2) Bearbeitung: Stefan Bachmann u. Carmen Wolfram, UA Berlin 2008, Regie: Stefan Bachmann; (3) Bearbeitung: Michael Wallner, UA Lübeck 2008, Regie: Michael Wallner; (4) Bearbeitung: Sebastian Hartmann, Leipzig 2010, Regie: Sebastian Hartmann
- *Der Tod in Venedig*: (1) Bearbeitung: Michael Wallner, UA Saarbrücken 2005, Regie: Michael Wallner; (2) Bearbeitung: Christine Besier u. Christian Doll, UA Düsseldorf 2007, Regie: Christian Doll; (3) Bearbeitung: Thomas Ostermeier u. Maja Zade, UA Berlin 2013, Regie: Thomas Ostermeier (Titel: *Der Tod in Venedig/Kindertotenlieder*)

Für den Bereich Ballett und Oper sind v. a. zu nennen:
- *The Transposed Heads. A Legend of India*: Oper von Peggy Glanville-Hicks, UA Louisville 1954
- *Mario und der Zauberer*: Ballettoper von Luchino Visconti u. Franco Mannino, UA Mailand 1956; Ballettoper komponiert von István Láng, UA Budapest 1965; Oper komponiert von Stephen Oliver, UA Batignano 1988; von János Vajda, UA Budapest 1988; von Harry Somers, UA Toronto 1992; von Francis Thorne, UA New York 2005
- *Death in Venice*: Oper von Benjamin Britten, UA The Maltings, Snape 1973, die drei Mal verfilmt wurde (GB 1981; GB 1990; IT 2010)
- *Tod in Venedig*: Ballett von John Neumeier, UA Hamburg 2003
- *Der Zauberberg*: Oper von Robert Grossmann, UA Chur 2002; von Gregory Vajda, UA Davos 2010; Ballett von Xin Peng Wang, UA Dortmund 2014

Anzufügen sind außerdem zumindest zwei Beispiele für Instrumentalmusik-Adaptionen aus ganz unterschiedlichen Bereichen, so Hans Werner Henzes Violinkonzert Nr. 3 mit dem Untertitel *Drei Porträts aus Thomas Manns Doktor Faustus* (1997) sowie das *Ambient*-Album *Zauberberg* (1997) des Künstlers Gas (Wolfgang Voigt).

Forschungsstand

Die mediale Wirkung Thomas Manns und seines Werkes stellt ein nach wie vor nur in Ansätzen bearbeitetes Feld dar. Die Forschungslage bietet hier trotz einer ganzen Reihe von Einzeluntersuchungen ein heterogenes, stark lückenhaftes Gesamtbild. Für den Bereich Film existiert eine vergleichsweise reichhaltige Forschung, während für alle anderen Felder ein deutliches Forschungsdefizit zu verzeichnen ist. Studien, die die Einwirkung diverser medialer Formen auf Manns Texte fokussieren, bleiben im Folgenden ebenso unberücksichtigt wie Manns eigene Einlesungen seiner Werke bei Tonaufnahmen für den Rundfunk bzw. für Schallplatten (vgl. dazu Loewy 1974); behandelt werden ausschließlich Untersuchungen zu medialen Adaptionen und Transformationen der Werke Manns.

Der letzte fundierte Überblick über die große Anzahl der Literaturverfilmungen liegt mit Renners Arbeit zwar bereits zehn Jahre zurück, er wurde aber aufgegriffen (Hess-Lüttich 2008, 371) und fortlaufend aktualisiert (vgl. Zander 2010; Elsaghe 2014). Als systematische Zugänge zur Verfilmung Mann'scher Texte bewährt haben sich die Auseinandersetzungen von Seitz (1979) und Hurst (1996), die vor allem das Verhältnis zwischen literarischer Vorlage und filmischer Adaption – einmal aus strukturaler, einmal aus erzähltheoretischer Perspektive – zu bestimmen versuchen. Als grundlegende Beiträge treten die Untersuchungen von Wessendorf (1998) und Zander (2005) hinzu. Neuere Ansätze schließen in ihren Fragestellungen entweder an diesen Komplex an (Badstübner-Kizik 2012) oder fokussieren spezifische Phänomene, wie die Erzählperspektive (Borkiewicz 2002), die Figur (Elsaghe 2007; Kurwinkel 2011), die Raumkonstruktion (Gürsoy 2009) oder bestimmte Motive (Grisko 2007; Odendahl 2013). Eine interkulturelle Sichtweise nimmt Dornbusch (2002) ein.

Auf das Defizit einer wissenschaftlichen Auseinandersetzung mit dem Hörspiel weisen Bolik (1998) und Hamacher (2008) hin. Erste Annäherungsversuche existieren für die Bereiche der bildenden Kunst

(Bastek/Pfäfflin 2014), der Oper (Hillman 1992; Hess-Lüttich 2003 a; Hess-Lüttich 2003 b), des Balletts (Galvan 2015) und des Theaters (Pils 2000a u. Gutjahr 2007). Der bislang einzige Überblick über Thomas Mann-Illustrationen stammt von Dieckmann aus dem Jahr 1971; eine weitere Aufarbeitung und Fortsetzung in die Gegenwart steht auch hier noch aus (Einzelnes dazu bei Dittmann 2008). Comic-Adaptionen fanden keine (vgl. Schmitz-Emans 2012), instrumentalmusikalische Verarbeitungen allenfalls marginale Beachtung (Ziolkowski 2012; Schmierer 2013, 294–299). Zu begründen wäre dieser Tatbestand pauschal damit, dass beide letztgenannten medialen Kontexte hinsichtlich der Mann-Rezeption nicht allzu stark ausgeprägt sind; allerdings sind auch dort unleugbar Adaptionen vorhanden, deren Untersuchung lohnenswert wäre.

Die Reichweite einer Untersuchung und entstehende Probleme im Umgang mit der ›medialen Wirkung‹ Manns wird letztlich ansatzweise bei Schepers (2008) deutlich, die *Buddenbrooks* im Lichte seiner ›multimedialen‹ Erscheinung betrachtet, deutlicher noch bei Hess-Lüttich (2008), Badstübner-Kizik (2012: 384–387), Elsaghe (2014), Hillman (1992), Zander (2010), die jeweils stoff- und motivgeschichtliche Prozesse und historische Entwicklungen von medialen Rezeptionen nachvollziehen oder kontextbezogene Untersuchungsperspektiven eröffnen.

Filmische Adaptionen und Transformationen: Forschungsperspektiven

Verfilmungen literarischer, insbesondere epischer Werke sehen sich mit generellen Problemen medialer Adaptionen konfrontiert, die auch am Beispiel der Thomas Mann-Verfilmungen erkennbar sind: Sie müssen sich »zwischen werkgetreuer filmischer Nacherzählung des Textes und eigenständiger Interpretation« (Renner, TMHb, 822), zwischen enger, subordinierender Anlehnung an das Original oder möglichst subjektiver Anverwandlung (Zander 2010, 110 ff.) entscheiden. Insbesondere die Fernsehfilme unter den Mann-Adaptionen neigen dabei zu eher »publikumswirksame[r] Bebilderung« einerseits und zu »vordergründige[r] Aktualisierung des Textes« andererseits (Renner, TMHb, 822). Damit sind bereits zwei Aspekte impliziert, die die Umsetzung literarischer Fiktionen ins filmische Medium entscheidend bedingen: zum einen allgemein die Notwendigkeit, das geschriebene Wort ins Visuelle zu übertragen und überzeugende Bilder für den Text zu finden, zum anderen insbesondere die Unmöglichkeit, den Umgebungskontext jeder Bildinszenierung dabei auszublenden. Mit der Konkretisierung des im Text nicht oder nur andeutungsweise – und in jedem Falle sprachzeichenhaft abstrakt – Beschriebenen fügt der Film jedoch dem Handlungsgeschehen gegenüber dem Schrifttext unvermeidlich etwas hinzu. Visualisierung (als dominanter Darstellungsmodus) und akustische Inszenierung erzwingen zudem nicht selten die Übersetzung innerer Wahrnehmungs- und Erlebensvorgänge in äußere Zeichenprozesse und außenräumliche Handlungszusammenhänge. Wirksam wird dabei auch eine semiotische Differenzqualität der Medien ›Schrifttext‹ und ›Filmbild‹, nehmen die Elemente des literarischen Texts doch bei ihrer Übersetzung ins Filmbild konkrete, unmittelbare und eigentliche Gestalt an (Titzmann 2013). Hinzu kommt die Spezifizität von Manns Beschreibungsverfahren, das »bewußt auf [...] Freiräume hin angelegt« und damit für die filmische Umsetzung seiner Werke problematisch ist: »Das akribische Wörtlichnehmen des Textes, etwa bei der Fernseh-Fassung der *Buddenbrooks* oder bei dem *Zauberberg*-Film von Geißendörfer, muß hier den Lektüreeindruck fast zwangsläufig verfehlen« (Seiler 1986, 480 f.). Dabei ist die immer wieder diskutierte Frage der Angemessenheit, mit der Filme »epische Konzept[e]« der Mann'schen Erzähltexte erfassen können und nicht nur eine »korrekte Wiedergabe des Romaninhalts« avisieren, ob die filmischen Adaptionen also als »eigenständige Interpretation[en]« angesehen werden können, nur in Abhängigkeit von den jeweils zugrunde gelegten Parametern zu beantworten (Renner, TMHb, 820). Insbesondere Aspekte, die das ›Wie‹ des Erzählens im Schrifttext betreffen (und nicht nur die adäquate Umsetzung der bloßen Ereignisfolge einer Erzählung berücksichtigen), lassen sich nicht direkt auf das Filmmedium übertragen, sondern nur in filmspezifischer ›Übersetzung‹ verhandeln. Dies betrifft mit Blick auf das Werk Manns v. a. die filmische Umsetzung erzählerischer Distanz und Ironie sowie generell Formen uneigentlichen Erzählens. Angesprochen ist damit insbesondere auch die Darstellbarkeit und Übersetzung von Metaphoriken und Semantiken, Symbolen und mythischen Bedeutungsebenen, mit denen Erzähltexte ihre Handlungszusammenhänge mit zusätzlicher, nicht selten ambivalent zweideutiger Bedeutung aufladen. Filmspezifische Möglichkeiten visueller Semantisierung von Figuren, Handlungen, Räumen usw. bedienen sich hingegen möglicher Bezugnahmen im Nebeneinander des Bildes (auf der Ebene der Bildkomposition, der *Mise-*

en-scène, und der Anordnung und Kadrierung im Bild, der *Mise-en-cadre*) oder im Nacheinander und Zusammenhang der Bildfolge (auf der Ebene der Montage, der *Mise-en-chaine*). Die in der Forschung lange Zeit diskutierte Frage, ob die Verfilmung eines literarischen Werks dabei ›werkgetreu‹ oder ›eigenständig interpretierend‹ verfährt, ließe sich daher, wenn überhaupt, nur im Zusammenspiel der audiovisuellen Zeichenebenen im Film und ihrer aufgerufenen Kontexte und Referenzen beantworten. Tatsächlich aber verstellt die heute überholt scheinende Kategorie der ›Werktreue‹ den Blick dafür, dass jede Verfilmung immer schon eine Interpretation darstellt. Zander weist in diesem Zusammenhang auf eine sehr viel komplexere Möglichkeit hin, wie Filme literarische Inhalte gleichzeitig aufgreifen und subvertieren können, indem sie die Differenz von Bild- und Tonebene so gegeneinander ausspielen, dass Nähe und Distanz zur Textvorlage zugleich inszeniert werden können (Zander 2010, 113). So verrät auch die Frage nach der ›Werktreue‹, welche die Forschung zu ›Literaturverfilmungen‹ lange verfolgt hat, häufig genug bereits, dass der jeweilige Film nicht als eigenständiges ästhetisches Werk, sondern nur als eine neue Erscheinungsform des literarischen Textes angesehen wird. Ein solcher Blick verstellt jedoch jede der Spezifität des Filmmediums gerecht werdende Analyse.

Gleichwohl sind filmische Adaptionen der Werke Manns für die Kinoleinwand (von den 1960er bis zu den 1980er Jahren) bislang eingeteilt worden in (a) ›werkgetreue‹ Adaptionen, (b) werkgeschichtliche Interpretationen und (c) autobiographische Interpretationen (Renner, TMHb). Als Beispiel für eine ›werkgetreue‹ Adaption ließe sich Caspar van den Bergs »bebildertes Hörbuch« *Herr und Hund* (1963) nennen (Zander 2010, 111): Den aus dem Off vorgelesenen Novellentext stellt der Film auf illustrative Weise im Bild nach (ebd.). Eine »erstaunlich werkgetreue Umsetzung« eines Textes, die sich gleichwohl *nicht* nur an der Ereignisfolge der Romanvorlage orientiert, stellt Renner zufolge Geißendörfers *Zauberberg*-Verfilmung (1982) dar: Sie berücksichtige nicht nur die »wortwörtliche Wiedergabe ganzer Textpassagen«, sondern dramatisiere die Dialoge auch »in Form von Bewegungsbildern« (Renner, TMHb, 809). Zudem greift sie auf Erzählerkommentare des Romans zurück, die als *Voice over* im Film realisiert werden, und setzt Schnitt und Montagetechniken zur »Verdichtung der erzählten Motive« des Romans ein (ebd., 809 f.). Dies geschieht insbesondere über die Funktionalisierung von Blicken und Blickwechseln, mit denen »eine inhaltliche Spur des Textes und eine Anforderung des Mediums zur Deckung« kommt (ebd., 810). Allerdings setzt Geißendörfer dabei genuin filmische Darstellungsmöglichkeiten ein, die den Roman nicht unmittelbar umzusetzen, sondern seinen ›Sinn‹ transformierend zu deuten versuchen (ebd.). Das geht soweit, dass in Settembrinis Rede über die Humanität die Redeweise Hitlers assoziierbar wird (ebd., 814), womit Geißendörfers Adaption in diesem Punkt einer Tendenz der »neueren deutschen Mann-Verfilmungen« zuneigt, die Renner als zeitgeschichtliche »Aktualisierung« – mit Hang zur Vereindeutigung des im Roman ironisch-zweideutig Angelegten – fasst, wie sie sich auch in »optischen Verkürzungen« in Seitz' *Faustus*-Verfilmung (1982) zeigt (wenn der komponierende Adrian und Goebbels' Sportpalastrede überblendet werden; vgl. ebd., 819; Zander [2010, 107] weist zudem darauf hin, dass auch die erste Mann-Verfilmung – die *Buddenbrooks* (1923) – schon als »radikale Aktualisierung« konzipiert war: mit Bezug auf das Inflationsjahr 1923). Diese Form der Interpretation kennzeichnet denn auch werkgeschichtliche und autobiographische Interpretationen, die die Werke Manns in den Kontext zeitgeschichtlicher oder autobiographischer Dimensionen stellen und das Handlungsgeschehen durch die Kontextualisierung mit zeitgeschichtlichen oder mit biographischen Äußerungen Manns sowie durch die Montage weiterer, dem Werkkontext entnommener literarischer Motive im Rahmen gesellschaftlicher und lebensgeschichtlicher Perspektiven deuten. Dabei überwiegen für die 1960er Jahre zunächst die biographischen, seit den 1970er Jahren die gesellschaftlich-politischen Deutungen (Zander 2010, 109). Für diese Arten der Interpretation werden u. a. dokumentarisches Material oder allgemein Bilder, Bildfolgen und Bildverknüpfungen – nicht selten als visuelle Metaphern – eingesetzt, so z. B. die Bilder von Glas und Eis in Seitz' Verfilmung des *Doktor Faustus* (1982; vgl. Renner, TMHb, 817). Montagetechniken, *Flashbacks* und Überblendungen ermöglichen dabei zusätzlich die Korrelation mit dem primären Handlungsgeschehen, nicht selten in Kombination mit akustischen Verknüpfungen und leitmotivisch eingesetzter Musik (ebd., 816 f.).

Als ausschlaggebend für solche seit den 1970er Jahren zunehmend avancierteren Formen der filmischen Interpretation von Manns Werken lässt sich Viscontis *Morte a Venezia* (1971) betrachten: Viscontis Interpretation des *Tod in Venedig* markiert in der Geschichte der Mann-Verfilmungen eine einschneidende »Wende«, da sich hier erstmals die Umsetzung der literarischen Vorlage nicht länger primär auf die Inszenierung der reinen Handlungsfolge der Texte, sondern auf deren Übersetzung mit »filmspezifischen Mitteln« konzentrierte (ebd., 800). Dabei blieb jedoch, wie Spedicato gezeigt hat, »[d]ie semantische Anlage des mehrdimensionalen Prätextes [...] jenseits aller Veränderungen bestehen« (Spedicato 2008, 122); auch griff Visconti auf Farbsymboliken, psychogenetische und mythische Motive der Novelle zurück, um diese zu visualisieren und in der Bildinszenierung zu ›verdichten‹ (vgl. Renner, TMHb, 802 ff.). Vor allem aber sinnfällige »Bildverknüpfungen« wurden seit *Morte a Venezia* in ambitionierteren Filmen zur Umsetzung der Mann'schen Leitmotivtechnik gesucht (ebd., 800). Auch dem leitmotivischen und semantisch funktionalen Einsatz von Musik kommt seitdem eine größere Rolle zu, womit Manns eigene Präferenz für musikanaloge Strukturen in der Prosa eine Entsprechung auch im filmischen Medium findet. Musik wird dabei als »episches und dramaturgisches Element zugleich« eingesetzt, um Bild, Musik und Sprache miteinander zu verbinden (ebd., 801) und Aschenbachs innere Zustände und Emotionen, sein »Seelenleben« zu artikulieren (Koebner 2003, 194). Insbesondere mittels Verknüpfung der akustischen Ebene der Musik mit der Blickwahrnehmung der Kamera, wie sie etwa bei der ersten, schweigenden Begegnung Aschenbachs mit Tadzio inszeniert wird, zeigt Visconti, wie sich Manns Novelle originär filmisch interpretieren lässt: »Die Kamera, das Bild hat sich hier ganz vom Wort, vom Dialog oder einer Erzählerstimme emanzipiert« (Zander 2010, 114). Dies wird zugleich selbstreflexiv innerhalb der Filmhandlung thematisch, wenn auch im Film selbst »an die Stelle der Schrift [...] die Bilder, die Gesten und die Musik« rücken (Renner, TMHb, 804). Mit der Transformation des Mann'schen Literaten in einen Musiker (und der an Manns *Doktor Faustus* angelehnten kunsttheoretischen Fundierung des Musikalischen) sowie der Einführung des »visuelle[n] Leitmotiv[s] des Blickwechsels« (Hess-Lüttich 1991, 149) gelingt Visconti in dieser Sequenz zugleich eine durch die Filmhandlung motivierte Umerziehung des »Ohrenmensch[en]« Aschenbach zum »Augenmenschen«, bei der der Zuschauer – zusammen mit der Filmfigur Aschenbach – durch die von Tadzio faszinierte Kamera »zur Schaulust verführt« (Zander 2010, 114) und in diesem Sinne ›manipuliert‹ wird (Monzel 2011, 63; ausführliche Einzelanalysen verschiedener Aspekte der Transformation zuletzt bei Bono/Cimmino/Pangaro 2014).

Durch die zusätzliche Einfügung von Dialog-Rückblenden, die durch formale Klarheit und Langsamkeit geprägte Kameraführung und v. a. durch den Moduswechsel zwischen (halb-)totalen und nahen bis großen Einstellungen, wobei durch den Zoom der subjektive Blick des Protagonisten imitiert und Nähe und Distanz zum Objekt in ambivalenter Weise gleichzeitig modulierbar wird (vgl. dazu Hurst 1996, 196), gelingt Viscontis Film zudem eine Transposition der verschiedenen Erzählebenen der Novelle ins Filmmedium (ebd.). Auch die »überdurchschnittlich hohe Anzahl von Momenten, in denen die Hauptfigur allein im Bild zu sehen ist« (Kurwinkel 2011, 251) sowie Aschenbachs optische Isolierung durch die Verwendung geringer Schärfentiefe (Koebner 2003, 196) tragen zur bildlichen Konzentration auf dessen Äußeres als Spiegel inneren Erlebens bei. Mit diesen Formen der Übersetzung literarischer in akustische und visuelle Strukturen und der damit verbundenen Subjektivierung von Wahrnehmungsperspektiven sowie der Veräußerlichung innerer Vorgänge wurde Viscontis Film zum »Paradigma eines neuen Wegs« der »[p]roduktive[n]« Transformation Mann'scher Prosa ins Medium Film (Renner, TMHb, 801) – und zugleich zum Beispiel für einen »Idealfall der Literaturverfilmung« (Zander 2010, 114).

Literatur

Badstübner-Kizik, Camilla: Literaturverfilmungen – intermediale Chance oder Risiko für die literarische Rezeption? Zum Neben- und Miteinander von Text und Film am Beispiel von drei Literaturverfilmungen (*Buddenbrooks*, Hermann Breloer 2008; *Effi Briest*, Hermine Huntgeburth 2009; *Der Vorleser*, Stephen Daldry 2009). In: Anna Kochanowska-Nieborak/Ewa Płomińska-Krawiec (Hg.): *Literatur und Literaturwissenschaft im Zeichen der Globalisierung. Themen – Methoden – Herausforderungen.* Frankfurt a. M. u. a. 2012, 377–388.

Bastek, Alexander/Pfäfflin, Anna Marie (Hg.): *Thomas Mann und die bildende Kunst.* [Ausstellungskatalog Lübeck 2014]. Petersberg 2014.

Bastek, Alexander: Einsatz für die Literatur. Illustrationen zu Werken Thomas Manns. In: Bastek/Pfäfflin: *Thomas Mann und die bildende Kunst*, 258–259.

Bastek, Alexander/Mölck-Tassel, Bernd/Pfäfflin, Anna Marie (Hg.): *Thomas Mann neu illustriert. 26 Studierende der HAW Hamburg illustrieren die Romane und Erzählungen neu.* Hamburg 2014.

Bolik, Sibylle: Für ein ›unreines‹ Hörspiel: Zur (nicht gestellten) Frage der Literaturadaptation im Radio. In: *LiLi. Zeitschrift für Literaturwissenschaft und Linguistik* 28, H. 111 (1998), 154–161.

Bono, Francesco/Cimmino, Luigi/Pangaro, Giorgio (Hg.): *Morte a Venezia: Thomas Mann/Luchino Visconti: un confronto*. Soveria Mannelli 2014.

Borkiewicz, Agnieszka: Filmische Umsetzung der literarischen Erzählperspektive am Beispiel der Erzählung *Der Tod in Venedig* von Thomas Mann und ihrer Adaption von Luchino Visconti. In: *Studia niemcoznawcze* 23 (2002), 297–309.

Carstensen, Richard: *Thomas Mann – sehr menschlich. Streiflichter – Schlaglichter*. Lübeck/Zürich 1975.

Dieckmann, Friedrich: Thomas Mann-Illustrationen. In: *Marginalien. Zeitschrift für Buchkunst und Bibliophilie* 42, Berlin/Weimar 1971, 33–53.

Dittmann, Britta: *Buddenbrooks* heute. In: Hans Wißkirchen (Hg.): *Die Welt der Buddenbrooks*. Frankfurt a. M. 2008, 187–249.

Dornbusch, Claudia: *Der Erwählte* von Thomas Mann und Bia Lessa. Interkultureller und intermedialer Dialog. In: Renate Koroschetz (Hg.): *Brückenschlag. Lengua y cultura alemanas. Un puente entre dos continentes*. Caracas 2002, 559–563.

Elsaghe, Yahya A.: German Film Adaptations of Jewish Characters in Thomas Mann. In: Christiane Schönfeld (Hg.): *Processes of Transposition. German Literature and Film*. Amsterdam 2007, 133–140.

Elsaghe, Yahya A.: Vergangenheitspolitik im Kino. Zur bundesrepublikanischen Verfilmungsgeschichte Thomas Manns. In: *TMJb* 27 (2014), 47–59.

Galvan, Elisabeth: Das Ballett *Mario e il mago* von Luchino Visconti und Franco Mannino. In: Dies. (Hg.): *Mario e il mago. Thomas Mann e Luchino Visconti raccontano l'Italia fascista/Mario und der Zauberer. Thomas Mann und Luchino Visconti erzählen vom faschistischen Italien* [Ausstellungskatalog Casa di Goethe 2015]. Rom 2015, 65–79.

Grisko, Michael: Die Buddenbrooks als zeitlose Modernisierungsverlierer? Zur Aktualität einer Familie auf der Leinwand. In: *Der Deutschunterricht* 59/4 (2007), 68–71.

Gürsoy, Erkan: Der Verfall des ›ganzen Hauses‹. Buddenbrook-Haus-Konstruktionen in Roman und Film. In: *Mauerschau* 1 (2009): *Konstruktion – Dekonstruktion*, 7–16.

Gutjahr, Ortrud: *»Buddenbrooks« von und nach Thomas Mann. Generation und Geld in John von Düffels Bühnenfassung und Stephan Kimmigs Inszenierung am Thalia Theater Hamburg*. Würzburg 2007.

Hamacher, Bernd: Die Poesie im Krieg: Thomas Manns Radiosendungen *Deutsche Hörer!* als »Ernstfall« der Literatur. In: *TMJb* 13 (2008), 158–176.

Hess-Lüttich, Ernest W. B.: Medien-Variationen. Aschenbach und Tadzio in Thomas Manns *Der Tod in Venedig*, Luchino Viscontis *Morte a Venezia*, Benjamin Brittens *Death in Venice*. In: *Kodikas/Code. Ars Semeiotica* 14 (1991), No. 1/2, 145–161.

Hess-Lüttich, Ernest W. B.: Tadzio – or: International Ephebophilia. Benjamin Britten's Opera *Death in Venice*. In: Christiane Schlote/Peter Zenzinger (Hg.): *New Beginnings in Twentieth-Century Theatre and Drama. Essays in Honour of Armin Geraths*. Trier 2003, 213–230 (2003a).

Hess-Lüttich, Ernest W. B.: The Language of Music, Gaze, and Dance: Benjamin Britten's Opera *Death in Venice*. In: *Kodikas/Code. Ars Semeiotica: An International Journal of Semiotics* 26, 3–4 (2003), 283–294 (2003b).

Hess-Lüttich, Ernest W. B.: *Tristan*. Sprachliche Komposition und musikalische Bedeutung. Vier Variationen des Themas in Oper und Theater, Novelle, Film und Fernsehen. In: Michael Szurawitzki/Christopher M. Schmidt (Hg.): *Interdisziplinäre Germanistik im Schnittpunkt der Kulturen*. Würzburg 2008, 371–381.

Hillman, Roger: Deaths in Venice. Thomas Mann's *Death in Venice* in Film and Opera. In: *Journal of European Studies* 88/2 (1992), 291–311.

Hurst, Matthias: *Erzählsituationen in Literatur und Film. Ein Modell zur vergleichenden Analyse von literarischen Texten und filmischen Adaptionen*. Tübingen 1996.

Koebner, Thomas: Eine Passions-Geschichte: *Der Tod in Venedig* als Film. In: Frank Baron/Gert Sautermeister (Hg.): *Thomas Mann: »Der Tod in Venedig«. Wirklichkeit, Dichtung, Mythos*. Lübeck 2003, 189–200.

Kreuzwieser, Markus: Produktive Rezeption. Thomas Manns Novelle *Der Tod in Venedig* (1912) und Lucchino Viscontis Film *Morte a Venezia* (1971). In: *Informationen zur Deutschdidaktik. Zeitschrift für den Deutschunterricht in Wissenschaft und Schule: Film im Deutschunterricht* 27/4 (2003), 62–70.

Kurwinkel, Tobias: *Apollinisches Außenseitertum. Konfigurationen von Thomas Manns ›Grundmotiv‹ in Erzähltexten und Filmadaptionen des Frühwerks*. Würzburg 2011.

[Loewy, Ernst]: *Thomas Mann: Ton- und Filmaufnahmen. Ein Verzeichnis*. Zusammengestellt und bearbeitet von Ernst Loewy. Hg. vom Deutschen Rundfunkarchiv. (GW, Supplementband). Frankfurt a. M. 1974.

Marx, Friedhelm: Thomas Mann und kein Ende. In: Ruprecht Wimmer (Hg.): *Vom Nachruhm. Beiträge zur Lübecker Festwoche 2005 aus Anlass des 50. Todesjahres von Thomas Mann*. Frankfurt a. M. 2007, 113–129.

Monzel, Angelika: *Tod in Venedig*. In: *Filmreihe »Thomas Mann im Kino«*. Bonn 2011, 53–66.

Müller-Salget, Klaus: Musik statt Literatur. Lucchino Viscontis Filmversion von Thomas Manns Erzählung *Der Tod in Venedig*. In: Stefan Neuhaus (Hg.): *Literatur im Film. Beispiele einer Medienbeziehung*. Würzburg 2008, 143–156.

Mundt, Michaela: *Transformationsanalyse. Methodologischer Probleme der Literaturverfil-mung*. Tübingen 1994.

Odendahl, Johannes: Rot in Venedig. Thomas Manns Novelle *Der Tod in Venedig* und deren Verfilmung durch Luchino Visconti. In: *Der Deutschunterricht* 65/3 (2013), 67–75.

Pils, Holger: Die Buddenbrooks-Visionen der Magdalena Müller. Eine Aufführung im Buddenbrookhaus 1928. In: Manfred Eickhölter/Hans Wißkirchen (Hg.): *»Buddenbrooks«. Neue Blicke in ein altes Buch*. Lübeck 2000, 154–175 (2000a).

Pils, Holger: Relektüre Buddenbrooks: Adaptionen für Film und Fernsehen. In: Manfred Eickhölter/Hans Wißkirchen (Hg.): *»Buddenbrooks«. Neue Blicke in ein altes Buch*. Lübeck 2000, 144–153 (2000b).

Renner, Rolf G.: Verfilmungen der Werke von Thomas Mann. In: *TMHb*, 799–822.

Ryan, Marie-Laure: Story/Worlds/Media: Tuning the Instruments of a Media-Conscious Narratology. In: Ma-

rie-Laure Ryan/Jan Noël Thon (Hg.): *Storyworlds across Media. Toward a Media-Conscious Narratology*. University of Nebraska 2014, 25–49.
Schepers, Petra: *Buddenbrooks* multimedial. Kino, Theater, Hörspiel. In: *Deutschunterricht* 61/6 (2008), 44–49.
Schmierer, Elisabeth: Musik als Sprache. Zu Henzes Instrumentalkonzerten auf literarische Themen. In: Norbert Abels/Elisabeth Schmierer (Hg.): *Hans Werner Henze und seine Zeit*. Laaber 2013, 279–304.
Schmitz-Emans, Monika (Hg.): *Literatur-Comics. Adaption und Transformation der Weltliteratur*. Berlin/New York 2012.
Schwarz, Olga Katharina: Ein Künstlerroman besonderer Art. *Felix Krull* in Nabokovs *Verzweiflung*. In: Miriam Albracht (Hg.): *Düsseldorfer Beiträge zur Thomas Mann-Forschung. Schriftenreihe der Thomas Mann-Gesellschaft Düsseldorf* 2 (2013), 219–228.
Seiler, Bernd W.: Ironischer Stil und realistischer Eindruck: Zu einem scheinbaren Widerspruch in der Erzählkunst Thomas Manns. In: *DVjs* 60 (1986), 459–483.
Seitz, Gabriele: *Film als Rezeptionsform von Literatur. Zum Problem der Verfilmung von Thomas Manns Erzählungen »Tonio Kröger«, »Wälsungenblut« und »Der Tod in Venedig«*. München 1979.
Spedicato, Eugenio: *Literatur auf der Leinwand am Beispiel von Luchino Viscontis »Morte a Venezia«*. Würzburg 2008.
Sprecher, Thomas/Wißkirchen, Hans (Hg.): *Thomas und Heinrich Mann im Spiegel der Karikatur*. Zürich/München 2003.
Titzmann, Michael: Interaktion und Kooperation von Texten und Bildern. In: Hans Krah/Michael Titzmann (Hg.): *Medien und Kommunikation. Eine interdisziplinäre Einführung*. Passau [3]2013, 325–357.
Vaget, Hans Rudolf: Film and Literature. The Case of *Death in Venice*: Luchino Visconti and Thomas Mann. In: *The German Quarterly* 53/2 (1980), 159–175.
Vaget, Hans Rudolf: Filmentwürfe. In: TMHb, 619–622.
Wessendorf, Stephan: *Thomas Mann verfilmt. »Der kleine Herr Friedemann«, »Tristan« und »Mario und der Zauberer« im medialen Wechsel*. Frankfurt a. M. u. a. 1998.
Zander, Peter: *Thomas Mann im Kino*. Berlin 2005.
Zander, Peter: Geschaute Erzählung – Thomas Mann im Kino. Von *Buddenbrooks* (1923) bis *Buddenbrooks* (2008). In: *TMJb* 23 (2010) 105–117.
Ziolkowski, Theodore: Leverkühn's Compositions and Their Musical Realizations. In: *The Modern Language Review* 107/3 (2012), 837–56.

Andreas Blödorn/Stephan Brössel

6 Forschungsgeschichte

Bis 1955

Thomas Manns Werk hat frühzeitig die Aufmerksamkeit der Forschung auf sich gezogen. Neben der breiten Rezeption durch Feuilletons und Literaturkritik setzt spätestens ab 1904 das Interesse der Literaturwissenschaft ein. Persönliche Kontakte unterhält Mann etwa mit Fritz Strich, Harry Maync, Julius Petersen oder Franz Muncker, die zu den bekanntesten Germanisten der Zeit zählen. Bei der Verleihung der Ehrendoktorwürde der Universität Bonn ist Berthold Litzmann 1919 die treibende Kraft. Zu Außenseitern im Betrieb der Literaturwissenschaft pflegt Mann intensivere Kontakte: Mit dem Freiburger Germanisten Philipp Witkop wechselt er bis 1933 Briefe. Witkop hält Vorträge und Vorlesungen über Mann und lädt ihn auch nach Freiburg ein. Eine zeitweise enge Freundschaft verbindet Mann mit dem Bonner Germanisten Ernst Bertram, die sich in einem umfangreichen Briefwechsel niederschlägt (BrB). Besonders die *Betrachtungen eines Unpolitischen* profitieren von Bertrams Belesenheit.

Wechselseitige Rezeption

Neben der persönlichen Bekanntschaft mit Literaturwissenschaftlern ist noch ein Zweites für die frühe Thomas-Mann-Forschung von entscheidender Bedeutung. Denn vergleichbar der Rezeptionssteuerung, die Mann für das Feuilleton unternimmt, sucht er auch den Einfluss auf die Literaturwissenschaft. Mehr noch: er beobachtet die Forschung genau, um sich auf die dort gestellten Rezeptionsanforderungen einzustellen und so auch von der Forschung ernst genommen zu werden. Die Rezeption der Forschung dient Mann dazu, die eigene Poetik zu reflektieren und sie in weitere Kontexte literarischer Modernität einzuordnen (Marx 2009).

Umgekehrt profitiert die Literaturwissenschaft von der Beschäftigung mit Mann. Gerade die Bildungssättigung im Werk des Autors, die sich auch aus seiner Übernahme aus verschiedenen Wissensbereichen speist, erleichtert der Germanistik den Anschluss an seine Texte. Zugleich kann sich durch die Beschäftigung mit einem Gegenwartsschriftsteller eine junge Generation von Forschern im wissenschaftlichen Feld absetzen und behaupten, wenn auch einschränkend festzuhalten ist, dass Universitätskarrieren durch die Beschäftigung mit Mann kaum begünstigt wurden (Martus 2009, 49, 51). Entsprechend sind es gerade nicht die arrivierten germanistischen Großordinarien der Zeit ab 1900, die durch Studien über Mann hervortreten; das Interesse schlägt sich vor allem in Dissertationen nieder, die teilweise von renommierten Literaturwissenschaftlern betreut wurden. Mit manchen Doktoranden wechselt er Briefe und beeinflusst so die wissenschaftliche Interpretation seiner Texte (Martus 2009, 50).

Die Beschreibung der Form und erste Gesamtdarstellungen

Die Anfänge der Thomas-Mann-Forschung sind von poetologischen Strukturanalysen bestimmt, wobei besonders häufig die Technik des Leitmotivs im Mittelpunkt steht (Koopmann, TMHb, 943 f.). Die Forschung schließt damit an die feuilletonistische Auseinandersetzung mit Mann an, die wiederum von ihm selber in gewissem Maße angeleitet wurde. Gerade das Leitmotiv hatte er in einem Brief an Otto Grautoff als hervorzuhebende Leistung genannt (GKFA 21, 180). Die ersten genuin wissenschaftlichen Studien greifen das auf, beginnend 1906 mit Alexander Paches Aufsatz *Über das Leitmotiv bei Thomas Mann*; es folgen Louis Erlachers *Untersuchungen zur Romantechnik Thomas Mann* (1932), Ronald Peacocks *Das Leitmotiv bei Thomas Mann* (1934) und André von Gronickas *Das Leitmotiv im Werke Thomas Manns* (1935).

Ab Mitte der 1920er Jahre erscheinen die ersten Monographien, die sich dem – bis dahin vorliegenden – Gesamtwerk widmen. Also genau zu dem Zeitpunkt, als Mann zum repräsentativen Schriftsteller der Weimarer Republik aufsteigt, und kurz vor der Verleihung des Nobelpreises drängt es die Literaturwissenschaft zu Würdigung und Einordnung des Werkes, die zum Klassikerstatus der Moderne zu Lebzeiten beitragen. Hierbei sind es bezeichnenderweise wieder Außenseiter des akademischen Betriebs wie der Berliner Germanist Arthur Eloesser, dem als Juden die Habilitation und damit die Universitätskarriere verweigert wurde und der deswegen als Feuilletonredakteur und Dramaturg arbeitete. Er veröffentlicht 1925 *Thomas Mann. Sein Leben und sein Werk*; die Studie konzentriert sich auf das erzählerische Werk und folgt seiner Entwicklung an der Biographie entlang. Einen ähnlichen Zugriff wählt 1927 Martin Havenstein in seinem Buch *Thomas Mann. Der Dichter und der Schriftsteller*, das – wie der Titel betont – die Beschreibung um den Aspekt des essayistischen Wirkens ergänzt. Ab 1933 nimmt die Zahl der Titel, die sich mit Mann auseinandersetzen, in Deutschland ab; wenn er überhaupt in literaturgeschichtlichen Arbeiten erwähnt wird, dann wird er entsprechend der NS-Ideologie abgewertet. In der Schweiz erscheint 1935 *Thomas Mann in seiner Zeit* von dem mit Mann befreundeten Kritiker Ferdinand Lion. Diese Publikationen beschreiben allesamt die Situation von Manns Werk in der literaturwissenschaftlichen Forschung, denn letztlich greifen hier Vorbehalte gegen die Gegenwartsliteratur, so dass Manns Werk noch nicht völlig von der Germanistik als Gegenstand akzeptiert wird. Diese erste Phase der Thomas-Mann-Forschung ist dadurch gekennzeichnet, dass sie natürlich keinen gültigen Überblick bieten kann, sondern ihre Beobachtungen im Kontext der Werkentfaltung macht. Im Mittelpunkt stehen vor allem Einzelwerke, weniger die großen Zusammenhänge.

Hamburger, Weigand und Thomas Manns romantische Modernität

Es werden in dieser Zeit allerdings zwei Bücher veröffentlicht, die auch heute noch anregend sind und die Thomas-Mann-Forschung auf ein neues Niveau gehoben haben. Da ist zum einen Käte Hamburgers problemgeschichtlich orientierte Studie *Thomas Mann und die Romantik* von 1932 und zum anderen von Hermann J. Weigand, Professor in Yale (USA), *Thomas Mann's Novel Der Zauberberg* von 1933. Beide Bücher befinden sich mit ihrem Gegenstand gewissermaßen auf der Höhe der literarischen Moderne, indem sie die besondere Modernität Manns durch Rückgriffe auf die frühromantische Romanpoetik (besonders Friedrich Schlegel) und Ideengeschichte hervorheben und dabei sowohl auf inhaltliche Linien wie die Herausforderung der Form eingehen. In diesen Büchern gelangt die Debatte um Mann als einen spezifisch modernen Schriftsteller auf einen ersten Höhepunkt, die sich in Studien wie Erich Hellers *The Ironic German. A Study of Thomas Mann* (1958) fortsetzt. Freilich wird diese Linie in der Folge unterbrochen; erst seit jüngerer Zeit schließt die Forschung, nicht zuletzt unter dem Eindruck der poststrukturalistischen und ideengeschichtlich vertieften Romantikkonzepte, wieder daran an, um Manns Modernität in ihrer Komplexität zu beschreiben.

Ab 1955

Nach Manns Tod ändert sich die Forschungslage allmählich: quantitativ, indem Mann zu einem der am meisten erforschten Schriftsteller des 20. Jahrhunderts aufsteigt, und qualitativ, indem neben detaillierte Einzelinterpretationen Studien treten, die das Gesamtwerk und seine großen Entwicklungslinien mustern. Auffällig ist jedoch, dass die Forschung weiter den von Mann gelegten Fährten folgt und so gewissermaßen weiterhin einer Rezeptionssteuerung unterliegt.

Quellen und Biographie

In den Mittelpunkt der Studien rückt vor allem das von Mann selbst so bezeichnete Dreigestirn Schopenhauer – Nietzsche – Wagner, ergänzt um Goethe; es dominiert zunächst die entsprechende Quellen- und Einflussforschung. Mann wird als *poeta doctus* wahrgenommen, und die Bildungsverliebtheit seiner Texte inspiriert die Spurensuche. Insbesondere die Eröffnung des Thomas-Mann-Archivs in Zürich verleiht dieser positivistischen Forschung einen großen Schub. Der Nutzen solcher Studien ist offensichtlich, doch geraten manche davon in die gefährliche Situation, über der eigenen Gelehrsamkeit und Entdeckerfreude die eigentliche literarische Produktivität und Technik Manns zu verfehlen; das Finden einer anregenden Quelle ersetzt nicht die Deutung des Textes. Solche Studien können leicht den eröffneten neuen Bedeutungshorizont verfehlen, wenn sie sich im Suchen und Finden der jeweiligen Quellen erschöpfen und dabei die erzählerische Interpretation und Anverwandlung der Quelle unterschätzen. Doch werden gerade zu den wichtigen ideellen Anregern Manns Monographien vorgelegt, die keine Quellenphilologie betreiben, sondern eine dynamische Intertextualität beschreiben; als Standardwerke sind etwa zu nennen Peter Pütz: *Kunst und Künstlerexistenz bei Nietzsche und Thomas Mann* (1975), Børge Kristiansen: *Thomas Manns Zauberberg und Schopenhauers Metaphysik* (1985) oder Hinrich Siefken: *Thomas Mann. Goethe – »Ideal der Deutschheit«. Wiederholte Spiegelungen 1893–1949* (1981).

Ein ähnlich problematischer Zugang zum Werk Manns besteht in der biographisch orientierten Interpretation, die methodisch an den literaturwissenschaftlichen Positivismus der Jahrhundertwende anschließt und dem populären Bedürfnis Rechnung trägt, Dichtung als nahezu unverstellte Darstellung des Dichterlebens zu entschlüsseln. Solche Überlegungen deuten weniger den literarischen Text, weil sie den fiktionalen Charakter des Kunstwerks nicht genügend berücksichtigen. Auffällig ist dabei zudem, wie derart verfahrende Studien hinter Manns eigenen Reflexionen über das Verhältnis von Biographie und Dichtung (etwa *Bilse und ich*, *Die Entstehung des Doktor Faustus*) zurückbleiben. Dem stehen die wissenschaftlichen Biographien gegenüber, die Mann in seiner Zeit darstellen, die Entstehungsgeschichten der Texte nachvollziehen und das literarische wie politische Feld beschreiben, in dem er sich bewegte. Den Anfang macht das quellensatte, aber Fragment gebliebene Buch von Peter de Mendelssohn: *Der Zauberer. Das Leben des deutschen Schriftstellers Thomas Mann* (1975). Dieser eher hagiographischen Darstellung steht die grundsätzlich kritische Biographie von Klaus Harpprecht aus dem Jahr 1995 gegenüber. In der Germanistik durchgesetzt hat sich die Darstellung von Hermann Kurzke: *Thomas Mann. Das Leben als Kunstwerk* (1999). Die weltliterarische Bedeutung Manns zeigen zwei englische Biographien von Donald A. Prater und Anthony Heilbut.

Mythos, Religion und Politik

Die Zahl der Einzelstudien zu Themen, Motiven und Texten hat so zugenommen, dass eine genauere Darstellung nicht möglich ist. Es lassen sich aber verschiedene Leitlinien hervorheben, die die Thomas-Mann-Forschung bestimmen. Eine besonders reiche Forschung liegt vor zum Komplex von Mythos und Psychologie, die 1965 einsetzt mit Herbert Lehnerts Buch *Thomas Mann. Fiktion, Mythos, Religion.* Als weitere wichtige Wegmarken sind zu nennen Manfred Dierks' *Studien zu Mythos und Psychologie bei Thomas Mann* (1972) und das große Buch von Hans Wysling: *Narzissmus und illusionäre Existenzform* (1982). Als thematisch zugehörig hat sich in den letzten Jahren der Komplex von Religion und Theologie im Werk Manns erwiesen; wie sehr etwa die Auseinandersetzung mit religiösen Ideen und Denkfiguren das Werk auch auf der Ebene der Form prägt, zeigt Friedhelm Marx' Studie über Christusfigurationen (2002). Wie stark seine politische Entwicklung – neben dem Werk – von religiösen Ideen geprägt ist, verdeutlicht etwa Heinrich Deterings Studie über Manns Beziehungen zu den Unitariern in den USA (2012).

Als weiterhin umstrittenes Forschungsgebiet zeigt sich der politische Thomas Mann, wie nicht zuletzt die durchaus kritische Aufnahme von Manfred Görtemakers Buch *Thomas Mann und die Politik* von 2005 zeigt. Nachdem der Politologe Kurt Sontheimer 1961 die Debatte durch sorgfältige Kontextualisierung eröffnet hatte, ergänzte und relativierte Hermann Kurzke 1972 dessen Befunde aus literaturwissenschaftlicher Perspektive. In der Folge wurden zahlreiche Aufsätze und Monographien zu diesem heiklen Thema der Mann-Deutung vorgelegt.

Gesamtdarstellungen und die *Große kommentierte Frankfurter Ausgabe*

Die großen Gesamtdarstellungen übernehmen Scharnierfunktionen in der Forschung; sie führen verschiedene Ansätze bilanzierend zusammen und eröffnen neue Perspektiven. Die erste Forschungsphase nach 1955 führt zu den Monographien von Terence James Reed: *Thomas Mann. The Uses of Tradition* (1974) und Eckhard Heftrich: *Zauberbergmusik* (1975). Die Forschung wird produktiv gemacht für die Darstellung großer, werkübergreifender Zusammenhänge, die zugleich neu an den Texten selber geprüft werden. Heftrichs Buch ist das erste von dreien, die zusammen die wohl umfangreichste Gesamtwürdigung darstellen. Eher als Einführungen in die Beschäftigung mit Mann sind gedacht Helmut Jendreieks Buch über den demokratischen Roman (1977) und Hermann Kurzkes *Epoche - Werk - Wirkung* (zuerst 1985). Das besondere Verdienst dieser Darstellungen liegt in der Beschreibung des romantisch-selbstreflexiven Schreibens Manns. Seitdem ist keine weitere Gesamtdarstellung mehr vorgelegt worden. Die in den Gesamtdarstellungen aufgezeigten Deutungsperspektiven bilden die Grundlage der Forschung, die ergänzt um neue Perspektiven - etwa aus der Genderforschung, der Narratologie, der Kulturwissenschaft - das Werk Thomas Manns weitergehend befragt.

Einen besonderen Schub verleiht die *Große kommentierte Frankfurter Ausgabe (GKFA)* der derzeitigen Forschung. Die Kommentare bilden den jeweiligen Forschungsstand ab und wissen mitunter auch eigene Akzente zu setzen. Vor allem die chronologische Ordnung der Essays ermöglicht es, tiefere und systematischere Resultate zu gewinnen, ist doch die bisherige thematische Ordnung früherer Ausgaben aufgehoben. Gerade die zeitlichen Kontexte verdeutlichen Manns Entwicklung in ästhetischer, politischer und weltanschaulicher Hinsicht. Die vielfältigen thematischen Spiegelungen, die Mann in verschiedenen Texten vornimmt, lassen sich in der GKFA leichter nachvollziehen, so dass die Forschung sich mit der neuen Ausgabe weiter differenzieren wird. Gerade auch die Debatte um die spezifische Modernität Manns wird von der neuen Ausgabe profitieren, weil sie die gleitende, offene Semantik, die dynamische Begriffsarbeit und Figurenführung sowie die prinzipielle Unabschließbarkeit des antithetischen Gefüges leichter nachvollziehen lässt. Damit erweist sich Thomas Mann als zugehöriger Autor der internationalen literarischen Moderne (Butter 2008).

Literatur

Butter, Michael: Chiffre für den Modernismus oder postmodernistischer Autor: Thomas Mann aus der Sicht eines Amerikanisten. In: Stefan Börnchen/Claudia Liebrand (Hg.): *Apokrypher Avantgardismus. Thomas Mann und die klassische Moderne*. München 2008, 51–66.

Detering, Heinrich: *Thomas Manns amerikanische Religion. Theologie, Politik und Literatur im kalifornischen Exil*. Frankfurt a. M. 2012.

Dierks, Manfred: *Studien zu Mythos und Psychologie bei Thomas Mann. An seinem Nachlaß orientierte Untersuchungen zum »Tod in Venedig«, zum »Zauberberg« und zur »Joseph«-Tetralogie*. Bern/München 1972.

Görtemaker, Manfred: *Thomas Mann und die Politik*. Frankfurt a. M. 2005.

Harpprecht, Klaus: *Thomas Mann. Eine Biographie*. Reinbek 1995.

Heftrich, Eckhard: *Zauberbergmusik*. Frankfurt a. M. 1975.

Heftrich, Eckhard: *Vom Verfall zur Apokalypse*. Frankfurt a. M. 1982.

Heftrich, Eckhard: *Geträumte Taten. Joseph und seine Brüder*. Frankfurt a. M. 1993.

Heilbut, Anthony: *Thomas Mann. Eros and Literature*. New York 1996.

Jendreiek, Helmut: *Thomas Mann. Der demokratische Roman*. Düsseldorf 1977.

Koopmann, Helmut: Forschungsgeschichte. In: *TMHb*, 941–1007.

Kristiansen, Børge: *Thomas Manns Zauberberg und Schopenhauers Metaphysik*. Bonn ²1985.

Kurzke, Hermann: *Auf der Suche nach der verlorenen Irrationalität. Thomas Mann und der Konservatismus*. Würzburg 1972.

Kurzke, Hermann: *Thomas Mann. Epoche - Werk - Wirkung*. 4., überarb. u. aktual. Aufl. München 2010.

Lehnert, Herbert: *Thomas Mann. Fiktion, Mythos, Religion*. Stuttgart u. a. 1965.

Martus, Steffen: Die Geistesgeschichte der Gegenwartsliteratur. Wissenschaftliche Aufmerksamkeit für Thomas Mann zwischen 1900 und 1933. In: Michael Ansel/Hans-Edwin Friedrich/Gerhard Lauer (Hg.): *Die Erfindung des Schriftstellers Thomas Mann*. Berlin/New York 2009, 47–84.

Marx, Friedhelm: *»Ich aber sage Ihnen ...« Christusfigurationen im Werk Thomas Manns*. Frankfurt a. M. 2002.

Marx, Friedhelm: »Lauter Professoren und Docenten«. Thomas Manns Verhältnis zur Literaturwissenschaft. In: Michael Ansel/Hans-Edwin Friedrich/Gerhard Lauer (Hg.): *Die Erfindung des Schriftstellers Thomas Mann*. Berlin/New York 2009, 85–96.

Matter, Harry: *Die Literatur über Thomas Mann. Eine Bibliographie 1898–1969*. Berlin, Weimar 1972.

Mendelssohn, Peter de: *Der Zauberer. Das Leben des deutschen Schriftstellers Thomas Mann*. Frankfurt a. M. ²1996.

Prater, Donald A.: *Thomas Mann. A Life*. Oxford 1995.

Pütz, Peter: *Kunst und Künstlerexistenz bei Nietzsche und Thomas Mann*. Bonn ²1975.

Reed, Terence James: *Thomas Mann. The Uses of Tradition*. Oxford 1974.

Siefken, Hinrich: *Thomas Mann. Goethe – »Ideal der Deutschheit«. Wiederholte Spiegelungen 1893–1949.* München 1981.

Sontheimer, Kurt: *Thomas Mann und die Deutschen.* München 1961.

Wysling, Hans: *Narzissmus und illusionäre Existenzform. Zu den Bekenntnissen des Hochstaplers Felix Krull.* Bern u. a. 1982.

Tim Lörke

VII. Anhang

1 Zeittafel

1875
6. Juni: Geburt von Paul *Thomas* Mann. Eltern: Thomas Johann Heinrich Mann (*1840, Lübeck), Julia Mann (geb. da Silva-Bruhns, *1851, Brasilien). Geschwister: Heinrich (*1871), Julia (*1877), Carla (*1881), Viktor (*1890).

1877
Wahl des Vaters zum Senator der Freien und Hansestadt Lübeck.

1882
Beginn der vorbereitenden Schullaufbahn am Progymnasium Dr. Bussenius in Lübeck.

1889
Übergang auf den realgymnasialen Zweig am Lübecker Katharineum.

1891
13. Oktober: Tod des Vaters. Auflösung der familieneigenen Getreidehandlung.

1893
Umzug der Mutter mit Heinrich und den drei jüngeren Geschwistern nach München. Herausgabe der Schülerzeitschrift »Der Frühlingssturm« am Katharineum, darin erste eigene Gedichte und die Skizze *Vision* unter dem Pseudonym »Paul Thomas«.

1894
Abschluss der Schule mit der mittleren Reife. Umzug zur Mutter nach München. Volontariat bei der Süddeutschen Feuerversicherungsbank, Kündigung im Herbst. Einschreibung als Gasthörer an der Technischen Hochschule München. Erste Veröffentlichung: *Gefallen* in »Die Gesellschaft« (November).

1895
Kleinere Beiträge für die Zeitschrift »Das Zwanzigste Jahrhundert« (ab August).
Juli bis Oktober: Erste Italienreise mit Heinrich (Palestrina und Rom).

1896
Der Wille zum Glück im »Simplicissimus« (August).
Ab Oktober: Längerer Italienaufenthalt mit Heinrich. Reisen nach Venedig, Rom und Neapel (bis November), anschließend Einzug in die Wohnung in Rom (bis Juli 1897).

1897
Der Tod im »Simplicissimus« (Januar); *Der kleine Herr Friedemann* in der »Neuen Deutschen Rundschau« (Mai); *Der Bajazzo* in der »Neuen Deutschen Rundschau« (September).
Ab Juli: Aufenthalt in Palestrina mit Heinrich. Rückkehr nach Rom in die Wohnung Heinrichs (Via Torre Argentina 34) im Winter.

1898
Tobias Mindernickel in der »Neuen Deutschen Rundschau« (Januar). Frühjahr: Novellenband *Der kleine Herr Friedemann* bei S. Fischer in Berlin.
Ende April: Rückkehr nach München.
1. Mai: Bezug der Wohnung Theresienstraße 82.
November: Beginn des Lektorats beim »Simplicissimus«.
1. Oktober: Umzug in die Marktstraße 5 in Schwabing.

1899
Januar: Ende der Tätigkeit beim »Simplicissimus«.
Juni: Umzug in die Feilitzschstraße 5. *Der Kleiderschrank* in der »Neuen Deutschen Rundschau« (Juni). *Gerächt* im »Simplicissimus« (August).
Dezember: Bekanntschaft mit Paul Ehrenberg und seinem Bruder Carl.

1900
Luischen in »Die Gesellschaft« (Januar). *Der Weg zum Friedhof* im »Simplicissimus« (September).
1. Oktober: Antritt des Militärdienstes; Entlassung wegen Dienstuntauglichkeit im Dezember. Freundschaft mit Paul Ehrenberg (bis 1903).

1901
Mai: Italienreise, Bekanntschaft mit Mary Smith in Florenz. *Buddenbrooks* bei S. Fischer (Oktober).

1902
Januar: Umzug in die Ungererstraße 24 (bis September). *Gladius Dei* in der Wiener Zeitschrift »Die Zeit« (Juli).
November: Bezug der Wohnung Konradstraße 11.

1903
Die Hungernden in »Die Zukunft« (Januar). *Tonio Kröger* in der »Neuen Deutschen Rundschau« (Februar); Novellensammlung *Tristan. Sechs Novellen* bei S. Fischer (März). Frühjahr: Bekanntschaft mit Katia Pringsheim. *Das Wunderkind* in der »Neuen Freien Presse« Wien (Dezember).

1904
Ein Glück in der »Neuen Deutschen Rundschau« (Januar). *Beim Propheten* in der »Neue Freie Presse« Wien (Mai).
1. Oktober: Bezug der Wohnung Ainmillerstraße 31.
3. Oktober: Verlobung mit Katia Pringsheim.

1905
11. Februar: Heirat in München, Hochzeitsreise in die Schweiz.
23. Februar: Bezug der Wohnung Franz-Joseph-Straße 2 in München. *Schwere Stunde* im »Simplicissimus« (Mai); *Fiorenza* in der »Neuen Rundschau« (Juli).
9. November: Geburt der ersten Tochter *Erika* Julia Hedwig.

1906
Druck von *Wälsungenblut* in der »Neuen Rundschau« (Januar) von Th. Mann in letzter Minute zurückgezogen (erster autorisierter Druck 1921 im Phantasus-Verlag). *Bilse und ich* in »Münchner Neueste Nachrichten« (Februar).
1. Mai: Eisenbahnunglück in Regenstauf.
18. November: Geburt des zweiten Kindes *Klaus* Heinrich Thomas.

1907
11. Mai: Uraufführung des Dramas *Fiorenza* im Schauspielhaus Frankfurt a. M.

1908
Anekdote in der Zeitschrift »März« (Juni). Erster Sommeraufenthalt in Bad Tölz.
Ab September: Bau des Landhauses dort.

1909
Das Eisenbahnunglück in der »Neue Freie Presse« (Januar).
27. März: Geburt des dritten Kindes Angelus Gottfried Thomas, genannt *Golo*. Aufenthalt in der Naturheilanstalt Dr. Bircher-Benner in Zürich. *Königliche Hoheit* bei S. Fischer (Oktober).

1910
7. Juni: Geburt des vierten Kindes Monika.
30. Juli: Freitod der Schwester Carla.
1. Oktober: Umzug in die Wohnung Mauerkircherstraße 13.

1911
Wie Jappe und Do Escobar sich prügelten in den »Süddeutschen Monatsheften« (Februar).

1912
Dreiwöchiger Besuch im Waldsanatorium Davos, dem Kuraufenthalt Katias. Novelle *Der Tod in Venedig* im Hyperionverlag München und in der »Neuen Rundschau« (Oktober–November).

1913
Januar: Aufführung von *Fiorenza* in den Berliner Kammerspielen.
Februar: Erwerb des Grundstücks Poschingerstraße 1.

1914
Januar: Bezug des neuen Münchener Hauses (Poschingerstraße 1). Novellensammlung *Das Wunderkind* bei S. Fischer (Oktober); Essay *Gedanken im Kriege* in »Die Neue Rundschau« (November). Bruch mit Heinrich nach dessen Publikation der Antikriegsschrift *Zola*.

1917
Juli: Verkauf des Landhauses in Bad Tölz.

1918
24. April: Geburt des fünften Kindes *Elisabeth* Veronika. *Betrachtungen eines Unpolitischen* bei S. Fischer (Oktober).

1919
21. April: Geburt des sechsten Kindes *Michael* Thomas. Ehrendoktorwürde der Universität Bonn.
April/Mai: *Gesang vom Kindchen* in »Der Neue Merkur«. *Herr und Hund* im Novellenband *Herr und*

Hund. Gesang vom Kindchen. Zwei Idyllen bei S. Fischer in Berlin (Herbst).

1921
4. September: Vortrag *Goethe und Tolstoi* in Lübeck.

1922
Januar: Versöhnung mit Heinrich.
13. Oktober: Vortrag *Von deutscher Republik* im Berliner Beethovensaal (Druck in der »Neuen Rundschau«, November).

1923
11. März: Tod der Mutter.

1924
Der Zauberberg bei S. Fischer (November).

1925
50. Geburtstag mit Festveranstaltungen in München und Wien. Novelle *Unordnung und frühes Leid* in der »Neuen Rundschau« (Juni).

1926
Reise nach Paris zur deutsch-französischen Verständigung. Dokumentation *Pariser Rechenschaft* in der »Neuen Rundschau« (Mai bis Juli).
5. Juni: Vortrag *Lübeck als geistige Lebensform* zur 700-Jahr-Feier der Stadt Lübeck im Stadttheater.

1927
10. Mai: Freitod der Schwester Julia.

1928
Essay *Kultur und Sozialismus* in den »Preußischen Jahrbüchern« (April).

1929
10. Dezember: Verleihung des Nobelpreises für Literatur in Stockholm.

1930
Mario und der Zauberer in »Velhagen und Klasings Monatsheften« (April). Essaysammlung *Die Forderung des Tages* bei S. Fischer (Oktober).
17. Oktober: Vortrag *Deutsche Ansprache* im Berliner Beethovensaal. Erwerb des Ferienhauses in Nidden (heute Nida) an der Ostsee.

1931
Essay *Vom Beruf des deutschen Schriftstellers in unserer Zeit* in der »Neuen Rundschau« (Mai).

1932
18. März: Festvortrag auf der Feier zu Goethes 100. Todestag in der Preußischen Akademie der Künste (Berlin): *Goethe als Repräsentant des bürgerlichen Zeitalters* (Druck in der »Neuen Rundschau«, April).

1933
10. Februar: Vortrag *Leiden und Größe Richard Wagners* auf Einladung der Goethe-Gesellschaft München (Druck in der »Neuen Rundschau«, April).
11. Februar: Aufbruch zur Vortragsreise nach Holland und Beginn des Exils.
16./17. April: »Protest der Richard-Wagner-Stadt München« in den *Münchner Neuesten Nachrichten* gegen Thomas Manns Wagner-Vortrag.
24. August: Beschlagnahmung des Familienhauses in der Münchener Poschingerstraße durch die Nationalsozialisten.
27. September: Niederlassung in Küsnacht bei Zürich (Schiedhaldenstraße 33). Erster Band der Joseph-Tetralogie *Die Geschichten Jaakobs* bei S. Fischer (Oktober).

1934
Zweiter Band der Joseph-Tetralogie *Der junge Joseph* bei S. Fischer (April).
Mai bis Juni: Erste USA-Reise.

1935
Aufsatzsammlung *Leiden und Größe der Meister. Neue Aufsätze* bei S. Fischer (März).
Juni bis Juli: Zweite USA-Reise.

1936
3. Februar: Offener Brief in der »Neuen Züricher Zeitung« gegen das Nazi-Regime. Dritter Band der Joseph-Tetralogie *Joseph in Ägypten* bei Bermann-Fischer in Wien (Oktober).
19. November: Annahme der tschechischen Staatsbürgerschaft.
2. Dezember: Aberkennung der deutschen Staatsbürgerschaft.
19. Dezember: Entzug der Ehrendoktorwürde durch die Universität Bonn.

1937
1. Januar: Öffentliche Abgrenzung von Deutschland im offenen *Briefwechsel mit Bonn*.
April: Dritte USA-Reise. Herausgabe der Exilzeitschrift »Mass und Wert« (ab September).

1938
15. Februar bis Anfang Juli: Vierte USA-Reise mit dem Vortrag *The Coming Victory of Democracy* (Druck: *Vom zukünftigen Sieg der Demokratie* bei Oprecht in Zürich).
1. Juni: Verleihung des Ehrendoktorwürde der Columbia University in New York.
September: Übersiedlung in die USA (24. September: Ankunft in New York), Wohnung im »Mitford House« in Princeton, 65 Stockton Street. Gastprofessur an der Universität Princeton.

1939
18. Mai: Verleihung der Ehrendoktorwürde der Universität Princeton.
3. Juni: Ernennung zum Ehrenpräsidenten der »League of American Writers« (Niederlegung im Dezember wegen kommunistischer Tendenzen innerhalb der League).
4. Juni: Verleihung der Ehrendoktorwürde des Hobart College, Geneva, New York.
6. Juni bis Mitte September: Erste Europareise (Frankreich, Niederlande, Schweiz, England, Schweden). Auflösung des Küsnachter Haushalts (August). *Lotte in Weimar* bei Bermann-Fischer in Stockholm (Dezember).

1940
2./3. Mai: Vortrag *On Myself* an der Princeton University.
Oktober: Beginn der monatlichen Radiosendungen »Deutsche Hörer!« über die BBC. *Die vertauschten Köpfe* bei Bermann-Fischer (Oktober).

1941
14. Januar: Auf Einladung von Präsident Roosevelt im Weißen Haus.
17. März: Umzug nach Pacific Palisades, Kalifornien.
8. April: Einzug in das Mietshaus 740 Amalfi Drive.

1942
1. Januar: Amtsantritt als »Consultant in Germanic Literature« an der Library of Congress in Washington.
Februar: Umzug in das eigene Haus in Pacific Palisades (1550 San Remo Drive). Buchveröffentlichung der ersten 25 Radioansprachen unter dem Titel *Deutsche Hörer!* bei Bermann-Fischer (Oktober).

1943
Juli: Zusammenarbeit mit Theodor W. Adorno. Vierter und letzter Band der Joseph-Tetralogie *Joseph, der Ernährer* bei Bermann-Fischer (Dezember). *Thou Shalt Have No Other Gods Before Me* im Band *The Ten Commandments. Ten Short Novels of Hitler's War against the Moral Code* bei Simon and Schuster in New York (Dezember; deutsche Fassung *Das Gesetz* in der Pazifischen Presse Los Angeles, Oktober 1944).

1944
23. Juni: Verleihung der amerikanischen Staatsbürgerschaft.

1945
Zweite Buchveröffentlichung von *Deutsche Hörer!* mit 55 Radioansprachen bei Bermann-Fischer.
29. Mai: Vortrag *Germany and the Germans* in der Library of Congress in Washington (Druck als *Deutschland und die Deutschen* in der »Neuen Rundschau«, Oktober). 70. Geburtstag mit großen Ehrungen. Essaysammlung *Adel des Geistes* bei Bermann-Fischer (Oktober).
8. Dezember: Ehrendoktorwürde des Hebrew Union College, Cincinnati, Ohio.

1946
April: Lungenoperation in Chicago.

1947
April bis September: Erste Europareise nach dem Krieg (Großbritannien, Schweiz, Italien, Holland). Essay *Nietzsches Philosophie im Lichte unserer Erfahrung* in der »Neuen Rundschau« (September). *Doktor Faustus* bei Bermann-Fischer (Oktober).

1948
Neue Studien. Essays bei Bermann-Fischer (Juni).

1949
Die Entstehung des Doktor Faustus bei Bermann-Fischer und Querido in Amsterdam (April). 21. April: Tod des Bruders Viktor.
10. Mai bis 5. August: Zweite Europareise und erster Besuch im Nachkriegsdeutschland.
13. Mai: Verleihung der Ehrendoktorwürde der Universität Oxford.
21. Mai: Freitod des Sohnes Klaus.
31. Mai: Ehrendoktorwürde der Universität Lund.
25. Juli: *Ansprache im Goethejahr* in der Paulskirche Frankfurt a. M., Verleihung des Goethepreises der

Stadt Frankfurt a. M.; 1. August *Ansprache im Goethejahr* im Nationaltheater Weimar; Verleihung des Ehrenbürgerrechtes von Weimar.

1950
12. März: Tod des Bruders Heinrich.
1. Mai bis 20. August: Dritte Europareise (Schweden, Frankreich, Schweiz, England).

1951
Der Erwählte bei S. Fischer in Frankfurt a. M. (März).
10. Juli bis 29. September: Vierte Europareise (Frankreich, Schweiz, Deutschland, Österreich).
30. November: Aufnahme in die »Academy of Arts and Letters« in New York.

1952
29./30. Juni: Rückkehr nach Europa.
Dezember: Endgültige Übersiedlung in die Schweiz mit Katia und Erika, nach Erlenbach bei Zürich (Glärnischstraße 12).

1953
Altes und Neues. Kleine Prosa aus fünf Jahrzehnten bei S. Fischer (März).
29. April: Kurze Audienz bei Papst Pius XII.
4. Juni: Verleihung der Ehrendoktorwürde der Universität Cambridge.
10. Juni: Besuch in Lübeck und Travemünde.
24. Juli: Feierlichkeiten zum 70. Geburtstag Katia Manns. *Die Betrogene* bei S. Fischer (September).

1954
15. April: Einzug in das Haus in Kilchberg bei Zürich (Alte Landstraße 39). *Bekenntnisse des Hochstaplers Felix Krull. Der Memoiren erster Teil* bei S. Fischer (September).

1955
11. Februar: Goldene Hochzeit.
24. März: Ehrenmitgliedschaft der »Deutschen Akademie der Wissenschaften« in Berlin. Festreden zum 150. Todestag von Schiller in Stuttgart (8. Mai) und Weimar (14. Mai).
15. Mai: Ehrendoktorat der Universität Jena.
20. Mai: Verleihung der Ehrenbürgerschaft der Stadt Lübeck mit Dankesrede. *Versuch über Schiller* bei S. Fischer (Juni).
6. Juni: 80. Geburtstag mit großen Ehrungen, darunter die Ehrenmitgliedschaft in der Deutschen Akademie für Sprache und Dichtung in Darmstadt.
5.–23. Juli: Aufenthalt im holländischen Seebad Noordwijk aan Zee.
18. Juli: Erste Anzeichen der Erkrankung.
23. Juli: Überführung ins Kantonsspital Zürich.
12. August: Tod Thomas Manns.
15. August: Beisetzung auf dem Friedhof in Kilchberg.

2 Siglen

Werkausgaben

GKFA Mann, Thomas: *Große kommentierte Frankfurter Ausgabe*. Hg. von Heinrich Detering u. a. Frankfurt a. M. 2002 ff.

GW Mann, Thomas: *Gesammelte Werke in 13 Bänden*. Frankfurt a. M. 1960/1974.

Ess Mann, Thomas: Essays. 6 Bde. Hg. v. Hermann Kurzke und Stephan Stachorski. Frankfurt a. M. 1993–97.

Tb Mann, Thomas: *Tagebücher 1918–1921; 1933–1955*. 10 Bde. Hg. von Peter de Mendelssohn und Inge Jens. Frankfurt a. M. 1977–95.

Notb Mann, Thomas: *Notizbücher*. 2 Bde. Hg. von Hans Wysling und Yvonne Schmidlin. Frankfurt a. M. 1991–92.

DüD Mann, Thomas: *Dichter über ihre Dichtungen*. 3 Bde. Hg. v. Hans Wysling und Marianne Fischer. München 1975–81.

Briefausgaben

Br Mann, Thomas: *Briefe in 3 Bänden*. Hg. von E. Mann. Frankfurt a. M. 1961–65.

BrA Mann, Thomas: *Briefe an Paul Amann 1915–1952*. Hg. von Herbert Wegener. Lübeck 1959.

BrAd *Theodor W. Adorno – Thomas Mann: Briefwechsel 1943–1955*. Hg. von Christoph Gödde und Thomas Sprecher. Frankfurt a. M. 2003.

BrAM *Thomas Mann – Agnes E. Meyer: Briefwechsel 1937–1955*. Hg. von H. R. Vaget. Frankfurt a. M. 1992.

BrAu Mann, Thomas: *Briefwechsel mit Autoren*. Hg. von Hans Wysling. Frankfurt a. M. 1988.

BrB Mann, Thomas: *Briefe an Ernst Bertram 1910–1955*. Hg. von Inge Jens. Pfullingen 1960.

BrBF Mann, Thomas: *Briefwechsel mit seinem Verleger G. Bermann Fischer 1932–55*. Hg. von Peter de Mendelssohn. Frankfurt a. M. 1975.

BrEvK *Thomas Mann – Erich von Kahler. Briefwechsel 1931–1955*. Hg. und kommentiert von Michael Assmann, Hamburg 1993.

BrFae Mann, Thomas: *Briefwechsel mit Robert Faesi*. Hg. von R. Faesi. Zürich 1962.

BrGr Mann, Thomas: *Briefe an Otto Grautoff 1894–1901 und Ida Boy-Ed 1903–1928*. Hg. von Peter de Mendelssohn. Frankfurt a. M. 1975.

BrHe Mann, Thomas: *Briefwechsel mit Hermann Hesse*. Hg. von Anni Carlsson und Volker Michels. Frankfurt a. M. 1999.

BrHM Mann, Thomas: *Briefwechsel mit Heinrich Mann 1900–1949*. Hg. von Hans Wysling. Frankfurt a.M.

BrKer *Thomas Mann – Karl Kerényi: Gespräch in Briefen*. Hg. von K. Kerényi. Zürich 1960.

BrN Mann, Thomas: *Briefwechsel mit Alfred Neumann*. Hg. von Peter de Mendelssohn. Heidelberg 1977.

BrSch Mann, Thomas: *Briefwechsel mit Arthur Schnitzler*. Hg. von Hertha Krotkoff. In: *Modern Austrian Literature* 7.1/2 (1974).

BrSchau Mann, Thomas: *Briefe an Richard Schaukal*. Hg. von Claudia Girardi. Frankfurt a. M. 2003.

Reg Bürgin, Hans und Hans-Otto Mayer: *Die Briefe Thomas Manns. Regesten und Register*. 5 Bde. Frankfurt a. M. 1977–87.

Quellen und Forschung

TMJb *Thomas Mann Jahrbuch*. Hg. von Katrin Bedenig, Thomas Sprecher und Hans Wißkirchen. Begründet von Eckhard Heftrich und Hans Wysling. Frankfurt a. M. 1988 ff.

TMS *Thomas-Mann-Studien*. Hg. vom Thomas-Mann-Archiv der ETH Zürich. Frankfurt a. M. 1967 ff.

TMHb *Thomas-Mann-Handbuch*. Hg. von Helmut Koopmann. 3., aktualisierte Aufl. Stuttgart 2001.

BlTMG *Blätter der Thomas Mann Gesellschaft*. Hg. von der Thomas Mann Gesellschaft. Zürich 1958 ff.

TMA Thomas-Mann-Archiv der ETH Zürich.

Potempa Potempa, Georg: *Thomas Mann-Bibliographie. Das Werk*. Morsum/Sylt 1992.

Vag Vaget, Hans Rudolf: *Thomas Mann - Kommentar zu sämtlichen Erzählungen*. München 1984.

KSA Nietzsche, Friedrich: *Sämtliche Werke. Kritische Studienausgabe in 15 Einzelbänden*. Hg. v. Giorgio Colli/ Mazzino Montinari, New York/München 1980.

3 Autorinnen und Autoren

Miriam Albracht, M. A., Heinrich-Heine-Universität Düsseldorf (II.2.23 *Wie Jappe und Do Escobar sich prügelten*; II.5.2 *Meine Ansicht über den Film*; III.11 Neue Medien)

Christian Baier, Prof. Dr., Seoul National University (Süd-Korea) (IV.3 Bürger/Künstler)

Andrea Bartl, Prof. Dr., Otto-Friedrich-Universität Bamberg (II.5.2 *Versuch über das Theater*; III.18 Theater)

Moritz Baßler, Prof. Dr., Westfälische Wilhelms-Universität Münster (IV.24 Moderne)

Katrin Bedenig, Dr., Thomas-Mann-Archiv der Eidgenössischen Technischen Hochschule Zürich (III.2 Bildende Kunst; VI.1 Nachlass und Archive)

Andreas Blödorn, Prof. Dr., Westfälische Wilhelms-Universität Münster (II.1.1 *Buddenbrooks*; II.4.1 Thomas Mann und die Lyrik; II.5.2 *Theodor Storm*; III.15 Realismus; IV.31 Sterben und Tod; VI.5 Mediale Wirkung (zus. mit Stephan Brössel))

Michael Braun, Prof. Dr., Universität zu Köln (II.2.2 *Gefallen*; II.5. *Im Spiegel*; II.5.3 *Lebensabriß*; II.5.3 *On Myself*)

Stephan Brössel, Dr., Westfälische Wilhelms-Universität Münster (II.2.14 *Das Wunderkind*; IV.19 Leitmotiv; VI.5 Mediale Wirkung (zus. mit Andreas Blödorn))

Wiebke Buchner, Dr., Kiel (II.4.2 *Gesang vom Kindchen*)

Stephanie Catani, PD Dr., Otto-Friedrich-Universität Bamberg (II.2.30 *Das Gesetz*)

Heinrich Detering, Prof. Dr., Georg-August-Universität Göttingen (II.1.2 *Königliche Hoheit*; II.1.7 *Der Erwählte* (zus. mit Stephan Stachorski); II.5.1 *Vom zukünftigen Sieg der Demokratie* (zus. mit Stephan Stachorski); II.5.2 *Bilse und ich*; II.5.3 *Unitarische Kanzelrede*; III.16 Religion und Glaube)

Manfred Dierks, Prof. Dr. em., Universität Oldenburg (III.19 Tiefenpsychologie und Psychoanalyse)

Yahya Elsaghe, Prof. Dr., Universität Bern (II.2.26 *Wälsungenblut*; III.6 Judentum; V.4 Diskursanalyse)

Kathrin Erbacher, Dipl.-Germ., Otto-Friedrich-Universität Bamberg (II.2.10 *Gerächt*; II.2.21 *Anekdote*)

Maren Ermisch, Dr., Georg-August-Universität Göttingen (II.2.8 *Tobias Mindernickel*; II.2.25 *Herr und Hund*)

Jens Ewen, Dr., Friedrich-Schiller-Universität Jena (II.2.6 *Der kleine Herr Friedemann*; II.5.2 *Nietzsches Philosophie im Lichte unserer Erfahrung*; IV.14 Ironie)

Matteo Galli, Prof. Dr., Università degli Studi di Ferrara (VI.4 Internationale Rezeption und Wirkung)

Elisabeth Galvan, Prof. Dr., Università di Napoli l'Orientale (II.2.28 *Mario und der Zauberer*; II.3 Das einzige Drama: *Fiorenza*)

Rüdiger Görner, Prof. Dr., Queen Mary University of London (III.8 Musik)

Marie Gunreben, M. A., Otto-Friedrich-Universität Bamberg (II.2.15 *Die Hungernden*)

Georg Guntermann, Prof. Dr., Universität Trier (II.6 Tagebücher)

Bernd Hamacher, PD Dr., Universität Hamburg (II.2.17 *Tristan*; II.2.29 *Die vertauschten Köpfe*; III.12 Norden – Süden/Osten – Westen; V.1 Poststrukturalismus/Dekonstruktion; V.2 Intertextualität/Intermedialität)

Christof Hamann, Prof. Dr., Universität zu Köln (II.2.18 *Beim Propheten*; II.5.2 *Der alte Fontane*; II.5.2 *Chamisso*)

Sandro Holzheimer, Dr., Universität Mannheim (II.5.1 *Ein Briefwechsel*; II.5.1 *Die Lager*)

Alexander Honold, Prof. Dr., Universität Basel (I.2 Autorschaft (Dichter – Literat – Schriftsteller); II.5.1 *Betrachtungen eines Unpolitischen*)

Tom Kindt, Prof. Dr., Universität Freiburg (Schweiz) (V.3 Narratologie)

Sonja Klimek, Dr., Universität Freiburg (Schweiz) (IV.26 Phantastik)

Helmut Koopmann, Prof. Dr. Dr. em., Universität Augsburg (II.2.20 *Schwere Stunde*; II.5.2 *Versuch über Schiller*; III.20 Weimarer Klassik)

Børge Kristiansen, Prof. Dr. em., Københavns Universitet (II.5.2 *Versuch über Tschechow*; IV.2 Apollinisch/Dionysisch; IV.8 Form, Unform, Überform

Hermann Kurzke, Prof. Dr. Dr. h.c., Johannes-Gutenberg-Universität Mainz (I.1 Biographische Skizze)

Astrid Lange-Kirchheim, PD Dr., Albert-Ludwigs-Universität Freiburg (V.6 Gender Studies)

Florian Lehman, Otto-Friedrich-Universität Bamberg (II.2.4 *Enttäuschung*; II.2.7 *Der Tod*)

Claudia Lieb, Dr., Westfälische Wilhelms-Universität Münster (II.2.1 *Vision*; II.2.9 *Der Kleiderschrank*)

Tim Lörke, Dr., Freie Universität Berlin (II.5.2 *Die Entstehung des Doktor Faustus*; III.3 Deutschland; III.13 Philosophie; III.14 Politik; VI.6 Forschungsgeschichte)

Matthias Löwe, Dr., Friedrich-Schiller-Universität Jena (III.17 Romantik)

Friedhelm Marx, Prof. Dr., Otto-Friedrich-Universität Bamberg (II.1.5 *Lotte in Weimar*; III.5 Gegenwartsliteratur; IV.4 Christus; IV.27 Schönheit/Hässlichkeit)

Katrin Max, Dr., Julius-Maximilians-Universität Würzburg (II.1.3 *Der Zauberberg*; II.2.31 *Die Betrogene*)

Georg Mein, Prof. Dr., Université du Luxembourg (II.2.12 *Luischen*)

Claus- Claus-Michael Ort, Prof. Dr., Christian-Albrechts-Universität zu Kiel (IV.28 Schrift/Schreiben – Sprache/Stimme)

Hendrik Otremba, M. A., Westfälische Wilhelms-Universität Münster (II.2.22 *Das Eisenbahnunglück*)

Paolo Panizzo, Dr., Martin-Luther-Universität Halle-Wittenberg/Università degli Studi di Trieste IV.1 Ambiguität und Doppelte Optik)

Holger Pils, Dr., München (II.5.1 *Bruder Hitler*; II.5.1 *Deutsche Hörer*; II.5.1 *Warum ich nicht nach Deutschland zurückgehe*)

Madleen Podewski, PD. Dr., Freie Universität Berlin (II.2.11 *Der Weg zum Friedhof*)

Edo Reents, Dr., Frankfurt a. M. (II.5.2 *Schopenhauer*)

Friederike Reents, PD Dr., Ruprecht-Karls-Universität Heidelberg (II.2.27 *Unordnung und frühes Leid*)

Stefan Rehm, Dr., Otto-Friedrich-Universität Bamberg (II.5.1 *Von deutscher Republik*; II.5.2 *Goethe und Tolstoi*; II.5.2 *Die Ehe im Übergang*; II.5.2 *Die Stellung Freuds in der modernen Geistesgeschichte*)

Julian Reidy, Dr., Thomas-Mann-Archiv der Eidgenössischen Technischen Hochschule Zürich (IV.7 Familie und Genealogie; IV.16 Kindheit/Alter)

Francesco Rossi, Dr., Università di Pisa (II.2.24 *Der Tod in Venedig*)

Bastian Schlüter, Dr., Freie Universität Berlin (II.2.13 *Gladius Dei*; III.7 Mittelalter; III.9 Mythos und Mythologie)

Jens Ole Schneider, M. A., Westfälische Wilhelms-Universität Münster (II.2.5 *Der Bajazzo*; IV.5 Dekadenz)
Wolfgang Schneider, Dr., Berlin (IV.12 Humanität und Lebensfreundlichkeit; IV.15 Kälte)
Julia Schöll, PD Dr., Otto-Friedrich-Universität Bamberg (II.1.4 *Joseph und seine Brüder*; III.4 Exil; IV.13 Humor; IV.23 Maskierung, Entlarvung, Camouflage; VI.2 Editionen, Bibliographien, Forschungsberichte)
Anja Schonlau, Dr., Georg-August-Universität-Göttingen (III.10 Naturwissenschaften und Medizin; IV.17 Körper, Gesundheit/Krankheit)
Thomas Sprecher, Dr. Dr., Zürich (II.1.8 *Bekenntnisse des Hochstaplers Felix Krull*; II.7 Briefe)
Stephan Stachorski, Dr., Georg-August-Universität Göttingen (II.1.7 *Der Erwählte* (zus. mit Heinrich Detering); II.5.1 *Gedanken im Kriege*; II.5.1 *Deutsche Ansprache. Ein Appell an die Vernunft*; II.5.1 *Vom zukünftigen Sieg der Demokratie*/The Coming Victory of Democracy/Democracy and Christianity (zus. mit Heinrich Detering); II.5.1 *Deutschland und die Deutschen*; IV.11 Heimsuchung; IV.18 Kultur vs. Zivilisation)
Raphael Stübe, M. A., Westfälische Wilhelms-Universität Münster (IV.22 Märchen)
Franziska Stürmer, Dr., Julius-Maximilians-Universität Würzburg (IV.30 Text und Bild; IV.32 Zitat und Montage)
Silvia Tiedtke, Dr., Ludwig Maximilians Universität München (II.2.3 *Der Wille zum Glück*; II.2.19 *Ein Glück*)
Ariane Totzke, M. A., Eidgenössische Technische Hochschule Zürich (IV.20 Liebe und Erotik)
Hans-Rudolf Vaget, Prof. Dr. em., Smith College Northampton (USA.) (II.1.6 *Doktor Faustus*; II.5.2 *Leiden und Größe Richard Wagners*; III.1 Amerika; IV.6 Dilettantismus)
Niels Werber, Prof. Dr., Universität Siegen (IV.10 Gewalt und Krieg)
Ruprecht Wimmer, Prof. Dr. em., Katholische Universität Eichstätt (II.5.2 *Goethe als Repräsentant des bürgerlichen Zeitalters*; II.5.3 *Meine Zeit*; IV.29 Schuld und Rechtfertigung)
Hans Wißkirchen, Prof. Dr., Kulturstiftung Hansestadt Lübeck (II.2.16 *Tonio Kröger*; II.5.3 *Lübeck als geistige Lebensform*; VI.3 Rezeption und Wirkung in Deutschland)
Benedikt Wolf, M. A., Humboldt Universität zu Berlin (IV.9 Geschlecht, Androgynie und Identität; IV.21 Männerbilder/Frauenbilder)
Marianne Wünsch, Prof. Dr. em., Christian-Albrechts-Universität zu Kiel (II.5.2 *Okkulte Erlebnisse*)
Regine Zeller, Dr., Universität Mannheim (II.5.2 *Geist und Kunst*; IV.25 Ökonomie; V.5 Kulturwissenschaften)

4 Werkregister

5 Personenregister